제17판

新民事訴訟法

이 시 윤

博 英 社

제17판 서　문

때는 바야흐로 세계적 AI 경주시대에 접어 들었다(global AI race). AI 판사(리투아니아), AI 변호사(프랑스)가 나타나고, 새 대법원장이 등장하면서 우리나라 대표적인 숙제인 소송지연의 적폐를 AI에 의해 해소시키려 시도한다고 한다.

사법인력의 재조정도 앞으로 개선 과제일 것이다. 이렇게 확산되어가는 시대상에 필자도 나름대로 적응해보려고 노력했지만, 능력의 한계를 느꼈다.

우리 사회는 Thomas Hobbes가 말하는 「만인 대 만인의 투쟁장」으로 변모하는 혼돈천지가 되어가는 것 같다. 민사소송 분야에서 예외가 아니다. 그리하여 소권(訴權)의 남용이 창궐하여 세계에 별로 유례가 많지 않은 입법대책이 2023년도에 나왔다. 그것은 ① 소장접수보류제도, ② 소송구조의 객관적 범위의 축소, ③ 과태료 500만원의 제재, ④ 소권남용으로 인한 소각하판결의 직권공시송달제도의 채택이다. 2023년에 이 밖에 형사피해자의 보복방지의 입법을 하였으나, 시행은 2년 뒤로 미루었다. 우리나라 소액사건심판법상의 심판대상은 소액이라기보다 중액이다. 이를 고려함인지 판결이유기재의 생략규정도 고쳤다. 이 밖에 사소한 것이나 소비자기본법과 소촉법의 개정이 있었기 때문에 새 책에 반영코자 했다. 여기에다가 2024년 1월 개정법률에서는 항소이유서제출의무제를 채택하고 시행은 2025년 3월로 미루었다. 항소심구조로서 적지 않은 변혁인데 이를 반영하지 않을 수 없어 힘들었다. 앞으로 개정내용을 대법원규칙으로 보충할는지 모르나 몇 개 조문으로 비교적 간단하게 입법을 하였다.

우리나라는 또한 세계 유례없는 제3심 중심주의이다. 웬만하면 '3판 양승제' 식의 3심으로 올라간다. 이렇게 되니 소송처럼 고단한 인생은 없게 마련이다. 비용, 시간, 노력 그리고 스트레스 등으로 큰 질환을 앓는 것 같은 괴로움이다. 이러다 보니 전원합의체판결로 변경할 것이 변경 없이 소부처리로 넘어가는 사례도 없지 않은 것 같다. 이것은 당사자만의 큰 짐이 아니라 3심인 대법원에도 큰 고충일 것이다. 소송촉진 못지않게 선진국처럼 제1심 중심주의로의 회귀를 희원한다. 이러한 악순환의 부산물로 대법원에 연간 40,000여 건이 계류된 세계 유례없는 기현상도 나타나고 있음은 알려진 사실이다.

그렇다 치고 이 때문에 대법원에 세계 유례없는 판례의 대량생산의 부작용도 뒤따른다. 이렇듯 판례 공화국의 판례를 유감없이 교과서에 반영하자니 진땀이 난다(2024. 1월 초까지). 교과서는 단순한 판례 전달서가 될 수는 없는 것으로, 때로 비판으로 쓴 소리도 내는 것이 법학자의 소명이다. 이러한 상황 속에서 민사사법분야의 '견제와 균형'이 이루어지는 것이 아닌가 생각된다. 매년 수없이 쏟아지는 판례의 추적에다가 비판적 안목도 떼어 놓을 수 없어 교과서 출간에 고충이 있었음을 밝혀둔다. 쉬운 이해를 위하여 기판력과 유사제도를 이번에 도표화하였다.

이번 개정판에는 필자가 대학 재직중에 석사지도의 관계가 있었고 이제 친우관계가 되다시피 한 이동흡 전 헌법재판관, 꾸준히 도움을 주는 법무법인 대륙아주의 조관행 박사 그리고 항상 민사소송법에 골몰하는 최평오 교수, 성심성의를 다한 고려대 박사과정의 장형식 군 등 네 분에게 심심한 사의를 표한다. 박영사 70주년 행사에 축사를 보내 조금의 답례를 한 셈이 되었는지 모르나, 항상 동사 안종만 회장 그리고 현 안상준 대표, 일선에 나서고 있는 조성호, 김선민 양이사의 격려와 도움에 고마움도 표시한다.

세월은 유수같이 흘러 인생의 황혼기를 맞아 제17판을 내는 감회를 절실하게 느끼며, 개정판의 서문에 갈음한다.

2024. 1. 23.
이시윤 씀

머 리 말

1990년 민사소송법이 크게 개정되었다. 그 뒤 10여 년이 지난 2002년 1월에 이르러 그보다 더 크게 바뀌었다. 이것은 1990년 개정을 비롯한 과거의 개정과는 근본적 차이가 있다.

첫째로, 1960년 처음 제정했던 민사소송법전을 폐기시키고 완전히 새 법전으로 대체한 것이다.

둘째로, 6법 중 단연히 법률용어의 한글순화에 선봉에 서는 모델적인 입법이 되었다. 溫故知新을 외면한 급진성도 엿보이며, 판을 뒤집어 약간 혼란스러운 면도 있다.

셋째로, 심판구조의 혁명적인 개혁이 시도되었다. 이제 소장 · 답변서 · 준비서면을 서로가 써 내어 서면공방으로 쟁점을 정리한 뒤에, 당사자 본인도 대리인과 다함께 법관 앞에 의견개진하고 그 뒤에 열리는 법정변론기일에는 소나기 호우식으로 증인 등을 집중조사하고 끝내는 심리모델로 바뀌었다. 원고가 소장을 제출한 뒤에는 당사자는 계속적으로 여러 차례 불려나가 가랑비 뿌리는 식의 산발적이고 만성적으로 공방전을 벌여야 했던 법정운영의 모델은 역사의 뒤안길로 사라지게 되었다. 이제는 민사소송이 제기되면 주로 서면으로 써 내고 그 제출이 바빠지는「써 내야 하는 재판」의 시대가 되었고, 법정에 여러 번 나가던「나가야 하는 재판」의 시대는 지나간 것이다. 미국의 Pretrial 재판문화가 독일과 일본에 확산되면서 우리나라에 수정된 형태로 도입된 결과라고 하겠다.

이처럼 세 가지 측면의 혁명적인 구조변화이고 단순한 개정의 차원을 넘어선 것이라면 이번의 개혁은 개정민사소송법이 아니라 신민사소송법으로 불려 마땅하므로 그렇게 이름 붙여 출간하기로 하였다. 저자도 1995년 작업초창기에 민사소송법학회 회장으로 개혁안에 대해 용역을 받아서 일응의 방안을 제시하는 한편, 1996년에는 한 · 일민소법 공동 Symposium에서 그 내용발표 등으로 작업에 동참한 바 있어 작업추진에 지대한 관심을 가져왔다. 민소법 개혁안이 성안되어 발표가 되자 부분적 변호사강제주의안 등으로 인하여 NGO 등 비전문가인 재야운동단체의 큰 반발이 있었으며, 한 동안 벽에 부닥쳐 입법진전의 정체로 장기미제의 가능성까지 엿보였던 것도 사실이다.

그러나 현대화의 대표적 과제인데도 이를 뒤로 미루어 놓은 이후에는 실로 역동적으로 입법작업이 추진되어 나갔다. 처음 대법원에서 성안한 시안이 법무부를 거쳐 국회에 나가 법사위와 본회의에 상정하기에 이르는 과정에서 날이 갈수록 개정사항이 늘어가면서 단순한 집중심리구조로 개편뿐 아니라 소송실무의 불편제거와 과학화의 기조하에 소송법 전반에 걸친 과감한 Remodeling을 하는 결과가 되었다. 그리하여 1996년 일본의 신민사소송법의 개혁에 뒤지지 않는 넓고도 심도 있는 개혁이 이루어진 것이다.iv 머 리 말

다만 유감스러운 것은 법의 2002년 1월 전면개정·공포에 그 시행일을 동년 7월 1일로 하여 유예기간을 불과 6개월 정도밖에 두지 아니하였다는 점이다. 법의 계몽기간이 좀더 있었으면 좋았을 것으로 생각된다. 따라서 신민사소송법 저서의 출간을 발효일로부터 너무 늦출 수는 없는 한계상황 속에서 저자로서는 새 법에 의한 전반적인 용어정리, 새 제도의 취지와 바른 해석·비판, 바뀐 제도에 입각한 기존 민소법이론체계의 재편과 조정 등 Remodeling 작업이 엄청나서 실로 불철주야의 노력을 다할 수밖에 없었다. 그리고 대법원은 구민사소송규칙을 전면 폐기하고 후속의 신민사소송규칙으로 대체입법을 2002년 5월 말경에 서둘러 겨우 완성하였으며, 여기에 적지 아니한 새롭고 중요한 내용이 담겨져 있어 이를 간과할 수 없기에 이를 반영하는 것 또한 실로 벅찬 과제가 되지 않을 수 없었다.

새 술은 새 포대에 담는 의미에서 책의 편제를 이번 기회에 새롭게 바꾸어 난해한 민사소송법의 이해에 도움이 되고자 했다. 소송의 주역인 법원과 당사자를 먼저 설명하고 소장의 제출에 답변서로 대응하여 시작되는 소송의 개시, 변론의 일반원칙을 바탕으로 그의 철저한 준비와 뒤이어지는 변론절차를 내용으로 하는 심리절차를 살피고, 증인과 당사자 본인신문이 중심이 되는 증거조사절차, 뒤따르는 판결 등 소송종료절차의 순으로 재판의 시간적 진행경과에 맞추어 설명하고, 한편으로 병합청구와 다수당사자소송은 복잡한 소송이고 예비적 지식을 전제하는 점에 공통성이 있어서 이를 한 편으로 묶어 뒤로 설명을 돌렸다. 그리고는 증거절차에서도 개별적인 증거조사를 먼저 서술하고 그 결과에 입각한 자유심증에 의한 fact-finding 관계, 그것도 안 될 때에 증명책임으로 돌아가는 것이 재판현실임에 비추어 그 순서에 따라 서술함이 좋겠다고 보았다.

이제 민사소송의 본안사건만도 연 100만 건이 되고 갈수록 민사소송제도가

국민의 권리구제, 나아가 국가의 경세치륜에 중요한 비중을 차지해 가고 있으며, 이의 면학공부에 노력하는 사람도 늘어만 가고 있다. 이러한 현실에 당면하여 바른 운영을 통한 사회정의의 구현과 이상국가의 건설에 도움이 되도록 해야 한다는 소명의식을 갖고 좋은 책을 펴내고자 힘썼다. 아무래도 미흡한 점이 많으리라 보며, 독자들의 애정어린 편달과 협조를 기대하는 마음 간절하다.

짧고 어려운 개편작업과정에서 서울지법 조관행 부장판사의 자료·정보제공뿐만 아니라, 새 법의 새 체계정립에 큰 도움을 주었다. 고맙다는 말은 아무리 강조해도 지나침이 없을 것이다. 그리고 이원석·이태웅 군법무관의 정성스러운 교정의 도움, 박영사 박규태 편집위원이 금년 전반기를 온통 이 책의 출간에만 전념한 노고를 결코 잊을 수 없다. 박영사 안종만 회장과 송일근 주간의 따뜻한 배려, 어려움을 견디어가며 열의 있는 아내의 내조에도 고마움을 표한다. 저자는 20년간 공들인 舊著의 막을 내리며 역사는 흘러가는 것이라는 일말의 감회도 느낀다.

2002. 7. 30.

著者 씀

머 리 말(舊著)

民事訴訟法은 裁判實務와 더불어 生成·發展되어 가는 法分野이므로 무엇보다 그 理論은 裁判實務와 밀접하게 連繫되지 않으면 안 된다. 그리하여 實務運營을 쉽게 把握하여 活用할 수 있게 하고 그 合理的 整備에 이바지할 수 있게 되어야 한다. 또 「돈 많이 들고 오래 끄는」 民事訴訟의 痼疾的인 病弊는 汎世界的 現象이라고만 自歎할 것이 아니라, 問題의 所在를 法社會學的 側面 등 多角的으로 分析·究明하고 그 解釋論上·立法論上의 改善策을 提示하여야 할 것이다. 그리고 民事訴訟法理論의 學問的 成長을 위하여 先進國의 發展的인 理論과 그 動向을 예의주시하며 이의 繼受를 위한 不斷한 努力을 기울여야 한다. 특히 近者에는 新訴訟物理論, 第三者의 訴訟引入理論과 旣判力의 主觀的·客觀的 範圍를 확대하려는 試圖 등을 통합한 新訴訟法理論도 登場되고 있다. 나아가 우리의 獨自的인 判例도 제법 쌓이고 少額事件審判法, 訴訟促進等에관한特例法 등 우리 나라 특유의 새 立法이 나타나는 마당에 外國理論의 단순한 模寫段階는 지나갔으며, 우리 나름의 訴訟法理論의 體系的 構成이 要望될 계제에 이르렀음은 著者의 裁判實務生活과 이들 立法作業에 직접 關與한 體驗을 통해 切感한 바 있다.

이와 같이 課題가 山積되어 있어 問題意識을 갖고 本體系書의 執筆에 臨하였으나, 어디까지나 意慾過剩이었을 뿐, 호랑이가 아닌 고양이를 그린 결과에 그치지 않았는가 하는 疑懼心이 없지 않다. 斯學에 뜻을 둔 분들의 忌憚 없는 批判을 바라며 미흡한 점은 앞으로 改善해 나갈 생각이다. 일찍이 우리나라의 民事訴訟法理論은 李英燮 前大法院長, 方順元 前大法院判事를 비롯한 여러분들이 굳건히 구축하여 놓았다. 다만 後學으로서 이 분들이 이룩하여 놓은 學統을 이어 나가는데 다소나마 보탬이 되면 著者로서는 萬幸으로 생각하겠다.

本書를 出刊함에 있어서 原稿整理·校正·事項索引을 作成함에 있어서 자기 일처럼 獻身한 司法研修生 趙寬行 君을 비롯하여 軍法務官 朴峻 君, 同 林相憲 君 그리고 法學士 蘇在先 君에게 이 자리를 빌어 심심한 謝意를 표한다. 또 本書가 속히 햇빛을 볼 수 있게 끊임없이 督勵하신 博英社 安洹玉 社長, 同社 企劃部 李明載 部長, 出刊過程에 있은 隘路를 忍耐力 있게 甘受한 同社 編輯部 李鍾雲 部長, 同 編輯部員 大聖耀 氏에게도 아울러 感謝를 드린다.

1982. 5.

著者 識

차　　례

제1편 총　　론

제1장 민사소송

제 2 장 민사소송법

제 2 편 소송의 주체

제 1 장 법 원

제 2 장 당사자(원고와 피고)

제 3 편 제1심의 소송절차

제 1 장 소송의 개시 — 소제기와 피고답변

제 2 장 변론(심리)

제3장 증 거

제 4 편 소송의 종료

제 1 장 총 설

제 2 장 당사자의 행위에 의한 종료

제 3 장 종국판결에 의한 종료

제 5 편 병합소송

제 1 장 병합청구소송(청구의 복수)

제6편 상소심절차

제1장 총 설

제2장 항 소

제3장 상 고

제4장 항 고

제 7 편 재심절차

제 8 편 간이소송절차

도표 차례

일러두기

1. 법령의 내용은 2024년 1월 20일을 기준으로 하였다.
2. 이 책에서 민사소송법을 인용할 때에는 법의 이름을 적지 않고 「제○조 ○항」과 같이 숫자로만 표기하였다. 민사소송규칙은 「규 제○조 ○항」으로 표기하였다.
3. 이 책에서 자주 등장하는 다음의 법령은 약어(略語)를 사용하여 표기하였다. 약어에 해당하는 법령의 정식 명칭은 다음과 같다. 이 책에서 아래에 없는 법령은 원래의 명칭으로 표기한다.

가소	가사소송법
개인정보	개인정보 보호법
공선	공직선거법
공탁	공탁법
국민사공	국제민사사법공조법
국사	국제사법
규	민사소송규칙
근기	근로기준법
대법원규칙	사물관할규칙
민	민법
민비	민사소송비용법
민소비	민사소송비용규칙
민인	민사소송 등 인지법
민인규	민사소송 등 인지규칙
민조	민사조정법
민조규	민사조정규칙
민집	민사집행법
법조	법원조직법
법징	법관징계법
변	변호사법
부등	부동산등기법
부정경쟁	부정경쟁방지 및 영업비밀 보호에 관한 법률
비송	비송사건절차법
사물관할에 관한 규칙	민사 및 가사소송의 사물관할에 관한 규칙
사보규	사법보좌관규칙
상	상법
상가	상가건물 임대차보호법
상특법	상고심절차에 관한 특례법
상표	상표법
소비기본	소비자기본법
소송구조예규	소송구조제도의 운영에 관한 예규
소심	소액사건심판법
소심규	소액사건심판규칙
실용신안	실용신안법
자배	자동차손해배상 보장법
주택	주택임대차보호법
중재	중재법
증규	증권관련집단소송규칙
증집소	증권관련 집단소송법
집행	집행관법
특례법	소송촉진 등에 관한 특례법
특허	특허법
행소	행정소송법
헌	대한민국헌법
헌재	헌법재판소법

4. 판례는 다음과 같은 방식으로 표기하였다.

(예) 대법원 2011. 12. 8. 선고 2011다65396 판결 → 대법 2011. 12. 8, 2011다65396

주요참고문헌

(괄호안은 인용약어임)

※ 기타의 참고문헌(단행본 · 논문 등)은 본문에서 표기한다.

[국내문헌]

1. 교과서

강현중, 민사소송법(제8판), 박영사, 2023 (강현중)

김용진, (advocate)민사소송법, 피엔씨미디어, 2016 (김용진)

김홍규/강태원, 민사소송법(제13판), 삼영사, 2014 (김홍규/강태원)

김홍엽, 민사소송법(제11판), 박영사, 2023 (김홍엽)

박재완, 민사소송법강의(제4판), 2021 (박재완)

방순원, 민사소송법(상), 사법행정학회, 1987 (방순원)

손한기, 민사소송법(제3판), 홍문사, 2021 (손한기)

송상현/박익환, 민사소송법, 박영사, 2014 (송상현/박익환)

이시윤, 신민사집행법(제8개정판), 박영사, 2020

이시윤, 민사소송법입문(제3개정판), 박영사, 2022 (입문)

이시윤 · 조관행 · 이원석, 판례해설 민사소송법(제4판), 박영사, 2021

이영섭, 신민사소송법(상), 박영사, 1971 (이영섭)

전병서, 강의 민사소송법(제4판), 박영사, 2023 (전병서)

전병서, 민사소송 가이드 · 메뉴얼, 박영사, 2022

전원열, 민사소송법강의(3판), 박영사, 2022 (전원열)

정동윤/유병현/김경욱, 민사소송법(제10판), 법문사, 2023 (정동윤/유병현/김경욱)

정영환, 신민사소송법(제3판), 법문사, 2023 (정영환)

한충수, 민사소송법(제3판), 박영사, 2021 (한충수)

호문혁, 민사소송법(제14판), 법문사, 2020 (호문혁)

홍기문, 민사소송법, 대명출판사, 2005 (홍기문)

2. 주석서 및 기타 문헌

민사소송, 한국민사소송법학회 (민사소송 ( )권 ( )호)

법원실무제요, 민사소송(Ⅰ)~(Ⅲ), 법원행정처, 2017 (법원실무제요 민사소송(Ⅰ)~(Ⅲ))

사법연감, 법원행정처, 2023 (사법연감(2023))
주석신민사소송법 [Ⅰ]~[Ⅶ], 한국사법행정학회, 2004 (주석신민소(Ⅰ)~(Ⅶ))
법무부, 민사소송법번역집(문영화) (법무부, 2019)

[외국문헌]

1. 영미문헌

Federal Rules of Civil Procedure(2012~2013 Edition), West (FRCP)
Friedenthal, Kane and Miller, Civil Procedure(5th Edition), Thomson/West, 2005 (Friedenthal)
Yeazell, Civil Procedure(7th Edition), Wolters Kluwer, 2008 (Yeazell)

2. 독일문헌

Jauernig/Hess, Zivilprozessrecht(30. Aufl.), München, 2011 (Jauernig)
Musielak/Voit, Grundkurs ZPO(12. Aufl.), München, 2014 (Musielak)
Prütting/Gehrlein, ZPO Kommentar(5. Aufl.), Köln, 2013 (Prütting/Gehrlein)
Rosenberg/Schwab/Gottwald, Zivilprozessrecht(18. Aufl.), München, 2018 (Rosenberg/Schwab/Gottwald)
Schellhammer, Zivilprozess(13. Aufl.), C. F. Müller, 2010 (Schellhammer)
Schilken, Zivilprozessrecht(7. Aufl.), München, 2014 (Schilken)
Thomas-Putzo, ZPO(35. Aufl.), München, 2014 (Thomas-Putzo)
Zeiss-Schreiber, Zivilprozessrecht(12. Aufl.), Tübingen, 2013 (Zeiss)

3. 스위스문헌

Habscheid, Schweizerisches Zivilprozeß und Gerichtsorganisationsrecht, Basel, 1991 (Habscheid)

4. 일본문헌

新堂幸司, 新民事訴訟法(第5版), 弘文堂, 2011 (新堂)
松本博之 · 上野泰男, 民事訴訟法(第5版), 弘文堂, 2008 (松本 · 上野)
高橋宏志, 重点講義 民事訴訟法(上 · 下巻), 有斐閣, 2005 · 2010 (高橋)
三木浩一 · 笠井正俊 · 垣內秀介 · 菱田雄郷, 民事訴訟法, 有斐閣, 2013 (三木)

제1편 총　　론

제1장 민 사 소 송

제1절 민사소송의 목적
—힘의 구제에서 법에 의한 구제

(1) 사람이 몰리는 곳에 갈등과 이해충돌이 있게 되어 있다. 법은 개인에게 권리를 부여하고, 의무를 부담시켜 놓고 있지만, 때로는 권리의 실현이 잘 안되고 의무가 이행이 안 되어 시비가 생기는 경우가 있다.

이때 권리의 실현을 위하여 손쉽게 생각할 수 있는 것은 권리자의 힘인 실력에 의한 실현인 자력구제(Selbsthilfe)이다. 국가권력이 확립되기 전이나 혼란한 원시시대에는 동서양을 불문하고 자기의 물리적 힘의 행사, 나아가 가족 내지 소속집단의 도움에 의한 자력구제가 권리실현의 일반적인 수단이었다.

그러나 물리적 힘에 의한 권리실현이 신속하고 경제적인 수단임에는 틀림없으나(임대계약이 만료되었는데도 임차인이 명도하지 않고 버틸 때에 임차인이 집을 비운 사이의 허를 찔러 문을 따고 들어가 집 치우고 명도실행한 경우 등 풀리지 않는 억울함과 한이 남아 있을 수 있다.), 첫째로 권리자가 힘이 센 강자임이 전제되어야 하는데 그러한 보장은 없으며, 둘째로 실력에 의한 해결 자체가 사회평화의 교란·파괴일 뿐만 아니라 '힘에는 힘으로' 식의 맞대결로 '만인 대 만인의 투쟁장'의 악순환을 유발한다. 특히 매스컴선동이나 직소, 해결사나 조폭 나아가 용역업체의 동원, 광장의 점거데모, 고공 또는 단식농성·사이버테러·폭력 등 집단행동에 의한 해결은 인권침해, 사회혼란 그리고 법치파괴, 혼돈(chaos)과 무질서의 천하가 된다. 따라서 권리실현이라는 목적이 좋아도 해결수단이 제도 아닌 힘에 의한 것이면 반문명이기에 옛부터 근대국가는 긴급하고 예외적인 경우를 제외하고(민 209조, 채권의 공정한 추심에 관한 법률 참조) 자력구제를 금지시켰다.[1)]

그 대신에 국가구제(Staatshilfe)의 제도 즉 비용·시간·불확실성의 문제는 있겠지만 국가가 맡아 평화적으로 참으며 법에 따라 권리를 구제하는 제도 마련이 곧 민사소송제도이다. 따라서 민사소송제도는 카리스마적 권력·다중적 선동

1) 서양에서 자력구제를 금지한 것은 로마의 마르쿠스 아우렐리우스 황제(A.D. 161~180) 때부터이다. 주한외신기자클럽 회장을 지냈던 마이클 브린은 "한국에선 군중 감정이 선을 넘어서면 (민심이란 이름의) 야수(野獸)로 돌변해 법치를 붕괴시킨다"고 말했다.

이나 완력 등 힘의 지배가 아닌 법의 지배 사회의 구현이라는 중요한 의미가 있다. 현대민주주의가 '순서는 줄서기, 의사결정은 집단행동 아닌 다수결, 분쟁은 제도권에서 법으로'라면 민사소송제도는 민주주의의 본질적 요소 중 하나이다. 데모만능의 이 시대에서 제도권의 소송제도의 의미는 더욱 크다.

(2) 민사소송의 목적에 관하여는 여러 가지 견해가 있다.

① 민사소송의 목적을 국가가 사권을 공권적으로 확정하여 개인의 권리보호와 의무준수의 보장에 두는 입장인 사권보호설(私權保護說).[1] 소송은 법정 외에서의 힘의 대결과 압력에 의한 권리실현 대신에 제도권에서 수렴하여 법에 의한 권리실현이라고 보는 입장이다. 독일은 소송의 대명사가 권리보호(Rechtsschutz)이다. 예링(Jhering)이 말하는 권리를 위한 투쟁을 소송으로 보는 것이다.

② 국가가 제정한 사법(私法)질서를 유지하고 그 실효성을 보장하기 위하여 민사소송제도가 생겼다고 보는 사법질서유지설. 법을 바로 세워주고 사회복지 · 정화제도로서의 의미가 있다는 것으로 오스트리아의 Franz Klein의 견해이다.

③ 민사소송의 목적은 사권의 보호인 동시에 사법질서의 유지 · 확보라고 보는 사권보호 및 사법질서유지설

④ 민사분쟁 내지 민사법적 분쟁의 해결을 목적으로 설치된 제도가 민사소송이라고 하는 분쟁해결설[2]

⑤ 소송의 결과만 중시할 것이 아니라 process 자체를 중시하여 소송의 목적은 양당사자로 하여금 대등한 입장에서 자기 할 말을 하는 변론의 기회 보장이라는 적법절차의 보장에 있다는 절차보장설 등이 있다.

⑥ 비 판　　사권보호설은 자력구제를 금지하는 대신 생겨난 민사소송제도의 연혁에 충실한 견해이나, 소송제도를 개인의 이익의 측면으로만 파악하여 사적 분쟁은 어디까지나 사익에 관한 것이고 국가는 이에 아무런 이해관계가 없다는 자유주의 국가관에 선 견해로 개인권리의 과잉주장이다. 또 사법질서유지설에서 주장하는 바와 같이 사권의 보호가 사법질서를 유지하는 과정에서 생겨난 부산물에 지나지 않는다고 보면, 권리보호를 구하는 당사자를 소송절차의 단순한 객체로 전락시킬 위험이 있으므로 민사소송제도가 형사소송에 대해 갖는 특질이 몰각될 염려가 있다. 특히 이 설의 바탕에는 전체주의적 국가관이 도사리고 있어 위험하다. 다음 분쟁해결설을 보면, 최근에 소송중심에서 조정중심으로 이동하는 시대상에 걸맞기 때문에 수긍할 면이 있으나, 분쟁이 소송보다 넓다는 것을 간과하고 있다. 또한 당사자의 대등변론의 보장이 소송제도의 수단은 될지

1) 이영섭, 18면; 정동윤/유병현/김경욱, 27면; 강현중, 24면; 홍기문, 24면; 호문혁, 10면 등 우리나라 다수설.
2) 김홍규/강태원, 4면은 분쟁해결설에서 다원설로 변경.

언정, 목적 자체가 될 수는 없다는 점에서 절차보장설도 문제가 있다.

원래 사권의 존재는 사법질서의 존재를 전제로 하는 것이며, 따라서 사권과 사법은 같은 현상을 다른 측면에서 본 것에 지나지 않는다. 그러므로 민사소송은 이를 이용하는 개인의 입장에서는 분쟁해결에 의한 사권의 보호이고, 하나의 국가제도라는 차원에서는 사법질서의 유지라고 하겠다. 이러한 해석이 자유주의국가관과 전체주의국가관의 변증법적 조화라고 할 문화국가관에 맞는 소송목적관일 것이다. 따라서 다원적으로 보는 「사권보호 및 사법질서유지설」을 따른다(순위상 사권보호가 우선일 것이나, 공익소송 · 늘어나는 징벌적 · 집단적 손해배상소송 등은 예외). 소송을 통해 분쟁해결을 시도하지만, 궁극적으로는 권리자의 권리가 실현되기 때문에 채무자의 도덕률 향상과 국가정책에 영향, 소송을 통해 형성되는 판례 때문에 법의 발달과 국민권리의 신장, 특히 집단분쟁을 제도권에서 수렴 · 해결함으로써 사회평화와 법치주의의 구현 등 사회적 기능도 무시할 수 없다.

(3) 이 밖에 제도상 · 절차상의 목적이라면, 민사소송법 제1조에 밝힌 바와 같이 분쟁을 공정하게, 경제적으로, 그리고 신속하게 종결시키는 것이라고 하겠다.[1)]

제2절 민사소송과 다른 소송제도

Ⅰ. 민사소송의 개념

민사소송(Zivilprozess, civil procedure)은 개인적 견지에서는 사권의 존재를 확정하여 사권의 보호, 국가적 견지에서는 사법질서의 유지를 목적으로 하는 재판절차이다.

(1) 민사소송은 사법상의 권리관계를 그 대상으로 한다. 그러나 대등한 사인 간의 생활관계에서 생긴 것이라도 권리관계가 아닌 사실관계 자체는 민사소송의 대상이 되지 아니한다(법조 2조 1항의 '법률상'의 쟁송 참조). 또 법률상의 문제라 하여도 구체적 권리의무에 관한 분쟁이 아니고, 추상적으로 법률 · 명령 · 규칙 등의 효력을 다투는 것

1) 전병서, 655면. Friedenthal, Kane & Miller, Civil Procedure(4th edition), p. 1에서는 민사소송의 목적을 민사분쟁의 진실발견과 정당하고 효율적이며 경제적 해결을 위한 공정한 절차의 제공에 있다고 했다. 소송은 당사자 간 법관 앞에서의 대화와 타협의 장의 마련이고 안 되면 법에 의한 해결이라기보다는, 적대관계에 선 당사자 간의 법정투쟁이라는 인식이 우리 사회에 만연되어 있다.

은 헌법소송이지 민사소송의 대상이 될 수 없다(법조 2조 1항의 법률상의 '쟁송' 참조).

(2) 민사소송은 널리 사법상의 권리관계의 확정·보전·실현 등 세 가지를 과제로 하는 권리보호절차이다. ① 권리가 있다 없다의 확정(Feststellung, judgement)절차가 판결절차, ② 확정된 권리의 실현에 대비하여 미리 잡아두는 보전(Versicherung, securing judgement)절차가 가압류·가처분절차, ③ 권리의 강제적인 실현(Durchsetzung, enforcing judgement)절차[1)]가 강제집행절차. 넓은 의미의 민사소송은 이 세 가지 절차를 모두 포함하나, 좁은 의미의 민사소송이라 할 때에는 판결절차만을 의미한다. 구 민사소송법전에는 세 절차가 함께 담겨져 있었으나, 전문개정의 신법은 오스트리아형으로, 민사소송법전에 판결절차만 남겨놓고 강제집행절차와 가압류·가처분절차를 떼어 내어 민사집행법으로 분리독립시켰다. 현재 미국연방민사소송규칙(1938년 Federal Rules of Civil Procedure, 이하 FRCP)과 독일민사소송법전(1877년 Zivilprozessordnung, 이하 ZPO)에서는 세 가지 절차를 모두 통합해 놓고 있다.

(3) 민사소송은 재판상의 절차이다.

(a) 원래 소송에 해당하는 Prozess=proceeding은 일정한 목적을 향하여 전진해 나가는 동적 과정으로, 화학적 과정 혹은 발전과정이라 할 때의 과정과 같다. 따라서 민사소송은 국가기관인 법원이 판결을 목적으로 대립하는 원·피고의 참여하에 전개하는 모든 소송행위의 통합과정인 것이며(정·반·합), 재판상의 절차인 것이다. 절차를 밟아야 하므로 답답하고 시간이 걸림은 감수해야 한다.

절차의 전체 경과와 함께 윤곽을 요약하면 다음과 같다. 일반적으로 법전상 꼽는 순서로는 **판결절차 → 강제집행절차 → 가압류·가처분절차**로되, 이와 달리 시간적 순서로는 **가압류·가처분절차 → 판결절차 → 강제집행절차**로 나간다. 절차의 주전장(主戰場)은 판결절차인 본안 소송절차인데, 절차 중의 중추이다. 다만 금전 등 지급청구이면 시간·비용·노력면에서 부담되는 판결절차인 소송절차에 앞서, 선진국처럼 먼저 간편한 독촉절차(지급명령신청)에 부치고 이의하면 소제기의제가 되지만, 조정에 회부의 길도 넓게 열려 있다.[2)] 소송진행과정은 대법원 홈페이지에 들어가 보면 알 수 있다.

---

1) 이는 개별채권자를 위한 채무자의 개별 재산을 집행대상으로 하는 개별 집행절차와 총채권자를 위한 채무자의 전재산을 집행대상으로 하는 일반 집행절차로 나누어진다. 후자에 파산·개인채무자회생·회생절차가 포함된다.

2) 법률적 효과는 약하지만 정식의 이행최고나 해약의 성격을 갖는 **내용증명우편**을 보내는 경우가 적지 않다. 그 이용방법과 효과의 명확화를 위해 성문화의 필요가 있을 것이다.

[도표 1] 재판의 진행순서

<table>
<tr><td colspan="2">소장의 제출
(관할법원)
(인터넷
제출가능)
인지+송달료+
첨부서류
⇓</td><td>• 당사자 · 법정대리인 : 당사자의 동일성 특정
• 청구의 취지 : 구하는 판결주문의 표시
• 청구의 원인 : 청구를 이유있게 할 사실을 적되 소송물의 특정
법률용어의 불필요, 규 62조</td><td colspan="2">아래 3자 중 선택
① 이행의 소 : 청구권의 실현
② 확인의 소 : 불안한 권리 · 법률관계의 확정
③ 형성의 소 : 형성소(訴)권의 실현</td></tr>
<tr><td colspan="2">재판장의 소장심사
⇓</td><td>• 대상 : 소장의 필요적 기재사항, 인지납부
• 흠결시 재판장 등의 소장각하</td><td colspan="2"></td></tr>
<tr><td colspan="2">소장부본의
송달 · 답변서
제출의무의 고지
⇓</td><td>• 30일 내에 답변서 제출의무
• 불이행시 : 무변론판결, 선고기일의 통지</td><td colspan="2">• 무변론판결의 예외 : 공시송달사건, 직권조사사항, 형식적형성소송, 자백부적용의 절차</td></tr>
<tr><td colspan="2">답변서 제출</td><td colspan="3">• 청구의 취지에 대한 답변 : 소각하, 청구의 기각
• 청구의 원인에 대한 답변 : 규 65조, 일부자백 나머지 부인, 항변제출</td></tr>
<tr><td rowspan="2">⇓
(직통)</td><td rowspan="2">필요에 따라
변론준비절차
경유</td><td colspan="3">서면준비절차 : 답변서에 반박준비서면제출명령(4개월 내)</td></tr>
<tr><td>준비기일절차(6월 내)</td><td colspan="2">• 준비실에서 구술진행
• 소송관계 뚜렷히 할 필요없음
• 공개 · 직접심리주의 아님
• 재판장 등이 진행</td></tr>
<tr><td colspan="2">변론기일지정
⇓</td><td colspan="3">답변서 제출 후 최단기간 내에 변론기일지정(준비절차회부 아닌 때)</td></tr>
<tr><td colspan="2" rowspan="7">변론의 진행내용
⇓</td><td>본안의 신청</td><td colspan="2">• 원고 : 청구취지대로 판결신청
• 피고 : 소각하 · 청구기각신청</td></tr>
<tr><td>원고의 공격적 방법</td><td colspan="2">청구원인대로 법률상 주장, 사실주장</td></tr>
<tr><td rowspan="3">피고 답변의 내용</td><td colspan="2">보통은 청구원인에 대해 부인 · 부지(=증명책임 원고), 예외는 자백 · 침묵(=증명책임면제)</td></tr>
<tr><td rowspan="2">항변</td><td>본안 전 항변, 증거항변</td></tr>
<tr><td>본안항변 : 권리장애 · 소멸사실 · 저지사실(=증명책임 피고)</td></tr>
<tr><td>원고의 재항변</td><td colspan="2">피고의 항변 효과의 장애 · 소멸 · 저지사실(=증명책임 원고)</td></tr>
<tr><td>증거신청</td><td colspan="2">부인 · 부지 : 원고증거신청
항변 : 피고 증거신청</td></tr>
</table>

증거방법에 대한 조사 ⇓	증인(교호신문), 감정인(촉탁감정), 당사자본인, 문서(형식적·실질적 증거력), 검증물, 그 밖의 증거(녹취영상등 전자정보물) 등 증거조사
변론종결 ⇓	판결성숙시에 변론종결(결심)
판결선고	원칙상 2주일 내에 선고

후속 절차

a) 상　　소　　판결이 선고되면 판결정본이 송달되는데, 그 송달을 받은 날부터 2주일 내에 상소를 제기할 수 있다. 이에 의하여 제2심절차 혹은 제3심절차가 개시된다. 상소제도는 상급심법원에 의하여 엇갈릴 수 있는 하급심법원의 재판이 통제조정되는 데 그 의미가 있다. 상소율은 매우 높다.

b) 재　　심　　예외적으로 기판력 있는 판결도 불복의 대상으로 삼을 수 있는데, 그것이 비상구제절차인 재심제도이다.

c) 강제집행　　판결이 확정되어도 패소자 측이 판결내용대로 임의이행을 하지 아니하면 강제집행절차에 들어가게 된다. 구체적인 것은 민사집행법에 의하는데, 크게 금전집행과 비금전집행으로 나뉜다. 금전집행에 있어서 집행할 재산이 쉽게 발견되지 아니할 때에는 i) 채무자의 재산명시절차, ii) 전산망 관리의 공공기관·금융기관 등에 채무자재산조회제도를 이용할 수 있다. 재산이 있으면 i) 부동산 등에 대해서는 집행법원에 압류신청 → 현금화(경매) → 배당, ii) 유체동산은 집행관에 경매신청을 하여 경매매득금으로 만족, iii) 채권 등은 집행법원에 압류명령+추심명령·전부명령·특별현금화 명령 등으로 만족한다.

(b) 소송은 사실로서는 하나의 절차이나 법률현상으로서 법률관계(법률관계설)인가, 법률상태(법률상태설)인가에 관하여는 다툼이 있다.

법률관계설은 소송을 정태적으로 파악하여 소송주체인 원고·피고·법원 3자 사이에 성립되는 법률관계로 봄에 대하여, 법률상태설은 소송을 동태적으로 파악하여 발전적인 법률상태로 본다. 다수설은 법률상태설이나, 판례는 법률관계설인 듯하다.

법률상태라 하여도, 소송전체를 보면 법률관계로 보는 것과 차이가 없다는 견해가 있다(독일의 유력설).

Ⅱ. 다른 소송과의 관계

1. 형사소송

(1) 형사소송은 피해자측의 사적 복수의 금지 대신에 국가의 형벌권의 발동을 전제로 한 범죄유무의 확정을 목적으로 하는 점에서, 자력구제의 금지 대신에

국가구제를 위한 사법상의 권리관계의 확정을 목적으로 하는 민사소송과 구별된다. 양자는 서로 독립한 목적을 갖고 있기 때문에, 예를 들면 교통사고로 인명피해의 경우와 같이 같은 사안이 민·형사소송 두 가지 절차에서 다 같이 다루어지게 되더라도 민사소송에서 문제삼고 있는 것은 피해자와 가해자 간의 이해의 조정임에 대하여, 형사소송에서 문제되는 것은 공동생활의 질서를 파괴한 데 대한 응징이다. 따라서 가해자가 피해자에 대한 피해변상을 하여 민사소송을 제기할 수 없게 되어도 이 때문에 국가의 형벌권이 소멸되지는 않으며, 다만 그것은 형사소송에 있어서 형량에서 참작사유가 될 뿐이다.

(2) 양 절차의 차이　① 민사소송절차에서는 변론주의를 심리원칙으로 함에 대하여, 형사소송절차에서는 직권주의에 의하고 있다. 그러므로 승소할 수 있는 사안이라 해도 당사자가 주장·증명책임을 게을리하면 패소를 면할 수 없게 되는 것이 민사소송임에 대하여, 형사소송에서는 이같은 일이 생길 개연성이 희박하다(피해자가 민소에서는 져도 형소에서는 이길 수 있으며, 반대도 될 수 있음. 대법 2006다6713 등). ② 증명책임에 있어서 형사소송에서는 공소사실에 검사가, 민사소송에서는 권리발생사실에 원고가 각 책임, ③ 자백에 관하여 형사소송에서는 보강증거가 필요한데, 민사소송에서는 그대로 사실확정해야 한다. ④ 침묵에 관하여 형사소송에서는 묵비권이 헌법상 보장되지만(헌 12조), 민사소송에서는 자백간주가 된다. ⑤ 형사소송에서는 기소독점의 검사만이 원고의 입장에서 공소제기할 수 있지만(공수처설치에 따라 기소독점주의는 깨졌다), 민사소송에서는 피해자이면 누구나 소제기가 가능하다. ⑥ 형사소송에서는 처분권주의가 허용되지 않지만, 민사소송에서는 처분권주의 때문에 화해-조정, 청구의 포기·인낙 그리고 소의 취하가 어느 때나 자유롭다.

(3) 이와 같이 양자는 서로 목적과 심판절차를 달리하기 때문에 동일한 서증이라도 형사법원과 민사법원 간에 그 가치판단을 달리할 수 있으며, 민사재판에서는 형사재판에서 확정한 사실에 구속되지 아니한다.[1)] 다만 민사재판에서 형사판결은 증거자료가 되는 데 그친다. 형사판결의 증거력평가는 법관의 자유심증에 속하는 사항일 것이나(202조), 판례의 주류는 확정된 형사판결은 특별한 사정이 없는 한 유력한 증거가 되므로, 이를 특별한 사정 없이 배척함은 경험법칙에 위배된다는 태도이다.[2)] 그러나 형사판결의 증거력에 지나치게 치중하면 당사자의

1) 대법 1968. 4. 23, 66다2499; 동 1979. 9. 25, 79다913.

2) 대법 1995. 1. 12, 94다39215; 동 2019. 7. 4, 2018두66869(행정소송에서 가정법원의 확정판결의 사실인정 존중) 등. 다만, 그 확정된 관련사건 판결의 이유와 더불어 다른 증거를 종합하여 다른 사실의 인정 또한 법률상 허용되며, 그 이유설시에 합리성이 인정되는 한 사실심의 전권이라

증거제출권이 침해될 염려가 있음을 유의할 필요가 있다.

(4) 민사소송과 형사소송을 완전분화시키는 것에는 문제가 있다. 예를 들면 형사소송에서는 운전사의 과실을 인정하면서 민사소송에서는 이와 반대로 부정하는 것이 그것인데, 이것은 법률의 문외한인 일반 국민에게 사법불신을 조장할 수 있다. 따라서 소송촉진 등에 관한 특례법 제25조 이하에서는 **배상신청**, 즉 부대소송(Adhäsionsprozess)의 형식으로 불법행위에 의한 배상청구를 당해 형사소송절차에 함께 병합청구하는 One stop Service, 즉 절차집중의 길을 열어 놓았다. 나아가 형사소송절차에서 민사화해제도도 도입하였다(이에 관한 상세는 뒤에 볼 「배상명령」 참조).

민사사건의 형사사건화 경향 순수한 민사문제인데도 고소·고발로 형사입건시켜 사권을 실현하려는 경향이 두드러진 것이 우리 사회의 실정이다(고소·고발공화국). 이것은 고소·고발권의 제도외적 남용이라 하겠는데(형사고소·고발사건 55만여 건의 70%가 무혐의, 사건수는 일본의 55.2배에 해당, 사기대국. 명예훼손 사건은 주로 정치적 사건), 채무자측에 심리적 압박을 가하여 이행하게 하거나, 또는 장차 제기할 민사사건에 대한 "증거만들기" 즉 증거확보가 그 목적인 경우가 많다. 민사소송에서 미국법과 같은 공판전의 증거개시제도(pretrial discovery)가 없어 정보수집이 어려워 생긴 고육지책인지 모른다. 민사소송의 비효율성이 원인이 된다고 한다. 어떻든 형사사건에서 민사재판이 반 정도 이루어지는 결과가 되며, 그렇게 하여 형사사건에서 만들어진 수사결과를 민사사건에서 증거화하기 위해 수사기관에 기록송부촉탁·법원 외의 서증조사신청을 하기에 바쁘다. 모름지기 수사당국이 민사문제와 형사문제의 한계를 제대로 가려 민사문제에서는 개입을 자제해 주지 않으면 국가수사인력의 낭비와 인권의 침해는 피할 수 없는 일이다. 민사재판에서도 형사사건에서 조사하여 작성한 신문조서의 증거력 인정에 신중을 기하여야 할 것이다. 구시대에는 민형사가 혼용되었으며, 민사소송에서 피고나 증인의 고문도 했다고 한다. 형사를 민사로 갈음하는 미국식의 **징벌적 배상제도**가 우리나라에서도 활발하게 도입되고 있다.

문제점의 해결방안으로 현재 검찰은 형사조정의 활성화를 시도하고 있다.

2. 행정소송

(1) 총 설 행정소송은 행정청의 처분 그 밖의 공법상의 권리관계에 관한 쟁송(행소 1조)을 그 대상으로 하고 있는 점에서 사법상의 권리관계를 대상으로 하는 민사소송과 구별된다.

우리 헌법에서는 사법권은 법관으로 구성된 법원에 속함을 천명하여(헌 101조 1항), 행정재판권도 사법권에 포함시켰다. 다만 행정소송사항은 민사소송법을 준용하지만 행정소송법이라는 특수절차법의 규율도 받게 함으로써 일반민사소송절차

는 것에, 대법 2012. 11. 29, 2012다44471. 검사의 무혐의불기소처분은 법원의 사실인정에 장애가 되지 않는다는 것에, 대법 1988. 4. 27, 87다카623 등.

와 권리구제절차(Rechtsweg)를 달리하고 있을 뿐이다.

(2) 특별민사소송절차 행정소송법에서는 행정소송의 특수성에 비추어 i) 임의적 행정심판전치주의(18조), ii) 행정처분청으로 피고적격의 한정(13조), iii) 지방법원과 동급의 행정법원(행정법원이 설치되지 않은 곳에서는 지방법원 본원)을 제1심으로 하는 3심제(공정거래위원회의 처분, 예컨대 Qualcomm에 대한 1조 311억원의 벌과금에 대한 불복의 소도 2심제, 일본은 미국과 마찬가지로 최근 3심제로 바꿈), iv) 관련청구의 병합(10조), v) 직권탐지주의(26조),[1] vi) 위력이 엄청난 처분의 효력정지제도(23조. 헌법재판소가 있는 나라에서 헌법상 기본권 침해관련의 처분도 이 제도에 의하는 예는 문제. 헌법소원을 본안으로 한 가처분조치사항이 아닌가?), vii) 재량에 의한 청구기각(사정판결)(28조), viii) 확정판결의 기속력(30조), ix) 판결의 간접강제(34조) 등 몇 가지 절차상의 특례를 규정하였으나, 그 밖에는 민사소송법을 준용하고 있다(8조). 따라서 행정소송은 민사소송과의 관계에서 특별민사소송절차라고 보아야 할 것이다.[2]

(3) 민사소송사항과의 한계

1) 문제되는 것은 국가나 공공단체의 행위에 관한 분쟁 중 행정소송사항과 민사소송사항의 한계이다.[3] 양자의 구별은 공법과 사법의 구별 자체가 구체적으로 명확하지 않을 뿐만 아니라, 재판제도의 연혁과 당사자에게 사법적 구제를 보장하려는 정책적 고려 등이 얽혀서 결코 쉬운 것이 아니다.

특히 행정소송법 제1조의「공법상의 권리관계」가 어떠한 것인가를 놓고 양자의 한계가 문제될 때가 많다.

민사소송사항 판례는 i) 구 농지개혁법실시(현 농지법)에 관한 사항 일반,[4] ii) 행정관청이 관리하는 건물의 임대차계약[5]이나 공설시장점포에 관한 분쟁,[6] iii) 국공유재산의 처분에 관한 분쟁,[7] iv) 구 국가유공자 예우 등에 관한 법률 제42조의 가료대상자확인청구,[8] v) 농협총회결의무효·부존재확인,[9] vi) 토지개량사업으로 인한 소유권 등 침해에 대한 방해배제청구,[10] vii) 국가배상법에 의한 손해배상청구, viii) 서울시 지하철공사 직

---

1) 일정한 경우에 직권주의가 가미되어 있더라도 여전히 변론주의를 기본구조로 한다는 것으로, 대법 2001. 1. 16, 99두8107과 동 2003. 4. 25, 2003두988 등이 있는가 하면 직권주의에 기울어진 것에, 2010. 2. 11, 2009두18035.

2) 국회상정의 개정안에는 ① 의무이행의 소, ② 임시지위가처분등의 신설, ③ 당사자적격의 확대의 내용이 있다.

3) 상세는 졸고, "민사재판권의 한계," 사법행정 6권 10호(1965. 10).

4) 대법 1960. 8. 8, 4291행상111.

5) 대법 1961. 10. 5, 4292행상53; 동 1977. 11. 22, 76누21.

6) 대법 1962. 2. 22, 4294행상173.

7) 대법 1991. 11. 8, 90누9391 등.

8) 대법 1966. 10. 31, 66누132.

9) 대법 1971. 2. 9, 70다2694 참조.

10) 대법 1970. 2. 10, 67다318.

원에 대한 징계처분불복,[1] ix) 사립학교 교직원의 근로관계,[2] x) 재개발조합장 등 임원의 선·해임을 둘러싼 법률관계[3] 등도 민사소송사항으로 본다. 국가·공공단체에 대한 급여청구(의원사퇴 후의 세비·공법인직원의 퇴직금청구 등)는 일관하여 민사소송사항이라 보고 있다.

그러나 공익사업을 위한 토지 등의 취득 및 보상에 관한 법률(토지보상법) 제85조에 따르는 보상청구,[4] 공유수면매립사업으로 인한 어업권자의 손실보상청구,[5] 중앙관서장의 보조금반환청구의 소송,[6] 방위사업청과 맺은 협약사업의 초과비용의 국가상대청구[7]는 행정소송사항이다. 대법(전) 2011다95564는 부가가치세 환급세액 지급청구를 민사소송으로 보던 것을 변경하여 행정소송법상 당사자소송으로 보았다(민사소송과 당사자소송의 구별은 어려운 문제). 고용·산재보험료부존재확인의 소도 같이 본다(대법 2016. 10. 13, 2016다221658). 또 재개발·재건축의 경우에 분양권 대신에 청산금청구도 같다.

2) 행정소송사항이냐 여부는 행정법원이 생긴 지금 매우 중요하다. 행정소송사항은 처음부터 지방법원이 아닌 행정법원에 소제기하여야 하기 때문이다. 문제는 민사소송사항을 행정소송사항으로 혼동의 소제기나 그 역으로 민사소송사항으로 소제기한 경우에 어떻게 처리할 것인가이다. 관할법원으로 이송하는 것이 원칙이다(행소 7조).[8]

(4) 민사소송의 선결문제로서 행정처분 민사소송절차에서 청구를 판단하는 데 행정처분이 선결문제가 되는 때에 그 행정처분의 유·무효나 존부는 민사법원이 심사할 수 있다는 것이 판례·통설이다. 따라서 민사소송에 의하여 조세부과처분이 당연무효임을 전제로 과오납금의 부당이득반환청구를 할 수 있으며,[9] 이와 같은 경우에 행정소송법 제11조에서는 민사소송의 수소법원이 제17조(행정청의 소송참가), 제25조(기록의 제출명령), 제26조(직권심리), 제33조(소송비용재판의 효력)에 관한 규정 등 공법관계소송의 심리원칙을 준용하도록 하였다. 그러나 민사소송사건을 행정소송절차로 진행한 경우, 그 자체로서 위법일 수

1) 대법 1989. 9. 12, 89누2103. 사립학교 교원에 대한 징계처분에 관하여는 학교법인을 상대로 민사소송으로 유·무효를 다툴 수 있지만, 먼저 교원징계재심위원회에 재심청구를 거친 경우는 그 결정에 대하여 행정소송을 제기할 수 있다는 것이 판례(대법 1993. 2. 12, 92누13707)이므로, 당사자는 구제방법에 있어서 선택이 가능하다.
2) 대법 1962. 5. 3, 4294민상970.
3) 대법 2009. 9. 24, 2009마168·169.
4) 대법 2012. 10. 11, 2010다23210. 그러나 환매청구의 증감청구는 민사소송=대법 2013. 2. 28, 2010두22368.
5) 대법 2001. 6. 29, 99다56468.
6) 대법 2012. 3. 15, 2011다17328.
7) 대법 2015다215526.
8) 대법 2018. 7. 26, 2015다221569 등.
9) 대법 1995. 4. 28, 94다55019; 동 2015. 8. 27, 2013다212639.

없음이 원칙이다.[1)]

같은 문제는 특허심결취소심판청구와 구별되는 **특허침해소송**에서도 선결문제로 등록특허의 유·무효가 다투어질 수 있다. 대법(전) 2012. 1. 19, 2010다95390은 특허발명에 대한 무효심결 확정 전이라도 특허가 무효가 될 것이 명백한 경우, 특허침해소송에서 특허무효의 항변이 허용된다 했다. 또 등록상표가 무효심판절차에서 등록무효로 확정하기 전에 침해소송담당 법원이 그 등록에 무효사유 있다는 이유로 상표권침해금지 및 손해배상청구를 기각할 수 있다.[2)]

그러나 행정처분에는 공정력이 있으므로 무효가 아니라 단순취소사유에 불과한 흠이 있는 경우에는 행정쟁송절차로 취소되기 전에는 민사법원이 그 효력을 부인할 수 없다.[3)] 예를 들면 파면처분이 무효가 아니라 위법함을 이유로 국가배상을 구할 수 없다.[4)]

3. 가사소송

(1) 1991. 1. 1.부터 새로 제정·시행하게 된 가사소송법은 종전의 가사심판법과 인사소송법을 통폐합하여 가사관계의 절차규정을 일원적으로 재정비하였다. 그 큰 골격은 가사사건을 크게 가사소송사건과 가사비송사건으로 나누어, 후자는 비송사건절차법을 준용하고(가소 34조), 전자는 민사소송법에 의하게 하였다(가소 12조). 이로써 가사소송사건(구법상 주로 인사소송사건)은 특별민사소송사건임이 분명해진 것이다. 가사소송법 제2조는 가사소송사건을 가류사건·나류사건·다류사건으로 나누었다. 특히 다류사건은 이혼 등을 원인으로 한 손해배상청구(위자료)·원상회복청구 등인데, 종전에 통상의 민사소송사건에 속하였고 지금도 민사소송사건임이 본질인데, 편의상 전형적인 가사소송사건인 가·나류의 관련청구로서 가정법원의 병합관할로 한 것이다(가정법원의 전속관할에 속한다. 소가 5억원 이상은 가정법원 합의부 관할). 가사비송사건(라·마류사건, 가족관계등록부정정, 재산분할, 양육비, 성년후견 등 사건)은 논외로 하고, 가사소송사건의 경우에 통상의 민사소송사건과의 관계에서 특례라면 다음과 같다(곧 개정예정). 다만 가사소송법을 대폭 개정하는 개정법률안이 국회에 계류중에 있다.

i) 가정법원의 전속관할(가소 2조 1항).

ii) 먼저 가사조정에 회부하는 조정전치주의(가소 50조 나류 및 다류사건).

1) 대법 2018. 2. 13, 2014두11328.
2) 대법(전) 2012. 10. 18, 2010다103000.
3) 대법 1999. 8. 20, 99다20179; 동 1991. 10. 22, 91다26690 등.
4) 대법 1974. 3. 12, 73누228; 동 1972. 4. 28, 72다337.

iii) 본인 출석주의(가소 7조). 대리인을 출석시키려면 재판장의 허가를 요한다.

iv) 보도 금지(가소 10조).

v) 직권탐지주의(가소 17조). 따라서 실기한 공격·방어방법의 각하(149조, 285조), 문서제출명령불응시의 제재(349조 등), 청구의 인낙(220조)·자백(288조) 등 규정의 적용배제 등(가소 12조). 다만 이 특칙은 가류 및 나류사건에 한하며, 다류는 변론주의에 의한다.[1)]

vi) 사정에 의한 항소기각의 판결(가소 19조 3항).

vii) 확정판결의 대세효. 다만 청구배척의 경우는 제한적 대세효만을 인정한다(가소 21조). 이 특칙도 가류·나류사건에 한한다.

viii) 사실심의 변론종결시까지 필수적 공동소송인의 추가 또는 피고의 경정 허용(가소 15조).

ix) 가사소송사건과 가사비송사건의 병합 허용(가소 14조; 민소 253조의 예외. 이혼소와 재산분할청구 병합의 예).

x) 소송절차의 승계에 관한 특칙(가소 16조).

xi) 혈액형 등 유전인자(DNA)의 수검명령(가소 29조).

xii) 판결상의 의무의 이행명령(가소 64조)과 그 불이행의 경우에 과태료·감치의 제재(가소 67조, 68조).

xiii) 양육비의 이행확보를 위한 직접지급명령제, 담보제공 및 일시금지급명령 그리고 재산명시 및 재산조회제(가소 63조의 2·3, 48조의 2·3). 제도개선이 크게 논의 중(30일 이내의 감치처분 명단공개, 출국금지 등)

xiv) 불출석에 대한 제재(가소 66조).

(2) 가사소송사건과 일반민사사건의 한계가 문제된다. 사법상의 법률관계에 관한 소송 중에 가사소송법 제2조 1항 1호에 해당 가류·나류·다류 사건은 가사소송사건이되, 그 나머지 사건은 일반민사사건으로 보는 것이 원칙이다. 동법 제2조 1항 1호에서 열거한 바 없는 재산상속·유언무효·유류분사건 등을 일반민사소송사건으로 보아야 할 까닭은 이 때문이다. 가사사건에 관한 국제재판관할권에 관해서는 개정 국제사법 제56조 내지 제62조, 제76조.

4. 비송사건(非訟事件)

(1) 의 의 법원의 관할에 속하는 민사사건 중 소송절차로 처리하지

1) 가사소송법 제17조는 증거조사의 특칙일 뿐 변론주의 자체를 배제하는 것은 아니라는 견해로, 한충수, 17면.

않는 사건을 비송사건이라 한다.[1] 성질상 소송사건이 아닌 사건이라 하여 이와 같은 호칭이 되었다. 형식적으로는 비송사건절차법에 정해진 사건과 그 총칙규정의 적용·준용을 받는 사건을 말한다. 여기에는 i) 민사비송사건(법인, 신탁, 재판상의 대위, 공탁, 감정에 관한 사건 등. 비송 32조 이하), ii) 상사비송사건(회사의 경매, 사채, 회사의 청산, 상업등기 등. 비송 72조 이하), iii) 과태료사건(비송 247조 이하. 이에 준하는 이행강제금), iv) 가사비송사건(라·마류사건. 예: 가족관계등록부 성년후견, 성별정정사건 등) 등이 있다. i) 내지 iii)은 비송사건절차법에서 직접규정하고 iv)는 가사소송법 제2조 1항 2호에 규정하였다.

이 밖에 날로 활성화되어 가는 민사조정 및 가사조정(민조 39조; 가소 49조)도 비송사건에 속하며, 등기관의 처분에 관한 이의(부등 105조)에도 비송사건절차법을 준용한다. 또 파산·개인회생·회생사건 및 공시최고사건과 같은 것은 법원에 의한 간이·신속 재량적 처리가 바람직하므로 성질상 비송사건으로 볼 것이다(중국은 독촉절차도 비송사건). 공유물분할청구나 경계확정의 소와 같은 형식적 형성의 소는 민사소송의 형식으로 처리되나 실질은 비송사건이다. 이러한 형식적 형성의 소는「소송의 비송화」경향에 의하여 점진적으로 늘어 가고 있다.

(2) 성 질 문제는 실질적 의미의 비송사건을 어떻게 파악할 것인가인데, 여러 가지 견해가 있는바 그 주요한 것을 보면

(a) **목 적 설** 비송사건은 사법질서의 형성을 목적으로 하는 것임에 대해, 소송사건은 사법질서의 유지와 확정을 목적으로 한다는 견해이다.

(b) **대 상 설** 원고의 피고에 대한 권리주장, 즉 법적 분쟁을 대상으로 하는 것이 소송사건임에 대하여, 국가에 의한 사인 간의 생활관계에의 후견적 개입을 대상으로 하는 것이 비송사건이라고 하는 견해이다.

(c) **실체법설** 비송사건의 본질에 관한 개념정의를 단념하고 입법자가 비송사건에 의할 것을 명시적으로 지정한 사건이면 비송사건이고, 그 밖의 사건은 소송사건으로 볼 것이라는 견해로서[2] 현재 독일의 통설이다.

(d) **검 토** 대체로 법원이 민사에 관한 사항을 처리함에 있어서 판단의 구체적 기준을 법률로 명시하여 놓은 경우와 법원의 합목적적 재량에 일임하여 놓은 경우가 있다. 전자와 같이 판단의 구체적 기준을 명시한 법률을 단순히 적용하는 데 그치는 사항이면 성질상 소송사건임에 대하여(민사사법), 후자와 같이 법원이 가장 합목적적이라고 생각하는 바에 따라 처리토록 맡긴 재량사항이면 성질상 비송사건에 해당한다 할 것이다(민사행정).[3] 이와 같이 비송사건은

1) 전병서, 비송사건절차법(2023).
2) 정동윤/유병현/김경욱, 15면.
3) 비송사건으로 보는 이유로 법원의 합목적적 재량과 절차의 간이·신속성을 내세운 것에, 대법 1984. 10. 5, 84마카42.

법원의 법률적용에 의한 '이다, 아니다'의 판단작용이 아니기 때문에 본질적으로 행정작용이라 할 것인데, 연혁적 · 정책적 고려하에 이를 사법기관인 법원의 권한에 속하게 하거나 또는 그 감독하에 맡긴 것이다. 이러한 의미에서 비송사건은 민사행정작용에 해당한다고 하겠으며,[1] 따라서 위 몇 가지 설 중 다수설인 **대상설**이 합당한 것으로 보인다.[2]

(3) 비송사건의 특징 비송사건은 간이 · 신속한 처리를 위해 엄격한 증명 아닌 자유로운 증명(Freibeweis)이면 되고, 서로 맞서는 대립당사자 구조가 아니라 일방만이 나서는 편면적 구조로서 직권주의적 색채가 농후하다. 현행 비송사건절차법에서도 i) 변론주의 아닌 직권탐지주의(비송 11조),[3] ii) 대리인자격의 무제한(비송 6조. 법무사의 대리권부여가 논의된다), iii) 필요적 변론의 원칙 배제와 심문, iv) 비공개주의(비송 13조), v) 검사의 참여(비송 15조), vi) 조서의 재량작성(비송 14조), vii) 결정형식의 재판(비송 17조)과 불복방법으로서의 항고(비송 20조), viii) 기판력이 없기 때문에 취소 · 변경의 자유(비송 19조) 등의 규정을 두어 소송사건과는 절차내용에 있어서 명확한 차이가 있다. 또 헌법 제27조 · 제109조에 의한 헌법상의 절차보장 등 당사자권의 보장도 소송사건에 비하여 약하며, 불이익변경금지의 원칙의 적용이 없다.[4] 국제재판관할에 관하여 개정 국제사법 제15조가 신설되었다.

문제는 비송사건절차법에 의해 처리할 사건을 통상의 민사소송절차에 의하여 제소한 경우나 그 반대의 경우에 어떻게 취급할 것이냐이다. 이에 대해 판례는 각하하여야 한다는 것이 종전의 입장이었다.[5] 그러나 비송사건도 통상의 민사법원의 재판권에 속하는 것일진대 이 경우에 재판권의 흠의 문제가 생길 수는 없는 것이므로, 직분관할위반의 경우를 유추하여 제34조 1항에 의하여 이송하는 것이 옳을 줄로 안다(「소송의 이송」 참조). 독일의 판례와 독일 법원조직법 § 17a Ⅵ도 그러하다. 이러한 필자 입장의 반영인지, 비송사건을 민사소송으로 제기한 경우에,

---

1) 일본에서 호적 · 공탁 · 등기 등의 공부의 관리사무를 법무성으로 이관하였다.

2) 일본의 통설이기도 하다. 그러나 일본판례는 日最高裁 1960. 7. 6 대법정 판결 이래 「기존의 권리의 존부확정=소송사항, 권리의 구체적 내용의 형성=비송사항」으로 보고 있으며, 전자에 대하여 소송의 길이 열려 있지 않으면 위헌이라는 취지로 일관하고 있다.

3) 대법 1999. 11. 26, 99므1596=재산분할사건은 가사비송사건에 해당하므로 법원으로서는 당사자의 주장에 구애되지 아니하고 재산분할의 대상이 무엇인지 직권으로 사실조사를 하여 포함시키거나 제외시킬 수 있다. 독일에서의 소송사건과 비송사건의 차이를 다룬 것에는 Anastsiaurteil(BGH 53, 245).

4) 日最高裁 平成 2(1990). 7. 20 판결.

5) 대법 1956. 1. 12, 4288민상126; 동 1963. 12. 12, 63다449.

최근 판례는 이송이 타당하다고 했다.[1)]

소송의 비송화와 그 한계 근대 민사소송법의 성립시기에는 소의 제기에 의하여 변론을 거쳐 판결에 이르는 소송방식이 원칙적인 민사사건의 처리방향이고, 비송은 어디까지나 예외적·한정적으로 인정하였던 것이나, 종전에 소송으로 처리하던 사항을 비송의 영역으로 이관하고 방식은 소송이지만 법에 해당되어 '권리 있다 없다'의 일도양단식이 아니라 재량에 의하여 탄력적으로 내용을 정하는 현상이 늘어나게 되었다. 이를 가리켜 「소송의 비송화」 경향이라 한다. 법관의 자의에 대한 과도한 경계로부터의 탈피, 보다 신속하고 탄력적·경제적인 처리에 대한 기대, 분쟁의 정형적 처리에서 비정형적·개별적 처리로의 진화의 요청 등 제반사태가 소송방식으로부터의 이탈을 재촉하고 비송적 절차원칙을 지향하는 주요원인이 되고 있다. 복지국가로의 전환과 함께 일반조항이 늘어나고, 법관에게 재량을 주는 규정이 속출하면서 그 경향이 두드러진다. 예컨대 민사조정법에 의한 강제조정제도의 도입(30조), 상법 제379조와 행정소송법 제28조에 의한 사정판결, 가사소송법 제19조의 사정에 의한 항소기각판결, 직권에 의한 과실상계, 증권관련 집단소송에서 소제기와 소의 취하·청구의 포기, 화해 등에서 법원의 허가제(증집소 36조 2항)와 의사무능력자의 특별대리인에 대한 불허가제(62조의 2 2항), 민법 제840조 제6호의 이혼원인으로서 '혼인을 계속하기 어려운 중대한 사유', 손해액증명이 매우 곤란한 경우에 손해액의 재량적 산정의 개정 202조의2 등 법관의 재량적 개입 처리의 영역이 늘어나는 경향이 그것이다. 늘어나는 징벌적 손해배상재판에서 3~5배의 배상액 산정도 그러하다.

그러나 소송의 비송화에는 한계가 있다. 원래 쟁송성이 있는 소송사건을 섣불리 비송화한다면 정당한 공개심리, 법정에서 서로 맞서는 대석변론의 구조 등 당사자권을 무시하거나 판결절차에 의하지 아니할 수도 있기 때문에 헌법 제27조가 보장하는 '재판을 받을 권리'를 침해할 수 있으며, 위헌의 문제가 생길 수 있다. 유아인도·부양료 또는 양육비 지급청구[2)]는 신설된 가사소송법상 마류 비송사건에 속하는데(가소 2조 마류사건 3·8), 비송화의 한계선상에 있다고 하겠다. 특히 가사비송사건 중 마류사건은 쟁송성이 강하고 소송사건적 성격을 띠고 있기 때문에 전형적인 비송사건이라기보다 이른바 진정쟁송사건(echte Streitsachen)이라고 할 것이다. 그 때문에 i) 대립당사자구조, ii) 조정전치주의, iii) 필요적 심문절차가 적용되기도 한다(가소 46조, 48조, 50조). 따라서 가사비송인 마류사건은 함부로 확대해석할 것이 아니며, 마류사건인가의 여부가 의심스러울 때에는 엄격한 형식과 상세한 당사자권의 인정으로 절차보장이 되는 가사소송사건으로 볼 것이다.

---

1) 대법 2023. 9. 14, 2020다238622.

2) 대법(전) 1994. 5. 13, 92스21의 보충의견. 부양료에 대한 부부일방과 타방 친족간의 상환청구를 소송사건으로 본 것에, 대법 2012. 12. 27, 2011다96932.

제3절 소송을 갈음하는 분쟁해결제도(ADR)[1]

Ⅰ. 총 설

민사소송은 민사분쟁해결의 유일한 수단이 아니며 이와 다른 선택인 화해·조정 및 중재 따위가 있다. 소송은 상대방의 의사나 태도에 관계 없는 국가권력에 의한 강제적 해결방식임에 대하여, 화해·조정·중재·소취하 합의는 어느 것이나 당사자 쌍방의 일치된 자율적 의사에 기한 자주적 해결방식인 점에서 소송과는 성질을 달리한다. 후자는 소송을 갈음하는 분쟁해결제도라고 하는데, 모든 민사분쟁에 대해 법원을 찾아 법적 해결에 의존하는 것이 능사가 아니다. 법원의 부담과중으로 분쟁해결의 지연 내지 졸속재판 등 해결방법의 질적 저하를 초래하게 될 뿐 아니라, 때로는 법적 해결이 적합치 않은 사건에 대해 과다한 비용·시간의 소요와 복잡한 절차로 곤혹스럽게 된다. '판사는 판결문으로만 말한다'는 데는 한계가 있어야 할 것이고, 값비싼 인력인 판사의 증원으로만 대체할 수 없는 일이다. 따라서 소송이 통상의 분쟁해결수단으로 비현실적일 때가 많다. 그리하여 오늘날 미국에서 소송에 의한 법적 해결에 대한 대안으로 대체적 분쟁해결제도(alternative dispute resolution, ADR)[2](화해, 조정, 중재, 소취하합의 등이 좁은 의미의 ADR, work-out, 전문가 감정, minitrial, 타협에 의한 기준설정, 합의도출 등의 혼합형 ADR을 포함하여 신속·저렴하게 평화적으로 분쟁을 해결하는 style의 총칭)의 중요성을 강조하는 것은 이 까닭이다. i) Informalization(엄격한 형식·절차의 지양), ii) Delegalization(법보다 조리·상식), iii) Deprofessionalization(직업법관이 아닌 시민의 관여)으로 분쟁처리의 유연화를 특징으로 한다. 오늘날 미국에 있어서는 ADR이 소송제도 이상 널리 활용되고 있어서 「민사사법의 민영화」(privatization of civil justice)라고 하고 있다. 이러한 경향은 독일에까지 영향을 미쳐 i) 1991년 개정법률에서 변호사화해제도(Anwaltsvergleich)를 도입하고, ii) 2001년 개정법에 의하여 변론에 앞서 행하는 화해전치주의를 채택하였으며(ZPO § 278), iii) 1999년의 ADR촉진법에 의하여 소액사건 등에서는 화해소(Gütestelle)의 설치·승인 등을 주법에 위임하는 규정(EG ZPO § 15a. 독일은 민형사·행정·조세·노동·사회법원 등 5개 법원의 병립 외에 헌법재판소가 있으며 판사 20,000명을 초과하는데도 화해소를 설치)을 신설하였다. 우리나라에서도 ADR이 급증하는 추세이다(법률신문 2020. 6. 11.자).

---

1) 졸저, 민사소송입문〔事例 4〕(이하 '입문'이라 한다), 14면 이하; 황덕남/함영주, 분쟁해결방법론(2010); 함영주, "민사소송법상의 ADR 분류체계의 재검토," 민사소송 17권 2호, 516면 이하; 이석선, "민사분쟁의 재판상·재판외 해결방법," 이시윤 박사 화갑기념(하), 1면 이하.

2) UNCITRAL의 2014 The 3rd Asia Pacific ADR Conference에서의 필자의 2014. 11. 17. 기조연설내용의 일부(민사소송 제19권 제1호).

우리나라에서는 법관의 절대수의 부족으로 과중한 재판부담에도 불구하고 사건을 판결로 해결하려는 것이 전통적인 경향이었으며, 법원이나 변호사가 소송을 갈음한 분쟁해결방안의 강구를 등한시 하였던 것이 우리 사법운영의 문제였다. 그러나 근자에 이르러 법원이나 각종 행정위원회에 의한 조정제도를 활성화시키려는 시도, 민사조정에 관한 통일법전인 민사조정법의 제정과 2009년 개정법률에 의한 상임조정위원제도의 신설, 그리고 화해권고결정제도와 형사사건에서의 민사화해제도의 신설, 나아가 신용회복위원회의 work-out 등은 고무적인 일로 평가된다. 우리나라에서도 이제 분쟁해결수단이 소송중심에서 ADR 특히 조정중심으로 이동한다는 말이 나온다. 일본도 2004년에 「재판외분쟁해결수속의 이용촉진에 관한 법률」을 제정하여 ADR을 활성화시키고자 하였다. 또한 EU는 2008년 민사 및 상사에 관한 조정규정(Verordnung)을 제정하였는데, 이의 내국법화를 위하여 독일은 2012년 7월 21일에 Mediationsgesetz를 제정하였으며, 프랑스도 뒤따른 것으로 안다. 법관의 재판부담의 해소에 역점을 두고 출발한 ADR이, 전통적인 소송문화를 당사자의 합의를 토대로 한 자율적 분쟁해결의 문화로 바꾸는 새지평을 여는 것이라 볼 수 있다. 바야흐로 세계적으로 ADR이 확산되고 있다(투쟁의 문화에서 양보와 타협의 문화로, 승자독식과 상극의 문화에서 공존과 상생의 문화로 진화).

그러나 그 효용만을 고려하여 ADR로의 지나친 유도에는 한계가 있어야 한다. 그것은 양쪽 당사자의 자주적 분쟁해결방식 이상일 수는 없는 것이고, 또 '좋은 게 좋은'의 적당주의적 타협의 풍조 조장 및 법률에 의하여 분쟁이 해결된다는 법치주의 의식의 둔화와 국가공권력의 형해화로 귀결될 수 있기 때문이다. ADR의 대표적인 것이 아래 3가지인데, 화해와 조정은 불성립시에 판결의 문호가 열리고 중재는 종국적인 결론을 낸다.

Ⅱ. 화 해

분쟁의 자주적 해결방식으로서 화해는 재판외의 화해와 재판상의 화해를 포함한다.

(1) 재판외화해는 민법상의 화해계약(민 731조 이하)을 뜻하는 것으로 당사자가 상호 양보하여 당사자간의 분쟁을 끝낼 것을 약정하는 것이다. 계약자유의 원칙상 내용과 방식에 어떠한 제한도 없다. 국가기관이 전혀 관여하지 않는 분쟁해결 방식으로 가장 바람직한 방식이라 하겠으며, 실제 불법행위 등 사고가 발생한 경우에

는 이른바 '합의'라는 이름으로 이에 의한 해결이 성행되고 있다.[1)] 여기에 「민·형사상 일체의 청구를 포기한다」라는 조항을 포함시켜 부제소특약 내지 권리포기계약을 함이 통례인데, 강자의 우월적 지위를 이용한 부당한 내용일 때에는 민법상의 선량한 풍속위반(민 103조)이나 불공정한 행위(민 104조)로서 무효로 되게 된다.

(2) 재판상화해에는 제소전화해와 소송상화해가 있다. 재판상화해는 법원의 관여하에 성립되기 때문에 재판외의 화해와 달리 확정판결과 같은 효력이 발생한다(220조). 신법은 이 밖에 화해의 촉진을 위해 서면화해(148조 3항)와 화해권고결정(225조 이하), 형사사건에서 민사화해제도(소송촉진 등에 관한 특례법 36조 5항)를 신설하였는데, 그 효력은 재판상 화해와 같다(이하 「재판상 화해」 참조).

1) 제소전화해는 분쟁당사자의 한쪽이 지방법원(또는 시군법원)에 화해신청을 하여 단독판사의 주재하에 행하는 것으로, 화해가 이루어지면 소송상화해(220조)와 그 효력에 차이가 없다.

2) 소송상화해는 소송계속중 소송물인 권리관계에 대하여 당사자 양쪽이 양보한 끝에 일치된 결과를 법원에 진술하는 것으로, 조서에 적은 때에는 판결과 같은 효력이 생기며 이며 행하였던 판결 등 소송행위는 실효되고 소송은 종료된다. 우리나라의 경우에는 소송상 화해율이 비교적 낮지만 상승추세이다.[2)] 외국에 비해 아직은 소송상 화해·조정률이 낮은 편이다(이하 20면 주 3) 참조). 생각건대 법관이 추상적 법규를 놓고 구체적 사실을 확정한 끝에 삼단논법적 논리를 조작하는 단순한 논리추론기(Subsumtionsautomat)라고만 할 수 없다. 이보다는 '사회의 의사'(Sozialarzt), '사회의 엔지니어'(Sozialingenieur) 내지 'case manager'(managerial judge)[3)]가 오늘날의 법관상이라면, 법관의 화해권유에 주저할 것은 없을 것이다. 따라서 재판에 임하는 법관으로는 일도양단적인 판결에 의한 해결이 적합한 사

1) 임상혁, "법원의 ADR," 민사소송 12권 2호, 33면 이하; 함영주, "우리나라 특유의 집단분쟁에 대한 ADR방식의 대안모색," 같은 학회지, 48면 이하.

2) 2022년 현재 판결률 63.7%, 화해율 7.3%, 조정률 5.9%이다(소액사건은 제외). 사법연감(2023), 738면. 그러나 1992년 현재 일본의 東京地裁의 화해율은 34.1%, 판결률이 47%이다. 미국의 경우도 모든 사건의 95% 정도가 Pretrial단계에서 화해·조정 등으로 종료된다는 것이다. Discovery제도에 의하여 상대방의 무기를 미리 알아차릴 수 있고 승소 가능성 여부를 미리 점칠 수 있기 때문에 화해촉진에 결정적인 도움이 된다.

3) 미국의 경우 현대형소송(modern litigation)이 늘어나고 trial까지 가는 기간이 5년이 넘는 법원이 생기는 등 점차 소송이 지연되고 그로 인하여 소송비용(특히 변호사보수)이 막대하게 증가함에 따라 법관이 trial 이전에 적극적으로 사건에 개입하여 discovery나 pretrial conference 등 공판전절차를 주도적으로 진행시키고, 화해, 소취하 합의 등 ADR을 적극적으로 권유하는 경향이 있는데, 이 소송사건의 95% 이상이 화해(settlement) 등 해결로서 끝이 난다. 특히 특허침해소송, 집단소송 등 대형소송이 그러하다.

건과 화해에 적합한 사건을 선별하는 한편, 사안 전체를 잘 파악하여 이상적인 화해안의 인내력 있는 권유가 분쟁해결사의 견지에서 바람직할 것이다(보다 상세는 제4편 제2장 제3절 재판상 화해 참조).

Ⅲ. 조 정

(1) 조정의 의의 조정이란 법관, 상임조정위원 또는 조정위원회 등이 분쟁관계인 사이에 개입하여「대화와 타협」의 장을 마련하여 화해로 이끄는 절차를 말한다. 조정이 성립되어 조정조서가 작성되면 재판상화해와 같은 효력을 가지며, 그 효력은 준재심의 절차에 의하여서만 다툴 수 있을 뿐이다.[1] 소송에 비하여 비용이 적게 들고 간이·신속하게 처리될 수 있다. 결과도 비공개이고 양 당사자 간의 감정의 앙금이 풀려(판결이면 앙금이 안풀려 위증→무고·재심 등의 후유증의 여지) win-win 게임이 될 이점이 있다. 제3자의 중개가 필수적이라는 점에서, 반드시 중개를 요하지는 않는 화해와 차이가 있다.

1) 조정은 법률을 기준으로 하는「그렇다, 아니다」의 한 칼로 가르는 승자독식의 분쟁해결이 아니라 당사자가 서로 양보한 끝에 조리에 좇아 실정에 맞게 타협하는 분쟁해결이고, 또 조정의 성립에 있어서는 당사자의 합의를 필요로 하는 점에서 소송과 본질을 달리한다.

2) 조정은 경우에 따라 조정위원회가 개입하는 분쟁해결절차인 점에서 법관만이 개입하는 재판상화해와는 다른 면이 있다.

3) 당사자의 합의를 필요로 하는 점에서, 조정이 성립되지 않을 때 법관이 직권으로 행하는「조정을 갈음하는 결정」, 즉 강제조정과 구별된다. 법원조정, 행정조정, 민간조정 등 세 가지가 있다.

(2) 법원조정[2)3)] 현행법상 조정제도로서 가사사건에 대한 가사조정

1) 대법 1968. 10. 22, 68므32.

2) 졸고, "한국에 있어서 민사조정의 실증적 경험," 사법행정 1991. 6.

3) 민사본안사건 조정·화해 처리율[법률신문 2017. 12. 14.자]

구 분	조정·화해	본안처리	비율(%)
2011년	4만8741	29만4622	16.5
2012년	5만0940	29만8045	17.1
2013년	5만1888	31만2183	16.6
2014년	4만8898	32만9385	14.6
2015년	4만9277	30만8585	16
2016년	4만8192	28만4256	17

(주: 소액사건은 제외함)

(가소 49조 이하) 형사피고인사건에서의 조정(소특법), 이외에 1990. 9. 1.부터 새로 시행된 민사조정법에 의한 민사조정이 있다. 조정이 판사의 판결부담의 도피책이 되는 것은 경계할 일이지만, 일부 실무에서는 사안에 대한 소송심리에 앞서 조정전치를 시키는 운영도 적지 않다.

민사조정법은 소송목적의 값을 불문하고 집단분쟁까지 포함하여 모든 민사분쟁을 그 적용대상으로 한 조정의 통일법전이다. 그 내용을 보면 i) 조정사건을 시군법원도 관할할 수 있게 하였고(3조 1항), ii) 조정절차는 당사자의 서면 또는 구술에 의한 조정신청에 의하여 개시되지만(5조), 수소법원은 필요하다고 인정하는 경우 항소심판결선고 전까지 계속중인 사건을 직권으로 조정에 회부할 수 있게 하였다(6조). iii) 조정사건은 조정담당판사가 스스로 처리하거나 상임조정위원 또는 조정위원회로 하여금 처리할 수 있게 하되, 당사자의 신청이 있는 때에 맡게 되는 조정위원회는 판사인 조정장 또는 판사 아닌 상임조정위원과 민간인인 조정위원 2인 이상으로 구성된다(2009년 개정법 7조 내지 9조). 다만 직권조정회부의 사건은 수소법원이 스스로 처리할 수 있다. 따라서 법원조정은 조정담당판사, 상임조정위원, 조정위원회, 수소법원 네 군데에서 한다. iv) 집단분쟁에 대한 조정에 있어서는 대표당사자를 선임하여 조정절차를 간소화시킬 수 있다(18조). v) 조정은 합의된 사항을 조서에 기재함으로써 성립하며, 조정조서는 **재판상화해와 같은 효력**을 갖는다(28조, 29조). vi) 「조정을 갈음하는 결정」, 즉 **강제조정**은 민사조정법 30조·32조에서 규정하고 있는데, 합의가 불성립되거나 합의된 내용이 적당하지 아니한 경우·피신청인이 불출석한 때에는 조정담당판사가 직권으로 「당사자의 이익 기타 모든 사정을 참작하여 사건의 공평한 해결을 위한 결정」을 할 수 있게 하여 실정에 맞는 신속한 처리를 하게 하였다. vii) 조정이 성립하지 아니하거나 조정을 갈음하는 결정에 2주일 이내에 이의신청을 한 때에는 조정신청을 한 때에 소 제기로 본다(36조, 일본군위안부들에 의한 일본국 정부상대의 손해배상조정신청은 그 불성립으로 소송으로 이행된 것도 한 예). viii) 조정신청수수료는 소장인지의 1/10로 하여 그 비용을 저렴하게 하였다(민조규 3조 참조).[1] 제1·2심의 소송계속중 조정(강제조정 포함)이 성립되면 소장 등에 붙인 인지액의 1/2에 해당하는 금액의 환급청구를 할 수 있다(민인 14조 1항 5호). 3개월 이내에 마치는 것으로 운영한다.

위에서 본 **상임조정위원제도**는 2009년 민사조정법 개정법률에 의하여 신설된 것인데, 변호사자격이 있는 자 중에서 법원행정처장이 위촉하는 것으로 조정

1) 민사 및 가사조정에 관한 각종 업무처리기준을 정함을 목적으로 하는 대법원예규인 민사 및 가사조정의 사무처리에 관한 예규(재민 2001-8)가 있다.

과정에서 조정담당판사와 동일한 권한을 가지며, 조정위원회의 조정장이 될 수 있도록 하였다. 이 제도는 조정제도의 활성화를 위한 것으로 법원조정센터를 설치 · 운영한다. 나아가 생활밀착형사건의 경우는 사실상 조정전치주의의 운영이다. 서울중앙지법은 미국법원을 모델로 하여 시범케이스로 **조기조정제도**를 실시키로 하였다. 피고의 답변서 제출 후 2개월 사이에 조정위원회에 회부하여 조정성립의 시도이다. 2010 · 2012 · 2020년에 각 조정법개정이 발전적으로 계속 개정되고 있는데, 독촉절차에서 조정절차이행제도의 신설이 주목된다. 민사본안사건 6건 중 1건이 조정 · 화해로 마무리되는 실정인데, 근자에 더 증가추세이다(20면 주 3) 참조).[1] 최근에는 판사의 조정 전 처분을 위반한 때는 과태료 500만원 이하의 벌칙이 있다(42조).

(3) 행정위원회 등에 의한 조정(행정조정) 　우리나라에서는 법원에 의한 조정이 아니라 행정부 산하 각종의 행정위원회에 의한 조정이 성행되고 있다. i) 소비자분쟁조정위원회, ii) 의료분쟁조정중재원, iii) 건설분쟁조정위원회, iv) 환경분쟁조정위원회, v) 저작권위원회, vi) 금융분쟁조정위원회 · 개인정보분쟁조정위원회 · 언론중재위원회, vii) 중소기업청이 조정심의회를 거치는 조정, viii) 공동주택하자심사 · 하도급분쟁조정위원회의 조정, ix) 사학분쟁조정위원회, FTA 무역조정지원(무역위원회판정), 공공데이터의 제공 및 이용 활성화에 관한 법률에 의한 분쟁조정위원회, x) 공정거래조정원(분쟁조정통합법제정 예정), xi) 임대차분쟁위원회까지 무려 70여 개 조정기구가 있다고 한다.[2] 또 검사에 의한 형사조정 즉 고소인과 피고소인간의 화해 후 고소취하를 하는 방식인데, 상당히 활성화되고 있다. no cost, no form, no lawyer, no distance 등 네 가지 no에 의하므로 간이 · 신속 · 저렴 · 원활한 분쟁해결의 이점이 있음을 무시할 수 없다(필자가 한일민사소송법학회 오사카 공동 심포지엄에서 발표한 바임). 특히 금융분쟁조정위원회가 파생상품의 손실이 있을 때에 65세 이상의 고령피해자에 대한 설명의무의 증명책임을 금융기관에 지운다는 발안은 주목할 만하다.

그러나 첫째로, 이의 지나친 확대는 법적 분쟁해결의 주체가 행정부인 결과가 되어 사법부가 설 땅이 좁아지게 된다. 권력분립구조를 왜곡시키는 문제가 생길 수 있으며, 특히 그것이 소의 제기에 앞서 반드시 거쳐야 할 필수적 전치절차가 된다면 위헌문제가 생길 수도 있다(미리 조정전치의 합의있으면 별론).[3] 신속한 재판을 받을 권리(헌 27조 3항)의 침해가 될 수도 있다.

둘째로, 조정기관은 양 당사자의 자유의사에 의한 합의를 유도하여야 하지, 조정기관이 약자보호 등을 명분으로 일방적으로 결정한 내용을 양 당사자에게 수용할 것을 강권 또는 이행강제를 하는 것은 **강제조정**이 되어 「법관」 아닌 자의 재판을 받은 결과가 되며, 이

1) 함영주, "민사소송법상의 ADR 분류체계의 재검토," 민사소송 17권 2호, 528면.

2) 김연, "법원이 관여하지 않는 특별조정절차의 검토," 민사소송 14권 1호, 33면 이하.
금융감독원의 분쟁조정건수가 2019년 현재 29,622건(성공률 46.8%), 공정거래조정원은 조정성공률 82%, 의료분쟁조정 중재원은 성공률 89.8%에 달함(법률신문 2020. 6. 15.자).

3) Schwab/Gottwald, Verfassung und Zivilprozess(1983), S. 35.

러한 결정에는 법원에 불복의 기회가 보장되지 않으면 위헌을 피할 수 없다(라임사건의 조정에서 보인 예).

셋째로, 여기에서 성립된 조정조서가 재판상화해로 간주되는 것은 문제이다. 이는 행정부가 엉성하게 한 일이 법원이 한 확정판결과 같은 기판력 있는 효력을 갖게 되어 행정부가 사법부의 권한에 전속된 판결을 한 결과가 된다(헌 101조 1항). 신청인의 동의가 있으면 국가배상심의회의 배상결정을 재판상화해로 간주하는 국가배상법 제16조에 대해 위헌결정이 있었다.[1)]

조정기관이 다종다양하여 당사자의 이용불편의 문제가 있다. 통합관리 system의 구축이 필요하다는 목소리가 나온다.

(4) 형사조정 검찰이 수사중인 형사사건 가운데, 피해액 1,000만원 이하의 재산범죄, 피해액 300만원 이하의 근로기준법 위반사건, 전치 3주 이하의 폭행사건, 층간소음사건 등 경미한 사건에 대하여 가해자·피해자를 불러 화해시키고, 관련자를 기소하지 않는 것을 말한다. 검찰지침으로 이를 시행한다고 하는데 내용의 명확화와 입법 통제를 위하여 국회를 통한 법률화가 바람직할 것이다.

(5) 민간조정 재판외 화해 즉 민법상의 화해계약을 성립시키는 것이다. 신용회복위원회가 금융회사와 채무자(원리금 5억원 이하) 사이에 개입하여 금융채무의 조정합의를 성립시키는 work-out도 민간조정의 일종일 것이다. 법원이 직접 나서지 않는 조정으로 다음과 같은 것이 있다.

대한 상사 중재원	서울변호사회, 대한법무사협회, 서울중앙지방법무사회	공정거래조정원, 한국소비자원, 콘텐츠분쟁조정위원회, 한국거래소, 기독교화해중재원, 한국저작권위원회	고려대, 성균관대, 중앙대 법학전문대학원	사법 연수생 조정

위와 같은 민간기관에 의한 조정이 성립되면, 이를 조정전담판사에 보고하여 이에 따라 하는 방식이다. 외부조정기관이 법원과 연계하여 조정이 이루어지므로 **법원 연계형조정**이라 한다.

(6) 국제상사분쟁의 조정 2019년 8월에 싱가포르에서 UN조정협약이 체결되었는데, 한국은 이에 서명함으로써, 국제상사조정제도의 활성화계기를 맞게 되었다.

---

1) 대법 2017다217151에서는 자동차분쟁조정위원회가 한 조정결정은 민법상 화해계약으로서의 효력. 헌재 1995. 5. 25, 91헌가7 참조. 이러한 헌재위헌결정에 불구하고 민주화운동보상법 제18조 제2항의 보상위원회의 보상금지급결정에 신청인이 동의한 때에는 재판상 화해와 같은 효력 특히 기판력까지 부여되는 것으로 본 것에 대법 2014. 3. 13, 2012다45603. 동조항에 관해 헌법재판소에 위헌법률심판제청신청을 하였지만, 합헌 결론이다(헌재 2018. 8. 30, 2014헌바180 등). 세월호피해구제특별법도 같은 내용 포함.

대법 2015. 1. 22, 2012다204365 전원합의체 판결은 신청인이 보상위원회의 보상금 등 지급결정에 동의한 때에는 동법·제18조 제2항에 따른 재판상 화해의 효력이 소극적·적극적 손해 뿐만이 아니라 위자료에도 미쳐 별도의 위자료청구는 기판력을 받아 부적법하다 하여 각하하였다(이 판례에 대한 비판은 강현중, 623면 이하). 그 뒤 헌법재판소의 위자료부분에 대한 위헌결정의 기속력으로 법원의 그 부분판결이 뒤집혔다(대법 2023. 2. 2, 2020다270633 등).

Ⅳ. 중 재[1)]

(1) 중재란 당사자의 합의에 의하여 선출된 중재인의 중재판정에 의하여 당사자간의 분쟁을 해결하는 절차를 말한다. 중재의 본질은 그것이 사적 재판(private litigation)이라는 데에 있으며 중재인 선정, 절차진행, 준거법 등 합의해서 진행하는 것일 뿐이고 그 점에서 당사자의 양보에 의한 자주적 해결인 재판상 화해 및 조정과 다르다. 중재와 조정의 혼동현상이 있다. 당사자 지정한 나라의 법에 근거하여 판정할 것이나, 법에 의해 판단이 원칙이며 당사자들의 명시적 권한의 부여의 경우에만 법이 아닌 형평과 선(善)에 따라 판정한다(중재 29조). 중재제도는 상소불허의 단심제이기 때문에(이 점에 대한 비판이 있다. WTO는 2심제이다) 법원의 재판에 비하여 분쟁이 신속히 해결되고 비용이 저렴하다는 이점이 있다. 뿐더러 관계분야의 전문가를 중재인으로 선정함으로써 실정에 맞는 분쟁해결을 할 수 있고, 비공개 심리이기 때문에 업무상 비밀의 유지에 좋고, 특히 국제상거래나 외국기업투자 분쟁에 있어서는 국제중재기구가 나서게 됨으로써 자국법원의 편파성을 피할 수 있기 때문에 분쟁해결에 가장 적합한 제도라고 할 수 있다. 지구촌시대에 갈수록 국제분쟁이 늘어나 중재제도의 중요성은 커진다. 소송의 국제화는 중재제도가 선도한다.

그러나 중재제도는 중재인을 당사자가 선정하기 때문에 중재인이 흔히 중립성을 잃고 당사자의 이익대변인의 구실을 할 수 있으며, 특히 우리나라는 법률지식을 갖춘 자가 선정된다는 보장이 없는 단점이 있다. 좋은 것은 좋게 하는 두루뭉술의 판단이라는 오도된 인식으로 그러하다.

(2) 우리나라에 있어서도 한때 폐기하였다가, 1966년에 중재법을 새로 제정하여 다시 부활시켰으며, 1999년에 전면 개정하였다(1985년 UN총회결의에 의하여 채택된 UNCITRAL 모범법의 영향). 이어 2016년 6월 9일(11. 30. 시행) 크게 법개정이 있었다. 이 법은 상행위로 인하여 발생하는 법률관계, 그 중에서도 특히 국제무역거래상의 분쟁(trade claim)에 대하여 중재에 의한 해결의 길을 터놓는 데 주안을 두었다. 중재법에서는 산업통상자원부장관이 지정하는 상사중재를 행하는 사단법인을 두게 하였는데, 그 법인이 대한상사중재원으로 여기에서 대법원장의 승인을 얻어 제정·변경한 중재규칙이 있다(중재 41조). 외국관계사건은 일취월장으로 global로 나아가고 있는데 당

1) 목영준, "중재판정의 취소," 이시윤 박사 화갑기념(하), 14면 이하; 이호원, 중재법연구, 박영사(2020).

사자의 중재합의에 따라서는 국제상업회의소(ICC) 산하 국제중재법원(ICA)[1]이나 미국중재협회(AAA) 또는 London 중재법원(LCIA)을 중재기관으로 정할 수 있다. Singapore(SICC(Singapore International Commercial Court))와 서울에도 각 국제중재센터가 생겼다. 스포츠분쟁사건에 관하여는 스위스 Lausanne(로잔)의 CAS라는 국제중재기구가 있다(수영선수 박태환 등 제소한 곳, 러시아선수 도핑사건으로 올림픽출전금지처분에 대한 무효판정). 영토분쟁해결을 위한 중재재판도 있다(PCA). 정당한 이유없는 수입규제에 대해서는 세계무역기구(WTO)에 제소하여 그 판정을 받는데, 여기에 한국정부사건이 6·7건 계류중이다.

또 상대방 국가의 정책으로 투자손해를 보았을 때(투자자·국가소송제도, ISD)는 유치국의 국내법원이 아닌 제3의 국제중재기구에서 분쟁해결을 하기로 중재합의하는 것이 보통이다. 양자간 투자협정(BIT)이나 적정 무관세통관의 자유무역협정(FTA)에 포함시키는 것이 일반화되어 있는 global standard이다. 그 중재기구로 대표적인 것이 세계은행 산하의 ICSID(International Center for Settlement of Investment Disputes)이다. 한미 FTA의 ISD(Investor State Dispute)의 경우 ICSID, 유엔국제무역법위원회(UNCITRAL), 당사자가 합의한 중재기관 중 하나를 선택하여 금전배상의 중재를 제기할 수 있다. 이제 투자자·국가간의 국제민사소송의 새로운 파라다임이다(외국과의 투자협정. 예를 들면 한·벨기에 투자보장협정에 의한 Lone Star계열 벨기에 회사 v. 대한민국 간의 ICSID에 ISD 제기. 10년을 끌다가 2022. 8. 31.에 대한민국이 금 2억 1,650만 달러 배상지급하라는 판정이 났다. 판정 뒤에는 취소신청절차만이 남았다. 손해원인이 유치국의 위헌법률이면 헌법재판소에 헌법소원의 대상됨-2011년 스웨덴 Vattenfall v. 독일국의 원전폐기사건-40억 7천만 달러 배상청구).[2] 이란의 엔텍합의 대한민국정부 상대의 ISD에서는 730억원 지급 결정으로 이란측이 승소가 확정되었다(런던고등법원까지 상소확정). 사모펀드인 Elliot의 삼성물산과 제일모직 합병사건 때문에 제기한 ISD는 원금 3억 900만불의 대한민국 배상판정으로 끝났고, Maison Management 등 헤지펀드 운용사 등 10여 건으로 증가추세이다. ISD국가소송은 연이어 제기되고 있다. 준거조약으로 New York Convention 외 1965년 Washington Convention이 있다.

(3) 교역이 global화하는 시대에 국제중재사건은 증가일로에 있으며 뉴욕협약(외국중재판정의 승인 및 집행에 관한 협약) 가입국에서 행하여진 중재판정은 그 협약에 따르되, 그 적용을 받지 아니하는 외국중재판정은 원칙적으로 우리나라 법원의 집행결정(중재 39조)을 받으면 강제집행할 수 있다. 국제사회에 ICSID에서 해결하는 ISD와 같은 제도가

1) 여기에서 2006년~2011년까지 한국관련 중재사건이 161건이었다고 한다(일본보다 많고 중국과 비슷). 삼성전자 v. 샤프 등 상대의 LCD 공급중단의 사유로 6,000억원 패소. 패소율이 높다.

2) 이시윤, "민사집행에 있어서의 주요 과제와 ISD," 민사집행법연구 제8권; 이시윤, 입문〔事例 9〕, 32면.

있기 때문에 국가간의 전쟁도 불사하는 사태를 막을 수 있다.[1)] 이제 대한상사중재원 국제중재센터(KCAB INTERNATIONAL)는 화상중재도입까지 이르렀다.

(4) 중재계약 또는 합의(arbitration clause)가 있는 사건에 대하여 법원에 제소한 경우에는 피고가 중재합의가 있었음을 항변하면 법원은 그 소를 각하한다(중재 9조). 중재절차를 진행한 끝에 행한 중재판정은 승인 또는 집행이 거절되는 경우가 아니면 확정판결과 같은 효력이 있다(중재 35조).[2)]

제4절 민사소송의 이상과 신의칙

민사소송제도의 취지가 제대로 살고 이상적으로 운영되려면 i) 적정, ii) 공평, iii) 신속, iv) 소송경제, v) 신의칙의 이념이 지배하여야 한다. 미국 FRCP 제1조는「이 규칙은 모든 소송의 공평하고 신속하며, 경제적인 처리를 확보하도록 해석 · 적용되어야 한다」(They shall be construed and administered to secure the just, speedy and inexpensive determination of every action)라고 규정하여 이와 같은 이상을 명백히 선언하였다. 이와 비슷하게 민사소송법 제1조 제1항에서「법원은 소송절차가 공정하고 신속하며 경제적으로 진행되도록 노력하여야 한다」고 하고, 제2항에서「당사자와 소송관계인은 신의에 따라 성실하게 소송을 수행하여야 한다」고 규정하였다. 제1항은 전통적인 이상인 i) 적정, ii) 공평, iii) 신속, iv) 경제 등 저비용 · 고효율을 천명하였고, 제2항은 위 이상의 실현을 뒷받침할 신의칙을 밝혔다. 제1항의 이상 실현이 법원의 몫이라면 제2항의 신의칙은 당사자 등의 몫이다. 두 가지 모두 전체 민사소송을 지배하는 키워드이며, 실천철학이다.[3)]

1) 다만 북한 · 대만 · 이라크 등 40여 개국이 뉴욕협약에 가입하지 아니하였다.

2) 최근 월드뱅크평가에서 우리나라가 상사분쟁소송절차 부분에서 세계 183개국 중 룩셈부르크에 이어 2위를 하였다. 효율성, 투명성, 시간, 비용 등에서 뛰어나다는 것이나(2014년에는 5위), 의문도 든다.

3) 대법 2002. 9. 4, 98다17145는 제1조의 신의성실의 원칙은 소송의 지도이념으로서 전반적인 민사소송절차를 규율하는 것이라는 취지로 판시했다(지도이념을 부정하는 반대설도 있다).

Ⅰ. 민사소송의 이상

1. 적정(more accurate)

올바르고 잘못이 없는 진실발견의 재판은 소송의 가장 중요한 요청이다. 법관은 올바르게 사실을 확정하고, 이 확정된 사실에 법을 올바로 적용하여 재판을 통해 사회정의를 구현하여야 한다. 이는 법원의 의무인 것이므로 당사자로서는 권리로서 요구할 수 있다고 하겠다(Anspruch auf faires Verfahren). 적정을 위하여 변호사대리의 원칙(87조)·구술주의(134조)·직접주의(204조)·석명의무 및 지적의무(136조)·직권증거조사(292조)·교호신문제도(327조)를 채택하고 있고, 3심제도와 재심제도 등 불복신청제도를 인정하고 있으며, 한편으로 법관의 자격제한과 신분보장제도를 두고 있다. 「헌법과 법률 그리고 양심」에 의한 보편적 정의를 찾아야지 국민정서를 그 위에 두어서는 안된다. 재판도 헌법소원의 대상으로 하고 있는 나라이면 판결의 내용이 현저히 부당한 때(objektive Willkür — 객관적 자의)에는 헌법소원을 할 수 있도록 하고 있다. 우리 헌법재판소도 정정보도청구의 소에서 사실증명에 관해서 증명 아닌 간이한 소명으로 대체함은 당사자인 언론사의 공정한 재판을 받을 권리를 침해한다고 하면서 공정한 재판을 받을 권리를 인정하였다.[1] 재판진행의 과정에서 법원의 잘못과 게을리한 것을 당사자에게 책임전가를 하여서는 안 된다.[2]

그러나 민사소송의 심리에 있어서 유의할 것은, 첫째로, 처분권주의(203조)와 변론주의의 원칙 때문에 반드시 모든 사람에게 보편타당한 정의의 구현이 아니라 당사자 사이에만 타당한 분쟁의 상대적 해결로 만족해야 한다. 당사자가 자기 책임을 다하지 아니하여 보편성이 없는 정의가 생길 수 있는 세계이다. 당사자가 자백하는 경우에 사실의 진실여부를 가리지 않고 법원은 그대로 사실확정을 하여야 하며, 청구의 인낙의 경우에 법률판단을 배제한 채 조서화하여야 하는 것이 그 대표적인 예이다. 둘째로, 유한한 인생에서 실체적 진실을 찾아 구시대의 '누대계승의 조상 묏자리소송, 9차례 세월호 진상조사'의 예처럼 심리를 무제한 반복할 수는 없다. 정의는 말하여야 할 때에 말해야 한다. 시간이 갈수록 증거는 없어져 증거판단보다 '세몰이' 쪽으로 진실은 희석·왜곡될 수 있으며,[3] 진실규명

1) 헌재 2006. 6. 29, 2005헌마165·314 등.

2) BVerf 2008, 2167.

3) 대법(전) 2013. 5. 16, 2012다202819에서 과거사정리위원회의 조사보고서를 놓고 이미 수십 년의 세월이 흐른 탓에 피해자와 목격자가 사망한 경우가 많고, 설사 생존해 있다 하더라도 기억의

에 들이는 시간·노력·비용과 법적 안정성·평화를 고려하여야 하기 때문이다. 이는 천상의 심판, 역사의 심판도 아닌 시·공제약의 지상의 재판의 한계이다.

2. 공평(due process)

'한쪽 말만 듣고 송사하지 못한다'(audi alteram partem)는 말대로 재판의 적정을 위해서는 한쪽 당사자의 말에 치우쳐서는 안 되며 양쪽 당사자를 공평하게 취급하여야 한다. 따라서 법관은 '중립적 제3자'의 위치에서 어느 쪽에도 편파됨이 없이 양쪽 당사자의 진술을 경청하는 도량을 가져야 하며, 각자 자기의 이익을 주장할 수 있는 기회를 동등하게 부여하여야 한다(절차보장). 다시 말하면 fair play가 될 수 있게 양쪽 당사자에게 쟁점이 될 사실자료 및 증거자료 나아가 법률적 견해를 제출할 기회를 동등하게 부여하여야 하며(136조 4항; 개정규 28조 2항), 상대방의 말을 들어 볼 필요도 없다는 편견·예단하에 그 방어권을 봉쇄한 채 한쪽 당사자의 주장·증명만으로 불의의 타격(surprise)을 가하는 일을 피하여야 한다(논의 없는 일방 국회입법도 같이 볼 것). 법관의 중립성이나 무기평등의 원칙을 강조하는 까닭은 여기에 있다. 헌법 제11조의 법 앞의 평등은 법관 앞의 평등을 의미하기 때문에 법원은 의무로서 이 이상을 실현하여야 하며, 당사자는 권리로서 이를 요구할 수 있다(Anspruch auf rechtliches Gehör, due process). 이러한 공평을 구현하기 위해 현행법은 심리의 공개, 법관의 중립성을 위한 제척·기피·회피제도(41조 이하), 쌍방심문주의, 소송절차의 중단·중지제도(233조 이하), 대리인제도, 준비서면에 예고하지 않은 사실의 진술금지(276조), 중요쟁점에 대한 의견진술의 기회보장(규 28조 2항)을 채택하고 있다.

또 공평한 재판을 위해 전관이나 현관 부탁사건의 봐주기, 즉 전관예우·현관예우의 폐풍을 시정하기 위한 제도적 대책이 필요하다(알파고 판사에 의한 객관적 자료재판 등).

3. 신속(speedy)[1)]

'권리보호의 지연은 권리보호의 거절과 같은 것'이고, '지연되는 정의(멈춰 있는 재판)

망실, 왜곡, 불일치, 일관성의 결여 등이 나타날 수밖에 없으며, 객관적인 기록이나 자료가 없는 경우가 대부분일 뿐만 아니라 사건관련자들이 사실을 부인하거나 증거서류를 은닉하는 경우도 드물지 아니하여 정확한 사실을 확정하여 진실을 규명한다는 것은 결코 쉬운 일이 아니었다는 김신 대법관의 보충의견은 주목할 만하다.

1) tech-giant인 아마존처럼 { lower cost / faster delivery / more accurate } 로 소송의 생산성이 제고되어야 한다.

는 정의가 아니다'(Gladstone)라는 법언(法諺)이 있다.[1] 소송촉진은 아무리 강조하여도 지나친 것이라 할 수 없는 것으로서, 법원의 의무인 동시에 우리 헌법 제27조 3항 전문에서 보장하고 있는 국민의 기본권의 하나이다. 미국헌법 수정조항 제6조와 달리 형사사건만이 아니라 민사사건에도 인정되는 이 자랑스러운 기본권인 '신속한 재판을 받을 권리'에 대응하여 법원은 **소송촉진의무**(Prozessförderungspflicht)를 지게 된다. 절차를 밟아야 하므로 시간과 노력이 따르나, 단축을 위한 노력이 필요하다.

이와 같은 신속한 재판을 받을 권리의 보장을 위하여 현행법은 i) 독촉절차·제소전화해절차·소액사건심판절차 등 특별소송절차, ii) 변론준비절차, iii) 기일연기의 제한, iv) 적시제출주의, v) 재정기간 불준수의 경우 실권효, 실기한 공격방어방법에 대한 각하, 변론준비기일의 종결효 등 3가지 실권효, vi) 기일불출석에 대한 제재인 자백간주·취하간주[2]·진술간주 등 3가지 간주, vii) 판결선고기간의 법정(각 심급마다 5개월), 상하급심간의 기록송부기간, viii) 소송지휘권에 의한 절차의 직권진행 따위를 두고 있다. 또 신법은 변론준비와 변론과정에서 법원의 소송촉진의무와 당사자의 소송촉진에 협력의무를 강조하였다(1조, 287조, 규 69조, 70조).

피고의 소송지연에 대한 방지책으로 연 12%의 지연손해금(특례법 3조), 이 밖에 i) 바로 변론기일의 지정, ii) 소송지연을 목적으로 한 제척·기피신청에 대한 간이각하, iii) 원칙적 가집행선고, iv) 원심재판장의 상소장심사제도, v) 소액사건심판법상의 이행권고결정제·변론종결 후 즉시 판결의 선고·판결서의 이유기재 생략·상고의 제한 등이다. 그리고 상고심절차에 관한 특례법의 심리불속행제도 등으로 소송의 촉진에 큰 도움이 되게 하였다. 또한 쟁점정리 뒤에 집중증인신문 등으로 심리를 마치는 집중심리제도는 그 목표가 소송의 촉진이다.

소송지연에 당사자는 첫째로, 변론기일지정신청을 내어 진행을 촉구할 수 있다. 둘째로, 헌법차원의 신속한 재판을 받을 권리의 침해라고 보일 경우는 사법부작위(司法不作爲)로 헌법소원(헌재 68조)에 의한 구제의 길이 열려 있어야 할 것이나, 헌재결정은 이를 외면한다.[3] 셋째로, 지연으로 인한 신속한 재판을 받을 권리의

---

1) 2년 이상 연기하는 민사사건이 무려 1만 2281건(조선일보 2022. 7. 28.자).

2) 소취하 간주제도는 신속한 재판을 가능하게 한다는 점에서도 위헌이 아니라고 본 것에, 헌재 2012. 11. 29, 2012헌바180.

3) 대법원은 각 심급마다 각 5개월의 선고기간규정을 훈시규정이라고 가볍게 폄하시키고 있다. 헌법재판소는 '신속한 재판을 받을 권리'로부터 직접적이고 구체적인 헌법상·법률상의 작위의무가 생기지 않는다는 전제하에 재판지연의 헌법소원을 배척하여 단지 '형식과 구호'에 그치는 유명무실의 형해화의 '잊혀진' 기본권으로 전락시키고 있으나(헌재도 재판지연의 예외가 아니며, 가처분

침해는 국가배상청구의 여지가 있다(독일민법 839조 2항 2문 참조).[1] 현재와 같은 법관의 절대부족으로 인한 재판부담의 과중으로는 충실한 심리로 신속한 재판이 이루어지기 어렵다. 재판인력의 확충과 지금의 3심중심주의의 지양이 시급한 현안이다. 나아가 남용하는 기피신청, 위헌제청신청 그리고 변론병합신청 등에 단호하게 기각처리할 것이다. 심급마다 5개월내의 선고기간은 엄연한 직무규정인데도 훈시규정이라는 이유로 마치 면책규정인 것처럼 무의미한 규정으로 전락시키는 운영은 반성할 대목이다.

4. 경제(lower cost)

절차도 복잡한 데다가 법원이나 당사자가 과다한 비용과 노력을 소모하게 되는 것이 소송이다. 승소확정판결을 받아도 큰 실익이 없고 민사소송은 무용한 제도로 전락할 수밖에 없으므로, 이에 소요되는 비용과 노력은 최소한으로 그쳐야 한다. 이러한 저비용·고효율의 사법운영도 법원의 의무인 동시에 당사자의 권리로서 당사자는 그 보장을 요구할 수 있다. '송사 3년에 기둥뿌리 빠진다', '법원의 문은 황금막대로 두드려야 열린다'는 말은 없어져야 한다. 송사가 인생파탄을 초래한다. 제3심 중심주의하에서 심급시마다 변호사보수를 받는 심급대리원칙 때문에 소송비용이 가중된다.

그 이상의 구현을 위하여 구술신청제, 인지대 염가의 지급명령제도나 조정신청제도, 소액사건에서의 구술제소와 상고제한, 소나 변론의 병합, 소송이송, 추인이나 이의권(151조)의 상실에 의한 절차상의 흠의 치유제, 현실성 있는 변호사보수의 소송비용산입제, 지급보증위탁계약서 이른바 보증서에 의한 담보의 제공 등 쉽게 활용할 수 있는 소송구조제도를 두고 있다. 답변서제출의무와 무변론판결제도는 법원의 기일지정의 노고와 당사자의 기일출석의 불편을 덜 수 있어 소송

제도를 본안과 함께 처리하면서 무용지물로 만들고 있다. 이전 헌법수호자의 역할을 포기하는 것 같다), 찬성할 수 없다. '세월아, 네월아' 재판이란 비난만 높다. 헌법 제10조 제2문의 기본권 존중의무 때문에 신속한 재판을 받을 권리에 대응하여 법원에 소송촉진의 의무가 있다 할 것으로, 소송의 현저한 지연은 이러한 의무위반에 의한 기본권의 침해라고 볼 것이다. 재판의 결과는 별론으로 하고, 재판의 진행은 합헌적 통제를 받아야 한다. 졸고, "민사절차상의 재판을 받을 권리," 헌법논총 21집, 63면 이하. 최근 변협 조사에 의하면 변호사 89%가 재판지연을 경험했다고 한다.

1) 유럽인권재판소(EGMR)는 소송지연에 효과적인 투쟁을 허용하는 구제수단을 역내국법에서 고려하는지를 문제삼았다(EGMR NJW 2001, 2694-2000. 10. 16. 판결). 이 판결이 난 뒤에 독일 법원조직법(GVG) 제198조는 지연책문제도와 부당한 절차지연에 대한 보상제도를 규정하였다. 재산상의 손해가 아닌 손해에 지연하는 해마다 1,200유로를 지급하도록 하였다. 우리는 global standand의 외면이 아닌가.

경제에 도움이 된다. 모든 소송비용의 변호사 자비부담하에 승소 후 보수받는 성공보수금제도도 민사소송에서 고려할 수 있다. 월정 보험료를 내면 변호사비용 등 소송비용은 물론 패소시 소송비용상환책임까지 부담하는 **소송비용보험제도**의 활용으로 소송리스크를 줄일 필요가 있다(우리나라는 LIG손해보험, 독일: 가구당 43%, 영국: 2가구당 1가구 가입의 보급).[1] 우선 당사자간의 쟁점을 추리고, 쟁점중심의 변론과 증거조사 끝에 결론을 내는 것이 절차간소화이고 소송경제일 것이다. 영상재판의 활성화로 소송 경제에 도움이 될 것이다.

소송의 경제는 신속과 더불어 효율적 권리보호라고도 한다. 법은 한자로 法 즉 물 수(氵)자 변에 흐를 거(去)이므로, 물처럼 자연스럽게 짧은 길을 찾아가는 것이 법의 정신임을 잊어서는 안될 것이다.

Ⅱ. 민사소송의 현실

이상과 현실의 괴리는 민사소송제도라고 예외는 아니다. 민사소송제도의 현실은 이상대로 만족하게 운영되고 있지 못하다. 적정·공평의 이상과 신속·경제의 이상이 서로 이율배반의 관계에 있는 등 이상 자체의 모순도 문제지만(헌재 2013헌바120. 다만 경우에 따라 소송의 지연이 적정을 해칠 수 있는 것은 시간이 갈수록 물증은 없어지고 당사자나 증인의 기억이 흐려져 쟁점해명이 불가능해질 수 있기 때문이다), 법관의 수, 인간의 능력·노력의 한계, 그 밖에 우리 국민의 준법정신과 소송에 협력하는 자세 등 여러 요인으로 민사소송의 현실은 이상과 괴리를 보인다. 우리 현실을 살핀다.

(1) **소송의 적정·공평** 문제다(공정치 않다는 여론 43.5%). **첫째**로, 소송의 적정·공평을 위협하는 대표적인 예는 소송사건은 점차 복잡하여 가는데도 본인소송률은 오히려 높아만 가고, 미국에 뒤질세라 우리나라가 소송천국이 되어가는 우리의 풍토에서 대법관을 비롯한 법관의 절대수가 부족하다. 마치 '의료행위의 졸속'처럼 '심리의 졸속'이 불가피하다.

둘째로, 중립증인의 출석기피와 위증의 성행, 변호사의 위증교사 그리고 위증죄·문서의 위변조죄와 증명방해뿐 아니라(48%가 자유형이라 하나 집행유예가 많고 증명서의 조작은 관례쯤으로 아는 법의식도 있다) 일반적으로 사회에서 신랄한 비판을 받건만 일벌백계 없는 솜방망이식의 제재, 감정인의 불성실, 보고지연과 도덕적 해이, 교호신문제도의 유도신문으로의 전락, 실효성 없는 문서제출명령의 운용 등 증거수집 및 조사과정의 문제점은 심각하다. 일부법관의 감치 등 공권력행사의 소극성 등 후진적인 민사재판문화가 만연되어 있다(대법원 1층의 정의의 여신 justitia-로마에서는 디케는 눈도 안 가리고 칼도 잡지 않은 관세음보살상에 저울과 책만 들고 있을 뿐이고, 법원의 로고도 대체로 그러하다. 질서주재자보다 자비를 베푸는 인상).

셋째로 불리한 사실은 은폐하고 유리한 사실은 왜곡·과장하는 등 당사자의 진실의무가 지켜지지 않는 moral hazard, 법률행위의 문서화·보전에 둔감한 비법률적 거래관행

---

1) 이규호, "법률비용보험의 현황과 법적 과제," 민사소송 15권 1호.

때문에 진실한 사실을 찾아내기가 힘들다(fact finding). 뿐만 아니라 법관직 특히 대법원의 경우에 사물관할이 헌법재판을 제외하고 무한대로 넓어 재판의 전문화에 대한 외면은 시대상에 걸맞지 않다.

넷째로, 하급심이 책임있는 해결보다 상급심에 미루는가 하면, 대법원은 정책법원을 표방하며 상고사건의 7~80% 이상이 심리불속행기각으로 하급법원판결을 그대로 확정하려는 경향이 있다. 따라서 소송의 적정 · 공평을 소홀히 하는 경향에 대해서 깊이 반성할 바가 있다.

(2) 민사소송의 병폐는 '오래 끌고 돈 많이 드는' 것이다. 첫째로, 판결기간은 1 · 2 · 3심 각 5개월로 법정되어 있으나, 법정기간은 훈시규정으로 평가절하하여 무의미하게 만들고 재판기간을 예측하기 힘들게 한다. 특히 어렵고 복잡한 사건은 뒤로 미루는 경향이며 고비용 · 저효율의 구조이다. 그 때문에 국민이 그 권리구제에 있어서 본안소송제도를 외면하고, 여기에서 일탈하여 제도외적 해결을 모색하는 현상이 만연되고 있다. 그 하나는 민사사건의 형사사건화경향(고소공화국 연 55만건에 증가일로)과 가압류 · 가처분의 남용, 나아가 권력기관 · 주무행정기관 · 언론 등에의 탄원 등이다. 다른 하나는 해결사 등 폭력의 동원 그리고 집단소요와 시위 · (고공)농성 · 문자폭력 · 소음공해 등에 의한 간접강제 강구이다. 이것은 자력구제의 현대판이라고 하겠으며, 민사소송제도의 존재의의와 법치주의를 망가뜨리는 망국적 풍토이다.

둘째로, 「끝장소송」, '돈 많이 드는 소송'의 폐해는 특히 세계 유례 없는 높은 상소율의 상황에서 누진되는 인지대, 비싼 감정료 그리고 다른 나라와 달리 심급대리의 원칙의 시행 때문에 같은 변호사를 써도 매 심급마다 지출해야 하는 변호사 보수에서 비롯된다. 재판은 씨름판 승부처럼 3세판 승부라고 생각하는 국민의식 탓도 있겠지만 제1, 2심은 통과심으로 대법원 통로라고 저평가되어 다른 선진국과 달리 제1심중심주의가 사법불신으로 실종되고 제3심주의 경향으로 가고 있고, 외국과 달리 법관의 잦은 인사이동(유럽은 법관 본인의 동의없는 인사이동금지)도 소송촉진의 저해원인이 된다. 여기에다가 보전처분 특히 가처분제도를 본안처럼 늦장처리는 문제이다. 다만 지법단독판사를 부장판사로 보직, 하급심에 재판연구원의 배치, 고법 배석판사를 지법 부장판사급으로 하는 대등재판부의 구성 등 하급심 충실화의 노력은 한다. 자신이 없는 당사자는 소송을 되도록 끌려 하고, 소송관계인은 비협력적이며, 법관의 재판 부담은 과중하다. 그리고 재판의 적정 · 공평을 희생하여서는 안 된다. 이러한 역학구도에서 소송촉진책의 모색은 실로 난제임에 틀림없다. 그렇다 하여 조정회부로 판결도피의 경향은 문제 있다.

(3) 민사소송의 이상구현의 근본대책은 대법관을 비롯한 법관의 대폭 증원이다.[1] 본안사건을 비롯하여 집행 · 신청사건이 지나치게 폭주하기 때문에 더욱 그러하다(서초동법원 청사는 세계 최대 규모). 증원은 헌법 제27조에서 규정한 재판을 받을 권리의 진정한 보장이 되고 '날림재판'의 방지책인데도 크게 진척이 되고 있지 않다. 다른 나라에는 별로 예가 없는 국가인권위원회 · 국민권익위원회 · 각종 과거사정리위원회 등 준 사법기관과 그 구성원은 적지 않지만 정규법관의 수(대법원규칙상 3,200여명. 실제 가동법관은 3,000여명, 2023년부터 법

1) 2018. 2. 5.자 주간조선에서 필자와 대담기사.

관 370명 증원-법관정원법개정법률안은 국회계류중)는 인구당 17,000 : 1 남짓이고 대법관 1인의 1년간의 담당건수는 3,000건을 넘어 4,300건에 달하고 있지만, 법관증원은 지난 정부에서는 소위 '적폐청산'에 치중함으로써 지지부진했다(단독판사 연간 700건의 판결, 소액사건은 서울중앙지법의 경우는 법관당 3~4,000건). OECD국가 중 최하위에 가까울 것이다(법관 1인당 인구수가 OECD국가의 2~5배. 독일은 우리와 비슷하게 본안사건이 연간 110만 건인데 법관이 7배 정도). 대법관의 증원(겨우 4명 늘려 현재 13명에서 17명으로 증원 안)은 크게 실효를 거두지 못하고, 일반법원의 법관도 산술급수적 증가인데 사건의 수는 기하급수적 증가가 현실이므로 특단의 조치가 필요하다.[1)] 나라의 선진화는 크게 진척을 보이나 「사법의 선진화」는 답보상태이다.[2)] '묻지마' 재판같은 설득 노력 없는 짧은 판결서와 법정에서 '막말' 판사가 늘어나는 것은 우연이 아니다.

다만, 2011년 5월부터의 전자소송시대의 개막으로 송달기간의 단축과 presentation(PT) 변론 등에 의한 변론집중과 영상재판의 일부 시행은 고무적이다. AI 이용의 legal tech 또는 digital modernization의 점진적인 도입이 문제해결에 다소 도움이 될 것이다.[3)]

Ⅲ. 민사소송과 신의칙[4)]

1. 총　설

민사소송에의 신의칙의 도입에 대해서는 일찍이 불확정개념의 도입으로 법적 안정성을 해친다는 것과 일반조항으로 안이한 도피 시도 등 반론이 없었던 것은 아니다. 그러나 신의칙은 민법에만 국한될 수 없는 법의 보편적 가치이자 원칙이고, 또 부당하게 비양심적으로 소송을 수행하는 자를 승소하도록 돕는 것이 민사소송의 목적이 될 수는 없으므로 민사소송법에 신의칙의 도입을 근본적으로 부정하기는 힘들다.[5)] 그리하여 민사소송법에서, 민법에서와 같이 그 입법례(이탈리아, 스위스의 일부 주)가 나타나고, 학설·판례에서도 19세기적인 개인의 자유 중심의 소송관에서 벗어나 법의 사회화가 강조됨에 따라 이를 받아들이기에 이르렀다. 우리 법도 제1조 1항에서는 「법원은 소송절차가 공정하고 신속하며 경제적으로 진행되도록 노력하여야 한다」고 하고, 이어 제2항에서 「당사자와 소송관계인은 신의에 따라 성실하게 소송을 수행하여야 한다」고 규정하여 신의칙이 민사소송법을 관류하는 대원칙임을 명문화했다(日신민소법 제2조는 우리 것을 모델로 명문화, 캄보디아·중국법도 같다.). 불성실하고 잔꾀·꼼수를 쓰며 배신적 처신의 당사자에 대하여 철퇴를 가함으로써 건전한 소송윤리를 확립하고, 법의 형식적 적용 때문에 생기는 양식·통념에 반하는 결과의 조

1) 법관의 수를 늘려 1심판사의 업무부담을 줄여야 판결공정성이 높아진다는 것에, 김두얼, "민사판결에 대한 동의 수준의 제고방안"(2011년 한국경제법학술대회 논문).

2) 졸고, "부실재판을 받지 않을 권리," 법조신문(구 대한변협신문) 2016. 4. 11.자.

3) 한국민사소송법학회 2012년 춘계학술대회주제.

4) 졸고, "민사소송에 있어서의 신의성실의 원칙," 법정 1975. 10·12.

5) 대법 1983. 5. 24, 82다카1919.

정·보충을 위하여는 성실수행의무의 활용을 등한히 해서는 안 될 것이다. 법정투쟁에서도 fair play 정신은 살려야 한다. moral 실종의 혼탁한 우리 사회의 소송현실에서 「빛과 소금」의 세정제(洗淨劑)로서 쓸모가 크다.

2. 신의칙의 규제를 받는 자의 범위

제1조 2항은 「당사자와 소송관계인」이라 하였으므로, 신의칙에 의한 소송수행의무는 좁은 의미의 당사자인 원고·피고만이 아니라 참가인, 법정·소송대리인은 물론 증인·감정인 나아가 조사·송부촉탁을 받은 자에까지 미친다고 할 것이다. 소송과정이 법원·당사자·소송관계인 등 3자간의 협동작업이기 때문이다.[1)]

3. 발현형태

신의칙위반의 형태를 다음 네 가지 유형으로 나눌 수 있다.

(1) 소송상태의 부당형성 당사자 한쪽이 잔꾀를 써서 자기에게 유리한 소송상태나 상대방에게 불리한 상태를 만들어 놓고 이를 이용하는 행위는 신의칙에 위배되므로 허용될 수 없다(꼼수). 예컨대 국내에 주소도 재산도 없는 자를 상대로 소제기를 하려 하는데 국내 재판적이 없어 국내 법원에 소송할 길이 막혔을 때에 억지로 재산을 국내에 끌어들여 재산있는 곳의 재판적(11조)을 만들어 놓고 그 법원에 소의 제기(재판적의 도취(盜取)) 따위이다. 대법 2011. 9. 29, 2011마62에서 甲의 乙에 대한 청구의 관할법원은 전주지방법원인데, 丙을 넣어 乙과 공동피고로 한 것은 실제로 丙을 상대로 청구할 의사도 없으면서 단지 丙의 주소지를 관할하는 서울중앙지방법원에 관할권을 생기게 하기 위한 것이라면, 관련재판적에 관한 제25조의 규정이 배제된다고 했다.[2)] 억지 관할만들기의 **관할선택권의 남용**으로 신의칙의 위배로 본 것이다. 경매절차에서 그 유치권이 최우선순위 담보권자로서의 지위가 되도록 하는 행위도 그러하다.[3)] 주소 있는 자를 주소불명의 행방불명자인 것처럼 만들어 놓고 공시송달로 진행하게 하는 공시송달의 남용,[4)] 권

---

1) 제1심에서 원고주장 자체로 청구기각, 제2심에서 원고가 소변경한 사안에서 피고가 제1회 변론기일에 불출석하였다 하여, 피고가 원고의 변경된 청구원인에 자백한 것으로 보고 원고승소판결을 한 것을 석명권 등 소송지휘권의 불행사로 본 사례에 대해 법원에 신의칙 적용의 예라고 한 것에 강현중, 2017. 11. 23.자 법률신문평석(대법 2017. 4. 26, 2017다201033).

2) 이에 대한 평석은 나원식, "관련재판적과 관할선택권의 남용," 민사소송 17권 2호, 49면 이하; 오정후, "관련재판적과 전속적 관할합의의 충돌," 민사소송 17권 2호, 19면 이하.

3) 대법 2011. 12. 22, 2011다84298.

4) BGH NJW 71, 2226.

리자가 소송에서 제3자로서 증인으로 나서기 위해 다른 사람에게 하는 권리양도,[1] 먼저 법이 정한 절차를 제대로 거치지 못하게 만든 자가 뒤에 이를 이용하여 절차를 제대로 거치지 아니하였음을 탓하거나 개인은 뒤에 숨고 소송에서 피고로 삼기 위해 형해화된 법인의 형성 등이 그 예이다.[2] 원인제공자는 결과를 탓하여서는 안 된다.

(2) 선행행위와 모순되는 거동(소송상의 금반언) 한쪽 당사자가 과거에 일정방향의 태도를 취하여 상대방으로 하여금 이를 신뢰하게 만들어 놓고, 이제와서 신뢰를 저버리고 종전의 태도와는 모순되는 거동으로 나오는 경우에 뒤의 거동은 신의칙상 허용되지 않는다(Verbot des venire contra factum proprium, 신뢰보호). 어제 약속한 말과 오늘 말이 다른 것을 금하는 금반언(estoppel)의 법리에 대응한다고 할 것이다(一口二言, 어제말 말바꾸기).

그 대표적인 것으로서 i) 미리 행한 소송상의 합의에 반하는 거동, 예를 들면 부제소특약에 반하는 소의 제기[3] 또는 소취하계약에 반하여 소송을 계속 유지하는 따위,[4] ii) 일부청구임을 명시하지 않은 사건에서 판결이 확정된 뒤에 나머지가 또 있다고 하는 잔부청구,[5] iii) 어느 사실에 기하여 소를 제기하고, 그 사실의 존재를 극력 주장·증명한 사람이 그 뒤 상대방으로부터 이 사실의 존재를 전제로 한 소를 제기당한 때 태도를 바꾸어 이 사실을 부인하는 따위이다.[6] 강제집행

---

1) 대법 1983. 5. 24, 82다카1919.

2) 주권교부의무를 이행하지 아니한 자가 주주총회결의 부존재확인의 청구를 하는 등 권리주장을 하는 것에, 대법 1991. 12. 13, 90다카1158. 대법 1988. 11. 22, 87다카1671은 선박을 편의치적(편의상 타국의 선적으로 두는 것)시켜 운영할 목적으로 만들어 놓은 형식상의 선박소유회사(Paper Company)가 나서서 현재 가압류된 선박의 소유권은 가압류채무자가 아니라 자기에게 있다고 주장하며 제3자 이의의 소를 제기하는 것은 제3자도 아닌 자가 나서서 불법목적을 달하려는 것이므로 신의칙상 허용될 수 없다는 취지의 판결을 했다=유사취지 대법 2023. 2. 2, 2022다276203.

3) 대법 2013. 11. 28, 2011다80449; 1993. 5. 14, 92다21760; 동 1992. 8. 14, 91다45141. 단순히 계약의 구속력 위반일 뿐이라는 반대설은, 호문혁, 50면. 단순히 권리보호자격 없는 소에 불과하다는 반대설은, 한충수, 38면.

4) 모든 민·형사상 소송취하에 합의해 놓고 항소심진행은 안 된다는 것에, 대법 2013다19052.

5) 기판력의 확장으로 보는 것은 대법 1971. 4. 30, 71다430 등. 소송상 신의칙 위배라기보다는 실체법상 신의칙 위배로 민법 제2조가 적용될 문제라는 견해는 호문혁, 48면.

6) 日最高裁 1973. 7. 20 판결(대법 1984. 10. 23, 84다카855는 부정적인 듯). 경매절차에서 임대차가 끝났다고 주장하며 배당요구하였던 임차인이 낙찰자가 제기한 명도청구소송에서는 임대차가 끝나지 않았다고 주장하면서 대항력을 행사하는 경우(대법 2001. 9. 25, 2000다24078), 유사: 대법 2007. 1. 11, 2005다47175. 추후보완항소를 받아들여 심리결과 항소가 기각되자, 추후보완항소의 당사자 자신이 상고이유에서 그 부적법을 스스로 주장하는 경우, 대법 1995. 1. 24, 93다25875; 부적법한 당사자 표시정정·추가신청인데도 동의한 피고가 본안판결선고 후 위 신청의 부적법을 문제삼는 경우, 대법 2008. 6. 12, 2008다11276; 동 1998. 1. 23, 96다41496.

의 면탈을 위하여 위장이혼·재산분할을 하였다가 이제 와서 이혼무효확인의 소 제기도 같다 할 것이다. 다만 뒤의 행위가 진실이고 모순의 정도나 상대방의 불이익의 정도가 크지 않을 경우까지 신의칙의 적용을 인정할 수는 없다 할 것이며, 또 가사소송과 같이 객관적 진실을 우선시켜야 할 경우에는 그 적용을 제한해야 할 것이다.

(3) 소권의 실효(Verwirkung, expire) 당사자의 일방이 소송상의 권능을 장기간에 걸쳐 행사하지 않은 채 방치하였기 때문에 행사하지 않으리라는 정당한 기대가 상대방에게 생기고, 상대방이 그에 기하여 행동한 때에는 신의칙상 소송상의 권능은 이미 실효된 것으로 보아야 한다(독·일 판례에서는 해고처분 후 아무런 이유도 없이 10년 이상 경과된 뒤 제기하는 해고무효확인소송 등 기간의 정함이 없는 확인의 소에서 그 적용 예가 많다). 장기간의 불행사 이외에 행사하지 않으리라는 정당한 기대를 요건으로 한다. 판례는 특히 노사간의 고용관계에 관한 분쟁에 있어서 신속한 분쟁해결의 요청 때문에 실효의 원칙을 적극적으로 적용할 필요성이 있다고 강조하고 있다.[1] 판례[2]는 실효의 원칙이 소송법상의 권리에도 적용된다고 하면서 기간의 정함이 없는 항소권에서 문제삼았다. 이 법리는 기간의 정함이 없는 불복신청(예컨대 통상항고·이의신청 등) 외에 형성소권에 적용될 여지가 있다. 그러나 소권(소제기의 권능)의 경우에는 기본권이므로 실효되지 아니한다고 하는가 하면, 그 기초되는 실체법상의 권리가 실효되는 것이지(실체법에 관한 것이나 소멸시효의 항변에 관한 것에, 대법 2013. 7. 25, 2013다16602 등) 소권 자체가 실효되는 것은 아니라는 실효부정설이 있다.[3] 최근에 토지양도약정의 이행 후 15년이 지난 시점에 이르러 약정무효의 주장에 실효이론을 적용한 판례가 나왔다.[4]

(4) 소권의 남용 소송외적 목적의 추구를 위한 소송상의 권능 행사는 소권의 남용으로서 보호할 가치가 없는 것으로 평가된다. 확정판결에 의한 권리라도 남용해서는 안 된다는 것이다.[5] 대표적인 형태를 든다.[6)7)]

1) 해고당한 후 회사가 변제공탁한 퇴직금 등을 조건 없이 수령한 후 동종업체에 취업하여 3년 가까이 지나 제기한 해고무효확인청구는 금반언의 원칙에 위배된다는 것에, 대법 1990. 11. 23, 90다카25512가 있다. 대법 2000. 4. 25, 99다34475와 동 2005. 10. 28, 2005다45827도 같은 취지이다.
2) 대법 1996. 7. 30, 94다51840; 동 1995. 2. 10, 94다31624.
3) 정동윤/유병현/김경욱, 37~38면(소권의 남용으로 보자는 견해); 송상현, 20면; 호문혁, 48면; 한충수도 이와 유사(18면).
4) 대법 2015. 3. 20, 2013다88829.
5) 대법 1984. 7. 24, 84다카572.
6) Zeiss, Zivilprozessrecht, Rdnr. 292ff. 소권의 남용이 있으면 권리보호의 이익 없다는 것에 Rosenberg/Schwab/Gottwald, § 65Ⅶ Rdnr. 4 참조. 국회의 탄핵소추권도 헌법상의 소권이므로 남용이면 제재를 면치 못할 것이다.
7) 매년 1,830만 건의 미국 민사사건에 비하여 적지만, 최근 자료 기준으로 제1심본안사건이 일본에 비하여 2배(독일과 같은 건수)가 넘어서며(한국 100만 건 내외, 일본 약 50만 건), 한 때「국

1) 소 아닌 보다 간편한 방법으로 목적을 달성할 수 있는 경우이거나, 통상의 소 이외의 특별절차를 마련해 놓고 있는 경우인데 소를 제기하는 때이다(이에 관하여는 뒤의 「소의 이익」 참조).

2) 소권의 행사가 법의 목적에 반하는 때 예를 들면 3인의 공동상속인 중에서 1인만이 무자력자인데, 그 무자력자를 내세워 상속재산의 보존 소송을 시키면서 그로 하여금 소송구조신청(128조)을 내게 하는 때,[1] 현실의 분쟁도 없는데 판결 없이 명도집행용으로 하는 임대인·임차인 간에 이루어지는 제소전화해 등이다. 정치목적으로 크게 소권남용이 되는 것도 견제될 일이다.

3) 무익한 소권의 행사(완승한 당사자가 판결이유에 불만이 있어 제기하는 상소 따위) 원고가 피고에게 반환할 것을 원고가 청구하는 순환소송[2]

4) 소송지연이나 사법기능의 혼란·마비를 조성하는 소권의 행사 대법원에서 같은 이유로 계속 되풀이하는 한과 분풀이성의 재심청구,[3] 재기피신청 또는 명백히 이유 없는 기피신청(45조 1항), 본안절차의 지연목적이 명백한 위헌제청신청, 사건내용의 복잡화 따위는 소권의 남용으로서 부적법 각하하여야 한다.[4]

5) 재산상의 이득·탈법 따위를 목적으로 하는 소권의 행사 대법 1974. 9. 24, 74다767은 학교법인의 경영권을 다른 사람에게 양도하기로 결의함에 따라 법인이사직의 사임을 승인하고 현이사진이 학교법인을 인수·경영함에 대하여 아무런 이의를 하지 않다가 학교법인이나 현이사들로부터 다소의 금액을 지급받을 목적으로만 제기한 이사회결의부존재확인의 소는 소의 이익 내지 신의

민신문고」에 각종 집중민원 33만 건, 인구 대비 상대평가하면 5배이다. 가압류·가처분사건은 독일·일본에 비하여 20배이다. 동방소송지국(東方訴訟之國)이라는 말도 있어 송사 등을 막아주는 굿인 '장군거리'까지도 있고 「소송으로 흥한 자, 소송으로 망한다」, 「남과 척짓지 말라」고 소송을 터부시도 해왔지만, 세상분쟁사는 모두 소송으로 가는 소송전성시대이다. 불평불만은 모두 소송으로 가는 소송전성시대. '욱해서 소송,' 「툭하면 소송」, 「소송의 부채질」, 「시효초월의 소송」, 「책임회피책」, 「정치문제의 소송화 경향」의 풍조 때문인지 불평·불만의 배출구로 소송이 이용되는 소권남용으로 사회가 stress dystopia로 가고, 갈등반목의 전람회장과 같은 사회로 변모한다고 한다. 1930년 일제식민지시대 최대부호인 민영휘 사후, 아들(형식·대식 간) 상속소송, 제1심 인지대만 127억원, 제2심 44억원에 달하는 삼성가 대소송 등을 비롯하여 형제간의 소송, 미리 준 유류분이나 재산반환의 부자간의 불효소송 등 법정에서의 골육상쟁도 다반사이다(청와대 수석비서관까지 文을 상대로 제소하는 예). 이에 관한 자세한 내용은, 이시윤, 입문〔事例 23〕, 99면 이하 참조.

1) 반대견해: 한충수, 35면.

2) 대법 2017. 2. 15, 2014다19776·19783. 이러한 순환소송에 대하여 신의칙위반의 제5형태로 해석은, 강현중 '순환소송과 민사소송제도', 2017. 6. 12.자 법률신문.

3) 대법 1997. 12. 23, 96재다226. 유사한 것에, 대법 2005. 11. 10, 2005재다303.

4) 청구원인에 대한 선별 없는 다툼, 불명한 채권에 기한 상계도 같은 예로 본 것에, Schilken, Rdnr. 152.

칙에 반하는 부적법한 소라고 하였다.[1] 돈을 뜯어내거나, 화해용·여론몰이용, 정치투쟁용의 이른바 **기획소송**이다. 100불짜리 고장난 자동차를 구입하고는 10,000불의 돈을 물어내라고 하는 소제기(champerty rule)도 같이 볼 것이다(vulture capital과 맥을 같이 한다). 또 권리행사의 목적 없이 강행법규의 탈법이나 세금포탈을 목적으로 한 위장소송도 같이 볼 것이다.

6) 판결의 주관적 범위의 남용 독일판례[2]는 특허무효의 소를 제기하여 기판력 있는 판결로 기각당한 원고가 기판력 때문에 신소를 제기할 수 없게 되자, 그 사무원을 충동하여 같은 소를 제기하게 하는 것은 이에 해당된다고 하여 기판력이 미치도록 하였다. 또 완전히 형해화된 법인명의로 판결을 받게 한 경우이면 그 배후자인 개인이 자신은 그 판결의 기판력·집행력을 받는 당사자가 아니고 제3자라고 내세우는 것은 항변의 남용이 될 것이다(뒤에 볼 「실질적 당사자」 692면 참조).[3]

이 밖에 상대방의 소송행위의 방해, 예를 들면 증명방해[4]도 신의칙위반의 한 가지 내용이 된다고 하겠다.

4. 효 과

(1) 민사소송법 제1조 2항의 신의칙에 위반되는지 여부는 당사자의 주장이 없어도 법원의 직권조사사항이다. 신의칙은 강행법규이기 때문이다. 신의칙에 반하여 제기된 소는 소의 이익 즉 권리보호의 이익 없는 것으로 귀결되어 부적법 각하하게 되고,[5] 그에 반하는 소송행위는 무효로 된다. 신의칙위반의 소송행위를 간과하고 판결한 경우에 확정 전에는 상소로 취소할 수 있으나, 확정 후에는 당연무효의 판결이라 할 수 없다. 판결이 집행된 뒤에는 손해배상책임의 문제가 생길 수 있다(뒤의 「판결의 편취」 참조). 공서양속에 반하는 정도까지 가면 불법행위가 될 수 있다.[6]

(2) 2010년 개정법률 제117조에서는 소송비용담보제공명령제를 개선하였

1) 유사취지는 대법 2003. 4. 11, 2002다62364. 주권발행 전에 주식을 양도하고 나서 무려 7·8년이 지난 뒤에 그 무효를 주장하여 주식을 되찾기 위한 주주총회결의의 부존재·무효확인의 소에 대해 신의칙에 위배한 소권의 행사로 부적법 각하할 것이라는 것에, 대법 1983. 4. 26, 80다580.

2) RGZ 259, 133.

3) 이와 같은 경우 배후의 개인에게 행위책임을 물을 수 있다는 취지에, 대법 2008. 9. 11, 2007다90982; 동 2023. 2. 2, 2022다276703 참조. 원고의 법인격이 집행채무자에 대한 강제집행을 회피하기 위하여 남용된 경우에는, 원고가 자기법인은 집행당할 채무자와는 별개의 법인격임을 주장하여 강제집행의 불허를 구하지 못한다는 것에, 日最高裁 平成 17(2005). 7. 15. 판결.

4) 대법 1995. 3. 10, 94다39567.

5) 소의 이익이란 소송요건의 흠으로 소송법적 처리인 각하설이 통설·판례이다. 실체법상 이유 없는 것이 되어 청구기각이 옳다는 기각설이 있다. 호문혁, 51면.

6) 대법 2013. 3. 14, 2011다91876.

다. 소장·준비서면 그 밖의 소송기록상 청구가 이유 없음이 명백한 때(예: 판결주문 취소의 소, 헌법재판소결정의 효력정지신청 따위)에 법원이 직권으로 원고에게 소송비용담보제공을 명을 할 수 있는 제도이다. 원고가 이 명령에 불응하면 소 각하에 이르게 되는데, 이는 심각한 소권남용의 방지를 주안으로 한 개정이다. 나아가 2023. 4. 18. 개정법률에서는 날로 심각해가는 소권(재판청구권)남용의 방지 입법으로 ① 소장접수보류제도, ② 소송구조의 범위 축소, ③ 직권 공시송달명령제, ④ 500만원 이하의 과태료 부과 등을 채택하였다. 선진국이라 외치는 처지에서 필요악의 부끄러운 입법이다.

제5절 민사소송절차의 종류

민사소송은 넓게 보아 통상소송절차와 특별소송절차로 대별할 수 있다. 전자는 통상의 민사사건에 적용되는 소송절차로 다시 판결절차·강제집행절차로 나뉜다. 후자는 법이 정한 일정한 특수민사사건에 한하여 적용되는 소송절차로 간이소송절차(독촉절차·소액사건심판절차·공시최고절차)·가사소송절차·도산절차 따위가 있다.

Ⅰ. 통상소송절차

1. 판결절차

재판에 의하여 사법상의 권리관계를 확정하는 절차이다. 좁은 의미의 민사소송은 판결절차를 의미한다. 판결절차는 소에 의하여 개시되어 법원의 종국판결에 의하여 끝난다. 다만 재판의 적정을 보장하기 위하여 3심제도를 인정하기 때문에 제1심·항소심·상고심의 절차로 나뉜다.

제1심절차라도 지방법원 합의부의 절차와 지방법원 단독판사의 절차 사이에는 약간의 차이가 있다.

지방법원 단독판사의 절차에서는 i) 항소심은 지방법원항소부(2억원 초과 5억원 이하 단독사건은 고법), 그 중 1억원 이하 사건에서 비변호사의 소송대리(88조 1항), ii) 준비서면의 불필요(272조 2항), iii) 사정변경에 의한 관할의 변동(269조 2항) 등 특례에 의하는 이외에, 그 중 소송목적의 값이 3,000만원 이하인 소액사건의 심판에 있어서는 소액사건심판법이 적용된다(「소액사건심판절차」에 관하여는 뒤에서 본다).

2. 민사집행절차

판결절차에 의하여 확정된 사법상의 의무가 임의로 이행되지 않는 경우에 채권자의 신청으로 국가의 강제력에 의하여 사법상의 이행의무를 실현하기 위한 절차이다(구법제하에서 민소법 제7편에 있다가, 신법하에서는 분리독립한 민사집행법의 규율을 받는다). 판결절차와는 다른 별개의 독립절차이며, 판결절차에 필연적으로 부수되는 것은 아니고, 판결절차와는 그 목적을 달리한다. 이를 규율하는 법과 취급하는 기관(집행기관)도 판결절차와는 다르다.

3. 부수절차

판결절차나 강제집행절차의 기능을 충분히 발휘하기 위한 절차이다. 판결절차에 부수하는 것으로서 위헌법률과 헌법소원심판절차 · 증거보전절차 · 소송비용액 확정절차가 있다.

특히 강제집행절차에 부수하는 절차로서는 가압류 · 가처분절차 · 집행문부여절차 따위가 있다. 이 중 증거보전절차 · 가압류 · 가처분절차 · 위헌법률심판절차를 간단히 설명한다.

(1) **증거보전절차**는 판결절차에서 지정된 기간까지 증거조사의 시기를 늦추면 증거를 조사하기 불가능하거나 또는 곤란하게 될 염려가 있을 때 미리 그 증거를 조사하여 그 결과를 보전하기 위한 절차이다(375조 내지 384조).

(2) **보전처분절차**는 가압류 · 가처분절차를 뜻하는데, 본안판결까지 현상을 방치하여 두면 장래의 강제집행이 불가능하게 되거나 회복할 수 없는 손해가 발생하게 될 염려가 있는 경우에 채무자의 처분금지의 방법으로 현상의 변경금지나 잠정조치를 하는 절차이다. 이 때문에 집행보전절차 또는 보전소송이라고 한다. 이는 민사집행법 제4편 보전처분의 규율을 받는다.

1) 가압류는 금전채권 또는 금전으로 환산할 수 있는 채권에 기초하여 동산 · 부동산 · 채권에 대한 강제집행을 보전하기 위한 절차이다(민집 276조).

2) 가처분에는 다툼의 대상에 관한 가처분(민집 300조 1항)과 임시지위를 정하기 위한 가처분(민집 300조 2항)이 있다. 전자는 비금전채권의 보전을 목적으로 하는 것임에 대하여, 후자는 본안판결이 날 때까지의 법률관계의 불안정을 배제하고 급박한 위험을 방지하기 위하여 잠정적으로 법적 지위를 정하는 절차이다. 가처분결정이 지닌 위력 때문에 적지 않은 사건이 가처분의 단계에서 분쟁이 종국적으로 해결된다. 이를 가처분의 본안소송화 경향이라 한다.

3) 보전처분절차에서는 i) 필요적 변론이 아닌 임의적 변론, ii) 재판의 형식은 결정, iii) 다툼이 있는 사실에 대해 증명 아닌 소명, iv) 그 인용결정의 불복방법은 상소가 아닌 이의신청이다.

이러한 차이뿐 판결절차와 같은 절차상의 원칙에 의한다. 따라서 보전절차를「신속한 판결절차」(beschleunigtes Erkenntnisverfahren od. Eilverfahren)라고도 하는데, 연간 30만 건에 이를 정도로 그 이용이 엄청나며, 삼성전자 대 Apple 간의 세기적인 '대소송'이 판매금지의 가처분소송으로부터 시작되었다.

(3) **위헌법률심판과 헌법소원절차** 헌법소송 중 민사소송과 관련된 범위 내에서 살핀다. 법률이 헌법에 위반되는 여부가 민사재판의 전제가 되는 때에는 법원은 헌법재판소에 위헌법률심판제청을 하여 그 심판결과에 따라 재판하여야 한다(헌 106조 1항, 헌재 41조). 제청이 되었을 때에 당해 소송사건의 재판은 헌법재판소의 결정이 날 때까지 정지된다(헌재 42조). 이것도 기피신청처럼 소송지연책으로 남용되는 일이 있다. 한편 당사자의 위헌제청신청이 기각된 때에는 그 신청당사자는 직접 헌법재판소에 헌법소원심판청구를 할 수 있다(헌재 68조 2항). 헌법재판소의 법률의 위헌결정이 나면 법원 기타의 국가기관은 기속(羈束)받아 재판하여야 한다(헌재 47조 등). 전부위헌결정이든 일부위헌결정이든 마찬가지로 볼 것이다(다툼 있음).

Ⅱ. 특별소송절차

1. 간이소송절차

금전 그 밖에 대체물이나 유가증권의 일정 수량의 지급을 목적으로 하는 청구에 대하여, 채권자로 하여금 통상의 판결절차에 비하여 간이·신속하게 집행권원을 얻게 하는 절차로서 i) 소액사건심판절차, ii) 독촉절차, iii) 공시최고절차가 있다(상세는 제8편 참조).

2. 가사소송절차(12편 이하 참조)

3. 도산절차

채무자가 경제적 파탄에 이르러 다수채권자의 채권을 만족시킬 수 없게 된 경우에 그 총재산에 의하여 총채권자에게 공평한 금전적 만족을 시키거나, 채무자의 재건책을 도모하는 절차를 널리 도산절차라 한다. 여기에는 이제까지 파산·개인회생·화의·회사정리절차(속칭 법정관리)가 포함되었다. 그러나 미국·독일 등은 오늘날 네 가지 절차를 하나의 법으로 통합하여 간편화하는 입법추세에 따라, 우리나라에서도 종래 파산법, 개인채무자회생법, 화의법, 회사정리법으로 분화되었던 체제에서 「채무자 회생 및 파산에 관한 법률(2005. 3. 31. 법률 제7428호로 제정, 2006. 4. 1.부터 시행)」로 통합되었다. 다음 3개의 절차로 대별하였다.

i) 파산절차는 채무자가 도산하여 그 재산이 불충분한 경우에 채권자들이 서로 경쟁하여 서둘러 만족을 얻으려 하여 혼란을 빚을 수 있는데, 이러한 혼란을 막고 모든 채권자가 그 채권액에 따른 안분비례의 공평한 만족을 얻게 하는 절차이다. 파산절차는 일반(포괄)집행이라고도 하는데, 특정채권자의 개별만족을 뜻하는 강제집행과 대칭이 된다. ii) 개인회생절차는 개인채무자가 부담하고 있는 채무 중 일정한 금액을 변제하면 파산선고 없이 나머지 채무를 면제받을 수 있게 해 주는 절차이다. 이는 최장 5년 동안 생활비를 제외하고 전체 부채(금융 채무와 사채를 포함, 무담보 채무는 5억원 이하, 담보 채무는 10억원 이하)의 3~5%만 갚고, 원리금의 최대 95%까지 탕감해준다. iii) 회생절차는 회사가 도산의 위기에 직면하였을 때에 회사의 재건·갱생의 길을 모색하는 절차이다. 구법에서는 회사정리절차라고 했다. 새 법은 위 3개의 절차에 더하여 국제도산절차도 규정하였다.

회사정리·화의절차는 종종 이용되었으나 1990년 말 IMF사태 이전에는 법치파산보다는 채권자폭력파산이 유행하였고, 오히려 **부정수표단속법**이 파산법의 대역이었다. '인생패자의 부활책'이라 하지만 지금은 오히려 멀쩡한 빚의 탕감절차로, '꼼수'로 악용하는 등의 제도남용적 moral hazard의 부채질로 파산·개인회생절차가 엄청나게 성행되고 있다(2014년 개인회생신청사건 10만 건 돌파). 아직도 기업이 부도위기에 처하면 소위 주거래은행 등 채권단주도형의 채권관리기관공동관리=구속력 없는 자율협약이나 재무구조개선작업(work-out)이 행하여진다(여기에 경영권박탈 등의 남용문제가 생긴다). 성사가 안되면 그 다음으로 법원주도형의 기업회생절차로 넘어가게 되는데, 입법개선의 일환으로 미국에처럼 2017. 3. 1.부터 우리나라에도 도산사건 전담의 **회생법원**이 개설되었다. 이제 다시 있어서는 안될 시장경제법질서를 외면한 관치도산절차의 대표적인 것이 5공시절의 국제그룹 해체사건이었다(헌재 1993. 7. 29, 89헌마31 참조).

파산선고·회생개시결정이 되면 진행 중인 소송절차는 중단되며(239조), 강제집행절차에서는 집행장애사유가 된다.

제2장 민사소송법

제1절 민사소송법의 의의와 성격

Ⅰ. 의 의

민사소송법은 **형식적 의미**에서는 "민사소송법"이라고 불리는 법전을 가리키지만, **실질적 의미**로는 민사소송제도를 규율하는 법규의 총체를 말한다. 실질적 의미의 민사소송법에는 민사소송을 처리하는 법원의 조직 ·권한, 소송에 관여하는 자의 능력·자격, 재판을 하기 위한 요건·절차·효과 따위에 관한 일체의 법규가 포함된다.

실질적 의미의 민사소송법의 법원(法源)[1]으로서는 다음과 같은 것이 있다.

i) 헌법의 규정, 즉 헌법 제10조의 인간으로서의 존엄과 가치의 존중, 제11조(평등권), 제27조(재판을 받을 권리), 제5장(101조 내지 109조)의 법원에 관한 규정들이 그것이다.

ii) 법률로는 민사소송법전 이외에 민사집행법, 법원조직법, 집행관법, 변호사법, 증권관련집단소송법, 소비자기본법, 개인정보보호법, 국제민사사법공조법, 가사소송법, 행정소송법, 소액사건심판법, 소송촉진 등에 관한 특례법, 민사소송 등 인지법, 상고심절차에 관한 특례법, 민사소송비용법, 국가를 당사자로 하는 소송에 관한 법률, 인지첩부·첨부 및 공탁제공에 관한 특례법, 국제사법, 민사조정법, 중재법, 채무자 회생 및 파산에 관한 법률, 민사소송 등에서의 전자문서 이용 등에 관한 법률, 개정 국제사법 등이 있고, 조약으로는 인권에 관한 세계선언

---

1) 민사소송법의 특례법들인 민사소송 등 인지법, 민사소송비용법, 증권관련 집단소송법, 가사소송법, 소액사건심판법, 소송촉진 등에 관한 특례법, 상고심절차에 관한 특례법, 민사소송 등에서의 전자문서이용 등에 관한 법률, 최근의 국제민사소송관할조항을 국제사법에 이관 입법 등 다른 나라와 달리 민사소송 통합법전을 외면한 채, 중재법까지도 민사소송법전에 흡수통합시킬 사항인데 단행법으로 각기 독립시켰다. one stop system으로 통합하지 아니하고 여러 개의 단행법으로 병립시키는 입법체제는 선진국(일본·독일·미국 등)에 그 예가 없으며, 체계적인 이해를 어렵게 하고 법적용에 혼돈·착오를 일으켜 오판으로 가기 쉬운 우려스러운 현상이다. 단순화·집중화시대에 역행으로 입법기술의 미숙이다. 스마트폰(smart phone)처럼 통합 집중인 시대에 역행이다.
졸저, 입문〔事例 5〕, 20면 이하.

(6조 등)·국제인권규약 B규약(14조)과 송달조약·증거협약, 양자간의 투자협정(BIT)이나 FTA, 국제중재조약 등이 있다.

iii) 대법원규칙으로는 민사소송규칙, 민사집행규칙, 사법보좌관규칙, 소송촉진 등에 관한 특례법 시행규칙, 변호사보수의 소송비용산입에 관한 규칙, 민사 및 가사소송의 사물관할에 관한 규칙, 가사소송규칙, 소액사건심판규칙, 대법원에서의 변론에 관한 규칙, 정정보도청구 등 사건 심판규칙, 민사소송 등 인지규칙, 민사조정규칙, 증권관련집단소송규칙, 소비자단체소송규칙 등.

대법원규칙은 헌법 제108조에 의하여 「소송에 관한 절차, 법원의 내부규율과 사무처리에 관한 사항」에 관하여 대법원이 스스로 제정하는 법규이다. 헌법이 대법원에 규칙제정권을 인정한 것은 소송의 절차적·기술적 사항이나 법원의 내부사항에 대해서는 재판실무에 정통한 법원이 그 지식·경험을 바탕으로 정하는 것이 합목적적이라 본 때문이며, 사법권의 자율성의 존중이다.

다만 우리 헌법상으로는 대법원이 「법률에 저촉되지 아니하는 범위 내에서」 규칙을 제정할 수 있는 것이므로, 같은 사항에 관하여 국회에서 제정한 법률과 저촉이 생기는 경우에는 법률이 우선한다(법률우위설). 그러나 대법원규칙제정권이 헌법이 부여한 자율적 입법권에 속하는 것이므로 적극적 저촉이 아닌 소극적인 것일 때에는 법률에서 위임이 없는 사항에 대해서도 규칙을 정할 수 있다. 미국의 대법원규칙과도 달리 의회의 승인을 필요로 하지 않는 엄청난 자율입법권이다. 국회의 입법활동의 소홀로 대법원규칙에 일임하고 마는 예가 증가일로이다.

따라서 공포되지도 아니하여 일반국민에 대하여 구속력이 없고 내부적인 구속력뿐인 법원의 내규 쯤으로 폄하해서는 안 된다. 내규적 성질의 것은 그 수가 적지 아니한 대법원 예규(사건관리방식에 관한 예규 등)이다. 이것은 국민에 대해 법적 구속력이 없고 편의적 안내(법원직원의 guide line)일 뿐인데, 실무에서의 사실상의 구속력을 무시할 수 없다.

Ⅱ. 성 격

민사소송법은 공법과 사법과의 구별에 있어서는 공법에, 민사법과 형사법의 관점에서는 민사법에, 실체법과 절차법과의 구별에 있어서는 절차법에 속한다.

(1) 공 법 민사소송법은 국가기관인 민사법원의 소송절차를 규율하는 법이기 때문에 그 성질은 공법에 속한다. 특히 민사집행법에 의하여 규율되는 강제집행절차는 채무자의 의사에 반하여 강제력을 행사하는 관계로 강제력 행사의 요건·방법·한계 따위를 정하는 규정이 중심이 되고 있다.

(2) 민 사 법 민사소송법은 대등한 사인간의 생활관계상의 분쟁을 해결하기 위

해 마련된 법률로서 이 점에서 민·상법 따위의 사법과 대상을 같이하며, 이와 함께 민사법이라는 영역을 형성한다.

(3) 절 차 법

1) 절차법과 실체법 널리 실체법은 권리·의무의 실체, 즉 권리·의무의 발생·변경·소멸·내용·성질·종류 등을 규율하는 법으로서 재판내용의 기준이 됨에 대하여, 절차법은 권리·의무를 실현하는 절차·방식에 관한 법으로서 권리를 어떻게 주장할 것이고 절차를 어떻게 진행하며, 어떻게 사실인정의 자료를 수집하고 어떠한 방식으로 재판할 것인가를 규율한다. 민사소송법은 사법상의 권리의 확정·실현을 위한 민사소송제도를 규율하는 법이기 때문에 절차법에 속한다.

다만 형식적 의미의 민사소송법과 실질적 의미의 그것이 반드시 일치하는 것은 아니다. 민사소송법이 절차법이라고 하는 것은 일반적·체계적 고찰에 기한 구별이기 때문에 형식적 의미의 민사소송법의 규정이 모두 절차법이라고는 할 수 없다. 예를 들면 소송법 중에도 소송비용에 관한 규정(99조), 가집행선고가 실효된 경우의 배상책임(215조 2항) 등의 실체법적 성질의 규정이 있다. 또 구체적·개별적으로는 재심의 소(451조)나 집행판결·결정청구소송(민집 27조, 중재 37조)과 같은 소송소송(Prozessprozess)에서나, 혹은 상고심이 원심의 소송절차 위배의 유무를 판단하는 경우에는 소송법규도 재판의 기준으로서 실체법적인 역할을 함을 주의할 필요가 있다.

2) 다른 절차법과의 관계 민사소송법은 **재판절차에 관한 기본법**이다. 따라서 자족적(自足的)인 절차법체계를 갖추지 않은 다른 절차법, 즉 행정소송법·가사소송법·헌법재판소법(헌재법 40조, 통진당정당해산심판과 대통령탄핵절차에 서민소법의 변론준비절차 준용의 예, 2014헌마7 등 참조)·특허법·비송사건절차법, 증권관련 집단소송법, 소비자기본법에 있어서는 성질에 반하지 않는 범위 내에서 민사소송법을 준용, 적용하게 되어 있다(형사소송법의 송달은 민소법 준용).

3) 실체법과 절차법의 구별의 실익 i) 법률이 개정된 때의 취급이다. 실체법은 법률불소급의 원칙에 의하여 재판당시의 개정법을 개정 전의 사항에 소급적용하는 것을 금하는 것이 원칙임에 대하여, 절차법은 소급(遡及)하는 것이 원칙이다. ii) 섭외관계사건의 경우를 들 수 있다. 섭외관계사건에 있어서 실체법규에 대해서는 외국법을 적용할 경우가 적지 않으나, 절차법규에 대해서는 실제로 재판하는 곳인 **법정지법**(法廷地法, lex fori)에 의하게 되어 있다.

제2절 민사소송법규의 해석과 종류

Ⅰ. 해 석

(1) 해석의 방법 법해석의 목적은 법규의 의미·내용의 확정에 있다. 이 점은 민사소송법에 있어서도 같은 것으로, 법해석의 일반적인 방법론에 의한

다. 소송법이라 하여 해석에 특별한 방법론이 있는 것은 아니다. 다음과 같은 것이 해석의 기준이 된다.[1)]

1) 문리해석　법규의 문언에 되도록 충실한 해석을 하여야 하며, 나아가 다른 법규와의 관련의미를 고려하여야 한다(논리해석). 그러기 위해 법률인 민사소송법, 대법원규칙인 민사소송규칙의 의미 · 내용을 살피는 것이 무엇보다 중요하며, 판례법국가가 아닌 성문법국가인 우리법제하에서는 판례는 법규가 없을 때에 보충적으로 찾아야 한다. 법규는 제치고 판례를 금과옥조로 여기고 먼저 찾는 것은 본말전도로서 성문법국가를 판례법국가로 오해한 소치로 경계할 일이다. 다만 민사소송법 등 절차법의 용어가 반드시 통일적으로 쓰이고 있지 아니함을 유의하여야 한다. 보전소송의 경우의 '본안(민집 287조)'과 변론관할(30조) · 소의 취하(266조 2항)의 경우의 '본안'과는 의미가 다른 것이 그 예이다. 앞은 본사건, 뒤는 실체법적 사항을 뜻한다.

2) 목적론적 해석　합목적적 해석을 하여야 한다. 제1조에서 천명하였듯이 민사소송의 이상이 소송의 적정 · 공평 · 신속 · 경제 그리고 신의칙에 의한 운영에 있는 만큼, 이와 같은 이상이 구현될 수 있도록 구체적인 법규의 해석에 임하여야 한다.

3) 심리의 기본원칙과 관련해석　구체적인 법규의 해석에 소송심리에 관한 기본원칙(특히 처분권주의 · 변론주의 등)을 연관지어야 한다. 다만 의심스러운 때에는 권리의 실현에 보다 유리한 해석을 우선시켜야 한다.

4) 합헌적 해석　소송법이 헌법의 하위규범인 만큼 합헌적 해석을 하여야 한다. 따라서 헌법에서 천명한 인간으로서의 존엄과 가치의 보장(헌 10조), 법관 앞의 평등과 자의금지의 원칙(헌 11조), 법관에 의하여 법률에 의한 재판과 신속한 재판을 받을 권리(헌 27조), 재판공개의 원칙(헌 109조) 등 절차적 기본권(Prozessgrundrecht)이 해석에 중요 기준이 됨을 잊어서는 안 될 것이다. 국회제정의 성문법에 정면으로 반하는 일종의 '입법행위'적 해석은 입법권의 침해 등 헌법상의 권력분립의 원칙에 반하므로 위헌이 될 수밖에 없다.[2)]

5) 유추해석　유추해석은 형벌법규와 달리 소송법규에서도 일반원칙에 의하여 허용되며, 반대해석도 가능하다.

(2) 실체법과의 차이　다만 소송법은 절차법의 성격상 다소 실체법과는 달리할 점이 있다. 실체법의 해석 · 적용에 있어서는 결과의 구체적 타당성이 매우 중시되는 경향이 있다. 그러나 절차법인 민사소송법의 해석 · 적용에 있어서는 그것이 제도의 규율이고 절차의 획일성 · 안정성의 요청이 강한 것인 만큼, 개개의 경우의 결과의 구체적 타당성만을 고려할 것이 아니라 결과의 당부를 일반화하여 검토하는 것이 필요하다. 일단 편의적 취급을 허용하면 어느 사이에 그것이 원칙화되어 제도 본래의 취지가 몰각될 수 있고 법치주의의 훼절에 이를 수 있다.

1) Rosenberg/Schwab/Gottwald, § 7; Thomas-Putzo, ZPO(35. Aufl.), Einl Ⅵ.
2) 헌재 2012. 5. 31, 2009헌바123 등.

Ⅱ. 종 류

소송법규는 법원·당사자에게 그 준수를 요구하고 있지만, 그 요구의 강도는 일률적인 것이 아니다. 그 강도에 의하여 각 소송법규 위배의 효력에 차이가 생기는 것으로, 그 구별은 매우 중요한 의미가 있다.

1. 효력규정과 훈시규정

효력규정(vollwirksame Normen)은 그에 위배하면 그 행위나 절차의 효력에 영향을 미치게 되는(취소 또는 무효) 종류의 규정이고, 훈시규정(instruktionelle Normen)은 이에 위반하여도 소송법상의 효력에는 영향이 없는 종류의 규정이다. 법원의 행위에 관한 법규, 특히 이른바 직무규정에 훈시규정이 많다. 훈시규정의 예로서는 제85조 2항·제199조·제207조 1항[1]·제210조 1항·제400조·제428조 2항(동조 1항은 효력규정)·제438조를 들 수 있다. 무효가 되지 아니한다고 해서 법관이 이를 마냥 무시함은 직무상 위법이 되고, 면책되는 것이 아니며 반법치주의다.

2. 강행규정과 임의규정

효력규정은 두 가지 규정으로 재분류된다.

(1) **강행규정**은 반드시 준수될 것이 요구되고, 법원이나 당사자의 의사·태도에 의하여 그 구속을 배제할 수 없으며, 이에 위배된 행위·절차는 무효로 되는 것이다. 법원은 그 무효를 직권으로 고려하지 않으면 안 된다. 엄격한 준수의 요구는 재판제도의 기본요구인 공정의 유지라는 강한 공익성에 근거를 두고 있다. 예를 들면 법원의 구성, 법관의 제척, 전속관할, 당사자능력, 재판의 공개, 상소제기기간[2] 등에 관한 규정이 이에 속한다.

강행법규의 위배가 언제까지 또 어떠한 형태로 문제되는가도 소송법규가 동태적인 process를 규율하는 법규인 만큼, 실체법에 있어서와 같이 평면적으로 취급할 것이 아니라 절차의 진행단계에 따라 상대적으로 고려하지 않으면 안 된다. 따라서 판결 전에는 강행법규위배의 행위는 무효로 보아 배척할 것이지만, 일단 판결을 한 뒤에는 그 이전의 위배는 상소이유로써 공격할 수 있는 데 그친다. 판결은 상소에 의하지 아니하고는 당연무효로 되지 않기 때문이다. 나아가 종국판결이 확정되면 재심사유에 해당되는 경우 이외는 강행법규 위배임을 주장할 수 없게 된다.

(2) **임의규정**은 주로 당사자의 소송수행상의 편의와 이익을 보호할 목적으로 정해진 것으로서, 당사자의 의사·태도에 의하여 그 적용이 어느 한도까지는 배제·완화될 수 있는 규정이다. 그러나 소송법상의 임의규정은 그 성질이 반드시 사법상의 임의규정과는 동일하지 않으며, 다음과 같은 차이가 있다.

첫째로 사법상의 임의규정과 같은 내용의 임의규정은 소송법에서는 예외적으로 인정된다. 왜냐하면 사법에서는 당사자의 합의에 의하여 임의규정과 다른 내용의 합의를 하면

1) 대법 2008. 2. 1, 2007다9009.
2) 대법 1975. 5. 9, 72다379.

그 합의가 임의규정보다도 우선하여 그 적용이 배제되지만, 소송절차의 획일성·안정성을 확보하기 위하여 이른바 편의소송(便宜訴訟)을 금지하고 있는 소송법의 영역에서는 중재절차와 달리 당사자가 임의로 소송절차를 변경하는 것은 원칙적으로 허용되지 않기 때문이다. 이러한 의미에서 소송법에서는 계약자유의 원칙이 인정되지 아니하며, 법이 허용하는 범위 내에서 당사자의 합의에 의하여 그 적용을 배제할 수 있음에 그친다. 법이 명문으로 인정한 것으로 관할의 합의(29조), 불항소의 합의(390조 1항 단서·2항)가 있으나, 그 같은 규정은 극히 예외적이다.[1]

둘째로 소송법규와 다른 약정을 함으로써 그 적용을 배제할 수 없으나, 법규위배에 의하여 불이익을 받을 당사자가 이에 이의하지 않을 때에 그 흠이 치유되는 것으로서, 그러한 의미의 규정들도 특히 소송법에서는 임의규정으로 본다. 따라서 이러한 경우에 그 위배는 법원이 직권으로 조사할 필요가 없고 당사자의 소송절차에 관한 이의권(151조)의 행사를 기다려서 고려하면 된다. 예를 들면 당사자의 소송행위의 방식, 법원의 기일통지서·출석요구서·소송서류의 송달, 증거조사의 방식 등에 관한 규정은 대체로 이에 속한다(아래「소송절차에 관한 이의권」참조).

제3절 민사소송법의 효력의 한계

Ⅰ. 시적 한계

성문법의 유효기간은 시행일로부터 폐지일까지이다. 여기에서 문제되는 것은 민사소송법규가 개정되는 경우에 신·구 법규의 적용범위이다. 실체법의 영역에서는 기득권을 동요시켜 생활관계의 안정을 해치지 않으려는 고려 때문에 법률불소급의 원칙이 채택되고 있지만(헌 13조 2항), 소송법의 영역에서는 기술법임에 비추어 구법시의 사건에 대해서도 되도록 획일적으로 신법을 적용하는 것이 합리적이어서 소급효를 인정하는 것이 원칙이다. 민사소송법 또는 개정법률 부칙에서「이 법은 특별한 규정이 없으면 이 법 시행 당시 법원에 계속중인 사건에도 적용한다」고 규정한 것은 그 취지이다. 그리고 신법이 구법에 비하여 소송관계인에게 유리한 것인가에 의문이 있는 경우에는 각 개별적 사항에 관하여 구체적으로 경과규정을 두는 것이 보통이다(부칙 4조, 5조 참조).

Ⅱ. 장소적 한계

소송은 재판하는 나라의 법인 법정지 현지법(lex fori)의 지배를 받는 것이 원칙이다. 민사소송은 국가권력에 기한 사법작용의 발동이기 때문이다.

1) 다만, 법에 명문의 규정이 없더라도 부제소의 합의(대법 1999. 3. 26, 98다63988), 소취하의 합의(대법 2005. 6. 10, 2005다14861), 부집행의 합의(대법 1996. 7. 26, 95다19072)는 허용되는 것으로 해석된다(뒤의「소송행위」참조).

(1) 따라서 우리나라의 법원에서 심리되는 사건은 당사자가 외국인이든, 소송물의 내용이 무엇이든, 준거법이 외국법이든[1] 막론하고 우리나라의 민사소송법의 규율을 받게 된다. 외국사법기관의 촉탁을 받아 송달·증거조사 등의 소송행위를 하는 경우라도 그 절차는 촉탁국의 소송법에 의하지 않고 우리나라의 민사소송법에 의한다.

(2) 외국법원에 계속된 민사소송사건에 대해서는 그 법정지의 소송법에 의하지만, 그곳에서 행한 소송행위가 우리나라에서 어떠한 효력을 갖는가는 우리나라의 민사소송법에 의하여 판정한다(217조). 외국의 사법기관이 우리나라 법원의 촉탁을 받아 송달이나 증거조사를 할 때에는 그 외국의 민사소송법에 의하지만, 그 소송행위가 그 법정지법에 어긋나더라도 우리나라 소송법에 의하면 적법한 것인 한 유효한 것으로 본다(296조 2항).

제4절 민사소송법의 연혁

Ⅰ. 일본국 민사소송법의 의용

우리나라에 근대적 의미의 민사소송법이 본격적으로 나타나게 된 것[2]은 한일합병 이후로서, 일제는 합병 후인 1912년 3월 18일 조선총독부제령(일본헌법을 시행하지 않는 대신에 일본 천황의 제령) 제7호 조선민사령에 의하여 약간의 수정을 가하여 패전 전의 일본국 민사소송법을 의용실시하였다. 이것이 곧 의용(依用)민사소송법으로서 1945년 해방 이후에도 미군정법령 제21호로서 그대로 유효한 법률로 확인되고, 1948년 대한민국정부가 수립된 뒤에도 당시의 헌법 제100조에 의하여 현행민사소송법이 나타날 때까지 그 효력이 지속되어 왔다.

조선민사령에 의하여 의용된 일본국 민사소송법은 원래 프로이센의 참사관이었던 Techow가 1877년의 독일통일민사소송법전(Zivilprozeßordnung, ZPO)을 토대로 기초한 것으로(1890년 공포, 1891년 시행), 독일법의 번역적 계수였다. 다만 그 뒤 1926년에 이르러 제1편부터 제5편까지(판결절차부분)를 전면적으로 개정하였지만(1998년 신민사소송법으로 이를 바꿈), 독일민사소송법전의 골간을 버린 것이 아니다.

---

1) 대법 1988. 12. 13, 87다카1112.

2) 19세기말 대한제국이 수립되면서 재판소법이 제정되어 근대적인 민사재판제도가 시행되면서 법관양성소(1895~1909)가 생기게 되었다. 여기의 교과목의 하나로 민사소송법이 포함되면서 1905년부터 이의 담당교관인 홍재기 선생이 교재로 민사소송법을 처음 저술하였다. 이시윤, 입문〔事例 6〕, 22면 이하.

Ⅱ. 민사소송법의 연혁과 구민사소송법

(1) 우리나라 민사소송법은 1948년 대한민국수립 후에 법전편찬위원회가 구성되어 기초한 것을 제4대 국회에서 통과시켜 1960년 4월 4일에 법률 제547호로서 성립·공포되었던 것으로(너무 늦게 통과시킨 것에 정존수 법사위 원장의 사과까지), 1960년 7월 1일부터 시행되어 2002년 6월 30일로 마감하여, 이제는 구민사소송법이 되었다. 이 법률은 대체로 구법인 의용민사소송법을 바탕으로 여기에 조선민사령의 쌍불취하제도를 가미한 것이며 계보로는 일본민사소송법을 통한 독일법의 계수라고 하겠다. 그 뒤 1961년 9월 1일 법률 제706호로서 제1차 개정이 있었고 1963년 12월 3일 법률 제1499호로서 제2차 개정이 있었는데, 제1차 개정법률의 골자는 i) 미국법의 교호신문제, ii) 위헌문제에 관한 특별상고제, iii) 판결서작성의 간이화 등이었으며, 제2차 개정법률은 특별상고제의 폐기와 상고이유의 수정 등을 그 내용으로 하였다.

(2) 본법에 직접 손을 대지 않고 특별법의 제정으로 우회적으로 개정보완한 예가 적지 아니하였다. 대표적인 예가 민사소송에 관한 임시조치법(1961. 6. 21. 법률 제628호)에 의한 기일변경의 제한, 가집행선고의 원칙화 및 국가 소송에서 가집행선고의 금지, 중재법(1966. 3. 16. 법률 제1767호)에 의한 중재제도의 부활, 간이절차에 의한 민사분쟁사건처리 특례법(1970. 12. 13. 법률 제2254호)에 의한 배당요구에 있어서의 평등주의의 제한(동법 5조), 그리고 소액사건심판법(1973. 2. 24. 법률 제2547호)에 의한 소액사건에 관한 특례절차 등이 그것이다. 특히 소액사건심판법은 1회심리의 원칙, 직권증거조사제, 직권증인신문제, 판결이유의 생략과 상고제한 등의 특례를 담았으며, 그 내용에 대하여 외국에서도 평가받은 바 있다.[1)]

그러다가 제5공화국의 출범과 더불어 소송촉진 등에 관한 특례법(1981. 1. 29. 법률 제3361호)이 제정되었는데, 이에 의하여 민사소송법전은 대폭적인 보완·개폐를 보게 되었다. 제2차개정이라 할 수 있는 것으로 민사소송에 관한 임시조치법의 폐기에 갈음하여 그 내용을 흡수하는 외에, i) 연 25% 고율의 소송이자, ii) 허가상고제, iii) 변호사보수의 소송비용산입, iv) 원심재판장의 상소장심사권, v) 소액사건심판제도의 개선, vi) 형사소송절차에 부대한 배상명령제도 등을 그 주요 골자로 하였다. 이때부터 일본법의 모사단계에서 벗어나는 입법의 독자성이 나타나기 시작하였다.

---

1) 졸고, "한국 소액사건심판법의 제정경위와 평가," 민사소송 15권 2호, 533면 이하.

(3) 한편 1983년 9월 1일부터 제정 · 시행하게 된 **민사소송규칙**에서도 주목할 만한 제도를 신설하였다. i) 신의성실원칙, ii) 예납의무불이행시와 소송구조결정시에 소송비용의 국고체당, iii) 당사자의 사전조사정리의무, iv) 소송종료선언, v) 요약준비서면제의 신설, vi) 증인불출석의 경우에 신고의무, vii) 기록검증에 갈음한 법원 외의 서증조사제, viii) 간이송달 및 변호사 상호간의 송달, ix) 기일 전의 증거조사 등이 그것이다. 이것이 뒤에 신민사소송규칙에 흡수되었다가 민사소송법에 많이 흡수되었다.

Ⅲ. 1990년 제3차 개정법률

(1) 1984년 초부터 법무부 민사소송법개정 특별위원회가 개정안을 성안하여 1989년 말에 국회를 통과하였으며, 1990년 9월 1일부터 시행되었다.

큰 변혁이라고 할 것으로 i) 독촉절차에서 가집행선고제의 폐기와 확정된 지급명령에서 기판력의 배제(독촉절차의 간소화), ii) 집행편에 있어서 재산명시 및 채무불이행자명부제, iii) 경매법의 폐기와 임의경매의 강제집행편에의 흡수 · 통일 등이 있었으며, 이와 때를 같이하여 민사조정에 관한 통일법전으로 민사조정법의 제정, 소액사건심판법의 개정에 의하여 휴일개정 · 야간개정을 신설하였으며 사법서사법의 개정에 의해 사법서사를 '법무사'로 개명하는 개혁이 있었다. 1960년 민사소송법제정 이래 본법전의 제3차 개정인데, 비교적 광범위한 개정이었으며, 일본에 역수출된 것도 없지 않다.

(2) 주요개정내용을 보면[1)]

i) 민사소송의 지도이념과 신의칙, ii) 근무지의 특별재판적, 공동소송에 대한 관련재판적 준용, iii) 필수적 공동소송인의 추가와 피고경정, iv) 담보제공의 방식개선, v) 소송구조의 요건완화 및 구조의 범위확대, vi) 지적의무, vii) 변호사 선임명령 불응시에 소 · 상소각하결정, viii) 송달규정, ix) 취하간주규정, x) 반소요건의 강화, xi) 변론의 집중, xii) 증거보전절차의 증인에 대한 재신문제, xiii) 제소전화해에서 대리인선임권의 위임금지, xiv) 필수적 환송규정 등.

이 밖에 앞서 본 소송촉진 등에 관한 특례법의 규정을 민사소송법 본법에 흡수한 것이 특색이다. 특히 신의칙과 지적의무의 도입은 개정의 백미이다.

1) 졸고, "민사소송법 중 개정법률 개관," 사법행정(1990. 2).

Ⅳ. 1994년 사법개혁관련법률

1994년 대법원주도하에 법원조직법의 개정에 의한 i) 행정법원·특허법원 등 전문법원의 신설, ii) 고등법원원외지부의 설치, iii) 시·군법원의 설치, iv) 사법보좌관제, v) 법원의 예산독립존중과 입법의견제출권 등을 도입, 이 중 가장 주목되는 것은 상고심절차에 관한 특례법의 제정에 의한 심리불속행제를 도입하여 1994. 9. 1. 부터 시행한 것이다.

우리나라 건국 후의 민소법개정사에서 **상고제도처럼 부침**이 거듭되고 동요가 심한 것은 없었다. 통상상고제 → 특별상고제 → 허가상고제 → 통상상고제 → 심리불속행제로 마치 대학입시제도처럼 朝三暮四로 개정변모되어 왔는데, 이제는 심리불속행제도의 폐기를 전제로 한 별도의 상고법원제를 시도하였다가 실패하였다. 기관이기인지 겨우 소수의 대법관의 증원(13명→17명)으로 매듭을 지으려 한다.

Ⅴ. 2002년 전문개정의 신민사소송법

2002년 1월 26일 전개(全改)법률 제6626호의 민사소송법은 2002년 7월 1일부터 시행하도록 되어 있는데, 이에 의하여 1960년 4월 4일 법률 제547호로 제정하여 시행해 오던 종전의 민사소송법(이하 '구법'이라 한다)은 폐지되고 이제 신민사소송법(이하 '신법'이라 한다)이 등장하게 되었다. 고쳐진 것을 구체적으로 본다.

1. 체제면에서

종전의 민사소송법을 이 법으로 대체하는 전문개정의 새민사소송법이며, 표제까지도 한글화하는 전면 한글순화, 가압류·가처분절차와 강제집행절차를 분리하여 민사집행법으로 독립시켰다. 미국법의 영향 역시 적지 않게 받았다.

2. 내용면에서

(1) 변론의 효율과 집중을 위하여, ① 변론준비절차중심제, 적시제출주의의 채택과 재정기간제도의 신설, ② 1회적 변론기일실시와 정리된 쟁점중심의 집중증인신문제, ③ 피고의 답변서제출의무와 무변론판결제도의 신설.

(2) 증거조사의 충실화를 위하여, ① 문서제출의무의 확대·문서정보공개·in camera 등, ② 증인불출석의 경우 감치제도, 교호신문제도의 보완, ③ 당사자신문의 보충성 폐지, ④ 준문서 및 신종증거를 '그 밖의 증거방법'으로 독립화.

(3) 송달제도의 현대화를 위하여, ① 간이기일통지방식, 근무지송달 및 근무지의 보충송달제 등, ② 공시송달제의 현대화, ③ 송달통지서의 전산화.

(4) 변론조서작성의 현대화를 위해, ① 조서기재생략의 적절화, ② 조서에 갈음하는 녹음·속기의 활성화, ③ 법원사무관 등의 기일참여 배제, ④ 소송기록의 열람제한제의 신설.

(5) 예비적·선택적 공동소송제, 공동소송적 보조참가와 편면적 독립당사자참가의 신설.

(6) 소송종료절차와 관련하여, ① 서면청구의 포기·인낙, 서면화해와 화해권고결정, ② 외국판결승인요건의 개선, ③ 정기금판결에 대한 변경의 소.

(7) 상소심절차 등에서는, ① 가집행선고에 대한 독립 상소 불허, ② 상고심에서의 참고인진술제, ③ 특별항고이유의 축소, ④ 재심사유의 중간판결제 등.

이 밖에 지식재산권 등에 관한 특별재판적의 신설, 지급명령신청에서 인지의 인하와 정비, 소액사건심판법의 개정에 의한 이행권고제의 신설은 주목할 만하다. 상법 제403조 5항의 개정으로 주주대표소송에서 소의 취하, 청구의 포기·인낙, 화해의 경우에 법원의 허가제(1998년).

Ⅵ. 신민사소송법 이후의 개정법률

1. 재판인력의 효율화

2005년 3월 24일 법원조직법 제54조의 개정에 의한 사법보좌관제도(독일의 Rechtspfleger)의 본격적인 도입이다. 사법보좌관제도는 사법 인력을 보다 효율적으로 활용하기 위하여 법관은 실질적 쟁송인 고유의미의 재판사무에 집중하고, 그 밖의 부수적인 업무와 공증적 성격의 사법업무는 상당한 경력과 능력을 갖춘 사법보좌관으로 하여금 처리하도록 하려는 취지이다.[1]

사법보좌관은 법관의 감독을 받아 ① 민사소송법(동법이 준용되는 경우를 포함)상의 소송비용액·집행비용액 확정결정절차, 소액사건에서 이행권고제, 독촉절차, 공시최고절차에서의 법원의 사무, ② 민사집행법(동법이 준용되는 경우를 포함)상의 집행문 부여명령절차, 부동산 등과 채권에 대한 경매절차, ③ 주택 및 상가건물 임대차보호법상의 임차권등기명령절차에서의 법원의 사무, ④ 새롭게 추가된 형사 공탁 사무 등을 주로 행한다.

1) 사법보좌관은 헌법과 법률이 정한 법관이 아니므로 사법보좌관이 결정권한을 행사하도록 한 개정 법원조직법 제54조가 국민의 법관으로부터 재판받을 권리를 침해하는 위헌적 규정이 아닌가 하는 의문이 제기될 수 있으나, 사법보좌관은 법관의 감독을 받아 업무를 수행하고 그 처분에 대하여는 이의신청을 할 수 있으며 그 이의신청사건은 법관의 심사대상이 되어 사법보좌관이 처리하는 업무 역시 법관의 재판에서 완전히 제외되지 아니하므로 위 규정을 위헌이라고 볼 수는 없으며, 헌법재판소도 합헌으로 보았다(헌재 2009. 2. 26, 2007헌바8·84).

2. 집단소송제로 개편 등

2004. 1. 20.자로 증권관련집단소송법이 제정되어 2005. 1. 1.부터 시행되는 한편, 2006. 9. 27.자에 제정된 소비자기본법에서 소비자단체소송제도를 신설하여 2008. 1. 1.부터 시행과 함께 2011년 개인정보보호법에서 개인정보 단체소송제도도 신설하여 동년 9. 30.부터 시행에 들어 갔다. 민사소송법이 2007년에 두 차례에 걸쳐 개정되었는데, 한번은 재판기록에 대한 일반인 열람제도 등이고(2008. 1. 1. 부터 시행), 다른 한번은 전문심리위원제의 도입(2007. 8. 13.부터 시행)이다. 증권관련집단소송법은 미국법, 소비자단체소송제도는 독일법, 전문심리위원제도는 일본의 것으로 선진국제도의 도입시리즈이다.

3. 전자소송제, 특허침해소송정비와 성년후견제에 따른 후속입법 등

(1) 앞에서 본 바와 같이 2002년도 전면개정의 신민사소송법의 대표적인 것이 변론준비절차중심의 pretrial 제도이었는데 2008. 12. 26. 개정법률에 의하여 변론기일중심제로 회귀입법을 하였다. 2010. 7. 23. 개정법률에서 소권남용의 원고에 대한 소송비용담보제공제도와 2011. 7. 18.(2015. 1. 부터 시행) 개정법률에서 확정판결서의 일반공개를 각 신설하였다.

(2) 2010년 초에「민사소송 등에서의 전자문서 이용 등에 관한 법률」, 이른바 전자소송법(이하 그와 같이 약칭한다)이 새로 제정되어 종이소송제도와 병행시행되었다.

(3) 2014년에 외국판결의 승인제도와 공시송달 및 재판장의 소장보정절차에서 법원사무관 등의 권한강화 개정이 있었다. 2015년에 이르러서는 특례법 제20조의 2의 금융기관등의 지급명령특례와 제3조에서 소송이자 15% 인하 개정이 있었고, 2019년에 다시 12%로 개정하였다. 뒤이어 특허침해소송의 관할집중을 위하여 법원조직법과 함께 소송법도 바뀌었다(6개 고등법원소재지의 지방법원의 전속관할, 서울중앙지법에 선택적 중복관할 등). 이에 나아가 민법의 성년후견제도의 신설에 따른 소송법의 후속입법과 진술보조제의 신설이 2016. 2. 3.에 이루어지고 2017. 2. 4.부터 시행되게 되었다. 아울러 최근에는 ① 손해액의 재량산정제, ② 원거리 증인 · 감정인에 영상신문제와 감정제도의 개선, ③ 소액사건의 이행권고를 사법보좌관으로 이관, 소액사건의 상한을 3,000만 원으로 인상 등의 개정이다. 법원조직법의 개정으로 법정용어를 국어 아닌 영어를 쓸 수 있는 국제특허법정이 생긴다. ④ 서명날인 또는 기명날인에서 기명날인 또는 서명으로 바꿨다. ⑤ 변론준비기일의 원격영상재판(개정규칙 70조 6항)

과 미확정판결의 일반공개제(163조의 2)와 다중대표소송제도를 채택하였다(상 406조의 2). 다만 미확정 판결의 일반공개는 2023. 1. 1 시행되고 있다. ⑥ 영상재판 규정 신설(282조의2)과 인터넷 화상장치를 이용한 증인신문규정(327조의2)의 신설이 주목할 만하다.

(4) 국제사법 개정의 파급효　　2001년 기존의 국제사법 제2조를 수정하고, 특히 2022. 7. 5.부터 시행된 개정 국제사법에서는 국제재판관할규정을 40개 조문 가까이 대폭 신설함으로써, 이제 민소법의 토지관할규정은 국내 토지관할용으로 한정되게 되었다.

(5) 소권남용에 대한 제재입법 등　　2023. 4. 18. 제19차 개정 법률에서 i) 공무원 상대의 소권남용의 경우에 소장접수보류제도의 채택, ii) 소송구조절차에서 소송비용구조 범위축소 및 소권·항소권 등 남용에 대한 제재, iii) 소권남용으로 소각하 판결을 하는 경우 공시송달의 요건화, iv) 남소원고에 500만원 이하의 과태로 부과 규정을 신설하여, 2023. 10. 19.부터 시행되었다. 나아가 2023. 7. 11.에 형사피해자 보복방지를 위해 민사소송법을 개정하였는데, 시행은 2년 뒤로 미루었다(전자소송 system에 미칠 영향 때문). 그리고 소액사건심판법 제11조의 2 단서에서 예외적인 이유기재 노력 규정의 신설 등이 새롭다. 또한 2024. 1. 20.에 항소이유서 제출의무제를 채택하면서 그 시행일은 2025. 3. 1.로 하였다.

Ⅶ. 앞으로의 민사사법과제

첫째로, **상소심 구조**의 개선이다. 대법원 관할범위는 독일 등 대륙형보다 법적으로도 더 넓고 운영면에서도 넓히고 있는데(일부사건은 사실심, 결정·명령에 무제한 3심제), 구성법관의 수는 미국형의 극소수이다(소송은 많은데 판사는 극소수). 이러한 구조모순의 타개를 위한 국회사법제도개혁위원회의 대법관의 수효는 4명 증원으로 그칠 의도지만, 일찍이 실패로 돌아갔지만, 헌법 제102조 2항이 예정한 대법관 외 대법원 판사의 2원구조로 개편이 요망된다. 합의에 관여하지 못하는 재판연구관의 증원만이 능사일 수 없다. 상고이유서제출기간 20일(연장설이 있음)은 세계에 유례없이 짧아 심사숙고하여 상고이유를 개진하기 어렵다. 또 주의하지 않으면 기간을 넘겨 3심급의 이익은 무산된다. 최근에 개선기미를 보이지만 파기자판율도 낮아 3심으로 종결될 사건이 5심 이상으로 끌려가고 소송지연과 당사자비용증가의 결정적인 요인이 되기도 한다. 현재 소수의 대법관구조로서는 법원조직법 제7조 2항(현재는 사문화)에서 예정한 대법원 전문부의 설치에 의한 양질의 재판이 힘들고, 현재와 같은 대법원사건의 폭주상태로는 공개변론이 극히 제한적일 수밖에 없어 '열린' 대법원이 되기 어렵다. 이유도 투명하게 달지 아니한 채 4개월 안에 상고사건의 80%를 끝내는 심리불속행제도는 조속히 손을 대야 한다.

나아가 항소심이 다른 법관들에 의한 제1심의 되풀이인 복심에 가까운 것이 아니고, 철저한 속심 내지는 사후심으로 운영개편을 하는 한편, 제3심 중심주의가 아니라 제1심 운영을 강화하여 제1심중심주의를 확립해야 한다. 제1심 법관부터 질적·양적 확충이 전제되어야 한다. 그것이 실질적인 상소율을 줄이는 장기적 방안인 동시에 '상급심으로 미루기'의 졸속재판의 방지책이요 사법민주주의의 구현일 것이다. 승진이 아니라 사건의 정의로운 해결이 법관의 지표가 되도록 의식구조도 바꾸어야 한다.

둘째로, **일반법원에 access할 기본권**(freier Zugang zum Gericht, easy access to court)의 보장이다. 즉 일반대중이 쉽게 법원을 이용할 수 있도록 법원의 문턱을 낮추어 사법의 민주화를 기해야 한다. 그 방안으로 고액의 인지대를 낮추고, 적어도 독일의 새 방식 정도로 소송구조제도를 개선하여야 하며, 변호사의 문턱을 낮추는 입법배려가 있어야 할 것이다. 일부 보험회사에서 실시되고 있는 변호사보수의 부담 등 소송리스크를 낮추는 소송보험제도(권리보호보험)의 활성화를 위한 노력이 필요하다(no cost). 소장 등 소송서류의 전자접수제는 고무적이다. 방식의 경직성도 완화하는 방향이 바람직하다(no form). 시·군법원판사의 사물관할의 확대와 상주제운영과 인지·공탁금 등 비용의 가까운 금융기관 납부 등과 최근에 활성화시키는 영상재판은 당사자의 불편제거(no distance)라는 점에서 그 의의가 클 것이다.[1] 법원에 대한 친화력의 개선에 노력할 것이다(court friendly). 한 마디로 이유 없거나 지나친 약식이유의 판결은 국민의 '알 권리'의 외면으로 헌법적 가치인 법치주의의 훼손이다.

셋째로, **대체적 분쟁해결방식**(ADR)의 활용화이다. 미국의 ADR 처럼 주로 변호사가 주도하는 분쟁 해결방식(민간조정)에 대한 제도적 연구가 요망된다. ADR의 개발확산이 시대의 추세이므로, 일본이나 독일의 경우처럼 법제화도 고려해 볼 것이다. 다만 개정민사조정법의 상임조정위원제와 조정센터의 신설은 개선노력이다. 앞으로 Legal Tech가 소송제도에 변혁을 가지고 올 것이다.

넷째로, **집단소송제의 정비**이다. 고도 산업화·정보화사회에서 대형 불법행

1) no cost, no form, no distance는 no lawyer까지 합하여 4가지 no를 1996년 오사카에서 열린 한일민소법공동symposium에서 필자 등이 주제발표한 과제이다.

위피해자들에 의하여 빈번히 야기되는 집단분쟁도 평화적이고 적법절차에 따라 해결되어야 할 것은 물론이다. 현행민사소송법은 19세기의 개인주의의 사조와 당시의 사회적 여건의 토대하에 개별소송의 원칙을 전제한 절차법이기 때문에 집단재해로 인한 집단분쟁이 현저하게 속출되는 오늘날의 사회에 적응력이 없다. 미국의 class action 제도나 독일의 단체소송제의 도입인 증권관련집단소송, 소비자·개인정보 단체소송이 입법화되었으나 활용도 잘 안되는 기형적 도입이고, 집단소송 일반에 적용될 통일입법이 시대적인 절실한 요청이라 할 것이다. 무분별한 집단소송의 남발에 효과적인 법적 통제장치가 없다는 것은 문제이다.

다섯째로, **민사소송의 국제화에 대처**이다. 가치관을 공유하는 국제화시대. 특히 금융거래와 국제특허소송·영업기밀소송이 성행되며 국경을 넘어서는 소송시대에 있어서 국내의 민사소송법만이 아니라 국제민사소송법이라고 불리는 영역(국제관할권, 외국법원과의 사법공조, 국제관할의 합의, 국제적 중복제소, 외국판결·중재판정의 승인·집행, 외국변호사의 문호개방 등)에 대하여도 좀더 관심을 가져야 할 때이다. 한국은 대외의존도가 높아 국제통상이슈가 많은 나라이기 때문에 global감각이 중요하다. 대륙법계에서도 증명책임이 없는 당사자측에 증거편재현상을 극복하기 위해 영미법계의 discovery 제도에 점차 접근하는 대륙법계의 입법추세를 도외시하면 안 된다. 신법의 문서제출의무의 일반화만으로는 부족하며, 특히 증권관련집단소송법에서는 보완입법이 요망된다(소제기허가결정에 집행정지의 효력이 있는 즉시항고로 본안소송 지연). 국제화시대에 미국연방법원(Texas 동부지법 등에 피소되는 한국기업 IP 소송이 최근 5년간 총 1,111건, 법률신문 2022. 6. 20.자), 미국법무부(DOJ), 미국국제무역위원회(ITC 등), 일본 법원, 유럽사법재판소(ECJ)와 동인권재판소 등의 관할사건이 늘어나는 현실에서 증거나 판례·학설 등을 global하게 찾는데 국제공조체제를 갖출 때이다(global network). 유럽 Union에서의 European Judicial Network와 같은 Asia권에서의 Network 형성과 협조는 앞으로 필요한 과제이다. 재판절차는 법정지법(lex fori)에 의하고 국제 forum shopping으로 징벌적 배상제도가 있는 미국법원으로 찾아가는 현실에서 현지소송법을 외면할 수 없다.[1] 그리고 미국 연방 민사소송규칙과 동국의 주요 판례에도 눈을 떠야 할 시대가 되었다. 소송의 국제화를 위하여 global frontier로 나아가는 시동을 할 때이다.

여섯째로, **재판의 IT화의 가속화** 'AI 판사시대'로 가는 길에 재판의 AI 도입의 적극화가 필요하다. 특히 2012년부터 민사소송에서 전자소송제도(전자접수, 종이기록전산화, 전자송달, 전자기록관리, 변론에서 presentation심리 등)의 개막을 전제로 한「민사소송 등에서의 전자문서 이용 등

1) 졸고, "소송의 국제화와 global 감각," 대한변협신문 2016. 2. 1.자.

에 관한 법률」이 제정되었는데, 이에 의하여 소송촉진은 물론 소송비용도 크게 절약된다. 2011년 5월 시행이래 80% 이상이 전자소송화의 성과를 보고 있고, 본안관련 신청 · 항고 · 재항고는 물론 전자집행이 가능해졌다. 2015년부터 조서작성에 갈음하는 녹음화는 IT시대에 걸맞는 일이다. AI 도입으로 인한 빅데이터의 분석으로 법률 · 판례 · 소송서류에 쉽게 접근하는 체제로 upgrade 시대가 안전(眼前)에 전개된다. 우리나라에서도 벌써 오픈 AI(광범위 답변), 구글의 Bard(중요정보위주), 인텔리콘(법조인특화) 등을 선택적으로 활용할 수 있게 되고,[1)](나아가 선진국은 AI 개발로 판결 결과의 상당한 예측이 가능하여 화해조정에 의한 해결을 촉진시킨다). 영상변론으로 법정출석의 불편을 덜어주는 것이 점진적 현실화 하고 있다. Legal AI를 통한 원격영상재판(Teletrial)이다(강현중, 법률신문 2018. 10. 1.자). 나라에 따라 소액사건에서 AI 판사의 재판이 시작되었다. 그동안의 노력이 전자소송을 위한 하드웨어 구축에 치중했다면, 이제 내용면에서 전자소송의 실현을 위한 소프트웨어 확보에 힘쓸 때다. 정보산업의 발달과 인터넷 거래 활성화에 따른 전자시대를 맞아 전자문서와 전자서명을 비롯한 각종 전자증거의 위 · 변작을 막아 무결성(無缺性, integrity)을 확보하도록 관련 법제를 정비하여 신뢰체계를 구축할 필요가 있다. 이는 실체적 진실 발견을 통한 사법정의실현과 사법국제화뿐만 아니라 신뢰체계에 기반한 국내외의 거래와 무역을 촉진시키므로 무한경쟁의 국제사회에서 무역의존도가 높은 우리나라의 생존을 위해서도 더이상 미룰 수 없는 필수과제이다.[2)]

일곱째로, **재판의 전문화**. 대법원 구성법관의 증원으로 법원조직법이 예정하고 있는 대로 전문부의 설치가 긴요과제이다. 과학기술의 이노베이션시대에 특허소송 · 의료과오소송 · 건축관계소송 등 전문소송에 있어서 전문지식의 충실한 반영도 필요하며 미국처럼 전문가증언(export testmony)을 활용할 것이다. 전문심리위원제는 물론 전자집행의 활성화를 기대해 본다. 감정제도의 개선은 화급한 과제이다.

---

1) 2023. 6. 22. 법률신문 참조.

2) 유럽연합은 미국과 유럽 국가 간 생산성 역전의 주요인으로 지목된, 정보통신기술(ICT)을 통한 산업혁신의 부진을 극복하고 디지털 단일시장을 형성하기 위해 이미 1990년대 중반부터 준비한 결과, '신뢰체계로서 eIDAS 규정'이라는 단일한 EU법을 제정하기에 이르렀다.

정완용 · 정진명 · 전명근 · 오병철 · 김진환 · 김현수 · 김진규 · 권혁심 공저, 「EU 신뢰서비스법 eIDAS 규정」, 법문사, 2022, 19면 이하.

제2편 소송의 주체

제1장 법　　원

소송의 주체는 재판을 하는 법원과 재판을 받는 소송당사자인데, 법원부터 먼저 본다.

제1절 민사재판권

Ⅰ. 재판권(사법권) 일반

(1) 재판권의 의의　　재판권은 법질서실현을 위한 국가의 권능을 말한다. Aristoteles에 의하여 발상되었고 근대에 이르러 Montesquieu에 의하여 체계화된 삼권분립주의의 구조하에서 재판권은 입법권과 행정권 다음으로 제3의 국가권력을 이루고 있다.

재판권은 일반적으로 사법권이라고도 불려지는데, 헌법 제101조는 이를 '법관으로 구성된 법원에 속하는' 것으로 규정하고 있다. 이 규정은 두 가지 의미를 갖고 있다.

즉 **형식적**으로는 헌법이나 법률이 법원에 맡긴 사건은 모두 사법권에 속한다는 것을 의미하고, **실질적** 혹은 기능적으로는 재판은 법관의 관할로서 이를 법관으로부터 박탈하여 행정기관에 일임함을 불허한다는 것을 의미한다.[1] 그러나 이것은 법률에 의하여 전심(前審)으로서 특수사건의 처리를 위해 해양수산부소속의 해양안전심판원, 특허청 소속의 특허심판원, 고용노동부 산하의 노동위원회, 국무조정실 소속의 행정심판원과 조세심판원, 국민권익위원회, 공정거래위원회 등 준사법기관의 설치까지 금하는 것은 아니다(법조 2조 2항). 그러나 이러한 준사법기관을 최종심으로 하여서는 안 되며, 또 이러한 사건이라도 사법권독립이 보장된 법원에 사실적·법률적 측면에서 적어도 한 차례의 심사의 기회는 부여되어야 하며, 그렇지 않으면 위헌의 문제가 생긴다(헌 27조 1항, 107조 2항).[2]

---

1) Rosenberg/Schwab, § 9 I.

2) 헌재 1995. 9. 28, 92헌가11; 동 2020. 10. 31, 2001헌마40. Schwab/Gottwald, Verfassung und Zivilprozeß(1983), S. 29.

(2) 사법행정권의 구별 법원내부의 재판부편성, 사무분담과 사건배정(그 소관에 대해 논란), 법원의 설치관리와 도서관리, 예산의 집행, 법관이나 법원일반직의 임면 등 인사관리, 재판의 내용에 관계되지 않는 범위에서의 일반사무처리에 관한 감독권 등은 사법행정에 속한다. 이 밖에 쟁송이 아닌 등기 · 공탁 · 가족관계, 집행관 · 법무사 · 법원도서관에 관한 사무의 관장 또는 감독도 중요한 사법행정사항이다(법조 2조 3항). 사법행정에는 대법원장이 전국의 각급법원을 일원적으로 통괄하는 집중형(centralized system)과 각급법원의 자율에 맡기는 비집중형(decentralized system)이 있다. 우리나라는 전자에 속하여 대법원장을 판사의 임면권 등 萬機總攬의 '제왕적 지위'라는 평을 들을 수 있게 수직적 하향적인 관료형 통제하에 승진의 개념이 있는가 하면, 미국연방법원은 수평적 조직으로 후자에 속하여 법원간의 독립으로 승진이 아닌 전직의 개념이 있을 뿐으로 민주화되어 있다. 사법행정도 독립이며, 대법원(법원행정처같은 것이 없음)에 예속이 아니다. 우리의 현행제도 하에서 끊임없이 논란되는 것이 사법행정권의 남용이다. 사법행정권을 각 법원의 자율에 맡기자는 주장, 별개의 부서를 두어 대법원장의 통제에서 탈피하자는 주장 등 개혁안이 나오고 있다(독일 등 EU에서는 사법행정권은 주 또는 연방 법무부가 갖는데, 우리는 일본의 예에 따랐다.). 재판의 지침으로 삼는 대법원예규도 문제가 있다 하겠다(대법원규칙이면 별론). 법관은 헌법과 법률에 의하여 그 양심에 따라 독립하여 심판하게 되어 있기 때문이다(헌 103조). 북한헌법은 최고재판기관인 중앙재판소가 도 · 시 · 군재판소를 감독하게 되어 있고, 중앙재판소는 입법부격인 최고인민회의에 대하여 책임을 지게 되어, 우리와 다르다.

Ⅱ. 민사재판권

재판권 중 통상의 민사재판권을 보면, 민사분쟁을 처리하기 위하여 판결, 강제집행, 가압류 · 가처분 등을 행하는 국가권력을 말한다. 부수하여 i) 소송지휘권과 법정경찰권, ii) 송달 · 공증사무, iii) 증인 · 감정인의 출석요구 · 신문, iv) 증거물소지자에 대한 제출명령과 검증 등을 받아들일 것의 명령, 명령불응시의 제재 등이 포함된다. i) 어떠한 사람에게, ii) 어떠한 사건에, iii) 어느 장소에서 행사할 수 있는가를 차례로 살핀다.

1. 인적 범위

국가의 영토고권 때문에 재판권은 국적을 불문하고 국내에 있는 모든 사람에게 미친다. 만인은 법 앞에 평등하기 때문에 대통령이라고 해서 예외가 아니다(king under law). 소송에 성역이 없는 시대가 되었다. 다만 재판권면제자인 치외법권자에 대해서만은 제한받는다.[1)]

치외법권자(재판권면제자)는 다음과 같다.

1) 김상훈, "민사재판면제자와 그 소송상 취급," 민사소송 18권 2호.

(a) **외교사절단의 구성원과 그 가족** 외교사절단의 구성원의 치외법권에 관하여서는 우리나라가 가입한 1961년「외교관계에 관한 비엔나협약」의 규율을 받는다. 외교사절단의 구성원 중 사절단장과 외교직원(외교관) 및 그 가족이 가장 광범위한 치외법권을 향유한다. 즉 외교관의 개인 부동산에 관한 소송 등을 제외하고는 접수국의 민사재판권과 행정재판권으로부터 전면적 면제를 받는다(동협약 31조 1조). 그 밖의 구성원 중 내국인이 아닌 사무 및 기술직원(가족 포함)과 서비스직원은 직무상 면제권만을 갖는다(동협약 37조 2항·3항).

(b) **영사관원과 그 사무직원** 우리나라가 가입한 1963년「영사관계에 관한 비엔나협약」에 의하면 영사관원과 사무직원(단 가족 제외)은 그 직무수행중의 행위에 대하여 주재국의 재판권으로부터 면제받는다(직무상 면제권).

(c) 국제연합기구 및 산하 특별기구, 그 기구의 대표자·직원은 민사재판권으로부터 직무상 면제권을 향유한다(UN헌장 105조).

(d) **외국의 원수·수행원 및 그 가족**

(e) **외국국가—국가면제론** 대법원판례는 한때 국가는 원칙적으로 국제관례상 외국의 재판권에 복종하지 않게 되어 있으므로 외국국가를 피고로 우리나라가 재판권을 행사할 수 없다는 입장이었다(절대적 면제주의).[1] 그러나 대법(전) 1998. 12. 17, 97다39216은 국가의 사법적(私法的) 행위까지 다른 국가의 재판권으로부터 면제된다는 것이 오늘의 국제관례가 아니며, 우리나라 영토 내에서 행하여진 외국의 사법적 행위(미군부대의 식당종업원에 대한 해고처분 등에 대해 그 종업원이 미국정부 상대로 무효확인·임금청구한 사례)에 대해서는 외국의 주권적 활동에 부당한 간섭우려 등 특별한 사정이 없는 한 당해 국가를 피고로 하여 우리나라 법원이 재판권을 행사할 수 있다(상대적 면제주의)는 것으로 바꾸었다.[2] 그러나 외국국가의 주권적 행위는 외국주권 면제론이 종

---

1) 대법 1975. 5. 23, 74마281.

2) **외국국가(북한 포함)상대소송의 추세와 ISD** 제59회 UN 총회에서 채택된 국가면제조약(United Nations Convention on Juridictional Immunities of States and their Property)은 외국국가의 명시적 동의가 있는 때도 면제되는 것으로 하였다. 미국도 외국정부의 상업활동은 면제가 인정되지 않음(28 U.S.C § 1605-1607). 대법 2023. 4. 27, 2019다247903에서 몽골국 상대로 원고 소유 토지의 불법점유를 원인으로, 주위적으로 건물철거와 토지인도 및 부당이득 반환청구를, 예비적으로 소유권 확인청구를 한 사안에서 건물철거·토지인도 등 청구는 몽골국 공관지역으로 점유하는 것도 주권적 활동과 밀접한 관련성이 있다고 하여 재판권이 없고, 부당이득 반환청구는 그 직무수행에 직접적인 관련성이 없다 하여 재판권이 있다고 하였다. 국내법원에 북한 등 외국국가 상대로 제기하는 소송(lawsuit)(그 예가 서울중앙지법 2020. 6.에 있은 납치국군포로 2명이 낸, 북한과 김정은 상대의 배상청구에 각 2,100만원의 위자료(제2차소송에서는 각 5,000만원 위자료) 판결이 났는데(송달은 공시송달, 납치 법조인 가족이 제기한 소송도 유사), 확정되어 북한예치금에 대한 압류 및 추심명령까지 났다. 그런데도 북한예치금이 북한정부 자금이 아니라 그 독

래 일반론이었으나, 반인도적 범죄로 인한 손해배상에서는 예외라고 보는 경향이 있다. 서울고법 2023. 11. 23. 판결에서는 일제위안부들의 일본국 상대의 배상청구에서 불법행위로 보고 국가면제론을 부인하고 원고 16인에게 각 2억원의 손해배상 판결을 하였다. 또한 대법 2011. 12. 13, 2009다16766은 제3채무자를 외국으로 하는 채권압류 및 추심명령에 대한 재판권행사는 그 특성상 외국을 피고로 하는 판결절차에서의 재판권행사보다 신중한 행사가 요구된다고 보았다. 따라서 집행채권자가 외국국가(미국)를 제3채무자로 한 압류 및 추심명령(주한미군사령부에 근무하는 甲의 채권자 A가 甲이 미합중국에 대해 갖는 퇴직금 등 채권에 대한 추심 등)은 해당국가의 명시적 동의·재판권면제주장의 포기의 경우 등이 아니면 못한다는 것으로 집행채권자(A)의 해당 외국상대의 추심금소송(推尋金訴訟)에 대한 재판권 역시 인정되지 않는다고 했다.[1)]

(f) **주한미군** 「대한민국과 아메리카합중국간의 상호방위조약 제4조에 의한 시설과 구역 및 대한민국에서의 합중국군대의 지위에 관한 협정」, 즉 한미행정협정(SOFA) 제23조에서는 주한미군의 구성원 및 내국인 아닌 고용원(카투사 포함)의 공무집행중의 불법행위에 관하여서는 한국법원의 민사재판권이 면제되는 것으로 규정하고 있다. 따라서 주한미군의 공무상의 불법행위로 인한 한국인 피해자는 우리 국가배상법에 따라 대한민국을 피고로 제소하여야 한다.[2)] 그러나 주한미군의 공무집행에 관련 없는 불법행위로 인한 피해의 경우(계약에 의한 청구권(contractual claim)[3)]도 같다) 우리나라의 민사재판권이 미친다(동협정 23조 5항 및 10항).

다만 이 때도 먼저 대한민국 당국의 배상금의 사정(査定)과 미군 당국의 배상금지급제의를 기다려 이에 불복이 있는 경우에 한하여 미국군인을 상대로 대한

립기금이라고 내세워 동 자금에 대한 집행을 불능하게 만들고 있다(조선일보 2024. 2. 17.자 논설 참조). 최근에는 대한민국이 북한국상대의, 국가 대 국가 상대의 소송까지 나타난다(북한의 남북연락사무소 폭파에 대해 손배소송)도 있지만, 외국투자자가 주재국정책으로 손해를 본 경우에 국가상대로 국제중재판정부에 제기하는 투자자·국가소송(Investor-State Dispute, ISD)이 있는데, 늘어가고 있다. 이시윤, 입문〔事例 9〕, 38면 이하 참조.

1) 만일 A가 甲을 대위하여 피고를 미합중국 상대로 채권자대위소송을 한다면 재판권이 미치지 않는다고 할 것이므로, 이 판례는 문제있다. 미국국채(Treasury)가 왕성하게 거래되어 그 소지자가 국내에도 많은데, 그러한 소지자인 채무자에 대한 추심명령 등은 안된다 하니, 시대의 추세의 외면이다. 이시윤, 신민사집행법(제8판), 105면.

2) 이 때에 대한민국이 미합중국을 위하여 소송담당자가 되어 주는 것이다(동협정 23조 5항). 동협정시행에 따른 민사특별법 제2조에 의하면 미군 구내의 고압전주의 시설하자로 감전사고가 발생한 경우 한국정부는 국가배상법에 따른 배상책임을 진다는 것에, 대법 1970. 9. 29, 70다1938.

3) 대법 1997. 12. 12, 95다29895. 자동차손해배상보장법상의 손해배상청구는 대한민국이 피고가 될 수 없다고 한 것에, 대법 2023. 6. 29, 2023다205968.

민국법원에 소제기를 할 수 있다(동협정 23조 6항).

2. 물적 범위 — 국제재판관할권

(1) 의 의 국내민사재판권이 세계의 모든 사건을 다 재판하게 되면 외국재판권을 무시하는 결과가 될 뿐더러 특히 피고가 외국에 있을 때에 우리나라에 와서 응소해야 하는 불편을 주게 된다. 이에 국내법원과 외국법원의 재판관할권의 한계를 설정할 필요가 생기게 되는데, 이러한 섭외적(transnational) 민사사건의 국내법원의 관할권을 국제재판관할권(internationale Zuständigkeit)이라 한다. 세계화의 물결 속에서 갈수록 늘어나고 중요해지고 있다(예: 국경 넘어서는 국제거래분쟁, 외국회사와의 특허·영업비밀침해 및 제조자책임분쟁(한국에 본사를 둔 한국회사끼리 본소·반소가 미국법원에 제기하는 사례가 있음)).[1]

우리나라 법원의 재판관할이냐 외국법원의 재판관할이냐의 것으로 섭외 소송당사자의 큰 관심사가 되는데, 이는 섭외적 민사사건에 대하여 i) 어느 나라의 소송법을 적용할 것인가의 문제(법정지법), ii) 어느 나라의 실체사법을 적용할 것인가의 문제(준거법, conflict of laws)와는 구별되어야 한다.[2]

(2) 원칙적 기준 국제재판관할의 **합의관할·변론관할** 등 우리나라 법원의 재판에 복종할 의사가 있을 때는 당연히 재판권이 생길 것이나,[3] 그렇지 않은 경우에 국제재판관할권의 결정기준에 대하여서는 일찍부터 논란이 있었다.

(a) 학설의 대립

i) 역추지설(토지관할규정유추설) 이는 국내의 민사소송법의 토지관할에 관한 규정에서 기준을 구하여 그로부터 역으로 파악하여 국제재판관할의 유무를 정하자는 입장이다.[4] 즉 당해 사건에 대해 우리 민사소송법의 규정상 토지관할권이 국내에 있는 사건이면(주소·의무이행지·불법행위지·재산소재지·사무소 등이 국내인 경우) 국내법원에 국제재판관할권이 있는 것으로 보자는 것이다. 독일의 통설이다.

ii) 관할배분설(조리설) 이는 국제재판관할권의 유무, 즉 어느 나라에서 재판할 것인가의 문제는 재판의 적정·당사자간의 공평·소송의 신속이라는 민사소송의 이념을 고려하여 조리에 따라 결정하여야 한다는 입장이다(proper forum). 영미의 통설이다.

생각건대 이 기준에 의해 우리나라에서 재판관할권을 갖는 것이 심히 부당한 '특단의

---

1) 국제재판관할사건은 국제민사소송인데, 근자에는 총성 없는 국제전의 양상(Huawei vs Verizon, Cisco, HP; Apple vs EU 상대의 조세부과소송 등).

2) 대법 2010. 7. 15, 2010다18355 참조.

3) 대법 1989. 12. 26, 88다카3991; 변론관할을 인정한 것에, 대법 2014. 4. 10, 2012다7571.

4) 대법 1972. 4. 20, 72다248=원고인 한국 회사와 피고인 일본회사간에 약정이 일본 국내에서 체결되었다 하더라도 보수의 지급 의무이행지가 우리 국내이면 국내법원에 재판관할권 인정. 대법 1988. 10. 25, 87다카1728=재산있는 곳의 법원에 국제관할권 인정.

사정'이 있을 때에는 관할배분설의 기준에 의하여도 좋을 것이다(수정역추지설, 특단의 사정설). 국제사법 제2조의 실질적 관련성의 원칙은 이와 크게 거리가 있는 것이 아니다.

(b) **실질적 관련성의 원칙과 기본판례** 개정 국제사법 제2조 제1항으로 대한민국 법원은 당사자 또는 분쟁이 된 사안이 대한민국과 실질적 관련이 있는 경우에 국제재판관할권을 가진다. 이 경우 법원은 실질적 관련의 유무를 판단할 때에 당사자 간의 공평, 재판의 적정, 신속 및 경제를 꾀한다는 국제재판관할 배분의 이념에 부합하는 합리적인 원칙에 따라야 한다고 하고, 제2항에서는 이 법이나 그 밖의 대한민국 법령 또는 조약에 국제재판관할에 관한 규정이 없는 경우 법원은 국내법의 관할규정을 참작하여 국제재판관할권의 유무를 판단하되, 제1항의 취지에 비추어 국제재판관할의 특수성을 충분히 고려하여야 한다고 했다. 요약건대 제1항은 국제재판관할에 관한 실질적 관련성을 원칙적으로 천명하고, 제2항을 국제사법 등에 국제관할규정이 없는 경우에 민사소송법의 관할규정이 보충적 기능을 하는 것으로 낮추었다.[1)] 이러한 원칙적 기준에 대하여 각칙 해당의 각종의 국제관할사항에 대해서는 토지관할 난에서 부연한다.

여기에서 지금까지의 실질적 관련성과 관련하여 중요 판례를 소개한다.[2)] ① 대법 2010. 7. 15, 2010다18355는 2002년 김해공항인근에서 산마루 충돌로 발생한 중국항공기추락사고로 사망한 중국인 승무원의 유가족이 중국항공사를 상대로 대한민국법원에 제소한 사안에서 민사소송법상의 토지관할권(불법행위지 및 피고의 영업소소재지), 소송당사자의 개인적인 이익, 증거와 집행할 재산이 한국에 있는 법원의 이익, 다른 피해유가족과의 형평성 등에 비추어 대한민국과 실질적 관련성이 있다고 하여 재판관할권을 인정하였다. 피해자·가해자 모두 중국국적이라는 점이나 준거법(중국법)은 국제관할권 인정에 방해가 되지 않는다 하였다. ② 대법 2012. 5. 24, 2009다22549는 **일제시대 징용자**가 일본 미쓰비시사 상대의 손해배상사건에서 피고기업의 과거 연락사무소가 대한민국 내에 존재, 대한민국은 강제노동시킨 불법행위 중 일부가 이루어진 불법행위지, 피해자가 대한민국에 거주하고 사건의 내용이 대한민국의 역사 및 정치적 상황등과 밀접한 관련성, 손해배상청구와 미지급임금청구 사이에는 객관적 관련성이 인정되는 점 등에 비추어 대한민국이 사건당사자 및 분쟁이 된 사건과 실질적 관련성이 있어 관할권이 인정된다고 하였다. ①의 판례에서는 집행할 재산이 국내에 있음을 고려, ②의 판례

1) 상세는 석광현, 국제재판관할권, 박영사(2022); 신창섭, 국제사법(제5판), 세창출판사(2022).
2) 대법 2005. 1. 27, 2002다59788; 동 2008. 5. 29, 2006다71908; 동 2016다33752 등 참조.

는 이를 도외시한 차이가 있다. ③ 대법 2013. 7. 12, 2006다17539는 베트남전 고엽제참전군인이 다우케미칼·몬산토 등 미국회사를 상대로 한 제조물책임소송에서 손해발생지 법원에 국제재판관할권이 있는지를 판단하는 경우에는 제조업자가 손해발생지에서 사고가 발생하여 그 지역의 법원에 제소될 것임을 합리적으로 예견할 수 있을 정도로 제조업자와 손해발생지 사이에 실질적 관련성이 있는지를 고려하여야 한다고 하면서, 재판관할권을 인정하였다(제217조에 규정된 외국판결의 승인요건인 국제재판관할권에도 같은 입장은 대법 2012다21737). ④ 대법 2014. 4. 10, 2012다7571에서 일본국에 주소를 둔 재외동포 甲이 일본국에 주소를 둔 재외동포 乙을 상대로 한 대여금청구소송에서 분쟁이 된 사안과 대한민국 사이에 실질적 관련성(가압류집행재산이 국내에 있는 등)이 있다 하여 국제재판관할권을 인정하였다. ⑤ 대법 2016. 8. 30, 2015다255265에서 개성공업지구 현지 기업 사이의 민사분쟁에 대하여 우리 헌법이 규정하고 있는 자유시장경제질서에 기초한 경제활동을 영위하다가 발생한 것이라는 점 등까지 고려하여 재판관할권을 인정하였다.

이 밖에 소개할 것은 미국국적의 남자와 한국국적이었으나 혼인 후에 미국국적을 취득한 여자 사이의 이혼 등 사건에서 남자·여자의 상거지(常居地)가 모두 한국이고 혼인생활의 대부분이 한국에서 형성된 때에는 우리나라와 실질적 관련성이 있다 하여 재판관할권을 인정한 것으로, 대법(전) 2006. 5. 26, 2005므884. 그리고 국내에 생활기반을 둔 중국인 사이에 대여금 청구사건에 국제재판관할권을 인정한 것으로, 대법 2019. 6. 13, 2016다33752. 외국인의 가사사건인 혼인관계사건에서도 같은 취지의 것으로, 대법 2021. 2. 4, 2017므12552. 실질적 관련성이 있는데도 중국법원에서 소각하한 사건에서 국제재판관할권을 인정한 것으로 대법 2008. 5. 29, 2006다71918.

(3) 국제사법 제10조는 소위 전속관할이라 하여 외국법원의 국제관할을 부정하고 우리나라 법원에만 제기할 것을 규정하였다.

① 대한민국의 공적 장부의 등기 또는 등록에 관한 소

② 대한민국 법령에 따라 설립된 법인 또는 단체의 설립 무효, 해산 또는 그 기관의 결의의 유·무효에 관한 소

③ 대한민국에 있는 부동산의 물권에 관한 소 또는 부동산의 사용을 목적으로 하는 권리로서 공적 장부에 등기나 등록이 된 것에 관한 소

④ 등록 또는 기탁에 의하여 창설되는 지식재산권이 대한민국에 등록되어 있거나 등록이 신청된 경우 그 지식재산권의 성립, 유효성 또는 소멸에 관한 소

⑤ 대한민국에서 재판의 집행을 하려는 경우 그 집행에 관한 소

그러나 대한민국의 법령이나 조약에 따른 국제재판관할권의 원칙상 외국법원에 전속하는 경우는 대한민국 법원이 재판권을 행사할 수 없다(외국법원의 전속관할).

(4) 국제재판관할의 존재와 불행사 이는 소송요건으로서 절차의 어느 단계에서도 직권조사를 하여야 하며, 이는 외국판결의 승인요건도 된다(217조). 다만 우리나라 법원에 국제재판관할권의 흠이 있으면 소를 각하할 것으로,[1] 이 점이 소송이송에 의하는 국내토지관할과 법리를 달리한다. 국제재판관할권은 배타적인 것이 아니라 병존할 수 있으므로(개정국제사법 10조는 예외),[2] 외국법원과 국내법원 중 어느 쪽 판결이 자기에게 유리한가를 기웃거리며 무리하게 관할법원을 선택하는 남용(forum shopping, 징벌적 배상제도가 있는 국 등 영미법 법원을 찾는 예 등)도 있다. 법원에 국제재판관할이 있는 경우에도 법원이 국제재판관할권을 행사하기에 부적절하고 국제재판관할이 있는 외국법원이 분쟁을 해결하기에 더 적절하다는 예외적인 사정이 명백히 존재할 때에는 피고의 신청에 의하여 법원은 본안에 관한 최초의 변론기일 또는 변론준비기일까지 소송절차를 결정으로 중지하거나 소를 각하할 수 있다(forum non conveniens). 다만, 당사자가 합의한 국제재판관할이 법원에 있는 경우에는 그러하지 아니하다고 규정하였다(개정 국제사법 12조).

3. 장소적 범위

영토주권의 원칙에 의하여 국내재판권은 자국 내에만 미치고 외국에까지 확대될 수 없다. 외국에 소송서류를 송달할 필요가 있을 때에도 자국의 집행관이나 우편집배원에 의하여 송달을 실시할 수 없으며, 외국에서 증거조사가 필요할 때에도 외국에 국내법관이 출장조사할 수 없다. 외국과의 사법공조(Judicial Assistance)협정이 있을 경우에는 외국 주재 대사·공사 또는 영사 혹은 외국법원(외교경로 없이 조약체결국가가 지정한 중앙당국에 촉탁가능)에 송달을 촉탁하거나 증거조사를 촉탁할 수 있다(촉탁받은 외국이 송달 거부 시에는 외국에서 하는 공시송달).

사법공조에 관하여는 다변조약인 1965년의 소위 「송달조약」, 1970년의 헤이그 「증거협약」이 2000년과 2010년부터 각기 발효되게 되었으며, 호주, 중국, 몽골, 우즈베키스탄, 태국과는 쌍무조약을 체결한 바 있다. 따라서 외국이 명백

1) 부산지법은 2023. 8. 16.에 일본 후쿠시마 원전 오염수 방출금지의 일본 도쿄전력 상대의 소송에 대해 소각하.

2) 위 대법 2010. 7. 15, 2010다18355 판결에서 우리나라와 중국에 관할권이 병존할 수 있다 하였다.

한 의사표시로써 승인한 경우나 상호보증이 있는 경우가 아니라도 조약체결국가와의 사이에서는 촉탁송달과 증거조사는 문제 없다. 다만 송달에 관한 한 조약체결국이 아닌 경우에도 송달을 받을 자가 1963년「영사관계에 관한 비엔나협약」에 가입한 외국거주자이며 우리 국민일 때는 그 외국주재의 우리 대사·공사·영사에게 촉탁할 수 있다(이른바 영사송달, 국제민사사법공조법 5조 2항). 미국의 경우에는 1976. 2. 3.에 미국정부가 비조약국에 대해서도 사법공조에 응할 의사를 천명하였으므로 미국에 대한 송달은 물론 증거조사까지도 사법공조를 받을 수 있다(한미영사조약 4조 (c) 참조).[1)]

4. 재판권 없을 때의 효과

(1) 사건에 인적·물적 재판권이 미쳐야 하는 것은 소송요건이며 직권탐지사항이다. 따라서 재판권이 없으면 소는 부적법하게 된다. i) 재판권없음이 명백하면(예: 일본국대사를 피고로 제기한 1910년 체결의 한일합병조약의 무효확인청구 등 절대적 면제주의 해당의 사건. 일본정부를 피고로 한 송달은 일관하여 송달 거부—외국에서 하는 공시송달에 의함) 유효하게 소장부본을 송달할 수 없는 경우에 해당하므로[2)](255조, 254조; 비엔나협약 31조, 37조) 재판장의 명령으로 소장을 각하하여야 한다.[3)] 재판권을 포기하면 다를 것이다. ii) 재판권없음이 명백하지 않으면 이에 관하여 변론하여야 하기 때문에 법원은 소장부본의 송달을 하여야 한다.

변론의 결과 재판권의 부존재가 판명되면 판결로써 소를 각하하여야 한다. 이를 간과하고 본안판결을 한 경우에는 상소에 의하여 다툴 수 있으나 판결확정 후에는 재심청구를 할 수 없다. 판결이 확정되어도 무효이다.

(2) 치외법권자에 대해서는 강제집행,[4)] 가압류·가처분, 증인·감정인으로 출석요구는 안 된다(비엔나협약 31조 2항·3항). 증인으로서 임의출석하면 별문제이다. 또 치외법권자라도 스스로 원고가 되어 제소하는 것은 무방하며,[5)] 그 특권을 포기하면 피고로 될 수 있다. 외국국가를 제3채무자로 하는 강제집행인 압류 및 추심명령은 원칙적으로 무효로 됨은 앞서 본 바이나, 의문 있음은 앞서 본 바이다.[6)]

---

1) 상세는 졸고, "외국에 소송서류의 송달과 증거조사를 위한 사법공조," 법조 1977. 10.
2) Jauernig/Hess, § 6 Ⅰ.
3) 대법 1975. 5. 23, 74마281 참조. 강현중, 145면; 이와 반대의 소각하판결설에는 송상현/박익환, 63면; 김홍엽, 49면; 정영환, 183면.
4) 협약에 의하여 외국대사관저에 강제집행을 못하게 됨으로써 발생한 손해에 대해 국가배상책임이 없다는 것에, 대법 1997. 4. 25. 96다16940.
5) 우리나라에 지점이나 대리점의 등록을 하지 않은 법인이라도 우리나라 법원에 원고로 소제기한 이상 소가 적법하다는 것에, 대법 1978. 2. 14, 77다2310.
6) 대법 2011. 12. 13, 2009다16766.

포기는 명시적이어야 하며, 강제집행면제의 포기를 위해서는 별도의 포기를 요한다(비엔나협약 32조). 또 치외법권자가 원고로서 먼저 소송을 제기한 경우에는 그 뒤의 부수소송·방어소송(반소, 재심의 소, 청구이의의 소, 제3자이의의 소 등)에 있어서 피고로 될 수 있다.

제2절 민사법원의 종류와 구성

Ⅰ. 법원의 종류와 심급제도

1. 민사법원의 종류

우리나라의 경우에 사법권을 행사하는 국가기관을 크게 나누면, 통상재판기관과 특별재판기관으로 나눌 수 있다. 특별재판기관으로서는 법률의 위헌심사·헌법소원·탄핵심판·정당해산심판·권한쟁의를 관장하는 헌법재판소(헌 111조)와 군인·군무원에 대한 형사재판권을 행사하는 군사법원(헌 110조)이 있으나, 이는 민사사건을 관장하는 직접적인 법원이 아니다. 다만 법률이 헌법에 위반되는 여부가 민사재판의 전제가 된 때에는 법원은 헌법재판소에 제청하여 그 심판결과에 의하여 재판하여야 하므로(헌 107조 1항), 헌법재판소가 민사재판의 쟁점판단의 기능을 한다. 제청이 되면 소송절차는 정지되며, 헌법재판소의 위헌결정은 법원을 기속한다(헌재 42조, 47조). 이러한 관계로 양기관 간에 협력이 긴요하다. 재판은 헌법소원의 대상에서 배제되므로 헌법재판소에 의한 합헌적 통제를 원칙적으로 받지 아니한다.[1]

통상재판기관에는 대법원·고등법원·특허법원·지방법원·가정법원·행정법원·회생법원 등 7종류가 있다(법조 3조 1항). 이 가운데에서 대법원·고등법원·지방법원 등 세 가지는 민사사건을 다루는 전형적인 민사법원이다. 특허법원은 법개정에 따라 특허침해소송을 관할하는 한도에서 민사법원에 속한다. 행정법원, 가정법원, 회생법원 등은 이와는 다른 행정처분·가사사건·도산사건 등을 전속관할하는 전문법원이다.

지방법원지원이나 시·군법원(법조 3조 2항, 33조, 34조)은 지방법원의 출장소격에 지나지 않는 것으로(다만 시·군법원은 자신의 관할구역을 갖고 있다) 지방법원과 별개의 법원이 아니다. 2010년부터 고등법원이 그 관할구역 안의 지방법원소재지에서 항소사건을 처리하게 하는 재판부인 고등법원지부(속칭 원외지부)도 같다.

---

1) 헌법재판소가 위헌으로 결정한 법령을 적용한 경우는 헌법소원의 대상이 된다는 것에, 헌재 1997. 12. 24, 96헌마172 등.

2. 심급제도

(1) 이러한 민사법원 상호간에는 어떻게 계층적 질서, 즉 심급제도를 이루고 있는가를 본다. 이를 도해하면 다음과 같다.

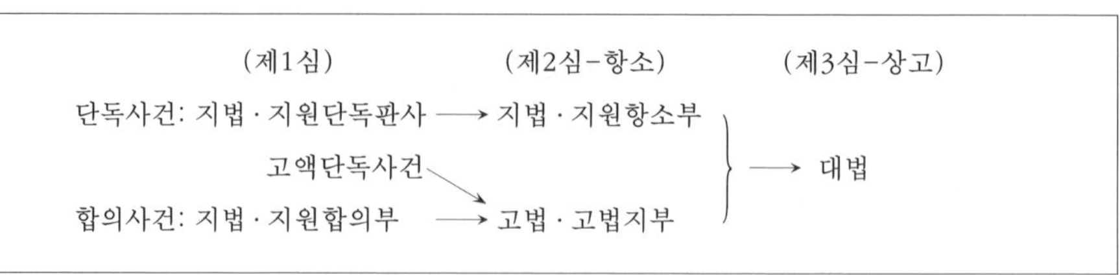

여기에서 단독사건이란 소송목적의 값이 5억원 이하인 사건, 일부손해배상 · 어음 · 수표금청구사건, 지방법원 합의사건임을 법률로 명시하지 않은 사건(법조 7조 4항)을 가리키고, 합의사건이란 소송목적의 값이 5억원을 초과한 사건 그리고 법률의 규정에 의하여 지법합의부의 권한에 속하는 사건(법조 32조 1항)을 말한다. 민사 및 가사소송의 사물관할에 관한 규칙(이하 "사물관할규칙"이라 약칭한다) 제4조에서 고액단독사건(2억원과 5억원 이하)은 고등법원을 제2심으로 재조정하였다. 우왕좌왕의 조변석개로 법적 안정성을 혼란시키고 있다.

다만 소송목적의 값이 3,000만원 이하인 소액단독사건의 경우에는 사건의 신속한 처리를 위하여 i) 법률 · 명령 · 규칙 또는 처분의 헌법 또는 법률위반 여부에 관한 판단, ii) 판례위반만을 상고이유로 하고 있으므로(소심 3조) 사실상 2심제라고 할 수 있다.

(2) 우리나라의 심급제도의 특색은 다음과 같다.

첫째로 지법단독판사가 제1심으로 재판한 사건은 지법항소부(2억원 초과는 고법)가 제2심 법원이 되는데 동일법원 내에서 2심급이 행해진다는 것을 뜻한다. 심급제도로서 외국에 유례가 드문 이색적인 제도인데, 「새술은 새 포대에」라는 기조하에 재심사하는 상소제도의 본질에 합치하느냐 하는 의문이 있다. 먼거리가 아닌 현지에서 항소할 수 있는 편의는 있으나, 오히려 동일법원의 동일창구를 이용케 하는 것이어서 상소권남용의 요인이 될 수도 있다. 2010년부터는 지방법원 소재지에 고등법원 지부를 설치하여 합의사건도 현지에서 항소할 수 있게 되어 같은 문제가 따를 것이다.

둘째로 소액사건을 제외하고는 모든 사건에 대해 3심제이며, 최종심을 대법원으로 하는 집중형이다. 1961년 개정법률과 당시의 법원조직법에서는 단독사건에 대해서도 3심제에 의하되 최종심을 고등법원상고부로 하여 대법원에 모든 사건이 쇄도하는 폐해를 막으려 했다. 그러나 이것이 1963년 개정법률에서 폐기되어 상고심을 대법원으로 완전히 일원화하였으며, 그 이래 대법원의 관할권이 유례없이 넓혀졌다. 그리하여 2018년 현재 대법원장·법원행정처장을 제외한 12명의 대법관 수로는 47,779건 1인당 1일 처리건수 휴일 없이 하루 8 내지 9건의 사건폭주에 대처하기에 벅찬 상태이다(연간 약 5,998건. 단 2020년에 이르러 3,700여 건으로 감소). 현재와 같은 운영으로는 대법원 합의제가 명목일 뿐 실질적으로는 1인 주심대법관 독단의 단독제가 될 수 있다. 합의에 발언권도 없고 야간·휴일근무를 다반사로 하는 '노비'라는 말도 나오는 대법관 아닌 「연구관재판」의 우려와 재판전문화의 장애의 요인이 된다. 대법관의 격무로 큰 병을 앓게 하는 '대병원'이라는 말까지 나오는가 하면 연구관의 보고서를 읽어 보기도 바쁜 상황이라면 전체 국민의 권리구제가 부실화되는 결과 '국민의 부실재판을 받지 않을 권리'를 침해하게 된다.[1]

따라서 해결방안으로 ① 대법관의 수를 그대로 유지하고 서울에 경미한 사건의 상고심인 별도의 상고법원제도, ② 대법관의 수를 대폭 늘이는 방안, ③ 헌법 제102조 2항의 규정대로 대법관 이외에 합의에 관여할 대법원판사를 따로 두어 구성함으로써 법관수를 증원하는 2원제[2] 방안 등이 논의되어 오고 있다. ③안은 5·16 이전에 9인의 대법관과 11인의 대법원판사 등으로 구성한 전례도 있었던 안이다(대한변협여론조사 결과의 다수의견). 생각건대 헌법 제102조 2항에서 예정하는 이원제를 구성하는데 있어서는 별도의 법개정이 필요치 않을 것이고 법원조직법 제7조 2항에서 예정하는 전문부설치의 개혁이 이루어질 것으로 일석이조가 될 수 있어서 제일 간단한 해법이다. 2원제에 의하여도 전원합의체는 대법관으로만 구성하면 문제는 없을 것이다. ①안이 상고허가제의 해결방안이라는 견해도 있으나 현행의 심리불속행제도가 변형된 상고허가제임에 비추어 이를 채택한들 법관의 증원 없이는 달라질 것이 없을 것이다. 최근에는 대법관을 13명(법원행정처장 포함) → 17명으로 증원하여 소부를 1개 더 늘려 4개 부로 늘리자는 안이 나와 있었다. 사법행정의 큰 과제인 대법원 구성 개편을 놓고 우리나라처럼 시행착오만을 거듭하며 세월을

1) 졸고, "민사절차상의 재판을 받을 권리," 헌법논총 21집, 60면.

2) 사물관할의 범위가 우리에 비해 훨씬 좁은 독일의 연방통상대법원(BGH)은 20명 가까운 부장판사를 포함하여 128명의 법관으로 구성되어 있다(민사부 12, 형사부 5, 특별부 8개)(2009년 말 현재). 재판부는 5인의 연방판사(Bundesrichter)로 구성되며, 법원장은 공정거래부의 재판장이 된다고 한다. 재판연구관(Mitarbeiter)은 별도로 있다. 프랑스도 124명이다. 졸고, "전문법관·전문변호사에 의한 재판," 대한변협신문 2016. 7. 11.자.

보내는 나라는 없는 것 같다. 그러하니 집행법 등 다른 재판분야가 황무지가 될 수밖에 없다.

Ⅱ. 법원의 구성

1. 법원의 의의

법원은 사법권을 행사하는 국가권력기관으로서 흔히 두 가지 의미로 쓰인다. i) 넓은 의미에서는 재판사무를 처리하는 재판기관뿐만 아니라, 사법보좌관·법원사무관·집행관 등의 사법기관, 대법원장·각급법원장·대법관회의 등의 사법행정기관, 법원행정처·각급법원의 판사회의·사무국, 사법정책자문위원회·법관인사위원회 등 사법행정을 뒷받침해 주는 기관 등을 포함한 복합적 국가관서를 뜻하고, ii) 좁은 의미에서는 사법권의 작용 중 가장 중요한 재판사무를 처리하기 위하여 1인 또는 수인의 법관으로 구성된 재판기관(재판부)을 말한다. 앞은 헌법상의 의미이고, 뒤는 소송법상의 의미이다.

2. 재판기관(좁은 의미의 법원)

(1) 좁은 의미의 법원인 재판기관은 다음 두 가지 기능을 수행한다. 그 하나는 수소법원(Prozessgericht)으로서 소송사건을 수리·심리·판단하는 기능, 다른 하나는 집행법원(Vollstreckungsgericht)으로서 집행관·사법보좌관의 강제집행 실시의 감독과 자신이 집행기관으로서 강제집행을 수행하는 기능이다.

(2) 재판기관은 우리나라에서는 민사사건에 관한 한 직업법관으로 구성되며, 법 문외한인 소인법관(素人法官)을 참여시키지 않는다. 민사사건에서는 형사사건의 국민참여재판제도(배심원)나 독일식의 참심원제도, 영미의 배심원제도를 인정하지 아니한다.[1] 재판기관은 1인의 법관으로 구성하는 때와 수인의 법관으로 구성하는 때가 있다. 앞을 단독제, 뒤를 합의제라 한다. 대법원과 고등법원의

1) 독일 지방법원의 상사재판부(Kammern für Handelssachen)의 경우는 재판장인 1인의 직업법관과 2인의 참심원으로 구성되며, 영미에서는 민사사건에도 common law case의 경우(미국 헌법수정조항 7조)는 jury trial 권리를 채택하고 있다(equity case는 다르다). 민사사건의 배심제 도입이 '민사사건의 국민참여'라는 명분으로 논의되고 있지만 사법의 민주화로 생각되지 아니하며, 그렇게 되면 더 '지루한' 전문성 없는 감성 재판절차가 되기 쉬울 것이다. 발상지인 영국에서는 일부사건을 제외하고 1933년 민사배심제를 폐지하였다. 미국의 헌법은 배심제규정이 있기 때문에 피곤하나 이를 유지한다고 한다. 배심원이 민사사건에서 졸다가 제척이유가 되는 예도 있다고 한다.

경우는 어느 때나 합의제를 채택하고 있으나, 지방법원은 단독제를 원칙으로 하면서(법조 7조 4항) 합의제를 병용하고 있다(법조 32조). 지방법원 · 가정법원 · 행정법원의 합의부 및 고등법원의 재판부는 어느 경우나 3인의 법관으로 구성한다(법조 7조 3항 · 5항).

대법원은 대법관전원의 3분의 2 이상으로 구성되는 '전원합의체'(one bench)와 대법관 3인 이상으로 구성되는 '부'(소부(小部)-panel, 현재 4인으로 구성. 독일 · 일본은 각 5인인데, 1심이 1인 내지 3인, 2심이 3인이므로 적어도 4인 내지 6인이 관여한 재판의 재심사가 3심이기 때문)를 병치하여 심판기구를 이원화하고 있다.

전원합의체는 i) 명령 · 규칙이 헌법에 위반함을 인정하는 경우, ii) 명령 · 규칙이 법률에 위반함을 인정하는 경우, iii) 종전의 판례를 변경할 필요가 있는 경우, iv) 부에서 재판함이 부적당한 경우, v) 부구성 법관 사이에 의견대립이 있는 경우를 소관사항으로 하며(법조 7조 1항), 그 밖의 대법원에 접수 계류되는 사건의 심판은 부에서 관장한다. 대법원 사건수의 폭주로 전원합의체 가동률이 낮다.

(3) 하나의 법원 안에는 합의제 재판기관과 단독제 재판기관 등 여러 개의 재판부가 있는 것이 보통이다. 여기에서 재판기관 사이에 내부적으로 재판사무의 분장을 정하여야 한다는 문제가 생기는데, 이를 법원내부의 사무분담이라 한다. 사무분담에 있어서 고려할 것은 사법운영의 합리화를 위한 전문재판부의 설치이다.

현재 우리나라의 지법 · 고법 등 하급심에는 신청부(민사집행부) · 파산부 · 건설부 · 교통사고부 · 산재부 · 노동부 · 의료부 · 지식재산권부 · 국제거래 및 상사부 · 소액 단독부 등 전문재판부를 두고 있어 고무적이나, 인사의 잦은 교류는 바람직하지 않다. 법원조직법은 대법원에 행정 · 조세 · 노동 · 군사 · 특허 등의 전담부를 둘 수 있도록 규정하였지만(법조 7조 2항) 실제 재판관여의 대법관 12명만을 두고 있는 형편에서는 전문부의 구성이 현실적으로 어렵다. 헌법 제102조 2항의 규정대로 대법관 이외에 대법원판사제도를 신설하여 2원제구성을 하면 쉽게 법원조직법에서 예정한 전문부설치가 실현될 수 있는데도, 제도를 휴면화시키고 있다. 사무분담은 법률에 규정이 따로 없으면 사법행정권에 속한다. 이는 관할문제와는 다르다(95면 참조).

전문법관에 의한 재판—전문재판부의 설치의 필요성 한 법원 내에 여러 개의 재판부가 있을 경우에 전문부의 설치는 전문화시대에 걸맞게 재판업무에 분업의 원리를 도입하는 것이다. 고도산업사회화에 따라 사건이 날로 복잡 · 다양화 · 전문화 · 대형화 · 집단화 · 국제화하는 이 때에 이를 외면하는 것은 옳지 않다. 이의 설치는 i) 전문지식의 배양으로 재판업무의 능률화 · 신속화에 도움이 될 것이고, ii) 재판부 상호간의 판결의 모순저촉을 피하며, 재판의 일관성을 유지할 수 있고, iii) 행정부 내에 각종의 조정·심사위원회 등의 설치로 사법권을 잠식하려는 경향을 막을 수 있을 것이며, iv) 법관으로 하여금 시골의 의사처럼 만능이어야 하는 데서 오는 직업적 고충에서 해방시킬 것이다. 만능=무능임을 명심할 것이다. 앞으로 법관의 인사이동을 최소화하여 전문판사제도에 노력할 것이다. 우리나라 최고재판기관의 경우는 헌법사건에 한하여 헌법재판소의 설치로 전문화되었으며, 그곳의 전속관할을 침해해서는 안 된다. 전문재판은 존중되어야 한다. 독일에는 최고법원만 하여도 연방헌법재판소 이외에 연방 통상대법원(BGH), 행정대법원, 노동대법원, 금융대법원, 사회대법원이 병치되어 있고, BGH만 하여도 민사재판부가 12개 전문부로 분화되어 법관이 130명에 가깝다(71면 참조).[1)]

3. 합 의 체

합의체는 재판장과 합의부원(통칭 배석판사라 한다)으로 구성된다. 합의체에 있어서는 사건의 처리상 중요한 사항(판결·결정)은 그 구성법관의 합의에 의한 과반수의 의견으로 정한다(법조 66조 1항). 합의에 있어서 액수에 관하여 3설 이상 분립되어 어느 의견도 과반수에 달하지 않는 경우에는 과반수에 달하기까지 최다액의 의견의 수에 순차 소액의 의견을 더하여 그 중 최소액의 의견에 의한다(동법 66조 2항). 대법원이 전원합의체에 있어서 2설이 분립되어 어느 것도 과반수에 이르지 못할 때에는 원심재판을 변경할 수 없다(동법 66조 3항). 합의는 공개하지 않는다(동법 65조, 대법원·헌법재판소는 예외, 15조). 합의체의 그 밖의 부수적인 재판사항은 합의체의 기관인 재판장과 수명법관이 처리한다. 합의체의 기관을 살펴본다.

(1) 재 판 장 합의체에 있어서는 구성법관 중 1인이 재판장이 되지만, 누가 재판장이 되느냐는 명문의 규정이 없다(단 법조경력 5년 미만의 판사는 단독판사나 합의부의 재판장 불가, 법조 42조의 3). 관례상 대법원장(법조 7조 1항)이나 각급법원장이 합의체의 구성원일 때에는 그가, 부장판사가 구성원일 때는 그가(고법은 부장판사제를 없앴으므로 부의 구성원 중 1인이 재판장, 개정 법조 27조), 그 밖의 경우에는 그 중의 선임자가 재판장이 된다. 재판장은 합의체의 합의를 주재하지만, 합의에 있어서는 다른 합의부원과 동등한 표결권을 갖는다. 재판장은 동료 중의 제1인자(primus inter pares)라 할 수 있다. 재판장은 다음과 같은 권한을 갖는다.

1) 합의체의 대표기관으로서 소송지휘권, 법정경찰권, 판결의 선고 및 석명권을 행사하고 합의를 주재한다(135조 내지 137조, 206조, 327조). 재판장의 명령 또는 조치에 대해 당사자의 이의가 있을 때에는 합의체가 결정으로 재판한다(138조). 이를 재판장의 재판진행에 관한 이의라고도 한다. 특히 재판장의 소송지휘과정의 위협적·모욕

1) 졸고 "전문법관·전문변호사에 의한 재판," 대한변협신문 2016. 7. 11.자. 파산·회생 사건의 전문대법관의 필요성 강조는 매일경제 2022. 6. 20.자

적 거동은 이에 의한 내부통제절차가 있으므로, 국가인권위원회 등이 관여할 일은 아니다.

2) 전원관여의 필요 없는 간단한 사항과 여유 없는 급박한 사항, 예컨대 수명법관의 지정(139조 1항), 법원이 하는 각종의 촉탁(139조 2항), 기일지정(165조), 집행법상의 일련의 조치(청구이의의 소·제3자이의의 소에 있어서 집행정지 등, 급박한 경우의 가압류·가처분명령), 소장심사·소장각하명령(254조), 변론준비절차회부와 진행(258조, 280조 2항) 등은 단독으로 그 권한을 행사한다. 재판장이 단독으로 한 행위에 대하여는 그 불복이 허용되는 한 상급법원에 즉시항고할 수 있다(254조, 392조, 439조).

(2) 수명법관과 수탁판사 합의체는 그 구성법관 중에서 1인을 수명법관으로 정하여 일정한 사항의 처리를 위임할 수 있다(헌재의 탄핵재판에서는 3인의 수명재판관). 합의체의 활동을 원활·신속하게 하기 위한 것으로 수명법관의 지정은 재판장이 행하는데(139조), 그 위임사항은 i) 화해의 권고, ii) 법원 외에서의 증거조사(예: 임원증인에 대한 임상신문), iii) 당사자의 이의 없는 경우의 증인신문(313조 3호), iv) 변론준비절차에서 쟁점정리 등이다(280조). 직접심리주의의 원칙(204조) 때문에 합의체가 수명법관에 위임처리시킬 수 있는 사항에는 스스로 한계가 있다. 따라서 수명법관에게 모든 사항의 처리를 포괄위임하는 것은 아니된다.

합의체의 기관은 아니나 이에 준하는 수탁판사가 있다. 수탁판사란 수소법원이 같은 급의 다른 법원에 일정한 재판사항의 처리를 부탁한 경우에(139조 2항, 145조, 297조. 예: 원거리증인에 대한 현지 법원에의 신문촉탁 등) 그 처리를 맡은 다른 법원의 단독판사를 말한다. 수탁판사가 한 처분 또는 재판은 소송법상 재판장·수명법관이 한 것과 마찬가지로 취급된다.

수명법관·수탁판사의 재판에 대하여 불복이 있으면 수소법원에 이의할 수 있다(준항고, 441조). 수명법관제도는 널리 활용되나 수탁판사제도는 교통·통신의 개혁으로 퇴조되고 있다. 오히려 현지로 '찾아가는 법정, 영상재판'도 나타나는 시대이다.

(3) 주심법관 합의부사건의 경우에는 사건배당과정에서 합의부 구성원 중 1인을 주심으로 정하여 운영한다. 주심법관은 기록의 철저한 검토, 합의의 준비 그리고 합의결과에 따른 판결문의 작성을 책임진다. 주심이 수명법관의 자격에서 변론준비절차를 진행하는 경우가 많다. 대법원에서는 주심대법관을 판결문에서 밝히지만, 주심의 지나친 주심중심제는 실질적인 단독제화로 합의제 team work의 운영에 장해가 될 수 있다. 주심 독재제도라는 말까지 나올 수 있다.

(4) 합의제와 단독제의 장 · 단점 합의제[1]는 첫째로 여러 법관이 사실관계를 여러 가지 측면에서 검토하고 이를 평가한 끝에 의견을 교환하고 평의하게 됨으로써 풍부하고도 사려 깊은 이론구성이 가능하다. 따라서 중지(衆智)에 의한 재판의 적정 · 공정이 고도로 보장되며, 특정법관의 주관에 치우친 편파적이거나 균형 잃은 재판을 막을 수 있다(여섯 개의 눈은 두 개의 눈보다 더 많이 본다). 하급심에서 상급심으로 올라갈수록 신중한 심리에 걸맞게 법관의 수가 늘어나야 된다.

둘째로 초임법관으로 하여금 책임 있는 사건의 처리에 앞서 합의체에서 재판경험을 쌓는 데 큰 도움을 줄 수 있다.

셋째로 재판에 있어서 외부적 압력을 배제함에 도움이 된다.

이에 대해 단독제는 누구와도 나눌 수 없는 책임의식하에 소신에 따라 신속한 사건의 처리를 가능케 한다(두 개의 어깨는 여섯 개의 어깨보다 더 무겁다). 그리고 법원의 구성을 단독제에 의할 때에는 국가의 세출부담을 경감할 수 있다.

양자간에 이러한 장 · 단점이 있으므로 이를 어떻게 조화할 것인가는 각국 소송법의 숙제로 되어 있는바, 대체로 세계 각국은 제1심에 있어서는 원칙적으로 단독제를, 상급심에 있어서는 합의제에 의하고 있다.

(5) 합의제의 명목뿐인 단독제로 형해화문제 현재 지법단독사건의 사물관할을 크게 늘려 1심은 대다수의 사건을 단독제에 의하고, 상급심은 형식은 합의제운영이나 고법부장제 폐지와 고법대등재판부, 지법조차 부장판사 재판부, 대법원 소부의 주심중심에 의하는 것은 명목은 합의제, 실제는 단독제화에 가까운 것으로서 문제이다. 합의제 재판에서도 부장판사와 배석판사 간의 소통이 잘 안 되어, 운영이 제대로 안 된다고 한다. 재판의 1인 독재의 시대로 가는가. 제각기 자기주관의 관철이 아니라 다수결이 민주주의이다. 합의제의 형해화가 아닌가? 왜냐하면 현재의 고등법원대등재판부, 대법원의 주심중심제(주심이 자기주심사건을 사건개요와 결론만 돌리고 끝내기도 하는 예)는 사건폭주에 법관부족의 고육책이나 합의제의 실질을 훼손할 우려 때문이다. 미국은 제1심이 단독제이나 배심원참여의 평결(verdict)제도가 있고, 합의제에 의하는 고등법원에서도 소수의견을 내는 등의 실질적 합의제를 운영하고 있다.

Ⅲ. 법 관

1. 법관의 종류와 임명자격

법관에는 대법원장 · 대법관 · 판사의 세 가지 종류가 있다(헌 102조; 법조 5조, 45조, 봉급체계로는 일반법관과는 구별되는 차관급의 고법부장판사가 있었으나, 폐지). 법관은 법조일원화의 견지에서 법조경력 10년 이상인 자 중에서 판사를 임명하되(법조 42조 2항), 2018년부터는 5년, 2022년부터는 7년 이상의 법조경력자로 축차적으로 늘리면서 2026년부터 완전 시행한다(법조 부칙 1조, 2조). 사법국가

1) 합의제 재판기관에 의한 재판이 수평적(horizontal) 합의제라면, 심급제도는 수직적(vertical) 합의제이다. 여기에서는 전자에 관하여서만 살핀다.

(司法國家)로 가는 길인 것으로 평가한다.

2. 법관의 독립성—독립법관에 의한 재판

법관은 재판사무를 처리함에 있어서 일반공무원과 대비하여 다른 특색이 있다. 그것은 사법권의 독립에서 비롯된다. 재판의 적정·공평을 보장하며 국민의 신뢰를 유지하기 위한 것이다.

(1) 물적 독립 이는 법관이 재판을 함에 있어서 헌법과 법률 그리고 양심에 구속될 뿐 제3자의 간섭을 배제함을 뜻한다(헌 103조). 대내적으로는 내부통제 즉 사법행정 기관장의 유형·무형의 지시로부터, 대외적으로는 행정부·입법부 나아가 이른바 여론 혹은 법정에서의 변호사의 눈치나 소위 몰려오는 네티즌의 댓글테러나 시민단체의 데모압박이나 문자폭탄으로부터 독립하는 것을 말한다[1] (이른바 국민정서에서 독립 못한다면 결론은 여론조사 결과로 낼 것이므로 법관의 존재의의는 없어질 것임). 문재인 정권 때의 청와대에 재판청원도 문제의 소지가 있었다. 법과 증거에 의해서만 판단을 뜻한다. 아니면 마녀사냥(witch hunt)이 된다. 비단 재판의 내용에서 뿐만 아니라 절차의 진행에 대하여도 지시나 원하는 바를 다중의 위력으로 표시하여서는 안 된다. 여기의 양심은 주관적이 아닌 직업적 양심을 뜻한다. 독립의 구체적 내용은 다음 세 가지이다.

(a) **지시에서의 자유**(Weisungsfreiheit) 법관은 구체적 사건에서 어떻게 재판할 것인가에 대해 어느 누구의 지시나 명령을 받지 아니하며 자기 자신의 의사와 소신에 의하여 재판을 한다. 결코 다른 기관에서 국익을 내세워 결정한 의사를 사실상 대외적으로 선고하는 것이어서는 안 된다.[2]

(b) **책임에서의 자유**(Verantwortlichkeitsfreiheit) 법관은 원칙적으로 그 재판내용을 이유로 형사상 또는 징계상의 책임을 지지 않는다. 또 행정부나 국회 그 밖의 국가기관이 공식적으로 기판력 있는 재판을 규탄하는 의사표명이나 불복을 하여서는 안 된다. 그러한 의미에서 과거사정리위원회의 의결로 확정판결에 재심사유의 존부를 심사하여 확정판결과 어긋나는 진실규명의 의사표시 그리고 그에 기속력의 부여는 헌법상 문제 있는 것으로 보여진다.

법관의 오판과 국가배상책임 문제는 법관이 고의 또는 과실로 오판을 하여 당사자에게 손해를 가한 경우에 국가가 국가배상법에 의한 배상책임을 지는가이다. 독일민법 제839조 2항은 판결이 범죄행위를 구성하는 때에만 배상책임을 규정하고 있다. 다만 소송

1) 조선일보 2018. 1. 24.자 필자 인터뷰.
2) 헌재 1990. 6. 25, 89헌가98 내지 101; 대법 2001. 4. 24, 2000다16114.

지연은 달리 책임을 인정한다. 같은 규정이 없는 일본의 경우는 무조건 국가배상법이 적용된다는 무제한설과 악의에 의한 사실인정 또는 법령해석의 왜곡이 있는 경우에 한하여 적용된다는 제한설이 대립되어 있다. 생각건대 i) 비교법적 견지에서 Spain을 제외하고 대부분의 나라가 제한설을 따르고 있는 점, ii) 오판의 시정을 위해 별도로 상소 등 심급제도를 두고 있는 점, iii) 무제한적으로 적용할 때에 사법권의 독립성을 해칠 우려나 합법적 직무수행을 억제할 염려가 있는 점 등을 고려하면 제한설이 타당하다고 하겠다.[1] 대법원도 제한설에 따라 법관이 그에게 부여된 권한을 그 취지에 명백히 어긋나게 행사했다고 인정할 만한 특별한 사정이 있어야 한다고 판시하고,[2] 헌법재판소도 같은 입장을 취했다.[3] 다만 헌법재판심판청구기간이 도과되지 아니 한 것을 도과한 것으로 보아 각하결정한 사안에서 이에 대한 불복방법이 없다는 이유로 국가배상책임(위자료)을 인정한 사례가 있다.[4] 법관의 과실로 판결문 등이 경정된 때는 부정될 것이다.

(c) **활동자유**(Handlungsfreiheit) 이는 어느 누구라도 법관의 직무상 활동을 막을 수 없는 것을 뜻하며, 따라서 법관의 요구에 대하여 예를 들면 정부나 수사기관이 관계증인의 출석을 막거나 또는 소송서류의 압수, 부제출 혹은 제거 등으로 방해할 수 없다. 뿐만 아니라 사법행정기관장은 사건담당판사를 임의로 바꾸거나 또는 스스로 처리할 수 없다(헌 27조 참조).

문제되는 것은 법관이 재판을 함에 있어서 선례(precedent), 특히 최고법원의 판례에 구속을 받아야 하느냐이다. 영미법계의 국가에 있어서는 선례가 구속력을 갖지만, 대륙법계에 속하는 우리나라에서는 '헌법과 법률 그리고 양심'에 구속을 받기 때문에 대법원판례의 불구속도 물적 독립의 내용을 이룬다. 하급심의 법관이 이와 다른 취지의 판결을 낸다는 것은 소송지연의 요인이 되고, 대법원의 심리속행사유가 되지만, 동일 법률문제에 관하여 서로 상반된 해석이 나오고 이를 조정하는 과정에서 법률의 자유로운 발전이 이룩되는 것이고 보면 감내하여야 할 것이다.[5] 대법원판례에 맹종은 창의적 법발전을 저해한다. 물론 대법원의 파기환송판결에서 판시한 법령의 해석은 당해 사건에 있어서 하급심을 기속하며, 나아가 대법원도 이에 구속되어 이와 다른 견해를 취할 수 없다.

(2) 인적 독립(persönliche Unabhängigkeit) 이것은 헌법 제106조 1항에서 '법관은 탄핵 또는 금고 이상의 형의 선고에 의하지 아니하고는 파면되지

1) 방순원, 627면.
2) 대법 2001. 4. 24, 2000다16114; 같은 취지 대법(전) 2022. 8. 30, 2018다212610.
3) 헌재 1989. 7. 14, 88헌가5 · 8.
4) 대법 2003. 7. 11, 99다24218. 형사재심에 의해 무죄판결을 받은 경우, 법관의 재심대상판결에서 유죄인정으로 인한 피해에 국가배상책임을 널리 인정하는 경향인데, 이 경우에는 국가책임제한설을 고려하는지 의문이다.
5) 함영주, 앞의 논문, 민사소송 17권 2호.

아니하며 징계처분에 의하지 않고는 정직 · 감봉되거나 불리한 처분을 받지 아니한다'는 규정으로 표현되어 있다.

문제되는 것은 헌법에서 징계처분에 의하지 않고는 '불리한 처분'을 받지 않도록 규정된 것인데, 헌법의 취지와는 달리 법관징계법에서는 여기의 불리한 처분은 견책만이 해당하는 것으로 보았다(법징 3조). 따라서 대표적인 불리한 처분인 보직의 강등, 의사에 반하는 전근(이른바 좌천, EU국가에서 법관 동의 없는 전근 불허)은 포함시키고 있지 아니하여 징계처분에 의하지 않고 강등 · 좌천을 가능할 수 있도록 하였다. 그러므로 **법관징계법**이 과연 헌법과 부합하는 법률인가는 의문이다.[1] 법관의 PC 파일의 강제조사같은 것도 불리한 처분이므로 헌법위반의 문제가 생길 수 있다. 징계처분에 의하지 않는 사법배제(연수원연구직배치)도 같은 문제이다.

(3) 독립성유지에 적합한 법관의 자세　　법관은 직무 내외로 독립성의 신뢰를 침해하지 않도록 처신하여야 한다. 그러므로 현직 법관은 다른 법관 담당사건의 청탁 · 알선 등 소위 '현관예우', '관선변호'의 처신을 하여서는 안 되며,[2] 중재인이나 또는 중재감정인의 행위를 하여서는 안 된다. 뿐만 아니라 법관은 재판업무와 관련하여 법령이 허용하는 절차 밖에서 당사자나 그 소송대리인과 면담은 금지된다(법관윤리강령 4조 4항). 그리고 정치적 표현의 자유보다 법관윤리강령상의 정치적 중립을 존중하여야 한다(정치편향의 SNS · Internet 활동은 문제 있다).

Ⅳ. 그 밖의 사법기관

대표적인 것이 법원사무관등 · 사법보좌관 · 집행관이고 그 밖의 대법원의 재판연구관 · 재판연구원 등이 있다(AI 시대에 불구하고 우리나라에서 법관의 증원은 긴급한 과제이나, 재판보조인 인력은 줄어들 추세이다(AI 영향으로 법률분야 인력감소율 70%로 보는 경향)).

1. 법원사무관등

(1) 대법원과 각급법원에 배치되어 재판의 부수사무를 처리하는 단독제 기관이다. 다음과 같은 권한을 가지는데, 이는 법관이라 해도 대행할 수 없는 고유의 권한이다. 이와 같은 업무는 법원서기관 · 법원사무관 · 법원주사 · 법원주사보

1) 독일기본법 제97조 2항은 형벌, 징계처분이나 법원의 조직 또는 구역의 변경이 없으면 의사에 반하는 전근은 허용되지 않는다고 규정하였음을 주의할 필요가 있다. 법원의 조직이나 그 관할구역의 변경으로 법관을 퇴직시키는 경우에는 봉급전액을 지급하지 않으면 안 된다.

2) 박준, "이른바 현관예우 · 관선변호 현상에 관한 법적 고찰," 서울대학교 법학 52권 2호, 1-46면.

등의 직에 있는 자가 담당하는데, 이들을 '법원사무관등'으로 약칭한다(40조 2항). 실무에서 재판참여관이라고도 하며, 법복을 입는다. 법개정으로 권한이 강화되었다.

(a) **심판의 참여 및 조서의 작성** 심판에 참여하여 변론조서를 비롯하여 증거조서를 작성하고(152조, 160조), 소액사건에 있어서 구술제소의 경우에 제소조서를 작성한다(소심 4조 3항). 법원사무관등은 재판장이 적도록 명한 사항에 대하여는 조서에 이를 명확히 하지 않으면 안 된다(154조 4호). 녹음테이프나 속기록의 요지를 정리하는 녹취조서도 작성한다(159조 3항, 규 36조). AI시대의 digital modernization에 따라 일자리의 위협이 올 수 있다(북경법원 등 상당수의 법원이 사무관 참여 없는 재판을 한다.).

(b) **형식적·부수적 절차판단업무의 일차적 담당** 소장 및 답변서가 방식에 맞는가에 관한 보조적 심사(소장·상소장보정명령의 경우는 254조 1항 후문, 399조 1항 후문, 방식에 어긋나는 답변서제출의 경우는 규 65조 2항)와 준비서면 등의 제출(개정 규 70조의 3 1항)과 절차이행촉구(동조 2항)를 담당한다(2015. 7. 1. 시행).

(c) **송달사무** 송달에 관한 사무는 법원사무관등이 이를 처리하며(175조 1항), 해당 사건에 출석한 사람에 대한 송달(177조), 우편(발송)송달(185조 2항, 187조), 공시송달(개정 194조, 이제 사무관 등의 처분), 간이 통지송달(167조 2항, 규 45조), 전화 등에 의한 송달(규 46조), 전자송달(전자소송법 11조, 12조), 송달함 송달(188조) 등은 직접 스스로 실시한다.

(d) **소송상 사항의 공증 등** 판결문을 비롯 소송기록을 열람시키거나 정본·등본 또는 초본, 혹은 소송에 관한 사항의 증명서의 작성교부(162조), 판결확정증명서의 작성부여(499조)한다.

(e) **소송기록의 보관과 송부**(400조, 426조, 438조)

(f) **집행문의 부여** 강제집행의 요건인 집행문을 내주는 것은 법원사무관 등의 권한이다. 원칙적으로 제1심의 법원사무관등이 부여하나, 소송기록이 상급심에 있는 때에는 상급심의 법원사무관등이 부여한다(민집 28조). 다만 조건성취집행문·승계집행문부여의 경우에는 재판장이나 사법보좌관의 명령이 있는 경우에 한하여 부여한다(민집 32조 1항, 사보규 2조 1항 4호). 여러 통의 집행문부여나 재부여(민집 35조)도 같다.

(2) 법원사무관등의 공시송달·소송기록열람·집행문부여 등에 관해서는 소속법원에 이의신청을 할 수 있다(223조; 민집 34조).[1] 다만 조서의 기재에 관하여 관계인의 이의가 있을 때에는 조서에 그 취지를 기재하여야 한다(164조). 법관에 준하여 제척·기피·회피규정의 준용(50조). 법원사무관등은 이 밖에도 공탁(공탁 2조)·가족관계등록 등 비송사건을 관장한다. 등기는 등기관의 소관이다(부등 11조).

---

1) 법원사무관의 확인서발급거부에 대하여 이에 의하여 다툴 수 있다고 한 것에, 대법 2012. 4. 13, 2012마249.

2. 사법보좌관(Rechtspfleger)

(1) 법관의 부담을 경감하여 소송촉진에 도움이 되도록 하기 위해 독일·오스트리아의 입법례(3년간 전문교육)에 따라 사법보좌관규칙이 대법원규칙으로 제정되어 우리나라에서도 2005. 7. 1.부터 본격적으로 가동되게 되었다(앞 51면 참조). 사법보좌관은 법원사무관·등기사무관 이상의 직급으로 5년 이상 근무한 자, 법원주사보·등기주사보 이상의 직급으로 10년 이상 근무한 자 중에서 사법보좌관규칙이 정하는 바에 따라 보직이 되는 법원공무원이며(법조 54조 4항·5항), 법복도 입는다.

(2) 사법보좌관이 담당할 업무는 사법보좌관규칙 제2조 제1항 제1호 내지 제21호에서 상세히 규정하고 있다. 그러나 그의 전속관할사항이 아니므로, 법관이 그 업무를 담당할 수도 있다. 다음과 같다.

(a) 민사소송법상의 소송비용액·집행비용액 확정절차, 독촉절차, 공시최고절차[1)]에서의 법원의 사무. 소액사건심판법에 따른 이행권고결정절차(2016. 6. 1. 개정). 새로 형사 공탁사무의 추가.

(b) 민사집행법상의 집행절차(유체동산, 부동산, 채권 등)에서 중심적으로 업무담당을 한다. 상세는 졸저, 「신민사집행법」 제8개정판 참조.

(c) 주택·상가건물 임대차보호법상의 임차권등기명령 및 그 집행의 취소에 관한 법원의 사무를 담당한다.

(3) 사법보좌관의 처분에 대하여는 소속법원 법관에 대하여 이의신청을 할 수 있는데(법조 54조 3항), 지급명령 등의 처분의 경우(사보규 3조), 항고의 대상이 되는 처분의 경우(동규칙 4조), 배당표에 대한 이의신청이 있는 경우(동규칙 5조) 등 크게 3가지 절차가 있다. 사법보좌관에는 법관에 준하여 제척·기피·회피제도가 있다(사보규 9조). 사법보좌관의 관할확장은 자칫 「법관에 의한 재판을 받을 권리」 침해문제가 제기될 수 있다.

3. 집 행 관

집행관은 각 지방법원 및 그 지원에 배치되어 강제집행과 소송서류의 송달 등을 행하는 단독제 국가기관이다(법조 55조). 집행관은 10년 이상 법원·등기주사보 또는 검찰주사보(혹은 마약수사주사보) 이상의 직에 있던 자 중에서 지방법원장이 임명하며 그 임기 4년으로 하되 연임금지이다(집행 3조, 4조. 집행관의 집행업무의 노하우 개발에 장애요인 아닌가? 일본 등 타국의 경우는 시험제가 원칙이고 또 단임 임기제 아님). 집행관의 처분에 대해서는 집행법원에 집행에 관한 이의를 신청할 수 있다

1) 법원이 당사자의 신청을 받아 누구인지 알 수 없거나 분명치 아니한 이해관계인에게 실권이나 불이익의 경고를 발하면서 권리 또는 청구의 신고를 할 것을 최고하는 절차이다. 3개월의 공시최고기간 내에 신고가 없을 때에는 제권판결을 하거나 실종선고를 하여 실권을 하게 한다. 유가증권을 분실한 경우에 제권판결을 받으면 증권없이 권리행사를 할 수 있다. 어음·수표의 전자발행시대이므로 그 이용이 많이 감소세이다.

(민집 16조).

집행관은 국고로부터 봉급을 받지 않고 그 취급하는 사건의 수수료로써 그 수입을 충당하지만 공무원의 지위에 있음은 변함이 없다.[1] 당사자로부터 받은 수수료를 수입원으로 함으로써 사실상 반관반민의 형태로 운영된다. 집행관제도의 개선을 위해서 최근 독일에서는 국제적 추세에 맞추어 공증인처럼 완전 자유직화하여 채권자의 자유선택제에 의하여 집행의 효율성을 높이자는 입법안이 나왔다.[2] 집행관은 집행과정에서 강제력을 사용할 수 있으며(독일에서는 수갑을 채울 권리가 있다), 완강한 집행안 저항 등 집행방해는 형법상의 공무집행방해죄(형 136조)가 된다. 또한 집행관의 위법집행으로 인한 피해에는 국가배상법에 의하여 국가에 대해 손해배상청구를 할 수 있다.[3]

법정질서의 확립을 위하여 법정경위(정복불 착용)와 법원보안관리대의 대원(법조 5조의 2)도 있다.

4. 재판연구관과 재판연구원

재판연구관은 대법원장의 명을 받아 대법원에서 사건의 심리 및 재판에 관한 조사연구를 행하는 재판보조기관이다(법조 24조 2항. 전속조, 공동조, 신건조로 나뉨). 대법원재판부의 구성원이 되는 것이 아니며, 합의에 관여할 수 없다. 각급법원의 판사 중에서 일정한 기간 이를 지명한다.[4] 이와는 별도로 각급 법원에 재판연구원을 둘 수 있는데 그 역할은 대법원에 두는 재판연구관과 비슷하다. 변호사자격자(주로 로스쿨졸업자) 중에서 국가공무원법 제26조의 5에 따른 임기제공무원으로 선발한다(개정 법조 53조의 2). 특허법원에 배속되는 기술심리관도 있다(개정 법조 54조의 2). 나아가 대법원장의 자문기관으로 사법정책자문위원회를 둘 수 있다.[5]

5. 전문심리위원

2007년 개정민소법에서 일본의 전문위원제도를 모델로 신설한 것이다. 첨단산업분야 · 지식재산권 · 건축공사관계 · 국제금융분야 · 파생상품 등 전문적 지식을 요구하는 현대형 소송사건에서 관계전문가를 전문심리위원으로 지정하여 재

1) 공무원의 신분임을 명백히 하기 위해 법원조직법은 '집달리' → '집달관' → '집행관'으로 호칭을 점차 바꾸었다. 근대 초기에는 집행관을 미국의 sheriff처럼 군수나 경찰서의 고위경찰관이 맡은 일도 있었다.

2) 졸고, "민사집행에 있어서의 주요과제와 ISD," 민사집행법연구 8권.

3) 대법 2003. 9. 26, 2001다52773 등.

4) 재판연구관제도는 미국의 「law clerk」, 일본의 「재판소조사관」, 헌법재판소의 「헌법연구관」에 해당하는 제도이다.

5) 이 기관은 당초에 1970년 초부터 생긴 기관으로서 필자가 민사법분야 간사로 일했으며 소액사건심판법을 기초하여 법제화한 공적이 있다.

판부가 재판진행중에 조언을 구할 수 있는 제도로서, 당사자의 신청 또는 법원의 직권에 의하여 채택한다(164조의 2 1항). 쟁점정리 등 소송절차를 분명하게 하거나 증거조사·화해 등 소송절차의 원활한 진행을 목적으로 한다. 특히 법정에 전문심리위원이 함께 하면 당사자의 허위진술을 방지할 수 있는 점에서, 일방당사자신청의 증인보다 중립적인 점에서, 나아가 전문성있는 사건의 쟁점정리나 비싼 감정료의 절감에 도움이 되는 점에서 의미 있는 제도이다. 전문심리위원은 소송절차에서 설명 또는 의견을 서면으로 제출하거나 변론기일이나 변론준비기일에 출석하여 진술할 수 있다(164조의 2 2항). 기일에 재판장의 허가를 얻어 증인·감정인 등에 직접 질문할 수 있으며(동조 3항), 법원은 전문심리위원제출의 설명 또는 의견의 진술에 관하여 당사자에게 의견진술의 기회를 주어야 한다(동조 4항). 전문심리위원에 대해서는 제척·기피제도가 준용되며(164조의 5), 벌칙적용에서는 공무원으로 의제된다(164조의 8). 의료·건축·토목분야 등에서 다소 활용되지만 전체적으로는 일본과 달리 저조하다. 특허·증권불공정거래의 피해자소송에서 활용의 여지가 있다.

이 밖에 **전문심리관제도**의 도입이 고려된다. 의사·변리사·건축사·대학교수·전문관리 등 전문가들로 하여금 사실인정·증거판단 등에 관한 의견을 제시하고, 감정에 관한 의견제시 및 관리감독을 하도록 하는 내용의 것이다. 특허사건의 기술심리관(법조 54조의 2)을 벤치마킹하려는 것이라 하나 전문심리위원에 옥상옥이 아닌가.

6. 변 호 사

(1) 1억원 이하의 단독사건을 제외한 일반사건에 있어서는 변호사(또는 변호사로 구성되는 법무법인 등, 변 40조 이하)만이 소송대리를 할 수 있기 때문에, 법원의 직원은 아니지만 민사소송에 있어서 변호사제도는 매우 중요한 의미를 갖고 있다. 변호사에 의한 소송대리는 무작정 당사자의 이익보호나 당사자가 원하는 바에 따른 충직복종을 뜻하는 것이 아니라, 변호사 스스로 그 책임하에서 사리에 맞는 도움을 주는 것을 의무로 한다. 변호사는 기본적 인권을 옹호하고 사회정의를 실현함을 목적으로 하는 공직자로서 독립하여 그 직무를 행하기 때문에(변 2조),[1] 결코 위임인의 피용자가 아니다. 따라서 변호사 자신은 물론 당사자로 하여금 소송상의 의무를 지키고 소송

1) 독일변호사법 제1조는 변호사는 사법기관(Organ der Rechtspflege)이라고 규정하고 있다. 미국변호사에게도 pro bona(공익을 위하여)의 소명이 강조된다. '배고픈 변호사는 굶주린 사자 보다 무섭다', '변호사는 나쁜 이웃'이 되지 않도록 노력해야 하는데, 정의의 투사에 business man(투자자)이 섞여 hybrid화 되어 가는 면이 있다.

을 성실하게 사리에 맞게 행하도록 배려하여야 한다(변호사의 진실은폐와 허위진술금지의무는 변 24조).

변호사제도는 의심할 나위 없이 당사자의 비용부담을 과중하게 하지만 법에 어두운 당사자에게 전문적 도움을 주는 한편, 당사자의 조잡한 소송자료를 정리하여 변론에 내어 놓거나 법률적 견해를 밝혀 법관으로 하여금 새로운 법률적 관점에서 검토해 보게 하는 등 법관의 이상적 재판에 중요한 뒷받침을 해준다. 이 때문에 동서양을 불문하고 필수불가결한 제도가 되고 있다.[1)]

(2) 변호사보수와 신의칙 변호사보수에 관하여 독일은 보수법정주의이지만, 우리는 미국, 일본과 마찬가지로 계약자유의 원칙에 의한다. 보수약정은 위임계약관계로 본다(단 독일은 고용계약으로 해석한다).[2)] 보수약정이 출연한 노력과 비용의 정도에 비추어 현저히 과다한 경우에는(예컨대 승소액의 40%, 연 20%의 지연손해금 전액) 신의칙에 지배를 받아 이에 상당하다고 인정되는 범위를 초과하는 보수액은 청구할 수 없다.[3)] 이러한 보수청구의 제한은 어디까지나 계약자유의 원칙에 대한 예외를 인정한 것이므로 법원은 그에 대한 합리적 근거를 명확히 밝힐 것이다.[4)] 변호사는 소송관계인으로서 신의칙에 의한 소송수행의무가 있기 때문이다(1조 2항). 보수가 상당하냐의 여부에 관하여 판례는 사건처리의 경과 및 난이도, 소송물가액, 의뢰인이 승소로 얻은 이익, 소속변호사회규약상의 보수규정 등이 기준이 된다고 하였다.[5)] 그러나

---

1) 변호사제도의 개선문제: 우리나라의 변호사제도(구 代言人제도)에 개선하여야 할 과제는 너무 많다. 대표적인 것을 본다.

i) 법무사(구 사법서사)와의 직역조정이 필요하다. 소액사건에 대해서는 법무사에 소송대리권의 부여가 문제이다. 일본은 법개정으로 2003년부터 허용하고 있다(140만엔 초과하지 아니하는 사건, 강제집행 제외).

ii) 미국에서는 변호사보수는 자유계약제임에 대해서 독일은 변호사보수가 법정화되어 있다(독일 Rechtsanwaltsvergütungsgesetz, RVG). 다만 '변호사보수의 소송비용산입에 관한 규칙'의 보수는 그대로 받아야 하는 제약은 아니나, 변호사보수의 일단의 기준으로 활용될 수 있을 것이다. 나아가 변호사 홍수시대를 맞은 이제 재택·카페변호사가 나오는가 하면 콜센터식 법률상담의 legal zoom(미국)도 나올 수 있다(2019년 현재 변호사 40,000여명을 넘어가 1인당 인구비 1,300명) 법률상담의 변호사창구로의 일원화(독일은 법률상담남용법이 있어 자격제한 있음), 변호사직의 전문화(BRAO § 43c) 등의 입법화도 검토될 과제이다. 독일의 경우는 인구 8,000만명에 변호사수 180,000명, 미국의 경우는 인구 3억 2,000만명에 변호사수 180만명으로 법치주의의 기초라고 하겠다. 대화형 AI인 챗 GPT처럼 앱에 자기사정을 이야기하면 상세히 법률지식을 알려주는 AI 변호사도 나타나는 시대이다(프랑스). 헌법소송, 집단소송과 소비자·개인정보 단체소송에서는 변호사강제주의에 의하나, 전문가시대에 걸맞게 더 확대시킬 것이다(노무, 등기, 경매, 세무, 채권추심, 특허 등). 변호사 자격 없는 전관이 큰 로펌에 취업하여 심부름센터 역할 하는 일도 하는 것은 문제이다.

2) 대법 2004. 5. 14, 2004다7354.

3) 대법(전) 2018. 5. 17, 2016다35833 등.

4) 대법 2023. 8. 31, 2022다293937.

5) 대법 1992. 3. 31, 91다29804.

착수금이 보수금의 과다여부 판단기준은 아니다(대법 2014다18322. 착수금 : 성공보수=1 : 28인 사건).

(3) 사건위임에 있어서 보수약정이 없어도 무보수의 약정이 없는 한 응분의 보수를 지급할 약정이 있었다고 보아 이를 청구할 수 있다는 것이 일관된 판례이다.[1] 다만 독일에서 변호사의 성공보수금금지의 규정이 있었으나 헌법재판소가 2006. 12. 12.에 직업의 자유를 침해한다고 하여 헌법불합치결정을 하였다.[2] 우리나라에서는 형사사건에서 성공보수금 금지의 판례가 나왔다((전)2015다200111). 변호사로 구성된 단체에는 법무법인, (유한)법무법인(LLP), 법무조합이 있다. 변호사의 고의·과실에 의한 손해배상책임이 법무법인은 합명회사법을 준용하여(상 210조) 그 구성원과 법인이 연대하여 무한책임(변 58조)을 지고, 유한법무법인은 담당변호사와 법인이 연대하여 5억원의 출자범위 내의 유한책임(변 58조의 11)을, 법무조합은 담당변호사가 진다(변 58조의 25).

(4) 한·EU FTA와 한미 FTA에 따라, 법률시장이 3단계로 개방된다. 외국로펌이 1단계는 외국법자문, 2단계는 내국법·외국법 혼재사건-국내로펌과 공동처리였다가 이제 3단계에 와서 joint venture로 국내로펌과 합작의 사업체 구성-국내변호사 고용의 순이다(미국은 2018년부터).[3] 외국법자문사법과 동법시행령의 규율을 받는데, 이들은 국내에 진출한 외국기업, 외국진출의 국내기업의 일을 맡는다.

7. 검사와 경찰공무원

(1) 검사는 민사사건에 있어서는 가사소송사건에 있어서만 예외적으로 공익을 대표하여 '직무상의 당사자'로서 관여할 수 있을 뿐이다(가소 24조 3항, 28조, 31조, 33조). 이처럼 일반 민사소송사건에 검사의 관여는 금지되나, 다만 법무부장관은 국가의 이해 또는 공공의 복리에 중대한

---

1) 대법 1970. 8. 31, 70다1069; 동 1993. 11. 12, 93다36882 등.

2) 미국에서는 원고측의 변호사가 소송비용을 대고 승소했을 때에 승소액의 일정비율(Quota litis)을 차지하는 성공보수금(contingent fee, 제소전 분쟁해결되면 20%, 제소후 해결되면 25%, trial까지 갔으면 33%, 상소까지 갔으면 50%, Yeazell, p. 296 참조)이 통례이며(피고측의 변호사는 time charge), 이것은 원고에게 소송비용 장벽이란 리스크를 없애 주는 방안인 것으로 평가한다. 우리나라는 수임할 때에 받는 착수금, 승소했을 때에 받는 성공보수금 두 가지를 모두 약정하는 것이 거의 관행이 되어 있었다. 변호사업계의 불황을 맞는 작금에는 contingent fee제가 늘어나고 있다. 법치가 제대로 작동되지 않는 사회에서 변호사 수가 늘어나고 있으므로 성공보수금제도가 활용될 가능성이 더 커졌다.

3) 주요국 성공보수 허부(매일경제신문 인용)

미 국	1897년 판례로 형사, 가사, 입법로비 영역의 성공보수 약정 금지
영 국	도산·인권 사건 등에 제한적 허용(변호사 비용의 100% 이내)
독 일	전면 금지하다가 2006년 헌법재판소결정으로 경제적 위기인 변호사 등 특별사정에 예외적 허용
프 랑 스	19세기 이래 변호사 성공보수 약정은 금지·무효라는 전통 유지
일 본	성공보수 제한 없이 허용(형사·가사 사건도 제한 없음)

관계가 있는 소송에 대해서는 법원의 허가를 얻어 법률적 의견을 제출하거나 그가 지정하는 법무부의 직원(검사)에게 의견을 제출케 할 수 있는데(국가를 당사자로 하는 소송에 관한 법률 4조. 공익관련사항에 관하여 국가기관과 지방자치단체는 대법원에 의견제출권 및 제출의무가 있다. 개정 규 134조의 2 1항), 별로 활용이 없다. 미국에는 부권(父權)소송(국가후견소송. parens patriae suit)이 있어 주로 주정부가 피해자를 대신하여 소를 제기하는 일도 하는데, 매우 활성화되고 있으며 도입이 필요하다. 또 국가를 당사자로 하는 소송에서 법무부장관은 법무부직원 중에서 국가를 위한 소송수행자를 지정할 수 있으므로(동법 3조), 검사는 국가의 소송수행자로 지정될 수 있다(송무검사라 한다). 그러나 이 때의 지정된 검사는 국가의 소송대리인 이상의 직무를 행하지 못한다(동법 3조).

(2) 국가경찰공무원이 민사소송과정에서 공조기관이 될 때가 있다. 즉 증거조사과정(감정·검증)에서 저항을 받을 때(342조, 366조)와 송달에 필요한 때(176조 3항)에는 국가경찰공무원의 원조를 요청할 수 있다.

제 3 절 법관의 제척·기피·회피
— 중립법관에 의한 재판

Ⅰ. 제도의 의의와 적용범위

(1) 재판의 공정성을 유지하기 위하여 법관이 자기가 담당하는 구체적 사건과 인적·물적으로 특수한 관계가 있는 경우에 그 사건의 직무집행에서 배제되는 제도를 법관의 제척·기피·회피라고 한다. 불공정한 재판 우려의 판사를 바꾸는 제도이다. 현행법질서는 재판의 공정을 기하고 사법권의 독립을 보장하여 법관으로 하여금 헌법과 법률 그리고 양심에 따라 심판하도록 규정하는 한편, 그 인선에서 공정한 재판을 할 만한 적격성을 가진 자를 채용할 것을 요구하고 있다. 그러나 법관도 인간으로서의 phatos 적인 면이 있는 만큼, 그것만으로는 재판의 생명이라 할 공정성의 유지가 어렵기 때문에 중립성을 담보할 이와 같은 제도를 두었다. 법관의 독립성과 함께 중립성을 그 기조로 하여 재판의 공정을 보장코자 하는 것이며, 특히 미국에서는 편파되지 않은 재판을 받을 권리는 due process의 보장으로 이루어진다. 헌법이 규정한(헌 4조) 자유민주적 기본질서를 무시하는 편향된 이념의 재판이면 중립법관에 의한 재판받을 권리(헌 7조, 27조), 헌법대로의 재판을 받을 권리를 저버리는 것이 될 수 있다(원래 정의의 여신은 두 눈을 가리고 재판이 본무이거늘, 우리나라 대법원의 justicia는 두 눈을 뜬 자비로운 관세음보살상이니 문제이다).[1]

1) 2002년 Hague에서 채택한 법관행동준칙에서는 '법관은 논쟁의 주제가 되어 있는 다양한 문제에 대하여 선입관을 배제하고 열린 마음으로 공평하게 접근할 수 있을 뿐만 아니라 일반인들에게

(2) 제척 · 기피 · 회피제도는 법관을 중심으로 하여 규정하였지만, i) 사법보좌관 · 법원사무관 등 · 전문심리위원에게도 준용된다(50조, 164조의 5; 사보규 9조; 비송 5조). ii) 감정인에게도 기피제도(336조), iii) 집행관에 대해서도 제척의 규정을 두고 있다(집행 13조, 법에 없으나 기피신청도 가능).

Ⅱ. 법관의 제척(除斥)—법에 의한 배제

법관의 제척이란 법관이 담당하고 있는 구체적인 사건과 법률에서 정한 특수한 관계가 있는 때에 당연히 법에 의하여 그 사건에 관한 직무집행에서 제치는 것을 말한다. 뒤의 기피제도에 비하여 이용도 낮다.

1. 제척이유[1)]

법관의 제척이유로 제41조의 다섯 가지 1 · 2 · 4호의 이유는 사건의 당사자와 관계되는 경우이고, 3 · 5호의 이유는 사건의 심리에 이미 관여된 경우이다. 이는 열거규정이며, 유추확대해서는 안된다.

(1) 법관(또는 그 배우자 · 배우자였던 사람)이 사건의 당사자이거나, 당사자와 공동권리자 · 공동의무자 · 상환의무자의 관계에 있는 때(41조 1호) 법관은 자기 사건의 당사자일 수 없기 때문이다.

1) 여기의 배우자란 현재와 과거를 포함한 법률상의 배우자를 가리킨다. 사실혼관계(ZPO § 41의 개정으로 포함)나 약혼관계는 포함되지 않는다.

2) 여기의 당사자는 제41조 전반에 걸친 문제이지만, 넓은 의미로 해석하여 원 · 피고뿐 아니라 보조참가인 그리고 기판력 · 집행력이 미칠 모든 소송관계인을 포함한다(「기판력의 주관적 범위」 참조).

3) 당사자와 공동권리자 · 공동의무자의 관계란 비록 판결의 기판력을 받을 관계가 아니라 하여도 소송의 목적이 된 권리관계에 공통되는 법률상 이해관계가 있는 경우를 말한다.

판례는 종중(宗中)소송에서 재판부의 구성법관이 종중의 구성원이면 당사자와 공동권리자 · 공동의무자의 관계에 있어 제척이유가 된다고 했다.[2)] 그러나 당사자가 주식회사일 때에 그가 그 회사의 주주 · 회사채권자인 때는 해당되지 않는다(기피이유).

(2) 법관이 당사자와 친족의 관계가 있거나 그러한 관계가 있었을 때(2호)

여기의 친족의 범위는 민법 제777조의 친족의 테두리에 국한된다.

(3) 법관이 사건에 관하여 증언이나 감정을 하였을 때(3호) 현재 계속중인 당해사건을 가리킨다.[3)]

그렇게 접근하는 것으로 비쳐야 한다'고 했다.

1) 이동률, "법관의 제척," 중앙법학 13집 1호.

2) 대법 2010. 5. 13, 2009다102254.

3) 대법 1965. 8. 31, 65다1102.

(4) 법관이 사건당사자의 대리인이었거나 대리인이 된 때(4호) 소송대리인이든 법정대리인이든 불문한다. 또 동일분쟁사건이면 조정절차·제소전화해절차·독촉절차에 관여하였더라도 해당된다.

(5) 법관이 불복사건의 이전심급의 재판에 관여한 때(5호) 전심관여(前審關與)라고 하는데, 이것이 제척이유로서 실무상 가장 많이 문제되고 있다. 어느 법관에 대해서도 자기가 직접 작성했거나 작성에 관여한 재판을 재심사시켜서는 공정한 재판을 받을 수 없다. 따라서 이를 제척이유로 한 것은 예단배제의 원칙에 의한 재판의 공정성을 유지하는 한편, 새로운 법관으로 하여금 재심사시키는 심급제도의 취지가 허물어지는 것을 막고자 하는 데 있다.

1) 여기의 전심 '관여'란 최종변론·판결의 합의나 판결의 작성 등 깊이 있게 관여한 경우를 말하고,[1] 최종변론 전의 변론준비·변론·증거조사, 기일지정과 같은 소송지휘 혹은 판결의 선고에만 관여 따위는 전심관여라고 할 수 없다.[2] 또 다른 법원으로부터 촉탁을 받고 전심에 관여한 때에도 제척이유가 되지 아니한다(5호 단서).

2) 불복사건의 '이전심급의 재판'이란 하급심재판을 가리키는 것으로서,[3] 여기에는 직접 불복의 대상이 되어 있는 종국판결뿐 아니라 이와 더불어 상급심의 판단을 받을 중간적 재판도 포함된다.[4] 상고심에 있어서 간접적으로 불복대상이 된 제1심의 판결도 전심재판이다. 예를 들면 A부장판사는 소유권이전등기청구사건에서 제1심 재판장으로 재판에 관여하여 판결한 바 있었는데, 그 뒤 A가 대법관으로 승진되었다고 할 때에 A는 항소·상고에 의하여 현재 대법원에 계류중인 그 사건의 담당 재판부구성원으로서 관여할 수 없다.

그러나 i) 환송·이송되기 전의 원심판결(단 이 경우에는 436조 3항에 의하여 관여할 수 없다), ii) 재심소송에 있어서 재심대상의 확정판결,[5] iii) 청구이의의 소에 있어서 그 대상확정판결, iv) 본안소송에 대한 관계에서 가압류·가처분에 관한 재판,[6] v) 집행정지신청사건에 대하여 집행권원을 성립시킨 본안재판,[7] vi) 본안소송의 재판장에 대한 기피신청사건의 재판[8] 등은 이전심급의 재판에 해당되지 않는다. 또 판례는 소송상 화해에 관여한 법관이 그 화해내용에 따른 목적물의 인도소송에 관여하는 것은 전심관여라 볼 수 없다고 하였다.[9] 그러나 이와 같은 것들은 기피사유로 문제를 삼을 수는 있다.

3) 전심에 관여한 사건과 동일사건이라야 한다.[10]

---

1) 대법 1962. 7. 12, 62다225; 동 1997. 6. 13, 96다56115.
2) 대법 1994. 8. 12, 92다23537 등.
3) 대법 1962. 7. 20, 61민재항3; 동 1965. 5. 25, 64다522.
4) 대법 1997. 6. 13, 96다56115.
5) 대법 2000. 8. 18, 2000재다87; 동 1994. 8. 9, 94재누94 등.
6) 대법 1962. 7. 20, 61민재항3.
7) 대법 1969. 11. 4, 69그17.
8) 대법 1991. 12. 27, 91마631
9) 대법 1969. 12. 9, 69다1232.
10) 대법 1983. 1. 18, 82누473. 동일내용의 다른 사건은 포함되지 않는다고 한 것에, 대법 1984. 5. 15, 83다카2009.

2. 제척의 재판

제척이유의 유무는 그 문제된 법관 자신과 그 소속합의부의 직권조사사항이다. 조사결과 제척이유가 있음이 명백하면 당해 법관은 스스로 직무집행에서 물러나고 이를 조서에 기재하면 된다. 그러나 제척이유의 유무에 관하여 의문이 있으면 법원은 당사자의 신청 또는 직권으로 제척의 재판을 하지 않으면 안 된다. 다만 제척의 효과는 그 재판 유무에 관계 없이 당연히 발생하기 때문에 제척의 재판은 확인적 성질(선언적 의미)을 갖는다. 제척재판에 관한 절차는 기피의 재판에 준한다.

3. 제척의 효과

제척이유가 있는 법관은 법률상 당연히 그 사건에 대해 직무집행을 행할 수 없다. 비단 재판뿐만 아니라 기일지정 등 법관으로서 행할 수 있는 일체의 소송행위에 관여할 수 없다(다만 소의 취하 등 당사자의 소송행위와 수탁판사로서의 직무는 예외. 41조 5호 단서). 그러나 i) 종국판결의 선고에 관여, ii) 긴급을 요하는 행위(멸실염려의 증거조사·가압류·가처분 등)는 할 수 있으며, 제척신청이 각하된 때에는 결정이 확정되기 이전이라도 직무를 행할 수 있다(48조 단서).

당사자가 알든 모르든, 주장하든 하지 않든 불문하고 직무를 행할 수 없다. 제척이유가 있는 법관이 관여한 소송행위는 본질적인 절차상의 하자로서 무효로 된다. 절대적 상고이유(424조 1항 2호), 확정 후에는 재심사유가 된다(451조 1항 2호).

Ⅲ. 법관의 기피—상대방 신청에 의한 배제

기피란 제41조에서 정해진 제척이유 이외의 재판의 공정을 기대하기 어려운 사정이 있는 경우에 당사자의 신청을 기다려 재판에 의하여 비로소 법관이 직무집행에서 배제되는 것을 말한다.

기피의 재판은 제척과 달리 신청주의이고 형성적이며, 이는 제척제도를 보충하여 재판의 공정을 보다 철저히 보장하기 위한 것이다. 실무상 평소에 불만이 있는 법관에게 사건이 배당되면 소의 취하/연기작전 등으로 사실상 법관을 기피하는 재판부 shopping 예가 있다.

1. 기피이유

제척이유 이외의 법관에게 공정한 재판을 기대하기 어려운 사정(43조 1항)이 기피이유가 되는데 구체적으로 본다.

(1)「법관에게 공정한 재판을 기대하기 어려운 사정」이란 통상인의 판단으로서 법관과 사건과의 관계에서 편파적이고 불공평한 재판을 하지 않을까 하는

염려를 일으킬 객관적 사정을 가리킨다.[1)] 이러한 객관적 사정이 있는 이상 실제로는 그 법관에게 편파성이 없고 헌법과 법률이 정한 바에 따른 공정한 재판을 할 수 있는 경우에도 기피가 인정될 수 있다.[2)]

1) **당사자**(법정대리인·보조참가인도 포함) 자신과의 관계에서 문제되는 것은 법관이 약혼·사실혼관계 등 애정관계, 친밀한 우정관계, 친척관계(단 민법에 정한 친족의 범위 내에 속하면 제척사유, 판사는 2촌 이내의 친족 근무의 로펌사건을 처리해서는 안된다는 대법원의 권고 있음), 정치적·종교적 대립관계를 비롯한 원한관계, 또 당사자가 법인인 경우에 법관이 주주 등 그 구성원, 재판외에서 당사자와 법률상담을 한 때[3)]에는 이에 해당된다.

2) 당사자는 아니나, **소송대리인**과의 관계에서는 문제가 있다. 법관이 소송대리인과 혼인관계, 민법 소정 친족관계, 특별한 친근관계, 불화관계[4)]가 있을 때에는 본인과의 관계만큼 엄격한 기준에 의할 것은 아니라도 연고(학연·지연·혈연·직연 등의 인맥지수까지 나온다)와 의리의 nepotism 풍토에서 법조의 정화를 위해서나 제41조 2호와의 균형관계로 보아 기피이유가 되는 것으로 봄이 옳을 것이다.[5)] 우리 사회 전반에 만연된 '우리가 남이가'식의 의리로 전직 봐주기의 '**전관예우**', 특히 갓내기 전관문제가 형사에서의 '유전무죄, 무전유죄'에 대한 반캠페인이 벌어지고 있는 상황에서 더욱 그러하다(서울지방변호사회 변호사 설문조사에서 전관예우 90% 존재). 「신분사회에서 계약사회」(from status to contract)로의 발전과정의 과도기적 현상임이 분명하다. 일본판례에서는 재판장이 한 쪽 당사자 소송대리인의 사위인 경우에 기피이유가 되지 않는다고 하였으나,[6)] 나쁜 판례로 비판받고 있다. 독일은 처가족이거나 증거조사기일에 법관이 변호사 차에 같이 탄 것까지[7)] 기피이유로 보고 있다. 사법신뢰를 위해 기피이유의 확대해석이 필요하다. 독일은 연방대법원 변호사는 35세 이상, 5년간 변호사 경력에 연방법무부의 허가를 받도록 하여(연방변호사법 § 166) 최고법원의 전관예우를 원천봉쇄하였다. 미국도 대법원의 피용자는 퇴임 2년이 경과하기까지는 계류중이었던 사건에 대하여 직업적 활동에 관여할 수 없다(미연방대법원규칙 § 7 참조).[8)] 2011년에 이르러 법관과 검사들에 대해서는 퇴직 1년 전부터 퇴직한 때까지의 근무법원과 검찰청

1) 대법 1966. 4. 4, 64마830; 동 1992. 12. 30, 92마783 등.
2) 대법 2019. 1. 4, 2018스563.
3) 독일 Oldenburg 고법 판결, NJW 63, 451.
4) Schellhammer, Rdnr. 1328.
5) Thomas-Putzo, § 42 Anm. 2.
6) 日最高裁 1955. 1. 28. 판결.
7) OLG Frankfurt NJW 60, 1622.
8) 변호사의 연고지의 3년간 개업제한은 직업선택의 자유의 제한이라고 하여 위헌선언한 것에, 헌재 1989. 11. 20, 89헌가102. 졸고, 앞의 헌법논총 21집, 16면 참조.

등 사건을 퇴직일로부터 1년간 수임(사실상 수임 포함)할 수 없도록 변호사법 제31조를 개정했다(개정 변호사법 31조 3·4항). 연고관계 있을 때에 사건의 재배당요구제가 활성화되고 있다(서울중앙지법). 전관예우가 도처에서 만연된 상황에서 법원만 나무랄 일은 아니나, 대한변협에서는 '전관예우신고센터'를 설치한다 하지만, 차라리 당사자가 전관예우를 받을 변호사를 찾아나서는 풍토(advocate shopping)도 개선되어야 한다. 개정 민소규칙 제17조의 2에서는 법정기일 외의 진술금지의 규정을 신설하였다. AI가 도래되는 시대에 객관적 자료에 의한 중립적 재판이 강화될 것으로 '정(情)'의 재판청산을 낙관할 수 있을 것이다. 변호사에게 재판부와 연고관계 진술의무를 부과하자는 안도 나온다.

(2) 편파적인 소송진행도 문제될 수 있다. 기피이유는 불공평한 재판을 하지 않을까 하는 염려를 일으킬 객관적 사정을 말하기 때문에, 당사자측에서 품는 불공정한 재판을 받을지도 모른다는 주관적인 의혹만으로는 해당되지 않는다.[1] 재판장의 소송지휘에 대한 불만만으로는 원칙적으로 해당되지 않는다. 소송지휘에 관한 조치에 대해서는 별도로 소송법이 구제절차를 마련해 놓고 있기 때문이다(138조, 392조). 그러나 독일에서는 석명권의 범위를 벗어나는 소송지휘, 예를 들면 소멸시효의 항변이나 형성권행사를 피고에게 종용하는 것은 기피사유로 본다.[2]

판례가 기피이유가 된다고 본 예는 거의 없으며, 부정한 예는 다음과 같다.

i) 소송대리인과 당사자의 친동생이 판사실에 임의로 드나드는 한편 상대방이 없는 자리에서 소송대리인과 주심판사 사이에서 사건핵심에 관한 말이 있었다는 사정,[3] ii) 절차를 밟지 않은 증인신청을 철회할 것을 종용하고 결심할 뜻의 표시,[4] iii) 채택한 증거를 일부취소한 사정,[5] iv) 당사자가 재판장의 변경에 뒤따라 소송대리인을 바꾼 사정,[6] v) 재판장이 상기된 어조로 당사자에 대해 '이 사람아'라고 호칭,[7] vi) 이송신청에 대한 가부 판단 없이 소송의 진행,[8] vii) 당해사건의 사실관계와 관련있는 형사사건에 관여[9] 등.

1) 대법 1966. 4. 4, 64마830.
2) BGH NJW 2004, 164.
3) 대법 1968. 9. 3, 68마951인데, 규칙 제17조의 2에 비추어 폐기할 판례이다.
4) 대법 1966. 4. 26, 66마167. 항소의 취하 종용이 석명권행사의 테두리 내라면 기피이유가 안 된다는 것은, Zeiss, Rdnr. 49.
5) 대법 1993. 8. 19, 93주21.
6) 대법 1992. 12. 30, 92마783.
7) 대법 1987. 10. 21, 87두10. 예를 들면 '늙으면 죽어야 한다,' '여자가 말이 많으면 안된다'는 등의 막말도 같이 볼 것이다.
8) 대법 1982. 11. 5, 82마637.
9) 대법 1985. 5. 6, 85두1.

같은 종류의 사건에 대하여 불리한 판결을 행한 바 있었거나,[1] 과거에 논문으로 어느 당사자에게 불리한 내용의 견해를 발표한 바 있다는 것 역시 기피이유가 되지 않는다. 또 법관의 품행·건강·능력 등의 일반적 사정은 탄핵·징계사유로 문제될 뿐 기피의 대상이 아니다.

2. 기피신청

(1) 기피신청의 방식

1) 기피는 그 이유를 밝혀 신청하여야 한다. 합의부의 법관에 대한 기피는 그 합의부에, 수명법관·수탁판사 또는 단독판사에 대한 기피는 당해 법관에 신청한다(44조 1항). 신청의 방식은 서면이든 말로든 무방하다(161조).

2) 기피신청은 당사자(또는 보조참가인)만이 할 수 있고 소송대리인은 그 고유의 권한으로 기피권이 없으며, 단지 당사자의 대리인으로서 할 수 있을 뿐이다(5·16 직후 대법관 6명이 직접 자기네 직무유기죄의 피소사건에서 그 사건담당의 판사에 대한 기피신청을 낸 희유한 사례도 있었음).

3) 신청한 날부터 3일 이내에 기피의 이유와 소명방법을 서면으로 제출하여야 한다(44조 2항). 자의적인 기피신청권의 행사를 막자는 것이다. 3일 내의 소명기간은 깊이 생각하며 준비하는 중간기간이므로 방식위배로 신청이 각하되기 전까지만 소명하면 된다. 소명방법을 서면에 한정하였으므로 서증을 제출하여야 하며, 보증금의 공탁 또는 선서로써 소명에 갈음할 수 없다(299조 참조). 다만 기피이유가 본안사건의 기록상 명백한 사항일 때에는(법원에 현저한 사실, 예: 증인신문신청의 각하 따위) 기피이유를 달리 소명할 필요가 없다.[2]

(2) 기피신청권의 행사시기와 상실 기피신청은 기피이유가 있음을 알고 있는 이상 지체없이 하지 않으면 안 된다. 기피이유가 있음을 알고서도 당사자가 당해 법관 앞에서 본안변론 또는 변론준비기일에서 진술한 때에는 기피권을 상실한다(43조 2항). 이 점이 절차의 어느 단계에서나 직권조사를 요하는 제척이유와 다르다.

기피신청 후 사건이 다른 재판부로 재배당되는 등 기피당한 법관이 그 사건에 관하여 직무를 집행할 수 없게 된 경우는 신청이익이 없다.[3]

---

1) 대법 1993. 6. 22, 93재누97; 동 1984. 5. 15, 83다카2009.
2) 대법 1978. 10. 23, 78마255 등.
3) 대법 1992. 9. 28, 92두25; 동 1993. 8. 19, 93주21 등.

3. 기피신청에 대한 재판

(1) 기피 당한 법관 스스로의 재판(간이각하)[1] 기피권의 남용에 대한 우리 법 특유의 대책으로, 다음의 경우에는 기피당한 법원이나 법관(수명법관·수탁판사·단독판사) 스스로가 신청을 각하할 수 있다.

(a) **신청방식에 어긋났을 때**(45조 1항 전단) 예컨대 기피이유를 명시하지 아니한 경우, 신청이유와 소명방법을 서면으로 기간(3일) 내에 부제출

(b) **소송지연을 목적으로 한 신청임이 분명한 때**(45조 1항 후단)[2] 남용의 형태로서, 과거와 같은 내용의 중복기피신청,[3] 기피신청의 당부의 재판을 불가능하게 만드는 기피신청(예: 대법관·헌법재판관 전원에 대한 기피신청)[4] 등. 남용이라 볼 근거(증거)는 제시하고 각하함이 옳다.

(2) 다른 합의부의 재판 신청방식에 어긋남이 없거나 소송지연의 목적이 아닌 경우에는 기피신청의 당부의 재판은 그 신청을 받은 법관의 소속법원 합의부에서 결정으로 재판한다(46조 1항). 만일 기피당한 법관의 소속법원이 합의부를 구성하지 못하는 경우에는 바로 위의 상급법원이 재판한다(46조 3항). 이 경우에 기피신청을 받은 법관은 이 절차에 관여할 수 없으며, 다만 그에 관한 의견서를 제출할 수 있을 뿐이다(46조 2항).

기피신청이 이유 있다고 하는 결정(동료의식의 발휘인지 인용의 예는 거의 없으며 배척률이 거의 100%. 2011년 제척·기피사건 365건 중 '묻지마 기각'으로 인용 예가 없다는 것으로 '존재에 의의 있는 제도'에 그치고 있어 국정감사에서도 이 점이 지적됨. 대법 2019. 1. 4, 2018스563 결정에서 법관이 불공정한 재판을 할 수 있다는 의심을 가질만한 객관적인 사정이 있을 때(법관과 당사자 사이의 특수한 사적 관계 또는 법관과 해당사건과의 특별한 이해관계 등), 실제로 법관에게 편파성이 존재하지 않거나 헌법과 법률에 따라 공정한 재판을 할 수 있는 경우에도 기피를 인정할 수 있다고 하여, 기피결정으로 묻지마 기각의 시대가 정리되는 것 같다(이부진 신라호텔사장의 이혼사건))[5]에 대하여서는 불복신청을 할 수 없지만, 이유 없다는 기각결정, 신청방식의 위배 등 각하결정에 대해서는 즉시항고를 할 수 있다(47조 1항·2항).

4. 기피신청의 효과

(1) 본안소송절차의 정지 기피신청이 있는 때에는 그 신청이 이유 있는지에 관한 재판이 확정될 때까지 본안의 소송절차를 **정지**하지 않으면 안된다

---

1) 간이각하는 법관이 당사자인 사건에 대해 대상 법관 자신이 재판하는 것이므로 그 범위의 확대해석은 바람직하지 않다. 대상 법관 자신의 재판은 안 된다는 것에 BVerfG Fam RZ 2007, 1953.

2) 대법 1979. 5. 31, 79마93; 동 1981. 2. 26, 81마14; 헌재 2017. 2. 22, 2016헌나1(강일원 재판관 기피신청사건, 남용의 근거 제시 없었고 10분내에 속결기각하였다).

3) 대법 1991. 6. 14, 90두21.

4) 대법 1966. 3. 15, 64주1; 동 1966. 6. 2, 64주2.

5) 기피신청이 이유 있다고 인용결정한 희유사례로는, 이시윤, 입문〔事例 16〕, 72면 참조.

(48조 본문). 그러나 i) 종국판결의 선고만 남아 있을 때의 선고, ii) 긴급을 요하는 행위(예: 멸실의 염려가 있는 증거조사, 가압류 · 가처분 또는 집행정지명령)는 예외이다(48조 단서). 또 앞서 본 간이각하의 경우에도 각하결정의 확정 여부에 관계 없이 소송절차 정지의 효력이 배제된다(48조 단서).

(2) 정지 없이 진행한 효과

(a) 정지 없이 판결선고를 하였을 때에 그 종국판결에 대한 불복절차로 당부를 다투어야 하지, 별도로 항고할 수 없다.[1] 그와 같은 판결에 대하여 항소를 한 경우에 그 뒤의 소송절차를 정지시키지 아니하여도 위법이 아니라는 것이다.[2]

(b) 정지하지 않고 판결을 비롯하여 소송행위를 하였을 때에 뒤에 기피결정이 있으면 그 행위가 위법하게 됨에 아무 다툼이 없지만(상고이유 및 재심사유가 된다. 424조 1항 2호, 451조 1항 2호),[3] 그러나 뒤에 기피신청기각 · 각하결정이 확정된 경우에 그 위법이 치유되는지 여부에 견해의 대립이 있다.

판례에는 유효하여 위법성이 치유된다고 적극적으로 보는 예도 있으나,[4] 정지하지 않고 절차를 진행시킨 끝에 쌍방불출석으로 **항소취하간주의 효과**를 발생시킨 경우에 절차위반의 흠결은 치유될 수 없다는 판례도 있다.[5] 모든 경우가 아니라 당사자의 소송상의 이익이 해하여지지 않은 때에 한하여 위법성이 치유된다고 절충적으로 볼 것이다.[6]

Ⅳ. 법관의 회피—자발적인 배제

법관의 회피란 법관이 스스로 제척 또는 기피이유가 있다고 인정하여 자발적으로 직무집행을 피하는 것을 말한다(49조). 이 경우에는 따로 재판을 요하지 않으며, 감독권 있는 법원(법관 소속의 법원의 원장 · 지원장)의 허가를 얻으면 된다. 기피제도보다는 회피제도의 이용률이 당연 높다.

회피의 경우에도 제척이나 기피이유를 근거로 할 것을 요구한다. 회피의 허가는 재판이 아니기 때문에, 허가를 받은 뒤에 그대로 그 사건에 관여하였다 하여도 그 행위의 효력에는 영향이 없다. 제척이나 기피의 신청이 있을 때, 그 재판

1) 대법 2000. 4. 15, 2000그20.
2) 대법 1966. 5. 24, 66다517.
3) 다만 기피신청에 불구하고 제48조 단서의 규정에 의하여 본안사건에 관하여 종국판결을 선고한 경우에는 기피신청에 대한 재판이익이 없다고 한 것에, 대법 2008. 5. 2, 2008마427.
4) 대법 1978. 10. 31, 78다1242. 송상현/박익환, 82면.
5) 대법 2010. 2. 11, 2009다78467 · 78474.
6) 같은 취지: 김홍규/강태원, 92면; 정동윤/유병현/김경욱, 119면. 반대견해로, 한충수, 106~107면.

에 앞서 법관이 회피하여 버리면 그 신청은 목적을 상실하기 때문에 그에 대한 재판을 필요로 하지 않는다.[1] 문제의 법관이 정식의 절차보다도 다른 재판부로 사건의 재배당신청을 하여 사실상 회피의 목적을 달성하는 일이 많다(서울중앙지법의 경우). 회피신청을 내지 아니하여 휴유증이 남는 예가 있다.

제4절 관 할

제1관 관할의 의의와 종류

Ⅰ. 관할의 의의

국가의 통치권은 3분하여 행정권은 대통령을 수반으로 하는 행정부에, 입법권은 국회에, 사법권은 법원과 헌법재판소의 관할로 나누어 담당한다. 어기면 헌정질서의 혼란이 온다. 법원 내에도 여러 법원이 있으므로 그 안에서 어떤 법원이 어떤 사건을 담당·처리하느냐의 재판권의 분담관계를 정해 놓고 어기지 않도록 한 것이 법원관할이다. 따라서 관할은 한 법원의 다른 법원과의 관계에서 어느 범위의 사건에 대하여 재판권을 행사할 수 있는가의 문제이다(원고의 입장에서는 어느 법원을 선택하여 소제기를 할 것이며, 피고의 입장에서는 어느 법원에서 소에 대응하여야 하느냐의 문제이므로 당사자에게 중요하다). 헌법 제101조 2항은 법원은 대법원과 각급법원으로 조직된다고 규정하였다. 이에 따라 통상의 민사재판권을 행사하는 각급법원으로 고등법원 6개(서울, 수원, 부산, 대구, 광주, 대전), 지방법원은 서울중앙지법을 비롯하여 18개(특별시 5개, 경기도 2개, 대부분의 광역시와 도마다 1개)가 설치되어 있다. 지방법원에는 단독판사·시군법원이 있는가 하면 합의부가 있다.

(1) 관할(Zuständigkeit)은 재판권(Gerichtsbarkeit)과는 구별하지 않으면 안 된다. 재판권은 법원으로서 심리·재판할 수 있는 사건인가 아닌가의 문제임에 대하여, 관할은 재판권의 존재를 전제로 하여 법원 가운데 어느 법원인가의 문제이기 때문이다. 부존재이면 전자의 경우는 판결로써 각하, 후자의 경우는 관할권 있는 법원에의 이송(34조 1항)으로 처리한다.

(2) 관할은 사무분담(Geschäftsverteilung)과 구별하지 않으면 안 된다. 관할은 외부의 다른 법원과의 관계에서 어느 법원의 직무범위(재판권의 분담)를 주로 법으로 정해 놓은 것임에 대하여, 사무분담은 같은 법원 안에 여러 재판부가 있을 때에 내부적으로 어떠한 재판부가 어떠한 사건을 취급할 것인가는 논란이 많지만 각급 법원장의 사법행정사항

---

1) 방순원, 152면.

으로 볼 것이다. 따라서 사무분담을 어긴 경우에는 소송법상의 효과에 영향이 없으며 이송문제가 생기지 않는다. 다만 정해진 사무분담대로 배당된 사건을 법원장이 자의적으로 바꾸어 다른 재판부에서 처리토록 하면 법정(法定)법관에 의한 재판을 받을 권리의 침해문제가 생긴다.[1)]

Ⅱ. 관할의 종류

관할은 분류표준에 따라 여러 가지로 나눌 수 있다.

1. 법정관할, 재정관할, 당사자의 거동에 의한 관할

관할의 결정 근거를 표준으로 한 분류이다. i) 법정관할은 법률에 의하여 직접 정해진 관할이다. 직분관할·사물관할·토지관할이 있다. 법관은 법정관할을 넘보아서도 안 되고, 양보해도 안 된다. ii) 재정관할(지정관할)은 관할이 어디인지 불명한 경우에 관계법원의 바로 위의 상급법원의 결정에 의하여 정해지는 관할(28조). iii) 당사자의 거동에 의한 관할은 당사자의 합의 또는 피고의 본안변론에 의하여 발생하는 관할로서, 앞을 합의관할, 뒤를 변론관할이라 한다.

2. 전속관할과 임의관할

소송법상의 효과의 차이에 의한 분류이다.

(1) 전속관할

1) 전속관할이란 법정관할 가운데서 재판의 적정·공평 등 고도의 공익적 견지에서 정해진 것으로, 오로지 특정법원만이 배타적으로 관할권을 갖게 한 것을 말한다. 다른 법원은 재판 못 하게 하는 관할이다. 직분관할은 명문의 규정이 없어도 전속관할이지만, 사물관할·토지관할은 법률이 전속관할로 명백히 정해 놓은 경우에 한한다. 따라서 전속관할은 임의관할에 비해 적다. 전속관할법원은 한 개인 것이 보통이다. 두 개 중 선택할 수 있는 예외가 지식재산권에 관한 소이다(114면 참조).

① 전속관할로 정하는 데 특정의 직분과의 관련을 중요시한 것에는, 재심사건(453조), 정기금판결에 대한 변경의 소(252조 2항), 특허권 등의 지식재산권에 관한 소(개정 24조 2항, 고등법원 소재지의 6개 지방법원과 서울중앙지방법원의 선택적 중복관할), 담보취소신청,[2)] 독촉절차(463조), 공시최고절차

1) 이인재, "헌법과 법률이 정한 법관과 헌법의 사무분담," 헌법재판연구(Ⅰ), 334면.
2) 대법 2011. 6. 30, 2010마1001. 민소규 제23조.

(476조), 민사집행사건일반(민집 21조) 등이 있고, 개정 국제사법 제10조도 전속관할사항을 규정하고 있다.

② 다수인에게 이해가 미침을 고려한 것에는 가사소송사건(가소 2조, 22조), 회사관계사건(상 184조, 185조, 186조, 376조 2항, 380조), 파산 · 개인회생 · 회생사건(채무자 회생 및 파산에 관한 법률 3조. 이는 새로 생긴 회생법원의 관할이다), 증권관련집단소송과 소비자 · 개인정보 단체소송(증집소 4조; 소비기본 71조 1항; 개인정보 52조) 등이 있다.

③ 부당한 관할합의를 막기 위해 할부거래에 관한 소송은 매수인의 주소 · 거소지(할부거래에 관한 법률 44조), 방문판매자와의 계약에 관한 소송은 소비자의 주소 · 거소지(방문판매 등에 관한 법률 53조)관할의 지방법원의 전속관할로 하였다.

④ 일반법원과 헌법재판소의 관할관계는 전속관할에 준해 볼 것이다. 헌법재판소가 일반법원의 관할을 침해하여서는 안되지만, 일반법원도 헌법재판소의 관할을 침해할 수 없다.

2) 전속관할은 법원의 직권조사사항이며, 당사자간의 합의나 피고의 본안변론에 의하여 법정관할을 다른 법원으로 바꿀 수 없다. 즉 합의관할이나 변론관할이 인정되지 않는다. 뿐더러 관할이 원칙적으로 여러 군데가 되는 경합이 생길 수 없으며 관할위반의 경우를 제외하고는 소송이송이 허용되지 않는다(34조, 35조).[1] 다만, 특허권 등의 지식재산권에 관한 소는 전속관할임에도 불구하고 관할경합(서울중앙지법과 다른 고법소재지 지법간의 선택적 관할)과 재량이송이 허용된다(2016. 1. 1. 시행 개정 법률과 24조, 36조 3항). 전속관할위반이 있으면 당사자는 상소이유로 삼아 이를 주장할 수 있으며, 상소심은 이 경우에 판결을 취소 · 파기하지 않으면 안 된다(411조 단서, 424조 1항 3호). 그러나 재심사유는 되지 않는다. 전속관할이 있는 경우에는 보통재판적 · 특별재판적에 관한 규정이 적용되지 아니하므로, 원고는 보통재판적 · 특별재판적의 선택여지가 없는 것이므로 전속관할법원에 소를 제기하여야 한다.

(2) 임의관할 임의관할은 주로 당사자의 편의와 공평을 위한 사익적 견지에서 정하여진 것으로, 당사자간의 합의나 피고의 본안변론에 의하여 다른 법원에 관할을 발생시킬 수 있는 것을 말한다(피고가 응소거부할 수 있는 국제사법재판소의 임의관할과 같은 것은 아님). 그 위반이 있다 하여도 항소심에서는 이를 주장할 수 없으며, 상소심으로서도 이를 이유로 원심판결을 취소할 수 없다(411조 본문). 사물관할 · 토지관할은 원칙적으로 임의관할이며, 직분관할 중 심급관할은 비약상고의 경우에 한하여 임의관할이다.[2]

1) 대법 1964. 3. 28, 63마32.
2) 대법 1961. 10. 2, 4294민재항445.

제2관 직분관할

1. 개 념

직분관할(직무관할)이란 취급하는 직분의 차이를 기준으로 법원 사이에서 재판권의 분담관계를 정해 놓은 것이다. 어느 법원이 어떠한 재판작용을 분담하는가는 직분관할에 의하여 정하여지며, 같은 사건이라도 재판작용인 직분이 다르면 담당법원이 달라지게 된다. 앞서 본 바와 같이 직분관할은 전속관할이며, 직권조사사항이다.

2. 수소법원과 집행법원의 직분관할

민사소송은 크게 판결작용과 강제집행작용으로 구별되기 때문에 이를 담당처리하는 법원도 다르게 하려는 관할이다.

(1) 판결절차는 소송사건을 접수·심판하는 수소법원의 직분에 속한다. 수소법원이란 특정한 사건이 판결절차로서 장래 계속될 것이거나(62조 참조), 현재 계속중에 있거나(297조, 298조), 혹은 과거에 계속되었던 법원(민집 260, 261조 참조)을 말한다. 쉽게 말해 판결절차담당의 판결법원을 말한다. 이 밖에 수소법원의 자격에서 당해 사건의 증거보전절차(376조), 가압류·가처분절차(민집 278, 303조), 작위·부작위의무의 집행, 즉 대체집행·간접강제(민집 260, 261조)도 아울러 담당 처리한다.

(2) 강제집행절차는 강제집행담당의 집행법원의 직분에 속한다(민집 3조). 집행법원은 강제집행 등 민사집행하는 법원인데, **채권과 부동산**에 대한 직접 집행처분 이외에 집행관 및 사법보좌관의 집행감독(민집 16조, 법조 54조 3항), 급박한 경우에는 집행정지명령을 하는 권한을 갖는다(민집 46조 4항, 48조). 원칙으로 집행법원의 업무는 지방법원 소속 사법보좌관이 맡으나 단독판사의 관할이 부정되는 것은 아니다(법조 54조 2항 2호).

3. 지방법원 단독판사와 지방법원 합의부 및 본원 합의부의 직분관할

(1) 우리 법원조직법의 특색은 외국과 달리 지방법원과 별개의 간이법원을 설치하지 않고, 편법으로 지방법원 단독판사 또는 시군판사에게 간이법원의 역할을 맡겨 놓고 있다. 따라서 간이한 사항, 급속을 요하는 사항에 대해서는 지법 단독판사 또는 시군법원판사의 특별한 직분으로 하였다.

증거보전절차 중 특수한 경우(376조 1항 후문), 제소전화해절차, 독촉절차와 조정절차

(법조 34조 1항 2호, 385조), 법관의 공조(297조 1항) 등이 그것이다.

(2) 지방법원 합의부에는 중요성과 신중한 판단을 요하는 사항에 대하여 특별한 권한이 주어져 있다. 정정보도청구등의 소(언론중재 및 피해구제 등에 관한 법률 26조 5항)와 지방법원 판사에 대한 제척 · 기피사건 등이다(법조 32조 1항 5호).

(3) 사건의 중요성을 보다 고려하여 증권관련집단소송(증집소 4조) · 소비자단체소송(소비기본 71조) · 개인정보 단체소송(개인정보 52조)은 지방법원 지원이 아닌 본원합의부의 관할로 하였다. 도산사건은 과거와 달리 신설된 회생법원의 관할사항이 된다. 특허권 등 지식재산권에 관한 소에서 서울고등법원 소재지의 지방법원이 관할일 경우에 서울중앙지방법원이 집중관할한다(개정 24조 2항).

4. 심급관할

3심제도 때문에 재판은 제1심급의 재판과 상소심급재판으로 나누므로 이를 담당하는 법원도 달리 하기 위하여 생긴 관할이다. 담당심급의 차이를 표준으로 나눈 것이다. 심급관할은 비약상고의 경우를 제외하고 원칙적으로 전속관할이다.[1] 그러므로 제1심 사건을 제2심 법원에 제소하면 전속관할의 위반이 된다.

(1) 판결절차에 있어서는 상소로서 항소 · 상고의 두 단계를 인정하는 3심제도를 채택하고 있다.

제 1 심 : 지방법원과 그 지원의 단독판사(시 · 군 법원 포함), 합의부

항소심 : 지방법원 본원 또는 일부 지원[2]의 항소부, 고등법원 또는 그 지부[3] (단 특허침해소송사건의 항소심은 특허법원의 전속관할.[4] 법조 28조의 4 2호)

상고심 : 대법원

(2) 제1심은 소의 제기에 의하여, 상소심은 상소의 제기에 의하여 각 개시되며 종국판결정본의 송달로써 심급이 끝이난다. 따라서 판결이 선고된 뒤라도 판결정본이 송달되고 상소가 제기되기 전까지는 아직 소송이 당해 심급에 계속되어 있기 때문에 그 곳에서 소송행위를 할 것이고, 판결정본이 송달된 뒤에도 상소의 제기 전까지는 원심법원이 가압류 · 가처분사건에 대한 관할권을 갖는다. 소의 취하 · 화해 등의 소송행위 역시 원심법원에서 행하여야 할 것이다. 상소에 의

1) 대법 1992. 5. 12, 92다2066.

2) 춘천지방법원 강릉지원에는 항소심 항소부를 둔다(법조 32조 2항, 40조 2항).

3) 2010년부터 법원조직법의 개정으로 모든 지방법원소재지에 고등법원 원외재판부를 설치할 수 있도록 하였다(법조 27조 4항).

4) 대법 2020. 2. 27, 2019다284186.

하여 소송기록이 송부되기 전까지는 기록보관의 원심법원이 집행정지 등 결정을 할 수 있다.[1)]

제3관 사물관할

Ⅰ. 개 념

사물관할이란 제1심소송사건을 다루는 지방법원 단독판사(시군법원)와 지방법원 합의부 사이에서 사건의 경중을 표준으로 재판권의 분담관계를 정해 놓은 것을 말한다(제1심사건 중 어떤 종류의 사건을 지법단독판사나 시군법원이 담당하고, 나머지를 합의부가 담당하느냐의 문제). 지방법원 단독판사와 지방법원 합의부는 같은 지방법원 내의 재판기관이기 때문에 조직상 별개의 법원은 아니나, 외국과 달리 우리나라에서는 소송상으로 별개의 법원으로 보기 때문에, 양자의 재판권의 분담관계는 사무분담의 문제가 아니라 관할의 문제이다. 합의부 관할사건이 단독판사이나 시군법원에 제소되어 관할위반이 있으면 별개의 법원임을 전제로, 사무분담의 재조정이 아닌 소송이송으로 처리하여야 한다.

법원조직법은 제1심소송사건에 대하여 법률에 특별히 규정된 사건(법조 32조)을 제외하고는 원칙적으로 지방법원 단독판사의 관할로 하고 있다(동법 7조 4항). 그러나 실제 제1심법원으로서 지방법원 합의부를 더 중시하여, i) 지방법원 합의부는 단독판사의 관할에 속하는 경우라도 상당하다고 인정하면 스스로 심판할 수 있으며(34조 3항), ii) 단독판사도 그 관할에 속하는 소송에 대하여 상당하다고 인정할 때에는 지방법원 합의부로 이송할 수 있게 하였다(34조 2항).

Ⅱ. 합의부의 관할(법조 32조 1항; 민사소송 및 가사소송의 사물관할에 관한 규칙 이하 '사물관할규칙'이라 한다)

(1) 소송목적의 값(소가)이 5억원을 초과하는 민사사건(사물관할규칙 2조 본문) 2022년 3월에 사물관할규칙 제2조의 개정으로 합의부의 관할이 2억원 초과사건에서 5억원 초과사건으로 상향조정되었다. 이러한 변혁에도 비변호사대리의 범위(단독사건 중 1억원까지 가비변호사)는 그대로 두었다.

(2) 재정합의사건(법조 32조 1항 1호) 합의부에서 심판할 것으로 합의부가 스스로 결정한 사건을 말한다. 단독판사의 법정관할에 속하는 사건이라도 그 내용이 복잡하고 사회적 이목이 집중되는 사건이면(판례변경, 집단소송, 위헌제청 등) 재정합의부의 결정으

1) 대법 2005. 12. 12, 2005무67.

로 합의재판에 돌릴 수 있다(34조 2항·3항; 법관 등의 사무분담 및 사건배당에 관한 예규 12조 1항).

(3) 민사소송 등 인지법 제2조 4항 소정의 민사사건(사물관할 규칙 2조 본문) 다음의 두 가지이다.

(a) **비재산권상의 소** 비재산권상의 소란 경제적 이익을 목적으로 하지 않는 권리관계에 관한 소를 말한다. 이와 같은 소송은 소가를 산정할 수 없는 때에 해당된다(26조 2항, 민사소송 등 인지규칙 18조의 2에서는 소가를 5,000만원으로 한다. 다만, 해고무효확인의 소를 제외한 회사등관계소송·소비자단체소송·개인정보단체소송의 소송목적의 값은 1억원으로 한다.). 성명권·초상권·퍼블리시티권의 침해 중지, 정보자료공개·개인정보게시금지(변호사 shopping에 도움될 변호사의 인맥지수, 승소지수공개금지 등),[1] 인터넷에서 잊혀질 권리나 기억될 권리 등 인격권에 관한 소송, 기사삭제청구(2010다60950), 비영리법인의 사원권확인, 해고무효확인(민인규 15조 4항), 그리고 상법의 규정에 의한 회사관계소송, 회사 이외의 단체에 관한 소(민인규 15조 2항·3항), 소비자·개인정보 단체소송(민인규 15조의 2)도 이에 속한다.[2] 그러나 인격권 등에 바탕을 두어도 경제적 이익을 내용으로 하고 있는 청구(예: 명예훼손에 의한 손해배상청구)는 재산권상의 소에 속한다. 한편 가사소송사건(가소 2조)과 행정소송사건(행소 9조)은 비재산권상의 소이지만 민사법원의 관할은 아니다.

(b) **재산권상의 소로서 소송목적의 값을 산출할 수 없는 경우** 재산권상의 소로서 소가를 산출하기 곤란한 사건으로(민인규 18조의 2에서는 이 경우에 소가를 5,000만원으로 한다), 예를 들면 상호사용금지의 소, 주주대표소송 또는 이사위법행위유지청구의 소·신주발행유지청구의 소(민인규 15조 1항), 지식재산권에 관한 소(민인규 18조의 2. 회사관계소송·단체소송·특허소송·무체재산권에 관한 소의 소가는 1억원이다) 등이다. 낙찰자 지위확인의 소,[3] 소음·악취·분진·일조방해·사생활 엿보기 등 생활방해금지청구(민 217조 참조)처럼 소가산정이 곤란한 경우도 절차의 촉진상 같이 볼 것이다.[4]

(4) 관련청구 본소가 합의부관할일 때에 이에 병합제기하는 반소(269조), 중간확인의 소(264조), 독립당사자참가(79조) 등의 관련청구는 그 소가가 5억원 이하라도 관계 없이 본소를 따라 합의부의 관할에 속한다. 본소 청구법원에 관련재판적이 생기기 때문이다.

법은 지법판사에 대한 제척·기피신청에 관해서는 합의부에서 재판한다고 규

1) 대법(전) 2011. 9. 2, 2008다42430. 인맥지수의 공개는 금지되고 승소지수의 공개만 허용하는 판결이나 잘 지켜지지 않음.
2) 주주대표소송의 경우는 항소·상고 때도 소송목적의 값을 5,000만 100원(이제는 1억원)으로 본다는 것에, 대법 2009. 6. 25, 2008마1930.
3) 대법 1994. 12. 2, 94다41454.
4) 보증금지급금지가처분상의 소송목적의 값도 소송목적의 값을 산출할 수 없는 경우에 해당한다는 것에, 서울고법 2016. 6. 10, 2016라20541.

정하였으나(법조 32조 1항 5호), 이는 사물관할의 문제라기보다 직분관할의 문제이다(98면 참조).

Ⅲ. 상향조정된 단독판사의 관할

제1심 민사사건 중 위에서 본 지방법원 합의부의 관할사건을 제외한 모든 민사사건은 단독판사가 관장한다. 평판사 아닌 부장판사와 같은 보직자도 단독판사의 일을 할 수 있다. 2015년과 2022년 사물관할규칙의 개정으로 단독관할의 범위를 2억원 → 5억원으로 확대하여 제1심은 단독중심의 재판운영을 시도했다.

1. 구체적 관할사항

(1) 소송목적의 값이 5억원 이하의 사건("이하"이지 "미만"이 아니므로 5억원 사건은 단독판사의 관할이 된다)

(2) 사안이 단순한 사건은 소송목적의 값의 높고 낮고를 막론하고 단독사건이 되는데 다음 세 가지이다(사물관할규칙 2조 단서).

1) **수표금·약속어음금 청구사건** 소송목적의 값의 고하를 막론하고 단독판사의 고유관할에 속한다. 사안이 일반적으로 단순하다는 것과 유통증권임에 비추어 권리의 신속한 실현이 요청되기 때문이다(갈수록 사건수는 감소세).

2) **금융기관 등이 원고가 된 대여금·구상금·보증금 청구사건**

3) **자동차나 철도운행·산업재해로 인한 손해배상청구사건 및 채무부존재확인사건**

(3) 재정단독사건(동규칙 2조 단서 4호) 단독판사가 심판할 것으로 합의부가 결정한 사건이다. 합의부의 법정관할에 속하여도 사건이 단순하면 재량으로 단독재판으로 돌릴 수 있다. 재정단독사건이라도 뒤에 사정변경으로 사건이 복잡해지면, 다시 합의부로 이송할 수 있다고 하겠다(34조 2항).

(4) 관련청구 본소가 단독판사의 관할일 때에 이에 병합제기된 단독판사관할에 해당하는 독립당사자참가·반소·중간확인의 소 등의 관련청구(합산의 원칙배제).

2. 단독사건의 3분화(고액, 중액, 소액)

단독사건의 사물관할을 확대함에 따라, 법원은 단독사건을 세 가지 분류 운영한다. 그 하나는 고액단독사건으로 2억원 초과 5억원 이하의 사건으로 부장판사급이 담당하며, 항소심은 고등법원의 심급관할로 다시 환원되었다(사물관할규칙 4조 1호). 두 번째는 중액단독사건으로 3,000만원 초과 2억원까지의 사건을 말하는 것으로서 전형적인 민사단독사건이다. 세 번째는 소가 3,000만원까지의 소액단독사건으로 시·군 법원 판사의 사물관할이 되는가 하면, 소액사건심판법에 따른 심판을 한다.

Ⅳ. 소송목적의 값(訴價)

1. 소가의 의의

소송목적의 값이란 소송물 즉 원고가 소로써 달하려는 목적이 갖는 경제적 이익을 화폐단위로 평가한 금액이다. 제26조 1항의 '소로 주장하는 이익'이 이에 해당된다. 법문상 소송목적의 가액 또는 소가라고 한다(민인 2조 등. 이하 소가로 통일한다). 소가는 첫째로 사물관할을 정하는 표준, 둘째로 소장 등(그 밖에 상소장, 반소장, 참가신청서 등. 민인 3조 내지 8조)을 제출할 때에 납부할 인지액을 정하는 데 기준이 된다(이 밖에 변호사 보수액의 기준도 됨. 변호사보수규칙 참조). 인지액은 국가의 소송제도를 이용하는 자가 납부하는 심판 수수료이다.

2. 소가의 산정방법

소가는 원고가 청구취지로써 구하는 범위 내에서 원고가 전부 승소할 경우에 직접 받는 경제적 이익을 기준으로 객관적으로 평가 산정하여야 한다(민인규 6조 참조). i) 심판이 쉬우냐 어려우냐의 정도, 피고의 응소태도나 자력의 유무는 고려할 필요가 없다. ii) 직접적 이익 즉 기판력이 생기는 소송물에 관한 이익이기 때문에, 상환(동시)이행청구와 같이 자기의 반대급부와 맞바꿀 것을 조건으로 이행을 구하는 경우에 반대급부를 계산 공제할 필요가 없다(예: 원고가 피고에게 「피고는 원고로부터 금 1,000만원을 지급받음과 동시에 건물을 명도하라」는 청구를 한 경우에 건물의 가액이 소가이지, 여기에서 1,000만원을 공제할 것이 아니다).

소가산정의 기준에 관하여서는 대법원규칙인 민사소송 등 인지규칙으로 정해 놓고 있다(민인 2조 3항).

동 규칙상의 소가산정의 기준을 본다.[1)]

(1) 금전지급청구 청구금액이 소가가 되나, 정기금청구인 경우에는 이미 발생분과 1년분의 정기금 합산액이 소가로 된다(민인규 12조 3호·4호).

(2) 유체물에 관한 청구

(a) 물건 등의 가액 i) 선박·차량 등·입목·회원권·광업권·어업권은 지방세법시행령 소정의 과세시가표준액(민인규 9조 2항·3항), ii) 토지인 경우에는 개별공시지가에 50/100을 곱

---

1) 조세소송 등에 있어서 소가산정의 기준: 조세소송에 있어서는 청구금액의 1/3을 소가로 보며 또 소가상한을 30억원으로 한다. 민사소송에 있어서 이와 달리할 근거가 무엇인지 의문이며 법원에의 access권을 보호하는 차원에서 균형을 맞추는 것이 옳을 것이다(민인규 17조).

하여 산정한 금액을 소가로 보도록 하였다(개정 민인규 9조 1항·2항). 건물의 경우에는 지방세법 시행령에 의한 시가표준액, iii) 유가증권인 때에 상장증권의 가액은 소제기 전일의 최종거래가액에 의하고, 시가가 없는 경우에는 액면액에 의하며(민인규 9조 4항), iv) 기타의 물건은 시가 또는 취득가격에 의한다(민인규 11조).

(b) 유체물에 관한 소의 소가의 구체적 산정기준은 규칙 제10조 내지 제14조 참조.

(3) 증서에 관한 청구 증서진정여부를 확인하는 소송(250조)은 그 증서가 유가증권일 때에는 액면 또는 상장거래가격의 1/2, 그 밖의 증서일 때는 200,000원이다.

(4) 사해행위 취소청구 취소되는 법률행위의 목적의 가액을 한도로 원고의 채권액을 소가로 한다.

(5) 작위·부작위청구 판례는 작위·부작위의 명령을 받음으로써 원고가 얻는 이익을 표준으로 소가를 산출할 것이라 한다.[1] 따라서 대지에 대한 출입금지청구에서는 그 대지에 대한 점유권 즉 임대가격이 소가가 될 것이다.

(6) 시효중단을 위한 재판청구확인의 소(민인규 18조의 3) 이행소송의 1/10이다. 그 권리의 가액이 3억원 초과시는 3억원으로 본다.

3. 산정의 표준시기

소가의 산정은 소제기한 때를 표준으로 한다(민인규 7조). 소제기한 때를 표준으로 하여 산정된 소가에 의하여 사물관할이 정해지기 때문에(33조, 관할항정의 원칙), 뒤에 목적물의 훼손·가격의 변동 등 사정변경이 있어도 관할에 영향을 줄 수 없다(예: 소의 제기시에 부동산이 금 1억 8,000만원이어서 단독판사의 관할이었는데, 그 뒤 가격이 올라 5억원 초과하더라도 합의부로 관할변경이 되지 않는다).[2]

그러나 예외적으로 제1심 단독판사에 계속중[3] 원고의 **청구취지의 확장**에 의하여 소가가 5억원을 초과하게 되는 때에는 관할위반의 문제가 되므로 변론관할이 생기지 아니하였으면 합의부로 이송하여야 한다(34조 1항 참조). 이에 반하여 합의부에 계속중 청구취지의 감축에 의하여 소가 5억원 이하로 떨어졌을 때에는 단독판사에 이송할 필요가 없다. 합의부에서 계속 심리하여도 당사자에게 불리하지 않기 때문이다.

---

1) 대법 1969. 12. 30, 65마198.

2) 소액사건이 제소 후에 그 목적물의 시가가 상승하였다고 하여도 소액사건으로 취급하는 데 지장이 없다는 것에, 대법 1979. 11. 13, 79다1404.

3) 단독사건의 항소심에서는 합의부관할로 청구확장한 경우는 다르다. 대법 1992. 5. 12, 92다2066. 단독사건의 항소심에서 합의부관할에 속하는 반소가 제기된 경우에 이미 정해진 관할에 영향이 없다는 것에, 대법 2011. 7. 14, 2011그65.

4. 청구병합의 경우의 소가

(1) 합산의 원칙 1개의 소로써 여러 개의 청구를 하는 때에는 그 가액을 합산하여 그에 의하여 사물관할을 정한다(27조 1항). 개개의 청구의 경제적 이익이 각 독립한 별개일 것을 요한다(민인규 19조. 예컨대 1개의 소로써 대여금 1억 5,000만원, 매매대금 4억원을 청구하여 합산액 5억 5천만원이 되어 지법합의부의 관할이 된다). 원고가 여러 청구를 병합제기하는 경우에 한하고, 법원이 여러 개의 청구를 병합한 경우는 다르다.[1]

(2) 예 외

(a) **중복청구의 흡수** 하나의 소로써 여러 개의 청구를 한 경우라도 경제적 이익이 같거나 중복되는 때에는 합산하지 않으며, 중복이 되는 범위 내에서 흡수되고 그 중 다액인 청구가액을 소가로 한다. 예를 들면 i) 청구의 선택적·예비적 병합, 선택적·예비적 공동소송, ii) 여러 연대채무자에 대한 청구, iii) 목적물의 인도청구와 집행불능의 경우를 대비한 그 값어치의 금전청구(대상청구)의 병합, iv) 같은 권원에 기한 확인 및 이행청구[2]의 병합은 합산의 예외다. 또 비재산권상의 소와 관련 재산권상의 소가 병합된 경우도 같다(민인 2조 5항).[3]

(b) **수단인 청구의 흡수** 예를 들면 토지인도청구와 함께 그 지상의 건물철거청구의 경우처럼 1개의 청구(건물철거)가 다른 청구(토지인도)의 수단관계인 때에는 그 가액은 소가에 산입하지 않고 인도청구만이 소가가 된다. 수단이 큰 경우는 예외.

(c) **부대청구의 불산입**(27조 2항) 주된 청구와 그 부대목적인 과실(이자 같은 법정과실도 포함)·손해배상금(지연손해금·지연이자)[4]·위약금·비용(최고비용 등)의 청구는 별개의 소송물이나, 이 두 가지를 1개의 소로써 병합 청구하는 때에는 부대청구의 가액은 소가에 산입하지 않는다(제1청구를 제2청구인 위약금청구에 대한 관계에서 주된 청구라고 보기 어려우면 해당 안됨-대법 2014. 4. 24, 2012다47494). 예를 들면 원고가 원금과 이자를 함께 청구할 때에 이자는 계산의 번잡 때문에 소가 산정에서 무시한다.

1) 소제기 후에 여러 개의 소송을 법원이 병합심판하는 경우 그 관할유무는 제소당시를 표준으로 하여야 할 것이라는 것에, 대법 1966. 9. 28, 66마322. 대법 1997. 12. 26, 97마1706 참조. 법원의 병합심리로 합산액이 소액사건의 소가를 초과하여도 소액사건임에 변함이 없다는 것에, 대법 1991. 9. 10, 91다20579·20586.

2) 소유권 보존등기명의자, 이전등기명의자를 각 피고로 한 각 말소등기청구도 같다=대법 1998. 7. 27, 98마938.

3) 해고무효확인청구와 그 해고의 무효를 전제로 하는 임금지급청구가 하나의 소로써 병합된 경우 그 중 다액인 청구가액을 소가로 한다는 것에, 대법 1994. 8. 31, 94마1390.

4) 대법 1992. 1. 7, 91마692.

제4관 토지관할(=재판적)

Ⅰ. 의의와 종류

(1) **의 의** 토지관할이란 소재지를 달리하는 같은 종류의 법원 사이에 재판권(특히 제1심사건)의 분담관계를 말한다. 쉽게 말하여 제1심사건을 어느 곳을 관할구역으로 하는 지방법원(연고지 법원의 관할)이 담당처리하느냐는 토지관할에 의하여 정하여진다.

'각급 법원의 설치와 관할구역에 관한 법률'에서는 각 법원에 그 직무집행의 지역적 테두리로서 그 관할구역을 정해 놓고 있다.[1] 따라서 사건이 어느 법원의 관할구역 내의 지점과 일정한 연고관계가 있는 경우에, 그 지점을 관할구역으로 하는 법원에 토지관할권이 생긴다(연고지 법원 관할).

이처럼 토지관할의 발생원인이 되는 인적·물적인 관련(연고)지점을 재판적(裁判籍, Gerichtsstand)이라 한다(토지관할 발생의 원인지). 재판적은 우리나라의 국제재판관할권의 존부를 가리는데도 참작사유가 되는데, 국제사법의 개정으로 국제재판관할권을 민소법에서 이탈시킴으로써, 토지관할은 국내사건용으로 감축시켰다. 민사소송법의 간접개정이 아닌가?

(2) **재판적의 종류** 토지관할권을 발생하게 하는 재판적에는 다음과 같은 것이 있다.

(a) **보통재판적과 특별재판적** 보통재판적은 모든 소송사건에 대하여 공통적으로 적용되는 재판적(일반재판적)임에 대하여(2조), 특별재판적은 특별한 종류·내용의 사건에 대해서 한정적으로 적용되는 재판적이다(7조 이하). 특별재판적에는 다른 사건과 관계 없이 인정되는 독립재판적과 다른 사건과 관련하여 비로소 생기는 관련재판적이 있다. 관련재판적에는 병합청구 중 하나의 청구의 관할을 따라가는 병합청구의 재판적(25조)과 본소청구법원에 제기할 수 있도록 본소관할을 따라가는 반소·중간확인의 소·당사자참가 등의 관련청구의 재판적이 있다. 전자는 토지관할에 적용되지만 후자는 토지관할·사물관할을 불문한다.

(b) **인적재판적과 물적재판적** 인적재판적은 사건의 당사자 특히 피고와 관계되어 인정되는 재판적임에 대하여, 물적 재판적은 소송물과 관계되어 인정되는 재판적이다. 보통재판적은 어느 때나 인적재판적이지만, 특별재판적은 인적재판적인 경우도 있고 물적재판적인 경우도 있다.

---

1) 다만 법원의 관할구역의 규정은 법원의 직권행사를 그 구역내에 제한하는 취지는 아니기 때문에 관할구역 외에서 한 증거조사도 유효하다.

(c) **국제재판적(관할)**[1] 2022년 7월 5일부터 시행되는 개정 국제사법은 무려 40개에 가까운 국제재판관할권에 관한 modern화의 규정을 각고의 노력끝에 신설하였다. 이제 신법의 상세한 해설은 국제사법분야에 맡기기로 하고 여기에서는 기존의 민사소송법의 토지관할규정과 관계 있는 규정의 한도에서 간단하게 살펴보기로 한다. 국제재판관할의 사항은 민사소송법전을 떠나 국제사법으로 모두 이관되어 그 영역으로 분리 독립되었기 때문이다. 민사소송법의 관할에서 다루지 않았던 실종선고·부재자에 관한 관할과 보전처분, 전반의 가사사건, 비송사건 등은 여기에서 논외로 하였다. 보다 상세한 설명은 개정 국제사법 참조. 모법인 민사소송법과 달리 보통재판적을 일반관할, 특별재판적을 특별관할로, 모법인 민사소송법과는 차별하였으며, 그렇다고 해서 모법인 민사소송법과 완전 결별은 아니고(개정 2조 2항) 국제사법상의 관할이 우선이고, 기존의 민소법의 토지관할은 보충적인 것으로 격하되었다. 관할에 관한 규정이 사법 아닌 공법관계라면 국제사법(私法)에 포함시키는 것이 적절한지 의문이 있다.

(3) 재판적의 경합과 원고의 선택권 한 사건인데도 여러 곳의 법원이 관할권을 갖게 되는 재판적의 경합은 흔히 있는 일이며, 일반적으로 보통재판적과 특별재판적이 공존하거나 특별재판적이 여러 개 공존함으로써 토지관할의 경합이 생겨날 수 있다. 재판적 사이에 우선순위는 없다. 이 경우에 원고는 경합하는 관할법원 중 아무데나 임의로 선택하여 소제기할 수 있으며,[2] 특별재판적이 보통재판적에 우선하는 것이 아니다(단 전속관할은 다름. 예를 들면 서울에 사는 乙이 고향인 광주에 갔다가 그 곳에서 사고를 내어 甲에 중상을 입혔다고 할 때에 甲은 乙을 상대로 보통재판적의 서울법원과 특별재판적의 광주법원 두 군데 중 하나를 선택 제소). 하나의 법원에 소제기하였다고 해서 다른 법원의 관할권이 소멸되지 아니하며 이미 한 법원에 소제기하였는데 다른 관할법원에 소제기하면 중복소송(259조)으로 부적법해질 뿐이다. 특이한 것은 특허권 등 지식재산권에 관한 소는 고등법원소재지의 지방법원 6개 법원을 전속관할로 하지만, 당사자는 이를 따르지 않고 서울중앙지방법원에 제기할 수 있는 선택적 중복관할을 인정하였다(개정 24조 2항·3항). 다만 원고에 의한 관할법원의 선택권의 남용으로 될 수 있는 경우가 있다.

Forum shopping 이른바 기웃거리다가 상대방에게 가장 불리하고 자기에게 유리한 법원을 선택하는 forum shopping이 있다(예: 가처분사건·제소전화해사건·개인회생에서 쉽게 내주거나 신청사건을 빨리 끝내주는 법원을 좇아가는 따위). 이는 국내법원에서만이 아니라 외국법원과 재판적의 경합이 있을 때에도 국제적인 법원 shopping이 나타난다. 특히 항공사고(기내사고나 기내폭행)·의료사고·가짜뉴스·제소물책임 사건 등 불법행위의 배상액을 징벌적 배상으로 엄

1) 상세는, 석광현, 국제재판관할권, 박영사(2022); 신창섭, 국제사법(제5판), 세창출판사(2022).
2) 대법 1964. 7. 24, 64마555; 동 1966. 1. 26, 65마1167.

청난 배상액을 받아낼 나라로 좇아가거나,[1] 국제민사사건에서 원고가 discovery가 시행하는 미국법원을 찾으려는 경향 등이 그것이다(그러나 형사피고인은 미국법원의 관할이 되면 중벌).

Ⅱ. 보통재판적

모든 소송사건(보통사건)에 공통적으로 적용되는 재판적을 보통재판적이라 하는데, 이를 피고와 관계 있는 곳을 기준으로 해서 정해 놓았다(2조, 일반관할). 소제기 당시에는 원고의 청구가 이유 있는지 알 수 없는 상태이므로, 이러한 상황하에 피소당하는 피고의 응소의 편의와 경제를 고려한 것이다. '공격자(甲)는 방어자(乙)에게로 찾아가서 공격하여야 한다'는 논리이다. 피고가 누구인가에 따라 보통재판적이 달라진다. 보통재판적은 피고측에 유리한 재판적임은 물론이다.

(a) **사람은 피고주소 등** 피고가 사람(자연인)인 때의 보통재판적은 제1차적으로 그 주소에 의한다(3조. A의 주소가 서울이라면 A를 피고로 한 소송은 모두 피고의 홈그라운드인 서울지법에 소제기할 수 있게 되는 피고주소지주의=피고동네 재판). 만일 피고가 대한민국에 주소가 없거나 주소를 알 수 없을 때에는 제2차적으로 거소, 거소도 없거나 거소를 알 수 없을 때에는 제3차적으로 마지막 주소에 의한다(3조 단서). 개정 국제사법 제3조 1항은 대한민국에 일상거소(habitual residence)가 있는 사람에 대해 대한민국의 법원에 국제재판관할이 있다고 규정하였다.

(b) **피고인 법인 그 밖의 사단·재단은 주된 사무소 등** 피고가 법인 등인 때는 제1차적으로 그 주된 사무소·영업소가 있는 곳(본점소재지주의), 제2차적으로는 주된 업무담당자의 주소에 의한다(5조 1항). 외국법인·외국단체는 한국에 있는 사무소·영업소에 의하고, 그것이 없는 때에는 한국에 있는 업무담당자의 주소에 의한다(5조 2항). 개정 국제사법 제3조 3항은 주된 사무소·영업소 등이 대한민국에 있는 법인 등에 대한 소도 이와 유사하게 규정하였다.

(c) **국가는 법무부장관소재지 등** 피고가 국가일 때에 보통재판적은 법무부소재지(수원지법 안양지원) 또는 대법원소재지(서울중앙지법)에 의한다(6조).

(d) **보통재판적을 정할 수 없는 자는 대법원소재지** 피고에 위 (a)(b) 어느 기준으로도 보통재판적을 정할 수 없을 때, 예컨대 대한민국에 마지막 주소도 없었던 재외동포·외국인·외국법인 등을 피고로 하는 때에는 대법원소재지를 보통재판적으로 한다(규 6조). 이에 의하여 보통재판적이 없는 자가 있을 수 없게 되었다.

---

1) 이시윤, "소송의 국제화와 글로벌 감각," 법조신문(구 대한변협신문), 2016. 2. 1.자.

Ⅲ. 특별재판적

특별한 사건에 대해서는 한정적으로 보통재판적과는 다른 곳에 재판적을 인정하였다. 이러한 특별재판적에 의하여 보통재판적이 없는 곳, 즉 피고의 주소나 본점이 아닌 다른 곳의 법원에서도 토지관할권이 생기게 된다.

민사소송법 제7조 이하 제24조까지의 특별재판적은 예시적인데, 이 밖에도 특별재판적에 관한 규정이 적지 않다. 특별재판적은 어느 곳에서 재판하는 것이 소송의 적정·공평·신속 등 민사소송의 기본이념에 비추어 적절할 것인가를 기준으로 정해지지만,[1] 대체로 원고의 소송수행의 편의를 위한 것이므로, 사건과 증거에 가까운(Sach-und Beweisnähe) 집행할 재산이 있는 곳 등 법원이 관할권을 갖게 한 경우가 많다. 특별재판적에 의한 관할이 있을 때는 보통재판적에 의한 관할과 경합되기 마련인데, 원고는 자기에게 유리한 쪽을 선택하여 소제기할 수 있는 편의가 있다. 중요한 재판적으로 다음이 있다.

(1) 근무지(7조)　　사무소·영업소에 계속 근무하는 피고에 대한 소는 그 사무소 또는 영업소가 있는 곳을 관할구역으로 하는 법원에 제기할 수 있다. 직장근무자의 편의를 위해서다.

(2) 거소지(8조 전단)　　재산권에 관한 소는 거소지의 관할법원에 제기할 수 있다. 원고로서는 피고의 주소에 비하여 거소지를 쉽게 찾을 수 있어 이에 의하여 소제기하는 원고의 편의가 도모된다고 할 것이다. 이것은 주소와 거소가 서로 다른 경우(예: 유학하는 학생, 장기출장체류자, 객지 근무자, 병원이나 요양원의 입원자 등)에 특히 의미 있는 재판적이다.

원래 거소지는 주소가 없거나 알 수 없는 때의 보충적인 보통재판적이 되지만, 한편 본조항에 의하여 직접 독립한 재판적으로 인정된다.[2]

(3) 의무이행지(8조 후단)

(a) 재산권에 관한 소는 의무이행지의 관할법원에 제기할 수 있다. 계약상의 의무, 법률의 규정에 의하여 발생하는 불법행위·부당이득·사무관리상의 의무를 전제로 한 청구도 여기에 해당된다.[3]

또 계약에 관하여 의무이행지가 존재하면 계약관계나 채권관계의 확인청구

---

1) 대법 1992. 7. 28, 91다41897.
2) 민법이 주소의 복수주의(동법 18조 2항)를 채택하고 있기 때문에 구태여 본조항에 의한 거소지의 특별재판적을 인정하여야 될 만한 절실한 이유는 점차 희박해지고 있다는 견해로는, 주석신민소(Ⅰ), 154면.
3) 주석신민소(Ⅰ), 153면.

는 물론, 계약불이행으로 인한 손해배상,[1] 계약해제로 인한 원상회복의 소도 그 의무이행지 법원에 제기할 수 있다. 그러나 부동산 등기의무의 이행지는 제21조에 의하여 등기소 소재지이고, 등기청구권자의 주소지가 의무이행지가 아니라는 것이 판례이지만,[2] 두 가지 재판적이 경합하는 경우로 봄이 옳을 것이다.

(b) 의무이행지는 실체법이 특정물의 인도청구 이외의 채무에 대해서는 지참채무(持參債務)의 원칙을 채택하고 있기 때문에(민 467조 2항; 상 56조. 단 독일 BGB는 추심채무)[3] 채권자인 원고의 주소지가 의무이행지로 된다(예: 서울에 사는 甲이 부산에 사는 乙 상대의 대여금 청구를 할 때 대여금채무의 이행지가 채권자인 甲의 주소지인 서울이기 때문에 甲은 서울법원에도 소를 제기할 수 있다). 따라서 채권자인 원고의 주소지 특별재판적 때문에 자기가 편리하게 자신의 주소지 법원에 소를 제기할 수 있지만,[4] 이는 채무자인 피고가 그 주소지인 홈그라운드에서 재판받게 하려는 보통재판적을 무의미하게 만들어 입법론상 문제점이 있다.[5]

개정 국제사법 제41조는 **계약에 관한 소**의 특별관할규정을 신설하였다. 동 제42조는 소비자계약의 관할사항을, 동 제43조는 근로계약의 관할사항을 규정하였는데, 구법 제27조 · 제28조를 수정 규정하였다.

(4) 어음 · 수표지급지(9조) 어음 · 수표에 관한 소는 그 지급지의 법원에 제기할 수 있다(어음 · 수표채권자의 주소지법원에 의하지 않는다).[6] 이에 의하여 어음의 채권자가 어음의 주채무자와 배서인 등 여러 사람의 어음상의 채무자를 상대로 소를 제기하려고 할 때에 지급지 한 군데로 집중하여 제기할 수 있는 편의가 도모된다. 단독판사관할인 어음관계 분쟁의 1회적 해결이 그 입법취지이다(지급지가 대한민국인 경우 국제재판관할은 개정 국제사법 제79조).

(5) 재산이 있는 곳(11조) 국내에 주소가 없는 사람 또는 주소를 알 수 없는 사람을 피고로 하는 재산권상의 소는 피고의 재산이 있는 곳의 법원에 제기할 수 있다. 승소시에 그 재판에 의하여 쉽게 강제집행할 수 있기 때문이다.

(a) 피고가 국내에 주소가 없는 경우에만 적용된다. 주로 외국인이 해당되지만(Ausländerforum), 한국국적의 해외거주의 교포(이른바 비거주자)라도 국내에 주소가 없으면 적용된다.

(b) 피고의 재산소재지의 법원이 관할권을 갖기 때문에 피고의 재산이 유체

1) 대법 1967. 2. 28, 67스1.
2) 대법 2002. 5. 10, 2002마1156(이동률 교수 등 반대 판례 평석 있다).
3) 대법 2022. 5. 3, 2021마6868 참조.
4) 대법 1969. 8. 2, 69마469; 동 1971. 3. 31, 71마82.
5) 유사취지는 정영환 217면, 전원열 119면.
6) 대법 1980. 7. 22, 80마208; 동 1973. 11. 26, 73마910.

물일 경우에는 그 소재지, 채권일 경우에는 제3채무자의 주소·영업소 또는 그 채권에 대한 책임재산이 있는 곳 등이 관할법원이 된다.[1] 국제사법 제5조는 재산소재지 특별관할규정을 두었다.

(6) 사무소·영업소가 있는 곳(12조) 사무소·영업소가 있는 사람을 피고로 하여 그 사무소·영업소의 업무와 관련이 있는 소를 제기하는 경우에는 그 곳의 법원에 제기할 수 있다. 이에 의하여 지점망을 거느리는 대기업회사·외국회사를 피고로 할 경우에 본점까지 갈 필요가 없이 가까운 지점소재지에서 쉽게 소제기를 할 수 있다(Google 같이 국내에 sever는 없어도 한국어의 web-site를 개설하여(=업무에 속한다) Internet을 통하여 영업활동을 하는 경우에는 주된 활동을 하는 곳, 데이터센터(region), 위성사무실, 온라인가게).[2] 그러나 영업소가 있는 자가 원고인 때에는 적용되지 않는다.[3]

개정 국제사법 제4조 1항도 민소법과 비슷하게 규정하며, 동조 2항은 대한민국에서 또는 대한민국을 향해 계속적·조직적인 사업 또는 영업활동을 하는 사람 등에 대하여 그 사업 또는 영업활동과 관련이 있는 소도 같이 규정하였다.

(a) 여기의 업무는 넓은 개념으로서 영업 등 사적 사업에 한하지 않고 공익사업(변호사·의사 등)이나 행정사무도 포함된다.

(b) 사무소나 영업소라 함은 업무의 전부·일부를 총괄경영하는 장소를 말하며, 주된 사무소나 본점뿐만 아니라 지점도 포함된다.[4]

(7) 불법행위지(18조 1항) 불법행위에 관한 소는 그 행위지의 법원에 제기할 수 있다(예: 영월의 교통사고로 불법행위에 의한 배상청구를 할 때면 춘천지법 영월지원이 관할법원이 된다). 불법행위지 현지의 법원에서 재판하는 것이 증거조사(증인신문·현장검증 등)에 의한 사실규명에 좋기 때문이다.

(a) 여기의 불법행위라 함은 널리 통상의 불법행위뿐만 아니라 무과실책임을 지는 특수불법행위도 포함된다. 민법상의 불법행위로 인한 책임에 국한되지 않고, 국가배상법, 자동차손해배상보장법 등 특별법에 의한 손해배상책임도 해당한다. 채무불이행의 경우에는 반대설이 있으나, 엄밀하게는 여기에 해당되지 않는다고 볼 것이다.[5] 그러므로 단순히 채무불이행만 문제되는 사건에서는 이 재판적을 원용할 수 없다 할 것이다.

다만 이 재판적에 의하여 불법행위지의 법원에 제소되었을 때에 마침 당해사

---

1) Rosenberg/Schwab/Gottwald, § 36 Rdnr. 4.

2) 吉田啓昌, '일본의 국제재판관할법제에 대하여', 민사소송 20권 2호, 409면.

3) 대법 1980. 6. 12, 80마158.

4) 대법 1992. 7. 28, 91다41897. 그러나 업무의 성질상 본점만이 취급할 수 있는 것인 때에는 지점에 재판적이 없다(대법 1967. 9. 20, 67마560).

5) 찬성취지: 김홍엽, 79면. 채무불이행도 광의의 위법침해라고 하여 여기에 포함된다는 적극설에 송상현/박익환, 97면; 방순원, 117면; 정동윤/유병현/김경욱, 160면; 한충수, 68면.

건이 채무불이행에 기한 손해배상도 경합적으로 청구할 수 있다면 제25조의 관련재판적에 의하여 불법행위지의 법원은 채무불이행의 관점에서도 재판관할권을 갖게 된다고 할 것이다.[1)]

(b) 불법행위의 요건사실전부의 발생지만이 불법행위지인 것은 아니다. 그 구성요건 가운데 어느 한 가지 요건사실의 발생지라도 불법행위지로 되어 재판적이 생긴다. 따라서 행위자의 가해행위지와 손해발생지가 다르면 **가해행위지와 손해발생지** 두 곳에 재판적이 경합적으로 생긴다(예: 목포에서 교통사고를 당하여 서울에서 사망하였다면 목포와 서울 두 군데의 법원 모두 관할권을 갖게 된다. 국제화시대에서 해외직구에 의한 피해자는 제조지 아닌 피해현지의 법원을 선택·제소할 수 있다).[2)]

(c) 불법행위지의 재판적에 관한 규정은 직접 행위를 한 자, 그에 가담한 자(공동불법행위자), 방조자에 대한 소송은 물론, 민법 제756조에 의한 사용자에 대한 손해배상청구에도 적용된다. 개정 국제사법 제44조는 불법행위에 관한 소의 특별관할을 규정하면서 대한민국에서 결과발생을 예견할 수 없었던 경우 부적용의 예외단서를 두었다.

(8) 부동산이 있는 곳(20조) 부동산에 관한 소는 부동산이 있는 곳의 법원에 제기할 수 있다.

(a) 여기의 부동산의 개념은 민법 기타 법률에 의하여 정한다. 따라서 토지와 건물 따위의 정착물은 물론 공장재단(공장 및 광업재단저당법 14조)·광업재단(공장 및 광업재단저당법 54조) 등 법률의 규정에 의하여 부동산으로 취급되는 것도 포함된다. 광업권(광업법 11조)·어업권(수산업법 16조 2항) 따위의 부동산이나 토지에 관한 규정이 준용되는 것도 이에 속한다.[3)] 그러나 선박·자동차·건설기계·항공기 등 이동성이 있는 것은 적용을 받지 않는다.

(b) 부동산에 관한 소는 부동산에 관한 권리를 목적으로 한 소이다. 크게 부동산상의 물권에 관한 소와 부동산에 관한 채권의 소로 나누어진다.

i) 물권에 관한 소는 부동산의 소유권·점유권의 존부확인의 소, 소유권·점유권에 기한 인도청구 혹은 방해배제청구, 지상권·전세권·지역권·유치권·저당권 등에 관한 소를 말한다. 임대차보호법상의 대항력(전입신고+인도)이나 확정일자의 임차권에 관한 소송도 포함될 것이다.

---

1) 졸저, "소송물에 관한 연구," 146면. BGH 153, 178도 법원이 전체적인 실체법적 관점에서 재판할 수 있다고 했다.

2) 대법 2010. 7. 15, 2010다18355에서는 항공기 사고의 경우에 불법행위지를 사고의 행위지 및 결과발생지 또는 항공기의 도착지로 보았다. 대법 2013. 7. 12, 2006다17539도 유사.

3) 반대 견해: 한충수, 69면.

ii) 채권의 소는 계약에 기한 인도를 구하는 소 등이다. 부동산 자체에 관한 소이기 때문에 그 매매대금, 임대료 등의 지급을 구하는 소는 여기에 속하지 않는다(8조 후단에 따른 채권자의 주소지).

개정 국제사법 제5조는 재산소재지의 특별관할로 청구나 담보 목적 재산 또는 압류가능 재산이 대한민국에 있는 경우 주목할 만한 규정을 신설하였다.

(9) 피상속인의 보통재판적이 있는 곳(22조, 23조) 상속에 관한 소 또는 유증(遺贈), 그 밖에 사망으로 효력이 생기는 행위에 관한 소를 제기하는 경우에는 상속이 시작할 당시 피상속인의 보통재판적이 있는 곳의 법원에 제기할 수 있다. 상속채권 등 그 밖의 상속재산에 대한 부담에 관한 것으로 제22조에 해당하지 아니한 것은 제22조의 관할구역안에 있으면 그 법원에 제기(23조), 상속·유언에 관한 국제사법 관련 사건은 국제사법 제76조에 따로 규정이 있다.

(10) 고등법원이 있는 곳의 지방법원(24조) 여기에는 두 가지가 있다.

1) **특허권 등을 제외한 지식재산권과 국제거래에 관한 소**(개정 24조 1항) 이와 같은 소도 제2조 내지 제23조에 따른 재판적이 있는 곳의 지방법원에 소제기를 할 수 있지만, 신법은 그 관할 고등법원 소재지의 지방법원에도 소제기를 할 수 있도록 관할집중의 특칙을 마련하였다. 광역토지관할을 인정한 것인데, 고등법원이 있는 곳(서울, 대전, 광주, 대구, 부산, 수원)의 6개 지방법원은 그 규모가 커서 이 분야의 전문재판부가 설치되어 있음을 고려한 것이다. 여기의 지식재산권이란 특허권, 실용신안권, 디자인권, 상표권, 품종보호권을 제외한 지식재산권을 말하는 것으로, 실무상 저작권과 신지식재산권(부정경쟁·영업비밀·데이터베이스) 관련 사건을 말한다고 할 것이다. 국제거래에 관한 소란 국제간의 인적·물적 거래로 인한 사건으로서 최소한 당사자 일방이 외국법인 또는 외국인인 사건을 국제거래사건으로 각 분류하고 있다(대법원 예규 재일 98-3 참조).

이 관할은 임의관할이고 원래의 토지관할에 대하여 부가적·경합적인 의미를 가지므로, 예컨대 인천거주 甲이 청주거주의 乙을 상대로 저작권침해의 손해배상청구의 소를 제기하는 경우 피고의 보통재판적 소재지인 청주지방법원과 의무이행지인 인천지방법원이 통상의 관할법원이 되지만, 청주를 관할하는 고등법원 소재지인 대전지방법원과 인천을 관할하는 고등법원 소재지인 서울중앙지방법원도 경합적으로 관할권을 갖게 된다. 따라서 이때에 갑은 위 법원 중 어느 한

곳을 선택하여 소를 제기하면 된다.[1]=고법소재지인 대전 또는 서울중앙지방법원

2) **특허권 등[2]의 지식재산권에 관한 소** 이것은 2016. 1. 1. 시행의 개정 법률 제24조 제2항의 신설관할이다. 여기의 특허권 등은 특허권, 실용신안권, 디자인권, 상표권, 품종보호권을 말한다. 이와 같은 소, 즉 이른바 특허침해소송은 동조 제1항의 제2조 내지 제23조에 따른 재판적이 있는 지방법원에 소를 제기할 수 있는 것이 아니라 그 관할고등법원소재지의 지방법원(서울중앙, 대전, 광주, 대구, 부산, 수원 6개 법원 전속)에만 제기할 수 있는 전속관할로 하였다. 이러한 지방법원의 전속관할을 제치고 당사자에게 서울중앙지방법원에도 선택 제기할 수 있는 선택적 중복관할을 인정한다(24조 3항). 비록 전속관할이라 하여도 원래의 재판적이 있는 지방법원으로 재량이송의 길을 열어 놓고 있다(36조 3항). 한편 2016. 1. 1. 시행의 개정 법원조직법 제28조의4 2호는 특허권 등의 지식재산권에 관한 소의 항소심법원을 특허법원의 권한으로 변경하여, 특허권 등 지식재산권에 관해 심결취소소송과 함께 그 침해소송의 항소심을 특허법원의 전속관할로 일원화하였다(특허권 관련손해배상 청구도 같이 보았다).[3] 특허법원에는 법정용어가 국어 아닌 외국어를 사용해도 되는 국제특허재판부를 설치한다.

이에 관한 국제재판관할권에 대해 개정 국제사법 제38조는 지식재산권 계약에 관한 특별관할과 함께 제39조는 지식재산권 침해에 관한 소의 특별관할을 규정하였다.

특허소송의 관할집중개정(2016. 1. 1. 시행 법원조직법·민사소송법 개정)에 의한 특허심급제도

제1심 제2심 제3심

• 심결취소소송: 특허심판원 ↘

특허법원 → 대법원

↗

• 특허침해소송 등: 고법 소재지 6개 지법관할이나 이와 서울중앙지법 선택 가능=사실상 전담법원[4]

---

1) 법원행정처, 민사소송법 개정내용 해설, 15면.

2) 특허권 지분의 귀속의무불이행을 원인으로 하는 손해배상청구도 같이 보았다(대법 2019. 4. 10, 2017마6337). 상표권 양도 사해행위 취소소송은 특허권 등 지식재산권의 소로 볼 수 없다(서울고법 2020라20582).

3) 전문재판부에 사건을 집중시켜 충실한 심리와 신속한 재판 및 지식재산권의 적정한 보호를 도모하고자 함이다(대법 2019. 4. 10, 2017마6337).

4) 특허권 등의 지식재산권에 관한 민사사건의 항소사건은 고등법원 및 지방법원 합의부의 심판대상에서 제외하고 특허법원이 심판하므로(법조 28조, 28조의4 2호, 32조 2항), 특허침해 손해배상사건을 지법단독판사가 담당하였다고 해도 항소심은 지법항소부가 아닌 특허법원의 전속관할(대법 2020. 2. 27, 2019다284186; 대법 2023. 12. 28. 2023다277260).

Ⅳ. 관련재판적(병합청구의 재판적) — 그 중 한 청구의 재판적이 있는 곳

(1) **의의와 목적** 원고가 하나의 소로써 여러 청구를 하는 경우에 그 중 어느 하나의 청구에 관하여 토지관할권이 있으면 본래 그 법원에 법정관할권이 없는 나머지 청구도 그 곳에도 재판적이 생기는 것을 말한다(25조. 예: 甲이 乙을 상대로 가옥명도청구와 손해배상청구를 A법원에 병합제기한 경우에 가옥명도청구에 대해 A법원이 관할권이 있으면 본래 관할권이 없는 손해배상청구에 대해서도 관할재판할 수 있게 된다). 여러 청구를 한 군데로 모으는 관할집중의 특별재판적이다. 이는 병합관련청구 때문에 재판적이 생기는 경우의 일종이므로 관련재판적이라고 하는가 하면, 다른 청구와 병합제기될 때에 비로소 관할권이 생기는 재판적이기 때문에 병합청구의 재판적이라고도 한다. 본소와 병합하여 제기하는 반소의 경우에 본소법원의 재판적에 따르는 반소의 재판적(269조)과 같은 것이다. 이에 의하여 하나의 법원에서 여러 개의 청구의 병합제기가 용이해져 원고가 편리하고 피고로서도 어차피 응소할 바에야 한 법원에서 재판을 받는 이점이 생기며, 법원으로서도 분쟁을 한 곳에서 1회적으로 해결할 수 있게 되어 관할집중과 소송경제에 도움을 줄 수 있다.

(2) **적용범위**

(a) **토지관할** 관련재판적 규정인 제25조는 토지관할권에 관하여 적용되고, 청구를 병합제기하는 경우의 사물관할에 관하여서는 적용이 없다(제27조에 의하여 합산된 소가에 의하여 사물관할이 정해진다). 또 다른 청구가 다른 법원의 전속관할에 속하는 경우에는 적용이 배제된다(31조).

다만 제25조의 법문에는 제2조 내지 제24조의 규정에 의하여 1개의 청구에 대하여 관할권을 갖는 법원에 다른 청구를 병합하여 소를 제기할 수 있다고 규정하고 있지만, 반드시 이에 한정시킬 필요가 없다(1개의 청구에 대해 합의관할(29조) 등에 의하여 관할권이 생기는 경우에도 적용된다).[1]

그 적용과 관련하여 중요한 판례 두 가지가 있다. ① 대법 2003. 9. 26, 2003다29555로서 외국법원에 재판적이 있을 때에 **국제재판관할**에서의 관련재판적은 피고의 입장에서 부당응소가 강제당하지 않도록 청구의 견련성, 분쟁의 1회해결가능성, 피고의 현실적 응소 가능성 등을 종합적으로 고려하여 신중하게 인정해야 한다고 했다. 독일에는 사건관련성 때문에 외국에 재판적이 있는 청구에 국내로 끌어들이는 국제재판관할권의 인정은 부정하는 판례가 있다.[2] ② 피고 A에 대한 청구에 대하여 서울법원이 관할권을 갖게 할 목적으로 본래 제소할 의사가

1) 관련재판적은 법정관할에 대해서만 인정된다는 반대견해는, 한충수, 72면.

2) BGH 132, 112ff.

없는 피고 B에 대한 청구를 병합시킨 경우는 **관할선택권**의 남용으로 제25조 2항의 규정이 적용될 수 없다는 것이 대법 2011. 9. 29, 2011마62이다(앞의 「신의칙」 참조).

(b) **공동소송에의 적용 여부** 제25조의 관련재판적이 소의 객관적 병합의 경우에 적용됨은 이론이 없으나, 나아가 소의 주관적 병합 즉 공동소송의 경우에도 확대 적용되느냐에 관하여는 적극설·소극설·절충설 등 학설의 다툼이 있었다(예: 채권자가 연대채무자 甲·乙을 상대로 A법원에 공동소송을 제기한 경우에 피고 甲에 대해서는 관할권이 있지만 피고 乙에 대해서는 독립한 관할권이 없을 때에, 피고 甲에 대한 관할권이 있는 A법원에 피고 乙에 대해서도 관할권이 생기느냐는 문제이다).

이에 대하여 1990년 개정민소법 제25조 2항은 '소송목적이 되는 권리나 의무가 여러 사람에게 공통되거나 사실상 또는 법률상 같은 원인으로 말미암아 그 여러 사람이 공동소송인으로서 당사자가 되는 경우에는 제1항의 규정을 준용한다'고 규정함으로써 입법에 의하여 제65조 전문의 공동소송에만 한정적용된다는 절충설을 입법적으로 채택하였다.[1] 따라서 제65조의 후문에 해당되는 공동소송에는 적용이 없다. 개정 국제사법 제6조는 관련사건의 관할로 공동피고 1인에 대하여 대한민국의 법원이 관할권을 가질 때 그와 다른 공동피고에 대한 청구 사이에 밀접한 관련이 있어서 모순된 재판의 위험이 있는 경우 주목할 특칙을 규정하였다.

제5관 지정관할

1. 의 의

구체적인 사건에 관해 상급법원이 관할법원이 어디인가를 재판으로 지정해 주어 생기는 관할이다. 이를 재정관할이라고도 한다(28조). 법률에 관할에 관한 규정이 없어 재판권행사가 불가능하게 되었거나 장애가 생긴 경우를 보충하기 위한 제도이다. 상급법원의 지정이라는 점에서, 지방법원합의부가 직권으로 사물관할을 바꾸며 조절하는 재정합의·재정단독사건제도(앞의 「사물관할」 참조)와는 다르다. 관할의 지정은 흔히 제1심법원의 토지관할권에 대해서 문제되지만, 드문 일이나 사물관할과 전속관할·직분관할에 대해서도 행할 수 있다. 집단소송 등 공통쟁점의 사건이 여러 지방법원에 분산계류중일 때에 관할집중을 위하여 상급법원이 한 지방법원을 통괄관할법원으로 지정하는 제도의 입법론적 검토가 필요할 것이다(미국과 같은 multidistrict litigation (광역사건)의 지정제도 참조). 적절한 활용이 필요하다. 증권관련집단소송에서 여러

1) 필수적 공동소송에 제25조가 적용된다는 판결로서, 대법 1994. 1. 25, 93누18655.

군데 법원에 소송제기 허가신청서를 냈을 때는 상급법원이 한 군데 법원으로 관할지정할 수 있다(증집소 14조 2항). 관할법원의 지정에 관하여는 가사소송법에서 준용하며, 가정법원과 지방법원 중 어느 법원의 관할에 속하는지 명백하지 아니한 경우에는 그 상급법원이 관할법원을 지정한다.

2. 지정의 원인

(1) 관할법원이 재판권을 법률상 또는 사실상 행사할 수 없는 때(28조 1항 1호)

i) 재판권을 법률상 행사할 수 없는 때라 함은 관할법원 법관이 전부 제척, 기피 또는 회피에 의하여 직무를 수행할 수 없게 된 경우를 말하고, ii) 재판권을 사실상 행사할 수 없을 때에는 예컨대 관할법원의 법관이 전원 질병이나 천재지변 등의 사고로 직무를 행할 수 없는 경우가 해당된다(예: 3,000만원 이하의 소액사건 사물관할의 시·군판사의 경우).

(2) 법원의 관할구역이 분명하지 아니한 때(28조 1항 2호) 관할구역이 불분명한 경우는 두 가지가 있다. 그 하나는, 장소는 특정되지만 지도 따위가 불명확하여 어느 법원의 관할구역 내에 속하는지가 분명치 않은 경우이다. 다른 하나는, 예컨대 항공기상에서나 심야에 달리는 열차 속에서 일어난 불법행위와 같이 관할의 원인이 되는 사실발생지가 불분명한 경우이다. 사건이 가정법원과 지방법원 중 어느 법원의 관할에 속하는지 명백하지 아니한 때에도 고등법원이 지정한다(가사 3조).

3. 지정절차

(1) 관할의 지정은 관계법원 또는 당사자의 신청에 의한다. 신청을 함에는 그 사유를 적은 신청서를 바로 위의 상급법원에 제출하여야 한다(규 7조 1항).

(2) 서울지방법원과 춘천지방법원 중 어디의 관할에 속하는지가 문제된 때에는 관계된 법원에 공통된 바로 위의 상급법원으로 서울고등법원이 있기 때문에 여기에서 관할을 지정하게 되지만, 서울중앙지방법원과 부산지방법원 사이에서 문제가 될 때에는 공통된 바로 위의 고등법원이 없기 때문에 대법원이 직접 상급법원으로서 관할을 지정하게 된다.

(3) 소제기 후의 사건에 관하여 지정신청이 있는 경우에는 그 결정이 있을 때까지 소송절차를 정지하여야 한다(규 9조).

(4) 관할지정결정에 대해서는 불복하지 못한다(28조 2항). 그러나 관할지정신청기각의 결정에 대해서는 항고할 수 있다(439조). 관할지정 또는 기각결정정본은 소제기 전의 사건은 신청인에게, 소제기 후의 사건은 수소법원과 당사자 전원에게 각각 송달하여야 한다(규 8조 2항).

4. 지정의 효력

(1) 관할지정결정이 나면 지정된 법원에 관할권이 창설적으로 발생한다. 지정결정은 법원과 당사자를 구속한다. 따라서 지정된 법원은 지정한 법원과 견해를 달리하여 지정결정이 부당함을 이유로 그 관할권을 부인할 수 없으며, 당사자 또한 그 결정이 부당하다고 다툴 수 없다.

(2) 소송이 계속된 법원 이외의 법원이 관할법원으로 지정된 경우 소송이 계속된 법

원의 사무관등은 바로 결정정본과 소송기록을 지정된 관할법원에 보내야 한다(규 8조 3항).

제6관 합의관할

1. 의의와 제도의 남용

(1) 합의관할이란 당사자의 합의에 의하여 생기게 되는 관할을 말한다. 예를 들면 甲이 乙과 임대차계약을 체결하면서 앞으로 그 계약과 관련하여 제소할 경우 A법원을 관할법원으로 하자고 합의하여 생긴 관할을 말한다. 원래 관할에 관한 규정은 법원간에 재판사무의 공평한 분담 외에 주로 당사자의 편의를 고려하여 정해진 것이다. 따라서 당사자의 합의에 의하여 법정관할법원과 다른 법원을 관할법원으로 정할 수 있게 하더라도 그것이 법원간 부담의 균형을 깨뜨릴 만큼 빈번한 것도 아니며(과도한 이용은 서울 법원 집중의 가속화), 오히려 당사자의 편의에 이바지할 수 있어 전속관할 아닌 임의관할의 경우에 이를 인정하게 된 것이다.

(2) 대기업이 작성한 보통계약약관 속에 관할합의조항을 넣어 남용되는 경우가 있다. 우리나라에서도 여신거래약정서 · 종합병원입원서약서[1] · 아파트분양계약서 · 할부매매계약서 · 물품운송계약서 · 보험약관 · 펀드 · ELS/ETF 등 각종 금융상품약관 등에 나타나고 있다. 대개 기업이 편하게 자기의 본점소재지법원을 관할법원으로 하는 내용의 합의인데, 기업에게는 유리할지언정 먼 거리에 거주하는 고객에게는 소제기 및 응소에 큰 불편을 줄 수 있다. 특히 관할합의조항은 고객이 부지불식간에 이루어짐에 비추어 문제가 있다. 약관의 규제에 관한 법률 제14조는 약관상의 관할의 합의조항이 고객에게 부당하게 불리할 때에는 무효가 되게 하였다.[2][3] 보통계약약관이 아니라도 계약서를 작성할 때에 관할합의

1) 1990. 7. 경제기획원약관심사위원회에 의하여 종합병원의 입원서약서상의 관할합의조항이 시정권고되었다.

2) 대전에 주소를 둔 계약자와 서울에 주영업소를 둔 건설회사 사이에 체결된 아파트공급계약서상의 "본 계약에 관한 소송은 서울지방법원을 관할법원으로 한다"라는 관할합의조항은 약관의 규제에 관한 법률 제14조에 해당하여 무효=대법 1998. 6. 29, 98마863. 대법 2009. 11. 13, 2009마1482는 주택분양보증약관에서 '대한주택보증주식회사의 관할영업점 소재지 법원'을 전속적 합의관할법원으로 정한 사안에서, 위 회사의 내부적인 업무조정에 따라 위 약관조항에 의한 전속적 합의관할이 변경된다고 볼 경우에는 당사자 중 일방이 지정하는 법원에 관할권을 인정한다는 관할합의조항과 다를 바가 없어 위 약관규정은 무효라고 볼 수밖에 없으므로, 위 약관조항의 '위 회사의 관할영업점 소재지 법원'은 주택분양계약이 체결될 당시 위 회사의 영업점 소재지 법원을 의미한다고 한정해석했다.

3) 다만 대법 2008. 12. 16, 2007마1328에서는 무효로 보기 위해서는 그 약관조항이 고객에게 다

조항이 그 말미에 들어가는 예가 많다. 강자가 자기에게 유리한 법원을 섭외하는 경우도 있다.

2. 성 질

(1) 관할의 합의는 관할의 발생이라는 소송법상의 효과를 낳는 소송행위로서 소송계약의 일종이다(반대설 있다). 그 요건이나 효과는 소송법에 의한 규율을 받으므로 관할의 합의에는 소송능력이 필요하다(55조). 관할의 합의는 임대차계약과 같은 사법상의 계약과 동시에 체결되는 수가 있지만 소송행위이기 때문에 사법상의 계약과 운명을 같이하는 것이 아니다. 따라서 본계약인 임대차계약과 같은 사법상의 계약이 무효·취소 또는 해제되었다고 하여도 원칙적으로 관할합의의 효력에 영향이 없다(무인성).

(2) 다만 소송행위로서 특이한 것은 합의에 흠(통정허위표시·불공정한 행위·착오·사기·강박)이 있을 때 민법의 규정을 유추적용하여야 한다는 데 있다(반대설 있음). 왜냐하면 관할의 합의는 소송행위이지만 소의 제기나 소의 취하와 같이 직접 법원에 대하여 하는 행위가 아니라, 민법상의 계약처럼 법원의 관여 없이 당사자 사이에서 체결되기 때문이다.

3. 요 건

(1) 제1심법원의 임의관할에 한정(29조 1항)

제1심법원에 한하기 때문에 지방법원 단독판사나 합의부의 관할사건에 한해 합의할 수 있다. 대법원·고등법원은 제1심법원이 아니므로 합의의 대상으로 할 수 없다. 또한 법원의 어떤 특정한 재판부·법관에게 재판을 받기로 하는 합의는 관할이 아닌 법원의 사무분담을 바꾸는 것이 되므로 무효이다. 전속관할이 정해져 있는 때에는 합의할 수 없다(31조).

(2) 합의의 대상의 특정(29조 2항) 예를 들면, 일정한 매매계약상의 소송·임대차계약상의 소송과 같이 합의의 대상인 법률관계를 특정하여야 한다. 합의의 대상이 되는 소송이 어떠한 법률관계에 관한 것인가를 예측할 수 없게 되면, 피고의 관할의 이익을 침해할 수 있기 때문이다. 따라서 당사자간에 앞으로 발생

소 불이익하다는 점만으로는 부족하고 사업자가 그 거래상의 지위를 남용하여 약관조항을 작성 사용함으로써 건전한 거래질서를 훼손하는 등 고객에게 부당한 불이익을 주었다는 점이 인정되어야 한다고 했다. 독일에서도 보통계약약관에 의한 관할합의의 폐단을 시정하기 위해 법개정하였다(ZPO § 38). 오스트리아에서도 제한적이다.

할 모든 법률관계에 관한 소송에 대한 합의, 즉 **포괄적 합의**라면 특정되었다고 할 수 없기 때문에 무효이다.

(3) 합의의 방식은 서면(29조 2항) 관할의 합의는 당사자에게 중대한 영향이 있으므로 당사자의 의사를 명확하게 하기 위한 것이다(합의의 내용을 기록한 종이만이 아니라 전자문서도 포함). 합의는 반드시 동일서면에 의하여 체결될 것을 요하지 아니하며 별개의 서면으로 하여도 되고, 또 때를 달리하여도 된다.[1)]

(4) 합의의 시기 이에 관하여 아무런 제약이 없다. 소의 제기 전에 하는 일이 많다. 다만 분쟁발생 전의 합의가 유효한가는 논란의 여지가 있다(개정 국제사법 8조, ZPO § 38 Ⅲ 참조). 법정관할법원에 소제기 후에도 합의는 할 수 있지만, 그에 의하여 관할이 변경되지 않기 때문에(33조), 소송이송(35조)의 전제로서 그 의미가 있을 뿐이다.

(5) 관할법원의 특정 법률관계와 마찬가지로 관할법원도 특정할 수 있어야 한다. 반드시 1개의 법원만이 아니라 수개의 법원을 정하여도 무방하다. 그렇더라도 전국의 모든 법원을 관할법원으로 하는 합의, 원고가 지정하는 법원에 관할권을 인정하는 합의[2)]는 피고로 될 사람에게 뜻밖의 불이익을 주어 심히 공평을 해치는 것이기 때문에 무효라고 할 것이다. 피고에게 가장 불리한 곳의 선택가능성 때문이다. 그러나 모든 법원의 관할을 배제하는 합의는 차라리 부제소합의(不提訴合意)라고 볼 것으로 관할의 합의와는 다르다.

4. 합의의 모습

(1) 부가적 합의와 전속적 합의 법정관할 외에 1개 또는 수개의 법원을 덧붙이는 부가적 합의(경합적 합의)와 특정의 법원에만 관할권을 인정하고 그 밖의 법원의 관할을 배제하는 전속적 합의(배타적 합의)의 두 가지가 있다. 관할의 합의가 이 중 어느 것인지 불명할 때에는, 경합하는 법정관할법원 중 어느 하나를 특정하는 합의는 전속적이지만, 그렇지 않은 경우에는 부가적 합의로 볼 것이다.[3)] A·B 두 개의 법원이 법정관할법원인데 그 중 A법원을 관할법원으로 하

1) 관할합의의 문구가 부동문자로 인쇄되어 있어도 예문이 아니라는 것에, 대법 2008. 3. 13, 2006다68209.

2) 대법 1977. 11. 9, 77마284는 아파트분양계약에서 「본계약은 원고가 지정하는 법원을 관할법원으로 한다」고 규정하고 있음은 결국 전국법원 중 원고가 선택하는 어느 법원에나 관할권을 인정한다는 내용의 합의라고밖에 볼 수 없어 관할법원을 특정할 수 있는 정도로 표시한 것이라 볼 수 없을 뿐 아니라, 이와 같은 관할에 관한 합의는 피소자의 권리를 부당하게 침해하고 공평원칙에 어긋나는 결과가 되어 무효라 하였다.

3) 강현중, 176~177면.

자고 특정하였다면 A법원이 전속적 합의법원이 되고, A·B법원이 아닌 C법원을 관할법원으로 합의했다면 C 법원이 부가적 합의법원이 된다는 말이다.

판례도 법정관할법원 중 하나를 관할법원으로 약정한 경우에 그 약정이 이루어진 국가 내에서의 전속적 관할법원을 정하는 합의라고 보면서, 다만, 다른 국가의 재판관할권을 완전히 배제하거나 다른 국가에서의 전속적인 관할법원까지 정하는 합의라고 볼 수는 없다고 했다.[1] 특히 약관에 의한 전속적 합의의 경우에는 약관의 뜻이 명백하지 아니하면 고객에게 유리하게 해석하여야 한다는 입장이다.[2]

다른 견해로, 합의가 불명할 때에는 부가적 합의라고 볼 특별한 사정이 없는 한 전속적 합의로 해석하여야 하고, 다만 약관에 의한 관할합의의 경우에는 부가적 합의로 해석할 것이라고 한다.

(2) 국제재판관할의 합의[3]

1) 외국법원을 관할법원으로 하는 합의의 모습과 그 요건 국내법원 외에 외국법원을 관할법원으로 하는 부가적 합의와 외국법원만을 배타적으로 관할법원으로 하는 전속적 합의가 있다. 전자는 별문제 없지만 후자는 우리나라의 재판권을 배제하는 것이기 때문에 문제이며, 우리나라 재판의 불신에서 오는 수도 있다. 새 법이 나오기 전에 판례는 i) 국내재판권에 전속하지 않는 사건일 것, ii) 합의한 외국법원이 당해사건에 국제재판관할권을 가질 것, iii) 당해 사건이 그 외국법원에 대하여 합리적 관련성이 있을 것 등 세 가지 요건을 갖추는 외에, 그와 같은 전속적 관할합의가 현저하게 불합리하고 불공정하지 않는 한 그 관할합의는 유효하다는 것이었다.[4] 그러나 2022년 개정 국제사법 제8조는 종전 판례 입장을 따르지 않고, 합의한 국가의 법에 따를 때 그 효력을 잃게 되거나 합의한 국가 아닌 다른 국가의 국제재판관할에 전속하거나 소가 합의한 국가의 공서양속에 위반되는 때, 그리고 그 외의 또 한 가지(합의 당사자의 합의무능력) 등 4가지 사유(1항)나 변론

1) 일본에서 채권자 주소지 관할법원을 전속적 관할법원으로 정한 채권자·채무자 사이의 합의는 그 채권을 양수한 한국인 채권자에게는 효력이 미치지 않아 대한민국 법원에 재판관할권이 있다는 것으로, 대법 2008. 3. 13, 2006다68209.

2) 대법 2009. 11. 13, 2009마1482.

3) 노태악, 「국제재판관할의 합의관할과 변론관할」, 2009. 11.의 한국민사소송법·국제사법학회 학술대회 발표논문.

4) 대법 2011. 4. 28, 2009다19093; 2010. 8. 26, 2010다28185; 동 1997. 9. 9, 96다20093. 뒤의 판례에 대한 비판으로는 한충수, "국제재판관할합의에 있어서 전속적 관할합의의 유효요건 중 내국 관련성문제," 민사소송(Ⅰ), 595면 이하. 국제사법이 개정된 뒤라도 동법 개정전에 전속적인 국제재판관할의 합의가 있었던 사건에서, 같은 취지의 판시는 대법 2023. 4. 13. 판결.

관할이 발생한 경우(5항 2호) 등에 해당하지 않으면 전속적 관할합의를 유효한 것으로 보았다. 합의는 서면으로 하여야 한다(전보, 전신, 팩스, 전자우편 그 밖의 전자적 의사표시 포함). 유효한 합의가 있음에도 국내법원에 소가 제기된 때는 소를 각하하여야 한다(동 8조 5항. 이 원칙에 대하여 동항 단서에서는 예외를 4가지 규정하였다).

구 판례의 전속적 합의의 엄격한 요건(합리적 관련성의 요구)은 국경이 없다시피 되어가는 시대에 global standard 외면의 배타적인 면도 있고, 우리가 가입하지 않았으나 2006년 관할합의협약에도 어긋나서 문제 있었다.[1] 다만 대법 2023. 4. 13. 2017다219232에서는 구 국제사법 제27조(현 42조)가 소비자계약에서는 수동적인 계약당사자인 소비자의 재판청구권을 실질적으로 보장하기 위한 목적과 취지라는 점을 고려할 때 전속적 재판관할 합의가 효력을 미치지 않는다고 하였다.

2) 소비자계약·근로계약에 관한 합의방식상의 특례 동법 제42조 제3항·제43조 제3항에서는 소비자계약에 관한 소나 근로계약에 관한 소에 있어서 국제재판관할의 합의를 함에 있어서는 다음의 요건을 갖추도록 하였다. i) 서면합의, ii) 분쟁발생 뒤인 사후적 합의, iii) 국제재판관할 합의에서 법원 외에 외국법원에도 소비자나 근로자가 소를 제기할 수 있도록 한 경우 등이다. 부가적 합의만 가능하며 전속적 합의는 무효가 된다. 분쟁 발생 전에 대한민국 법원의 국제재판관할권을 배제키로 한 합의는 무효라는 것에, 대법 2006. 12. 7, 2006다53627.

5. 합의의 효력

(1) 관할의 변동 관할의 합의가 성립되면 합의의 내용에 따라 관할이 변동된다. 관할권 없는 법원에 관할권을 발생시키며, 특히 전속적 합의인 경우에는 법정관할법원의 관할권을 소멸시킨다. 합의관할은 전속적 합의관할의 경우에도 그 성질상 임의관할이며 법정의 전속관할(31조)로 바뀌는 것이 아니다(그러나 개정 국제사법 제8조 제3항은 국제합의관할은 전속적인 것으로 추정한다고 규정하였다). 따라서 원고가 합의를 무시한 채 다른 법정관할법원에 소를 제기하여도 피고가 이의 없이 본안변론하면 변론관할(30조)이 생기며, 전속적 합의의 법원이 재판하다가도 현저한 지연을 피한다는 공익상의 필요가 있을 때에는 다른 법정관할법원에 이송할 수 있다(35조의 재량이송).

(2) 효력의 주관적 범위 관할의 합의는 당사자간의 소송상 합의이기 때문에, 당사자와 그 승계인에 대해서만 미친다.

---

1) 김용진, 79면; 석광현, 국제사법(제2판), 53면 이하; 노태악, 앞의 논문; 강희철, "전속적인 국제재판관할의 유효요건," 인권과 정의 254호, 108면 참조.

1) 상속인과 같은 일반승계인에 미치는 것은 의문이 없지만, 특정승계인일 경우에는 문제이다. 소송물을 이루는 권리관계가 당사자간에서 자유로 정할 수 있는 **채권**(계약자유의 원칙)과 같은 것이면, 양수인도 변경된 내용의 권리를 양수받았다고 볼 수 있기 때문에 합의의 효력이 그 양수인에게 미친다고 봄이 원칙일 것이다(민 451조).[1] 다만 **외국적 요소**가 있는 법률관계가 된 때에는 합의가 공법상 타국의 재판관할권을 배제하여 사법(司法)주권을 침해할 수는 없으므로 양수인에게 효력의 확장을 부인하여야 한다.[2] 반면 그 내용이 법률상 정형화되어 있는 **물권**인 경우에는 당사자가 그 내용을 자유롭게 대세적으로 변경할 수 없고(민 185조의 물권법정주의), 또 그 합의된 바를 등기부상 공시할 수 없는 것이기 때문에 물권의 양수인은 양도인이 한 합의에 구속되지 않는다.[3] 이 점은 소송물이 물권적 청구권인 때는 채권적 청구권과 달리 기판력의 주관적 범위가 양수인(승계인)에 미친다고 보는 경우와는 대조적이다(695면 참조).

2) 합의가 일반 제3자를 구속할 수 없는 것은 물론이다. 따라서 채권자와 보증채무자간의 합의, 채권자와 연대채무자 중의 1인간의 합의는 각각 주채무자나[4] 다른 연대채무자에게는 미치지 않는다.

제7관 변론관할(응소관할)

1. 의　의

변론관할이란 원고가 관할권 없는 법원에 소제기하였는데, 피고가 이의 없이 본안변론을 하였으면 생기는 관할을 말한다(예: 甲·乙간의 소의 법정관할법원은 부산지법임에도 원고 甲이 서울중앙지법에 제소하였는데, 그럼에도 피고 乙이 문제삼지 않고 본안변론을 하였으면 동 지법에 관할권이 생기는 것). 구법에서는 응소(應訴)관할이라 했다. 엄밀하게는 본안변론관할이다. 원래 관할에 관한 규정은 전속관할의 경우를 제외하고 소송수행의 편의라는 당사자의 이익도 고려하여 정한 것이므로, 원고가 관할권 없는 법원에 소제기하여도 피고가 말없이 응소한 때에는 구태여 관할법원에 이송할 필요까지는 없다 할 것이고, 그 법원에 관할을 인정하는 것이 당사자의 이익, 소

1) 대법 2006. 3. 2, 2005마902.
2) 일본에서 맺어진 채권자 주소지 관할법원 전속적 관할합의의 효력이 한국인 채권양수인에게까지 미치지는 않는다는 것으로, 대법 2008. 3. 13, 2006다68209.
3) 대법 1994. 5. 26, 94마536.
4) 대법 1988. 10. 25, 87다카1728.

송촉진에 도움이 된다는 이유에서이다(피고가 법정관할법원을 잘 몰라서 응소할 수도 있어 석명권 행사가 필요할 때도 있을 것임). 실무상 변론관할 때문에 관할권 없는 법원에 관할권이 생기는 경우가 많다. 변론관할은 국제재판관할에서도 적용된다(개정 국제사법 9조).

2. 요 건(30조)

(1) 원고의 관할권 없는 제1심법원에의 제기 원고가 관할권을 어긴 경우에 한하므로, 관할권 있는 법원에 소제기한 경우에는 변론관할의 문제가 없다. 관할권을 어긴 경우라도 제1심의 토지관할과 사물관할 등 임의관할을 어긴 경우에 인정되는 것이지, 전속관할위반의 경우에는 변론관할이 생기지 않는다(31조). 소제기 당초에는 관할권이 있었으나 그 뒤 청구취지의 확장·반소 등의 제기에 의하여 관할위반이 된 경우, 예를 들면 4억 5천만원의 단독판사관할사건에서 청구취지의 확장으로 합의부관할인 5억 5천만원으로 늘어나는 경우라도, 이에 대하여 상대방이 이의 없이 본안변론을 하면 단독판사에 변론관할이 생긴다(269조 2항 참조).[1] 지법항소부 항소심계속중 (이와 같이) 늘어나는 경우(2억원 초과는 제외), 제1심법원에 의하여 심급관할이 정해지는 만큼, 관할에 영향이 없다.[2]

(2) 피고의 이의 없는 본안변론 즉, 피고가 관할위반의 항변을 제출하지 아니하고, 본안에 관하여 변론하거나 변론준비기일에서 진술하여야 한다.

1) '본안'에 관하여 변론 또는 진술이란, 피고측에서 원고의 청구가 이유 있느냐의 여부에 관하여 사실상·법률상의 진술을 하는 것을 말한다. 따라서 실체사항이 아닌 절차사항인 기피신청·기일변경신청·소각하판결의 신청 등은 본안에 관한 진술이 아니다. 문제는 출석한 피고가 단지 '청구기각의 판결'만을 구하고 청구의 원인에 관한 답변을 뒤로 미루는 경우에 변론관할이 생기는가이다. 이 때에도 원고의 청구가 이유 없다고 말한 것이라 하여 본안변론에 들어섰다는 것이 통설[3]이지만, 반대설[4]이 있다. 신법은 피고의 답변서의 기재가 구체적일 것을 요구하므로(256조; 규 65조) 이와 같이 본안 답변을 뒤로 미루는 일이 어려워질 것이다.

2) 본안에 관한 '변론'은 변론기일·변론준비기일에 출석하여 말로 적극적으로 할 필요가 있다(개정규 28조, 70조의 2 참조). 따라서 피고가 변론기일 등에 불출석하거나 출석

1) 다만 청구취지확장신청서를 피고에게 송달하기 전인데 단독판사가 행한 합의부로의 이송결정은 위법이 아니라는 것에, 대법 1983. 6. 21, 83마214.
2) 대법 1992. 5. 12, 92다2066.
3) 방순원, 83면; 송상현/박익환, 106면; 정동윤/유병현/김경욱, 172면; 강현중, 180면.
4) 김홍규/강태원, 116면.

하여도 변론하지 아니한 경우에는 변론관할이 생길 여지가 없으며, 비록 본안에 관하여 준비서면만 제출한 채 불출석한 때에 그것이 진술간주(148조, 286조)되어도 마찬가지이다(다툼 있음).[1)]

(3) 피고의 관할위반의 무항변　관할위반의 항변은 반드시 명시적이어야 하는 것은 아니며, 묵시적이라도 상관 없다. 피고가 그 법원에 일단 관할권이 있는 것을 조건으로 본안에 관한 변론을 하는 때에는 관할위반의 항변이 있는 것으로 보아야 한다.

3. 효　과

관할위반의 항변을 하지 않고 본안변론하는 때에는 그 시점에서 변론관할이 생긴다. 따라서 그 소에 관하여 관할위반의 문제는 생길 수 없으며 그 이후 피고의 관할위반의 항변은 허용되지 않는다. 또 이의 없이 본안에 관하여 변론한 것을 갖고 뒤에 의사의 흠을 이유로 취소할 수 없다. 변론관할은 당해사건에 한하여 발생하기 때문에 소의 취하나 각하 후에 다시 제기하는 재소(再訴)까지는 그 효력이 미치지 않는다.

제8관　관할권의 조사

1. 직권조사

소가 제기된 법원에 관할권이 있어야 하는 것은 **소송요건**이다. 따라서 관할권의 유무는 직권조사사항[2)]이다(32조). 전속관할에 대해서는 관할위반의 본안판결을 한 경우라도 그 흠이 치유되지 않기 때문에(411조 단서, 424조 1항 3호), 제1심은 물론 상소심에서도 이를 직권조사하여야 한다. 다만 임의관할위반에는 변론관할이 생기는 수가 많으므로 관할권이 없다고 즉시 이송의 재판을 할 것이 아니다. 또 임의관할의 경우에는 그 위반의 본안판결을 하였을 때에 그 흠을 상소심에서는 다툴 수 없기 때문에 제1심에 한하여 조사할 것이다(411조 본문).

1) 대법 1980. 9. 26, 80마403.
2) 대법(전) 1993. 12. 6, 93마524 등.

2. 조사의 정도 · 자료

관할에 관한 조사는 관할을 정하기 위하여 필요한 한도 내에서 하면 된다.

(1) 관할이 청구의 종류나 법적 성질에 의하여 정해지는 때에, 그 종류나 법적 성질은 소장의 청구취지와 청구원인상 원고주장의 사실관계를 토대로 하여 판단하여야 한다(33조 참조). 예컨대 사물관할의 기준이 되는 비재산권상의 청구인가, 특별재판적의 원인인 불법행위에 관한 청구(18조)인가, 부동산에 관한 청구(20조)인가 등은 청구취지와 청구원인에서 원고가 주장하는 사실 자체를 기초로 하여 조사·판단하면 되고, 본안심리한 뒤에 그 결과를 토대로 판단할 것이 아니다.[1] 원고가 밝힌 법률적 견해까지 참작할 필요가 없다. 미국소장에서는 먼저 관할원인의 진술(statement of jurisdiction)을 한다(FRCP form 7).

(2) 이에 반하여 관할이 청구의 법적 성질과 관계 없이 법원과 특수관계 때문에 발생되는 경우에는, 관할의 원인이 되는 사실에 대하여 증거조사를 하여야 한다. 예컨대 의무이행지에 관한 관할의 합의의 유무, 피고가 그 법원의 관할구역내에 주소·거소 또는 재산이 있느냐의 여부, 원고가 불법행위에 관한 청구를 한 경우에 원고가 주장하는 지점이 그 관할구역내에 있는가 여부를 조사하는 것이 그것이다.

(3) 관할권의 존재에 대해서는 원고에게 이익이 있기 때문에, 원고가 관할원인사실에 대하여 주장·증명책임을 지게 되지만 법원도 직권증거조사를 할 수 있다(32조). 전속관할의 존부는 직권증거조사를 할 것이지만, 임의관할에 대해서는 당사자간에 다툼이 없으면 그대로 넘어간다.[2]

3. 관할결정의 표준시기

법원의 관할은 소를 제기한 때를 표준으로 하여 정한다(33조). 소제기시에 관할이 인정되는 한 그 뒤 사정변경이 있어도 관할이 바뀌지 않는다(관할항정(恒定)(perpetuatio fori)의 원칙, 한번 관할은 영원한 관할).

토지관할의 원인이 되는 피고의 주소나 주된 영업소[3] 또는 재산이 있는 곳이 소제기 후에 변경되어도, 소제기 당시에 관할권이 있는 이상 관할에 아무 영향이 없다. 또 관련재판적에서 관할원인이 된 그 청구의 취하, 반소에 있어서 본소의

1) 대법 2004. 7. 14, 2004무20.
2) 같은 취지: 김홍규/강태원, 117면; 정동윤/유병현/김경욱, 175면; 김홍엽, 93면.
3) 대법 1970. 1. 8, 69마1097.

취하, 독립참가소송에서 본소의 취하 등의 경우 본소가 없어져도 일단 적법하게 계속된 병합소송 · 반소 · 독립참가의 소의 관할권에 영향이 없다.

이러한 **관할항정(恒定)의 원칙**에 대한 예외가 단독사건의 경우이다. i) 단독판사에 본소사건의 계속 중에 합의부 관할사건이 반소로 제기된 경우, ii) 청구취지의 확장으로 합의부의 관할이 된 경우이다. 이때는 합의부로의 이송원인이 된다(104면 참조).

4. 조사의 결과

관할권의 존재가 긍정되면 법원은 심리를 그대로 진행시킬 것이나, 당사자간에 다툼이 있으면 중간판결(201조)이나 종국판결의 이유에서 이에 관한 판단을 하면 된다. 조사 결과 관할권이 없을 때에는 소각하판결이 아닌 관할권이 있는 법원으로 직권이송할 것이다(34조 1항. 단 국제관할권의 위반은 소각하). 만일 관할위반을 간과하고 본안판결을 하였을 때에는, 전속관할의 경우는 다르나 임의관할의 경우에는 그 흠이 치유된다(411조 본문).

제9관 소송의 이송

I. 의 의

(1) 소송의 이송이란 어느 법원에 일단 계속된 소송을 그 법원의 재판에 의하여 다른 법원에 이전시키는 것을 말한다(예: 이송결정에 의하여 부산지법에서 서울지법으로 사건을 옮기는 것). 관할위반의 경우에 소를 각하하기보다 관할권이 있는 법원으로 선도 · 이송함으로써 다시 소를 제기할 때에 들이는 시간 · 노력 · 비용을 절감케 하고, 소제기에 의한 시효중단 · 제척기간 준수의 효력을 유지시켜 소송경제에 도움이 되게 하며, 나아가 관할위반이 아닌 경우라도 소송촉진과 소송경제의 견지에서 보다 편리한 법원으로 선도하여 심판케 하려는 데 그 제도적 의의가 있다. 이송에는 제1심소송의 이송 이외에 상급심에서 하는 이송(419조, 436조)이 있다. 상급심에서 원심으로 돌려보내는 환송도 넓은 의미에서는 이송이다. 원고선택의 유리한 관할법원에 문제점이 있을 때에 피고측은 이송신청으로 대응할 수 있다.

(2) 이송은 한 법원에서 다른 법원으로의 재판에 의한 사건의 이전이기 때문에 법원의 교체 내지는 변경이다. 같은 내에서 재판부를 바꾸는 이부(移部)나 소

송기록의 송부와는 구별하여야 한다. 국제간에는 이송제도없다.

(a) 이 부 이송은 같은 법원 내의 단독판사끼리나 합의부끼리의 사건의 송부인 이른바 이부와는 구별된다. 이는 실무상 동일법원 내의 다른 재판부에 관련사건이 계속중일 때나 전문부가 설치되었을 때 등 그곳으로 보내는 사무분담의 재조정이다. 이송결정을 요하지 않는다. 같은 지방법원 안의 본원과 지원 · 시군법원간의 사건의 송부가 이부이냐 이송이냐가 문제이다. 외국과 달리 우리 실무관행은 소송이송으로 처리하고 있다.

(b) 소송기록의 송부 이송결정을 하는 것이 아니라 「기록송부」라는 사실행위만이 있는 경우이다. 상소 · 항고를 잘못한 경우에 생기는 문제이다. 특히 대법원에 '특별항고'(449조)만 허용되는 재판에 불복하여 항고장을 제출하면서 '특별항고장'이라는 표시와 대법원이라는 표시를 하지 아니한 채 고등법원에 '일반항고'를 하였을 때에 고등법원은 이송결정 없이도 대법원에 소송기록을 넘기는 실무례가 있다.[1] 이는 정상적인 상소의 제기에 뒤따르는 상소법원에 소송기록의 송부(400조, 425조)와는 다르다.

Ⅱ. 이송의 원인(이송요건)

1. 관할위반에 의한 이송(34조 1항)

(1) 적용범위 관할권 없는 법원에서 있는 법원으로 옮기는 것으로, 전속관할위반의 경우에 한하지 않으며, 사물관할이든 토지관할이든 가리지 않고 적용된다. 관할위반에 의한 이송규정은 제1심법원 사이에 적용됨이 원칙이나(수평이송), 이를 넘어 그 밖의 법원 사이에서도 유추적용할 것인가(수직이송 등)의 문제가 있다.

(a) 심급관할위반의 소제기 상급심법원을 제1심법원으로 하여 소제기한 경우(예: 대법원을 제1심법원으로 하여 소제기하였을 때와 같은 직분관할의 위반)에 상급심법원은 관할권 있는 제1심법원으로 이송할 것인가, 당사자가 다른 법원의 재판을 받지 않을 의사를 명확히 한 때에는 바로 소를 각하할 것이라는 견해도 있으나, 심급관할의 문제는 공익적인 것이기 때문에 당사자의 의사를 고려함이 없이 관할법원으로 이송함이 타당할 것이다(다수설).[2] 반대로 상급법원에 제기하여야 할 사건을 하급법원에 소제기한 경우가 문제인데, 판례는 항소심법원에 제기하여야 할 재심의 소를 제1심법원에 제기한 경우(451조 3항 참조), 항소심법원으로 이송하여야 한다고 했다(상세는 뒤에 볼 「재심관할법원」 참조).[3]

1) 대법 2016. 6. 21, 2016마5082; 동 2011. 2. 21, 2010마1689 등. 최근 예는 재도(再度)의 고안(考案)에 의한 경정결정에 대한 일반항고사건에서 기록송부한 일이 있음.
2) 대법(전) 1995. 1. 20, 94마1961 등.
3) 대법(전) 1984. 2. 28, 83다카1981.

(b) **관할위반의 상소** 상소법원을 혼동하여 상소를 제기한 경우에(지법단독판사의 특허침해손배 사건에서 특허법원이 아닌 지법항소부에 항소한 경우, 2억원 초과의 고액단독사건의 판결에 지법항소부에 항소한 경우 등) 관할상소법원에 이송할 것인가. 본조의 적용을 부정하고 각하할 것이라는 견해[1)]가 있지만, 제34조 1항은 상소심에서도 적용될 수 있는 총칙규정인 점과 각하하면 상소기간이 짧아 그 준수의 이익을 잃게 되는 점을 고려하여 이송을 긍정할 것이다(통설과 판례, 2019다284186).

(c) **민사소송사항으로 혼동하여 소제기**(일반법원과 전문법원간의 이송) 이른바 구제절차를 혼동한 경우이다.

1) 가사소송사건을 일반민사사건으로 잘못 알고 가정법원 아닌 지방법원에 소제기한 경우에는 다툼이 있었으나, 판례[2)]의 입장과 같이 이송을 긍정할 것이다(가소 13조 3항). 2017년부터 생긴 회생법원사건을 민사법원에 제기한 때도 같이 볼 것이다.

2) 행정사건을 일반민사사건으로 잘못 알고 행정법원 아닌 민사법원에 소제기한 경우에는 그 법원에도 동시에 관할권이 있으면 심리할 것이로되[3)] 그렇지 않으면 고의·중과실이 없을 때는 관할법원으로 이송할 것이다(행소 7조).[4)] 그 소가 이송된 후 항고소송으로 부적법각하될 것이 명백한 경우라면 별문제이다.[5)] 다만 당사자소송은 행정소송의 특수성을 감안하여 행정소송의 특칙이 적용되는 점을 제외하면 심리절차에서 민사소송과 큰 차이가 없으므로 당사자소송을 민사소송으로 처리하여도 특단의 사정이 없는 한 위법이 아니다.[6)]

3) 비송사건에 해당함에도 불구하고 소의 형식으로 제기할 경우, 예컨대 임시이사해임청구의 소 등의 경우에 판례는 부적법한 소로서 각하할 것이라는 입장이나(예: 회사해산명령신청을 하지 않고 회사해산명령청구의 소제기를 하는 것도 같다),[7)] 이 경우에도 제34조 1항을 유추하여 이송함이 비송사건과 소송사건의 한계 모호에서 오는 위험부담을 줄이며 법오해자에 대하여 법원이 선도하는 의미가 있을 것이다(통설).[8)] 최근 판례도 입장을 바꾸어

1) 방순원, 137면.
2) 대법 1980. 11. 25, 80마445.
3) 대법 2020. 1. 16, 2019다264700.
4) 대법(전) 1996. 2. 15, 94다31235; 동 1999. 11. 26, 97다42250; 2015다215526; 2021다250025 등. 고용·산재보험료 납부의무 부존재확인의 소와 같은 행정소송법상의 당사자소송이 일반법원에 제기된 경우에 이송이 필요하다는 것에, 대법 2016. 10. 13, 2016다221658.
5) 대법(전) 2009. 9. 17, 2007다2428; 동 2020. 10. 15, 2020다222382 참조.
6) 대법(전) 2021. 5. 6, 2017다273441. 대법 2023. 6. 29, 2022두44262에서는 민사소송에서 항고소송으로, 행정소송(당사자소송)에서 민사소송으로 각기 소의 변경이 허용된다고 했다.
7) 대법 1956. 1. 12, 4288민상126; 동 1963. 12. 12, 63다321.
8) 독일법원조직법(GVG) 제17a조. 같은 취지: 한충수, 86면; 강현중, 184면. 반대: 김홍엽, 100면. 항소심에서 채권자취소소송을 수계하여 청구변경의 방법으로 부인권행사한 경우에 회생법원 이

이송을 허용하는 입장이다.[1)]

(d) **법원과 다른 국가기관간의 이송**[2)] 다만 제34조 제1항의 이송규정은 법원간의 이송을 전제로 하므로, 예를 들면 특허법원이 행정기관의 일종인 특허심판원에 이송하는 것 등은 허용되지 않는다.[3)] 헌법재판소와 일반법원 사이에도 마찬가지이다.

(2) 전부 또는 일부이송 전부관할위반의 경우에는 소송전부를 이송할 것을 요한다. 소송의 일부이송은 청구병합의 경우에 청구의 일부가 다른 법원의 전속관할에 속하는 경우 등에 행한다.

(3) 신청권 없는 직권이송 관할위반의 경우에는 원칙적으로 직권으로 관할권 있는 법원으로 이송하지 않으면 아니 된다(34조 1항). 관할권 있는 법원이 수개 경합할 때에는 희망하는 법원으로 이송함이 타당하다. 예외적으로 지방법원 합의부는 그 관할에 속하지 않는 단독판사의 관할사건이더라도 전속관할에 속하는 것이 아닌 한(34조 4항) 상당하다고 인정될 경우 이송하지 아니할 수 있다(34조 3항).

관할위반에 의한 이송의 경우는 이처럼 직권에 의한 이송인 점에서, 다른 원인에 의한 이송인 제34조 2항(지법단독판사로부터 합의부로 이송), 제35조(손해 · 지연을 피하기 위한 이송), 제36조(지식재산권 등에 관한 소송의 이송), 제269조 2항(반소제기에 의한 이송)에 의한 이송의 경우와 다르다. 판례는 관할위반의 경우에 당사자에게 이송신청권이 없다고 한다. 따라서 당사자가 내는 이송신청은 법원의 직권발동을 촉구하는 의미 이상은 없고 이송신청에 대해 재판을 필요로 하지 아니하며, 또 이송신청기각결정을 하여도 즉시항고권이 없다는 것이다.[4)] 나아가 항고심에서 당초의 이송결정이 취소된 경우, 이에 대한 재항고가 허용되지 않는다는 것이다.[5)] 그러나 i) 관할권 있는 법원에서 재판을 받을 피고의 이익보호의 필요(명백히 자의적 신청기각일 때에는 법률이 정한 곳의 법관에 의한 재판을 받을 권리 침해의 문제도 생길 수 있다. 헌 27조), ii) 관할위반이 아닌 다른 원인에 의한 이송에 이송신청권이 인정되는 것과의 균형 등을 고려하여, 이 경우에도 이송신청권을 주어 이송재판에 즉시항고로 불복할 수 있게 할 것이다(다수설).[6)] 일본신민소법 제16조에서는 당사자에게 이송신청권을 인정했다.

송 부정의 예=대법 2017다205073.

1) 대법 2023. 9. 14, 2020다238622.

2) 긍정설에 정영환, 245면.

3) 대법 1994. 10. 21, 94재후57.

4) 대법(전) 1993. 12. 6, 93마524.

5) 대법 2018. 1. 19, 2017마1332.

6) 반대견해: 강현중, 184면.

2. 심판의 편의에 의한 이송(재량이송)

심판의 편의 때문에 관할권 있는 곳에서 있는 곳으로 옮기는 경우이다.

(1) 현저한 손해나 지연을 피하기 위한 이송(35조)

1) 1개 소송에 대하여 관할법원이 A·B 두 법원일 때에 원고가 A 법원을 택하여 소제기하였지만, A 법원보다는 B 법원에서 재판하는 것이 손해나 지연을 피하는 길일 때에 B 법원으로 이송하는 제도이다. 따라서 관할위반이 아님에도 불구하고 다른 관할법원으로 이송하는 경우이다.

여기의 i) **현저한 손해**라 함은 주로 피고에게 소송수행상의 부담이 생겨 소송불경제가 된다는 취지로 볼 것이다. 교도소에 있는 피고를 법정으로 호송하는 행정상의 부담은 여기에 포함되지 않는다는 것이 판례이다.[1] ii) **지연**이라 함은 법원이 사건을 처리함에 있어서 증거조사 등 시간과 노력이 크게 소요되어 소송촉진이 저해된다는 취지로 볼 것이다. 앞이 사익적 규정이라면 뒤는 공익적 규정에 해당된다.[2]

2) 대법원은 「현저한 손해나 지연을 피하기 위한 필요」가 있는 때인가에 관하여 자유재량으로 판단할 것이라고 하면서도, 이러한 원인의 이송신청의 기각결정이 부당하다고 본 사례는 없으며, 이 제도를 사실상 사문화시키고 있다. 이 제도의 현대적 의의를 도외시한 채 법원을 바꾸기 어렵게 관할의 항정(恒定)을 고집한다. 생각건대 이는 가장 편리한 법원이 수소법원으로 선택되기 위한 제도로서, 당사자와 증인에게 「불편한 법정에서 보다 편리한 법정」으로 사건을 이송 또는 기각하는 미국법상의 forum non conveniens의 법리(불편법정의 원칙, KAL의 땅콩회항사건이 뉴욕법원에 제소되었는데 KAL측은 징벌배상제가 없는 한국법원으로 이송결정에 의해서가 아니라, 이 원칙을 내세워 옮기는 데 성공)와 맥을 같이 하는 매우 의미 있는 제도이므로, 그 활성화가 요망된다. 특히 공통의 쟁점사건, 집단소송 등이 전국 여러 법원에 산발적으로 분산제소되었을 때에 이 제도에 의하여 model case로서 해결하기에 적합한 어느 한 지방법원에 보내 관할집중을 시키고 병합처리하는 데 활용의 여지도 있을 것이다(28 USCA §1407의 multidistrict litigation, MDL). 역설적으로 편의에 의한 이송제도는 특허침해소송 등에서 입법으로만 확대되고 있다(36조; 민집 284조). 판례를 보면,

---

1) 수형자의 민사소송을 위한 장거리호송에 소요되는 상당한 인적·물적 비용은 행정적인 부담이지 소송상대방으로서 부담하는 것이 아니므로 여기에 해당하지 않는다는 것에, 대법 2010. 3. 22, 2010마215.

2) 주석신민소(Ⅰ), 234면; 대법 1966. 5. 31, 66마337.

① 불법행위지이며 피고주소지이고 동시에 증인 및 증거서류의 소재지법원으로 이송신청한 때,[1] ② 양쪽 대리인의 사무소가 있는 곳의 관할법원에 제기한 경우에 불법행위지이며 증인이 있는 곳의 법원으로 이송신청한 때[2]에 각기 제35조에 해당하지 아니한다고 하였다. ③ 대법 1998. 8. 14, 98마1301에서는 현저한 손해에 대하여 피고측의 소송수행상의 부담을 주로 의미하는 것이기는 하나 원고측의 손해를 도외시하여서는 안 된다고 전제하면서 피고측이 소송수행을 하는 데 많은 비용과 시간이 소요된다는 사정만으로는 제35조의 이송사유가 아니라 하였으나 의문이다.

3) 이 이송은 **신청 또는 직권**으로 한다. 임의관할이 아닌 전속관할에 속하는 사건일 경우에는 이송할 수 없다[3](단 36조 3항은 예외). 이에 반하여 전속적 합의관할의 사건이라면 다르다. 전속적 합의관할의 법원에서 재판하는 것이 현저한 지연을 피한다는 공익상의 필요가 있을 때에는 합의의 효력을 무시하고 다른 법정관할법원으로 이송할 수 있을 것이다[4](통설).

(2) 지식재산권 등에 관한 소송의 이송특칙(36조)

1) **특허권 등 제외의 지식재산권**과 국제거래에 관한 소를 고등법원이 있지 아니한 곳의 지방법원에 제기한 경우의 문제이다. 이때에 제24조에 의한 특별재판적이 있는 곳인 고등법원이 있는 곳의 지방법원(서울, 대전, 대구, 부산, 광주, 수원의 여섯 곳)으로 이송할 수 있도록 하였다(동 제1항). 전문재판부에 의한 지식재산권사건과 국제거래사건의 효율적 처리를 위해서이다. 그러나 일반재량이송의 요건과 달리 「현저한 손해나 지연을 피하기 위한 필요」를 요구하지 않고 현저하게 지연되는 문제점이 없으면 제24조 제1항의 특별재판적 있는 고등법원소재지의 지방법원으로 쉽게 이송할 수 있도록 하였다.[5] 당사자의 신청 또는 직권에 의한다.

2) **특허권 등에 관한 소의 특칙** 2016. 1. 1. 시행의 개정법률 제36조 제3항에서는 특허권 등(특허권, 실용신안권, 디자인권, 상표권, 품종보호권)에 관한 소에서는 개정 제24조 제2항에 의한 특별재판적 있는 곳의 고등법원 있는 곳의 지방법원의 전속관할로 하면서도, 한편 제2조 내지 제23조의 규정에 따른 원래의 지방법원으로 이송할 수 있도록 하였다. 직권 또는 당사자의 신청에 의한 이송이다. 일반재량이송은 전속관할에 적용하지 않는데(36조 2항), 여기에서 예외취급을 하였으며, 현저한 지연을 피하기 위한 경우만이 아니라, 현저한 손해를 피하기 위한 경우까지도 이송가능하도록

---

1) 대법 1963. 9. 27, 93마16.
2) 대법 1966. 3. 16, 66마17.
3) 대법 2011. 7. 14, 2011그65(심급관할에 대하여).
4) 대법 2008. 12. 16, 2007마1328 참조.
5) 법원행정처, 민사소송법 개정내용 해설, 18면; 주석신민소(Ⅰ), 238면.

하여 일반재량이송의 요건에 맞추었다.

(3) 지법단독판사로부터 지법합의부로의 이송(34조 2항) 지방법원 단독판사는 자기의 관할에 속하는 소송이라도 상당하다고 인정할 때에는 이를 지방법원 합의부로 이송할 수 있다. 상당성의 유무는 판사의 자유재량이나 사안의 난이도·복잡성, 관련사건의 합의부 계속 등 여러 가지 사정을 고려하여 판단하여야 할 것이다.[1] 이송은 신청 또는 직권으로 한다. 시군법원 관할의 소액사건(소심 2조)도 본조항에 의해 지법합의부로 이송할 수 있다.[2]

3. 반소제기에 의한 이송(269조 2항)

본소가 단독사건인 경우에 피고가 지방법원 합의부의 사물관할에 속하는 반소청구를 한 경우(본소의 소가 1억원의 단독사건에 소가 5억 1천만원의 반소가 제기된 경우에 합의부로 이송.)에는 원고가 반소청구에 대하여 합의부에서 심리를 받는 이익을 박탈하지 않기 위해, 직권 또는 당사자의 신청에 의하여 본소와 반소를 일괄하여 합의부로 이송하여야 한다. 그러나 2억 이하의 단독사건에 대한 항소사건을 심판하는 도중에 2억 초과하는 반소가 제기되어도 이미 정하여진 항소심관할에 영향이 없어 이송의 여지가 없다.[3] 신법은 반소청구에 관하여 원고측에서 이제 단독판사의 관할은 아니라고 관할위반의 항변을 하지 아니하고 본안변론을 함으로써 변론관할(30조)이 생길 때에는 이송할 필요가 없는 것으로 하였다(269조 2항). 이 이송규정은 훈시규정이라는 견해가 있지만, 반대이다.

Ⅲ. 이송절차

(1) 이송신청은 기일에 출석하여 하는 때가 아니면 서면으로 하여야 하며, 신청이유를 밝혀야 한다(규 10조). 이송의 재판은 결정으로 한다. 다만 상소심에서 원판결을 취소 또는 파기하고 이송하는 때에는(419조, 436조) 예외적으로 판결의 형식으로 한다. 이송재판은 결정의 형식으로 하는 이상 반드시 변론을 거칠 필요는 없다고 할 것이나(134조 1항 단서),[4] 민사소송규칙 제11조는 당사자의 이송신청이 있는 때에는

---

1) 대법 1966. 8. 30, 66마324.
2) 대법 1974. 8. 1, 74마71.
3) 대법 2011. 7. 14, 2011그65.
4) 같은 취지: 정동윤/유병현/김경욱, 186면; 강현중, 187면. 반대: 김홍규/강태원, 124면; 송상현/박익환, 115면.

그 결정에 앞서 상대방에게 의견진술의 기회를 제공하여야 하고, 법원의 직권으로 이송결정을 하는 때에는 당사자의 의견을 들을 수 있다고 규정하였다. 그러나 법 제34조 1항의 관할위반으로 인한 이송결정에는 당사자에게 이송신청권이 없음을 고려하여 의견진술에 관한 규정의 적용을 배제시켰다.

(2) 이송결정과 이송신청의 기각결정에 대하여는 즉시항고할 수 있다(39조). 이송신청의 기각결정은 본안판결과 함께 내릴 것이 아니다(독자적인 불복의 기회가 박탈되기 때문이다). 이송신청의 기각결정에 대해 즉시항고할 수 있도록 한 제39조의 적용범위가 문제가 된다. 관할위반 이외의 이송(35조, 34조 2항, 36조 1항, 269조 2항)의 경우에는 당사자에게 이송신청권이 인정되기 때문에 이송신청의 기각결정에 대해 즉시항고할 수 있음은 아무런 의문이 없다. 그러나 관할위반에 따른 이송(34조 1항)의 경우에는, 앞서 본 바와 같이 판례는[1] 당사자에게 이송신청권이 없기 때문에 법원의 이송신청의 기각결정에 대해 즉시항고권이 없다고 한다. 나아가 특별항고(449조)조차 안 된다는 것이나 매우 의문이다.

Ⅳ. 이송의 효과

1. 구 속 력

이송결정이 확정되면 이송을 받은 법원은 이에 따라야 한다(38조 1항). 따라서 이송받은 법원은 잘못된 이송이라도 다시 이송한 법원으로 되돌리는 **반송**이나 다른 법원으로 넘기는 **전송**을 할 수 없다(38조 2항). 이러한 구속력은 관할에 관한 조사의 반복을 피하자는 취지인 것으로(귀찮은 사건을 서로 미루는 소극적 권한쟁의의 방지), 그렇지 않으면 본안심리가 지연되고 당사자가 심히 곤혹스럽게 되기 때문이다. 같은 법원 내에서 재판부 간의 송부인 이부(移部)에는 같은 구속력이 없다. 다만 **전속관할**에 관한 규정에 위반하여 이송한 경우에는 구속력이 없다는 반대설[2]이 있으나, 법문이 전속관할의 경우를 배제하고 있지 않고, 이송의 반복에 의한 소송지연을 피하여야 할 공익적 요청은 전속관할이라도 예외일 수 없기 때문에 이 때에도 구속력을 인정할 것이다(이 때에 411조 단서, 424조 1항 3호의 적용은 없다).[3]

판례는 전속관할위반의 이송의 경우에도 원칙적으로 구속력이 있다고 하면서, 다만 심급관할위반의 이송의 경우는 당사자의 심급의 이익박탈 등을 이유로

1) 대법 1996. 1. 12, 95그59 등; 동 1993. 12. 6, 93마524.
2) 방순원, 132면; 송상현/박익환, 116면; 김용욱, 63면; 호문혁, 201면.
3) 이영섭, 69면; 김홍규/강태원, 125면; 정동윤/김경욱, 187면; 강현중, 187면; 김홍엽, 107면.

그 구속력이 상급심법원까지는 미치지 아니한다고 하였다(예: 제2심법원의 관할인데도 제2심이 잘못 대법원으로 이송한 경우, 대법원은 다시 그 제2심법원으로 이송할 수 있다).[1] 하급심에도 구속력이 없다는 확대해석설도 있으나[2] 이론적 근거에 문제가 있고 상·하급심을 왔다 갔다의 서로 미루기가 될 수 있어 본안 소송사건의 촉진만 저해하게 되고, 나아가 법원조직법 제8조의 상급법원재판의 기속력에 위반될 수 있다. 이 밖에 이송받은 뒤에 소의 변경 등으로 새로 관할법원이 생긴 경우에도 구속력은 미치지 아니한다 할 것이다.

2. 소송계속의 이전

이송결정이 확정되었을 때에는 소송은 처음부터 이송을 받은 법원에 계속된 것으로 본다(40조 1항). 따라서 처음 소제기에 의한 시효중단·기간준수의 효력은 그대로 유지계속된다(소송계속의 일체성).[3] 이송 전에 행한 소송행위(예: 당사자의 자백·증거신청, 증거조사 따위)가 이송 후에도 당연히 그 효력을 보유하는가에 대하여 관할위반에 의한 이송의 경우에만은 다른 이송의 경우와 차별하여 이송 전의 소송행위가 실효된다는 견해가 있다.[4]

생각건대 관할위반에 따른 이송의 경우에도 소송계속의 일체성을 인정하는 이상, 이송한 법원과 이송받은 법원 사이에 변론의 일체성이 있는 것이라고 할 것이고(40조 1항), 더욱이 우리 법 제37조가 관할위반에 의한 이송결정 확정 후에도 이송법원이 긴급처분을 할 수 있게 하였음에 비추어 관할위반의 경우라도 이송 후에 효력을 지속한다고 볼 것이다(통설). 따라서 관할위반의 이송의 경우에도 법관이 바뀐(경질) 경우와 같이 변론의 갱신절차를 밟으면(204조 2항; 규 55조) 효력이 지속된다고 볼 것이다.[5]

3. 소송기록의 송부

이송결정이 확정되면 이에 따르는 사실상의 조치로서 그 결정의 정본을 소송기록에 붙여 이송받을 법원등에게 보내야 한다(40조 2항). 다만 소송기록이 이송법원에 있는 동안만은 급박한 사정이 있을 때에는 증거조사나 가압류·가처분 등의 필요한 처분을 할 수 있다(37조).

1) 대법 1995. 5. 15, 94마1059·1060; 대법 2023. 8. 31, 2021다243355.
2) 조관행, "심급관할을 위반한 이송결정의 구속력," 이시윤 박사 화갑기념논문집(하), 75면 이하; 홍기문, 107면; 김홍엽, 108면; 한충수, 88면. 그러나 독일의 판례·통설은 상급심까지도 구속한다는 입장이다.
3) 재심의 소가 관할법원에 이송되었을 때 재심제기기간 준수 여부는 이송한 법원에 제기한 때를 기준으로 하여야 한다는 것에, 대법(전) 1984. 2. 28, 83다카1981.
4) 이영섭, 69면.
5) 이송의 경우에는 변론갱신절차가 필요 없다는 반대견해(한충수, 88면)가 있다.

제2장 당사자(원고와 피고)

제1절 총　설

Ⅰ. 당사자의 의의

민사소송에 있어서 당사자란 자기의 이름으로 판결에 의한 권리보호를 요구하는 사람과 그 상대방을 말한다. 당사자의 호칭은 각 절차에 따라 다르다. 재판절차 중 제1심절차에서는 원고(Kläger, plaintiff, 구시대는 元告)·피고(Beklagte, defendant, 隻等), 항소심절차에서는 항소인·피항소인, 상고심절차에서는 상고인·피상고인이라 하며, 재심에 있어서는 재심원고·재심피고라고 부른다.

독촉절차, 민사집행절차, 가압류·가처분절차에서는 주로 채권자·채무자라 하고, 또 제소전화해절차·증거보전절차·소송비용액확정절차에서는 신청인·상대방으로 불린다.

(1) 판결절차에서 당사자는 자기의 이름으로 판결요구를 하는 사람 및 그 상대방이다. 따라서 미성년자의 친권자·법인의 대표이사 등 법정대리인이나 소송대리인은 다른 사람의 이름으로 판결요구나 요구받는 사람이기 때문에 당사자가 아니다. 보조참가인의 경우는 비록 자기의 이름으로 소송에 관여하지만 자기의 이름으로 판결요구나 요구받는 사람이 아니므로 엄밀한 의미에서 당사자일 수 없으며, 다만 당사자의 승소보조를 위해 자기의 이름으로 소송을 수행하는 점에서 종된 당사자로 불릴 뿐이다. 증인이나 감정인이 당사자가 아님은 물론이다.

(2) 당사자는 무슨 판결이든 자기의 이름으로 판결을 요구하는 사람과 그 상대방이면 되기 때문에 실체법과는 관계 없는 소송법상의 **형식적 당사자** 개념이다. 19세기 말까지는 유럽 등에서 오히려 소송의 목적이 된 권리관계의 주체인 자, 즉 권리자=원고, 의무자=피고로 당사자를 이해하는 **실체적 당사자** 개념이 지배적 경향이었다. 소송물을 실체법상의 권리의 주장=구실체법설(구소송물론)과 같은 맥락이다. 그러나 제3자가 다른 사람의 권리의무에 대해 소송수행권을 갖고 당사자로서 소송에 나서는 경우가 있기 때문에 실체적 당사자 개념은 옳지 않다(파산관재인, 선정당사자, 선장 등 타인의 소송담당자). 지금은 소송물도 소송법개념인 청구취지(신청)나 사실관계로 정

의하는 소송법설(신소송물론)이 지배적인 시대이다.

Ⅱ. 당사자대립주의(Zweiparteienprinzip)

법정투쟁이라고도 하는 소송에서는 그 기본구조로 두 당사자가 반드시 맞서 대립하는 대석(對席)이 원칙이다(권리자와 의무자가 맞서는 것 같은 대석적(對席的) 구조, kontradiktorisches Prinzip, 甲과 乙의 대결구도). 이를 두 당사자대립주의라 한다. 소송의 적정과 공평을 기하기 위한 것인데, 이 점이 반드시 두 당사자의 대립을 필요로 하지 않는 편면적(片面的) 구조인 비송사건과 다르다(등기, 가족관계, 공탁 등).

(1) 소송에 있어서는 두 당사자의 대립을 필요로 하기 때문에, 당사자 한쪽이면서 상대방의 대리인(쌍방대리)이나 그의 공동소송인 또는 보조참가인이 될 수 없다. 당사자 한쪽이 이미 사망한 자(이미 청산종결을 마친 법인)인 소송,[1] 같은 회사의 지점 상호간의 소송, 교육감이 도(道)를 대표하여 도지사가 대표하는 같은 도 상대의 소송[2] 등은 한쪽 당사자뿐이므로 부적법 각하하여야 한다(자기소송의 금지).

소송계속중 당사자 한쪽의 지위를 상속이나 법인의 합병(소위 M&A)에 의하여 상대방 당사자가 승계한 결과인 때에는 당사자의 혼동에 의해 소송은 당연히 종료된다. 또 소송물인 권리관계의 성질상 승계할 자가 없는 때[3]도 소송은 종료되며, 소송종료선언을 요한다.

(2) 두 당사자대립주의라 하여도, 반드시 1인 대 1인(甲과 乙)의 대립을 뜻하는 것은 아니며, 당사자 한쪽 또는 양쪽에 다수의 당사자가 관여하는 경우도 있는데 이를 공동소송이라고 한다. 두 당사자대립구조의 예외로 甲, 乙 외에 丙 개입의 다면소송이 있다(독립당사자 참가, 예비적 공동소송 등). 대립당사자가 존재하여야 한다는 것은 소송요건으로서 법원은 직권으로 고려하여야 한다. 또 두 당사자의 대립은 당사자 양쪽이 모두 변론을 하지 않으면 재판할 수 없다는 의미가 아니며, 당사자 양쪽에 변론의 기회를 제공하면 된다.

(3) 나아가 대립당사자는 각기 평등한 지위를 보장받아야 한다. 헌법 제11조 1항은 「모든 국민은 법 앞에 평등하다」고 천명하고, 국제인권규약 B규약(시민적 및 정치적 권

---

1) 두 당사자의 대립을 그 본질적 형태로 하는 것이므로 사망자를 상대로 상고를 제기할 수 없다는 것에, 대법 1994. 1. 11, 93누9606 등.
2) 대법 2001. 5. 8, 99다69341.
3) 대법 1982. 10. 12, 81므53.

리에 관한 국제규약)에서도 「모든 사람은 법원 앞에서 평등하다」고 규정하고 있다. 따라서 대립당사자에 대하여 뒤에 말할 당사자권을 공통적으로 인정하여야 한다. 나아가 소송운영에 있어서 두 당사자의 형식적이 아닌 실질적 평등을 보장하는 노력이 요청된다.

Ⅲ. 당사자권(절차적 기본권)

(1) 개 념 당사자는 단순한 조사의 객체이거나 법원의 은혜적 처분만을 기다려야 하는 것이 아니라, 소송의 주체인 지위에 기하여 절차상 여러 가지 권리가 인정된다. i) 절차진행을 감시하고 신속·공정한 재판을 받을 권리(기일지정신청권, 기일통지를 받을 권리, 소장·판결의 송달[1]을 받을 권리, 구문권, 이송신청권, 제척·기피신청권 등), ii) 증명권,[2] 기록의 열람공개·복사권, iii) 판결신청과 공격방어의 기회를 갖는 대면·비대면(영상) 변론권,[3] iv) 쟁점에 관한 의견진술권, v) 소송물의 특정, 소송물을 처분할 권리(소의 취하, 청구의 포기·인낙, 화해 등), vi) 불리한 재판에 대한 불복신청권(상소권·이의권) 등이 그것이다. 여기에 더하여 판결이유를 알 권리, 그리고 판결의 효율적인 집행권도 포함된다. 이와 같은 여러 가지 권리는 상호간에 절차상의 정의실현의 관점에서 유기적 관련이 있는 것이기 때문에 「당사자권」이라는 통일적인 개념으로 묶어야 하며, 그것이 이른바 **당사자권**(Parteirecht) 이론이다.[4] 이를 당사자의 절차권(관여권)이라고 할 수 있으며, 이와 같은 당사자권의 보장을 절차보장이라고도 한다. 소송의 민주화의 길이다.

(2) 효 용 당사자권의 개념은 **첫째**로, 소송사건과 비송사건에 있어서 전자는 당사자권보호가 후하게, 후자는 그 보호가 미약하게 되므로 소송사건과 비송사건과의 구별의 기준일 뿐 아니라 함부로 시도하는 「소송의 비송화」 경향에 견제가 되고, **둘째**로, 당사자에게 기판력이 미치는 근거(기판력 정당화의 근거)를 설명하는 데 효용이 있다. 나아가 그 침해의 경우는 불법행위가 되어 손해배상청구의 근거도 된다. 따라서 당사자권, 즉 절차권이 충분히 보장되지 못

1) Schellhammer, Rdnr. 1325.
2) 「자신의 주장에 부합하는 증거를 제출할 기회를 상실함으로써 당사자로서 절차상 부여된 권리를 침해당…」 운운은 대법 1997. 5. 30, 95다21365.
3) 대법 2014. 3. 27, 2013다39551.
4) 당사자권을 별도로 인정할 필요는 없다는 것에, 호문혁, "민사소송법상 소송법률관계에 관한 고찰," 서울대 법학 제54권 제2호(2013. 6), 134면 이하.

할 때에 판결의 무효·취소의 결론도출의 터전이 된다. 이러한 당사자권 이론은 헌법 차원에서 보면 미연방헌법 수정조항 제14조의 due process나 독일기본법 제103조 1항의 「누구든지 법원에서 심문을 받을 권리」, 즉 법적 심문청구권(Anspruch auf rechtliches Gehör)과 일맥상통하며 이를 주요 내용으로 하는 것으로서 과거부터 묵시적으로 승인되어 온 개념이다.

(3) 전 망 생각건대 권위주의가 지배하던 시대가 지나가고 민권신장이 크게 강조되는 오늘의 자유주의 소송법제하에서는 당사자를 결코 절차의 객체로만 처우해서는 아니 될 것이며, 소송주체로서 절차의 주역(Herren des Verfahrens)인 지위를 존중해야 한다. 원래 독일의 심문청구권이란 독일기본법 제1조의 「인간의 존엄」에 그 뿌리를 두고 있는 터이므로,[1] 우리 헌법 제10조가 「인간으로서의 존엄과 가치」의 최대한 보장을 의무로 규정하고 있는 이상 비록 독일과 같은 심문청구권에 관한 규정은 없어도 이론상 같은 권리의 인정은 헌법적 요청이라 할 것이다. 우리가 가입한 국제인권규약 B 규약 제14조에서도 「모든 사람은 법원 앞에서 평등하다. 모든 사람은 그 형사상의 죄의 결정 또는 민사상의 권리 및 의무에 대한 다툼에 대한 결정을 위하여 법률에 의하여 설치된 권한이 있고 독립되고 공평한 법원에 의한 공정한 공개심리를 받을 권리를 가진다」고 하여 재판을 받는 자의 **절차적 기본권**(Prozeßgrundrecht)을 인정하고 있다. 이를 바탕으로 UN인권위원회에 직소(直訴)의 길이 열려 있다. 우리 헌법상의 「인간으로서의 존엄과 가치」를 존중받을 권리, 법관 앞에서의 「평등의 원칙」, 「법관에 의한 재판을 받을 권리」, 「공개심리의 원칙」 뿐만 아니라 「신속한 재판을 받을 권리」를 통틀어 절차적 기본권으로 본다면, 이를 중핵으로 하여 당사자권 이론을 보다 더 발전적으로 심화시켜야 할 것이다. 이러한 당사자권 때문에 사회의 일반적인 정의관념을 무시한 절차법의 적용을 금하는 **절차상의 자의금지**(prozessuale Willkürverbot)를 요구할 수 있는 것이다. 특히 당사자권의 일환인 신속한 재판을 받을 권리가 절차의 현저한 지연으로 침해되면 헌법소원에 의하여 구제받을 수 있는 길이 열려 있다고 본다(헌재판례는 소극적). 우리 판례도 근자에 절차적 기본권의 존재를 긍정하였으며 이를 근본적으로 침해하여 판결한 경우는 재심을 거치지 아니하여도 불법행위에 의한 손해배상청구를 할 수 있다고 했다.[2] 당사

1) Rosenberg/Schwab/Gottwald, § 82 Rdnr. 1; BVerfGE 7, 275.

2) 대법 1995. 12. 5, 95다21808.

자권의 헌법적 차원의 축도가 절차적 기본권(사법수요자의 기본권)임을 유의할 필요가 있다.[1)]

나아가 이와 같은 권리는 좁게 당사자인 원·피고에 국한할 것이 아니라 널리 판결의 효력을 받을 제3자에의 확대보장이 요청된다. 이러한 추이에 맞추어 우리 판례에서는 채권자대위소송의 경우에 판결의 효력을 받을 채무자의 절차보장문제를 정리했고(이하 699면 참조), 또 가사소송법 제21조에서는 패소의 기판력을 받을 제3자의 절차보장규정을 신설하였다(뒤의 「기판력」에서 설명).

(4) 절차적 기본권의 사례 절차적 기본권과 관련하여 내린 헌법재판소와 대법원의 중요판례를 본다.[2)]

① 국가를 피고로 하는 소송에서 국가에 대한 가집행선고의 금지조항에 대하여, 이는 '법관 앞의 평등'에 반하는 차별적인 국가 우대이며, 신속한 재판과 효과적인 강제집행을 막는 것이라 하여 위헌선언을 하였다(88헌가7. 그리스는 국고에 대한 강제집행 금지규정이 있었으나 뒤에 헌법개정으로 바꿈).

② 특허재판에서 한차례만 법률심인 대법원에 재판을 받게 하는 제도는 법관에 의한 사실적 측면과 법률적 측면의 한차례 심사기회를 보장하는 재판의 본질에 반한다고 하여 위헌선언을 하였다(90헌바20, 92헌가11).

③ 국가배상소송에서 필수적인 전치절차인 국가배상심의의 결정에 재판상 화해로 간주규정은 위헌이라 했다. 행정기관인 국가배상심의회가 독립성과 중립성이 보장된 법관의 사법작용을 하는 결과가 되어 법관에 의한 재판을 받을 권리의 침해로 보았다(91헌가7).

④ 조세사건의 제소기간규정이 그 내용파악이 어렵고 모호할 정도로 불명확한 것이면 불변기간의 명확화원칙에 반하고 법원에 쉬운 접근권(easy access)의 침해가 된다 하여 위헌결정을 하였다(92헌바2. 형사소송법 제405조의 3일간의 항고기간 규정은 헌법불합치의 최근 헌재결정).

⑤ 언론기사의 정정보도청구와 같은 본안소송에서 '증명'을 배제한 채 가처분절차에 의한 간이한 '소명'만으로 청구인용판결을 하게 한 것은 공정한 재판을 받을 권리에 어긋난다고 하여 헌법불합치결정을 하였다(2005헌마165등).

⑥ 환경분쟁 조정법상의 간주화해의 효력을 발생케 하는 재정문서의 송달은 당사자의 재판청구권을 보장할 필요가 있는 점 등을 고려하여 공시송달의 방법으로는 할 수 없다고 했다(대법 2015다201510). 상고심의 심리불속행제도에 대한 헌법소원사건에서 헌재는 부담경감을 이유로 합헌이 여지껏 다수의견이었으나, 다시 재론을 한다.

현재 소가 3,000만원 이하의 사건을 소액사건으로 폭넓게 인정하는데, 헌법위반과 대법원판례위반 이외는 상고제한한다는 위헌론이 있으나, 헌법재판소는 '같은 것은 같게, 다른 것은 다르게' 처우하는 것이 실질적 평등이라면 이는 헌법위반의 위헌적 차별이라 할 수 없다고 하였다(이하 1005면 참조).

1) 이는 법관에 의한 재판청구권, 법적 심문청구권, 공정한 재판청구권, 자의금지와 효율적인 권리보호청구권으로 구성된다. 상세는 졸고, 앞의 헌법논총 21집, 9면 이하.

2) 필자가 2014년 10월에 우리나라에서 개최된 세계민사소송법학술대회(IAPL)의 주제인 '헌법과 소송절차'에 대한 기조발표문일부의 요약이다.

제2절 당사자의 확정

Ⅰ. 의 의

(1) 당사자의 확정이란 현실적으로 소송계속 중인 사건에서 진짜 원고가 누구이며 피고를 누구로 볼 것인가를 명확히 하는 것이다. 당사자로 확정되는 자가 절차개시 단계에서부터 관여할 자이고, 소장부본의 송달명의인과 판결의 명의인이 되며, 또 확정된 당사자를 기준으로 인적 재판적, 제척이유(41조), 소송절차의 수계, 송달, 소송물의 동일성(259조, 267조), 기판력 · 집행력의 주관적 범위(218조), 증인능력 등이 결정된다.[1)]

(2) 당사자능력이나 당사자적격의 유무를 판정에 있어서 당사자의 확정이 선행되어야 한다. 직권조사사항이다.[2)]

Ⅱ. 확정의 기준에 관한 학설

원래부터 크게 두 가지로 분류되었다. 하나는 소송의 목적인 권리관계의 주체인 사람을 당사자로 보려는 것으로 실체적 당사자 개념을 전제한 권리주체설(실체법설)이다. 예를 들면 대여금청구이면 대여금채권자가 원고이고, 그 채무자가 피고라는 것이다.

또 하나는 소송현상설(소송법설)로 소송의 주체인 당사자를 소송현상을 기준으로 하여 확정하자는 것으로, 형식적 당사자 개념을 전제한 것으로 현재는 정설이 되다시피 되었다. 이 안에 여러 갈래로 갈려 있다.

(1) 의 사 설 원고나 법원이 당사자로 삼으려는 사람이 당사자가 된다는 설이다. 예를 들면 甲이 乙을 피고로 하여 제소하고 싶었는데, 乙의 성명을 착오로 丙으로 알고 소장에 丙을 피고로 표시하였을 때에, 소장의 표시에 불구하고 의사에 따라 피고(당사자)는 乙이라는 것이다.

(2) 행위설(행동설) 소송상 당사자로 취급되거나 또는 당사자로 행동하는 사람이 당사자라고 하는 견해이다. 예를 들면 甲이 丙의 성명을 모용(도용)하여 乙을 상대로 소송을 할 때에 소장에는 원고가 丙으로 표시되어 있어도 실제

1) 대법 1987. 4. 14, 84다카1969.
2) 대법 2016. 12. 27, 2016두50440.

로 원고로 뛰는 사람은 丙이 아니라 甲이기 때문에, 甲이 원고(당사자)로 된다는 것이다.

(3) 표 시 설 소장에 나타난 당사자의 표시를 비롯하여 청구원인 그 밖의 기재 등 전취지를 기준으로 하여 객관적으로 당사자를 확정하여야 한다는 설이다. 예를 들면 甲이 乙을 피고로 삼고자 하였는데 성명착오로 丙을 피고로 표시한 경우나, 甲이 丙의 이름을 모용하여 소제기한 경우에 乙이나 甲이 당사자가 아니라 소장에 표시된 그대로 두 경우 모두 丙이 피고(당사자)로 된다는 것이다.

(4) 검 토 먼저 의사설은 누구의 의사를 표준으로 하며, 또 어떠한 방법으로 의사를 확정할 것인가에 관하여 객관적인 표준이 없으며, 특히 원고의 의사에 의하여 당사자를 확정한다면 원고의 확정이 곤란하게 되고, 법원의 의사에 맡긴다면 당사자를 원고가 정해야 하는 처분권주의(203조)와 모순된다. 그리고 행위설의 경우에는 어떠한 행동을 할 때 당사자다운 행동을 하였다고 볼 것인가 그 기준이 심히 불명확하다. 따라서 당사자확정의 객관적 · 획일적인 기준을 찾자면 소장의 표시에 의해 쉽게 찾을 수밖에 없으며, 이러한 의미에서 표시설이 정당하다고 하겠다. 민법의 의사주의와 달리 절차의 안정 · 명확 · 신속을 위하여 **표시주의**에 의하는 소송법의 법리에도 부합한다(형사소송에서도 그러하다).

다만 표시설에 의한다 하더라도 소장의 당사자란의 기재만이 아니라 청구의 취지 · 원인 그 밖의 일체의 표시사항 등을 종합하여 합리적으로 해석하여 확정하여야 한다(실질적 표시설).[1] 소송에서 당사자가 누구인가는 당사자능력, 당사자적격 등에 관한 문제와 직결되는 중요 문제이므로 사건을 다루는 법원으로서는 직권조사하여 확정할 사항이다.[2] 이 설이 통설 · 판례이기도 하다.

다만 판례에는 **의사설**을 부분적으로 따른 예도 있다. 특히 원고가 이미 사망한 사람인데 이를 모르고 피고로 표시하여 소제기한 경우에는 사실상의 피고를 사망자의 상속인으로 보는 것이 대표적인 예이다.[3]

대부분의 경우에 당사자표시대로 따라가도 별 문제 없으나, i) 당사자표시가 잘못된 경우(당사자표시의 정정), ii) 표시된 당사자를 참칭하여 다른 사람이 소송수행하는 경우(성명모용소송), iii) 법인격부인될 때에 배후자를 당사자로의 정정, iv) 표시된 당사자가 사망자인 경우(사망자를 당사자로 한 소송) 등에서 문제가 있

1) 대법 2013. 8. 22, 2012다68279; 동 2011. 7. 28, 2010다97044 등.
2) 대법 2011. 3. 10, 2010다99040.
3) 대법 1970. 3. 24, 69다929; 동 1983. 12. 27, 82다146 등. 원고사망의 경우에 행동설에 의하는 듯한 것으로, 대법 1994. 11. 2, 93누12206.

다. 차례로 설명한다.

Ⅲ. 당사자표시의 정정

당사자의 확정에 있어서는 실질적 표시설에 따라 소장의 당사자란의 기재만이 아니라 청구취지·원인 그 밖의 일체의 표시사항 등 소장의 전체를 기준으로 합리적으로 해석하여 확정하여야 함은 앞서 본 바 있거니와, 이러한 기준에 의하여 확정되는 당사자의 표시에 있어서 의문이 있거나 또는 부정확하게 기재되는 경우가 있다. 이와 잘못표시된 경우에는 당사자의 동일성을 해하지 않는 범위 내에서 바로잡는 당사자표시정정이 허용된다.[1] 그러나 표시정정을 명분으로서 새로운 사람을 당사자로 끌어들여 교체하는 결과가 된다면 동일성의 변경인 당사자의 변경이 되며, 후자는 예외적으로 허용함을 유의할 필요가 있다. **판례법**으로 확립된 이와 같은 표시정정과 당사자의 변경 특히 피고의 경정(260조)은 요건·효과면에서 차이가 있으므로, 그 구별은 중요하다.[2]

(1) 표시정정의 요건

1) 명백한 잘못 기재　　가족관계등록부, 주민등록표, 법인등기부·부동산 등기부 등 공부상의 기재에 비추어 당사자의 이름에 잘못 기재·누락이 있음이 명백한 경우에 당사자표시정정을 허용할 것은 물론이다. 예를 들면 원고의 이름 박종선(朴鍾宣)을 박종의(朴鍾宜)로 잘못기재 따위.

2) 명백한 당사자무능력자·당사자부적격자의 표시　　법을 몰라 **당사자능력 없는 사람**을 당사자로 잘못 표시한 것이 명백한 경우 예를 들면, 점포주인 대신 점포 자체, 민사소송에서 대한민국이나 지방자치단체 대신에 관계행정관청(군 대신에 면),[3] 본점 대신에 지점,[4] 학교법인 대신에 학교[5]를 당사자로 표시한 경우에

1) 대법 2011. 7. 28, 2010다97044; 동 2017. 12. 13, 2015다61507.

2) 새로운 당사자를 상고인으로 추가하는 당사자표시정정(대법 1991. 6. 14, 91다8333)이나 피고 甲주식회사의 표시를 분할회사인 乙주식회사로 변경의 당사자표시정정(대법 2012. 7. 26, 2010다37813)은 각기 불허. 표시정정을 임의적 당사자의 변경으로 잘못 판단한 경우에 사후 처리에 관한 판례로, 대법 1996. 12. 20, 95다26773.

3) 대법 1953. 2. 19, 4285민상27.

4) 내부기관에 불과하고 당사자능력이 없는 순천향교수습위원회를 피고로 잘못 표시한 경우에, 당사자표시정정신청을 받은 법원으로서는 확정될 당사자로 피고표시를 정정하도록 하는 조치가 필요하다는 것에, 대법 1996. 10. 11, 96다3852. 피고를「국민은행 리스크 본부장」으로 표시한 것은 피고의 지위 내지 신분을 표시하여 특정한 의미일뿐, 피고 개인이라고 볼 수밖에 없다는 것에, 대법 2008. 4. 10, 2007다86860.

5) 이 경우에 당사자능력 있는 자연인이나 학교법인으로 당사자표시정정을 허용하는 것에는, 대법

도 소장전체의 취지를 합리적으로 해석하여 인정되는 올바른 당사자능력자(점포주인, 대한민국, 본점, 학교법인)로의 표시정정은 허용되는 것이라 하겠으며, 그것이 판례 · 통설이다.[1)] 당사자능력이 없는 사망한 자임을 정보가 없어 모르고 그를 피고로 하여 소제기한 경우에는 그 상속인으로 표시정정, 흡수합병으로 소멸된 법인의 경우는 합병법인, 제1순위 상속인이 상속포기한 것을 모르고 그를 상대로 소제기하였다가 실제 (제2순위) 상속인으로의 표시정정도 같다. 이 경우에 피고의 표시정정절차에 의하지 않고 **피고의 경정**의 방법(260조)을 취하였다 하여도 피고표시정정의 법적 성질 및 효과는 잃지 아니한다. 그러므로 당초 소제기 때에 생긴 시효중단의 효과는 유지된다.[2)]

한편 판례는 추후에 상속인을 알아내어 표시정정을 할 의도로 일단 사망한 자를 피고로 하여 소제기한 경우라면, 피고의 사망사실을 안 경우에도 피고의 상속인으로 표시정정을 할 수 있다는 것으로, 시효중단의 효과발생은 처음 소장제출시로 보았다.[3)]

나아가 **당사자적격이 없는 자**를 당사자로 잘못 표시한 경우에도 당사자의 표시를 정정, 보충시키는 조치가 필요하다고 하였다.[4)] 판례의 표시정정이론의 진화인듯하다. 다만, 표시정정제도의 비대화는 경계할 일이다.

(2) 당사자 표시의 정정을 위한 석명 당사자가 누구인가를 확정하기 어려운 경우(예: ○○주식회사 대표이사 원고 ○○○처럼 원고가 회사인지 대표이사인지 불명한 때)에는 이를 분명하게 하기 위한 석명(136조)이 필요하며,[5)] 또 당사자표시에 있어서 착오가 있음이 소장의 전취지에 의하여 인정되는 경우에도 당사자표시를 정정하기 위한 석명이 필요하다.

(3) 피고의 경정과의 차이 당사자의 동일성이 없는 정정, 예를 들면 피고의 경정(260조, 261조)은 당사자의 동일성유지를 전제로 한 당사자의 표시정정과 다르다. 전자는 명문에 있는 것이고, 후자는 판례상 나타난 것이다. ① 피고의 경정은

1978. 8. 22, 78다1205.

1) 대법 1999. 11. 26, 98다19950; 동 2001. 11. 13, 99두2017. 그러나 표시정정이 아니라 피고경정절차에 의할 것이라는 반대설에, 호문혁, 182면.

2) 대법 2009. 10. 15, 2009다49964.

3) 대법 2011. 3. 10, 2010다99040. 그러나 공유물분할청구의 소의 피고 중 1인이 이미 사망한 경우에 상고심에서 표시정정은 안된다는 것에, 대법 2012. 6. 14, 2010다105310.

4) 대법 2019. 11. 15, 2019다247712; 동 2013. 8. 22, 2012다68279. 청구원인상 甲법인을 채무자로 한 것이 아님이 명백한 경우, 회생회사관리인 甲으로 당사자 표시정정하면 될 일인데 보정명령을 하지 않고 당사자적격이 없다는 이유로 소 각하를 한 것은 위법하다고 하여, 당사자표시정정의 법리를 확대시켰다.

5) 위 대법 2012다68279; 동 1997. 6. 27, 97누5725.

제1심변론종결시까지 허용됨에 대하여(260조), 표시정정은 제1심은 물론 항소심에서도 허용된다(상고심불허).[1] ② 피고의 경정은 종전소송의 승계없는 신소의 제기이므로 그 경정신청서의 제출시에 시효중단·기간준수의 효과가 생기지만(265조), 표시정정은 종전 소송상태의 승계를 전제로 하기 때문에 당초의 소제기시의 효과가 유지된다.

(4) 당사자 표시 정정없이 행한 판결의 효력 판례는 잘못기재된 당사자를 표시한 본안판결이 확정되어도 그 확정판결은 당연무효로 볼 수 없을 뿐더러, 그 확정판결의 효력은 잘못기재된 당사자와 동일성이 인정된 범위 내에서는 적법하게 확정된 당사자에게 미친다고 했다.[2]

Ⅳ. 법인격부인과 당사자의 표시정정

탈세·강제집행의 면탈 등 반사회적 행위에 이용되는 법인격이 남용 내지 형해화가 범람하는 현실에서 법인격 있는 회사를 당사자로 한 경우 당사자표시정정절차에 의해 배후자(배후자 또는 다른 회사)를 당사자로 바꿀 수 있는가의 문제가 있다.

i) 회사를 피고로 하였다가 배후자를 피고로 바꾸는 것은 소송절차의 승계에 준할 것이지 표시정정은 안된다는 소송승계설,[3] ii) 이 때 당사자는 회사이고 배후자가 아님을 전제로 바꾸면 임의적 당사자변경절차에 의할 것이지 표시정정은 안 된다는 임의적당사자변경설(피고경정설),[4] iii) 상대방에 대한 채무면탈을 목적으로 구회사와 인적 구성이나 영업목적이 실질적으로 같은 신회사를 설립한 경우에는,[5] 예외적이지만 당사자표시정정절차에 의하여 구회사를 배후자로 바꿀 수 있다는 수정임의적당사자변경설 등이 있다.[6]

최근판례는 기존회사가 폐업하고 채무면탈의 목적으로 기업의 형태와 내용이 실질적으로 동일한 신설회사를 설립한 경우에는 기존회사의 채권자가 두 회

1) 대법 2012. 6. 14, 2010다105310.
2) 대법 2011. 1. 27, 2008다27615; 유사취지는 동 2014. 12. 24, 2012다74304.
3) 정동윤/유병현/김경욱, 208면.
4) 송상현/박익환, 119면; 한충수, 120~121면; 강현중, 207면; 김홍엽, 133면.
5) 日最高裁 昭和 48. 10. 26 판결 참조.
6) 김홍규/강태원, 138면; 전병서, 135면; 전원열, 163면. 이 설에서도 법인격부인이라 하여 법인의 존재 자체를 부인하는 것은 아니므로 일반적인 경우는 당사자를 바꾸면 당사자의 변경이지 표시정정이 아니라고 본다.

사 어느 쪽에 대하여서도 채무의 이행을 청구할 수 있다고 하고,[1] 또 회사가 외형적으로는 법인의 형식을 갖추고 있으나 법인의 형태를 빌리고 있는 것에 지나지 아니하고 실질적으로 그 배후인 타인의 개인기업에 불과한 경우 즉 형해화의 경우 회사는 물론 그 배후인에 대하여도 회사의 행위책임을 물을 수 있다고 했다(회사와 배후자 개인을 공동피고로 한 소송에서).[2] 법인기업이 곧 개인기업인 현실에서 책임부담에서는 동일체가 아니고 별개의 인격자로 보는 것은 사회현실의 무시이다. 생각건대 이와 같은 관계에 있을 때에 양자간에 당사자의 동일성을 부정함은 신의칙에 반하므로 당사자를 기존회사에서 신설회사로 바꾸거나(같은 인물에 간판만 바꾸어 다는 소위 법인세탁), 형해화된 회사를 배후의 개인으로 바꾸거나 그 개인을 추가하여 공동소송화(회사는 이름뿐, 실질적으로는 개인영업) 하는 것은 당사자표시정정으로 가능한 것으로 볼 것이다. 제3설이 대체로 무난하다. 나아가 실체가 있는 회사가 일정한 목적으로 paper company를 만들어 놓은 경우에는 만든 사람의 또다른 명칭(별칭)을 쓴 것으로 볼 것으로(Virgin Island, Keyman Island, Luxemburg, 라이베리아, Ireland 등 조세피난처에서) 실체있는 회사와 paper company(Base Company) 사이에는 제3자의 관계가 아니므로[3] 후자를 전자로 바꿀 때에 쉽게 당사자표시정정절차에 의할 것이다.

V. 성명모용소송(차명소송)[4] — 당사자의 동일성의 조사

소장의 전취지에 의해 확정되는 당사자와 사실상 당사자로서 관여하여 소송을 수행하는 사람이 동일한지 여부를 법원은 직권으로 조사하여야 한다.

문제되는 것은 성명모용소송(姓名冒用訴訟)이다. A가 무단히 甲명의로 소를 제기하여 소송을 수행하거나(원고측 모용), 乙에 대한 소송에 A가 乙명의를 참칭하여 소송을 수행하는 경우(피고측 모용)이다. 차명 · 도명의 가짜 당사자소송인데, 가짜는 소송에서도 예외가 아니다(부동산, 예금, 주식, 자동차(대포차), 사업자등록(소위 바지사장), 계약자명의 차명 · 도명의 공화국이니만큼 차명당사자도 적지 않다). 이 때 표시설에 의하면 모용당한 피모용자인 甲이나 乙이 표시된 대로 당사자이고 모용자인 A는 당사자가 아니다. 엉뚱한 모용자의 소송행위는 마치 절차에 관여할 수 없는 무권대리인의 행위처럼 무효로 된다(피모용자의 절차적기본권의 침해). 원고측이

1) 대법 2016. 4. 28, 2015다13690 등. 기존회사의 채무면탈을 위하여 신설회사가 아닌 이미 설립된 회사를 이용하는 경우에도 같다고 한 것에, 대법 2011. 5. 13, 2010다94472. 기존회사에 정당한 대가를 지급하지 않은 것도 법인격남용이라는 것에, 대법 2019. 12. 13, 2017다271643.

2) 대법 2008. 9. 11, 2007다90982; 동 2006. 8. 25, 2004다26119.

3) 대법 1988. 11. 22, 87다카1671 참조.

4) 이시윤, 입문〔事例 19-1〕, 84면 이하.

모용되었으면 피모용자가 그 소를 추인하지 않는 한 판결로써 소를 각하하여야 하고, 그 소송비용은 모용자가 부담하게 된다(108조). 피고측이 모용된 경우에는 모용자의 소송관여를 배척하고 진정한 피고에게 기일통지를 하여야 한다. 만약 법원이 이를 간과하고 본안판결을 하였을 때에는 그 판결은 피모용자에게 미치며, 피모용자는 무권대리인이 대리권을 행사한 경우처럼 확정 전이면 상소(424조 1항 4호)를, 그 후이면 재심의 소(451조 1항 3호)를 제기하여 판결의 효력을 배제할 수밖에 없다.[1] 그러나 합의차명(借名)이 아니라 명백히 도명(盜名)의 경우는 판결은 절차적 기본권침해의 피도용자에게 미치게 함은 무리이므로 무효이다. 절차의 안전성을 고려할 것이 아니다.

다만 원고가 피고의 주소를 소장에 허위기재함으로써 허위주소로 송달된 소장부본·판결정본 등을 원고 자신이나 원고와 서로 짠 A가 피고를 모용하여 수령하고 법원으로 하여금 제대로 송달된 것으로 속게 만들어 원고승소판결을 받는 경우가 있다. 이처럼 송달과정에서의 피고모용의 경우는 피모용자는 재심이 아닌 항소제기를 하여야 한다는 것이 판례이다(항소설, 뒤의 「판결의 편취」 참조).[2] 피모용자에 대한 판결정본의 송달이 무효이기 때문에 적법한 송달 때로부터 진행하는 항소기간이 끝나지 아니하였다는 이유에서이다.

그러나 이와 같은 효과는 성명모용소송이 피모용자에게 불리한 판결일 때에 문제이므로, 그에게 유리한 판결일 때에는 피모용자의 원용의 자유를 인정하여도 좋을 것이다.

피모용자가 당사자가 되지만 피모용자는 절차상 소송수행의 지위와 기회가 보장된 바 없기 때문에 판결의 효력을 받지 않는다고 보는 견해도 있다(규범분류설).

Ⅵ. 사망자를 당사자로 한 소송

시기적인 차이가 있다.

---

1) 대법 1964. 3. 31, 63다656; 동 1964. 11. 17, 64다328.
2) 대법(전) 1978. 5. 9, 75다634 등. 만일 그와 같은 판결에 기해 원고가 자기 앞으로 소유권이전등기까지 마쳤다면, 피모용자는 항소제기에 의한 판결취소 없이 바로 그 등기에 대하여 말소청구하여 원상회복할 수 있다는 것에, 대법 1981. 8. 25, 80다2831 등(뒤의 649면 주 1) 참조).

(1) 소제기 전의 사망[1]

(a) 원 칙 피고가 소제기 전에 이미 사망하였음에도 불구하고 그를 피고로 표시한 사망자소송의 경우에, 표시설에 의하면 사망자가 당사자이기 때문에 당사자가 실재하지 않는 소송으로 되어 부적법하게 되며, 법원은 판결로 소를 각하하지 않으면 안 되는 것이 원칙이다. 생자와 사자의 대립이라 두 당사자의 대립당사자구조를 요구하는 민사소송법의 기본원칙의 무시로 실질적 소송관계가 이루어질 수 없으므로 지상재판(地上裁判)의 몫이 아니기 때문이다. 상속인들에 의한 소송수계신청도 허용될 수 없고[2] 당사자표시정정의 방법으로도 보정할 수 없다(상고심에서 불허는 대법 2010다105310). 이 점은 법인격이 소멸된 법인이나 부존재하는 상대의 소송도 마찬가지이다. 판례(2015. 8. 13, 2015다209002)는 소제기 당시 이미 사망한 당사자와 상속인이 공동원고로서 손해배상청구의 소를 제기한 경우, 사망자의 소부분은 각하할 것이고 상속인이 사망한 당사자의 권리에 대한 자신의 상속분까지 함께 권리행사를 한 것이라 할 수 없다고 했다(무효행위의 전환으로 적법성을 인정할 여지가 없을까). 당사자가 죽은 사람인가의 여부는 법원의 **직권조사사항**이다. 법원이 피고가 사망자임을 간과하고 본안판결을 하였을 때에는 판결이 확정되어도 기판력이나 그 밖의 효력이 생기지 아니하며, 판결로서 당연무효이기 때문에 재심의 대상도 되지 아니하고,[3] 소송사기죄도 안된다.[4] 표시설에 의하는 한 판결이 상속인에게 미치지 않는다고 보아야 한다(표시설 이외의 학설은 다르다). 판례는 상소도 부적법하다고 보고 있으나,[5] 유효한 판결인 것으로 보이는 외관의 제거를 위해 상속인의 상소제기를 허용할 것이다.[6]

(b) 선의인 경우 다만 피고가 정보부재로 이미 죽은 사람임을 모르고 선의의 사망자 상대의 소가 제기되고 사망자의 상속인이 현실적으로 소송에 관여하여 소송수행을 함으로써 상속인과 실질적인 소송관계가 성립된 경우라면, 신의칙상 상속인에게 그 소송수행의 결과나 판결의 효력을 인수시킴이 옳을 것이다.[7]

---

1) 대법 2008. 7. 11, 2008마615는 진실한 소유자가 허무인 명의의 부실등기를 한 자를 상대로 부동산처분금지가처분을 할 수 있다고 했다.

2) 대법 2015. 1. 29, 2014다34041; 동 2017다24281.

3) 대법 2019도12140.

4) 대법 2019도12140 등.

5) 대법 2000. 10. 27, 2000다33775; 위 2015. 1. 29 판결 등.

6) Rosenberg/Schwab/Gottwald, § 42 Rdnr. 21. 사망자를 당사자로 한 처분금지가처분은 무효라도 그 외관제거를 위하여 그 결정에 이의신청을 할 수 있다는 것에, 대법 2002. 4. 26, 2000다30578. 같은 취지: 한충수, 116면; 김홍엽, 127면.

7) 소장송달 전에 피고가 사망하였음에도 불구하고 상속인이 이의 없이 소송수계절차를 취하여 제

또한 죽은 사람임을 모르고 제기한 선의의 소송에서는 앞서 본 바와 같이 의사설에 따라 사실상의 피고는 상속인이라 하여 원고가 상속인으로 당사자표시정정을 하는 것이 허용된다는 것이 판례이며(수계신청을 한 경우라도 당사자 표시 정정신청으로 보아줄 수 있다[1]), 이렇게 되면 적법한 소로 된다.[2] 그러나 선의도 아닌 경우라면 피고 경정(260조, 261조)의 방법으로 상속인으로 바꿀 수밖에 없다(예외적으로 이러한 경우에 표시정정을 허용한 예로, 대법 2011. 3. 10, 2010다99040).

(2) 소송위임후 소송계속 전의 사망 최근 판례는 소제기 후 소장부본이 피고에게 송달되기 전에 피고가 사망한 경우에도 소제기 전의 피고사망과 마찬가지로 부적법이라 본다.[3] 그러나 당사자가 사망하였다 하더라도 소송대리인의 대리권은 소멸되지 아니하므로 당사자가 소송대리인에게 소송위임한 다음 소제기 전에 사망하였을 경우, 이를 모르고 사망자를 원고로 표시하여 소를 제기하였다면 소의 제기는 적법하다.[4]

(3) 소송계속 후 변론종결 전의 사망 소송계속 후에 당사자가 죽은 경우에는 소송은 없어지지 않고 상속인들에게 당연히 승계되기 때문에 부적법해지지 아니한다. 소장송달 후에 피고의 사망한 때에만 적법한 소송이 되는데, 이때에는 상속인이 그 소송상의 지위에 대하여 수계절차를 밟을 때까지 소송절차가 중단된다(233조).[5] 중단사유의 발생에도 간과하고 진행한 끝에 판결이 선고되었더라도 승계인의 소송관여권을 배제한 절차위법은 있지만 당연무효는 아니다. 대리인에 의하여 적법하게 대리되지 않았던 경우와 마찬가지로 대리권의 흠을 이유로 그 판결이 확정 전이면 상소(424조 1항 4호), 확정 후이면 재심(451조 1항 3호)에 의한 취소사유가 될 뿐이다. 판례도 같다.[6] 다만 상소심에서 당사자가 수계절차를 밟으면

1·2심을 통하여 스스로 소송을 수행한 경우임에도 상속인이 이제와서 소의 부적법, 소송행위의 무효임을 주장하는 것은 신의칙상 허용되지 않는다는 것에, 日最高裁 1966. 7. 14 판결.

1) 대법 1983. 12. 27, 82다146.

2) 대법 2006. 7. 4, 2005마425; 동 1983. 12. 27, 82다146 등. 단 제1심에서 상속인 전원으로 당사자표시정정을 하지 않고 일부 누락한 경우에는 제2심에 이르러 누락상속인을 추가정정하는 것은 허용되지 않는다는 것에, 대법 1974. 7. 16, 73다1190. 지급명령신청후 그 정본송달 전에 채무자사망의 경우도 같다=대법 2017. 5. 17, 2016다274188.

3) 대법 2015. 1. 29, 2014다34041; 대법 2018. 6. 15, 2017다289828. 원고의 경우도 같다(대법 2018. 6. 15, 2017다289828).

4) 대법 2016. 4. 29, 2014다210449.

5) 일신전속권으로 상속이 되지 아니하는 소송(의원면직무효확인의 소)은 변론종결 전의 사망은 중단없이 소송이 종료된다는 것에, 대법 2007. 7. 26, 2005두15748.

6) 대법(전) 1995. 5. 23, 94다28444; 동 2013. 4. 11, 2012재두497. 조관행, "당사자의 사망으로 소송절차가 중단된 것을 간과하고 한 판결의 효력," 민사재판의 제문제8권.

상소사유 · 재심사유는 소멸된다.[1)]

(4) 변론종결 후의 사망 변론종결 후에 당사자가 죽은 때에는 수계절차를 밟을 필요가 없으며 판결선고에 지장이 없다(247조 1항).[2)] 이때에는 사망자명의로 된 판결이라도 소송계속 전의 사망의 경우처럼 무효도 아니며 소송계속 후의 사망사실을 간과한 경우처럼 위법도 아니고, 상속인이 변론종결한 뒤의 승계인으로 되어 기판력이 미친다(218조 1항). 그 상속인에 대하여 승계집행문을 받아 집행할 수 있다.

제3절 당사자의 자격

당사자로 확정된 사람이 적법하게 소송을 수행할 수 있도록 하여야 한다. 이를 위해 i) 당사자능력 ii) 당사자적격 iii) 소송능력 iv) 변론능력 등 네 가지 능력을 갖추어야 한다.[3)] 주로 당사자권 보호의 차원이다.

[도표 2] 민법과 대비한 당사자의 자격

민사소송법	민　　법	소송법적 효과
당사자능력	권리능력	소송요건
소송능력	행위능력	소송 및 소송행위요건
당사자적격	관리처분권	소송요건
변론능력	없　　음	소송행위요건이고, 소송요건도 될 수 있음
소송상의 대리권	민법상의 대리권	소송 및 소송행위요건

제1관 당사자능력

Ⅰ. 의　　의

(1) 당사자능력이란 소송의 주체가 될 수 있는 일반적인 능력으로, 원고 · 피고 · 참가인이 될 수 있는 능력이다.

1) 대법 2003. 11. 14, 2003다34038.
2) 대법 1989. 9. 26, 87므13.
3) 이동률, 민사소송의 당사자론, 2007. 필자처럼 「당사자의 자격」으로 일원화한 것에, 정영환, 286면.

당사자능력은 소송상의 권리능력이라고도 불리는 것으로, 민법상의 권리능력에 대응된다. 그러나 당사자능력은 권리능력과 반드시 동일하게 볼 수 없으며 그 보다는 넓다(51조, 52조 참조).

(2) 당사자능력은 소송사건의 내용이나 성질에 관계 없는 일반적인 자격이므로, i) 특정의 소송사건에 있어서 정당한 당사자로서 본안판결을 받기에 적합한 자격인 당사자적격과 구별되며, ii) 현재 계속중인 특정소송의 당사자가 누구인가를 정하는 당사자확정의 문제와도 다르다. 당사자로 확정되고 난 뒤에 그 다음으로 당사자능력이 문제된다.

Ⅱ. 당사자능력자

1. 권리능력자

제51조는 당사자능력에 관하여는 민법 그 밖의 법률에 따른다고 하였으므로 민법상 권리능력을 가지는 사람은 민사소송에 있어서 당사자능력을 갖는다. 이를 실질적 당사자능력자라고도 한다.

(1) 자 연 인

1) 자연인, 즉 출생에서 사망까지의 생존하는 동안의 사람(민 3조)은 어느 누구나 당사자능력을 갖는다(산 · 바다 · 강 · 북극곰 · 새(검은 머리 물떼새) · 고기 · 도롱뇽[1] 등은 환경소송에서도 원고로 되어 나설 수 없다. 앞으로는 AI인공지능시대에 자연인 · 법인과 더불어 제3의 인격자로 인정여부가 문제될 수 있다. 아르헨티나법원-오랑우탄에 비인간인격체(non-human person) 인정. 뉴질랜드는 강에 대해 인간과 같은 지위 인정?). 연령 · 성별 · 국적에 차별이 없다. 따라서 외국인(북한주민이 낸 친자확인소송=2011므3105)이라도 내국인과 같은 당사자능력이 있으며, 치외법권자라 하여도 당사자능력을 잃지 아니하므로 원고로서 스스로 제소할 수 있음은 물론, 치외법권을 포기하면 피고로 될 수 있다(통설).

2) 자연인에 이르지 못한 태아는 원칙적으로 당사자능력이 없다(인간배아도 같다). 그러나 민법은 태아에 대하여 불법행위로 인한 손해배상(민 762조), 상속(민 1000조 3항) 및 유증(민 1064조), 사인증여(민 562조) 등 일정한 경우에는 이미 출생한 것으로 보고 있으므로, 이러한 한도에서 예외적으로 태아에 당사자능력이 인정되느냐의 문제가 있다. 일부 학설과 판례[2]는 정지조건설의 입장에 서서 태아인 상태에서는 권리능력이 인정되지 아니하므로 당사자능력을 인정할 수 없다고 본다. 그러나 의학의 발달로 태아의 사망률이 낮아진 점, 태아에게도 증거보전과 집행보전의 필요성

1) 대법 2006. 6. 2, 2004마1148(천성산원효터널 공사금지가처분사건).
2) 대법 1976. 9. 14, 76다1365.

이 있는 점을 고려하면 해제조건설에 따라 당사자능력을 인정함이 좋을 것이다(통설). 최근 판례에서 태아도 보험금수령능력을 인정했다(대법 2016다211224).

3) 자연인이 사망하면 당사자능력을 잃으며 사망자 이름으로 과거의 일을 제소할 수 없다(앞의 148면 참조).[1)]

(2) 법　　인

1) 법인이면, 내국법인 · 외국법인이든, 영리법인 · 비영리법인이든, 사단법인 · 재단법인이든 모두 권리능력자이므로(민 34조) 당사자능력을 갖는다.[2)] 법인은 비록 해산 · 파산되어도, 청산 · 파산의 목적범위 내에서는 법인격이 유지되므로(민 81조; 상 245조; 채무자 회생 및 파산에 관한 법률 328조), 당사자능력을 보유하며 청산이 종결되면 당사자능력을 잃는다.[3)] 판례는 청산종결등기가 있어도 청산사무가 종료되지 않는 이상 그 한도에서 청산법인은 당사자능력이 있다고 본다.[4)] 그러나 청산종결(상법 520조의 2의 휴면회사의 청산종결의제 포함) · 흡수합병 등에 의해 법인격이 소멸되면 죽은 것이 되어 당사자능력이 없다.[5)]

2) 공법인인 국가 · 지방자치단체 · 영조물법인이나 공공조합 등도 민법상의 권리능력을 갖기 때문에 당사자능력이 있다. 그러나 국가의 기관임에 그치는 행정청은 행정소송에서는 피고능력이 있지만(행소 13조), 민사소송에서는 당사자능력이 없다(단 반론보도 청구는 예외).[6)] 그러므로 국가의 입법기관인 국회, 행정기관인 농지위원회[7)]는 당사자능력이 없다(군(郡)의 소속기관인 읍 · 면도 마찬가지). 법인의 하부조직(지부, 분회, 지회 등)을 상대로 한 판결은 법인의 재산에 강제집행할 수 없다.[8)]

국가소송에 관한 특례　i) 국가를 당사자로 하는 소송에 관한 법률 제3조에 의하면, 법무부장관은 검사 · 공익법무관 · 필요에 따라 행정청의 직원 중에서 국가소송수행자를 임의로 지정할 수 있기 때문에 변호사의 자격이 없는 자도 소송수행자로 지정될 수 있다. ii) 국가는 인지납부와 담보공탁을 요하지 않는다(인지 · 첨부 · 첩부 및 공탁 제공에 관한 특례법). 승소시에 집행불능의 문제가 없어 국가상대의 기획소송이 발굴 · 성행되며, 방어력이 약한 국가상대의 소송사기도 나타난다. 국가배상청구소송이 크게 늘어나 연간 수천건을 헤아리는가 하면, 과거사

---

1) 단 실종선고가 확정되기 전의 실종자도 당사자능력이 있다는 것에, 대법 1992. 7. 14, 92다2455.
2) 대법 1982. 10. 12, 80누495는 외국법인의 국내지점은 당사자능력이 없다고 하였다.
3) 대법 1992. 10. 9, 92다23087 등.
4) 대법 1968. 6. 18, 67다2528; 동 2005. 11. 24, 2003후2515. 청산중의 비법인사단도 당사자능력이 있다는 것에, 대법 2007. 11. 16, 2006다41297.
5) 대법 1969. 6. 24, 69다837; 대법 1972. 3. 21, 71다1955.
6) 대법 2001. 11. 13, 99두2017.
7) 대법 1962. 4. 18, 4294민상1397. 경기도선관위원장 v. 국민권익위원회=원고에게 당사자능력 → 2013. 7. 25, 2011두1214.
8) 대법 2018. 9. 13, 2018다231031.

관련 국가배상액만도 연간 1,000억 원이 넘어선다.[1)] 헤픈 국가배상책임 인정과 국가측의 소멸시효의 항변은 신의칙 위배라는 판례 때문에 더 확대될 추세이다(긴급조치피해자 3,000억원, 이자 1조원 예측). 과거사관련사건에서 1심 패소의 국가가 쉽게 상소포기하는 경향이 있어 문제가 있다(중앙일보, 2017. 8. 28.자). 지금처럼 국가측이 방어에만 급급할 것이 아니라, 대형 중요사건이 증가하는 현실에서 미국·중국처럼 공익을 위해 국가가 나서는 **부권소송**(대표적 예: BP의 멕시코만의 해저유전에서 기름유출 피해주민을 위하여 주변 주정부들이 아들처럼 생각해 나선 소송의 예. 최근에 미연방과 주정부가 Google 상대 검색창 독점 깨는 소송, Meta의 소셜미디어 독점소송(Apple도 앱스토어 독점이 위협당함). FTC와 더불어 17개 미 주정부의 Amazon 상대의 같은 소송. 소위 Big Tech가 소송수난의 시대가 되고 있다), 미국의 송무청(solicitor general)의 설치, 일본법무성에 송무국의 개설(2015. 4) 등으로 국가측의 공격적 방어로 국고손실을 막으려 한다. 국세청에는 송무국이 설치되고, ISD전문변호사까지 뽑는다고 한다. 우리 법무부도 이러한 부권소송에 큰 관심을 보인다고 하지만, 현재로는 국가소송에서 피고로서 국가배상책임소송에서 패소당하기에 바쁘다.

3) 법인의 기관인 학교장,[2)] 그 지방조직, 내부부서에 불과한 지점, 분회[3)] 따위는 당사자능력이 없다. 지방자치단체인 군(郡)의 하부행정구역인 읍·면도 같다.[4)] 독립된 비법인단체로서의 실체를 갖고 있다 할 수 없는 사회복지법인 소속의 '지역자활센터'는 그 법인과 별개의 단체로서 당사자능력이 없다는 것이 판례이다.[5)] 법인의 하부조직(지부, 분회, 지회 등)을 상대로 한 판결은 법인의 재산에 강제집행을 할 수 없다.[6)]

2. 법인이 아닌 사단·재단

제52조는 설립등기까지 안한 법인이 아닌 사단이나 재단으로서 대표자 또는 관리인이 있으면 사단·재단의 이름으로 당사자가 될 수 있도록 하였다. 이를 형식적 당사자능력자라고도 한다. 법인 아닌 단체에 대해 실체법에서와 같이 소송법에서도 그 주체성을 부인한다면, 분쟁이 생겼을 때에 단체를 상대로 소제기하려는 자는 단체의 구성원 전원을 피고로 하여야 하는 불편이 따르게 된다. 한편 단체측으로서도 단체 자체의 이름으로 원고가 되어 소송을 수행하는 것이 편리한 경우가 적지 않다.[7)] 여기에서 소송법은 실체법과는 입장을 달리하여, 법인이

---

1) 중앙일보 2013. 4. 29.자. 민주화 국가배상청구소송에서 국가측의 허술한 방어 때문에 주먹구구식의 배상액 13억 원 판결(현직 국회의원인데도 2014년까지 무직자일 것을 전제로 40년간 교사월급+퇴직연금+위자료)이 있었다는 것에, 조선일보 2013. 4. 27.자.

2) 대법 1987. 4. 4, 86다카2479 등.

3) 대법 1982. 10. 12, 80누495; 동 1962. 4. 18, 4294민상1397.

4) 대법 2002. 3. 29, 2001다83258.

5) 대법 2013. 10. 11, 2013다38442.

6) 대법 2018. 9. 13, 2018다231031.

7) 총유재산에 관한 소송은 법인이 아닌 사단이 그 명의로 사원총회의 결의를 거쳐 하거나 그 구성원 전원이 당사자가 되어 필수적 공동소송의 형태로 할 수 있을 뿐, 그 사단의 구성원은 설령 그가 사단의 대표자라거나 사원총회의 결의를 거쳤다 하더라도 그 소송의 당사자가 될 수 없고, 이는 총

아닌 사단·재단이라 하여도 대표자가 있는 경우에는 당사자능력을 인정하여 그 자체의 이름으로 원·피고가 될 수 있는 길을 열었다. 다만 법인도 아니고 대표자나 관리인이 있지 아니한 노인요양센터나 노인요양원은 당사자능력이 없다는 것이 판례이다.[1)]

(1) 사 단 여기에 사단이란 일정한 목적하에 이루어진 다수인의 결합체(동지적 결합체)로서, 그 구성원의 가입·탈퇴에 관계 없이 유지 존속하며 대내적으로 그 결합체의 의사결정·업무집행기관에 관한 정함이 있고, 대외적으로 그 결합체를 대표할 대표자·관리인의 정함이 있는 것을 말한다.[2)] 비법인사단의 총유재산에 관한 소송은 특별한 사정이 없는 한 사원총회의 결의를 거쳐야 한다.[3)] 사람이 모이는 곳에 재판과 암투가 있어 유난히도 소송 많다.

예를 들면 학회, 동창회, 설립중의 회사,[4)] 등기되지 아니한 노동조합,[5)] 정당, 동민회,[6)] 자연부락,[7)] 직장·지역 주택조합,[8)9)] 재건축조합(구법관계),[10)] 천주교 이외의 일반교회,[11)] 사찰,[12)] 수리계(水利稧) 등의 농민단체[13)]뿐 아니라 집합건물의 관리단·공동주택입주자대표회의[14)]·아파트부녀회[15)]·상가번영회[16)]·시민단체도 법인이 아닌 사단으로서 당사자능력을 긍정할 것이다. 다만 법인이 아닌 사단

유재산의 보존행위로서 소를 제기하는 경우에도 마찬가지라고 판시하였다(대법(전) 2005. 9. 15, 2004다44971).

1) 대법 2018. 8. 1, 2018다227865.

2) 대법 1999. 4. 23, 99다4504 등.

3) 대법 2011. 7. 28, 2010다97044; 동 2009. 1. 30, 2006다60908.

4) 대법 1992. 2. 25, 91누6108.

5) 대법 1977. 1. 25, 76다2194(노동조합지부인 경우).

6) 대법 1991. 5. 28, 91다7750. 행정구역과 같은 명칭을 쓰면서 일정한 재산을 그의 이름으로 소유한 동(洞)도 같다=대법 2004. 1. 29, 2001다1775. 마을주민들로 구성된 주민공동체=대법 2013. 10. 24, 2011다110685.

7) 대법 1999. 1. 29, 98다33512 등. 비법인사단으로서 존재를 인정하려면 구성원의 범위와 그 고유업무, 의결기관과 대표자의 존부 및 그 조직과 운영에 관한 규약이나 관습이 있는지 여부를 확정하여야 한다는 것에, 대법 2007. 7. 26, 2006다64573.

8) 대법 1993. 4. 27, 92누8163; 동 2021. 6. 24, 2019다278433.

9) 채권청산위원회에 대해, 대법 1996. 6. 28, 96다16582(당사자능력 긍정); 부도회사채권단에 대해, 동 1999. 4. 23, 99다4504(능력 부정).

10) 대법 1996. 10. 25, 95다56866; 동 2006. 2. 23, 2005다19552·19569.

11) 대법 1962. 7. 12, 62다133; 동 1991. 11. 26, 91다30675 등(비법인재단으로 본 예도 있다).

12) 대법 1992. 1. 23, 91마581 등. 단 대법 2005. 6. 24, 2005다10388은 법인격없는 사단·재단이라 했고, 실질적인 면을 고려하여 대법 1991. 2. 22, 90누5641은 개인의 불교시설이라고 한 예이다.

13) 대법 1995. 11. 21, 94다15288. 등록된 전통사찰에 당사자능력을 긍정-2018다287904.

14) 대법 2015. 1. 29, 2014다62657; 동 2008. 9. 25, 2006다86597(독일에서는 부인).

15) 대법 2006. 12. 21, 2006다52723.

16) 대법 1992. 10. 9, 92다23087(독일에서는 시민단체도 원칙적으로 부인).

자체가 당사자능력을 갖는 것이므로 그 내부기관(예: 노동조합의 선거관리위원회,[1] 대한불교조계종의 총무원[2] 등)은 당사자능력이 없다. '번호계'는 당사자능력이 없다.[3]

문중·종중소송: 판례에서는 일반적으로 종중에 대하여 비법인사단으로 당사자능력을 인정한다. 그러나 고유의 종중에서 일부 종원을 배제할 수 없으나, 고유한 의미의 종중은 아니나 각 공동선조를 달리하며 재산관리를 위하여 일정한 지역거주자의 후손들로 범위를 제한하여 구성한 종중유사의 비법인사단까지도 긍정한다(이합집산의 조장으로 반대이다).[4] 대소종중을 막론하고 규약 또는 종친관념에 기한 관습에 의해 선임된 대표자가 있으면 당사자능력이 있으며 반드시 서면화된 규약이 필요없다는 것이 판례입장이다.[5] 이에 관한 소송의 주요쟁점은 종중의 대표권 문제일 때가 많다. 땅 값 상승으로 종중소송이 양산되는 현실에서 우리 판례는 종중의 당사자능력을 무절제하게 인정하는가 하면 「출가외인」으로 의무부담이 없는 출가녀까지 그 구성원으로 인정하는 등 소권남용을 방치하는 경향이 있으며, 그것이 종중이 분쟁의 씨앗이 되고 종중재산을 탐내 종중분쟁을 확대재생산하는 요인이 되는 것 같다. 매장문화가 바뀌는 시대적 상황임에 비추어 전근대적인 단체이며, 단지 일본의 오끼나와의 蔡氏문중 사례가 있었지만 매우 엄격한 요건하에 당사자능력을 인정하는 데 그쳤다.[6]

(2) 재 단 재단이란 일정한 목적을 위하여 결합된 재산중심의 운영체로서 재산을 내놓은 출연자 자신으로부터 독립하여 존재하며 관리운영되는 것을 말한다.

1) 제52조에 의해 당사자로 인정되는 것은 재단의 실질을 갖고 있으나 주무관청의 허가가 없어 법인격을 취득하지 못한 것이다. 예컨대 사회사업을 위해 모집한 기부재산, 육영회, 기금(基金), 대학교장학회,[7] 사립유치원[8] 등이 이에 해당한다.

1) 대법 1992. 5. 12, 91다37683. 한편 하부조직이라 하더라도 독자적인 규약을 가지고 독립한 활동을 하고 있는 독자적인 사회적 조직체로 인정되는 경우에는 당사자 능력이 인정된다는 것에, 대법 1977. 1. 25, 76다2194(전국해원노동조합 목포지부); 동 2009. 1. 30, 2006다60908(충남대전○○○시민연합); 동 2020. 8. 11, 2022다227688(어느 지파 소속의 지교회).

2) 같은 취지의 것으로 대법 1967. 7. 4, 67다549; 동 1991. 11. 22, 91다16136.

3) 대법 2015. 2. 26, 2013다87055.

4) 대법 2008. 10. 9, 2008다45378. 후손중 특정범위 내의 종원만으로 조직체를 구성한 경우도 마찬가지=2019. 2. 14, 2018다264628. 다만 고유종중이 소를 제기하는데 필요한 여러 절차를 우회하거나 특정 종중원을 배제하기 위한 목적에서 종중유사 단체를 표방하였는지 신중한 검토를 요한다는 것에, 대법 2020. 4. 9, 2019다216411; 동 2021. 11. 11, 2021다238902.

5) 대법 1988. 11. 22, 87다카2810 등.

6) 日最高裁 1980. 2. 8 판결.

7) 대법 1961. 11. 23, 4293행상43.

8) 대법 1969. 3. 4, 68다2387. 개인과 독립하여 단체성을 갖춘 비법인사단·재단으로 볼 만한 자료가 없을 때는 당사자 능력에 대해 부정적이며, 보정의 여지가 있다고 본 것에, 대법 2019. 11. 15, 2019다247712 등.

3) 판례는 학교에 대하여 국공립학교[1]·사립학교[2]·각종 학교[3] 등 어느 것을 막론하고 교육시설(영조물)의 명칭에 불과하다고 하여 학교의 당사자능력을 부인하고 있다.[4] 그러므로 국·공립학교의 경우에는 국가·자치단체, 사립학교는 학교법인, 각종학교는 설립자 등 각 운영주체를 당사자로 삼을 수밖에 없다.

(3) 민법상의 조합 법인 아닌 사단보다 단체성이 더 약한 공동출자자의 동업체인 민법상의 조합에 당사자능력이 있는가에 관하여는 다툼이 있다. 특히 민법상의 조합에 대표자가 정하여져 있어 그를 통해 대외적 활동을 하고 있을 때에 문제가 된다. 긍정설[5]과 부정설[6]이 대립되어 있다.

긍정설은, 첫째로 민법상의 조합(동업체=partnership)도 비록 약하기는 하지만 단체성이 있는 것이고, 독립한 관리를 받는 조합재산을 기초로 하여 사회생활상 1개의 단체로서 그 이름으로 활동하는 일이 있기 때문에, 거래의 상대방이 소를 제기할 때 당사자능력을 부인하면 누가 조합원인가를 조사하여야 하며 그 전원을 피고로 하여야 하는 불편이 따르게 되고, 둘째로 조합과 사단의 구별이 용이하지 아니하고 혼동하기 쉬운 점을 고려하면 조합·사단 다같이 당사자능력을 인정하는 편이 옳다는 것이다. 긍정설은 독일·일본의 판례이다.[7]

부정설은, 조합은 동업목적의 조합원간의 계약적 기속관계에 지나지 않으며(민 703조 참조), 조합원의 개성과 독립된 단체적 조직이라고 인정할 수 있는 실질이 없음을 든다. 그리고 우리 법은 조합은 법인이 아닌 사단과의 관계에서 전혀 별개의 조직체임을 전제로 하여 그 재산관계를 전자는 합유관계(민 271조)로 정하고 있음에 대해 후자를 총유관계로 규정하고 있으므로(민 275조), 일본판례의 입장은 이론상 무리이다. 또 조합의 채무는 조합원이 분담하게 되어 있는데(민 712조, 조합원의 개별회계), 조합에 당사자능력을 인정한다고 할 때에 조합 자체에 대한 판결로써 그 구성원인 조합원에 대한 분할책임을 추궁할 수 있을 것인가 하는 어려운 문제도 생긴다.[8]

생각건대 민법상의 조합에 당사자능력을 인정하지 않을 때 조합원 전원이 모두 당사자로 나서서 공동으로 소송하여야 하는 필수적 공동소송이 되는데, 이 때의 복잡 불편함은

---

1) 대법 1997. 9. 26, 96후825; 동 2001. 6. 29, 2001다21991(법인화 전의 서울대학교).
2) 대법 1967. 12. 26, 67다591; 동 1975. 12. 9, 75다1048.
3) 대법 1959. 10. 8, 4291민상776.
4) 대법 2014다208255. 이러한 법리는 비송사건에서도 마찬가지라는 것에, 대법 2019. 3. 25, 2016마5908.
5) 김홍규/강태원, 154면; 강현중, 211면. 법인 아닌 사단의 개념에는 민법상의 조합도 포함하는 것으로 해석하여 긍정하자는 견해로, 정규상, "민법상의 조합의 당사자능력에 관한 고찰", 민사소송 16권 2호, 33면. 사단성이 강한 조합에 한하여 긍정하는 견해로, 전병서, 211면.
6) 송상현/박익환, 130면; 정동윤/유병현/김경욱, 214면; 호문혁, 222면; 김홍엽, 144면.
7) BGH NJW 01, 1056 u 09, 1610; 日最高裁 昭和 37. 12. 28 판결.
8) 조합의 채권자가 조합재산에 대하여 강제집행을 하려면 조합원 전원에 대한 집행권원이 필요=대법 2015. 10. 29, 2012다21560.

사실이다. 그러나 i) 조합원 중에서 선정당사자를 뽑아 그를 내세우거나, ii) 조합원들이 업무집행조합원에게 임의적 소송신탁을 하여 그의 이름으로 소송수행을 하게 하거나,[1] iii) 업무집행조합원(민 709조)을 법률상대리인으로 보고 그에게 소송대리권이 있다고 해석하여 그를 내세운다면 불편이 제거될 것이므로, 조합소송의 단순화가 가능하다.[2] 따라서 부정설을 따른다. 우리 판례도 민법상의 조합의 실체를 갖고 있는 것에 당사자능력을 부인하였다.[3]

다만 변호사법 제58조의 26은 법무조합이 민법상의 조합규정을 준용함에도 당사자능력을 인정하였다. 또 언론중재 및 피해구제에 관한 법률 제14조 4항에서도 당사자 능력없는 자라도 정정보도를 청구할 수 있다고 하였다. 조합의 명칭이 붙었다 하여 곧바로 민법상의 조합이라고 속단하여서는 안 되며, 조합이란 명칭에 구애됨이 없이 사단인가 조합인가는 실질에 의해 판단하여야 한다.[4] 농업협동조합·수산업협동조합·도시 및 주거환경정비법상의 조합, 협동조합 기본법상의 협동조합 등은 명칭은 조합이나 실질은 법인임을 주의할 필요가 있다(농업협동조합법 4조; 수산업협동조합법 4조; 도시정비법 38조, 협동조합 기본법 4조).

(4) 소송상 취급 법인이 아닌 사단이나 재단이 원·피고가 된 경우에는 법인이 당사자일 때와 마찬가지의 소송상 취급을 한다(ZPO § 50 II 참조). 따라서 법인이 아닌 사단·재단 그 자체가 당사자가 되며, 그 대표자·관리인은 법정대리인에 준하여 취급된다(64조). 나아가 판결의 기판력·형성력은 당사자인 사단이나 재단에 대해서만 미치기 때문에, 사단의 구성원·출연자 개인은 그 효력을 받지 아니하며,[5] 강제집행의 대상은 사단이나 재단의 고유재산뿐이다.

이와 같이 법인이 아닌 사단·재단에 소송법상 당사자능력이 인정되므로 판결에 있어서는 그 사단·재단을 권리자·의무자로서 판단하게 되고, 강제집행에 있어서도 사단·재단 자체가 집행당사자(채권자·채무자)로서 취급된다.

---

1) 대법 1984. 2. 14, 83다카1815.

2) 특히 업무집행조합원이 대리인으로서 본인의 이름을 나타내는(현명) 방편으로 모든 조합원이 아니라 조합 자체를 내세울 수도 있다면 상대방이 모든 조합원을 조사하여야 하는 불편은 없어진다.

3) 대법 1991. 6. 25, 88다카6358(원호대상자 광주목공조합); 동 1999. 4. 23, 99다4504(부도회사의 채권자단). 건설공동수급체(consortium)를 조합으로 본 것에, 대법(전) 2012. 5. 17, 2009다105406; 동 2011. 8. 25, 2010다44002 등. 2011년 개정상법 제86조의 2에서 신설된 합자조합은 무한책임을 지는 업무집행조합원과 유한책임을 지는 조합원으로 구성되는데, 민법중 조합계약에 관한 규정을 준용하므로 민법상의 조합으로 볼 것이다.

4) 대법 1992. 7. 10, 92다2431.

5) 법인 아닌 사단에 대한 인낙조서의 기판력은 구성원에게 미치지 않는다는 것에, 대법 1978. 11. 1, 78다1206.

Ⅲ. 당사자능력의 조사와 그 능력 없을 때의 효과

(1) 당사자능력은 본안판결을 받기 위해 필요로 하는 **소송요건**이다. 그 기초사실의 직권탐지는 아니라도 그 존부에 의심이 간다면 법원이 직권조사할 의무가 있다.[1] 법원은 법인이 아닌 사단·재단이 당사자가 된 경우에는 정관·규약 그 밖의 당사자능력의 판단에 필요한 자료를 제출하게 할 수 있다(규 12조). 당사자능력의 유무에 대해 자백이 있어도 법원은 이에 구속받지 않는다.[2]

조사의 결과 소제기 당시부터 당사자능력이 없었음이 발견되면 판결로써 소를 각하하지 않으면 안 된다. 그러나 소장표시로 보아 당사자능력이 없어도 소장의 전 취지를 합리적으로 해석할 때에 올바른 당사자능력자로 고칠 수 있는 경우에는(예: 법을 몰라 당사자능력 없는 행정청을 당사자능력 있는 국가로, 학교를 그 운영주체인 법인으로, 사망자를 그 상속인으로) 바로 소를 각하할 것이 아니라 이에 앞서 그 **표시정정의 형태**로 당사자능력자로의 보정을 시켜보고 그 다음에 당사자능력이 있는지를 가려 보아야 한다는 것이 판례의 입장이다.[3] 소각하할 때 소송비용은 원고측에 당사자능력이 없으면 사실상 소를 제기한 자에게, 피고측에 당사자능력이 없으면 원고에게 각각 부담을 명할 것이다(108조 유추). 다만 소제기 당시에 당사자능력이 없었으나 변론종결시에 이를 취득한 경우(소제기시에 민법상 조합, 그 뒤에 법인화한 경우)는 각하할 것이 아니며, 능력취득자의 추인도 불필요하다.[4]

(2) 소제기 후 소송계속 중에 당사자가 사망·법인합병 등의 사유로 인하여 당사자능력을 상실한 경우에는 소송은 중단되며(233조, 234조), 승계인이 있으면 그가 당사자로서 소송절차를 수계하게 된다. 그러나 소송물이 승계할 성질의 권리관계가 아닌 때(예: 이혼소송에 있어서 당사자 일방의 사망)에는 소송은 종료된다.

(3) 피고로부터 당사자능력에 흠이 있다는 항변이 있어 다툼이 있는 경우에, 조사 결과 당사자능력이 없으면 판결로써 소를 각하할 것이나, 당사자능력이 있으면 중간판결(201조) 또는 종국판결의 이유에서 이를 판단하여야 한다. 당사자무

---

1) 대법 2011. 7. 28, 2010다97044; 동 2022. 4. 28, 2021다306904.

2) 대법 1971. 2. 23, 70다44·45; 동 1982. 3. 9, 80다3290.

3) 대법 2002. 3. 29, 2001다83258 등(읍·면의 당사자능력부인); 동 2001. 11. 13, 99두2017(행정청); 동 1978. 8. 22, 78다1205(학교); 동 2019. 11. 15, 2019다247712(유치원). 이에 대하여 제260·261조에 의한 피고경정의 방법으로 보정해야 한다는 견해가 있으나(호문혁, 224면), 동 규정은 원고가 당사자적격을 혼동하여 피고를 잘못 지정한 경우에 당사자의 동일성의 변경규정(임의적 당사자변경의 한 형태)이므로 그 동일성이 유지되는 이 경우에 유추적용은 부적절하며, 더구나 그 요건이 까다로워 이용하기도 어렵거니와 당초 소제기에 의한 시효중단의 효과도 유지되지 아니한다(대법 2009. 10. 15, 2009다49964 참조).

4) 김홍규/강태원, 147면; 정동윤/유병현/김경욱, 216면; 김홍엽, 149면.

능력자라 하여도 당사자능력을 다투어 상소를 제기하는 한도 내에서는 능력자로 취급된다.[1] 따라서 무능력자가 상소를 제기하였을 때에 부적법한 상소라 하여 상소각하를 할 것이 아니다. 당사자능력에 관해서는 원고에게 그 증명책임이 있다.

(4) 당사자능력이 없어 소각하판결을 하여야 하는데도 이를 간과하고 본안판결을 하였을 때에는 확정전이면 상소에 의하여 취소할 수 있다. 이런 판결이 확정된 경우에 그 효력에 관하여는 다툼이 있다. i) **무효설**[2]이 없지 않으나, 당사자가 비실재인 또는 사망자인 경우와 같이 당사자부존재일 때와는 구별하여(위 148면 참조) 당사자무능력자(예: 조합)일 때는 판결을 당연무효로 볼 것은 아니다.[3] ii) 유효로 볼 것이되 소송능력의 흠이 있는 경우를 유추하여 재심에 의하여 취소할 수 있다는 **재심설**[4]이 있으나, 당사자능력에 흠이 있는 경우는 유추해석이 바람직하지 아니한 재심사유로 규정되어 있지 않을 뿐더러, 전혀 비실재인이나 전혀 무관계한 자에 의한 소송수행의 경우와는 달리 하나의 사회생활단위로서 소송상 행동하여 판결을 받은 것이기 때문에(행정청, 학교, 민법상의 조합이 당사자가 된 경우를 생각할 것) 다시 재심의 소로써 다툴 이익은 없을 것이다. iii) 유효설을 따른다.[5] 간과한 판결이 확정된 경우는 당해 사건에 한하여는 당사자능력이 있는 것으로 취급할 것이므로 반드시 집행불능의 문제가 생길 수 없다.

제2관 당사자적격

Ⅰ. 개　　념

당사자적격이란 당사자능력이 있는 당사자라도 특정의 소송사건에서 정당한 당사자로서 소송을 수행하고 본안판결을 받기에 적합한 자격을 말한다(당사자가 될 만한 사람이 당사자가 된 경우). 당사자가 어느 특정사건에서 자기의 이름으로 소송을 수행하고 거기에서 판결을 받았으되 그것이 별 가치 없는 것이라면 소송은 무의미한 것이므로 이

1) 정동윤/유병현/김경욱, 216 · 217면.
2) 호문혁, 184면; 한충수, 132면. 법인의 하부조직에 대한 판결은 법인에 강제집행을 못한다는 판례로는, 위 대법 2018. 9. 13.자 판결
3) Rosenberg/Schwab/Gottwald, § 43 Rdnr. 5.
4) 재심설에는, 방순원, 111면; 정동윤/유병현/김경욱, 218면; 전원열 171면.
5) 일본의 통설. 같은 취지: 이영섭, 75면; 김홍규/강태원, 148면; 강현중, 213~214면; 김홍엽, 149~150면; 전병서, 213면; 정영환, 297면. 실종자를 당사자로 한 판결이 확정된 후에도 무효가 되지 않는다고 한 것은, 대법 1992. 7. 14, 92다2455.

러한 소송을 배제하기 위한 제도이다. 나아가 남의 권리에 대하여 아무나 나서서 소송하는 이른바 민중소송(Popularklage)을 막는 장치도 된다.[1] 당사자적격이 있는 자를 정당한 당사자(영미법에서는 standing)라고도 하며, 권한의 면에서 파악하여 소송수행권(Prozessführungsbefugnis)이라고도 한다.

당사자적격은 i) 누가 정당한 당사자로서 소송을 수행하고 본안판결을 받기에 적합한 자격(proper party)이 있는가의 문제인 점에서, 현재 계속중인 소송에서 누가 당사자인가를 가리는 당사자확정의 문제와는 다르다. ii) 특정사건과의 관계에서 검토되어야 하는 문제인 점에서, 구체적인 사건을 떠난 일반적·인격적 능력의 문제인 당사자능력이나 소송능력과는 구별된다. 당사자적격(소송수행권)은 민법상의 **관리처분권**에 대응되는 개념이다.[2]

Ⅱ. 당사자적격을 갖는 자(정당한 당사자)

1. 일반적인 경우

일반적으로는 소송물인 권리관계의 존부확정, 즉 소송승패에 대하여 법률상 이해관계인이 정당한 당사자이다. 재산권상의 청구에 관하여는 소송물인 권리관계의 주체인 자가 그 **관리처분권**도 갖게 되므로 법률상 이해관계인으로서 정당한 당사자가 된다.[3]

(1) 이행의 소 이행청구권의 실현목적의 이행의 소에서는 자기에게 이행(급부)청구권이 있음을 주장하는 자가 원고적격을, 그로부터 이행의무자로 주장된 자가 피고적격을 각기 갖는다(통설·판례). 원고를 청구권자가 아니라 청구권을 주장하는 자로 보는 형식적 당사자개념 때문에 주장 자체에 의하여 당사자적격이 판가름이 된다. 따라서 당사자적격을 갖기 위해서는 실제로 이행청구권자나 의무자일 것을 요하지 않는다.[4] 원고가 실제 이행청구권자이며 피고가 이

1) Jauernig/Hess, § 22 Rdnr. 5.

2) Rosenberg/Schwab/Gottwald, § 46 I.

3) 대법 2012. 5. 10, 2010다87474.

4) 판례에는 실제 권리자나 의무자가 아닌 자가 원·피고가 된 경우에 당사자적격의 문제와 본안적격을 혼동하는 예가 없지 않다. 대법 2019. 5. 30, 2015다47105(허무인 또는 실체가 없는 단체 명의로 등기된 경우에 말소등기청구의 피고적격자는 실제 등기한 자); 동 2009. 10. 15, 2006다43903 등에서 등기의무자가 피고적격자라는 전제 하에 등기의무자가 아닌 자, 등기에 관한 이해관계 없는 자 즉 등기명의인이나 그 포괄승계인이 아닌 자를 상대방으로 한 등기말소청구는 피고적격을 그르친 부적법이 있다고 하였다. 등기명의인이 아닌 사람을 상대로 권리변경 등기나 경정등기에 대한 승낙의 의사표시를 청구하는 소는 당사자부적격자 상대의 부적법한 소=대법 2015.

행의무자인가는 본안심리에서 가릴 문제로서(독일에서는 이를 당사자적격과 구별하여 본안적격(Sachlegitimation)이라 한다), 본안심리 끝에 실제 이행청구권자나 의무자가 아님이 판명되면 청구기각의 판결을 할 것이고, 당사자적격의 흠이라 하여 소를 각하해서는 안 된다(통설·판례). 예를 들면 甲이 乙을 채무자라고 주장하여 피고로 삼아 이행의 소를 제기하였으나 丙이 채무자임이 판명된 경우에 甲의 乙에 대한 청구를 기각할 것이지 각하할 것이 아니다.

(2) 확인의 소 권리·법률관계의 불안제거목적의 확인의 소에서는 그 청구에 대해서 확인의 이익을 가지는 자가 원고적격자로 되며,[1] 원고의 이익과 대립·저촉되는 이익을 가진 자, 즉 원고의 법률관계를 다툼으로써 원고의 법률상 지위에 불안·위험을 초래할 염려있는 자가 피고적격자로 된다.[2] 판례는 좀 더 구체적으로 어떠한 권리의 존재확인을 구하는 소의 원고적격자는 당해 권리의 권리자에 한하지 않고, 누구라도 확인의 이익이 있으면 원고적격을 갖는다고 한다. 반대로 확인의 이익이 없을 때에는 당해 권리의 권리자라도 원고적격이 없다. 따라서 확인의 소의 당사자적격은 확인의 이익과 결부시켜 각 사건마다 개별적으로 판정할 필요가 있다.

단체의 내부분쟁의 피고적격 판례는 단체의 대표자선출결의의 무효·부존재확인의 소에서 피고를 단체로 하지 않고 문제된 결의에 의하여 선출된 대표자 개인을 피고로 함은 확인의 이익이 없다 하였다(단체피고설).[3] 다수설도 판례와 같다. 단체 자체를 피고로 하지 않으면 비록 승소판결을 받아도 그 효력이 당해 단체에 미치지 못하여 단체가 그 판결은 자기네와 무관계함을 내세울 수 있어서 법적 불안제거에 도움이 안 된다는 이유에

---

12. 10, 2014다87878. 진정한 등기명의의 회복을 위한 이전등기청구는 현재 등기명의인이 아닌 자를 상대하면 피고적격이 없다. 대법 2017. 12. 5, 2015다240645. 당사자적격을 그르친 경우가 아니라 피고본안적격을 그르친 경우로 청구기각을 할 것이다. 같은 취지: 윤재식, "재소금지의 법리," 민사판례연구(Ⅷ), 302면.

1) 대법 2011. 9. 8, 2009다67115. 대학생의 학부모는 총장임명무효 또는 총장자격부존재확인의 소를 제기할 당사자적격이 없다(대법 1994. 12. 22, 94다14803). 교수협의회와 총학생회는 교육부장관의 이사선임처분취소를 구할 이익이 있다(대법 2015. 7. 23, 2012두19496·19502. 강현중 교수 평석). 무효 또는 부존재하는 주주총회의 결의의 이름으로 해임당한 자는 그 결의무효 또는 부존재확인을 구할 원고적격이 있다=대법 1962. 1. 25, 4294민상525. 학교법인의 감사는 이사회의 결의무효확인을 구할 이익이 있다=대법 2015. 11. 27, 2014다44451.

2) 대법 2013. 2. 25, 2012다67399; 동 2009. 1. 15, 2008다74130.

3) 종중의 대표자에 대한 대의원대회 인준결의의 무효·부존재확인의 소의 피고적격자는 종중(대법 1973. 12. 11, 73다1553; 동 1998. 11. 27, 97다4104). 이사회결의무효·부존재확인의 소에서도 피고적격자는 회사(대법 1982. 9. 14, 80다2425). 주지임명무효확인의 소를 새 주지를 상대로 한 경우는 소각하(대법 1992. 12. 8, 92다23872). 종교단체의 대표자·구성원의 지위에 관한 소송도 같다(대법 2015. 2. 16, 2011다101155). 주지지위확인의 소의 피고적격자는 법인(대법 2011. 2. 10, 2006다65774). 같은 예는 대법 2023. 6. 1, 2020다211238; 동 2024. 1. 4, 2023다244499.

서이다.[1] 법률관계의 주체가 법인 등 단체라는 것도 근거로 한다.[2] 그러나 이러한 내부분쟁에 있어서 i) 가장 큰 이해관계인은 문제의 결의에 의하여 선출된 대표자이기 때문에 그 사람을 상대방으로 하여 소송하게 함이 옳다는 견해가 있다(대표자피고설). ii) 단체와 당해 대표자를 모두 피고로 하여야 한다는 견해(필수적 공동소송설)도 있다. 이 경우에 단체가 패소하면 내쫓길 당해 대표자에게 피고적격을 인정하지 않으면 그의 권익수호의 길은 보조참가일 것이다. 다만 이러한 소송의 보전처분은 이사직무집행정지가처분인데, 판례는 가처분신청에 있어서 당해 단체가 아니고 당해 이사가 채무자적격이 있다고 본다.[3] 이렇게 되면 소송비용은 단체 아닌 개인이 부담해야 한다.

(3) 형성의 소 판결로 권리변경을 시키려는 형성의 소는 법적 안정성 때문에 법규 자체에서 원고적격자나 피고적격자를 정해 놓고 있는 경우가 많다(민 817조, 818조, 847조, 863조, 885조; 상 236조, 376조; 가소 24조, 27조). 주주총회결의취소소송에서 원고적격자가 주주·이사 또는 감사인 것이 그 예이다(신주발행무효의 소=주주·이사·감사(상 429)). 명문의 규정이 없는 경우에는 제3자에게 판결의 대세효가 발생함에 비추어, 당해 소송물과의 관계에서 가장 강한 이해관계를 갖고 있고 충실한 소송수행을 기대할 수 있는 사람을 당사자적격자로 볼 것이다.[4] 이사선임결의를 비롯한 주주총회결의취소·무효 및 부존재확인의 소에서 피고적격자는 당해 주식회사라고 하는 것이 판례이다.[5] 신주발행무효·부존재 확인의 소도 같이 볼 것이다.

(4) 고유필수적 공동소송 고유필수적 공동소송에서는 여러 사람이 뭉쳐 공동으로 원고나 피고이어야 한다. 그렇지 않으면 당사자적격의 흠으로 부적법하게 된다. 이러한 소송에서 공동소송인 일부만이 소송을 제기하거나 공동소송인 일부만을 상대로 소송을 제기한 때에는 소가 부적법해진다. 다만 당사자의 신청에 의하여 제1심 변론종결시까지 빠뜨린 당사자를 추가할 길이 열려 부적법을 고칠 수 있다(68조).

2. 제3자의 소송담당(타인의 권리에 관한 소송)

권리관계의 주체자가 아닌 제3자가 **관리처분권**을 갖기 때문에 당사자적격을 갖고 나서는 경우가 있는데, 이 경우를 제3자의 소송담당이라 한다. 말하자면 제3자가 소송수행권을 갖는 경우이다.

---

1) 같은 입장은, 日最高裁 昭和 59. 9. 28 판결.
2) 대법 2010. 10. 28, 2010다30676·30683(학교법인의 이사회결의부존재확인청구에서).
3) 대법 1982. 2. 9, 80다2424 등. 졸저, 신민사집행법(제8판), 678면.
4) 대법 1988. 2. 23, 87다카1586.
5) 대법(전) 1982. 9. 14, 80다2425.

소송담당자는 다른 사람의 권리관계에 관하여 소송을 수행하여 소송대리인과 비슷하지만, 자기의 이름으로 소송수행을 하는 사람이기 때문에, 다른 사람의 이름으로 소송수행하는 대리인과 혼동해서는 안 된다. 여기에는 다음 3가지가 있다.

(1) 법정소송담당　　제3자가 **법률의 규정**에 의하여 소송수행권을 갖는 경우이다.

(a) 제3자에게 관리처분권이 부여된 결과 소송수행권을 갖게 된 때

1) 제3자가 권리관계의 주체인 사람과 함께 소송수행권을 갖는 경우(병행형)

채무자의 권리를 대위행사하는 채권자대위소송의 채권자(민 404조)가 전형적인 예이며, 회사 이사가 손해를 끼쳤을 때에 대신 나서는 대표소송의 주주(상 403조),[1] 채권질의 질권자(민 353조), 공유자전원을 위해 보존행위를 하는 공유자(민 265조. 다중대표소송도 같다(상 406의 2))나 집합건물의 관리단[2] 등으로부터 관리업무를 위탁받은 위탁관리업자[3] 등이 그 예이다.[4] 위와 같은 경우, 판결의 효력을 받는 권리주체인 사람은 자신의 이익보호를 위하여 공동소송적 보조참가(831면 참조)나 독립당사자참가[5] 등 소송참가를 할 수 있으며, 소송담당자에게 소송고지의무를 지우는 경우도 있다(민 405조 1항; 상 404조 2항).

채권자대위소송의 채권자는 자신에게 인정된 대위권이라는 실체법상의 권리를 행사한다는 점에서 근본적으로 소송담당자가 아니고 판결의 효력도 채무자에게 미칠 여지가 없다는 견해도 있다. 그러나 채권자대위소송은 법률이 채권자가 자기 채권의 보전을 할 수 있도록 그에게 채무자인 다른 사람의 권리에 관하여 관리처분권, 즉 소송수행권을 부여한 전형적인 법정소송담당의 예로 보는 것이며, 만일 그 견해가 같은 입장에 선다면 1회적 채무를 질 뿐인 제3채무자가 여러 채권자들이 있을 때에 그들에 의하여 두 번 세 번 소제기를 당하게 되는 등 파상공격의 시달림으로 제3채무자의 지위불안정의 문제가 생길 수 있다. 채무자가 자기권리를 재판상 행사하였을 때에는 채권자는 대위소송의 당사자적격을 상실한다는 판례가 있다.[6] 또 다른 이설로서는 채권자대위소송에 있어서 채무자가 그 사

---

1) 소송계속중 주주의 지위를 상실한 경우는 원고적격을 상실한다는 것에, 대법 2013. 9. 12, 2011다57869 등.

2) 집합건물의 공용부분이나 대지를 불법점유하는 자에 대하여 1차적으로 구분소유자가 각각(또는 전원의 이름으로) 부당이득반환을 청구할 수 있으며, 나아가 관리단도 관리단집회의 결의나 규약에 의하여 같은 소송을 제기할 수 있다는 것에, 대법 2022. 9. 29, 2021다292425 등.

3) 대법 2022. 5 13, 2019다229511.

4) 같은 취지: 방순원, 172면; 송상현, 124면; Rosenberg/Schwab/Gottwald, § 46 Rdnr. 21. 공유자라도 공유물의 보존행위로서 다른 공유자의 지분권을 내세울 수 없다는 판례(대법 2009. 2. 26, 2006다72802)를 근거로 한 반대견해로 강현중, 221면.

5) 日最高裁 1968. 4. 24 판결.

6) 대법 2009. 3. 12, 2008다65839; 동 2018. 10. 25, 2018다210539(단 채무자인 비법인사단이 사원총회결의없이 제기한 소가 부적법 각하 확정된 경우는 채무자 스스로 행사한 것으로 볼 수 없다) 등.

실을 알기 전에는 채무자와 병행형, 그 사실을 안 후에는 갈음형의 소송수행권을 갖는다는 견해도 있다.[1]

2) 제3자가 권리관계의 주체인 사람에 갈음하여 소송수행권을 갖는 경우(갈음형) 파산재단에 관한 소송에서 파산관재인[2](채무자 회생 및 파산에 관한 법률 359조), 회생회사재산에 관한 소송에서 관리인(위 법률 78조),[3] 채권추심명령을 받은 압류채권자[4](민집 238조, 249조), 유증목적물 관련의 소송에서 유언집행자[5](민 1101조), 주한미군인에 대한 손해배상소송에서 미군측을 대신하여 나서는 국가(한미행정협정 23조 5항; 동협정 시행에 관한 민사특별법 2조) 등이다. 판례는 상속재산관리인까지 소송담당자라 한다(180면 참조). 위와 같은 경우에는 당사자적격이 없는 권리주체인 자는 공동소송적 보조참가(78조)로써 자기 이익을 보호받는 길이 있다.

(b) **직무상의 당사자** 일정한 직무에 있는 자에게는 법률이 자기와 개인적으로 아무런 관계 없는 소송에 관하여 소송수행권을 갖게 하는데, 이러한 자를 직무상의 당사자(Parteien kraft Amtes)라고 한다. 가사소송사건에서 피고 적격자가 사망한 뒤의 검사가 예이다(예: 아들이 사망한 아버지 상대의 인지청구를 할 경우에 검사가 아버지 대신에 피고가 되어야 하는 등. 민 864조, 849조; 가소 24조 3항, 28조, 31조, 33조).

이 경우에 검사가 피고가 되어도 그가 실제로 기판력을 받는 이해관계인 예컨대 상속인의 이익을 충실히 대변하기 어려우므로, 소송결과로 상속권의 침해를 받는 이해관계인에게 직권으로 기일통지를 하여 소송참가의 기회를 보장하는 입법이 바람직할 것이다. 입법이 안된 현 단계에서는 검사는 이 때에 상속인들에게 소송고지로 소송참가의 기회를 주는 운영을 할 것이다. 구 ZPO § 640 e(뒤에 가사사건절차법으로 개정)는 직권소환제를, 일본신인사소송법 제15조는 법원에 의한 강제참가제도를 각기 채택하였다. 드디어 가사소송법 개정안에는 그러한 취지가 반영된 것으로 안다.

---

1) 김홍엽, 158면.

2) 실질적 대리인으로 본 것에, 대법 1990. 11. 13, 88다카26987. 파산선고 후 파산폐지의 결정이 내려지고 그대로 확정된 경우이면, 채무자가 당사자적격을 회복한다는 것에, 대법 2016다145946.

3) 대법 2014. 9. 4, 2014다36771. 회생절차개시 결정 후 관리인이 신고채권에 이의한 경우에 관리인 상대의 물품대금의 이행청구는 부적법=2011. 5. 26, 2011다10310.

4) 이 경우에 채무자는 단지 압류명령을 받을 때는 피압류채권에 대한 이행소송을 제기할 수 있지만, 추심명령을 받을 때에는 당사자적격을 상실한다(대법 2015. 5. 28, 2013다1587; 동 2018다268385 등)고 한다. 그러나 이는 추심명령을 받은 압류채권자의 지위가 채권자 대위권을 행사하는 채권자와 유사함을 도외시한 문제점이 있다. 추심채권자가 추심권능을 상실하게 되면 채무자의 당사자적격 회복=대법 2010. 11. 25, 2010다64877; 동 2019. 7. 25, 2019다212945 참조. 손실보상금 채권에 추심명령을 받은 때에도 추심채권자가 토지보상절차에 참여할 자격을 취득하는 것은 아니므로 채무자인 토지소유자 등이 보상금 증액을 구하는 소를 제기하고 소송수행을 할 당사자적격을 상실하지 않는다(대법(전) 2022. 11. 24, 2018두67).

5) 대법 1999. 11. 26, 97다57733. 대법 2010. 10. 28, 2009다20840은 유언집행자가 사망·결격 기타 사유로 자격을 상실하였다고 하여도 상속인은 유언집행자가 될 수 없다고 했다.

그리고 해난구조료청구에 있어서의 선장(상 894조)도 직무상의 당사자이다. 민법 제848조에 의해 친생부인의 소를 제기할 자가 피성년후견인일 때에 후견인이 나서는 경우도 같다.

(2) 임의적 소송담당(임의적 소송신탁)

(a) 의 의 권리관계의 주체인 자가 자신의 의사에 의해 제3자에게 자기의 권리에 대한 소송수행권을 변호사 아닌 다른 사람에게 맡겨 제3자가 나서는 경우이다. 법률이 명문으로 임의적 소송담당을 인정한 예로 제53조의 선정자가 정한 선정당사자, 어음법 제18조의 추심위임배서를 받아 추심에 나서는 피배서인,[1)] 그리고 금융기관의 연체대출금의 회수위임을 받아 나서는 한국자산관리공사(금융기관부실자산 등의 효율적 처리 및 한국자산관리공사의 설립에 관한 법률 26조 1항)가 있다.

(b) 한 계 명문이 없는 경우는 임의적 소송담당은 원칙적으로 허용되지 않는다는 것이 통설 · 판례이다. 무제한 허용한다면 소송대리인의 자격을 변호사인 전문직에 한정시키는 변호사대리의 원칙(87조)을 탈법할 염려와 신탁법 제6조의 소송신탁금지의 취지에 저촉될 염려가 있기 때문이다. 예를 들면 변호사 아닌 법원주변의 사건브로커 등이 자기에게 소송을 맡기도록 유도하여 그가 실질적 대리인이 되거나 또는 권리자가 증인이 되기 위해 자신의 권리를 신탁할 염려가 생길 수 있어 곤란하다.[2)]

그러나 임의적 소송담당을 무제한으로 막을 것이 아니라, 변호사대리의 원칙이나 소송신탁의 금지를 탈법할 염려가 없고, 또 이를 인정할 합리적 필요가 있는 때에는 제한적으로 임의적 소송담당을 허용하여도 좋을 것이고, 판례도 일관되었다.[3)] 예를 들면 근로기준법위반의 해고자와 같은 영세근로자가 그 소속 노동조합에, 집단적 피해자가 그 소속단체에 소송수행권을 신탁하여 노동조합이나 단체를 내세워 법정투쟁을 하는 길을 여는 것은 법원에의 access 권의 실질적인 존중일 것이다(「선정당사자」 참조). 판례에서도 다수당사자가 권리행사를 하는 불편을 없애

1) 대법 1982. 3. 23, 81다540; 동 2007. 12. 13, 2007다53464(수표의 수취인의 숨은 추심위임배서가 제3자를 통한 소제기로 승소판결을 받아 수표금을 지급받기 위하여 한 것이라면 제3자로 하여금 소송행위를 하게 하는 것을 주된 목적으로 하는 소송신탁에 해당하여 무효).

2) A에게 보상금청구소송을 시킬 목적으로 A 명의로 소유권이전등기를 옮겨 놓은 경우에 무효=대법 1970. 3. 31, 70다55. 부부 사이의 채권 양도가 소제기의 목적일 때 무효=동 1996. 3. 26, 95다20041. 동 2008. 3. 13, 2006다68209=이종사촌에게 채권양도한 경우에도 같은 취지.

3) 대법 2012. 5. 10, 2010다87474: 김홍규, 255면. 방순원, 73면. 다만 권리관계의 주체인 자가 임의로 소송수행권을 수여한 경우이므로 이 경우에는 피담당자의 절차보장이 크게 문제될 수는 없다고 생각된다. 반대: 정동윤/유병현/김경욱, 239면은 피담당자의 절차권이 실질적으로 보장되는 경우 임의적 소송담당이 허용된다고 한다.

기 위한 경우로, 甲회사의 채권자들 총 728명으로 구성된 채권단협의회가 설립한 乙회사가 甲회사로부터 제3자에 대한 손해배상청구권을 양수하여 소제기한 사례에서 허용되는 것으로 보았다.[1] 나아가 업무집행조합원은 조합재산에 관하여 조합원으로부터 임의적 소송신탁을 받아 자기의 이름으로 소송수행하는 것이 허용된다고 하였다.[2] 또한 관리단으로부터 집합건물의 관리업무를 위탁받은 위탁관리회사도 구분소유자를 상대로 관리비청구의 당사자적격이 있다고 본다(대법 2019다22916, 2014다 87885·87892, 유사는 대법 2015다3570과 앞 163면 참조 등). 그러나 음악저작물에 관하여 공연권까지 신탁받은 바 없고 권리주체가 아닌 음악저작권협회가 자기이름으로 소송을 수행할 합리적인 필요가 있다고 볼 특별한 사정이 없다면 동협회가 음악저작물에 대한 침해금지소송을 제기할 당사자적격이 없다고 했다.[3]

특허괴물 : 소송목적으로 특허권을 헐값으로 사들이고 때를 기다리다가 소제기 끝에 적당히 화해의 이득을 챙기는 'patent troll'이라는 **특허괴물**은 소권남용의 차원에서 문제된다. 신탁법 6조와 관련해서 문제가 있다. 특허권투자자를 특허관리회사(NPE)소송전문기업이라고도 하는데, Interdigital, Intellectual Ventures 등이 대표적이라 하며 이들이 제기한 LG전자, 삼성전자 등 상대의 국제특허소송으로 인해 동회사들이 몇 천억의 피해를 보았다는 것이다. 중소기업까지 공격의 표준으로 삼는다. 2018년부터 2022년까지 한국기업이 미국에서 NPE에 의하여 특허소송 중 51% 소제기를 당하였다(법률신문 22. 10. 6.자). 최근에는 현대기아자동차가 NPE에 시달린다고 한다. 미국에서는 특허괴물 때문에 2011년 290억불을 지출하였다는 것으로 미국대통령 Obama가 전면전을 선포까지 한 바이다. 이들은 미국 Texas 동부지법이 원고에게 호의적이라, 여기로 찾아간다고 한다.

(3) 법원허가에 의한 소송담당(재정소송담당)

공해소송·주민소송·소비자나 투자자소송·환경소송·대량불법행위소송 등 이른바 현대형소송에 있어서는 소액의 피해자가 양산되는 것이 특색이다. 피해자전원이 모두 소송당사자로 직접 나서는 것이 사실상으로나 법률상으로 적절치 못하므로, class action의 경우에는 대표당사자가 나서게 하였는데 이 때에 법원의 허가를 받도록 하였다. 증권관련 집단소송법에서는 영미의 class action과 같이 법원의 허가를 받은 대표당사자가 피해자 전원을 위한 소송수행에 나서도록 하였다(동법 2조 1호).[4] 소비자단체소송에서도 소비자단체가 법원의 허가를 얻어 소송수

1) 대법 2002. 12. 6, 2000다4210; 동 2004. 3. 25, 2003다20909·20916.

2) 대법 1984. 2. 14, 83다카1815; 동 1997. 11. 28, 95다35302 등.

3) 대법 2012. 5. 10, 2010다87474.

4) 대표당사자는 제외신고기간이 만료되기 전에는 병행형, 제외신고기간이 만료된 후에는 갈음형의 법정소송담당자로 볼 수 있을 것이다(증집소 28조 1항·2항 참조). 법원실무제요, 민사소송(Ⅰ), 339면.

행권을 갖도록 했다(소비기본 70조). 개인정보 단체소송도 그러하다(개인정보 54조, 55조). 재정(裁定)소송담당이라 할 수 있을 것이다. 남소의 방지를 목적으로 법원이 후견적 개입을 하는 것이다.

(4) 제3자의 소송담당의 효력

(a) **기판력문제** 제3자가 소송담당자로서 소송수행한 결과 받은 판결은 권리관계의 주체인 본인에게 미친다고 규정되어 있는데(218조 3항), 그 적용범위가 문제된다.

1) 제3자의 소송담당 가운데 파산관재인·회생회사의 관리인과 같은 「갈음형」 소송담당자, 직무상의 당사자, 그리고 임의적 소송담당자의 경우에 제218조 3항이 적용되어 판결의 기판력이 권리귀속주체인 자에 미치는 것에 아무런 의문이 없다.

2) 그러나 「병행형」 소송담당자, 예컨대 채권자대위소송에 있어서 채권자, 주주대표소송에 있어서 주주, 채권질의 질권자와 같은 경우에 제218조 3항이 적용되어 제3자가 받은 판결의 기판력이 권리주체인 자에게 어느 때나 미치는가는 논의가 있다. 권리주체인 자가 이 경우에도 기판력을 전면적으로 받는다면 소송담당자가 불성실한 소송수행을 하여 패소판결을 받은 경우에도 기판력을 받아 그 자신 고유의 소송수행권에 기하여 다시 소제기를 못하게 되어, 결국 권리주체인 사람의 소송수행권이 침해·상실되는 결과가 된다.[1] 우리 판례는 한때 채권자대위소송에 있어서 채권자가 받은 판결의 기판력은 채무자에게 미치지 않는 것으로 보았으나(기판력부정설),[2] 대법(전) 1975. 5. 13, 74다1664에 이르러 채무자가 대위소송이 제기된 사실을 알았을 때, 즉 소송참가문제로 자기측이 패소되는 것을 막을 기회를 갖는 등 절차보장이 되었을 때에는 채무자에게도 기판력이 미치는 것으로 바꾸었다(절충설, 절차보장설). 생각건대 이와 같은 판례의 법리는 「병행형」 소송담당자에 의한 소송에 있어서 공통적으로 확대적용시킬 여지가 있다.

3) 증권관련집단소송에서는 대표당사자가 받은 판결은 제외신청을 하지 아니한 구성원에게 기판력이 미치고(증집소 37조), 소비자·개인정보 단체소송에 있어서 단체가 패소판결을 받았을 때에 원칙적으로 동일한 단체에 미친다(소비기본 75조).

(b) **소제기의 효력** 제3자가 소송담당자로서 소의 제기는 권리주체인 자에게 효력이 미치므로, 그의 청구권에 시효중단[3]과 소송계속의 효력이 생긴다.[4] 따라서 뒤에 권리주체인 자에 의한 같은 소의 제기는 중복소송의 문제가 생긴다(뒤의 299면, 832면 참조).

Ⅲ. 당사자적격 없을 때의 효과

(1) 당사자적격(소송담당적격 포함)은 소송요건이다. 따라서 법원의 직권조사사항이며, 조사결과 그 흠이 발견된 때에는 판결로 소를 각하할 것이고, 청구기

1) Rosenberg/Schwab/Gottwald, § 46 V 3·4 참조.
2) 호문혁, 195면.
3) 대법 2011. 10. 13, 2010다80930.
4) Schellhammer, Rdnr. 1206.

각의 판결을 할 것이 아니다. 원고가 당사자를 정확히 표시하지 못하고 **당사자적격이 없는 자**를 당사자로 잘못표시한 경우에 당사자표시를 정정보충하는 조치를 취하지 않고 막연히 보정명령만을 내린 후 소각하는 잘못이라는 것이 판례이다.[1] 채권자대위소송을 하는 원고가 채권자라고 주장하여도 실제로 채권자 아닌 것으로 판명되면 제3자로서 소송담당자 적격이 없게 되어 소각하하여야 한다.[2] 또 주주대표소송을 제기한 주주가 주주의 지위를 상실하면 그 주주는 원고적격을 잃어 그가 제기한 소부분은 각하되어야 한다.[3] 그러나 당사자적격에 관하여 당사자간에 다툼이 있지만, 그 존재가 인정되면 중간판결(201조)·종국판결의 이유 속에서 판단하여야 한다.

(2) 당사자적격이 없음을 간과하고 행한 본안판결은 상소로써 취소할 수 있지만, 확정되면 재심사유는 되지 않는다.[4] 이러한 판결은 정당한 당사자로 될 사람이나 권리관계의 주체인 사람(제3자의 소송담당의 경우)에게 그 효력이 미치지 아니하며, 이러한 의미에서 판결은 무효로 된다(통설). 예컨대 부부를 당사자로 하지 않은 혼인무효·취소의 판결, 주주 아닌 자가 제기하여 받은 주주총회결의취소의 판결 등은 무효로 된다.

(3) 소송중에 당사자적격을 상실하는 경우에 현행법은 소송승계의 방식에 관하여 한 가지로 규정해 놓지 않았다. 당연승계의 규정에 따라 신적격자가 소송승계를 하게 될 경우가 있고(53조 2항, 54조, 233조 내지 236조), 신적격자의 참가승계 또는 그에 대한 소송인수의 방법으로 소송승계시킬 경우가 있다(81조, 82조).

제3관 소송능력

Ⅰ. 의 의

소송능력(訴訟能力)이란 당사자능력 있는 당사자(또는 보조참가인)라도 유효

1) 대법 2013. 8. 22, 2012다68279.
2) 소각하설에는, 대법 2005. 9. 29, 2005다27188; 등 확립된 판례, 다수설. 청구기각설에는 호문혁, 241면. 채권자대위소송의 경우처럼 제3자의 소송담당의 경우에 소송담당적격의 유무나 피보전채권의 존부는 소송요건이므로 주장자체를 기다릴 것이 아닌 직권조사사항이다=대법 2015. 9. 10, 2013다55300(강현중평석, 2016. 12. 15자 법률신문; 보전의 필요성이 없는 경우에도 같다는 것에, 대법 2012. 8. 30, 2010다39918. 이동률, "채권자대위소송과 피보전채권," 중앙법학 13권 3호.
3) 대법 2013. 9. 12, 2011다57869; 유사 동 2018. 11. 29, 2017다35717.
4) 다만 무자격의 선정당사자라도 선정자에 의하여 선정되었다면 그에 의한 청구의 인낙은 재심사유가 아니라는 것에, 대법 2007. 7. 12, 2005다10470.

하게 소송행위를 하거나 소송행위를 받기 위해 갖추어야 할 능력을 말한다. 소송능력은 유효하게 법률행위를 할 능력인 민법상의 행위능력에 대응하는 것으로서, 이를 소송상의 행위능력이라고도 한다. 민법상의 행위능력처럼 소송에서 자기의 권익을 제대로 주장 옹호할 수 없거나 미약한 자를 보호해 주기 위한 제도이다.

(1) 소송행위가 유효하기 위해서는 어느 경우나 막론하고 소송능력이 필요하다. 따라서 소송절차내의 소송행위는 물론 소송개시전의 행위 · 소송외의 행위(예: 소송대리권의 수여, 관할의 합의 또는 증거계약 등)에 있어서도 필요하다.

(2) 소송행위를 유효하게 하기 위해 필요한 능력이기 때문에 증거방법으로서 증거조사의 대상이 되는 경우는 소송능력이 불필요하다(예: 증인 · 당사자본인으로서 신문을 받는 경우는 무능력자도 된다).

(3) 다른 사람의 대리인으로서 소송행위를 하는 때에는 소송능력자일 필요가 없는다는 견해도 있으나, 소송무능력자인 대리인의 개입에 의하여 피해를 입어서는 안되기 때문에, 대리위임을 받은 변호사는 소송능력이 있어야 한다(개설).[1] 제한능력자는 법정대리인이 될 수 없다(민 937조).

Ⅱ. 소송능력자

제51조는 소송능력에 관하여서는 민사소송법에 특별한 규정이 없으면 민법, 그 밖의 법률에 의한다고 하였으므로, 민법상 행위능력을 갖는 자는 소송능력을 갖는다(19세의 성년에 달한 자로서 피성년후견인이 아닌 자가 소송능력자이고, 피한정후견인과 관련하여서는 가정법원에 의하여 정해진 행위 외는 원칙적으로 소송능력자가 된다).

외국인의 경우에는 그 행위능력이 본국법에 의하는 것과 같이(국제사법 13조 1항), 소송능력도 본국법에 의하여 정한다. 다만 본국법상 소송무능력자라 하여도 한국법에 의하면 소송능력자일 때에는 소송능력자로 본다(57조). 외국인을 내국인 이상으로 보호할 필요가 없기 때문이다.

(1) 민법상의 행위능력자이면 어느 누구나 소송능력자이므로, 자기의 재산에 관하여 관리처분권을 상실하여 당사자적격을 잃은 자라 하여도 소송능력은 상실되지 않는다. 예를 들면 파산자라 하여도 소송무능력자가 아니다.

(2) 법인이 행위능력 내지 소송능력을 갖느냐의 여부는 이론상 법인의 본질에 관하여 실재설을 따르느냐 의제설을 좇느냐에 달려 있다. 그러나 제64조에서는 법인이나 법인이 아닌 사단 · 재단에 대해 소송무능력자임을 전제로 그 대표자 · 관리인을 법정대리인에 준

1) 독일의 통설 · 판례. BVerfGE NJW 1974, 1279.

하여 취급하고 있다.[1]

Ⅲ. 성년후견제도의 후속입법에 의한 제한능력자[2] 등

(1) 제한능력자 질병, 장애, 노령 그 밖의 사유로 도움필요의 성인에게 후견인이 재산관리 및 일상생활을 지원하는 성년후견제도가 금치산, 한정치산제도에 갈음하여 새로 생겼다. 2013. 7.부터 시행된 민법개정에 의한 것으로, 새 제도의 후속입법으로 민사소송법이 2016. 2. 3. 개정이 되어, 2017. 2. 4.부터 시행되었다. 노령화 시대에 새 제도 시행후 이용률이 크게 높아졌다.

우선, 무능력자의 소송능력에 관한 원칙적 규정인 제55조를 바꾸었다.

표제부터 제한능력자의 소송능력으로 바꾸었다. 만 19세 미만의 **미성년자**의 소송행위에 관하여 종전대로 법정대리인의 대리에 의하도록 하였다. 그러나 피성년후견인과 피한정후견인은 구법과 차이를 두었다. 이들의 자기결정권을 존중하는 의미에서, 금치산자에 해당하는 **피성년후견인**의 소송행위는 법정대리인에 의함을 원칙으로 하되,[3] 가정법원에 의하여 정해진 취소할 수 없는 법률행위의 한도(민 10조 2항, 동 제4항의 경우는 다르다)에서만 소송능력을 인정하였다.

그리고 한정치산자에 해당하는 **피한정후견인**의 경우는 구법과 달리 원칙적으로 소송능력을 인정하면서, 예외적으로 한정후견인의 동의를 필요로 하는 행위(민 13조 1항)에 한하여는 소송능력을 부정하여 대리권 있는 한정후견인의 대리에 의하여만 소송행위를 할 수 있도록 하였다(넓게는 제한능력자, 좁게는 능력자인 것으로 차별이 있다). 다시 말하면 한정치산자에 해당하는 피한정후견인은 가정법원이 지정한 행위 외는 독립하여 법률행위를 할 수 있는 것이 개정민법의 취지이니만큼, 법 제55조 제2항의 피한정후견인은 민법개정과 보조를 맞추어 소송능력의 인정범위를 넓혔다. 따라서 피한정후견인은 지급명령신청, 3,000만원 이하의 소액사건뿐만 아니라 가정법원이 지정하는 법률행위(동의유보행위)를 제외한 나머지 법률행위관련된 사건에 대하여 한정후견인의 개입없이 독립하여 소송행위를 할 수 있게 되었다. 가사소송절차에서 제한능력자의 소송능력에 관하여 이와 같은 민소법을 준용한다(가소 12조).

---

1) 이동률, "단체의 소송수행방안," 재산법연구 33권 1호.

2) 상세는, 법무부민사소송법특별분과위원회, "2017 개정민사소송법해설서," 법무부간행. 김경욱, "2015년 민사소송법개정안의 중요내용과 쟁점," 민사소송 19권 2호, 90면 이하; 졸고, "성년후견제도의 후속의 개정 민소법," 법률신문 2016. 2. 2자.

3) 판례(대법 2022재다300253, 2022재다782)는 성년후견인은 본소 및 반소관련 소송행위와 변호사선임에 대한 포괄적 권한을 갖는다고 하였다.

(2) 의사능력이 없는 자 그의 소송행위(사리변별무능력자의 행위)는 절대무효이다. 다만 의사능력의 유무는 개별적으로 판정하여야 할 것이다. 예컨대 성년후견개시의 심판 등을 받지 않은 성년자라도 12, 13세 정도의 지능밖에 없는 자, 치매환자 등이 한 소송행위 예컨대 항소의 취하는 무효로 된다.[1] 그러나 2016년 개정법률 제62조의 2에서 종전 판례를 입법화하여 의사무능력자가 유효하게 소송행위를 할 수 있는 길을 열었다. 제한능력자를 위한 특별대리인에 준하여 직권 또는 신청에 의하여 선임되는 특별대리인의 대리행위에 의하도록 하는 것이다.

(3) 미성년자의 지위 미성년자는 법정대리인이 처분을 허락한 재산에 대해서는 임의로 처분할 수 있지만(민 6조), 이와 같은 경우라도 소송법상 미성년자의 소송능력은 인정되지 아니한다. 민법상 미성년자의 경우에 동의를 얻으면 유효하게 법률행위를 할 수 있는 때에도 소송행위는 대리에 의하여야 하는데, 이는 소송행위가 1회적인 법률행위와 달리 연쇄적이고 또 복잡하여 앞을 내다보기 어렵기 때문이다.

예외적으로 i) 미성년자가 혼인한 때에는 완전하게 소송능력을 가지며(민 826조의 2), ii) 미성년자가 독립하여 법률행위를 할 수 있는 경우(예: 법정대리인의 허락을 얻은 영업에 관한 법률행위를 하는 경우(민 8조))에는 그 범위 내에서는 소송능력이 인정된다(55조 1항 1호). iii) 미성년자는 근로계약의 체결·임금의 청구를 스스로 할 수 있기 때문에(근기 67조, 68조), 그 범위의 소송에 대해서는 소송능력이 인정된다.[2] iv) 미성년자가 법정대리인 상대의 입양무효의 소를 제기함에는 개정민법에 의하여 친족회가 아닌 후견감독인(민 950조)의 동의를 얻으면 된다.[3]

Ⅳ. 소송능력의 소송법상 효과

1. 소송행위의 유효요건

소송능력은 개개의 소송행위의 유효요건이다. 따라서 무능력자·제한능력자의 소송행위나 무능력자·제한능력자에 대한 소송행위는 **무효**이다. 주로 피성년

1) 일최고재 1954. 6. 11 판결; 대법 1967. 7. 12, 67마507은 유아로서 의사능력이 없는 미성년자는 매각절차에서 매수(경락)할 수 없고, 설혹 매수가 되었다 할지라도 이러한 매수행위는 무효라고 하였다.
2) 정동윤/유병현/김경욱, 222·223면; 대법 1981. 8. 25, 80다3149; 졸고, "성년후견제도의 후속의 개정민소법," 법률신문 2016. 2. 2.자.
3) 대법 1969. 11. 25, 69므25.

후견인·의사무능력자·미성년자(피한정후견인은 예외적인 일). 이 점 취소할 수 있게 되어 있는 민법상 제한능력자의 법률행위와 취급을 달리하였다. 소송절차의 안정을 위해서이다. 예컨대 소송제한능력자에 의한 소의 제기, 소송위임행위, 청구의 포기·인낙은 무효로 된다. 기일에 제한능력자가 출석하여 변론을 하면 그 자의 소송관여를 배척하고 기일불출석으로 취급한다. 기일통지나 송달 역시 제한능력자에게 하면 무효로 되며, 특히 판결정본이 제한능력자에게만 송달되고 법정대리인에게 송달되지 않았으면 상소기간은 진행하지 않고, 판결은 확정되지 않는다.[1] 다만 제한능력자의 소송행위가 소의 제기와 같은 것일 때에는 당연무효로 방치하여 둘 것이 아니라 소각하판결로 명확히 정리하여야 한다.

2. 추　　인

제한능력자의 소송행위나 그에 대한 소송행위라도 확정적 무효는 아니며, 이른바 **유동적 무효**(schwebende Unwirksamkeit)이다. 따라서 법정대리인이 추인하면 그 행위시에 소급하여 유효로 된다(60조). 제한능력자의 소송행위라도 본인에게 반드시 불리한 것이라 단정할 수 없으므로 그 소송행위를 되살릴 여지를 남기는 것이 좋고, 또 같은 소송행위를 반복하지 않음으로써 소송경제에도 도움이 되기 때문이다.

(1) 추인은 법원 또는 상대방에 대하여 **명시·묵시**의 의사표시로 할 수 있다. 예를 들면 미성년자가 직접 선임한 변호사의 제1심 소송수행에 대해 제2심에서 법정대리인에 의해 선임된 소송대리인이 아무런 이의를 하지 않으면 묵시의 추인이 된다.[2] 미성년자가 스스로 소송행위를 하거나 소송대리인의 선임행위를 하였다고 하더라도, 성년이 된 후에 묵시적으로 추인하였다고 보여지는 경우에는 소송능력의 흠은 없어진다.[3]

(2) 추인의 시기에 관하여는 아무런 제한이 없다. 따라서 상급심에서도 소송무능력자가 한 하급심의 소송행위를 추인할 수 있다.[4]

---

1) 대법 2020. 6. 11, 2020다8586에서는 이때에 상소기간이 진행되지 아니하는 것으로 보고 소송능력의 흠은 상소의 방법으로 다투어야 한다고 했다(이 판례에 대한 찬성에 가까운 평석은 유병현, "소송무능력자에 대한 송달의 효력과 구제방법," 民事訴訟, 27권 2호). 이 경우에도 법적 안정성을 위해 판결이 확정된 것으로 보고 기판력을 긍정할 것이라는 것에, Zeiss, Rdnr. 155.

2) 대법 1980. 4. 22, 80다308. 유사 취지: 대법 1991. 5. 28, 91다10206; 동 1981. 7. 28, 80다2534.

3) 대법 1970. 12. 22, 70다2297.

4) 대법 1997. 3. 14, 96다25227(상고심에서 추인할 경우).

(3) 추인은 원칙적으로 소송행위 전체에 대하여 일괄하여(일괄추인) 행하여야 하며, 소송행위를 선별하여 하는 **일부추인**은 허용하지 않는다. 소송행위는 판결을 목표로 하여 계통적으로 연속된 불가분의 행위이므로 분할이 부적절할 뿐더러, 그 뒤의 절차가 복잡해질 우려가 있기 때문이다. 그러나 소의 취하와 같은 것을 제외하고 나머지 소송행위만을 추인하는 경우와 같이 소송의 혼란을 야기할 염려가 없으면 일부추인도 유효하다고 할 것이다.[1] 일단 추인거절의 의사표시를 한 이상 제한능력자의 소송행위가 유동적 무효의 상태에서 확정적 무효로 되므로 그 뒤에 재추인은 허용될 수 없다.[2] 이 점 무권대리행위의 경우와 다를 바 없다(201면 참조).

3. 소송능력의 조사와 보정

(1) 소송능력의 유무는 법원이 절차의 어느 단계에서도 조사해야 할 직권조사사항이다. 조사의 결과 능력에 흠이 있을 때에는 법원은 그 행위를 배척하는 조치가 필요하다.

(2) 그러나 법원은 이를 즉시 배척할 것이 아니라, 추인의 여지가 있으므로 기간을 정하여 그 보정을 명하지 않으면 안 된다(59조 전단). 보정은 고치는 일인데, 과거의 행위를 추인함과 동시에 장래의 소송수행을 유효하게 하는 방법을 강구하는 것이다. 보정을 기다리자면 지연으로 인하여 손해가 생길 염려가 있는 때에는(예: 급히 해야 할 증거조사, 집행정지 따위), 법원은 보정을 조건으로 일시적으로 소송행위를 하게 할 수 있다(59조 후단).

4. 소송능력의 흠이 소송에 미치는 영향

(1) **소제기과정에 소송능력의 흠** 제한능력자 스스로 또는 그가 직접 선임한 소송대리인이 한 소제기나 제한능력자에 대한 소장부본의 송달은 적법하지 않기 때문에, 변론종결시까지 보정되지 않는 한 소를 부적법 각하하지 않으면 안 된다. 이러한 의미에서 소송능력은 본안판결을 받기 위해 갖추어야 할 소송요건이다. 소송비용도 제한능력자인 원고의 부담으로 하여야 한다.

다만 소제기 과정에서는 소송능력이 없었으나, 뒤에 법정대리인이 추인하거

---

1) 대법 1973. 7. 24, 69다60 참조. 이미 종료된 항소심의 소송행위 중 항소제기만을 선택하여 추인함은 허용되지 않는다는 것에, 日最高裁 1980. 9. 21 판결.

2) 대법 2008. 8. 21, 2007다79480 참조.

나 또는 제한능력자가 소송능력을 취득(예: 소송진행중 미성년자→성년)하여 추인한 경우는 보정이 된 것이다.

(2) 소제기 후 소송능력의 흠 소제기 뒤 소송계속중에 소송능력을 상실한 경우(예: 소의 제기 후 성년후견개시)에 소 자체가 부적법해지는 것이 아니므로 소각하를 할 것이 아니다. 이 때 소송절차는 법정대리인이 수계할 때까지 중단된다(235조). 그러나 소송대리인이 있는 경우에는 중단되지 않는다(238조).

(3) 소송능력에 관하여 당사자간에 다툼이 있는 경우 당사자능력에 관한 다툼이 있는 경우와 마찬가지로 조사결과 능력이 없을 때에는 소를 각하할 것이지만, 그 능력이 긍정되는 경우에는 중간판결, 종국판결의 이유에서 판단하여야 한다.

제한능력자라 하더라도 그 능력의 존부가 기판력 있는 판결로 확정되기까지는 **소송능력을 다투는 한도** 내에서는 유효하게 소송행위를 할 수 있다(청구의 당부에 관한 다툼은 제외). 그렇지 않으면 소송능력이 잘못 부정되는 것을 막을 수 없게 되기 때문이다. 따라서 제한능력자라도 소송능력의 흠을 이유로 각하한 판결에 대하여 유효하게 상소제기할 수 있으며, 또 그 경우에는 미성년자나 그가 선임한 소송대리인에게 종국판결이 송달되어도 상소기간이 진행된다. 나아가 소송능력에 의문이 있는 당사자본인도 자기가 제기한 소를 취하할 수 있다.

(4) 제한능력을 간과한 판결 미성년자 · 피성년후견인 등을 간과하고 패소의 본안판결을 하였을 때에 판결이 당연무효라고 할 수 없고,[1] 당사자는 상소로써 다툴 수 있으며, 확정된 뒤에는 재심의 소를 제기할 수 있다(451조 1항 3호. 통설은 재심설). 그러나 대법 2020. 6. 11, 2020다8586에서는 소송무능력자인 미성년자를 상대로 한 제소를 간과하고 선고·송달한 판결은 그 송달이 무효여서 불변기간인 상소기간이 진행하지 아니하므로 그 흠은 상소의 방법으로 다투어야 한다고 했다(판례는 미성년자의 경우에 상소설. 172면 주 1) 참조). 다만 판결 후에 법정대리인 또는 성년자로 된 당사자가 추인을 하면 상소나 재심의 소는 허용되지 않는다. 또 제한능력자측이 승소한 경우에는 제한능력자의 보호가 제도의 취지임에 비추어 제한능력자뿐만 아니라 패소한 상대방도 승소자측의 능력흠결을 주장하며 상소나 재심으로 다툴 수 없다 할 것이다.[2]

---

1) 무능력자에게 절차보장권이 박탈되었기 때문에 판결이 당연무효라는 것에 新堂, 104면.
2) 같은 취지: 강현중, 236면; 김홍엽, 177면; 대법 1983. 2. 8, 80사50 참조.

제4관 변론능력

1. 의 의

변론능력이란 변론장소인 법정에 나가 법원에 대한 관계에서 유효하게 변론 등 소송행위를 하기 위한 능력을 말한다. 법원에 대한 소송행위를 함에 필요하기 때문에, 당사자간의 소송행위(예: 상소권의 포기나 소송고지, 관할의 합의 등)에 있어서는 필요 없으며, 이 점에서 모든 소송행위에 필요한 소송능력과 차이가 있다. 또 변론능력은 소송의 원활·신속을 도모하고 사법제도의 건전한 운영을 위한다는 공익적인 제도인 점에서, 소송상 자기의 이익을 주장·옹호할 수 없는 자를 보호하기 위한 제도인 소송능력 제도와 차이가 있다.

우리 법에서는 독일 등에서와 같이 변호사에게만 변론능력이 인정되는 변호사강제주의를 헌법재판절차와 증권관련 집단소송 및 소비자·개인정보 단체소송 이외는 채택하지 아니하고 본인소송을 허용하고 있다. 때문에 소송능력이 있으면 변론능력을 인정하는 관계상 변론능력은 큰 의미가 없다.[1] 그러나 다음의 경우에 예외적으로 변론능력이 문제된다.

2. 변론무능력자

(1) 진술금지의 재판과 변호사 선임명령 당사자 또는 대리인이 소송관계를 분명하게 하기 위해 필요한 진술을 하지 못하는 경우가 있다(법정에서 할 말을 횡설수설하여 제대로 못하는 경우). 이 때에는 법원은 더 이상 진술을 못하게 하는 재판을 할 수 있다(144조 1항). 이러한 진술금지의 재판을 받은 자는 변론능력을 상실하여 변론무능력자가 되는데, 그 효력은 당해 변론기일에만 한정하는 것이 아니라 그 심급에 있어서는 그 뒤의 변론 전부에 미친다.[2] 진술금지의 재판은 변론기일만이 아니라 변론준비기일에서도 할 수 있다(286조, 144조).

1) 변호사 강제주의 불채택의 역사: 1990년 개정안과 신민소법 제정당시 대법원의 민소법개정안은 고등법원 이상의 법원에서 적극적 당사자가 소송행위를 하는 경우에 한하여 변호사강제주의(필수적 변호사주의)를 제안하였으나, 시민단체 등의 반대에 부딪혀 채택되지 아니하였으나, 2014년 연말에 즈음하여 상고사건의 적극적 당사자에 한하여 변호사강제주의 민소법 개정안이 의원입법안으로 국회에 제출되었으나 좌초. 다시 2016. 2. 4 시행 민사소송법 개정시도 정부안으로 장애인을 위한 국선대리인제도가 국회에 상정되었으나 불채택. 앞의 2017 개정민사소송법해설서, 167면 이하. 정선주, 민사소송 15권 1호; 전병서, 민사소송 15권 1호; 졸고, "변호사강제주의와 탄핵심판," 대한변협신문 2017. 2. 12.자. 독일처럼 변호사보수를 낮추면서 보수법의 신설과 함께 강제주의를 재추진하는 방안(?).

2) 법원실무제요, 민사소송(Ⅱ), 1001면.

진술금지의 재판의 경우에 법원은 변호사의 선임을 명할 수 있다(144조 2항). 대리인에게 진술을 금하거나 변호사의 선임을 명하였을 때에는 본인에게 그 취지를 통지하여야 한다는 것이 제144조 3항이다. 이 조항은 선정당사자에게 유추되므로 선정당사자가 변변치 못하여 같은 조치를 받은 때에는 선정자에게 그 취지의 통지를 요한다는 것이 판례이다.[1] 변호사선임명령을 받은 당사자는 쉽게 소송구조결정을 받을 수 있다(소송구조 예규 2조).

(2) 변호사대리의 원칙위반 원칙적으로 변호사가 아닌 사람은 다른 사람의 소송에 소송대리인의 자격이 없다(87조. 그 예외는 단독사건 중 1억원 이하의 사건과 법률상의 소송대리인의 경우에 한한다). 바꾸어 말하면 변호사자격을 갖지 아니한 자는 소송대리인으로서의 변론능력이 없다. 판례는 변리사들이 상표권침해의 민사소송에서 소송대리인으로서 상고장을 작성·제출한 사안에서 변호사가 아니면서 재판상 행위를 할 수 없는 사람이 대리인으로서 상고제기를 한 것으로 변호사대리의 원칙을 규정한 제87조에 위배되어 부적법하다고 하였다.[2] 변호사대리의 원칙을 소송대리인의 변론능력 제한의 일종이라고 파악하는 것이 다수설이나, 반대설[3]이 있다.

(3) 발언금지 명령을 받은 자(135조 2항, 286조) 해당기일만 변론능력이 없다.

(4) 듣거나 말하는 데 장애자(143조 1항) 통역인을 붙이는데, 변론무능력자로 보는 견해가 있다.[4] AI통역사가 도래할 때이다.

3. 변론능력 보충의 진술보조인[5]

2017. 2. 4. 시행의 개정법률 제143조의 2에서는 질병, 장애, 노령 그 밖의 사유로 인한 정신적·신체적 제약으로 소송관계를 분명하게 하기 위하여 필요한 진술을 하기 어려운 당사자를 위하여 법정에 같이 나와 그 진술을 도와주는 진술보조인제도를 신설하였다(간병인, 친족 등). 이는 피성년후견인의 법정대리인과는 다르다. 사회적 약자의 변론능력의 보완을 목적으로 한다. 이 때에 당사자는 법원의 허가를 얻어 진술조력인과 함께 출석하여 진술할 수 있다. 원래 전문가 등을 대동하고 함께 나와 당사자를 돕는 일본·독일 등의 보좌인(補佐人, 구의용민소법과 독일민소법에도 있었음)제도가 있는데, 장애인이 말이 어눌하거나 말귀를 알아듣지 못

1) 대법 2000. 10. 18, 2000마2999.
2) 대법 2012. 10. 25, 2010다108104.
3) 호문혁, 176면.
4) 송상현/박익환, 149면.
5) 앞의 2017 개정민사소송법해설서, 123면 이하.

하는 경우에 특수한 인연(예컨대 가족·간병인·계약·신뢰관계 등)으로 그와 잘 소통이 될 사람이 법정에 나와 보조하기 위한 제도로 축소하여 도입했다. 진술보조인의 자격 및 소송상 지위와 허가 및 취소에 관한 사항 등 세칙은 대법원규칙인 민소규칙 제30조의 2로 정해지는데, 가족관계·고용관계 및 신뢰관계에 있는 사람이 진술보조인이 될 수 있도록 하였다. 대법원규칙은 뒤에서 보는 바와 같이 비변호사대리의 허가절차에 준하는 내용으로 규정하였는데, 허가신청을 심급마다 서면으로만 하게 한 문제점이 있다. 제도의 남용으로 변호사대리의 원칙의 잠탈은 피해야 할 것이다.

4. 변론능력 없을 때의 효과

(1) 무효와 기일불출석의 불이익 변론능력은 소송행위의 유효요건이다. 변론무능력자의 소송행위(서면이든 구술이든)는 무효이며, 소급추인은 안 된다. 법원은 변론무능력자의 소송관여를 배척하고 그에 의한 소송행위를 무시할 수 있다.

진술금지의 재판을 한 경우에는 변론속행을 위한 새 기일을 정할 것이나, 그 새 기일에 당사자가 거듭 출석하여도 기일에 불출석한 것으로 취급되어 기일불출석의 불이익(진술간주·자백간주·취하간주 등. 148조, 150조, 268조, 286조)을 받게 된다.[1] 이 점은 변호사 아닌 자가 대리인이 된 경우에 거듭 출석한 경우에도 같다. 변호사 아닌 자의 소송대리는 본인의 수권없는 대리처럼 무권대리라 본 판례(변호사 자격없는 자가 지방자치단체의 소송대리를 수행한 경우)가 있으나, 대리권의 문제가 아니라 변론능력이 없는 것으로 부적법하다고 볼 것이다(206~207면 참조).

(2) 소·상소각하 진술금지의 재판과 함께 변호사선임명령을 받은 사람이 새 기일까지 변호사를 선임하지 아니한 때에는 법원은 결정으로 소 또는 상소를 각하할 수 있다(변호사강제주의에 의하는 소비자단체소송에서 원고가 변호사선임명령을 받고 불응하는 때에도 소각하, 소비자단체소송규칙 12조 3항). 이 결정에 대하여는 즉시항고할 수 있다(144조 4항·5항). 이것은 변호사선임의 간접강제 방안으로 채택된 것이다. 변호사선임명령을 받고 이에 응하지 않을 때에 소각하에 이를 수 있다면, 변론능력이 임의적 소송요건이 될 수 있다고 하겠다. 다만 대리인과 유사한 선정당사자가 진술금지와 함께 변호사선임명령을 받았지만 이 사실을 선정자에게 통지하지 아니한 경우에는 변호사의 불선임을 이유로 소각하할 수 없다.[2]

위헌문제 생각건대 소·상소각하의 제도에 문제점이 있다. 첫째로 변호사선임명령을 받는 당사자는 법률적으로는 물론 경제적으로도 약자임이 통례이다. 따라서 재량규

1) Rosenberg/Schwab/Gottwald, § 45 Rdnr. 2.
2) 대법 2000. 10. 18, 2000마2999.

정이지만 함부로 적용시키면 약자의 법원에 access할 권리, 즉 재판을 받을 권리(헌 27조)를 침해하는 운영위헌이 생길 것이므로, 신중한 운영을 요한다고 할 것이다.[1] 둘째로 피고 등 소극적 당사자가 같은 선임명령을 받은 경우에는 아무런 제재가 없다. 따라서 파행적이며 당사자평등의 원칙(헌 11조)에 어긋난다는 문제가 있다.[2)3)]

(3) 간과와 그 흠의 치유 법원이 변론능력에 흠이 있음을 간과 또는 묵과하고 위에서 본 바와 같은 조치를 취하지 않고 종국재판을 한 경우에는, 이를 이유로 상소나 재심에 의하여 취소를 구할 수는 없다.

소송의 원활·신속을 목적으로 하는 법원을 위한 제도의 취지에 비추어 법원이 변론무능력을 문제삼지 아니하고 넘어 갔으면 그 흠은 일단 치유된 것으로 볼 것이기 때문이다.

제4절 소송상의 대리인

제1관 총 설

Ⅰ. 대리인의 의의

(1) 소송상의 대리인이란 당사자의 이름으로 소송행위를 하거나 소송행위를 받는 제3자이다(「원고 ○○○ 소송대리인 ○○○」로 이름을 나타낸다). 대리인의 행위는 당사자본인에게만 그 효과가 미치고 대리인에게는 미치지 않는다. 소송상의 대리는 사법상의 대리의 소송법적 측면이다. 대리인은 자기의 의사에 기하여 소송행위를 하는 사람이기 때문에 다른 사람의 소송행위의 전달,[4] 다른 사람에 대해 행한 소송행위의 사실상의 수령자(예: 송달보조자. 186조 1항)는 심부름하는 사자(使者)이지 대리인은 아니다. 또한 대리인은 당사자본인의 이름으로 소송행위를 하는 사람이기 때문에 다른 사람의 권

---

1) 졸고, "민사소송법중 개정법률 개관," 사법행정 1990. 2. 대법 2023. 12. 14, 2023마6934에서는 변호사선임명령 및 진술금지제도의 신중한 운영을 강조하였다(석명을 구하더라도 필요한 진술을 할 능력이 없는 경우 등).

2) 같은 취지: 호문혁, 211면; 김홍엽, 182면.

3) 이와 같은 소각하위험의 해결을 위하여 민사소송법 개정안 제144조의 2에서는 질병, 장애, 연령, 언어 그 밖에 이에 준하는 사유로 인하여 변호사선임명령을 받았으나 지급능력이 부족한 자에 대하여서는 소·상소각하결정이 아니라 국고부담의 국선대리인선임제도를 신설하는 사법복지 안이었다. 그러나 국회심의과정에서 삭제되었다. 앞의 2017 개정민사소송법해설서, 167면.

4) 소장을 법원에 제출하는 등의 사실행위를 하는 변호사사무원 등의 착오는 소송대리인 자신의 착오로 보아야 한다는 것에, 대법 1997. 6. 27, 97다6124.

리관계에 관하여 자기의 이름으로 하는 소송담당자(예: 선정당사자, 회생회사의 관리인)는 대리인이 아니며, 자기의 이름으로 하는 소송행위가 다른 사람의 소송에 효력이 미치는 보조참가인도 대리인이 아니다.

(2) 소송행위는 「대리에 친한 행위」라고 할 수 있다. 따라서 당사자가 소송능력자라 하여도 시간적 여유나 법률지식이 없는 경우에는 전문가인 변호사에게 소송을 위임하여 소송을 대리케 할 수 있다. 당사자가 소송무능력자일 경우에는 법정대리인에 의하여 소송행위를 하지 않으면 안 된다.

그러나 예외적으로 선서·증언이나 당사자신문의 경우(367조), 그리고 법원이 당사자본인의 출석을 명한 때(140조, 145조; 규 29조의 2)에는 대리행위가 아니된다. 또 가사소송사건에서는 원칙적으로 본인출석주의이다(가소 7조). 재산명시절차에서는 재산명시기일에 채무자본인출석의무가 있다(민집 64조 1항).

Ⅱ. 소송상 대리인의 종류

(1) 임의대리인과 법정대리인 민법상의 대리와 마찬가지로 본인의 의사에 의하여 대리인이 된 임의대리인과 본인의 의사와 관계 없이 법률의 규정 등에 의하여 대리인이 된 법정대리인이 있다.

(2) 포괄적 대리인과 개별적 대리인 일체의 소송행위를 대리하는 포괄적 대리인이 원칙이지만, 개개의 특정한 소송행위에만 국한하여 대리할 수 있는 개별적 대리인도 있다(예: 송달영수에 국한하여 대리인이 되는 교도소·구치소·경찰관서의 장(182조), 군사용의 청사 또는 선박의 장(181조), 화해를 위한 대리인 등). 포괄적 대리권을 가진 임의대리인을 소송대리인이라 한다.

(3) 민법상의 대리와의 차이 소송상의 대리는 민법상의 대리와 달리 소송절차의 원활·신속·안정을 위하여 대리권의 존재와 범위의 명확화와 획일적 처리가 필요하다. i) 소송상의 대리권의 서면증명(58조, 89조), ii) 대리권소멸의 통지(63조, 97조), iii) 대리권범위의 법정(56조, 90조), iv) 민법상의 표현대리의 배제(판례) 등은 이와 같은 요청 때문이다.

제2관 법정대리인

Ⅰ. 개 념

법정대리인(法定代理人이지 法庭代理人이 아님)이란 본인의 의사에 의하지 아니하고 대리인이 된 사람을 말한다. 법률에 의하여 그 자격을 갖게 되었든, 법원 등 관청의 선임에 의하여 자격을 갖게 되었든 상관없다. 법원의 선임명령(144조)을 받아 선임된 대리인이라도 대리인의 선택은 본인이 한 것이므로 법정대리인이 아니고 임의대리인이다. 법정대리인제도는 스스로 소송 수행할 능력이 없는 사람의 소송상 권익을 보호하기 위한 것이다.

Ⅱ. 종 류

i) 실체법상의 법정대리인(51조), ii) 소송상의 특별대리인(62조, 62조의 2), iii) 법인 등 단체의 대표자(64조)가 있는데, iii)은 별항으로 설명한다.

1. 실체법상의 법정대리인

누가 법정대리인이냐에 관하여서는 민법 그 밖의 법률에 의하므로(51조), 민법상 법정대리인의 지위에 있는 사람은 소송법상으로도 법정대리인이 된다. 따라서 만 19세 미만의 미성년자의 친권자인 부모(민 909조, 911조) 또는 미성년후견인(민 928조), 대리권 있는 한정후견인(개정민법 959조의 4에 의하여 대리권 수여의 심판이 되었을 때)·성년후견인(민 929조, 938조)은 소송법상으로도 법정대리인이 된다. 이 밖에 민법상의 특별대리인(민 64조, 921조)과 법원이 선임한 부재자의 재산관리인(민 22조 내지 26조)도 소송상의 법정대리인으로 된다.[1] 상속인의 존재불명한 경우의 상속재산관리인(민 1053조)도 추상적으로 재산상속인의 법정대리인이라고 볼 것이나, 판례는 반대로 소송담당자(정당한 당사자)로 본다.[2]

유언집행자의 지위가 문제인데, 일부 반대설도 있지만(민 1103조를 근거), 유증목적물에 관한 소송(민 1101조)에서는 법정대리인이 아니라 소송담당자로 볼 것이다(전술한 「당사자적격」 참조).[3]

2. 소송상의 특별대리인과 개정법률

소송상의 특별대리인은 개개의 소송절차에서 법원이 선임한 대리인으로서 법정대리인이다.

(1) 제한능력자를 위한 특별대리인 이 제도는 2016. 2. 3. 개정, 2017.

1) 대법 1968. 12. 24, 68다2021.

2) 대법 2007. 6. 28, 2005다55879. 소송담당자로 보는 견해에는 김홍엽, 161면, 직무상의 당사자로 보는 견해에는, 정영환, 294면; 강현중, 248~249면.

3) 대법 1999. 11. 26, 97다57733; 동 2010. 10. 28, 2009다20840.

2. 4. 시행 개정법률에서 크게 보완하여 크게 활성화 의지를 보였다(이하 '개정법'이라 한다). 미성년자 · 피한정후견인(가정법원에 의해 지정된 한정후견인의 동의를 받아야 하는 행위일 때) 또는 피성년후견인이 당사자인 경우 ① 법정대리인이 없거나 ② 법정대리인이 사실상 · 법률상 대리권을 행사할 수 없을 경우, ③ 법정대리인의 불성실로 소송절차의 진행이 현저하게 방해받는 경우(③은 개정법률에서 추가) 중 어느 하나에 해당될 때, 법은 대비책으로 수소법원에 그를 대리해 줄 특별대리인의 선임을 당사자의 신청 또는 필요에 따라 직권으로 할 수 있도록 하였다(개정 62조 1항 · 2항). 예를 들면 부모도 친족도 없거나 법정대리인이 있어도 중병인 처지의 미성년자인 甲이 교통사고를 당한 경우에 가해자 乙을 상대로 배상청구를 하고자 하는 경우에 문제된다.

(2) 준용의 경우　이 제도는 제한능력자를 위해 출발하였으나, 이것이 준용되는 예는 다음 두 가지이다. ① **법인**(또는 비법인단체)에 대표자 · 관리인이 없거나 그가 대표권을 행사할 수 없는 경우이다(법 64조).[1] 그러나 뒤에 대표권의 흠이 보완된 경우라면 수소법원의 해임결정이 있기 전이라도 그 대표자가 법인을 위한 소송행위는 할 수 있다.[2]

② 성년후견개시의 심판까지 받지 않은 의사무능력자도 여기의 제한능력자에 준하여, 특별대리인을 선임할 수 있다(개정법 명시).[3] 이 때의 특별대리인이 소의 취하 · 화해, 청구의 포기 · 인낙 또는 소송탈퇴를 하는 경우는 제한능력자의 경우처럼 후견감독인이 있어서 견제할 수 있는 것도 아니므로, 특별대리인의 그 행위가 본인의 이익을 명백히 침해한다고 인정되면 수소법원은 후견적 견제의 견지에서 불허결정을 할 수 있도록 하였다(개정 62조의 2 2항).

(a) 요　　건

1) 제한능력자를 **피고**로 하여 소송을 하고자 할 경우나 제한능력자측이 원고가 되어 소송을 하고자 할 경우일 것을 요한다. 소제기전은 물론 소제기후라도 신청할 수 있다.

2) 제한능력자에게 법정대리인이 없거나 또는 법정대리인이 대리권을 행사할 수 없을 때일 것을 요하던 구법과 달리, 2017. 2. 3. 개정법은 법정대리인이 선임사유로 하나 더 추가하여 다음 세 가지가 되었다. 그 중 하나에 해당되면 선

1) 대법 1992. 3. 10, 91다25208. 상호저축은행에 대한 금융위원회의 경영관리가 개시된 경우도 저축은행의 주주 · 임원 등이 특별대리인의 선임신청을 할 수 있다는 것에, 대법 2012. 3. 15, 2008두4619.

2) 대법 2011. 1. 27, 2008다85758.

3) 대법 1987. 11. 23, 87스18; 동 1993. 7. 27, 93다8986 등.

임사유가 된다. i) 우선「법정대리인이 없을 때」인데, 이는 미성년자에게 친권자가 없고 후견인도 지정되지 아니한 경우가 전형적 예이다. 성년후견인 · 한정후견인은 있으나, 법정대리인이 소송에 관한 대리권이 없는 경우도 포함한다. 법인 등 단체의 대표자가 없을 때에 예컨대 단체의 이사가 자기를 위하여 단체 상대로 소제기의 경우에 그 소송에 관하여 감사가 단체를 대표할 때에는 대표자가 없는 경우가 아니므로 특별대리인을 선임할 수 없으며, 그럼에도 선임된 특별대리인이 제기한 소는 부적법하다(대법 2015. 4. 9, 2013다89372).[1] ii)「법정대리인이 대리권을 행사할 수 없는 때」이다. 이해상반 등으로 대리권행사에 법률상 장애[2)3)](예: 민 64조, 921조 등)만이 아니라, 널리 사실상의 장애(법정대리인의 질병 · 장기간의 해외여행 등)가 있는 경우에도 포함된다. 개정법은 이를 명백히 하였다. 식물인간이 된 남편(의사무능력자)이 자기 후견인이 된 아내를 상대로 한 간통이혼청구에서는 어머니를 특별대리인으로 선임신청을 할 수 있다.[4] iii) 개정법률에서는 법정대리인이 불성실하거나 미숙한 대리권행사로 소송절차의 진행이 현저하게 방해받는 때도 선임요건으로 추가되었다.

3) 지연으로 인하여 손해를 받을 염려가 있어야 한다. 민법에 의하여 법정대리인이나 특별대리인을 선임하기까지 기다리자면 신청인측에 손해가 생길 염려가 있을 때를 말한다. 가압류 · 가처분 또는 시효중단의 필요가 있을 때 등.

(b) 선임 및 개임절차

1) 특별대리인은 원칙적으로 신청에 의하여 선임된다(62조 1항). 신청권자는 i) 소송제한능력자를 피고로 하여 소제기할 경우에는 소송행위를 하려는 사람, 즉 원고 본인이 되고, ii) 제한능력자측이 원고가 되어 소제기할 경우에는 제한능력자의 친족, 이해관계인, 대리권 없는 성년후견인이나 한정후견인, 지방자치단체장 또는 검사이며, 제한능력자 본인은 될 수 없다.[5] 개정법은 의사무능력자를 위한 특별대리인의 선임신청은 이 밖에 특정후견인 또는 임의후견인도 할 수 있도록 했다(개정 62조의 2 1항 단서). 선임신청은 수소법원(受訴法院)에 하여야 하는데, 여기의 수

---

1) 법인의 대표이사가 사임한 뒤, 신대표이사의 선출결의가 부적법하다 하더라도 적법한 대표이사의 선출시까지는 당초의 대표이사가 대표이사의 권리 · 의무를 가지므로 제62조 · 제64조에 의한 대표자가 없는 때에 해당하지 않는다고 한 것에, 대법 1974. 12. 10, 74다428.

2) 대법 1992. 3. 10, 91다25208=단체와 대표자 사이에 이해상반의 소송을 할 때 그 대표자에게는 대표권이 없다.

3) 대법 1991. 4. 12, 90다17491=양모가 미성년자를 상대로 한 소유권이전등기소송은 민법 제921조 1항의 이해상반행위에 해당하고 양자의 친생부모는 친권자가 되지 못하므로 법원은 특별대리인을 선임하여야 한다.

4) 대법 2010. 4. 8, 2009므3652.

5) 대법 1981. 11. 19, 81카43.

소법원이란 본안사건이 장래에 계속될 또는 현재 계속되어 있는 법원을 뜻하며, 반드시 이미 계속된 본안사건의 담당재판부만을 가리키는 것은 아니다.[1)]

2) 신청인은 지연으로 인하여 손해를 볼 염려가 있음을 소명하여야 하며(62조 1항), 선임재판은 결정의 형식으로 한다. 선임신청의 기각결정에 대해서는 항고할 수 있으나(439조), 선임결정에 대해서는 항고할 수 없다.[2)] 선임된 사람은 취임의무를 갖는 것은 아니나, 변호사가 선임되었을 때에는 정당한 이유가 없는 한 취임을 거부할 수 없다(변 27조 2항). 개정법에서는 법원은 필요하다고 인정하는 때에는 직권으로 특별대리인의 선임은 물론, 개임 · 해임도 할 수 있도록 했다(개정 62조 3항).[3)] 이는 법원의 결정으로 하며, 그 결정은 특별대리인에게 송달하여야 한다(개정 62조 4항). 특별대리인의 보수, 그 선임비용 및 소송행위에 필요한 비용은 소송비용의 일부로 포함된다(개정 62조 5항).

(c) **권　　한**　　특별대리인은 대리권 있는 후견인과 같은 권한을 갖는다(62조 2항 본문). 특별대리인의 대리권의 범위 내에서 기존의 법정대리인의 권한은 정지된다(개정 62조 3항). 특별대리인이 선임된 경우는 특별대리인은 소송행위를 할 권한뿐 아니라, 필요한 때에는 공격방어방법으로 사법상의 실체적 권리도 행사할 수 있다.[4)] 그러나 그 권한은 원칙적으로 선임된 당해소송에 국한된다.[5)] 판례는 법인을 위한 특별대리인은 법인의 대표자와 동일한 소송수행권을 갖는다고 한다.[6)] 특별대리인은 법인을 대표하여 수행하는 소송에 관하여 상소를 제기하거나 취하할 권리가 있다.[7)]

(3) 판결절차 이외의 특별대리인　　제한능력자를 위한 특별대리인 이외에 증거보전절차(378조), 상속재산에 대한 집행절차(민집 52조 2항)에도 특별대리인의 제도가 있다.

---

1) 대법 1969. 3. 25, 68그21.
2) 대법 1963. 5. 2, 63마4.
3) 당사자의 개임신청은 법원의 직권발동을 촉구하는 의미를 가진다는 것에, 대법 1969. 3. 25, 68그21.
4) 대법 1993. 7. 27, 93다8986 등. 특별대리인이 상고를 제기하고 상고를 취하해도 유효(대법 2018. 12. 13, 2016다210849, 210856).
5) Stein/Jonas/Leipold, § 57Ⅲ. 다만 판례는 재심소송에서 선임된 특별대리인은 재심의 대상이 되어 있는 소송에 있어서 대리권의 흠을 추인할 권한이 있다고 하였다. 대법 1969. 7. 22, 69다507.
6) 대법 2010. 6. 10, 2010다5373.
7) 대법 2018. 12. 13, 2016다210849 · 210856.

Ⅲ. 법정대리인의 권한

(1) 법정대리권의 범위 대리권의 범위도 소송법에 특별한 규정이 없는 한 민법 그 밖의 법률에 따른다(51조). 따라서,

i) 친권자가 자(子)를 대리하여 소송수행을 할 때에는 아무런 제약 없이 변호사의 선임행위 등 일체의 소송행위를 할 수 있다(민 920조 참조).

ii) 후견인의 권한 대리권행사의 견제장치로 피후견인을 대리하여 능동적 소송행위(소제기·상소 등의 제기)를 할 때에는 후견감독인(미성년·성년·한정후견감독인)이 있으면 그의 동의를 얻어야 한다(민 950조). 다만 법정대리인인 후견인이 상대방의 소제기·상소에 관하여 피고 또는 피상소인으로서 어차피 해야 하는 수동적 응소행위를 함에는 후견감독인으로부터 특별한 권한을 받을 필요가 없다(개정 56조 1항). 그러나 더 나아가 후견인은 소송계속중 판결에 기하지 않고 **소송을 종료시키는 행위**, 즉 소·상소의 취하(상소의 포기도 같이 볼 것이다), 화해, 청구의 포기·인낙 또는 소송탈퇴를 함에는 후견감독인이 있으면 그로부터 특별한 권한을 받아야 한다(56조 2항 본문).[1] 개정법은 후견감독인이 없는 경우에는 가정법원으로부터 특별수권을 받도록 하였다(56조 2항 단서). 개정법은 의사무능력자를 위한 특별대리인이 그와 같은 소송을 종료시키는 행위에는 수소법원이 불허결정을 할 수 있도록 하였음은 앞서 본 바이다. 소의 취하, 화해 등에 있어서 법원의 허부결정을 받게 하는 영미법의 영향이다.

iii) 민법상의 특별대리인(민 64조, 921조 등)은 당해소송에 관하여는 일체의 소송행위를 할 수 있다.

iv) 특별대리인은 후견인에 준하며(개정 62조 3항), 부재자재산관리인이 위 제56조 2항 소정의 중요한 소송행위를 함에 있어서는 법원의 허가를 요한다.[2]

(2) 공동대리 법정대리인이 여러 사람인 경우가 있다. 친권을 공동행사하는 부모(민 909조), 복수의 후견인, 회사 등 법인의 공동대표(상 208조, 389조 2항, 562조 3항)가 그 예이다(2013. 7.부터는 선임된 복수후견인). 이 경우에 상대방이 하는 소송행위를 받아들이는 수령은 단독으로 할 수 있으며(상 208조 2항, 389조 3항, 562조 4항), 송달은 여러 사람 중에서 한 사람에게 하면 된다는 명문의 규정이 있다(180조). 그러나 소·상소의 제기, 그리고 소·상소의 취하, 화해, 청구의 포기·인낙, 소송탈퇴 등 제56조 2항 소정의 소송행위를 함에

1) 이러한 제56조 2항의 특별수권에 관한 규정은 후견인에 대해서만 적용된다고 함이 통설이다. 따라서 생모인 법정대리인이 소를 취하함에 있어서는 친족회의 특별수권이 필요없다. 대법 1974. 10. 22, 74다1216; 동 1962. 6. 21, 4294민상1570.

2) 대법 1968. 4. 30, 67다2117.

있어서는 명시적으로 공동으로 하지 않으면 무효로 된다는 **제56조 2항 유추설**이 있다. 그 밖의 것은 단독으로 하여도 다른 대리인이 묵인하면 공동으로 한 것으로 보아 무방할 것이다. 문제는 각 대리인의 변론내용이 모순될 때인데, 이 경우는 더 이익이 되는 것을 받아들여야 할 것이다.[1] 다만 여기에서 민사소송법 제67조를 준용하여 공동대리인 중 1인의 행위가 본인에게 유리한 것이면 혼자 해도 되지만, 불리하면 공동대리인 전원이 함께 할 때에만 효력이 있다는 **제67조 준용설**(소수설)도 있다.[2] 필수적 공동소송에 관한 제67조보다 대리규정인 제56조 2항을 유추적용하는 것이 옳다고 본다.[3]

(3) 대리권의 증명 법정대리권이 있는 사실 또는 법정대리인이 소송행위를 위한 권한을 받은 사실은 서면으로 증명하여야 한다(58조 1항, 서면증명의 원칙). 가족관계증명서, 법인사항전부·일부증명서 등이 그것이다. 법원은 이를 소송기록에 붙여야 한다(58조 2항).

Ⅳ. 법정대리인의 지위

법정대리인은 당사자본인이 아니기 때문에 법관의 제척(41조 1·2·4호), 재판적(2조, 3조, 7조)을 정하는 표준이 되지 아니하며, 판결의 효력인 기판력·집행력(218조)도 받지 않기 때문에 당사자와는 다르다. 그러나 다음 몇 가지 점에서는 당사자에 준하는 지위를 갖는다(이는 소송대리인과의 차이이기도 하다).

i) 법정대리인의 표시는 소장·판결의 필요적 기재사항이며(208조 1항 1호, 249조 1항),

ii) 소송수행에 있어서 당사자본인의 간섭이나 견제를 받지 않으며(94조 참조),

iii) 제한능력자 등의 소송능력을 보충하는 자이므로 본인이 할 수 있는 행위 등 일체의 행위를 대리,

iv) 본인에 대한 송달은 법정대리인에게 하여야 하며(179조),

v) 본인이 출석하여야 할 경우에는 대신 출석하게 되어 있고(140조 1항 1호, 145조 2항),

vi) 법정대리인의 사망·대리권의 소멸은 본인의 사망·능력의 상실에 준하여 소송절차가 중단되며(235조),

vii) 당해 소송에서 보조참가인·증인이 될 수 없다.[4]

1) 같은 취지: 정동윤/유병현/김경욱, 251면; 전병서, 223면; 호문혁, 216면; 김홍엽, 193~194면.
2) 강현중, 253면.
3) 공동으로 하여야 한다는 견해로, 한충수, 146면.
4) 법정대리인은 당사자에 준하기 때문에 보조참가인이 될 수 없음은 뒤에 볼 「보조참가」 참조.

viii) 법정대리인을 신문할 때에는 당사자신문의 규정에 의한다(372조).

Ⅴ. 법정대리권의 소멸

(1) 대리권의 소멸원인 소멸원인도 민법 그 밖의 법률에 의하기 때문에(51조), 본인·법정대리인의 사망, 법정대리인이 성년후견의 개시·파산선고를 받은 경우에 소멸된다(민127조). 또는 본인이 소송능력을 갖게 되거나(미성년자의 혼인·성년도달 등) 법정대리인의 자격을 상실한 경우(친권의 상실, 후견인의 사임·해임, 소송상 특별대리인의 해임 등)에도 대리권은 소멸한다.

(2) 소멸의 통지 민법과 달리 법정대리권의 소멸은 본인 또는 대리인이 상대방에게 통지하지 않으면 그 효력이 없다(63조). 따라서 대리권의 소멸통지가 도달할 때까지는 구대리인이 한 또는 구대리인에 대한 소송행위는 무효로 되지 않는다. 상대방이 소멸사유의 발생을 알든 모르든, 모른 데 대해 과실이 있든 없든 유효하다는 것이 판례[1]·다수설이다. 제63조는 상대방을 보호하는 규정이 아니라, 절차의 안정·명확·획일적 처리를 목적으로 하는 것이기 때문이다. 소멸통지한 사람은 그 취지를 법원에 서면신고하여 법원도 알게 하여야 한다(규13조 1항).

제63조의 통지규정은 법인 등 단체의 대표자에게도 준용되므로(64조), 甲회사의 대표이사 A가 회사를 대표하여 乙 상대의 소송을 제기하였는데, 소송계속중 대표이사가 A에서 B로 교체되었다고 하여도 이를 乙에게 통지하지 않은 동안 법원에 알려지던 않던 구대표자 A에 의한 소의 취하 사례에서 그 취하가 유효하다는 것이 대법원 전원합의체의 판결이었다.[2] 이렇게 되면 구대리인(대표자)이 상대방과 통모하여 본인에게 손해를 입히려고 배신적 소취하 등의 소송행위를 한 경우에도 유효한 것으로 볼 수밖에 없어 당사자 본인에게 너무 가혹하다는 문제점이 있었다. 그리하여 신법은 **소멸통지효력의 예외**를 인정하여 법원에 법정대리권(대표권)의 소멸사실이 알려진 뒤에는 상대방에게 통지 전이라도 구대리인에 의한 제56조 2항의 행위, 즉 소의 취하, 화해, 청구의 포기·인낙, 독립당사자참가에서의 탈퇴 등의 행위를 할 수 없도록 하고 그러한 행위는 무효로 되도록 하였다(63조 1항 단서, 일본최고재는 대표권의 소멸이 공지의 사실이 된 때).

다만 법정대리인이 사망하거나 성년후견개시심판을 받았을 때에는 통지할

---

1) 대법 1968. 12. 17, 68다1629. 구 대표이사가 한 항소취하도 유효(대법 2007. 5. 10, 2007다7256).

2) 대법(전) 1998. 2. 19, 95다52710.

수 없는 상황이기 때문에 사망 · 성년후견개시시에 소멸의 효과가 생긴다는 것이 통설이다.

(3) 소송절차의 중단 소송의 진행중에 법정대리권이 소멸되면 새로 수계절차를 받을 때까지 소송절차는 중단된다(235조). 그러나 소송대리인이 따로 선임되어 있으면 중단되지 않는다(238조).

Ⅵ. 법인 등의 대표자

1. 서 설

법인 또는 법인이 아닌 단체도 당사자능력을 갖지만(52조), 소송의 당사자로 되는 경우에 당사자로서의 소송행위는 법인 등 단체의 대표자에 의하여 행한다. 법인 등의 대표자는 제한능력자에 준하여 취급되는 준법정대리인이다(64조).

2. 법인 등의 대표기관

(1) 사법인 등의 경우 민법상의 법인의 대표기관은 이사이며(민 59조), 주식회사의 대표기관은 대표이사(상 389조)[1] · 청산인(상 542조, 255조) · 대표이사직무대행자(상 408조)[2]이다. 다만, 회사가 이사의 책임을 추궁하는 소와 같이 이사와 회사와의 소송에서는 감사가 회사를 대표한다(상 394조).[3] 특히 문제되는 것은 비법인사단의 일종인 문중 · 종중의 대표자적격인데 판례의 주류는 특별한 규약이 없는 한 문장(門長)이 종중원인 성년 이상인 자를 소집하고, 그 출석자 과반수의 결의에 의하여 선출된 자를 종중대표자로 보고 있다.[4]

(2) 공법인의 경우 국가를 당사자로 하는 소송에서는 법무부장관이 국

1) 총회의 이사선임결의무효 · 부존재확인소송에서 회사를 대표할 자는 그 결의에서 선임되어 현재 대표이사로 등기된 자이다. 대법(전) 1983. 3. 22, 82다카1810.

2) 대표자에 대한 직무집행정지 및 직무대행자선임 가처분이 된 경우에 그 본안소송에서 단체를 대표할 자는 직무대행자라고 한 것에, 대법 1995. 12. 12, 95다31348. 불교단체의 종정(宗正)이 아니라 총무원장이 소송행위를 하도록 한 종헌개정이 유효하다는 것에, 대법 2011. 5. 13, 2010다84956.

3) 이사가 회사를 상대로 한 소송에서 소장부본이 대표이사에게 송달되고 대표이사에 의해 선임된 소송대리인에 의하여 소송이 수행된 경우, 그 송달 및 소송행위는 모두 무효라는 것에, 대법 1990. 5. 11, 89다카15199.

4) 대법(전) 2005. 7. 21, 2002다1178에 의하면 남자만에서 여자도 종중 구성원이 되는 것으로 변경되었다. 여성종중원에 소집통지 없는 결의는 무효(대법 2007다34982). 제사주재자는 남녀불문 직계비속 최연장자라 하였는데(대법(전) 2018다248626), 이것도 관습이 아닌 헌법의 남녀동권의 잣대에서 판단할 문제인지 의문이다.

가를 대표한다(국가를 당사자로 하는 소송에 관한 법률 2조). 다만 법무부장관은 법정대리인이 소송대리인을 선임하는 입장에서 검사와 공익법무관·해당 행정청의 직원 중에서 **소송수행자**를 지정하여 국가를 대리케 한다. 외국을 당사자로 하는 소송에서는 당사국의 외교사절이 대표자로 된다(외교관계에 관한 비엔나조약 3조 1항(a)). 그리고 특별시·광역시·도·시·군·자치구 등 지방자치단체를 당사자로 하는 소송에서는 시장·도지사·군수·구청장 등 단체장이 자치단체를 대표한다(지자법 101조). 다만 교육·학예에 관하여서는 교육감이 당해 지방자치단체를 대표한다(지방교육자치에 관한 법률 18조 2항).

3. 대표자의 권한과 지위

(1) 법인 등의 대표자의 소송상의 권한과 지위에 대하여도 법정대리인의 소송상의 권한과 지위에 준한다(64조). 법인 등의 대표자의 권한도 법정대리인의 경우와 마찬가지로 제51조에 의하여 실체법상의 규정에 따른다. 법인 등의 대표자는 그 법인의 목적인 사업의 수행에 필요한 일체의 행위를 할 수 있지만, 실체법에 제한이 있으면 소송행위도 그 한도에서 제한을 받게 된다. 다만 민법상 법인의 대표자는 법인의 사무의 일체에 관하여 대표권이 있고(민 59조), 이에 어떠한 제한을 가하여도 등기하지 않으면 선의·악의를 불문하고 제3자에게 대항할 수 없으므로(민 60조), 일체의 소송행위를 할 수 있다. 법인 아닌 사단(예: 종중, 재건축조합, 교회)이 **보존행위 소송**을 제기하는 경우라도 대표자 혼자서가 아니라 사원총회의 결의를 거쳐 그 사단 명의로 하거나 구성원 전원이 필수적 공동소송의 형태로 소를 제기하여야 한다.[1)]

(2) 주식회사의 **대표이사직무대행자**가 하는 소송대리인의 선임·보수계약의 체결 등은 회사의 상무에 속하는 것이나,[2)] 청구의 인낙·항소의 취하 등 상무에 속하지 않는 행위는 법원의 특별수권을 얻어야 한다(상 408조).[3)4)] 학교법인의 이사직

1) 대법(전) 2005. 9. 15, 2004다44971. 대표이사가 주주총회특별결의사항에 관하여 그 결의 없이 제소전화해를 한 때에는 특별수권의 흠결로 재심사유라는 것에, 대법 1980. 12. 9, 80다584. 단 공익법인이 제기한 기본재산에 관한 소의 취하에는 주무관청의 허가가 필요 없다는 것에, 대법 1989. 7. 11, 87다카2406.

2) 대법 1970. 4. 14, 69다1613; 동 1989. 9. 12, 87다카2691. 변론기일에 불출석하여 자백간주판결로 패소하고 그에 대한 항소의 부제기는 상무(常務)에 해당한다는 것에, 대법 1991. 12. 24, 91다4355. 학교법인의 직무대행자가 이사회의 특별수권 없이 보조참가 허용=대법 2003. 5. 30, 2002두11073.

3) 대법 1975. 5. 27, 75다120; 동 1982. 4. 27, 81다358.

4) 주식회사의 이사나 감사의 직무집행을 정지하고 그 직무대행자를 선임하는 가처분결정이 있는 경우, 이사 등의 임기가 당연히 정지되거나 가처분결정이 존속하는 기간만큼 원칙적으로 연장되지 않는다는 것에, 대법 2020. 8. 20, 2018다249148.

무대행자도 항소권의 포기는 같이 볼 것이다.[1] 비법인사단의 대표자직무대행자도 같다.[2]

제3관 임의대리인(소송대리인)

Ⅰ. 개념과 종류

임의대리인이란 대리권의 수여가 본인의 의사에 기한 대리인을 말한다. 본인의 의사와 관계 없이 대리인이 되는 법정대리인과 구별된다. 임의대리인에도 앞서 본 바와 같이 포괄적 대리인과 개별적 대리인이 있다. 중요한 것은 앞의 것으로서 이를 소송대리인이라 한다. 다시 두 가지로 나누어진다.

(1) 법률상 소송대리인

1) 법률에 따라 본인을 위해 재판상의 행위를 행할 수 있는 것으로 인정된 자를 말한다. 업무에 관한 포괄적 대리권의 일부로 소송대리권을 갖는 지배인(상11조. 영업에 관한 포괄적인 권한이 없는 직원을 상법상 지배인으로 등기한 후 소송행위를 전담토록 하는 이른바 가장지배인의 적법성이 크게 논란되는데, 2013년에 지배인의 소송수행건수가 22,683건에 이른다고 한다), 선장(상 749조),[3] 선박관리인(상 765조), 국가소송수행자(국가를 당사자로 하는 소송에 관한 법률 3조)가 대표적 예이다. 민법상 조합의 업무집행조합원이 법률상의 소송대리인인가는 다툼이 있다.[4]

2) 법정대리인이냐 임의대리이냐는 본인의 의사에 의한 선임여부가 기준인데, 법률상 대리인은 본인이 그 의사로 선임하고 그 의사로 소송대리권을 상실하게 할 수 있는 점에서 성질상 임의대리인이라 할 것이다. 그러나 본인에 갈음해 당연히 일체의 행위를 할 수 있고, 소송위임에 의해 변호사에게 소송수행을 시킬 수 있는 점에서 법정대리인과 사실상으로 유사한 면이 있다.

3) 법률상 소송대리인의 권한의 범위는 각 법령에서 정해 놓고 있는데, 재판상의 행위를 할 수 있음이 원칙이다. 대리인의 법정권한은 제한할 수 없으며(92조), 이를 제한하여도 효력이 없다. 특히 주목할 것은 법률상 소송대리인의 하나인 **국가소송수행자**의 지위인데 i) 국가를 당사자로 하는 소송에 한정하고 지방자치단체를 당사자로 하는 소송에는 그 법률의 적용이 없다(일본과 다름). ii) 변호사의 자격이 없어도 지정될 수 있다(지방자치단체 소송에서 그 산하 공무원은 안 되고 변호사일 것). iii) 복대리인의 선임을 제외하고

1) 대법 2003다36225.
2) 대법 2018. 12. 28, 2016다260400 등.
3) 이시윤, 입문〔事例 30〕, 116면.
4) 긍정 취지: 정동윤/유병현/김경욱, 267면; 강현중, 273면. 반대견해: 김홍엽, 202면.

일체의 소송행위를 대리할 수 있다(국가를 당사자로 하는 소송에 관한 법률 7조). 이 때문에 예를 들면 甲이 피고 국가상대의 소유권 이전등기청구를 하는 경우에 국가측의 소송수행자인 기획재정부직원 B가 법무부장관의 승인 없이 원고의 청구를 인낙하였다 하여도 유효하다.[1)]

4) 법원은 법률상 소송대리인의 자격 또는 권한을 심사할 수 있고 그 심사에 필요한 때에는 소송대리인 · 당사자본인 또는 참고인을 심문하거나 관련자료를 제출하게 할 수 있다(규 16조 1항). 제도악용의 염려 때문이다.

(2) 소송위임에 의한 소송대리인 소송위임에 의한 대리인은 특정한 소송사건의 처리를 위임받은 대리인으로서 좁은 의미의 소송대리인이라 할 때는 이것만을 지칭한다. 변호사는 어느 지역의 어떠한 심급의 사건이든 제한없이 수임할 수 있다(anywhere, anyinstance). 자유수임제이다. 그러나 독일은 지역한정수임제(Lokalizierungsprinzip, 연방변호사만이 연방법원 사건수임이 가능)이고, 미국은 대법원변호사회에 admission이 된 변호사만 대법원사건의 수임이 가능하다.

소송위임에 의한 대리인은 변호사인 자연인 개인이나 법무법인(변 49조) · 유한법무법인(변 58조의 2 이하) · 법무조합(변 58조의 18)일 것을 원칙으로 하나, 예외적으로 1억원 이하의 사건에서 비변호사가 될 수 있는 경우도 있다.

Ⅱ. 소송대리인의 자격—변호사대리의 원칙

(1) 원칙으로 법률상소송대리인을 제외하고 소송대리인은 변호사(또는 법무법인 등)가 아니면 안 된다(87조).[2)] 이를 변호사대리의 원칙이라 한다. 우리 법에서는 증권관련집단소송(원 · 피고) · 소비자 · 개인정보단체소송(원고)을 제외하고 변호사강제주의(Anwaltszwang)[3)]를 채택하고 있지 않기 때문에 본인 스스로 소송할 수 있으나, 대리인을 세우는 이상 법률사무의 전문가로서 공인된 변호사(또는 법무법인 등)에 한정된다. 법률전문가가 관여하여야 소송절차가 원활 · 효율적으로 진행되고 승소할 사건이 승소될 수 있어 본인의 이익이 제대로 보호될 수 있기 때문이다. 그러나 근자에 변호사대리의 원칙을 법무사 · 행정사 · 변리사 · 공인노무사 · 세무사[4)] · 관

---

1) 대법 1995. 4. 28, 95다3077.

2) 경매사건의 입찰대리는 법무사와 공인중개사에게 허용된다.

3) 헌법재판절차(헌재 25조 3항)에서도 변호사강제주의를 채택하고 있다. 무자력자에 대한 국선대리인제도라는 대상조치가 있는 이상 변호사강제주의가 위헌이 아니라는 것에, 헌재 1990. 9. 3, 89헌마120 · 121.

4) 2018. 4월에 헌법재판소는 세무대리업무와 세무대리조정업무의 변호사제한의 세무사법 제6조

세사 등의 직역에서 입법로비로 무너뜨리려는 움직임이 있다. 소송대리인은 고객에게 선량한 관리자의 주의의무를 진다는 점을 감안하여 입법에 신중을 요한다. 이러한 움직임에 변호사 측의 장기적 방어는 변호업의 만능이 아니라 민형사·행정·조세·노동 등 전문화의 심화가 그 대책일 것이다.[1] 나아가 선진국과 같은 소송보험제도의 확대이다.

(2) 다음과 같은 예외가 있다.

(a) **단독사건 중 소가 1억원 이하의 사건** 단독판사가 심판하는 사건 모두가 아니라 소송목적의 값(소가)이 일정한 금액 이하인 사건에서, 당사자와 친족관계나 고용관계 등이 있는 사람 중 일정한 사람은 법원의 허가를 얻으면 변호사가 아니라도 소송대리인이 될 수 있다(88조 1항).

i) **비변호사대리 허용의 범위**: 한 때 사물관할규칙 제4조를 근거로 단독사건 중 소가 8,000만원을 초과하지 아니하는 사건으로 한정하였다. 그런데 2011. 1. 1부터 발효된 개정 사물관할규칙에서는 그 제4조 자체를 아예 삭제함과 동시에 개정민소규칙 제15조에서는 단독판사가 심판하는 일반으로 바꾸었다. 따라서 단독사건이면 모두 비변호사대리가 허용되는 결과가 되었다. 상위법규인 본법 제88조 1항의 '**단독사건 중 일정한 금액 이하인 사건**'이라 하여 단독사건 중 일부만 비변호사의 대리허용을, 그 하위법규인 사물관할규칙의 폐지와 민사소송규칙의 개정으로 그 제한을 풀어 모든 단독사건으로 확대하였다는 점에 위헌성이 있었음을 지적한 바 있었다.

그러다가 이 견해를 참작하였던지, 규칙 제15조 제2항을 2016. 9. 6에 추가하여 소가 2억원(2022. 3.부터 5억원) 이하의 단독사건 중 소가 1억원 이하 사건까지가 비변호사대리가 허용되는 것으로 하였다. 결국 비변호사대리의 범위가 단독사건 중 8,000만원까지 → 단독사건전부 → 단독사건 중 1억원까지로 순차로 바뀌어 나갔다. 위헌규칙이 개정된 것은 잘되었다 하여도, 조변석개(朝變夕改)식의 대법원규칙의 개정은 체통상 바람직하지 않다.

다만 단독사건 중 1억원 이하의 사건이라도 상소심에서는 당연히 합의사건이 되므로 상소심에서는 변호사대리의 원칙으로 돌아간다.

ii) **소송대리의 허가자격의 한정**: ① 당사자의 배우자 또는 4촌 안의 친족으로서 당사자와의 생활관계에 비추어 상당하다고 인정되는 사람이나 ② 당사자와 고용, 그 밖에 이에 준하는 계약관계를 맺고 그 사건에 관한 통상사무를 처리·보조하는 사람으로서 그 사람이 담당하는 사무와 사건의 내용 등에 비추어 상당하

제1항에 대해 헌법불합치결정을 냈다. 그럼에도 세무사측이 위헌법률을 부활시키려는 시도.

1) 졸고, "전문법관, 전문변호사에 의한 재판," 대한변호사협회신문 2016. 7. 11자.

다고 인정되는 사람이다(88조 1항; 규 15조 2항. ZPO 79조 2항 2호도 유사). 법원은 비변호사대리를 허가함에 있어서 그 자격을 신중히 검토하여야 하고, 특히 보수를 받을 목적으로 소송대리를 하려는 사람을 소송대리인으로 허가하여서는 아니 된다(변 109조 1호).

iii) **서면신청**: 당사자는 서면으로 소송대리허가신청을 하여야 한다(규 15조 3항). 법원의 허가가 있은 후라야 비로소 소송대리인이 된다.[1] 법원은 허가의 재판을 언제든지 취소할 수 있다(88조 3항).

(b) **배상신청**　　형사소송절차에 부대하여 청구하는 배상신청에 있어서도 피해자의 배우자·직계혈족·형제자매는 법원의 허가를 얻어 배상신청에 관한 소송행위를 대리할 수 있다(특례법 27조).

(c) **소액사건**　　소가 3,000만원 이하의 소액단독사건의 제1심에 있어서는 당사자의 배우자·직계혈족·형제자매는 따로 법원의 허가 없이도 소송대리인이 될 수 있게 했다(소심 8조). 일본은 법무부장관으로부터 간이재판소 소송대리업무를 행하기에 필요한 능력이 있다고 인정한 사법서사는 간이재판소 관할사건(소가 1,400만원 정도, 강제집행 제외)에 소송대리할 수 있도록 하였다(총 19,000명 중 11,000명 정도).[2] 우리나라에서도 소액사건에 대해 법무사의 법정에서의 구술대리를 활발하게 입법추진하고 있다. 소액사건 전부에 소송대리권을 부여하면 소액사건이 유례없이 3,000만원을 상한으로 하였으므로, 현재 10,000명에 이르는 법무사가 중급 변호사가 되는 결과가 된다.[3] 개인회생·파생신청대리권이 부여되었다.

(d) **가사소송사건**　　가사소송사건은 합의사건이라도 본인출석주의이며, 특별한 사정이 있을 때 대리인을 출석하게 할 수 있는데, 이 경우에 비변호사가 대리인이 되기 위해서는 재판장의 허가를 요한다(가소 7조 1항·2항).

(e) **특허소송의 대리와 국제화**[4]　　변리사라도 특허심결취소소송에 있어서는 소송대리인이 될 수 있다(변리사 8조). 일본은 일반법원관할의 특허침해소송에서도 변호사대리사건에

---

1) 법원의 허가가 있기 전에 변호사가 아닌 대리인에게 한 송달은 부적법하다는 것에, 대법 1982. 7. 27, 82다68. 그러나 법무사가 소장에 송달대리인으로 표시하여 나서는 것이 현실이다.

2) 영국은 Filex에게, 미국 California·Virginia 등 8개주에서는 paralegal에게 소액대리권을 준다는 것에, 노명선, 법무사제도론, 성균관대출판부. 1960년대에 미국 Alabama대학의 O. Murphy 교수가 내한하여 한국의 당시 '사법서사'에 대하여 서민의 법률대리인이라고 평가한 Report를 냈다.

3) 변호사 자동 자격취득의 변화(2017. 12. 4. 조선일보)

자격증	관련규정
세무사	자격 자동 취득이었으나 • 변호사의 세무대리 제한(헌법불합치결정) • 2017년 12월 8일 자격 자동 취득 조항 폐지
변리사	자격 자동 취득이었으나 • 2015년 이후 실무 연수 의무화
노무사, 법무사 등	자동 자격 취득 조항 없음 • 노무사·법무사들이 변호사만 할 수 있는 일부 소송대리 요구 중. 단 법무사의 개인회생사건 포괄수임은 변호사법 위반(서울고법) 관세사도 대리권 확보의 움직임

4) 졸고, "소송의 국제화와 글로벌 감각," 법조신문(구 대한변협신문), 2016. 2. 1.자.

한하여 엄격하게 운영하는 대리권부여의 입법을 하여, 변호사와 변리사가 공동으로 참여할 수 있게 했다.[1] 우리나라에서 도입하면 평등의식이 강한 나라에서 일본처럼 운영이 쉽지 않을 것이다. 우리는 특허침해소송에서는 변리사대리가 허용되지 않는다.[2] 변리사대리권의 배제에 헌법소원까지 제기되었으나 각하되었다.[3] 헌재 2012. 8. 23, 2010헌마740에서 특허침해소송에서 변호사와 비교하여 변리사대리의 배제는 입법자가 자의적으로 변리사를 부당하게 차별한 것이 아니라고 했다. 특허분쟁이 여러 나라에서 동시다발적으로 제기되는 등 IT시대의 개막과 global화 하면서 관할집중의 국제특허법원의 설치가 현안으로 되고 있다. 지식재산권에 관한 국제재판관할은 국제사법 제38 · 39조. 대법원도 같다. 변리사를 전문위원제도의 활용으로 영입하는 것이 좋을 경우가 있을 것이다. 2015년 유럽통합특허법원을 Paris에 신설하기로 당사국간 합의, 화학 · 바이오 · 금속 분야는 London, 기술특허는 München에 각 지원의 설치가 2023년에 끝났다고 한다(변리사에게도 법관과 대리인의 자격을 부여한다). 중국도 2014년 12월 관할집중의 북경과 심천 지적재산법원을 설치하였다(Huawei v. Samsung 2차 소송(138억)). 일본도 지적재산고등재판소를 설치하여 특허사건을 집중관할하는데, 중요사건은 5인의 재판관 구성의 대합의 재판을 한다. 법원조직법의 개정으로 법정용어가 국어가 아닌 외국어도 되는 국제특허재판부가 2018. 5.부터 설치. IP소송은 우리나라 기업마저 미국 무역위원회나 미국 연방법원에 찾아가는 경향이다. 그곳은 변호사비용은 비싸나 discovery에 의한 증거수집절차가 철저하기 때문이다.

(f) **비송사건과 조정사건** 소송능력자이면 소송대리인이 될 수 있다(비송 6조). 조정사건에서는 소송대리인의 자격이 문제되지 않는다(개정 민조 39조).

(3) 변호사대리의 원칙위반의 효과(206면 이하 참조)

Ⅲ. 소송대리권의 수여

(1) 대리권을 주는 수권행위('변호사 산다'는 말은 옳지 않으나, 미국에서는 'lawyer hire'라는 말도 한다)는 소송대리권의 발생이라는 소송법상의 효과를 목적으로 하는 소송행위[4]이고, 또 대리인으로 되는 자의 승낙을 요하지 않는 단독행위이다(소송 위임장에는 당사자의 서명날인뿐, 단 소속 변호사회를 경유하기 위해 전자등록). 수권행위는 취소할 수 있으나, 소급효가 없다.[5] 대리권수여의 기본관계로서 본인과 대리인간에 위임계약을 체결하는 것이 통례이며(본인과 대리인 사이의 약정서 작성), 소송대리인의 보수청

1) 변리사의 공동대리가 아니라, 구 민사소송법에 있던 보좌인(補佐人)으로 변호사와 함께 참여할 수 있는 것이 일본 법제라는 것에 강현중, "변리사법과 변호사 대리의 원칙", 법률신문 2022. 6. 16.자

2) 대법 2012. 10. 25, 2010다108104.

3) 헌재 2011. 12. 29, 2010헌바459.

4) 대법 1997. 10. 10, 96다35484; 동 1997. 12. 12, 95다20775.

5) 대법 1997. 10. 10, 96다35484; 동 1959. 11. 4, 4291선106.

구권과 성실의무는 내부관계인 위임계약에 의하여 생기지만, 대외적 효력이 생기는 대리권수여 자체(위임장 써 주는 것)는 이와 별개의 단독적 소송행위이다(민법상의 법률행위의 대리처럼).

(2) 본인이 소송위임을 함에 있어서는 소송능력이 있어야 한다. 법정대리인이나 법률상 소송대리인도 소송위임을 할 수 있다. 본인으로부터 특히 소송위임에 관한 대리권을 수여받은 자도 소송대리인을 선임할 수 있으나, 자기소송대리인의 선임을 상대방당사자에게 위임해 주는 것은 금지된다.

(3) 대리권수여의 방식은 자유이며 말로나 서면으로 할 수 있으나, 대리권의 존재와 범위는 서면으로 증명하지 않으면 안 되어(89조 1항, 서면증명의 원칙) 서면으로 하는 것이 보통이다. 소송진행중에 대리권의 존재를 다투는 것을 미연에 방지하기 위해서이다. 소송위임에 의한 소송대리인의 경우에는 당사자 본인이 써주는 소송위임장을 제출하며, 지배인 등의 법률상 소송대리인일 때에는 상업등기일부사항증명서를 제출할 것이나 법원이 관계자료의 제출을 요구할 수 있다(규 16조 1항). 서면이 소송위임장과 같이 사문서이면 법원은 공증인 그 밖의 공증업무를 보는 사람(공증사무소)의 인증(認證)을 받아올 것을 명할 수 있다(89조 2항. 외국에 있는 한국인의 경우는 그 외국의 한국영사가 인증, 북한사람이 보내온 위임장 등). 인증명령을 할 것인지의 여부는 법원의 자유재량에 속한다.[1][2] 다만 당사자가 법원에 출석하여 말로 대리인을 선임하고 법원사무관 등이 그 진술을 조서에 적은 때에는 서면증명이 필요 없다(89조 3항).

Ⅳ. 소송대리권의 범위

(1) 법률상 소송대리인의 대리권의 범위는 실체법에 정해 놓고 있는데, 대체로 본인을 위해 일체의 재판상의 행위를 할 수 있는 것으로 정하고 있다(상 11조 1항, 765조, 749조). 이러한 대리인의 법정권한을 제한했다 하더라도 소송법상 아무런 효력이 없다.[3]

---

1) 대법 1997. 9. 22, 97마1574(다만 상대방이 다투고 있고 또 기록상 그 위임장이 진정하다고 인정할 만한 뚜렷한 증거가 없으면 인증명령을 하거나 또는 달리 소송대리권 위임여부를 조사하여야 한다).

2) 대법 1967. 1. 24, 66다2180은 인증이 아니라도 다른 증거에 의하여 그 서면이 진정한 것으로 인정되면 소송대리인의 소송수행을 허용하여야 한다고 했다.

3) 대법 1962. 3. 29, 4294민상841; 동 1995. 4. 28, 95다3077에서는 법무부장관이 소송수행자의 지정에 있어서 어떠한 제한을 하였다 하여도 이 제한은 대외적 효력이 없으며, 소송수행자가 설사 이와 같은 제한을 무시하고 소송행위, 예컨대 청구의 인낙를 하였다 하더라도 그 소송행위에는 아무런 영향이 없다고 하였다.

(2) 소송위임에 의한 소송대리인의 대리권의 범위는 소송법에 직접 정해 놓고 있는데, 변호사인 소송대리인의 경우에는 이를 제한할 수 없다(91조 본문). 그러나 변호사 아닌 소송대리인의 경우에는 본인의 의사를 존중하는 뜻에서 그 제한이 허용된다(91조 단서).

(a) **소송대리권의 법정범위**(90조 1항)

1) 소송위임에 의한 소송대리인은 위임받은 사건에 대해 특별수권사항(90조 2항)을 제외하고 소송수행에 필요한 일체의 소송행위, 즉 소송절차 전의 가압류·가처분부터, 그 절차가 끝난 뒤에 강제집행까지 일련의 절차 전반에 걸쳐 권한을 갖는다(실제는 별도로 위임절차를 밟는 것 같다). 구체적으로 소제기·소변경·반소와 제3자의 소송참가에 응소·공격방어방법의 제출을 할 수 있으며, 맡은 본안소송에 대한 강제집행, 가압류[1]·가처분 등을 할 수 있다(독일은 재심까지). 나아가 주된 소송절차의 대리권은 그에 부수·파생되는 소송절차(판결경정·소송비용 확정·집행정지·위헌제청·기각시 헌법소원 등의 절차)에도 미친다.

2) 소송대리인이 할 수 있는 사법행위에 관하여 법문에서는 변제의 영수[2]에 대해서만 규정하고 있지만 이것은 예시적인 것이며, 당해사건에 대한 공격방어방법의 전제로서 본인이 가진 상계권, 취소권, 해지·해제권(백지어음의 보충권, 매매예약완결권)[3] 등의 사법상의 형성권을 행사할 수 있다. 그러나 이 밖의 재판 외의 행위, 예를 들면 재판외 **화해계약**은 당연히 대리권의 범위에 포함될 수 없다. 헌법재판소는 민사소송대리인과 수형자의 접견제한에 대해 헌법불합치의 선언을 하였다(2012헌마858).

(b) **특별수권사항**(90조 2항) 본인에게 중대한 결과를 미치는 사항에 대해서는 본인의사의 개별적 확인이 필요하기 때문에 본인으로부터 특별히 권한을 따로 받아야 한다. 특별수권사항은 아래와 같다.

aa) **반소의 제기**(1호) 그러나 피고가 제기한 반소에 원고가 대응하는 행위는 통상의 대리권의 범위에 속한다.

bb) **소의 취하,**[4] **화해,**[5] **청구의 포기·인낙 또는 소송탈퇴**(2호)

---

1) 변호사가 처리의무를 부담하는 사무의 범위는 변호사와 의뢰인 사이의 위임계약의 내용에 의하여 정해진다는 것에, 대법 1997. 12. 12, 95다20775. 보전신청절차의 위임은 보전취소절차에까지 미치지 아니한다는 것에, 대법 2001. 4. 10, 99다49710. 이렇게 되면 별도의 위임계약을 하여야 하는 결과가 되므로 소송경제상 합당하지 않다.

2) 다만 ZPO 81조는 소송비용의 영수에 한하므로, 급부의 영수는 대리권에 불포함.

3) 대법 1959. 8. 6, 4291민상382; 동 2015. 10. 29, 2015다32585.

4) 소취하의 동의에는 특별수권을 요하지 않는다. 대법 1984. 3. 13, 82므40.

5) 소송상 화해나 청구의 포기에 관한 특별수권이 되어 있다면 당해 소송물인 권리의 처분·포기에 대한 권한도 수여되어 있다고 봄이 상당하다는 것에, 대법 2000. 1. 31, 99마6205. 반대로, 실체법상 처분권을 가진다고 하여 소송법상 소송행위를 할 수 있는 것은 아니라는 것에, 대법 1996. 12.

cc) **상소의 제기 또는 취하**(3호) 불상소합의·상소권의 포기도 이에 준하여 특별수권을 요한다.

여기에 논의할 두 가지 문제가 있다.

① **심급대리의 원칙** 제3호의 명문에는 상소의 제기라고 하였지만, 해석상 상대방이 제기한 상소에 피상소인으로서 응소하는 것도 제1심 대리인이 임의로 할 수 없고 특별수권사항으로 보고 있는 것이 우리 다수설이다. 따라서 이를 근거로 하여 소송대리인의 대리권은 능동적으로 상소제기할 경우나 수동적으로 상소에 응소할 경우 모두 상소에 관한 특별수권이 없으면 맡은 심급에 한정한다고 하고, 한 심급종결이면 대리인의 임무도 종결되고 더 이상 상급심에는 미치지 아니한다고 한다. 이른바 심급대리의 원칙을 내세우고 있다[1](甲의 제1심 소송대리인 A가 당연히 제2심의 甲의 대리인이 되는 것이 아니므로 그를 계속 대리인으로 하려면 선임절차를 새로 밟고 소송위임장을 다시 내는 것이 보통이다).

그러나 '항소·상고'를 특별수권사항으로 하는 일본법(일민소 55조 2항)과도 달리 우리 법은 '상소의 제기'만을 특별수권사항으로 하고 있으므로, 반대해석으로 상대방이 제기한 상소에 대해 대응하는 응소행위는 통상의 소송대리권에 포함되는 것으로 볼 수 있으며,[2] 따라서 한 심급의 종료로 대리권이 당연히 소멸되지 않는 것으로 볼 여지가 있다. 이 점은 판결절차 전의 가압류·가처분절차, 판결절차 뒤인 강제집행에까지도 특별수권 없이 대리권이 미치는 것으로 보아도 그렇다. 사견으로는 사건의 종국적 완결로 대리권은 소멸한다고 해석하고 싶으며, 그것이 당사자의 의사에 합치될 뿐더러 변호사의 문턱을 낮추고 동일 변호사라도 심급이 바뀔 때마다 고객으로부터 보수(착수금과 성공보수금)를 받아낼 수 있는 근거를 없애는 길일 것이다.[3] 또 3심중심주의의 현실에서 '송사 3년에 기둥뿌리 빠지'는 적폐를 막는 소송경제일 것이다. 다만 대법 2004. 5. 14, 2004다7354는 변호사의 선량한 관리자의 주의의무범위에는 의뢰인으로부터 상소에 관한 특별수권이 없어도 의뢰인에게 패소판결의 내용과 상소하는 때의 승소가능성에 대하여 구체적으로 설명하고 조언하여야 할 의무가 포함

23, 95다22436.

1) 대법 2013. 7. 31, 2013마670; 동 1994. 3. 8, 93다52105; 동 2000. 1. 31, 99마6205.

2) 같은 취지: 전병서, 69면.

3) 같은 취지: 강수웅, 「민사재판의 해부」, 169면. Rosenberg/Schwab/Gottwald, § 55 Rdnr. 35; Jauernig, § 21 Ⅳ. 독일의 판례·통설은 심급의 종료가 아니라 소송의 종결(Erledigung des Prozesses)에 의하여 대리권이 소멸된다는 것이므로, 심급대리의 원칙이 결코 시공을 초월한 소송법상의 철칙은 아니다. 차라리 상소의 제기는 중대한 결과를 미치는 사항이므로 특별수권이 없으면 허용되지 아니하나 통상의 소송대리권은 상소심절차에도 미치는 것으로 보는 것이 옳을 것으로 생각한다. 소송대리인의 해임의 길이 있으므로 심급이 바뀔 때 본인에 의한 재평가의 길이 막히는 것도 아니다. 일본은 우리 실무와 달리 변호사가 소송위임을 받을 때 상고심까지 특별수권을 받는 것이 관행화되어 매 심급마다 선임절차를 밟고 보수 또한 새로 받는 심급대리의 폐해가 문제되지 않는다는 것이다. 우리는 철저한 심급대리의 원칙시행으로 변호사가 상소를 부추기는 요인이 되고 소송비용이 증대됨을 부정할 수 없을 것이다. 졸고, "소송대리인의 대리권의 범위," 사법행정, 1976. 10 참조.

된다고 했다. 또 대법원에서 파기환송돼 판결이 확정되지 않았다면 그 자체로서 위임사무가 성공한 때에 해당되지 않아 성공보수금을 청구하지 못한다는 하급심판례가 있다(서울중앙지법 2012가단269254). 보수청구는 환송후 항소심사건의 소송사무까지 처리하여야만 임무종료로 청구할 수 있다(2014다1447). 2 · 3심에 패소해도 1심 성공보수금은 치러야 한다(최근서울고법판결).

② **파기환송 후 대리권의 부활** 판례는 상급심에서 원판결이 파기환송되었을 경우에는 환송전 원심의 상태로 환원되었으므로 환송전의 옛 소송대리인의 대리권이 다시 부활하는 것으로 일관한다.[1] 예를 들면 A는 원고 甲의 소송대리를 서울고등법원에서 하였는데 문제의 사건은 甲의 패소 때문에 대법원에 상고되었으며, 대법원에서는 사건을 파기환송하여 서울고등법원으로 되돌렸다. 이러한 사례에서 A가 대법원에서는 소송대리를 한 바 없어도 이 때에 A의 옛 고등법원의 소송대리권이 다시 부활한다는 것이다. 그러나 첫째로 과거 제2심에서 사건을 맡았다가 손을 뗌으로써 이미 잊혀지고 금이 간 본인과 대리인 간의 신뢰관계의 부활이므로 현실적인 무리이고, 둘째로 파기환송판결이 중간판결이라면 모르되(과거 판례가 중간판결로 보던 때의 유물로 보여진다), 대법원에 갔다 돌아오는 심급이동의 종국판결임에 비추어 맞지 아니한 해석이며, 셋째로 한 심급이 끝나면 소송대리권이 소멸한다는 심급대리의 판례입장과도 모순된다(학설로 다수설이 그러하지만 판례지지설도 있다). 그렇다고 다시 재상고했을 때 환송전 상고심의 옛 대리인의 대리권이 부활하는 것은 아니라고 한다.[2] 재심은 신소제기의 형식을 취하는 것이므로 다시 소송위임을 받을 것을 요한다.[3]

dd) **복대리인의 선임**(4호)[4] 복대리인은 직접 본인의 대리인이다. 복대리인의 권한도 원칙적으로 통상의 소송대리인과 같은 권한을 가지나, 제90조 1항의 대리인의 권한범위를 넘어설 수 없다. 따라서 복대리인은 재(再)복대리인을 선임할 수 없다. 소송대리인의 사망 · 사임에 의하여 복대리인의 대리권이 당연히 소멸되는 것은 아니다.

이상 4가지가 특별수권사항이나, 변호사가 고객인 당사자로부터 소송위임을 받을 때에 위와 같은 4가지를 전부 기재하여(단 상소의 제기 제외) 미리 인쇄해 놓은 소송위임장이라는 용지에다가 도장을 찍게 하여 포괄적으로 권한을 받아두는 방식이 실무관행이었다. 그때 그때 필요에 따라 개별적 수권을 받도록 하려는 특별수권제도를 무의미하게 만들어 문제이다. 그리하여 공정거래위원회가 개입하여 문제삼는다고 한다. 의사의 경우처럼 특별수권사항에

1) 대법 1985. 5. 28, 84후102 등.
2) 대법 1996. 4. 4, 96마148.
3) 대법 1991. 3. 27, 90마970.
4) 대형로펌에서 그 구성원 변호사에게 믿고 맡긴 사건을, 소위 asso 변호사(Associate Lawyer)가 전적으로 담당 · 처리시키는 것도 문제 있다.

대하여 설명의무의 증명책임을 변호사가 진다고 봄이 옳을 것이다. 특히 인터넷이나 소송추진위원회의 공모의 집단소송에서 수임절차를 밟으면서 포괄적으로 특별수권을 받는 것은 효력을 부인할 것이다.

Ⅴ. 소송대리인의 지위

(1) 제3자인 지위 소송대리인의 행위는 본인 자신이 한 것과 효과가 같은 것으로 당연히 본인에게 그 효력이 미치며 대리인에게 미치지 아니한다.[1)] 따라서 소송대리인의 소송수행 결과 받는 판결의 기판력이나 집행력은 본인에게만 미친다. 소송대리인은 이러한 의미에서 소송의 제3자이며, 증인·감정인능력이 있다.

(2) 소송수행자로서의 지위 대리인에 의하여 소송수행을 할 경우에 어떠한 사정의 알고 모름(知·不知) 또는 고의·과실이 소송법상의 효과에 영향을 미칠 때(43조 2항, 77조, 149조, 173조, 285조, 451조 1항)는 그 知·不知 또는 고의·과실은 대리인을 표준으로 하여 결정할 것이다(민 116조 1항 참조). 또 당사자본인의 고의·과실로 대리인이 몰랐을 경우에는 당사자는 대리인의 모른 것을 내세워 자기의 이익으로 원용할 수 없다(민 116조 2항 참조).

(3) 본인의 지위(당사자의 경정권) 소송대리인이 선임되어 있는 경우라도, 본인 자신의 고유의 소송수행권은 상실하지 않는다. 바람직한 것은 아니나 소송대리인이 있음에도 불구하고 기일통지서·판결정본 등의 소송서류를 본인에게 송달할 수 있으며, 법률상 부적법한 것이 아니다.[2)] 본인은 소송대리인과 같이 기일에 출석하여 변론을 하여도 무방하다. 본인이 소송대리인과 같이 법정에 나와 소송대리인의 사실상의 진술을 잘못이라고 취소하거나 경정하면 그 진술은 효력이 없다(94조). 이를 경정권(更正權)이라 하며 본인의 진술을 우선시키려는 것이다(실무상 불활용).

이 경정권은 본인 또는 법정대리인이 갖는다. 경정의 대상은 자백 등의 사실상의 진술에 한하므로, i) 신청, ii) 소송물을 처분하는 행위(소의 취하, 화해, 청구의 포기·인낙 등), iii) 법률상의 진술·경험법칙은 포함되지 아니한다. 지체없이 취소 또는 경정하여야

---

1) 판례는 원고와 소송대리인이 변론기일에 불출석한 것이 대리인의 귀책사유에 속하고 원고의 귀책사유가 아니라고 하여 책임에 돌릴 수 없는 사유로 인한 것이라 할 수 없다고 하였다. 대법 1965. 3. 16, 64다1897·1898.

2) 대법 1970. 6. 5, 70마325 등.

하며, 그렇지 않으면 대리인의 행위는 본인이 한 것과 마찬가지의 효력을 갖는다.

(4) 개별대리의 원칙 같은 당사자에 대하여 여러 소송대리인, 즉 여러 변호사가 있을 때라도 대리인 각자가 당사자를 대리한다(93조 1항). 당사자가 이와 달리 보조를 맞추는 약정(공동대리 또는 협의에 의한 대표대리)을 하더라도 법원이나 상대방에 대한 관계에서 무효이다(93조 2항).[1] 여러 사람의 소송대리인이 있으면 대리인의 행위가 서로 모순 저촉될 수 있다. 모순되는 행위가 동시에 행해진 경우에는 어느 것도 효력이 발생하지 않는다. 그러나 때를 달리하는 경우에는 앞의 행위가 철회될 수 있는 것이면 뒤의 행위에 의하여 그 행위가 철회된 것이 되고, 앞이 철회할 수 없는 행위이면(예: 자백, 청구의 포기·인낙, 탄핵사건에서 불항쟁합의 등) 뒤의 행위가 효력이 없게 된다. 소송서류의 송달은 여러 사람의 소송대리인에 각각 송달하여야 한다(180조 부적용). 다만 항소기간의 기산점은 그 중 1인에게 최초로 판결정본이 송달된 때가 된다.[2] 송달받을 대리인이 지명신고되었으면 반드시 그에게 송달할 것을 요한다(180조; 규 49조). 변호사보수의 소송비용산입에 있어서는 여러 사람의 변호사가 소송대리를 한 경우라도 1인의 변호사가 소송대리를 한 것으로 본다(109조 2항).

Ⅵ. 소송대리권의 소멸

1. 불소멸사유(본인의 사망 등에 의한 불소멸의 원칙)

소송대리인의 대리권은 i) 당사자의 사망 또는 소송능력의 상실, ii) 당사자인 법인의 합병에 의한 소멸, iii) 당사자인 수탁자의 신탁임무의 종료, iv) 법정대리인의 사망, 소송능력의 상실 또는 법정대리권의 소멸·변경(법인의 대표자가 교체되는 경우도 같다), v) 제3자의 소송담당의 경우에 소송담당자(선정당사자나 회생회사 관리인 등)의 자격상실에 의하여 소멸되지 않는다(95조, 96조). 이는 수권자인 당사자·법정대리인의 사망 등의 사정 때문에 소송대리인의 대리권에 영향이 없다는 것을 뜻한다.

이 점 민법과 다른 것으로, 민법의 위임은 개인적 신뢰관계를 바탕으로 하므로 신뢰관계가 파괴되는 사정, 즉 본인 사망의 경우 대리권은 소멸되지만(민 127조, 128조, 690조), 소송위임에 있어서는 소송절차를 신속·원활하게 진행시킬 필요, 위임범위의 명확화(90조 2항, 91조) 그리고 수임자가 변호사임에 비추어 신뢰관계를 저버릴 가

1) 2016말~2017초에 걸친 박근혜대통령탄핵심판의 헌재사건에서 소추한 국회측대리인 12인, 피소추인인 대통령측대리인 18인인 사건에서 쟁점정리에 대한 선발대리인의 약정을 놓고 후발대리인이 이를 부정하며 개별대리의 원칙을 내세운 바 있다.

2) 대법 2011. 9. 29, 2011마1335.

능성의 희박 등을 감안한 것이다(상사대리와 같다).

원래 이와 같은 사유는 소송절차의 중단사유로 되지만(233조~237조), 소송대리인이 있는 한 소송은 중단되지 아니하며(238조),[1] 소송대리인은 위임자의 승계인을 위해 대리인으로 소송을 수행할 수 있다.

2. 소멸사유

(1) 대리인의 사망 · 성년후견의 개시 또는 파산(민 127조. 법무법인의 합병 · 인가취소 · 파산 또는 해산의 경우도 이에 준할 것이다) 다만 변호사의 자격상실이나 정직처분은(변 90조 1호) 변론능력의 소멸원인 됨에 그치고, 변호사강제주의가 아니라면 대리권 그 자체의 소멸원인으로 되지 아니한다고 볼 것이나,[2] 변호사자격을 대리권의 발생 · 존속요건으로 보는 설에서는 반대이다.[3]

(2) 위임사건의 종료 심급대리의 원칙을 유지하는 한 당해 심급의 판결정본의 송달에 의하여 대리사무가 종료된다.[4] 상소기간을 알려주거나 상소기간의 준수행위의 의무는 있다.

(3) 기본관계의 소멸 소송위임계약의 해지(변호사의 해임 · 사임, 민 689조), 본인의 파산(민 690조)에 의하여 대리인의 대리권도 소멸되지만, 이 경우에는 그 뜻을 상대방에게 통지하지 않는 한 소멸의 효력이 생기지 않는다(97조, 63조). 따라서 소송대리인이 사임서를 법원에 제출하여도 상대방에게 그 사실을 통지하지 않은 이상 그 대리인의 대리권은 존속한다.[5]

1) 소송대리인이 있을 때의 당사자의 사망은 심급대리의 원칙을 좇으면 그 심급의 종국판결의 송달과 동시에 소송대리인이 없는 상태로 되어 그 소송절차는 중단되게 된다. 대법 1963. 5. 30, 63다123.

2) 한종렬, 359면.

3) 정동윤/유병현/김경욱, 265면; 강현중, 272면; 호문혁, 228면; 김홍엽, 222면. 변호사대리의 원칙을 소송대리인의 변론능력의 제한으로 보는 입장과 일관되는지 의문이다. 단 정직의 경우는 소멸되지 않는다는 것에, 정영환, 328면.

4) 대법 1983. 10. 25, 83다카850 등. 그러나 앞서 밝힌 바와 같이 심급대리를 부인한다면, 판결의 확정, 소의 취하, 청구의 포기 · 인낙, 소송상의 화해 등에 의해 사건이 종국적으로 완결될 때에 대리사무는 끝난다 할 것이다.

5) 대법 1970. 9. 29, 70다1593; 동 1995. 2. 28, 94다49311(단, 법원에 알려진 경우에는 별론).

제4관 무권대리인[1)]

1. 개 념

무권대리인(無權代理人)이란 대리권이 없는 대리인을 말한다. 당사자본인으로부터 대리권을 수여받지 못한 경우뿐 아니라, 널리 법정대리인의 무자격, 특별수권(56조 2항, 90조 2항) 없는 대리행위, 그리고 대리권을 서면증명하지 못한 경우를 포함한다. 소송서류의 송달받을 권한이 없는 자에게 잘못 송달된 경우도 같다.[2)]

법인이나 비법인단체의 대표자는 법정대리인에 준하므로(64조), 대표권 없는 자도 무권대리인에 준한다. 특히 법인이나 단체(예: 종중)에 있어서 무권대표자(대표권의 흠결)의 문제가 실무상 많이 대두된다.[3)]

2. 소송상 취급

(1) 대리권의 존재는 소송행위의 유효요건이다. 따라서 무권대리인에 의한, 그에 대한 소송행위는 무효이다. 소송능력의 경우와 유사하다.

1) 확정적 무효가 아니기 때문에 뒤에 당사자본인이나 정당한 대리인 · 적법하게 선임된 대리인(대표자)이 추인하면 소급하여[4)] 유효하게 된다(60조, 97조. 유동적 무효). 추인의 소급효는 절대적이다.[5)] 추인의 방식은 명시 · 묵시를 가릴 필요가 없다.[6)] 추인의 시기에 제한이 없으며, 하급심에서 한 무권대리인의 소송행위를 상고심에서 추인하여도 무방하다.[7)] 일단 추인거절의 의사표시를 한 이상 무권대리행위는

---

1) 이시윤, 입문〔事例 33〕, 121면 이하.

2) 그러나 송달받을 권한이 없는 자에게 잘못 송달되었으나 그로 말미암아 실질적인 소송행위를 할 기회가 박탈되지 아니하였다면 재심사유인 대리권의 흠결에 해당되지 않는다고 본 것에, 대법 1992. 12. 22, 92재다259; 동 1994. 1. 11, 92다47632. 무권대리인의 촉탁에 의하여 작성된 공정증서는 집행권원으로서의 효력없다=2016다22837.

3) 대법(전) 1983. 3. 22, 82다카1810에서는 무효 또는 부존재확인의 대상이 된 결의에 의하여 선임된 이사라도 그 소송에서 회사를 유효하게 대표할 수 있는 것으로 변경하였다.

4) 추인이 있으면 시효중단의 효력은 소제기시에 발생한다는 것에, 대법 1992. 9. 8, 92다18184; 동 2023. 7. 13, 2023다225146.

5) 상대적으로 제한하는 민법 제133조 단서의 규정은 적용되지 않는다는 것에, 대법 1991. 11. 8, 91다25383.

6) 대법 1998. 10. 25, 87다카1382; 동 1991. 5. 28, 91다10206 등. 항소제기에 특별수권을 받지 아니한 1심소송 대리인이 항소제기를 한 경우, 그 당사자의 적법한 소송대리인이 항소심에서 변론하였으면 항소제기가 추인되었다고 한 것에, 대법 2007. 2. 8, 2006다67893.

7) 대법 2010. 12. 9, 2010다77583; 동 2016. 7. 7, 2013다76871; 동 2019다208953(비법인사단의 대표자 추인).

유동적 무효의 상태에서 확정적 무효가 되므로 그 후에 다시 추인할 수 없다.[1) 추인은 원칙적으로 소송행위의 전체에 대하여 하여야 하며, 일부추인(예: 상고제기행위만 추인을 하고 그 밖의 소송행위는 추인하지 아니한다)은 허용되지 않는다.[2) 다만 판례는 소송의 혼란을 일으킬 우려가 없고, 소송경제상으로도 적절하다고 인정될 때에는 예외적으로 소취하 제외 나머지 행위와 같은 일부추인이 허용된다 하였다.[3)]

2) 대리권의 유무는 법원의 직권조사사항이다.[4)] 그러나 대리권의 유무를 판단하는 데 기초자료가 되는 사실과 증거를 직권탐지하여야 하는 것은 아니다.[5)] 다만 제출자료에 의하여 의심이 있는 사정이 엿보이면 법원은 적극적인 심리조사를 요한다.[6)] 조사 결과 대리권(대표권)의 흠을 발견하면 대리인의 소송관여를 배척할 것이나, 보정의 가능성이 있으면 기간을 정하여 보정을 명하여야 하며, 보정은 상급심에서도 가능하다.[7)] 또 지연으로 인하여 당사자본인에게 손해가 생길 염려가 있는 때에는 보정을 조건으로 일시적 소송행위를 하게 할 수 있다(59조, 97조).

(2) 소제기과정에 대리인이 관여하는 경우에 대리권의 존재는 소송요건이다. 따라서 무권대리인이 제기한 소는 보정되지 않는 한 법원은 종국판결로써 소를 각하하여야 한다. 대법 2022. 4. 14, 2021다273973에서는 적법한 대표권이 있는지에 관하여 진술기회를 주지 않은 채 소를 각하하는 것은 예상외의 재판으로 지적의무위반이 된다 하였는데, 대표권만이 아니라 대리권에 적용될 적절한 판례이다. 원고의 무권대리인에 대해 소송비용의 부담을 명하여야 한다[8)](107조 2항, 108조). 다만 원고가 무능력자이기 때문에 대리권의 수여가 무효(미성년자가 법정대리인을 통하지 않고 직접변호사를 선임한 경우)로 되어, 대리권의 흠이 생긴 경우에는 본인이 소송비용을 부담하여야 한다.

만일 법원이 대리권이 없음을 간과하고 본안판결을 하였을 때에는 그 확정전

---

1) 대법 2008. 8. 21, 2007다79480.
2) 대법 2007다79480.
3) 대법 1973. 7. 24, 69다60은 무권대리인이 변호사에게 위임하여 소를 제기한 끝에 승소하고 상대방의 항소로 제2심에 계속중 그 소를 취하한 때에, 일련의 행위중에 소취하 행위만을 제외하고 나머지 소송행위만을 추인함은 유효하다고 하였다.
4) 대법 1993. 3. 12, 92다48789 · 48796 등. 다만, 대리권유무의 증명책임은 원고에게 있고(대법 1997. 7. 25, 96다39301), 자백간주는 인정되지 않는다(대법 1999. 2. 24, 97다38930).
5) 대법 1966. 9. 20, 66다1163; 동 1997. 10. 10, 96다40578.
6) 대법 2009. 1. 30, 2006다60908; 동 2022. 4. 28, 2021다306904(비법인사단의 대표자의 대표권 유무).
7) 대법 2003. 3. 28, 2003다2376. 그러나 종중의 대표권의 유무가 쟁점이 되어 심리 끝에 대표권의 흠이 밝혀진 경우에 법원은 대표권의 흠에 관하여 보정을 명할 의무가 없다는 것에, 대법 1993. 3. 12, 92다48789 · 48796.
8) 대법 2013. 9. 12, 2011두33044; 동 1997. 9. 22, 97마1574.

이면 **상소**에 의하여(424조 1항 4호), **확정후**이면 **재심**에 의하여(451조 1항 3호) 취소를 구할 수 있다(추인하면 별론). 그러나 그 때까지는 판결은 당연무효가 아니며 당사자본인에 대해 효력이 생긴다(다만 추인하였을 때에는 재심에 의한 취소를 구할 수 없다. 451조 1항 3호 단서).[1)]

(3) 소가 적법하게 제기되었으나 그 뒤에 무권대리인이 변론기일 · 변론준비기일에 관여하는 경우에는 그 소송관여를 배척하여야 한다. 본인에 대해서는 기일에 불출석한 것으로 기일불출석의 불이익을 입힐 수 있다. 또 항소가 무권대리인에 의해 제기된 경우에는 부적법한 것으로 항소각하판결을 하지 않으면 안 된다.

3. 쌍방대리의 금지

(1) 통상의 쌍방대리 소송에 있어서 원 · 피고는 이해대립의 관계에 있기 때문에 법률행위(민 124조)와 마찬가지로 당사자의 한쪽이 상대방을 대리하거나 같은 사람이 당사자 양쪽의 대리인을 겸하는 것이 허용되지 않는다(51조 참조).[2)] 쌍방을 자문하는 경우도 같다.[3)] 그러나 이러한 경우는 대리의 불능을 뜻하는 것이 아니라, 단지 무권대리의 일종으로 다룰 문제이므로, 당사자가 사전허락, 사후추인을 하면 그 흠은 치유된다. 제소전화해를 위하여 자기대리인의 선임권을 상대방에게 위임하는 것도 실질상 쌍방대리와 같은 결과가 되므로 금지된다(385조 2항). 일반소송사건에서도 이 규정을 유추적용할 것이다.

(2) 변호사법 제31조 위반의 대리행위—수임제한행위 소송대리인의 경우에는 변호사가 대리인인 것이 보통이기 때문에 변호사법 제31조의 규정에 의하여 변호사가 못하는 대리를 검토할 필요가 있다.

(a) **위반행위의 모습** 변호사법 제31조는 변호사는 다음 4가지 사건에 대해서는 대리인으로서 직무를 행할 수 없게 하였다. 다만 제31조 1항 1 · 2호의 적용에 있어서는 법무법인 · (유한)법무법인 · 법무조합이 아니라도 수익분배 · 비용분담의 변호사 2인 이상 운영의 공동법률사무소라면 하나의 변호사로 본다(개정법률 31조 2항).

aa) **한쪽 당사자로부터 상의를 받아 그 수임을 승낙한 사건의 상대방이 위임하는 사건**(1호) 예를 들면 피고대리인이었던 변호사가 뒤에 동일사건의 원고대리

1) 대법 1959. 7. 9, 4291민상560.
2) 대법 1965. 3. 16, 64다1691 · 1692는 독립당사자참가를 한 소송에서 동일인이 그 중 두 당사자를 대리함은 허용되지 않는다고 했다. 포함안되는 것은 과거의 의뢰인을 상대로 한 소송의 수임은 동일사건이 아니다. 변협지, 2020. 3. 16자.
3) 대법 2024. 1. 4, 2023다225580.

인이 되는 경우.[1] 원고소송대리인 겸 독립당사자참가인의 소송대리인이었다가 참가인의 대리인을 사임하였으나 원고대리인을 그대로 유지하는 경우는 이에 해당한다.[2] 동일 변호사가 아니라도 어느 법무법인(로펌)의 A변호사가 형사사건의 가해자를 맡아 변론한 바 있는데, 그 법인 해산 후 개인의 지위에서 피해자에 해당하는 상대방 당사자를 위하여 같은 쟁점의 민사사건의 소송대리인이 된 경우에도 해당된다고 보았다.[3] 동일사건일 것이 전제된다. 동일사건이라면 기초되는 분쟁의 실체가 동일하면 되고, 소송물이 동일하거나 같은 형사사건 또는 민사사건과 같이 절차가 동일할 필요없다.[4]

bb) 수임하고 있는 사건의 상대방이 위임하는 다른 사건(2호 不事二君) 다만 수임하고 있는 사건의 위임인이 동의한 때에는 예외이다(동 본문 단서). 형사피고인의 변호사가 뒤에 민사사건화된 후 피해자의 소송대리인이 된 경우(1호에 해당될 여지).[5]

cc) 공무원·조정위원 또는 중재인으로서 직무상 취급한 사건[6](3호) 예를 들면 제1심재판장으로 변론관여하였던 사건에 관하여 그만두고 변호사로서 그 사건소송대리를 하는 경우,[7] 법관으로서 변론에 관여하였던 사건의 재심사건에 변호사로서 소송대리(분쟁실체가 동일하면 되기 때문에 판사 때 본안사건, 변호사로서 가처분사건도 해당. 최근에 과거사정리사건의 조사위원이었던 사람이 변호사로서 그 사건의 파생손해배상사건을 수임하여 논란이 되고 있다),[8] 공증한 사건에 관하여 그 소속 변호사가 소송대리를 하는 경우[9] 따위(법무법인도 같음. 변 51조).

dd) 퇴직기관의 1년 전 사건(퇴직후 1년이 경과되지 아니한 사건은 수임제한. 고위직 전관은 2년 내지 3년으로 연장) 개정 변호사법 제31조 3·4항은 소위 '전관예우' 방지의 차원(전관예우 금지법)에서 법원·검찰 등 자기근무기관의 사건에 대해서 수임을 할 수 없도록 하였다. 개업제한이 아니고 수임제한이다.

이 밖에도 개정변호사법 제31조의 2에서는 변호사시험합격자(로스쿨출신 변호사)는 법률사무종사기관에서 통산하여 6개월 이상 법률사무에 종사하거나 연수를 마치

---

1) 대법 1970. 6. 30, 70다809; 동 1990. 11. 23, 90다4037·4044도 같은 취지.

2) 대법 1967. 1. 25, 66두12.

3) 대법 2003. 5. 30, 2003다15556; 동 2004. 12. 13, 2004도5951. 특허법인이 일방당사자의 대리인, 한편 그 특허법인의 구성원 또는 소속변리사가 상대방의 대리인이 된 경우에 쌍방대리금지의 변리사법 제7조의 위반=대법 2007. 7. 26, 2005후2571.

4) 대법 2003. 11. 28, 2003다41791.

5) 대법 1962. 12. 27, 62두12.

6) 공증인으로 집행권원인 공정증서를 작성했던 사건도 포함될 것이다. 대법(전) 1975. 5. 13, 72다1183.

7) 대법 1962. 1. 31, 4294민상517·518.

8) 대법 1971. 5. 24, 71다556.

9) 대법(전) 1975. 5. 13, 72다1183.

지 아니하면 사건을 단독·공동으로 수임할 수 없는 제한을 두었다.

(b) **위반행위의 효과** 이것은 변호사의 직무의 공정성확보, 품위유지나 당사자의 보호가 그 목적이다. 이에 위반하면 변호사법상의 징계사유가 되는 것은 물론이나[1] 문제는 위반된 소송행위의 효력이다. 이에 관하여는 직무규정설[2] 이외에 절대무효설, 추인설 및 이의설 등이 대립되어 있다.

우리 판례에는 추인설을 따른 예도 있으나,[3] 주류는 상대방 당사자측에서 이의하지 않으면 유효하다는 **이의설**에 의하고 있다(이의제기의 시한은 사실심 변론종결시까지).[4)5)] 변호사법 제31조는 그러한 변호사를 이용하려고 하는 뒤에 선임한 당사자보다도 먼저 선임한 당사자의 보호를 안중에 두었다 할 것이므로 이의설이 옳은 것으로 생각된다.

4. 소송행위와 표현대리(Anscheinsvollmacht)

비록 무권대리인의 소송행위이나, 상대방이 대리권이 있는 것으로 믿고 그 믿은 데 정당한 사유가 있을 때에 무권대리인을 상대로 소송수행을 한 상대방은 표현대리의 법리에 의하여 보호를 받게 되는지가 문제이다.

예를 들면 甲이 乙법인을 상대방으로 하여 소를 제기하면서 법인등기부에 등재된 대표자 A를 현재의 진정한 대표자로 믿고 그를 상대로 소송수행하여 승소하였는데 나중에 A가 진정한 대표자가 아님이 판명되었을 때, 등기부를 믿은 당사자 甲이 민법상의 표현대리의 법리에 의하여 보호를 받게 되는가이다. 바꾸어 말하면 A가 무권대리인으로 취급되느냐, 선의의 甲의 보호를 위하여 적법한 대리권자로 보아 주느냐이다. 특히 판결이 확정되었을 때에 乙법인은 대표권의 흠을 이유로 재심의 제기가 허용되느냐가 문제된다. 이는 주로 법인 등의 대표자가 사임·해임 등으로 대표권이 소멸되었음에도 불구하고 등기부미정리로 대표자로 그대로 남아 있을 때에 문제된다.

소송행위에 실체법상의 표현대리의 법리가 유추적용되는가에 대해서는 견해 대립이 있다(다만 소송법에서는 대리권의 서면증명, 대리권소멸의 통지, 대리권범위의 법정 때문에 민법의 표현대리처럼 흔한 일은 될 수 없다).

1) **소극설**은 실체법상의 표현대리의 법리는 거래의 안전에 이바지하기 위한 규정이므로, 실체적 거래행위가 아니고 절차의 안정을 중요시하는 소송행위에는 적용될 수 없다고 한다. 특히 표현지배인에 관한 규정인 상법 제14조 1항 단서가 소송행위를 제외하고 있는 것을 주요논거로 들고 있다.

---

1) 대법 1967. 1. 25, 66두12.
2) 대법 1957. 7. 25, 4290민상213.
3) 대법 1962. 1. 31, 4294민상517·518; 동 1970. 6. 30, 70다809.
4) 대법 1995. 7. 28, 94다44903; 동 1990. 11. 23, 90다4037·4044 등.
5) 대법 2003. 5. 30, 2003다15556.

2) **적극설**은 소송이 실체법상의 권리관계를 처분하는 절차임에 비추어 거래행위와 소송은 무관한 것이 아니며, 또 등기말소를 해태한 법인을 보호하기 위하여 등기를 신뢰한 상대방을 희생시킴은 공평의 관념에 반할 뿐만 아니라, 외관존중의 요청은 소송행위라 하여 예외일 수 없음을 논거로 든다.

우리 판례는, 집행증서(공정증서)를 작성할 때의 강제집행수락의 의사표시는 공증인에 대한 소송행위라고 할 것이고 이러한 소송행위에는 민법상의 표현대리의 규정은 적용 또는 준용될 수 없다고 하여 소극설에 의함을 분명히 하였다.[1] 법인의 절차보장, 즉 진정한 법인대표자에 의하여 재판을 받을 권리(헌 27조)를 존중하는 의미에서 소극설이 일반적으로는 타당하되, 과거의 대표자를 등기부상 정리하지 아니하여 생긴 부실등기가 법인 자신의 고의적 태만 때문인 경우에는 표현대리를 적용하여도 좋다는 **절충설**을 따른다.[2] 그러한 해석이 신의칙에 맞을 것이다.

5. 비변호사의 대리행위

원칙적으로 법률상 소송대리인을 제외하고 소송대리인은 변호사가 아니면 안 된다(87조). 이를 변호사대리의 원칙이라 한다. 이러한 원칙을 어기고 비변호사가 소송대리를 한 경우에 그 대리행위의 효력을 어떻게 볼 것인가. 경우를 나누어 보아야 한다.

(1) 징계에 의한 정직중의 변호사대리 이 경우는 법원은 무자격자의 소송관여를 배척할 것이나, 이를 간과하고 배척하지 않은 경우는 의뢰자나 상대방의 뜻하지 아니한 손해방지와 절차의 안정·경제의 관점에서 그 소송행위를 무효라고 볼 것이 아니다.[3]

(2) 비변호사의 대리 징계제명된 변호사의 대리나 합의사건·소가 1억원 초과의 단독사건에 있어서 변호사 아닌 무자격자 대리의 경우 등이다. 변론능력 없는 경우에 준하여 소송행위는 무효이나,[4] 소급효 없는 추인은 가능하다고

1) 대법 1994. 2. 22, 93다42047 등. 다만, 대법 1972. 12. 26, 72다538은 등기부상의 피고대표자 甲명의로 공시송달이 된 경우에 甲이 적법한 대표자가 아니라 할지라도 판결의 송달의 효력을 부정할 수 없다고 했다.

2) 같은 취지: 정동윤/유병현/김경욱, 271면; 홍기문, 169면; 정영환, 331면. 적극설: 강현중, 246면. 소극설: 송상현/박익환, 153면; 호문혁, 274면; 김홍엽, 232~233면.

3) 업무정지중의 변호사에 대하여 같은 취지의 판례로, 日最高裁 昭和 42. 9. 27 판결. 반대: 전병서, 73면. 비변호사의 소송행위는 모두 무효라는 반대견해로, 한충수, 158면.

4) 변리사의 특허침해소송의 소송대리는 부적법하다는 것에, 대법 2012. 10. 25, 2010다108104.

볼 것이다(앞의 능력 「변론 참조」). 변호사 아닌 지방공무원이 지방자치단체의 소송을 대리한 경우에 무권대리로 본 판례가 있으나,[1] 논란의 여지가 있다.

(3) 비변호사가 이익을 받을 목적의 대리　이러한 대리행위는 본인이 수권했다 하여도 절대 무효라고 할 것이고, 추인의 여지가 없다고 할 것이다. 이 경우에는 고도의 공익적 규정인 변호사법 제109조 1호의 규정을 정면으로 위반하기 때문이다.[2] 당사자 본인은 이러한 자를 이용하려 하기 때문에 본인의 추인에 의하여 유효화하는 것은 무의미하다. 대법 2014. 7. 24, 2013다28728에서 변호사도 아닌 甲회사(주택관리 수탁회사)가 소송비용을 부담하고 변호사를 선임하여 사실상 소송진행을 주도하고 대납한 소송비용을 소송종료 후에는 반환받기로 한 사안에서 변호사법 제109조 제1호 위반의 대리로 보았는데, 이러한 대리도 무효로 볼 수밖에 없을 것이다. 나아가 소송수행을 전담케 할 목적으로 비변호사를 지배인으로 그것만을 선임하여 법률상 소송대리인으로 소송수행하게 하는 것도 동규정의 위반으로 볼 수 있는 한, 같은 해석을 할 수 있다.

(4) 법무사의 변호사활동도 위 (2)(3)에서 설명한 바에 준할 것이다.

---

1) 대법 2006. 6. 9, 2006두4035.

2) 구변호사법 제78조(현 109조)는 강행법규이므로 금지행위 위반의 약정은 무효라고 한 것에, 대법 1978. 5. 9, 78다213. 동 1978. 12. 26, 78도2131에서는 변호사사무원으로 있으면서 3개의 회사지배인으로 등기된 것은 회사의 소송사건을 맡아 처리할 수 있도록 하기 위한 방편에 불과한 것으로 그와 같은 행위는 각 회사의 지배인으로 가장한 변호사법위반에 해당된다고 하였다.

제3편 제1심의 소송절차

제1장 소송의 개시－소제기와 피고답변

제1절 소의 의의와 종류

Ⅰ. 소(訴)의 의의

소(Klage, lawsuit)란 법원에 대하여 일정한 내용의 판결을 해 달라는 당사자의 신청이다(원고의 권리보호요구). 이는 원고가 피고를 상대로 하여 일정한 법원에 대하여 특정의 청구의 당부에 관해 중립적 입장에서 법에 따라 심판을 요구하는 소송행위이다. 피고에게는 권리주장, 법원에는 판결요구이다.

(1) 소는 판결을 목적으로 하는 소송절차의 개시행위이다. '소 없으면 판결 없다'라는 말 그대로 판결절차는 소로써만 개시된다. 재판절차는 소에 의하여 개시되고, 판결로써 종료된다. 소와 판결 사이에는 하나의 절차가 형성되는데 이를 개시의 측면에서 소송절차라고 하며, 목적의 측면에서 판결절차라고 부른다. 이와 같이 소에 의하여 판결절차가 개시되는가 하면, 소송관계가 형성되고 또 소송상의 청구에 관하여 소송계속이 생긴다.

(2) 소는 심판, 즉 심리·판결의 요구이기 때문에, i) 무엇에 대한 심판를 구하는가를 밝히는 의미에서 소송물의 특정, ii) 누구에 대한 관계에서, 어느 법원에 심판을 구하는가를 명확히 하는 의미에서 법원과 피고의 특정이 필요하다.

흔히 심판의 주체인 당사자를 떼어 놓고 심판의 객체인 청구를 소에 있어서 강조한 나머지 '소=청구'로 혼용되는 수가 있다. 그러나 엄밀하게는 청구는 소의 3요소(법원·당사자·청구) 중 일부분에 그친다.

(3) 소는 법원에 대한 판결신청이다. 신청(Antrag)이란 결정·명령만이 아니라 판결까지 포함되는 재판일반의 요구이므로, 판결신청인 소도 신청의 일종이다. 이와 같이 소는 신청이기 때문에 소송행위이다. 소의 제기에 실체법이 시효중단·법률상 기간준수 등의 효과를 뒤따르게 하지만, 이것은 법률이 소제기행위를 하나의 법률요건으로 보아 이에 부여한 부수적 효과이지, 사법상의 법률행위

인 것은 아니다.

(4) 소가 제기되었을 때에 접수거부(재판장의 소장각하명령)가 되지 아니하면 어떠한 종류의 것이든 각하 · 기각 · 인용 등 법원은 판결로 응답할 의무를 진다. 따라서 소의 제기에 의하여 당사자에게는 소에 대응한 판결청구권(소권)이 발생한다.

Ⅱ. 소의 종류

원고가 소를 제기함에 있어서 선택할 소의 종류에는, 다음과 같은 것이 있다. 법적 분쟁해결에 합목적적인 틀을 짜는 것이므로 바른 선택은 중요하다.

1. 판결신청의 성질 · 내용에 의한 분류

i) 이행의 소, ii) 확인의 소, iii) 형성의 소 세 가지로 분류된다. 이행의 소는 **청구권의 실현**을 위한 것으로 강제집행을 가능케 하는 이행판결을 목적으로 하기 때문에 실무상 가장 많이 활용되는 것으로서, 로마법시대부터 오랜 역사를 갖고 있다. 확인의 소는 **불안한 법률관계**의 제거를 위한 것으로 19세기 말 독일민사소송법(ZPO)에서 처음 등장하게 된 것이고, 형성의 소는 **형성소권**(形成訴權)의 실현을 위한 것으로 20세기에 들어와 생긴 것으로 극히 역사가 짧다.

이 세 가지 가운데 확인의 소가 모든 소송의 기본형이라는 **확인소송원형설**이 있다.[1] 그러나 역사적 산물이기도 한 세 가지 유형의 소송에 대해 존중하는 것이 옳다.

(1) 이행의 소

1) 이행의 소란 원고의 이행청구권에 기하여 법원이 피고에 대해 의무이행명령을 할 것을 요구하는 소이다. 따라서 이는 다툼이 있거나 불확실한 청구권을 확정받는 일방, 피고에 대한 이행명령의 선고를 받아 강제집행의 방법으로 청구권을 실현시키려는 것이다. order를 내려달라는 명령형태이다(단 현재로서는 법원이 행정부나 입법부에 명령을 내릴 수 없어 행정소송 · 헌법소원에서는 불허).

이행의 소는 원칙적으로 실체법상의 청구권이 그 바탕이 되어야 한다. 비단 사법상의 청구권뿐만 아니라, 공법상의 청구권이라도 민사소송사항이라면 무방하며 채권이든 물권이든 불문한다. 청구권이면 금전의 지급, 물건의 인도,[2] 의사

1) 이영섭, 222면; 호문혁, 79면.
2) 17세기 경주김씨가 노비도 물건이라 하여 노비인도소송을 냈다.

표시(등기·등록청구, 민법 389조 2항에 해당되어야 한다), 작위(건물철거·정보공개청구 등 행위할 것의 청구), 부작위(생활방해·특허침해금지청구 등 아니할 것의 청구)[1] 또는 인용(참아 달라는 청구, 민 217조 2항) 등 그 어느 것을 내용으로 하여도 무방하다.[2]

2) 이행의 소에는 변론종결시를 기점으로 하여 이행기가 도래한 이행청구권을 주장할 것을 요하지만, 경우에 따라 이행기가 아직 도래하지 않은 청구권을 주장하여도 상관없다. 전자를 현재의 이행의 소, 후자를 장래의 이행의 소라고 한다. 전자에는 지연손해금에 대해 소장송달 다음날부터 연 12%의 비율로 청구할 수 있는 특례가 있다(특례법 3조 1항). 후자에 관하여는 '미리 청구할 필요'가 있는 때 소의 이익이 있는 것으로 본다(251조).

3) 이행의 소는 법원으로부터 피고에 대한 이행명령을 얻어내는 데 목적이 있다. 이 소송 형태만이 강제집행으로 연결되며 이를 인용하는 이행판결은 집행권원이 되고, 이에 의하여 강제집행을 할 수 있다. 이행판결이 형식적으로 확정되면 이행청구권의 존재확정의 효력인 기판력 이외에 집행력이 발생한다. 그러므로 이행판결은 확인판결 이상의 의미가 있다. 그러나 이행의 소의 기각판결은 청구권의 부존재를 확정하는 확인판결에 지나지 않는다. 이행소송의 종류, 그에 대응하는 보전처분, 집행방법은 다음의 [도표 3]과 같다.

[도표 3] 이행의 소의 종류와 대응하는 보전처분, 강제집행

	본안소송	보전처분	강제집행
이행의 소	금전지급청구	가압류	금전집행(압류→현금화→배당)
	물건인도청구	다툼대상가처분	인도집행
	의사표시청구	위와 같음	판결확정으로 자동집행
	작위·부작위청구[3]	임시지위가처분	대체집행, 간접강제

* 소액사건은 금전지급청구에 한하는데, 이를 제외한 본안소송에서도 금전청구가 압도적이며, 손해배상금(11.9%), 대여금(8.1%), 매매대금(3.9%), 양수금(2.9%) 등의 순이고, 다음이 건물인도·철거(11.9%), 부동산등기사건(5.1%) 순이다(사법연감(2023), 715면). 징벌적 배상청구법이 크게 늘어나면서, 손해배상사건이 더 활기를 띤다.

(2) 확인의 소

1) 확인의 소란 다툼 있는 권리·법률관계의 존재·부존재의 확정을 요구하

---

1) 부작위 약정을 위반한 채무자상대의 부작위의무이행의 소구가 가능=대법 2012. 3. 29, 2009다92883.

2) 등기의무자가 등기권자에게 등기를 인수해가라는 소송(등기수취의 소, 부동산등기법 23조 4항)은 원고의 청구권을 바탕으로 하지 아니한 예외이다. 대법 2001. 2. 9, 2000다60708 참조.

3) 부작위채무·부대체적 작위채무의 이행을 명하면서 동시에 간접강제를 명할 수 있다(대법(전) 2021. 7. 22, 2020다248124).

는 소이다. 소유권확인 등의 권리관계의 존재확정을 목적으로 하는 소를 **적극적 확인의 소**, 채무부존재확인, 특허권비침해확인(Samsung v. Apple의 영국·네덜란드 법원사건 예) 등의 그 부존재확정을 목적으로 하는 소를 **소극적 확인의 소**라고 한다. 당사자간에 다툼 있는 법률관계를 관념적으로 확정하여 법률적 불안의 제거가 목적이다.

2) 원칙적으로 확인의 소에 있어서 권리·법률관계만이 대상적격을 갖는다. 다만, 증서의 진정여부를 확인하는 소(250조)는 서면이 진실로 작성명의자에 의하여 작성되었는가 아니면 위조·변조인가를 확정하는 사실관계의 확인이지만,[1] 예외적으로 법이 허용한다.

문제는 사실상혼인관계존부확인소송(가소 2조 1항 1호 나류 1)의 법적 성질인데, 학자들 사이에 논란이 있다. i) 확인소송설,[2] ii) 의사표시를 구하는 이행소송설, iii) 형성소송설로 갈려 있다. 나는 이를 사실상혼인관계부존재확인소송과 그 존재확인소송으로 갈라 그 부존재확인소송은 문자 그대로 소극적 확인의 소의 일종이라 할 것이다. 그러나 그 존재확인소송의 경우는 '확인'이라는 용어에 불구하고, 입법자의 의도는 사실혼 보호를 위해 혼인신고의 의사가 없지만 사실혼관계가 있을 때에 법원의 재판을 통하여 법률상 혼인관계를 성립시키고자 하는 데 있는 것으로 안다. 또 가족관계의 등록 등에 관한 법률 제72조에 의하면 그 존재확인의 재판이 확정된 경우에는 재판을 청구한 자는 일방적으로 재판서의 등본 및 확정증명서를 첨부하여 보고적 의미에서 혼인신고를 해서 법률혼을 창설할 수 있도록 하였다(보고적 의미로 보는 견해도 있다). 따라서 저자는 사실혼관계를 형성요건으로 하여 법률혼의 창설이라는 효과를 가져오는 형성의 소로서 파악하며,[3] 이것이 다수설화되었다. 따라서 혼인신고를 제외한 나머지 법률혼의 요건을 모두 갖추었을 때에 승소판결이 가능하다고 할 것이다.[4]

3) 그 특수한 형태로 중간확인의 소가 있다(뒤에 볼 「중간확인의 소」. 대법 2018. 10. 18, 2015다232316(전)은 전소판결로 확정된 채권의 시효중단을 위해 재판상 청구가 있다는 점에 대해서만 확인을 구하는 형태의 새로운 방식의 확인소송이 허용된다 하였다. 이 다수의견은 입법을 통하여 받아들일 사항이지, 법원의 법률해석을 통하여 받아들일 것은 못된다는 반대의견이 설득력이 있다. 권리확인이 원칙인데, 사실확인의 소를 판례로 만든 문제점이 있다).

4) 확인의 소에는 확인의 이익을 필요로 한다(이 점은 뒤의 「소의 이익」에서 본다). 확인의 소가 이행의 소와의 관계에서 갖는 특징은, 첫째로, 청구권만이 대상이 되는 이행의 소와 달리 청구권을 포함하여 소유권·상속권·특허권·인격권·인터넷주소 보유권 등의 절대권 자체, 임대차관계·고용관계·단체관계·신분관계의 포괄적인 권리

1) 대법 1991. 12. 10, 91다15317 등.

2) 방순원, 278면; 송상현/박익환, 193면.

3) 김홍규/강태원, 220면; 정동윤/유병현/김경욱, 74면; 이영섭, 199면. 반대: 강현중, 305면; 정영환, 344면; 김홍엽, 241면.

4) 판례는 당사자가 혼인신고를 하기 위한 목적으로서는 사망자와의 과거의 사실혼관계존재확인을 구할 소의 이익이 없다고 하였으며, 다만 당사자 한쪽이 사망한 경우 수많은 분쟁을 일시에 해결하는 유효적절한 수단이 될 때만 검사를 상대로 사실혼관계존부확인청구를 할 수 있다고 하였다. 대법 1995. 11. 14, 95므694; 동 1995. 3. 28, 94므1447.

관계나 지위(근로자·절 주지 등 법적 지위) 등 **모든 권리관계**를 소의 대상으로 할 수 있는 점이다. 이러한 포괄적인 권리관계에 관한 소송이 "임시지위가처분"(직무집행정지 가처분 등)의 본안소송이 되는 경우가 많다. 둘째로, 현재 청구권의 액수를 확정할 수 없어 그 지급을 구하는 이행의 소가 적법할 수 없는 경우에, 시효중단을 시키기 위해 청구권의 존재라도 판단을 받아 둘 필요가 있을 때에는 확인의 소가 그 대역이 된다(확인의 소의 보충성). 셋째로, 채무 없다는 **소극적 확인**의 소에 의하여 법률관계를 명확히 함과 동시에 소제기 하려는 상대방에 대한 선제공격으로 사전에 분쟁의 예방용으로 삼을 수 있다. 선제타격형(torpedo)인 점에서 부작위청구소송과 기능이 유사하다(2022년 접수된 채무부존재확인의 소가 5,980건으로 1.8% 차지, 사법연감(2023), 715면).

5) 확인의 소에 관하여 원고승소의 확인판결이 나면 원고가 주장한 법률관계의 존재에 관해 기판력이 생기며, 이 한도 내에서는 이행판결과 공통성을 띠지만 집행력은 발생하지 않는다. 확인의 소는 기존의 권리관계를 대상으로 하는 것이므로, 새로운 권리관계의 발생·변경·소멸을 구하는 형성의 소와 구별된다.

(3) 형성의 소

(a) 의 의

aa) 형성의 소란 판결에 의한 법률관계의 변동을 요구하는 소이다. 지금까지 존재하지 아니하였던 새로운 법률관계를 발생이나, 기존의 법률관계를 변경·소멸시키는 내용의 판결을 해 달라는 것이다. 이러한 의미에서 형성의 소는 창설적 효과(konstitutiv, 무 ⇄ 유)를 목적으로 하며, 이미 있는 법률관계를 확정·실현시키는 선언적 효과(deklarativ, 비창설적)를 목적으로 하는 확인·이행의 소와 구별된다. 형성의 소를 창설의 소 또는 권리변동의 소라고도 한다.

bb) 원래 형성권(형성요건)에는 당사자의 일방적 의사표시로 법률관계를 변동시킬 수 있는 것(예: 해제권·해지권·취소권·상계권·추인권·지상물매수청구권 등)[1]과 소를 제기하여 법원의 판결을 받아서 비로소 법률관계를 변동시키는 것이 있다. 후자인 **소로써만** 행사할 수 있는 형성권(형성소권)만이 형성의 소의 대상이다.

cc) 형성의 소는 법적 안정성을 흔들기 때문에 **명문의 규정**으로 허용되는 경우에만 인정하는 것이 원칙이다.[2] 따라서 법적 근거가 없는 이사해임청구의 소,

---

1) 대법 1968. 11. 19, 68다1882·1883 등에서는, 민법 제628조의 차임감액청구권은 사법상의 형성권이지 법원에 대하여 형성판결을 구할 권리가 아니므로, 반소로써 차임감액을 청구할 수 없다고 하였다.

2) 대법 2001. 1. 16, 2000다45020; 동 2020. 4. 24, 2019마6918 등. 예외: 대법 2009. 12. 24, 2008다15520. 헌법재판소가 2014. 12. 19에 통합진보당 해산결정과 함께 한 국회의원직 상실결

가처분신청 등은 허용되지 않는다. 또한 형성소송의 판결과 같은 내용으로 재판상 화해를 하더라도 판결 받은 것과 같은 효과는 생기지 않는다.[1] 형성의 소는 그 수가 많지 않다. 또 형성판결은 대세적 효력 때문에 법적 안정성을 위해 명문으로 제소권자 · 제소기간을 한정하여 놓은 경우가 적지 않다(예: 주주총회 결의취소의 소).

(b) 종 류

aa) 실체법상의 형성의 소는 실체법상의 법률관계의 변동을 구하는 것으로 가사소송,[2] 회사관계소송이 이에 속한다. 행정처분의 취소 · 변경을 목적으로 하는 항고소송,[3] 선거무효 · 당선무효의 소(공직선거법 222조, 223조),[4] 위헌제청(헌재 47조 2항), 대통령 박근혜 파면 탄핵심판(헌재 48조 이하), 정당해산심판(헌재 55조), 헌법소원(헌재 68조)도 이에 해당된다.

(ㄱ) **주주총회결의무효확인의 소** 확인의 소인가 형성의 소인가는 다툼이 있다. 확인의 소로 본다면 다른 소송에서 항변이나 선결문제로써도 결의무효를 다툴 수 있고, 형성의 소로 본다면 오직 소로써만 무효를 다투어야 한다는 차이가 있다. 상법학자간에는 확인소송설이 다수설이며, 판례도 그러하다.[5] 그러나 결의무효확인의 소와 결의취소의 소 간에 판결의 효력에 있어서, 그 하자(흠) 있는 결의의 효력제거라는 목적에 있어서 차이가 없다. 결의취소와 결의무효확인 사이에 있어서 전자는 절차 및 내용(정관위반)상의 흠을, 후자는 내용(법령위반)상의 흠을 각각 공격방법으로 한다는 차이일 뿐, 소송물은 물론 판결의 소급효 등 법적 성질도 같은 것으로 볼 것이다. 따라서 결의무효확인의 소도 결의취소의 소와 마찬가지로 형성의 소라고 보고 싶다.[6] 회사 같은 단체의 법적 안정을 위해서도 좋다. 결의부존재확인의 소도 통일적으로 형성의 소로 볼 여지가 있다.[7)8)]

(ㄴ) **사해행위취소의 소(채권자 취소소송)** 채무자가 제3자에게 재산을 빼돌리는 moral hazard 때문에 이 소송률이 높다(2021년 접수 7,191건 전체 2.8%, 사법연감(2022), 679면). 이를 채무자에게 환원하는 이 소

정을 명문의 규정이 없는 형성재판이라 하여 비판한 것에, 강현중, 강의, 323~324면.

1) 대법 2022. 6. 7, 2022그534.

2) 가류 및 나류 가사소송 모두 형성소송으로 보는 통설에 대하여 가류소송은 확인소송으로 보아야 한다는 반대설(김홍엽, 239면 이하)이 있으나, 신분관계의 변동과 관련있고 대세적 효력이 있다는 점, 이미 혼인신고 등이 되어 있는 것의 효력을 다투는 점 등에 비추어 보면 형성의 소로 보는 통설이 타당하다는 반론이 있다(정영환, 346면). 확인의 소로 본다면 다른 소송에서 항변으로 다툴 수 있게 되는데 이는 신분관계의 법적 안정성에 좋지 않다.

3) 대법 1960. 8. 31, 4291행상118.

4) 대법 1992. 11. 24, 92수99.

5) 대법 1962. 5. 17, 61민상1114.

6) 송상현, 265면; 정동윤/유병현/김경욱, 70면; 한충수, 179면. BGH NJW 97. 1510; 무효의 소에 취소의 소가 포함된다는 것에, NJW 2002, 3465.

7) 김홍규/강태원, 222면; 정동윤/유병현/김경욱, 77면; 송상현/박익환, 195면. 대법 1992. 8. 8, 91다39924 참조. 결의부존재확인청구나 무효확인청구는 모두 법률상 유효한 결의의 효과가 현재 존재하지 아니함을 확인받고자 하는 점에서 동일한 것으로 본 것에, 대법(전) 1983. 3. 22, 82다카1810. 또 결의부존재확인의 소가 결의 때로부터 2개월의 제소기간 내에 제기되었으면 그 후에 결의취소의 소로 변경하여도 제소기간이 준수되었다는 것에, 대법 2003. 7. 11, 2001다45584.

8) 확인소송설에 강현중, 326~327면; 김용진, 171면; 김홍엽, 242면; 정영환, 347면.

의 성질에 관하여는 여러 견해가 있다. ① 사해행위취소권은 어디까지나 사해행위의 취소를 그 목적으로 하는 권리라고 보면서 채무자와 수익자 또는 전득자를 공동피고로 하여 채무자와 수익자 등 간의 사해행위의 절대적 취소를 구하는 형성의 소라는 견해가 있다(형성권설, 형성소송설). 형성판결의 대세효 때문에 제3자에게 그 효력이 미치게 된다. ② 판례의 주류는, 사해행위취소권은 사해행위의 취소보다는 제3자에게 넘어간 재산의 원상회복에 그 목적이 있으며, 원상회복의 이행을 구하는 범위 내에서 악의 수익자 또는 악의 전득자에 대한 관계에서만 상대적 취소를 구하는 것으로 보고 기능상 이행의 소에 그 중점을 두는 것으로 보여진다(청구권설, 이행소송설).[1] 대법 2014. 6. 12, 2012다47548; 동 2015. 11. 17, 2012다2743 등에서도 사해행위취소의 판결을 받은 경우 취소의 효과는 채권자와 수익자, 전득자 사이에만 미치므로, 채권자와 채무자 사이, 채무자와 수익자 사이에서 취소로 인한 법률관계에 영향을 미치지 아니한다고 하였다(상대적 효력). 채무자의 피고적격을 부인한다.[2][3] ③ 사해행위의 취소와 넘어간 재산의 원상회복 두 가지를 목적으로 하는 권리로서 형성소송과 이행소송의 병합이라는 **병합설**도 있다.[4] 민법 제406조 1항의 규정에는 충직한 해석처럼 보인다. 사해행위의 주체인 채무자도 피고로 해야 한다.[5] ④ 나아가 넘어간 재산에 대한 집행가능성을 회복하는 권리 또는 책임법적 무효의 효과를 발생시키는 권리로 보는 **책임설**[6]이 있으나, 강제집행에 대해 참을 것(수인)을 구하는 책임의 소(Haftungsklage)가 알려지지 않은 우리 법제하에서는 쉽게 뿌리내리기 어려울 것이다. 다만, 취소의 효과에 대해 최근 판례(2013다206313)는 수익자의 소유임에 다툼없고 채무자의 책임재산으로 환원될 뿐이라 하였다.

bb) **소송상의 형성의 소**는 소송법상의 법률관계의 변동을 목적으로 하는 것으로 재심의 소(451조), 준재심의 소(461조), 정기금 판결에 대한 변경의 소(252조), 중재판정취소의 소(중재 36조), 제권판결에 대한 불복의 소(490조) 등이 해당된다. 청구에 관한 이의의 소(민집 44조), 집행문부여에 대한 이의의 소(민집 45조), 제3자이의의 소(민집 48조. 청구이의의 소와 함께 2014년 접수 11,622건 전체의 2.8%), 배당이의의 소(민집 154조. 2014년 접수 6,277건 1.5%), 채권조사확정재판에 관한 이의의 소(도산 171조) 등 집행법상의 이의의 소의 법적 성질에 관하여서는 여러 가지 견

---

1) 대법 2002. 5. 10, 2002마1156 등. 대법 1988. 2. 23, 87다카1989; 동 2009. 6. 11, 2008다7109.

2) 강현중, 327면. 채무자의 피고적격을 부인한 것에, 대법 2004. 8. 30, 2004다21923; 동 2009. 1. 15, 2008다72394; 동 2014. 12. 11, 2011다49783. 다만 대법 2013. 6. 13, 2012다33976은 채무자의 피고적격을 긍정하는 듯 다른 취지.

3) 소장의 청구취지에서 사해행위의 취소를 구할 필요 없으며, 수익자 또는 전득자만을 피고로 하여 원상회복을 구하면서 청구원인에서 사해행위의 취소는 선결문제로 주장하면 된다고 보이지만, 수익자나 전득자만을 피고로 하더라도 원상회복만 청구하여서는 안되고 반드시 취소를 함께 소구하여야 한다는 판례가 있다. 대법 1980. 7. 22, 80다795 등.

4) 김홍엽, 243면.

5) 정영환, 348면.

6) 책임설에 관한 상세는 정동윤/유병현, 71면 이하.

해가 있으나, 통설·판례는 모두 형성의 소로 보는 태도이다.[1] 이러한 소송법상의 형성의 소는 당사자간에서만 판결의 효력이 미치는 상대효(inter partes)가 있을 뿐, 실체법상의 형성의 소와 달리 대세효(erga omnes)가 없는 데 착안하여 차라리 형성의 소의 범주에서 배제하여야 한다는 다른 견해도 나오고 있다(구제의 소).

cc) 형식적 형성의 소는 형식은 소송사건이지만 실질은 비소송사건성의 법률관계의 변동을 구하는 경우이다. 따라서 구체적으로 어떠한 내용의 권리관계를 형성할 것인가를 법관의 자유재량에 일임하고 있는 형성의 소이다. 이러한 소송에 있어서는 법원은 청구취지 기재의 범위나 내용에 구속받지 않고 분쟁해결자의 지위에서 재량대로 판단할 수 있어 처분권주의가 배제되며,[2] 불이익변경금지의 원칙도 적용되지 아니한다.[3] 또 소송요건을 갖추었다고 하면 어떠한 내용으로라도 법률관계를 형성하여야 하므로 원고의 청구를 기각할 수 없다. 예컨대 토지경계확정의 소(단, 건물경계확정의 소는 소유권확인소송),[4] 아버지결정의 소(민 845조; 가소 2조 1항 나류, 27조), 공유물분할청구(민 268조), 법정지상권상의 지료결정청구,[5] 수수료의 결정[6] 등이다(특히 양육비청구, 기여분청구, 늘어가는 상속재산의 분리·이혼시의 재산분할처분은 가사비송사건으로 되었다. 가소 2조 1항 2호 나목 참조. 따라서 가사심판의 대상이지 민법 268조의 공유물분할청구의 소가 아니다[7]). 또한 법원이 명예회복에 '적당한 처분' 또는 신용회복에 '필요한 조치', '상당한 액수' 따위를 명할 수 있는 경우(민 764조; 민소 202조의 2; 부정경쟁 4조 2항; 독점규제 및 공정거래 57조; 특허 131조; 디자인보호 115조; 상표 67조; 실용신안 30조 등, 필요한 처분을 직권으로 정하는 가처분

1) 청구이의의 소에 관하여는, 대법 1971. 12. 28, 71다1008. 제3자이의의 소에 관하여는, 대법 1996. 11. 22, 96다37176. 다만 가사소송법 제64조의 이행명령은 의무의 내용을 변경하거나 의무자에게 새로운 의무를 창설할 수 있는 것이 아니라는 것에, 대법 2016. 2. 11, 2015므26.

2) 대법 1997. 9. 9, 97다18219는 공유물의 분할방법은 당사자가 구하는 방법에 구애받지 아니하고 법원의 재량에 따라 분할하면 된다고 했다. 다만 2009. 9. 10, 2009다40219는 재판상 공유물의 분할은 현물분할이 원칙이라 하여, 법원의 재량의 한계가 있음을 밝혔다.

3) 日最高裁 昭和 38. 10. 15 판결.

4) 대법 1970. 6. 30, 70다579는 경계확정의 소에는 단순히 연접한 토지의 경계를 형성하여 달라고 하는 것과 소유권에 기하여 상린지 간의 경계의 확정을 구함과 동시에 그 경계선 내의 토지소유권의 범위를 확정하여 달라는 것 두 가지가 있음을 전제로 하여, 후자에 관한 확정판결의 기판력은 소유권의 범위에까지 미친다고 하였다. 후자의 경우는 소유권확인청구를 경계확정의 소에 병합청구를 할 것이다.

전자의 소송에서는 경계가 불명하여 그 소유자들 사이에 다툼이 있는 것만으로 권리보호의 필요가 있으며, 여기에서는 당사자가 주장하는 경계선이나 당사자 쌍방의 경계에 관한 합의에 구속되지 않고 법원이 스스로 진실하다고 인정하는 바에 따라 경계를 확정하여야 한다는 것에, 대법 1996. 4. 23, 95다54761; 동 2021. 8. 19, 2018다207830, 지적공부에 등록된 경계에 잘못을 정정하는 방법에는, 대법 2016. 5. 24, 2012다87898.

5) 대법 2003. 12. 26, 2002다61934. 지료결정판결의 대세효는 대법 2001. 3. 13, 99다17142. 대법 2020. 1. 9, 2019다266324에서는 법정지상권의 경우에 토지소유자가 지료를 확정하는 재판이 있기전에 법원의 지료결정을 전제로 법정지상권자에게 지료의 급부를 구하는 소제기가 가능하다고 하였다.

6) 대법 2011. 6. 24, 2008다44368.

7) 대법 2015. 8. 13, 2015다18367.

도 유사(민집 305조))도 형식적 형성의 소라고 볼 측면이 있다. 복지국가를 지향하는 오늘날에는 개인의 사생활관계에 국가의 후견적 관여의 정도가 높아가고 '소송의 비송화' 경향과 사법권의 질적·양적 강화가 두드러짐에 따라 형식적 형성의 소는 증가되는 추세이다.

형성의 소는 다시 장래에 대한 권리의 변동을 목적으로 하느냐의 여부에 따라 두 가지로 분류된다. i) 장래의 형성의 소(ex nunc)는 판결이 형식적으로 확정됨으로써 비로소 장래에 향하여 권리변동이 생기게 되는 것인데, 대부분의 형성의 소는 이에 속한다. 이혼청구, 혼인의 취소, 인지청구 따위가 그것이다. 뿐만 아니라 회사의 설립무효, 합병무효(상 190조, 240조), 사원의 제명선고청구(상 220조) 따위의 회사관계소송도 그러하다. ii) 소급적 형성의 소(ex tunc)는 소급적으로 권리변동을 시키는 것으로 혼인의 무효, 협의이혼의 무효확인청구나 친생부인의 청구[1]가 그 중요한 예이다. 뿐더러 재심 및 준재심의 소, 제권판결에 대한 불복의 소, 중재판정취소의 소도 같다. 행정소송, 형벌법규에 관한 위헌제청(헌재 47조 2항)도 그러하다.

(c) **형성의 소와 기판력 등** 형성의 소에 대한 청구기각의 판결은 단지 형성소권(형성요건)의 부존재를 확정하는 확인판결에 그친다. 그러나 청구인용의 판결 즉 형성판결은 그것이 형식적으로 확정되면 형성소권(형성요건)의 존재에 대해 기판력이 발생하는 동시에 법률관계를 발생·변경·소멸시키는 형성력이 생긴다(판결 자체로 집행이 되므로 집행력은 불필요). 행정처분이나 법률행위로 인한 권리의 변동과 마찬가지로 형성력은 제3자에 대해 미친다. 형성판결에 기판력을 인정할 것인가는 다투어지나, 통설·판례는 기판력을 긍정한다.[2] 만일 이를 부정한다면 형성소송에서 패소한 피고가 뒤에 형성소권(형성요건)이 존재하지 않는다는 주장을 하며 손해배상이나 부당이득반환청구를 하는 것을 막을 수 없게 되기 때문이다. 예를 들면 남편인 甲이 이혼소송에서 피고로 패소확정판결을 받고 난 뒤에 당해 이혼은 이혼원인이 없는 부당한 것이라 주장하며 처인 乙이 승소한 이혼판결을 전제로 하여 재산분할해 가져간 것에 대하여 부당이득이라고 그 반환을 구한 사례에서, 이혼판결의 기판력을 인정하지 아니하면 이를 막을 수 없게 된다.

(d) 형성의 소의 대상인 법률관계는 형성소권의 행사인 형성의 소 제기와 판

---

1) 대법 2014. 12. 11, 2013므4591은 친생부인의 소에서 원고적격은 아버지와 생모에게만 있다.

2) 공유물분할판결에 기판력을 인정한 것에, 대법 1981. 3. 24, 80다1888·1889(기판력 때문에 동일한 소를 제기할 이익이 없다). 행정소송 판결의 기판력은 당사자에만 미치고, 형성력은 제3자에 미친다(대법 1960. 9. 30, 4291행상20). 인지청구의 소에 대해 긍정은 대법 2015. 6. 11, 2014므8217. 청구이의의 소는 집행권원이 가지는 집행력의 배제를 목적으로 하는 것으로 그 판결이 확정되어도 집행권원이 된 실체법상 권리관계에 기판력이 미치지 않는다고 했다(조정을 갈음하는 결정도 같다). 대법 2023. 11. 9, 2023다25677.

결의 확정에 의해서만 변동의 효과가 생긴다. 따라서 법적 안정성을 위하여 판결 확정 전까지는 누구나 그 법률관계를 존중하여야 한다. 비록 혼인무효·회사설립무효의 사유가 있다 하여도 소제기하여 무효선언의 판결이 없는 이상 아무도 **항변**으로 그 무효를 주장할 수 없으며, 다른 소송의 **선결문제**로서도 유효한 것으로 취급되어야 한다. 판례는 주주총회소집 및 결의절차에 위법이 있다 하더라도, 그 결의가 취소되지 아니한 이상, 그 결의의 효력에 영향을 줄 수 없다 하였으며,[1] 또 아무리 혼인취소사유나 이혼사유가 있다 하여도 혼인취소 또는 이혼판결을 받음이 없이 혼인관계가 해소되었음을 전제로 하는 위자료청구를 할 수 없다고 하였다.[2]

2. 소제기의 모습·시기에 의한 분류

(1) 단일의 소와 병합의 소 단일의 소란 1인의 원고가 1인의 피고를 상대방으로 하여 1개의 청구를 하는 가장 단순한 소이다. 이에 대하여 병합의 소란 단일의 소가 물적·인적으로 수개 결합된 것으로서, 한 사람의 원고가 한 사람의 피고를 상대로 하여 여러 개의 청구를 하는 경우(소의 객관적 병합 또는 병합청구)와, 여러 사람의 원고가 또는 여러 사람의 피고를 상대방으로 소를 제기하는 경우(소의 주관적 병합 또는 공동소송)가 있다. 객관적 병합+주관적 병합의 예비적·선택적 공동소송도 있다. 특이한 병합의 소로서 증권관련집단소송도 있다. 병합소송에는 병합요건(65조, 253조)을 갖추어야 한다(이하 제5편 병합소송 참조).

(2) 독립의 소와 소송중의 소 독립의 소란 다른 소송절차와 관계 없이 그 제기에 의하여 비로소 새로 판결절차를 개시시키는 소이다. 이에 대하여 소송중의 소란 이미 계속중인 소송절차를 이용하여, 그 당사자나 제3자가 이와 병합심리를 구하려 제기하는 소이다. 여기에는 i) 당사자가 제기하는 것으로서 청구의 변경(262조), 중간확인의 소(264조), 반소(269조), 소송인수(82조), 필수적·예비적 공동소송인의 추가(68조, 70조)가 있고, ii) 제3자가 제기하는 것으로서 독립당사자참가(79조), 공동소송참가(83조), 참가승계(81조) 등이 있다. 소송중의 소는 이미 계속중인 소송절차를 이용하는 것이기 때문에, 각기 특별한 제소방식과 병합요건이 정해져 있다. 다만, 소송중의 소의 특이한 형태로서 형사사건계속중에 그에 부대하여 피해자가 배상신청을 하는 제도가 있다(특례법 26조 이하).

---

1) 대법 1974. 12. 24, 72다1532. 그러나 결의의 무효나 부존재는 다른 소송에서 선결문제로 다툴 수 있다는 것에, 대법 1992. 9. 22, 91다5365.
2) 대법 1969. 8. 19, 69므17; 동 1977. 1. 25, 76다2223.

제2절 소송요건

제1관 총 설

원고가 소에 의하여 신청한 바대로 승소판결을 받기 위해서는 다음 네 가지를 갖추어야 한다. 네 가지는 심리순서이기도 하다.

(1) 소장의 적식(Ordnungsgemäß) 소장의 필요적 기재사항의 구비와 소정의 인지를 납부하여야 한다. 이러한 방식에 맞는 소장이 제출되면 원고와 법원 사이의 소송관계가 성립된다(소송성립요건). 이것은 변론에 들어가기에 앞서 재판장의 소장심사과정에서 check 되어야 하는 것으로서, 방식에 맞지 아니한 경우에 보정하지 않으면 **재판장의 명령**으로 소장은 각하된다(소장각하 명령). 소송대리권의 위임장에 의한 변호사회의 경유를 하지 않더라도 본인소송을 허용하는 현 제도에 비추어 소송요건에 흠결 없다.

(2) 소의 적법(Zulässigkeit) 소는 본안심리 · 본안판결을 위한 일련의 소송상의 요청을 충족시켜야 한다. 이 중 어느 한 가지라도 빠져 있을 때에는 법원은 본안심리에 들어가 본안판결을 할 수 없으며, 소를 부적법하다고 하여 각하해야 한다(소각하 판결). 이러한 요청이 바로 소송요건이다.

(3) 주장 자체의 정당성(Schlüssigkeit, 유리성, 일관성) 원고의 주장사실로 미루어 원고의 청구가 실체법상 이유 있어야 한다. 만일 원고의 주장 자체가 명백히 이유 없는 것이면, 법원은 주장사실의 옳고 그름을 가릴 필요도 없이 청구기각의 판결을 하여야 한다(청구기각 판결). 현행법상 허용되지 않는 소작권의 확인청구, 도박자금으로 빌려준 대여금, 의료기관에 건내준 리베이트반환청구 따위이다.

주장 자체가 이유 없는 경우에는 i) 피고의 답변서부제출로 자백간주가 된다 하여도 보정의 여지가 없거나 보정에 불응하면 원칙적으로 무변론으로 원고의 청구를 기각하여야 하며(257조 1항), ii) 소액사건에 있어서는 무변론 기각을 할 수 있다(소심 9조 1항). 주장 자체로 보아 심리속행사유가 이유없을 때에는 상고심에서는 상고이유심리에 나가지 않고 상고기각한다(상특법 4조 3항). iii) 증거조사에 의한 원고주장사실을 확정할 필요가 없다. 그와 같은 사실이 인정됨을 가정하여 법률적 판단만으로 원고의 청구를 배척할 수 있다.[1] iv) 피고측 항변을 고려할 필요가 없다. v) 통

1) 대법 1974. 10. 25, 74다1332.

상의 사건에서도 소장·준비서면 그 밖의 소송기록에 의하여 청구가 이유 없음이 명백한 경우에는 법원은 소송비용의 담보제공명령을 하여야 한다(2010년 개정 법률 117조).

(4) **주장사실의 증명**(Beweisstation)　원고의 청구원인사실을 피고가 다투면 증명되어야 하고, 피고의 항변이 이유 없을 때에 비로소 청구인용의 승소판결을 받게 된다(청구인용 판결).

여기서는 (2)의 소의 적법성의 문제, 즉 소송요건에 관하여서만 다루기로 한다.

Ⅰ. 소송요건의 의의

소송요건이라 함은 소가 소송법상 적법한 취급을 받기 위해 구비하지 않으면 안 될 사항을 말한다. 만일 소송요건의 흠이 있으면 법원은 본안판결이나 본안심리까지 가서는 안 되며, 이러한 의미에서 소송요건은 본안판결요건인 동시에 본안심리요건이다(실체법에 의한 판단요건).[1] **소송법적인 통제장치**로서 소의 적법요건이라고도 한다. 그러나 소송요건은 반드시 본안심리에 앞서 조사를 끝낼 요건은 아니며, 본안심리중에 그 흠이 드러나면 더 이상의 본안심리를 그치고 법원은 소를 부적법각하하지 않으면 안 된다.

(1) 과거의 판례에는 소송요건을 더러 소제기요건 또는 **소송성립요건**으로 혼동하여 표현한 예가 있다.[2] 그러나 소송은 방식에 맞는 소장의 제출 등 외관상 소송이라고 볼 수 있는 행위가 있으면 소송관계는 성립되는 것임은 앞서 본 바이며, 소송요건을 갖추어야 성립하는 것이 아니다. 따라서 소송요건은 어디까지나 성립된 소송이 적법한 취급을 받기 위해 갖추어야 할 요건이다.

(2) 소송요건은 소 전체가 적법해지기 위해 갖추어야 할 요건이기 때문에 개개의 **소송행위의 유효요건**(보조참가 요건 등)과는 다르다. 개개의 소송행위의 유효요건의 흠이 있으면 당해 소송행위만이 무효가 되며, 이 경우에도 본안판결을 함에 아무런 지장이 없다.

(3) 소송요건은, 예컨대 제척이유 없는 법관의 관여나 심리의 공개 따위의 판결절차에 있어서 심리를 전제로 하여 이를 제약하는 조건과도 구별된다.

---

1) 대법 1990. 11. 23, 90다카21589.
2) 대법 1955. 9. 6, 4288행상59; 동 1955. 9. 23, 4288행상64.

Ⅱ. 소송요건의 종류

소송요건에 대해서는 소송법에 통일적인 규정이 없고 여러 곳에 흩어져 있다. 다만 당사자가 임의로 늘릴 수 없는 한정적인 것이다(numerus clausus). 몇 개의 group으로 정리한다. 이는 적절한 법원에서, 적절한 당사자 사이에서, 적절한 소송물을 놓고 소송절차를 공정, 신속 그리고 경제적으로 진행시키려는 소송법 제1조 제1항의 요청 때문이다.

(1) 법원에 관한 것 재판권의 한계와 분담관계의 존중을 위하여서이다(proper forum).

1) 피고에 대한 재판권

2) 국제재판관할권(2022. 7. 5.부터는 민소법 아닌 개정 국제사법의 명문규정에 의한 판정사항)

3) 민사소송사항일 것, 즉 행정소송(특허심결 심판 포함)사항 · 가사소송사항 · 도산사건이나 헌법소송사항이 아닐 것

4) 토지 · 사물 및 직분관할권

(2) 당사자에 관한 것 당사자권(이익)의 보호를 위하여서이다(proper party).

1) 당사자의 실재 · 특정

2) 당사자능력

3) 당사자적격

4) 소송능력 · 법정대리권 · 소송대리권 변론능력은 그 흠이 있을 때에는 기일불출석의 불이익으로 돌릴 것이나, 경우에 따라 소 · 상소각하결정될 수 있다.

5) 원고가 소송비용의 담보를 제공할 필요가 없을 것 그 필요가 있을 때에는 원고(외국인 · 외국 주소를 둔 사람)가 필요한 담보를 제공하여야 한다(117조; 상 176조 3항, 237조, 377조).

(3) 소송물에 관한 것 심판의 편의와 쓸모없는 소송방지를 위하여서이다(proper claim).

1) 청구취지등 소송물의 특정[1)]

2) 권리보호의 자격 또는 이익 · 필요(소의 이익)[2)]

---

1) 대법 2014. 3. 13, 2011다111459; 동 2013. 3. 14, 2011다28946. 군사분계선 이북의 토지소유권 확인청구에 대하여 목적물의 특정이 어렵다는 이유로 배척한 것에, 대법 2011. 3. 10, 2010다87641.

2) 기판력, 중복소제기(259조), 재소금지(267조 2항) 등에 저촉되지 않을 것은 소의 이익에 포함

(4) 특수소송에 관한 것(특수소송요건)

1) 병합소송(예: 청구의 병합, 청구의 변경, 중간확인의 소, 반소, 공동소송, 예비적·선택적 공동소송, 당사자참가, 필수적 공동소송인의 추가)에 있어서는 각 그 필요요건을 구비할 것. 장래의 이행의 소에서 '미리 청구할 필요'(251조), 확인의 소에서 확인의 이익, 상소에서 상소요건, 채권자대위소송에서 피보전채권의 존재[1] 그리고 집단소송에서 법원의 허가 따위.

2) 제척기간(소제기 기간)의 준수[2]

(5) 소송장애사유가 없을 것 아래에서 본다.

Ⅲ. 소송요건의 모습

(1) 적극적 요건과 소극적 요건 앞은 그 존재가 소를 적법하게 하여 본안판결의 요건으로 되는 경우, 예컨대 재판권·관할권·당사자능력 등이다. 뒤는 그 부존재가 소를 적법하게 하여 본안판결의 요건으로 되는 경우로서, 중복소송·기판력·중재합의 등이 그것으로 소송장애라고도 한다.

(2) 직권조사사항과 항변사항 소송요건의 대부분은 직권조사사항으로, 이는 피고의 항변의 유무에 관계 없이 법원이 직권으로 조사하여 참작할 사항이다. 국가제도인 소송제도의 유지에 필요한 공익적 성격이 소송요건이기 때문이다. 사실상 피고가 소송요건의 흠을 들고 나올 때에 **본안전항변**이라 하지만, 이러한 피고의 주장은 단지 법원의 직권조사를 촉구하는 데 그치므로 이를 판단하지 아니하였다 하여도 판단누락의 상고이유가 될 수 없다.

소송요건 중에는 **직권조사사항**이 아닌 **항변사항**이 있는데, 이는 변론주의에 의하여 피고의 주장을 기다려서 비로소 조사하게 되는 것을 말한다. 직권조사사항과 달라 소송절차에 관한 이의권의 포기·상실의 대상이 된다. 이를 **방소**(妨訴) **항변** 또는 **소송장애사유**라고도 한다. 임의관할(30조), 부제소합의,[3] 소·상소취하계약, 중재합의(조정계약도 같다 할 것이다), 소송비용의 담보제공(117조. 다만 2010년 개정법률에 의하여 법원이 직권에 의하는 담보제공명령은 다름) 위반의 주장 따위이다. 임의관할, 소송비용의 담보제공위반, 중재합의의 항변은 본안에 관한 최초변론 전까지 제출하여야 하며(중재 9조 2항. ISD 취소사유인 관할 위반은 판정 뒤에도 그 취소사유인가?) 본안심

되는 사항이기도 하다.

1) 대법 2012. 3. 29, 2011다106136.

2) 대법 2013. 4. 11, 2012다64116; 동 1996. 5. 14, 95다50875.

3) 그러나 대법 2013. 11. 28, 2011다80449는 직권조사사항이라고 했다.

리에 들어간 후에는 제출할 수 없는 항변이다.[1] 본안 변론이나 변론준비절차에서 진술한 후에는 피고가 담보제공신청권을 상실한다.[2] 이 점은 미국 FRCP 12(b)의 pleading 전(pre-answer)에 해야 하는 motion to dismiss(소각하신청)와 비슷하다. 다만 이들은 비록 항변사항이기는 하지만, 담보부제공의 경우를 제외하고는 이에 의하여 피고가 응소를 거부할 권리가 생기는 것은 아니다.

Ⅳ. 소송요건의 조사

(1) 직권조사사항으로서 조사 소송요건 중 앞서 말한 항변사항을 제외한 나머지 소송요건은 앞서 본 바와 같이 법원의 직권조사사항이다(직권탐지사항과의 구별은 351면 이하).[3]

직권조사사항의 내용상세는 351면 참조.[4]

(2) 자유로운 증명 등의 문제 독일의 다수설 · 판례는 직권조사사항인 소송요건은 통상의 증거조사절차에 의할 필요 없이 자유로운 증명으로 된다고 본다. 외국법규 · 경험법칙도 같다.[5] 다만 소송요건에까지 자유로운 증명에 의하는 것은 지나친 확장이라는 반론도 있다.[6]

본안판결을 받는 것은 원고에게 유리하기 때문에, 직권조사사항인 소송요건은 원고에게 증명책임이 돌아간다.[7] 그러나 항변사항인 위 소송요건은 증명책임 분배의 일반원칙에 따라 피고가 증명하여야 한다.

(3) 소송요건 존재의 표준시 소송요건의 존부를 판정하는 시기는 원칙적으로 사실심의 변론종결시이다. 상고심의 심리종료시로 보는 견해도 있으나,[8] 우리 판례는 사실심의 변론종결시로 보았다.[9] 따라서 제소당시에는 부존재하여도 사실심의 변론종결시까지 이를 구비하면 된다. 이에 반하여 제소당시에는 소송요건이 구비되어 있었어도 그 뒤에 소멸되면 본안판결을 할 수 없다. 확인의

---

1) 대법 1996. 2. 23, 95다17083; 동 1991. 4. 23, 91다4812 등.
2) 대법 2018. 6. 1, 2018마5162.
3) 확정판결의 존재는 직권조사사항=대법 2011. 5. 13, 2009다94384 등.
4) 대법 2009. 12. 10, 2009다22846; 동 2011. 7. 28, 2010다97044(단체의 대표자의 대표권).
5) 日最高裁 昭和 47. 12. 26. 판결.
6) 정동윤/유병현/김경욱, 419면.
7) 대법 1997. 7. 25, 96다39301; 동 1978. 2. 14, 77다2139 등.
8) Rosenberg/Schwab/Gottwald, § 93 Rdnr. 37.
9) 대법(전) 1977. 5. 24, 76다2304; 동 2013. 1. 10, 2011다64607(당사자능력). 다만 상고심 계속중에 소의 이익이 없게 되었다 하여 부적법한 소로 본 예로, 대법 2003. 1. 10, 2002다57904; 동 2005. 5. 26, 2005다12810.

이익, 당사자적격 등 소송요건이 사실심변론종결 이후 흠결이 되거나 흠결이 치유된 경우 상고심에서 이를 참작하여야 한다는 것이다.[1] 그 예외로서 i) 관할권의 존부는 제소당시에만 갖추면 되며(33조), ii) 소송진행중의 당사자능력·소송능력·법정대리권의 소멸은 소각하사유가 아니고 단지 소송중단사유임에 그친다(233조, 235조). 판례는 소장의 적식(適式)은 제1심 소장각하명령시가 기준시라 보는데, 문제있다(아래 286면 참조).

(4) 소송요건 조사의 순서 조사의 순서에 관하여서는 학설상 다투어지고 있으나 실제상 별로 의미가 없다. 그 존부가 의심스러운 소송요건이 여러 개 있을 때, 소송경제상 가장 신속하고 쉽게 그 존부를 가릴 수 있는 것부터 심리하는 것이 타당하다.[2] 다만 통설은 일반적인 것에서 특수한 것으로, 추상적인 것에서 구체적인 것으로 조사하여 나가되, 특히 소의 이익은 실체권의 판단과 밀접한 관련이 있으므로 마지막에 판단할 것으로 본다. 비록 순서를 따르지 아니하였다고 하여 판결이 위법인 것은 아니다.

Ⅴ. 조사결과

(1) 요건심리의 선순위성 소송요건은 본안판결의 요건이기 때문에 본안판결에 앞서 먼저 조사하여야 한다. 따라서 소송요건의 존부에 관한 심사문제를 남겨 놓고 건너뛰어 본안에 들어가 원고청구가 이유없다고 기각판결을 함은 허용될 수 없다. **선순위성의 긍정설**이다.

그러나 이러한 내외국의 통설적 입장에 대하여 이설(Rimmelspacher, Grunsky, 新堂幸司 등)이 제창되어 주목을 받고 있다. 이에 의하면 소송요건과 실체법상의 요건은 동일평면의 판결선고요건이며 반드시 실체법상 요건의 구비 여부를 검토하기에 앞서 소송요건을 먼저 심리할 필요는 없다는 것이다. 따라서 실체법상 이유 없어 어차피 안될 사건이면 소송요건을 갖추었는가를 가릴 것도 없이 청구기각의 본안판결을 할 수 있다는 것이다. 그것이 법원의 부담을 경감시키고 당사자로 하여금 빨리 결론을 얻게 하여 소송경제에 좋다는 것이다. **선순위성의 부정설**이다. 여기에 절충적으로, 소송요건 가운데서 무익한 소송의 배제나 피고의 이익보호를 목적으

1) 대법 2007. 11. 29, 2011다63362; 동 2020. 1. 16, 2019다247385.

2) Zeiss, § 41; Thomas-Putzo, Vorbem § 253 Rdnr. 14, 단 상소요건은 다른 소송요건에 앞서 심리를 요한다는 것에는, Schellhammer, Rdnr. 355. 또 재판권을 우선 심리하지 않으면 국제법위반의 문제가 생긴다는 것에, Habscheid, Rdnr. 366.

로 삼는 것과 공적 이익을 목적으로 한 것을 구별하여, 전자에 해당하는 소송요건에 한하여 그 존부를 따질 필요 없이 먼저 청구기각을 할 수 있다고 하여 그 선순위성을 부인하는 절충설도 있다.[1)]

생각건대 법원에 관한 소송요건인 민사소송사항이나 사물·토지·직분관할 등 관할권의 문제에 대해 의문이 있는 경우에 이를 심리하지 않고 원고청구기각을 한다면(지방법원에서 민사소송사항인가를 따지지 않고 가정법원 관할의 이혼소송을 기각하는 일도 있을 것이다), 법관에게서 그 법률상의 분담권한을 박탈해서는 안 되는 헌법상의 규정(헌 101조 1항)을 어기는 결과가 된다. 당사자에 관한 소송요건인 당사자능력·소송능력·법정대리권의 존부를 심리하지 않고 남겨둔 채 청구기각의 판결을 한다면, 대등한 지위에서 맞서게 하려는 쌍방심문주의의 관철 등 절차보장에 차질을 가져온다(미성년자 등 제한능력자가 직접 절차에 관여하여 청구기각을 당할 수 있다). 뿐더러 동일사건에 관하여 기판력이 있는 판결이 있음을 심리하지 않고 청구기각의 판결부터 먼저 하다 보면, 전의 확정판결과 저촉되어 재심사유가 되는 판결을 낳게 된다(451조 1항 10호). 소송요건경시, 본안요건중시의 편향성이 엿보이는 견해로,[2)] 다만 부제소특약·소의 이익 등 무익한 소송을 배제시킬 목적의 소송요건만은 그 존부심사를 뒤로 미루어 두고 본안에 들어가 청구기각의 종국판결로 해도 무방할 것이다.[3)]

(2) 본안전항변—소송요건흠결의 주장 본안문제에 앞서 소송요건의 흠이 있다고 피고가 다투는 수가 있는데, 이를 실무상 본안전항변이라 한다는 것은 이미 본 바이다. 조사 결과 소송요건이 갖추어져 있을 때에는 중간판결(201조) 할 수 있으나 종국판결의 이유 속에서 판단함이 일반적이다.

(3) 소각하판결

1) 조사 결과 소송요건의 흠결이 드러나면 법원은 본안에 들어가 판단할 것 없이 종국판결로 소를 부적법각하(却下, dismiss)하여야 함이 원칙이다. 이러한 소각하판결을 본안판결에 대한 관계에서 소송판결 또는 본안전판결이라고 하는데, 판결주문에서 「이 사건 소를 각하한다」로 표시한다.[4)]

소송판결은 소송요건의 부존재를 확정한 확인판결의 일종이며, 그 부존재에 기판력이 생긴다(통설).[5)] 그러나 예를 들면 소송능력의 흠으로 각하당한 경우에 추후 법정대리인이 다시 소를 제기한다든가, 대표권의 흠으로 각하되었을 때에 적법한 대표자가 다시 제소할 수 있다. 예외적으로 다음의 경우에는 소를 각하할

1) 김홍규, 242면; 강현중(제6판), 309면.

2) Rosenberg/Schwab/Gottwald, § 93 Rdnr. 48. 부적법각하하여야 함에도 불구하고 기각한 것은 파기를 면할 수 없다는 것에, 대법 1990. 12. 11, 88다카4727. 유사취지: 대법 1983. 2. 8, 81누420.

3) 전병서, 179면.

4) 소각하하지 않고 기각해도 본안에 관하여 기판력이 생기지 아니하므로, 파기사유가 아니라는 것에, 대법 1992. 11. 24, 91다29026; 동 1993. 7. 13, 92다48857.

5) 대법 1997. 12. 9, 97다25521 등.

것이 아니다.

a) 관할권의 흠, 즉 관할위반의 경우에는 관할법원으로 이송하여야 한다(34조 1항).

b) 주관적·객관적 병합의 소에 있어서 병합요건의 흠 이 때는 각하할 것이 아니라 독립의 소로서 취급하여야 한다는 것이 통설이다. 뿐더러 소송중의 소(예: 독립당사자참가, 반소)에서 그 특별요건의 흠이 있을 때에도 적어도 독립의 소로서의 요건을 구비하였다면 같이 취급할 것이다(상세는「독립당사자참가」,「반소」참조).

2) 소송요건의 흠이 있어도 바로 소각하할 것이 아니라 당사자 간에 쟁점이 되지 아니하였으면 예상 밖의 불의의 타격이 되지 않도록 그 관점에 관하여 당사자에게 의견진술의 기회를 주어야 한다[1]는 것이 최근 판례이다(136조 4항). 이를 보정할 수 있는 것이면 법원은 상당한 기간을 정하여 보정을 명하고 기다려 보고 소각하를 하여야 한다. 그러나 그 흠을 보정할 수 없는 경우(출소기간의 경과, 소의 이익 등)에는 변론을 열지 않고 판결로 소를 각하할 수 있다(219조). 2023년 4월 18일 개정법률 제219조의 2에서는 원고가 소권(항소권 포함)남용하여 명백히 이유 없는 청구를 반복적으로 구하는 경우에는 원고에게 500만원 이하의 과태료를 부과할 수 있도록 하였다. 제소사유가 부적법함을 알면서 무리하게 소제기의 경우에는 미국에서는 후술하는 바(중간판결)와 같이 간단하게 summary judgement 즉 약식재판으로 정리하는 입장이다. 소송요건의 흠을 간과하여 본안판결을 하였을 때에는 그 판결이 확정되기 전이면 상소를 제기하여 취소할 수 있다(다만 임의관할위반의 경우는 예외. 411조 본문). 그러나 판결확정 후이면 재심사유에 해당되는 경우에 한하여 재심의 소를 제기하여 취소할 수 있을 뿐이다(예: 소송능력, 대리권의 흠 등. 451조 1항 3호). 반대로 소송요건이 구비되었음에도 불구하고 그 흠이 있다 하여 소를 각하한 판결에 대하여 상소를 제기한 경우에는, 원칙적으로 상급법원은 원판결의 취소(파기)와 원심에 돌리는 환송판결을 하여야 한다(418조, 425조. 아래 922~923면 참조).

제2관 소의 이익(권리보호요건)

Ⅰ. 소의 이익과 소권이론(訴權理論)

개인이 법원에 소를 제기하여 판결을 구하는 것을 그 사람의 권리로 보아 소권(또는 판결청구권)이라 한다. 이와 같은 권리를 인정할 것인가 또 어떠한 내용의 권리인

1) 대법 2013. 11. 28, 2011다80449; 동 2014. 10. 27, 2013다25217; 동 2022. 4. 14, 2021다273973.

가의 문제가 소권이론인 것으로, 소의 이익 내지 권리보호요건은 이와 밀접한 관련이 있어서 살펴본다.

1. 사법적 소권설

Savigny, Windscheid 등 19세기 독일의 보통법시대의 학자들에 의하여 제창된 학설이다. 당시에는 소송의 형태로 이행의 소만이 알려졌기 때문에, 소송이란 실체법상의 권리 특히 사법상의 청구권(Anspruch)을 재판상 행사하여 실현하는 수단이라 보았다. 따라서 Savigny에 의하면 사법상의 권리는 그것이 침해되었을 때 피해자에 대한 소권으로 바뀌는 것이라 하였고, Windscheid는 소권을 청구하고자 하는 바를 상대방에게 소에 의하여 추구하는 권한으로 파악했던 것이다. 그러나 채무부존재의 확인을 구하는 소극적 확인의 소 따위의 설명이 곤란하다.

2. 공법적 소권설

소권은 결코 사권의 변형물이 아니라 사권과는 별개의 것으로 국가기관인 법원을 통해 행사하도록 되어 있는 국가에 대한 공법적인 성질의 권리로 보는 견해이다.

소송제기 전에는 소송을 개시시킬 권리이고, 그 제기 후에는 어떠한 내용의 것이든 정당한 판결을 구하는 공권으로 파악하는 **추상적 소권설**이 있다. 여기에는 다음과 같은 주목할 견해가 있다.

(1) 구체적 소권설(권리보호청구권설) 소권이란 판결에 의한 권리보호청구권 즉 자기에게 유리한 판결(günstiges Urteil)을 요구하는 권리로 파악하는 견해이다. 다시 말하면 승소판결청구권이라 한다. 이러한 권리보호청구권이 인정되기 위해서는 순형식적 요건으로서의 소송요건 외에 소송적 권리보호요건과 실체적 권리보호요건을 필요로 한다고 하면서, 소송적 권리보호요건을 소송요건과 구별하여 실체적 권리보호요건과 동일 평면에 놓는다. 따라서 소송적 권리보호요건의 흠이 있을 때에는 실체적 권리보호요건의 흠이 있을 때와 같이 청구기각판결을 할 것이고, 소각하판결은 안 되는 것으로 보았다. 독일의 Wach, Hellwig, Stein 등에 의하여 제창된 바 있는데, 대법원판결에서도 한때 좇은 바 있었으며, 현재 이에 동조하는 학자도 있다.[1)2)]

우리 헌법재판소는 재판청구권은 구체적 소송에 있어서 특정의 당사자가 승소의 판결을 받을 권리를 의미하지 아니한다고 하였다.[3)] 그럼에도 나아가 실체법·소송법 등 재판규범에 따라 유리한 판결을 구할 권리라는 신권리보호청구권설도 나오고 있다.

(2) 본안판결청구권설 소권이란 승패에 관계 없이 소송의 대상에 관하여 본안판결을 요구하는 권리라고 보는 설이다. 구체적 소권설에서처럼 승소판결을 받을 것을 요구하는 것이 아니라, 청구기각의 판결을 받는다고 하여도 본안판결을 받으면 소권의 목적을 달할 수 있게 되고 권리로서 만족을 얻을 수 있게 되는 것으로 이해한다. 이 설은 일찍

1) 대법 1955. 2. 17, 4287민상107; 동 1955. 4. 21, 4287민상34.
2) 호문혁, 85면; 한충수, 6면.
3) 헌재 1996. 8. 29, 95헌가15.

이 독일에 있어서 Bley에 의하여 제창된 바인데, 일본의 영향을 받아 우리나라의 다수설이 되었다.[1] 그러나 이 설은 Groh가 지적하듯이 원고의 경우에 청구기각의 판결을 받아도 소권이 만족되었다고 보는 점에 그 어려움이 있으며, 피고로서는 청구기각의 판결을 바랄 수 없는 바에야 소각하판결이라도 얻고자 할 것인데 이를 도외시하였는 데 문제가 있다.[2] Groh의 비판 이후 오늘날 독일에서는 그 자취를 찾기 힘든 학설이다.

(3) 사법행위청구권설(재판청구권설, Justizgewährungsanspruch)　이 설은 추상적 소권설의 발전적 형태로 오늘날 독일의 통설 및 판례[3]이며 일본에서도 통설로 되고 있다. Rosenberg/Schwab에 의하면 법원은 헌법과 법률에 따라서 재판을 할 의무를 지며 따라서 당사자는 사법고권의 담당자로서의 법원에 대해 사법행위(司法行爲)를 요구할 권리 즉 재판청구권(Justizanspruch)을 갖는다는 것이고, 이러한 재판청구권은 당사자가 법원에 소장을 수리하여 줄 것, 이유 없이 기일지정신청을 거부하지 않을 것, 그리고 판결하기에 성숙하였을 때 그 내용(청구기각의 판결이든, 소각하판결이든)을 가리지 않고 신속하게 판결을 요구할 수 있는 권리라고 하고 있다. 다시 말하면 소권에 대하여 판결절차를 소송법대로 전개할 것을 구하는 청구권으로 파악하고, 이와 헌법 제27조의 「재판을 받을 권리」와 같은 것으로 보는 입장이다. 만일 법원이 그 의무를 위배하여 권리보호를 거부하거나 지연시키면 헌법소원의 방법으로 구제받게 된다는 것이다.

3. 결　론

필자도 위의 사법행위청구권설에 동조하며, 소권이론은 이러한 헌법상의 기본권을 도출하는 역사적 공로로 평가할 것이다.

Ⅱ. 개　념

(1) 널리 소의 이익은 국가적·공익적 견지에서는 무익한 소송제도의 이용을 통제하는 원리이고, 당사자의 견지에서는 소송제도를 이용할 정당한 이익 또는 필요성을 말한다. '이익 없으면 소 없다'는 법언(法諺)이 지적하듯이 소송제도에 필연적으로 내재하는 요청이며 이에 의하여 법원은 본안판결을 필요로 하는 사건에만 그 정력을 집중할 수 있게 되고, 또 불필요한 소송에 응소하지 않으면 안

1) 방순원, 297면; 이영섭, 29면; 김홍규/강태원, 239면; 송상현/박익환, 207면; 김용욱, 145면. 대법 2003. 7. 11, 99다24218은 헌법소원심판청구를 한 자로서는 헌법재판관이 일자 계산을 정확하게 하여 본안 판단을 할 것으로 기대하는 것이 당연한 것이고 그럼에도 불구하고 헌법재판관의 위법한 직무집행의 결과 잘못된 각하결정을 함으로써 청구인으로 하여금 본안판단을 받을 기회를 상실하게 한 이상 청구인의 합리적인 기대를 침해한 것이고, 이러한 기대는 인격적인 이익으로서 보호할 가치가 있다 하여 국가에 위자료의 배상의무를 인정하였다.

2) Groh, Der Anspruch auf Rechtspflege, ZZP. Bd. 51.

3) 독일연방헌법재판소는 여러 판례를 통해 재판청구권을 밝혔다(BVerfGE 51, 146 und 352; 52, 203).

되는 상대방의 불이익을 배제할 수 있다. 소의 이익의 문제는 권리보호청구권설이 권리보호를 요구함에 갖추어야 할 사항을 찾는 과정에서 나온 파생물이기 때문에, 권리보호요건이라고도 하며, 이를 소권요건 또는 정당한 이익이라고도 한다.

(2) 주의할 것은 소의 이익을 지나치게 넓히면 국가의 적정한 재판권의 행사를 저해하고 남소를 허용하는 결과가 되고, 반면 이를 과도하게 좁히면 법원의 본안판결부담을 절감하게 되지만 당사자의 헌법상 보장된 재판을 받을 권리를 부당하게 박탈하는 결과가 된다.[1] 따라서 소의 이익을 판단함에 있어서는 소 이외의 다른 민사분쟁의 간편한 해결수단의 유무, 행정적 구제·입법적 구제가 있느냐의 여부, 민사사법권의 한계 등을 기준으로 신중히 정하여야 한다. 이 제도가 헌법 제27조의「재판을 받을 권리」와의 관계에서 위헌이 아니냐가 문제되나,「재판을 받을 권리」는 법률상 재판을 받을 만한 이익을 가질 것을 전제로 하는 것으로, 이러한 이익의 유무에 관계 없이 본안에 대해 재판을 받을 권리를 보장한 것이라고는 볼 수 없으므로 위헌이라 할 수 없다.[2]

(3) 넓은 의미의 소의 이익은 i) 청구의 내용이 본안판결을 받기에 적합한 일반적 자격(권리보호의 자격 또는 청구의 적격), ii) 원고가 청구에 대하여 판결을 구할 현실의 필요성(권리보호의 이익 또는 필요), iii) 제대로 소송수행을 하고 본안판결을 받기에 적합한 정당한 당사자(당사자적격) 등 세 가지의 형태로 나타난다. i)·ii)는 청구의 측면에서 본 객관적 이익의 문제로서, 이것만이 좁은 의미의 소의 이익이다(권리보호의 이익이라고도 한다). iii)은 당사자의 측면에서 본 주관적 이익의 문제인데, 이미「당사자적격」에서 설명하였다.

Ⅲ. 권리보호의 자격(공통적인 소의 이익)

각종의 소에 공통적인 일반적 요건으로서 다음과 같은 것들이 있다.

(1) 청구가 재판상 청구할 수 있는 구체적인 권리 또는 법률관계일 것[3]

1) 청구가 재판상 청구할 수 있는 것이라야 한다(Klagbarkeit). 근대법에 있어서는 원칙적으로 청구권에 소권이나 강제이행을 구할 수 있는 권리가 포함되지만 소권이 없는 채무 즉 **자연채무**(예: 파산면책결정의 채무는 존속되나 소제기 권능은 상실,[4] 신고 아니한 회생회사채무, 교회헌금 약속채무, 명절 떡값 등)도

1) 졸고, "대법원판례를 중심으로 본 권리보호요건," 사법행정 1972. 1·2 참조.
2) 日最高裁 昭和 35. 12. 7 판결.
3) 대법 1994. 11. 22, 93다40089.
4) 대법 2015. 9. 10, 2015다28173.

인정하는데, 이러한 자연채무에 대한 청구는 권리보호의 자격이 없다. 소로써만 행사할 수 있는 형성권(형성소권)을 제외한 나머지 형성권(예: 해제 · 해지권, 상계권, 취소권 등 당사자의 일방적 의사표시에 의하여 행사할 수 있는 것)을 행사하기 위한 형성의 소의 제기도 소의 이익이 없다('甲 · 乙간의 계약 해제한다'는 소는 불가). 또한 약혼의 강제이행(민 803조)이나 입법을 해 달라는 청구는 허용되지 않는다.[1)]

2) 청구가 구체적인 권리관계의 주장일 것을 요한다. 법원조직법 제2조 1항에서 '**법률적 쟁송**'만을 법원의 권한으로서 심판한다고 규정하였음은 이러한 취지이다.

aa) '법률적' 쟁송이어야 한다. 심판의 대상인 소송물은 법적 판단에 적합한 성질 · 내용을 가진 것이어야 한다. 따라서 단순한 사실의 존부의 다툼은 원칙적으로 소송의 대상이 되지 않는다.

판례는 i) 임야 · 토지 · 건축물대장상의 명의말소 · 변경청구(골프회원 명의개서의 청구는 별론),[2)3)] ii) 지적도의 경계오류정정청구,[4)] iii) 족보에 등재금지 · 변경청구 등 족보소송,[5)] iv) 제사주재자가 누구인지 그 지위의 확인청구,[6)] v) 통일교가 기독교종교단체인가의 확인청구,[7)] 어느 사찰이 특정종파에 속한다는 확인청구[8)] 등은 권리관계주장이 아니라고 하여 소의 이익을 부인하였다. 유언내용에 따른 등기신청에 이의 없다는 진술을 구하는 소는 민법 제389조 제2항에서 규정하는 '채무자의 의사표시에 갈음할 재판을 청구하는 경우'에 해당할 수 없고, 등기심사의 증명자료를 구하는 데 불과하여 부적법하다.'[9)]

bb) '쟁송' 즉 사건성(case)이 있어야 한다. 법률문제라 하여도 구체적 이익분쟁과 관계 없는 추상적인 법령의 효력이나 해석의견을 다투는 소송(판사는 사건의 법적 해결사이지, 법이론가는 아님. 유권해석을 구하는 소송은 부적법)은 허용되지 않는다. 따라서 법률 · 명령 자체의 합헌성 여

---

1) 헌재(전) 1989. 3. 17, 88헌마1.
2) 대법 1979. 2. 27, 78다913 등. 물권변동을 공시하는 것이 아니라는 이유임. 무허가건물대장상의 소유자명의말소청구는 원칙적으로 소의 이익이 없다(대법 1992. 2. 14, 91다29347). 그러나 예외적 긍정의 예: 대법 1998. 6. 26, 97다48937; 동 1992. 4. 28, 92다3847 등; 대법 2014. 11. 27, 2014다206075. 건축주명의변경청구에 소의 이익을 긍정한 것에, 대법 2010. 7. 15, 2009다67276; 동 2015. 9. 10, 2012다23863.
3) 대법 1994. 6. 14, 93다36967(주소기입청구도 같은 취지).
4) 대법 1965. 12. 28, 65다2172.
5) 대법 1992. 10. 27, 92다756 등.
6) 대법 2012. 9. 13, 2010다88699. 일찍이 조선고등법원 1933. 3. 3 판결은 제사(祭祀)상속은 도의상 지위의 승계라 했다.
7) 대법 1980. 1. 29, 79다1124.
8) 대법 1984. 10. 17, 83다325.
9) 대법 2014. 2. 13, 2011다74277.

부,[1] 정관·규약 등의 무효 확인,[2] 「집회 또는 시위를 자유로이 할 수 있는 공법상의 권리의 확인」[3] 등의 추상적인 권리의 존부확인청구는 소의 대상이 되지 않는다. 판례는 추상적인 권리만 규정하여 놓고 그 권리의 구체적 내용·한도를 정함에 필요한 법률상 규정이 아직 정해지지 아니한 경우에도 소의 대상이 아니라 하였다.[4]

cc) '법원의 권한'에 속하는 법률적 쟁송이 아닌 것은 청구적격이 없다. 고도의 정치적 성격을 지니는 이른바 **통치행위**(Regierungsakte, political question)의 당부에 관한 판단은 대통령이나 국회의 전권에 맡길 것이고 사법적 심사의 대상이 되지 않는다고 했지만,[5] 박정희 정권의 10월 유신 때의 계엄포고령은 무효라고 했다(대법 2018. 12. 13, 2016도1397). 삼청교육대의 근거가 된 계엄포고령도 같이 위헌무효라 했다(동 12. 28. 선고). 근래에 통치행위이더라도 국민의 기본권에 영향을 주는 경우,[6] 기본권보장규정과 충돌하는 경우[7]는 사법적 심사의 대상이 되는 것으로 보는 등 통치행위의 범위를 국제적으로 좁히는 추세이다(특히 미국대통령이 정치성있는 행정명령(executive order)이 연방법원에 의해 제동이 걸리는 사례). 정당[8]·종교단체·대학과 같은 **특수한 부분사회**(헌 8조, 20조, 21조, 31조)의 **내부분쟁**이 문제이다. 판례는 목사·장로 등에 대한 정직·면직결의는 종교단체 자체의 내부규제에 지나지 아니한다고 하고, 헌법이 보장하는 종교 자유의 영역에 속하는 것이므로 교인 개인의 특정한 권리의무에 관계되는 법률관계를 규율하는 것이 아니면 원칙적으로 법원에 의한 사법심사의 대상이 되지 않는다는 것이다.[9][10] 그러나 그것이 현저히 불공정하고 내부의 절차규정에 전면 위배되거나 그 하자

1) 일반적·추상적인 법령·규칙 등은 그 자체로 권리에 직접적인 변동을 초래하는 것이 아니므로 소송의 대상이 아니라는 것에, 대법 1992. 3. 10, 91누12639.
2) 대법 2011. 9. 8, 2011다38271 등. 단체 내부규정의 효력을 다투는 청구도 안 된다는 것에, 대법 1992. 11. 24, 91다29026.
3) 대법 1961. 9. 28, 4294민상50.
4) 대법 1970. 11. 20, 70다1376 등. 입법부작위로 헌법소원대상(한일청구권협정과 관련한 위안부사건=헌재 2011. 8. 30, 2006헌마788). 법적 근거 없이 합의를 바탕으로 한 공탁청구도 같다.
5) 비상계엄의 당·부당에 관하여, 대법 1964. 7. 21, 64초4; 동 1981. 4. 28, 81도874.
6) 헌재 1996. 2. 29, 93헌마186; 동 2004. 10. 21, 2004헌마554(긴급재정·경제명령 등).
7) 대법(전) 2010. 12. 16, 2010도5986(긴급조치 제1호).
8) 서울민사지법 1979. 9. 8, 79카21709(신민당 김영삼 총재 직무집행정지가처분결정에서 사법자제의 주장 배척). 다른 입장은 서울 남부지법 2022. 8. 26. 국민의힘 대표 이준석의 당대표 자격박탈 처분의 효력정지 가처분 인용이며, 정당의 자율성에 어긋난다는 비판도 있고, 서울민사지법 1987. 7. 20, 87카30864; 서울중앙지법 2011. 12. 22. 국민의당 통합 찬반 묻는 전(全) 당원 투표금지가처분신청의 기각의 예(2017. 12. 27.자 서울남부지법).
9) 대법 2015. 4. 23, 2013다20311; 동 2014. 12. 11, 2013다78990 등. 황우여, "국가의 법과 교회의 재판," 사법논집 13집 참조.
10) 대법 2011. 5. 13, 2010다84956; 동 2007. 6. 29, 2007마224 등.

를 그대로 두면 현저히 정의관념에 반할 때만은 사법적 심사를 받아야 한다.[1] 대학의 자율에 속하는 학점불인정에 대한 취소청구도 같이 볼 것이다(수능문제오류판별은 2014. 10. 16 서울고법). 일반시민사회 속에 있지만 그것과는 별개로 자율적인 법규범을 가진 특수한 부분사회에 있어서 법률상의 분쟁이 있을 때는 그것이 일반시민법질서와 직접관계가 없는 내부적인 문제에 그친다면, 그 자주적 · 자율적 해결에 맡기는 것이 적당하고, 사법적 심사의 대상이 되지 아니한다고 할 것이다.[2] 반론도 있지만 최근의 판례는, 이와 같은 내부문제의 독자성과 자율성의 존중을 법인 등 단체의 내부규정과 종중규약의 유무효를 가리는 데까지 확장시키고 있다.[3]

또 정당의 강령, 종교의 교리와 무관한 단체의 재산인도 등 시민법질서와 관련된 것은 법률상의 쟁송으로 보아도 무방하다.[4]

(2) 법률상 · 계약상의 소제기금지사유가 없을 것

1) **법률상 소제기금지의 사유** 민사소송법 제259조의 중복소제기금지와 제267조 2항의 재소금지 등.

2) **계약상 제소금지의 사유, 즉 부제소합의**(pactum de non petendo, contracting for dismiss)가 없어야 한다. 어떠한 분쟁이 발생하였을 때 당사자간에 원만한 타협을 본 끝에 장차 민 · 형사상 일체의 소송을 제기하지 않는다는 합의(합의각서, 소제기 금지조항, 5년간/10년간 소송하지 않겠다는 기한부 합의도 있을 수 있음. LG화학 v. SK이노베이션의 예)가 이루어지는데, 이것이 바로 **부제소합의** 또는 특약이다.[5] 학설은 한때 소권의 포기로서 무효라 하였으나 오늘날에는 소송을 제기하지 않는다는 사법상의 부담으로 유효하다는 것이 통설로 되어 있다. 판례도 행정소송에서는 별론으로 하고,[6] 일반민사소송의 경우에 「특정한 권리나 법률관계에 관하여 분쟁이 있더라도 소제기하지 않기로 한 합의(이의제기하

---

1) 대법 1992. 5. 22, 91다41026; 동 2006. 2. 10, 2003다63104.

2) 日最高裁 昭和 52(1977). 3. 15 판결; 동 昭和 63(1988). 12. 20 판결. 독일 BverwGE 95, 379, 381ff.에서도 그 성질과 목적에 비추어 고유의 사건과 관계되는 종교단체의 조치에 대하여는 국가의 사법의무가 성립하지 않는다.

3) 대법 2009. 10. 15, 2008다85345(단체내부규정의 유무효에 관하여); 동 2008. 10. 9, 2005다30566(종중규약에 관하여).

4) 부동산귀속 등 강행법규를 적용하여야 할 법률적 쟁송에 교회헌법인 자율법규를 적용할 여지가 없다는 것에, 대법 1991. 12. 13, 91다29446. 사찰주지는 사찰재산의 관리처분권도 갖게 된다고 하여 사찰주지의 지위확인청구(대법 2005. 6. 24, 2005다10388), 교단탈퇴의 탈퇴교인의 재산관계(2004다37775), 재산과 관련된 교회대표자의 지위의 부존재확인청구는 각 소의 이익이 있다(대법 2007. 11. 16, 2006다41297).

5) 대법 1996. 6. 14, 95다3350. 이를 실체법상의 청구권의 포기로 해석하려는 경향도 없지 않다. 대법 1977. 4. 12, 76다2737 등.

6) 행정소송에서 포기 불허=대법 1995. 9. 15, 94누4455.

(지 않기로 한 합의)에 위반하여 제기한 소는 권리보호의 이익이 없다」라고 하였다.[1)]

이와 같이 부제소합의를 사법상의 계약이라 본다면 한 쪽이 그에 위반하여 소제기하는 경우에는 다른 쪽 당사자에게 항변권이라는 구제수단이 인정된다. 판례에서는 甲과 乙 사이에 부제소합의가 있은 채권을 **피보전권리로 하여 제기한 사해행위취소청구**도 인용될 수 없다고 했다.[2)] 대법 2013. 11. 28, 2011다80449는 부제소합의는 직권조사사항이라 하면서도, 당사자들이 부제소합의 효력·범위에 관하여 다투지 아니하는데도, 법원이 직권으로 부제소합의의 위배를 이유로 소각하하는 것은 예상 외의 재판으로 당사자 일방에게 불의의 타격이되므로 석명의무위반으로 보았다. 병원 등 실무상 엄청나게 많이 활용되는데, 특히 甲·乙관계에서 甲이 이용하는 부제소합의가 유효하기 위해서는(당사자간의 부제소합의가 유효하기 위한 요건에 관하여는, 대법 2019. 8. 14, 2017다217151),

① 특약 자체가 불공정한 방법(민 104조)으로 이루어져서는 아니 되며(약관규제에 관한 법률 14조 참조),[3)] 또 합의시에 예상할 수 있는 상황에 관한 것이어야 한다.[4)] 매매계약이 불공정법률행위로 무효이면, 그 계약에 관한 부제소합의도 무효라고 볼 것이다. 사기·강박·착오에 의한 경우도 뒤에 다툴 수 있다.

② 당사자가 자유로이 처분할 수 있는 권리관계, 즉 처분권주의에 의하는 경우이어야 한다.[5)] 공법적 권리관계나 강행법규에 관한 경우이면 안 된다.

③ 특정한 권리관계에 관한 것이어야 한다. 당사자간에 앞으로 민사상의 일체의 소송을 제기하지 않는다는 포괄적 합의조항은 헌법상 보장된 '재판을 받을 권리'를 미리 일률적으로 박탈하는 것이 되어 무효가 된다.[6)]

④ 부제소합의는 헌법상 보장된 재판청구권의 포기라는 중대한 효과를 발생

---

1) 대법 1993. 5. 14, 92다21760 등. 추가적인 민사소송은 제기하지 않는다는 부제소합의 후에 추가된 부분의 소의 이익부정=대법 2011. 6. 24, 2009다35033.

2) 대법 2012. 3. 29, 2011다81541.

3) 대법 1979. 4. 10, 78다2457은 농촌에서 농사만을 짓고 처음 사고를 당한 무경험자인 유족이 배상받을 수 있는 액수의 1/8 밖에 되지 않는 합의금을 받기로 하는 내용의 합의서에 대해 현저하게 공정을 잃은 법률행위라고 하였다.

교통사고 피해자가 합의금을 수령하면서 민·형사상의 소송을 제기하지 아니한다는 내용의 부동문자로 인쇄된 합의서에 날인한 경우에 합의서는 단순한 예문에 불과할 뿐 부제소의 합의라 볼 수 없다는 것에, 대법 1999. 3. 23, 98다64301.

4) 대법 1999. 3. 26, 98다63988. 위 2011다80449.

5) 유족보상금청구(대법 1977. 4. 12, 76다2920), 퇴직금청구(대법 1998. 3. 27, 97다49725)에 대한 부제소특약은 강행법규인 근로기준법(현재 근로자퇴직급여보장법)에 위반되므로 무효.

6) 대법 2002. 2. 22, 2000다65086 참조. 미리 이혼시의 재산분할청구권의 포기도 안 된다는 것이다.

시키므로 합의의 존부에 관한 당사자의 의사가 불분명하다면 가급적 소극적 입장에서 그러한 합의의 존재를 부정할 수밖에 없다.[1]

3) **중재합의**(중재 9조)가 있을 때에도 부제소계약에 준하여 소의 이익을 잃는다.[2] 중재합의의 경우에 합의의 대상인 분쟁의 범위를 명확하게 특정하여 한정하였다는 등 특별한 사정이 없는 한 당사자 사이의 특정한 법률관계에서 비롯된 모든 분쟁을 중재에 의하여 해결하기로 정한 것으로 볼 것이다.[3]

(3) 특별구제절차(제소장애사유)**가 없을 것** 법률이 통상의 소송 아닌 간이하고 경제적인 특별구제절차를 마련해 놓고 있는 경우(einfacherer und billigerer Weg)에는 그에 의하는 것이 국가제도운영의 혼선을 막고 저비용·고효율이 된다는 것이다. 소송만능주의는 있을 수 없으며, 소송도 경제원칙을 따르라는 취지이다.

판례를 보면 i) 소송비용확정절차에 의할 것인데도 신체감정비용 등 소송비용의 상환이나 가압류비용청구의 소,[4] ii) 비송사건절차법에 의거할 것인데도 통상의 소로 한 임시이사선임취소의 소,[5] iii) 등기관의 직권사항인데 부기등기[6]·경정등기의 소,[7] 등기명의인의 표시변경등기말소의 소,[8] 피고의 주소를 등기기록상 주소로 기재된 판결을 받기 위한 소,[9] 전소에서 승소확정판결을 받았으나 피고의 주소를 고치기 위한 신소의 제기,[10] iv) 법원의 등기촉탁사항 또는 집행법상의 집행이의사항인데 제기하는 이전등기,[11] 가처분등기말소나 회복등기의 소,[12] 경매불허의 소,[13] v) 공탁금출급절차를 밟지 않고 공탁공무원이

1) 대법 2002. 2. 22, 2000다65086; 동 2019. 8. 14, 2017다217151.
2) 다만 중재만에 의하게 하는 전속적 중재계약을 맺었을 때에 소의 이익이 없고, 중재에 의하느냐 소송에 의하느냐를 임의선택할 수 있는 선택적 중재계약일 때에는 다르다고 할 것이다. 선택적 중재조항에 있어서 일방 당사자가 중재에 의한 해결에 반대한 경우에는 중재합의로서의 효력이 없다고 한 것에, 대법 2004. 11. 1, 2004다42166. 한미 FTA의 투자자국가소송제도(ISD)는 국내 행정소송에 의하느냐 ICSID 등 국제중재기구에 회부하느냐가 선택이다. 중재판정에 대한 이의신청권의 포기로 볼 수 있다는 사례=대법 2017다238837.
3) 대법 2011. 12. 22, 2010다76573.
4) 대법 2000. 5. 12, 99다68577; 동 1987. 3. 10, 86다카803. 대집행실시비용을 민사소송으로 상환청구하는 경우도 같다(대법 2011. 9. 8, 2010다48240).
5) 대법 1976. 10. 26, 76다1771 등.
6) 대법 1988. 11. 22, 87다카1836; 2013. 7. 25, 2011다7628. 단 부기등기에 한하여 무효사유가 있는 경우는 예외=대법 2005. 6. 10, 2002다15412 등.
7) 대법 1999. 6. 11, 98다60903; 동 2012. 3. 15, 2011다9136 등.
8) 대법 2000. 5. 12, 99다69983. 가등기에서 본등기한 자가 가등기 후에 한 국세압류등기의 말소청구도 같은 취지=대법 1991. 3. 27, 90다8657.
9) 대법 2017. 12. 22, 2015다73753.
10) 대법 2015다73753.
11) 대법 1999. 7. 9, 99다17272.
12) 대법 1982. 12. 14, 80다1872·1873; 동 2000. 3. 24, 99다27149.
13) 대법 1987. 3. 10, 86다152.

나 국가상대의 민사소송으로 지급청구,[1] vi) 행정청이 대집행의 방법으로 건물철거를 시킬 수 있는 경우면, 퇴거를 위한 민사소송은 불허,[2] 지방세체납처분절차에 의할 것은 민사소송으로 청구하는 것은 안된다=2013다207941. vii) 상소로 다투지 아니하여 확정시켜 놓고 별도의 소제기[3] 등은 소의 이익이 부인된다. 대법 2013. 12. 12, 2013다201844에서 재심무죄판결이 확정된 경우에 채권자로서는 민사상 손해배상청구에 앞서 그보다 간이한 형사보상법에 따른 형사보상금을 먼저 청구할 것이라 했다. 그러나 대법 2014. 7. 16, 2011다76402 전원합의체에서는 국유재산의 무단점유의 경우 변상금부가징수가 가능한 경우에도 별도로 부당이득반환의 민사소송이 허용된다고 했다.[4]

(4) 원고가 이미 승소확정의 판결을 받은 경우가 아닐 것 원고가 이미 승소확정판결[5]을 받아 놓았기 때문에 즉시 강제집행을 할 수 있을 때에는 동일청구에 대한 신소의 제기는 원칙적으로 소의 이익이 없다.[6] 다만 i) 판결원본의 멸실,[7] ii) 판결채권의 시효중단·연장의 필요,[8] iii) 판결내용의 불특정[9]이고 판결경정으로 고칠 수 없어 집행불능 등의 특별한 경우에는 예외적으로 소의 이익이 인정된다. 그러한 경우라도 신소에 전소의 기판력이 미치므로 전소의 판결내용에 저촉되어서는 안된다.[10] 따라서 전소에서 계약서의 진정성립이 인정되어 원고승소판결이 선고되었을 경우에, 신소에서 그 계약서의 진정성립이 인정되지 않는다고 하며 청구기각의 패소판결을 하여서는 안된다.[11] 전소의 기판력이 소멸되지 않는 한 그러하다. 재차 2번에 걸친 시효중단을 위한 재소의 경우도 소의 이익이 있다고 본다.[12] 그러나 이때에 후소법원이 확정된 권리 주장의 모든 요건

1) 대법 2013. 7. 25, 2012다204815; 동 1992. 7. 28, 92다13011 등. 공탁관이 공탁물출급청구를 불수리하는 경우는 그 수령권자가 공탁자 상대의 공탁물출급청구권의 확인청구가 필요=대법 2014. 4. 24, 2012다40592.

2) 대법 2016다213916.

3) 대법 2002. 9. 4, 98다17145.

4) 노동위원회에 부당해고구제신청이 기각확정이 되어도 해고무효확인의 민사소송은 허용된다(대법 2011. 3. 24, 2010다21962).

5) 승소확정판결이 반복금지설에 의하면 독자적 소극적 소송요건이 되지만, 여기에서는 편의상 모순금지설의 입장처럼 설명한다.

6) 채권자가 사해행위취소 및 원물반환청구를 하여 승소판결이 확정된 후에 원물반환의 목적을 달할 수 없게 된 경우 다시 제기한 가액배상청구는 권리보호의 이익 없다고 한 것에, 대법 2006. 12. 7, 2004다54978.

7) 대법 1981. 3. 24, 80다1888·1889 등.

8) 대법 1987. 11. 10, 87다카1761; 동 2022. 4. 14, 2020다268760.

9) 대법 1998. 5. 15, 97다57658 등. 특히 부동산등기사건에서 집행불능의 확정판결이 많이 나타나는데 사법불신의 요인이 되므로「판결의 경정」제도의 확대운영도 간단한 해결책일 것이다.

10) 대법 1998. 6. 12, 98다1645.

11) 대법 2010. 10. 28, 2010다61557.

12) 대법(전) 2018. 7. 19, 2018다22008(10년이 지난 제소라도 소의 이익 없다고 할 것이 아니라 피고의 항변의 여지가 있어 본안판단하여야 한다는 것에, 대법 2019. 1. 17, 2018다24349).

을 구비하고 있는지 다시 심사할 수 없다.[1] 그러나 변론종결후에 발생한 채권소멸의 항변(대법 2019. 1. 17, 2018다24349)이 가능하다. 또 재판상 청구를 하여 확정된 채권이라도 시효중단을 위해 이행소송 아닌 채권자체의 확인의 새로운 방식의 확인소송도 허용된다는 것은 앞에서 본 바이다.[2]

승계집행문을 부여받아 즉시 강제집행을 할 수 있는 경우에 별도로 제기한 이행의 소,[3] 화해조서[4] · 인낙조서 · 회생채권자표[5] · 토지수용재결[6]이 있는데도 같은 내용의 신소는 각 소의 이익이 없다. 공정증서는 집행력이 있을 뿐 기판력이 없기 때문에 기판력 있는 판결을 받기 위해 공정증서의 작성원인이 된 채무에 대하여 채무부존재확인소송에 의한 확인의 이익이 있다.[7]

(5) 신의칙위반의 소제기가 아닐 것 신의칙에 반하는 소제기는 권리보호의 가치 없는 소송으로서 소의 이익이 부인된다.[8] 대법 1974. 9. 24, 74다767은「학교법인의 경영권을 타에 양도하기로 결의함에 따라 그 법인 이사직의 사임을 승인한 바 있어 학교법인의 이사로서의 직무수행의사는 없으면서 오로지 학교법인이나 현 이사들로부터 다소의 금액을 지급받을 목적만으로 제기한 이사회결의부존재확인의 소는 소의 이익 내지 신의칙에 반한다」고 각하하였는바, 이것은 신의칙에 관한 leading case의 하나이다(신의칙에 관한 상세는 제1편 제1장 제4절). 또 혼인무효청구를 부당한 목적을 위하여 제기한 경우에 소의 이익을 부인한 것도 같은 맥락이다.[9]

---

1) 대법(전) 2018. 7. 19, 2018다22008.
2) 대법(전) 2018. 10. 18, 2015다232316.
3) 대법 1972. 7. 25, 72다935. 전소의 원고가 승계인 상대의 소송을 제기하여 승계인이 그 소송에서 승계인의 지위를 다투면서 이에 대한 상당한 정도의 공격방어와 소송의 심리가 이루어졌다면 별도소송의 소이익이 있다고 한 것에, 대법 2022. 3. 17, 2021다210720.
4) 대법 1962. 1. 25, 4294민상21.
5) 대법 2014. 6. 26, 2013다17971.
6) 대법 1974. 4. 23, 73다714.
7) 대법 2013. 5. 9, 2012다108863(청구이의의 소를 제기하지 않고 채무부존재확인소송을 청구한 사안); 동 1996. 3. 8, 95다22795 · 22801.
8) 대법 1977. 6. 7, 76다558.
9) 대법 1987. 4. 28, 86므130. 신의칙위반의 소제기가 권리보호의 가치가 없어 소의 이익이 없는 것이 된다는 것은 우리나라의 통설 · 판례이고 일본에서도 통설이며(中野貞一郎 외 2인, 新民事訴訟法講義, 22면 등), 독일에서도 소권의 남용이 있는 한 소의 이익이 없는 것으로 본다(Rosenberg/Schwab/Gottwald, § 65 Ⅶ 4, Zeiss/Schreiber, Rdnr, 295). 소권의 남용이 사(私)권의 남용이 아닌 이상 소송법으로 처리할 문제이기 때문이다. 이는 실체법상의 문제이며 권리보호자격과는 무관하다는 반대설에 호문혁, 254면. 신의칙은 소의 이익으로 문제삼을 수 없다는 것에 정영환, 405면. 독자적인 소의 적법요건이라는 견해로, 한충수, 39면.

Ⅳ. 권리보호의 이익 또는 필요(각종의 소에 특수한 소의 이익)

1. 이행의 소

(1) 현재의 이행의 소 현재의 이행의 소(즉시이행의 소)는 원고가 현재 이행기가 도래하였으나 이행되지 않은 이행청구권의 존재를 주장하면 그것으로서 원칙적으로 권리보호의 이익이 인정된다. 따라서 따로 소의 이익이 있음을 설명할 필요가 없다. 소제기에 앞서 이행의무자에 대한 최고, 의무자의 이행거절이 있을 것을 요하지 않는다. 다만 원고가 채무자에게 한번쯤 이행최고를 하였더라면 피고의 임의이행이 되었을 경우라면, 원고의 소제기가「권리를 늘리거나 지키는 데 필요하지 아니한 행위」였다고 할 수 있으므로 원고의 승소에 불구하고 소송비용의 부담을 지울 수 있다(99조).

다음 몇 가지가 소의 이익으로서 문제된다.

(a) 집행의 불가능·현저한 곤란 통상의 소에 있어서 이행판결을 받아도 이행 또는 집행불능이거나 현저하게 곤란한 사유가 있는 경우에는 소의 이익이 문제된다(예: 채무자가 무자력인 경우의 금전지급청구). 판결절차는 분쟁의 관념적 해결절차로서 사실적인 해결방법인 강제집행절차와는 별도로 독자적인 존재의의를 갖고 있는 것이고(판례도 같다), 집행권원(채무명의)의 보유는 피고에 대한 심리적 압박이 되기 때문에 소의 이익을 긍정해야 할 것이다. 판례도 대체로 같은 입장이다(2015다255265).

국가가 사인 소유의 토지를 공군비행장 부지로서 불법점유하고 있는 경우에 그 반환은 법률상 불능이라는 이유로 청구를 배척하였고,[1] 최근 판례에도 계약당시 이미 법률상 불가능한 경우는 소의 이익 없다.[2] 그러나 개성공단건물의 인도청구의 소에서 이행판결을 받아도 강제집행곤란을 이유로 각 소의 이익이 부정되는 것은 아니라 했다.[3]

i) 원고가 A → B → C로 순차로 마친 소유권이전등기의 각 말소를 청구하는 소송에서 후순위 등기명의자인 피고 C에 대해서 이미 패소판결이 확정되었다 해도 선순위 등기명의자인 피고 A·B명의의 등기말소를 청구할 이익이 있다고 했다.[4] C의 승낙이 없으면 A·B에 대한 말소판결의 집행 불능이 되어도 그렇다(부등 57조 참조).

ii) 甲의 乙에 대한 금전채권이 A에 의하여 가압류·가처분된 경우에 채무자인 甲이 제3채무자인 乙에 대한 이행의 소를 제기할 수 있다고 했다. 제3채무자인 乙에 대하여 강제집행을 할 수 없을 뿐이고 언젠가는 강제집행할 수 있는 집행권원을 얻는 것까지 금할

1) 대법 1971. 5. 24, 71다361.=지금도 유지 여부는 의문.
2) 대법 2016다212524.
3) 대법 2016. 8. 30, 2015다255265.
4) 대법 1995. 10. 12, 94다47483; 동 1998. 9. 22, 98다23393; 유사취지의 것에 대법 2015다242849.

것은 아니라고 하여 무조건의 이행판결을 구할 수 있다(시효중단을 위해서도 필요. 다만 압류 및 추심명령을 받았으면 이행소송은 안됨(2018다268385)).[1] 그러한 판결이 나도 집행은 못하며, 甲이 집행하려 하면 제3채무자 乙은 집행기관에 압류명령을 제시하여 변제를 거부하거나(민집 227조) 공탁을 하면 된다(민집 248조). 그러나 금전채권이 아닌 소유권이전등기청구권이 가압류된 경우에는 이와 달리 가압류의 해제를 조건으로 채무자가 제3채무자 상대의 이전등기청구를 해야 한다.[2]

(b) **목적의 실현·실익 없는 청구** i) 원고의 소유권이전등기소송중에 다른 원인에 의하여 원고 앞으로 소유권이전등기된 경우[3] ii) 사해행위취소소송의 계속중 목적재산이 이미 채무자에게 복귀된 경우[4] iii) 처분금지가처분의 신청취하, 집행취소·해제절차의 이행소송에서 가처분기입등기가 말소된 경우[5] iv) 건물이 전부멸실된 경우에 그 건물에 대한 등기청구[6] v) 이겨도 소용없는 지적도상 정정승낙의 의사표시청구(2014. 5. 16, 2011다52291) vi) 의사의 진술을 명하는 소는 그러한 의사의 진술이 있더라도(민집 263조 1항), 아무런 법적 효과가 발생하지 아니할 경우는 소의 이익이 없다.[7] 확정된 본안재판에 부수하여 소송비용부담재판이 이루어졌더라도 채무자가 채무회생법에 의하여 면책받은 경우에는 특별한 사정이 없는 한 권리보호이익이 없다.[8]

(c) **일부청구의 경우** 다액의 채권을 소액사건심판법의 적용을 받을 목적으로 분할하여 구하는 '쪼개기' 일부청구(3억원의 채권을 10등분하여 3,000만원씩의 청구)는 소를 각하하여야 한다(소심 5조의 2). 그러나 그 밖의 경우에는 소권의 남용임이 뚜렷하지 않는 한 법적 견해의 타진 필요도 있어 일부청구의 소의 이익을 긍정해야 할 것이다. 그렇지 않으면 원고의 승패의 예측이 불가능할 경우라도 다액의 채권을 전부 주장할 것을 강제하여야 하므로 과도한 인지등 부담 때문에 소송경제상 가혹한 결과를 빚

---

1) 대법 2002. 4. 26, 2001다59033 등.

2) 대법(전) 1992. 11. 10, 92다4680(민집 제263조 때문에 조건부). 유사취지로 대법 2011. 8. 18, 2009다60077. 대법 2011. 1. 27, 2010다77781에서는 이와 같이 조건부청구의 경우에 피고(피압류자)가 무자력자인 경우는 압류를 해제할 수 없으므로 조건부이전등기청구는 이행불능·집행불능이 될 가능성이 있어 전보배상청구를 미리 할 수 있다고 했다.

3) 대법 1996. 10. 15, 96다11785. 근저당권설정등기의 말소등기이행의 소송도중에 그 근저당설정등기가 경락을 원인으로 말소된 경우에는 그 소송은 법률상 이익이 없다=대법 2003. 1. 10, 2002다57904; 동 2014. 12. 11, 2013다28025도 유사.

4) 대법 2008. 3. 27, 2007다85157. 취소소송제기 전에 복구된 경우에도 같다는 것에, 대법(전) 2015. 5. 21, 2012다952. 그러나 사해행위로 인한 저당권의 실행경매가 이루어져, 저당권설정등기가 말소되어도 채권자는 사해행위인 저당권설정계약의 취소이익이 있다=대법 2013. 11. 15, 2012다65058.

5) 대법 2015다18466.

6) 대법 1976. 9. 14, 75다399. 반면 폐쇄등기부상의 보존등기는 말소를 구할 이익 긍정=대법 1994. 10. 28, 94다33835·33842. 폐쇄된 등기에 말소회복등기 등의 이행을 구할 소의 이익이 없다고 판정할 것은 아니다(대법 2016. 1. 28, 2011다41239).

7) 대법 2016. 9. 30, 2016다200552. 급수공사를 위한 토지사용승낙의 의사표시를 구하는 소는 소의 이익이 없다=2015다247325.

8) 대법 2023. 12. 21, 2023마6918.

을 것이며([도표 3] 참조), 특히 손해배상사건에 있어서 앞으로 법원의 감정결과를 보고 청구취지를 확장할 예정으로 우선 제기한 손해액의 일부청구까지도 부정하여야 할 것이기 때문이다(일단 합의사건으로 상정해 놓기 위하여 5억 100원만의 청구).

(2) 장래의 이행의 소 장래의 이행의 소는 변론종결시를 표준으로 하여 이행기가 장래에 도래하는 이행청구권을 주장하는 소이기 때문에 "미리 청구할 필요"가 있는 경우에 한하여 허용된다(251조). 청산기간도래전에 가등기에 기한 본등기말소청구 등이 있다(2015다63138 · 63145).

장래의 이행의 소는 이행기에 이르거나 조건이 성취된 경우에 채무자의 임의이행의 거부에 대비하는 것이고, 일반적으로는 무자력으로 강제집행의 곤란에 대비하기 위한 것이 아니다.[1] 따라서 집행이 곤란해질 사유(채무자의 재산상태의 악화의 조짐)가 있으면 가압류 · 가처분사유는 될지언정, 장래의 이행의 소를 제기할 사유는 되지 않는다.

(a) **청구적격** 1) 기한부청구권, 정지조건부청구권 혹은 장래 발생할 청구권이라도 그 기초되는 법률상 · 사실상 관계가 성립되어 있는 경우는 이행의 소의 대상이 된다.[2] 다만 조건부청구권에 있어서는 조건성취의 개연성이 충분하여야 하며 그 개연성이 희박하기 때문에 현재로서는 아무런 재산가치가 없는 경우(예: 판검사가 되면 집을 준다는 따위)는 장래의 이행의 소의 대상이 되지 않는다.[3] 기한도래나 조건성취가 되면 그 판결의 강제집행은 가능할 수 있어야 한다.[4] 대법(전) 1991. 12. 24, 90다12243은 아직 거래허가를 얻지 못한 토지거래계약은 유동적 무효라고 하여, 거래허가구역의 토지매수인이 매도인 상대로 장차 허가받을 것을 조건으로 하여 소유권이전등기청구를 하는 것은 불허되며, 단지 허가신청협력의무이행청구는 소의 이익이 있다고 하였다.[5] 허가를 얻지 못한 때에 소유권이전등기청구권은 조건부 · 부담부 권리에 해당되지 않는다는 것이다.[6] 대법 2023. 3. 13, 2022다286786에서는 쌍무계약 관계의 이행기가 도래하지 않은 상태에서 장래이행의 소를 제기하는 것은 상대방 당사자에게 선제적으로 집행권원을 확보해준

1) 대법 2000. 8. 22, 2000다25576.
2) 대법 1998. 7. 24, 96다27988; 동 1997. 11. 11, 95누4902 · 4919.
3) 이행할 의사가 없음을 명백히 한 경우는 조건부권리에 기초하여 장래이행청구를 할 수 있다는 견해도 있다.
4) Rosenberg/Schwab/Gottwald, § 89 Rdnr. 15.
5) 이에 대한 비판은 졸고, "토지거래에 관한 규제를 어긴 경우의 효력과 장래의 이행의 소," 민사재판의 제문제 7권, 612면 이하.
6) 대법 2010. 8. 26, 2010마818.

다 하여 계약관계의 균형상 그 적법성을 부인하였다. 그리고 이는 채무자측의 무자력에 대비하는 소도 아니다.

부정례: 소외 회사가 계약상 의무를 이행하지 않더라도 준공검사를 마치면 돈을 준다는 취지가 아닌 때 단순히 준공검사가 마쳐지는 것을 조건으로 한 장래의 이행의 소는 불허=대법 1994. 12. 22, 94다20341. 대법 1992. 8. 18, 90다9452·9469는 채권양도인으로부터 양도통지를 받는 것을 조건으로 채권양수인이 채무자에게 한 채무이행청구를 불허(의문이 있다). 아직 환지 및 체비지가 확정되지 아니한 상황에서 환지로 인한 원고의 종전 토지의 소유권상실에 기한 손해배상청구소송에서 청구권발생의 기초가 되는 법률상·사실상 관계가 결여되어 장래의 이행의 소의 불허=대법 1998. 7. 24, 96다27988. 제권판결에 대한 취소판결의 확정을 조건으로 한 미리 수표금청구는 그 불복의 소의 결과에 따라서는 수표금청구소송의 심리가 무위에 그칠 수 있고 수표금청구소송의 피고에게도 지나친 방어상 부담을 지우게 된다는 점으로 허용할 수 없다는 것으로, 대법 2013. 9. 13, 2012다36661.

긍정례: i) 향후 30년의 생존을 조건으로 하는 정기금청구,[1] ii) 관할관청의 허가·인가를 조건으로 하는 청구와 농지취득자격증명을 조건으로 한 소유권이전등기청구,[2] iii) 토지개량사업의 시행구역 내의 토지에 관한 장래의 이전등기청구[3]에 대하여 미리 청구할 필요가 있다고 보았다. iv) 판례는 한때 장래의 부당이득반환청구는 청구권의 성질상 허용되지 않는다고 하였으나, 뒤에 전원합의체판결로써 이를 변경하였다.[4]

2) 선이행청구 원고가 먼저 자기 채무의 이행을 해야 비로소 그 이행기가 도래하는 이행청구권을 대상으로 하는 **선이행청구**는 원칙적으로 허용되지 않는다.[5] 예컨대 저당채무자가 먼저 저당채무를 지급하는 것을 조건으로 한 저당권설정등기말소청구, 양도담보설정자가 먼저 채무변제할 것을 조건으로 하여 담보로 넘어간 부동산을 되찾기 위한 소유권이전등기의 말소청구 등이다.

다만 양도담보 등의 경우에 채권자가 자기명의의 등기가 담보의 목적이 아님을 다툰다든가 피담보채무의 액수를 다투기 때문에 채무자가 변제하여도 담보조로 옮겨간 등기의 말소에 즉시 협력을 기대할 수 없으면, 미리 청구할 필요가 있다고 볼 것이다.[6]

(b) **미리 청구할 필요** 장래의 이행의 소는 '미리 청구할 필요가 있는

1) 대법 1967. 8. 29, 67다1021.
2) 허가를 조건으로 한 것으로=대법 1995. 5. 9, 93다62478; 농지에 관한 것으로, 대판 1994. 7. 29, 94다9986; 동 1994. 12. 9, 94다42402.
3) 대법 1968. 2. 6, 67다1701·1702.
4) 대법(전) 1975. 4. 22, 74다1184.
5) 대법 1992. 1. 21, 91다35175. 환매대금을 미리 지급, 공탁하고 환매로 인한 소유권이전등기 청구를 하여야 한다(대법 2012. 8. 30, 2011다74109).
6) 대법 1992. 1. 21, 91다35175 등.

때'(251조)에 한하여 예외적으로 소의 이익이 있다. 어떠한 경우에 그러한 필요가 있는가는 이행의무의 성질, 의무자의 태도를 고려하여 개별적으로 판정하지 않으면 안 된다.

1) **정기행위** 부양료·양육비 등 이행이 제때에 이루어지지 않는다면 채무본지에 따른 이행이 되지 않는다든지(민 545조) 또는 이행지체를 하면 회복할 수 없는 손해가 발생할 경우에는 채무자가 이행을 확약하여도 미리 이행판결을 받을 필요가 있다.

2) **계속적·반복적 이행청구** 현재 이미 이행기도래분에 대해 불이행한 이상, 장래의 분도 자진 이행을 기대할 수 없기 때문에 현재의 분과 합쳐서 미리 청구할 수 있다.[1] 또 이행기미도래의 부작위채무에 대해서도 채무자가 이미 의무위반을 하였다든가 의무위반의 염려가 있을 때에는(민 206조 2항), 미리 청구할 필요가 있다.[2]

특히 장래의 계속적인 불법행위·부당이득이 있을 것을 전제하여 미리 청구의 경우 판례[3]는 원고가 주장하는 변론종결 후의 장래시점까지 변수없이 침해가 존속될 것이 변론종결 당시에 확정적으로 예정되어야 한다는 입장이다.[4] 그 이전에 채무자의 침해가 중단될 변수 등 사정변경이 생길 유동적이면 부적법하다는 취지이다.[5] 불확실한 것이 장래의 일이기 때문이다. 변론종결 당시에 확정적으로 채무자가 책임질 기간을 예정할 수 없다면 장래 이행의 판결을 할 수 없

1) 대법 1994. 9. 30, 94다32085.
2) 대법 1998. 5. 26, 98다9908.
3) 대법 1987. 9. 22, 86다카2151; 동 1991. 6. 28, 90다카25277.
4) 지방자치단체가 사유지를 도로로 무단 점유·사용하는 경우에 "시가 토지를 매수할 때까지" 또는 "토지를 인도하는 날까지"로 기간을 정한 장래의 부당이득반환청구는 허용되지 않는다는 것으로, 대법 1991. 10. 8, 91다17139. 대법 2019. 2. 14, 2015다244432는 '원고의 소유권 상실일까지'라는 표시는 이행판결의 주문 표시로는 바람직하지 않다고 하였다. 2014년이 되는 62세까지 교사로 살면서 그 보수를 계속받아왔을 것인데, 국가의 불법행위 때문에 그 때까지 원고가 무노동·무임금으로 살 것을 전제로 수입상 손해를 산정판결하였는데, 2012년 벌써 국회의원이 되어 세비를 받은 사례와 같은 오판이 없도록 변론종결 후의 청구분 인용에 신중을 요한다.
5) 같은 취지로 대법 1991. 6. 28, 90다카25277. 일본의 오사까 공항의 비행기 소음공해 사건에서 그 손해액이나 위법성의 판단요소가 복잡하고 변동의 요소가 예상되는 경우에는 권리보호의 자격의 측면에서 적법성이 부정된다는 것에, 日最高裁 1981. 12. 16 판결. 강수미, "장래 이행의 소에 관한 소송법적 검토," 민사소송 11권 2호, 96면 이하. 日最高裁 平成 19(2006). 5. 29 판결도 미군 요꼬다기지항공기소음에 의한 손해배상청구소송에서 사실심변론종결일 이후의 청구분에 대하여 장래의 사정변동은 채무자가 증명할 비행장의 이전, 소음을 줄이는 신기술 도입 등 새로운 권리소멸사유로 되어 그 증명 부담을 채무자에게 지우게 되어 부당하다는 이유로 장래이행의 청구적격을 부정하였다.

다.[1)] 또한 소유권상실시까지 계속적 부당이득만 청구=무의미한 판결주문이며, 집행력에 영향을 미칠 수 없다.[2)]

3) **미리 의무의 존재(이행기나 조건도 포함)를 다투는 경우** 의무자가 이 때문에 이행기에 이르거나 조건이 성취되어도 즉시 이행을 기대할 수 없음이 명백한 경우에는 미리 청구할 필요가 있다.[3)] 채무자가 이행을 하지 않겠다는 명시적 의사표시를 한 경우는 물론, 채무자의 태도로 보아 채무자가 임의이행하지 않으려 한다는 결론을 얻을 수 있는 경우이면 된다. 대주주가 주식양도를 거부하는 경우에는 그 주식회사도 명의개서를 거부할 염려가 있다 하여 회사에 대한 장래의 명의개서 청구를 할 수 있다고 하였다.[4)]

4) **현재의 이행의 소와 병합한 장래의 이행의 소** 그 예가 원금청구와 함께 원금을 앞으로 다 갚을 때까지의 지연이자청구, 가옥명도와 함께 앞으로 명도할 때까지의 임대료상당의 손해금청구를 하는 경우인데, 주된 청구가 다투어지는 이상 이행기에 가서 그 이행을 기대할 수 없으므로 미리 청구할 필요가 있다.

문제는 본래의 목적물의 인도청구와 현품이 없어 그 집행불능에 이를 때를 대비하여 이에 갈음하는 금전청구(대상청구=代償請求라고 함)를 병합하는 경우이다(부동산이전등기청구에다가 그 등기판결의 이행불능·집행불능을 대비한 그 값어치 만큼의 전보배상청구의 병합도 같다). 대상청구는 본래의 급여의 집행단계에 이르러 그 급여의 집행불능에 대비한 장래의 이행의 소이지만, 만일 본래의 청구에 이의 병합청구하는 것을 불허한다면 인도판결의 집행불능시에 새로 대상청구를 할 수밖에 없는 비경제 때문에 허용된다.[5)] 한 이익을 놓고 두번 소제기는 좋지 않다는 견지에서이다.

5) **형성의 소와 장래의 이행소송의 병합**은 부정하는 것이 판례이다.[6)]

1) 대법 2018. 7. 26, 2018다227551.
2) 대법 2019. 2. 14, 2015다244432; 동 2023. 7. 27, 2020다277023.
3) 대법 2004. 1. 15, 2002다3891=보증보험회사가 피보험자에게 앞으로 보험금지급을 조건으로 미리 보험계약자 등에 대한 구상금청구의 사안에서 구상금채권의 존부에 다툼이 있으면 미리 청구할 필요 긍정. 파면처분무효라고 제기한 소송에서 변론종결일까지 파면처분이 유효하다고 피고가 다투고 있으면 변론종결 이후의 임금 및 위자료에 대하여 그 이행을 미리 청구할 필요가 있다는 것에, 대법 2012. 5. 9, 2010다88880.
4) 대법 1972. 2. 22, 71다2319.
5) 대법 2006. 3. 10, 2005다55411; 동 2011. 1. 27, 2010다77781.
6) 공유물분할청구와 병합하여 분할판결이 날 경우에 대비한 분할부분에 대한 등기청구는 허용되지 않는다고 한다(대법 1969. 12. 29, 68다2425). 여기에 나아가 대법 2013. 9. 13, 2012다36661은 제권판결에 대한 불복의 소와 같은 형성의 소는 그 판결이 확정됨으로써 비로소 권리변동의 효력이 발생하게 되므로, 이에 의하여 형성되는 법률관계를 전제로 하는 수표금청구 등 이행소송 등을 병합할 수 없다고 했다. 그러나 양육자의 지정청구와 함께 하는 장래의 양육비 지급청구는 허용한다(대법 1988. 5. 10, 88므92·108).

2. 확인의 소[1]

논리적으로는 확인의 대상이 무제한해질 수 있으므로 따라서 확인의 소에 있어서는 소의 이익이 그 통제에 중요한 역할을 한다. 크게 두 가지로 나누어진다.

(1) 대상적격 원칙적으로 **현재의 권리·법률관계**일 것을 요한다(즉시성). 확인의 소는 현존하는 법적 분쟁의 해결을 목적으로 하기 때문이다.

1) 확인의 대상은 권리·법률관계이어야 하기 때문에 사실관계는 허용될 수 없다. 그 자체로서 법률적으로 의미가 없는 **자연병리현상**(자연의 산물인 DNA나 IQ 72도 같은 문제)·**역사적 사실**(예: 단군이 우리의 국조가 아니거나 김○○가 친일파가 아니라는 확인)·학설의 타당성 여부 따위에 관한 주장은 법원의 소관이 아니므로 확인의 대상이 될 수 없음은 물론이다. 사실 가운데 현재의 권리관계를 발생케 하는 법률요건사실도 확인의 대상이 될 수 없다(배상청구를 하지 않고 과실의 유무에 대해서 독립한 확인청구). 또 물건의 개성(종물확인청구)이나 손해액산정기준의 확인(의수족이 필요하다는 사실의 확인, 회생채권확정의 소에서의결권의 액수—대법 2013다70903)은 그것이 장차 행할 다른 소송의 선결문제에 도움이 되어도 확인의 대상으로 할 수 없다.[2] 다만 증서의 진정여부를 확인하는 소(250조)는 예외이다.

판례에서도 i) 「어느 건물이 어느 사단법인의 유족을 수용하는 모자원(母子園)이라는 확인」,[3] ii) 「별도로 보존등기된 건물이 동일건물이라는 확인」,[4] iii) 「시설비지급사실의 확인」,[5] iv) 「환지처분이 된 사실의 확인」,[6] v) 「종손이란 지위의 확인」,[7] vi) 「지번·지적확인」,[8] 「어느 대지가 어느 건물의 부지가 아니라는 확인」[9] 청구 등은 사실관계의 확인이라 하여 부적법하다고 하였다. 다만 과거의 사실관계의 확인이라 하여도 곧바로 각하할 것이 아니라 권리관계의 확인으로 해석되면 석명권을 행사하여 이를 명확히 할 필요가 있다.[10] 판례는 시효중단을 위한 재판상 청구가 있다는 점에 대한 확인청구를 새로운 형태의 확인소송이라 하여 적법하다 보았으나 의문이다(대법(전) 2018. 10. 18, 2015다232316).[11]

나아가 국세징수권 소멸시효 중단을 위한 조세채권 존재확인의 소도 예외적으로 소의

---

1) 오정후, "확인의 이익의 판단에 관하여," 서울대 법학 54권 3호(2013. 9).
2) 대법 1982. 6. 8, 81다636은 재심사유에 해당하는 대리권의 흠결을 확정짓기 위한 종중결의부존재확인은 부적법하다 했다.
3) 대법 1960. 3. 10, 4291민상868.
4) 대법 1960. 7. 14, 4292민상914.
5) 대법 1992. 9. 8, 91다21549.
6) 대법 1971. 5. 31, 71다674; 동 1971. 8. 31, 71다1341.
7) 대법 1961. 4. 13, 4292민상940. 온천발견신고자의 지위확인(대법 2004. 8. 20, 2002다20353), 제사주재자의 지위확인(대법 2012. 9. 13, 2010다88699)도 같다. 그러나 종원지위의 확인을 출가녀에 대해 허용한 것에, 대법(전) 2005. 7. 21, 2002다1178.
8) 대법 1977. 10. 11, 77다408·409.
9) 대법 1991. 12. 24, 91누1974. 사찰등록의 말소확인 부적법(대법 1992. 12. 8, 92다23872).
10) 대법 1971. 5. 31, 71다674.
11) 이 판례에 찬성취지의 견해는, 이충상(법률신문 2019. 12. 16자); 정영환, 418면. 반대평석은 호문혁 교수, 원종배 교수(법률신문 2020. 1. 13자).

이익이 있다고 했다(대판 2020. 3. 2, 2017두41771, 이에 대한 평석은 조성권, 2020. 5. 25.자 법률신문).

2) 확인의 대상은 현재의 권리 · 법률관계이어야 한다.

aa) **과거의 권리관계**의 존부확인은 청구할 수 없다(과거는 재판이 아닌 역사의 심판대상일 뿐). 과거의 권리관계가 현재의 권리관계에 영향을 미치면 차라리 현재의 권리관계로 고쳐서 확인을 구하는 것이 직접적이고 간명한 방법이기 때문이다. 이러한 경우 곧바로 소각하할 것이 아니라 당사자에게 현재 권리 · 법률관계의 위협 · 불안의 제거를 위하여 석명권을 행사하여 의견진술이나 청구취지 변경의 기회를 주어야 한다.[1]

판례를 보면 i) 근저당권이 말소된 후 피담보채무에 관한 부존재확인의 소,[2] 부부쌍방의 사망후 혼인사실의 확인,[3] 「저당권의 실행으로 이미 종료된 임의경매절차의 무효확인」,[4] ii) 「특허권이 소멸한 이후 특허권권리범위확인」,[5] iii) 「망 X는 망 Y의 양자임을 확인한다」는 청구[6]는 모두 과거의 권리관계에 관한 확인청구라 하여 소를 각하하였다. iv) 과거의 특정시점을 기준으로 한 채무부존재확인청구,[7] v) 세금납부하고 난 후에 하는 조세부과처분무효 또는 부존재확인청구,[8] vi) 전의 이사선임결의가 무효일지라도 그 뒤의 이사선임행위가 적법할 때 전의 이사선임결의무효확인청구[9]는 모두 과거의 권리관계로 부적법. 대법 2000. 5. 18, 95재다199 전원합의체판결도 직위해제 및 면직무효확인소송중 임용기간이 만료된 경우에도 과거의 권리관계라는 전제하에 부적법. 정년이 지난 경우도 같다.[10] 그러나 이 판례는 2020년 2월 20일 2019두52386 전원합의체 판결에서 변경하여 해고기간중에 임금상당액을 지급받을 필요가 있다면 소의 이익을 긍정하였다. 별도의 소송에 의할 것이라는 취지로 소의 이익을 부정한 종전의 입장을 바꾸었다. 이사해임결의가 있은 후 다시 개최된 이사회에서 그대로 추인 내지 재차결의한 경우, 종전결의의 무효확인청구도 확인의 이익이 없다.[11]

---

1) 대법 2022. 6. 16, 2022다207967.
2) 대법 2013. 8. 23, 2012다17585.
3) 대법 1988. 4. 12, 87므104.
4) 대법 1993. 6. 29, 92다43821 등.
5) 대법 2019. 1. 17, 2017후1632 · 1649.
6) 대법 1971. 10. 11, 71므28.
7) 대법 1996. 5. 10, 94다35565 · 35572.
8) 대법(전) 1982. 3. 23, 80누476의 다수의견. 낙찰자와 체결된 계약에 의하여 이행이 완료된 경우에 낙찰자지위확인의 소도 같다=대법 2004. 9. 13, 2002다50057.
9) 대법 2010. 10. 28, 2009다63694. 다시 적법한 행정처분을 한 경우도 같다=대법 2010. 4. 29, 2009두16879. 임시집회결의등이 무효화하더라도 그뒤 정기집회등 결의절차를 다시 진행하거나 그 내용을 재확인하는 결의를 하였으면 임시총회 등의 무효확인은 권리보호의 이익이 없다=대법 2012. 4. 12, 2010다10986. 근로자지위확인의 소 계속 중 정년이 도래한 경우 확인의 이익이 없다는 것에, 대법 2022. 10. 27, 2017다9732등. 폐업 등으로 근로관계가 소멸되었다면 노동위의 구제명령을 받을 이익이 없다는 것에, 대법 2000두54852.
10) 대법 2004. 7. 22, 2002다57362. 해고무효확인소송중 정년이 지난 때에도 같은 취지=대법 2013. 6. 13, 2012다14036.
11) 대법 2018. 12. 27, 2018다235071.

과거의 권리관계의 존재의 확인은 원칙적으로 불허되지만, 판례는 예외적으로 다음의 경우는 완화하려 한다. ① 과거의 법률행위의 효력확인: 그 진의가 근본적으로 현재의 권리·법률관계에 관련되어 있고 그 위험·불안을 제거하기 위한 유효적절한 수단일 때 허용된다. 판례는 매매계약무효확인의 소에 있어서 '과거의 법률행위인 매매계약무효확인을 구하는 것으로 볼 것이 아니라 현재 매매계약에 기한 채권·채무가 존재하지 않는다는 확인을 구하는 취지를 간결하게 표현한 것으로 선해(善解)하여야 한다'고 했다.[1] 또 대법 2010. 10. 14, 2010다36407에서도 2개월 정직처분의 무효확인을 구하는 사건에서 그 정직 2개월이 경과되었지만, 정직기간 동안의 임금 미지급 처분의 실질을 갖는 징계처분의 무효여부에 관한 다툼이라 보아 적법하다고 했다.[2] 과거의 당연해직조치라도 근로기준법 제23조의 정당한 해고이유가 없음을 들어 근로자가 사용자 상대의 당연퇴직처분 무효확인의 소의 허용,[3] 유사취지는 대법 2023. 2. 23, 2022다207547, ② 과거의 포괄적 법률관계의 확인: 판례는 신분관계, 사단관계, 행정소송관계처럼 포괄적 법률관계인 경우에 과거의 것이라도 일체 분쟁의 직접적·획일적 해결에 유효적절한 수단이 되는 때에는 허용할 것이라고 했다.[4]

bb) **장래의 권리관계**의 확인도 허용되지 않는다(재판은 미래의 예단도 아님). 장차 바뀔 수도 있는 불확실한 권리관계이기 때문이다(분쟁의 미성숙). 따라서 상속개시 전에 상속권확인, 유언자생전에 유언무효확인은 특별히 보호할 가치가 없는 한 부적법하다고 할 것이고, 국민투표가 실시되기도 전에 장차 실시되는 국민투표의 무효확인은 부적법하다고 볼 것이다.[5] 그러나 조건부권리나 기한부권리는 확인의 대상이 된다(BGH 4, 134).[6]

---

1) 대법 1966. 3. 15, 66다17 등(석명심리할 것인데 부적법각하는 잘못이라 했다).

2) 징계면직처분의 무효확인청구는 그 징계처분의 무효임을 전제로 원고가 현재 피고의 직원신분관계를 계속 유지하고 있다는 확인을 내포=대법 1990. 11. 23, 90다카21589.

3) 대법 2018. 5. 30, 2014다9632.

4) 대법 1995. 3. 28, 94므1447 등. 감사지위확인의 소송계속중 감사의 임기가 만료된 경우라도 보수미지급에 따른 손해배상 등 분쟁해결을 위한 소의 이익이 인정될 수 있다는 것에, 대법 2020. 8. 20, 2018다249148. 다른 취지의 것으로, 대법 2022. 6. 16, 2022다207967.

5) 대법 1975. 3. 25, 75추1(박정권 때 유신헌법과 유신체재의 수호여부를 국민투표에 부치는 사안). 수분양권(受分讓權)을 아직 취득하지 못한 상태에서 이주대책상의 수분양권의 확인도 같다(대법 1994. 5. 24, 92다35783).

6) 입찰절차상 제2순위적격대상자로서의 지위확인의 소에서 조건·기한에 걸려 있어 불확정적인 법률관계도 보호할 가치가 있는 법적 이익에 해당하면 확인의 이익이 있다고 한 것에, 대법 2000. 5. 12, 2000다2429. 상속개시 전에도 유류분확인은 유언에 영향을 미치기 때문에 적법=BGH 37, 144.

3) 제3자 확인의 소 확인의 대상은 원·피고 당사자간의 권리관계가 아니라 타인간의 권리관계(당사자일방과 제3자간, 제3자 상호간의 권리관계[1])라 하여도 당사자의 권리관계에 대한 불안·위험제거에 유효하고 적절한 수단이 되는 경우에 확인의 이익이 있다. 예를 들면 대법(전) 2021. 6. 17, 2018다257958은 보험계약 당사자 사이에서 계약상 채무의 존부·범위에 다툼이 있는 경우, 보험회사가 보험수익자를 상대로 소극적 확인의 소의 확인의 이익이 있으며, 또한 제2번저당권자가 제1번저당권자와 담보물의 소유권자를 상대로 하여 제1번저당채무의 부존재확인을 구하는 경우도 같다.[2]

판례[3]는 채권자가 채권자대위권에 기하여 채무자의 권리확인의 소를 제기할 수 있다 하였다.[4] 다만 사임한 원고가 그 뒤 학교법인이사장으로 복귀하기 위하여 다른 법인과 체결한 합병계약의 무효확인을 구할 법률상의 이익이 없다고 했다.[5] 또한 원고가 피고 일방이 丙지방자치단체와 체결한 협약이 유효하다는 협약유효확인청구는 부적법하다고 한 사례로 대법 2014다208255.

채무자의 보증보험회사에 대한 구상채무를 연대보증한 자가 보증보험회사의 채권자에 대한 보험금지급후 구상채무를 피하기 위하여 구상금채무부존재확인청구를 하지 않고 보증금지급 채무부존재확인청구를 하는 것도 같다는 것에, 대법 2015. 6. 11, 2015다206492.

4) 확인의 대상은 비단 실체법상의 권리관계에 한하지 않으며, 소송법상의 법률관계에 대해서도 독일의 학설·판례는 소나 항고 등에 의하여 시정의 길이 없는 한 확인의 소의 대상이 될 수 있다고 본다. 그러나, 우리 판례는 경매절차 자체의 무효확인은 허용되지 않는다고 보았다.[6]

(2) 확인의 이익 확인의 이익은 권리 또는 법률상의 지위에 현존하는 불안·위험이 있고, 그 불안·위험을 근본적으로 제거함에는 확인판결을 받는 것이 가장 유효·적절한 수단일 때에 인정된다.[7] 확인의 이익에 관하여서 ZPO § 256에서는 「즉시확정의 법률상의 이익」을 규정하고 있는데, 이를 우리 법이론에서도 도입하였다.

1) 대법 2015. 6. 11, 2015다206492; 동 2016. 5. 12, 2013다1570.
2) 근저당권자가 물상보증인을 상대로 피담보채무의 확정을 위하여 제기하는 소는 확인의 이익이 있다는 것에, 대법 2004. 3. 25, 2002다20742.
3) 대법 1993. 3. 9, 92다56575; 채권압류 및 추심명령을 받은 추심채권자도 마찬가지라는 것에, 대법 2011. 11. 10, 2011다55405.
4) 그러나 매도인의 소유권을 부인하는 제3자를 상대로 매수인이 매도인의 소유권확인을 구할 이익이 없다고 한 것에, 대법 1971. 12. 28, 71다1116.
5) 대법 2003. 1. 10, 2001다1171.
6) 대법 1993. 6. 29, 92다43821 등.
7) 대법 1991. 12. 10, 91다14420; 동 2022. 12. 15, 2019다269156 등.

다음 세 가지 요건을 갖추어야 한다.

1) 법률상의 이익 　　반사적으로 받게 될 사실적·경제적 이익은 포함되지 않는다.[1] 따라서 판결에 의하여 불안을 제거함으로써 원고의 법률상의 지위에 영향을 줄 수 있는 경우이어야 한다. 이에 반하여 회사의 자산이 늘어나는 데 대한 주주로서의 경제적 이익, 명예회복 또는 재취업상의 불이익제거 등 사실상의 이익만으로서는 확인의 이익이 있다고 할 수 없다.[2] 제사주재자지위의 확인도 법률상 이익이 없음은 이미 밝혔다.[3] 법적으로 보호되는 어촌계의 업무구역이 존재하지 않는데 그 존재확인의 소는 부적법하다는 것으로, 대법 2017다216271.

2) 현존하는 불안 　　i) 자기의 권리 또는 법적 지위가 다른 사람으로부터 부인되거나[4] 부지(不知)라고 주장된 경우,[5] 이와 양립하지 않는 주장을 당하게 되는 경우[6]가 현존하는 불안이 있는 전형적인 경우이다(적극적 확인의 소의 이익이 있는 경우). 따라서 금전채무를 포함하여 권리관계에 대하여 당사자 사이에 아무런 다툼이 없어 불안이 없으면 원칙적으로 확인의 이익이 없다.[7] 회생채무자가 그 책임을 면할 경우, 회생채권자를 상대로 면책된 채무 자체의 부존재확인을 구할 확인의 이익이 없다.[8] 그러나 당사자간에 다툼이 없어도 소멸시효의 완성단계에 이른 경우, 원

---

1) 대법 1982. 12. 28, 80다731·732; 동 1979. 2. 13, 78다1117은 주주는 회사의 재산관계에 대한 단순한 사실상 경제상 또는 일반적 추상적인 이익관계를 가질 뿐이라 하여 주주는 회사와 제3자간에 체결된 계약의 무효확인을 구할 이익이 없다고 하였다. 유사취지는 대법 2022. 6. 9, 2018다228462. 이사는 다른 것으로, 종전 이사들은 구학교법인의 임시이사들이 정식이사를 선임하는 내용의 이사회결의에 대하여 법률상의 이해관계를 가진다는 것에, 대법(전) 2007. 5. 17, 2006다19054.

2) 대법 1995. 4. 11, 94다4011 등. 대법 1998. 3. 10. 97누4289=한의사에 의한 한약조제시험 무효확인의 소에서 이 시험을 통하여 약사에게 한약조제권을 인정함으로써 한의사의 영업상의 이익이 감소되어도 이는 사실상의 이익에 불과하고 법률에 의하여 보호되는 이익이 아니라고 하였다. 행정소송의 대상인 처분이 직권취소된 경우에 소의 이익이 없는 것이나, 예외적으로 소의 이익이 있다고 할 경우의 예로, 대법 2020. 4. 9, 2019두49953.

3) 대법 2012. 9. 13, 2010다88699. 담보가치의 감소방지목적의 지상권이 저당권과 함께 설정된 경우에 지상권에 피담보채무가 존재하는 것이 아니므로, 지상권에 관한 담보채무의 범위확인청구도 부적법하다는 것에, 대법 2015다65042.

4) 대법 1992. 7. 24, 92다2202. 형식상의 주주명의인이 실질적인 주주의 주주권을 다투는 경우에 그 실질적인 주주가 주주명의인 상대의 주주권 확인의 이익이 있다는 것에, 대법 2013. 2. 14, 2011다109708.

5) 대법(전) 1997. 10. 16, 96다11747.

6) 대법 1988. 9. 27, 87다카2269; 동 1991. 12. 24, 91다21145·21152 등.

7) 대법(전) 1982. 3. 23, 80누476; 2023. 6. 29, 2021다277525 등. 직접 분쟁당사자 아닌 자에 대한 확인청구도 확인의 이익 없다=대법 1991. 7. 23, 91다6757.

8) 대법 2019. 3. 14, 2018다281159.

고의 주장과 반대되는 공부(公簿)(등기부 · 가족등록부)상의 기재 등 불확실할 때는 법적 불안이 있는 것으로 보아야 한다. 대법 2014. 4. 24, 2012다40592에서 공탁관이 공탁금출급청구를 불수리한 경우에 정당한 수령권자인 원고가 공탁자를 상대로 한 공탁물출급청구권의 확인청구도 그러하다.[1] 원고가 확인의 소를 제기하였고 피고가 당해소송에서 제1심에서 다투다가 항소심에서 다투지 아니하는 사유만으로 확인의 이익을 부인할 수 없다.[2]

대장상의 소유자불명과 소유권 확인청구 대법 1979. 4. 10, 78다2399 등은 멸실 임야대장상의 소유자란이 공백이 되어서 토지소유자임을 임야대장으로 증명할 수 없는 경우에는 보존등기를 위한 소유권증명(부등 65조) 때문에 토지소유자가 국가를 상대로 제기한 소유권확인의 소는 가사 관계당사자간에 다툼이 없어도 확인의 이익이 있다고 하였다.[3] 국가 상대의 토지소유권 확인청구는 어느 토지가 미등기이고 토지대장 또는 임야대장상에 주소가 없는 경우 등록명의자가 없거나 등록명의자가 누구인지를 알 수 없을 때와 그 밖에 국가가 등록명의자의 소유를 부인하면서 계속 국가소유를 주장하는 등 특별한 사정이 있는 경우에 확인의 이익이 있다.[4] 또 토지대장 · 임야대장의 소유자에 관한 기재에 권리추정력이 인정되지 아니하는 경우도 같다.[5] 그러나 군사분계선 이북지역에 있는 토지라면 보존등기가 가능한 토지라고 하기 어려워 안된다.[6] 건축물대장이 생성되지 아니한 건물도 마찬가지이다.[7] 표시경정등기가 가능한 경우이면 확인의 이익없다(2015다230815).

ii) 다른 사람이 권리가 없는데도 있다고 주장하며 자기의 지위를 위협하는 경우도 불안이 있는 경우이다(소극적 확인의 소의 이익이 있는 경우). 판례에서 유치권 없는데 있다 하여 경매절차에서 저가매각의 우려가 있어 저당권자가 하는 유치권부존재확인의 소에는 확인의 이익이 있다고 했다. 경매절차에서 혼세마왕(混世魔王)처럼 경매질서를 혼란시키는 유치권을 물리치는 의미있는 판례이다.[8] 법률관계에 관한 다

1) 공탁금관계: 공탁금의 출급을 거부당한 자가 공탁금을 맡긴 자를 상대로 하여 그 공탁금출급권의 확인을 구할 이익이 있다는 것에, 대법 2007. 2. 9, 2006다68650 · 68667. 그러나 공탁금으로부터 전부금채권 상당액을 배당받기 위하여 집행채권자가 전부금채권의 확인청구를 하는 것은 그 확인판결의 제출로 집행법원이 공탁금의 배당절차를 개시할 수 없다면 확인의 이익이 없다=대법 2008. 1. 17, 2006다56015.

2) 대법 2009. 1. 15, 2008다74130.

3) 대법 2010. 7. 8, 2010다21757. 국가가 토지를 점유하여 취득시효가 완성된 경우 그 토지소유자가 국가상대의 소유권확인을 구할 이익이 없다는 것에, 대법 1995. 6. 9, 94다13480. 국가상대의 미등기건물의 소유권확인청구도 부인된다(대법 1999. 5. 28, 99다2188).

4) 대법 2019. 5. 16, 2018다242246(주소일부 누락사안); 동 2009. 10. 15, 2009다48633 등.

5) 대법 2010. 11. 11, 2010다45944.

6) 대법 2011. 3. 10, 2010다87641.

7) 대법 2011. 11. 10, 2009다93428.

8) 대법 2004. 9. 23, 2004다32848. 유사취지: 대법 2016. 3. 10, 2013다99409(일부인용을 하여야 할 경우). 경매절차에서 유치권이 주장되었으나 소유부동산 또는 담보목적물이 매각된 경우 종전 소유자나 종전 근저당권자가 유치권부존재 확인소송을 제기할 법률상 이익이 없다고 하였으나

툼이 없다고 할 수 없는 甲과 乙이 서로 상대방의 전속계약위반을 이유로 해제의 의사표시를 한 경우 계약상채무의 부존재확인을 구할 이익이 있다.[1] 그러나 토지소유자에게 채권적 제한이면 모르되 **배타적 토지사용·수익권** 등이 없다는 부존재확인의 소는 물권법정주의 원칙상 허용될 수 없다.[2]

3) **불안제거에 유효·적절한 수단**(방법선택의 적절) 원고의 권리 또는 지위의 불안을 해소시킴에 있어서 확인판결을 받는 것 이외에 유효·적절한 수단이 없을 것을 요한다. 문제해결에 구제수단이 있는 한 그것을 택할 일이지 중도에 그치고 말 확인이면 그 이익이 없다.[3] 피공탁자가 아닌 제3자가 피공탁자 상대 공탁금 출급확인의 소는 승소판결을 받아도 공탁물 출급청구를 할 수 없으므로, 확인의 이익이 없다.[4] 다른 어촌계와 업무구역이 중복된다는 이유로 어업면허를 거부당한 경우 행정소송을 하여야지, 다른 어촌계 상대의 업무구역확인의 소를 제기할 것은 아니다.[5]

aa) 자기의 소유권을 상대방이 다투는 경우에는 특별한 사정이 없는 한 자기에게 소유권 있다는 적극적 확인을 구할 것이고, 상대방이나 제3자에게 소유권 없다는 **소극적 확인**을 구할 것이 아니다.[6] 또 A·B가 서로 자기가 C에 대해 채권자라고 경합적으로 주장하는 사안에서, A가 B를 피고로 하여 C의 B에 대한 채무부존재확인을 구하는 것은 A가 이 소송에서 승소해도 B에 대한 관계에서 A의 권리가 확정되는 것은 아니고 그 판결의 효력이 C에게 미치는 것이 아니므로 확인의 이익이 없다는 것이 판례이다(이 경우는 A가 B·C를 공동피고로 하여 C의 B에 대한 채무부존재 또는 C에 대한 채권이 자기에게 있다는 확인을 구하면 합일확정이 된다).[7] 직접적인 청구가 가능한 사안에서 우회적인 채무부존재확인의 소는 확인

경매절차에서 유치권이 주장되지 아니한 경우, 채권자인 근저당권자가 유치권의 부존재확인을 구할 이익이 있다고 한 것에는, 대법 2020. 1. 16, 2019다247385. 보험계약해지 후에도 피보험자가 자기 아닌 제3자가 보험청구권을 갖고 있다고 주장할 경우 보험자는 피보험자상대의 보험채무부존재확인을 구할 이익이 있다=대법 1996. 3. 22, 94다51536. 유사 판례는 대법(전) 2021. 6. 17, 2018다257958·257965; 또한 대법 2022. 12. 15, 2019다269156에서는 보험계약자는 피보험자를 상대로 주계약에 따른 채무의 부존재 확인을 구할 이익이 있다고 했다(보험계약자가 피보험자를 상대로 주계약에 따른 채무의 부존재 확인을 구한 사안, 상세는 법률신문, 2023. 1. 5.자).

1) 대법 2016다256968·256975.

2) 대법 2012. 6. 28, 2010다81049=甲 지방자치단체가 토지소유자 乙을 상대로 일반공중의 통행에 무상으로 제공하는 토지란 이유로 그와 같은 소를 제기한 사안.

3) 대법 2014다30803.

4) 대법 2016. 3. 24, 2014다3122·3139.

5) 대법 2017다216271.

6) 대법 1995. 10. 12, 95다26131; 동 1995. 5. 26, 94다59257 등. 토지의 일부에 대한 소유권 다툼이 있을 때에 상대방 소유권의 부존재확인청구도 같다=대법 2016. 5. 24, 2012다87898.

7) 대법 2004. 3. 12, 2003다49092. 독립당사자참가인이 원고를 상대로 원고의 제3자에 대한 권리

의 이익이 없다는 것이다(대법 2015. 6. 11, 2015다206492). 대법 2017다17771에서는 면책된 채무에 관한 집행권원을 가진 채권자를 상대로 면책의 효력에 관한 집행력의 배제를 구하는 청구이의의 소를 제기하는 것이 유효적절한 수단이므로, 이 경우에 면책확인의 청구를 구할 확인의 이익이 없다고 했다.

bb) 당해 소송내에서 재판을 받는 것이 예정되어 있는 절차문제에 대해서 별도의 소로 확인을 구하는 것은 소송경제를 해치는 것이고 확인의 이익이 없다. 대리권과 같은 소송요건의 존부,[1] 소취하의 유·무효 등의 소송상의 다툼 등은 당해 소송에서 심판받을 일이지, 별도의 소로써 확인을 구할 것이 아니다.

cc) **확인의 소의 보충성** 확인의 소가 아닌 별도의 직접적인 권리구제수단이 있을 경우에 확인의 이익이 있다 할 것인가. 즉, 이행의 소나 형성의 소를 제기할 수 있는 경우인데도 같은 권리관계에 관한 확인의 소를 제기할 수 있는가. 이것이 확인의 소의 보충성의 문제이다.

(개) 이행의 소를 바로 제기할 수 있는데도, 이행청구권 자체의 존재확인의 소를 제기하는 것은 적절치 못하므로 원칙적으로 허용되지 않는다(乙에 대해 1,000만원의 채권을 갖고 있는 甲이 그 지급을 구하는 이행의 소를 제기하지 않고 1,000만원 채권존재확인의 소를 제기하는 따위는 불허).[2] 따라서 확인의 소는 이행의 소를 제기할 수 없을 때 보충적으로 허용되게 되는데, 이를 '**확인의 소의 보충성**'(Subsidiarität)이라 한다(소송경제의 원칙의 파생).[3] 확인의 소에 의한 확인판결을 받아 보아도 강제집행할 수 있는 효력인 집행력이 없어 분쟁의 근본적 해결에 실효성이 없고 소송경제에 도움이 안 되기 때문이다. 그러나 i) 목적물의 압류, ii) 현재 손해액수의 불판명,[4]

부존재의 확인의 소도 확인의 이익부정에, 대법 2012. 6. 28, 2010다54535·54542.

1) 대법 1982. 6. 8, 81다636. 명의신탁의 주식이 제3자에게 양수된 경우에 수탁자 상대 주주확인의 소는 확인을 받아도 제3자에 판결의 효력이 미치지 아니하며 확인의 이익 부정=대법 2014. 12. 11, 2014다218511.

2) 대법 1994. 11. 22, 93다40089; 동 2019. 5. 16, 2016다240338 등. 등기명의인 상대로 직접 말소등기청구를 할 수 있는데도 그 등기가 경락인이 인수하지 아니한 부동산상의 부담이라는 확인청구는 확인의 이익이 없다=대법 1999. 9. 17, 97다54024. 손해배상청구를 할 수 있는데 그 침해되는 권리의 존재확인을 구하는 경우 확인의 이익이 없다=대법 1995. 12. 22, 95다5622. 甲이 乙회사의 주주명부에 주주로 기재되어 있었는데 위조된 주식양도계약서 또는 무효인 주식양도계획에 의하여 丙이 주주명부에 주주로 기재된 경우 甲은 위와 같은 사정을 증명하여 乙회사를 상대로 명의개서절차 이행을 구할 수 있으므로, 乙회사를 상대로 주주권 확인을 구하는 것은 확인의 이익이 없다=대법 2019. 5. 16, 2016다240338. 국보로 지정된 겸재의 「인왕산제색도」에 손모씨가 자기의 소유라고 주장하여 국가상대 소유권확인의 소에서 인도소송을 제기하면서 소유권을 다투는 것에 소각하한 사례(서울중앙지법 2023. 12. 판결).

3) 대법 2023. 12. 21, 2023다275424. 행정처분의 무효확인소송에서는 보충성을 따질 필요없다는 것에, 대법 2019. 2. 14, 2017두62587. 보충성의 원칙 부정설에는 최성호, 민사소송 18권 2호, 98면 이하.

4) 보상금액이 확정되지 아니하였으나, 보상금청구권의 확인청구가 허용된다는 것에, 대법 1969.

iii) 확인판결이 나면 피고의 임의이행을 기대할 수 있을 때(특히 피고가 국가 또는 공공단체의 경우)에는 예외적으로 확인의 이익이 있다.[1] iv) 기본되는 권리관계로부터 파생하는 청구권에 기한 이행의 소가 가능한 경우라도, 당해 기본되는 권리관계 자체에 대하여 확인의 소가 허용된다(건물명도청구가 가능한 경우에 그 명도청구권 발생의 기본이 되는 소유권의 확인청구).[2]

그러나 판례는 저당권설정계약에 의한 피담보채무의 부존재확인청구와 함께 그 저당권설정등기의 말소청구를 한 경우에 피담보채무의 부존재를 이유로 그 등기말소청구를 하면 되지 별도로 그 채무부존재확인의 청구까지는 확인의 이익이 없다고 했고(반대설 있다),[3] 甲이 乙로부터 미등기건물을 매수하였을 때에 甲은 매도인 乙에게 소유권이전등기의무의 이행을 구하면 되지 그 건물에 대한 사용·수익·처분권이 자기에게 있다는 확인청구(그러한 권리는 없다는 것이 판례 입장)는 확인의 이익이 없다고 했다.[4]

(나) 형성의 소를 제기할 수 있는 경우에 확인의 소를 제기한 경우도 마찬가지로 확인의 이익은 부정할 것이다. 예컨대 이혼청구를 할 수 있는데 이혼권의 존재확인 따위이다.[5] 파산면책된 채무자 집행권원을 갖고 있는 채권자에게 청구이의 소를 제기하지 않고 면책확인을 구하는 경우도 같다.[6] 최근 판례는 주주총회의 결의 없이 이루어진 영업양도의 주주가 다른 구제수단이 있으므로 양도무효확인을 구할 이익 없다고 했다.[7]

(3) 증서의 진정 여부를 확인하는 소(250조) 이는 법률이 예외적으로 사실관계의 확인청구를 인정하는 경우이다. i) 여기의 '법률관계를 증명하는 서면'(증서)은 그 내용에 의해 직접적으로 현재의 법률관계의 존재가 증명될 수 있는 경우를 말한다. 예를 들면 어음·수표 등의 유가증권, 정관·매매계약서·차용증서 따위다. 판례는 대차대조표나 회사결산보고서는 사실관계의 보고문서에 지나지 않는다 하여 그 대상이 아니라고 하였다.[8] 당사자본인신문조서도 같다.[9] 또

3. 25, 66다1298.

1) Rosenberg/Schwab/Gottwald, § 90 Rdnr. 27.
2) 대법 1966. 1. 31, 65다2157; 동 1971. 5. 24, 71다519.
3) 대법 2000. 4. 11, 2000다5640; 동 1995. 8. 11, 94다21559 등.
4) 대법 2008. 7. 10, 2005다41153.
5) 대법 2009. 9. 24, 2009마168·169=재개발조합설립의 효력을 부정하기 위하여는 항고소송으로 조합설립인가처분의 효력을 다투는 소(취소소송)를 제기할 것이지, 조합설립인가처분을 하는데 필요한 요건 중의 하나에 불과한 조합설립결의 무효확인을 구할 확인의 이익은 없다.
6) 대법 2017다17771.
7) 대법 2022. 6. 9, 2018다228462·228479.
8) 대법 1967. 3. 21, 66다2154.
9) 대법 1974. 11. 23, 74다24.

세금계산서는 재화·용역을 공급한 과거의 사실을 증명하기 위한 보고문서라는 이유로[1] 임대차계약금의 영수증도 직접 임대차관계의 존부를 증명하는 서면이 아니라 하여 각 부정적이다(조합원 임금일람표도 같다).[2] ii) '진정 여부'란 서면이 그 작성명의자에 의하여 작성된 것인가 아니면 위조·변조되었는가를 말하는 것이지, 내용의 진정을 뜻하는 것이 아니다.[3]

일반확인의 소와 마찬가지로 확인의 이익을 요하므로, 원고의 권리 또는 법적 지위의 위험·불안을 제거함에 문서의 진정여부확인이 필요하고 적절한 수단이어야 한다.[4] 불안이 제거될 수 없는 경우이면 안된다. 그러므로 서면에 의하여 증명되는 법률관계에 대해 당사자간에 다툼이 없거나 법률관계가 소멸되면 확인의 이익이 없다.[5)6] 또 서면에 의하여 증명되어야 할 법률관계를 둘러싸고 이미 소가 제기되어 있는 경우에는 그 소송에서 분쟁을 해결하면 되는 것이므로 그와 별도로 서면의 진정여부를 가리는 확인의 소를 제기할 이익이 없다.[7]

3. 형성의 소

형성의 소는 원칙적으로 법률에 특히 규정을 두고 있는 경우에 한하여 제기할 수 있으며(형성소송 법정주의),[8] 법률의 규정에 따라 소송을 제기한 경우에는 원칙적으로 소의 이익이 인정된다.

예외적으로 권리보호의 이익이 부인되는 경우가 있다.

1) 소송목적의 실현　　예컨대 회사해산 후에 회사설립무효의 소, 공유물의 분할에 관한 협의가 성립된 후의 분할청구의 소[9]는 소의 이익이 없다. 그러나 이혼판결 뒤에 혼인취소의 소를 구할 이익은 없다고 하겠지만, 소급효가 인정되는 혼인무효의 소는 소구할 이익이 있다고 할 것이다.[10]

---

1) 대법 2001.12.14, 2001다53714.
2) 대법 2007. 6. 14, 2005다29290.
3) 대법 1991. 12. 10, 91다15317. 대법 1987. 3. 10, 86다152는 어음거래약정서상의 연대보증란과 근저당권설정계약서에 대한 무효확인청구는 부적법하다고 하였다.
4) 대법 1991. 12. 10, 91다15317.
5) 대법 1967. 10. 25, 66다2489.
6) 대법 1968. 6. 11, 68다591.
7) 위 대법 2007. 6. 14; 동 2014. 11. 13, 2009다3494·3500.
8) 대법 1993. 9. 14, 92다35462.
9) 대법 1967. 11. 14, 67다1105; 동 1995. 1. 12, 94다30348·30355. 졸고, "협의분할 후 재판상 분할청구를 한 경우와 권리보호의 이익," 법조 1968. 10.
10) 판례는 협의이혼으로 혼인관계가 해소된 후 제기한 혼인무효의 소가 현재의 법률상태에 직접적 영향을 미치는 경우에는 소의 이익이 있다고 하였고(대법 1978. 7. 11, 78므7), 그렇지 않은 경우

2) 소송계속중 사정변경 회사이사의 선임결의취소소송 계속중 임기만료로 이사가 퇴임한 경우에는 소의 이익이 없으며, 그 이사에 대한 불법행위청구·부당이득반환청구의 전제로서 그 소를 유지할 이익이 있다고 할 수 없다. 영업정지처분 취소소송의 계속중 영업정지기간의 경과,[1] 국회의원당선무효·선거무효의 소가 계속중에 그 임기가 종료된 때[2]에도 소의 이익이 부정된다. 청구이의의 소나 제3자이의의 소가 계속중 강제집행이 끝난 경우[3]도 마찬가지다.[4] 생각건대 현저한 재판지연에 의한 소송계속이 장기화되는 사이에 원상회복 등 사정변경이 생겨 소의 이익이 없게 될 수 있는데, 이는 법원의 책임에 의해 소의 이익이 없게 되는 경우이므로 문제가 있는 것이라 하겠다.[5]

3) 별도의 직접적 권리구제절차가 있는 경우 이 때에도 소의 이익이 부정된다. 판례가 대집행완료후에는 철거명령이 위법함을 이유로 손해배상청구를 할 것이지, 철거명령취소청구는 소의 이익이 없는 것으로 본 것이 한 예이다.[6]

Ⅴ. 소송상의 취급

소의 이익은 소송요건의 일종으로 직권조사사항(직권탐지사항은 아니다)[7]이고 본안판결의 요건이며, 따라서 이의 흠이 있을 때에는 소가 부적법하다 하여 각하판결하여야 한다(특수 소송요건이고 청구기각할 소송적 권리보호 요건이 아니다).[8]

다만 소의 이익에 흠이 있을 때에 그를 이유로 원고의 청구를 배척하면서 소각하가 아니라 청구기각을 했다고 해서 본안인 권리관계의 존부에 기판력이 생기는 것은 아니므로 주문형식은 문제삼을 실익이 없다고 할 것이다.[9]

에는 소가 부적법하다고 하였다(대법 1984. 2. 28, 82므67).

1) 대법 1969. 5. 27, 68누181.

2) 대법 1980. 12. 23, 79수1. 대법 1984. 6. 12, 82다카139도 유사.

3) 대법 1996. 11. 22, 96다37176.

4) 같은 내용의 제2결의가 유효하게 성립된 이상, 제1결의취소의 이익이 없다. 대법 1993. 10. 12, 92다21692.

5) 이시윤, 입문〔事例 45〕, 출입기자실 대못박기 사건, 153면 이하.

6) 대법 1976. 1. 27, 75누230.

7) 대법 2002. 9. 4, 98다17145 등. 대법 2005. 12. 9, 2004다40306(확인의 이익에 관하여). 상고심 계속중에 소의 이익이 없게 된 경우에도 소각하를 한 것에, 대법 1996. 2. 23, 95누2685.

8) 그러나 권리보호이익이 없으면 실체법상 확인청구권이나 형성청구권이 없어 청구기각의 판결을 요한다는 소수설에, 호문혁, 260면. 구판례에 대법 1959. 2. 12, 4291민상49 등.

9) 대법 1993. 7. 13, 92다48857 등.

제3절 소 송 물[1]

Ⅰ. 소송물과 그 실천적 의미

(1) 민사소송에 있어서 당사자가 정하는 소송의 객체를 소송물(Streitgegenstand), 소송상의 청구 혹은 심판의 대상이라 한다(형소에서는 소인, 공소사실). 다음과 같은 중요한 의미가 있다.

1) 절차의 개시면에서, i) 토지관할·사물관할, ii) 청구의 특정과 그 범위 따위를 결정함에 있어서,

2) 절차의 진행과정에서, i) 청구의 병합, ii) 청구의 변경, iii) 중복소송, iv) 처분권주의의 위배인지를 정함에 있어서,

3) 절차의 종결과정에서도, i) 기판력의 범위, ii) 재소금지(267조 2항)의 범위를 정함에 있어서 소송물이 각 그 표준이 된다.

4) 실체법으로도 소제기에 의한 시효중단·기간준수의 효과를 따지는 데 있어서 소송물이 관계가 있다.

(2) 이처럼 소송물은 민사소송법상의 일련의 중요제도에 직접 관련이 있는 중핵적인 개념이며, 이에 관한 논란이 많다(민사집행법 309조에서 '권리 또는 법률관계'로 규정). 그러나 다음 세 가지는 견해의 일치를 보고 있다.

첫째로, 처분권주의(203조)에 의하여 소송물은 원고가 특정할 책임이 있으며, 피고는 여기에 대응하는 방어방법을 강구하여야 한다[2](단 소극적 확인의 소는 예외).

둘째로, 청구의 목적물(218조 1항) 혹은 계쟁물(다툼의 대상) 자체는 소송물이 아니라는 점이다. 따라서 토지인도소송에 있어서 토지, 건물철거소송에 있어서 건물은 소송물일 수 없다. 공격방어방법의 주요 point인 쟁점보다는 넓은 개념이다.

셋째로, 소송에 이르게 된 사실관계 자체는 소송물이 아니다. 그러므로 소송물을 특정할 의무 있는 원고가 사실관계만 제시하여 놓는 것은 소송물의 특정이 아니다.[3] 다만 EU법원의 핵심점이론(Kernpunkttheorie)은 신청(Antrag)을 배제한 채, 생활사실관계(Lebenssachverhalt)에 의하여 소송물의 동일성을 가리는 입장이다.[4]

1) 상세는 졸저, 소송물에 관한 연구(1977) 참조.
2) 채무불이행을 원인으로 하는 손해배상청구에 대하여 불법행위책임에 관한 소멸시효규정이 적용될 수 없으므로, 그러한 피고항변은 안된다(대법 2013. 11. 28, 2011다60247).
3) Thomas-Putzo, Eineitung, Ⅱ, Rdnr. 33.
4) 이에 관하여는 정동윤/유병현/김경욱, 280면.

Ⅱ. 소송물에 관한 여러 견해

1. 구실체법설(구소송물이론)

이 설은 주장하는 **실체법상의 권리 또는 법률관계**를 소송물로 보고, 실체법상의 권리가 다르면 소송법적으로도 소송물이 별개로 된다는 입장이다. 따라서 하나의 목적을 위한 판결신청이라도 여러 개의 권리, 즉 경합하는 청구권·형성권에 기하여 청구하는 경우면 소송물이 여러 개라는 것이다.[1] 실체법적으로 정의하는 이 입장을 구소송물이론(이하 구이론)이라 한다. 하나의 목적의 청구라도 i) 경합된 A·B 두 개의 권리를 동시에 주장하면 청구의 병합, ii) A 권리에서 B 권리로 바꾸면 청구의 변경, iii) A 권리에 관한 소송의 계속중 B 권리에 기하여 신소를 제기하여도 중복소송이 아니다. iv) A 권리에 기한 소가 패소확정된 뒤에 B 권리에 기하여 신소를 제기하여도 기판력에 저촉되지 않으며, v) A 권리에 기하여 청구하여온 경우에 B 권리에 기하여 심판하면 처분권주의에 위배. 이 설에서는 권리가 소송물의 기준이 된다.

현재 우리 판례의 주류를 이루고 있으나, 독일에서는 이미 자취를 감추었고 일본과 우리 나라의 경우도 소수설로 되어 있다.[2] 구이론은 사회적·경제적으로 1개의 분쟁임에도 실체법상의 권리마다 별개의 소송으로 갈라서 소송을 여러 차례 누행·반복하게 한다. 이로 인해 ① 분쟁의 신속한 해결저해, ② 피고에 대한 여러 차례의 응소강제와 여러 차례의 재판권 발동에서 오는 손실, ③ 원고가 한 소송에서 모든 소송자료를 제출해 놓고 총력전을 펴는 절차집중의 소송운영의 저해, ④ 법원의 법률적 관점의 선택의 자유를 부정하여, 원고가 사실 아닌 권리주장을 잘못하면 패소되어 다시 소송하여야 하는 위험이 있는 등이다. 하나의 법원에 몰아서 재판하는 관할집중, 한두번의 변론으로 심리를 마치는 변론집중, 하나의 절차에 몰아서 분쟁을 끝내는 절차집중 등 3집중의 시대상에 맞지 않다. 개별적인 비판은 이하 Ⅳ 참조.

2. 소송법설(신소송물이론)

이 설은 소송물은 실체법상의 권리의 주장이 아니고, 소송법적 요소, 즉 **신청**

---

1) 청구하는 급여가 다른 경우, 예를 들면 하나는 양도계약에 의한 잔대금청구, 다른 하나는 양도계약의 해제에 의한 계약금 및 중도금반환청구(대법 2000. 2. 25, 97다30066)라면 신구소송물론을 가리지 않고 소송물이 다르다고 하였다.

2) 김홍엽, 313면.

(Antrag, 우리 법의 청구취지)만으로 또는 **신청**과 함께 **사실관계**(Sachverhalt)로 소송물이 구성된다는 입장이다. 소송법적으로 소송물을 정의한다 하여 소송법설인데, 우리나라와 일본에서는 이른바 **신소송물이론**이라고 한다. 여기에서는 실체법상의 권리는 소송물의 요소가 아니고, 소송물이 이유 있는가를 가리는 전제인 법률적 관점(rechtlicher Gesichtspunkt) 내지는 공격방어방법에 불과하다고 한다. 당사자를 실체법상의 권리자·의무자 자체가 아닌 형식적 당사자로 정의하듯이, 소송물도 청구취지나 청구원인의 사실관계로 보려는 입장이다. 이제는 다수설로 되었다.[1] 이 안에 다시 두 개의 설이 갈린다.

(1) 이분지설(二分肢說, 이원설) 이분지설은 **신청**(Antrag)과 **사실관계**(Sachverhalt)라는 두 가지 요소에 의해서 소송물이 구성된다는 견해이다(두 다리로 버티어 있다 해서 이 용어를 씀). 우리 법제에 대응시키면 청구취지와 청구원인의 사실관계 두 가지가 소송물의 요소라는 입장이다. 다만 여기의 사실관계라는 것은 실체법상의 권리의 발생원인사실, 즉 개개의 법규의 요건사실로 좁혀서 보기보다는 이보다 넓은 것으로 사회적·역사적으로 볼 때 1개라고 할 **일련의 생활사실관계**를 뜻한다고 한다.

甲이 어느 날 기차에 승객으로 탔다가 사고로 부상을 당하여 철도공사 상대의 손해배상청구를 하는 경우처럼 **사실관계는 하나**이지만, A·B 두 개의 청구권을 주장하여도(계약불이행과 불법행위) 소송물은 하나로 본다.

그러나 **두 개의 사실관계**에 기한 A·B 두 개의 청구권이 경합적으로 생겼을 때는 다르다. 즉 甲은 乙에게 물건매도의 사실이 있었고 한편 乙은 이 매매대금의 지급을 위하여 甲에게 어음발행을 해준 사실도 있음을 들어 대금상당의 금전청구를 하는 경우처럼(대여금 때문에 어음발행의 경우도 같다) 두 개의 사실관계에 기하여 청구를 한다면 소송물은 두 개로 된다. 따라서 구소송물이론처럼 A·B 경합하는 권리(매매대금채권과 어음채권)를 문제삼기보다 사실관계를 두 개라고 하여 소송물이 두 개라고 한다.

이 설에는 다음과 같은 문제점이 있다. ①「사실관계」란 모호한 개념을 소송물의 구성요소로 함으로써 그 한계획정이 어려워 사실관계가 하나인지 둘인지, 같은지 다른지 구별하기가 힘들고, 또 자칫 이를 좁게 해석하면 권리의 발생원인사실(권리근거규정의 요건사실)과 같아져서 구이론과 결론이 다를 바 없어지며, 신이론을 채택하는 의미가 몰각될 수 있다. ② 이분지설에는 다시 확인의 소에서만은 예외적으로

1) 김홍규/강태원, 199면; 정동윤/유병현/김경욱, 294면(이분지설이나 사실관계일분지설에 접근); 송상현/박익환, 242면; 호문혁, 132면; 정영환, 450면.

청구취지 한 가지만으로 특정된다는 예외설이 있는가 하면,[1] 확인의 소에서도 두 가지의 이분지설을 일관시켜야 한다는 일관설도 있는 등 통일되어 있지 않다.[2] 예를 들면 소유권확인의 소에서 그 취득원인을 매매·상속·취득시효 등 여러 가지의 사실 주장을 하면 소송물은 수개라 보며, 이 점에서 이 때 소송물을 1개로 보는 구이론보다도 그 범위를 좁히고 있다. 따라서 이분지설은 구이론과 구별이 확연치 않다.

다만 대법 2013. 2. 15, 2012다68217(동 2014. 5. 16, 2013다101104도 같다)에서는 채권자가 동일 목적을 이루기 위하여 복수의 채권을 가지고 있는 경우에 각 채권의 발생시기와 발생원인을 달리하는 별개의 채권인 이상 별개의 소송물에 해당한다고 하여 이분지설과 비슷한 판례를 냈다. 다만, 이것 갖고 신소송물이론을 따랐다고는 단정할 수 없다.

(2) **일분지설**(一分肢說, 일원설) 원고가 소로써 달성하려는 목적이 신청(우리 법의 청구취지)에 선명하게 나타나므로 **신청** 그 한 가지가 분쟁의 진실한 대상이고 소송물의 구성요소라는 입장이다(한다리로 받쳐졌다 하여 그와 같이 씀). 다시 말하면 **청구취지**만이 소송물이 하나인가 둘인가, 다른가 같은가의 식별기준이라고 보는 청구취지일원설로서, 소송물의 범위를 가장 global하게(넓게) 잡는 입장이다. 따라서 청구취지에서 1개의 판결을 신청했으면 A·B 두 개의 권리(예: 불법행위와 계약불이행에 기한 청구권)에 기하여 청구하든, A·B 두 가지 사실관계(예: 원인관계인 매매사실과 어음발행사실)에 기하여 청구하든 소송물은 1개이다. 다만 이 설에서 청구원인의 사실관계를 청구취지와 같은 소송물의 구성요소로 보지 않지만, 예외적으로 **금전지급·대체물인도청구소송**에 있어서는 청구취지에서 손해금인지 대여금인지 명시하지 않고 금액만 밝히는 등 단순하고 간단하여 판결신청이 한 가지뿐인지 두 가지 합산한 것인지, 또 같은 내용인지 아닌지의 해석을 위해 청구원인의 사실관계를 참작해야 하며, 이 경우에는 청구원인의 사실관계의 보충을 받아 비로소 소송물이 특정된다고 본다(사실관계는 구성요소가 아닌 보충적 요소라고 보는 것이다).

(3) **상대적 소송물설** 소송물이론의 통일적·절대적인 구성을 포기하고 다양하게 구성하려는 입장이 있다(variabler Streitgegenstand). 독일에서는 Baumgärtel과 Schumann이 이에 속하는바, 위 두 설의 절충적 입장으로 청구의 병합·청구의 변경·소송계속 등의 소송진행과정의 문제에 대해서는 소송물을 넓게 보아 원고의 신청을 이유 있

1) 정동윤/유병현/김경욱, 300면. 절대권과 상대권을 나누어 상대권의 확인의 소는 이분지설에 의하여야 한다는 견해도 있다.
2) 호문혁, 132면.

게 하기에 적합한 모든 사실이 소송물에 속한다고 함에 대하여(일분지설), 기판력의 범위에 관하여는 좁게 보아 패소당사자의 보호를 위하여 사실관계도 신청과 함께 소송물의 구성요소라 한다(이분지설).[1] 이러한 점에서 판결의 대상(Urteilsgegenstand)은 절차의 대상(Gegenstand des Verfahrens)보다는 좁다는 입장이기도 한데, 그 근거로 하는 바는 절차의 대상이 동일하다 하여도 변론종결 후에 발생한 사유를 갖고 신소를 제기할 수 있으며 이때 전소의 기판력에 저촉되지 않음을 든다. 한편 Jauernig는 사실에 대하여 직권탐지주의에 의하는 절차에서는 신청만으로 구성된다는 일분지설, 변론주의에 의하는 절차에서는 신청과 사실관계 두 가지로 구성된다는 이분지설의 입장이다. 그리고 확인의 소는 신청(청구취지)만으로 소송물이 특정된다 하여 일분지설이다.

(4) 사실관계 일원설 청구취지(Antrag)는 소송물의 요소가 아니고 생활사실관계(Lebenssachverhalt)가 소송물의 동일성을 가지는 기준이라고 한다. EU사법재판소가 취하는 소송핵심이론이기도 한다(305면 참조).

3. 신실체법설

이것은 소송법설의 영향을 받아 나타난 학설로서, 전통적인 민법상의 청구권 개념 자체를 수정하여, **수정된 의미의 실체법상의 청구권의 주장**을 소송물로 파악하는 이론이다. 이 점에서 실체법상의 청구권은 단지 법률적 관점 내지는 공격방법으로 보고 소송법적 요소만으로 소송물을 구성하려는 소송법설과는 다르다. 지금까지 전통적인 청구권이론에서는 하나의 청구법규에서 하나의 실체법상의 청구권이 발생하는 것으로 보아왔으나, 청구법규라는 것은 급여를 구할 수 있는 법적 지위의 존부를 판단함에 있어서 한낱 결론도출기능을 수행하는 데 불과한 것으로서, 차라리 일정한 급여를 구할 수 있는 법적 지위 자체를 청구권으로 보아야 한다는 것이다(Limmelspacher, Henckel은 처분대상이 동일하면 관념적으로 수개의 청구권이 인정되어도 사회적 실재로서는 1개의 청구권이라고 한다). 그러므로 전통적인 의미의 청구권경합의 경우에 청구권은 1개뿐으로 단지 **청구법규의 경합**(Anspruchsnormenkonkurrenz)에 지나지 않는 것으로 본다.[2][3] 결론은 소송법설과 결과에 있어서 큰 차이가 없으며, 단지 이론면에 있어서 전통적인 청구권개념 대신에 수정된 청구권을 내세우는 것이다. 그러나 통일적인 하나의 청구권만이 성립된다고 할 때 민법이 시효(한 쪽은 3년, 다른 쪽은 10년)·증명책임(한 쪽은 채권자, 다른 쪽은 채무자 부담)·책임범위(아래 260면 판례 참조)·상계허용여부(고의불법행위—상계불가, 채무불이행 가능) 등에 있어서 불법행위법규와 계약불이행법규의 사이에서 서로 내용이 달라 극복하기 어려운 한계가 있으며 어느

1) 전병서, 85면; 김상수, 48면; 김용진, 238면.
2) 졸저, 소송물에 관한 연구, 59면 이하 참조.
3) 일본은 사법연수소에서 청구법규의 요건사실 중심으로 교육하기 때문에 청구법규를 소홀히 하는 신소송물론이 실무에서 퇴조를 보인다는 것이다.

쪽의 법규를 우선 적용할 것인가 등의 문제가 있다.[1]

Ⅲ. 판례의 입장

(1) 판례는 구실체법설인 구소송물이론의 입장에 서 있다. **청구원인에 의하여 특정되는 실체법상의 권리관계**를 소송물로 보며, 청구원인에 의하여 동일성이 구별되는 것으로 본다.[2] 각 독립한 권리에 기한 청구이면 소송물은 별개이다. 2013. 7. 12, 2013다22775는 저작인격권이나 저작재산권을 이루는 개별적 권리들은 저작인격권이나 저작권이라는 동일한 권리의 한 내용에 불과한 것이 아니라 각 독립한 권리로 파악하여야 하므로 각 권리에 기한 청구는 별개의 소송물이 된다고 했다.

1) 상법 제148조(운송계약불이행)에 의한 손해배상청구권과 불법행위에 의한 손해배상청구권. 두 가지를 동시에 주장하면 선택적 병합이다.[3] 수치인이 목적물을 멸실함으로써 계약상의 반환의무의 불이행뿐만 아니라 불법행위에 해당한다고 주장하는 경우 역시 청구의 병합이 된다고 하였으며,[4] 대법 2013. 9. 13, 2013다45457은 부당이득반환청구권과 불법행위로 인한 손해배상청구권은 실체법상 별개의 청구권이므로 각 청구권에 기한 이행의 소는 소송법적으로도 소송물을 달리한다고 하였다. 또한 대법 2014. 1. 16, 2013다69385에서도 사용자의 채무불이행 또는 불법행위로 인한 손해배상청구권 등은 별개의 청구권이므로, 소송법적으로도 소송물을 달리 한다고 하였다. 이 두 개의 판례에서 **어느 하나의 청구권**에 관한 소제기로 승소판결을 받았다 하더라도 아직 채권의 만족을 얻지 못한 경우에는 **다른 청구권**에 관한 이행판결을 받기 위하여 그에 관한 이행소송을 제기할 수 있다고 하였다. 책임범위가 다르다는 것이 전제되어 있다.

2) 어음·수표채권에 기한 청구와 원인채권에 기한 청구. 이 때에 별개의 소송물임을 전제로 이를 동시에 주장하면 청구의 병합이 되고, 그 중 어느 하나를

1) Rosenberg/Schwab/Gottwald, § 92 Rdnr. 16.

2) 대법 1989. 3. 28, 88다1936 등. 대법 2011. 6. 30, 2011다24340도 청구원인이 소송물의 동일성 판단의 기준이 된다고 하였다.

3) 대법 1962. 6. 21, 62다102. 국영철도의 사고로 인한 여객사망의 경우에 피해자 측은 상법 제148조에 의한 여객운송인의 채무불이행으로 인한 손해배상도 청구할 수 있다고 하여 운송인의 무과실의 증명책임이 있다고 하였다(대법 1971. 12. 28, 71다2434).

4) 대법(전) 1983. 3. 22, 82다카1533; 동 1969. 2. 19, 4290민상571.

주장하다가 다른 것으로 바꾸는 것은 소의 변경이라 했다.[1] 앞서 본 대법 2013. 2. 15. 판례에서 채권의 발생원인과 발생시기 등을 달리하는 경우에 별개의 소송물이 된다고 하여, 이와 같은 경우에 채무자는 어느 채권에 대한 항변인지 특정하여야 한다고 했다.

3) 동일물의 반환청구를 소유권에 기하여 청구하는 때와 점유권에 기하여 청구하는 때 별개의 소송물에 관한 청구임을 전제로, 전자의 청구임이 명백하다면 후자의 청구인가 여부를 석명할 의무가 없다고 했다.[2]

4) 이전등기청구사건에서 등기원인으로 전소에서는 매매(또는 대물변제)를, 후소에서는 취득시효의 완성을 주장하는 경우와 같이 등기원인을 서로 달리 하면 공격방법의 차이가 아니라 등기청구권의 발생원인의 차이라 하여 소송물이 별개라는 전제에 서 있다.[3] 말소등기 청구사건에서는 다르다.[4]

5) 신체의 상해로 인한 손해배상을 청구하는 경우에 소송물은 적극적 재산상 손해, 소극적 재산상손해 및 정신적 손해의 세 가지로 나누어진다는 3분설을 따랐다.[5] 그러나 최근에 와서는 재산상의 손해와 정신적 손해의 2분설로 접근하는 등 유연성을 보인다.[6]

6) 이혼소송에서는 각 이혼사유마다 소송물이 별개이며,[7] 재심의 소의 소송물은 각 재심사유마다 별개가 된다는 입장이다.[8]

7) 제203조의 처분권주의에 관한 판례: i) 원고가 소유권이전등기를 매매를 원인으로 청구한 데 대하여 담보약정계약을 원인으로 인용한 경우,[9] ii) 원고가 혼인예약이행청구권의 침해에 의한 불법행위를 이유로 손해배상청구를 하여온

---

1) 대법 1961. 11. 2, 4293민상325; 동 1965. 11. 30, 65다2028 등.
2) 대법 1996. 6. 14, 94다53006.
3) 대법 1997. 4. 25, 96다32133; 동 1991. 1. 15, 88다카19002 · 19010.
4) 대법 1999. 9. 17, 97다54024; 동 1993. 6. 29, 93다11050 등은 말소등기청구의 소송물은 그 말소원인을 달리 하여도 이는 공격방법의 차이에 불과하다는 것이 주류이다(단 반대는 대법 2011. 7. 14, 2010다107064). 또 사행행위취소청구에서 취소대상행위의 법률적 평가와 관련하여 증여 또는 변제로 달리 주장하는 것은 공격방법을 달리할 뿐이고(대법 2005. 3. 25, 2004다10985 등) 피보전권리를 달리 주장하는 것도 마찬가지이다(대법 2012. 7. 5, 2010다80503).
5) 대법 1976. 10. 12, 76다1313. 졸고, "손해배상청구의 소송물," 판례월보 101호, 114면 이하.
6) 대법 1989. 10. 24, 88다카29269; 동 2006. 9. 22, 2006다32569; 동 2013. 7. 12, 2006다17539.
7) 대법 1963. 1. 31, 62다812.
8) 대법 1992. 10. 9, 92므266; 동 1970. 1. 27, 69다1888 등. 판결의 기초가 된 수개의 재판이 모두 재심에 의하여 효력을 잃은 경우 각 재판이 효력을 잃었다는 사정은 독립한 별개의 재심사유로서 별개의 청구원인을 구성한다는 것에, 대법 2019. 10. 17, 2018다300470.
9) 대법 1992. 3. 27, 91다40696.

데 대하여, 법원이 혼인예약불이행에 의한 손해배상청구권이 성립한다고 보아 청구를 인용한 경우,[1] iii) 피고가 보통파 종자를 옥파 종자로 판매하였다 하여 손해배상을 구한 사안에서, 당사자가 불법행위로 인한 손해배상금으로 주장하였음에도 채무(계약)불이행으로 보아 청구를 인용한 경우[2]는 처분권주의의 위배라고 하였다. 피고가 정기검사를 이유로 선박인도받은 후 계속점유한다고 불법행위에 기한 손해배상청구를 한 데 대하여, 원·피고간의 사용대차계약상의 의무불이행으로 판단하여 채무불이행에 기한 손해배상책임을 지운 경우도 같다.[3]

(2) 한편 판례는 i) 환매약관부매매를 원인으로 한 토지인도청구에 대해 양도담보로 평가하여 그 인도청구를 인용하여도 위법이 없다고 하였는가 하면,[4] 등기청구사건에서 「법원은 당사자가 등기원인으로 표시한 법률판단에 구애됨이 없이 정당한 법률해석에 의하여 등기원인을 바로잡을 수 있다」고 하는 등 법원의 법률적 관점선택의 자유를 인정한 것이 있다.[5] 법원은 청구의 객관적 실체가 동일하다고 보여지는 한 청구원인으로 주장한 실체적 권리관계에 대한 정당한 법률해석에 의하여 판결할 수 있다고 한다.[6] ii) 재산상속인에 관하여 자기들만이 진정한 상속인이라고 주장하여 참칭상속인들을 상대로 그들 명의의 상속부동산 등기의 말소청구(또는 진정명의회복을 위한 이전등기)를 하는 경우에 그 소유권 주장이 상속을 원인으로 하는 것인 이상, 원고들의 청구원인여하에 불구하고 민법 제999조의 상속회복청구의 소라고 해석평가하여 그 소에 관한 제척기간의 문제를 처리할 것이라는 취지이다.[7] 나아가 대법 1983. 3. 22, 82다카1810을 보면 회사의 총회결의에 대한 부존재확인청구나 무효확인청구는 모두 법률상 유효한 결의의 효과가 현재 존재하지 아니함을 확인받고자 하는 점에서 동일한 것이므로 법률상 부존재로밖에 볼 수 없는 총회결의에 대하여 결의무효확인을 구하고 있다 하여도 이는 부존재확인의 의미로 무효확인을 구하는 취지라고 풀이하여 받아들일 수 있다고 하였다. 따라서 이 경우에 소송물은 공통이라는 신이론과 발

---

1) 대법 1962. 4. 4, 4294민상945.
2) 대법 1963. 7. 25, 63다241 등.
3) 대법 1989. 11. 28, 88다카9982. 소유권 상실로 인한 손해배상청구에 대하여 당사자가 주장하지 않은 소유권보존등기 말소등기절차 이행불능으로 인한 손해배상 인정은 처분권주의의 위반으로 위법하다는 것에, 대법(전) 2012. 5. 17, 2010다28604.
4) 대법 1966. 2. 22, 65다2604.
5) 대법 1980. 12. 9, 80다532.
6) 대법 1994. 11. 25, 94므826·833.
7) 대법(전) 1991. 12. 24, 90다5740 등.

상을 같이 한 것으로, 큰 진전이라 하겠다. 대법 2003. 7. 11, 2001다45584에서 결의부존재확인청구와 취소청구 사이에서도 같은 맥락의 판례를 냈다.[1] iii) 대법 1992. 2. 25, 91누6108에서는 과세처분무효확인소송의 경우에 청구취지만으로 소송물의 동일성이 특정된다고 할 것이고 당사자가 청구원인에서 무효사유로 내세운 개개의 주장은 공격방법에 불과하다고 하여, 이 한도에서 청구취지 일분지설을 정면으로 받아들였다. 독일판례에서(BGH NJW 99, 1638m.N. 취소소송이 전소에서 청구기각의 판결이 났으면 후소에서는 전소제기 당시에 존재했던 취소·무효사유 모두가 기판력으로 차단되는 것으로 보았다)도 주주총회결의 취소소송에서 일분지설에 의하고 있다.

(3) 결론적으로 말하여 판례의 주류는 어디까지나 구이론의 입장이나, 소송의 종류에 따라 신이론으로 접근하는 유연성도 보이고 있다. 목적과 실질에 비추어 동일소송물로 본 사례로, 뒤에서 볼 바인 소유권등기말소청구와 진정한 등기명의회복의 소유이전등기청구(아래 267면) 그리고 부당이득반환청구와 파산절차개시후의 파산채권확정청구[2] 등이 있다. 나아가 제136조의 지적의무에 의거하여 구소송물이론의 한계를 다소 둔화시키는 면이 나타나 있다.

Ⅳ. 구이론에 대한 비판[3]

1. 일반적 비판

구이론은 소송상의 Anspruch(청구)와 실체법상의 Anspruch(청구권)를 동일시하여, 소송은 실체법상의 청구권의 실현수단이라고 본 ZPO 기초자들의 견해에 그 근원이 있다. 그러나 이행의 소에 있어서 실체법상의 청구권이 소송물인가는 별론으로 하고, 형성의 소에 있어서는 실체법상의 청구권이 쟁송의 대상이 되지 아니하며, 형성(소)권만이 문제되고 있다. 뿐만 아니라 확인의 소의 경우에는 민법상의 청구권의 확인은 오히려 예외에 속하며, 절대권과 법률관계의 확인청구가 일반적이다. 따라서 민법상의 '청구권=소송상의 청구'라는 것은 이 세 가지 소송에 공통적으로 타당할 수 없다. 또 실체법상의 권리 없이 소송하는 소극적 확인의 소(채무부존재 확인청구 등)는 소송물 없이 소송하는 것이 되게 된다.[4]

2. 개별적 비판

(1) 청구의 병합의 문제 구이론은 동일소송절차에서 같은 급여나 같은 법률관계의 형성을 위해 경합관계의 여러 개의 청구권·형성권에 기하여 청구하는 경우에, 소송물

1) 다만 제소기간이 지난후 새로운 무효·취소대상안건을 추가하거나 새로운 하자를 주장할 수 없다는 것에, 대법 2010. 3. 11, 2007다51505; 동 2004. 6. 25, 2000다37326.

2) 파산절차의 개시라는 특수한 상황하에서 그 청구취지만을 이행소송에서 확인소송으로 변경한 것에 불과하다는 이유, 대법 2013. 2. 28, 2011다31706.

3) 저자의 이와 같은 비판에 대한 재비평에는 방순원, 286면 이하 참조.

4) 졸고, "법조경합과 청구권경합," 변호사 2호, 49면.

이 복수라 하여 청구의 병합으로 본다. 만일 이 때에 병합형태를 단순병합이라 한다면 동일급여에 대하여 이중이행판결의 가능성이 있다고 하여, 이를 피하기 위한 테크닉으로서 그 중 이유 있는 소송물 어느 하나를 선택하여 인용판단하면 된다는 식의 선택적 병합으로 구성을 한다. 그러나 이와 같은 이론구성은 소송의 목적인 급여나 권리형성보다도 개개의 실체법상의 권리관계의 확정을 분쟁의 핵심적 사항으로 보는 구이론의 기본입장과는 맞지 않는다. 즉 소송에서 중요시되는 것이 급여나 권리형성이 아니라 개개의 실체법상의 권리의 확정이라면, 병합된 다른 권리의 이유유무와 관계 없이 주장하는 권리 모두의 이유유무를 법원이 판단하여야 할 것이다.

(2) 청구의 변경의 문제 구이론에 의하면 급여나 권리형성을 종전대로 두고 청구원인에서 실체법상의 권리를 바꾸는 경우에는 소송물의 변경이 된다.

구이론과 같이 청구원인의 권리만을 변경하는 경우 소변경의 절차를 밟아야 하는 것은 실천적으로 바람직하지 못하다. 서면에 의하여야 하고, 소송절차의 현저한 지연을 초래하여서는 안 되며, 또 교환적 변경이면 다수설에 의할 때 피고가 본안에 관하여 이미 변론한 경우에는 피고의 동의까지 필요로 한다(이하 「소의 변경」 참조). 또 처음 소제기에 발생한 소송계속의 효과인 시효중단·기간준수의 효과가 유지되지 아니한다. 따지고 보면 이 경우에는 목적상 하나의 분쟁내에서 그 법률적 근거를 달리하는 경우에 지나지 않는다. 그럼에도 소변경의 굴레를 씌워 그 변경을 제약하는 것은 절차를 번거롭게 하며 소송의 촉진을 저해하게 된다. 뿐더러 소송의 탄력성 있는 수행의 요청에도 반한다.

(3) 중복소제기의 문제 구이론은 동일법률효과에 관한 분쟁 즉 동일한 목적의 분쟁임에 불구하고 법률적 관점 여하에 따라 여러 개의 소송으로 분할하여 별개의 소로 소송을 진행시킬 수 있는 길을 터놓고 있다. 가령 부산에서 상경하여 택시에 탔다가 충돌사고로 부상을 당한 피해자가 불법행위지인 서울지법에 불법행위에 기한 배상청구를 하였음에도 불구하고, 계약불이행에 기한 배상청구권을 원인으로 하여 같은 액수의 청구를 의무이행지인 부산지법에 제소하여도 전소와는 중복소송이 되지 아니한다는 결론이 된다. 때문에 첫째로, 강제응소를 당해야 하는 피고나 심판을 담당해야 하는 법원에게 이중의 시간·비용·노력의 소모를 강요하는 것으로서 소송경제에 반한다. 나아가 심판이 모순·저촉되는 결과도 배제할 수 없다. 둘째로, 특히 같은 급여를 목적으로 하는 분쟁에 있어서는 모두 각각 승소판결을 받게 되어 이중의 집행권원이 작성되어 같은 급여에 관한 이중집행의 위험을 당면하게 된다.

(4) 기판력의 문제 구이론은 기판력으로 확정되는 것은, 개개의 실체법상의 권리의 존부이다. 그러므로 같은 목적의 분쟁이라도 이를 뒷받침할 여러 개의 권리가 경합되면 여러 개의 소송으로 분할하여, 그 하나가 끝이 나면 다른 것으로 계속 분쟁을 재연시킬 수 있다.[1]

경합하는 권리 중 어느 하나의 권리에 기하여 패소한 경우를 생각하여 보자. 예컨대 자동차에 탔다가 사고로 피해를 입었다고 하여 손해배상을 구한 경우 법원이 불법행위의 관점에서만 심리한 끝에 패소시켰다면, 기판력은 오로지 불법행위에 기한 손해배상청구권

1) 구소송물이론의 문제점을 지적한 사례로, 졸저, 입문, 〔事例 46〕·〔事例 47〕, 154면 참조.

에만 미친다고 보는 것이 구이론이다. 그러므로 패소한 원고가 같은 사실을 바탕으로 하여 계약불이행의 관점에 의하여 손해배상을 구한다 하여도 전소의 기판력을 받지 않는다. 그러므로 후소가 전소와 목적을 같이하고 같은 사실관계에 기한 청구라도 법률이론의 구성을 달리하면 전소의 기판력을 받지 않게 된다는 것이다. 이처럼 1회적인 채무를 질뿐인 피고를 상대로 원고가 새로운 법률적 관점을 찾아 계속 여러 번 제소하는 등의 파상공격할 수 있다면, 법적 평화와 안정을 이루려는 기판력의 기능을 마비시키게 된다.

(5) **소송물의 특정과 처분권주의의 문제**(법원의 법률평가자유의 문제) 실체법상의 권리의 존부의 주장을 소송물이라고 보는 구이론은 이행의 소에서는 주장하는 개개의 청구권, 형성의 소에서는 주장하는 형성권(형성원인)을 소송물이라 본다. 그런데 소송물의 특정은 원고의 책임이므로 구이론에 의하면 원고는 실체법상 어떠한 성질, 어떠한 종류의 권리인가를 밝혀야 하며 법원은 이에 구속되어 심판하지 않으면 안 되고, 원고 주장의 권리와 다른 권리로 평가하여 인용하면 처분권주의(203조) 위배로 귀착된다. 이는 법률에 어두운 국민의 권익의 보호에 매우 치명적인 것이라 하겠다. 예를 들면 전세입주자가 실화로 인하여 가옥을 소실케 하여 그 반환의무를 이행하지 못한 것에 대하여 손해배상을 청구하는 경우에, 원고가 계약불이행으로 이론구성을 하였다면 자기가 피고측의 과실을 입증할 필요가 없어 쉽게 승소할 수 있을 것임에도 불구하고 불법행위로 구성하였기 때문에 피고측의 과실에 대한 입증을 다하지 못하여 패소당할 수밖에 없게 된다.

「너는 사실을 말하라, 그러면 나는 권리를 주리라」(da mihi factum, dabo tibi ius)라는 법언이 이를 적절하게 표현하여 주는 것처럼, 법 발견(Rechtsfindung)은 법원에, 사실자료의 수집(Stoffsammlung)은 당사자에 각 책임분담이 현대민사소송법의 확립된 원칙이다. 법원이 원고가 특정한 법률적 관점에 구속되어 심판하여야 한다는 것은 재판에 있어서 당사자와 법원의 역할이나 그 분담관계의 무시이다.

3. 판례에 대한 비판

(1) 우리 판례가 등기사건에 있어서 특히 이전등기원인을 소송물의 동일성의 식별기준으로 삼고 있음은 앞서 말한 바이다. 그러나 일본의 구이론의 일부 논자는 이전등기원인이 청구원인이 아니고 단지 공격방법에 지나지 않는 것으로 본다.

(2) 우리 판례의 주류는 인명사고에 의한 손해배상청구의 소송물에 관해 적극손해, 소극손해 및 정신적 손해 등 3분설을 취하고 있다. 그러나 日本最高裁 昭和 48. 4. 5 판결에서는 원인사실 및 피침해이익이 공통됨을 근거로 하여 1개의 소송물(손해 1개설)로 판시하여 소송물의 폭을 넓혔다.

과거에는 우리 판례가 일본과 달리 원고주장의 권리와 다른 권리를 주장하게끔 소의 변경을 유도하는 석명권행사에 소극적이었으나, 최근에는 소의 변경의 적극 석명이나 지적의무의 활용 등 변화의 조짐이 나타난다(357, 362면 참조).[1)]

---

1) 대법(전) 1995. 7. 11, 94다34265; 대법 2009. 11. 12, 2009다42765. 졸고, 우리법 70년 변화와 전망(청헌 김증한 교수 30주기 추모논문집), 791면.

Ⅴ. 각종의 소의 소송물과 그 특정(소송물의 재구성)

앞서 본 구이론에 관한 비판을 통해서 분쟁의 핵심은 실체법상의 권리의 확정이 아니라 원고가 소로써 달하려는 경제적·사회적 목적임을 알았다. 따라서 소송물의 재구성의 출발점은 당연히 원고의 소송목적에 두지 아니하면 아니 될 것이다.[1] 그런데 민사소송법 제249조의 청구취지는 소의 결론부분, 즉 소로써 달하려는 사회적·경제적 목적을 표현한 부분이며, 청구원인에는 청구취지와 같은 결론도달의 전제가 되는 실체법상의 권리 또는 사실관계를 표시하는 것이 통례이다. 따라서 소송물은 **청구취지**에 표현된 소송의 실질적 목적(권리보호목적, Rechtsschutzziel)에 맞추어 그 개념을 구성하여야 할 것이다. 현행법이 청구취지의 변경을 청구의 원인의 변경과 달리 서면변경을 요구하고 있다. 나아가 현행법체계가 청구취지에 대응하는 **판결주문 중심의 체제**(기판력의 객관적 범위, 재판의 누락, 상소의 이익, 보조참가의 이유, 불이익변경금지, 상고이유, 재심사유 등에서 나타남)로 정립되어 있다는 것도 유의할 것이다. 그러므로 기본적으로 청구취지가 기준이 된다는 일분지설(일원설)을 따른다. 기준의 명확성·사고의 경제성에 합치된다. 소송의 종류에 따라 개별적으로 살펴본다.

1. 이행의 소의 소송물

이행의 소의 목적은 급여(급부)의 실현이므로, 그 소송물은 청구취지에 표현된 급여를 구할 수 있는 법적 지위의 주장 내지는 급여명령을 해 줄 것의 요구이다. 재판이 법률에 의한 분쟁해결임에 비추어 재판과정에서 실체법상 어떠한 성질의 청구권인가의 확정은 필연적이지만, 이는 어디까지나 급여의 실현이란 목적 즉 결론에 도달하기 위한 수단 내지 전제에 그친다. 그러므로 구이론과 같이 개개의 실체법상 청구권의 주장이 소송물일 수는 없으며 이는 한낱 급여를 구할 수 있는 법적 지위의 존부를 가리는 **공격방법 내지는 법률적 관점** 이상의 의미가 없다.

(1) 대표적 사례 1회적 급여(실체법질서가 1회의 실현밖에 인정하지 아니하는 급여)를 구하면 소송물은 1개이며, 비록 수개의 경합하는 청구권에 기하여 청구하여도 구이론·판례가 보는 것처럼 소송물은 수개가 아니다. 대표적인 예를 몇 가지 들면,

(a) **점유의 소와 본권의 소** 같은 물건의 인도청구를 소유권과 점유권에

1) BGH 9, 22ff. (NJW 1953, 664ff.)에서 소송물은 원고가 구하는 목적(Ziel)에 의하여 정립하지 않으면 안 된다고 한 것은 정곡을 찌른 파악이라 하겠다.

기하여 청구하여도 급여내용이 같은 물건의 1회적 인도임에 틀림없으므로 소송물은 동일하며, 공격방법이 2개 경합되는 차이뿐이다. 그러나 판례는 소유권에 기한 건물반환의 청구취지 속에는 점유권에 기한 반환청구가 포함되었다고 볼 수 없다고 했다.[1)]

(b) **소유권에 기한 청구권과 계약에 기한 청구권** 임대물건의 명도청구를 소유권에 기한 청구권(기간만료), 임대차계약의 법정해지(차임연체)에 기한 청구권, 합의해지에 기한 청구권에 기하여 청구하여도 동일물의 명도이행을 구할 수 있는 법적 지위의 주장임에 아무런 차이가 없으며, 따라서 소송물은 같고 단지 원고의 공격방법이 3개일 뿐이다.[2)]

(c) **등기청구소송의 소송물** i) 소유권이전등기청구소송을 매매로 인한 이전등기청구권과 시효취득으로 인한 이전등기청구권에 기하여 청구하여도, 결국 원고 앞으로의 1회적인 소유권공시를 목적으로 하는 소송이므로 소송물은 1개이며, 등기원인이라는 공격방법이 복수인 것에 불과하다(판례는 다름). ii) 수개의 말소원인을 바탕으로 하여 말소등기청구소송을 제기한 경우라도, 1회의 등기명의 회복을 목적으로 하는 소송이므로 소송물은 1개이고, 이를 이유 있게 하는 공격방법이 경합되었을 뿐이다(우리 판례의 주류는 같음. 256면 참조). iii) 이전등기청구와 말소등기청구 사이에는 청구취지의 차이가 있으므로 원칙적으로 소송물이 다르다고 할 것이지만,[3)] 같은 원고가 소유권에 기하여 말소등기청구와 그 대신에 소유권에 기하여 진정한 등기명의회복의 이전등기청구를 하는 때는 소송목적이 등기명의의 회복청구인 점에서 차이가 없어 소송물을 동일한 것으로 보아야 한다. 이 점 판례도 그러하다.[4)] 또 양도담보로 채권자 앞으로 넘어간 소유권을 채무자가 담보채무의 소멸을 원인으로 되찾기 위하여 채무자가 자기 앞으로 이전등기청구할 경우나 채권자명의의 등기말소청구를 하는 경우도 같다 할 것이다. 나아가 판례는 사해행위취소소송에서 채권자가 원상회복의 방법으로 수익자 앞으로 넘어간 등기의 말소청구, 수익자상대의 이전등기청구를 택일적으로 할 수 있다고 했다.[5)]

---

1) 대법 1996. 6. 14, 94다53006.
2) 김상원, 판례실무 민사소송법, 266면은 이 경우에 소송물이 3개라는 견해이며, 다만 법정해지사유(차임연체, 무단전대)마다 소송물이 별개가 아닌 것으로 보고 있다.
3) 대법 1995. 6. 13, 93다43491.
4) 대법(전) 2001. 9. 20, 99다37894. 판례는 이 소송은 현재의 등기명의인을 상대로 하여야 하고, 현재의 등기명의인이 아닌 자는 피고적격이 없다고 했다. 대법 2015다240645.
5) 대법 2000. 2. 25, 99다53704. 원상회복의 등기말소판결이 집행불능이 되었다 하여, 가액배상청구를 할 수 없다는 것에, 대법 2018. 12. 28, 2017다265815.

(d) 손해배상청구의 소송물

i) 불법행위에 기한 채권과 계약불이행에 기한 채권: 두 개의 경합되는 채권에 기하여 청구하여도 한 가지 사고에 의한 일정액의 배상금을 수령할 법적 지위가 소송물이므로, 소송물은 1개이며 법적 관점이 경합되었을 뿐이다(판례는 다름. 249면 참조).

ii) 손해항목과 소송물: 생명·신체침해로 인한 손해배상청구소송에 있어서 적극적 손해, 소극적 손해, 정신적 손해(위자료) 등 수개의 손해항목을 청구할 때 판례는 손해항목마다 소송물이 별개라고 하여 손해 3분설을 취한다(뒤에 볼 「처분권주의」 참조). 그러나 결국 하나의 비재산적 손해에 관한 이행청구이므로 소송물은 1개라고 할 것이고(손해 1개설), 여러 가지 손해항목은 하나의 비재산적 손해를 평가하기 위한 자료에 지나지 아니한다고 할 것이다.[1] 뒤에 볼 것이나 상소의 이익에 관하여서는 손해 3분설이 흔들린다(뒤 「상소의 이익」 참조).

iii) 후유증에 의한 확대손해: 기판력의 표준시 후에 나타난 후유증에 의한 손해배상청구를 허용하여야 한다는 점은 이론이 없으나 그 이론구성에 대하여는 다툼이 있다. 즉 ① 전소의 표준시 후에 생긴 치료비의 추가청구는 명시적 일부청구한 뒤의 잔부청구로 보고 그 적법성을 인정하는 입장(명시설),[2] ② 전소판결의 표준시까지 구체화되지 않은 손해는 표준시 후의 새로운 사유에 해당되어 기판력의 시적 한계의 문제로서 후소의 제기가 허용된다는 설(시적 한계설), ③ 전소계속중에 당사자에게 그 제출을 기대할 수 없었던 사실자료에 관하여는 전소판결의 기판력이 미치지 아니하므로 후유증에 의한 소송물은 전소와는 별개의 소송물이라는 설(별개의 소송물설) 등이 그것이다. 생각건대 전소 당시 통상의 주의를 다하여도 예견할 수 없었고 함께 청구하는 것이 전소에서 합리적으로 기대할 수 없는 후유증에 의한 손해배상청구는 명시의 유무에 관계 없이 이를 허용할 것이며, 또 후유증손해가 전소판결의 기준시 전에 객관적으로 발생하였느냐의 여부를 따질 필요 없이 이를 허용할 것이라면 ③설이 타당하다고 할 것이다.[3]

---

1) 이 밖에 소송물을 재산손해와 위자료로 나누는 2분설(정영환, 455면; 전원열, 231면)과 사고횟수나 가해행위를 기준으로 1회이거나 1개의 행위이면 소송물이 1개라는 설 등이 있다. 일본의 신이론은 최후설을 따른다. 상세는, 졸저, 소송물에 관한 연구, 193면 및 본서 334면.

2) 日最高裁 1967. 7. 18 판결.

3) 대법 1980. 11. 25, 80다1671. 식물인간 피해자의 여명이 종전의 예측에 비해 수년 연장되어 그에 상응한 향후치료, 보조구 및 개호 등이 추가적으로 필요하게 된 것은 전소의 변론종결당시에는 예견할 수 없었던 손해로서 전소의 기판력에 저촉되지 아니한다는 것에, 대법 2007. 4. 13, 2006다78640. 판례도 별개의 소송물로 본다(대법 2019. 12. 27, 2019다260395).

(e) **원금청구와 이자(지연손해금)청구** 원금채권과 이자채권은 별개의 권리이므로 이에 관한 소는 별개의 소송물로 본다. 채무불이행으로 인한 원금청구와 지연손해금청구도 별개의 소송물이라 할 것이다(위의「처분권주의」참조).

(f) **일부청구의 소송물** 가분적인 채권의 일부청구의 경우에 소송물을 어떻게 볼 것이냐의 문제가 있다. 甲이 乙에 금 1억원의 대여금채권을 갖고 있는데 그 중 4,000만원만을 먼저 청구하고 나머지 6,000만원을 남겨 두었을 때에 소송물이 4,000만원인가, 아니면 1억원 전체인가의 문제이다. ① 그 일부임을 명시한 바 없었다 하여도 잔부와의 관계에서 4,000만원이 독립의 소송물로 된다는 **일부청구긍정설**, ② 그 일부가 일정한 표준으로(이행기의 차이, 담보권이 설정되어 있는가 따위) 특정되지 않는 한 일부청구에 불구하고 1억원 전부를 소송물로 제시한 것으로 보아야 하며, 일부청구는 단지 인용한도액을 결정한 것에 그친다는 **일부청구부정설**이 있다(미국이 그러하다). ③ 원고가 일부청구임을 밝혀 명시한 경우에는 4,000만원이 독립의 소송물로 되지만, 그렇지 않은 경우에는 1억원 전부를 소송물로 보아야 한다는 **명시적 일부청구설**(절충설)이 있다. 생각건대 일부청구의 문제는 분쟁의 1회적 해결의 요청과 분할청구의 자유존중의 필요 등을 비교형량하여 결정할 사항이라고 본다면 일부청구의 문제는 중복소송의 경우를 제외하고 ③설이 가장 타당하다고 하겠다.

일부청구에 있어서 이 밖에도 다음과 같은 문제가 있는데 정리해 본다.

[도표 4] 일부청구에 관한 제문제

제 목	내 용
일부청구의 적법성	소송비용의 절감과 법적 견해의 타진—적법, 단 소액사건법 5조의 2에서 금지, 일부상소도 허용.
일부청구의 소송물 특정	수개의 손해배상청구권에 기한 일부청구는 그 배분비율의 특정필요(대법 2007다25865, 2013다101104).[1] 감축시에 그 내역의 석명 요
일부청구의 과실상계 · 상계항변	안분설, 외측설(판례 · 통설)-335면 이하
잔부청구와 중복소송	중복소송설, 명시적 일부청구설(판례), 단일절차 병합설-303, 304면
잔부청구와 시효중단	전부중단설, 일부중단설, 명시설(판례 · 통설)-309면

1) 대법 2017. 11. 23, 2017다251694는 발생시기와 발생원인 등을 달리하는 수개의 손해배상청구권을 소송으로 청구하는 경우 손해배상채권별로 청구금액을 특정하여야 하며, 법원도 이에 따라 손해배상채권별로 인용금액을 특정하여야 하며, 이 법리는 채권자가 수개의 채권 중 일부만을 청구하는 경우도 마찬가지라고 하였다.

잔부청구에 대한 기판력	명시적 일부청구이면 잔부에 기판력 없음(판례 · 통설)-683면
변론종결 후의 현저한 사정변경과 증감액 청구	정기금판결 변경의 소(252조)
	명시적 일부청구의제론에 의한 증액추가청구, 집행력 배제를 위한 청구이의의 소에 의한 감액청구-673면
전부승소의 상소의 이익	묵시적 일부청구에 한함-890면

(2) **이행의 소와 소송물의 특정** 이행의 소에 있어서는 청구취지에 기재하는 급여의 대상과 내용만으로 소송물의 동일성이 특정되며, 청구원인은 소송물의 요소가 아닌 것이 원칙이다.[1] i) 특정물에 관한 이행소송에서는 청구취지에서 급여의 대상과 내용이 구체적으로 밝혀지기 때문에 소송물의 특정을 위하여 청구원인의 도움을 필요로 하지 않는다(구이론에 의하면 청구취지 이외에 청구권발생의 원인사실을 기재하는 청구원인에 의하여 특정된다고 본다). ii) 다만 금전지급이나 대체물인도소송에 있어서는 소장의 청구취지에서 대여금 · 손해금 등 금전의 성질은 표시하지 않고 단지 '금 100만원을 지급하라'와 같이 간결하게 표현되므로, 그것이 매매대금채무 100만원인지 대여금채무 100만원을 가리키는 것인지, 대여금채무 60만원과 대여금채무 40만원의 합산인지, 청구취지만으로는 판별할 수 없다. 따라서 그와 같은 소에서는 청구취지만으로 동일성 여부를 가리기 어려운 한계 때문에 소송물의 특정을 위해 청구원인에 나타난 사실관계의 보충을 받는 것이 필요하다(신구이론 모두가 일치. 그렇다고 이 경우는 이분지설을 따른 것은 아님).

2. 확인의 소의 소송물

다툼이 있는 권리관계의 공권적 확정을 목적으로 하는 확인의 소의 소송물은 청구취지에 표시된 권리관계의 존부의 주장 내지 확인재판을 해달라는 요구이다. 확인을 구하는 권리관계는 청구취지에 기재하는 것이 통례이므로, 청구취지만으로 소송물의 동일성이 특정되며, 따로 청구원인에 의한 보충이 필요 없다. 이 점 이설이 없지 않으나,[2] 신 · 구이론 사이에 대체로 견해의 일치를 보이고 있다. 따라서 소유권확인의 소에서 소유권취득원인이 되는 매매 · 시효취득 따위는 소송물의 특정을 위해 그 기재를 필요로 하지 않으며 변론과정에서 적시에 제출할 한낱 공격방법(146조)에 불과하다.

1) 이와 같이 급여의 동일성이 대상과 내용으로 특정되므로, 같은 대상이라도 급여의 내용이 다르면 별개의 급여이다. 따라서 동일건물의 철거청구와 인도청구는 별개의 소송물이 된다.

2) 호문혁, 132면은 이분지설로 일관하여 확인의 소에서도 청구취지와 청구원인의 사실관계에 의하여 소송물이 특정된다고 본다. 이분지설에 의하면서도 확인의 소의 소송물은 예외로 청구취지만으로 특정된다는 견해에는 정동윤/유병현/김경욱, 300면.

다만 청구취지에서 구하는 권리관계의 내용을 명백히 하기 위해 그 법률적 성질(예: 소유권, 양도담보권, 소비대차 따위)을 특정하여야 하지만 원고가 청구취지에서 밝힌 법률적 성질이 소송물의 본질적 요소는 아니며, 법원은 반드시 이에 구속되어 재판하여야 하는 것은 아니다. Henckel 이 지적하는 바와 같이 확인의 소에 있어서도 원고의 법률적 성질결정(성질평가)은 소송물의 특정에 일응의 기준이 될지언정 절대적인 기준이 될 수는 없다.[1] 확인의 소라 하여 당사자가 추상적인 법률문제에 대한 해답을 요구하는 것이 아니며, 따라서 자기가 갖고 있는 권리가 실체법상 어떠한 성질의 권리인지 의문을 풀려는 것이 아니다. 자기의 법적 지위가 상대방으로부터 현재 위협당하고 있기 때문에 그 위협제거의 효과를 가져올 내용의 권리를 확정함으로써 분쟁을 해결하려는 것이 확인의 소의 목적인 것이다. 그러므로 확인의 소라 하여 법원의 법률평가의 자유가 제약될 수는 없으며, 법률부지로 억울하게 패소당하는 폐단을 막아야 한다는 요청은 이행의 소와 형성의 소의 경우와 마찬가지이다.[2] 예컨대 은행측이 예금관계를 부인하여 예금주가 제소하는 경우에, 예금주가 비록 그 예금관계를 소비대차계약으로 성질결정을 하고 그 확인을 구하였다 하여도, 법원은 이에 구속됨이 없이 소비임치계약의 확인청구로 보고 판단하여야 한다.

3. 형성의 소의 소송물

형성의 소는 판결에 의한 일정한 법률관계의 형성(변동)에 목적을 두고 있으므로, 그 소송물은 청구취지에 표시된 법률관계의 형성을 구할 수 있는 법적 지위의 주장 내지는 판결을 통한 법률관계의 형성의 요구이다. 개개의 형성권(형성원인)의 확정은 어디까지나 법률관계의 형성이라는 목적 즉 결론에 도달하기 위한 수단 내지 전제에 그치므로 구이론의 주장과 같이 개개의 형성권의 주장이 소송물이 아니며, 이 역시 형성을 구할 수 있는 법적 지위의 존부를 가리는 공격방법 내지는 법률적 관점 이상의 의미가 없다.

(1) 1개의 법률관계의 형성(실체법질서가 1회밖에 시인하지 않는 형성)을 구하면 소송물은 1개이며, 비록 수개의 형성권(형성원인)을 주장하여도 구이론이 보는 바와 같이 소송물이 수개가 아니고 단지 공격방법이 수개일 뿐이다. 동일한 법률관계의 형성을 구하면서 형성권을 달리 주장한다 하여 소송물이 별개가 되는 것은 아니다. 따라

1) Henckel, Parteilehre und Streitgegenstand(1961), S. 285.
2) 정동윤/유병현/김경욱, 302면; 호문혁, 131면.

서 이혼소송, 혼인취소소송, 재심소송이나 행정처분취소소송에서 각 이혼사유, 각 이혼취소사유, 각 재심사유, 각 위법사유마다 소송물이 별개가 되는 것이 아니다.[1)]

(2) 형성의 소에서는 청구취지에 표시된 형성의 대상과 내용만으로 소송물의 동일성이 특정되며, 형성권발생의 원인사실(형성원인, 예, 이혼사유 등)을 기재하는 청구원인은 소송물의 요소가 아니다. 형성의 대상인 법률관계가 동일하여도 형성의 내용이 다른 경우는 별개의 소송물이 되는 것이 원칙이다(예: 동일한 혼인관계에 대해 취소청구와 무효청구의 경우). 다만 명목은 다르나 실질적으로 동일목적의 것이고 공격방법의 차이에 불과한 소가 있는데, 다음과 같은 것이다.

(a) **주주총회결의취소의 소와 무효·부존재확인[2)]의 소 등** 결의취소의 소나 무효확인의 소나 모두 그 승소판결에 대세효가 있고, 또 판결의 효력에 차이가 없다(상 376조, 380조, 190조 본문). 실체법은 양자가 마치 소송물을 달리하는 별개의 소송인 것으로 규정하였지만, 결국 하자(흠) 있는 결의에 의해 발생한 효력을 해소시키려는 점에서 소송목적 내지 이익을 같이하는 것이며, 따라서 소송물을 같이한다고 할 것이다.[3)] 단지 전자는 절차상이나 정관위배의 내용상의 하자를, 후자는 법령위배의 내용상의 하자를 각 공격방법으로 한 차이뿐이다.[4)] 앞서 본 대법 1983. 3. 22 판결은 결의무효확인의 소와 결의부존재확인의 소도 소송물을 공통으로 하는 관계라고 보았다. 또 대법 2003. 7. 11, 2001다45584 판결에서도 실질적으로 결의취소의 소와 결의부존재확인의 소는 소송물을 공통으로 한다는 전제하에 결의부존재확인의 소가 상법 제376조의 제소기간 내에 제기되었으면 동일 결의에 대하여 2개월의 제소기간 경과 후에 그 취소소송으로 변경·추가되어도 제소기간을 준수한 것으로 보아야 한다고 했다.[5)] 1개의 소송물임을 전제하는 것으로, 별개의 소송물이라면 제소기간 준수의 효력이 유지될 수 없다(265조 참조).

(b) **이혼소송과 혼인취소소송** 실체법은 양자가 별개의 소송제도임을 전제로 규정하고 있으나, 실질적으로 장래에 향한 혼인관계의 해소를 구하는 점에서 공통적이라 할 것이며, 따라서 소송물도 공통으로 한다고 할 것이다. 다만 전자는 혼인관계의 후발적인 해소사유를, 후자는 원시적인 해소사유를 각각 공격방법으로 한 차이뿐이다.

(c) **행정처분취소소송과 무효확인소송** 양자는 형식적으로 별개의 소송물처럼 보이나, 다같이 행정처분에 의하여 조성된 위법상태의 배제를 목적으로 한다는 점에서 소송

---

1) 반대: 호문혁, 127면.
2) 상세는, 졸저, 소송물에 관한 연구, 202면.
3) 상세는, 졸저, 소송물에 관한 연구, 212면.
4) 양자는 별개의 소송물임을 전제로, 청구취지의 변경석명으로 결의의 취소·무효·부존재의 경계불명에서 오는 원고의 불이익을 방지하자는 것에, 강수미, "주주총회결의를 다투는 소송의 소송물에 관한 고찰," 민사소송 19권 2호, 162면.
5) 반대: 김홍엽, 327~328면. 대법 2010. 3. 11, 2007다51505; 동 2004. 6. 25, 2000다37326도 다른 입장인 듯.

물을 공통으로 하는 것이라 본다.[1] 차이라면 전자는 경(輕)한 하자, 후자는 중대하고 명백한 하자를 각각 공격방법으로 한 것뿐이다. 이렇게 해석하는 것이 중대한 하자냐 경한 하자냐의 한계의 불명에서 오는 원고패소의 위험을 더는 길도 된다.

4. 신이론비판에 대한 검토

(1) 법제상의 문제

제262조 2항에서는 소의 변경에 있어서 청구원인이 아닌 청구취지의 변경만 서면을 요하게 하고, 반대해석상 청구원인의 변경은 말로 할 수 있게 하였다. 또 제216조 1항은 기판력을 청구취지에 대응하는 판결주문에 포함한 것에 한하여 미치도록 규정하였는바, 이는 청구취지만이 기판력의 대상이며 분쟁의 핵심임을 뜻하는 것이라 하겠다(247면 참조). 따라서 청구취지에 의하여 소송물을 정립하는 신이론의 입장은 우리 법제와 조화될 수 있다.[2]

(2) 재판부담과중의 문제

재판부담의 과중은 독일처럼 법관 대폭 증원과 ADR의 적극활성화로 해결할 문제이다.

(3) 피고의 방어권의 문제 원고주장이 없는 법률적 관심의 판단은, 피고의 방어권침해가 된다는 반론이 있으나 제136조 4항의 지적의무는 당사자가 명백히 간과하고 법원이 직권으로 찾은 법률적 관점에 기하여 피고를 패소시킬 때에는 피고에게 의견진술의 기회를 주게 되어 있으므로, 이 제도의 이용으로 커버될 문제이다.

(4) 기판력의 범위의 문제 큰 문제이다. 신이론에 의하면 기판력의 범위가 지나치게 넓어지기 때문에 패소원고에게 가혹해질 염려가 있으며, 본인소송 등으로 소송수행이 치졸할 수밖에 없었던 경우에 더욱 그러하다 하는 것이 구이론의 주된 비판이다. 일본의 주류적인 신이론은 청구취지일원설(일분지설)을 기판력의 범위에까지 도식적으로 관철하여 전소와 동일취지의 소송이면 전소에 제출한 것과 무관계의 다른 사실관계에 기한 신소라도 기판력에 저촉된다고 하므로 이러한 일본의 신이론에 대해서는 다소 타당성 있는 비판일지 모른다.

그러나 직권탐지주의의 경우는 별론으로 하고, 변론주의가 적용되는 소송절차에서는 판결이란 변론종결 당시에 제출된 사실자료의 한도 내에서 청구취지의 법률효과가 원고에게 귀속하느냐의 여부에 관한 답변이며, 제출치 아니한 사실까지 포함하여 원고의 청구가 이유 있느냐의 여부에 대한 판단일 수 없다. 그러므로 전에 제출한 사실관계와 무관계한 사실관계까지 기판력의 시적 한계에 의하여 차단될 수는 없다. 절차보장도 기판력의 정당화의 한 가지 근거라고 한다

---

1) 과세처분취소청구를 기각하는 판결이 확정되면 그 처분이 적법하다는 점에 관하여 기판력이 생기고 그 후 원고는 그 무효확인을 소구할 수 없다고 한 것에, 대법 1996. 6. 25, 95누1880.

2) 졸고, "민사소송법 중 개정법률 개관," 사법행정 1990. 2.

면, 전에 제출하였던 사실관계와 무관한 사실은 절차보장이 된 바 없으므로 당연히 구속력의 범위 밖이어야 할 것이다. 여기의 무관계한 사실관계라 함은 i) 전소의 확정사실과 모순되는 판단을 목적으로 하는 사실, ii) 항변으로 제출할 수 있었던 사실, iii) 석명권의 한계 내에 포함되는 보충사실, iv) 법률평가만을 달리한데 그친 사실 등을 제외한 나머지 사실관계를 말한다고 할 것이다.[1] 다시 말하면 공격방어의 초점인 쟁점이 되었던 사항, 즉 **절차보장을 받은 사항**과 무관한 별개의 사실관계로 정의하여도 좋을 것이다.

이처럼 기판력의 시적 범위에 의해 조절한다면 신이론에 의한다 하여도 패소원고의 권리구제의 chance를 좁힌다는 구이론의 비판은 극복되는 한편, 동일사실에 대하여 법률평가(법률적 근거)만 달리하면 동일목적의 소송이라도 끊임없이 되풀이해 결국에는 기판력에 의한 법적 안정성의 기능을 마비시키는 구이론의 폐단도 시정될 것이다.

결국 분쟁해결의 1회성과 원고의 절차보장의 두 가지 요청을 충족시킬 수 있을 것이다.

5. 신이론의 공적

현재 학설로서는 신소송물이론이 다수설이나 판례는 이에 이르지 않고 있다. 신이론은 1개의 분쟁을 여러 개로 나누지 않고 되도록 하나의 절차에서 해결코자 하는 '분쟁해결의 1회성'이라는 이념의 강조이다. 실무에까지 보편화된 것은 아니나, 분쟁해결의 1회성의 사상, 집중이 시대정신이라면 소송법에서의 그 정신의 발현이라 할, 즉 절차의 집중 정신은 소송법이론의 기본이념으로 받아들여 민사소송의 다른 영역인 기판력의 주관적·객관적 범위의 확대론, 다수당사자이론에 깊은 영향을 미친 것을 부인할 수 없다. 나아가 법원의 법률적 관점 선택의 자유를 인정하여 법률주장을 잘못한 원고의 권리보호를 강조한 것도 사법정의 구현의 큰 공적이다. 제136조 4항의 당사자가 간과한 법률적 관점의 지적의무제도의 신설도 신이론의 영향과 무관하지 않다.

제4절 소의 제기

이것은 **소장의 제출→소장의 심사→소장의 송달·답변서 제출의무의 고지→답변서 제출→변론→증거조사→판결**로 이어지는 소송과정의 제1단계 문제이다.[2] 우리나라에서도 소제기에 앞서 내용증명 있는 우편을 보내는 경우가 많다.

---

1) 상세는, 졸저, 소송물에 관한 연구, 258면 이하.

2) 일본은 2003년 법개정으로 소제기 전의 증거수집절차를 새로 신설하였다. 내용인 즉 ① 소제기

전자소송[1](on line 소송-인터넷소송) 2010년 2월「민사소송 등에서의 전자문서 이용 등에 관한 법률」, 즉 전자소송법이 국회를 통과하면서 2011년 5월부터 시행이 되기 시작하였다(e-file). 그 개요는 다음과 같다.

대법원 전자소송포털 홈페이지(ecfs.scourt.go.kr) 접속 → 온라인으로 본인 신원 확인 후 사용자등록 → 전자진행에 동의 → 소장·증거서류 인터넷제출 → 인지대·송달료 전자납부 → 상대방의 답변서·준비서면 등 e-mail송달 → presentation으로 법정변론 → 인터넷으로 소송기록 열람하며 재판진행 → 판결문을 서버에 등재하여 전자송달 → 소송기록열람·출력 등으로 이어진다. 이는 재래의 종이소송과 선택을 전제로 하며, 종이소송보다 인지액은 10% 감액되고, 송달료는 절반이다. 이제 원격형변론(untact)까지 시행되기 시작하였으며, 전자소송이 완결단계로 가고 있다. 전자소송의 등록사용자가 전자우편주소와 휴대폰전화번호를 전자소송시스템에 입력한 경우, 반드시 전자우편과 문자메시지 양자의 방법으로 전자문서의 등재사실을 통지하여야 한다는 등의 판례도 나오고 있다.[2] 등록사용자가 판결문을 1주일 내에 확인하지 아니한 경우에 송달의 효력발생시기에 관하여는 대법 2014. 12. 22, 2014다229016. 국가, 지방자치단체와 공공기관에 대하여는 전자소송이 의무화되었다.

종이소송(off line 소송)보다 소송서류의 송달을 비롯하여 시간·비용이 적게 들고, 종이기록을 보관·휴대하며 돌려 볼 필요없어 재판부구성원 모두가 컴퓨터모니터를 통해 동시에 기록을 열람할 수 있어 정보공유에 좋고 시공초월(anytime, anywhere)로 언제 어디서나 접근하여 제소편의에 도움을 주고 사건파악이 쉬워 집중심리에 도움이 되는 것이 특색이다. 전자소송으로 민사사법의 생태계에 큰 변화의 패러다임이 전개되고 있다. 전자소송은 2019년 현재 82%를 넘어서고 있으며, 현재 대세를 이루고 있다.[3] 소송에서도 paper 시대가 끝나고 digital 시대화가 되고 있다. 여기에다 2015년부터 전면시행의 법정녹음제는 종이소송시대가 끝나는 징조이다. 법원 행정처는 최근에 전자소송업무매뉴얼도 발간했다.

Ⅰ. 소제기의 방식

1. 소장제출주의(248조)

(1) 통상의 소를 제기함에는 원칙적으로 소장(complaint)이라는 서면을 제1심법원에 제출할 것을 요한다. 증권관련집단소송과 소비자·개인정보 단체소송

하려는 자가 서면에 의하여 소제기를 예고하는 제소예고 통지제(일본東京地裁에서 신일본제철 v. Posco 제소에 앞서 2011년 10월 통지가 그 예), ② 예고한 경우에 서면으로 조회하고 회답을 구하는 제소전의 조회제, ③ 문서 송부나 사실조사 촉탁, 전문가의 의견진술, 집행관의 현황조사 등을 구하는 제소전 증거수집의 처분제 등 세 가지이다. 이것은 영국제도에서 유래되었다는 것으로, 한국형 discovery의 구상이 이 비슷한 것이 아닌가 본다.

1) 상세는 유병현, "전자소송절차," 민사소송 14권 2호.

2) 대법 2013. 4. 26, 2013마4003.

3) 일본도 전자소송제도를 4년 후 시행을 목표로 하였지만, 우리와 달리 별도의 단행법이 아니라, 민사소송 본법에 흡수 규정(온라인으로 소장제출, 화상회의를 통해 변론기일 진행).

을 빼고는 소의 제기에 법원의 허가가 필요없다. 독립의 소만이 아니라, 소송중의 소(반소·중간확인의 소·청구의 변경·당사자참가 등)의 경우에도 소장에 준하는 서면의 제출을 필요로 한다. 종이소송일 때에 소장은 지참제출이 바람직하지만, 우편제출도 된다(e-mail에 의한 소장제출은 불허—독일 판례).

(2) 소장에는 제249조에 정한 필요적 기재사항 이외에 원고 또는 대리인이 기명날인 또는 서명할 것을 요한다(249조 2항, 274조).[1] 소장의 제출에 있어서는 선납주의의 원칙에 의하여 민사소송등인지법에서 정한 인지와 소송서류(소장부본, 기일통지서 등)의 송달비용(5,200원×3회×당사자 수)은 반드시 납부해야 하고(116조; 규 19조 1항 1호. 현금 아닌 신용카드·직불카드 납부 가능. 인지대·송달료의 검색이 가능한 스마트폰 앱이 있음), 만일 변호사를 선임한다면 변호사보수가 든다. 승소하면, 변호사보수의 소송비용산입규칙이 정한 범위 내에서 소송비용에 포함하여 받아낼 수 있다(713면 이하「소송비용」참조). 수익자부담의 원칙에 의하여 인지대를 원고로부터 납부받는데, 다른 헌법소송·행정심판·행정조정절차에서 무료인 것과 대조적이나, 무료로 되면 그만큼 소송제도불이용의 일반국민의 부담이 늘어나는 점을 고려한 것이다.

인지와 법원에의 access권　　우리나라의 민사소송 인지는 한때 균일적으로 1심은 소가의 0.5%, 2심은 그 2배, 3심은 3배로 합계 3%였다. 고액의 인지대가 남소방지의 효과는 있으나 법원에의 자유로운 access의 보장 및 법 앞의 평등을 위하여 낮추어야 한다는 비판이 있어, 근자에 인하 입법이 이루어졌다(소가 10억원 이상은 0.35%로 인하. 2심은 1심의 1.5배, 3심은 2배. 이것은 본안 소송절차의 예이고, 다른 절차에서는 인지대가 비현실적으로 낮다). 증권관련집단소송, 소비자·개인정보 단체소송에서는 인지대를 크게 낮추었다. 미국연방지법에 소장제출시의 filing fee 350달러 균일이고, 뉴욕주 법원에는 200달러이다(28 USC § 1914(a). 여기에다 변호사의 사후성공보수제(contingent fee)로 하기 때문에 남소방지가 안됨. 변호사에게 소송이 일종의 투자성격이 된다). 우리나라 현행의 인지제도는 일부청구나 일부청구의 원인이 된다. 이를 미국처럼 부적법처리할 수 없는 이유이다. 증권관련집단소송에서는 인지대의 상한제에 의하고 있다. 일반소송에서도 검토할 과제이다.[2]

(3) **소장의 첨부서류**: i) 피고의 수만큼의 소장의 부본(피고에 대한 부본송달용. 규 48조),

ii) 원·피고가 제한능력자일 때에 법정대리인, 법인 등일 때에 그 대표자의 각 자격증명서(가족관계증명서, 법인등기부등·초본 등. 규 63조 1항),

iii) 부동산사건이면 부동산사항증명서, 친족상속사건이면 가족관계증명서, 어음·수표사건이면 어음·수표의 각 사본 등을 제출하여야 한다. 이 밖에 증거로 될 문서 가운데 중요한 것의 사본을 붙여야 한다(규 63조 2항).

---

1) 서명날인이 모두 없는 경우에 별 문제이나, 날인이 없는 소장이라도 원고본인이 제출한 것으로 보여지면 유효하다는 것에, 대법 1974. 12. 10, 74다1633.
2) 졸고, "인지대상한제의 제안," 대한변협신문 2016. 6. 13자.

(4) 증거방법으로 서증, 녹취록, 영상물을 붙일 수 있다.

(5) 소장은 정당한 이유 없이 접수를 거부하여서는 아니된다. 다만 법원사무관등은 접수된 소장의 보완을 위하여 필요한 사항을 지적하고 보정권고를 할 수 있을 뿐이다(규 5조).

소장접수보류제도의 신설

2023년 4월 18일 개정 민사소송법 제248조 제2항·3항에서는 원고가 소권을 남용하여 국가기관이나 공무원 등을 상대로 청구가 이유없음이 명백한 소를 반복적으로 제기하는 경우에 대비하여 소장접수보류제도를 신설하여, 소장 등 제출시에 납부한 인지액이 민사소송 등 인지법 제13조 제2항 각호 소정의 최소 금액에 미달하면 소장의 접수자체를 보류해 두었다가, 그 뒤에 그 최소금액의 인지를 보충납부하여 소장이 접수되게 되면 그 때에 소가 제기된 것으로 보는 새 제도를 마련하였다. 이 제도는 2023. 10. 19.부터 새로 시행되었다.

접수보류상태에서는 소제기의 효과인 시효중단이나 기간준수의 효과가 따를 수 없다.

2. 구술에 의한 소제기 등의 예외

(1) 소가 3,000만원 이하의 소액사건에서는 말(구술)로 소의 제기를 할 수 있게 하였다(소심 4조). 최근 EU소액채권절차법(소가 2,000유로 이하)에서는 서식채우기로 제소와 답변을 하게 하였다.[1)]

(2) 분쟁 당사자가 경찰에 찾아가는 것처럼 소액사건에서는 이 밖에 양쪽 당사자가 법원에 같이 임의출석하여 법관 앞에서 변론함으로써 간편하게 제소할 수 있는 길이 있다. 이를 임의출석이라 하는데(소심 5조), 별로 활용이 안 된다.

3. 소제기의 간주

i) 독촉절차에 의한 지급명령에 대하여 채무자의 이의가 있는 경우(472조), ii) 제소전화해의 불성립으로 소제기신청이 있는 때(388조), iii) 조정이 성립되지 아니하거나 조정을 갈음한 결정에 이의신청을 한 때(민조 36조)는 소송절차로 이행되는데, 이 경우 지급명령신청이나 화해 또는 조정신청을 한 때에 소가 제기된 것으로 간주한다.

1) 졸고, "한국 소액사건 심판법의 제정경위와 평가," 민사소송 15권 2호 534~535면.

Ⅱ. 소장의 기재사항

소장은 간결한 문장으로 분명하게 작성하여야 한다. A4 용지를 세워서 쓴다(규 4조).[1)]

1. 필요적 기재사항(249조 1항)

소장으로서 효력을 갖기 위해서는 반드시 기재하여야 할 사항으로, 그것이 갖추어지지 않았는데도 보정하지 않으면 재판장은 명령으로 소장을 각하하여야 한다(254조). 이로써 원·피고와 소송물이 특정되는데, 다음 3가지이다(소의 3요소).

(1) 당사자·법정대리인의 특정

1) 선택한 당사자를 표시함에 있어서 누가 원고이며, 누가 피고인가 분명히 알아볼 수 있도록 그 **동일성**을 특정하여 기재한다(피고 ○○○ 외 1인은 안됨. 단 영미법에서는 피고를 John Doe라고 특정을 하지 않는 소제기 허용). 자연인의 경우에는 이름과 주소, 법인 등의 경우에는 명칭이나 상호와 본점 또는 주된 사무소의 소재지를 표시하는 것이 통상적이다. 민사소송규칙 제2조 1항 2호는 이 밖에 전화번호·Fax 번호·전자우편(E-mail) 주소 등 연락처를 적게 하였다. 미국에서는 소장접수 과정에서 개인정보가 누출가능하기 때문에 privacy 보호규정을 두고 있다(FRCP 5·2).

2) 당사자는 소장의 기재에 의하여 확정되며(표시설), 이를 표준으로 당사자능력·당사자적격·재판적의 유무 등이 가려지기 때문에 신중하게 당사자를 정하여야 한다. 당사자의 동일성을 벗어나지 않는 표시정정은 자유롭게 허용되나, 이를 깨뜨리는 당사자의 변경은 피고경정(260조, 261조)의 요건을 갖추어야 한다.

3) 당사자가 제한능력자일 경우에는 당사자의 법정대리인을 기재할 것을 요한다. 당사자가 미성년자일 때 친권자인 부모(민 909조) 또는 미성년후견인(개정민 928조), 그리고 피성년후견인일 때 성년후견인(개정민 929조), 피한정후견인일 때는 대리권있는 한정후견인(개정민 959조의 2·4)을 기재하여야 한다. 당사자가 법인 또는 법인 아닌 사단·재단일 때에는 그 대표자를 기재하여야 하나, 대표자를 잘못 표시하였다고 하여 바로 각하할 것은 아니다. 법정대리인의 표시는 뒤에 보충·변경할 수 있기 때문이다. 우리나라에서는 실질적 대표자와 별도로 형해화된 법인의 대표자(소위 '바지사장')

1) 객관식 소장: 소장의 종류마다 법원이 소장의 견본을 마련하여 이를 이용하도록 하는 것이 국민에 대한 사법 service의 강화이고 법원에 대한 문턱을 낮추는 길이므로 우리나라에서도 일부이나 소장을 유형별로 법원민원실에 비치하고 있다. 미연방민소규칙(FRCP)에는 소장 form을 부록으로 첨부해 놓고 있다.
서울가정법원처럼 서식에 의한 소장작성은 장려할 일이다.

가 성행되어 대표자를 기재하는데 곤혹스러운 경우가 있다. 소송대리인은 필요적 기재사항은 아니나 소송서류의 송달의 편의상 기재하는 것이 실무관행이다.

(2) 청구의 취지

(a) 의 의

1) 청구의 취지는 원고가 어떠한 내용과 종류의 판결을 요구하는지를 밝히는 판결신청이고, 소의 결론부분이다. 청구의 원인 앞에 기재하며(FRCP의 소장 form에 의하면 소장 뒷부분에 권리구제의 내용 결론적 기재), 원고가 승소하면 **판결주문**에 적을 것을 간단명료하게 표시하여야 한다. 이 밖에 소송비용재판과 가집행선고의 신청기재가 보통이다.

2) 청구의 취지는 소송물의 동일성을 가리는 기준으로서, 법원은 여기에 구속되어 재판하여야 하는 제약(처분권주의) 때문에 그 의미가 매우 중요하다. 이 밖에도 청구의 취지는 소가의 산정·사물관할·재판의 누락·상소의 이익의 유무·소송비용의 분담비율·시효중단의 범위 등을 정함에 있어서 표준이 된다.

(b) 명확한 기재 청구의 취지는 이를 명확히 알아볼 수 있도록 구체적으로 특정하지 않으면 안된다(공방의 초점이 될 Program의 제시). 다른 것과 구별할 수 있을 정도로 구체적인 특정을 요한다(2016마5698). 청구의 취지가 명확한가의 여부는 직권조사사항이며, 그것이 특정되지 아니한 때에는 피고의 이의여부에 불구하고 직권보정을 명할 것이고 석명권을 행사하여야 한다(364면 참조).[1] 보정불응 때에 소각하할 것이다.[2] 그 기재방법은 각 소송의 종류에 따라 다르다.

1) 이행의 소 이행의 소에서는 「피고는 원고에게 돈 1,000만원을 지급하라」는 판결을 구한다는 것과 같이, 이행의 대상·내용과 함께 이행판결을 구하는 취지의 기재.

㈎ 금전청구일 때에는 청구의 취지에 **금액의 명시**는 필요하나, 금전의 성질(예: 대여금, 손해배상금)까지 기재는 불필요. 금전의 액수를 밝힘이 없이 '현시가상당의 임대료', '법원이 적당하다고 인정하는 금액'을 지급하라는 등의 청구는 불허.[3]

㈏ 특정물청구에서 청구의 취지는 앞으로의 피고로서 의무이행에 지장이 없도록, 또 강제집행에 의문이 없도록 **목적물을 명확**하게 특정하지 아니하면 안

1) 대법 2024. 1. 4, 2023다282040.

2) 대법 2017. 11. 23, 2017다251694; 동 2014. 5. 16, 2013다101104 등. 불의의 타격이 안 되도록 보정의 기회를 주되, 형식적으로 청구취지의 보정의 기회가 주어지지 아니하여도 실질적으로 보정의 기회가 주어졌다 볼 수 있으면 된다는 것에, 대법 2011. 9. 8, 2011다17090.

3) 독일은 손해배상청구에 있어서 장래기대수입손해를 구하는 경우처럼 추후 법원의 감정결과에 의하여 그 액수가 판명될 경우, 위자료청구·부양료와 같이 법원의 재량에 의하여 정하여질 경우는 '액수를 명시하지 않은 청구'(unbezifferter Zahlungsantrag)를 허용하고 있다.

된다.[1] 따라서 건물의 경우에는 있는 지번·구조·면적을 기재하여야 한다. 목적물의 일부청구, 예를 들면 토지·건물의 일부인도청구소송에서는 인도청구부분을 별지도면이나 사진으로 정확하게 특정하여야 한다.[2][3]

2) 확인의 소　　확인의 소에서는 「○○건물이 원고의 소유임을 확인한다」라는 판결을 구한다는 것과 같이, 확인을 구하는 권리관계의 대상·내용과 함께 확인판결을 구하는 취지를 표시하여야 한다. 금전채권에 관한 확인의 소에서도 금액을 명시하여야 한다.[4] 특정물에 관한 권리확인의 소에서는 앞서 본 이행의 소의 그것에 준하여 목적물의 특정에 정확을 기하여야 한다.[5] 예를 들면 '토지 건물 일체 포함'이라고 표시하여서는 안 된다.[6] 다만 확인의 소에서는 이행의 소에서처럼 집행에 의문이 없게 명확히 특정할 필요는 없고 법률관계의 동일성을 인식할 정도로 특정하면 된다는 것이 판례이다.[7] 채무의 일부부존재확인의 소에서 문제인데, 이때에는 「원고의 피고에 대한 ○○자 소비대차계약에 기한 대여금채무는 돈 300만원을 넘어서는 존재하지 아니함을 확인한다」는 식으로 그 기본되는 채무를 명시할 것을 요하며, 그렇지 않으면 어떠한 채무 중 일부인지 분명치 않게 되기 때문이다.[8] 채권에 있어서는 물권과 달라 발생원인을 달리하는 동일당사자 간의 동일내용의 권리가 여러개 존재할 수 있음을 유의할 필요가 있다. 생각건대 甲에 대하여 A·B·C·D 여러 사람이 채권자라고 경합적으로 주장할 때에 그들을 공동피고로 하여 A 이외에는 채무가 없다는 부존재확인의 소도 불허할 이유가 없을 것이다(미국에서의 경합권리자 확정소송인 interpleader의 예).

3) 형성의 소　　형성의 소에서는 「원고와 피고는 이혼한다」라는 판결을 구한다는 것과 같이, 형성의 대상·내용과 함께 형성판결을 구하는 취지를 명시

1) 대법 1960. 6. 9, 4292민상446.
2) 원고가 목적물을 특정하여 청구하고 있는지는 청구취지의 기재와 변론의 전과정에 의하여 판단하여야 한다=대법 2015. 4. 23, 2011다19102·19119.
3) 주식인도를 구하는 소송에 있어서는 「청구의 목적인 주권의 종류, 번호, 개수」 등을 특정하여야 한다는 것에, 대법 1955. 4. 14, 4288민상32.
4) 다만 금액미확정의 보상금청구권의 확인을 허용한 것에, 대법 1969. 3. 25, 66다1298.
5) 토지소유권확인의 소송물인 대상토지가 특정되었는지는 법원의 직권사항이라는 것에 대법 2011. 3. 10, 2010다87641.
6) 대법 1967. 7. 20, 65다1003; 대법 1959. 10. 8, 4291민상844.
7) 대법 1960. 6. 9, 4292민상446.
8) 대법 1971. 4. 6, 70다2940. 정영환, 441면. 원고가 상한을 표시하지 않고 일정액을 초과하는 채무의 부존재확인청구를 하는 사건에서 일정액을 초과하는 채무의 존재가 인정되는 경우에 법원은 그 청구의 전부를 기각할 것이 아니라 존재하는 채무부분에 대하여 일부패소판결을 하여야 한다는 것에, 대법 1994. 1. 25, 93다9422.

하여야 함이 원칙이다. 다만 **형식적 형성의 소**에서는 어떠한 내용의 판결을 할 것인가는 법관의 재량에 맡겨지기 때문에[1] 통상의 소에서와 같이 청구의 취지를 반드시 명확히 할 필요는 없고, 법관의 재량권행사의 기초가 청구의 취지에 나타나 있으면 된다.

(c) **확정적인 기재**(bestimmter Antrag) 청구의 취지에서는 판결을 확정적으로 요구하여야 한다. 언제까지 판결을 해달라고 요구하는 기한부의 청구취지는 어느 때나 허용되지 아니한다. 피고가 잘못을 시인하는 것을 해제조건으로, 제3자가 소제기에 동의하는 것을 정지조건으로 판결을 구하는 조건부의 청구취지와 같이, 소송 외의 장래 발생할 사실(소송외의 조건)을 조건으로 붙이는 것은 안 된다. 절차의 안정을 해치기 때문이다(뒤에 볼「소송행위」참조).[2] 그러나 소송 내에서 밝혀질 사실(소송 내의 조건)을 조건으로 하여서 청구의 취지를 기재하는 것은 허용된다. 이것을 **예비적 신청**(Eventualantrag)이라 하며, 제1차적 신청이 이유 없음이 소송 내에서 판명되었을 때의 조건부신청이다. 예비적 신청에는 예비적 청구·예비적 반소와 예비적 공동소송이 있다. 부대상소도 그러한 성질의 것이다(912면 참조).

(3) 청구의 원인

청구의 원인은 실무상 널리 쓰이는 넓은 의미의 청구의 원인, 소장의 필요적 기재사항으로 쓰이는 좁은 의미의 청구의 원인이 그것이다.

(a) **넓은 의미의 청구의 원인**(청구의 이유) 원고가 청구취지로 주장한 권리에 대하여, 그 권리의 발생원인사실을 말한다(권리근거규정의 요건사실=물권적 청구권, 계약, 불법행위·부당이득·이혼사유 등). 다시 말하면 주장·증명책임 분배의 원칙상 원고측이 주장·증명할 사실관계. 따라서 청구를 이유 있게 하는 사실관계이며(청구취지 → 법률효과, 청구원인 → 법률요건), 피고의 항변사실에 대응한다. 이처럼 원고청구를 이유 있게 하는 사실적 근거이므로, 이에 대하여 피고가 답변서를 제출하지 아니하거나 이를 모두 자백하는 취지의 답변서를 제출하면 원고는 무변론승소판결을 받을 수 있게 된다(257조).

(b) **좁은 의미의 청구의 원인**(청구의 특정) 좁은 의미의 청구의 원인은 청구의 취지를 보충하여 청구(소송물)를 특정함에 필요한 사실관계를 말한다. 예를 들어, 금 1,000만원의 대여금 청구라면 대여일·당사자·금액까지는 청구를

1) 경계확정의 소의 경우에, 같은 취지: 대법 1996. 4. 23, 95다54761.

2) 소송구조신청이 받아들여질 것을 조건으로 하는 소의 제기는 소송 내적 조건이라 하여 허용할 것이라는 취지에, Zeiss/Schreiber, Rdnr. 320.

특정하는데 해당되는 사실이나, 변제기일의 도과는 청구를 이유 있게 하는 사실일 뿐 특정에 필요한 사실까지는 되지 않는다. 다시 말하면 청구를 다른 것과 구별하여 그 동일성을 인식할 수 있을 정도의 사실을 의미한다.[1] 청구의 취지만으로 소송물이 특정될 때에는 청구의 원인의 기재가 필요 없지만, 그렇지 아니한 경우에는 원고의 **소송물의 특정의무**가 있기 때문에 이에 필요한 사실관계를 기재하여야 한다. 법원의 판단범위와 판결의 효력범위와 관계되는 소송물의 특정은 직권조사사항이 되며 불특정이면 소가 부적법해진다. 다만 무변론판결, 자백간주·공시송달에 의한 판결의 경우에는 판결이유에서 좁은 의미의 청구의 원인을 간략하게 표시하면 되게 하였다(208조 3항). 소송물의 특정과 관련하여 신·구소송물이론 사이에 견해 대립이 있다.

권리주장을 소송물로 보는 **구이론**에서는 확인의 소는 청구의 취지만으로 소송물이 특정되나, 이행의 소와 형성의 소에서는 그 기재만으로 특정되지 아니하며, 권리발생원인사실(청구권발생의 원인인 매매, 이혼원인인 부정행위 등)을 청구의 원인에 기재하여야 비로소 특정되는 것으로 본다.

신이론(단 신이론 중 이분지설은 소송물의 특정에 있어 구이론과 크게 다를 바 없다)에 의하면, 원칙적으로 청구의 취지로만 소송물이 특정된다고 보기 때문에 소송물의 특정을 위해 아예 청구의 원인의 기재를 필요로 하지 않는다(소장에 청구의 원인의 기재가 없어도 부적법한 소가 되지 않는다). 따라서 청구의 원인에 어떠한 기재가 있어도 그것은 공격방법에 그친다. 다만 **예외적**으로 이행소송 중 금전지급·대체물인도를 구하는 경우에는 청구의 원인에서 권리발생원인사실의 보충적 기재에 의하여 특정된다고 한다.

(c) **식별설과 이유기재설** 청구의 원인에서 어떠한 사실을 기재하여야 하는가에 관해서는 식별설과 이유기재설이 대립되어 있다. 청구인 권리관계를 다른 권리관계와 구별하기에 필요한 사실을 기재하면 되며, 위에서 본 좁은 의미의 청구의 원인을 적으면 된다는 식별설이 있다. 이에 대해 청구를 이유 있게 하는 모든 사실을 기재하여야 한다는 것으로서, 넓은 의미의 청구원인사실을 적어야 한다는 이유기재설이 있다. 생각건대 소장에다가 청구를 이유 있게 할 사실을 한 몫에 모두 적어 제출하여야 하는 동시제출주의가 아니라 때 맞추어 순차적으로 내도 되는 적시제출주의를 채택하고 있는 현행법하에서는 소장에는 청구를 특정하기만 하면 되는 것이고, 나중에 법정변론기일에 가서 청구를 이유 있게 할 사실관계를 적시에 추가보충할 수 있으므로, 이를 소장에 처음부터 밝혀 소장의 기재를 장황하게 만들 필요는 없다. 따라서 이론적으로는 식별설이 타당하며(FRCP 8(a)에서도 short and plain statement of claim), 좁은 의미의 청구의 원인을 적으면 된다 할 것이다.

그러나 소장에 필요적 기재사항은 아니나 분쟁의 실태를 충분히 이해할 수 있게 하고 소송의 초기단계부터 쟁점파악에 의한 집중심리를 위하여 개정민소규칙 제62조는 청구의 원인에 ① 청구를 뒷받침할 구체적 사실, ② 피고가 주장할 것이 명백한 방어방법에 대한 구체적 진술(피고항변의 선행부인), ③ 입증이 필요한 사실에 대한 증거방법까지도 적도록 하여 이유기재설에 입각한 운영의지를 보이고 있다. 이 한도에서 소장은 원고의 최초의 준비서면과 같

1) 대법 2013. 3. 14, 2011다28946.

은 구실을 한다(249조 2항). 다만 이를 적지 아니한다 하여도 훈시규정이기 때문에 실권의 제재가 따르는 것은 아니다.

(d) **청구의 원인과 법률용어**[1] 청구의 원인에는 청구의 사실적 근거나 특정에 필요한 사실관계를 적으면 되는 것이지, 그 특정을 위한 법률적 용어 또는 법조문을 표시할 필요는 없다.[2] 다시 말하면 법률적 근거를 반드시 밝힐 필요는 없으며, 밝혔다 해도 법률적용은 법관의 전문적 권한이며 의무임에 비추어 결정적일 수 없고, 법원은 이에 구속받지 않는다. 「법률은 법원이 안다」, 「너는 사실을 말하라, 그러면 나는 권리를 주리라」는 말대로 법원과 당사자간에 역할분담이 되어 있기 때문이다(법률이 아니라 fact가 중요). 그러므로 소비임치에 기해 금전청구를 구하는 경우에는 원고는 청구원인에 소비임치에 해당하는 사실 즉 은행에 예입한 예금이라는 사실을 기재하면 그것으로써 소송물은 특정되었다고 할 것이다. 원고가 비록 소비대차상의 권리로 표현하였다 하여도 법원은 그와 같은 법률적 관점에 구속됨이 없이 소비임치상의 권리로 판단할 수 있다.[3]

2. 임의적 기재사항(249조 2항)

기재하지 아니하여도 소장각하명령을 받지 않는 사항이다. 뒤에 준비서면(274조)으로 제출하여도 될 사항을 소장을 이용하여 미리 기재하는 것이다. 사건의 표시 · 첨부서류의 표시 · 작성한 날짜 · 법원의 표시 외에 공격방법으로 다음과 같은 것들을 적는다. i) 관할원인 등 소송요건에 기초가 될 사실, ii) 앞서 본 규칙 제62조에 규정된 사실, iii) 청구의 원인사실에 대응하는 증거방법의 구체적 기재(254조 4항, 규 62조 3호) 등이다.

제5절 재판장등의 소장심사와 소제기후의 조치

소장접수에 의해 소가 제기되면 제1회변론기일을 열기에 앞서 법원은 다음

1) 한때 Hellwig 등 구식별설에서는 법원은 청구의 원인에서 원고가 주장한 법률적 관점 등에 구속받아 재판하여야 한다고 보았으나, 현재는 구이론에 의하고 있는 학자조차 이를 좇지 않고 있다. 방순원, 321면.

2) 대법원판례의 주류는 원고가 특정한 법률적 관점(명백한 오해가 아닌 한)에 법원이 구속된다고 하여 법원의 법률적 관점선택의 자유를 부인한다.

3) 임대차라고 법률적 평가를 그르쳤다면, 사용대차라고 인정해도 된다는 것에, 대법 1962. 9. 27, 62다448.

과 같은 조치를 취한다. 즉, 재판장의 소장심사 → 소장부본 송달과 답변서 제출 의무의 고지, 피고의 답변서의 제출 → 사건이 복잡하지 않으면 바로 변론기일의 지정을 한다.

Ⅰ. 재판장등의 소장심사

1. 개 설

(1) 소장이 접수되어 소송기록화된 뒤에 사법행정적 조치에 의하여 사건이 배당되면, 우선 재판장은 소장의 적식(適式), 즉 방식(form)에 맞는가의 여부를 심사한다. 이는 소송성립요건의 심사이기도 하다. 합의부에서는 재판장이, 단독사건에서는 단독판사가 이러한 권한을 행사한다. 소장심사권을 재판장의 전속적 권한으로 한 것은 판단이 비교적 간단하기 때문에 합의부원 전원이 관여할 만한 것이 못 되기 때문이다. 재판장의 소장심사권은 우리나라와 일본의 특유한 입법례이다.

(2) 소장의 심사는 원칙적으로 소송요건을 갖추었냐 청구가 이유 있느냐의 여부보다 선행적으로 따져야 하는 절차이다(소장심사의 최선위성).[1] 즉 소장심사 → 소송요건 → 실체요건의 심리순서를 예외 없이 관철시킬 것은 아니다. 생각건대 보정불능인 소송요건의 흠(제소기간경과 후의 소의 제기나 변론종결 후의 반소의 제기 따위)이 소장자체에 의하여 명백하여 어차피 소각하하여야 할 경우라면 먼저 소장심사의 과정을 거칠 필요가 없다 할 것이다. 이 경우에도 소장심사를 하여 부족인지가 있다 하여 새삼 보정시켜 더 붙이게 한 뒤, 그 때 비로소 소송요건의 흠이 있다고 하여 각하하는 것은 가혹하다. 이 때에는 ① 소장심사, ② 소송요건의 존부, ③ 청구의 당부의 심리라는 원래의 순서에서, 적어도 ①, ②의 순서를 바꾸어 소장심사에 들어가지 않고 소송요건의 흠으로 바로 각하하여도 무방할 것이다. 그것이 소송경제라는 것이 사견이다.

2. 심사의 대상

첫째로 소장의 필요적 기재사항이 제대로 되어 있는지의 여부, 예를 들면 당사자의 동일성이 제대로 특정되어 있는지, 청구의 취지나 청구의 원인이 제대로 기재되어 있는지(구하는 판결내용의 불명 등 탄원서나 백지소장과 같은 것은 아닌지), 기명날인/서명이 제대로 되어 있는

1) 대법 1969. 8. 28, 69마375; 日大判 昭和 7(1932). 9. 10 판결.

지, 둘째로 소장의 인지대를 제대로 납부하였는지(인지대를 전혀 내지 않았는지, 부족한지)가 각 심사의 대상이다(254조 1항). 소장에 **대표자표시**가 되어 있는 이상 그 표시에 잘못이 있는 경우도 보정명령을 하고 그 불응을 이유로 소장각하를 할 수 없다.[1] 소송요건의 구비[2] 여부와 청구의 당부는 심사의 대상이 아니다.

제254조 4항은 소장심사하는 계제에 ① 청구의 원인사실에 대응하는 증거방법의 기재, ② 소장에서 인용된 서증의 등본·사본을 붙였는지도 심사의 대상으로 할 수 있게 하였으며, 만일 제대로 안 되었으면 증거방법을 적어내거나 서증을 제출하도록 명할 수 있게 하였다. 소송의 초기단계에서부터 주장에 따른 구체적인 증명을 하여야만 집중심리를 이룰 수 있기 때문이다. 다만 위 ①·② 사항의 불이행의 경우에는 소장각하를 할 수 없다.

3. 보정명령

(1) 소장의 필요적 기재사항의 흠·인지의 부족 등 소장에 흠이 있을 때에는 재판장은 원고에게 상당한 기간을 정하여 그 기간 내에 흠의 보정, 즉 고칠 것을 명하여야 한다(개정 254조 1항 전문).[3][4] 재판장은 법원사무관 등으로 하여금 위 보정명령을 하게 할 수 있다(개정 254조 1항 후문). 전화·문자메시지 등 적당한 방법으로 빨리 당사자에게 연락하여 보정시켜도 무방할 것이다. 보정기간은 불변기간이 아니다.[5] 보정명령을 받았어도 자금력의 부족으로 소송구조신청(128조)을 한 때에는 인지보정의무의 이행이 저지 내지 유예된다. 그 신청기각결정이 확정되었을 때에 다시 보정명령을 발할 필요가 없고,[6] 그때부터 보정기간 전체가 다시 진행된다.

재판장의 보정명령에는 시기적인 제한이 없다. 변론이 개시된 뒤라도 소장에 흠이 발견되면 그 보정을 명할 수 있다.[7] 인지를 송달료로 잘못 납부했을 때에는 재판장은 보정석명을 하여야 한다.[8]

---

1) 대법 2013. 9. 9, 2013마1273(판결로써 소각하).
2) 대법 1973. 3. 20, 70마103.
3) 인지부족의 경우에 그 액수의 명시를 요한다는 것에, 대법 1991. 11. 20, 91마616.
4) 보정기간을 지정하지 않은 보정명령은 적법한 명령이라 할 수 없다는 것에, 대법 1980. 6. 12, 80마160.
5) 대법 1978. 9. 5, 78마233.
6) 대법 2008. 6. 2, 2007무77; 동 2018. 5. 4, 2018무513.
7) 대법 1969. 12. 26, 67다1744·1746.
8) 대법 2014. 4. 30, 2014마76. 소송대리인이 상소에 관한 특별수권을 받았다면 소송대리인에게 인지보정명령이 가능하다는 것에, 대법 2013. 7. 31, 2013마670.

(2) 보정명령에 응하여 소장을 보정하였을 때[1]에 그것이 부족인지의 보정의 경우라면 소장제출시에 소급하여 적법한 소장이 제출된 것이라고 볼 것이나, 청구의 내용의 불명 때문에 보정한 경우에는 보정시에 소장이 제출된 것으로 보아야 할 것이다.[2] 재판장의 인지 등 보정명령에 대해서는 독립하여 이의신청이나 항고를 할 수 없다.[3] 불복할 수 없는 명령에 해당되지 아니하여 특별항고의 대상도 아니다.[4] 보정불응의 이유로 소장 각하한 때에 즉시항고를 할 것이다.

4. 소장각하명령

(1) 원고가 소장의 흠을 보정하지 않는 때에는 재판장은 명령으로 소장을 각하하여야 한다. 소송은 이로써 종료되는 점에서 소각하판결과 동일한 효력을 지닌다.[5] 소장각하명령은 소장이 수리될 수 없어 반환하는 취지이므로 소장을 각하할 때에는 소장원본을 각하할 것이고, 그 부본을 각하할 것이 아니다(소장각하의 경우에 납부한 인지 1/2을 원고에게 돌려준다. 민인 14조 1항). 그러나 소장원본을 반환하지 아니하여도 무방하다는 것이 판례이다.[6]

다만 원고가 소장을 제출하면서 소정의 인지를 붙이지 아니하고 소송구조 신청을 한 경우, 구조신청에 대한 기각결정이 확정되기 전에는 소장각하명령을 하여서는 안 된다.[7]

(2) 재판장의 소장각하권 행사의 시기에 관하여는 다툼이 있다. 피고에게 소장을 송달한 때 즉 소송계속개시시까지라는 견해가 있으나,[8] 여유있는 심사권 행사를 위하여서는 변론개시시까지로 볼 것이다.[9] 소장각하명령은 시기가 변론개시 전까지이기 때문이다. 앞서 본 바와 같이 재판장의 소장각하권은 합의부원

1) 대법 2007. 3. 30, 2007마80=인지보정명령에 따라 인지상당액을 현금으로 납부한 경우, 보정의 효과발생시기는 현금납부시이다.

2) 같은 취지: 김홍규/강태원, 187면; 정동윤/유병현/김경욱, 96면; 강현중, 346면; 전병서, 13면. BGH 99, 274. 반대: 송상현/박익환, 252면; 호문혁, 100면은 모든 경우에 소급한다.

3) 대법 2012. 3. 27, 2012그46; 동 2015. 3. 3, 2014그352.

4) 대법 2012. 3. 27, 2012그46; 동 1995. 6. 30, 94다39086 · 39093.

5) 일종의 행정처분으로 보는 견해에는 송상현, 318면.

6) 대법 1975. 9. 23, 75다1109.

7) 대법 2002. 9. 27, 2002마3411.

8) 김홍규/강태원, 186면; 강현중, 347면; 호문혁, 104면; 김홍엽, 339면; 전병서, 131면. 부적법한 소장이라도 일단 피고에게 송달되면 소송계속의 효과로 종전의 재판부와 원고와의 관계로부터 원·피고 쌍방이 관여하는 소송절차로 발전된다는 이유. 항소장 각하명령할 수 있는 시기는 항소장 송달 전까지이다(대법 2020. 1. 30, 2019다5599 · 5600).

9) 같은 취지: 정동윤/유병현/김경욱, 97면; 송상현/박익환, 252면; 정영환, 448면. 日大審院 昭和 14. 3. 29 결정.

및 당사자 전원이 관여하여야 하는 변론의 개시에 앞서, 소장의 명백한 흠을 재판장 혼자서 간단한 방법으로 처리하여 소송경제를 도모함에도 그 취지가 있기 때문이다. 따라서 변론에 들어간 뒤에 소장의 흠이 발견되면, 판결로써 소를 각하하지 않으면 안 된다.

5. 즉시항고

재판장의 소장각하명령에 불복이 있으면 원고는 즉시항고할 수 있다(254조 3항).[1] 판례는 소장의 적법 여부는 각하명령을 한 때를 기준으로 할 것이고 뒤에 즉시항고를 제기하고 항고심 계속중에 흠을 보정(부족인지액의 납부 등)하였다고 하여 그 흠이 보정되는 것이 아니라고 한다.[2][3] 최근 판례도 각하명령이 성립된 이상 그 명령정본이 당사자에게 고지되기 전에 부족인지를 보정하였다 하여 각하명령이 위법이 되거나 재도의 고안에 의하여 취소할 수 있는 것이 아니라고 하였다.[4] 그러나 각하명령의 성립시를 기준으로 하여 그뒤 보정은 할 수 없다는 것은 원고에게 지나치게 가혹하다. 따라서 적법여부는 항고심이 속심임에 비추어 그 심리종결시를 기준으로 판단함이 옳을 것이다.[5]

Ⅱ. 소장부본의 송달(255조)과 답변서 제출의무의 고지

(1) 재판장은 제출된 소장을 심사하여 방식에 맞는다고 인정할 때에는 소장의 부본을 특별한 사정이 없으면 바로 피고에게 송달하여야 한다[6](규 64조 1항; 소심 6조 1항). 피고에 대한 소장의 부본송달에 의하여 뒤에 말하는 바와 같이 소송계속의 효과가 발생하고 소장에 기재된 최고·해제·해지 등 실체법상 의사표시의 효력이 생

1) 대법 1968. 9. 17, 68마974. 기간 내에 인지보정을 못한 것이 출타 부재중이라 하여도 각하명령이 위법이 아니다.

2) 대법(전) 1968. 7. 29, 68사49; 동 1996. 1. 12, 95두61 등. 그러나 이 결정은 항고심이 항소심에 준하는 속심임을 간과하고 있는 것 같아 매우 의문이다(대법 1999. 1. 11, 98마1583 참조). 판례에 찬성: 김홍엽, 340면 이하.

3) 대법 1968. 7. 30, 68마756=이 경우에 각하명령을 한 재판장은 제446조의 재도의 고안에 의한 각하명령의 취소를 할 수도 없다고 하였다.

4) 대법 2013. 7. 31, 2013마670(항소장 각하명령사안).

5) 日最高裁 昭和 31. 4. 10 판결. 헌재 2012. 7. 26, 2009바297에서 같은 소수의견(이동흡 재판관 등).

6) 관련서류의 첨부없이 소장만의 송달의 유·무효가 독일에서 다투어지나 BGH 2012. 12. 22 판결에서는 유효로 보았다.

긴다.[1] 소장의 부본을 바로 송달하는 것은 i) 피고로 하여금 조속한 방어태세를 갖추게 함으로써 소송촉진에 도움이 되고, ii) 소송계속의 효과를 빨리 발생케 하며, iii) 지연손해금의 법정이율이 소장부본송달 다음 날부터는 연 12%로 되기 때문에 원고에게 큰 도움을 주는 의미가 있다(특례법 3조 1항, 동법 3조 1항의 법정이율에 관한 규정).

(2) 소장에 기재된 피고의 주소가 잘못되었거나 법정대리인의 표시가 없는 경우에는 송달불능으로 된다. 송달하고자 하는 소장부본이 송달불능이 된 경우에는 제254조 1항을 준용하여 재판장이 원고에게 상당한 기간[2]을 정하여 주소보정을 명하여야 하며, 불응하면 소장을 각하한다(254조 2항, 255조 2항). 소장이 송달되어 변론이 개시된 뒤에는 소장각하규정을 적용할 수 없다.[3]

(3) 신법은 뒤에서 보는 바와 같이 소장부본을 송달하면서 피고에게 답변서 제출의무의 고지와 그 불이행시에 무변론판결의 선고기일의 통지를 함께 하게 되어 있다. 의무고지는 필요적이고 선고기일의 통지는 재량이다.

Ⅲ. 피고의 답변서제출의무와 무변론판결

(1) **피고의 답변서제출의무** 신법은 공시송달 외의 방법으로 소장부본을 송달받은 피고가 원고의 청구를 다툴 의사가 있으면 그 송달받은 날부터 30일 이내에 답변서를 제출하여야 하도록 했다(256조 1항). 법원은 피고에게 소장부본을 송달하면서 30일 이내에 답변서 제출의무가 있음을 알려야 한다(256조 2항). 피고의 응소기간내 피고가 제출의무를 불이행하면 원칙적으로 무변론판결을 선고한다. 이러한 답변서제출의무의 부과와 의무불이행시의 제재는 소송촉진의무의 반영이기도 하고, 빨리 소송자료를 수집하여 쟁점 명확화로 심리진행방향을 세우고 변론의 집중을 꾀하려는 것이다. 미국의 FRCP 4의 피고에게 일정한 시기까지 출석방어할 것과 그렇지 않으면 궐석판결(闕席判決, default judgement)[4]을 한다는

1) 어음금의 지급을 구하는 소장의 송달은 어음의 지급제시와 동일한 효력=대법 1960. 6. 6, 4292민상932·933. 계약의 존속과 양립할 수 없는 청구를 하는 소장의 송달은 해제권행사=대법 1982. 5. 11, 80다916. 소장부본의 송달로서 보험계약의 해약효과=대법 2009. 6. 23, 2007다26165.

2) '상당한 기간'이라 함은 주소를 보정하거나 공시송달을 신청하는 데 필요한 적절하고도 합당한 기간을 가리키며, 이 기간을 주지 않고 주소보정을 명하고 항소장을 각하하는 것은 위법하다는 것에, 대법 1991. 11. 20, 91마620·621. 공시송달요건에 해당한다고 볼 여지가 충분한데도 주소보정 흠결을 이유로 소장각하명령은 위법하다는 것에, 대법 2004. 12. 12, 2003마1694.

3) 대법 1981. 11. 26, 81마275(항소장 송달후 변론기일소환장이 송달불능이 된 사안).

4) 오대성, "미국 연방민사소송에서의 궐석판결," 민사소송 17권 2호, 383면 이하.

것을 통지하는 summons(소송제기 통지)제도나 독일 ZPO § 331 Ⅲ의 서면선행절차에서의 원고의 신청에 의한 무변론재판제도와 유사한 점이 있다.

(2) 답변서의 내용 피고가 제출할 답변서에는 준비서면에 관한 규정을 준용한다(256조 4항). 따라서 피고는 제274조의 준비서면에 기재할 사항을 적어야 한다.

청구의 취지에 관한 답변과 청구의 원인에 관한 답변(규 65조 1항)으로 나뉜다.

청구의 취지에 대응해서는,

'이 사건소를 각하한다' 또는 '원고의 청구를 기각한다'/'소송비용은 원고의 부담으로 한다'고 적는다.

청구의 원인에 대응해서는,

① 소장에 기재된 개개의 사실에 대한 인정여부

② 항변과 이를 뒷받침하는 구체적 사실

③ 위에 관한 증거방법을 적어야 한다.[1)]

이처럼 구체적인 답변과 항변이어야 하므로, 무책임·무성의하게 원고의 주장사실에 대한 '전부부인' 또는 '전부부지'의 답변이어서는 아니 된다(근거가 박약한 피고의 답변 등 소답(訴答)(pleading)의 경우는 제재가 있는 것에 FRCP 11).[2)] 또 청구의 취지의 답변으로 '원고의 청구기각'만 하고 청구의 원인에 대한 답변을 뒤로 미루는 일은 답변서제출의무의 불완전이행이므로 원칙적으로 허용될 수 없다. 규칙에 어긋나는 답변서를 제출하였을 때에는 재판장은 법원사무관등으로 하여금 위와 같은 방식에 맞는 답변, 즉 구체성이 있는 답변서의 제출을 촉구하게 할 수 있다(규 65조 3항). 원고의 청구를 다투는 취지의 답변서가 제출되면 그 부본을 원고에게 송달하여야 한다(256조 3항).

(3) 무변론판결과 내용 만일 피고가 소장부본을 송달받은 날부터 30일 이내에 답변서를 제출하지 아니할 때에는 원고의 청구의 원인사실에 대하여 자백한 것으로 보고 변론없이 판결을 선고할 수 있다(257조 1항 본문). 소를 제기하면 무조건 당사자에게 기일통지하던 구법과는 달리 신법에서는 변론없이 바로 판결을 선고하도록 한 것은 피고의 방어의사가 없는 사건이라면 구태여 변론기일까지 지정하여 출석토록 하는 것이 무의미하고 비경제임을 고려한 것이다. 집중심리를 위하여는 피고가 다투지 아니하는 사건은 빨리 무변론판결로써 추려내는 것이 합목적적이라는 것도 또다른 입법이유이다. 다만 피고가 답변서를 제출하여

1) FRCP 8(b)에서는 소장과 마찬가지로 답변서에서도 방어를 간단하고 명확한 어구(short and plain terms)로 진술하는 외에 원고의 주장사실을 인정하느냐 부인하느냐를 밝히도록 하였다.

2) 공영호, "미국 연방민사소송규칙 제11조와 근거없는 소송남용방지책에 대한 연구," 민사소송 제15권 1호.

도 청구의 원인사실에 대해 모두 자백하는 취지이고 따로 항변을 제출하지 아니한 때에도 마찬가지로 무변론판결을 할 수 있다(257조 2항).

무변론판결서의 이유에는 청구를 이유 있게 할 사항이 아니고, 청구를 특정함에 필요한 사항만 간략하게 표시할 수 있다(208조 3항). 무변론판결의 도입으로 답변서는 구법과는 달리 단순히 피고가 제출하는 최초의 준비서면에 그치지 않고 무변론판결을 저지하는 법적 효력을 갖는 서면이 되었다.

자백간주에 의한 무변론판결은 원칙적으로 원고청구인용의 승소판결이 되겠으나, 지연손해금의 이율이나 기산점에 착오가 있는 등 그 흠이 사소한 경우는 일부기각의 판결도 가능하다. 무변론판결이 곧 원고승소판결을 의미하지 않는다는 것은 조문 자체로 명백하다. 따라서 주장 자체로 소가 부적법하거나 원고의 청구가 이유 없는 경우(Unschlüssigkeit)는 보정의 여지가 없으면 소각하나 청구기각의 원고패소판결이 부득이하다 할 것이며, 그것이 소송경제이다(소심 9조 1항. 무변론 각하에는 219조, 413조 참조. 유럽소액채권법이 그러하다). 다만 변론을 하여 보정의 여지가 있으면 그 기회를 주고 통상의 판결로 그 이유를 밝혀주는 것이 상당하다. 그러나 대법 2017다201033은 무변론청구기각의 판결은 안된다는 입장이다.[1)]

(4) 무변론판결의 예외 답변서가 제출되지 아니한 경우라도 예외적으로 공시송달사건(256조 1항 단서), 직권조사사항이 있는 사건, 판결선고기일까지 피고가 원고의 청구를 다투는 취지의 답변서를 제출한 사건은 무변론의 판결선고를 할 수 없다(257조 1항 단서). 당사자의 주장에 구속받지 아니하는 형식적 형성소송, 자백간주의 법리가 적용되지 아니하는 사건도 답변서 제출여부에 관계없이 같이 볼 것이다. 외국에 주소를 둔 피고에게 30일 내의 답변서 제출의무부과는 무리이며, 입법개선할 것이다. 미국은 국외자에 대하여는 응소기간을 90일로 하였다(FRCP 12(a)). 재판장의 직권공시송달명령대상인 소권(항소권 포함)남용하여 청구가 이유 없음이 명백한 소를 반복적으로 제기할 때에도 법원은 변론 없이 소각하하는 것이 전제되어 있다(194조 4항).

(5) 소액사건의 경우 소액사건에서 이행권고결정한 사건은 별론으로 하고, 이행권고절차를 밟지 아니하는 사건에서도 소액사건심판법 제7조의 특칙에 의하여 30일간의 답변서제출기간을 기다릴 필요없이 바로 변론기일을 지정하여 변론판결할 수 있다고 할 것이다. 따라서 실무운영상 소액사건에서 무변론판

1) 같은 취지, 한충수, 245면.

결을 활용할 여지는 많지 않다.[1)]

Ⅳ. 최단기간 안의 제1회 변론기일의 지정

변론준비절차중심제가 2008. 12. 26. 개정법률에 의하여 변론기일중심제로 바뀌었다. 따라서 답변서가 제출되었으면 변론절차로 들어가는 것이 원칙이므로 바로 사건검토하여 가능한 최단기간 안의 날로 제1회 변론기일을 지정하여야 한다(개정 258조 1항 본문, 개정 규 69조 1항). 다만 필요한 경우에만 변론기일의 지정없이 변론준비절차에 회부할 수 있다(개정 258조 1항 단서). 또 답변서가 제출되면 재판장은 사건을 선행적으로 검토하여 변론준비절차에 부칠 예외적인 사건과 바로 변론기일을 정할 원칙적인 사건의 분류가 있어야 할 것이다.

제6절 소송구조

Ⅰ. 총 설

당사자가 민사소송을 수행함에 있어서는 우선 소장 그 밖의 신청서에 붙여야 할 인지 그리고 증거조사비용, 변호사보수 등의 많은 비용이 소요된다. 따라서 소송수행상 필요한 비용을 감당할 수 없는 경제적 약자에게는 법원에 access할 권리가 막히게 된다('법원의 문은 황금막대로 두드려야 열린다'). 이렇게 되면 소송제도의 이용은 부유층이나 엘리트의 특권으로 전락하고, 가난한 사람에게 '그림의 떡'과 같은 것이 되어 기본권인 '재판을 받을 권리'는 공허한 것이 되고 due process는 부인된다. 그러므로 경제적 약자에게 '재판을 받을 권리'의 실질적 보장을 위하고(easy and equal access to the civil justice) 사법복지의 차원에서 민사소송법은 제128조 이하에서 우선 비용을 들이지 않고 소송할 수 있는 소송구조제도를 마련하였다. 일본의 제도를 모방한 과거의 제도는 매우 불완전하여, 그 동안 법률의 개정에 의하여 변호사보수를 구조범위에 포함시키고, 구조요건을 완화하였으며, 신법에서는 직권구조결정을 도입하는 등 제도를 크게 개선하게 되었다.

소송구조제도[2)]의 원 모델은 독일의 Armenrecht었으나, 모법국인 독일에서

1) 법원실무제요 민사소송(Ⅱ), 1068면.
2) 이동률, "소송구조의 현황과 개선방안," 민사소송 14권 2호.

는 Prozesskosthilfengesetz로 바뀌어 구조적 변혁이 있었다는 것을 감안하면 제도적으로 더 보완하여야 할 바가 있다.[1] 제도의 획기적 개선이야말로 언젠가는 정착될 변호사강제주의의 포석도 될 것이다. 사법행정당국에 의한 현행제도의 활성화의 적극적인 대책도 요망된다. 제128조 4항은 구조의 요건과 절차에 관한 사항을 대법원규칙으로 정하도록 하였는데, 대법원은 민사소송규칙 일부와 「소송구조제도의 운영에 관한 예규」에서 소송구조의 사무처리 및 운영 등에 관하여 구체적인 기준·절차 등을 정하였다. 동 예규 제2조에서는 소송구조제도의 이용이 적합하다고 판단되는 경우(변호사선임명령, 소송비용의 부담의 과중함의 호소 등을 소송구조와 연계)에 당사자로 하여금 구조신청을 하게 하거나 직권구조를 하는 노력을 하여야 한다고 규정했다. 또 구조안내문·구조신청서·재판관계진술서를 법원의 민원접수창구에 비치하도록 하였다. 이러한 규정은 법적 구속력 없는 예규보다 대법원규칙으로 승격 규정하여 홍보를 필요로 할 것이다.

Ⅱ. 구조의 요건

소송구조를 받으려면 '소송비용'을 지출할 '자금능력이 부족한 자'가 '패소할 것이 분명한 경우가 아닐 때'라야 한다(128조 1항). 이 요건은 소명되어야 한다.

(1) 여기서 **소송비용**은 민사소송비용법에 정한 법정비용만이 아니라, 널리 구체적 소송사건의 소송수행을 위하여 당연히 지출을 필요로 하는 경비전부, 나아가 사건의 내용상 필요하다면 조사연구비나 변호사비용을 포함한다(통설).

---

1) 독일: 1981. 1. 1 발효된 독일의 소송비용보조법(Gesetz über Prozesskostenhilfen)은 구조받은 경우 ① 재판비용의 일시면제, ② 구조당사자에 의한 변호사의 자유선택과 변호사 보수의 직접 국고지출, ③ 당사자의 월부금 형태로 소송비용국고납부 등 획기적 내용이다.

프랑스: 1972년의 프랑스의 재판원조제도는 소송구조를 은혜적인 것에서 권리로 전환시켰다.

미국: 28 U.S.C. § 1915에 의하여 법원이 가난한 당사자를 대리하도록 변호사에게 위탁할 수 있으며, 이 경우 변호사는 국가는 물론 당사자로부터 보수를 받을 수 없다. 미국에서의 무료변호는 변호사의 신분상의 의무이다. 그리고 1971년 미연방대법원은 Boddie v. Connecticut 사건(401 U. S. 371, 28 L. Ed 113)에서 이혼소송을 제기하는 사람에게 주가 소송비용을 지급할 능력이 없다는 이유 때문에 법원에 access하는 것을 부인한다는 것은 due process의 원칙 때문에 허용될 수 없다고 했다.

영국: 1977년경에는 80%의 당사자가 변호사비용에 대하여 legal aid를 받을 정도였으며, 현재는 1/3의 당사자가 수혜를 받는다는 것이다.

일부 국가(남아프리카 등)는 소송비용의 변호사부담하에 성공보수금을 뒤에 변호사가 받는 contingency fee agreements도 legal aid의 한 방안으로 하고 있다(International Association of Procedural Law Conference 2014, p. 433).

(2) 자금능력이 부족한 자라는 것은 위에서 본 비용을 전부 지출하게 되면 자기나 그 동거가족이 통상의 경제생활에 위협을 받게 될 경우이다. 따라서 반드시 무자력자나 일반생활수준에 미달하는 극빈자에 한하지 않는다. 위 예규에서는 「국민기초생활 보장법」, 「기초노령연금법」에 따른 수급자나 「한부모가족지원법」에 따른 보호대상자는 여기의 자금능력이 부족한 자로 보고, 다른 요건의 심사만으로 구조여부를 정할 수 있게 하였다. 구조의 대상은 자연인일 것을 요하지 않으며 법인 그 밖의 단체라도 무방하다.[1] 문제되는 것은 집단소송에 있어서 구조신청의 경우이다. 이 경우에는 피해자들이 충분한 조사능력과 비용부담능력을 갖춘 가해기업·단체를 상대로 하여야 하는 만큼, 구조요건으로서의 자력을 상대방의 '자금능력'을 고려하여 상대적으로 평가하여야 할 것이다.

(3) 패소할 것이 분명한 경우가 아닐 것 1990년 개정 법률전에는 「승소의 가망이 없는 것이 아닐 것」으로 하였으나, 이보다는 더 낮은 정도로 본안에 관한 승패 요건을 완화하였다. 주장 자체로 이유 없거나 남소라고 할 정도로 패소할 것이 명백하지 않으면 구조를 받게 되었으므로 이제는 이길 사건이냐 질 사건이냐의 본안문제는 구조받는 데 별로 의미가 없게 되었으며, 과거에 본안문제 때문에 구조절차가 지연되던 문제점이 시정될 수 있게 되었다. 따라서 1990년 개정법률에 의하여 자금능력부족만 소명되면 특단의 사정이 없는 한 구조를 받을 수 있게 하였다. 판례도 법원이 신청 당시까지의 재판절차에서 나온 자료를 기초로 하여 패소할 것이 명백하다고 판단할 수 있는 경우가 아니면 구조요건을 구비한 것으로 보아야 한다고 했다.[2] 다만 2023. 4. 18. 개정법률은 제128조 제2항을 신설하여 패소할 것이 분명한 경우 동 제1항 본문에 따른 소송구조신청에 필요한 소송비용과 제133조에 따른 즉시항고에 필요한 소송비용에 대하여는 소송구조에서 배제시켰다(2023. 10. 19. 부터 시행).

Ⅲ. 구조의 절차

(1) 소송구조는 구조받고자 하는 당사자가 서면으로 신청하여야 하고, 신청서에는 신청인과 그와 같이 사는 가족의 자금능력을 적은 서면[3]을 붙여야 한다

1) 주석신민소(Ⅱ), 221면.
2) 대법 2001. 6. 9, 2001마1044.
3) 이는 소명을 위한 한 가지의 방법으로 예시된 것이고 다른 방법의 소명을 배제하는 것이 아님= 대법 2003. 5. 23, 2003마89.

(규 24조). 법원은 신청인으로 하여금 구조사유를 소명케 하여 결정으로 재판한다(128조 1항·2항). 구법은 구조결정을 당사자의 신청에 의하였지만, 신법은 법원의 직권으로도 할 수 있도록 하여 제도의 활성화를 위한 진일보의 입법을 하였고(128조 1항), 구법과 달리 당사자가 상소를 제기하면서 상소장인지의 구조신청을 하는 경우라도 구조결정은 소송기록을 보관하는 법원이 하도록 하였다(128조 3항).[1)][2)]

(2) 구조신청기각결정에 대하여 신청인은 즉시항고할 수 있다(133조). 구조결정에 대하여 상대방이 항고할 수 있는지에 대하여 견해의 대립이 있었는데, 신법은 상대방 당사자는 소송비용 담보의 면제결정(129조 1항 3호)이 난 경우 빼고는 즉시항고를 할 수 없도록 하였다(133조 단서). 원고가 소장에 인지를 붙이지 아니하고 소송구조 신청을 한 경우에는 소송구조 신청에 대한 기각결정이 확정 전에 인지 미보정을 이유로 소장을 각하할 수 없다.[3)]

(3) 구조결정이 있은 후에 구조받은 자가 소송비용을 납입할 자금능력이 있음이 판명되거나 그 자금능력이 회복된 때에는, 법원은 구조결정을 취소하고 유예한 비용의 납입을 명할 수 있다(131조).

Ⅳ. 구조의 효과

(1) 구조를 받으면

i) 재판비용 즉, 국고에 납입할 인지대와 체당금(송달료, 검증비용, 감정료, 증인의 일당·여비 등 당사자가 먼저 입체하여 예납하는 비용)은 납입유예되는 것이 원칙이다(129조 1항 1호·2호). 구조결정을 받은 경우에는 인지는 납부하지 아니하여도 소장이 수리되기 때문에 별문제로되, 지급유예되는 송달료·증거조사비용 등은 국고에서 대납받아 지출한다(규 25조).

ii) 변호사 및 집행관의 보수도 지급유예된다(129조 1항 2호).[4)] 당사자가 스스로 선임하는 변호사의 보수도 구조의 물적 범위에 포함된다. 위 예규에 의하면 소송구조 변호사의 보수는 심급마다 100만원으로 하되, 최대 200만원까지이다. 이행권고결정·지급명령·자백판결·자백간주나 무변론판결로 완결된 사건은 그 1/2로 한다. 다만 2015년 2월 개정 민소규칙 제26조 2항·3항은 이때의 변호사·집행

1) 대법 2003. 5. 23, 2003마219.

2) 구조결정에 대한 취소재판의 관할법원에 대해서는, 대법 2016마1844.

3) 대법 2018. 5. 4, 2018무513; 동 2008. 6. 2, 2007무77.

4) 소송비용담보제공명령의 담보액에 대한 소송구조를 받기 위해서는 3호의 소송비용의 담보면제에 대한 소송구조결정을 받아야 한다는 것에, 대법 2016다251994.

관의 보수액은 변호사보수규칙 또는 집행관수수료규칙을 참조하여 재판장의 감독하에 법원사무관이 정한다고 규정하고 있다.

iii) 소송비용의 담보는 면제된다(129조 1항 3호).

iv) 그 밖에 대법원규칙이 정하는 비용도 유예 또는 면제된다(129조 1항 4호).

소송구조는 소송비용의 전부뿐만 아니라 인지대나 변호사보수만의 납입유예 등 일부에 대해서도 이루어질 수 있다. 신법은 이를 명문화했다(129조 1항 단서).

(2) 구조의 효과는 개별적·속인적이고, 구조받은 사람 이외에는 미치지 않는다. 일신전속적이기 때문에 승계인에게 미치지 않는다(130조).

(3) 구조결정은 원칙적으로 비용의 **지급유예**이지 **비용면제**가 아니다(월남전 고엽제소송은 소가 5조 1,618억원, 구조결정으로 지급유예의 인지대 등 270억원). 나중에 구조받은 자가 져서 종국판결로 소송비용의 부담재판을 받았으면 그가 이를 지급하지 않으면 안 된다. 그러나 만일에 구조받은 자의 무자력으로 받아내기가 불가능하면 국고부담으로 돌아간다. 이에 대해 상대방이 져서 소송비용의 부담재판을 받은 경우에는 국가가 상대방에 대해 직접적 추심권을 갖는다(132조 1항).[1] 변호사나 집행관에게도 추심권이 인정되는데(132조 2항·3항), 만일 보수를 받지 못하는 때는 마치 국선변호사처럼 국고에서 상당한 금액을 지급하게 되어 있다(129조 2항). 보수받을 사람의 신청에 의하여 그 심급의 소송절차가 완결된 때 또는 강제집행절차가 종료된 때에 지급한다(규 26조 1항).

가사소송법의 절차구조(37조의 2)**와 법률구조** 1) 가사비송사건에서 자금능력이 부족한 자에 별도의 절차구조제도를 두었다.

2) 법률구조 현행소송구조제도는 제도상·운영상의 문제점 때문에 활성화되지 않는 점을 감안하여 위에서 본 소송법상의 소송구조제도와 별도로, 법률구조법에 의하여 설립된 대한법률구조공단은 변호사비용·인지대·송달료 등에 대한 법률구조활동을 하고 있으며, 나름대로의 실적을 올리고 있다.[2] 그 내용을 보면 i) 농어민, 근로자 및 영세상인, 국가 및 지방공무원, 국가보훈대상자, 장애인복지법에 의한 장애인, 물품의 사용 및 용역의 이용으로 피해를 입은 소비자, 국민기초생활보장법, 기초노령연금법, 한부모가족지원법 등에 의한 수급자 등을 구조대상자로 하며, ii) 민사·가사사건, 행정사건, 헌법소원사건, 형사사건을 구조대상사건으로 하고 있다. 그리고 양당사자를 불러 화해·조정을 시킨다. 일종의 ADR이라 할 것이다.

공단의 운영자금은 주로 정부의 출연금에 의존하고 있다. 그러므로 공단의 법률구조는 소송법상의 소송구조와는 별도의 또 하나의 국가주도하의 구조사업이다. 생각건대 이처럼 국가에 의한 2원적인 구조제도에 의할 것이 아니라, 소송법상의 제도인 소송구조와

1) 이에 관한 판례로는 대법 2023. 7. 13, 2018마6041.

2) 그 밖에 변호사회가 주관하는 대한변협법률구조재단도 있다.

통합의 일원화로 그 내실을 보강하는 것이 바람직할 것이다.

제7절 소제기의 효과

소가 제기되면 **소송법상** 소송계속의 효과가 발생하고, **실체법상** 권리의 시효중단과 소권행사의 법률상의 기간준수의 효과 등이 생긴다.

Ⅰ. 소송계속[1)]

1. 의 의

소송계속(Rechtshängigkeit, pending)이란 특정한 청구에 대하여 법원에 판결절차가 현실적으로 걸려있는 상태, 다시 말하면 법원이 판결하는 데 필요한 행위를 할 수 있는 상태를 말한다.

(1) 소송계속은 판결절차(협의의 소송절차)에 의하여 처리되는 상태를 말하기 때문에, 판결절차가 아닌 강제집행절차, 가압류 · 가처분절차, 증거보전절차, 중재절차에 걸려 있을 때에는 소송계속이라 할 수 없다. 채무자의 이의나 제소신청에 의하여 판결절차로 이행할 수 있는 독촉절차, 제소전화해절차에 걸려 있을 때에 소송계속이라고 할 것인가에 대해서는 설이 갈려 있다. 모두 소송계속으로 볼 것이라는 설이 다수설이나, 독촉절차는 간이소송절차이고 협의의 소송에 가깝기 때문에 처음부터 소송계속이 있는 것으로 볼 것이지만, 제소전화해절차는 이와는 다른 것이므로 화해가 잘 안 되어 제소신청할 때에 소급적 소송계속의 효과를 인정할 것이다. 민사조정절차에 걸려 있을 때에도 제소전화해절차에 준하여 볼 것이다(민조 36조 참조).[2)]

(2) 재판절차가 현존하면 소송계속은 있다고 할 것이며, 그 소가 소송요건을 갖추고 있지 못하더라도 상관없다. 다만 피고나 그 대리인에게 소장의 부본이 송달되면 된다.

(3) 소송계속은 특정한 소송상의 청구(소송물)에 대하여 성립하는 것이므로, 소송상의 청구의 당부를 판단하는 데 전제가 되는 **공격방법**인 선결적 법률관계,

1) 오정후, "소송계속에 관하여," 서울대 법학 54권 1호.
2) 정영환, 490면.

방어방법인 항변관계에 대하여서는 소송계속이 발생하지 않는다. 이 점은 기판력이 공격방어방법에 미치지 아니하는 것과 같다. 뒤에서 본다(300면 참조).

2. 발생시기

ZPO § 261 Ⅱ은 소장부본이 피고에게 송달되는 때에 소송계속이 생기는 것을 명백히 하고 있지만, 명문이 없는 우리 법에서는 문제이다. 소장제출시설이 있으나,[1] 소송법률관계가 법원 · 원고 · 피고 3자 사이의 **삼면적 법률관계**의 틀이라고 본다면, 이와 같은 소송법률관계는 피고에게 소장부본이 송달됨으로써 성립되기 때문에, 소송계속의 발생시기는 소장부본의 송달시로 볼 것이다(통설 · 판례).[2]

3. 효　　과

소송계속의 효과로서 가장 중요한 것은 다음에 설명할 중복소제기금지이지만, 이로 인해 소송참가(71조, 82조, 83조) · 소송고지(84조)의 기회가 생기게 되고, 관련청구의 재판적이 인정된다(79조, 264조, 269조). 소송계속 후에 관할 변동원인의 사실이 생겨도 관할이 변동되지 아니하는 법원(관할)의 **항정(恒定)**(33조, 127면 참조)은 되지만, ZPO와 같은, i) 소송물의 항정(소의 변경금지), ii) 당사자의 항정(소송물의 양도금지)은 되지 아니한다.[3] 한때 소유권등기의 말소소송이 계속되었음을 알리는 예고등기제도가 있었으나, 폐지되었다. 미국법에는 특정재산이 소송대상이 되었음을 경고해 두는 notice of pendency 제도가 있다.

4. 종　　료

소송계속은 소장의 각하, 판결의 확정, 이행권고결정 · 화해권고결정의 확정, 화해 · 조정조서나 청구의 포기 · 인낙조서의 작성 또는 소의 취하 · 취하간주(268조) 등에 의하여 소멸된다. 선택적 · 예비적 병합청구의 경우에 어느 한 청구를 인용한 판결이나 주위적 청구를 인용한 판결이 확정되면, 심판을 받지 않은 다른 청구나 예비적 청구는 소급적으로 소송계속이 소멸된다. 소송계속종료의 효과를 다투어 기일지정신청을 한 경우에 그 이유가 없거나 소송계속의 종료를 간과한 채 심리를 진행한 경우에는 판결로써 소송종료선언을 하여야 한다(상세는 뒤에 볼 「소송종료선언」 참조).

Ⅱ. 중복된 소제기의 금지

1. 의　　의

이미 사건이 계속되어 있을 때는 그와 동일한 사건에 대하여 당사자는 다시

1) 한충수, 246면.

2) 대법 1994. 11. 25, 94다12517 · 12524 등은 같은 입장에서 전후소의 판단기준은 피고에게 소장이 송달된 시점에 의할 것이고 소제기에 앞선 보전절차의 경료시가 아니라고 하였다.

3) 같은 취지: 방순원, 348면; 송상현, 346면. 반대: 정동윤/유병현/김경욱, 319면.

소를 제기하지 못한다(259조). 이를 중복된 소제기의 금지 또는 이중소송의 금지원칙이라 한다. 하나의 권리를 두번 재판상 행사는 안된다. 동일사건에 대하여 다시 소제기를 허용하는 것은 소권의 남용으로서, 법원이나 당사자에게 시간·노력·비용을 이중으로 낭비시키는 것이어서 소송경제상 좋지 않고, 판결이 서로 모순·저촉될 우려가 있기 때문이다.

2. 해당요건

중복된 소제기에 해당되려면 후소(後訴)가 전소(前訴)와 동일사건일 것을 요한다. 당사자와 청구가 동일할 때에는 원칙적으로 동일사건에 해당한다.

(1) 당사자의 동일

당사자가 동일하면 원고와 피고가 전소와 후소에서 서로 바뀌어도 무방하다. 예컨대 전소에서의 원고가 후소에서는 피고(반소원고)로 되어 있어도 된다(甲이 乙 상대의 소유권확인청구에 乙이 甲 상대의 소유권부존재확인청구). 그러나 계쟁물이 동일하더라도 당사자가 다르면 전소와 후소가 동일사건이라고 할 수 없다. 예컨대 甲이 제기한 소유권확인의 소와 乙이 제기한 같은 물건의 소유권확인의 소는 동일사건이 아니다.[1)]

그러나 전후 양소의 당사자가 동일하지 아니할지라도 후소의 당사자가 **기판력의 확장**으로 전소의 판결의 효력을 받게 될 경우에는 동일사건이라 할 수 있다(218조).[2)] 따라서 사실심의 변론종결 뒤에 소송물을 양수받은 승계인이 그 소송이 끝나지 아니하고 아직 소송계속중인데 같은 당사자에 대하여 별도로 소제기한 경우, 선정당사자가 소제기한 뒤에 선정자가 또 별도로 소제기한 경우에는 동일사건에 해당된다. 여기에서 채권자대위소송과 압류채권자의 추심금청구소송이 문제된다.

채권자대위소송(프랑스에서는 간접소송 action oblique) 등과 소송경합—두 사람이 하나의 권리를 행사하는 경우

i) 채권자대위소송의 계속중 **채무자의 후소 제기** 채권자대위소송이 제3자의 소송담당이 아님을 전제로 중복소송이 아니라는 부정설이 있으나,[3)] 판례는 일관하여 중복소송으로 금지된다는 것이며 이에 동조하는 견해가 다수설이다(긍정설).[4)] 긍정설은 대위소

1) 전소의 보조참가인을 후소에서 피고로 하였을 때에는 동일사건이라 할 수 없다.

2) 주주의 대표소송에 회사가 공동소송참가하는 경우에 회사가 그 판결의 효력을 받는 권리귀속주체임에도 중복제소금지의 원칙에 저촉되지 아니한다고 했으나(대법 2002. 3. 15, 2000다9086), 의문이다.

3) 호문혁, 144면.

4) 대법 1992. 5. 22, 91다41187 등. 강현중, 351~352면; 정동윤/유병현/김경욱, 320·321면; 송

송의 기판력이 무조건 채무자에게 미친다는 전제에 선 것인데, 대법(전) 1975. 5. 13, 74다1664에서 밝힌바 채무자가 채권자 대위소송이 계속중임을 알았을 때에 한하여 기판력을 받는다는 입장과는 합치하지 않는 느낌이 있다. 또 같은 경우에 재소금지의 효력(267조 2항)이 채무자에게 미친다는 후술할 판례의 입장과도 맞지 아니한다(뒤 574면). 생각건대 위 전원합의체판결을 비롯한 일련의 판례와 일관성 있게 되려면 무조건 중복소송으로 볼 것이 아니라 같은 내용의 소제기를 하는 채무자가 그 사실을 알아 기판력을 받을 관계일 때로 한정할 것이며, 그 사실을 모르는 채무자라면 대위소송의 계속중임을 알려 그 소송에 참가의 기회를 제공하고 후소를 중복소송이라 하여 각하함이 타당할 것이다(한정적 긍정설).[1)]

ii) 채무자 자신의 소송계속중에 **채권자대위소송 제기** 종전 판례는 중복소송에 해당된다고 하고,[2)] 통설도 그러하다. 다만 근자의 판례는 이 경우에 채권자의 당사자적격의 상실로 부적법이라 한다.[3)] 그러나 채권자의 대위권 행사의 요건불비라고 하여 청구기각의 반대설이 있다.[4)]

iii) 채무자 자신의 소송계속중 **압류채권자의 추심금청구소송**(민집 238조)[5)] 이와 관련하여 대법원 2013. 12. 18, 2013다202120. 전원합의체 판결은 채무자의 제3채무자 상대의 소송계속 중 압류채권자가 제3채무자 상대의 추심금청구소송(채권자대위소송과 비슷. 일본은 폐지)의 제기하여 이를 본안심리한다고 하여도 제3채무자에 과도한 이중응소의 부담, 심리중복으로 당사자 · 법원에 소송경제에 반하지 않고 판결의 모순저촉의 위험이 크지 않다고 하여 중복소송금지의 예외라고 하였다. 이 판결에서 채무자의 제3채무자 상대의 소송에 압류채권자가 채무자의 승계인으로 참가할 수 있지만 법률심인 상고심에서 소송참가가 허용되지 않는다는 점을 들어, 이에 의해 중복소송을 피할 수 있는 것도 아니라는 취지였다. 채권자의 추심금청구소송이 채권자대위소송과 별 차이가 없으므로 앞 ii)의 채권자대위소송의 제기와 달리 보는 것은 문제라고 생각한다.

iv) 채권자대위소송의 계속중에 **다른 채권자의 소송 제기** 판례는 중복소송이라 하나(대위소송의 경합),[6)] 중복소송이 아니라는 반대설이 있다.[7)] 기판력에 관한 문제와 일관하려면,[8)] 채무자가 채권자대위소송을 하는 것을 알았을 때에 다시 다른 채권자가 제기한 대위소송은 중복소송이 된다고 볼 것이다(한정적 긍정). 다만 채권자대위소송중 다른 채권자

상현/박익환, 282면; 한충수, 249면.

1) 같은 취지: 김홍규/강태원, 261면. 日最高裁 昭和 48. 4. 24 판결에서는 채무자가 대위소송에 채권자의 대위권한을 다투면서 독립참가하여 동일내용의 청구를 한 경우에는 중복소송이 안 된다고 하였다.

2) 대법 1981. 7. 7, 80다2751 등.

3) 대법 2009. 3. 12, 2008다65839; 동 2018. 10. 25, 2018다210539 등. 같은 취지: 김홍엽, 354면. 이러한 원고적격상실설에 반대는 박재완, "대위소송으로 인한 소송경합과 원고적격," 민사소송 17권 2호, 144면 이하.

4) 호문혁, 142면.

5) 김선혜, "재심의 소와 중복소송," 대한변협 2014. 2. 17자; 김시주, "추심소송의 중복제소 여부," 대한변협 2014. 3. 17자.

6) 대법 1989. 4. 11, 87다카3155; 동 1994. 2. 8, 93다53092 등.

7) 호문혁, 141면.

8) 대법 1994. 8. 12, 93다52808 참조.

의 공동소송참가는 허용된다는 판례가 나왔다.[1)]

채권자대위소송이 계속되면 위와 같은 중복소송금지의 효과만이 아니라 시효중단의 효과가 채무자에게 미친다.[2)]

채권자취소소송의 경합 판례는 채권자 A에 의한 채권자취소소송의 계속중 다른 채권자 B가 동일한 사해행위에 대하여 채권자취소소송을 제기한 경우에 중복제소가 아니라고 보았다.[3)] 각 채권자는 채무자의 권리를 행사하는 것이 아니라 자기고유권리로서 채권자취소권을 행사한다는 이유에서이다. 채권자취소소송을 하는 채권자는 채권자대위소송의 경우처럼 소송담당자는 아니기 때문에 양자간의 구별은 당연하며, 따라서 판례의 입장은 옳다(다만, 채권자가 피보전권리를 추가·변경하는 경우는 이미 제기한 동일한 채권자취소소송과 소송물을 달리 하는 것이 아니라 공격방법의 변경이므로 중복소송으로 문제된다(아래 [도표 8] 참조)).[4)]

(2) 청구(소송물)의 동일

1) 청구취지가 같아도 청구의 원인을 이루는 실체법상의 권리가 다르면 동일사건이 아니라는 것이 구이론이다. 예를 들면 기차사고의 피해자의 손해배상청구를 하면서 전소에서는 불법행위(民 750조)를, 후소에서는 계약불이행(商 148조)을 각 청구원인으로 하는 때에는 중복소송이 아니다. 그러나 앞서 본 바와 같이 실체법상의 권리를 소송물의 요소로 보지 않는 신이론에서는 이러한 경우에 공격방법 내지 법률적 관점만 달리할 뿐, 청구(소송물)의 동일성에는 아무런 변함이 없다 하여 중복소송에 해당되는 것으로 본다.

2) 청구취지가 다르면 원칙적으로 동일사건이 아닌 점에 관하여는 신·구이론간에 견해의 차이가 없다. 청구취지가 서로 다른데 문제되는 것은 다음 몇 가지이다. 항변으로 한번, 소권행사로도 한번, 두번 행사의 경우이다.

(a) **선결적 법률관계나 항변 — 특히 상계항변과 중복소송** 전소의 소송물이 아닌 공격방어방법을 이루는 선결적 법률관계나 항변으로 주장한 권리에 대하여 소송계속이 발생되지 아니함은 앞서 본 바이다. 예를 들면 甲이 乙 상대의 乙 명의의 등기말소청구소송의 계속중 별도의 乙 상대의 같은 부동산에 대한 소유권확인청구의 후소로 제기하였을 때에 원고가 전소에서 소유권의 존재를 공격방법으로 주장한 바 있어도 후소가 중복소송이 되지 않는다.[5)] 또 피고가 전소에서 동시이행의 항변이나 유치권항변으로 제출한 반대채권인데 이를 별도의 소로 청구하여도 중복소송에 해당되지 않는다(예: 甲이 乙 상대의 매매에 기한 소유권이전등기청구에, 乙이 잔대금채권이 있음을 들어 이를 받기 전에

1) 대법 2015. 7. 23, 2013다30301 · 30325.
2) 대법 2011. 10. 13, 2010다80930.
3) 대법 2003. 7. 11, 2003다19558; 동 2005. 11. 25, 2005다51457 등.
4) 대법 2012. 7. 5, 2010다80503(전 · 후소 중 어느 하나가 승계참가신청에 의하여 이루어진 경우도 같다).
5) 대법 1966. 2. 15, 65다2371 · 2372.

는 청구에 응할 수 없다는 동시이행의 항변, 한편으로 乙이 甲 상대의 그 잔대금청구를 별도의 소로 제기도 같음).

현재 계속중인 소송에서 상계항변으로 주장한 채권을 갖고 별도의 소 또는 반소로써 청구하거나(예: 甲이 乙 상대의 대여금 1,000만원 지급청구소송에서 乙의 甲에 대한 매매대금채권 1,000만원에 기하여 상계항변을 하면서, 또 乙이 甲을 상대로 그 매매대금 1,000만원의 지급청구를 별도의 소로 제기한 경우)(선 항변—먼저 항변으로 쓴 권리로 별도의 소 제기), 역으로 별도의 소권행사의 채권을 갖고 상대방이 청구하는 소송에서 상계항변을 할 수 있느냐는 문제이다(후 항변—별도의 소제기의 권리를 뒤에 항변으로 행사). 우리의 다수설[1)]과 판례[2)]는 상계항변 자체가 소송물이 아니고 일종의 방어방법임을 중시하여 허용된다는 적극설이다. 그러나 상계에 제공된 채권의 존재에 대한 판단에는 제216조 2항에서 기판력이 생김에 비추어 상계의 항변은 일종의 중간확인의 반소라고 할 수 있으며, 적극적으로 풀이할 때에 하나의 채권에 대하여 두 번씩의 이용에 의한 심판의 중복, 서로간 판결의 모순저촉의 염려 때문에 허용될 수 없다는 소극설이 있다.[3)]

ZPO § 148에서는 이와 같은 경우에 한쪽 변론의 중지제도를 두었으나, 우리 법제에는 없어 아쉽다. 그러나 한편 상계항변에 대하여 기판력을 인정하였다 하여도 그것은 소송물이라기보다는 일종의 방어방법이요, 더구나 소송상 예비적 항변으로 취급되어야 할 특수성 때문에 적어도 법원이 상계항변에 관한 판단을 할지 안 할지 소송이 종료될 때까지는 불확실하다. 그런데도 상계항변에 한번 쓴 반대채권이라 하여 전면적으로 별도의 소권행사를 막으면 그에 대해 조속히 소권을 행사하여 집행권원(채무명의)을 얻어 집행하고 싶은 피고의 권리보호의 길이 막히게 되어 가혹하다. 따라서 허용된다는 적극설에 원칙적으로 찬성한다(독일통설). 그러나 이미 계속중인 소송에서 상계항변으로 썼던 반대채권에 관하여는 별도의 소제기를 하기 보다 기왕의 소송에서 석명권에 의하여 반소의 제기를 하도록 유

---

1) 방순원, 318면; 이영섭, 252면; 한충수, 252면.

2) 대법 2022. 2. 17, 2021다275741; 동 2001. 4. 27, 2000다4050은 甲이 乙을 상대로 1,000만원을 별도의 소로 청구하는데, 한편으로 乙이 甲을 상대로 한 소송에서 甲이 乙에 대한 위 소구채권 1,000만원을 자동채권으로 상계항변을 하였을 때에, 甲→乙의 별도의 소를 乙→甲의 소송에 이부, 이송 또는 변론의 병합에 의하여 단일절차로 병합심리하는 것이 판결의 모순저촉의 방지와 소송경제를 위하여 바람직하였다고 할 것이나, 그렇게 되지 아니하였다고 하여 그와 같은 상계항변이 부적법해지는 것은 아니라고 판시했다.

3) 중복제소의 금지를 유추적용하자는 것에, 강현중, 356면 이하. 별도의 소로 계속되어 있는 채권에 기한 상계항변은 허용되지 않는다는 것에, 日最高裁 平成 3(1991) 12. 17 판결. 단, 명시적 일부청구의 경우, 잔부를 갖고 상계항변을 함은 허용된다는 것에, 日最高裁 平成 10. 4. 30 판결.중복제소의 금지를 유추적용하자는 것에, 강현중, 356면 이하. 별도의 소로 계속되어 있는 채권에 기한 상계항변은 허용되지 않는다는 것에, 日最高裁 平成 3(1991) 12. 17 판결. 단, 명시적 일부청구의 경우, 잔부를 갖고 상계항변을 함은 허용된다는 것에, 日最高裁 平成 10. 4. 30 판결.

도함이 타당할 것이다(미국처럼 반소강제나 separate action설이 아님).[1] 권리를 두 번을 쓰게 하되 하나의 절차에서 집중심리하도록 하자는 취지이다. 그러나 만일 피고가 반대채권에 관하여 기왕의 소송에서 반소의 제기를 하지 않고 구태여 별도의 소를 제기하였을 때에 문제인데, 바로 이를 소각하를 할 것은 아니다. 별도의 소를 소송의 이부(移部), 이송 또는 변론의 병합에 의해 기존의 소송절차 있는 쪽으로 몰아서 그 절차의 반소로써 병합되도록 노력할 것이다(반소 병합설).[2] 이것이 융합과 통섭의 예지일 것이다.

(b) **같은 권리관계에 관하여 청구취지의 차이**

aa) **원고의 적극적 확인청구(이행 청구)와 피고의 소극적 확인청구** 이것은 피고가 원고청구기각을 구하는 것 이상의 의미가 없기 때문에 동일사건이다. 판례는 채권자 甲이 병존적 채무인수자 乙을 상대로 채무이행청구를 한 소송의 계속중에 채무인수자 乙이 그 채권자 甲을 상대로 원채무자 丙의 원채무 없다는 부존재확인청구를 한 사안에서, 청구취지와 청구원인이 다르므로 중복 소제기는 아니나, 乙이 전소인 이행소송에서 **청구기각의 판결**을 구함으로써 甲이 乙이나 丙에게 채권이 없음을 다툴 수 있으므로 후소는 소의 이익이 없다고 했다.[3]

bb) **확인청구와 이행청구**(소의 종류를 달리하는 소권의 우선행사의 경우이다) 예를 들면 금 100만원의 대여금채권존재 또는 부존재확인을 구하는데 별도의 소 또는 반소로 그 100만원 대여금의 이행청구를 하는 경우에 중복소송인가. 그와 반대로 먼저 이행청구, 후에 확인청구를 하는 경우도 같은 문제가 생긴다. 이때에 청구취지가 서로 다르므로 중복소제기로 처리할 문제가 아니고 확인의 소의 보충성 등으로 처리할 것이라는 견해도 있지만,[4] 그것으로 반드시 처리될 수 없는 경우도 있으며,[5] 일반적으로 확인의 소와 이행의 소간에 그 내용이 소(小)와 대(大)의 관계이고 겹쳐지기 때문에 중복소송 여부를 문제삼는다. 다음과 같은 설의 대립이 있다.

이행청구의 경우에 채권의 존재·부존재에 대한 확인판단없이 변제기 미도래를 이유로 청구기각이 될 수 있음을 근거로 양소는 어느 경우나 동일사건이 아니라고 보는 견해도

1) 같은 취지: 김홍규/강태원, 265면; 정동윤/유병현/김경욱, 326면, 김홍엽, 360면. 日東京高裁 昭和 42. 3. 1 판결.
2) 한 절차에서 병합심리한다는 견해, 호문혁, 162면.
3) 대법 2001. 7. 24, 2001다22246.
4) 호문혁, 150면; 김용진, 200면; 한충수, 252면. 확인의 소는 전소이든 후소이든 막론하고 권리보호의 자격 또는 확인의 이익 결여로 각하된다고 한다.
5) 甲이 乙을 상대로 손해배상채무의 부존재확인의 소를 제기하여 본소가 계속중인데, 乙이 甲을 상대로 그 채무가 존재한다고 주장하며 그 채무의 이행청구를 반소로서 제기한 사안에서 그러한 사정만으로 본소청구에 대한 확인의 이익이 소멸되어 본소가 부적법하게 된다고 할 수 없다고 했다고 한 것이 그 예이다. 대법 1999. 6. 8, 99다17401·17418.

있지만

i) 이행의 소가 먼저 제기, 확인의 소가 뒤에 제기의 경우는 동일사건이로되, 확인의 소가 먼저 제기, 이행의 소가 뒤에 제기의 경우는 후소는 전소와 동일사건이 아니라고 보는 견해가 있다(제한적 부정설, 독일 판례·통설).[1] 이 경우에 후소가 전소보다 더 큰 집행력 있는 판결까지 바라는 것을 근거로 한다.

ii) 확인의 소가 먼저 제기, 이행의 소가 뒤에 제기도 동일사건으로 중복소송에 해당한다는 견해가 있다(긍정설).[2] 확인청구를 하다가 원고가 이행청구를 하자면 동일절차 내에서 청구취지의 변경으로 가능하므로 구태여 별도의 소송절차를 인정할 필요가 없다는 것이다.

생각건대 긍정설은 이행청구의 별도의 소 대신에 기왕에 계속중인 전소인 확인의 소에서 청구취지의 변경의 방식으로 확장의 길을 택하여야 한다는 것이나, 청구의 변경·확장은 어디까지나 전소가 사실심에 계속중일 때나 가능할 수 있는 일이며, 전소가 법률심인 상고심에 계속중일 때에는 불가능하다.[3] 따라서 일반론으로 중복소송으로 보아 금한다면 확인의 소가 상고심에 계속중일 때에는 이행청구의 길은 막힌다. 그러므로 후소가 이행의 소일 때에는 중복소송의 예외라는 제한적 부정설이 옳다고 하겠다.[4] 이때에 전소인 확인의 소를 어떻게 처리할 것인지 문제이지만 이미 확인의 소가 본안판단을 하기에 성숙되었으면 본안판결로 끝낼 것이고, 아니면 확인의 이익 없다 하여 각하할 것이다[5](744면 참조).

(c) **일부청구와 잔부청구** 동일채권의 일부청구의 계속중 잔부(殘部)청구(甲이 乙 상대의 불법행위로 인한 8,000만원의 장래의 총 기대수입 손해금 중 6,000만원만 소제기하여 소송계속중인데, 나머지 2,000만원을 별도의 소로 청구하는 경우)를 하는 것은 중복소송이 되는가.[6]

i) 다수설은 일부청구의 계속중 잔부청구를 하는 것은 동일소송절차에서 청구취지의 변경으로 가능하다 하여 중복소송이 된다고 한다(중복소송설).

ii) 판례[7]도 i)과 같은 입장이었다가 현재는 전소에서 일부청구임을 명시하지

---

1) BGH NJW 94, 3108; NJW 1989, 2064; Rosenberg/Schwab/Gottwald, § 98 Rdnr. 23(먼저 이행의 소제기, 뒤에 확인의 소제기는 중복소송이고, 소극적 확인의 소가 제기된 뒤 이행의 소의 제기는 허용); Schellhammer, Rdnr. 127.

2) 방순원, 353면; 이영섭, 256면; 강현중, 354면; 소송물에 관한 사실관계 일분지설의 입장에서 긍정, 정동윤/유병현/김경욱, 324면; 김홍규/강태원, 266면; 송상현/박익환, 284면.

3) 법률심인 상고심에서는 소송참가가 안된다는 것을 중복소송의 예외의 근거로 한 것에, 대법(전) 2013. 12. 18, 2013다202120.

4) 같은 취지: 정영환, 460면.

5) 같은 견해 강수미, "채무부존재확인의 소의 확인의 이익에 관한 고찰," 민사소송 18권 2호, 148~149면.

6) 이시윤, 입문〔事例 51〕, 167면.

7) 대법 1976. 10. 12, 76다1313. 평석은 졸고, "손해배상청구소송의 소송물," 판례월보 101호,

않는 경우는 중복소송이지만, 명시적 일부청구의 소송계속중 유보된 나머지 청구의 후소 제기는 중복소송이 아니라는 태도이다(**명시적 일부청구설**).[1)]

그러나 일부청구가 계속중일 때에 청구취지의 확장에 의하여 나머지 잔부청구를 하는 것은 상고심에서 허용될 수 없음에 비추어 다수설에는 문제가 있으며, 다수설대로 일부청구의 계속중 잔부청구의 후소를 중복소송이라 하여 무조건 각하하는 것은 실체법상 가분채권의 분할청구의 자유에도 반한다. 또 일부청구임을 명시하였다는 이유로 전소가 끝나지도 아니한 상태에서 잔부를 별도의 소로 청구해도 좋고 두 개의 절차를 벌여도 된다는 것은 분쟁해결의 1회성을 도외시한 것이며 재판의 모순저촉의 방지의 견지에서도 옳지 않다.

iii) 우리는 일부청구가 명시적이든 아니든 사실심에 계류중이어서 잔부마저 청구취지의 확장으로 간편하게 거기에서 추가 청구할 수 있는 길이 있는데도 구태여 잔부를 별도의 소로 제기하는 것은 바람직하지 않으며 소권남용으로 볼 여지가 있다고 본다.[2)] 이 때에 우선은 ① 동일법원의 별개재판부에 각 계속중일 때에는 이부(移部)로, ② 동일심급의 별개법원에 계속중일 때에는 이송(35조)으로, ③ 동일재판부에 계속중일 때에는 변론의 병합으로 한 절차로 집중시켜 절차의 단일화를 시도하여 보고, 소권남용이 뚜렷할 때에는 후소를 각하할 것이다(**단일절차 병합설**).[3)] 우리는 분쟁의 1회적 해결의 요청과 분할청구의 자유를 조화시키는 것이라 보아 이 설을 제창한다(위 4] [도표 참조).

확대시도 지금까지는 소송물과 중복소송의 범위를 되도록 통일적으로 이해하려는 것이 다수설이었으나, 최근에 중복소송의 범위를 소송물이 동일한 경우만이 아니라, 그보다 폭을 넓혀 i) 양소간에 사실관계 내지 그 자료가 공통하여 청구의 기초에 동일성이 인정되는 경우, ii) 두 사건의 쟁점이 공통인 경우에는 동일사건으로 처리하자는 논의가 나타나고 있다. 이 경우에는 청구취지의 확장이나 반소제기의 길을 택하여야 한다는 견해이다. 예를 들면, ① 매매의 효력이 주요쟁점으로 된 경우에 매수인이 목적물인도청구를 하고 있는데 매도인은 이전등기말소청구를 별도의 소로 구하는 경우, ② 소유권에 기한 등기말소소송이 계속중 그 부동산소유권확인청구의 별도의 소 등이다.

114면 이하.

1) 치료비의 일부만 특정하여 청구하고 그 외의 치료비부분은 별도청구한다고 명시한 경우처럼 명시적 일부청구나 청구부분을 특정하여 일부청구한 경우에는 잔부청구에 대해 중복소송이 아니라고 한 것에, 대법 1985. 4. 9, 84다552 등.

2) 대법 1996. 3. 8, 95다46319(방론) 참조. 이 경우에 소권남용으로 본 것에, 서울중앙지법 2008 가합112303. 같은 취지: 강현중, 355면.

3) 같은 취지: 이석선, "일부청구에 대한 소송법적 고찰," 김용한교수 회갑기념논문, 255면. 일부청구긍정설을 취하면서 가능하면 이송 등으로 변론을 병합하는 것이 타당하다는 견해로는 호문혁, 149면.

한편 EU 재판소가 발전시킨 것으로, 핵심에 있어서 같은 생활사실관계를 토대로 한 같은 분쟁이면 서로 모순되는 재판의 방지를 위해 같은 소송물로 보아 중복소송문제로 처리하자는 **핵심점이론**(Kernpunkt)(사실관계일원설)이 나타난다. 이행의 소와 소극적 확인의 소, 이행의 소와 선결적 법률관계의 확인의 소는 청구취지의 차이나 소제기의 전후 순서에 불구하고, 소송물이 같다는 것이다(EU사업재판소 EUZW 1995. 309 등).[1)]

(3) 전소의 계속 중에 후소를 제기하였을 것

1) 전·후양소가 동일한 사건이면 전소와 같은 법원에 제기되었든 다른 법원에 제기되었든 가리지 않는다. 후소가 단일한 독립의 소일 것에 한하지 아니하며, 다른 청구와 병합되어 있든지 다른 소송에서 소의 변경·반소·소송참가(79조, 81조, 82조)[2)]의 방법으로 제기되었든지 문제되지 않는다.

2) 전소가 소송요건을 구비하지 못한 부적법한 소라도 무방하다. 후소의 변론종결시까지 전소가 취하·각하 등에 의하여 그 계속이 소멸되지 아니하면 후소는 중복소송에 해당되어 각하를 면치 못한다.[3)] 후심판이 중복심판청구금지에 위반되는지 판단하는 기준시점은 후심판의 심결시이다.[4)]

3. 효　　과

중복소제기이어서는 안 된다는 것은 소극적 소송요건이다. 중복소제기인가의 여부는 직권조사사항이기 때문에,[5)] 이에 해당하면 피고의 항변을 기다릴 필요 없이 판결로써 후소를 부적법각하하지 않으면 안 된다(다만 하나의 절차로 쉽게 통합할 수 있는데도 두 개의 절차를 벌이는 경우에는 우선 중복절차의 방지, 즉 단일절차병합의 조치를 필요로 함은 이미 설명한 바임). 동일한 사건이라 하여도 전소의 기록분실의 경우 신소의 제기는 중복소송이 되지 않는다.[6)] 만일 중복소제기임을 법원이 간과하고 본안판결을 하였을 때에는 상소로 다툴 수 있다. 판결이 확정되었을 때에는 당연히 재심사유가 되는 것은 아니며, 그렇다고 당연무효의 판결도 아니다.[7)] 다만 전·후양소의 판결이 모두 확정되었으나 그 내용이 서로 모순저촉이 되는 때에는 어느 것이 먼저 제소되었는가에 관계 없이 뒤의 확정판결이 재심사유가 될 뿐이다(451조 1항 10호). 그러나 재심판결에 의하여 취소되기까지는 뒤의 판결이 새로

1) Rosenberg/Schwab/Gottwald, § 92 Rdnr. 18~21; 정동윤/유병현/김경욱, 248면.
2) 대법 1966. 2. 15, 65다2371·2372.
3) 대법 2017. 11. 14, 2017다23066.
4) 대법 2020. 4. 29, 2016후2317.
5) 대법 1990. 4. 27, 88다카25274·25281.
6) 대법 1955. 11. 10, 4288민상339 등. 단 대법 1981. 3. 24, 80다1888·1889는 그러한 경우에도 전소와 후소의 계속법원이 다르면 중복제소라고 한다.
7) 대법 1995. 12. 5, 94다59028 등.

운 것이기 때문에 존중되어야 할 것이다.[1)]

4. 국제적 중복소제기(국제적 소송경합)[2)]

이 문제는 개정 국제사법에서 직접 규정하였기 때문에 그에 의할 것으로 논쟁의 필요성은 없어진 것 같다. 국제사법의 규정을 따아가야 할 일이다.

지금까지는 1) 규제소극설, 2) 승인예측설, 3) 비교형량설 등이 논란되었는데, 개정 국제사법 제11조는 2) 승인예측설을 취하여 다시 국내법원에 제기된 동일한 소에 대하여 직권 또는 신청에 의하여 소송절차를 중지할 수 있도록 하였다. 전속적 국제관할의 합의가 있는 경우나 국내법원에서 재판하는 것이 보다 더 적절함이 명백한 경우는 예외로 한다고 했다. 동조 제4항은 외국법원이 본안재판을 하지 아니하거나 본안에 관하여 선고하지 않을 것으로 예상되면 국내법원은 중지된 사건 심리를 계속할 수 있는 것으로 규정하였다.[3)]

외국확정판결과의 경합소송: 한국인 부부가 미국 뉴욕주에서 이혼의 소를 제기하여 판결이 났는데 남편이 한국에서 다시 이혼의 소를 제기한 사안에서 뉴욕주 판결의 기판력이 우리나라에서 인정된다는 전제하에서 후소를 부적법하다 한 것에, 대법 1987. 4. 14, 86므57·58. 일본강제징용피해자의 미쯔비시 등 상대의 손해배상소송에서는 일본최고재의 패소판결이 났는데 이 판결은 우리나라의 공서양속에 반하는 판결이라 하여 무시하고 승소취지의 대법원 환송판결이 있었다(이하 667면).

(2) 외국법원에 소가 제기되어 계속된 권리에 시효중단의 효력이 생기는가가 또한 논의가 되는데, 그 외국법원의 판결이 우리나라에서 승인될 것이 예측되면 중단의 효력을 인정해도 좋을 것이다.

Ⅲ. 실체법상의 효과

1. 총 설

소제기의 실체법상의 효과로서 주된 것이, 시효중단(채권에 관한 소의 제기→소멸시효중단, 물권에 관한 소의 제기→취득시효중단. 민 168조)과 법률상의 기간(제척기간)준수의 효과(265조), 연 12%의 소송이자의 발생

---

1) 같은 취지: 방순원, 355면. 우선순위가 없다는 것에, 한충수, 254면. 전소판결과 후소판결은 저촉되는 상태에서 그대로 기판력을 갖는다는 것에, 대법 1997. 1. 24, 96다32706.

2) 양석완, "소극적 확인의 소와 국제적 소송경합," 고려법학 64호(2012. 3), 481면.

3) 사안에 적절할지 모르겠으나, 중국법원에서 러시아산 청어알 사건의 사실상 재판거부 사건이 문제된 바 있는데, 우리나라 법원이 나서 끝냈다(대법 2008. 5. 29, 2006다71908·71915 참조). 이는 보충 또는 긴급관할의 문제이기도 하다.

(특례법 3조)이나, 그 밖에 선의점유자의 악의의 의제(민 197조 2항), 어음법상의 상환청구권의 소멸시효기간의 개시(어음 70조) 등의 효과가 따른다. 소장접수보류상태(개정 248조 1항 · 2항)에서는 이와 같은 효과는 생길 수 없다.

원고가 피고에 대한 최고, 상계, 취소, 계약의 해지 · 해제, 그 밖의 의사표시를 소장을 이용하여 기재하는 경우에는 소장이 피고에게 송달됨으로써 그 효과가 발생하지만,[1] 그것은 우연히 소장을 이용하여 사법상의 의사표시를 한 것에 그치기 때문에 엄밀한 의미의 소제기의 실체법상의 효과가 아니다. 따라서 뒤에 소의 취하 · 각하가 되어도 그 효과에 아무런 영향을 받지 않는다(뒤의 「소취하의 효과」 참조).[2]

2. 시효의 중단

(1) 중단의 근거 소제기에 의한 시효중단의 근거에 관하여는 권리자가 권리 위에 잠자지 않고 단호하게 권리를 행사하는 점에 근거를 찾는 권리행사설,[3] 권리관계의 존부가 판결에 의하여 확정되고 계속된 사실상태가 법적으로 부정되는 점에 그 근거를 둔 권리확정설의 대립이 있다. 다만 소각하된 소송은 시효중단의 효력이 없다는 것이 최근 판례이다(재판 외의 최고로서의 효력만 갖게 된다는 것에, 대법 2018두56435).

(2) 중단의 대상 시효가 진행되는 채권에 관하여 이행의 소뿐 아니라 확인의 소가 제기된 경우에도 중단의 효력이 생긴다. 소장에서는 일부청구이었다가 청구취지의 확장의 뜻을 표하며 실제로 확장한 경우이면 소제기 당시부터 채권 전부에 시효중단의 효력이 발생한다.[4] 기존의 재판상 청구인 이행소송이 확정된 이후라도 확정된 채권의 시효중단을 위한 새로운 방식의 확인의 소에도 허용된다는 대법(전) 2018. 10. 18, 2015다232316이 있다(반대의견 있음). 과거의 사실관계의 확인이 아닌가(244면 참조).[5] 원고인 채무자가 채무 없다는 부존재확인의 소를 제기했을 때 피고인 채권자가 채무 있다고 응소하여 그것이 받아들여진 경우이면 재판상 청구에 준하는 권리주장으로 보아 중단의 효력을 긍정할 것이다.[6] 조세채권확인소송은 시효중단청구에 해당된다(대법 2017두41771). 사실심변론종결 전

1) 대법 2009. 6. 23, 2007다26165.
2) 대법 1982. 5. 11, 80다916.
3) 김증한, 민법총칙, 460면; 방순원, 236면. 대법 2011. 11. 10, 2011다54686.
4) 대법 2023. 10. 12, 2020다210860 등.
5) 이에 관한 비판은 호문혁, 2019. 3. 21 법률신문.
6) 대법(전) 1993. 12. 21, 92다47861; 동 2019. 3. 14, 2018두56435. 다만 재판상 청구인 행위로 인정되려면 의무있는 자가 제기한 소송에서 권리자가 의무있는 자를 상대로 응소하여야 한다=대법 2007. 1. 11, 2006다33364.

이면 언제든지 주장하여도 된다.[1)2)] 판례는 형성의 소(예: 재심의 소[3)])에도 중단의 효력을 인정할 것이지만, 행정소송의 제기는 조세소송 등 이외는 원칙적으로 중단사유가 아니라고 한다.[4)]

1) **소송물**로 주장한 권리관계에 대하여 시효중단의 효력이 생기는 것이 원칙이다. 구이론은 소송물인 원고 주장의 실체법상의 권리만을 시효중단의 대상으로 본다. 따라서 승객이 교통사고로 부상을 당한 경우에 불법행위를 구성하여 배상청구를 하였다면 불법행위채권만이 시효중단되고, 다른 운송계약채권은 중단되지 않는다. 우리 판례도 그러한 입장이다.[5)] 그러나 자동차사고의 피해자가 불법행위의 관점에서 배상청구를 하였다고 하여 반드시 불법행위로만 피해액 상당의 급여권의 실현을 하려 하고 운송계약불이행채권은 남겨 두려는 뜻으로 보아서는 아니 될 것이며, 불법행위로 구성하면 결론도출이 용이할 것 같아 주장하고 보았다고 함이 정확한 파악일 것이다. 그러므로 신이론에 입각하여 이행의 소가 제기되면 그 1회적 급부실현에 수단이 되는 모든 실체법상의 권리는 권리행사한 것으로 본다.[6)]

2) **공격방어방법**으로 주장한 권리는 중단의 대상이 아니라는 것이 전통적인 입장이나, 판례는 완화하려 한다. 판례[7)]는 재판상의 청구를 기판력, 즉 소송물이 미치는 범위와 일치시켜 고찰할 필요가 없다는 전제하에서, 소유권을 바탕으로 한 명도청구소송·등기청구소송에 있어서 소유권에 취득시효중단의 효력이 생김은 물론, 소유권에 바탕을 둔 방해배제·손해배상·부당이득청구 등에서도 그것

---

1) 대법 2010. 8. 26, 2008다42416·42423.

2) 대법 2004. 1. 16, 2003다30890=채무자(물상보증인은 다름)가 제기한 저당권설정등기말소청구소송에서 채권자가 청구기각을 구하면서 피담보채권의 존재를 주장하는 경우에는 재판상 청구에 준하는 것으로 피담보채권에 관하여 소멸시효중단의 효력이 생긴다.

3) 대법 1998. 6. 12, 96다26961.

4) 대법 1979. 2. 13, 78다1500·1501. 다만, 과세처분의 취소·변경·무효확인청구의 행정소송은 실질적으로 민사소송인 채무(조세)부존재확인의 소와 유사하므로 오납금에 대한 부당이득반환청구권의 시효중단=대법(전) 1992. 3. 31, 91다32053. 또 부당노동행위 구제신청과 관련된 행정소송에 해고근로자의 보조참가신청은 그의 임금청구권의 시효중단=대법 2012. 2. 9, 2011다20034.

5) 대법 2001. 3. 23, 2001다6145 등; 동 1999. 6. 11, 99다16378=원인채권에 기하여 청구한 것만으로는 어음채권의 소멸시효를 중단시키지 못하나, 반대로 어음채권에 기하여 청구한 경우는 원인채권의 소멸시효를 중단시키는 효력이 있다. 같은 취지는 대법 2020. 3. 26, 2018다221867; 동 2007. 9. 20, 2006다68902. 채권자대위소송에서 피대위채권을 양수하여 양수금청구로 교환적 변경을 한 경우에도 당초의 대위소송의 시효중단의 효력유지=대법 2010. 6. 24, 2010다17284. 채권자대위소송의 제기에 의한 시효중단의 효과는 앞 299면 참조.

6) 졸저, 소송물에 관한 연구, 141면.

7) 대법 1997. 3. 14, 96다55211; 동 1995. 10. 13, 95다33047 등.

이 인용되어 확정되었으면 소유권에 시효중단의 효력이 생긴다고 했다. 권리자의 권리행사의 의사가 공적기관에 의하여 확인된 경우이기 때문이다. 나아가 소송물인 권리관계의 파생관계를 이루는 권리관계에도 미친다는 것이 판례이다.[1)] 생각건대 법원에 의하여 방어방법으로 받아들여 확정된 권리라면 공격방법과의 균형상 시효중단효를 인정할 여지가 있을 것이다.[2)]

(3) 일부청구와 중단의 범위 예를 들면 7,000만원 채권 중 3,000만원만 일부청구하는 경우에 그 3,000만원만이 소송물이요 따라서 시효중단의 대상이 되는 것이며, 나머지 4,000만원에 대해서는 시효진행되는 것이고 별도의 소를 제기하거나 청구취지확장신청서를 법원에 제출한 때(265조)에 비로소 시효중단의 효력이 생긴다고 할 것인가. 7,000만원 채권 중 3,000만원만 청구한다고 명시한 경우이든, 이를 밝히지 아니한 경우이든 불문하고 청구한 일부인 3,000만원만이 중단되고 나머지 잔부에 대하여서는 중단의 효력이 생기지 않고 시효가 진행된다는 견해(일부중단설)가 있는데, 한때 우리 판례가 따랐다.[3)] 반면 일부청구의 경우는 명시 여부를 불문하고 권리관계의 일부인 3,000만원만이 아니라 7,000만원 전부에 대하여 시효중단의 효력이 생긴다는 견해도 있다(전부중단설).[4)] 그러나 생각건대 3,000만원 청구가 총채권 7,000만원 중 일부청구임을 명시한 경우는 그 한도에서 시효중단이 되지만, 일부청구임을 명시하지 아니한 경우에는 채권의 동일성의 범위에서 그 전부인 7,000만원에 미친다고 볼 것이며, 현재 판례도 그러하다(**명시설, 절충설**).[5)] 그렇게 보는 것이 일부청구에 관한 절충설과 기본 입장을 같이하는 것이라 하겠다. 예외적으로 손해배상사건에서 앞으로 감정인의 손해액의 감정결과를 보고 청구취지의 확장을 할 것을 전제로 하여 소송기술적으로 일부청구한 경우에(일단 소가 5억 10만원으로 합의부관할사건으로 제기해 놓고 보는 경우), 비록 명시적 일부

1) 따라서 해고무효확인소송(파면처분무효확인의 소, 고용관계존재확인의 소도 같다)의 제기는 그 고용관계에서 파생하는 보수채권의 시효중단사유=대법 1978. 4. 11, 77다2509; 동 1994. 5. 10, 93다21606. 근저당권설정등기청구의 소제기가 피담보채권이 될 채권에 대한 시효중단사유가 된다는 것에, 대법 2004. 2. 13, 2002다7213. 매매계약에 기초하여 건축주명의변경청구의 소는 소유권이전등기청구권의 소멸시효중단=대법 2011. 7. 14, 2011다19737.

2) 졸고, "피고의 방어방법과 시효의 중단," 민사판례연구(Ⅲ), 5면 이하. 같은 취지: 정동윤/유병현/김경욱, 332면; 정영환, 506면.

3) 김용진, 213면. 대법 1970. 4. 14, 69다597; 대법 1975. 2. 25, 74다1557 등.

4) 송상현/박익환, 289면. 정동윤/유병현/김경욱, 332면; 정영환, 468면.

5) 대법 2012. 11. 15, 2010두15469(청구 중 특정이 가능한 일부청구의 경우); 동 1992. 4. 10, 91다43695; 동 1992. 12. 28, 92다29924 등. 김홍엽, 382면; 日本最高裁 平成 25. 6. 6 판결도 같다. 다만 여기에서 명시적 일부청구의 경우, 판결이 확정되었을 때에 잔부에 대해 재판상의 최고로서 소멸시효중단의 효력이 있다고 했다.

청구라도 그 한도 내에서 중단의 효력을 인정할 것은 아니고 당해 소송이 종료될 때까지 나머지를 확장한 경우에는 소제기 당시부터 청구권 전부에 미친다고 할 것이다.[1] 또 비록 그중 일부만을 청구한 경우에도 그 취지로 보아 채권전부에 관하여 판결을 구하는 것으로 해석될 때에도 그와 같이 볼 것이다(위 [도표 4] 참조). 그러나 판례는 일부청구를 하면서 소송종료시까지 실제로 청구하지 않은 경우 나머지 부분에 대하여 시효중단의 효력이 발생하지 않으나, 이 경우에 당해소송이 종료된 때부터 6월내에 민법 제174조의 조치를 취하면 나머지에 대해 시효중단을 시킬 수 있다[2]고 하였다.

3. 법률상의 기간준수

(1) 법률상의 기간이란 출소기간 그 밖의 청구를 위한 제척기간 등 권리나 법률상태를 보존하기 위하여 일정한 기간 안에 소를 제기하지 않으면 안되며, 그것이 지나면 권리 등이 제쳐져서 없어지게 되는 기간을 말한다. 법적 안정성을 위해서이다. 시효기간과 다르다(중단·이익 원용 등의 법리 부적용). 민법상의 점유소송의 제소기간(1년, 민 204조 3항, 205조 2항·3항, 206조 2항), 채권자취소소송(안 날 1년, 있은 날 5년, 민 406조 2항)·상속회복소송(10년, 민 999조)에 있어서 제소기간[3)4)] 등이 그 예이고, 가사소송사건(민 819조, 841조, 847조 1항, 907조), 회사관계소송(상 184조, 236조 2항, 376조, 429조)에 그 예가 많다. 출소기간은 소송요건이며 그 준수는 항변이 필요없는 직권조사사항이다.[5] 상고심에서도 새로 주장할 수 있다.[6]

(2) 제척기간준수의 범위도 시효중단의 범위와 마찬가지로 i) 원칙적으로 소송물인 권리관계와 일치한다. 따라서 이혼소송이나 주주총회결의취소의 소 등에서 개개의 이혼사유나 결의취소사유마다 소송물이 별개가 된다는 구이론(이분지설도 대체로 같다)에 의하면, 어느 이혼사유나 취소사유를 바탕으로 출소기간 내에 소를 제기하였다 하더라도 그 사유의 한도에서 기간준수의 효과가 생겨 기간경과 후에는 새로운 사유를 주장할 수 없게 된다. 그러나 신이론에 따라 목적인 혼인해소 혹

---

1) 대법 2001. 9. 28, 99다72521 등.

2) 대법 2020. 2. 6, 2019다223723; 동 2022. 5. 6. 2020다206625(확장 표시한 후에 채권특정부분을 명시적으로 제외한 사안).

3) 대법 1996. 5. 14, 95다50875. 행사기간(1년, 5년)을 합헌으로 본 것에, 헌재 2006. 11. 30, 2003헌바66.

4) 하자담보청구기간은 재판상 또는 재판외의 권리행사기간이고 출소기간이 아니라고 한 것에, 대법 1990. 3. 9, 88다카31866.

5) 대법 1996. 9. 20, 96다25371 등.

6) 대법 2019. 6. 13, 2019다205947.

은 위법한 주주총회결의효력의 해소목적 그 자체를 소송물로 보고 개개의 이혼사유·취소사유는 단지 그 목적달성을 위한 공격방법에 불과하다고 파악하면, 어느 한 가지 사유를 출소기간 내에 주장하였으면 나머지 다른 사유도 기간준수의 효과가 생겨 다른 사유의 추가변경은 변론종결시까지 허용할 수 있게 된다.[1)]

ii) 제척기간 내에 명시적 일부청구를 한 채권에 터잡아 잔부를 확장하였다 하여도, 제척기간 내에 청구한 액수를 초과한 부분의 청구는 제척기간의 도과로 소멸되었다고 할 것이다.[2)]

4. 효력발생 및 소멸시기

i) 시효중단·법률상의 기간준수의 효력은 소의 제기시, 즉 소장을 법원에 제출한 때에 발생한다(265조 전단). 소송계속의 효과와 달리 소장을 법원에 제출한 때에 발생하게 한 것은 법원이 피고에 대한 소장부본의 송달을 지연시킴으로써 소장부본의 송달전에 시효완성이나 출소기간이 도과해버리는 원고의 불이익을 막자는 데 있다. 소송중의 소(청구의 변경,[3)] 중간확인의 소, 반소, 독립당사자·공동소송 참가, 피고의 경정 등. 단, 피고표시정정의 경우는 다름. 다만 행정소송 사이에서 소의 변경이 있을 때는 변경청구의 소는 처음 소를 제기한 때로, 행소 21조 등)의 경우에는 소장에 해당하는 서면을 법원에 제출한 때에 그 효력이 생긴다(265조 후단). 소액사건에서 구술로 제소한 때에는 법원사무관등 앞에서 말로 그 뜻을 진술한 때라고 할 것이다.[4)] 지급명령이 소송으로 이행된 때에는 지급명령신청시에 시효중단 및 기간준수의 효력이 생긴다.[5)] 가압류의 경우에는 가압류신청시가 된다(2016다35451).

ii) 시효중단·기간준수의 효력은 소의 취하·각하(소장각하의 경우도 같다. 증권관련집단소송·소비자·개인정보 단체소송에서는 소제기 불허가결정)로 소급하여 소멸한다(민 170조 1항). 그러나 소송의 이송에 의하여는 소멸되지

---

1) 주주총회결의에 관하여 부존재확인의 소가 상법 제376조 소정의 2개월의 제소기간 내에 제기되어 있다면, 동일한 하자를 원인으로 하여 결의취소소송으로 소를 변경하거나 추가한 경우에도 부존재확인의 소제기시에 제기된 것과 동일하게 취급하여 제소기간을 준수한 것으로 보아야 한다는 것에, 대법 2003. 7. 11, 2001다45584.

그러나 대법 2004. 6. 25, 2000다37326(2010다49380도 같다)은 신주발행무효의 소에서 새로운 무효사유의 추가는 제소기간을 준수한 것으로 보지 않았다(유사한 것에, 대법 2009. 5. 28, 2008후4691). 또 2010. 3. 11, 2007다51505도 주주총회결의 취소소송의 제소기간준수여부는 각 안건에 대한 결의마다 별도로 판단을 요한다 했다. 안건별소송물설인데, 너무 좁히고 있다.

2) 명시적 일부청구임을 가리지 않고 같은 결론에 이른 것에, 대법 1970. 9. 29, 70다737 등.

3) 소의 변경이 있는 경우, 새로운 소에 대한 소제기기간의 준수여부의 기준시점은 소변경시라는 것에, 대법 2004. 11. 25, 2004두7023. 선행처분이 후행처분에 흡수되는 관계이면 선행처분취소의 소 제기시에 기간준수한 것(대법 2018. 11. 15, 2016두48737).

4) 대법 1962. 1. 13, 4294민상110·111은 어음금청구소송을 제기하고서 뒤에 백지보충을 하였다 하더라도 시효중단의 효력은 보충시가 아니라 소의 제기시라고 하였다.

5) 대법 2015. 2. 12, 2014다228440.

않는다(40조 1항). 다만 소의 취하 · 각하(지급명령신청 각하도 같다)에 의하여 소멸되어도 6월 내에 소의 제기(피고가 응소하여 권리를 주장한 경우도 준용[1]),[2] 압류 또는 가압류 · 가처분을 하면 최초의 소제기시에 중단된 것으로 본다(민 170조 2항).

5. 소송지연손해금의 법정이율(소송이자의 발생)

(1) 제도의 의의 소송촉진 등에 관한 특례법 제3조 1항은 금전채무의 이행을 명하는 판결선고시에 소장송달 다음날부터는 100분의 40 이내의 범위에서 은행법에 의한 금융기관이 적용되는 연체금리 등 경제여건을 감안하여 지연손해금의 법정이율을 대통령령으로 정하는 인상된 이율에 의하도록 하였다. 민상법의 연 5% 또는 6%에 의하지 아니한다. 대통령령인 「동법 제3조 1항 본문의 법정이율에 관한 규정」에서는 당초에 연 2할 5푼으로 하였으나, 2003. 4. 24. 헌법재판소의 위헌결정으로 연 20%로 낮추었다(BGB § 291은 연 5%. 미국도 판결선고 후의 이자는 미국 연준 1년 금리 0.5%(지금도 유지여부는 불명). USC § 1961). 이는 채무자가 이유 없이 소송지연술을 쓰는 부당응소에 대한 방지책이고 나아가 인플레이션에 의한 화폐가치의 하락을 cover하는 의미가 있었으나(연리 20~30%이어서 끌면 이자로써 원금을 갚을 수 있는 시대의 산물), 현재와 같은 저금리시대에 비현실적인 고율 폭리인 면이 있다. 필자는 입법제정에 관여하였지만, 지금과 같은 금리시대에는 민상법의 법정이자 5%, 6%로 족하고, 따로 이와 같은 특례법의 고율의 소송이자는 그 의미가 없어져 폐기해도 좋을 것이다. 고율의 지연이자에 대법원까지 가는 늑장재판이면 피고는 '이자폭탄'을 맞는다고 한다. 은행지연손해금의 연금리(5%+7% =12%)보다 높다. 그리하여 상급심에 상소를 어렵게 하여 상소심에서 재판받을 권리를 위협하는 문제가 생기는가 하면, 채권자가 오히려 역이용하여 소송이나 강제집행을 지연시킬 소지마저 생긴다. 이제 위 대통령령을 개정하여 2019. 6. 1부터 연 15%에서 12%로 낮추었다.[3]

(2) 적용배제 채무자가 그 이행의무의 존부나 범위에 관하여 항쟁함이 상당하다고 인정되는 때에는 그 적용을 배제한다(특례법 3조 2항). 적용배제되는 항쟁이 상당하다고 인정될 때란 이행의무의 존부나 범위에 관하여 항쟁하는 채무자의

---

1) 대법 2010. 8. 26, 2008다42416 · 42423.

2) 채권자대위소송의 제기로 인한 소유권이전등기청구권의 시효중단의 효력은 그 소각하판결이 확정되었다고 하여도 6개월 내에 다른 채권자가 대위소송을 제기하면 최초의 소제기시에 중단된 것으로 본 것에 대법 2011. 10. 13, 2010다80930.

3) 비현실적 고리, 비교법적 견지의 무리, 제도남용의 가능성에 관하여, 졸고, "비싼 소송이자와 싼 공탁금이자," 대한변협신문 2016. 10. 17자.

주장에 상당한 근거가 있는 때를 뜻하는데(예를 들면, 피고의 주장이 파기환송 전 항소심에서 받아들여진 적이 있을 정도,[1] 항소심에서 피고의 주장이 깨어졌다 하여도, 제1심에서 받아들여진 경우[2]),[3] 이 문제는 당해 사건에 관한 법원의 사실인정과 그 평가에 관한 것이라는 것이 판례이다.[4] 제1심이 인용한 청구금액을 항소심이 그대로 유지한 경우라면 항쟁함이 상당하다고 인정할 수 없다는 것이 판례이나, 초고율의 지연손해금에 비추어 획일적으로 따르는 것이 옳지 않다.[5] 다만 판례는 본래의 채권관계의 준거법이 외국법인 경우나[6] 장래의 이행의 소[7]에는 특례법규정이 적용될 수 없다고 했다.

(3) 사실심판결선고 이후 판례는 적용배제의 이러한 예외는 당해사건의 **사실심판결선고**시까지이고 판결선고 이후에는 어떠한 이유이든 연 12% 고리의 적용을 배제할 수 없다고 했다(대수롭게 생각하지 아니하여 판결이자는 변호사 보수로 준다 하여 낭패당하는 당사자가 나옴).[8] 판결선고 후 상소심은 무조건 연 12%의 지연손해금의 적용은 패소한 피고에 대하여 판결채무이행의 큰 간접강제임에 틀림없으나, 현재의 정기예금이율에 비추어 징벌적 배상에 해당하는 가혹함이며 과잉금지원칙 위배의 여지가 있다.

(4) 확대적용 문제 최근 판례는 이미 이행 판결이 확정된 채권자가 채권의 시효중단을 위해 재소를 제기하면서 확정판결에 따른 원금과 원금에 대한 **확정 지연손해금** 및 이에 대한 **지연손해금**을 청구하는 경우, **확정 지연손해금**에 대한 **지연손해금 채권**은 채권자가 위 재소로써 확정 지연손해금을 청구해야만 비로소 발생하는 채권으로서 전소의 소송물인 원금채권이나 확정 지연손해금채권과는 별개의 소송물이라 할 것이므로, 채무자는 확정 지연손해금에 대하여도 이행청구를 받은 다음 날부터 지연손해금을 별도로 지급하여야 한다는 취지이다(대법 2022. 4. 14, 2020다268760).

확장시키는 것이 별개의 소송물이라 소제기할 수 있다 하지만, 시효중단을 위한 기판력의 예외를 더 확장시키는 것이므로 법적 안정성을 해치는 문제가 있

1) 대법 2012. 3. 29, 2011두28776.
2) 대법 2013. 4. 11, 2012다106713.
3) 대법 2014. 4. 10, 2013다52073, 52080; 동 2020. 11. 26, 2019다2049.
4) 대법 2002. 1. 22, 2000다2511; 동 2019. 2. 28, 2016다215134.
5) 대법 2008. 11. 13, 2006다61567; 동 2013. 4. 26, 2011다50509 등. 다만 제1심에서 피고의 주장이 받아들여졌으나, 항소심에서 배척한 경우, 지연손해금을 적용할 수 없다는 것에, 대법 2016. 4. 15, 2015다251645; 동 2016다258544 등.
6) 대법 2012. 10. 25, 2009다77754.
7) 대법 2014. 9. 4, 2012므1656.
8) 대법(전) 1987. 5. 26, 86다카1876.

다. 이렇게 되면 소촉법상 연 12%의 지연손해금이 복리가 될 수 있고,[1] 이자제한법 20% 제한에 저촉을 초래하게 될 수도 있다. 연 12%의 지연손해금 자체가 예외규정이므로 예외규정은 축소해석이 원칙이다. 오히려 예외규정의 확대해석을 하고 있으니, 문제이다.

6. 소의 제기와 불법행위

헌법상 '국민의 재판을 받을 권리'를 최대한 존중하는 의미에서 소제기가 불법행위가 되는 것은 제한적이어야 한다. 제소자가 주장한 권리·법률관계가 사실적 근거가 없는 점을 알았거나 통상인이라면 용이하게 알 수 있는 경우에 한한다는 것이 판례이다.[2] 상대방에게 고통을 주려는 의사 등 고의·과실이 인정되고, 그것이 공서양속에 반할 정도에 이른 경우도 그러하다.[3]

제8절 소제기의 특수방식 — 배상명령제도

소송촉진 등에 관한 특례법상의 배상신청은 집행력을 구하는 데 그치므로 엄밀한 의미의 소는 아니나, 소의 제기와 동일한 효과가 발생한다. 이에 의하여 형사피해자에 대한 배려의 차원에서 그 권리구제에 있어서 민사소송의 소제기를 할 것이냐 형사소송절차에 얹혀서 배상신청을 할 것이냐 선택할 수 있게 되었다.

1. 의 의

배상명령이란 형사소송절차에서 유죄판결을 선고하면서 동시에 피고사건의 범죄행위로 인하여 발생한 손해나 피고인과 피해자간에 합의된 배상액에 대해 피고인에게 배상을 명하는 것이다. 예를 들면 상해사건 같은 것이 형사재판절차로 계속되어 있을 때에 그 범죄행위로 인하여 발생한 피해까지 그 절차에서 병합심판함으로써 분쟁의 1회적 해결을 도모하고 손해배상청구를 별도의 민사소송절차에 의할 때에 생길 재판의 모순저촉의 방지에 제도적 취지가 있다. 이 제도는 소송촉진 등에 관한 특례법에 규정되었는데, 민사소송절차와는 달리 인지의 면제(특례법 26조 1항)·절차비용의 국고부담(특례법 35조)·직권배상명령(특례법 25조)도 가능케 한 것이 특기할 만하다. 또한 2005. 12. 14. 개정 법률에서 위자료와 화해제도를 추가하였다(특례법 36조, 37조, 38조). 이를 민사상 다툼이 형사소송에 얹힌다 하여 부대소송(Adhäsionsprozess)

---

1) 정동윤/유병현/김경욱, 336면.

2) 대법 2010. 6. 10, 2010다15363·15370; 동 2002. 5. 31, 2001다64486. 졸고, "민사절차상의 재판을 받을 권리," 헌법논총 21집, 34면 이하.

3) 대법 2013. 3. 14, 2011다91876.

또는 부대사소(附帶私訴)라고도 하는데, 외국에 그 입법례가 적지 않다(독, 오, 영, 스위스, 스웨덴, 일본 등).

2. 배상명령의 요건

배상명령에는 피고인과 피해자간에 합의 없는 경우의 배상명령(특례법 25조 1항)과 합의된 손해배상액에 대한 배상명령(특례법 25조 2항)이 있다. 전자가 원칙적인 형태이고, 후자가 예외적인 것인데, 전자의 형태를 중심으로 살핀다. 다음의 요건을 갖추었을 때에 법원의 직권 또는 당사자의 신청으로 이를 명할 수 있다.

(1) 제1심 또는 제2심의 형사소송절차에서 폭행 · 상해죄나 재산죄, 강간 · 추행죄 등 일정한 범죄에 관하여 유죄판결을 선고할 경우일 것(특례법 25조 1항).

(2) 피고사건의 범죄행위로 인하여 직접적인 물적 피해나 치료비손해 또는 정신적 손해가 발생하였을 것(특례법 25조 1항).

(3) 소극적 요건으로서 다음의 어느 하나에 해당하지 않을 것(특례법 25조 3항).

i) 피해자의 성명 · 주소의 불명, ii) 피해금액의 불특정, iii) 피고인의 배상책임의 유무 또는 그 범위의 불명, iv) 형사공판절차가 현저히 지연될 우려가 있는 때 등.

(4) 피해에 관하여 민사소송 등 다른 절차에 의한 손해배상청구가 계속되지 않을 것(특례법 26조 7항). 이미 집행권원을 갖고 있으면 배상신청의 이익이 없다.[1]

3. 배상신청절차

(1) 배상신청의 방법(특례법 26조) 피해자나 그 상속인은 형사사건의 제1심 또는 제2심공판의 변론종결시까지 사건이 계속된 법원에 배상신청을 할 수 있다. 서면신청이 원칙이다(특례법 26조 2항). 형사사건이 계속중이라도 민사소송에 의한 별도의 배상청구가 가능하며, 형사절차에 부대하여 배상신청을 하느냐 별도의 소에 의한 민사배상청구를 하느냐는 피해자의 선택이다. 배상청구액이 지법합의부의 사물관할에 속하여도 형사사건이 단독판사의 관할이면 단독판사에게 신청하여야 한다.

(2) 배상신청의 효력 배상신청은 민사소송에 있어서 소의 제기와 동일한 효력이 있다(특례법 26조 8항). 따라서 시효중단 · 기간준수의 효력이 발생한다. 손해배상청구권의 시효기간이 짧기 때문에(민 766조) 이 제도의 이용가치가 크다. 배상신청은 소송법상으로도 소송계속의 효력이 생겨 그 뒤 민사소송으로 배상청구를 할 때에는 중복소송(민소 259조)이 되느냐의 문제가 있으나 배상신청에 의하여서는 기판력 있는 판단을 받을 수 없음에 비추어 중복소송으로 보아서는 안될 것이다.[2]

(3) 신청인의 지위 변호사대리의 원칙(민소 87조)의 예외로서 피해자는 배상신청액의 다과를 불문하고 법원의 허가를 얻어 그 배우자 · 직계혈족 · 형제자매에게 배상신청에 관하여 소송행위를 대리하게 할 수 있다(특례법 27조).

---

1) 대법 1982. 7. 27, 82도1217.

2) 같은 취지: 정영환, 473면. 다만 오스트리아의 경우에는 배상신청은 민사소송에 의한 배상청구소송과 선택적으로 할 수 있는 이외에 중첩적으로도 가능하다. Holzhammer, Österreichisches Zivilprozessrecht, S. 17.

4. 배상명령

(1) 배상신청이 부적법하거나 그 신청이 이유 없거나 배상명령을 함이 상당하지 아니하다고 인정할 때에는 결정으로 각하하여야 한다(특례법 32조 1항).

(2) 배상명령은 유죄판결의 선고와 동시에 하여야 하며, 금전지급을 명하되 배상의 대상과 금액을 유죄판결의 주문에 표시하여야 한다(특례법 31조 1항·2항). 배상명령의 절차비용은 국고부담을 원칙으로 하므로(특례법 35조), 따로 비용부담의 재판은 불필요하나, 가집행선고를 할 수 있다(특례법 31조 3항). 배상명령을 한 때에는 유죄판결의 정본을 피고인과 피해자에게 지체없이 송달하여야 한다(특례법 31조 5항). 배상명령에 있어서는 특히 필요한 경우가 아니면 이유기재를 생략한다(특례법 31조 2항).

5. 배상명령에 대한 상소

피고인의 유죄판결에 대해 상소를 제기하였을 때에는 배상명령에 대해 상소를 하지 아니하였다 하여도, 상소의 효력이 배상명령에 미쳐 확정차단과 이심의 효력이 발생한다(특례법 33조 1항).

6. 배상명령의 효력과 민사화해

(1) 확정된 배상명령은 민사소송절차의 확정판결과 같이 기판력은 없지만, 집행력이 있다. 확정된 배상명령이 기재된 유죄판결의 정본은 강제집행에 관하여는 집행력 있는 민사판결정본과 동일한 효력이 있다고 하였다(가집행선고 있는 배상명령의 경우도 같다. 특례법 34조 1항). 집행문이 없어도 강제집행에 착수할 수 있다. 배상명령이 확정된 때에는 그 인용금액의 범위 내에서는 피해자는 민사소송 등 다른 절차에 의한 배상청구를 할 수 없으되(특례법 34조 2항), 인용금액을 넘어선 부분에 대해서는 별도의 소를 제기할 수 있다. 배상명령에 대한 청구이의의 소에 있어서는 민사집행법 제44조 2항의 예외로서, 변론종결 전에 생긴 사유를 갖고서도 이의사유로 삼을 수 있다(특례법 34조 4항).

(2) 형사피고사건의 피고인과 피해자 사이에 민사상의 다툼에 관하여 합의하고 공동신청에 의해 그 합의가 공판조서에 기재되었을 때에는 재판상 화해와 같은 효력이 있으며(특례법 36조 5항; 220조) 제3자도 위 화해에 참여할 수 있다(특례법 36조 2항).

7. 검 토

형사소송절차에서 범죄행위로 인하여 발생한 손해까지 병합심판을 하는 것은, 어디까지나 경미한 사건에 국한될 예외적 제도가 되어야 할 것이다(1986년까지의 독일례). 그런데 우리의 배상명령제도는 아무런 제한없이 확대시킨 문제점이 있다. 병합심리는 특히 구속사건의 경우에 있어서 양형상의 혜택을 입으려는 피고인에게 배상신청에 대한 방어권포기의 요인이 될 수 있으며, 반대로 유죄판결은 곧 배상명령으로 귀결되기 때문에 피고사건에 대해 피고인의 무리한 방어권행사를 조장시킬 수도 있는 것이기 때문이다.

여론: 소제기에 대한 피고의 방어태도(FRCP 8(b)(c) 참조)

원고의 소제기에 대하여 피고는 처분권주의·변론주의의 원칙에 기하여 크게 다음 네 가지 태도로 대응할 수 있다.

1. 불 방 어 원고의 소제기에 대하여 피고는 반드시 방어하여야 할 의무는 없다. 따라서 피고는 소장부본의 송달을 받으면서 답변서제출의 의무가 있음과 부제출시에 무변론판결선고의 기일의 통지를 받았음에도 불구하고 답변서조차 제출하지 아니할 수 있다. 한편 일단 답변서를 내놓고 변론기일 또는 변론준비기일에 출석하였다 하여도 원고의 청구를 배척하는 주장을 하지 않고, 청구가 이유있다 받아들이는 인낙(220조)을 할 수 있다. 앞의 경우에 피고에게는 자백간주로 무변론패소판결의 위험이 따른다(256조, 257조). 뒤의 경우는 판결에 의하지 아니하고 피고패소의 확정판결과 같은 효과가 생기며(220조) 소송이 종료된다.

2. 방 어 피고는 방어하는 것이 통례이다. 즉, 원고는 일정한 내용의 판결신청을 하며, 이에 맞서는 피고는 원고의 청구를 배척하는 내용(각하·기각)의 판결을 신청하는 등 대석적 변론에 이르는 것이 보통이다. 피고가 제대로 방어를 하려면 구체적인 답변서제출의무를 이행하여야 한다. 청구기각의 판결만 구하고 청구의 원인에 대한 답변을 뒤로 미루는 일은 허용되지 아니한다(289면 참조). 구체적 내용을 본다.

(1) 피고의 본안전항변으로 피고가 먼저 소송상의 이유를 들어 소각하판결을 구할 수 있다.

(2) 다음, 피고의 본안다툼. 피고가 실체상의 이유를 들어 청구기각의 판결을 구한다. 원고의 청구원인의 주장사실에 대하여 피고의 답변(answer)의 태도에는 i) 전부 자백 또는 명백히 다투지 아니하면서 원고의 청구가 법률상 주장 자체로서 이유 없다고 하는 경우, ii) 전부 또는 일부를 부인하는 경우, iii) 모른다, 즉 부지라고 하는 경우, iv) 일단 시인하면서 원고의 주장사실과 양립되는 항변사실을 주장하여 원고의 청구를 배척하고자 하는 경우 등이 있다.

항변에는 권리장애사실·권리소멸사실·권리저지사실 등 세 가지가 있는데, 권리멸각(소멸) 사실에 해당하는 상계항변에는 다른 항변과 달리 여러 가지의 특이한 소송법상의 효과가 있다. 피고가 자기의 반대채권을 희생시키는 출혈적 방어방법이라 예비적 항변의 특징이고, 반대채권의 존부에 대해서는 소구채권과 대등액의 범위에서 기판력이 생기는 점이다(216조 2항, 뒤 [도표 7] 참조).

(3) 이송신청 위와 같은 원칙적인 본안에 관한 방어 이외에 피고는 관할위반을 이유로 다른 법원에 이송신청을 할 수 있다.

3. 공격적 방어 — 반소 등 피고는 단순한 방어에만 만족할 필요는 없으며 나아가 본소계속에 편승하여 원고를 상대로 반소 또는 중간확인의 소를 제기할 수 있다.

4. 화해(settlement)와 조정 피고는 원고 청구의 인낙도 청구의 전부배척도 아닌 상호간의 양보로 분쟁을 해결하는 소송상 화해(220조)와 조정성립을 시도할 수 있다. 사건에 따라서 조정 거부를 소송 전치로 활용하고 있다. 재판외 화해계약을 하면서 원고와의 소취하합의를 하여 끝낼 수 있다.

제2장 변론(심리)

소가 제기되었을 때 피고가 30일 이내에 답변서 제출의무를 이행하지 아니하면 무변론판결로 소송을 끝내지만(256조, 257조), 답변서를 제출하였으면 변론준비절차에 부칠 경우를 제외하고 바로 변론기일을 지정하여 변론에 들어가 심리를 진행한다(개정 258조 1항). 변론심리는 판결하기 위하여 그 기초가 될 소송자료 수집으로 민사소송절차의 가장 핵심적인 것이다. 그것은 원고가 청구취지에서 밝힌 판결신청을 놓고 대등지위의 양당사자의 공격방어, 법원에 의한 적정·공평·신속·경제적인 소송운영, 법원의 중간적 재판·증거조사 등 변론종결에 이르기까지의 일련의 과정을 가리킨다.

제1절 변론의 의의와 종류

I. 의 의

(1) **변론의 의미** 변론이란 기일에 수소법원의 공개법정에서 당사자 양쪽이 말로 판결의 기초가 될 소송자료, 즉 사실과 증거를 제출하는 방법으로 소송을 심리하는 절차이다. 일제 때의 구민소법에서는 구두변론이라 하였는데, 현행법은 단순히 변론으로 대체하였다. 당사자 일방만 불러 심리해도 되는 심문과 다르다. 변론이라는 말은 i) **넓은 의미**에서는, 소송주체가 기일에 하는 일체의 소송행위를 포함하며(140조 내지 143조, 152조, 154조, 204조 1항), 신청·주장·증거신청 등 당사자의 소송행위만이 아니라 소송지휘·증거조사·판결의 선고 등 재판기관이 하는 소송행위도 포함한다. 변론종결 후의 판결선고기일도 이 의미의 변론기일이다. ii) **좁은 의미**에서는, 그 중 특히 당사자의 소송행위와 증거조사만을 가리킨다. iii) **가장 좁은 의미**에서는, 재판기관의 증거조사도 제외하고 당사자의 소송행위만을 말한다(134조, 272조). 일반적으로 가장 좁은 의미로 쓰는 경우가 많다. 그러나 이와 같이 변론이라는 말이 여러 가지 뜻으로 쓰이기 때문에 각 경우마다 개별적으로 그 의미를 판단하여야 한다. 상식적으로는 법정변론을 열거나 공판을 하는 것을 뜻한다

(속칭 장보러 간다).

(2) **개정민소규칙과 전자소송의 presentation 변론** 2007년 개정규칙 제28조 제1항은 변론을 당사자가 말로 중요한 사실상 또는 법률상 사항에 대하여 진술하는 것뿐 아니라 법원이 말로 해당사항(쟁점) 확인을 하는 방식으로 하도록 하였다. 나아가 동 제2항은 변론에서 당사자에게 중요쟁점에 관하여 의견진술의 기회보장을 하게 하였다. ① 당사자에 의한 말로 쟁점진술, ② 법원에 의한 쟁점확인, ③ 당사자에게 의견진술의 기회보장이 변론내용이 되게 한 것이다. 2011년 5월부터 시행된 전자소송부터 많이 이용되는 전자구술변론은 전자시스템을 이용하여 양당사자가 요건사실을 정리하고 관계 증거서류를 presentation(PT)을 하면서 법관을 설득·진행하는 방식이다. 즉 presentation(영상) 변론을 한다. presentation 변론의 특징은 첫째로, 변론의 시각화이다. 중요사항을 요약정리하고 도표 등으로 시각화함으로써 변론전체의 취지를 쉽게 파악하게 한다. 둘째로, 변론의 입체화이다. 요약내용을 color화, sliding, pop-up 등의 기법으로 입체화한다. 셋째로, 변론의 활성화이다. 법정에서 바로 반론, 재반론을 펼칠 수 있다. 이러한 장점이 있으나, 그 준비에 상당한 시간·노력을 필요로 하는 문제점도 있다.[1] 중요사건은 이에 의하는 경향으로, 변론능력을 향상시키는 새로운 패러다임이고 digital AI 재판문화로 나가는 길이다.

(3) **원격영상변론 등** 재판은 법정에서 행하는 것이 원칙이나, 법원장의 허가를 얻어 법정 외의 장소에서 개정할 수 있는데(법조 56조), 이를 '찾아가는 법정' 현장재판이라 한다(portable bench). 근자에 주목받는다. 코로나 창궐을 계기로 원격증언처럼 원격영상변론이 활성화하고 있다. 변론기일, 변론준비기일, 심문기일뿐 아니라 조정기일에서 일부 시행하고 있다.[2] 구체적으로 2021. 8. 17. 개정법률 제287조의 2에 의하면 제1항에서 재판장 등이 상당하다 인정하는 때에는 당사자의 신청이나 상대방의 동의를 얻어 비디오 등 중계장치에 의한 중계시설을 통하거나 인터넷 화상장치를 이용하여 변론준비기일·심문기일을 열 수 있으며, 제2항에서는 교통의 불편 또는 그 밖의 사정으로 당사자가 직접 법정 출석이 어렵다고 인정하는 때에는 위와 같은 중계시설이나 화상장치를 이용하여 변론기일을 열 수 있도록 하였다.

---

1) 이상은 강신섭, "법정(V)=전자법정," 법률신문 2014. 1. 13.자의 견해를 따른 것이다.

2) 그러나 영상재판 불허 결정에 대한 항고심에서 취소한 사례도 나오는 등 활성화하고 있다. 2022년 6월만 하여도 영상재판기일이 435건, 영상증인신문(증인) 40건으로 점차 늘어나고 있다. 영상재판에는 공개심리주의·직접심리주의에 반하여 헌법에 저촉문제가 있다.

(4) 기일외의 진술(몰래변론) **등의 금지** 2016. 9. 6 신설의 민소규 제17조의 2에서는 당사자·대리인은 법정기일 외에서 구술, 전화, 휴대전화, 문자전송 등의 방법으로 사실상·법률상 사항에 대하여 진술하는 등 법령이나 재판장의 지휘에 어긋나는 절차의 방식으로 소송행위를 함을 금지시켰다. 재판장은 이를 어길 경우에 당사자·대리인에게 주의촉구를 하고 기일에서 그 위반사실을 알릴 수 있도록 하였다. '몰래변론'의 금지이다(몰래변론은 형사처벌의 대상).

Ⅱ. 종 류

변론은 심리절차상의 차이에 의해 필요적 변론과 임의적 변론으로 나뉜다.

1. 필요적 변론

(1) 원 칙 재판 특히 판결절차에서는 그 전제로서 반드시 변론을 열지 않으면 안 되며(소장과 답변서만을 보고 결론내리지 않음), 변론에서 행한 **구술진술**만이 재판의 자료로서 참작되는 경우를 필요적 변론(필수적 변론이라고도 한다)이라 한다. 판결절차는 원칙적으로 변론에 의하게 하는 것을 필요적 변론의 원칙이라 한다(134조 1항). 이 경우에는 변론에서의 당사자의 구술진술만이 판결의 기초로 되기 때문에 서면상의 진술은 특별한 규정이 없는 한(148조), 그것만으로 곧바로 판결의 기초로 할 수 없다. 필요적 변론기일의 불출석은 변론의 해태(기일의 해태)로 된다.

(2) 예외(무변론판결) 판결절차라도 예외적으로 변론없이 서면심리에 의해 판결을 할 수 있는 경우가 있다. 무변론판결의 경우이다. 변론기일지정의 번잡과 기일출석의 불편을 고려하여 그 범위가 확대되고 있다. 다음의 경우이다. i) 소송요건·상소요건에 보정할 수 없는 흠이 있어 각하판결(219조, 413조), ii) 소액사건에서 소송기록에 의하여 청구가 이유 없음이 명백하여 기각판결(소심 9조 1항), iii) 소송비용에 대한 담보제공의 결정을 받고도 담보를 제공하지 않아 소각하판결(124조), iv) 피고가 소장부본을 송달받고 30일의 답변서제출기간 내에 답변서를 제출하지 아니하여 변론없이 판결(257조, 256조), v) 2023. 4. 18. 개정법률에 의하여 소권남용이 명백하여 소각하는 때(194조 4항), vi) 상고심판결(429조, 430조)을 하는 때 등이다.

2. 임의적 변론

(1) 결정으로 완결될 사건은 법원의 재량에 의하여 임의적으로 변론을 열 수

있는 임의적 변론에 의한다(134조 1항 단서). 예를 들면 제척·기피(46조), 관할의 지정(28조), 특별대리인의 선임(62조), 소송인수(82조), 소송비용의 확정(110조, 113조, 114조), 소송구조(128조), 필수적 공동소송인의 추가와 피고의 경정(68조, 260조, 261조), 판결경정(211조), 항고사건(450조) 따위이다. 가압류·가처분신청사건은 과거와 달리 2005년 민사집행법의 개정에 따라 결정재판주의에 의하게 되었으므로, 이제는 어느 때나 임의적 변론으로 되었다. 회생사건·파산사건·개인회생사건도 같다.

(2) 재량으로 변론을 열지 않는 경우에 소송기록에 의한 서면심리만으로 재판할 수 있으나, 법원은 당사자·이해관계인·그 밖의 참고인을 심문할 수도 있다(134조 2항).

심문(審問, hearing)이란 당사자와 이해관계인, 그 밖의 참고인에게 적당한 방법으로 서면 또는 말로 개별적으로 진술할 기회를 주는 것을 말하고, 법복 입은 법관이 공개법정에서 행할 것을 요하지 않으며, 심문실에서 할 수 있다(영상심문도 가능). 주로 서면심리에 의하나, 최근에 가압류·가처분사건과 회생·개인파산사건에서 큰 사건 등 문제가 있으면 구술심문에 의한다. 개별심문주의·비공개주의·서면심리주의에 의하는 절차이다. 법원 밖에서도 행할 수 있다. 증인등의 증거조사시에 물어보는 **신문**(訊問)과는 다르다. 심문의 대상은 당사자에 한정되지 아니하며 이해관계인과 참고인도 가능하다. 원래 심문이란 주장정리를 위하여 당사자의 주장을 들어보는 절차이지만, 1990년 개정법률에서 이보다 널리 비공식적으로 증거조사를 하는 것까지 포함시켰다. 여기의 참고인에는 증인적 입장에 서는 자도 있을 수 있기 때문에 출석을 요구받는 참고인에 대해서는 증언거부권이 준용된다고 할 것이다. 심문의 여부는 자유재량[1]임이 원칙이나, 필요적 심문의 경우(82조, 317조; 민집 232조, 167조, 262조; 가소 48조)도 있고, 반대로 심문을 할 수 없는 경우(467조; 민집 226조)도 있다. 영상변론처럼 영상신문도 가능하다.

(3) 임의적 변론에서는 변론이 열려도 반드시 기일에 출석하여 말로 진술하여야 하는 것이 아니며, **서면제출**을 해도 된다. 따라서 변론기일불출석의 경우는 필요적 변론기일의 불출석의 경우처럼 기일의 해태문제가 생기지 아니하며, 진술간주·자백간주·소취하간주 등 3간주의 규정(148조, 150조, 268조)은 적용이 없다.

---

1) 대법 1961. 7. 27, 4291민재항372.

제2절 심리에 관한 제원칙

변론절차는 다음 여러 가지 원칙에 의하여 행한다. 이와 같은 여러 가지 원칙은 적정·공평 그리고 신속·경제의 이상에 맞는 심리를 실현하기 위하여 노력하는 과정에서 생긴 역사적 소산이다.

제1관 공개심리주의

(1) 재판의 심리와 판결의 선고를 일반인이 방청할 수 있는 공개상태에서 행하는 주의이다(헌 109조; 법조 57조 1항 본문; 국제인권규약 B규약 14조). 국민에게 재판을 감시시켜 그 공정성을 담보하고 사법의 투명성에 대한 국민의 신뢰를 유지하는 한편(법원의 행위에 대한 민주적 통제) 허위진술·허위증언을 방지하려는 데 그 목적이 있다. 근대국가의 사법제도의 기본으로 되어 있는 바이다. 다만 말 대신에 이미 제출해 놓은 서면에 갈음하는 식으로 구술주의가 형해화되면 방청인이 오고가는 말의 내용을 알 길이 없어 공개심리주의가 무의미해질 수 있다. 공개법정에서 사건당사자에 대하여 인간으로서의 존엄과 가치는 존중되어야 한다(헌 10조).

(2) 여기의 재판이란 법률상의 실체적 권리관계 자체를 확정하는 것인 소송사건의 재판만을 뜻하며, 또 공개하여야 할 것은 변론절차와 판결의 선고이다. 따라서 합의(법조 65조), 수명법관에 의한 증거조사,[1] 문서제출의 거부사유에 해당하는 privacy나 영업상의 비밀의 포함여부에 대한 비공개심리(in camera), 결정절차에 있어서 서면심리, 비송사건절차(비송 13조), 조정절차(민조 20조)는 물론, 중재절차(ISD 등), 심리불속행사유·기간내의 상고이유서부제출에 의한 상고기각판결(상특법 5조 2항) 등은 공개심리주의가 배제된다. 재판장등이 주재하는 변론준비절차도 공개주의가 아니다.[2] 증거채택·증거조사·쟁점정리 등이 이루어지는 변론준비절차를 거치는 경우는 공개심리는 단축이 되게 된다. 그 밖의 상고기각이든 인용의 본안판결도 비공개서면심사를 할 수 있도록 규정했는데(430조), 판결의 선고만이 아니라 재판의 심리도 공개원칙에 의하는 헌법 제109조와 조화될 수 있는지 위헌문제가 있다. 사건의 폭주가 합헌의 변명이 될 수 있을까. 비디오 등 중계장치 등에 의한

---

1) 대법 1971. 6. 30, 71다1027.
2) 대법 2006. 10. 27, 2004다69581.

기일 즉 비대면 영상변론기일에는 법원은 심리의 공개에 필요한 조치를 취하여야 한다(287조의 2 제2항 후문).

(3) 소송사건이라도 재판의 심리는 국가의 안전보장, 안녕질서 또는 선량한 풍속을 해할 염려가 있을 때에는 결정으로 공개하지 않을 수 있으며(영업비밀을 유지할 사건 포함), 이 경우에는 이유를 개시하여야 한다(법조 57조 1항·2항). 공개를 하지 않을 때라도 재판장은 적당하다고 인정한 자의 재정을 허가할 수 있다(법조 57조 3항). **판결의 선고**는 공개하지 아니할 수 없다. 비대면 변론은 방청이 허용될 수 없음에 비추어 위헌론이 대두된다.

(4) 공개에 관한 사항은 변론조서의 필요적 기재사항(153조 6호)이므로 조서에 공개하는 취지의 기재가 없으면 공개사실을 인정할 수 없다. 공개심리주의의 위배는 절대적 상고이유로 된다(424조 1항 5호).

(5) 일반대중에 공개하는 경우를 **일반공개**라고 하지만 법정공개와 백만인공개(공중공개)[1] 두 가지가 있다. 이와 구별되는 **당사자공개**(Parteiöffentlichkeit)도 있다. 이는 널리 법원이나 상대방의 행위에 대해 알고, 증거조사에 참여하고 증인·감정인을 신문하며 변론에서 소송대리인과 함께 진술할 당사자의 권리를 뜻한다. 여기에는 당사자나 이해관계를 소명한 제3자의 기록열람·복사, 등본 등의 교부청구권도 포함된다(162조). 다만 전자소송에서는 인터넷에서 공인인증서에 의한 기록열람이 가능하다. 또한 민사사건에서는 형사사건과 달리 당사자공개에 의하여 그 목적을 달하는 것이 대부분이어서, 일반공개를 철저히 하는 것이 오히려 개인의 이익에 반하고 분쟁의 적정·신속한 해결을 저해시킬 수도 있으므로, 신법 제163조는 사생활의 비밀과 영업비밀의 보호를 위하여 소송기록의 열람제한 제도를 신설하였다. 그러나 2007년 개정법 제162조 2항에서는 누구든지 권리구제·학술연구·공익적 목적이 있으면 확정된 기록의 열람을 신청할 수 있도록 하였다. 나아가 2023년 1월부터는 모든 판결서는 원칙적으로 법원인터넷홈페이지에서 일반공개된다(제163조의2).

---

1) 백만인공개는 일반공개의 원칙을 철저화하여 보도기관을 통하여 심리의 경과를 국민이 모두 알게 하는 것을 말한다. 법원조직법 제59조에서는 법정 안에서 재판장의 허가 없이 녹화·촬영·TV 중계방송 등의 행위를 금지하는 규정을 두어 백만인공개를 제한하려고 하고 있다. 헌법상 보장된 privacy(헌 17조)의 침해의 염려가 있기 때문이다. 대법원 등 중요사건의 TV생중계로 요사이 논의된다. 한편 판결문공개가 쟁점이 되고 있는데, 판결문의 공개를 요청하는 개인·단체에 실명비공개로 대법원은 지침을 세웠다. 이것이 open justice의 한계이다. 비밀유지의 이익이 없으면 실명공개도 할 수 있다는 견해에, Rosenberg/Schwab/Gottwald, § 21 Rdnr. 23.

제2관 쌍방심리(문)주의

(1) 소송의 심리에 있어서 당사자 양쪽에 평등하게 진술할 기회를 주는 입장을 말한다. 일방만의 공격으로 불의의 타격에 의한 희생을 방지하기 위한 것이다. 당사자평등의 원칙 또는 **무기평등의 원칙**(헌 11조)이라 하며, 「한쪽 말만 듣고 송사할 수 없다」는 옛날 속담은 이를 적절하게 표현한 것이다. 판결절차에 있어서 양쪽 당사자를 동시에 대석시켜 변론과 증거조사를 행하는 필요적 변론절차에 의하는 것은(134조 1항) 쌍방심리주의를 관철시키기 위한 목적이다(이는 국회의 입법 과정도 마찬가지).

(2) 변론 과정에서는 양당사자에게 평등하게 당사자권의 보장이 실현되지 않으면 안된다. 즉, 양당사자에게 공평하게 법적 심문청구권(Anspruch auf rechtliches Gehör) 내지 적법절차(due process=opportunity to be heard)가 보장되어야 한다(hearing, 聽訟).[1] 이는 재판을 받을 권리(헌 27조)와 법원 앞의 평등 및 개인의 존엄 · 가치(헌 10조, 11조)의 소송상의 발현이기도 하다. 다산 정약용의 목민심서에도 소송에서는 성의있게 들어야 하는 것이 기본이라 하였다(聽訟之本在於誠意. 이것이 없으면 인민재판). 원고 말만 듣고 피고측의 입장을 도외시하는 것은 '인민재판'이지 due process가 아니다.

이를 위하여 중요한 쟁점에 대한 의견진술의 기회보장(개정규 28조 2항), 소송절차의 중단 · 중지제도, 대리인제도, 그리고 직권탐지한 소송자료나 직권조사한 증거자료에 대하여도 당사자에게 의견진술의 기회를 주는 제도(특허 159조; 소심 10조)를 마련해 놓고 있다. 합리적 설명 없이 증거신청의 배척도 안 된다. 듣는 것이 법관의 덕목이라면 '들어보나마나 뻔하다'고 선입관을 갖고, 위압적 · 비민주적으로 '묻는 말에만 답변하라'는 식의 의견진술의 기회를 박탈은 금물이요 '甲질'의 법정이 된다. 법관은 말을 들어주고, 증거를 받아주며, 주장에 답해 주어야 하는 것이다. 아울러 당사자가 자기 책임에 돌릴 수 없는 사유로 불출석하였다거나 대리인을 출석시키지 못하였기 때문에 패소된 경우에 대리권의 흠(424조 1항 4호, 451조 1항 3호)을 이유로 상소 또는 재심에 의하여 구제되어야 하는 것은 쌍방심문주의의 당연한 요청이라 하겠다. 판례도 그러하다(938면 참조).

(3) 다만 결정으로 완결할 사건에 있어서는 임의적 변론에 의하므로(134조 1항) 반드시 쌍방심리주의에 의하지 아니하며, 당사자가 대등하게 맞서지 않는 강제집행절차도 같다. 특히 절차의 간이 · 신속이 요청되는 소액사건심판절차, 독촉절

1) 졸고, "적법절차의 보장," 법조신문(구 대한변협신문), 2016. 12. 12자

차, 가압류 · 가처분절차에 있어서는 일방심리주의에 의한 재판이 허용되지만, 그 재판에 대한 상대방당사자로부터의 이의신청이 있으면 쌍방심리의 절차로 넘어가게 된다. 그러므로 이 경우는 법률상 심문의 거부가 아니고 일정한 시기 뒤로 미루어지는 것뿐이다.

(4) 당사자에게 기회의 균등을 실질적으로 보장하여 자기책임원리의 정당성을 확보함에 필요불가결한 범위 내에서는, 당사자의 소송상 지위의 실질적 평등의 실현이 요청되는 바이다. 특히 소송구조제도 그리고 석명의무 · 지적의무의 활용으로 증거의 구조적 편재의 시정과 불의의 타격방지에 의하여 쌍방심리주의의 이상이 실현되도록 노력하여야 할 것이다.

제3관 구술심리주의

(1) 심리에 임하여 당사자 및 법원의 소송행위 특히 변론 및 증인신문 등 증거조사를 말(구술)로 행하는 원칙으로서 서면심리주의에 대립한다. 특별하게 2007년 개정민소규칙 제28조와 제70조의 2에서는 변론과 변론준비기일은 구술주의에 의함을 명백히 하였다. 구술주의에 의하면, '듣기'에서 선명한 인상 · 음성분석의 여지가 있게 되고 즉각적인 반문에 의하여 진상파악 · 모순발견이 쉽고, 의문나는 점을 석명을 통해 쉽게 해명할 수 있어 쟁점파악이 용이하며, 파악한 쟁점에 증거조사를 집중시켜 신속 · 적정한 재판을 할 수 있다. 또 당사자는 변론의 진행상황을 알 수 있고 법원은 기일을 정하지 않을 수 없으므로 사건을 영구히 방치할 수 없는 강제를 받는다. 화해 시도가 쉽게 성공할 수 있으며 공개심리주의 · 직접심리주의와 결합하기 좋고, 당사자의 심문청구권의 실현에 도움을 주는 장점이 있다. 그러나 말로 하는 진술이나 그 청취결과는 망각하기 쉽고, 시간을 많이 소요하게 한다. 나아가 복잡한 사실관계일 때에 자초지종의 '장황하고 요령부득'의 설명은 이해의 곤란과 청취결과의 정리를 어렵게 하며, 상급심에서 하급심의 판결을 재심사하는 데 지장을 주는 단점이 있다(그러나 녹음기의 이용과 AI가 발언취지를 쉽게 정확히 요약하는 시대이므로 이것도 큰 문제는 아니다).

이에 대하여 서면(서면이라 하나, paper가 아니라 digital 전자로 바뀌고 있다)심리주의는 법정에 출정하여야 하는 번거로움과 들어서 쉽게 이해가 안되고 요령부득인 말의 불편을 제거할 수 있으며, 진술의 확실성과 보존 · 재확인이 편리한 장점이 있으나, 서면의 작성 · 열람에 많은 시간이 필요할 뿐더러 소송기록이 비대해져서 쟁점을 찾아 변론집중하는 데 불편하며, 또 합의제의 실효와 재판의 투명한 진행이 어려운 단점이 있다. 전자심리로 이행중이다.

(2) 현행법은 구술심리주의를 원칙으로 하면서, 서면심리주의로써 그 결점을 보완하고 있다.

1) 당사자는 소송에 있어서 법관의 면전에서 말로 변론을 하여야 함은 물론 법원은 말로 쟁점확인을 하여야 하고(134조 1항; 개정규 28조 1항), 말로 진술 확인한 소송자료만이 판결의 기초로 된다. 판결은 구술변론에 관여한 법관이 하지 않으면 안 되며(204조 1항), 선고도 말로 한다(206조; 소심 11조의 2). 증거조사도 말에 의한다(331조, 339조, 373조). 따라서 변론 · 증거조사 · 재판 어느 것이나 구술주의로 일관되어 있다. 변론준비기일에서도 당사자가 말로 쟁점정리를 하고 법원이 말로 쟁점을 정리 확인하는 방식에 의하도록 하였다(282조; 개정규 70조의 2).

2) 예외적으로 다음 몇 가지에서 서면주의에 의하고 있다.

i) 소 · 상소 · 재심의 제기, 소의 변경, 소의 취하, 관할의 합의, 소송고지, 진술보조인의 허가신청 등 중요한 소송행위는 확실을 기하기 위해 원칙적으로 서면에 의할 것을 요구한다.

ii) 소송자료가 불확실하게 되는 것을 방지하기 위해 변론조서나 변론준비기일조서를 작성하게 하였으며(152조, 283조), 특히 상소심의 재심사의 편의를 위해 재판에는 재판서를 작성하게 하였다(208조, 221조).

iii) 변론의 예고를 위하여 준비서면의 제출을 요하도록 하였으며(273조), 불출석한 당사자가 제출한 준비서면에 대하여는 진술간주(148조)의 효과를 부여하여 심리의 지연방지와 출석하기 어려운 당사자의 편의에 이바지하고 있다.

iv) 결정으로 완결할 사건, 판결 중 소송판결, 상고심판결 특히 심리불속행기각판결, 답변서의 부제출에 의한 무변론판결 등에 있어서는 서면심리를 원칙으로 함은 앞서 본 바이다.

v) 증인의 출석 · 증언에 갈음한 서면증언제를 채택하였다(제310조; 소심 10조 3항 참조). 개정 공증인법의 선서인증제도 같은 취지이다(동법 57조의 2).

vi) 신법은 서면에 의한 변론준비절차, 서면에 의한 청구의 포기 · 인낙, 서면화해제도의 신설로 서면주의를 가미했다.

그러나 한편 소액사건에서는 구술에 의한 소의 제기(소심 4조), 임의출석제(소심 5조), 조서기재의 생략(소심 11조), 준비서면의 불필요(272조), 판결서의 이유기재의 생략(소심 11조의 2) 등의 특례규정으로 이러한 서면주의를 크게 후퇴시켰다.

(3) 과거의 실무는 변론의 준비를 위해 제출한 준비서면을 법정에서 실제로 낭독하거나 그에 기해 구술진술하도록 하지 않고, '**준비서면대로 진술한다**'는 한

마디로써 그 기재사항이 모두 구술진술에 갈음이 되었다. 당사자가 법정에 서서 말로 하며 진행한다는 것은 구호일 뿐, 실제로는 제출한 서면을 읽지도 않고 인용진술하고마는 변칙을 **구술주의의 형해화**(Karikatur einer Verhandlung) 내지 서면변론 경향이라 한다(형사사건에서도 같은 현상이 생김). 말 많으면 심리시간을 단축하기 어려워진다는 것과 주어진 법정시간 안에 수십건을 처리하여야 하는 재판부담의 과중 때문에 안출된 고육책이겠지만, 이와 같은 운영으로는 서면본위의 공방으로 되어 구술주의의 장점을 살릴 수 없으며, 당사자 본인이나 방청인이 공판정에서 무슨 내용의 변론이 있었는지 알 수 없게 되어 공개주의도 무의미하게 한다. 근래에 구술주의가 형해화되는 것을 막고 공판중심주의를 관철시키려는 운영의지와 전자소송에서의 presentation(PT) 변론·영상변론도입으로 구술주의 활성화조짐을 보이고 있어서 고무적이다. 2015년부터 전면실시되는 법정녹음제도는 기록중심의 재판에서 법정중심의 구술재판으로 견인을 할 것이다. 그러나 법관의 대폭증원 없이는 한계가 있을 것이다. 앞서 본 개정민소규칙 제28조의 해석상 종래와 같은 서면인용의 진술은 허용되지 아니한다고 할 것이며 적어도 중요한 사항은 시간이 걸려도 말로 진술하지 않으면 안 된다고 하겠다.

2008년 개정법률 제258조 1항에 의하여 신법의 변론준비절차중심제에서 구법의 변론기일중심제로 회귀하였다. 변론준비기일은 informal한 준비실·심문실에서 열리기 때문에 구술주의의 활성화에 도움이 되지만,[1] 변론기일은 공개된 법정에서 경직된 분위기에서 열리므로 그보다는 구술심리가 잘 될 수 없을 것이다. 이러한 의미에서 변론기일중심의 개정법률은 구술주의를 후퇴시킨 것 같다.

제4관 직접심리주의

(1) 판결을 하는 법관이 직접 변론을 듣고 증거조사를 행하여야 하는 주의를 말한다. 다른 사람이 심리한 결과를 기초로 재판하는 간접심리주의와 대립한다. 진술의 취지를 이해하고 그 진위를 판별하여 진상을 파악하기 쉬운 장점이 있기 때문에 현행법은 직접심리주의를 원칙으로 하며, 판결은 그 기본되는 변론에 관여한 법관에 한하여 행하게 되어 있다(204조 1항, 최종변론에 관여한 법관이 A·B·C인데 판결서의 서명법관이 A·B·D라면, D는 판결에 관여할 수 없는 판사

1) 변론준비기일에 재판장 등과 소법정에서 충분히 이야기를 나눌 수 있어 만족한다는 설문조사의 응답이 70%가 넘는다는 것에, 법률신문 2010. 4. 8.자; 설범식, "한국법원에 있어서 구술심리 강화와 사건관리방식의 변화," 민사소송 14권 2호.

가(됨[1])). 만일 임의적 변론절차에서 기록을 직접 보지 아니한 법관이 연구관 보고서 그대로 기명날인/서명함은 우선 직접심리주의에 반하는 것으로 **결재만 하는 재판**이 된다. 최근에 원격증인신문처럼 원격영상변론 설치가 시도되는데, 법정출정없이 법관과 비대면 변론이 직접심리주의에 합치하느냐의 문제가 있다.

특히 직접주의의 효용이 발휘되는 증인신문에 있어서는 단독판사나 합의부 법관의 과반수가 바뀐 경우에 당사자가 다시 신문의 신청을 하면 증인을 재신문하지 않으면 안 된다(204조 3항).[2] 그러나 증인신문을 영상녹취보관하여 두는 것이 앞으로의 운영방침이라면, 재신문은 의미가 없을 것이다.

(2) 판결하는 법관 모두가 시종일관하게 심리에 관여하면 소송불경제가 되므로 다음과 같은 직접심리주의의 예외가 있다.

(a) **변론의 갱신절차** 변론에 관여한 법관이 바뀐 경우에 처음부터 심리를 되풀이하는 것은 소송경제에 반하기 때문에 당사자가 새 법관의 면전에서 종전의 변론결과를 보고하면 되는 것으로 하였다(204조 2항). 이 한도에서 직접심리주의의 완화이다. 이와 같은 변론의 갱신은 같은 심급의 변론과정에서 법관이 바뀐 경우뿐만 아니라, 소송이송·항소에 의하여 법관이 바뀐 경우, 그리고 재심사건의 본안심리에 들어서는 경우에도[3] 필요하다. 그러나 실제 종전의 변론결과를 진술하는 것이 아니라 이를 조서에 기재해 놓는 요식행위에 그쳐 **변론의 갱신절차도 형해화**되어 있었다. 이는 직접심리주의의 부실화의 한 단면이었는데, 그에 대한 반성적 견지에서 개정민소규칙 제55조는 종전 변론결과의 진술은 당사자가 사실상·법률상 주장, 정리된 쟁점 및 증거조사결과의 요지 등의 진술, 법원이 당사자에게 쟁점을 확인하는 방식으로 하게 하였다.[4] 정기적으로 인사이동을 하는 우리 풍토에서 이 절차를 밟아야 할 경우가 적지 않지만, 소송지연의 원인이 된다. 법관의 동의 없는 인사이동금지가 앞으로 제도화되어야 할 것이다.

(b) **수명법관·수탁판사에 의한 증거조사** 증거조사를 법정내에서 실시하기 어려운 사정이 있을 때에는 수명법관·수탁판사에게 증거조사를 시키고 그

1) 대법 1972. 10. 31, 72다1570.

2) 단 당사자간에 다툼이 없는 사실이 된 경우, 이미 심증이 형성된 경우, 소송을 지연시킬 목적 등의 경우는 재신문하지 아니할 수 있다는 것에, 대법 1992. 7. 14, 92누2424.

3) 대법 1966. 10. 25, 66다1639.

4) 규범적인 직접주의의 원칙이 무의미해져 가는 상황이 초래된다는 지적은, 반흥식, "독일민사소송법에 있어서의 직접주의," 민사소송 17권 2호, 179면. 변론의 갱신절차를 밟지 않았다 하여도 변론종결시에 당사자 양쪽이 소송관계를 표명하고 증거조사의 결과에 대하여 변론을 하였으면 그 위법은 치유된다는 과소평가는, 대법 1967. 10. 25, 67다1468; 동 1968. 7. 2, 68다37 등.

결과를 기재한 조서를 판결자료로 하도록 하였으며(297조, 298조), 이 한도에서 간접심리주의에 의하고 있다. 외국에서 증거조사를 하는 때에 외국주재 우리나라 대사·공사·영사 또는 그 나라의 관할 공공기관에 촉탁하는 것도 같다(296조).

(c) **재판장 등에 의한 변론준비절차**(279조 이하) 필요한 때 부칠 수 있는 쟁점 및 증거의 정리절차인 변론준비절차는 재판장 또는 수명법관이 주재하며, 변론준비절차의 결과를 판결하는 법관모두가 관여하는 변론기일에 상정시켜 이를 바탕으로 판결한다.

제5관 처분권주의

Ⅰ. 의 의

처분권주의(Dispositionsmaxime)라 함은 절차의 개시, 심판의 대상과 범위 그리고 절차의 종결에 대하여 당사자에게 주도권을 주어 그의 처분에 맡기는 입장이다. 현행법이 원칙적으로 채택한 입장이다. 사권에 관하여는 처분자유(사적자치의 원칙)가 인정되므로 사권을 법원을 통해 실현할 것인가, 어떠한 사권을 어떠한 범위로 실현할 것인가, 나아가 사권의 실현에 착수하였으나 그만 둘 것인가를 당사자의 의사에 일임하는 것은 극히 당연하기 때문이다.[1] 사권의 발생·변경·소멸을 개인에게 맡기는 것이 민법의 사적자치의 원칙이라면, 처분권주의는 사적자치의 소송법적인 측면이라고 할 수 있다.

처분권주의는 널리 변론주의를 포함하여 **당사자주의**(adversary system, 자유주의적 소송원칙)로도 쓰이며, 이를 **직권주의**에 대응시키고 있다. 흔히 처분권주의를 변론주의와 혼동하는 경우가 있지만, 엄격하게 말하면 처분권주의는 당사자의 **소송물에 대한 처분자유**를 뜻하는 것임에 대하여, 변론주의는 당사자의 **소송자료에 대한 수집책임**을 뜻하는 것이므로 양자는 별개의 개념이다(처분권주의는 신청하지 아니한 청구에 관한 것이고, 변론주의는 주장하지 아닌 사항에 관한 것).[2]

다만 집단소송 성격의 현대형 소송에서는 처분권주의가 크게 수정되고 있다. 뒤에서 볼 바와 같이 주주대표소송·증권관련집단소송·소비자·개인정보 단체

---

1) 대법 2020. 1. 30, 2015다49422에서는 제203조에 대하여 민사소송의 심판대상은 원고의 의사에 따라 특정되고 법원은 당사자가 신청한 사항에 대하여 신청범위 내에서만 판단하여야 한다고 했다.

2) 양자를 혼용한 듯한 것으로, 대법 2014. 7. 24, 2013다26562 등 더러 있다.

소송 그리고 행정소송인 주민소송(지자법 17조) 등이 그러하다.

Ⅱ. 절차의 개시

민사소송절차는 당사자의 소의 제기가 있을 때에 개시되며 결코 법원의 직권에 의하여 개시되지 않는 것이 원칙이다. 「신청 없으면 재판 없다」(ne procedat judex ex officio)라는 법격언은 이를 뜻한다(구하라 주실 것이요, 찾으라 얻을 것이라는 성경말씀과 같은 맥락). 예외적으로 당사자의 신청 없이 직권으로 재판할 수 있는 경우가 있다. 대법 2015. 6. 23, 2013므2397은 재판상 이혼의 경우에 당사자의 청구가 없더라도 직권으로 미성년자인 자녀에 대한 친권자 및 양육자를 정하는 재판을 하여야 한다고 했다. 소송비용재판(104조, 107조 1항), 소송비용 담보제공(개정 117조 2항), 가집행선고(213조 1항), 판결의 경정(211조 1항), 추가재판(212조 1항), 배상명령(특례법 25조), 소송구조(128조 1항) 등이다. 증권관련집단소송과 소비자·개인정보 단체소송에서는 소의 제기에 법원에 허가 신청을 내어 허가받았을 때에 소송절차가 본격적으로 개시되게 하였다(증집소 7조, 13조; 소비기본 73조, 74조; 개인정보 54·55조).

Ⅲ. 심판의 대상과 범위

심판의 대상도 원고의 의사에 맡겼기 때문에 원고는 이를 특정하여야 하며, 법원은 당사자가 특정하여 판결신청한 사항에 대하여 그 신청의 범위 내에서만 판단하여야 한다(203조). 따라서 당사자가 신청한 것보다 전부·일부기각판결하는 것은 허용되나, 신청한 사항과 별개의 사항에 대해서나(피고더러 제3자 A에게 이전등기절차를 이행할 것을 구하였는데, 원고에게 직접 이전등기절차이행을 하라는 판결),[1] 신청의 범위를 넘어서 판결하여서는 안 된다(청구하는 것보다 더 많은 위자료의 인정 따위).[2] 최근 판례에서도 **유류분반환청구소송**에서 법원은 유류분권리자가 특정한 대상과 범위를 넘어서 청구를 인용할 수 없다고 했다.[3] 이러한 법리는 상소심에서는 불이익변경금지로 나타난다(415조). 법원이 원고가 신청하지 않은 사항에 대하여 판결하는 것은 실현코자 하는 사권과는 다른 것이어서 양쪽 당사자의 예측을 벗어난 뜻밖(불의의 타격)의 재판이 되며, 이에 의하여 불이익을 받는 당사자의 '재판을 받을 권리'를 박탈하는 결과가 되기 때문이다. 다만 신청사항과 판결이 맞지 않는다고 하여 모두 처분권주의 위배라고는 볼 수 없을 것이다. 신청사

1) 대법 1990. 11. 13, 89다카12602.
2) 대법 2020. 1. 30, 2015다49422 등.
3) 대법 2013. 3. 24, 2010다42624·42631.

항에 의하여 추단되는 원고의 합리적 의사에 판결내용이 부합되는 정도이면 신청취지의 문언과 다소 차이가 있어도 허용하여야 할 것이다.[1)]

1. 질적 동일

(1) 소 송 물 제203조의 '신청한 사항'이라 함은 좁게는 소송물을 뜻하기 때문에, 원고가 심판을 구한 소송물과 별개의 소송물에 대한 판단을 해서는 안 된다. 문제되는 것은 소송물이론이다.

구이론은 실체법상의 권리마다 소송물이 별개라는 입장이기 때문에 청구취지가 동일하다 하여도 원고 주장권리와 다른 권리에 기하여 판결하는 것은 허용되지 않는다. i) 甲 · 乙이 옥파 종자공급계약을 하였는데 보통 파종자를 공급받은 피해자 甲이 손해배상청구를 불법행위에 기하여 청구한 데 대하여 채무(계약)불이행에 기하여 인용함은 허용되지 않는다(260면 참조).[2)] ii) 소유권 상실을 원인으로 한 손해배상청구에 당사자가 주장하지도 아니한 소유권보존등기 말소의무의 이행불능으로 인한 손해배상책임을 인정한 것은 처분권주의에 위배된다.[3)] iii) 이혼청구에 있어서도 이혼사유마다 소송물이 별개로 된다고 보기 때문에[4)] 민법 제840조 1호의 부정(不貞)행위에 의한 이혼청구를 동 6호의 혼인을 계속하기 어려운 중대사유로 평가하여 이혼청구를 인용할 수 없다. 다만 구이론에 있어서도 청구권의 경합이 아닌 법조경합의 경우는 다르다(자동차손해배상보장법 제3조는 민법상의 불법행위규정의 특별규정으로 보아 원고의 주장이 없어도 민법에 우선하여 적용가능).[5)]

그러나 **신이론**(이분지설은 이혼사건에서 다름)에 의하면, 원고 주장의 실체법상의 권리는 공격방법 내지 법률적 관점이고 소송물의 요소가 아니기 때문에, 원고 주장과는 다른 실체법상의 권리(청구근거)에 기하여 판단하여도 원고 주장과 같은 취지목적의 판결이면 다른 소송물에 대한 판단이 아니므로 제203조에 위배되지 않는다.[6)]

---

1) 대법 2001. 6. 12, 99다20612; 동 1998. 11. 27, 97다41103 등. 소송수계한 상속인들이 상속분대로 청구취지정정신청을 하지 아니하여도 법원이 수계인들에게 상속분에 좇아 분할지급을 명하는 것은 허용된다고 한 것에, 대법 1970. 9. 17, 70다1415.

2) 대법 1989. 11. 28, 88다카9982 등. 대법 1992. 3. 27, 91다40696은 원고가 매매를 원인으로 소유권이전등기청구를 한 것에 대하여, 양도담보계약을 원인으로 소유권이전등기를 명함은 처분권주의를 위반한 것이라 하였다. 약정에 따른 제조금지 및 손해배상청구를 하였는데, 부정경쟁방지법률을 적용하여 원고의 같은 청구를 판단한 것은 처분권주의 위반으로, 대법 2020. 1. 30, 2015다49422.

3) 대법(전) 2012. 5. 17, 2010다28604.

4) 대법 1963. 1. 31, 62다812.

5) 대법 1970. 11. 24, 70다1501; 동 1975. 8. 29, 75다932.

6) 상세는, 졸저, 소송물에 관한 연구, 131면 이하 참조.

(2) 소의 종류 · 순서 i) 제203조의 신청사항에는 넓게는 원고가 구하는 소(구제)의 종류 · 순서가 포함되기 때문에, 법원은 이행 · 확인 · 형성 등 원고가 특정한 소의 종류에 구속이 된다. 따라서 원고의 확인청구에 법원이 같은 금액의 이행판결을 할 수 없다. ii) 당사자의 권리구제의 순서에도 법원은 구속된다.[1] 예비적 병합에서 순서대로 주위적 청구에 대하여 먼저 심판함이 없이 예비적 청구를 받아들이는 판결은 제203조에 위반된다. 예비적 공동소송에서도 마찬가지이다.

(3) 제203조의 예외 실질은 비송사건이지만 형식은 소송에 의하는 형식적 형성의 소에는 제203조가 적용되지 아니한다. 즉 경계확정의 소에 있어서 원고의 「A · B 두 토지의 경계를 구한다」는 신청에는 구속되나, 「A · B 두 토지의 경계선은 X 선이다」라는 신청에는 구속되지 아니하며 그 경계선을 Y선 또는 Z선 등으로 자유로이 정할 수 있다.[2] 특히 형성의 소인 공유물분할청구의 소에서도 분할방법에 대한 당사자의 신청은 법원을 구속할 수 없다. 원고가 현물분할을 청구하여도 경매에 의한 가격분할을 명할 수 있다.[3]

2. 양적 동일

(1) 양적 상한 심판의 범위도 원고의 의사에 일임되어 있으므로 원고는 심판의 양적인 한도를 명시하여야 한다. 법원은 그 상한을 넘어서 유리하게 판결할 수 없다. 예를 들면 금 100만원의 금전지급청구에서 150만원의 지급을 명하거나(연 5푼의 지연이자청구에 연 6푼의 지연이자 지급명령도 같다), 또 100만원의 지급과 상환하여 소유권이전등기말소를 구하는 경우에 50만원의 지급과 상환으로 말소를 명하는 것은 허용되지 않는다. 다음 몇 가지가 문제된다.

1) 인명사고에 의한 손해배상청구 피해자가 적극적 손해(치료비) · 소극적 손해(일실이익) · 위자료 등 세 가지 손해항목에 걸쳐서 배상을 구한 경우에 배상청구

---

1) 대법 1993. 3. 23, 92다51204.

2) 대법 1993. 11. 23, 93다41792 · 41808.

3) 대법 2015. 7. 23, 2014다88888 등. 대법 1991. 11. 12, 91다27228은 ① 원고가 구하는 것과 다른 방법의 현물분할이 가능하며, ② 금전으로 경제적 가치의 과부족을 조정하여 현물분할하는 방법, ③ 분할청구자의 지분 한도 내에서는 현물분할하고 나머지 공유자는 공유자로 그대로 남는 방법도 가능하다고 했다. 공유물을 공유자 중의 1인의 단독소유로 하고 다른 공유자에게는 가격배상만 하는 방법도 가능하다(대법 2004. 10. 14, 2004다30583). 법관의 재량의 한계는, 대법 2009. 9. 10, 2009다40219 · 40226; 동 2014. 8. 20, 2013다41578(공유특허권에 대하여); 동 2015. 3. 26, 2014다233428. 다만 2023. 5. 18, 2022다229219, 229226에서는 등기된 공유지분과 현저히 다르게 분할하는 방법은 타당하지 않다고 했다.

총액을 초과하지 않으면, 원고의 항목별의 청구액을 초과하여 인용하여도 무방한가. 이는 앞서 본 손해배상소송의 소송물과 관계되는 문제이다. 현재 판례처럼 적극적 손해·소극적 손해·위자료로 소송물이 삼분된다는 **삼분설**[1]에 의한다면, 법원은 각 손해항목의 청구액에 구속되어 각 항목의 청구액을 초과하여 인용하는 것은 허용되지 아니하며, 비록 초과하여 인용하였지만 청구총액을 벗어나지 않는 경우까지도 처분권주의의 위배로 본다(예: 적극적 손해 300만원+소극적 손해 500만원+위자료 100만원=총 900만원을 청구한 때, 소극적 손해액을 그 청구액보다 많은 600만원을 인용하였지만 청구총액 900만원을 넘어서지 아니하여도 위배). 그러나 **손해 1개설**[2]로 본다면 청구총액에 구속되어 이를 초과하지 않으면 원고가 정한 항목별의 청구액을 초과하여도 처분권주의에 위배되지 않게 된다. 설례에서 소극적 손해를 600만원을 인용하였지만 청구총액 900만원을 넘어서지 않기 때문에 처분권주의 위배라고 보지 아니한다. 생각건대 손해배상청구에 있어서 적극적 손해·소극적 손해·위자료 등의 항목분류는 생명·신체침해로 인하여 생긴 하나의 인적 손해를 금전적으로 평가하기 위한 원고의 분류 자료(공격방법)에 지나지 않으며, 손해총액이 피해자의 주된 관심사이고 분쟁의 핵심이라면 손해 1개설이 옳다고 할 것이다(다수설).[3] 그것이 손해배상사건의 비송적 성격과 위자료의 보충작용(그러나 손해액이 확정가능한 때 위자료 명목의 손해 전보는 안된다는 최근 판례)[4]에 맞고, 나아가 원고가 손해항목마다 별건으로 만들어 차례로 제소함으로써 피고로 하여금 여러 차례 응소강제를 당하게 하는 폐단도 막을 수 있다.[5] 미국법에서는 하나의 사건에서 손해를 분할하여 일부청구하는 것을 허용하지 아니한다. 대법 2015. 1. 22, 2012다204365 전원합의체 판결은 재판상 화해와 동일한 효력이 있는 민주화운동 관련자 보상결정에는 적극적·소극적 손해배상만 포함될 뿐이라 하여 위자료청구를 별도로 제기한 사안에서, 그 결정에는 적극적·소극적 손해배상과 위자료가 모두 포함된다 하여 위자료청구를 결정의 기판력으로 소각하하였다. 그러나 위자료부분에 관한 규정에 대해 위헌결정이 난 뒤에는 위자료부분에 다시 청구하는 것은 결정의 기판력에 저촉되지 않는다 하였다(대법 2023. 2. 2,

---

1) 대법 1976. 10. 12, 76다1313; 동 2001. 2. 23, 2000다63752 등.

2) 日最高裁 昭和 48. 4. 5 판결, 서울민사지법 1989. 10. 20, 89가합10765(법률신문 1989. 11. 9.자).

3) 대법 1994. 6. 28, 94다3063은 재산상손해 전부승소·위자료 일부패소의 판결에서 원고가 그 패소부분인 위자료에 대하여 항소하였다 하여도 전부승소한 재산상 손해에 대하여도 상소의 이익이 있다고 보아, 손해 1개설과 가까운 입장을 취했다. 재산적 손해와 정신적 손해로 손해이분설을 취한 견해로는, 호문혁, 298면.

4) 대법 2014. 1. 16, 2011다108057; 동 2013. 4. 26, 2011다29666 등.

5) 졸고, "손해배상청구소송의 소송물," 판례월보 1979. 2, 114면. 같은 취지: 김홍규/강태원, 358면; 정동윤/유병현/김경욱, 366·367면; 김용욱, 235면.

2020다 270633 등). 다만 최근에 징벌적 손해배상제도가 부쩍 늘고 있는데(17개) 징벌적 손해배상은 전보배상액의 범위를 3 내지 5배로 넓히는 것이지 별도의 소송물을 구성한다고 할 수 없다.

2) 원금청구와 이자청구　원금청구와 이자(지연손해금도 같다)청구는 **별개의 소송물**이므로 원리금 합산한 전체청구금액의 범위 내라도 원금청구액을 넘어선 원금의 인용은 허용되지 아니한다.[1] 원본채권과 지연손해금채권은 별개의 소송물이라 상소심에서 불이익변경금지의 원칙 해당여부를 판단함에 있어서 원금과 지연손해금의 합산액으로 판단해서는 안되고 원금만을 기준으로 하여야 한다. 판례는 나아가 이자청구의 소송물은 **원금 · 이율 · 기간** 등 3개의 인자에 의하여 정해진다고 보고, 비록 원고의 이자청구액을 초과하지 않았지만 3개의 기준 중 어느 것에서나 원고 주장의 기준보다 넘어서면 처분권주의에 반한다고 하고 있으나,[2] 당사자의 계산착오 때에 법원이 시정하는 것을 어렵게 하는 것이므로 문제있다.[3]

3) 일부청구와 과실상계, 상계항변　원고가 손해배상의 일부청구를 한 경우 예를 들면, 1억원의 손해 중 6,000만원만 일부 청구한 때의 과실상계의 방법이다. 피해자의 과실이 40%라 보자. 여기에는 i) 우선 손해전액을 산정하여 그로부터 과실상계한 뒤에 남은 잔액이 청구액을 초과한 때에는 청구액의 한도에서 인용할 것이고 잔액이 청구액에 미달하면 잔액대로 인용할 것이라는 **외측설**이 있다. 이 설에 의할 때에 1억원$\times\frac{10-4}{10}$=6,000만원이 과실상계하고 남은 잔액인데 그것이 원고의 청구액 6,000만원을 넘지 않으므로 결국 인용액은 6,000만원이 된다. ii) 손해전액이 아니라 일부청구액에서 과실상계하여야 한다는 **안분설**이 있다. 이 설에 의할 때 6,000만원$\times\frac{10-4}{10}$=3,600만원이 과실상계 후 잔액이 되며 결국 이를 인용하여야 한다. 판례는 두 설 중에서 외측설을 따랐다.[4]

---

1) 대법 2013. 10. 31, 2013다59050(원리금을 합산하면 상소인에게 불리하지 않지만, 원금만 기준으로 하면 항소심판결이 불리하게 될 때에는 변경하지 못한다는 취지); 동 2009. 6. 11, 2009다12399.

2) 대법 1989. 6. 13, 88다카19231은 소장송달 다음 날로부터 연 25%의 비율에 의한 금원지급을 구하였는데, 대여일부터 연 25%의 금원지급을 명함은 처분권주의에 위반. 1억원에 대한 2009. 4. 19부터 연 30%의 지연손해금청구에 7,600만원에 대해서만 2008. 11. 1부터 연 30%의 지급명령은 위법=대법 2012. 10. 11, 2012다55198. 지연이자 상당의 손해를 청구하지 아니하는데, 인용할 수 없다=대법 2000. 2. 11, 99다49644. 그러나 약정지연손해금청구에 그보다 낮은 법정지연손해금청구는 포함되었다 할 것이다=대판 2017다22407.

3) 같은 취지: 정동윤/유병현/김경욱, 366 · 367면.

4) 대법 1976. 6. 22, 75다819.

당사자가 자신의 과실을 자인하여 일부청구를 했다고 봄이 옳을 것이라면 손해배상청구권 전부가 소송물이라고 볼 수 있는 점, 일부청구라도 채권전부에 대해 심리하는 것이 통상적인 점을 고려할 때 일응 **외측설**이 타당하다고 할 것이다. 단 명시적 일부청구로서 잔부를 유보하여 둔다는 표시를 한 경우까지 외측설을 관철하는 것은 무리라고 하겠다. 원고의 일부청구에 대해 피고가 반대채권으로 상계항변을 할 때에도 외측설에 의할 것이다([도표 4] 참조).[1)]

(2) 일부인용 법원은 신청한 소송물의 전부를 받아들일 수 없으면 일부를 받아들이는 일부인용의 판결을 하여야 한다. 그것이 원고의 통상의 의사에 맞고 또 응소한 피고의 이익보호나 소송제도의 합리적 운영에도 부합한다.

분량적인 일부인용은 처분권주의에 반하지 않는다. 예컨대 금 100만원 청구 중 금 40만원이 인정되어 금 40만원의 지급을 명하는 판결을 할 수 있다. 또 분량적으로 가분인 채무부존재확인의 소에서 일부인용의 판결(1,000만원 넘어서는 채무부존재확인의 경우 남은 채무가 1,500만원이면 1,500만원 초과 부존재, 나머지 청구기각으로)[2)]은 원고가 청구취지를 변경하지 아니하여도 가능하다. 전부의 소유권확인청구에는 지분에 대한 소유권확인의 취지가 포함되어 있으므로 그 범위에서 원고청구를 일부인용할 수 있으며,[3)] 피고들에게 **부진정연대**의 관계에서 청구한 경우에 **진정연대**의 관계에서 인용하는 것도 위에 준할 것이다.[4)5)] 대법 2014. 7. 10, 2012다89832에서 피고 乙, 丙에 대하여 부진정연대관계에서 청구하였는데도 乙과 丙에게 중첩관계가 아닌 개별적 지급책임을 인정한 것은 청구한 범위를 넘는 것으로 처분권주의에 반한다고 했다(甲이 乙에 대해 직접청구, 甲의 위 乙에 대한 채권을 피보전권리로 하여 乙의 丙에 대한 채권의 대위청구를 부진정연대관계로 청구한 사안). 또 피고들의 손해배상채무를 부진정연대관계로 주장함이 없음에도 그렇게 판단하는 것은 아니된다.[6)] 조건부나 질적인 일부인용의 판결에는 다음이 또 있다.[7)]

---

1) 대법 1984. 3. 27, 83다323 등. 손해액의 일부에 대해 배상책임을 인정하고 일부공탁한 경우에도 배상범위를 정함에 있어서는 전손해액을 기준으로 하여야 한다는 것에, 대법 1991. 1. 25, 90다6491.

2) 대법 1994. 1. 25, 93다9422 등.

3) 대법 1995. 9. 29, 95다22849·22856; 동 1974. 9. 24, 73다1874 참조.

4) 日最高裁 昭和 24. 8. 2 판결과 동 昭和 30. 5. 24 판결은 가옥의 전부명도청구의 경우에 일부명도를 명하는 것은 양적인 일부인용판결이지만 피고와의 동거를 명하는 취지가 내포되었으므로 석명에 의하여 원고의 진의를 밝혀 일부명도를 구할 의사가 있다고 보여질 경우에 한하여 허용할 것이라 하였다.

5) 대법 1979. 11. 13, 79다1336에서는 약정지연손해금의 청구를 하는 경우에 명백히 청구하고 있지 않은 법정지연손해금의 지급을 명하지 아니하여도 위법이 아니라고 하였다.

6) 대법 2013. 5. 9, 2011다61646.

7) 헌법재판소의 한정위헌·한정합헌의 결정도 위헌주장을 일부 줄여서 받아들이는 일부인용의 위

1) 단순이행청구의 경우에 상환이행의 판결 이러한 판결은 원고의 신청취지를 벗어난다고 할 수 없다. 원고가 단순이행청구를 하고 있는데 피고의 동시이행의 항변 또는 유치권항변이 이유 있을 때에 원고가 반대의 의사표시를 하지 않는 한 원고청구기각이 아니라, 원고로부터 채무이행을 받음과 상환(맞바꾸어)으로 피고의 채무이행을 명하는 상환이행판결을 하여야 한다.[1] 상속인에 대한 이행청구에서 한정승인의 항변이 이유있으면 상속재산의 한도에서 이행을 명하여야 한다(유보부판결).[2)3)]

대지임대인 甲이 그 임차인 乙을 상대로 건물철거와 그 대지인도를 청구하는 소송에서 乙이 적법하게 건물매수청구권을 행사하였을 때에 피고는 원고로부터 건물대금을 지급받음과 동시에(상환으로) 건물을 명도하라는 판결을 허용할 것인가. 이 때에 甲의 청구에는 그 건물의 매수대금을 지급할 터이니 그와 동시에 피고는 건물명도를 하라는 내용의 청구까지는 포함되어 있지 않고, 또 그러한 내용으로 원고의 청구취지를 바꾸라는 법원의 석명의무도 없다는 것이 과거의 판례였다(석명의무부정설). 반면, 피고가 건물매수청구권을 적법하게 행사한 경우에는 원고에게는 건물철거권은 없어지고 매매대금을 치르고 건물을 명도받는 권리밖에 남은 것이 없으며 다른 권리행사의 선택가능성이 없는 점에 비추어 원고에게 석명할 것도 없이 원고의 대금지급과 맞바꾸는 상환이행의 명도판결을 하는 것이 옳다는 설도 있다(상환이행판결설, 일본판례). 그러나 대법(전) 1995. 7. 11, 94다34265에 이르러 위와 같은 석명의무 없다는 종전 견해를 바꾸어 이 경우에 원고가 자기가 차지할 건물의 매매대금을 지급함과 동시에 건물명도청구를 하는 것으로 청구취지를 변경하도록 법원이 석명해야 하고, 그렇지 아니하면 위법이라고 하였다(석명의무설). 당해사건에서 분쟁을 1회적으로 해결을 하기 위해 필요하다는 것이다.

2) **채권자취소소송**에서 인도청구의 경우에 가액배상판결 판례는 채권

헌결정으로 보면 된다(대법 2014. 7. 10, 2011도1602도 같은 취지). 한정인용은 미국 민사판결에서도 나타난다(Dupont v. Kolon 사건에 대한 미국연방 Virginia 동부지법의 판결의 예). 한정합헌·한정위헌을 일부위헌이라고도 하며, 이것이 global standard이다. 최희수, "규범통제결정의 기판력," 헌법논총 14집(2003), 551면.

1) 동시이행항변은 대법 1979. 10. 10, 79다1508, 유치권항변은 대법 1969. 11. 25, 69다1592 등 최근까지.

2) 신탁법 제48조 3항에 따른 채권자의 신수탁자에 대한 이행판결주문에서 신탁재산의 한도에서 지급을 명하여야 한다=대법 2010. 2. 25, 2009다83797.

3) 주위토지통행권확인의 청구에서 반대의사가 없음이 명백하지 않으면 청구의 전부기각이 아닌 제한된 범위에서 청구를 인용함이 타당하다는 것에, 대법 2016다39422.

자취소소송에서 사해행위의 전부취소와 **원상회복청구**의 주장에는 사해행위의 일부취소와 **가액배상청구**의 주장도 포함되어 있으므로, 원상회복으로 물건인도만 구하여도 가액배상을 명할 수 있다고 했다.[1] 다만, 원물반환이 불가능하거나 현저히 곤란한 경우 또는 공평에 반하는 경우이다. 가액배상의 경우는 이행의 상대방은 채권자이어야 한다.[2]

3) 현재의 이행의 소의 경우에 장래의 이행판결　　현재의 이행의 소에서 심리결과 원고에게 청구권은 있는데 이행기의 미도래·이행조건의 미성취일 때 바로 기각할 것이 아니다. 장래의 소로서 '미리 청구할 필요'(251조)가 있고 원고의 의사에 반하는 것이 아니면 장래의 이행판결을 해도 좋을 것이다. 원고가 피담보채무의 소멸을 이유로 저당권설정등기말소나 소유권이전등기말소청구(양도담보의 경우)를 한 경우에, 심리과정에서 원고에게 아직 채무가 남아 있는 것으로 밝혀졌을 때이다. 이 때에 위 청구 중에는 장래의 이행의 소로서 남은 채무의 변제를 조건으로 등기말소를 구하는 취지도 포함되었다고 보아, **남은 채무의 선이행**을 조건으로 청구를 인용하여야 할 것이다.[3)4)]

Ⅳ. 절차의 종결

(1) 개시된 절차를 종국판결에 의하지 않고 종결시킬 것인가의 여부도 당사자의 의사에 일임되어 있다. 당사자는 어느 때나 소의 취하, 청구의 포기·인낙 또는 화해·조정에 의하여 절차를 종결시킬 수 있다(형소에서 공소취소는 제1심판결선고시까지이고, 나머지 청구의 포기·인낙 없음). 또 상소의 취하, 불상소의 합의, 상소권의 포기도 인정된다.

(2) 통상의 소송절차와 달리 직권탐지주의에 의하는 절차, 예컨대 가사소송(가소 12조, 17조)·행정소송(행소 26조)에 있어서는 처분권주의가 제한을 받는다. 임의로 처분할 수 있는 권리관계가 아니기 때문이다. **재심소송**도 같다. 판례는 당사자가 자유롭게 처분할 수 없는 사항을 대상으로 한 조정이나 재판상 화해는 허용할 수 없으므로, '재심대상 판결 및 제1심판결을 각 취소한다'는 취지의 조정조항은 당

1) 대법 2001. 9. 4, 2000다66416.

2) 대법 2008. 4. 24, 2007다84352. 대법 2013. 3. 14, 2010다42624·42631=유류분청구에서 원물반환이 불가능한 경우에는 가액반환을 할 수밖에 없다(의무자가 반대의사표시하면 별론).

3) 대법 1996. 11. 12, 96다33938; 동 2014. 1. 23, 2013다64793; 동 2023. 11. 16, 2023다266390.

4) 치료비의 일시금청구에 대하여 정기금으로 지급을 명하여도 되고, 그 반대라도 처분권주의에 반하지 않는다는 것에, 대법 1970. 7. 24, 70다621; 동 1988. 11. 8, 87다카1032 등. 그러나 日最高裁 昭和 1962. 2. 6 판결은 반대.

사자가 자유롭게 처분할 수 있는 권리에 관한 것이 아니어서 당연무효라고 했다.[1] 그러나 이러한 절차에서도 절차의 개시 · 소송물의 특정은 당사자의 의사에 일임되며,[2] 원고의 소취하의 자유도 인정된다.[3] 성질상 허용될 수 없는 것은 청구의 포기 · 인낙 그리고 재판상화해이다. 필수적 공동소송과 독립당사자참가에서는 공동으로 하지 않고 개별적으로는 위와 같은 행위가 허용되지 않는다(뒤의 「필수적 공동소송」과 「독립당사자 참가」 참조). 다만 가사소송사건 중 이혼소송과 파양(罷養)소송에 있어서는 재판상의 화해를 인정하는 것이 옳다.

직권탐지주의의 명문이 없는 회사관계소송에서는 문제인데, 원고패소확정판결과 같은 효력이 있는 청구의 포기는 별론, 승소확정판결과 같은 효력이 있는 청구의 인낙이나 화해 · 조정은 허용될 수 없을 것이다(상세는 「청구의 포기 · 인낙」, 「재판상 화해」 참조). 주주대표소송에서는 소의 취하, 화해, 청구의 포기 · 인낙은 법원의 허가를 요한다(상 403조 6항. 주민소송도 유사. 지자법 17조 14항, 2016년 개정법률 제62조의2 2항은 그러한 행위가 본인의 이익을 현저하게 침해할 때는 법원이 불허가 결정). 또 증권관련 집단소송에서는 이러한 소송행위(청구의 인낙은 제외) 외에, 상소의 취하와 포기도 법원의 허가를 얻어야 한다(증집소 35조, 36조). 소비자 및 개인정보 단체소송의 청구기각판결은 대세효가 있으므로(소비기본 75조), 청구기각판결과 같은 효력의 청구의 포기는 허용될 수 없다는 것이 사견이다.[4]

Ⅴ. 처분권주의 위배의 효과

처분권주의에 위배된 판결은 원칙적으로 상소 등으로 불복하여 취소를 구할 수 있을 뿐이고 당연무효라고는 할 수 없다. 처분권주의의 위배는 판결의 내용에 관한 것이고 소송절차에 관한 것이 아니므로 이의권(151조)의 대상이 아니다. 그러나 처분권주의에 위배된 경우라도 피고가 항소한 경우에, 원고가 항소기각의 신청을 하거나 제1심에서 신청하지 아니한 사항에 대해 항소심에서 새로 신청하면 그 흠이 치유된다.

1) 대법 2012. 9. 13, 2010다97846.
2) 대법 1981. 4. 14, 80누408 등.
3) 단 주민소송에서는 소취하, 화해, 청구의 포기에 법원의 허가 필요.
4) 찬성은 정연환, 537면.

제6관 변론주의

Ⅰ. 개 설

1. 의 의

변론주의(Verhandlungsmaxime)란 **소송자료**[1] 즉 사실과 증거의 수집 · 제출의 책임을 당사자에게 맡기고, 당사자가 수집하여 제출한 소송자료만을 변론에서 다루고 재판의 기초로 삼아야 하는 입장이다. 제출주의(Beibringungsmaxime)라고도 한다. 소송자료의 제출에 자기 책임을 다하는 자만이 법원이 도움을 준다는 말도 된다(自助者=天助者. 자유주의소송관의 반영). 이에 대하여 직권탐지주의(Untersuchungsmaxime)란 소송자료의 수집 · 제출책임을 당사자가 아닌 법원이 지고 나서야 한다는 입장이다. 변론주의라 할 때에는 널리 처분권주의를 포함하지만, 고유한 의미에서는 소송자료의 수집에 한하는 문제이다. 변론주의는 민사소송을 관류하는 대원칙임에도 불구하고 이에 관한 직접규정을 두고 있지 아니하며, 다만 특수소송에서 이와 대립하는 직권탐지주의(가소 12조, 17조; 행소 26조)를 규정함으로써 간접적으로 이에 의함을 추단케 하고 있다. 민소규칙 제69조의 2에서는 사실관계와 증거에 관한 사전조사의무를 부과하였는데, 이는 변론주의를 전제한 것이라 하겠다.

2. 근 거

변론주의의 근거에는, 첫째로 민사소송의 대상인 재산관계는 형사소송의 대상인 범죄관계와는 달리 사적자치의 원칙이 지배하는 영역이어서 그 소송자료의 수집도 국가의 개입보다 이익을 누리려는 당사자의 책임에 일임하는 것이 합당하다는 **본질설**, 둘째로 당사자의 이기심에 의지하여 그에게 유리한 소송자료를 수집시키는 것이 법원이 조사하는 것보다 충실한 자료수집이 되어 진상규명에 좋은 수단이 된다(당사자의 입이 법관보다 더 잘 말한다. 잘 아는 순서: ① 당사자 본인 ② 변호사 ③ 법관)는 **수단설**, 셋째로 당사자가 변론에 제출하여 쟁점화되었던 사실 · 증거만을 재판의 기초로 하는 것이 양쪽 당사자에 대한 예측하지 못한 불이익을 막아주고[2] 절차보장을 보다 잘 해 주는 결과

1) 소송자료는 넓은 의미에서는 사실자료 외에 증거자료를 포함하나(=공격방어방법), 좁은 의미에서는 사실자료만을 가리킨다. 법은 부지런한 자의 권익을 보호하는 것이지 잠자는 자의 권익을 보호하지 않는다.

2) 대법 1990. 6. 26, 89다카15359.

가 된다는 **절차보장설**이 있다.

차라리 변론주의의 근거를 어느 한 가지가 아니고 사적자치의 반영, 진실발견의 수단, 절차보장에 의한 공평한 재판 등 여러 가지로 파악함이 옳지 않을까 생각된다.[1] 그것이 자유주의국가관의 소산인 변론주의의 근본을 살리면서 진실의무와 모순도 생기지 않고 또 법원의 후견적 역할을 뜻하는 석명권의 한계의 설정도 용이해질 수 있을 것이며, 더 나아가 due process의 존중도 될 것이다(다원설). 특히 개정민소규칙 제28조 2항에서 변론에서 법원이 당사자에게 중요쟁점에 관한 진술기회의 제공을 규정한 것은 절차보장설에 더 힘을 실어준 것이 된다.

3. 비 판—협동주의 등

근자에 변론주의의 타당성에 관하여 비판이 일고 있다. 특히 독일에서는 1976년 개정 법률에서 법원의 석명권(ZPO § 278Ⅲ)이 크게 강화된 것을 계기로, 변론주의에 갈음하여 법원과 당사자의 협동작업(Arbeitsgemeinschaft)에 의하여 사안을 해명하여야 한다는 협동주의(Kooperationsmaxime, 변론주의와 직권탐지주의의 혼합형태)를 기본원리로 하는 새 설이 Wassermann 등에 의해 주장되었으며, 현행 오스트리아 민소법 제178조가 채택하였다. Wassermann이 제창하는 바는 사회적 민사소송이론을 바탕으로 한 것인데, 소송에 있어서 당사자의 자기책임의 우선을 포기하여야 하는 문제점이 있다. 소송목적에 관한 사법질서유지설의 입장이기도 하다.

Ⅱ. 변론주의의 내용

그 구체적 내용은 다음 세 가지이다. 3테제라고 한다.

1. 사실의 주장책임=사실자료의 제출책임(제1테제)

주요사실은 당사자가 변론에서 주장하여야 하며, 당사자에 의하여 주장되지 않은 사실은 법원은 판결의 기초로 삼을 수 없다.[2] 엄밀하게 말한다면 변론에서 당사자가 말로 중요한 사항을 주장한 뒤 법원에 의한 확인, 당사자에게 의견진술의 기회제공의 절차를 거쳤을 때에 판결의 기초로 할 것이다(개정규 28조). 그러므로 유리한 판결을 받으려면 원고의 경우는 청구원인사실(권리발생사실), 피고의 경우는 항변사

1) 대법 1959. 7. 2, 4291민상336은 민사소송에서 변론주의를 채택함은 민사소송의 성질상 자료의 수집을 당사자의 책임으로 함이 일반적으로 진실을 얻는 첩경이며, 국가의 노력경감과 당사자에 대한 공평을 피할 수 있다는 고려에서 취하여진 것이라고 하였다.

2) 대법 2021. 3. 25, 2020다289989.

실(권리장애·소멸·저지사실)을 주장할 것을 요한다. 법원은 주장과 달리 판단할 수 없으며, 또 주장이 없는데 판단할 수 없다. 「주장없으면 판단없기」 때문에 같은 사안이라도 판결이 엇갈릴 수 있다. 법관의 사적 자식은 판결에서 참작해서는 안되고, 공지의 사실은 의견진술의 기회를 주었을 때에 소송자료로 할 수 있다.[1)]

변론주의의 적용결과: 예컨대 별도의 상계의사 표시가 없는데 상계인정,[2)] 소멸시효완성의 주장을 하지 않는데 시효소멸되었다는 판단(1년, 3년, 5년, 10년 시효 모두 같다),[3)] 대물변제예약이 불공정한 법률행위로서 무효라는 주장이 없는데 판단,[4)] 시효중단사유의 주장이 없는데 판단,[5)] 부진정연대채무에 관한 주장이 없는데 판단,[6)] 동시이행항변[7)]·해제조건성취의 항변을 하지 않는데 판단,[8)] 디자인보호법 제33조 2항에서 정한 등록무효사유만 문제삼을 뿐인데도 동법 제33조 1항 3호에 정한 무효사유가 있다는 판단,[9)] 이행불능의 항변이 없는데 이행불능으로 판단은 아니 된다.[10)11)] 또한 당사자가 철회한 주장사실을 기초로 판단해서는 안 된다.[12)] 당사자가 주장하지 아니하였음에도 하급심판결에서 확정된 사실 관계를 법원의 현저한 사실로 판단해서는 안된다.[13)]

따라서 당사자가 자기에게 유리한 사실을 주장하지 아니하면 그 사실은 없는 것으로 취급되어 불이익한 판단을 받게 되는데, 이를 **주장책임**이라고 한다. 그러나 어느 당사자이든 변론에서 주장하였으면 되고 반드시 주장책임을 지는 당사자가 진술하여야 하는 것은 아니다(주장공통의 원칙).

(1) 소송자료와 증거자료의 구별 법원이 증인의 증언 그 밖의 증거에 의하여 주요사실을 알았다 하여도 당사자가 법정변론에서 정식으로 주장한 바 없으면 이를 기초로 심판할 수 없으며,[14)] 또한 당사자가 주장한 바와 달리 심판할

1) Zeiss-Schreiber, Rdnr. 176.
2) 대법 1963. 2. 14, 62다760; 동 2009. 10. 29, 2008다51359.
3) 대법 1991. 7. 26, 91다5631; 동 2016다258124 등.
4) 대법 1962. 11. 8, 62다599.
5) 대법 1995. 2. 28, 94다18577 등=피고가 응소행위를 하였다고 바로 시효중단의 효과가 생기는 것이 아니고, 피고가 변론주의의 원칙상 당해 소송이나 다른 소송에서 응소행위로서 시효가 중단되었다고 주장하여야만 한다.
6) 대법 2013. 5. 9, 2011다61646.
7) 대법 1990. 11. 27, 90다카25222; 동 1967. 9. 19, 67다1231 등.
8) 대법 1967. 5. 16, 67다391.
9) 대법 2011. 3. 24, 2010후3509.
10) 대법 1967. 2. 7, 66다2206; 동 1996. 2. 27, 95다43044.
11) 대법 2011. 11. 24, 2009다99143.=시효취득항변을 하면서 점유개시 당시 재산의 취득절차를 밟았다는 자료제출을 못하였는데 시효취득항변을 받아들이는 것은 잘못이다.
12) 대법 1993. 4. 27, 92다29269.
13) 대법 2019. 8. 9, 2019다222140.
14) 대법 1962. 11. 29, 62다678.

수 없다.[1] 변론주의에 의하여 심리되는 민사사건에서 소송자료(=사실자료)는 증거자료와 준별된다.[2] 예를 들면 피고가 변제의 항변을 제출하지 아니하였는데 증인이 변제하였다는 증언을 하고 법원이 이를 믿는다 하더라도 석명권(136조)을 통해 피고에게 주장권유는 별론, 증언만으로 변제에 의한 채권소멸을 판단할 수는 없다(통설). 증인의 증언으로 당사자의 주장을 변경·보충할 수는 없으며, 특히 증거자료를 함부로 판결의 기초로 한다면 상대방은 제대로 방어를 못한 채 뜻밖의 재판을 받게 될 수 있기 때문이다. **현저한 사실**을 당사자가 변론에서 주장하지 아니한 때에 판결에서 참작할 수 있는가는 다툼이 있는 문제이나, 당사자의 절차보장을 위하여 참작할 수 없는 것으로 볼 것이다[3](뒤의 「현저한 사실」 참조).

간접적 주장 등 다만 판례는 사건의 타당한 해결을 위해 변론에서 당사자가 주요사실을 직접적으로 주장하지 않아도 i) 당사자변론의 전체적인 관찰에 의하여 간접적으로 밝힌 것으로 볼 수 있을 때[4] 혹은 서증을 제출하여 그 입증취지를 진술하여 서증기재사실을 주장한 때,[5] ii) 감정서나 서증을 이익으로 원용한 때에는[6] 주요사실의 주장이 있는 것으로 볼 수 있다고 하였다. 이는 소송자료와 증거자료의 구별을 완화하려는 시도이다. 그러나 심판 범위의 불명확, 법원의 심리부담의 가중, 상대방 당사자의 방어권침해 내지 불의의 타격의 염려 등의 문제가 있으므로, 이 경우에는 차라리 석명권의 행사로 직접 주장을 하도록 유도할 것이다.[7] 더구나 이러한 간접적 주장의 방식은 개정민소규칙 제28조의 법원의 쟁점확인, 진술기회제공의 변론방식과는 맞지 아니하는 일이다.

(2) 주요사실과 간접사실의 구별 변론주의는 주요사실에 대해서만 인정되고, 간접사실과 보조사실에는 그 적용이 없다. 따라서 간접사실 등은 변론에서 당사자의 주장이 없어도 또 주장과는 달리 증거로써 이를 인정할 수 있으며, 자백이 되어도 구속력이 없다.[8] 왜냐하면 주요사실은 증명의 목표이지만 간접사

1) 대법 2000. 4. 7, 99다68812.
2) 대법 1964. 12. 29, 64다1189; 동 1981. 8. 11, 81다262·263.
3) 대법 1965. 3. 2, 64다1761.
4) 대법 1995. 4. 28, 94다16083; 동 1996. 2. 9, 95다27998 등. 피고가 원고의 청구원인주장이 무엇인지 석명을 구하며 가정적으로 항변한 경우에도 주요사실에 대한 주장이 있는 것으로 볼 수 있다는 것에, 대법 2017. 9. 12, 2017다865.
5) 대법 2002. 11. 8, 2002다38361·38378; 동 1994. 10. 11, 94다24626 등. 김상원, "변론주의의 한계," 판례연구(서울변협) 2집, 155면.
6) 대법 1993. 2. 12, 91다33384·33391; 동 1996. 12. 19, 94다22927 등. 대여금의 주장에 대한 증거로서 보관증을 제출하였을 때에 대여금을 임치금으로 바꿨다고 보지 못할 바 아니다=대법 1967. 9. 5, 67다1368.
7) 같은 취지: 전병서, 109면; 한충수, 303~304면. 이를 허용해도 제한적으로 해석할 것이라는 견해로, 김홍엽, 421면. 변제공탁서만 증거로 제출하고 공탁금을 명시하지 않은 경우에 석명을 구하여야 한다는 등 석명을 거론한 것에, 대법 2002. 5. 31, 2001다42080.
8) 대법 1968. 4. 30, 68다182; 동 1992. 11. 24, 92다21135 등.

실은 그 수단인 점에서 기능상 **증거자료**(간접증거, 정황증거)와 같은 작용을 하기 때문이다. 주요사실이란 권리의 발생·변경·소멸이라는 법률효과를 발생시키는 실체법의 구성요건사실을 말하고(실무상 요건사실이라고도 한다),[1] **간접사실**은 주요사실의 존재를 추인하는 데 도움이 됨에 그치는 사실을 말한다[2](요건사실의 주장에 도움이 되는 사실로서, 징빙(徵憑)이라고도 한다). 증거능력이나 증거가치에 관한 사실을 **보조사실**이라 하는데 간접사실에 준하여 취급한다. 특히 손해액의 산정곤란시와 공해소송 등에서는 간접사실이 큰 몫을 한다(202조의2 적용문제, 578~579면 참조).[3] 판례상 주요사실과 간접사실의 구별을 본다.

(a) **판례의 입장** 판례는 「기본사실의 경위·내력 등에 관한 사실」[4] 또는 「당사자의 주장사실과 연결성이 있고 또 동일범위 안에 속하는 사항」[5]을 간접사실로 보고 법원이 증거에 의하여 자유롭게 인정할 수 있다는 태도이다. 등기원인[6]·계약의 성립[7]·충돌사고 등의 경위,[8] 그리고 장소·날짜(변제기일, 등기원인일자,[9] 취득시효의 기산일[10]), 이혼사유인 배우자에 대한 심히 부당한 대우를 구성하는 개개의 사실[11]은 간접사실이라 한다. 그리고 대법 2016다258124는 어떠한 시효기간이 적용되는지는 단순한 법률해석이나 적용에 관한 의견표명이고 변론주의가 적용되지 않는 것으로 보았다. 단 **소멸시효의 기산일**만은 주요사실로 본다.[12]

변론 속에서의 주장은 반드시 명시적인 것이어야 하는 것은 아니고 주장취지상 포함되어 있으면 된다고 본다. **포함여부**가 문제이다. 그러나 채무불이행으로 인한 손해배상청구권의 소멸시효의 항변에 불법행위로 인한 손해배상청구권의 소멸시효의 항변,[13] 강박에

1) 대법(전) 1983. 12. 13, 83다카1489; 동 2016다258124; 동 2015다58440 등. 이무상, "변론주의에 있어서 요건사실과 주요사실," 법조 통권 682(2013).
2) 대법 1994. 11. 4, 94다37868.
3) 대법 2004. 6. 24, 2002다6951; 동 2009. 8. 20, 2008다19355.
4) 대법 1971. 4. 20, 71다278; 동 1993. 4. 27, 93다1688 등.
5) 대법 1960. 6. 16, 4292민상754 등.
6) 대법 1980. 12. 9, 80다532=청구취지 기재와 다른 등기원인을 인정할 수 있다.
7) 대법 1969. 12. 9, 69다1359; 동 1971. 4. 20, 71다278. 종중재산으로 설정경위에 관하여는 반드시 명시적임을 요하지 아니하며, 주장·입증 속에 설정경위에 관한 사실이 포함되어 있으면 된다는 것에, 대법 2007. 2. 22, 2006다68506.
8) 대법 1979. 7. 24, 79다879.
9) 대법 1966. 2. 28, 65다2549.
10) 대법 1994. 4. 15, 93다60120(간접사실이므로 종전의 취득시효의 기산일과 달리 주장하여도 그 주장 차이를 가지고 별개의 소송물을 구성한다고 할 수 없다); 동 2015. 9. 10, 2014다68884 참조 등.
11) 대법 1990. 8. 28, 90므422.
12) 때문에 소멸시효의 항변에서 당사자가 주장하는 때보다 뒤의 날짜나 앞의 날짜를 기산점으로 하여 소멸시효의 완성을 인정하면 변론주의에 위배된다. 대법 1995. 8. 25, 94다35886 등. 비판은 호문혁, 317면.
13) 대법 1998. 5. 29, 96다51110. 어떠한 채권에 대한 항변인지 특정한 항변에는 청구원인을 달리하는 채권에 대한 소멸시효의 항변까지 포함된다고 할 수 없다는 것에, 대법 2013. 2. 15, 2012다68217.

의한 의사표시이므로 당연무효라는 주장 속에 취소한다는 주장,[1] 이행불능을 이유로 한 전보대상청구에 계약체결상의 과실로 인한 신뢰이익의 배상,[2] 유권대리의 주장에 표현대리의 주장,[3] 변제의 주장 속에 상계주장[4]은 각 포함되지 않은 것으로 본다. 상대방에 불의의 타격방지에 의한 방어권보장을 고려한 것 같지만, 너무 좁은 해석이 아닌가.[5]

(b) **법규기준설에 대한 다른 설과 준주요사실** 이상 본 바와 같이 법률효과를 발생시키는 법규의 요건사실이 주요사실이고, 그 이외의 사실은 간접사실이라고 보는 것이 종래의 통설이다(**법규기준설**). 전자는 변론주의의 적용을 받되 후자는 그 적용을 받지 않는다고 본다. 주목할 만한 다른 설이 나타나고 있다. 차라리 법규기준설을 버리고 소송의 승패에 영향을 미칠 중요한 사실에서 기준을 찾아, 당사자로서는 공격방어의 목표가 되고 법원으로서는 심리활동의 지침을 이루는 사실을 주요사실로 보고, 그 밖의 사실을 간접사실로 보자는 견해가 그것이다(**개별판단설**). 그러나 자칫하면 해석자의 자의의 허용과 소송의 안정을 해할 염려가 있어, 일반론으로서는 부적합하다.[6]

다만 **법규기준설**에 입각한 주요사실과 간접사실의 구별의 틀은 유지하되, 주요사실을 법률효과를 발생시키는 법규의 직접 요건사실에 한정할 것이 아니고 경우에 따라서는 간접사실에까지 확대하여 변론주의의 확대적용을 받게 할 필요가 있을 것이다. '과실', '인과관계', '권리남용', '신의성실', '정당한 사유' 등을 요건으로 한 일반규정(일반조항, 불특정개념)의 경우만은 일반규정의 요건사실을 주요사실로 볼 것이 아니라, 요건사실을 구성(추인)하는 **개개의 구체적 사실**이 재판에서 중요한 역할을 함에 비추어, 이러한 구체적 사실을 주요사실에 준해서 변론주의의 적용을 받게 하는 것이 옳을 것이다. 예를 들면 과실을 추측케 하는 음주운전 등의 구체적 사실은 당사자의 주장이 없으면 판결의 기초로 할 수 없는 **준주요사실**로 볼 것이므로,[7] 원고가 변론에서 과실로 볼 사실로서 졸음운전밖에 주장하지 않았는데 느닷없이 법원이 주장하지도 아니한 음주운전의 사실을 인정하는 따위. 과실 자체는 주요사실이 아니라 그와 같은 사실에 대한 법률적 평가에 지나지 않는 특

1) 대법 1996. 12. 23, 95다40038.
2) 대법 1974. 6. 11, 73다1975.
3) 대법(전) 1983. 12. 13, 83다카1489; 동 2001. 3. 23, 2001다1126. 반대: 김황식, "유권대리의 주장 가운데 표현대리의 주장이 포함되는지 여부," 민사판례연구(Ⅶ), 1면 이하. 甲이 乙로부터 매수하였다고 주장하는데, 甲의 대리인이 乙로부터 매수한 것으로 인정하였다고 하여 변론주의에 위반되지 않는다는 것에, 대법 1987. 9. 8, 87다카982.
4) 대법 2009. 10. 29, 2008다51359.
5) 판례는 일실이익에 관한 배상소송에 있어서 장래의 일실이익(수입손해)산정의 기초가 되는 월수입·가동연한·월생계비 따위는 주요사실로 보고, 중간이자 공제방식에 관한 주장, 즉 Hoffmann식이냐, Leibniz식이냐에 관한 주장은 당사자의 평가에 지나지 아니한다고 하며 간접사실인 것처럼 당사자의 주장에 불구하고 법원이 자유로운 판단을 할 수 있다는 태도이다. 대법 1983. 6. 28, 83다191. 그러나 월수입액·생계비·가동연한까지도 노동능력상실의 수입손해의 평가자료로서 법원이 증거로 자유판단할 수 있다 할 것으로 수입손해 자체를 주요사실로 보아야 할 것이다.
6) 같은 취지: 김선석, "일반조항의 증명책임," 사법논집 14집, 258면; 강현중, 강의, 290면.
7) 정동윤/유병현/김경욱, 378면; 전병서, 107면; 정영환, 502면; 강현중, 439면; 홍기문, "주요사실과 간접사실의 구별," 고시계 1999. 1, 49면 이하.

수성이 있다고 볼 것이기 때문이다.[1)]

(c) **구별의 효과** 첫째로, 주요사실과 달리 간접사실 · 보조사실은 당사자의 주장이 없어도 법원은 증거로 인정할 수 있다(변론주의의 부적용). 간접사실을 바꾼다 해서 소송물이 달라지는 것은 아니다.[2)]

둘째로, 간접사실 · 보조사실의 자백은 법원도 당사자도 구속할 수 없다.

셋째로, 유일한 증거가 주요사실에 관한 것일 때는 조사거부할 수 없지만, 간접 · 보조사실에 관한 것일 때는 그러하지 아니하다.

넷째로, 상고이유, 재심사유에 해당되는 판단누락(451조 1항 9호)이 되는 사실은 주요사실뿐이고 간접사실 · 보조사실은 해당되지 않는다.

2. 자백의 구속력(제2테제)

다툼이 없고 시인하는 사실은 법원은 증거조사를 할 필요 없이 그대로 판결의 기초로 하지 않으면 안 된다. 변론주의에 의하는 소송절차에 있어서는 자백한 사실에 관하여는 법원의 능동적 권한인 사실인정권이 배제되기 때문이다. 다툼이 없는 사실이란 당사자가 자백한 사실(288조)과 자백간주되는 사실(150조, 257조)이다. 이에 대하여는 증거에 의한 인정을 필요로 하지 않을 뿐더러, 반대심증을 얻었다 하더라도 자백에 반하는 사실인정을 하여서는 아니 된다.[3)] 다만 현저한 사실에 반하는 자백은 자백으로서 구속력이 없다.[4)]

3. 증거의 제출책임(직권증거조사의 금지)(제3테제)

증거도 당사자가 세워야 하기 때문에 당사자가 신청한 증거에 대해서만 증거조사한다. 「제출 없으면 조사 없기」 때문에 원칙적으로 법원은 직권으로 증거조사해서는 안 된다. 다른 사건판결문에서 인정된 사실이라도 증거로 제출하지 않았다면 재판부가 이를 토대로 판단을 내리는 것은 변론주의의 위배이다(대법 2019다222140). 직권증거조사는 당사자가 신청한 증거에 의하여 심증을 얻을 수 없을 때에 보충적으로 할 수 있을 뿐이다(292조. 소액사건 · 증권관련집단소송에서는 예외).

1) 요건사실과 주요사실을 구분하여 '과실'이 요건사실이고 음주운전, 과속운전 등은 주요사실이라고 하여 준주요사실이라는 개념을 별도로 인정하지 않는 견해로, 호문혁, 380면; 한충수, 301면; 김홍엽, 423면.

2) 앞의 344면 주 10) 참조.

3) 대법 1976. 5. 11, 75다1427; 동 1977. 5. 10, 76누82.

4) 대법 1959. 7. 30, 4291민상551.

Ⅲ. 변론주의의 한계

변론주의의 지배는 사실과 증거방법에만 국한되고 그 주장된 사실관계에 관한 법적 판단과 제출된 증거의 가치평가는 법원의 직권에 속한다("너는 사실을 말하라. 그러면 나는 권리를 주리라"에 의한 당사자와 법원간의 역할분담).[1] 따라서 **법률해석적용, 증거의 가치평가**는 이에 관한 당사자의 의견이 있어도 법원이 구속될 필요가 없다.[2] 단순한 법률상의 주장[3]과 사실판단의 전제가 되는 **경험법칙**(사실인 관습도 포함)[4]도 변론주의의 적용범위 밖이다. 간접사실 · 보조사실에 대하여 변론주의가 적용되지 않음은 앞서 본 바이다.

Ⅳ. 변론주의의 보완 · 수정 — 특히 진실의무

(1) 변론주의는 소송수행능력이 평등 · 완전한 양쪽 당사자의 대립을 전제하고 있지만, 현실의 소송당사자는 완전하거나 평등하지 않은 것이 통상적이며, 특히 당사자 스스로 소송수행하는 본인소송에서는 충분한 소송자료의 수집 · 제출을 기대할 수 없다. 변론주의라는 것을 잘 모르는 것이 태반이다. 따라서 소송자료의 수집에 관하여 법원이 전혀 개입하지 않은 채 변론주의를 기계적 · 형식적으로 관철시킨다면 소송수행능력의 불완전으로 주장 · 증거제출 책임을 다하지 못하여 승소할 사안인데도 패소를 당하는 폐단을 막을 수 없으며, 이러한 소송에서의 **적자생존의 원리**가 결코 사회적 법치국가관(sozialer Rechtsstaat)과 조화될 수 없다. 그리하여 당사자 사이의 능력의 불균형을 조절하여 당사자간의 실질적 평등을 보장하기 위하여,

i) 실질적소송지휘라 할 석명권 내지 지적의무(뒤에 별항으로 설명),

ii) 직권증거조사,

iii) 대리인(변호사)의 선임명령(144조),[5] 진술보조허가(144조의2)

iv) 진실의무도 위와 함께 변론주의의 보완 · 수정장치이다. 왜곡된 사실의 해

---

1) 대법 2017. 11. 9, 2015다44274; 동 1994. 11. 25, 94므826.

2) 대법 1980. 12. 9, 80다532. 자동차사고로 손해를 입은 자가 자동차손해배상보장법에 의하여 손해를 주장하지 않았다고 하더라도 법원은 민법에 우선하여 이 법의 적용에, 대법 1997. 11. 28, 95다29390 등.

3) **소멸시효기간**에 관한 주장은 단순한 법률상의 주장이므로 변론주의의 적용이 없고 법원의 직권판단이 가능=대법 2013. 2. 15, 2012다68217(3년 시효항변이 5년 시효항변으로 판단됨); 동 2016다258124(민사시효항변에 상사시효기간 적용); 동 2023. 12. 14, 2023다248903.

4) 대법 1977. 4. 12, 76다1124.

5) 대법 1959. 7. 2, 4291민상336.

명으로 법원의 판단을 혼란에 빠뜨릴 염려도 변론주의의 문제점이므로, 변론주의의 탈선가능성을 견제하여 그 문제점을 보완하는 방편으로 당사자의 진실의무가 나타난 것이다. 이는 사실 왜곡에 의한 상대방의 피해를 법원이 막아 줌을 뜻하는 것이기도 하며(우리 실무는 별로 활용되지 않음), 당사자의 소송촉진의무와 함께 소송법상의 주요의무이다.

(2) **진실의무**(Wahrheitspflicht)란 아무리 변론주의에 의하여 사실주장의 책임이 당사자에게 있다 하여도 진실에 반하는 것으로 알고 있는 사실을 주장해서는 안 되며, 진실에 맞는 것으로 알고 있는 상대방의 주장을 다투어서는 안 되는 의무를 말한다. 나아가 알고 있는 것은 유리·불리를 불문하고 모두 진술하지 않으면 안 되는 **완전의무**(Vollständigkeitspflicht, 불리한 것은 감추고 유리한 것은 침소봉대로 과장해서는 아니될 의무)까지도 포함된다. 이는 민소법 제1조 2항의 신의칙에 의한 성실소송 수행의무의 당연한 요청이기도 한데, 세계각국은 일찍부터 이를 명문으로 규정하였으나(대표적인 것은 ZPO § 138), 우리 법에는 직접적인 규정이 없다. 그러나 제363조·제370조의 규정과 같이 진실의무의 일반적 존재를 전제로 한 규정이 있음에 비추어 통설은 가짜뉴스 같은 주장 증거는 안되는 것으로 본다(변 24조 2항 참조). 다만 진실의무가 있다고 하여 상대방 당사자를 위한 소송자료의 제공의무가 있다고는 할 수 없다(예: 원고는 피고를 위한 반소자료나 항변자료의 제공의무 등은 없다).

그러나 진실의무위반의 경우에 특별한 법률효과를 인정하는 일반적 규정을 두고 있지 않음이 특색이다. 다만 승소한 경우라도 상대방에 대한 소송비용의 부담, 소송사기로 인한 손해배상책임, 또 사실인정에 있어서 변론전체의 취지(202조)로서 당해 당사자에게 불리한 영향, 나아가 소송사기죄가 성립될 수 있다.[1] 그러나 소송사기를 쉽사리 인정하면 민사재판제도의 위축을 가져올 수 있다고 하여, 당사자가 그 소송상의 주장이 명백히 허위인 것을 인식하였거나 증거를 조작하려 하였으면 비로소 **소송사기죄**가 성립된다고 본다.[2]

1) 대법 2007. 9. 6, 2006도3591.
2) 변론과정에서 당사자가 상대방의 프라이버시를 침해했거나 명예가 훼손되었다 하더라도 그 주장과 입증이 정당한 변론활동의 범위를 일탈한 것이 아니면 위법성이 없다=대법 2008. 2. 15, 2006다26243.

Ⅴ. 변론주의의 예외(제한)

1. 직권탐지주의

직권탐지주의는 앞서 본 바와 같이 소송자료의 수집책임을 당사자 아닌 법원에 일임하는 입장이다.

(1) 구체적 내용 위에서 본 변론주의 3테제와는 반대이다.

(a) **사실의 직권탐지**(주장책임의 배제) 당사자의 변론은 법원의 직권탐지를 보완하는 데 그치며, 당사자가 주장하지 않은 사실도 법원은 자기의 책임과 직권으로 수집하여 판결의 기초로 삼아야 한다. 이 점에서 **직권탐지사항**(Amtsermittelung)은 판결의 기초가 될 사실·증거까지는 탐지하지 않는 **직권조사사항**(Amtsprüfung)과는 다르다(351면 이하 참조).[1] 그러나 직권에 의한 사실의 수집의무는 무제한적인 것이 아니라 기록에 나타난 사실에 한한다는 것이 판례이다.[2] 법관은 수사관이 아니므로 법원의 조사능력에는 스스로 한계가 있다. 다만 당사자의 주장책임이 없기 때문에 당사자의 주장 자체로 원고가 패소될 수는 없다.[3]

(b) **자백의 구속력배제** 당사자의 자백은 법원을 구속할 수 없으며 한낱 증거자료에 그친다.

(c) **직권증거조사**(주관적 증명책임의 배제) 당사자의 증거신청을 불허하는 것은 아니나, 그 신청여부에 불구하고 법원은 원칙적인 직권증거조사의 책임을 진다. 이 점이 보충적 직권증거조사에 의하는 변론주의(292조)와 다르다.

이 밖에 공격방어방법의 제출시기의 무제한, 즉 소송자료의 제출이 시기(時機)에 늦었다 하여도 배척하여서는 안되며, 이러한 의미에서 제147조(행정소송에도 이 규정이 준용된다는 것에 대법 2014. 5. 23, 2011두25876), 제149조와 제285조 등 3가지 실권효(失權效)규정의 적용이 배제된다. 그리고 처분권주의의 제한(위 330면 이하 참조)도 있다.

(2) 당사자의 절차권보장 다만 직권으로 탐지한 사실이나 증거를 곧바로 판결의 자료로 삼는다면 예상 밖의 불리한 재판이 될 수 있으므로, 이의 방지를 위하여 미리 당사자에게 알려 그에 관한 의견진술의 기회를 부여하여야 한다

---

1) 대법 1981. 6. 23, 81다124.

2) 대법 1975. 5. 27, 74누233; 동 1994. 4. 26, 92누17402 등. 또 구인사소송법(현 가사소송법)상 직권으로 증거를 조사하도록 규정되어 있다 하여 당사자가 주장하지도 아니한 독립한 공격방어방법에 대한 사실(간통유서사실)까지 법원이 조사하여야 한다는 것은 아니라는 것에, 대법 1990. 12. 21, 90므897.

3) Münchener Kommentar zur ZPO, Einleitung, Rdnr. 199.

(특허 159조; 소심 10조 1항 단서 참조. 법률적 관점에 관해서는 136조 4항).[1] 또 직권탐지주의에 의하는 경우도 소송인 이상 당사자는 당사자권의 보장하에 사실자료나 증거자료를 제출할 권리를 갖는다.

(3) 적용범위 일반적으로 직권탐지주의의 대상은 가능한 한 객관적인 진실발견이 필요하다고 인정되는 사항이다.

i) 재판권·재심사유의 존재는 고도의 공익성 때문에, 알려지지 않은 경험법칙·외국법규·관습법 따위는 법관이 직책상 규명하여야 할 사항이기 때문에 각기 직권탐지가 필요하다.[2] 전속관할[3]뿐 아니라 나아가 당사자능력·소송능력[4]도 직권탐지사항이라는 견해가 있다. ii) 소송물의 성질상 가사소송(가소 12조, 17조),[5] 선거소송(공직선거법 221조, 227조), 헌법재판(헌재 31조, 40조)은 직권탐지주의에 의한다(다수설). 판례는 동요하는 바이나, 대법 2010. 2. 11, 2009두18035는 행정소송에 대하여 당사자가 제출한 소송자료에 의하여 법관이 처분의 적법여부에 관한 합리적 의심을 품을 수 있음에도 단지 구체적 사실에 관한 주장을 하지 아니하였다는 이유만으로 당사자에게 석명을 하지 아니하거나 직권으로 심리판단하지 아니함으로써 구체적 타당성이 없는 판결을 하는 것은 행정소송법 제26조의 규정과 행정소송의 특수성에 반하므로 허용할 수 없다고 했다. 이 때문에 행정소송에서 화해·조정이 허용되지 않는다. 직권에 의한 증거조사와 사실조사가 허용됨에 비추어 행정소송도 가사소송처럼 직권탐지주의임에 틀림없다. 판결의 효력이 제3자에 미치는 대세효(행소 28조)에 비추어도 그렇고 실체적 진실발견이 민사소송에서 보다 중요한 공익이 되기 때문이다.[6)7)] 다만, 전자는 행정소송법 제26조에서 '직권심리'라 하여 법원은 직권으로 증거조사를 할 수 있고 당사자가 주장하지 아니한 사실에 대하여서도 판단할 수 있다고 규정함으로써 **재량적 직권탐지주의**임에 대하여(직권증거조사

1) 동법규가 강행법규라고 한 것에, 대법 1984. 2. 28, 81후10.
2) 대법 1981. 2. 10, 80다2189; 동 1992. 7. 24, 91다45691(재심사유에 관하여); 김홍엽, 433면. 의문을 표시하는 견해로, 한충수, 310면.
3) 정동윤/유병현/김경욱, 403면.
4) 김홍규/강태원, 373면.
5) 인지청구는 직권탐지주의에 의한다는 것에, 대법 2015. 6. 11, 2014므8217. 친자관계부존재확인소송에서 법원이 직권으로 사실조사 및 증거조사를 하여야 한다는 것에, 대법 2010. 2. 25, 2009므4198.
6) 笠井·越山, 新 コンメタル, 287면; Rosenberg/Schwab/Gottwald, § 77 Rdnr. 4; Schilken, Rdnr. 346 등 독일 통설. 독일행정소송법 § 86 I 은 「법원은 사실관계를 직권에 의하여 탐지하며, 당사자를 실질관계의 확인에 참여시켜야 한다. 법원은 당사자의 신청과 증거신청에 기속되지 않는다」고 했다. 정하중, "행정소송에 있어서 직권탐지주의와 입증책임," 고려법학 64권(2012. 3), 205면 이하.
7) 최규영, "법치주의구현을 위한 행정소송심리절차의 강화," 서울대법학 제54권 4호, 32면.

에 그치는 일 본법과 다름),[1] 후자는 가사소송법 제17조에서 '직권조사'라 하여 가·나류 가사소송사건에 대하여 직권으로 사실조사 및 필요한 증거조사를 하여야 한다고 규정함으로써 **기속적 직권탐지주의**인 점 등 농도의 차이를 보이고 있다.[2] 증권관련 집단소송에는 직권에 의한 증거조사·문서제출명령과 소의 제기·소취하·화해·청구의 포기에 법원의 허가 등 직권주의의 요소가 크게 가미되어 있다(동법 30조 이하). 판결의 효력도 제3자에 확장되는 경우이다. 비록 소송절차는 아니나, 민사집행법절차,[3] 비송사건(비송 11조)[4]과 특허심판사건(특허 159조)에서도 직권탐지주의가 적용된다.

회사관계소송(상 190조, 376조, 380조)은 원고승소판결의 경우에 당사자 외에 제3자에 대해서도 그 효력이 미치기 때문에 명문의 규정은 없으나 직권탐지주의를 준용할 것이라는 설[5]이 있다. 그러나 회사관계소송에서는 소제기의 공고(상 187조, 240조, 328조), 판결의 효력을 받을 제3자에게 공동소송참가(83조)의 기회보장, 원고패소판결은 제3자에게 그 효력이 미치지 아니하는 점 등으로 미루어 가사소송에서와 같이 직권탐지주의의 요청은 절실하지 않다.[6] 다만 상법 제189조에 따라 직권으로 사정판결을 할 경우에 하자(흠)의 보완이나 회사의 현황과 제반 사정에 관한 한에서는 직권탐지사항이라 할 것이며,[7] 또 승소확정판결과 같은 효력을 갖는 재판상화해·조정·청구의 인낙만은 허용될 수 없는 것이라 하겠다. 이 한도에서 회사관계소송에서는 직권탐지주의를 제한적으로 받아들일 것이다.

2. 직권조사사항

직권조사사항이란 당사자의 신청 또는 이의에 관계 없이 법원이 반드시 직권으로 조사하여 판단을 하여야 할 사항을 말한다. 공익에 관한 것이기 때문이다. 항변사항과 대립된다.

직권조사는 변론주의와 직권탐지주의가 아닌 제3의 입장이라고 하며, 또 변론주의와 직권탐지주의의 중간지대라고도 한다[8](다툼이 있음).

1) 김연, "가사절차에서의 진실발견," 민사소송 17권 2호, 496면. 행정소송에 있어서 직권주의가 가미되었다고 하여도 여전히 변론주의를 기본구조로 한다는 것에, 대법 2001. 1. 16, 99두8017 등; 동 2014. 5. 29, 2011두25876(원칙적 변론주의). 우리 판례는 동요.

2) 이러한 구분에 반대하는 견해로, 한충수, 306면.

3) 대법 2015. 9. 14, 2015마813에서 직권주의가 강화되어 있는 민사집행법절차에서 재판상 자백·자백간주의 규정의 준용없다고 했다.

4) 재산분할사건은 비송사건임을 전제로 같은 입장인 것에, 대법 1999. 11. 26, 99므1596·1602; 동 1995. 3. 28, 94므1584. 과태료재판에 대하여, 대법 2012. 10. 19, 2012마1163.

5) 이영섭, 198면.

6) 김홍규/강태원, 371면; 정동윤/유병현/김경욱, 402·403면; 송상현/박익환, 369면.

7) 대법 2003. 7. 11, 2001다45584; 김홍엽, 437면. 반대: 한충수, 309면.

8) Jauernig, § 26 X.

(1) 구체적 내용

1) 직권조사사항은 공익에 관한 것이기 때문에 **항변이 없어도** 법원이 직권으로 문제삼아 판단한다는 것을 뜻하는 것이지(당사자간에 다툼이 없을 때에도 직권으로 문제삼았을 때에는 불의의 타격 방지를 위해 석명의무가 있다), 판단의 기초될 **사실과 증거**에 관한 직권탐지의무는 없다.[1] 이 한도에서는 변론주의에 흡사하다.

2) 당사자의 **이의 유무**에 관계 없이 이를 조사하여야 하며, 설사 이의하다가 철회하여도 이에 구애됨이 없이 심리하여야 한다.[2] 이의권의 포기(151조)는 허용되지 아니한다.

3) 제출자료상 그 존부에 대해 의문이 제기될 사정이 있을 때에는 법원의 직권석명 내지는 조사의무가 있다.[3] 그러나 법원에 현출된 모든 소송자료를 통하여 살펴볼 때 의심할 만한 사정이 발견되지 않는 경우까지 법원이 **직권증거조사**를 하여야 하는 것은 아니다.[4]

4) 그 존부 자체는 재판상의 자백이나 자백간주의 대상이 될 수 없다.[5]

5) 피고의 답변서 제출이 없어도 무변론판결을 할 수 없다(257조 1항 단서). 공격방어방법[6]과 상고이유서(429조 단서)의 제출에 시기적 제한이 없다.[7] 상고심에서도 이에 대해 새로이 주장·증명을 할 수 있다.[8]

위 2) 내지 5)의 한도에서는 직권탐지의 경우의 취급과 흡사하다.

6) 직권조사사항에 관하여 '자유로운 증명'(Freibeweis)에 의할 수 있는가는 다투어지고 있다(뒤에 볼 「증거의 종류」 참조).[9]

(2) 적용범위 직권조사사항에 속하는 것으로는 소송요건 또는 상소요건,[10] 외국재판의 승인요건(217조 2항), 상고심의 심리불속행사유, 절차적 강행법규의

---

1) 대법 2009. 1. 30, 2006다60908(비법인사단의 대표자에 관하여); 동 2011. 7. 28, 2010다97044.
2) 대법 1971. 3. 23, 70다2639.
3) 대법 2011. 7. 28, 2010다97044; 대법 2007. 6. 28, 2007다16113; 동 2009. 4. 23, 2009다3234.
4) 대법 2012. 4. 12, 2011다110579; 동 2007. 6. 28, 2007다16113.
5) 대법 2002. 5. 14, 2000다42908 등.
6) 대법 2003. 4. 25, 2003두988.
7) 대법 2018. 12. 27, 2016다202763(당사자적격에 대해).
8) 대법 2011. 5. 13, 2009다94384 등.
9) 다만 실무처리상 비록 변론에서 서증으로 현출되지 아니하였다 하여도 기록상 판명된 자료, 예컨대 기록상 편철된 가족관계증명서 등에 의거하여 판단하고 있다.
10) 불항소합의는 항소의 위법요건이라 하여 직권조사사항이라 한 것에, 대법 1980. 1. 29, 79다2066.

준수, 실체법의 해석적용 따위이다. 다만 소송요건 중에 임의관할 등의 항변사항은 직권조사사항으로 볼 수 없으나 반면에 재판권은 오히려 직권탐지사항에 속한다. 이 밖에도 판례는 소멸시효기간 아닌 제척기간[1]을 비롯하여 i) 당사자의 확정,[2] ii) 소송계속의 유무와 전소확정판결의 유무,[3] iii) 과실상계[4]와 손익상계,[5] iv) 위자료의 액수,[6] v) 배상책임경감사유,[7] vi) 신의성실의 원칙 또는 권리남용,[8] vii) 채권자대위소송에서 피보전권리의 존재,[9] viii) 지체상금의 감액사유,[10] ix) 준거법(개정 국제사법 제18조)[11]을 직권조사사항으로 보고 있다.

Ⅵ. 석 명 권

1. 의 의

(1) 석명권(釋明權, Aufklärungsrecht)이란 소송관계를 분명하게 하기 위하여 당사자에게 질문하고 증명촉구를 할 뿐 아니라, 당사자가 간과한 법률상 사항을 지적하여 의견진술의 기회를 주는 법원의 권능을 말한다. 개정 ZPO § 139는 석명권과 지적의무를 합쳐서 실질적소송지휘(materielle Prozessleitung)라 했다. 변론주의의 원칙에 의하여 소송자료의 제출책임이 당사자에게 주어져 법원이 직권탐지는 하지 않지만, 당사자가 소송을 수행하는 과정에서 주장하여야 할 사항을 불완전하게 주장하고 증거제출을 제대로 못하는 경우가 있다. 바른 법률적 관점도 간과할 수 있다. 이때에 주장책임이나 증명책임분배의 원칙에 따라 재판하게 되면 승소할 수 있는 소송인데도 패소를 면치 못하게 된다. 법관은 sports game에 있어서 umpire나 referee와 같이 단순히 rule을 제대로 지키는 것만 주시하고 끝나면 승패를 선언하는 역할에 그칠 수 없으므로, 소송기술이 부족한 당사자, 특히 변호사대리에 의하지 않는 본인소송에서 억울하게 패소되지 않도록 충

1) 대법 2013. 4. 11, 2012다64116; 동 2019. 6. 13, 2019다205947.
2) 대법 2011. 3. 10, 2010다99040.
3) 대법 1979. 4. 24, 78다2373; 동 1982. 1. 26, 81다849; 동 2011. 5. 13, 2009다94384 등(전소판결 확정).
4) 대법 2016. 4. 12, 2013다31137; 동 2015. 4. 25, 2013다92873 등.
5) 대법 2002. 5. 10, 2000다37296 등.
6) 대법 2009. 12. 24, 2008다3527; 동 2014. 3. 13, 2012다45603.
7) 대법 2013. 3. 28, 2009다78214.
8) 대법 2013. 11. 28, 2011다80449; 동 1998. 8. 21, 97다37821.
9) 대법 2015. 9. 10, 2013다55300.
10) 대법 2018. 10. 12, 2015다256794.
11) 대법 2023. 10. 31, 2023스643.

실한 소송자료(사실자료 및 증거자료)의 제출에 능동적 협력이 요청된다. 그리하여 세련되고 교활한 쪽이 아니라 정의쪽이 이기도록 control tower의 몫을 한다.

따라서 지적의무를 포함하여 석명권은 법원의 소송지휘에 의해 당사자의 소송자료수집에 협력하여 변론주의의 결함을 시정하는 Magna Charta이다(적절히 행사하면 승소할 자를 승소시킬 수 있어 불필요한 상소·재소의 방지 가능). 이에 나아가 제136조 4항에서는 당사자가 분명히 간과한 법률상의 사항에 대하여 판결의 기초로 하기에 앞서 지적하며 석명권을 통해 당사자에게 의견진술의 기회를 줌으로써 **예상 밖의 불리한 판결**이 나는 것을 막고 심리미진이 안되도록 했다.[1] 그리하여 석명권은 사회적 법치국가(sozialer Rechtsstaat)[2]의 이상실현에 이바지하며 실질적인 당사자평등을 보장하는 제도로서 의미를 갖게 되었다. 제136조는 지금까지 석명권을 권한으로 규정해 놓고 있었지만, 1990년 개정법률 동조 4항의 규정에서 법원의 의무임을 명백히 함으로써 석명권이 법원의 의무임은 더 이상 의심할 나위 없다(통설·판례). 이와 함께 법원의 소송촉진의무의 존재 때문에 변론주의에 억눌린 사법소극주의는 한계에 이르렀다.

(2) 문제는 법원이 석명을 태만히 하거나 그릇 행사한 경우에 **상고이유**로 삼을 수 있는가이다. i) 석명권의 범위와 석명의무의 범위가 일치하는 것을 전제로 석명권불행사가 판결결과에 영향을 미칠 수 있는 한 모두 심리미진이고 상고이유가 된다는 적극설,[3] ii) 석명권은 법원의 권능이고 그 행사 여부는 법원의 자유재량에 속하므로 석명권의 불행사는 상소의 대상이 되지 않는다는 소극설의 대립이 있다.

생각건대 석명의무의 범위는 그 권능으로서의 범위보다는 좁다고 할 것이므로 석명권의 중대한 해태로 **심리가 현저히 조잡**하게 되었다고 인정되는 경우, 즉 석명권의 불행사가 객관적 자의라고 할 정도일 때에 상고이유가 된다고 볼 것이다(절충설-다수설).[4] 만일 적극설과 같이 상고이유를 넓히면 상고심이 사실심의 전권사항인 사실인정에 지나치게 간섭하는 결과가 되어 법률심으로서의 순수성이 몰각될 수 있고, 반면 소극설처럼 전혀 상소의 대상이 되지 않는다면 석명권은 법원의 권한인 동시에 의무임을 도외시하는 결과가 될 것이다.

---

1) 대법 2015다111984.
2) Rosenberg/Schwab/Gottwald, § 77 Rdnr. 16.
3) 방순원, 386면; 이영섭, 142면; 한충수, 313면; 대법 1953. 3. 5, 4285민상146.
4) 중대한 법률적 사항에 대하여 석명하지 아니하였다고 원판결을 파기한 것에, 대법 2009. 11. 12, 2009다42765.

2. 석명권의 범위(한계)

(1) 소극적 석명 석명권은 소송관계를 분명하게 하기 위해 인정된 제도이므로 소송관계가 분명하여[1] 아무런 의문이 없는 경우[2]에는 석명권의 행사가 불필요하다.[3] 결국 소송관계가 분명하지 않은 경우가 그 대상이 되는바, 변론주의원칙에 의하여 사실해명의 책임은 당사자에게 있으므로 법원이 석명권을 행사함에 있어서는 제약이 없을 수 없다. 따라서 석명권의 행사는 당사자가 밝힌 소송관계의 테두리를 벗어날 수 없으며, 이 한도 내에서 사실적 · 법률적 측면에서 당사자의 신청이나 주장에 **불분명 · 불완전 · 모순** 있는 점을 제거하는 방향으로 행사하여야 한다. 이를 소극적 석명이라 하며 이 경우는 석명권의 과도한 행사가 문제되지 않는다(통설).

(2) 적극적 석명 석명권의 행사에 의하여 **새로운 신청 · 주장 · 공격방어방법**의 제출을 권유하는 석명을 적극적 석명이라 한다. 법관은 원칙적으로 변호사가 의뢰인을 상대로 광범위한 법률상담을 하듯이 사건해결의 모든 가능성을 제시할 필요는 없으므로 이와 같은 석명에는 제한이 필요하다. 지금까지의 소송자료에 비추어 예측하기 어려운 새로운 신청이나 주장의 변경을 시사(示唆)하는 석명에 해당되는 것으로 보이고 그 때문에 소송의 승패가 바뀔 수 있는 경우이면, 상대방 당사자의 눈에 편파적이고 중립성을 해치는 재판이라고 평가될 수 있기 때문이다. 석명은 규명이나 수사취조는 될 수 없다.

(3) 판 례 판례는, 석명권의 행사는 사건을 적정하게 해결하기 위하여 당사자의 주장에 모순된 점 제거, 불완전한 점 정비, 불분명한 점 해명을 지적하여 이를 정정보충하는 기회를 주고 또 다툼있는 사실에 대한 증거의 제출을 촉구하는 것(소극적 석명)은 허용되지만, 당사자의 주장이 분명한데 새로운 신청이나 당사자가 주장하지도 않는 요건사실 또는 공격방어방법을 시사하여 그 제출을 권유함과 같은 것(적극적 석명)은 **변론주의에 위반**되며 석명권의 범위를 일탈한다고 하였다.[4] 다만 뒤에 볼 바와 같이 일부판례에서는 소변경의 석명과 지

---

1) 대법 1969. 10. 14, 69다1488.
2) 대법 1970. 12. 22, 70다860 · 181.
3) 소송관계가 불분명한 경우라도 판결에 영향을 미칠 만한 당사자의 중요한 주장에 국한된다는 것에, 대법 1953. 3. 5, 4285민상146; 동 1948. 11. 21, 48민상146.
4) 대법 2017. 12. 13, 2015다61507; 동 2013 4. 26, 2013다1952 등. 원고가 소유권에 기한 반환청구만을 하고 있음이 명백한 이상 점유권에 기한 반환청구도 구하는지를 석명할 의무가 없다는 것에, 대법 1996. 6. 14, 94다53006 등.

적의무를 통한 적극적 석명의 태도를 보이고 있다. 또 손해배상의무가 인정될 경우에 배상액은 적극적 석명사항이라 했다. 대법원(2015다236820·236837)에서는 법률적 관점 등에 모순·불분명한 점은 적극적 석명사항이라 보았다.

본인소송(나홀로 소송)의 경우 Internet의 발달로 날로 늘어나는 본인소송에서 석명권은 문제이다. 그렇다 해도 석명권은 당사자의 소송자료수집에 대한 법원의 협력이지 당사자와의 협동작업(Arbeitsgemeinschaft)은 아니므로 적극적 석명을 행함에 있어서는 신중을 기할 것이다. 그렇다고 적극적 석명은 안 된다고 하는 등 한마디로 획일화하는 것은 곤란하다. 구체적인 사건에 임하여 어느 한도까지 석명하여야 하는가는 당사자의 법률지식과 자력·대리인의 역량·사건의 내용 등을 고려하여 법관이 합목적적으로 판단할 수밖에 없다. 변호사대리소송에 있어서 법률상담하는 것처럼 석명할 의무는 없다 하겠지만, 본인소송의 경우에 있어서는 어느 정도의 적극적 석명이 필요하다.[1)] 원래 석명권제도가 본인소송제도에서 출발하였기 때문이다. 판례도 본인소송의 경우라면 증명책임의 원칙에만 따라 판결할 것이 아니라 적극적 증명을 촉구하는 등의 방법으로 석명권을 적절히 행사하여 진실을 밝혀 구체적 정의를 실현하려는 노력을 게을리하여서는 안 된다고 했다.[2)] 물론 석명권제도는 본인소송에 특유한 것은 아니므로 변호사소송보다 빈도에 차이를 두는 것은 별론으로 하고, 석명의 정도에 근본적 차이를 둘 것은 아니다. 그러나 여기에서도 법관이 중립의무를 어기거나 변호사역할을 하면 안 된다.

앞으로 변호사도움 없이 본인 스스로 소장·답변서 등의 제출에 도움이 될 인터넷사이트가 더욱 활성화될 것으로, 본인소송은 더 늘어날 전망이다. 합의사건 제외하면 본인소송률 80%라는 설이 있다. 소송도 수요자(당사자)와 공급자(법관) 사이의 직소(直訴)시대로 가는 것일까? AI로봇변호사가 소송의 직구시대를 이끌것인가? 간단한 사건은 챗GPT로 소장·답변서 등 소송서류를 본인이 작성하게 되는 날이 멀지 않았다. 소송국제화 등으로 소송의 전문화로의 외연은 커져감에도 불구하고, 소액사건 등에서 본인소송은 증가세로 갈 것 같다. 검색어 하나만으로 판례를 찾아주고 AI를 활용한 법률자문까지 가능하는 legal tech의 시대가 전개됨에 비추어 본인소송도 더 증가할 수밖에 없다. 고교생이 AI기술을 이용하여 판례검색을 도와주는 '로 챗(law chat)'을 창업하여 화제가 되고 있고, 이 밖에 기존의 로 앤 컴퍼니(Law and Company), 로 앤 굿(Law & Good) 등 같은 업종이 있다. AI 변호사가 나오는 시대가 되었다.

3. 석명의 대상

널리 석명의 대상은 아래와 같이 청구취지, 소송물의 특정, 주장, 증거 그리고 법률적 관점 등이다. **당사자표시가 명백히 잘못**되거나(앞의 「당사자표시정정」 참조), 인지대를 송달료로 잘못납부한 경우 등 석명의 범위에 포함시키고 있다.

1) 재판장의 입만 쳐다보고 재판장의 지시를 따르기만 하면 재판부가 알아서 해 줄 것이라는 인식이 팽배한 현실에서 그러하다.

2) 대법 1989. 7. 25, 89다카4045; 동 2022. 12. 29, 2022다263462.

(1) 청구취지의 석명 청구취지가 불분명, 불특정, 법률적으로 부정확·부당한 경우에는 원고가 소로써 달하려는 **진정한 목적**이 무엇인가를 석명하여야 한다. 예컨대 청구변경의 형태가 교환적인지 추가적인지 나아가 선택적인지 불분명한 때,[1] 권리확인의 소에서 목적물의 불특정, 적절한 명칭의 불사용일 때(항고소송을 일반민사소송으로 바꿀 때 등)에는 이를 바로잡기 위한 석명을 하여야 한다.[2]

그러나 전혀 새로운 청구로 청구취지를 변경하도록 석명하는 것은 허용될 수 없는 일이다.[3] 다만 당사자의 소송목적을 바꾸는 것이 아니고 지금까지의 **소송자료와 합리적**으로 관련시켜 볼 때 예상되는 것이면 청구취지·원인의 변경이나 당사자의 변경도 시사할 것이다.[4] 대법 2015. 7. 9, 2013다69866은 이행청구소송 중 회생절차개시결정으로 중단된 소송절차가 수계된 경우에 법원은 청구취지 등을 변경할 필요가 있다는 점을 지적하여 회생채권의 확정을 구하는 것으로 청구취지변경석명을 요한다고 했다.

예를 들면 청구금액을 현물인 백미로 손해배상청구를 할 때에 적법한 청구가 되도록 백미 상당의 금전배상청구(민 394조 참조)로 청구취지를 바꾸도록 석명하는 것이다.[5] 앞서 본 바와 같이 대법원은 토지임대인의 임차인 상대의 지상물철거 및 토지인도청구소송에서, 임차인이 지상물매수청구권을 적법하게 행사한 경우에 그대로는 원고청구기각을 당할 수밖에 없을 때 법원은 임대인이 그래도 종전의 청구를 계속 유지할 것인지, 아니면 대금지급과 상환으로 지상물의 명도청구로 소변경의 의사가 있는 것인지에 대해 석명의무가 있다(처분권주의 참조).[6][7] 대법 2010. 2. 11, 2009다83599는 자본감소 결의의 무효확인을 구하는 청구취지의 기재에도 불구하고 자본감소 무효의 소를 제기한 것으로 볼 여지가 충분한데도, 석명권을 행사하여 그에 따른 청구취지·원인을 정리하지 아니한 채 판결을 한 것은 잘못이라 하였다.

---

1) 대법 2014. 6. 12, 2014다11376 등. 예비적 병합사건에서 주위적 청구에 대하여만 청구를 변경한데 그치는 경우에 예비적 청구의 취하가 불명한 때에 예비적 청구의 취하에 관한 석명을 하여야 한다는 것에, 대법 2004. 3. 26, 2003다21834·21841.

2) 대법 2014. 3. 13, 2011다111459; 동 1996. 6. 14, 94다53006.

3) BGH 24, 269.

4) 독일의 통설. 같은 취지로, 원고의 법률적 견해의 착오로 보여질 때=대법 1995. 2. 10, 94다16601. 청구금액이 계산착오로 감축기재된 때=대법 1997. 7. 8, 97다16084.

5) 대법 1959. 9. 24, 4291민상423. 실질적으로 보아 다른 형태의 적절한 구제책이 있으면 구제방식이 부적절하다 하여 각하할 것이 아니라는 것에 Friedenthal 외, p. 291.

6) 대법(전) 1995. 7. 11, 94다34265.

7) 행정소송으로 못볼 바 아닐 때에 그 소송형태가 되도록 소변경의 석명의무가 있다=대법 2009. 10. 29, 2008다97737. 그러나 농지소유권이전등기청구에서 농지매매 증명을 조건으로 한 이전등기청구까지 하는 것인지 석명할 필요가 없다는 것에, 대법 1995. 5. 9, 94다48738. 또 원고 주장사실이 모두 인정되나 청구취지가 부합하지 아니하는 경우에 청구취지변경의 석명의무가 없다는 것에, 대법 1992. 3. 10, 91다36550.

(2) 소송물의 특정을 위한 석명 예를 들면 여러 개의 손해배상 채권자가 총 손해액 중 일부청구의 경우에 어느 배상채권에 대해 얼마씩의 청구인지가 특정되지 아니한 때에도 석명의 대상이다(【도표 4】 참조).[1] 또 재산적 손해 및 정신적 손해로 인한 손해배상청구의 경우에 각 소송물을 달리하는 별개의 청구이므로 당사자는 그 금액을 특정하여야 하고, 법원으로서도 그 내역을 밝힐 석명의무가 있다(앞의 「일부청구」 참조).[2]

(3) 주장의 석명 당사자가 변론에 제출한 청구원인사실이나 부인·항변사실 등의 주장이 불분명·모순·결함·불완전한 경우에는 적절한 시기에 완전하게 밝혀지도록 정리석명하여야 한다. 법률적 주장도 같다. 지나친 복잡의 단순화도 이에 속한다.

(a) 불분명을 바로잡기 위한 석명

aa) **주장이 불분명한 경우** 예컨대 청구원인이 매매로 샀다는 것인지 대물변제로 받았다는 것인지 불분명한 경우,[3] 손해액 전부의 지급을 구하는 반소제기에도 불구하고 상계항변을 유지하는지 여부,[4] 손해배상청구의 법률적 근거가 불법행위인지 계약책임인지가 불명한 경우에 명쾌하게 정리할 필요가 있다.[5] '거시기', '기타', '등등'의 주장도 같다. 주장이 불분명하여 석명을 구한데 대하여 가정적으로 항변한 경우이면 주요사실에 주장이 있었다고 본 것에, 대법 2017다865.

bb) **주장이나 증거자료의 전후모순** 예컨대 청구원인사실이 청구취지와 불일치·모순되는 경우,[6] 청구원인에 관해 일관성 없이 주장하는 경우,[7] 주장과 제출증거가 서로 모순되는 경우[8]에는 이를 지적하여 시정할 기회를 줄 수 있다.

cc) **법률상 정리되지 않은 주장을 하는 경우** 예컨대 피고가 원고로부터 오히려 더 받아야 한다는 취지의 진술이면 상계항변인지 석명이 필요하다.[9]

---

1) 대법 2007. 9. 20, 2007다25865.
2) 대법 2006. 9. 22, 2006다32569.
3) 대법 1952. 9. 6, 4285민상43.
4) 대법 2023. 7. 27, 2023다223171 등.
5) 대법 2009. 11. 12, 2009다42765.
6) 대법 2003. 1. 10, 2002다41435 등. 피고명의의 등기말소를 청구취지에서는 직접이행으로 구하고 청구원인에서는 채권자대위권의 행사로 청구하는 경우=대법 1999. 12. 24, 99다35393.
7) 대법 1976. 6. 26, 79다669.
8) 대법 1995. 2. 10, 94다16601. 문서가 위조라고 다투다가 진정성립을 인정할 시는 석명하여야 한다. 대법 2003. 4. 8, 2001다29254.
9) 대법 1967. 10. 31, 66다1814. 취득시효의 중단 주장으로 보여질 때=대법 1996. 6. 11, 94다55545 등.

(b) **소송자료보충을 위한 석명** 어떠한 법률효과를 주장하면서 미처 깨닫지 못하고 요건사실을 빠뜨렸을 때에 이를 지적하며 이의 보충을 시키기 위한 석명이 필요하다.[1] 이 경우에 주장책임을 다하지 아니하였다고 하여 주장 자체로 배척할 수 있으나 적어도 본인소송이라면 이는 옳지 않다.[2] 예컨대 쌍무계약에 있어서 원고가 적법하게 계약해제되었다고 주장하면서 그 요건사실인 원고 자신의 채무도 이행제공하면서 상대방에 대한 이행최고를 한 점(법무사에 등기서류를 맡기고 이를 통지한 점)에 원고가 아무런 말이 없으면 이에 대해 석명하여야 한다.[3]

(c) **신소송자료의 제출을 위한 석명** 종전의 소송자료에 비추어 법률상·이론상 예상되는 주장을 촉구하는 석명은 무방하나, 전혀 예상할 수 없는 새로운 공격방어방법의 제출을 유도하는 석명은 변론주의에 위반되기 때문에 허용되지 않는다. 판례는 변제주장을 할 것인지,[4] 시효완성의 항변을 할 것인지,[5] 시효중단의 재항변을 할 것인지,[6] 채권자의 수령지체주장에 상계항변이 포함되어 있는지[7]에 대해 석명의무가 없다고 하였다. 계약해제·취소도 같다 할 것이다.

(4) **증명촉구** 다툼이 있는 사실에 대하여 증명책임 있는 당사자가 증거를 대지 못한 경우에는 법원은 증명촉구의무를 진다. 제출증거가 불충분하면 간접적 심증표현을 할 수 있을 것이다(민사재판리포트). 그러나 다툼이 있는 사실에 관하여 증명이 없는 모든 경우에 법원이 심증을 얻을 때까지 증명을 촉구하여야 하는 것은 아니고, 소송정도로 보아 증명책임 있는 당사자의 **무지·부주의·오해**로 인하여 증명하지 않음이 명백한 경우에 한한다.[8] 증명촉구는 어디까지나 증명책임을 진 당사자에게 주의를 환기시키는 것이며, 법원은 구체적으로 증명방법까지 지시하면서 증거신청을 종용할 필요는 없다.[9] 손해배상사건에서도 손해액산정이나 방법을 적극적으로 원고에게 제시할 필요가 없다.[10]

---

1) 대법 1995. 2. 28, 94누4325; 동 2005. 3. 11, 2002다60207.
2) Jauernig/Hess, § 25V.
3) 대법 1963. 7. 25, 63다289.
4) 대법 1990. 7. 10, 90다카6825·6832; 동 2001. 10. 9, 2001다15576.
5) 대법 1966. 9. 20, 66다1304; 동 1969. 1. 28, 68다1467. 석명 불요사항=취득시효의 주장 여부(대법 1981. 7. 14, 80다2360), 10년의 등기부시효취득의 주장에 20년의 점유시효취득주장 여부(대법 1997. 3. 11, 96다49902), 유권대리의 주장을 하는 당사자에게 표현대리의 주장이나 입증의 촉구 여부(대법 2001. 3. 23, 2001다1126) 등.
6) 대법 2010. 10. 28, 2010다20532.
7) 대법 2004. 3. 12, 2001다79013.
8) 대법 2009. 10. 29, 2008다94585; 동 2014. 12. 11, 2013다59531 등(당사자본인소송에서).
9) 대법 1960. 7. 28, 4292민상785; 동 1964. 11. 10, 64다325.
10) 대법 2010. 3. 25, 2009다88617.

특히 증명촉구가 문제되는 것은 **불법행위 등 손해배상책임**이 인정되지만 배상액에 관한 아무런 증명이 없는 경우이다. 이러한 경우에 배상액에 관한 증명이 없다 하여 청구기각을 할 것이 아니라 적극적으로 **석명권**을 발동하여 증명을 촉구할 의무가 있고[1] 경우에 따라 **직권**으로 손해액을 심리·판단하여야 한다.[2] 부당이득반환청구의 경우도 같다. 증명촉구한 후에도 구체적인 손해액의 입증이 곤란한 때에 법관에게 손해액의 산정에 관하여 재량권이 부여된 것이 아니며 그 산정의 근거가 되는 **간접사실의 탐색**에 최선의 노력을 다하여야 한다.[3] 그러나 당사자가 법원의 증명촉구에 불응할 뿐 아니라 명백히 증명을 않겠다는 의사표시를 한 경우에는 청구기각을 할 수밖에 없다.[4] 다만, 개정법 제202조의 2는 이와 같은 경우에, 법원은 변론 전체의 취지와 증거조사의 결과에 의하여 인정되는 모든 사정을 종합하여 상당하다고 인정되는 금액을 손해배상액수로 정할 수 있다고 하였다(상세는 560면 참조).

(5) 지적의무—불의의 타격방지의 석명 제136조 4항은 1990년 개정에서 신설된 것으로 「법원은 당사자가 간과하였음이 분명하다고 인정되는 법률상 사항에 관하여 당사자에게 의견을 진술할 기회를 주어야 한다」고 규정하고 있다. 이로써 법률적 측면에서 석명권이 크게 강화되었다.[5] 당사자가 간과하였음이 분명한 법률적 관점에 기하여 법원이 판결하고자 할 때에는 먼저 당사자에게 지적하여 그에 관한 의견진술의 기회를 부여하여야 한다는 취지이다. 이를 게을리하여 당사자가 전혀 예상 밖의 법률적 관점(쟁점)에 기한 재판으로 **불의의 타격**을 받는 것을 막자는 것으로,[6] 후견적 견지에서 절차적 기본권을 보장하려 한 것이다. 이 제도의 신설로 소극적 석명 → 증명촉구 → 불의의 타격 방지의 적극적 석명으로 석명권이 진화하는 모습을 엿볼 수 있다. ZPO 개정전 § 278Ⅲ(현 § 139 Ⅱ. 지금은 단순한 관점으로 바꿈)의 법률적 관점에 관한 지적의무규정이 모델이 되었으며(프랑스 신법전 16조도 같다), 법원이 직권탐지한 사실·증거에 관하여 당사자에게 의견진술의 기회를 주는 것

1) 대법 2010. 3. 25, 2009다88617; 1993. 12. 28, 93다30471(유익비 상환청구권의 상환액에 관하여); 동 1997. 12. 26, 97다42892·42908.
2) 대법 1992. 4. 28, 91다29972. 나아가 경우에 따라서는 손해액에 대해 직권조사를 요한다는 것에, 대법 1986. 8. 19, 84다카503·504; 동 1987. 12. 22, 85다카2453; 동 2011. 7. 14, 2010다103451 등.
3) 대법 2007. 11. 29, 2006다3561; 동 2009. 8. 20, 2008다51120; 동 2014다81511 등.
4) 대법 1994. 3. 11, 93다57100.
5) 같은 취지: 정동윤/유병현/김경욱, 394면; 김홍엽, 451면. 반대: 호문혁, 337면.
6) 대법 2002. 1. 25, 2001다11055; 2023. 10. 12, 2020다210860 등.

과 같은 맥락이다(「직권탐지주의」 참조). 독일에서 석명권과 더불어 지적의무를 가리켜 실질적소송지휘라고 함은 앞서 말한 바이다. 개정민사소송규칙 제28조 2항은 변론에서 당사자가 간과한 것은 아니나 당사자에게 중요한 법률상 쟁점뿐 아니라 사실상 쟁점에 관하여도 불의의 타격방지를 위하여 진술할 기회를 주도록 하였다.

(a) **제도적 의의** 다음과 같은 의미를 부여할 수 있다.

첫째로, 구소송물이론에 의하고 있는 우리 판례는 당사자가 주장하지 않는 법률적 관점을 법원이 직권조사하여 판단할 수 있는가에 대해 불명하거나 부정적이었으나(특히 청구근거에 관하여는 그러했다), 이 규정 때문에 당사자가 간과하였음이 분명한 법률적 관점이면 법원은 찾아서 지적 판단할 수 있다는 것이 분명해졌으며 대신에 사전에 이에 관하여 당사자에게 의견진술의 기회를 제공하여 불의의 타격이 안되게 하면 되는 것으로 하였다. 이 규정은 법원의 법률적 관점의 자유선택이라는 신소송물이론 자체의 채택은 아니나, 당사자가 간과한 유리한 법률적 관점의 지적을 통해 신이론과 같은 성과를 낼 수 있도록 하였다.[1)]

둘째로, 당사자의 주장이 없는 법률적 관점을 곧바로 판결의 기초로 삼지 않고 미리 당사자에게 알려 의견진술의 기회를 부여하자는 것인데, 법률적용은 법원의 전권이라 하여 법적용과정에 당사자의 참가권을 배제하였던 종전의 소송법원칙의 수정이라 하겠다. due process의 내용을 이루는 당사자의 심문청구권을 법률상의 사항에까지 확장시켜 그 의견을 듣도록 하여 예상 외의 재판을 막으려 했다는 점에서[2)] 당사자의 절차권보장의 신장이라 볼 수 있다.

셋째로, 제136조 4항은 지적의무를 의무로 명백히 규정하였다. 지적의무가 체계상 석명권의 내용을 이루는 이상(판례에서도 지적의무를 석명의무에서 완전분리하지 않음), 이제 석명권이 권한인 동시에 의무임이 입법화된 것이다.

(b) **행사요건** i) 당사자가 '간과하였음이 **분명한**' 법률상의 사항이어야 한다. 통상인의 주의력을 기준으로 당사자가 소송목적에 비추어 당연히 변론에서 주장되어야 할 법률상의 사항을 부주의 또는 오해로 빠뜨리고 넘어가 쟁점이 된 바 없는 경우를 뜻한다고 할 것이다. 나아가 당사자의 주장이 법률적 관점에서 보아 불명료·불완전·모순이 있는 경우도 같다고 할 것이다.[3)] 따라서 법률

1) 1990년 개정법률시에 필자가 거론하여 도입한 것인데, 신이론과 직접은 아니라도 관련있음을 밝히지 않았다. 졸고, '민일영 대법관의 남긴 자취', 민사재판의 제문제 제23권, 360면 이하. 홍기문, "독일민사소송법상의 지적의무," 월간고시 1991. 9 등 유수한 논문이 있다. 호문혁, 400면. 반대: 정동윤/유병현/김경욱, 394면; 정영환, 514면; 김홍엽, 451면.

2) Rosenberg/Schwab, § 78 Ⅲ Rdnr. 1, BGH NJW 1980, 1974; BVerfGE NJW 1980, 1093.

3) 대법 2017. 12. 22, 2015다236820, 236837(136조 4항에 대한 정의를 내린 판결); 동 2003. 1.

전문가인 법관의 입장에서 기대할 수 있는 정도의 법률을 간과한 경우까지는 포함될 수 없다. 다만 다툼없어 쟁점화되지 않고 넘어간 것이 분명한지를 판단함에 있어서는 당사자의 법률지식 정도를 고려하여야 하며, 본인소송은 변호사대리소송과는 달리 후하게 판단하여야 할 것이다.

ii) 당사자가 간과한 '**법률상 사항**'이 그 대상이 된다. 법률상 사항은 사실관계에 대한 법규적용사항인 법률적 관점(rechtliche Gesichtspunkt)을 뜻한다. 법률상 사항도 제136조 1항에 의하여 종래부터 석명권의 대상이 되었던 것이며, 법률적 주장에 불분명·불완전한 점이 있을 때에는 지적대상이 되었으나, 이에 나아가 당사자가 간과하고 주장하지도 생각하지도 않은 법률적 관점도 석명의 범위 내인가는 적극적 석명을 불허하는 우리 판례하에서는 명확하지 않았다. 그런데 동 제4항에 의하여 석명대상으로 포함시킴으로써 이제 법률상의 관점에 관한 석명의무의 강화와 적극화에 이른 것이며 대법 2015다236820·236837에서 적극석명사항임을 확인했다.[1]

예를 들면 원고가 손해배상청구를 불법행위책임에 기하여 청구하지만 법원이 당사자가 생각하지 않는 다른 법률적 관점에서 책임이 문제될 수 있을 때의 지적과 같은 것이다(청구권근거의 지적, 당사자에게 의견진술의 기회를 준 바도 없는 환경정책기본법 제44조 1항에 의한 배상책임을 인정한 경우는 지적의무 위배[2]).

날로 활성화되어 가는 판례 동향: 판례는 갈수록 지적의무를 중시한다. 최근 2022. 4. 28, 2019다200843과 동 2023. 4. 13, 2021다271725에서는 당사자주장에 법률적 관점에서 보아 현저한 모순·불명료 부분이 있는 경우에 지적의무가 있고, 청구취지·청구원인의 법적 근거에 따라 요건사실에 대한 증명책임이 달라지는 경우이면 더욱 그러하다고 했다. 또한 판례는 석명지적의무의 의의를 정의하면서 손해배상청구의 법률적 근거가 계약책임인지 불법행위책임인지는 증명책임을 달리하는 중대한 법률적 사항인데 원고가 명시하지 아니한 경우에 석명하지 않고 불법행위책임을 묻는 것으로 단정하는 것은 잘못이라 하였다.[3] 원고가 도급계약으로 주장하지만 법원으로서는 매매계약으로 보여질 때에 이의 지적

10, 2002다41435에서는, 진정한 등기명의회복을 위한 소유권이전등기청구는 이미 자기 앞으로 소유권을 표상하는 등기가 되어 있었던 경우나 법률에 의하여 소유권을 취득한 자가 청구적격이 있는데, 그에 해당하지도 아니한 자가 그와 같은 청구로 소변경을 하는 사안에서 지적의무가 있다고 했다. 법률상 정당성 없는 청구(Unschlüssigkeit)도 변경지적사항이다. 아울러 동 2023. 7. 27, 2023다223171(제136조 제1항의 석명권에 관해서, 제4항의 지적의무에 관하여 정의적인 판례를 냈다).

1) 위 2011. 11. 10 판결. 竹下守夫=伊藤眞 편, 주석민사소송법(三), 70면은 지적의무를 석명의무의 한 가지 태양으로 본다. 권혁재, "법원의 석명권 행사 범위에 관한 고찰," 민사소송 11권 2호에서 최근의 판례는 법원의 지적의무를 연결고리로 하여 점차 법원의 적극적 석명권행사 필요성을 인정하는 방향으로 변하고 있다고 분석하였다.

2) 대법 2008. 9. 11, 2006다50338.

3) 대법 2009. 11. 12, 2009다42765. 여기에서 원고가 불법행위책임을 묻는 것으로 단정한 뒤 증

(계약의 해석문제), 甲에게 청구원인과 법정에서 진술한 청구취지가 일치하지 않는 법률적 모순이 있을 때 이의 지적[1] 따위이다. 판례 · 학설 등 법률이론은 물론 증거가치의 평가도 지적의 대상이 된다.[2] 대판 2007. 7. 26, 2007다19006 · 19013에서 원고가 소유권에 기한 건물 인도를 구하는 경우에 채권자대위권에 기하여 건물인도청구를 인용하기 위해서는 그에 관한 피고의 견해를 듣고 반대주장을 할 수 있는 기회를 부여하여야 한다는 취지이다. 이렇게 직접청구와 대위청구에서 보는 바와 같이 지적의무가 동일소송물 내에서 행사하여야 하는 제약은 없다. 대법 2015다11984에서는 예상치 못한 법률적 관점에 기초한 예상 밖의 재판으로 피고에게 뜻밖의 불이익을 주었다면 석명의무를 다하지 않은 심리미진으로 보았다. 이에 대하여는 오히려 변론주의위배로 보아야 한다는 비판이 있다.[3]

종중의 손해배상청구가 사원(종중)총회의 결의없이 이루어진 것에 당사자 사이에 쟁점된 바 없었지만 당사자에게 의견진술의 기회제공없이 소각하하는 것은 의무위반이라 본 것에, 대법 2022. 8. 25, 2018다261605이다. 나아가 법원이 당사자 사이에서 전혀 논의되지 않는 제소기간[4](또는 심사청구기간)의 도과나 피고적격의 흠결,[5] 청구취지의 불특정[6]으로 본안판결 없이 소각하하고자 할 때 그에 관한 지적도 대상이다. 또 부제소합의와 같은 직권조사사항은 당사자간에 다툼이 없을 때에도 직권으로 부적법각하하기에 앞서 상대방 당사자가 불의의 타격을 받지 않도록 의견진술의 기회를 주는 석명이 필요하다는 것이 판례이다.[7] 채권자대위소송에서 보전의 필요성이 없다는 이유로 소각하하고자 할 때에도 지적석명을 필요로 한다는 대법 2014. 10. 27, 2013다25217도 이와 같은 맥락이다. 제출이나 진술간과한 소가산정의 자료도 제출의 기회를 주어야 한다는 것에 대법 2014. 5. 29, 2014마329. 이처럼 판례가 석명 내지 지적의무를 확대시키고 있는 것은 승소할 자는 승소가 되도록 유도하되 상대방에 할 말을 할 기회는 주라는 것이다. 최근 개정된 ZPO 139 Ⅱ에서 지적의무의 대상을 법률적 관점에서 사실적 관점으로 확장시켰는데 이러한 추세에

명부족을 이유로 청구기각한 사례를 파기하였다. 이길 수 있는 방향의 법률적 관점으로 석명 · 지적하라는 취지의 것으로 의미있는 판례이다. 이렇게 되면 새로운 관점에서 또다시 소송하는 것을 피할 수 있게 된다. 동 2014. 1. 16, 2013다69385는 퇴직금을 근로계약에 기해 청구하는 것인지, 손해배상으로서 청구하는 것인지 명확히 하지 아니한 판단에 대해 같은 입장. 매매대금의 반환청구가 법정해제에 따른 것인지가 인정되지 않는다면 합의해제에 따른 매매대금의 반환청구등 취지인지에 관하여 의견진술의 기회를 주어야 한다는 최근 판례가 있다.

1) 대법 2011. 11. 10, 2011다55405.
2) 대법 1994. 6. 10, 94다8761(사실에 대한 지적의무).
3) 윤남근, "계약해제의 요건사실에 대한 증명책임과 변론주의," 2018. 1. 11.자. 법률신문.
4) 대법 1995. 12. 26, 95누14220.
5) 대법 1994. 10. 21, 94다17109(이 판례에 반대-호문혁, 402면. 그러나 불의의 타격방지를 위한 의견진술의 기회제공이 제도의 취지라면 소송요건이 배제되어야 하는 한정적 해석이 필요하다고 볼 것이 아니다. 위 321면 참조). 대법 1998. 9. 8, 98다19509는 원고가 유족보상금 수령요건을 갖추었는지에 관하여 명시적 다툼이 없었던 경우, 그 요건에 대한 입증이 없다는 이유로 청구기각을 한 것은 예상치 못했던 법률적 관점에 기한 예상 외의 재판이라고 하였다.
6) 대법 2014. 3. 13, 2011다111459. 감사의 지위확인청구 중에 감사의 임기가 만료된 경우에는 확인의 이익을 구할 필요성이 있는지를 석명하고 의견진술의 기회를 주어야 한다는 것에, 대법 2020. 8. 20, 2018다249148. 유사취지; 대법 2024. 1. 4, 2023다282040.
7) 대법 2013. 11. 28, 2011다80449.

부합하는 소치이다.

iii) '판결의 결과'에 영향이 있는 것이어야 한다. 예비적 주장은 대상이 될 수 있지만, 판결결과에 영향이 없는 방론(傍論, obiter dictum)까지 지적의무의 대상이 되는 것은 아니다.[1]

iv) 법원은 적절한 방법으로 간과한 법률적 관점을 지적하여 당사자로 하여금 불이익의 배제를 위한 방어적 의견진술의 기회를 갖도록 하여야 한다. 예상밖의 쟁점에 의한 패소방지가 제도의 취지인 만큼, 특히 그에 의하여 불이익을 입을 당사자가 지적의무의 상대방이 되는 것은 당연한 일이다.[2] 지적이 결코 변호사처럼 당사자와의 포괄적 대화는 아니며, 변론기일에서 판결선고에 앞서 예상되는 결과를 알려주는 것도 아니다. 지적한 것에 즉시 진술하기 어려우면 서면답변의 기간을 줄 수 있다.[3] 다만 이익을 받을 당사자로 하여금 상대방에게 지적하였음을 알고 있게 해야 한다. 변론종결 후에 간과한 법률적 관점이 발견되었을 때에는 변론의 재개가 불가피하다는 의견이었는데, 판례가 이를 따랐다.[4]

(c) 지적의무의 위반　　불의의 타격방지의 지적의무를 어기고 판결한 경우에는 당연히 심리미진의 절차위배로 상고이유가 된다(대법 2014. 1. 16, 2013다69385; 동 2014. 6. 12, 2014다11376 등). 이 때에 절대적 상고이유가 되는 것이 아니고 일반상고이유(423조)가 된다.[5] 따라서 의무위반이 판결에 영향을 미칠 것을 요한다.[6]

4. 석명권의 행사

(1) 주체와 행사방법　　석명권은 소송지휘권(개정 ZPO § 139에서는 종전의 석명의무와 지적의무 대신에 실질적 소송지휘라고 표제를 바꾸었다)[7]의 일종이므로 합의재판의 경우에는 재판장이, 단독재판의 경우에는 단독판사가 이를 행사한다(136조 1항). 합의부원(배석판사)도 재판장에게 알리고 석명권을 행사할 수 있다(동조 2항). 석명권은 법원의 권한임에 비추어 당사자는 상대방에게 직접 석명을 구할 수 없으며, 필요한 경우에는 재판장에게 상대방에 대하여

---

1) Thomas-Putzo/Reichhold, § 139 Rdnr. 20.
2) 약속어음의 수취인란 등이 보충되지 않았다는 이유로 원고의 청구를 기각하기 위하여는 원고에게 의견진술의 기회를 주어야 한다는 것에, 대법 1993. 12. 7, 93다25165.
3) Rosenberg/Schwab/Gottwald, § 77 Rdnr. 28.
4) 대법 2011. 7. 28, 2009다64635.
5) 심리미진이라고 한 것에, 대법 1995. 2. 28, 94누4325.
6) 대법 1995. 11. 14, 95다25923.
7) Thomas-Putzo/Reichhold, § 139 Rdnr. 1에서는 실질적 소송지휘에 대하여 무기평등의 의미에서 증명권을 포함한 합당하고 공정한 절차와 올바른 재판결과를 위한 고도의 책임을 법원에 위임한 것으로 평가했다.

석명을 요구하여 줄 것을 요청할 수 있다(구문권(求問權). 동조 3항). 전문심리위원도 기일에 재판장의 허가를 얻어 당사자에게 직접 질문할 수 있다(164조의 2 3항).

석명권은 변론절차에서뿐 아니라 변론준비절차에서 행사할 수 있다(286조). 석명권은 법정에서 행사하게 되어 있지만(질문권), 필요한 경우에는 미리 당사자에게 석명할 사항을 서면·구두로 지시하고 변론준비기일이나 변론기일 전에 준비할 것을 명할 수 있다. 이를 **석명준비명령**이라 한다. 실무상 많이 활용된다(137조, 286조. 특히 항소심에서 항소인에게 많이 행한다).

석명권을 행사함에 있어서는 법관으로서의 중립성을 유지하여야 하며, 어느 당사자를 편파적으로 돕는다는 인상을 풍겨서는 안 된다. 이와 같은 재판장의 조치에 대해서는 합의체에 이유를 명시하여 이의할 수 있음은 물론(138조), 재판의 공정을 기대하기 어려운 사정이 있는 경우 법관에 대한 기피신청을 낼 수 있다(43조). 판례는 석명·진술의 법률효과가 석명한 당사자에게 불이익한 경우에 적어도 그 불이익을 배제할 기회를 주어야 하며, 그와 같은 기회를 주지 않고 그 당사자가 예기치 않은 불이익한 판단을 한다면 절차권의 침해, 석명권의 한계이탈이라고 하였다.[1)]

(2) 석명불응에 대한 조치 당사자에게는 석명에 응하여야 할 의무가 없다. 그러나 당사자가 석명에 불응하는 때에는 주장책임이나 증명책임의 원칙에 따라 주장·입증이 없는 것으로 취급되어 불이익한 재판을 면치 못하게 된다. 이보다 구체적인 재판으로서는 석명에 응하지 않는 사항에 대해서는 진술취지의 불명으로 각하되는 불이익을 받을 수 있다(149조 2항).

5. 석명처분(140조)

법원은 위에서 본 변론 중의 질문이나 증명촉구 이외에 소송관계를 분명하게 하기 위하여 다음의 일정한 처분을 할 수 있다. 이것은 어디까지나 사건의 내용을 이해하기 위한 것이므로 증거자료의 수집을 목적으로 하는 **증거조사**와는 다르다. 따라서 석명처분에 의하여 얻은 자료는 당연히 증거로서의 효력이 없으며, 단지 변론전체의 취지로서 참작될 수 있을 뿐이다. 그러나 당사자가 이를 증거로 원용하면 다르다.

(1) 당사자본인의 출석명령 소송대리인이 있어도 직접 본인으로부터 사정을 청취하는 것이 적당한 경우에는 본인 또는 법정대리인의 출석을 명할 수 있다(규칙 29조의 2 참조). 이때 출석하는 당사자는 본인신문을 받기 위하여 증거방법으로 출석하는 당사자본인(367조 이하)과는 다르다.

---

1) 대법 1964. 4. 28, 63다735.

(2) 문서 그 밖의 물건의 제출·유치 예컨대 당사자가 변론에서 계약서를 인용하였을 때에 이에 대하여 석명하였지만 계약내용이 불명한 경우에는, 법원은 계약내용의 파악을 위하여 당사자에게 그 계약서의 제출·유치를 명할 수 있다. 영상과 녹취록도 대상이 될 것이다.

(3) 검증·감정 당사자의 주장이나 쟁점이 명확하지 아니하여 검증을 하면 분명해질 수 있는 사건에서는 법원이 현장검증을 할 수 있다. 또 전문적인 학식경험이 없이는 이해가 곤란한 경우에는 전문가에게 감정을 명하여 그 설명을 들어볼 수 있다. 전문심리위원(164조의 2 이하)을 활용할 수 있을 것이다. 여기의 검증·감정에는 증거조사에 관한 규정이 준용된다(140조 2항).

(4) 조사촉탁 법원은 소송관계를 분명하게 하기 위해 필요한 조사를 공공기관·학교·개인·외국의 공공기관에게 촉탁, 또는 보관중의 문서송부를 촉탁할 수 있다. 여기의 조사촉탁은 증거조사는 아니나 그 규정인 제294조가 준용된다.

이 밖에 항소심에서 항소이유서 제출을 촉구하는 석명적 준비명령을 행한다.

제7관 적시제출주의(공격방어방법의 제출시기)

Ⅰ. 의 의

앞서 본 바와 같이 당사자는 소송자료의 제출책임을 지고 법원은 소송지휘의 일종인 석명권으로 이를 적절히 정리 협력하여 진행하는 구조인데, 이 과정에서 당사자는 소송자료, 즉 공격방어방법을 시기적으로 적시에 제출하여야 한다. 정의는 말하여야 할 때에 말을 하여야 하는 시간적 제약이 있는 것이다. 그리하여 적시제출을 제146조가 채택하였는데, 이는 당사자가 공격방어방법을 소송의 정도에 따라 적절한 시기에 제출하여야 하는 입장임을 말한다. 이에 의하여 변론종결에 이르기까지 어느 때라도 공격방어방법을 제출할 수 있고 또 제출에 있어서 순서를 정해 놓고 있지 아니한 구법의 수시제출주의를 버리게 되었다.

공격방어방법의 제출에 대한 역사적 변천 이에 관하여 엄격한 순서를 정하여 ① 원고의 청구원인 ② 피고의 항변 ③ 원고의 재항변 ④ 증거신청의 순서를 따라야 하고, 그 순서를 놓치면 실권되게 하는 동시제출주의 또는 법정순서주의(프러시아 등의 입법례)가 있었다. 그러나 이는 실권할 것을 두려워한 당사자로 하여금 허겁지겁 가정주장이나 가정항변을 하게 만들어 사건을 복잡하게 만들고 기록을 두텁게 하여 심리를 경직시키는 폐해를 낳았다. 그리하여 프랑스 혁명 이후 프랑스 민사소송법(1806년)은 공격방어방법의 제출에 있어 순서를 정하는 굴레를 깨고 순서 없이 변론종결시까지 자유롭게 제출할 수 있는 수시제출주의로 나아갔다. 수시제출주의는 소송자료를 유연성있게 제출할 수 있는 장점이 있었으나 당사자의 주의력을 산만하게 하여 공격방어방법의 적시제출에 의한 변론의 집중을 어렵게 만들고, 수시제출의 자유를 악의의 당사자에 의하여 소송지연의 도구로 남용되는 폐해가 있었다. 그리하여 최근에 독일·일본은 적시제출주의로 선회하는 입법을 하기에 이르렀고, 신법은 이 입법추세를 따랐다. 당사자에게 신의칙에 의한 소송수행의무를 부과한 이상 이의 채택은 논리적 필연이라 하겠다.[1]

적시제출주의(rechtszeitig, timely)는 법정순서주의와 수시제출주의의 절충이다.

Ⅱ. 적시제출주의(146조)의 내용

(1) 적시제출주의는 공격방어방법의 제출시기에 관한 기본원칙이다. 적시제출주의가 소송당사자에게 일반적인 소송촉진의무를 지게 한 규정이라면, 뒤에 설명하는 재정기간·실기한 공격방어방법의 각하와 변론준비기일 종결 후의 실권 등 3가지 실권효(失權效) 규정은 적시제출주의의 이념의 구체화라고 할 수 있다.[2] '지연된 정의는 정의가 아니다'는 전제하에 소송에서 timing 중요성의 강조이다.

(2) 적시제출주의에 의하면 공격방어방법은 소송의 상태에 따라 적절한 시기에 제출하여야 한다. '적절한 시기'는 개개의 소송절차에서 구체적인 상황에 비추어 판단할 문제이나, 집중심리를 위하여 신법이 마련한 소송절차의 취지와 당사자의 신의성실의무 특히 소송촉진의무가 일단의 판단기준이 될 것이다.[3] 증인신문 등 집중증거조사(293조)를 할 수 있도록, 그에 앞서 주장과 증거를 제출하는 것이 적시제출일 것이다. 준비서면의 제출기간(기일 7일 전까지 상대방에 송달될 수 있는 여유기간. 규 69조의 3)을 지키는 것도 적시제출의 한 예이다.

Ⅲ. 적시제출주의의 실효성 확보를 위한 제도—3실권효

민사소송규칙 제69조의 2에서 규정한 당사자의 사전의 사실관계와 증거조사의무도 적시제출주의의 관철책이지만, 특히 재정기간을 넘긴 공격방어방법,

---

1) 모든 사건을 적시에 처리하여야 할 것이나 특히 문제있는 사건에 대한 적시처리를 위하여 2006년 대법원 예규를 만들어 놓았다.

2) 법원행정처, 민사재판 운영실무, 203면. 적시제출주의와 실기한 공격방어방법에 관한 규정은 일반적인 소송촉진의무를, 재정기간제도는 개별적 소송촉진의무를 나타내는 것으로 보는 견해도 있다. 김경욱, "신민사소송법상의 적시제출주의," 민사소송 7권 1호, 97면 이하.

3) 같은 취지: 전병서, 285면.

실기한 공격방어방법, 변론준비기일 종결 후의 공격방어방법에 각 실권을 따르게 하는 등 3가지 실권효(失權效)가 적시제출주의의 대표적인 확보책이다.

1. 재정기간제도(裁定期間制度, 공격방어방법의 제출기간제한)

신법은 당사자가 특정한 공격방어방법을 적절한 시기에 제출하도록 재판장이 제출기간을 정하는 한편, 그 기간 내에 제출하지 못하고 넘기면 그 공격방어방법을 제출할 수 없게 하는 실권제도를 신설하였다(147조). 적시제출주의에 의한 소송촉진이 이루어지려면 뒤에 볼 실기한 공격방어방법의 각하규정만으로 한계가 있다고 본 때문이며, 이는 적시제출주의의 관철을 위한 **사전유도책**이다.

(a) 재판장은 한쪽 또는 양쪽 당사자에 대하여 특정한 사항에 관하여 언제까지로 주장·항변의 제출기간, 증거신청의 기간을 정할 수 있다. 이는 적시에 맞는 제출기간·신청기간을 정하는 것인데, 앞서 재판장은 **당사자의 의견**을 들어야 한다. 당사자의 절차권을 보장하고 무리하게 단기간으로 제출기간을 정하는 것을 막자는 취지이다(147조 1항). 재판장의 재량으로 정하는 것이나 재판장은 또한 주장제출·증거신청을 요하는 사항과 그 기간 및 어느 당사자에 대한 기간인지를 명확하게 특정하여야 한다. 재판장은 제147조 1항의 재정기간을 정하면서 그 기간을 넘긴 때에는 주장제출·증거신청은 실권된다는 취지를 함께 고지하여 당사자가 예상치 아니한 불이익을 입지 않도록 할 것이다.[1)]

(b) 만일 당사자가 정해진 기간을 지키지 못하고 넘긴 때에는 이후에 재정기간에서 정한 특정한 사항에 관하여 주장을 제출하거나 증거를 신청할 수 없다(147조 2항 본문). **실권효**의 제재가 따르도록 한 것이다. 구법과 달리 신법의 이와 같은 실권효는 변론집중을 위한 큰 개혁임에 틀림 없는데, 한편, 당사자가 정당한 사유로 제출기간 이내에 제출·신청하지 못하였을 때는 **소명에 의한 면책**되는 길을 열어 놓았다(147조 2항 단서).

(c) 재정기간에 관한 제147조는 변론절차에 적용되지만 변론준비절차에도 준용된다(제286조). 재정기간제도의 활성화를 위해 법관이 변호사의 눈치 보지 않는 적극적 노력이 중요하다(위 리포트).[2)]

---

1) 민사재판 운영실무, 205면; 법원실무제요 민사소송(Ⅱ), 946면.

2) 변론준비절차에서는 또한 제280조 1항에 따라 준비서면을 제출하거나 증거를 신청할 기간을 정할 수 있는데 당사자가 이에 따르지 아니하면 변론준비절차의 종결사유가 되므로(284조 1항 2호), 변론준비절차에서의 재정기간제도는 사실상 큰 의미가 없게 하였다.

2. 실기(失機)한 공격방어방법의 각하(149조 1항)

법원이 제출기간을 정하지 아니한 경우라도 당사자가 적시제출주의를 어겨 고의·중과실로 공격방어방법을 늦게 제출하여 소송절차를 지연시킬 때에는 각하하고 심리하지 아니하는 권한을 법관에 부여하였다. 이는 법원의 소송촉진의무의 결과이다. 적시제출주의의 위반에 대한 **사후응징책**이며, 늦장을 부리며 게을리 하는 자를 보호하지 아니하는 대표적 예이다(인생에서 失機는 행운을 놓치고, 소송의 실기는 패소를 자초할 수 있다).

다만 이 규정을 엄격하게 적용하면 절차적 정의인 소송촉진은 되지만 실체적 정의인 진실이 희생된다고 하여 그 적용을 꺼리던 것이 종래의 실무관행이었으나 이제는 탈피함이 마땅하다.

(1) 각하요건 다음 세 가지가 각하요건이 된다.

(a) 시기에 늦은 공격방어방법의 제출일 것 신법의 적시제출주의를 어겼으면 이에 해당된다. 공격방어방법을 소송의 정도에 따라 적절한 시기에 제출하였는지 여부는 개개 소송의 진행정도와 내용에 따라 개별적으로 판단할 문제이나, 소송의 진행정도로 보아 과거에 제출을 기대할 수 있었음에도 이를 하지 아니한 경우이다. 상대방과 법원에 새로운 공격방어방법을 제출하지 않을 것이라는 신뢰를 부여하였는지 여부를 고려하여야 한다는 것이 판례이다(2017다1097). 이는 소송의 진행상황, 즉 시간적으로 일렀느냐 늦었느냐만이 아니라 공격방어방법의 제출에 있어서 신의칙을 제대로 지켰느냐의 관점에서도 결정할 성질의 것임은 앞서도 본 바이다.

흔히 건물명도소송(지연으로 인하여 소송의 상대방은 모든 것을 챙기는 반면 권리자는 소송을 통해 아무것도 얻지 못하는 예가 있음)에서 피고가 처음에 다른 것을 쟁점화하다가 나중에 건물수리비 운운 하면서 뒤늦은 유치권항변 등을 내어 놓은 경우, 일반사건에서도 변론종결단계에 가서 뒤늦게 증거신청의 경우가 있다. 판례에서 실기한 것으로 보는 것은 주로 항소심에서이다. 제1심에서는 하지 않고 항소심 제4차 기일에 비로소 유치권항변을 제출한 경우를 실기한 공격방어방법이라고 보았다.[1] 항소심 제4차 변론기일에 피고가 증인신청하여 제5차 변론기일에 증인신문하기로 하였으나 증인여비 등을 예납하지 아니하고 피고가 불출석하여 증인채택을 취소하고 변론을 종결하였는데, 그 후 피고의 재개신청에 의하여 제6차 변론기일을 지정고지하였음에도 피고가 그 기일에도 불출석하였고 제7차 변론기일에 비로소 출석하여 이미 취소된 증인을 재차 신청

1) 대법 1962. 4. 4, 4294민상1122.

한 경우를 실기한 공격방어방법의 예로 보았다.[1] 제4차에 걸친 제1심변론기일은 물론 제2심 제1차 변론기일에 주장하지 않다가 마지막 변론기일에 준비서면으로 진술하였으면 실기한 공격방법으로 보았다.[2]

증거방법 중 유일한 증거방법을 실기하였다고 각하할 수 있느냐에 관하여 판례는 동요하고 있으나,[3] 유일한 증거방법이라고 해서 예외로 취급할 것이 아니다.[4]

항소심에서 새로운 공격방어방법이 제출되었을 때에, 시기에 늦었느냐의 여부를 항소심만을 표준으로 판단할 것인가, 제1심·제2심을 통하여 판단할 것인가. 항소심이 속심구조이고 제149조가 총칙규정인 점을 고려하여 현재의 통설·판례는 제1심의 경과까지 전체를 통틀어 늦었는가를 판단하여야 한다고 본다.[5] 만일 항소심만을 표준으로 판단한다면, 제1심에서 구태여 모든 사실자료와 증거자료를 내어놓고 싸울 필요가 없게 되며 그리하여 제1심중심주의의 이상은 파탄되고 결국 항소율을 높이는 결과가 될 것이다(특허무효·심결취소소송에서 제1심인 특허심판원에서 증거일부만 내어놓고 넘어가고 항소심인 특허법원에서 증거전부를 제출하여 1심결론을 뒤집는 사례가 많다는 것에 매일경제 2016. 4. 26자).

(b) **당사자에게 고의 또는 중과실이 있을 것** 고의 또는 중과실은 당사자 본인 또는 대리인 어느 한편에 있으면 된다. 고의·중과실의 유무를 판단함에 있어서는 법률지식의 정도를 고려하여야 하며, 따라서 본인소송은 변호사대리소송과는 달리 판단하여야 한다(2017다1097). 또 공격방어방법의 종류도 고려하여야 할 것으로,[6] 출혈적인 **상계항변**이나 **건물매수청구권**의 행사와 같은 것의 조기제출요구는 무리라고 할 것이다(뒤의 [도표 7] 참조). 그러나 판례는 파기환송되기 전에 제출할 수 있었던 상계항변을 환송 후에 주장한 경우는 실기한 방어방법으로 보았다.[7] 따라서 상계항변을 의도적으로 늦게 내는 것이 명백하거나 그에 제공된 반대채권의 존부에 의문이 있는 등 그 항변이 소송지연책으로 보여질 때는 실기한 것으로 보아도 될 것이다(ZPO § 533는 항소심의 상계항변의 제한적 허용). 특히 결정적 증거를 전략상 비장의 무기로 감추어 두었다가 최후의 일격으로 제출하는 경우가 있는데, 이는 소송촉진의

1) 대법 1968. 1. 31, 67다2628.
2) 대법 2014. 5. 29, 2011두25876.
3) 긍정적인 것에, 대법 1959. 10. 15, 4292민상104. 부정적인 것에, 대법 1962. 7. 26, 62다315.
4) 같은 취지: 김홍규/강태원, 394면; 정동윤/유병현/김경욱, 355면; 김홍엽, 462면; 전병서, 289면; 日最高裁 1955. 4. 27 판결(반대설 있음).
5) 대법 2017다1097; 헌재 2015. 7. 30, 2013헌바120.
6) 항소심에 이르러 동일한 쟁점에 대법원 판결이 선고되자 그 판례를 토대로 새로운 주장을 제출한 경우는 실기한 것에 불해당=대법 2006. 3. 10, 2005다46363·46370·46387·46394.
7) 대법 2005. 10. 7, 2003다44387 등.

무의 위반이며 제출당사자의 고의 · 중과실이라 볼 것이다.

(c) **이를 심리하면 각하할 때보다 소송의 완결이 지연될 것**(절대설)[1] 법률상의 주장[2]이나, 별도의 증거조사가 불필요한 항변[3]과 같이 그 내용이 이미 심리를 마친 소송자료의 범위 안에 포함되어 있는 경우, 당해 기일에 즉시 조사할 수 있는 증거신청의 경우(예: 재정(在廷)증인, 상대방이 성립을 인정하는 서증신청 등)는 소송의 완결을 지연시킨다고 할 수 없다.[4] 따로 심리하거나 증거조사할 사항이 남아 있어 어차피 기일을 속행하여야 하는데 그 속행기일의 범위 내에서 당해 공격방어방법의 심리를 마칠 수 있는 경우에도 소송의 완결을 지연시킨다고 볼 수 없다.[5] 적시에 공격방어방법을 제출하였다 하여도 소송의 완결이 지연되었을 것인가의 가정적 고려(이를 독일에서는 상대설이라 한다)는 필요 없다. 만일 그것까지 고려하여 지연 여부를 가려야 한다면 제149조의 기능이 약화될 것이기 때문이다.

(2) 각하의 대상 공격방어방법, 즉 사실상의 주장 · 부인 · 항변 · 증거신청 등이고, 반소 · 소의 변경 · 참가신청 등 판결신청은 이에 해당되지 않는다.

(3) 각하절차 각하는 직권 또는 상대방의 신청에 따라 한다. 각하요건이 갖추어졌을 때에 제149조가 소송촉진을 위한 공익적 규정임을 들어 반드시 각하하여야 한다는 견해가 있으나,[6] 입법론은 별론으로 하고, 해석론으로는 제149조의 문면상 무리하다고 하겠으며 각하 여부는 **법원의 재량적 사항**으로 볼 것이다(통설). 각하를 함에는 독립된 결정으로 하거나 종국판결의 이유 속에서 판단하면 된다.[7] 중간적재판인 독립된 결정으로 각하한 경우 어느 때라도 이를 취소할 수 있다(222조). 각하당한 당사자는 독립하여 항고할 수 없고, 종국판결에 대한 상소와 함께 불복하여야 한다(392조). 그러나 각하신청이 배척된 경우에는 법원의 소송지휘에 관한 사항이기 때문에 불복신청이 허용되지 않는다. 또 각하되지 않는 경우라도 그에 의하여 소송을 지연시킨 당사자는 승소에도 불구하고 증가된 소송비용부담의 불이익을 입을 수 있다(100조). 각하규정은 변론절차에서 주

1) 정동윤/유병현/김경욱, 355면; 정영환, 538면; 김홍엽, 464면; 한충수, 337면. 상대설: 호문혁, 410면. 절충설: 강현중, 419면.
2) 대법 1991. 8. 13, 91다10992.
3) 대법 1992. 10. 27, 92다28921.
4) 대법 2000. 4. 7, 99다53742; 동 1999. 7. 27, 98다46167.
5) 대법 2014. 5. 29, 2011두25876. 변론재개된 변론기일에서의 제출된 주장이 실기한 공격방어방법에 해당하는지 여부를 판단함에는 변론재개 자체로 인한 소송완결의 지연은 고려할 필요가 없다는 것에, 대법 2010. 10. 28, 2010다20532.
6) 송상현/박익환, 349면.
7) 대법 2014. 6. 12, 2012두28520; 동 1994. 5. 10, 93다47615.

로 적용되겠지만, 변론준비절차에서도 준용된다(286조, 149조).

3. 변론준비기일 종결 후 공격방어방법(285조, 변론준비기일의 종결효)

필요에 의하여 변론준비절차에 부쳐 변론준비기일이 열리고 끝난 뒤에는 그 기일에서 미처 제출하지 않은 공격방어방법은 적절한 시기를 놓친 것이므로 원칙적으로 변론에서 제출할 수 없는 실권(失權)을 당하게 된다(393면 참조). 실무상 이행 여부는 불명이다.

4. 그 밖의 확보책

위에서 본 3가지 외에도 다음과 같은 적시제출주의의 확보책이 있다.

(1) 석명에 불응하는 공격방어방법의 각하(149조 2항) 당사자가 제출한 공격방어방법의 취지가 분명하지 아니한 경우 법원의 석명권 행사(136조, 137조)나 석명처분(140조 1항 1호)에도 불구하고 당사자가 필요한 설명을 하지 않거나 설명할 기일에 출석하지 않은 때에는 법원은 실기한 공격방어방법과 같은 절차에 의하여 당해 공격방어방법을 각하할 수 있다.

(2) 중간판결의 내용과 저촉되는 주장의 제한 중간판결(201조, 454조)을 한 때에는 기속력 때문에 그 판단사항에 관한 공격방어방법은 당해 심급에서는 제출할 수 없다.

(3) 상고이유서제출기간 지난 뒤의 새로운 상고이유의 제한(427조, 431조) 상고심에서는 상고이유서제출기간 안에 이에 기재하여 제출하지 않은 상고이유는 원칙적으로 고려하지 않는다. 보충상고이유서로 제출할 수 있을 뿐이다. 2024년 1월 개정법률에서 항소이유서제출제도가 신설되었는데, 제출기간 후의 새로운 항소이유에 대해서도 마찬가지일까?

(4) 답변서제출의무와 방소(妨訴)항변 신법은 피고에게 소장부본을 송달받은 날부터 30일 이내에 답변서를 제출할 의무를 지우고 있다(256조). 임의관할위반(30조), 소송비용의 담보제공(118조),[1] 중재합의의 존재(중재 9조 2항) 등의 방소항변을 본안에 관한 변론 전까지 제출케 한 것도 적시제출주의를 실현하기 위한 것이다.

---

1) 제1심에서 응소한 후 상소심에서 담보제공신청은 부적법하다는 것에, 대법 1989. 10. 16, 89카78.

Ⅳ. 적시제출주의의 예외

적시제출주의는 변론주의가 적용되는 범위에 한정되며, 직권탐지주의나 직권조사사항에 관하여는 그 적용이 배제된다(285조, 434조; 가소 12조). 각하하여 절차의 촉진을 도모하기보다는, 실체적 진실발견의 요청이 우선되기 때문이다.

제 8 관 집중심리주의

Ⅰ. 집중심리주의의 개요

1. 병행심리주의와 집중심리주의

병행심리주의란 여러 사건의 기일을 동시에 지정하여 사건당 조금씩 심리를 진행하되 여러 차례의 변론기일을 거듭하면서 쟁점의 정리와 증인신문 등 증거조사도 병행하는 방식을 말한다. '가랑비' 뿌리는 식의 변론으로서 산발형심리라 할 수 있다. 사건폭주의 재판문화의 산물이다. 이에 대하여 집중심리주의는 소송의 초기단계에서 쟁점과 증거를 수집정리한 다음 주로 한 사건을 중심으로 집중적인 증인신문·당사자신문을 실시하고 다음 사건으로 넘어가는 심리방식을 말한다. 소나기 '호우식'의 변론으로서 계속집중형심리이다.[1] 사건이 적을 때에 적합한 심리방식이다.

병행심리주의에 의한다면 기일과 기일 사이에 3 내지 4주 정도의 시간적 간격을 두고 길게 잡게 되어 전기일의 변론과정을 기억하기가 어려워지며, 천상 기록에 의지하는 재판이 되어 구술주의의 장점을 살릴 수 없다. 또 소송이 장기화되어 그 사이에 여러 차례 법관이 바뀌어 직접주의보다도 간접주의에 의한 심리가 되기 쉽다. 이러한 문제점 때문에 병행심리주의를 버리고 한 사건 중심으로 기일을 한 번 열어 마치지 못하면, 1주에 2 내지 3번 여는 집중심리주의의 선진입법례를 채택하였다. 관할집중, 절차집중, 변론집중 등 3집중 가운데 제일 나중의 집중은 오늘의 시대적 추이이다.

---

1) 과거 병행관리방식의 문제점과 집중관리방식의 도입에 관하여 자세한 것은 조관행, 변론준비절차에 관한 연구(박사학위논문), 6~11면 참조.

2. 집중심리주의의 내용

구법(245조)은 「변론은 집중되어야 한다」고 규정하여 집중심리주의 채택의 입법의지를 보이는 선언규정에 그쳤다. 신법도 제272조에서 같은 취지의 규정을 두면서 본법과 민소규칙에서 다음과 같이 구체화하였다.

(1) 소송자료의 조기충실화 신법은 집중심리의 전제로 소송자료의 조기제출을 유도하였다. 소제기의 초기단계에서부터 소장·답변서기재의 충실화로 변론의 집중을 지향하여 당사자에 사전에 사실관계와 증거를 상세히 조사할 의무를 지웠다(규 69조의 2). 특히 개정민소규칙은 소장의 기재사항으로 청구를 뒷받침할 사실, 피고측의 항변에 대응할 사실, 증거방법 등을 적게 하는 한편, 답변서에는 원고주장사실의 인정여부, 항변, 증거방법 등을 구체적으로 적게 했다(규 62조, 65조). 피고에게 소장부본을 송달받은 후 30일 이내에 답변서 제출의무를 부과하되 불이행하면 **무변론판결**로 분류되어 끝을 내고, 답변서를 제출한 사건이면 바로 사건을 검토하여 가능한 최단기간 안의 날로 제1회 변론기일을 지정하도록 했다(2009년 개정 규 69조 1항).

(2) 자료의 집중제출과 쟁점정리 변론준비절차에 부쳐진 사건으로 분류되면, 변론의 효율적이고 집중적인 실시를 위해 당사자의 주장·증거의 정리절차인 이 절차에 부칠 수 있도록 하였다(279조 이하). 이 절차에서 변론준비기일까지 거쳤으면 그 뒤에 제출하는 자료에 대해서는 실권의 제재를 가함으로써(285조) 이 과정에서 공격방어방법을 모두 쏟아내는 집중제출을 하게 하였다. 집중제출된 주장을 토대로 한 쟁점정리와 신청한 증거결정·증거조사에 의한 증거정리를 마치게 하면서 사건을 간소화하게 하였다. 개정민소규칙은 당사자 본인출석명령 나아가 법원과 당사자 사이에서 절차진행계획에 관한 협의(쟁점계약)까지 하는 등(2007년 개정규 70조 3항 내지 5항) **쟁점정리**를 보다 충실하게 하고, 법원에게 정리된 쟁점의 확인의무를 지웠다(개정규 70조의 2).

(3) 1회변론기일과 집중증거조사 변론준비절차에 부쳐진 사건이면 변론은 **1회의 변론기일**로 종결되도록 법원이 노력하고 당사자는 이에 협력하여야 한다고 규정하였다(287조. presentation 변론의 활용가치가 있다). 즉 법원의 노력과 당사자의 협력하에 변론집중에 의한 1회의 변론기일로 심리를 마치는 집중심리방식에 의하게 한 것이다. 변론준비절차에 부치지 아니한 사건에 대해서도 2009년 개정민소규칙 제69조 2항은 법원에게는 변론이 집중되도록 함으로써 **변론이 가능한 한 속행되지**

않도록 할 의무를, 당사자에게는 이에 협력할 의무를 지웠다.

한편 변론기일에서는 정리된 쟁점에 맞추어 양쪽 신청의 증인과 당사자신문을 집중시행하는 **집중증거조사**를 하여야 한다(293조). 2007년 개정민소규칙은 기일변경의 엄격한 제한과 변론재개시에 재개사유의 고지제도로 집중심리를 뒷받침하도록 했다(41조, 43조).

(4) 계속심리주의 변론준비절차를 거친 사건에 있어서 변론기일을 1일 집중심리로 마치지 못하고 그 심리가 2일 이상 소요되는 때에는 종결에 이르기까지 매일 간단 없이 혹은 1주일에 3, 4일 변론을 열어 진행하여야 하는 **계속심리주의**까지 채택하였다(규 72조 1항. 잘 활성화되지 않음. 다만 박근혜대통령 탄핵절차에서 1주일에 2·3회 변론). 규정은 없으나 변론준비절차를 거치지 아니한 사건도 이에 준할 것이다.

(5) 2008년 개정법률하의 집중심리 2008년 개정법 제258조에 의하여 **변론준비절차중심**에서 **변론기일중심**으로 구조개편을 하였다. 이에 의하여 집중심리주의가 약화된 것은 사실이다.

개정법하에서도 증거의 기일전신청제, 석명준비명령, 변론에서 적시제출주의와 그 확보책인 재정기간 및 실기한 공격방어방법의 각하제도 등이 있으므로 이의 적극적인 활용이 필요하다. 또한 변론집중을 위한 법원과 당사자의 협동이 긴요하다. 그러나 미리 변론준비절차에서 쟁점정리를 하지 않는 변론기일 중심제하에서 제1회의 집중변론기일로 심리를 끝내고 속행되지 않도록 한다는 것은 바람일뿐, 병행심리주의에 의하던 과거의 타성, 과중한 재판부담 때문에 실현에 어려움이 있을 것이다. 다만, 전자소송구조가 집중심리의 토대가 되어 신속한 재판의 이상구현에 다소간에 도움이 될 것이다.[1)]

Ⅱ. 주요 외국의 민사소송의 심리방식

1. 독 일

슈투트가르트 절차(Stuttgarter Verfahren, Bender 판사 실무 운영의 모델)를 모델로 한 간소화개정법(Vereinfachungsnovelle, 1976)은 사건의 모습에 따라 가능한 한 빠른 시기에 제1회 기일을 열어 이 기일에 법원과 쌍방이 토론하고 당사자로부터도 사정을 청취하는 조기 제1회기일(früher erster Termin)방식과 기일을 정하지 아니한 채 당사자 사이에 소장, 답변서, 준비서면 등 서면을 교환하여 쟁점을 정리하는 서면선행절차(schriftliches Vorverfahren) 중 한 가지에 의하여 쟁점을 정리하는 등 포괄적으로 변론

1) 최광덕, 집중심리와 전자소송, 법률신문 2011. 11. 28자.

을 준비한 다음 1회의 주기일(Haupttermin)로써 소송을 종결하게 하였다.

조기제1회기일과 서면선행절차 모두에서 수소법원은 주기일의 사전준비를 위하여 광범위한 방법을 사용할 수 있다. 즉, 재판장이나 수명법관은 변론준비처분을 할 수 있고 수소법원은 수명법관 또는 수탁판사에 의한 증거조사, 공무소에의 서면조회나 서면에 의한 증인의 진술내용 모집, 검증이나 감정의 시행을 명하는 범위 내에서 주기일 이전에 증거결정을 할 수 있다. 주기일에는 쟁점적인 변론 뒤에 바로 증거조사가 행하여진다. 한편, 2002년 독일 개정민소법은 조기제1회기일이나 서면선행절차가 끝난 다음 주기일 전에 화해변론(Güteverhandlung)을 선행시키도록 하였다(화해전치주의).[1]

2. 미 국

원고가 소장(complaint)을 법원에 제출하면 피고에게 소장이 송달(service)되며 소송이 개시되는데, 피고는 답변서의 제출에 앞서 motion to dismiss(본안전각하신청)을 낼 수 있으며 이어 피고가 답변서(answer)를 제출하고 원고도 재답변서(reply)를 제출하는 등으로 소답(訴答)(pleading)이 종료되고 변론전절차(pretrial)에 들어간다. 변론전절차에서는 피고가 소지한 증거까지 공유하게 되는 증거개시(discovery)와 당사자와 그 대리인들이 판사와 자유로운 대화를 통하여 재판에서 다룰 쟁점을 확정하고 재판일정을 협의하는 변론전회합(pretrial conference)을 행하게 된다. 증거개시가 당사자에 의해 주도되는 것과 달리 변론전회합은 법관에 의하여 주도되는데, 이러한 변론전절차가 민사소송의 전기간 중 대부분을 차지하고 있다(bench trial). 변론전절차가 끝나면 배심원에 의한 법정에서의 사실심리절차인 변론에 들어가 평결에 이르고(jury trial), 평결 이후에 판결(judgment)이 선고된다.

이와 같이 미국의 민사소송절차는 법정에서의 변론 및 증거조사를 위한 단계(trial)와 이를 준비하는 단계(pleading 및 pretrial)가 엄격히 구분되어 있어 쟁점을 정리하고 철저히 증거조사준비를 한 다음 연일 계속되는 집중심리(월 · 화 · 금 등)로 9명의 배심원(juror)에 의한 사실심리(trial)를 한 뒤 평결하는 것이 특징이다[2][3](배심원재판은 민사사건에서 헌법규정 때문에 불가피한 절차라고 하나, 배상액 산정이 주먹구구식이라는 비판 있음). 근자에 미국기업이 외국경쟁기업을 상대로 소송을 내어 합의금(settlement)을 통해 수익을 내려는 경향이 있다고 한다.

---

1) 화해를 위한 변론을 포함한 2002년 독일 개정민소법의 내용에 관하여는 정선주, "독일의 개정 민사소송법," 인권과 정의(2002. 4), 99면 이하 참조.

2) 미국에서의 집중심리와 Case Management에 관한 상세한 논의는 조관행, "미국 민사소송절차의 개혁과 Case Management," 저스티스(2000. 9), 107면 이하 및 저스티스(2000. 12), 146면 이하.

3) 재판장은 배심원의 평결과 비슷한 판결을 하는 것이 보통이나, 평결을 뒤집거나 변경하는 일도 있다. 소송당사자가 RJMOL(renewed judgement as a matter of law)라는 소송행위를 통해 평결에 불구하고 이와 다른 판결을 재판장에게 요청할 수 있다(FRCP 50). 권리침해, 손해의 배상액은 배심원의 평결사항이지만, 종국적 금지명령(final injunction)과 고의적 권리침해(willful infringement)는 판사의 고유권한이다. 졸고, "삼성전자 vs. 애플 특허소송과 루시고 판사," 대한변협신문 2016. 8. 15.

3. 일 본

일본은 2003년 개정민소법에서 계획심리제도를 도입하였다(위 274면 주 2) 참조).

이상 선진국의 제도와 비교할 때에 우리가 2008년 개정법률에 의하여 pretrial의 변론준비절차를 사실상 유명무실화시킨 것은 global standard에 맞지 않고 우리식의 독주인 것 같은 느낌을 갖는다.

제9관 직권진행주의와 소송지휘권

Ⅰ. 의 의

소송절차의 진행과 그 정리를 법원의 주도하에 행하는 입장을 직권진행주의라고 하고, 이를 당사자에게 맡기는 입장을 당사자주의라고 한다. 근대 초기의 민사소송법인 1806년의 프랑스민소법은 자유방임사상의 기조하에 철저한 당사자주의를 채택하여 소송절차전개의 주도권을 전적으로 당사자에게 맡겼으나, 그 뒤 소송의 진행에 대해서까지 당사자에게 맡기는 것은 소송의 지연 등 여러 가지 폐해를 낳기 때문에 소송의 공적 측면을 중시하여 Franz Klein(1854~1924)이 주도적으로 창시한 1895년의 오스트리아 민소법(사회적 법치국가의 민사소송법)을 계기로 점차 소송의 진행에 대한 법원의 관여가 강화되고 직권주의를 받아들이게 되었다. 우리 민사소송법도 이러한 추세에 맞추어 소송물의 처분과 **소송자료의 제출**에 대해서는 당사자주의를 기조로 하여 원칙적으로 처분권주의 · 변론주의를 채택하였지만, **소송의 진행**에 대해서는 법원에 주도권을 주는 직권진행주의를 따랐다(실무상으로는 기일의 지정에 있어서도 당사자의 편의를 존중한다). 직권진행주의를 법원의 권능의 면으로 파악하면 소송지휘권이 된다. 변론은 전적으로 법원의 지휘에 의하여 진행된다.

Ⅱ. 소송지휘권

1. 개념 및 내용

소송지휘권(Prozessleitung)이란 소송절차를 원활 · 신속히 진행시키고 또 심리를 완전하게 하여 분쟁을 신속 · 적정하게 해결하기 위해 법원에 인정된 소송의 주재권능이다. 이에 기하여 심리의 구체적 상황에 맞추어 절차의 원활 · 신속한 진행과 변론의 충실을 통한 소송자료 제출의 기회보장의 적절한 조치가 취해질 것이 법원에 요청된다. 이러한 점에서 소송지휘는 법원의 직권인 동시에 그 책무이기도 하다(1조 참조). 이 책무를 다하기 위해서는 법관의 부단한 법률지식의 함양, 소송기록을 제대로 읽고 들어 사건의 맥의 파악, 인정에 초연하는 양식과 용단, 나아가 case manager로서의 멋진 해결의 설계를 한다는 소명의식이 필요하다고 할 것이다. 이는 fresh한 사건을 놓고 사건해결에 임하는 **제1심재판장의 역량 발휘**에 가장 적합한 권능이기고 하다. 사건관리에 관한 대법원예규가 참고자료가 될 것이다.

소송지휘는 종국판결 이외의 법원의 소송행위 전체를 망라하는 개념이지만 그 주요한 것은 다음과 같다.

1) 절차의 진행 직권송달(174조), 기일의 지정 · 변경 · 추후지정(165조), 기간의 재정 · 신축(172조), 소송절차의 중지 · 정지(246조; 헌재 42조), 중단절차의 속행(244조) 등.

2) 심리의 정리 변론의 제한 · 분리 · 병합(141조), 변론의 재개(142조), 다른 재판부로 이부, 재량이송(34조 2항, 35조) 등의 적절한 활용.

3) 절차의 합법적인 정돈 관할권 있는 법원에 이송(34조 1항), 소장 · 상소장의 각하(254조, 402조, 425조), 소 · 상소의 각하 등 부적법한 소송행위의 배척.

4) 심리의 집중과 그 촉진 변론준비절차에 회부(258조, 279조), 쟁점확인(규 28조 1항), 쟁점계약의 권고(규 70조의 2), 주장 · 증거 또는 요약준비서면의 제출명령(147조, 278조, 280조), 재정기간의 결정(147조), 실기한 공격방어방법의 각하(149조) 등.

5) 기일에 하는 소송행위의 정리 변론의 지휘(135조)가 그 대표적 예이다. 당사자나 대리인의 발언명령 · 허가 · 금지가 그 중심을 이룬다. '몰래변론'의 금지(규 17조의 2), 법정경찰권(법조 58조 내지 61조)도 널리 소송지휘권의 일환을 이룬다.

6) 불분명한 소송자료의 보충 · 정리를 위한 석명권의 행사와 간과한 법률적 관점의 지적(136조), 석명처분(140조) 등. ZPO § 139는 이를 실질적소송지휘라 한다.

7) 가장 간편한 방법에 의한 분쟁의 종결 판결하기에 성숙한 시기의 조속한 포착과 변론의 종결(198조), 자백 등으로 불필요한 증거일 때의 각하, 불필요한 변론의 불허, 명백히 이유 없는 청구나 주장의 철회 · 취하 종용,[1] 조정 · 화해의 권고, 그 권고결정(145조, 225조), 조정절차에 회부, 직권조정(민조 6조) 등이 그것이다.

6), 7)은 실질적인 소송지휘라 할 수 있다. 개정 ZPO § 139는 법관의 실질적 소송지휘권의 강화에 의하여 공정 · 효율 그리고 균형잡힌 재판의 책임을 수행할 수 있도록 하였다. 이는 처분권주의와 변론주의의 범위 내에서 법원도 사건을 실체적으로 올바른 종결을 짓는데 상당한 공동책임을 지는 것을 의미한다.[2]

---

1) 예비적 청구의 취하에 관한 석명은, 대법 2004. 3. 26, 2003다21834 · 21841.

2) Rosenberg/Schwab/Gottwald, § 78 Rdnr. 24.

2. 소송지휘권의 주체 및 형식

(1) 소송지휘권은 원칙적으로 법원에 속한다(140조 내지 145조). 그러나 변론이나 증거조사중의 지휘[1)]는 합의체의 심리일 때에는 주로 재판장이 그 대표기관으로 맡게 되며(135조 내지 137조, 327조, 329조 내지 331조), 이러한 재판장의 조치에 대하여 당사자로부터 이의가 있으면 합의체가 이에 대하여 재판한다(138조). 이를 실무상 "재판진행에 대한 이의"라고 한다. 재판장의 인권침해라 볼 자의와 전단, 특히 법정에서의 '막말'(늙으면 죽어야 한다, 여자가 왜 그렇게 말이 많으냐 등. 그러나 지나친 막말의 견제는 소송지휘권의 형해화 우려)은 이에 의하여 견제할 것이고, 사법관의 독립을 저해할 수 있는 인권위원회에 진정할 일은 아니다. 재판장은 이 밖에 합의체로부터 독립하여 소송지휘권을 갖는 경우도 있다(165조 1항 본문, 194조, 254조, 282조). 수명법관·수탁판사도 수권된 사항을 처리함에 있어서는 소송지휘권을 갖는다(165조 1항 단서, 332조).

(2) 소송지휘는 변론의 지휘(135조)와 같이 사실행위로서 행하는 경우도 있지만, 대체로 재판의 형식을 취한다. 재판의 형식을 취하는 경우에 법원의 지위에서 하는 때에는 결정이며, 재판장·수명법관·수탁판사가 그 자격에서 하는 때에는 명령의 형식에 의한다. 소송지휘의 재판은 불필요·부적당하다고 생각하면 어느 때나 스스로 취소할 수 있다(222조).

3. 당사자의 신청권

소송지휘는 법원의 직권에 속하는 것이어서, 당사자의 신청은 법원의 직권발동을 촉구하는 의미밖에 없으며, 이를 받아들이지 않는 경우에도 각하하는 재판이 필요 없다.

그러나 법률은 일정한 경우에 당사자에게 소송지휘를 구하는 신청권을 인정하고 있다. 이 경우에 법원은 신청을 그대로 방치할 것이 아니라 반드시 신청에 대한 재판을 하여야 한다. 예를 들면 소송이송(34조 2항, 35조), 구문권(136조 3항), 시기에 늦은 공격방어방법의 각하(149조), 중단절차의 수계(241조) 등이다.

1) 여기의 증거조사중의 지휘라는 것은 재판장이 법원의 대표기관으로 제327조 5항, 규칙 제95조에 규정한 바와 같은 증인신문이 중복된 때나 쟁점과 무관한 사항일 경우에 제한하는 조치 등을 말하는 것이지(489면 참조) 증인에 대한 보충신문이나 개입신문을 뜻하는 것일 수 없다. 후자는 증거조사 자체이지 증거조사중의 지휘일 수 없기 때문이다. 오해가 없었으면 한다.

Ⅲ. 소송절차에 관한 이의권(151조)

1. 의 의

소송절차의 진행중에 법규에 위배되는 일이 있을 수 있으며, 이에 대해 당사자는 이의를 하고 그 효력을 다툴 수 있는 소송상의 권능을 갖는다. 이를 소송절차에 관한 이의권(Rügerecht, objection)이라 하는데 구법에서는 책문권(責問權)이라 하였다. 이의권의 적극적인 행사보다도 그 권능을 행사하지 아니하는 것이 문제된다. 그리하여 소송법에서도 전적으로 그 불행사의 소극적인 측면에서 규정하였으며, 소송절차의 안정과 소송경제를 위해 절차규정 중 임의규정의 위배에 대해서는 이의권의 포기·상실에 의하여 절차위배의 잘못이 치유되도록 하였다(말하지 않는 이의, 제기하지 않는 쟁점, 만들지 않는 문제는 포기한 것이 된다는 당사자주의의 산물).

2. 적용범위

(1) 이의권은 문자 그대로 법원이나 상대방당사자의 **소송절차에 관한 규정** 위배(방식규정 위배 ZPO § 295)가 있는 때에 한하여 생긴다. 소송절차에 관한 규정이란 소송심리에 관한 소송행위의 방식·시기·장소 등 형식적 사항에 관한 규정을 말한다. 따라서 소송절차 아닌 소송행위의 내용, 소송상 주장의 정당여부는 이의권의 발생과 무관하다. 공격방어방법에 관한 판단 잘못, 채증법칙위반, 자백에 반하는 사실인정 등은 절차에 관한 규정위반이라고 할 수 없으므로 이의권의 문제로 되지 않는다(독일법원조직법 제198조 제3항은 절차지연에 이의권을 인정하고 있다. Verzögerungsrüge). 또 법원이나 상대방의 행위가 문제되는 것이지, 자기가 저지른 행위는 이의권의 대상일 수 없다.[1] 이의권의 포기·상실이 허용되는 경우와 그렇지 아니한 경우가 있다.

(2) 이의권의 포기·상실이 허용되는 것은 소송절차에 관한 규정 중에서도 처분 가능한 **임의규정** 위배에 한한다.[2] 소송절차에 관한 규정이라도 효력규정이 아닌 훈시규정,[3] 사익규정이 아닌 강행규정은 여기에서 배제된다는 취지이다.

1) 임의규정이란 당사자의 소송진행상의 이익보장과 편의를 목적으로 한 사익규정을 말하고, 이에 위배된 경우에는 이의권의 포기·상실의 대상이 된다.

---

1) Rosenberg/Schwab/Gottwald, § 67 Rdnr. 14.
2) 대법 1972. 5. 9, 72다379.
3) 대법 2008. 2. 1, 2007다9009.

판례는 i) 소장[1] · 답변서[2] 등 소송서류의 송달의 흠, ii) 청구의 변경[3]이나 소송참가 등에 있어서 방식 위배, iii) 당사자[4] · 보조참가인[5]에 대한 기일통지 누락, iv) 소송절차중 단중의 행위,[6] v) 외국어로 된 문서에 번역문의 불첨부,[7] vi) 사본을 원본의 대용으로 한 증거신청,[8] 감정인 신문할 것을 증인신문하거나,[9] 당사자본인신문에 의할 것을 증인신문[10]하는 등 증거조사방식의 위배,[11] vii) 청구의 기초에 변경이 있는 소의 변경,[12] 반소요건인 상호관련관계의 흠,[13] viii) 심리방식으로서의 구술주의나 직접주의[14]의 규정위배 등은 이의권의 포기 · 상실의 대상이 된다고 보았다. 중재판정에 대한 이의신청권의 포기가 가능하다고 본 사례로, 대법 2017다238837.

2) 절차규정 중 공익에 관계 있는 **강행규정** 위배의 경우는 이의권의 포기 · 상실이 허용되지 아니한다(151조 단서). 이는 주로 직권조사사항이다. 예를 들면 법원의 구성 · 법관의 제척 · 공개주의 · 불변기간의 준수 · 판결의 선고와 확정, 항변사항을 제외한 소송요건 · 상소요건 · 외국판결의 승인요건 · 재심요건에 관한 규정들이다. 송달에 관한 흠은 상소기간의 기산점이 되는 판결정본의 송달에 관한 흠만 여기에 속한다.[15]

3. 이의권의 포기와 상실

(1) **포기**는 법원에 대하여 당사자가 일방적으로 명시 또는 묵시의 의사표시로써 한다. 소송외에서 상대방에 대하여 포기하여도 그 효력이 없다. 이의권은 소송절차 위배가 있는 때에 비로소 발생하기 때문에 사전포기는 있을 수 없으며,

---

1) 대법 1957. 3. 23, 4290민상81(부대항소장). 대법 1963. 6. 20, 63다198(청구취지확장신청서).
2) 답변서에 대해, 대법 2011. 11. 24, 2011다74550. 사망자에 대해 송달하였는데 그 상속인이 수령한 때에, 대법 1998. 2. 13, 95다15667 등.
3) 대법 1993. 3. 23, 92다51204; 동 2011. 2. 24, 2009다33655 등.
4) 대법 1967. 12. 5, 67다2219; 동 1984. 4. 24, 82므14.
5) 대법 2007. 2. 22, 2006다75641.
6) 대법 1955. 7. 7, 4288민상53.
7) 대법 1966. 10. 18, 66다1520.
8) 대법 2002. 8. 23, 2000다66133 등.
9) 대법 1960. 12. 20, 4293민상163.
10) 대법 1992. 10. 27, 92다32463.
11) 변호사법 제31조 위반의 소송행위에 대하여는 대법 1964. 4. 28, 63다635. 이의시기를 사실심의 변론종결시까지로 본 것에, 대법 2003. 5. 30, 2003다15556.
12) 대법 1992. 12. 22, 92다33831 등.
13) 대법 1968. 11. 26, 68다1886 · 1887은 반소의 적법요건 일반에 대하여 상실의 대상이 된다고 보았으나, 반소의 요건중 상호관련성 이외의 것은 직권조사사항임에 비추어 옳다 할 수 없다. 같은 취지: 정동윤/유병현/김경욱, 411면, 1030면.
14) 대법 1968. 7. 2, 68다379(법관이 경질되었는데도 변론갱신절차를 밟지 않은 사례).
15) 대법 1972. 5. 9, 72다379; 동 1979. 9. 25, 78다2448.

이를 인정하는 것은 소송진행을 마음대로 좌우하는 임의(편의)소송이 되어 금지된다.

(2) 상실은 당사자가 적극적으로 이의권을 포기하지 아니하여도 당사자가 그 위배를 알았거나 알 수 있었을 경우에 바로 이의하지 아니함으로써 발생한다. 여기의 '바로'라 함은 이의를 할 수 있는 기회에 곧바로 이의를 하지 아니한 것을 뜻한다. 예를 들면 당사자에 대한 기일통지서를 송달하지 아니한 채 기일을 열어 증거조사를 한 경우 그 다음 기일에 바로 이의하지 않고 변론했으면, 바로 이의하지 아니한 것으로 된다. 변론종결시까지 이의하지 아니한 것을 말하는 것은 아니다.

(3) 이의권은 포기보다 상실의 경우가 많은데, 포기·상실에 이르면 위배된 소송행위는 완전히 유효하게 된다. 다만 법원의 행위로 양쪽 당사자에 이의권이 생긴 경우에는 양쪽 모두가 상실한 때에 유효하게 된다.

[도표 5] 심리에 관한 제원칙

구 분	개 념	내 용	예 외
공개심리주의	재판의 심리·판결선고공개(헌 109조, 법조 57조)	법정공개 당사자 공개 (기록열람·판결문 공개·증거조사)	재판합의 변론준비절차 상고심 절차 비대면변론(?)
쌍방심리주의	양쪽에 평등하게 소송자료 제출기회의 보장(헌 11조, 규 28조 2항)	소송절차 중단·중지, 대리인제도, 본안재판은 증명 아닌 소명 안 됨 (헌재 2005헌마165)	소액·독촉절차, 가압류·다툼대상 가처분 절차
구술심리주의	변론과 증거조사는 구술(134조 1항, 규 28조)	당사자 : 말로 변론 법원 : 말로 쟁점확인 말로 한 소송자료만 참작	소·상소·재심의 제기, 결정완결의 사건, 답변서 부제출 사건, 상고심 사건
직접심리주의	판결할 법관이 변론청취·증거조사(204조)	단독판사·합의부 법관 과반수 바뀔 때 증인의 재신문	법관경질-갱신절차, 수명·수탁판사제도, 재판장 등의 변론준비절차, 비대면변론(?)
처분권주의	절차의 개시, 심판의 대상·범위, 절차 종결 : 당사자의 의사(203조)	직권에 의한 절차개시 없음 신청사항과 범위 내에서 심판 취하, 청구포기·인낙·화해·조정에 의한 절차종결	가사소송·행정소송 : 청구의 포기·인낙·화해·조정 불허

변론주의	사실·증거 등 소송자료의 수집·제출책임은 당사자	주요사실의 주장책임, 자백의 구속력, 증거제출책임→석명권에 의한 보완	법률해석적용·증거의 가치평가, 행정소송·가사소송 등 직권탐지, 직권조사사항
적시제출주의	공격방어방법(주장·항변 등 사실과 증거) 적시에 제출(146조)	적시부제출 : 3실권효-재정기간 이후의 제출, 실기한 공격방법, 변론준비기일 종결후의 공격방어방법의 제출	직권탐지주의 직권조사사항
집중심리주의	미리 쟁점·증거정리 후 집중 증거조사·계속심리(주 2, 3일 연속)(272조)	적시에 자료제출유도 변론준비절차에 의한 쟁점정리, 집중증거조사, 계속심리주의	병행심리주의(3, 4주의 간격두고 심리)
직권진행주의	소송의 진행은 법원에 주도권=재판장의 소송지휘권(135조)	송달, 기일의 지정, 증인등의 출석요구, 기간의 재정, 판결의 성숙 확정은 법원의 직권	당사자진행주의 (첫기일은 합의로 변경) 3자 간의 절차 협의
자유심증주의	사실의 진부판단에 법정증거법칙 없고, 법관의 자유심증으로 판단(202조)	증거방법의 무제한, 증거력의 자유평가, 증거공통의 원칙, 진실일 고도의 개연성=증명	증거방법·증명력의 법정당사자간의 증거계약

※ 여기에다 변론기일 출석주의 : 결석이면 3간주의 불이익(소취하간주, 진술간주, 자백간주)

제3절 변론의 준비(기일전의 절차)

현행법은 공개법정에서 양쪽 당사자가 맞서는 변론을 열기 전에 **준비된 재판**을 위하여 당사자에 의한 변론예고인 준비서면과 법원에 의한 변론준비로서 쟁점 및 증거를 정리하는 변론준비절차를 두었다.

미리 준비하여 법정변론기일이 실질없이 헛도는 것을 막고 변론의 집중으로 소송촉진과 재판의 효율화를 도모하려는 것이 미기일 전의 절차라고 할 수 있다. 민사소송법 제272조에서는 '변론은 집중되어야 한다'고 규정하여 집중심리주의를 명백히 하였는바, 신법은 종래 이용률이 저조하던 준비절차를 크게 보강하여 변론준비절차 중심으로 개편하고 여기에서 변론의 사전준비의 철저를 기하여 법정변론의 횟수를 줄이고자 하였다. 그러나 앞서 본 바와 같이 2008년 개정법률 제258조 1항에 의하여 구법하의 준비절차시대로 회귀하다시피 되어 신법의 변론준비절차의 의미가 반감이 되었다.

제1관 준비서면

Ⅰ. 의 의

준비서면(court paper)은 합의부 이상의 사건에서는 당사자가 변론 또는 변론준비기일에서 말로 하고자 하는 사실상·법률상 사항을 기일 전에 예고적으로 기재하여 법원에 내는 서면을 말한다(변론은 이러한 식으로 한다고 미리 내어놓는 서면, 변론이 없는 대법원에 내는 서면은 준비서면이 아님). 준비서면의 목적은 단순한 변론기일의 변론예고에 그치지 않고, 법원이나 상대방당사자도 이를 받아 보고 복잡한 사안에 대하여 미리 이해하고 준비하여 변론에 임하게 하려는 것이다('변론준비서면'이 합당할 것임). 변론의 집중방안이다(272조).

(1) 준비서면인가의 여부는 그 내용에 의해 정해지는 것이고, 서면의 표제를 문제삼을 것이 아니다. 따라서 소장·상소장에 임의적 기재사항이 포함되었을 때에는 그 한도 내에서 준비서면의 성격도 가지게 된다(249조 2항, 398조).[1] 반면에 청구취지를 확장하면서 준비서면이란 표제를 달았다 하여도 이를 준비서면이라 할 수 없다.[2]

(2) 준비서면은 어디까지나 변론예고에 그치기 때문에 이를 제출한 것만으로 소송자료가 될 수 없으며(예외 148조), 소송자료로 되기 위해서는 이를 변론에서 진술하는 것이 필요하다.[3] 준비서면의 제출 → 상대방송달 → 변론에서 진술 → 소송자료가 되는 수순이다. 따라서 당사자는 제출한 준비서면을 진술하지 않고 철회할 수 있다. 근자에 실무상 유행되는 변론종결 후의 **참고서면**은 이러한 절차가 없어 소송자료가 될 수 없다. 만일 그것도 소송자료가 되면 변론종결의 의미를 잃게 되며, 상대방 당사자에게 예상 밖의 재판으로 불의의 타격을 받게 될 것이기 때문이다.

Ⅱ. 준비서면의 종류

통상의 준비서면 외에 답변서와 요약준비서면 등 3가지가 있는데, 뒤의 2가

1) 항소장에 피고의 항변사실이 기재되어 있고 그 항소장이 진술된 이상 위 항변사실에 대하여는 판단하여야 한다는 것에, 대법 1973. 11. 27, 73다566.

2) 대법 2011. 1. 13, 2009다105062.

3) 대법 1960. 9. 15, 4293민상96. 준비서면에 시효완성되었다는 기재가 있어도 그 준비서면이 진술된 바 없으면 시효완성에 관한 판단누락이 아니라는 것에, 대법 1983. 12. 27, 80다1302.

지를 설명한다. ① 답변서는 소장부본의 송달을 받은 피고의 답변서제출의무(256조 1항)에 의하여 피고가 처음 내는 답변변론용인데 이것도 준비서면의 일종이다(256조 4항). 이를 내지 아니하면 무변론의 원고승소판결이 나간다(257조). ② **요약준비서면**은 여러 차례 준비서면을 제출하였다가 변론의 종결에 앞서 종래의 쟁점과 증거의 정리결과를 요약한 것으로 제일 나중에 내는 준비서면인데, 재판장은 이의 제출을 명할 수 있다(278조. 실무에서 요약 쟁점정리서면이라고 함). 요약준비서면은 제도의 취지로 보아 특별한 사정이 없으면 "요약준비서면과 상충되거나 기재가 없는 주장은 철회한다"는 취지가 포함된 것으로 볼 것이다. Chat GPT를 이용하면 요약준비서면의 작성은 쉽게 되었다.

제도화는 안 된 소위 참고준비서면은 앞서 설명한 바이다.

Ⅲ. 준비서면의 기재사항

무엇을 기재할 것인가는 법정되어 있다(274조 1항). 공격방어방법과 그에 대한 답변인데, 구체적으로 보면, 청구원인 · 부인 · 항변 · 재항변에 관한 법률상 · 사실상의 주장, 증거신청 그리고 증거항변 따위를 적는다(뒤에 볼 「공격방어방법」 참조). 나아가 신법은 자기의 사실상의 주장을 증명하는 증거방법뿐 아니라 상대방 제출의 증거방법에 대한 의견(서증의 인정. 부인)도 준비서면에 기재하여 내도록 하였다(274조 2항). 당사자 또는 대리인은 준비서면에 기명날인[1] · 서명하여야 한다(274조 1항).

i) 일반소송서류와 마찬가지로 간결한 문장으로 분명하게 작성하여야 한다(규 4조 1항. 선택적 가정주장은 배제 안 되지만, simple, concise, direct한 주장). 요령부득의 준비서면은 성실수행의무(1조 2항)에 반한다. 준비서면의 분량은 30쪽을 넘어서는 안되는 것이 원칙이다(개정 민소규 69조의 4). ii) 당사자가 스스로 소지한 문서를 인용하는 때에는 그 등본 또는 사본을(275조), 외국어 작성의 문서이면 그 번역문을 각 붙여야 한다(277조). iii) 법원사무관 등은 정당한 사유 없이 준비서면의 접수를 거부하지 못하며, 접수된 준비서면의 보완사항을 지적하고 보완을 권고할 수 있을 뿐이다(규 5조).

Ⅳ. 준비서면의 제출 · 교환

(1) 지방법원합의부 이상의 절차에서는 준비서면의 제출이 반드시 필요하지

---

1) 날인이 없다 하여 무효로 되지 아니한다는 것에, 대법 1978. 12. 26, 77다1362.

만, 단독판사의 심판사건(단독사건의 제1심사건에 한함)에서는 제출하지 아니할 수 있다. 다만 단독사건이라도 상대방이 준비하지 않으면 답변 진술할 수 없는 사항은 예외로 한다(272조 2항).

(2) 준비서면은 법원을 통하여 변론기일이 열리기 전에 상대방에게 주고 받으며 교환한다.[1] 따라서 준비서면은 그 기재사항에 대한 상대방의 준비기간을 두고 미리 제출하여야 하며, 법원은 상대방에게 그 부본을 송달해 주어야 한다(273조). 새로운 공격방어방법을 포함한 준비서면은 변론기일 또는 변론준비기일의 **7일 전까지** 상대방에게 송달될 수 있도록 적당한 시기에 제출하여야 한다(개정규 69조의 3). 이를 지키지 않으면 적시제출주의의 위반으로 주장·신청을 각하하는 불이익을 입힐 수도 있을 것이고, 그렇지 않으면 상대방이 대응하기 어려워지고 법관도 균형있는 소송지휘가 어려워져서 변론기일을 다시 열어야 하는 기일공전이 되기 쉽다. 이것이 종이소송의 한계이기도 한데, 전자소송이 더 활성화하면 문제점이 많이 해소될 것이다. ZPO § 130a는 준비서면을 전자문서로 제출할 수 있도록 하였다.

Ⅴ. 준비서면의 제출·부제출의 효과

1. 부제출의 효과

(1) 무변론 패소판결의 위험(257조 1항, 356면 참조) 준비서면의 일종인 답변서를 피고가 소장부본을 송달받은 날부터 30일 이내에 제출하지 아니한 때에는 원고의 청구원인사실에 대하여 자백한 것으로 보고, 변론없이 피고 패소판결을 선고할 수 있다.

(2) 예고 없는 사실에 상대방 불출석시에 주장금지(276조) 출석한 당사자가 준비서면에 적지 아니한 사실은 상대방이 출석하지 아니한 때에는 변론에서 주장하지 못한다(예: 피고가 자기의 준비서면에 기재하지 않은 시효의 항변은 원고가 출석하지 않았으면 법정에 나가 변론에서 제출할 수 없다).[2] 이 경우에 새로운 주장을 허용하면, 출석하지 아니한 상대방은 예고받지 못한 사실에 반론을 펼 기회도 갖지 못한 채 자백간주(150조 3항·1항)로 되는 불공평이 생기기 때문이다. 피고가 불출석한 기일에 원고의 청구원인에 관한 주장을 변경석명시키고 심리종결하는

1) 양쪽 당사자가 변호사를 소송대리인으로 선임한 경우에는 변호사들 사이의 직접송달의 방법(규 47조)을 많이 이용한다.

2) 이의권의 상실에 의하여 그 하자가 치유된다는 것에, 대법 1954. 2. 27, 4286민상20.

것도 허용되지 않는다.[1)]

1) 여기의 주장이 금지되는 「사실」에는 주요사실 · 간접사실도 포함됨은 물론이나, **증거신청의 금지**도 포함되는가는 다투어진다. 적극설은 증거조사에 참여한다든지 그 결과에 대하여 변론을 하는 것은 사실인정에 중대한 영향이 있는 점에서 사실의 주장과 다를 바 없으므로 모든 증거신청이 포함된다고 한다.[2)] 그러나 증거신청 가운데 적어도 상대방이 예상할 수 있는 사실에 관한 증거신청 정도이면 여기의 「사실」에서 배제시켜 허용함이 절차촉진을 위해 좋을 것이다(절충설).[3)] 다만 **법률상의 진술**과 상대방의 주장사실에 대한 **부인**(否認) · **부지**(不知)의 진술은 여기에 포함되지 않는다. 전자는 법원에 참고자료이고, 후자는 상대방으로서 능히 예상할 수 있는 사항이므로, 상대방의 절차권이 침해될 수 없기 때문이다.[4)]

2) 상대방이 불출석했을 때 출석한 당사자가 준비서면에 기재하지 않은 사실을 주장하지 못하므로 이를 주장하려면 속행기일의 지정을 구하여 그때까지 준비서면을 제출하여야 한다.

(3) 변론준비절차의 종결 변론준비절차가 열렸을 때에 법원이 기간을 정하여 당사자로 하여금 준비서면을 제출하도록 하였는데, 당사자가 그 기간 내에 준비서면의 부제출시는 상당한 이유가 없는 한 변론준비절차를 종결하여야 한다(284조 1항 2호, 280조). 개정민소규칙 제70조의 3 제1항에 의하여 재판장 등이 법원사무관 등으로 하여금 준비서면의 제출촉구까지 하게 하였는데, 그 때도 부제출하였을 때는 그리해야만 한다. 이 경우에는 준비서면의 제출에 의한 쟁점정리의 목적이 무산될 수 밖에 없기 때문이다.

(4) 소송비용의 부담 준비서면에 기재되지 아니한 사실이라도 상대방이 출석한 경우에는 주장할 수 있다. 그러나 준비서면으로 미리 예고하지 아니하였기 때문에 상대방이 즉답을 할 수 없고 그 결과 기일을 속행할 수밖에 없는 경우에는 당사자는 승소에 불구하고 소송비용부담의 재판을 받을 수 있다(100조).

1) 대법 1964. 11. 30, 64다991.

2) 방순원, 427면; 이영섭, 265면; 송상현/박익환, 302면; 한충수, 347면; 강현중, 409면.

3) 김홍규/강태원, 447면; 정동윤/유병현/김경욱, 464 · 465면; 전병서, 300면; 김홍엽, 472면; 日最高裁 昭和 27. 6. 17 판결. 증거신청은 허용하되, 그 조사는 금지된다는 입장도 있다.

4) 대법 1975. 1. 28, 74다1721은 준비서면의 제출을 요하지 않는 단독사건에서는 상대방이 불출석하여도 증인을 채택하여 신문할 수 있다고 하였다.

2. 제출의 효과

미리 준비서면을 제출하였으면,

(1) 자백간주의 이익 상대방이 이를 받고 불출석한 경우라도 주장할 수 있으며, 그 기재부분에 대해서는 상대방이 명백히 다투지 않은 것으로 되어 자백간주의 이익을 얻을 수 있다(150조 3항·1항).

(2) 진술간주의 이익 그 제출자가 불출석하여도 그 사항에 관하여 진술간주의 이익을 얻어낼 수 있다(148조 1항).

(3) 실권효의 배제 변론준비절차 전에 제출준비서면이면 변론준비기일에 제출하지 아니하였다 하더라도 그 사항에 관하여 변론에서 실권되지 아니한다(285조 3항).

(4) 소의 취하 등에 대한 동의권 본안에 관한 준비서면의 제출이면 그 뒤에는 소의 취하에 있어서 피고의 동의를 얻어야 한다(266조 2항). 피고의 경정 때에도 같은 경우에 구피고의 동의를 요한다(260조 1항 단서).

제2관 변론준비절차(주장과 증거의 정리절차)[1)]

Ⅰ. 2008년 개정된 변론준비절차와 그 비판

(1) 신법은 소장의 제출 → 피고의 답변서제출 → 변론준비절차 → 변론기일의 기본구도이므로 변론준비절차는 구법과 달리 심판과정에서 매우 중요한 절차였다. 그러나 2008. 12. 26. 법률 제9171호로 개정된 제258조 1항 본문에서는 피고의 답변서제출이 있으면 바로 변론기일을 지정하는 변론기일중심제로 바꿨다. 동 단서에서는 변론준비절차는 필요한 경우에 한하여 예외적으로 경유하도록 하여 구법 제253조 이하의 「준비절차」로 사실상 되돌아가게 되었다. 개정 전에는 원칙이 변론준비절차를 경유하는 것이고 예외가 변론기일로 직행하는 것인데, 위 개정으로 원칙이 예외로, 예외가 원칙으로 개편되었다.[2)] 이어서 제279조 1항의 변론준비절차의 실시조항에서 '당사자의 주장과 증거를 정리하여 소송관계를 뚜렷하게 하여야 한다'는 부분을 '당사자의 주장과 증거를 정리하여야 한

1) 자세한 것은 조관행, "변론준비절차에 관한 연구"(박사학위논문), 63면 이하 참조.

2) 원칙과 예외의 설정에 비중을 둘 필요없으며, 탄력적인 운명을 할 수 있다는 견해에, 한충수, "민사소송절차의 심리구조와 변론준비절차의 투명화," 민사소송 15권 1호, 313면.

다'로 바꾸어 변론준비절차를 변론을 준비하는 절차에 그치는 것임을 명확히 하여 변론기일과 차별화를 시켰다. 변론준비절차의 지나친 강조는 절차의 중심이 변론절차에서 변론준비절차로 이동한다는 문제점과 변론준비절차가 본인소송에는 실효성이 없음을 고려한 것으로 알려졌으며, 입법이유는 변론기일중심의 진행으로 사건의 신속한 처리의 도모라고 했다.

(2) 원래 2002년 민사소송법개정시에 독일의 선행적 서면절차나 미국의 변론전의 절차(pretrial), 일본의 쟁점정리절차처럼 절차의 중심이 변론절차에서 그 준비절차로 이동하는 대전제하에 채택한 것으로 안다. 그와 같은 개혁입법이 7년을 넘기지 못하고 2008년 말에 다시 구법하의 준비절차와 같은 임의절차로 바꾸었다. global standard의 보편 가치의 정착을 위한 인내도 없이 편의적이고 조변석개(朝變夕改)식의 입법인 점이 큰 문제점이다. 나아가 global 추세도 도외시한 면이 있다.

Ⅱ. 개 요

1. 의 의

변론준비절차란 변론기일에 앞서 변론이 효율적이고 집중적으로 실시될 수 있도록 당사자의 주장과 증거를 정리하는 절차를 말한다(2008년 개정 법 279조 1항). 변론기일과 달리 소송관계를 뚜렷하게 할 필요는 없다. 사건의 공정, 신속 그리고 경제적인 처리의 토대마련이다(FRCP 16(c) 참조).[1] 쟁점정리절차라고 할 수 있다. 그 성격에 관하여 보건대,

첫째 변론의 집중을 위한 절차이다. 즉, 공개법정에서 열리는 변론기일에 앞서 6개월 한도 내에서 특히 복잡한 사건에서 미리 쟁점과 증거를 충실하게 정리하여 변론에 상정함으로써 심리의 집중과 효율을 도모하고 낭비적이고 준비 없이 헛도는 변론기일의 운영을 막으려는 것이다.

변론준비절차에서는 소장과 답변서, 준비서면 등을 토대로 법원의 석명과 당사자의 질의를 통하여 소송결과와 관계 있는 주장과 무관계한 주장을 간추리는 한편, 원고의 청구원인이나 피고의 항변 중에서 각 다툼 없는 부분과 다툼 있는 부분을 선별하고, 불필요한 지엽말단의 주장과 흠결된 주장을 배제·보충하는 등으로 중요한 사실상·법률상 사항을 추려내고 확인·단순화하는 것이다. 정리된 쟁점별로 신청증거를 정리조사하면서 뒤의 변론기일에서 집중조사할 증인 등 증거방법을 확정한다. 결국 변론집중을 위한 선별의 절차이다.

둘째, 변론에 앞선 절차로서 변론절차의 일부가 아니며 변론절차와 일체를 이루는 것도 아니다. 따라서 변론준비절차에서 수집된 소송자료와 증거자료는 변론에서 진술되거나

1) 정영수, "의료소송에서 변론의 효율적 준비에 관한 연구," 민사소송 18권 2호.

변론에 상정되어야 심리와 판단의 자료가 된다.

셋째, 그 회부가 뒤 2008년 개정 전과 달리 변론기일중심의 진행의 예외적 절차인 것으로 필요한 경우에 한하여 진행하는 절차이다(258조 1항 단서).

구법의 「준비절차」는 제도적 결함과 임의절차였던 문제점을 극복하고 그 활성화를 위한 환골탈태(換骨脫胎)의 시도로 신법은 표제부터 「변론준비절차」로 고쳤지만, 다시 구법의 원점으로 되돌아가다시피 되었다.

2. 변론준비절차의 대상과 회부

(1) 2008년 개정법률 이전에는 변론준비절차는 원칙적으로 모든 사건에 있어서 변론에 앞서 거쳐야 할 절차였으나, 개정법률 제258조 1항 본문에 의하여 피고의 답변서가 제출되면 재판장은 바로 변론기일을 정하는 것을 원칙으로 하되, 동조항 단서에 의하여 예외적으로 **필요한 경우에 한하여** 변론에 앞서 회부하는 절차로 되었다. 필요한 경우를 넓게 보아 절차를 활성화시키는 것이 바람직할 것이다.

(2) 변론준비절차는 합의사건·단독사건을 가리지 않고 필요하다고 인정되면 어떠한 사건에 대해서도 회부할 수 있다. 그러나 단독사건에서는 따로 회부의 의미가 크지 않을 것이나 단독사건의 사물관할을 5원 이하로 늘린 현재는 좀 다를 것이다.

(3) 변론준비절차는 재판장이 그에 부칠 필요가 있다고 인정하는 경우에 한하는 절차로서 제1회변론기일에 들어가기 전의 절차이다. 다만 일단 변론절차에 들어간 뒤라도 본소절차를 현저히 지연시키지 않을 정도의 **소의 변경·반소의 제기·소송참가 또는 상계항변 등 새로운 공격방어방법의 제출** 등으로 새로운 쟁점정리가 필요하게 되는 등 사정이 있을 때에는 변론의 중지 내지는 제한을 하고 새로 변론준비절차에 부칠 수 있다(279조 2항). 사실심이 아닌 상고심에서는 열 수 없으나, 항소심에서는 제1심에서 열었다 하여도 사건이 앞서 본 바와 같은 사유 등으로 복잡한 양상으로 발전하거나 항소이유 중심의 쟁점정리의 필요가 있으면 변론준비절차를 열 수 있다(914면 참조).

(4) 변론준비절차회부는 재판장이 필요하다고 할 때에 그의 회부명령으로 한다(258조 1항). 원고의 소장이나 피고의 답변서를 종합고려할 때에 사건이 매우 복잡하고 전문성을 필요로 하여 변론에 앞서 사전쟁점의 정리를 필요로 하는 경우나 집단소송·대형소송 등 현대형 소송사건 등이 해당된다 할 것이다. 입법취지

상 본인소송은 특별한 사정이 없으면 배제된다 할 것이다.

3. 3자의 책무와 진행협의—절차협의

민소규칙 제70조는 변론준비절차에서 **법원**은 쟁점과 증거의 정리, 그 밖에 효율적이고 신속한 변론진행을 위한 준비가 완료되도록 노력할 책무를 지고, **당사자**는 이에 협력할 책무를 진다고 하였다(동조 1항). 반드시 견원지간(犬猿之間)일 필요없는 **당사자 간**에도 그와 같은 준비가 완료되도록 상호협의할 수 있다고 하였다(동조 2항. 미국의 conference of parties와 비슷). 재판장 등과 당사자 **3자간**의 협의를 할 수 있도록 하였다(동조 3항. 미국의 법관주재하의 pretrial conference와 비슷). 준비서면의 횟수, 분량 및 양식에 관한 협의도 할 수 있으며(동조 4항), 나아가 이러한 협의를 당사자 쌍방과 재판장 등의 **3자간**의 **통화방법**으로 하는 전화회의도 가능하게 하였다(동조 5항. 화상회의도 가능할 것임).

Ⅲ. 변론준비절차의 진행

1. 진행법관의 권한

(1) 변론준비절차의 진행은 재판장이 담당함을 원칙으로 하되(280조 2항). 합의사건의 경우 재판장은 합의부원을 수명법관으로 지정하여 담당시킬 수 있고(동조 3항), 합의사건과 단독사건을 불문하고 재판장은 필요하다고 인정할 때에는 그 진행을 다른 판사에게 맡길 수 있다(동조 4항). 진행을 맡은 재판장·수명법관·위 다른 판사를 약칭하여 '**재판장등**'이라 한다.

(2) 변론준비절차에서 재판장등의 권한은 **쟁점정리**, **증거결정** 그리고 **증거조사** 등이다. 따라서 재판장등은 쟁점정리를 위하여 필요한 경우 증거채택여부의 증거결정을 할 수도 있고(281조 1항), 쟁점정리를 위하여 필요한 범위 안에서 증인신문과 당사자신문을 제외한(단 313조의 경우는 예외) 모든 증거조사를 할 수 있다(동조 3항). 즉, 서증의 조사·검증·감정·조사촉탁·문서송부촉탁·법원외의 서증조사(현장서증조사) 등은 물론 전자저장정보인 영상등(그 밖의 증거)에 대한 조사까지 할 수 있다. 전문성이 있는 사건이기 때문에 쟁점정리가 어려운 경우에는 전문심리위원을 참여시켜 그 의견을 들을 수 있다(164조의 2). 다만 합의사건의 증거결정에 대하여 당사자는 이의신청을 할 수 있으며, 이에 대하여는 법원이 결정으로 재판한다(281조 2항). 재판장등이 증거결정과 증거조사를 하는 경우에는 증거법에서 규정한 법원과 재판장의 직무를 행할 수 있다(281조 4항). 쟁점정리와 증거조사 후 이를 토대로 조정, 나아가

화해권고결정을 할 수 있다(145조, 225조). 따라서 이 절차를 잘 운영하면 화해·조정률이 크게 제고될 수 있다.[1] 재판장등의 면전에서 소의 취하(266조), 청구의 포기·인낙, 화해를 할 수 있다(220조).

그러나 재판장등은 여기에서 중간·종국을 막론하고 **판결**을 할 수는 없으며, 이송결정, 참가의 허가여부의 결정, 소송수계허가여부의 결정 등 **소송상의 재판**도 할 수 없다. 이와 같은 재판사항은 판결에 관여하는 구성법관 전원의 몫으로 수소법원에 유보된 권한이므로 진행중에 그러한 문제가 된 때에는 재판장등은 변론준비절차를 중지하고 수소법원에 원조를 구하여야 한다. 변론의 제한·분리·병합 역시 마찬가지이다(141조). 다만 재판장등에게 **소송지휘에 관한 재판**은 허용된다.

2. 서면에 의한 변론준비절차

재판장이 필요하여 부쳐지는 변론준비절차에는 서면방식과 기일방식의 구분이 있다. 변론준비절차에 부쳐지면 먼저 서면방식에 의하는 것이 원칙인데, 그것이 서면에 의한 변론준비절차이다. 제280조 1항은 기간을 정하여 준비서면, 그 밖의 서류를 제출·교환하게 하고 증거를 신청하게 하는 방법으로 진행한다고 규정하였다. 준비서면의 제출·교환과 증거신청의 방식이다.

(1) 서면공방의 내용 소장부본의 송달을 받은 피고가 답변서를 제출하면, 그 부본을 원고측에 보내면서(256조 3항) 석명준비명령으로 언제까지로 기간을 정하여 **반박준비서면**의 제출을 촉구하고, 그것이 오면 다시 피고측에 보내서 언제까지 **재반박준비서면**의 제출을 촉구한다. 준비서면의 제출촉구는 법원사무관등을 통하여 할 수 있다(개정 규 70조의3 1항). 이 과정에서 기본적인 서증은 소장·답변서·준비서면과 함께 제출되어 상대방에게 교부되고, 증거조사를 위하여 후속조치가 필요한 증거신청(문서송부촉탁, 감정·검증·사실조회 등)이 이루어지며, 다른 증거방법의 제출상황을 고려하여 변론준비기일 이전까지 원칙적으로 증인을 신청할 것이다. 당사자가 준비서면을 낼 때에는 쟁점정리의 편의를 위하여 다툼 있는 부분과 다툼 없는 부분을 구분할 것이 요망된다.

(2) 서면공방의 기간과 기간단축 서면에 의한 변론준비절차는 부쳐진 뒤에 **4월**을 넘어설 수 없다. 이 기간 안에 주장과 증거를 제대로 정리하였다면

1) 서울고법의 경우에 변론준비절차회부건수가 1/3 미만인 재판부의 화해·조정률이 19.6%, 1/3 이상인 재판부의 그 율은 34.3%로 나타난다는 보고이다(법률신문 2008. 2. 25.자).

절차를 마치고 변론에 넘겨야 한다. 그러나 주장 · 증거의 정리 등이 아직도 제대로 되지 아니하였으면 즉시 변론준비기일을 지정하여야 한다(282조 2항, 258조 2항). 다만 재판장등은 사건의 신속한 진행을 위하여 필요하다면 변론준비절차에 부침과 동시에 변론준비기일을 지정하여 놓고 기간을 정하여 그 기간 안에 준비서면의 제출과 증거신청 등 서면공방을 하게 할 수 있다(개정규 69조 3항). 불필요한 서면공방의 단계를 단축시키려는 취지인데, 이 때문에 변론준비절차에서 서면방식보다 변론준비기일의 비중이 강화되었다.

3. 변론준비기일

(1) 개 요 6개월 한도의 기일방식이다. 변론준비기일은 변론준비절차를 진행하는 동안에 좀더 주장 및 증거의 정리를 위하여 필요하다고 인정하는 때에 되도록 양쪽 당사자 본인을 출석하게 하여 최종적으로 쟁점과 증거를 정리하는 기일이다(282조 1항). 특히 복잡다단한 사건(복잡한 특허소송, 집단소송, 대형소송 등)에서는 변론준비기일을 지정하여 쟁점과 증거를 정리할 필요가 있고, 그 외에도 당사자 본인을 대면할 필요가 있는 사건, 기일진행에 대한 협의가 필요한 사건, 화해 · 조정을 시도할 만한 사건 등에서 변론준비기일을 활용할 수 있다. 당사자는 변론준비기일이 끝날 때까지 변론의 준비에 필요한 주장과 증거를 제출하여야 한다(282조 4항). 내야 할 주장과 증거를 변론준비기일이 끝날 때까지 내지 아니하면 뒤에 볼 바와 같이 **기일종결효**인 실권의 제재를 면치 못한다.

개정민소규칙 제70조의 2에서는 변론준비기일에서의 주장과 증거정리의 방법으로 당사자가 말로 변론준비에 필요한 주장과 증거를 정리하여 진술하거나 법원이 당사자에게 말로 해당사항을 확인하여 정리하여야 한다. 즉 구술주의에 의한 주장 · 증거의 정리진술, 쟁점의 확인정리의무를 명백히 한 것이다.

서면에 의한 변론준비절차에 선행하는 것은 아니나 변론준비기일의 지정은 반드시 그 절차가 끝난 뒤에라야 하는 것이 아니며, 변론준비절차에 회부함과 동시에 할 수 있음은 앞서 본 바이다. 시차제(時差制) 소환방식을 활용하여 각 사건별로 개별적으로 기일을 지정하여야 한다(규 39조 참조). 변론준비기일을 주재하는 재판장등은 변론준비기일이 끝날 때까지 변론의 준비를 위한 모든 처분을 할 수 있다(282조 5항).

(2) 당사자 본인의 출석문제 변론준비기일은 비공개로 준비절차실 또는 심문실에서 재판장등이 당사자와 대면하여 대화하면서 자유롭게 진행한다.

격식을 차리는 법정변론과 다르다. 당사자에게 일반적인 출석의무는 없으나 재판장등이 필요하다고 인정하는 때에는 당사자 본인 또는 그 법정대리인에 대하여 출석명령을 발할 수 있으며, 소송대리인에게 당사자 본인 또는 그 법정대리인을 출석시키라고 요청할 수 있다(282조 1항; 개정규 29조의 2). 재판장등은 의문점을 석명권행사로 즉석에서 풀 수 있다. 당사자본인은 누구보다도 사건의 내용을 잘 알고 있으므로 법원으로서는 사건의 실체와 쟁점을 밝히는 데 도움이 되고 당사자로서는 법관 앞에서 주장과 호소를 할 수 있는 기회를 부여받음으로써 절차적인 만족감을 얻을 수 있다. 뿐만 아니라 정리된 쟁점을 토대로 당사자를 설득할 수 있고 따라서 화해적 해결에도 큰 도움이 된다. 상소율을 낮추는데도 기여한다.

(3) 비 공 개 변론준비기일은 기일이 비공개로 열린다. 재판공개의 원칙에 반하지 않느냐의 의문이 있다.[1] 그러나 변론준비기일에서는 변론의 준비에 그치는 것이고, 변론기일에 변론준비기일의 결과를 진술하며, 변론에 상정된 주장만이 심판의 대상이 될 뿐만 아니라 법관의 심증형성에 결정적인 증인 등 조사는 공개된 법정에서 실시되므로 이를 공개재판의 원칙에 반한다고 하기 어렵다.[2] 당사자는 재판장등의 허가를 얻어 제3자와 동반 출석할 수도 있는데(282조 3항), 재판공개의 의미가 있을 뿐만 아니라 당사자가 법인인 경우 대표이사보다 담당실무자가 사건의 실체에 관하여 더 잘 알고 있어 사건의 실체파악에 도움이 될 수도 있다.[3]

(4) 조서작성 변론준비기일에서는 법원사무관등이 원칙적으로 기일마다 조서를 작성하여야 하는바, 여기서는 변론준비의 결과만이 아니라 당사자의 공격방어방법 그리고 상대방의 청구와 공격방어방법에 관한 진술을 기재하고, 특히 증거에 관한 진술을 명확히 하여야 한다(283조 1항, 274조 1항 4·5호). 쟁점정리결과의 서면화로 쟁점에 집중한 증거조사가 가능해지고, 변론준비기일 종결에 따른 실권효의 근거를 명확히 한다는 의미도 있다. 변론준비절차에 관하여는 변론조서의 규정이 준용되므로(283조, 152조 내지 159조), 조서에 갈음한 녹음·속기 등도 가능하며, 변론준비절차에서 행한 증거조사결과를 조서에 기재할 것이다.

(5) 당사자의 불출석 변론준비기일에 당사자가 출석하지 아니한 때에는 재판장등은 변론준비절차를 종결하여야 함이 원칙이나, 상당한 이유가 있을

1) 대한변호사협회 주최, "민사소송법개정방향"/좌담, 인권과 정의(1996. 7), 18면.
2) 조관행, 앞의 논문, 242면. 같은 취지: 송상현/박익환, 310면; 전병서, 305면.
3) 조관행, 위, 240~241면.

경우에는 종결함이 없이 진행시킬 수 있다(284조 1항 3호).

이 경우에 ① 한쪽 당사자가 변론준비기일에 불출석하였으면 진술간주(286조, 148조)와 자백간주(286조, 150조)의 법리를 준용한다. 출석한 당사자는 상대방이 불출석했을 때 준비서면의 제출로써 예고하지 아니한 사항도 진술할 수 있다(276조 불준용).

② 양쪽 당사자가 불출석하였을 때에는 변론준비기일을 종결할 수도 있고, 다시 기일을 정하여 양쪽 당사자에게 통지할 수도 있는 option이다(284조 1항 3호). 계속적 불출석일 때는 변론기일에 양쪽 2회 불출석의 경우처럼 소의 취하간주의 법리가 준용된다(286조, 268조). 그러나 여기에서의 불출석의 효과가 변론기일에까지 승계되지는 아니하므로, 변론준비기일에서 1회, 변론기일에서 2회 불출석으로 곧 소 취하 간주되지 아니한다.[1] 변론준비절차는 변론전절차에 불과할 뿐 변론기일의 일부가 아니기 때문이다.

(6) 변론기일과 구별 변론준비기일은 변론기일과는 다르다. ① 변론의 준비에 필요한 주장·증거의 정리기일일 뿐으로 소송관계를 뚜렷히 할 필요는 없으며(개정 279조 1항은 이 부분 삭제), 이 점에서 증인등에 대한 집중신문 그리고 쟁점(중요한 사실상·법률상 사항)에 관한 공방기일로서 소송관계를 뚜렷히 하는 변론기일(개정규 28조)과는 다르다. 변론준비기일의 결과는 변론 결과처럼 곧바로 소송자료가 되지 아니하며 변론에 상정해야 한다(287조 2항; 규 72조의 2). ② 변론의 경우와 같은 법원에 의한 쟁점확인, 당사자에게 쟁점에 대한 의견진술의 기회 보장이 아닌 것이 다르다(규 70조의 2 참조). ③ 변론기일과 달리 공개주의와 직접주의가 적용되지 아니하는 점에서 차별이 된다.[2] 공개법정 아닌 준비실에서 연다. ④ 변론준비기일의 진행은 재판장등만이 주재하는 것으로, 구성법관전원이 관여하는 수소법원에 의한 절차진행인 변론기일과는 다르다. ⑤ 변론준비기일로서 변론기일을 생략하고 대체할 수 없다. 변론준비기일은 변론기일과 동일 심급이라도 동종의 기일이 아니다. ⑥ 변론준비기일은 변론기일과 달리 준비절차에 부쳐진 뒤에 6월이 지나기 전에 종결되어야 한다(284조 1항 1호).

변론준비기일은 물론 심문기일에서도 법원은 당사자의 신청을 받거나 동의를 얻어 원격영상재판을 할 수 있도록 하였다(287조의2; 규 73조의 2·3·4).

---

1) 대법 2006. 10. 27, 2004다69581.
2) 대법 2006. 10. 27, 2004다69581.

[도표 5-1] 변론준비기일과 변론기일의 차이의 요약

구 분	변론준비기일	변론기일
주 재 자	재판장등(수명법관포함)	수소법원(합의부이면 3인 모두)
심리목적	주장·증거정리, 쟁점정리, 증거결정, 증인신문 이외의 증거조사	증인 등 신문, 집중심리, 소송관계의 명확화
소송자료	뒤에 변론에서 상정시켜야 함	자동소송자료가 됨
심리원칙	구술주의이나 공개·직접주의 아님 (법정 아닌 준비실 심리)	구술·법정공개·직접주의
종 결 일	회부 후 6월 내에 종결	훈시규정(제199조)이 있을 뿐
기일종결의 효과	실권효(준비기일 끝난 뒤 변론기일에 새 주장·증거 제출 못함, 제285조)	변론재개 아니면 판결선고
준비기일과 변론기일의 관계	준비기일로 변론기일 대체 안 됨 동종기일이 아니므로 각기 1회 불출석시 변론기일 2회 불출석으로 보지 않음	

Ⅳ. 변론준비절차의 종결

1. 종결원인

부쳐진 변론준비절차에서 주장과 증거가 제대로 정리되어 쟁점이 뚜렷이 된 것으로 인정되는 때에는 이를 종결한다. 그러나 ① 변론준비절차에 부친 뒤 6월이 지난 때, ② 재판장등이 정한 기간 이내에 준비서면을 제출하지 아니하거나 증거를 신청하지 아니한 때, ③ 당사자가 변론준비기일에 출석하지 아니한 때 등 변론준비절차가 성공적이지 못한 경우에도 재판장등은 변론준비절차를 종결하여야 한다. 다만 이와 같은 사유들이 있어도 변론준비를 계속하여야 할 상당한 이유가 있을 때에는 종결하지 아니할 수 있다(284조1항). 변론준비절차를 종결하는 경우 신속한 진행을 위하여 재판장등은 변론기일을 미리 지정할 수 있다(동조 2항).

2. 변론준비기일의 종결효

(1) 실 권 효 변론준비기일까지 연 이상 여기에서 모든 자료를 제출하여 집중심리의 실효를 거두기 위하여, 그 기일에 제출하지 아니한 공격방어방법(주장, 증거, 항변)은 원칙적으로 그뒤 변론에서 제출하지 못하도록 하였다(285조 1항). 기일종결효라고 할 수 있다. 제출할 수 있는 권능을 잃게 한다는 의미에서 실권적 효과라고 한다. 이와 같은 실권효는 항소심에서도 유지된다(410조). 그러나, 직권탐지주의에 의하는 절차에서는 전면적으로 배제되며(가소 12조, 17조), 또 변론준비기일까지 열지 아니하고 서면에 의한 변론준비절차로 종결한 사건에 대하여도 적용되지 아

니한다(285조 1항 1호~3호 · 3항).

(2) 예외 사항 예외적으로 다음 4가지 사항은 뒤에 변론에서 제출할 수 있으며 실권되지 아니한다.

① 직권조사사항

② 제출하여도 현저하게 소송을 지연시키지 아니할 사항

③ 중대한 과실 없이 변론준비절차에서 제출하지 못하였다는 것을 소명한 사항

④ 소장에나 변론준비절차 전에 제출한 준비서면에 적힌 사항. 다만 이에 해당되어도 변론준비절차에서 철회 · 변경된 때에는 변론에서 제출하지 못한다.

특히 의도적인 재판지연이나 무성의 등 절차지연이 엿보일 때에는 과감하게 변론준비기일의 종결효인 실권효를 적용하여야 할 것이나, 박정하다는 불평 때문인지 실무상 별로 활용되지 아니하는 문제점이 있다.

Ⅴ. 변론준비절차 뒤의 변론의 운영

(1) 변론에의 상정(287조 2항) 2008년 개정법 제258조 2항에 의하면 필요에 따라 변론준비절차가 열렸다가 끝난 뒤에는 바로 변론기일을 정하도록 하였다. 변론준비기일을 마친 뒤의 변론기일에서는 양쪽 당사자가 변론준비기일의 결과를 진술하여야 한다. 변론준비기일조서를 토대로 진술한다. 이 진술은 변론에의 상정을 뜻하며, 그렇게 하여야 소송자료가 된다. 과거와 같이 단순히 조서에 「변론준비기일의 결과 진술」이라고만 기재하는 정도로 형식적인 변론에의 상정에 그칠 것이 아니다.[1)] 그리하여 개정민소규칙 제72조의 2에서는 변론준비기일결과의 진술은 당사자가 정리된 쟁점 및 증거조사결과의 요지 등을 진술하거나 법원이 당사자에게 쟁점사항을 확인하는 방식으로 하도록 하였다.

그러나 서면에 의한 변론준비절차를 마친 경우에는 이와 달리 제출된 소장 · 답변서 · 준비서면에 따라 변론하면 된다.

(2) 1회의 변론기일주의와 계속심리주의(287조 1항) 변론준비절차를 마친 경우에는 첫 변론기일을 거친 뒤 바로 변론종결할 수 있도록 하여야 하며 당사자는 이에 협력하여야 한다. 이는 6월 한도의 철저한 변론준비절차에 1회의 변론기일주의로 나아가게 하는 구도이다. 만일 1일의 변론기일로 변론종결이 안 되어

---

1) 조관행, 앞의 논문, 154~155면.

그 심리에 2일 이상 소요될 때에는 가능한 한 종결에 이르기까지 매일 변론을 계속 진행하여야 하며(연일의 집중심리), 특단의 사정이 있는 경우라도 큰 간극없이 최단기간 안의 날로 다음 변론기일을 지정하여야 하는 계속심리주의를 원칙으로 하였다(규 72조 1항, 앞의 '집중심리주의' 참조). 이러한 1회기일주의와 계속심리주의는 "다준비 · 소기일"로 사건을 종결하려는 구도로서 그 의미가 변론준비절차를 원칙으로 하던 때에는 매우 컸으나, 앞서 본 바와 같이 2008년 법개정으로 변론준비절차가 원칙이 아닌 지금에는 퇴색이 되었다.

(3) 집중적인 증거조사(287조 3항) 법원은 변론기일에서 정리된 쟁점에 초점을 맞추어 집중적인 증인신문과 당사자신문을 하여야 한다(293조).

제4절 변론의 내용

Ⅰ. 변론의 내용(변론에서의 당사자의 소송행위)

진행경과에 따라 사건분류하면 다음과 같다.

첫째로, 소장송달을 받은 피고가 답변서의 부제출로 무변론판결로 끝나는 사건, 둘째로 답변서의 제출 후 바로 변론기일이 지정되는 원칙적인 사건, 셋째로 필요에 의하여 변론준비절차를 마친 뒤 변론에 들어가는 사건 등이다.

첫번째의 사건은 변론이 필요없지만, 두번째의 바로 변론기일지정의 사건은 변론은 이미 제출된 소장 · 답변서 등을 진술하는 방식으로 열리게 된다. 그러나 세 번째의 변론준비절차에 부쳐 변론준비기일까지 연 경우이면 변론에서 준비절차 결과를 진술하는 방식으로 진행한다(개정규 제72조의 2). 진술방식이든, 결과의 진술방식이든 이로써 정식 소송자료가 된다.

특히 변론에서의 당사자의 소송행위를 보면, 당사자가 먼저 내는 본안의 신청과 그 다음 뒷받침하기 위해 내는 공격방어방법(주장 · 증거신청)이 그 주된 것이다.

1. 본안의 신청(청구취지)과 답변취지

(1) 변론은 먼저 원고가 낸 소장의 청구취지에 따라 특정한 내용의 판결을 구하는 진술을 함으로써 시작된다. 이에 의하여 변론의 주제가 제시된다. 이는 본안재판의 대상과 내용에 관계되는 신청(청구에 대한 신청)이기 때문에 본안의 신청(Sachantrag)이라 한다. 그 당부는 원칙적으로 종국판결로 판단응답한다. 또 소

송비용재판의 신청 · 가집행선고의 신청도 널리 본안신청에 포함되지만, 이는 직권으로도 심판할 수 있다. 피고는 원고의 본안신청에 대응하여 답변서에 의하여 소각하 · 청구기각의 판결을 구하는 신청, 즉 반대신청을 하지만 이는 본안신청이 아니라 소송상의 신청이다.[1] 왜냐하면 이에 의하여 소송물이나 재판내용이 좌우되는 것이 아니기 때문이다(답변서 제출시 인지 면제).

(2) 일반적으로 신청이란 당사자가 법원에 대하여 재판 · 증거조사 · 송달 등의 일정한 소송행위를 요구하는 것을 말한다.

1) 신청에는 앞서 본 본안의 신청 외에 소송절차에 관한 신청이 있으며, 이를 소송상의 신청(Prozessantrag, 미국법에서 motion)이라 한다. 관할의 지정신청(28조), 소송이송신청(35조), 제척 · 기피신청(44조), 공시송달신청(194조), 기일지정신청(268조 2항) 따위이다. 증거신청도 증거의 조사를 구하는 것이기 때문에 신청의 일종이다. 실무에서는 흔히 신청이라 할 때에 판결신청(본안의 신청) 아닌 ① 소송절차에 부수 · 파생절차, ② 집행절차, ③ 보전절차 · 민사비송절차에 관한 신청까지 포함하여 말한다. 좁게는 ③의 신청만을 말한다.

신청에는 당사자의 신청권이 인정되는 사항에 관한 신청과 법원의 직권사항으로서 법원의 직권발동을 촉구하는 의미의 신청이 있다. 대부분의 신청이 전자에 속하며, 변론재개신청(142조) · 관할위반에 의한 이송신청(34조 1항) · 조사촉탁신청(294조) 등이 후자에 속한다. 전자에 대해서는 그 신청이 부당하다고 인정될 때에 각하재판으로 응답하여야 하며 500원의 소정인지를 붙여야 하나(민인 10조), 본안신청(소)에 비하여 너무 저렴하다. 후자에 대하여는 이에 응답하는 재판을 필요로 하지 않으며, 인지도 붙일 필요가 없다(민인 10조 단서, 증거신청서도 같다).

2) 신청은 특별한 규정이 없는 한 서면이나 말로 할 수 있다(161조, 2011년 5월부터 전자접수). 말로 신청한다 함은 법원사무관 등의 면전에서 신청사항을 말로 진술하고 사무관 등이 조서나 그 밖의 서면을 작성하여 기명날인 또는 서명함을 말한다. 구술조서를 작성하여 주는 것은 소송의 민주화 · 대중화를 위해 바람직한 데도 사문화되어 있는 실정이다. 단지 법원종합접수실에 각종의 신청방식서를 비치하여 본인이 이를 보고 채우도록 편의제공하고 있을 뿐이다.

3) 신청은 확정적일 것을 요하며, 조건 · 기한을 붙일 수 없다(뒤에 볼 「소송행위의 특질」 참조).

4) 신청은 어느 때나 임의로 철회할 수 있음이 원칙이나, 예외적으로 상대방의 동의를 요하는 경우가 있다(소의 취하, 증거조사개시 후의 증거신청의 철회 등).

2. 공격방어방법—주장과 증거신청

당사자는 변론주의 때문에 본안의 신청을 뒷받침하기 위해 소송자료를 제출하여야 하는데 이를 공격방어방법이라 한다. 소송이 법정투쟁장이므로 전장과 같은 말을 쓴다. 원고가 자기의 청구를 이유 있게 하기 위해 제출하는 소송자료를 **공격방법**, 피고가 원고의 청구를 배척하기 위해 제출하는 소송자료를 **방어방법**이라 하는데, 이를 합하여 공격방어방법이라고 부른다(창과 방패의 구도. 판결(合)을 향하여 공격방법(正)과 방어방법

1) BGH NJW 65, 397.

(反)의 대결구도가 소송임). 원고의 소변경이나 피고의 반소는 새로운 본안의 신청이지 결코 공격방어방법이 아니다. 공격방어방법은 법률상·사실상의 주장, 부인 및 증명이 그 주된 것이나, 그 밖에 증거항변, 개개의 소송행위의 효력·방식의 당부에 관한 주장도 포함된다. 공격방어방법 중에는 중간판결의 대상인 독립한 공격방어방법이 있고(201조), 공격방어방법의 제출시기는 적시제출주의에 의한다(146조). 공격방어방법은 소송물의 존부판단의 자료이므로 소송물(청구) 자체에 생기는 소송계속·기판력이 미치는 사항이 아니다. 그 구체적 내용을 본다.

(1) **주장**(진술) 법률상의 주장과 사실상의 주장으로 나누어지는바, 법원에 대하여 말로 하여야 하며, 상대방이 불출석한 경우에도 할 수 있다. 변론은 말로 **중요한 사실상·법률상** 사항 즉 쟁점에 대하여 진술하면 되는 것으로(개정규 28조), 말로 **변론준비에 필요한 모든 주장과 증거**를 정리진술토록 한 변론준비기일에서의 방식과는 구별이 된다(개정규 70조의 2).

(a) **법률상의 주장**(진술) 법률은 법원이 아는 것이므로, 이는 사실상의 주장만큼 중요하지는 않다. ① **넓은 의미**의 법률상의 주장이라 할 때에는 법규의 존부·내용 또는 그 해석적용에 관한 의견의 진술을 포함한다. 예를 들면 외국법규나 자치단체의 조례, 신의칙·권리남용이나 선량한 풍속 등의 개념 등의 진술이 그것이다. 이러한 법률상의 주장은 법원을 구속할 수 없고 단지 법관의 주의를 환기시키는 의의밖에 없다(법률은 법원이 안다).[1] **좁은 의미**의 법률상의 주장이라 함은 구체적인 권리관계의 존부에 관한 자기의 판단의 보고를 뜻하며, 예컨대 원고가 그 물건의 소유권자라든가 피고에게 손해배상의무가 있다는 등의 진술이다. 이러한 법률상의 주장도 원칙적으로 변론주의의 적용을 받지 아니하며, 잘못 주장하여도 법원은 이에 구속되지 아니하고 직권판단한다.[2] 또 실기한 공격방어방법으로 처리할 수 없다. 무엇이 법률상의 주장인지 문제되나, 판례에 의하면 **소멸시효기간에 관한 주장**은 법률상의 주장이므로, 당사자가 3년을 주장을 하였다 하여도 5년 완성여부를 법원이 직권판단할 수 있다고 했다.[3]

② 법률상의 주장에 대하여 상대방이 다투는 경우에는 그 법률상의 주장을 뒷받침할 구체적 사실을 주장하지 않으면 안 된다(이유를 밝혀야 할 의무라고 하는데, 예를 들면 원고주장의 소유권을 피고가 다투면 원고는 소유권취득의 원인사실을 주장하여야 한다). 법률상의 주장이 불리함에도 불구하고 상대방이 시인하는 경

1) 다만 근자에는 법률문제에 대하여도 당사자의 심문청구권을 보장하는 경향으로 나가고 있다(앞서 본「지적의무」참조).

2) 대법 2013. 2. 15, 2012다68217; 동 1992. 2. 14, 91다31494 등.

3) 대법 2013. 2. 15, 2012다68217.

우에는 권리자백이 되어 원칙적으로 구속력이 없다(뒤의 「권리자백」 참조). 다만 소송물인 권리관계 자체에 대한 법률상의 주장을 시인하는 때는 권리자백이지만 청구의 포기·인낙이 되며, 이에 민소법이 예외적으로 구속력을 인정하 고 있다(220조).

③ 법률상의 주장에 관하여는 신·구이론 사이에 견해 차이가 있다. 소송물을 실체법상의 권리의 주장으로 보는 구이론 특히 우리 판례 입장에서는 원고는 소송물의 특정을 위한 실체법상의 권리의 진술을 생략할 수 없으며, 법원이 이에 구속되어 판단하지 않으면 안 된다. 그러나 신이론은 원고의 주장이 있어도 법원이 구속되지 않는 법률적 관점에 그쳐 그와 반대임은 앞서 본 바이다(「처분권주의」 참조).

(b) 사실상의 주장(진술)

aa) 의　의　① 사실상의 주장이란 구체적 사실의 존부에 대한 당사자의 지식이나 인식의 진술을 말한다. 사실은 때와 장소에 의하여 구체적으로 특정된 사실이며(소위 6하의 원칙), 외계의 사실에 한하지 않고, 내심의 사실(선의, 악의, 고의, 과실)도 포함한다. 당사자주장의 사실은 i) 주요사실, ii) 간접사실, iii) 보조사실로 구별된다(이에 관하여는 「변론주의」 참조). 변론주의하에서는 주요사실에 관한 한 변론에서 주장되지 아니하였으면 판결의 기초로 할 수 없다. 사실상의 주장과 단순한 의견표명은 구별해야 한다.[1)]

② 당사자는 일단 사실상의 주장을 하였다 하여도 사실심의 변론종결시까지 이를 임의로 철회·정정할 수 있음이 원칙이다.[2)] 다만 자기에게 불리한 사실상의 주장을 상대방이 원용한 때에는 재판상의 자백이 되어 그 취소요건(288조 단서)을 갖추지 않는 한 취소가 허용되지 않는다.

③ 사실상의 주장은 절차의 불안정을 피하게 하는 의미에서 단순하여야 하며, **조건이나 기한**을 붙일 수 없다. 다만 제1차적 주장이 배척될 것을 염려하여 제2차적 주장을 하는 예비적 주장은 비록 조건부 주장의 일종이나 허용된다. 예컨대 소유권확인청구에서 그 취득원인으로 먼저 매매를 주장하고 예비적으로 시효취득을 주장하는 **가정주장**이나, 대여금에서 피고가 먼저 변제를 주장하고 예비적으로 소멸시효완성을 주장하는 **가정항변**이 이에 속한다. 이러한 예비적 주장이 수개 있을 때에는 그 상호간의 이론적 관계나 역사적 전후에 관계 없이 법원은 그 어느 것을 선택하여 당사자를 승소시켜도 무방하다.[3)] 다만 예외적으로

---

1) 대법(전) 2011. 9. 2, 2009다52649(MBC 광우병사건) 참조.

2) 서로 모순된 진술이 있을 때에는 후자로써 전자를 정정하였다고 볼 것이라고 한 것에, 대법 1993. 6. 25, 92다20330 등.

3) 임대차계약의 해지사유로 임대료의 연체, 그것이 이유없다고 하더라도 기한의 정함이 없는 임대차로서 해지통지의 주장과 같이 서로 양립이 가능한 선택적 주장을 한 경우에 어느 하나가 인용되

상계의 항변에 대해서는 그 판단이 잘못되어도 다시 다툴 수 없는 기판력이 생기고(216조 2항) 피고의 반대채권을 희생시켜야 하는 출혈적 항변이므로, 판단의 순서를 최후로 미루어야 한다. 즉 예비적(후순위) 항변으로 취급할 것이다. 판례에서도 상계항변은 그 수동채권의 존재가 확정되는 것을 전제로 행하여지는 일종의 예비적 항변이라 하였다.[1] 지상건물철거소송에서 피고측의 지상물매수청구권행사의 항변도 같이 취급할 것이다. 다만 모두가 다 이유 없으면 모두 배척의 판단이 필요하다.

bb) **상대방의 답변태도**(answer) 당사자의 사실상의 주장에 대하여 답변서 부제출로 응대하지 않을 수도 있으나, 일반적으로 답변의 기본틀은 다음 네 가지 유형이다. 피고의 답변은 간단, 명료해야 하며, 기교적인 교언영색은 금물이다(FRCP 8(b)).

1) 부 인 상대방이 증명책임을 지는 주장사실을 아니라고 부정하는 진술이다(이하 405면 참조).[2]

2) 부 지 상대방의 주장사실을 **알지 못한다**는 진술로서, 이러한 부지는 다툰 것으로, 즉 부인으로 추정한다(150조 2항). 자기가 관여하지 아니한 행위에 대해서는 부지라는 답변이 허용되나, 자기가 관여한 것으로 주장된 행위나 서증에 대하여는 인정여부의 인부(認否)절차에 있어서 원칙적으로 부지라는 답변은 있을 수 없으며 부인만이 가능하다고 볼 것이다(ZPO § 138 Ⅳ 참조. 알지 못한다는 진술은 당사자 자신의 행위도 아니고 스스로 인지한 대상이 아닌 사실에 대하여서만 이용된다). 따라서 부지는 자신의 인식의 대상이 아니었던 사실에 한하여 허용된다고 할 것이다(부지가 상대방의 주장에 무난한 답변이라 하지만, 부지진술의 규제가 있어야 함).[3] 부지는 부인과 함께 '다툼있는 경우'로 본다.

3) 자 백 자기에게 불리한 상대방의 주장사실을 시인하는 진술로서, 자백한 사실은 증거를 필요로 하지 아니하며 그대로 재판의 기초로 하지 않으면 안 된다(288조).

4) 침 묵 상대방의 주장사실을 명백히 다투지 아니함을 말하며, 변론전체의 취지로 보아 다툰 것으로 인정될 경우를 제외하고는 자백한 것으로 간주된다(자백간주, 150조 1항). 형사에서와 달리 민사에서는 침묵은 '**금이 아니며 부담**'이다.

면 다른 주장에 관하여는 판단을 요하지 않는다는 것에, 대법 1989. 2. 28, 87다카823·824.

1) 대법 2013. 3. 28, 2011다3329.

2) 당사자가 주장하는 법률효과가 동일하다 하더라도 주장하는 법률요건이 다르면 당사자 사이에서 법률관계에 관한 다툼이 없다고 할 수 없다는 것에, 대법 2016다256968·256975.

3) 정선주, "민사소송에서 부지(不知)진술의 제한과 평가," 민사소송 14권 2호.

당사자가 불출석하는 경우에도 침묵에 준하여 자백으로 간주된다(150조 3항).

다만, 주의할 것은 피고가 원고의 주장사실을 자백하거나 침묵한다고 하여(두 가지를 합쳐 '다툼 없는 경우'라 한다) 반드시 방어를 포기하는 것은 아니다. 피고가 이 경우에도 i) 원고의 청구가 주장 자체로 부당하다거나, ii) 항변을 하는 경우가 있기 때문이다. 항변은 별항에서 설명한다.

(2) 증거신청(증명) 증거신청은 다툼이 있는 사실에 대하여 필요하다. 상대방이 부인이나 부지로 답변한 사실에 대해 법관으로 하여금 사실상의 주장이 진실이라는 확신을 얻게 하기 위한 행위이다. 자기에게 증명책임이 돌아오기 때문이다. 증거신청은 법원에 의한 증거조사가 개시되기 전까지는 임의로 철회할 수 있다.[1] 증거신청에 대해서 상대방은 증거항변으로 대응할 수 있다.

변론준비기일을 거쳤을 때에는 기일종결효인 실권효가 미치지 아니하는 증거신청만(285조)이 변론과정에 허용되는 제약이 따른다.

(3) 법원의 쟁점확인의무와 의견진술의 기회보장 공격방어방법을 제출하는 변론과정에서 법원은 당사자가 변론한 **중요한 사실상 · 법률상 사항**을 말로 확인하도록 하고(규 28조 1항), 당사자에게 중요한 쟁점에 관한 **의견진술의 기회**를 주어 판결에서 불의의 타격을 방지하도록 하였다(동조 2항). 이는 변론에서 법원의 역할이다.

3. 항 변[2] — 적극적 방어

(1) 의 의 피고가 원고의 청구를 배척하기 위하여 소송상 또는 실체상의 이유를 들어 적극적인 방어를 하는 것을 널리 항변이라 한다. 소송법상의 항변은 실체법상의 항변권(동시이행의 항변권, 보증인의 최고 · 검색의 항변권 등)과 구별된다. 후자는 상대방의 청구에 대한 이행거절권임에 대하여, 전자는 피고가 원용하는 방어방법인 사실상의 주장이다. 항변은 소송절차에 관한 항변인 소송상의 항변과 청구기각을 목적으로 한 실체관계에 관한 본안의 항변으로 나누어진다.[3] 넓은 의미의 항변은 양자를 포함하나, 좁은 의미의 항변은 후자인 본안의 항변만을 가리킨다.

(2) 소송상의 항변(실체법상 효과에 관계 없는 항변) 여기에는 두 가지가 있다.

---

1) 대법 1971. 3. 23, 70다3013.
2) 상세는 오석락, 입증책임론, 56면 이하.
3) 본안의 항변만을 항변이라 보는 것에, 정동윤/유병현/김경욱, 481면.

(a) **본안전항변**(방소항변) 원고가 제기한 소에 소송요건의 흠이 있어 소가 부적법하다는 피고의 주장이다. 본안심리에 들어갈 것이 못된다는 항변이다. 그러나 소송요건의 대부분은 법원의 직권조사사항에 속하는 것이므로 피고의 주장을 기다려 고려할 사항이 아니기 때문에, 이러한 피고의 항변은 엄밀한 의미의 항변이라고 하기 곤란하며 법원의 직권발동을 촉구하는 의미밖에 없다.[1] 예를 들면 무권대리의 항변 · 소송계속(중복소송)의 항변(259조) · 기판력의 항변(216조, 218조)이 그러하다. 그러나 임의관할위반(30조) · 소송비용 담보의 제공, 중재합의(중 9조) 등의 방소(妨訴)항변은 예외적으로 피고의 주장을 기다려 고려하는 것이기 때문에 진정한 의미의 항변이라 할 수 있다(223면 이하 참조).[2]

(b) **증거항변** 상대방의 증거신청에 대하여 부적법(시기에 늦어) · 불필요 · 증거능력의 흠 따위를 이유로 하여 각하를 구하거나 혹은 증거력이 없다 하여(예: 관련성이나 신빙성이 없는 증언) 증거조사결과를 채용하지 말아달라는 진술이다. 증거신청의 채택 여부는 법원의 직권사항이고 또 증거력의 있고 없고의 문제도 법관의 자유심증에 의하여 결정되기 때문에, 이것도 엄밀한 의미의 항변이 아니다.

(3) 본안의 항변(실체법상의 효과에 관계 있는 항변)

(a) **의 의** 본안의 항변(Einrede, affirmative defence)이란 원고의 청구를 배척하기 위하여 원고주장사실이 진실임을 전제로 하여 이와 양립가능한 별개의 사항에 대해 피고가 하는 사실상의 주장을 말한다. 원고(甲)의 권리발생사실의 주장에 대하여, 피고(乙)가 그 권리발생장애사실, 소멸사실 혹은 행사저지사실을 주장하는 것이 항변이 된다. 법률규정과 관련시키면 원고가 **권리근거규정**(Grundnorm)의 요건사실(청구원인사실)을 주장함에 대하여, 피고가 그 반대인 권리장애규정 · 소멸규정 · 저지규정 등 반대규정(Gegennorm)의 요건사실을 주장하여 원고청구의 배척을 구하는 것이 항변이다.

(b) **부인과의 구별** 원고의 청구를 배척하기 위한 피고의 사실상의 진술인 점에서 항변과 부인은 차이가 없다. 그러나 항변은 원고의 주장사실이 진실함을 전제로 이와 **별개사실**을 주장하는 것이므로 그 답변 태도가 「그렇다, 하지만」(ja, aber)임에 대하여, 부인은 원고의 주장사실이 진실이 아니라는 주장이므로

---

1) 그 주장에 관하여 판단하지 아니하여도 판단누락의 상고이유가 되지 않는다는 것에, 대법 1994. 11. 8, 94다31549; 동 1999. 4. 27, 99다3150.

2) FRCP 12(b)에서는 관할위반, 재판지의 오류, 불충분한 절차, 송달하자, 주장 자체로 인용될 수 없는 청구, 공동소송인의 누락 등을 이유로 pleading 전의 항변으로 각하신청(motion to dismiss)을 하게 되어 있다. 미국주에 따라 소멸시효의 항변(time barred)도 각하신청의 사유가 된다.

그 답변태도가 「아니다」(nein)인 점에 차이가 있다(부인+항변=Einwendung).

aa) **부인의 종류**(직접부인과 간접부인) ① 전자는 **단순히** 원고의 주장사실이 진실이 아니라고 한마디로 부정하는 데 그치는 경우인데, 이를 직접·소극부인 또는 단순부인(무이유부인 "nein")이라고도 한다. ② 후자는 원고의 주장사실과 **양립되지 않는 사실**을 적극적으로 진술하며 원고의 주장을 부정하는 경우인데, 이를 간접[1]·적극부인 또는 이유부부인(nein, denn)이라고도 한다.

예를 들면 원고가 소비대차로 금전을 대여하였다고 주장함에 대하여, 단순히 「그러한 사실이 없다」는 진술이 ①에 속하고, 「금전은 받았으나, 대여가 아니고 증여로 주어 받았다 또는 직무와는 무관하다」는 진술이 ②에 해당된다.[2] 구체적 내용이 없는 단순부인은 원칙적으로 허용되지 아니하며, 이유부부인이어야 함이 원칙이다. 민소규칙 제116조는 문서의 진정성립을 부인하는 때에는 그 이유를 구체적으로 밝혀야 한다고 하여 이유부부인을 강제하였으며, 개정된 동 제65조에서는 피고의 답변서에는 소장에 기재된 개개의 사실에 대한 인정여부를 적어야 한다고 하여 「청구원인사실의 전부부인」 등의 단순부인이 허용되지 아니함을 비추었다.[3]

bb) **특히 간접부인과의 구별** 항변은 간접부인과 그 구별이 매우 힘들지만, 그 구별은 실무상 매우 중요하다. 간접부인은 원고의 주장사실과 양립되지 않는 별개의 사실을 진술하는 것임에 대하여, 항변은 원고의 주장사실이 진실임을 전제로 이와 논리적으로 양립할 수 있는 별개의 사실을 진술하는 점에 차이가 있다. 예를 들면 금전을 대여하였다는 원고의 주장에 대하여 피고가 「대여가 아니라 증여를 받았다는 진술」은 간접부인이나, 「대여는 받았으나 이미 변제하였다」는 진술일 때에는 항변이다.

cc) **부인과 항변의 구별 실익** 효력면에서 다음과 같은 차이가 있다.

첫째로, 증명책임분배의 원칙상 부인의 경우에는 부인당한 사실에 대한 증명책임이 그 상대방 즉 원고에게 돌아가지만(원고의 대여주장에, 피고가 다투는 때에는 대여사실에 대하여 원고에게 증명책임이 있어 그가 차용증서 등 증거를 내놓아야 함),[4] 항변의 경우에는 항변사실의 증명책임이 그 제출자인 피고에게 있다(대여주장에 대해 피고가 변제항변하는 경우는 변제사실에 대해 피고에게 증명책임이 있어 그가 영수증 등을 찾아 증거들을 내놓아야 함).[5]

둘째로, 판결이유의 기재시에 있어서 원고의 청구가 인용될 때에는 항변을 배척하는 판단을 필요로 하며 그렇지 않으면 판단누락의 위법을 면치 못하나,[6] 간접부인사실을 배척하는 판단은 필요하지 않다.

셋째로, 원고의 청구원인이 피고로부터 부인당한 경우에는 원고는 청구원인사실을 구

1) 이시윤, 입문〔事例 62〕, 피고의 간접부인의 사례, 199면.
2) 등기가 원인무효라는 원고주장에 대해, 취득원인이 교환계약이라 하며 유효라는 답변은 적극부인이지 항변이 아니다=대법 1990. 5. 25, 89다카24797.
3) 미국법에서는 전부부인에 해당하는 general denial, 특정항목에 대한 부인인 specific denial, 일정항목 중 특정주장만 부인하는 qualified denial로 분류한다. general denial은 허용되지 아니하며, specific denial은 나머지 항목에 대하여 자백으로 본다. 이 밖에 진실이라고 믿기에 충분한 지식이 없어 하는 부인과 정보 및 믿음이 있어 하는 부인을 합하여 5가지 타입으로 분류한다.
4) 대법 1972. 12. 12, 72다221.
5) 대법 1990. 5. 25, 89다카24797.
6) 대법 1965. 1. 19, 64다1437.

체적으로 밝혀야 할 부담(Substantierungslast=구체적 주장책임-이유를 댈 책임)이 따른다. 피고의 항변제출의 경우에는 원고에게 이와 같은 부담이 없다.

(c) 항변의 종류 권리근거규정의 반대규정의 요건사실에 의하여 분류하면, 다음 3가지이다(FRCP 8(c)는 항변사항을 열거하고 있고, 항변을 반소청구로 잘못 지정하였으면 올바르게 전환처리하도록 하였다).[1)2)] 항변사유는 민사집행법의 청구이의사유(민집 44조)도 된다.

aa) 권리장애사실 권리근거규정에 기한 권리의 발생을 애당초부터 방해하는 권리장애규정의 요건사실의 주장이다. 권리장애사실은 권리불발생사실이라고도 하며, 권리근거사실의 발생과 동시에 또는 그 이전부터 존재하는 것이 특색이다.

원고가 권리발생사실로 계약 등 법률행위를 주장할 때에, 피고가 의사능력의 흠, 강행법규의 위반, 통정허위표시, 공서양속의 위반(민 103조), 불공정한 법률행위(민 104조), 원시적 이행불능 등 그 법률행위의 무효사유로 대응하는 경우가 대표적이다. 뿐더러 원고의 부당이득주장에 대하여 피고의 불법원인급여(민 746조), 불법행위주장에 대하여 정당행위·정당방위·긴급피난 등 위법성 조각사유로 대응할 때이다.

권리근거규정과 권리장애규정의 구별은 매우 힘들다. 대체로 후자는 법체제상 단서(단서) 등의 **예외규정**으로 규정된 데 대하여, 전자는 본문 등의 **원칙규정**으로 표현되어 있다. 따라서「다만, …는 그러하지 아니하다」따위의 단서규정 또는「…때에는 …을 적용하지 아니한다」따위의 제외규정 등 예외규정의 요건사실은 권리장애사실인 항변으로 된다.[3)]

bb) 권리소멸(멸각)사실 권리근거규정에 기하여 일단 발생한 권리를 소멸시키는 권리소멸규정의 요건사실의 주장이다. 권리소멸사실은 권리근거사실보다도 뒤에 발생하는 것이 특색이다.

원고주장의 채권에 대하여, 피고의 변제,[4)] 대물변제, 공탁, 경개, 면제, 혼동 등 그 소멸원인이나(과실상계), 소멸시효의 완성, 해제조건의 성취, 후발적 이행불능의 주장 따위이다. 제3자에의 권리양도,[5)] 피고주장의 취득시효의 완성도 해당한다. 피고측의 해제·해지권, 취소권(제한능력·착오·사기·강박 등), 상계권 등 사법상 형성권의 행사에 의하여 원고주장의 법률효과를 배제하는 소위 권리배제규정의 요건사실을 내세우는 경우도 널리 권리소멸사실에 포함

---

1) 대법 1997. 3. 25, 96다42130.

2) FRCP 8(c)에 의하면, 적극적 항변으로 대물변제, 중재합의, 위험의 인수, 과실상계, 파산면책, 강박, 금반언, 숙고의 실패, 사기, 위법성, 공동고용자에 의한 상해, 소멸시효, 승낙, 변제, 면제, 기판력, 사기방지법, 출소기간, 포기 등을 열거하고 있으며, 답변에서 명시하여야 하도록 했다.

3) 대법 1962. 1. 25, 4294민상529는「채권자취소권에 관한 법조문이 ··취소 및 원상회복을 청구할 수 있다 하고, 수익자나 전득자가 선의인 때는 그러하지 아니하다고 한 체제로 보아 선의의 입증책임은 수익자나 전득자에게 있다」고 하였다. 민법 제756조의 사용자책임규정 등.

4) 대법 1995. 7. 25, 95다14664·14671.

5) 대법 1972. 10. 31, 72다1464 등.

된다.

cc) **권리저지사실** 권리근거규정에 기하여 이미 발생한 권리의 행사를 못하게 저지시키는 권리저지규정의 요건사실의 주장이다. 권리저지사실은 일반적으로 이행청구에 대하여 일시적·잠정적으로 이행거절하는 연기적 항변이나 이사비용을 지급받을 때까지는 인도를 거절한다는 항변[1](선이행 항변)으로 나타난다(=이행거절권의 주장). 권리행사제한의 경우도 있다.

유치권, 건물매수청구권, 보증인의 최고·검색의 항변권, 동시이행항변권 등 사법상의 항변권을 구성하는 사실을 피고측이 내세울 때이다. 기한의 유예, 목적물인도청구에 있어서 권원에 의한 점유(민 213조 단서),[2] 정지조건부 법률행위,[3] 한정승인, 신의칙위반, 권리의 남용[4] 등도 이에 해당된다. 다만 유치권 항변이나 동시이행항변이 이유 있을 때에는 청구기각이 아니라 원고의 반대급부와 맞바꾸는 상환이행판결의 주문을 내야 한다.

또 '돈이 없어 못 갚는다'는 **무자력항변**은 원고의 청구를 배척할 법률상 사유는 아니므로 이론상의 항변에 속하지 않는다.

(d) **항변의 또 다른 종류** 주장의 형태에 의하여 분류하면 **제한부자백**과 **가정항변**으로 나눌 수 있다. 전자는 원고의 주장사실을 확정적으로 인정하면서 양립될 수 있는 별개의 사실을 진술하는 것임에 대하여, 후자는 원고의 주장사실을 일응 다투면서 예비적으로 항변하는 경우이다(일단 차용사실을 부인하고 가사 차용하였다 하여도 변제하였다는 따위).

(e) **피고의 항변에 원고의 태도 — 재항변** 피고의 항변에 대하여 원고의 태도는, 원고가 항변사실에 대하여 명백히 다투지 아니하거나 자백한 경우가 아니면, i) 원고가 항변이 법률상의 이유가 없다거나 항변사실에 대하여 부인하면서 다투거나, ii) 항변사실을 일단 받아들이면서 피고의 항변사실의 효과의 불발생·소멸·저지 등 새로운 사실을 제출하는 것이다. ii)의 경우를 보다 자세히 말하면, 피고의 항변에 대하여 원고가 항변사실에 바탕을 둔 효과의 발생에 장애가 되거나 또는 발생한 효과를 소멸·저지하는 사실을 주장할 수 있는데, 이를 재항변(Replik, reply)이라 한다. **권리근거규정의 요건사실** = 청구원인사실이고, **반대규정의 요건사실** = 항변사실이라면, **반대의 반대규정의 요건사실** = 재항변사실이다(증명책임은 청구원인사실은 원고, 항변사실은 피고, 재항변사실은 원고에게 돌아감).

---

1) 인천지법 2018. 9. 5, 2018가단205062.
2) 대법 1962. 5. 17, 62다76; 동 1969. 2. 25, 68다2487.
3) 정영환, 590면. 대법 1993. 9. 28, 93다20832=정지조건부 법률행위에 해당한다는 사실은 그 법률행위로 인한 법률효과의 발생을 저지하는 사유라고 하였다. 피고의 정지조건부 법률행위의 주장에 대해 원고의 정지조건부가 아니라는 주장은 부인, 정지조건성취의 주장은 재항변이 된다. 이시윤·조관행·이원석, 판례해설 민사소송법, 424면.
4) 대법(전) 2012. 10. 18, 2010다103000. 반대는 한충수, 358면.

그 예를 들면 피고의 소멸시효의 항변에 원고가 시효완성에 장애가 될 가압류 · 가처분 · 채무승인 등에 의한 시효중단[1](민 168조) 또는 이익의 포기나 권리남용으로 되받아 주장하는 경우이다.[2)3)] 피고의 동시이행항변 → 원고가 피고에 대한 다른 채권을 갖고 피고의 동시항변채권과의 상계한다는 항변의 경우도 같다(계약(청구원인) → 제한능력계약취소(항변) → 제한능력자의 사술(재항변) 등). 재항변에 대하여도 피고가 재항변사실에 기한 효과의 발생에 장애가 되거나 또는 일단 발생한 효과를 소멸 · 저지하는 사실을 주장할 수 있는데, 이를 **재재(再再)항변**(Duplik)이라 한다. 위 재항변의 첫째 예에서, 피고의 가압류가 해제되었다는 주장을 하였으면 재재항변에 해당한다.

4. 소송에 있어서 형성권의 행사와 그 각하 등의 효과

(1) 학설의 대립 피고의 해제권 · 해지권 · 취소권 · 상계권 등 사법상의 형성권에 기한 항변에는 소송외에서 일단 행사한 뒤 소송상 그 사법상의 효과를 진술하는 경우도 있으나, 소송상으로 형성권의 행사와 동시에 항변하는 경우가 있다. 후자인 소송상 공격방어방법으로 하는 형성권 행사의 법적 성질과 함께, 소의 취하 · 각하, 제149조의 시기에 늦은 공격 · 방어방법의 각하 등의 경우에 이에 영향 없이 실체법상의 형성권 행사의 효과가 남느냐 없어지느냐에 대하여 견해대립이 있다. 주로 문제되는 것은 소송상의 상계의 항변이 각하되었을 때이다(예: 甲이 乙을 상대로 대여금 1,000만원을 청구하였을 때에 乙이 甲에 대한 매매대금 1,000만원의 반대채권을 갖고 법정에서 상계권 행사와 동시에 상계항변을 하였으나, 실기한 항변이라 하여 각하된 경우에 甲의 소구채권 1,000만원은 소멸되지 않지만, 乙의 반대채권 1,000만원이 실체법적 효과로 소멸되느냐의 문제).

(a) **병존설**(사법행위설) 외관상 1개의 행위지만 법률적으로 보아 형성권행사라는 상대방에 대한 사법상의 의사표시(사법행위)와 그러한 의사표시가 있었다는 법원에 대한 사실상의 진술(소송행위) 두 가지가 존재하는 것이고, 전자의 면은 실체법에 의하여, 후자의 면은 소송법에 의하여 각 요건 · 효과가 규율된다는 견해이다.[4]

(b) **양성설(兩性說)과 소송행위설** 사법행위와 소송행위 두 가지 성질을 모두 갖춘 한 가지의 행위라고 보는 양성설, 소송상 공격방어방법으로 행사한 것이기 때문에 순수한 소송행위의 한 가지이고 그 요건 · 효과는 전적으로 소송법의 규율을 받는다고 하는 소송행위설이 있다.[5]

(c) **신병존설** 기본적으로 병존설에 따르되, 특히 상계항변에 포함된 상계의 의사

---

1) 대법 2022. 7. 28, 2020다466631.

2) 中野貞一郎 외, 신민사소송법강의, 353면; 松本博之 외, 민사소송법, 374면. 시효중단사유의 주장입증책임은 시효완성을 다투는 당사자가 진다는 것에, 대법 2000. 4. 25, 2000다11102.

3) 부동산매수인의 이전등기청구(청구원인)에서 피고가 등기청구권의 10년 소멸시효의 항변 → 원고가 매수부동산을 인도받아 점유한다는 주장도 재항변이 될 것이다(대법(전) 1999. 3. 18, 98다32175 참조). 원고가 인도받아 점유하였지만 현재 점유상실하였다는 피고주장은 재재항변.

4) 이영섭, 154면.

5) 방순원, 416면; 김용욱, 263면; 한종렬, 193면.

표시는 그 항변이 공격방어방법으로서 각하되지 않고 유효할 때만 그 사법상 효과를 발생한다는 조건부의사표시로 파악하는 설. 이 설이 다수설로 되어 있다.[1] 각하되면 사법상 효과도 없었던 것이 된다는 견해이기도 하다. 소송행위의 유효조건부 사법행위+소송행위. 위 사례에서는 조건의 미성취로 乙의 1,000만원 반대채권의 소멸효과는 발생하지 아니하게 된다고 한다.

(2) 검 토 병존설, 양성설은 나름대로 이론적 문제점이 있으며 그러므로 마지막의 신병존설이 보는 바와 같이 상계권에 기한 항변이 예비적 항변임에 비추어 실기한 방어방법 등으로 부적법해져 각하될 경우에는 아무것도 없었던 것으로 사법상의 효과(피고의 반대채권소멸)도 발생하지 않는다고 보는 것이 타당하다. 대법 2014. 6. 12, 2013다95964에서도 민사소송에서 상계항변이 예비적 항변임에 비추어 소송상 상계의 의사표시에 의하여 확정적으로 효과가 발생하는 것이 아니라 당해소송에서 수동채권의 존재 등 상계에 관한 실질적 판단이 이루어지는 경우에 비로소 실체법상 상계의 효과가 발생한다고 하여 신병존설과 같은 입장을 취하였다(대법 2013. 3. 28, 2011다3329에서도 조정으로 사건이 끝난 경우에 조정조서에 상계내용이 없으면 상계의 사법상의 효과가 발생하지 않는다 하여 유사취지). 그것이 피고의 의사에 맞는 합리적 해석일 것이다.

Ⅱ. 소송행위 일반

1. 의 의

(1) 널리 소송행위(Prozesshandlung)란 소송주체의 행위를 일컫는다. 소송주체는 법원과 당사자이므로 소송행위는 법원의 소송행위와 당사자의 소송행위로 대별된다. 법원의 소송행위는 재판과 그 밖의 행위(예: 당사자의 소송행위의 수령, 증거조사, 조서의 작성, 송달, 통지 등의 사실행위)로 나누어지는데, 이는 국가기관의 행위이므로 사법행위(私法行爲)와는 전혀 다른 원칙에 의한다.

처분권주의 · 변론주의에 의하는 소송에서는 주로 당사자에 의하여 절차가 발전되기 때문에 여기서는 당사자의 소송행위만을 살핀다.

(2) 소송행위란 소송절차를 형성하고 그 요건과 효과가 소송법에 의하여 규율되는 행위를 말한다. 따라서 소송행위에는 민법상의 법률행위에 관한 규정이 직접적으로 적용될 수 없으며, 다만 특별한 사정이 있는 경우에 한하여 유추적용될 뿐이다.[2] 지급명령신청 · 이의신청, 소 · 상소의 제기, 그 취하, 청구의 포기 · 인낙, 주장 · 부인 · 항변, 자백 · 다툼 없음, 소송상의 신청 등이 그 예이다. 이러한

1) 대법 2003. 8. 22, 2001다64073=사해행위인 매매가 취소되는 경우에는 위 매매의 효력이 유효하게 존속함을 전제로 이루어진 상계의 효과, 즉 기존채무의 소멸의 효과가 없었던 것이 된다.
2) 대법 1979. 12. 11, 76다1829; 동 1997. 6. 27, 97다6124 등.

입장이 **요건 및 효과설**인바, 현재의 다수설이다.[1] 이에 대해 주요불가결한 효과가 소송법의 영역에서 발생되는 행위이면 소송행위로 보아야 한다는 이른바 **효과설**이 있다.[2] 그 특징적 효과가 절차형성에 있을 뿐더러 일정한 절차에 관계되고 이를 소송에서 주장함으로써 절차가 형성되거나 방해를 받게 될 경우로 설명한다. 이에 의하면 그 요건에 관하여 민법의 규율을 받게 되는 소송계약(예: 소취하의 합의 따위)도 소송행위에 포함시켜야 하기 때문에 문제가 있는 것은 사실이다. 그러나 이는 넓은 의미의 소송행위로 이해될 여지가 있다.

2. 종 류

당사자의 소송행위는 분류기준에 따라 여러 가지로 구별된다.

(1) 소송전 · 소송외의 소송행위와 변론에 있어서의 소송행위 시기 · 장소의 관점에 의한 분류이다. 관할의 합의 · 대리권의 수여 · 중재합의가 전자에 속하고, 본안의 신청 · 공격방어방법의 제출행위가 후자에 속한다.

(2) 신청 · 주장 및 소송법률행위 행위의 내용에 의한 분류이다. 신청 · 주장에 관하여는 이미 설명하였다. 소송법률행위(Prozessrechtsgeschäfte)는 소송법상의 법률효과의 발생을 목적으로 하는 의사표시이다. 여기에는 단독행위와 소송상의 합의 즉 소송계약(뒤에 볼 「소송상의 합의」 참조)이 있다. 이러한 분류방법은 한때 민법상의 법률행위에 해당하는 소송행위를 묶어 소송법률행위로 이름붙여 다른 소송행위와 구별하기 위한 것이었으나, 오늘날에는 그 실효성이 의문시되고 있다.

(3) 취효적(取效的) 소송행위와 여효적(與效的) 소송행위 소송행위의 기능면에서 본 분류방법으로 Goldschmidt에 의하여 최초로 채택된 것이다. 다만 구별의 실천적 가치를 과대하게 평가할 것은 못 된다.[3]

1) 취효적 소송행위(Erwirkungshandlung)는 법원에 일정한 내용의 재판을 구하는 행위 및 재판의 기초가 될 자료제공행위를 말한다. 판결절차에 있어서 가장 핵심적이고 중요한 소송행위를 이루며, 앞서 본 신청 · 주장 그리고 증명(증거신청)이 이에 속한다. 취효적 소송행위의 특색은 그 소송행위로부터 일정한 법률효과가 직접적으로 발생하는 것이 아니라, 법원의 행위(재판)를 통하여 비로소 소송법상의 효과가 발생하는 것이다. 이에 대해서는 법원에 의해 먼저 적법여부, 다음 이유유무의 두 단계의 평가를 받게 되며, 어느 것

---

1) 방순원, 418면; 강현중(제6판), 446면; 송상현/박익환, 315면; 호문혁, 426면; Thomas-Putzo, Einleitung, Ⅲ, 1; BGH 49, 384(독일의 통설).

2) 김홍규/강태원, 323면; 정동윤/유병현/김경욱, 484면; 전병서, 126면; 정영환, 595면; 김홍엽, 498면; Stein/Jonas/Leipold, § 128 Rdnr. 160.

3) Zeiss/Schreiber, Rdnr. 215.

이든 법원의 응답이 있게 된다.

취효적 소송행위 중에서 사실적 주장과 증거신청은 원칙적으로 법률심인 상고심에서 행할 수 없는 제약이 있다.

2) 여효적 소송행위(Bewirkungshandlung)는 재판을 통하지 아니하고 직접적으로 소송법상의 효과가 발생하는 행위를 말하며, 취효적 소송행위 이외의 모든 소송행위를 말한다. 여효적 소송행위에 대해서도 유무효의 평가를 받지만, 특히 그에 의하여 이미 발생한 법률효과가 상대방에 의하여 무시되고 다투어질 때에 비로소 법원이 관여하여 유무효의 판단을 하게 된다. 소의 제기와 상소의 제기는 취효적 소송행위인 동시에 여효적 소송행위이다. 모두 재판을 구하는 행위이기 때문에 취효적 소송행위이나, 소의 제기는 소송계속의 효과를, 상소의 제기는 이심(移審)의 효력을 발생시키므로 여효적 소송행위이다.

여효적 소송행위에는 다음 네 가지가 있다. i) 의사표시의 성질을 가진 소송법률행위(소의 취하, 이의권의 포기, 상소의 포기 등), ii) 의사통지의 성질을 가진 송달수령이나 진술·선서의 거부, 준비서면에 의한 공격방어방법의 예고 등, iii) 관념의 통지에 해당하는 대리권소멸의 통지·소송고지, 청구의 포기·인낙 등, iv) 사실행위에 해당하는 준비서면의 제출 등이 있다.

3. 소송상의 합의(소송계약)

(1) 의 의 소송법에서는 실체법과 달리 계약은 예외이나 문제되는 경우가 있다. 소송상의 합의(소송계약)인데, 이는 현재 계속중이거나 장래 계속될 특정의 소송에 대해 직접·간접으로 어떠한 영향을 미치는 법적 효과의 발생을 목적으로 한 당사자간의 합의를 말한다. 여기에는 관할의 합의(29조), 담보제공방법에 관한 합의(122조 단서), 담보물변경의 합의(126조 단서), 첫 기일변경의 합의(165조 2항), 불항소합의(390조 1항 단서), 중재합의(중재 8조), 쟁점계약(개정규 70조 2항) 등 법률상 명문의 규정이 있는 경우가 있지만, 나아가 법률상 명문의 정함이 없는 경우에도 이를 일반적으로 허용할 것인가는 문제이다.

한때 계약자유원칙의 지배를 받지 않는 것이 소송법의 영역임을 강조한 나머지 그 적법성을 부정하는 것이 지배적이었다. 그러나 오늘날에는 전속관할에 관한 합의·증거력계약·소송절차변경의 합의(행정소송사항을 민사소송절차에 의하기로 하는 합의, 심급의 변경합의 등)와 같이 공익에 직결되는 강행법규의 변경·배제하려는 합의는 무효로 보더라도, 당사자의 의사결정의 자유가 확보된 소송행위에 관한 계약까지 그 적법성을 부정할 이유는 없다는 것으로 굳혀지고 있다(적법설). 예를 들면 부제소합의, 신청권(소송비용확정신청권등)포기의 합의, 불상소의 합의, 소·상소취하의 합의, 부집행계약,[1] 증거계약 따위가 그것이다. 그 법적 성질에 관하여는 다음과 같은 견해가 있다.

---

1) 대법 1993. 12. 10, 93다42979; 동 1996. 7. 26, 95다19072. 이시윤, 신민사집행법(제8개정판), 44면. 부집행합의, 부집행약정이라고도 한다.

(2) 법적 성질

1) **사법계약설** 소송상의 사항에 관하여 약정대로 작위·부작위의무를 발생케 하는 사법상의 계약이라고 보는 설이다(간접효과설). 여기에 i) 그 불이행의 경우에는 그 의무이행을 소구하여 승소판결에 의하여 강제집행(민집 261조, 262조)을 할 수 있고 만일 집행이 불능일 때에는 손해배상을 청구할 수 있다는 견해(의무이행소구설), ii) 의무이행의 소구나 손해배상청구로 구제보다는 의무불이행의 경우에 다른 쪽 당사자에게 항변권이라는 구제수단을 주자는 견해(항변권발생설)로 대립되어 있다. ii)설에 의하면 소취하계약이 있음에도 이에 위반하여 소를 유지하면 법원은 권리보호의 이익이 없다는 이유로 소를 각하하게 된다. ii)설이 다수설이다.

2) **소송계약설** 소송에 관한 합의는 소송상의 사항인 만큼 여기에 사법상의 작위·부작위의무가 발생할 여지가 없고, 직접적으로 소송법상의 효과를 발생케 하는 소송계약으로 보아야 한다는 설이다. 이에 의하면 소송에 관한 합의가 그 소송절차내에서 행해진 경우에는 당사자의 주장을 기다릴 필요 없이 법원은 직권으로 소송이 끝을 내며 종료선언을 하여야 하고, 그것이 소송외에서 행하여진 경우에는 당사자의 주장을 기다려서 소송법상의 효과가 발생하지만, 그 주장은 단지 합의의 존재를 법원에 알리는 의미밖에 없다는 것이다.[1)]

여기에 나아가 소송상의 합의를 소송계약으로 보면서도 소송법상의 처분적 효과뿐 아니라 의무부과적 효과, 즉 작위·부작위의무까지도 발생한다는 발전적 소송계약설도 있다.[2)]

생각건대 사법계약설 중 의무이행소구설은 구제방법으로는 우회적이고 간접적이다. 소송계약설은 당사자의 이익의 충실한 보호를 위해 좋다고 하나, 소송에 관한 합의가 그 요건 및 효과를 직접 소송법에서 정해 놓은 전형적인 소송행위와 같아진다. 따라서 소취하계약을 소취하 그 자체와 동일시하게 되는바, 소송외에서도 할 수 있고 또 소의 취하처럼 방식상의 제약도 없는 소취하계약에 대해 이와 같은 해석은 무리이다. 발전적 소송계약설도 소송상 계약불이행시에 손해배상청구를 가능케 하려는 시도인데, 소송계약에서 그러한 사법적인 권리·의무의 도출이 될 수 있는지 의문이다.[3)] 따라서 다수설인 사법계약설 중 보다 간이한 해결책이 되는 항변권발생설을 따른다.

우리 판례도 강제집행취하계약의 경우에 그 취하이행의 소송상 청구는 허용되지 않는다고 하여 사법계약설 중 의무이행소구설을 배척하였으며,[4)] 부제소합의[5)]와 소취하계약[6)]을 어긴 경우에 권리보호의 이익이 없다는 입장이다.

---

1) 김홍규/강태원, 328면.
2) 정동윤/유병현/김경욱, 491면; 전병서, 137면; 정영환, 601면.
3) 강현중(제6판), 451면. 독일통설도 같다.
4) 대법 1966. 5. 31, 66다564.
5) 대법 1968. 11. 5, 68다1665; 동 1993. 5. 14, 92다21760.
6) 대법 1997. 9. 5, 96후1743; 동 2005. 6. 10, 2005다14861 등.

(3) 소송상의 합의의 법리 소송상의 합의는 말이든 서면이든 상관없는 방식자유가 존중된다(단 관할의 합의는 예외). 단독적 소송행위와 달리 조건 · 기한 등 부관을 붙일 수 있고, 나아가 의사표시의 흠이 있을 때에는 민법의 규정을 유추하여 이의 취소 · 무효를 주장할 수 있다. 소송상의 합의의 존부는 항변사항이고 직권조사사항은 아니다(다툼 있음, 부제소합의에 대해 최근 판례는 다른 입장).

Ⅲ. 소송행위의 특질—사법상의 법률행위와 다른 특색

소송행위는 소송절차 본래의 요청에서 독자적인 법리의 규율을 받으며, 특별한 규정 또는 특별한 사정이 없는 한 사법의 규정이 적용되지 않는다.[1] 당사자의 소송행위는 사법상의 법률행위와의 관계에서 다음과 같은 특색이 있다.[2]

1. 인적 요건

소송행위를 유효하게 하기 위해서는 소송능력 · 변론능력을 갖추어야 하고, 법정대리권 및 소송대리권을 필요로 한다. 특히 소송행위에 민법상의 표현대리의 법리가 적용되느냐는 논란이 있으나, 거래행위와 다른 소송행위에는 그 규정이 적용되지 않는다는 것이 다수설 · 판례임은 앞서 본 바이다(「무권대리인」 참조).

2. 소송행위의 방식

(1) 소송행위는 변론주의 및 구술주의의 요청으로 변론절차에서는 말로 함이 원칙이다(134조 1항; 개정규 28조, 72조의 2). 이 점이 방식자유의 원칙에 따라 서면 · 구술을 임의 선택할 수 있는 사법상의 법률행위와 다르다. 따라서 공격방어방법을 기재한 준비서면을 제출해도 말로 진술하지 않으면 소송자료로 할 수 없다. 그러나 예외적으로 서면에 의해야 하는 소송행위가 적지 않다. 상대방에게 송달하여야 할 경우가 그러하다. 소 · 상소 · 재심의 제기, 청구취지의 변경, 소의 취하, 소송고지 따위가 그것이다. 이는 법원에 제출되고[3] 상대방에 도달되었을 때 효력이 발생한다.

---

1) 소송행위는 철저한 표시주의와 외관주의에 따라 해석하는 것이 원칙이나, 당사자의 권리구제와 소송경제를 위하여 객관적이고 합리적인 해석을 할 필요가 있다는 것에, 대법(전) 1984. 2. 28, 83다카1981.

2) 졸고, "당사자의 소송행위와 사법행위," 서울법대 Fides(1967), 32면 이하.

3) 기간준수를 요하는 서면(소장 · 상소장 · 상고이유서 등)은 서류의 접수인에 불구하고 법원에 도달되었을 때를 기준으로 할 것이다.

(2) 소송행위는 사법상의 법률행위(주로 계약)와 달리 법원에 대한 **단독행위가 원칙**이며, 따라서 법원에 대하여 할 것을 요한다. 상대방당사자가 결석한 경우에도 할 수 있다.

3. 소송행위의 조건과 기한

계약자유의 원칙이 적용되는 사법행위와 달리 소송행위에는 원칙적으로 기한이나 **조건과 같은 부관**을 붙일 수 없다. 단독적 소송행위에는 그러하다. 소송행위 효력의 발생·소멸 시기를 정할 수 있게 하면 절차의 진행은 무질서하게 되고 소송자료는 불안정해지기 때문에 기한은 어느 경우에도 붙일 수 없다.

조건의 경우에는 소송외적 조건과 소송내적 조건으로 나누어 살펴야 한다.

i) 소송외의 장래 발생할 불확실한 사정에 소송행위의 효력발생을 의존케 하는 **소송외적 조건부**의 소송행위는 상대방이나 법원의 지위, 크게는 절차의 개시 진행 자체를 불안정하게 만들기 때문에 허용되지 않는다. 예를 들면 피고가 원고의 청구를 시인하면 없었던 것으로 하는 해제조건부 소의 제기, 상대방도 상소제기를 하면 없었던 것으로 하는 해제조건부 상소의 제기, 피고가 소송비용을 부담할 것을 정지조건으로 하는 소의 취하 따위이다.

ii) **소송내적 조건** 즉 소송진행중에 주위적 신청·주장이 이유 없음이 판명될 사실을 조건으로 하는 예비적 신청이나 예비적 주장은 절차의 진행에 영향을 주는 등의 절차의 안정을 해칠 염려가 없기 때문에 허용된다.[1] 예비적 신청에는 청구의 예비적 병합·예비적 반소 이외에 예비적 공동소송(70조)이 있다. 부대항소·상고도 상소의 취하·각하를 해제조건으로 한 예비적 신청이다.

4. 소송행위의 철회와 의사의 하자(흠)

(1) 소송행위는 상대방이 그에 의하여 소송상의 지위를 취득하지 아니한 때에는 자유롭게 철회할 수 있으며, 정정변경이 허용된다. 처분권주의(203조)와 변론주의가 적용되는 결과이다. 신청·주장·증거신청이 모두 그러하다. 다만 사실자료와 증거신청의 철회·정정이 허용되는 시기는 원칙적으로 사실심의 변론종결시까지이다.[2]

---

1) 소송상의 화해에 대하여 소송행위설을 취하면서도, 실효조건부화해에서 실효조건이 성취되면 화해의 효력이 소멸된다는 것이 판례이다(위 590면 참조).

2) 대법 1960. 8. 18, 4292민상905.

(2) 그러나 당해 행위를 한 당사자에게 불리하거나 또는 상대방에 일정한 법률상 지위가 형성된 소송행위 즉 **구속적 소송행위**는 자유로이 철회할 수 없다. 재판상자백의 철회, 증거조사개시 후의 증거신청의 철회, 피고가 응소한 뒤의 소의 취하,[1] 청구의 포기 · 인낙 또는 화해의 철회, 상소의 취하[2] 철회 등은 자유롭지 않다.

이와 같은 구속적 소송행위에 사기 · 강박 또는 착오 등 흠이 있어도 이를 이유로 민법 제109조나 제110조에 의한 취소 · 무효를 주장할 수 없다.[3] 소송절차의 명확성과 안정성을 기하기 위해 표시한대로의 **표시주의**, 외관대로의 **외관주의**가 관철되어야 하는 것이 소송행위이기 때문이다.

이러한 판례 · 통설에 대하여 각 소송행위를 구체적으로 검토하여 이익을 형량하여 의사의 흠을 다루어야 한다는 다른 견해가 있다.[4] 특히 소 · 상소의 취하, 청구의 포기 · 인낙, 화해 등 소송절차를 종료시키는 행위는 소송절차의 안정과 무관하므로 의사의 흠에 관한 민법상의 규정을 유추적용해야 한다는 것이다. 그러나 이러한 민법규정 유추설에는 문제가 있다. 우선 청구의 포기 · 인낙, 화해에 있어 준재심의 소에 의한 취소 이외에 그 흠의 구제책을 인정하지 아니하는 것이 우리 법제(461조)이므로 민법규정의 유추는 논의되기 어렵다고 할 것이다. 그 밖의 소송행위에 있어서 사기 · 강박이기 때문에 취소가 문제될 때에도 민법의 규정보다도 민소법 제451조 1항 5호의 재심규정을 유추하는 것이 옳을 것이다. 착오 때문에 민법의 규정을 유추한다는 것은 이미 법원에 대한 공적 진술로 명확히 의사를 밝힌 점, 소송에 있어서 법적 안정성의 요청과는 조화하기 어려운 점 등으로 미루어 받아들이기 힘들다.[5] 다만 소송 외에서 하는 관할의 합의 등 소송상의 합의는 소송절차와의 직접적인 관련성이 없기 때문에 의사표시의 흠에 관한 민법의 규정이 유추적용됨은 이미 본 바이다.

(3) 다만 구속적 소송행위의 무효 · 취소의 제한에는 **예외**가 있다.

1) 형사상 처벌할 수 있는 다른 사람의 행위로 인하여 한 소송행위 이 경우는 제451조 1항 5호를 유추하여 그 소송절차내에서 당연히 효력이 부정된다고 할 것이다. 예컨대 문맹자를 속여서 항소취하서에 날인케 하거나 대리인의 배임행위에 의한 항소취하, 다른 사람의 폭행이나 강요(강성노조가 사측에 손해배상소송의 취하강요따위)에 의

1) 내심의 효과의사와는 다르다 하여 소의 취하는 무효=대법 2017. 11. 29, 2017다247503.
2) 대법 2007. 6. 15, 2007다2848 · 2855.
3) 대법 1979. 12. 11, 76다1829; 동 1980. 8. 26, 80다76과 위 대법 2007. 6. 15 등은 소와 상소의 취하에서, 대법 1979. 5. 15, 78다1094는 소송상화해에서, 대법 1997. 10. 10, 96다35484는 소송위임행위에서 같은 취지 판시(대리위임이 계엄사령부 합동수사부 수사관의 강박에 의한 것인데도 취소할 수 없다고 했다). 변호사 사무원의 착오는 변호사의 착오로서 임의로 철회할 수 없다는 것에, 대법 1997. 6. 27, 97다6124.
4) Arens, Willensmängel bei Parteihandlungen im Zivilprozeß, 1968; 정동윤/유병현/김경욱, 498면; 호문혁, 364~366면.
5) 강현중, 112면; 한충수, 368면. Rosenberg/Schwab/Gottwald, § 65 Rdnr. 46.

하여 작성된 소취하서를 제출한 경우로서 형사책임이 수반되는 경우,[1] 피고회사의 대표이사던 자가 소송상대방과 공모하여 개인적으로 돈을 받기로 하고 항소취하한 경우[2] 등이다. 그러나 판례에는 이러한 재심규정유추설에 의하면서도 ① 유죄판결의 확정 ② 그 소송행위에 부합되는 의사 없이 외형만의 존재 등 두 가지 요건을 모두 갖추었을 때 무효라고 보는 것이 있는데,[3] 구제의 길을 지나치게 좁힌 것이므로 무리라고 본다.[4]

2) 상대방의 동의 이 때는 조사개시 후의 증거신청의 철회,[5] 피고의 응소 후의 소의 취하(266조 2항), 재판상의 자백의 취소[6]가 허용된다.

5. 소송행위의 하자(흠)의 치유

(1) 앞서 본 소송행위의 인적 요건을 갖추지 못하고, 방식과 내용에 있어서 소송법규에 합치하지 않는 소송행위는 하자(흠) 있는 소송행위로서 무효로 된다. 이 경우에 법원은 그 행위(특히 신청)를 기각·각하하거나 종국판결의 이유 속에서 판단하여야 함이 원칙이다(특히 여효적(與效的) 소송행위). 예외적으로 법원은 아무런 응답을 하지 않고 무시할 수도 있다.

예를 들면 변론무능력자(144조)의 소송행위, 직권발동을 촉구하는 의미의 신청(예: 변론재개신청, 관할위반에 의한 이송신청), 불필요하다고 인정한 증거신청[7] 등이다. 다만 아무런 판단을 하지 않고 무시하는 것은 재판거부와 같은 인상을 주어 되도록 피하는 것이 좋다.[8]

(2) 무효인 소송행위라도 다음의 사유가 있으면 유효하게 될 수 있다.

1) 하자 없는 새로운 행위 예를 들면 소장부본의 송달이 잘못되었으면 다시 송달하는 것이다. 다만 기간이 경과하지 아니한 때에만 가능하다.

2) 추 인[9] 소송능력의 흠은 법정대리인이나 소송능력을 취득한 본인에 의한 추인, 대리권의 흠은 본인에 의한 추인에 의하여 소급적으로 치유된다(60조, 97조). 추인은 상소심에서도 가능하다.[10]

---

1) 대법 2001. 10. 26, 2001다37514.
2) 대법 2012. 6. 14, 2010다86112.
3) 대법 1984. 5. 29, 82다카963; 동 2001. 1. 30, 2000다42939·42946 등. 판례에 찬성, 한충수, 368면.
4) 日最高裁 昭和 46. 6. 25 판결.
5) 대법 1971. 3. 23, 70다3013.
6) 대법 1967. 8. 29, 67다1216.
7) 대법 1965. 5. 31, 65다159; 동 1989. 9. 7, 89마694.
8) Zeiss, Rdnr. 221.
9) 소송행위의 추인에 민법 제133조 단서의 부적용=대법 1991. 11. 8, 91다25383.
10) 대법 2019. 9. 10, 2019다208953 등. 항소제기의 수권이 없었던 소송대리인이 항소하였다 하

3) 보 정 소장제출시에 납입할 인지가 부족하거나 주소불명 등 형식적 요건이 구비되지 아니한 때에는 보정에 의하여 유효하게 되는데(254조, 255조), 보정기간이 지나가지 아니한 때에만 허용된다.

4) 이의권의 포기·상실(151조) 소송절차에 관한 규정 중에서 임의적·사익적 규정에 위배된 소송행위는 그에 의하여 불이익을 입을 당사자의 소송절차에 관한 이의권(책문권)의 포기·상실로써 그 흠이 치유된다(앞의 「이의권」 참조).

5) 무효행위의 전환(Umdeutung) 하자 있는 소송행위에 대해서는 새로운 해석에 의하여 그 무효를 피하는 방법이 있다. 이것이 곧 민법 제138조의 규정을 유추한 무효행위의 전환이론이다(선해적법성의 인정도 같다).[1] 이는 하자 있는 소송행위가 당사자가 의도하는 목적과 같은 다른 소송행위의 요건을 갖춘 경우에 그 다른 소송행위로서의 효력을 갖게 되는 것을 말한다. 어느 한도로 무효행위의 전환을 인정할 것인가는 어려운 문제이나, 절차상의 과오의 결과 실체상의 권리를 잃게 되어 실제 가혹한 감이 들고 소송법의 규제의 진의에 반하지 않으며, 원래의 행위가 무효로 되는 것을 알았다면 다른 행위를 하였으리라고 인정되는 때에 허용된다고 할 것이다. 석명권제도가 있기 때문에 사법상의 법률행위의 전환만큼 큰 의미가 없지만, 부적법한 소송행위의 **선해적 해석**으로 살리는 것이므로 나름대로 의미가 있고 소송경제상 좋다.

판 례 i) 부적법한 독립당사자참가의 경우에 당사자 한쪽을 위한 보조참가신청으로 전환,[2] ii) 불복할 수 없는 결정·명령에 대해 항고법원에 항고했을 때에 특별항고로 보아 항고법원이 대법원에 소송기록의 송부,[3] iii) 항소기간의 도과가 그 책임질 수 없는 사유에 기인한 것으로 인정되는 이상 추후보완의 항소라는 기재가 없어도 추후보완의 항소[4]로 보거나, iv) 항소심판결을 대상으로 항소법원에 제기하여야 할 재심의 소인데 제1심판결을 대상으로 제1심법원에 제기한 경우에 관할위반으로 보아 항소법원으로의 이송,[5] v) 특별항고사건으로 접수되었으나 담보제공자의 담보취소신청을 기각한 원심결정에 대한 불복인 경우 재항고사건으로 보거나,[6] vi) 청구기간 도과한 공동소송참가신청을 보조참

더라도 당사자 또는 적법한 대리인이 항소심에서 본안변론을 하였다면 추인=대법 2020. 6. 25, 2019다246399.

1) Rosenberg/Schwab/Gottwald, § 65 Rdnr. 20.

2) 대법 1960. 5. 26, 4292민상524.

3) 대법 1968. 11. 8, 68마1303; 동 1981. 8. 21, 81마292 등.

4) 대법 1980. 10. 14, 80다1795. 독일의 판례에는 무효행위의 전환례로 자신의 부적법한 항소·상고를 상대방의 상소에 부대상소를 한 것으로 본 것(BGH 100, 388), 참가하며 항소한 것을 보조참가인으로서 당사자를 위한 항소로 본 것(BGH NJW 2001, 1217) 등이 있다.

5) 대법(전) 1984. 2. 28, 83다카1981; 동 1995. 6. 19, 94마2513.

6) 대법 2011. 2. 21, 2010그220.

가신청으로 보는 따위[1] 등이다.[2] 변론종결 후 추가로 주장·증명을 제출한다는 취지를 기재한 참고서면과 참고자료를 제출하고 있다면 변론재개신청으로 선해할 수 있다는 판례도 있다.[3] 미국 FRCP 8(c)에서도 항변사항을 반소청구한 경우나 그 반대 경우에 법원이 전환처리해야 한다고 했다. 독일의 BGH에서도 인정하는 global standard이다.[4]

6. 소송행위의 해석 — 표시주의

소송행위의 해석은 일반 실체법상의 법률행위와는 달리 내심의 의사가 아닌 철저한 표시주의와 외관주의에 따라 그 표시를 기준으로 하여야 하고, 표시된 내용과 저촉되거나 모순되어서는 안 된다.[5] 의심스러울 때에는 행위자에게 유리하게 해석할 것이다(소송상 의사표시의 선의적 해석의 원칙).[6]

제5절 변론의 실시

Ⅰ. 변론의 경과

(1) 변론은 미리 재판장이 지정하여(165조) 양쪽 당사자에게 통지한 기일에 공개법정에서 행한다. 사건과 당사자의 이름을 부름으로써 기일이 개시되며(169조), 재판장의 지휘하에 변론이 진행된다(135조).

변론은 보통 i) 변론준비기일을 마친 사건에서는 변론준비기일의 결과의 진술로써(개정규 72조의 2), 통상의 사건은 원고가 이미 제출된 소장의 청구취지대로 본안의 신청을 말로 진술함으로써 개시된다. 대응하여 피고가 소각하·청구기각의 신청 등 반대신청을 하며, ii) 이어 각 당사자는 변론에서 중요한 법률상·사실상의 사항을 진술하고 법원이 당사자에게 쟁점확인을 하며, 당사자에게 중요쟁점에 관한 의견진술의 기회를 주는 방식에 의한다(개정규 28조).

(2) 변론을 개시하기에 앞서 당사자는 사실관계와 증거를 사전에 상세히 조사정리하고(규 69조의 2), 법원은 변론준비절차에 부치는 사건이 아니라도 미리 쟁점

1) 헌재 2008. 2. 28, 2005헌마872·918 결정 참조.
2) 같은 취지: 김홍규/강태원, 344면; 정동윤/유병현/김경욱, 506면; 강현중, 120면; 정영환, 655면 등 통설. 반대: 김홍엽, 512~513면.
3) 대법 2013. 4. 11, 2012후436.
4) Zeiss/Schreiber, Rdnr. 217. BGH NJW-RR 1987, 1204; 2001, 1217.
5) 대법 2015. 5. 28, 2014다24327; 동 위 2017. 11. 29 판결 등.
6) 전속적 관할합의의 약관조항의 뜻이 불분명할 때에는 고객에게 유리하게 해석하여야 한다는 것에, 대법 2009. 11. 13, 2009마1482.

과 증거를 정리하여 증인 등에 대한 집중적인 증거조사로 종결하는 것이다(293조). 심리가 종국판결을 하기에 성숙하면 법원은 변론을 종결한다. 당사자 본인은 변론종결전에 재판장의 허가를 얻어 최종의견을 진술할 수 있다(규 28조의 3).

Ⅱ. 변론의 정리—변론의 제한·분리·병합

법원은 소송심리를 정리하기 위하여 변론 중에 변론의 제한·분리·병합을 명할 수 있다(141조). 변론의 제한과 분리가 복잡한 사건을 단순화하여 소송지연을 막을 수 있는 교통정리수단이라면, 변론의 병합은 산발적으로 계속된 관련청구를 하나의 절차에 집중시켜 1회적으로 해결함으로써 소송경제와 재판의 모순저촉을 방지하는 수단이다. 소송지휘권의 행사로서 직권으로 하는 법원의 재량적 재판이므로 당사자는 이에 대해 불복신청을 할 수 없다.[1)]

1. 변론의 제한

하나의 소송절차에 여러 개의 청구가 병합되거나 또는 여러 개의 독립한 공격방어방법이 제출되어 쟁점이 복잡다단할 경우에는 이를 정리하기 위하여 변론의 대상인 사항을 한정하는 조치를 취할 수 있는데, 이를 변론의 제한이라 한다. 예를 들면 본안전의 항변(당사자적격. 건강보험관리공사의 담배소송의 예: 대리권의 흠 등)이 제출되었을 때에 그 본안전의 항변에 관한 증거조사에 한정하거나, 손해배상청구에서 책임원인과 손해액 두 가지가 쟁점 중에 먼저 책임원인에만 변론을 제한하는 등이다.

2. 변론의 분리

청구의 병합이나 공동소송 등으로 청구가 여러 개인 경우에 법원이 그 중 어느 청구에 대하여 별개의 소송절차로 심리할 뜻을 표명하는 것을 변론의 분리라 한다. 어느 청구가 다른 청구와 관련성이 없거나 먼저 판결하기에 성숙하면 이에 의하여 가분적 정리가 가능하며, 따라서 소송관계의 단순화에 적절한 수단일 수 있다(실무상 피고가 여러 사람일 때 피고 중 일부는 소장의 송달불능·공시송달, 나머지는 송달받았는데 답변서 부제출 등 제각각일 경우, 이 피고전원에 대하여 기일연기보다 후자의 소송관계에 대해서는 변론을 분리하여 그 부분 무변론판결을 하면 절차진행에 좋다).[2)]

필수적 공동소송, 독립당사자참가소송, 이혼사건의 본소청구와 반소청구, 예

---

1) 대법 1956. 1. 27, 4288행상126. 반대 취지: 대법 1959. 5. 22, 4290행상180.

2) 졸고, 앞의 논문, 142면.

비적·선택적 병합청구나 예비적·선택적 공동소송의 경우에는 분리가 허용되지 않는다. 분리가 되어도 관할에 영향이 없으며(33조), 분리전의 증거자료는 그대로 분리 후 양 절차의 증거자료로 된다.

3. 변론의 병합

분리와 역으로, 한 법원에 따로따로 계속되어 있는 복수의 소송을 법원이 직권으로 하나의 소송절차에 몰아서 심리할 뜻을 명하는 것을 변론의 병합이라 한다. 법원에 의한 병합이라는 점에서 당사자에 의한 병합(청구의 병합, 소의 주관적 병합)과 구별된다. 변론의 병합이 있으면 복수의 소송이 변론단계에서 1개의 공동소송으로 혹은 청구의 병합으로 결합한다(사건번호가 여러 개 붙는다). 따라서 병합은 특별한 규정이 없는 한(가소 14조; 행소 10조), i) 같은 종류의 소송절차로 심판될 것에 한하며(253조 참조), ii) 각 청구 상호간에 법률상의 관련성이 있을 것을 요한다. 공동소송의 주관적 요건(65조)을 갖추었으면 이러한 관련성이 인정된다(같은 사실관계에 기초한 경우 등).[1] 병합의무가 있는 경우(상 188조, 328조, 376조 등; 증집소 14조; 소비자단체소송규칙)를 제외하고 병합 여부는 법원의 재량에 속한다. 다만 병합된 각 청구의 소가의 합산액을 표준하여 새로 관할이 정해지는 것이 아니고, 소제기시의 관할에 따른다.[2] 그러나 당사자 일방의 소송지연책으로 병합신청을 내어 사건을 복잡하게 하는 제도남용의 예도 없지 않다. 쟁점이 같은 사건에서 절차집중으로 소송경제와 상호모순의 방지상 활용의 가치가 크다. 특히 변론을 열지 않는 대법원의 경우는 판결경제상 절차병합이 바람직하다.

사건이 병합된 뒤에는 같은 기일에 변론과 증거조사를 공통으로 하여야 하지만, 병합전에 각 사건에 대하여 행한 증거조사의 결과가 병합 후 사건에 당연히 공통의 증거자료가 되느냐의 문제가 있다. 변론의 병합에 의하여 각 소송은 당초부터 병합소송으로 제기된 것과 같이 보아, 원용 없어도 각 소송의 증거조사의 결과는 그대로 병합 후의 소송의 증거자료가 된다고 볼 것이다. 다만 병합에 의하여 공동소송으로 된 경우에는 원용을 필요로 할 것이다.[3] 종래 증거조사에 참여하지 아니한 당사자의 절차보장을 위해서이다. 병합에 의하여 수소법원의 구성에 변경이 생겼을 때에는 제204조 2항(변론갱신)이 준용된다. 실무상 여러 개의 사건을 같은 절차에 병합하는 것은 아니고 단지 심리를 동시에 행하는 **변론의 병행**이 있다.

1) 대법 1959. 5. 22, 4290행상180 참조.
2) 대법 1966. 9. 28, 66마322. 예외로는 사물관할규칙 4조 1호.
3) 같은 취지: 정동윤/유병현/김경욱, 515면; 강현중, 416면; 日最高裁 昭和 41. 4. 12 판결. 반대: 주석신민소(Ⅱ), 374면.

병합요건(253조)은 갖추지 못했지만 서로 관련성이 있는 사건은 이에 의하는 수가 있다.[1] 본안사건과 가압류 · 가처분사건이 그 예이다(단 FRCP에서는 가처분과 본안사건의 변론병합을 허용).

Ⅲ. 당사자본인의 최종진술

민사소송규칙 제28조의 3은 당사자 본인에게 형사소송절차에서와 같이 변론이 종결되기전에 재판장의 허가를 얻어 최종의견을 진술할 수 있게 하였다. 당사자의 수가 많을 때에는 당사자 본인 중 일부에 대하여 그 진술기회를 제한할 수 있다.

Ⅳ. 변론의 재개

(1) 법원은 일단 변론을 종결한 후라도 심리가 덜 되어(미진) 있음이 발견되거나 그 밖에 필요하다고 인정할 때에는 자유재량으로 변론을 재개할 수 있다(142조). 변론의 재개 여부는 **법원의 직권사항**이고 당사자에게 신청권이 없기 때문에 당사자의 변론재개신청은 법원의 직권발동을 촉구하는 의미밖에 없으며, 이에 대해 허부의 결정을 할 필요가 없다(판례 · 통설).[2] 사실심의 변론종결 후 변론재개신청과 함께 승계참가신청을 한 경우 본래 소송은 그대로 판결하고 승계참가신청은 분리각하해도 된다(대법 2004다26997). 재개신청이 있다 하여 법원에 재개의 의무가 있는 것이 아니므로[3] 재개하지 아니한 것을 상고이유로 삼을 수 없다. 재개의무를 함부로 인정하면 당사자가 신의칙상의 성실소송수행의무나 소송촉진의무를 해태하게 되므로 소송정책상으로도 바람직하지 않다. 재개사유가 소송고지(84조)의 필요성[4] 때문이거나 증거가 유일한 증거방법일 경우[5] 실기한 공격방어방법으로 각하되지 않을 사정[6]도 마찬가지이다.

1) 두 사건을 병행심리하면서 그 두 사건에 대한 증인으로 한 사람을 채택하여 그 증인이 그 두 사건에 관하여 동시에 같은 내용의 증언을 하였으나 그 두 사건 중의 하나의 사건에 관한 증언이 위증으로 확정된 경우에는 그 증인의 위증은 그 사건에 관하여서만 재심사유가 될 뿐이라는 것에, 대법(전) 1980. 11. 11, 80다642.
2) 재개결정 없이 사실상 재개로서 변론을 속행하였다고 하여 위법이 아니라는 것에, 대법(전) 1971. 2. 25, 70누125.
3) 대법 1998. 9. 18, 97다52141.
4) 대법 1970. 6. 30, 70다881.
5) 日最高裁 昭和 45. 5. 21 판결.
6) 대법 2010. 10. 28, 2010다20532.

예외적인 **재개의무사유**로, i) 재개사유로 재심사유를 제출하였을 때,[1] ii) 당사자가 책임질 수 없는 사유로 주장·증명의 기회를 갖지 못하는 등 재개하여 기회를 주지 않은 채 패소판결을 하여 절차적 정의에 반할 때,[2] iii) 결론을 좌우하는 관건적 요증사실을 재개사유로 한 때[3]는 재개의무가 있다고 하였다. 더 나아가 iv) 석명의무나 지적의무 등을 위반한 채 변론종결을 함으로써 사건의 적정·공정한 해결에 영향을 미칠 절차상의 위법이 있을 때도 재개의무 있다는 것이 대법 2011. 7. 28, 2009다64635이다. 여기에 해당되면 변론종결 후 당사자가 추가로 주장·증명을 제출한다는 취지를 기재한 참고서면과 자료를 제출하여도 변론재개의 신청으로 선해할 수 있다는 판례가 있다(402면 참조).[4]

(2) 변론재개결정을 할 경우에 재판장은 특별한 사정이 없는 한 결정과 동시에 변론기일을 지정하고 당사자에게 재개사유를 알려야 한다(개정규 43조). 전자소송시대를 맞아 변론재개율이 많이 떨어질 것으로 기대한다.

Ⅴ. 변론의 일체성

변론을 여러 차례의 기일에 걸쳐 열었다 하여도 같은 기일에 동시에 연 것과 같아진다. 뒤 기일의 변론은 먼저 기일까지의 변론을 전제로 속행하면 된다. 법관이 바뀐 경우(204조 2항) 외에는 전일까지의 변론의 결과를 되풀이 보고할 필요가 없다. 변론준비기일을 연 경우를 제외하고 당사자의 변론이나 증거조사를 어느 단계까지 하지 않으면 실권되는 제한이 없어, 어느 시점의 변론이라도 소송자료로서 같은 효력을 갖게 됨이 원칙이다. 이를 변론의 일체성(Einheit der mündlichen Verhandlung)이라 한다. 신법은 법원과 당사자의 협동에 의한 변론의 집중으로 1회 변론기일주의에 의한다고 하였으나(287조, 개정규 69조 2항), 훈시규정 이상일 수 없으므로 복잡한 사건 등에서는 여러 차례 변론기일을 열면서 속행할 수밖에 없어, 변론의 일체성은 여전히 문제된다.

---

1) Rosenberg/Schwab/Gottwald, § 104 Rdnr. 46.

2) 대법 2019. 11. 28, 2017다244115; 동 2018. 7. 26, 2016두45783; 동 2022. 12. 29, 2022다263462 등 확립된 판례. 위 대법 2010. 10. 28: 이에 대한 평석은 권혁재, 앞의 논문. BGH NJW 2000, 142, 143는 지적의무를 어긴 때에, BGH 27, 163는 법률상 심문청구권이 침해될 때는 각 재개해야 한다고 했는데, 우리 판례도 따라가고 있다.

3) 대법 2007. 4. 26, 2005다53866; 동 2019. 2. 21, 2017후2819(전) 등. 다만 결론이 좌우되는 경우라도 항상 재개의무가 있는 것은 아니다(대법 2010. 10. 28, 2010다20532 참조).

4) 대법 2013. 4. 11, 2012후436; 동 2022. 12. 29, 2022다263462.

Ⅵ. 변론조서

1. 의 의

변론조서란 변론의 경과를 명확하게 기록보존하기 위하여 법원사무관등이 작성하는 문서를 말한다. 이에 의하여 소송절차의 진행을 밝혀 절차의 안정·명확을 기하는 동시에 상급법원이 원심판결의 잘잘못을 판단하는 데에 이바지하게 된다. 조서에는 변론조서 이외에 다른 기일(화해기일·변론준비기일·법정외 증거조사기일 등)의 조서가 있으나 여기에는 변론조서의 규정이 준용된다.

2. 조서의 기재사항

법원사무관등은 변론기일에 참여하여 형식적 기재사항과 실질적 기재사항을 기재한 조서를 작성한다(152조 1항 본문). 법원사무관등은 법관과의 사이에서 「바늘과 실」처럼 함께 기일에 참여하여 조서를 작성함이 원칙이다. 그러나 신법은 예외적으로 변론기일·변론준비기일은 녹음·속기에 의하는 경우에, 그 밖의 기일인 화해기일·조정기일·증거조사기일·심문기일 등은 재판장이 필요하다고 인정하는 경우에 법원사무관등의 참여 없이 기일을 열 수 있도록 하였다(152조 1항 단서·2항. 법률심인 상고심이나 헌법심은 필요성이 적을 것임).

이와 같은 법원사무관등의 기일참여배제의 특례는 선진입법례에 부합하는 개혁이며(독일의 예는 법관에 비하여 법원사무관등의 직이 적다) 사법인력의 경제화에 도움이 될 것이다. 다만 법원사무관등의 참여 없이 기일을 열어도 법원사무관등은 그 기일이 끝난 뒤에 재판장의 설명에 따라 조서를 작성하고 그 취지를 덧붙여 적어야 한다(152조 3항).

(1) 형식적 기재사항으로서, 조서에는 반드시 제153조 1호 내지 6호의 사항(변론의 방식에 관한 사항)을 적어야 한다. 그리고 조서의 작성자로서 법원사무관등이 기명날인 또는 서명하고, 재판장도 그 기재내용을 인증하기 위하여 기명날인 또는 서명한다. 재판장이 지장이 있을 때에는 합의부원이 그 사유를 적고 기명날인 또는 서명하여야 하며, 법관 전원이 지장이 있을 때에는 법원사무관등이 그 사유를 적으면 된다(153조 단서). 제153조의 형식적 사항 중 1·2·5호와 같은 중요사항을 빠뜨리면 조서 전체가 무효가 되며, 재판장[1]이나 법원사무관 등의 기명날인 또는 서명이 없는 조서도 무효로 된다. 문제는 기명만 있고 날인이 없는 때인데, 판례는

1) 대법 1955. 4. 7, 4288민상6.

법원사무관등의 경우는 판결의 당부에 영향 없는 위법이라 하였으나[1] 재판장의 경우는 무효라고 보았다.[2]

(2) 실질적 기재사항으로서, 조서에 변론의 내용을 이루는 당사자나 법원의 소송행위 및 증거조사의 결과 등을 기재할 것이나, 구술주의·직접주의의 원칙상 그 내용의 전부를 기재할 필요는 없고 변론의 요지를 기재하면 된다(154조).

법이 그 중요성에 비추어 이를 명확하게 기재할 것을 요구하고 있는 사항은 다음과 같다. i) 화해, 청구의 포기·인낙, 소의 취하와 자백, ii) 증인·감정인의 선서와 진술, iii) 검증의 결과, iv) 재판장이 적도록 명한 사항과 당사자의 청구에 따라 적는 것을 허락한 사항, v) 서면으로 작성되지 아니한 재판(소송지휘에 관한 재판 따위), vi) 재판의 선고 등이다(154조).

(3) 소액사건에 있어서는 통상사건과 달리 당사자의 이의가 없는 경우에는 판사의 허가를 얻어 조서의 기재를 생략할 수 있는 특례가 있다(소심11조). 구법은 단독사건에 대하여도 같은 특례를 두었으나, 신법은 조서기재의 생략사건을 대법원규칙에 위임토록 하였다(155조 1항). 민사소송규칙 제32조 1항은 판결에 의하지 아니하고 소송이 완결되는 경우, 즉 청구의 포기·인낙, 화해·조정, 소의 취하의 경우는 단독사건·합의사건을 막론하고 재판장의 허가를 얻어 증인·당사자본인 및 감정인의 진술과 검증결과의 기재를 생략할 수 있도록 하였다.

3. 조서의 기재방법—조서의 녹음화

(1) 통상의 방식 법원공문서규칙에 의하여 조서작성의 간편을 위해 변론조서를 i) 기본적 변론조서, ii) 증거조사에 관한 조서(증인 등 신문조서·검증조서), iii) 증거목록 등 세 가지로 나누었다. 그리고 변론조서에 증거조사에 관한 것을 기재할 때에는 변론조서의 일부(156조)로서 증거조사에 관한 조서와 증거목록을 인용기재하도록 하였다. 서면, 사진(영상포함), 그 밖에 법원이 적당하다고 인정한 것도 이를 인용하고 기록에 덧붙여 조서의 일부로 할 수 있다(156조). 소송이 판결에 의하지 아니하고 완결될 때에는 증거조사의 결과기재, 공시송달사건 등에서는 서증목록 기재를 각 생략할 수 있다(규32조).

(2) 조서에 갈음하는 녹음·속기화 법원이 필요하다고 인정할 때와 당사자의 신청이 있고 특별한 사정이 없을 때에는 변론의 전부나 일부를 녹음하거나 속기하도록 명하여야 한다(159조 1항). 당사자의 신청은 변론기일 열기 전까지이

1) 대법 1957. 6. 29, 4290민상13.
2) 대법 1961. 6. 22, 4294민재항12.

고 그 비용은 미리 내야 한다(2014. 12. 개정 규 33조 1항). 이것은 재판에 있어서 조서의 내용에 관한 당사자간의 논란을 피할 수 있는 현대적인 기술도입이지만, 법관의 '막말'의 횡포견제용으로도 의미있다. 소액사건은 2013. 5. 1.부터 당사자의 신청없이도 전면 법원이 직권녹음을 하다가, 2015. 1.부터는 일반 사건도 법정녹음에 의한 변론기록방안을 본격 실시하게 되었다. 녹음테이프와 속기록은 조서의 일부가 되고(동조 2항), 당사자가 신청하거나 대법원규칙이 정하는 때에는 녹음테이프나 속기록의 요지를 정리하여 조서를 작성하여야 한다(동조 3항, 규 36조 1항). 재판장은 필요한 경우 녹음된 내용에 대해 녹취록작성을 명할 수 있다(규 35조 1항).

2014. 12. 개정규칙 제36조 2항은 더 구체화하여 녹음테이프 또는 속기록을 조서의 일부로 삼는 경우라도 재판장은 법원사무관 등으로 하여금 당사자, 증인, 그 밖의 소송관계인의 진술 중 중요한 사항, 특히 증인·당사자본인의 신문결과 등을 요약하여 조서의 일부로 기재하게 할 수 있고(요약 조서), 동 3항에서는 원칙적으로 ① 상소가 제기된 때, ② 법관이 바뀐 때는 녹음테이프의 요지를 정리하여 조서작성을 하여야 한다고 규정하고 있다(요지 조서). 나아가 동 4항은 법원사무관 등이 녹음테이프의 요지를 정리하여 요지조서의 작성시에 재판장의 허가를 얻어 속기록 또는 녹취서 중 필요한 부분을 그 조서에 인용할 수 있게 하였다. 이와 같은 조서의 녹음화에 대해 국제적 높은 평가도 있다.

또 민소규칙 제37조 1항은 녹음테이프만이 아니라 녹화테이프·컴퓨터용자기디스크·광디스크 등[1)]으로 음성·영상을 녹음·녹화하여 재생할 수 있는 매체를 이용하여 변론의 전부나 일부를 녹음·녹화하여 조서의 기재에 갈음하는 것도 가능할 수 있게 하였다(법원사무관 등이 기명날인 대신에 전자서명. Spain에서는 1심과정을 자동으로 녹화하여 재판이 끝이나면 양 당사자에게 DVD를 나누어 주어 2·3심에서 증거로 활용케 한다. 북경법원에서는 이제 속기사를 철수시켰다 한다). AI의 적극 활용이 바람직한 영역이다. 중국법원에서는 속기사 없이 AI가 녹취한다. AI 속기사를 활용하는 시대가 되었다.

4. 조서의 공개

(1) 관계인에의 공개 조서의 기재는 그 정확성의 담보를 위해 작성중인 조서에 대하여 당해 소송관계인(당사자 또는 법정대리인·참가인·증인(규 37조의 3))의 신청이 있는 때에는 법원사무관 등은 이를 읽어주거나 보여 주어야 한다(157조). 당사자나 이해관계를 소

1) 당사자 등이 규칙 제34조 제2항 등에 의하여 재생을 요구할 수 있는 녹음테이프나 컴퓨터용 자기디스크 등은 제159조에 따라 녹음·녹화되어 조서의 일부로 된 것에 한하고, 재판부가 편의상 녹음·녹취하여 조서의 일부가 되지 않는 것은 이에 불해당된다는 것에, 대법 2004. 4. 28, 2004스 19.

명한 제3자는 소송기록의 열람·복사신청권, 재판서·조서의 정본·등본·초본의 교부신청권과 소송에 관한 사항의 증명서교부신청권을 갖는데(162조 1항), 그 준칙은 대법원규칙으로 정하게 되어 있다. 전자소송에서는 인터넷으로 공인인증서만 있으면 기록열람을 쉽게 할 수 있다.

(2) 제3자의 소송기록 열람 등의 제한 신법은 소송기록(녹음파일에 붙이는 녹취서가 포함) 중에 당사자의 사생활에 관한 중대한 비밀이 적혀 있고 제3자에 열람허용이 당사자의 사회생활에 큰 지장을 줄 우려가 있다거나 당사자가 갖는 영업비밀(부정경쟁방지 및 영업비밀보호에 관한 법률 2조 2호의 영업비밀)이 적혀 있다는 소명이 있는 경우에는, 법원은 당사자의 신청으로 소송기록 중 비밀기재 부분의 열람·복사, 재판서·조서 중 비밀기재 부분의 정본·등본·초본의 교부(이하 비밀 기재부분의 열람 등이라 한다)의 신청자를 당사자로 한정하는 결정을 할 수 있도록 하였다(163조 1항). 개인의 사생활에 관한 비밀, 영업비밀이 소송과정을 통해 제3자에게 유출되는 것을 방지하기 위해서이다.[1)]

이와 같은 비밀기재부분의 열람제한신청은 소송기록 가운데 비밀기재부분을 특정하여 서면신청하여야 하며(규 38조 1항), 법원이 열람제한결정을 하는 때는 비밀기재 부분을 특정하여야 한다(규 38조 2항).

열람제한신청이 있을 때에는 그 재판이 확정될 때까지 제3자는 비밀기재부분의 열람 등을 신청할 수 없다(163조 2항). 이해관계를 소명한 제3자의 신청에 의하여 비밀부분이 존재하지 아니하거나 소멸되었음을 이유로 열람제한결정을 취소할 수 있다(동조 3항).

2023. 7. 11. 개정법률에서는 제163조 2항을 신설하면서 종전의 동조 제2항 내지 제5항을 동조 제3항 내지 제6항으로 개편하여 소송관계인의 생명 또는 신체에 대한 위해의 우려가 있다는 소명이 있으면 법원은 관계인의 신청에 따라 결정으로 소송기록의 열람·복사·송달에 앞서 주소 등 대법원규칙으로 정하는 개인정보로서 해당 소송관계인이 지정한 개인정보부분이 제3자(당사자 포함)에 비공개되도록 보호조치를 할 수 있게 하였는데, 이 후환보복을 염려한 개정조항은 2025. 7. 12.부터 시행된다.

(3) 일반공개(개정법 162조 2항 내지 4항) 2007년 개정법률에서는 소송관계인 이외에

---

1) 특허관계소송에서는 소송으로 인하여 알게 된 영업비밀유지명령을 할 수 있으며(특허법 224의 2), 법원명령의 위반시에 형사제재(5년 이하 징역, 5천 만원 이하의 벌금)를 가할 수 있다(동 229조의 2). 영미법의 법정모욕죄의 일부도입이다. 관련사건을 심리 중인 법원에서 문서송부촉탁을 할 수 있고 이 경우 소송기록 전체가 제3자에게 유출될 수 있다는 점을 고려하면 영업비밀 등의 보호를 위한 열람 등 제한의 필요성이 커진다는 것에, 대법 2020. 1. 9, 2019마6016.

일반인에게도 권리구제 · 학술연구 또는 공익적 목적이 있으면 확정된 소송기록의 열람을 신청할 수 있도록 하였다. 그러나 심리가 비공개로 진행된 사건이나 당해소송관계인이 동의하지 아니하는 경우에는 열람이 제한된다(열람에 관한 절차는 개정규칙 제37조의 3). '확정판결서'의 일반공개가 2015년부터 시작되다가(163조의 2) 2020. 11.에 제163조의2에서는 '확정판결서'에서 '판결서'로 개정하여 미확정판결도 공개하도록 하고 2023. 1. 1.부터 시행하였다(단 소액사건과 상고심특례법 상의 판결서 등은 제외). 대법원홈페이지에서 민사판결문의 검색 · 열람 · 출력이 가능할 수 있다.

5. 조서의 정정

완성된 조서에 잘못된 기재가 있음을 이유로 관계인이 이의제기를 하였으나 그 이유없다고 인정될 경우에는 조서에 그 취지를 적어 처리하면 되게 되어 있다(164조). 이때에 제223조의 법원사무관등의 처분에 관한 이의사건으로 취급할 것이 아니다.[1] 이의가 정당하면 조서의 기재를 정정한다. 이의가 없어도 조서의 기재에 명백한 오류가 있을 때에는 판결의 경정(211조)에 준하여 정정할 수 있다고 할 것이다.[2]

6. 조서의 증명력

(1) 조서가 무효가 아닌 한, **변론의 방식에 관한 규정**이 지켜졌다는 것은 조서의 기재에 의하여만 증명할 수 있으며(158조 본문), 이에 대하여 다른 증거방법으로 증명하거나,[3] 그 기재를 반증을 들어 번복할 수 없다.[4] 조서에 그 사실의 기재가 있으면 그 사실은 있는 것으로 인정되고, 그 기재가 없으면 그 사실은 없는 것으로 인정되며 또 조서가 없으면(없어진 경우는 예외. 158조 단서) 그 사실은 존재하지 아니한 것으로 된다. 예컨대 판결선고조서가 없으면 판결선고가 되었다고 볼 수 없어 그 판결은 효력이 없다(선고조서에 판사의 날인이 없을 때도 같다).[5] 판결문의 선고일자와 선고조서의 선고일자가 다르면 후자의 일자에 판결이 선고된 것이다.[6] 이는 변론의 방식에 관한 한 자유심증주의를 버리고 법정증거주의를 따랐다는 것을 뜻한다. 변론에 참여한 법원사

---

1) 대법 1989. 9. 7, 89마694 등. 상고이유로 삼을 수 없다는 것에, 대법 1981. 9. 8, 81다86; 동 1995. 7. 14, 95누5097.
2) 같은 취지: 송상현/박익환, 331면; 정동윤/유병현/김경욱, 519면.
3) 대법 1963. 5. 16, 63다151.
4) 대법 1965. 3. 23, 64다1828.
5) 대법 1956. 8. 9, 4289민상285; 동 1962. 1. 18, 4294민상152.
6) 대법 1972. 2. 29, 71다2770.

무관등에 의한 작성, 재판장에 의한 인증, 관계인에게 열람·이의의 기회제공 등으로 고도의 정확성을 담보한 것이 조서이므로, **법정증거력**을 주어 소송절차 그 자체가 분쟁의 원인이 되지 않도록 하려는 취지이다.

변론의 방식이란 변론의 일시 및 장소, 변론의 공개 유무, 관여법관,[1] 당사자와 대리인의 출석 여부,[2] 판결의 선고일자[3]와 선고사실 등의 변론의 외형적 형식을 말한다.

(2) 그러나 변론의 방식에 관한 사항이 아닌 것, 즉 당사자의 변론의 내용, 자백, 증인의 선서나 진술내용 등 제154조의 실질적 기재사항(6호의 재판의 선고 제외)은 법정증거력이 인정되지 아니하며, 일응의 증거가 되는 데 그치고 다른 증거로 번복할 수 있다.[4] 다만 조서는 엄격한 형식하에 법원사무관등이 작성하고 재판장에 의하여 인증된 것이기 때문에, 특별한 사정이 없는 한 진실한 것이라는 강한 증명력을 가진다.[5]

제6절 변론기일에 있어서의 당사자의 결석(기일의 해태)

판결은 구술변론을 거쳐서 행하여야 하는 필요변론의 원칙(134조 1항) 때문에, 변론기일(변론준비기일 포함. 286조)에 한쪽 또는 양쪽 당사자가 결석하면 소송진행의 길이 막혀 사건의 신속한 해결이 지연될 뿐 아니라, 소송제도의 기능이 마비되게 된다. 따라서 우리 법제는 한쪽 당사자 결석의 경우에는 진술간주(148조)와 자백간주(150조 3항)로, 양쪽 결석의 경우에는 소의 취하간주(268조)로 대처하고 있다. 이러한 **변론기일 출석주의**에 기한 **출석강제의 3간주**를 기일의 해태의 효과라고 한다. 신법에서는 기일을 게을리함에 따른 불이익이라고 한다(167조 2항).

---

1) 대법 1955. 12. 29, 4288민상114.
2) 대법 1969. 1. 21, 68다1651; 동 1982. 6. 8, 81다817 등.
3) 대법 1957. 10. 21, 4290민상270; 동 1972. 2. 29, 71다2770.
4) 대법 1953. 3. 12, 4285민상102=조서에 적힌 소의 취하기재가 오기인 것이 명백한 경우에는 소취하의 효력이 부인될 수 있다. 속행기일을 지정하여 고지한 내용은 변론의 방식이 아니므로 증거로 확정할 수 있다고 한 것에, 대법 1969. 6. 10, 69다402.
5) 대법 1993. 7. 13, 92다23230; 동 2001. 4. 13, 2001다6367 등.

Ⅰ. 당사자의 결석(기일의 해태)

당사자의 결석, 즉 기일을 게을리하는 당사자가 적법한 기일통지를 받고도 필요(수)적 변론기일에 불출석하거나 출석하여도 변론하지 않은 경우를 말한다. 간단히 말해 기일해태는 불출석·출석무변론이다.

(1) 필요적 변론기일에 한정[1] 임의적 변론에 있어서는 그 적용이 배제된다. 판결선고기일은 포함하지 않는다(207조 2항 참조). 판례는 법정외에서 한다는 특별한 사정이 없는 한 증거조사기일은 여기의 변론기일에 포함된다고 하였다(293조 참조).[2] 또 신법에 의한 변론준비기일에도 기일해태의 효과는 생긴다(286조, 148조, 150조, 268조).

(2) 적법·통상의 기일통지를 받고(167조 1항) 불출석[3] 기일통지서의 송달불능·송달무효이면 기일해태가 아니다. 공시송달에 의한 기일통지를 받고 불출석한 경우는 자백간주(150조 3항 단서)의 기일해태효과가 생기지 않는 것이 명문이나, 생각건대 진술간주·소취하간주[4] 등의 기일불출석의 효과도 생기지 않는다고 볼 것이다. 제167조 2항에 의하면 간이통지방법(전화·팩시밀리·보통우편 또는 전자우편·문자메시지 등. 규 45조)에 의한 기일통지의 경우에는 기일을 게을리함에 따른 불이익을 줄 수 없도록 하였다. 판례는 항소심에서 원고에게 발송송달의 요건불비로 효력이 없는 경우는 취하간주의 효과가 발생하지 않는 것으로 본다.[5]

(3) 사건의 호명을 받고 변론이 끝날 때까지 불출석·무변론[6]

1) 당사자도 대리인(복대리인이 있으면 그도 불출석)도 모두 법정에 나오지 않은 경우이다.[7] 비록 당사자가 출석하였으나, i) 진술금지의 재판(144조), 퇴정명령, ii) 임의퇴정의 경우에도[8] 불출석으로 된다.

---

1) 이영섭, 155면; 송상현, 425면; 정동윤/유병현/김경욱, 525면; Rosenberg/Schwab/Gottwald, § 105 Rdnr. 7.

2) 대법 1966. 1. 31, 65다2296.

3) 대법 1997. 7. 11, 96므1380; 대법 2023. 5. 18, 2023다204224(계약서에 다른 주소가 있는데 소장에 적힌 주소로 우편송달 후 항소취하간주는 잘못이라는 예).

4) 공시송달이 적법하지 아니한 요건불비의 공시송달의 경우에 소취하간주의 효과가 생기지 않는다는 것에, 대법 1997. 7. 11, 96므1380; 당사자가 주소변경신고를 하지 않아 공시송달된 경우에는 쌍불취하 간주된다는 것에, 대법 1987. 2. 24, 86누509.

5) 대법 2022. 3. 17, 2020다216462.

6) 변론에 들어가기 전에 재판장이 기일을 연기하여 변론의 기회를 주지 아니한 경우는 무변론에 포함 안 됨=대법 1993. 10. 26, 93다19542.

7) 대법 1979. 9. 25, 78다153·154; 동 1982. 6. 8, 81다817.

8) 대리인이 다른 사건의 변론 때문에 퇴정한 경우에 같은 취지의 판례로, 대법 1965. 3. 23, 64다

2) 출석하여도 변론하지 아니하면 기일의 해태로 된다(형사상 묵비권의 행사는 적용이 없다). 단지 피고가 청구기각의 판결만을 구하고 사실상의 진술을 하지 아니한 경우(신법하에서는 소정의 답변서제출의무 때문에 이러한 사례는 거의 없을 것임),[1] 단순히 기일변경을 구한 데 그친 경우에도 변론하였다고 할 수 없다.[2]

Ⅱ. 양쪽 당사자의 결석—소의 취하간주(268조)

1. 양쪽 당사자의 결석과 입법례

적법한 기일통지를 받았음에도 불구하고 양쪽 당사자가 모두 결석한 경우의 처리에 관하여는 입법례가 여러 가지이다. 독일의 경우는 기록에 의한 재판(nach Lage der Akten)을 할 수 있으며, 그 이전에 변론을 한 바 있었을 경우에만 판결을 할 수 있다(ZPO 251a조). 일본신법 제263조에서는 양쪽 당사자가 1회 불출석하고 그로부터 1개월 내에 기일지정신청을 하지 아니하였을 때와 양쪽 당사자가 연속하여 2회 불출석하였을 때에 소의 취하로 보게 하였다.

우리 법은 당초 2회 불출석의 경우는 제1심에서는 소의 취하간주(의제적 취하, 쌍불취하)로, 상소심에서는 상소의 취하간주로 보았던바, 그 폐해를 고려하여 1990년의 개정에서 취하간주의 요건을 크게 강화시켰다.

2. 취하간주(의제적 취하)의 요건

다음의 세 가지를 모두 갖추어야 한다.

(1) 양쪽 당사자의 1회 결석 양쪽 당사자가 적법한 절차에 의한 송달을 받고도[3] 변론기일에 1회 불출석이거나 출석하여도 무변론일 것(268조 1항). 여기에는 양쪽이 모두 불출석하는 경우보다도 원고는 불출석하고 피고는 출석 무변론으로 양쪽 결석으로 되는 경우가 많다. 여기의 기일은 첫 기일이든 속행기일이든 가리지 않는다(판결선고기일은 불포함. 207조 2항). 법정 외가 아니면 증거조사기일도 포함됨은 이미 본 바이다. 변론기일에 양쪽 당사자가 1회 결석할 때에는 재판장은 반드시 속행기일을 정하여 양쪽 당사자에게 통지하여야 한다. 따라서 이 경우에 변론을 종결하지 않고 그대로 두느냐, 변론을 종결하고 판결하느냐는 재량이 아니며 판결

1828.

1) 대법 1989. 7. 25, 89다카4045도 이 경우에 피고에게 자백간주의 불이익을 입힐 수 있다고 했다.

2) 적절하지는 않으나 기일불출석의 제재를 부과할 것은 아니라는 견해로, 한충수, 387면.

3) 대법 2022. 3. 17, 2020다216462.

하기에 성숙하였다 하여도 변론을 종결하고 소송기록에 의하여 판결할 수 없다.

(2) 양쪽 당사자의 2회 결석 양쪽 당사자의 1회 결석 후의 새기일 또는 그 뒤의 기일에 불출석이거나 출석무변론이었을 것(268조 2항). 2회 결석의 경우에는 1회 결석과 달리, 판결을 하기에 성숙하였다고 인정될 때에 변론종결을 하여 기록에 의한 판결이 불가능하지 않으나,[1] 법원이 변론종결도 하지 않고 새기일 지정도 없이 당해 기일을 종료시키는 것이 통례이다(사실상의 휴지). 그 경우에 소취하 간주의 중요 요건이 갖추어지게 된다.

(3) 그 뒤 기일지정신청이 없거나 또는 새로 기일지정신청 후의 양쪽 결석

1) 양쪽 당사자가 2회 결석 후 그로부터 1월 내에 당사자가 기일지정신청을 하지 아니하면 소의 취하가 있는 것으로 본다(268조 2항). 말하자면 기일지정 신청없이 1월의 휴지(休止)기간이 만료되면 소취하의 효력이 생긴다. 이 기간은 2회 결석한 기일로부터 기산하며,[2] 불변기간은 아니므로 기일지정신청의 추후보완은 허용될 수 없다.[3]

2) 만일 기일지정신청[4]을 하거나 법원이 직권으로 새기일을 지정한 때[5]에는 소송은 속행되지만, 새기일 또는 그 후의 기일에 양쪽 당사자가 결석한 때에도 소의 취하가 있는 것으로 본다(268조 3항). 결국 양쪽 당사자가 모두 3회 결석한 때에도 취하간주의 효과가 생긴다.

3) 이처럼 양쪽 2회 결석 후에 기일지정신청이 없거나 양쪽 3회 결석에 의한 취하간주의 효력에 유의할 점이 있다.

첫째로, 2회 내지 3회 결석이 반드시 연속적이어야 하지 않고, 단속적이어도 무방하다.

둘째로, 같은 심급의 같은 종류의 기일에 2회 내지 3회 불출석일 것을 요한다.[6] 제1심에서 1회, 제2심에서 1회와 같이 전소송과정을 통해 2회 불출석하였을 때는 포함하지 않는다. 또 파기환송전 한 차례, 환송 후 한 차례와 같이 환송판결 전후를 통하여 2회인 때도 같다.[7] 변론기일과 변론준비기일은 같은 종류의 기일이 아니므로 변론준비기일 1회, 변론기일 1회 불출석하고 기일지정신청을

---

1) 日最高裁 昭和 41. 11. 22 판결 참조. 반대: 정동윤/유병현/김경욱, 532면.
2) 대법 1992. 4. 14, 92다3441.
3) 대법 1992. 4. 21, 92마175.
4) 소송위임장의 제출은 기일지정신청이 아니라는 것에, 대법 1993. 6. 25, 93다9200.
5) 대법 2002. 7. 26, 2001다60491; 동 1994. 2. 22, 93다56442.
6) 대법 1968. 8. 30, 68다1241.
7) 대법 1973. 7. 24, 73다209; 동 1963. 6. 20, 63다166.

하지 아니하여도(395면 참조) 소취하간주의 효과가 생기지 아니한다.[1]

셋째로, 같은 소가 유지되는 상태에서 2회 내지 3회 결석일 것을 요한다. 소의 교환적 변경에 앞서 한 차례, 변경후 한 차례 불출석한 때에는 2회 결석이 아니다. 소의 교환적 변경에 의하여 구청구는 이미 취하되어 떨어져 나갔기 때문이다.[2] 추가적 변경의 경우는 다르다(후술).

3. 취하간주의 효과

(1) 이러한 양쪽 당사자의 기일해태에 의한 소의 취하로 보는 규정(268조 2항·3항)은 변론준비기일에서도 준용된다(286조). 소의 취하간주를 실무상 쌍불취하라 한다. 열의 없이 loose하게 소송을 수행하여 소송을 지연시키는 데 대한 제재라고 하겠지만, 과거와 달리 요건이 엄격하여 그 실효성은 크지 않다.[3] 다만 배당이의의 소에서는 첫 변론기일에 원고가 결석하면 소취하로 간주하는 예외가 있는가 하면[4](민집 158조) 증권관련집단소송에서는 쌍불취하규정이 배제된다(증집 35조 4항).

1) 취하간주의 효과는 법률상 당연히 발생하는 효과이며, 당사자나 법원의 의사로 그 효과를 좌우할 수는 없다(간주이지 추정이 아니다).[5]

2) 소의 취하간주는 원고의 의사표시에 의한 소의 취하와 그 효과가 같다. 따라서 소송계속의 효과는 소급적으로 소멸하며 소송은 종결된다. 소의 취하간주가 있음에도 이를 간과한 채 본안판결을 한 경우에는 상급법원은 소송종료선언을 하여야 한다.[6]

3) 본래의 소의 계속중 1회 결석한 뒤에 소의 추가적 변경·반소·중간확인의 소·당사자참가 등 소송중의 소가 제기되었는데, 다시 1회 결석 후에 기일지정신청이 없을 때 취하의 효과가 미치는 것은 본래의 소 부분뿐이고 소송중의 소 부분은 해당되지 아니한다. 이 경우는 가분적인 일부취하간주가 된다.

(2) 상소심에서 기일해태의 경우에는 상소의 취하로 본다(268조 4항). 이로써 상

1) 이와 같은 견해를 따른 것에 대법 2006. 10. 27, 2004다69581. 한편, 배당이의의 소의 취하간주 규정인 민사집행법 제158조에서 정한 '첫 변론기일'에 '첫 변론준비기일'을 포함하는 것으로 해석할 수 없다는 것에, 대법 2006. 11. 10, 2005다41856.

2) 절차 단위를 기준으로 교환적 변경 전후로 1회씩 불출석한 경우도 2회 불출석으로 보아야 한다는 견해로, 한충수, 391면.

3) 졸고, "민사소송법개정법률 개관," 사법행정 1990. 2.

4) 소송위임받은 변호사의 불출석으로 취하간주되었을 때 변호사에게 비재산상의 배상책임이 있다고 인정한 대구지법 판례도 있었다.

5) 대법 1982. 10. 12, 81다94 등.

6) 대법 1968. 11. 5, 68다1773 참조.

소심절차가 종결되고, 원판결이 그대로 확정된다. 제1심에서의 취하간주의 경우와 달리 원판결이 그대로 확정되어 상소인에게는 가혹한 불이익이 돌아간다.

Ⅲ. 한쪽 당사자의 결석

1. 서 설

한쪽 당사자가 기일에 결석하는 경우에 입법례에 따라서는 결석판결제도를 채택한 예가 있다. 그러나 결석판결제도가 도리어 소송을 지연시킬 것을 염려하여 우리 민사소송법은 결석판결주의를 따르지 않고, 한쪽 당사자가 불출석하였으되 마치 출석하여 진술하였거나 또는 자백한 것처럼 보아 절차를 진행시키는 대석(對席)판결주의를 취하였다.

2. 진술간주(진술의제, 148조)

(1) 의 의 한쪽 당사자가 소장, 답변서, 준비서면 등의 서면을 제출한 채 불출석의 기일해태한 경우이다. 즉 제148조에 의하면 한쪽 당사자가 변론기일에 불출석이거나 출석무변론인 경우에는 그가 제출한 소장·답변서, 그 밖의 준비서면에 기재한 사항을 진술한 것으로 간주하고 출석한 상대방에 대하여 변론을 명할 수 있도록 하였다. 이를 진술간주(진술의제)라고 하는데 일종의 서면변론을 시키고 진행하는 방식이다. 이것은 i) 당사자일방이 결석할 때의 소송지연의 방지책이며, ii) 기일출석의 시간·노력·비용상의 불경제를 제거하는 데도 도움이 될 수 있다. 실질적으로 서면주의의 전진임에 틀림없으나, 이 때에 불출석한 당사자가 제출한 서면이 곧 소송자료로 되는 것이 아니고, 서면에 기재한 사항을 구술로 진술한 것으로 간주하는 것이므로, 구술주의를 근본적으로 포기한 것이라고는 할 수 없다.

(2) 요 건

1) 제148조의 「변론기일」은 첫 기일뿐만 아니라, 다음(속행)기일을 포함한다. 항소심의 변론도 제1심의 속행이므로 항소심기일은 물론 파기환송 후의 항소심기일에도 적용된다. 본조는 단독사건이든 합의사건이든 불문하며, 불출석한 원·피고에게 공평하게 적용된다. 그러나 원고의 불출석의 경우에는 출석한 피고가 무변론에 의하여 양쪽 불출석을 유도하므로, 실무상 원고보다도 피고의 불출석의 경우에 이 법리가 적용되는 경우가 많다.

2) 진술간주되는 서면은 소장·답변서, 그 밖의 준비서면이다. 명칭에 불구하고 실질적으로 준비서면인 것으로 인정되면 그 기재사항은 진술한 것으로 간주된다.

(3) 효 과 한쪽 당사자의 불출석의 경우에 반드시 제148조를 적용하여야 하는 것은 아니다. 따라서 이를 적용하여 변론을 진행하느냐 기일을 연기하느냐는 **법원의 재량**에 속하는 사항이나, 출석한 당사자만으로 변론을 진행할 때에는 반드시 불출석한 당사자가 그때까지 제출한 준비서면에 기재한 사항을 진술한 것으로 보아야 한다.[1] 그러므로 아무런 서면도 제출하지 않은 채 불출석한 경우처럼 불출석한 당사자에게 자백간주의 불이익이 돌아가지는 않는다(제출서면을 무시하고 불출석의 불이익을 돌리는 입법례도 있다). 원고측이 불출석한 때에는 소장, 그 밖의 준비서면대로 진술한 것으로 간주하고 피고에게 변론을 명할 것이고, 피고측이 불출석한 경우에는 먼저 원고에게 변론을 명하는 뜻에서 소장을 진술시키고 피고가 제출한 서면을 진술한 것으로 간주할 것이다. 서면내용대로의 구술진술이 간주된다는 것 이외에 양쪽 당사자가 출석한 경우와 같은 취급을 한다. 따라서 진술간주되는 서면에서 상대방의 주장사실, 특히 원고의 주장사실을 자백한 때에는 **자백간주 아닌 재판상의 자백**이 성립되고(양자간의 효과상의 차이는 아래 490면 참조)[2] 명백히 다투지 아니한 경우에는 자백간주가 되어 증거조사 없이 변론을 종결할 수 있다. 그러나 상대방의 주장사실을 다투는 경우에는 증거조사 때문에 특단의 사정이 없는 한 다음 (속행)기일의 지정이 필요하다.

(4) 확대적용과 한계

1) 신법은 당사자의 법원출석의 불편을 덜기 위해 진술간주제도의 적용범위를 확대하는 입법을 하였다. 즉, 서면에 의한 청구의 포기·인낙과 서면에 의한 화해의 길을 텄다. 판례는 과거에 불출석한 피고가 청구를 인낙하는 취지의 서면을 제출한 경우 그것이 진술간주되어도 청구인낙의 효과가 발생하지는 않는 것으로 보았으나,[3] 신법 제148조 2항에서는 이와 달리 불출석한 당사자가 진술한 것으로 보는 서면에 청구의 포기·인낙의 의사표시가 적혀 있고 공증사무소의 인증까지 받은 때에는 청구의 포기·인낙이 성립되는 것으로 보도록 하였다. 이에 나아가 불출석한 당사자 제출의 서면에 화해의사표시가 적혀 있고 인증까지 받

1) 대법 2008. 5. 8, 2008다2890.
2) 대법 2015. 2. 12, 2014다229870. 같은 취지: 정동윤/유병현/김경욱, 528면; 전병서, 326면. 자백간주설: 한충수, 388면.
3) 대법 1973. 12. 24, 73다333; 동 1993. 7. 13, 92다23230.

은 경우에 상대방 당사자가 출석하여 그 화해의 의사표시를 받아들인 때에는 재판상의 화해가 성립되는 것으로 보도록 했다(148조 3항). 공증인사무소에서 인증을 받도록 하여 당사자 의사의 진정성을 확인하도록 하였으나 그 불편 때문에 실효성에는 의문이 있다.

2) 다만 판례는 원고가 관할권 없는 법원에 제소한 때에 피고가 본안에 관한 사실을 기재한 답변서만을 제출한 채 불출석한 경우 그것이 진술간주가 되어도 변론관할(30조)이 생기지 않는다고 하였다.[1] 특히 준비서면에 서증 같은 증거를 첨부하여 제출하였을 때 그 서면이 진술간주되어도 증거신청의 효과가 생기지 않는다고 한 판례[2]가 있는데 문제이다. 앞서 본 바와 같이 주장이나 증거신청이 다 같은 공격방어방법인데, 주장은 진술간주되고 증거신청은 진술간주가 되지 않는다는 것이므로 기이하다. 소송촉진에도 도움이 되지 않는다.

3. 자백간주(의제자백, 150조)

(1) 당사자 한쪽이 답변서·준비서면 등도 제출하지 않은 채 불출석한 경우이다. 공시송달에 의하지 않은 방법으로 기일통지받은 당사자가 답변서·준비서면 등을 제출하지 않고 당해 변론기일에 출석하지 않은 경우에는 출석한 당사자의 주장사실에 대하여 마치 출석하여 명백히 다투지 않은 경우처럼 자백한 것으로 간주된다(150조 3항·1항). 이를 자백으로 본다 하여 자백간주라 한다. 당사자가 상대방의 주장사실을 다투려면 출석하여 이에 반하는 어떠한 주장·증명을 하여야 할 것인데, 출석하지 아니하였으므로 당해 사실에 대하여 자백한 것으로 보아도 무리일 수 없다는 것이다. 다만 제1심에서 피고에 대하여 공시송달로 진행되었다고 해도, 항소심에서 공시송달 아닌 방법으로 송달받고 다투지 아니한 경우는 자백간주가 성립된다.[3]

(2) 자백간주의 이론은 원·피고 양쪽에 같이 적용된다.

따라서 원고가 피고의 답변서, 그 밖의 준비서면을 받았음에도 불구하고 불출석하고 피고가 출석하여 변론한 경우에도 피고의 주장사실에 대해 원고에게 자백간주의 효과가 미친다. 그러나 실무상 이러한 경우에 출석한 피고는 취하간주의 효과를 노려 변론하지 않고 퇴정함으로써 원고에게 자백간주의 법리를 적용할 여지가 없게 만드는 것이 보통이다. 그러므로 불출석에 의한 자백간주는 실무상 주로 피고에게 적용되었지만, 신법하에서는

1) 대법 1980. 9. 26, 80마403.
2) 대법 1991. 11. 8, 91다15775.
3) 대법 2018. 7. 12, 2015다36167.

구법시대와 사정이 달라지게 되었다. 즉, 구법하에서는 피고가 소장부본을 송달받고 답변서 등 서면제출이 없어도 변론기일을 지정하여 당사자에게 기일통지하게 되어 있었고 이때에 변론기일에 피고가 불출석하면 원고소장의 주장사실에 자백간주의 효과가 생기게 하였으며, 이렇게 되어 원고승소판결이 나는 비율이 상당히 높았다. 그러나 신법하에서는 답변서를 제출하지 아니하면 변론기일의 지정 없이 그것으로 자백간주하고 바로 무변론의 원고승소판결을 하도록 하였기 때문에 피고의 변론기일 불출석에 의한 자백간주의 효과가 생기는 일은 예외적.

제7절 기일·기간 및 송달

앞서 본 바와 같이 소가 제기되면 소장의 송달, 변론준비기일·변론기일의 지정, 기간을 정한 보정명령 등을 하게 되는데, 여기에서 기일·기간 및 송달 일반에 관하여 살펴본다.

제1관 기 일

Ⅰ. 의 의

기일(期日)이란 법원, 당사자, 그 밖의 소송관계인이 모여서 소송행위를 하기 위해 정해진 시간을 말한다. 그 목적에 따라 변론기일(형사소송에서 공판기일에 해당)·변론준비기일·증거조사기일·화해기일·조정기일·판결선고기일 등으로 나누어진다.

Ⅱ. 기일의 지정

(1) 기일은 미리 장소, 연월일 및 개시시간을 밝혀서 지정한다(미리 지정이 없었는데 기일이 열리는 예외로는 소심 5조). 이를 밝히지 않는 지정은 무효로 된다. 기일은 필요한 경우가 아니면 토·일요일, 그 밖의 일반의 휴일을 피하여야 한다(166조). 다만 소액사건심판법 제7조의2에서는 특히 직장근로자의 편의를 위하여 필요한 경우에 야간·공휴일개정제를 채택하였다.

(2) 기일은 소송지휘에 관한 것이기 때문에 **직권으로** 지정한다(기일은 속칭 '장날'이란 말

도 있음).[1] 법원의 절차기일은 재판장이 지정하지만(165조 1항 본문), 수명법관 · 수탁판사의 절차기일은 그 법관, 그 판사가 정한다(165조 1항 단서). 판례는 기일의 지정은 반드시 재판의 형식(당사자간에 다툼이 있는 경우 제외)에 의하여 시행하여야 하는 것이 아니고, 기일통지서가 양쪽 당사자에 송달되었으면 기일의 지정이 있는 것으로 볼 것이라고 하고 있다.[2]

(3) 기일의 지정에 있어서는 우리 법은 소송촉진과 당사자의 편의를 위하여 다음과 같은 제약을 두었다. i) 재판장은 피고의 답변서가 제출된 경우에 조정회부가 적당한 사건이나 변론준비절차에 회부될 사건으로 분류되지 아니하면 가능한 최단기간 안의 날로 제1회 변론기일을 지정해야 한다(개정 258조 1항, 규 69조 1항, 사건관리방식예규). ii) 변론준비절차를 거친 사건의 경우 그 심리가 2회 이상 소요될 때에는 가능한 한 종결될 때까지 매일 변론기일을 지정하여 변론을 진행하여야 한다(계속심리주의, 규 72조 1항). 변론준비기일을 거친 사건의 경우 변론기일을 지정하는 때는 당사자의 의견을 들어야 한다(규 72조 2항). iii) 소송관계인의 시간낭비를 막기 위해 가능한 한 각 사건의 개정시간을 구분하여 지정하여야 한다. 이를 시차제(時差制)라고 한다(규 39조). iv) 기일변경을 할 때에는 특별한 사정이 없으면 다음 기일을 바로 지정하여야 한다(규 42조). 변론재개결정을 한 때에는 특별한 사정이 없으면 그 결정과 동시에 다음 변론기일을 지정하여야 한다(규 43조).

Ⅲ. 기일지정신청

널리 심리의 속행(계속진행)을 위하여 기일의 지정을 촉구하는 당사자의 신청을 말한다(165조 1항). 여기에는 세 가지가 있다.

하나는, 사건을 심리하지 않고 **오랫동안 방치할 때**에 당사자가 법원에 의한 변론기일의 직권지정을 촉구하는 의미에서 신청하는 것이다. 이러한 기일지정신청은 법원에 의한 소송지연을 견제하는 구실을 한다. 기일지정신청이 있는 경우에 당사자능력 · 소송능력 · 대리권의 흠을 이유로 지정을 거부할 수 없다. 왜냐하면 이와 같은 흠은 절차진행중에 보정할 수 있기 때문이다. 그러나 소송절차의 정지중이나 외국어로 된 소장이 제출되었을 때에는(법조 62조 참조), 기일지정을 거부할 수 있다. 독일 법원조직법 제198조 제3항은 지연이의제도(Verzögerungsrüge)를

1) 대법 1992. 11. 24, 92누282에서는 기일의 지정, 변경 및 속행은 재판장의 권한사항이라 하였다. 또 당사자가 증거신청을 위한 기일의 속행신청에 불구하고 변론종결한데 대하여 별도의 항고는 할 수 없다=대법 1989. 9. 7, 89마694.

2) 대법 1960. 3. 24, 4290민상326.

신설하였으며, 이런 이의한 경우에 한하여 국가보상을 받을 수 있게 하였다. 헌법 제27조 3항의 "신속한 재판을 받을 권리"의 실질적 보장을 위하여 검토할 과제이다.

둘은, 소송종료 후 그 종료효력을 다투며(소의 취하의 효력을 다투는 경우) 기일지정신청(규 67조)을 한 경우이다. 형식은 소송상의 신청이나 실질은 소송이 아직 종료되지 않고 계속중이라는 전제하에서 본안판결을 구하는 본안의 신청이므로, 반드시 변론을 열어 종국판결에서 판단하여야 한다. 유효하게 소송이 종결된 것으로 인정되면 판결에 의한 소송종료선언을 하여야 한다.

셋은, 양쪽 당사자가 2회 결석한 때에 소의 취하간주를 막기 위해 당사자가 1월 내에 기일지정신청을 하는 것이다(앞에 본 「양쪽 당사자의 결석」 참조).

Ⅳ. 기일의 변경

1. 의 의

(1) 기일의 변경이란 기일개시 전에 그 지정을 취소하고 이에 갈음하여 신기일을 지정하는 것을 말한다.[1] 기일개시 후에 그 기일에 아무런 소송행위를 하지 아니하고 신기일을 지정하는 기일의 연기와 구별되며, 기일에 소송행위를 하였지만 완결을 보지 못하여 다시 계속하기 위하여 다음 기일을 지정하는 기일의 속행과 다르다. 기일의 연기나 속행도 실질적으로 기일의 변경과 큰 차이가 없는 것이므로 이것도 기일의 변경의 경우와 같은 규율을 받게 된다(실무상 기일변경의 경우는 변론조서의 작성이 불필요하나, 기일연기나 속행의 경우는 작성을 요한다). 기일변경시에는 증인·감정인 등에 대하여도 변경되었다는 취지를 즉시 통지하여야 한다(규 44조).

(2) 기일의 변경·연기 또는 속행(계속진행)을 하면서 다음 기일을 바로 지정함이 없이 추후에 지정한다는 것을 알리는 경우가 있다. 이를 실무상 기일의 **추후지정**(追定)이라 한다. 기일을 변경·연기 또는 속행할 때에는 소송절차의 중단 등 특별한 사정이 없으면 다음 기일을 바로 지정하도록 하여(규 42조 1항), 원칙적으로 기일의 추후지정을 하지 못하게 하였다. 부득이 기일을 추후지정함에는 조서에 추후지정하여야 할 구체적 사유를 기재하여야 한다.[2] 기일을 변경하는 때에는 당사자에게 바로 이 사실을 알려야 한다(동조 2항).

1) 법정에 당일 심리할 사건의 심리순서표의 게시는 법원사무관이나 그 보조자가 당사자의 편의를 위하여 한 것에 불과하고, 재판장이 이미 지정고지된 변론개시시간을 변경한 것이라고 할 수 없다는 것에, 대법 1969. 5. 27, 68다2137 등.

2) 대법원 조서예규(재일 2003-10) 제4조.

2. 변경의 요건

지정된 기일은 재판장이 직권으로 변경할 수 있으나, 법원이나 당사자의 사정으로 마음대로 변경할 수 있다면 소송관계인이 뜻밖의 피해를 입게 될 뿐더러 소송지연의 원인이 될 수 있다. 기일의 변경은 엄격한 요건하에서 허가된다.

(1) 첫 기일에는 합의　　첫 변론기일·변론준비기일은 당사자의 합의가 있으면 당연히 바꾸는 것이 허용된다(165조 2항). 상대방과 합의가 없으면,[1] 첫 기일이라도 그 변경의 허가여부는 법원의 직권에 속한다.[2] 여기의 첫 기일은 문자 그대로 최초로 지정된 제1회기일을 말하고, 직권 또는 당사자의 신청에 의하여 변경연기된 기일은 포함되지 않는다고 할 것이다. 1976년 개정 ZPO § 227에서는 당사자의 합의만으로는 첫 기일의 변경도 할 수 없게 하였다.

(2) 계속진행기일에는 현저한 사유　　계속진행의 변론기일·변론준비기일(속행기일)은 최초의 기일과 달리 **현저한 사유**가 있는 경우에 한하여 바꾸는 것이 허용된다(165조 2항의 반대해석). 이 경우 외에는 당사자의 합의가 있어도 특별한 사정이 없으면 바꿀 수 없다(개정규 41조).[3] 당사자에게 출석하여 변론할 수 없는 합리적 이유가 있음에도 불구하고 기일을 진행함으로써 기일해태(期日懈怠)의 불이익(150조, 268조)을 입게 하는 것이 가혹하기 때문이다. 현저한 사유는 부득이한 사유보다는 다소 넓게 보아야 할 것이다. 따라서 불가항력(不可抗力)뿐만이 아니라 주장이나 증거제출의 준비를 하지 못한 데 정당한 이유가 있는 경우에도 현저한 사유로 볼 것이다. 널리 기일변경을 인정하지 않는 것이 당사자의 변론권의 부당한 제한이라고 할 사정이면 이에 해당될 것이다.[4] 다만 당사자본인의 질병이 현저한 사유인가는 구체적인 경우에 법원의 자유재량으로 정할 사항이라 할 것이다(구민소규칙 40조는 변론준비나 소송대리인을 선임한다는 사정, 다른 사건의 기일지정이 있다는 사정 등은 현저한 사유가 아닌 것으로 규정).

규칙 제72조 3항에서는 변론준비절차를 거친 사건의 경우에 계속심리주의의 전제하에 다음 변론기일은 첫 기일로부터 가능한 최단기간 안의 날로 지정하도록 하였으며, 이렇게 해서 지정된 변론기일을 사실과 증거조사가 불충분하다는 이유로 변경할 수 없도록 하였다.

---

1) 대법 1966. 3. 29, 66다171.

2) 대법 1966. 10. 21, 66다1439. 그러나 현재의 실무에는 속행기일도 최초의 기일처럼 당사자간의 합의가 있으면 변경을 허용하는 경향이 있다. 그러나 소송촉진을 위해서도, 직권진행주의의 근간의 유지를 위해서도 이 관행은 시정되어야 한다(개정규 41조 참조).

3) 다음 기일에서 당사자의 합의로 변경신청을 하고 불출석하였을 때 재판장이 기일변경을 하지 아니한 채 당사자의 이름을 불렀으면 기일불출석의 효과가 발생한다=대법 1982. 6. 22, 81다791.

4) 대법 1947. 3. 11, 4279민상81(철도파업으로 교통마비).

3. 변경의 절차

기일의 변경신청에는 변경이 필요한 현저한 사유를 밝히고 그 사유를 소명하는 자료를 붙여야 한다(규 40조). 재판장은 변경신청이 이유 있다고 인정되는 때에는 기일변경의 명령을 할 것이고, 신청이 이유 없는 것으로 인정될 때에는 불허가한다. 이의 허가여부는 재판장의 직권사항이므로 그 허가여부재판에 대해서는 불복신청이 허용되지 않는다. 기일의 변경이 허용되지 아니하거나 혹은 변경신청의 여유가 없어 신청하지 못한 경우라도 당사자가 **자기책임을 질 수 없는 사유로** 그 기일에 출석치 못했고 그 때문에 공격방어방법을 제출하지 못해 패소당한 사람에게는, 기일에 정당하게 대리되지 않은 사람에 준하여 상소 또는 재심을 허용할 것이다(다수설).

V. 기일의 통지와 실시

(1) 지정된 기일을 당사자, 그 밖의 소송관계인에게 알려 출석을 요구하는 것을 통지라 한다. 구법은 소환이라 하였으나(미국법은 기일소환장을 subpoena라고 하는데, 불응하면 무서운 제재가 따름) 신법은 기일통지 또는 출석요구로 바꿨다. 통지의 방식은 기일통지서를 작성하여 이를 송달하는 것이 원칙이다(167조 1항). 다만 법원사무관등이 그 원내에서 기일통지서 또는 출석요구서를 받을 사람에게 이를 교부하고 영수증을 받은 때(177조), 소송관계인이 출석승낙서를 제출한 때에는(168조) 기일통지서 또는 출석요구서의 송달로 본다. 또 당해 사건으로 인하여 출석하여 법정에 있는 사람[1]에 대하여는 말로 기일고지하면 된다(167조 1항 단서).[2] 다만 신법은 불출석에 따른 법률상의 불이익을 돌리지 않을 것을 조건으로 대법원규칙이 정하는 **간이통지방식**을 도입하였다(167조 2항). 여기서의 간이통지는 전화·팩시밀리·보통우편 또는 전자우편(e-mail), 그 밖에 상당하다고 인정되는 방법에 의한 통지(문자메시지 등)를 의미한다(규 45조).

(2) 당사자에게 적법한 통지 없이 한 기일의 진행실시는 위법하다.[3] 다만 이의권의 포기로 그 흠은 치유된다.[4] 그러나 기일통지를 받지 못해 출석할 수 없었

---

1) 여기의 출석이라 함은 변론기일에의 출석만을 의미하는 것이 아니고, 당해 사건의 검증기일에 있어서의 출석도 포함된다는 것에, 대법 1975. 3. 25, 75다12.

2) 소송대리인이 기일고지를 받은 이상 그 기일 전에 소송대리인이 사임하였다 하더라도 다시 당사자본인에 대한 통지의 필요는 없다. 대법 1960. 4. 21, 4293민상51.

3) 대법 1962. 9. 20, 62다380 등.

4) 대법 1967. 12. 5, 67다2219; 동 1984. 4. 24, 82므14.

기 때문에 패소판결을 받은 사람은 기일에 정당하게 대리되지 않은 사람에 준하여 상소 또는 재심에 의하여 구제되어야 한다(다수설).

그러나 판결선고기일의 통지만은 다르다. 선고기일의 통지 없이 판결을 선고하여도 판결내용에 영향이 없기 때문에 상소이유로 되지 않는다. 판례는 나아가 적법한 기일통지를 받고도 한쪽 당사자가 출석하지 않은 기일에 판결선고기일을 고지한 때에는 그 기일에 불출석한 당사자에 대하여도 효력이 생긴다는 것이고, 따라서 그 당사자에게 다시 선고기일의 통지서를 송달할 필요가 없다고 보았다.[1] 형사소송과 달리 민사소송에서는 선고기일에 당사자가 불출석하여도 진행에 영향이 있거나 불이익이 없다(선고기일에 변호사가 안나가고 직원을 선고결과를 듣게 하는 광경).

(3) 기일은 지정된 일시와 장소에서 재판장이 사건과 당사자의 이름을 부르면서 시작된다(169조).[2] 당사자를 부르는 것은 당사자본인을 부르면 되고 그 대리인이 당일 법정에 있었는가에 대하여까지 심리할 필요는 없다.[3]

(4) 자기사건의 검색은 정보화시대에 걸맞게 대법원 홈페이지(www.scourt.go.kr)나 스마트폰 대법원 앱 또는 대한민국법원(전자소송)에 들어가면 알 수 있다.

제2관 기　간

기간(期間)이란 소송행위나 기일의 준비를 그 사이에 하여야 할 시적 공간을 말한다.

기간을 지켜야 할 소송행위를 함에 있어서는 현대적인 정보통신기술인 전자접수(e-file)가 되는 시대가 개막되었다.

Ⅰ. 기간의 종류

1. 행위기간과 유예기간

행위기간은 소송을 신속·명확하게 처리할 목적으로 특정의 소송행위를 그 사이에 하여야 하는 것으로 정해진 기간을 말한다. 이에 대하여 유예기간이라 함

1) 대법 1966. 7. 5, 66다882 등.대법 1966. 7. 5, 66다882 등.
2) 대법 1982. 6. 22, 81다791.
3) 대법 1970. 11. 24, 70다1893.

은 당사자, 그 밖의 소송관계인의 이익을 보호할 목적으로 어느 행위를 할 것인가에 관하여 고려와 준비를 위하여 일정기간의 유예를 두는 것으로서 중간기간이라고도 한다(숙려기간).

(1) 행위기간은 다시 당사자의 행위에 관한 기간인 고유기간(본래기간)과 법원의 행위에 관한 기간인 직무기간으로 나누어진다. 보정기간(59조, 97조, 254조), 담보제공기간(120조 1항), 주장·증거 또는 답변서의 제출기간(147조, 256조, 280조 1항; 소심 6조), 준비서면의 제출기간(개정규 69조의 3), 상소기간(396조, 425조, 444조), 재심기간(456조) 등은 전자에 속하며, 당사자가 그 기간중에 그 행위를 하지 않고 도과시키면 실권하거나 그 밖의 불이익을 받게 된다. 이에 대해 판결선고기간(199조, 207조 1항), 판결송달기간(210조), 소송기록송부기간(400조, 421조, 438조) 등은 후자의 예로서 원칙적으로 훈시적 의미를 갖는 데 그친다. 준비절차종결기간(282조 2항, 284조 1항 1호), 심리불속행사유·상고이유서부제출에 의한 상고기각판결기간(상특법 5조 3항)도 같다.

(2) 유예기간에 해당하는 것으로 제척·기피이유의 소명기간(44조 2항),[1] 공시송달의 효력발생기간(196조), 기일지정신청기간(268조 2항) 등이 있다.

2. 법정기간과 재정기간

법률에 의하여 정해진 기간을 법정기간(gesetzliche Fristen), 재판기관이 재판으로 정하는 기간을 재정기간(richterliche Fristen)이라 한다. 제척·기피원인의 소명기간, 답변서제출기간(256조), 준비서면제출기간, 상소기간, 상고이유서제출기간 등은 전자의 예이고, 소송능력 따위의 보정기간(59조), 소장보정기간(254조), 주장·증거의 제출기간(147조, 280조 1항) 등은 후자의 예에 속한다.

3. 불변기간과 통상기간

(1) 법정기간은 다시 두 가지로 나누어진다. 그 중에서 법률이 '불변기간(Notfrist)으로 한다'고 정해 놓고 있는 기간이 불변기간이며, 그 밖의 기간이 통상기간이다. 불변기간은 통상기간과는 다른 특색이 있다. 즉 불변기간은 대체로 재판에 대한 불복신청기간으로서 i) 법원이 부가기간을 정할 수 있으나(172조 2항) 이를 늘이고 줄이는 신축을 할 수 없고(172조 1항), ii) 책임에 돌릴 수 없는 사유로 그 기간이 도과되었을 때 추후보완(173조)이 허용된다.[2] iii) 불변기간의 준수 여부는

1) 정영환, 782면; 兼子一, 조해 민사소송법, 94면. 반대: 호문혁, 288면.

2) 만일 추후보완을 인정하지 않으면 법원에 access할 권리에 대한 위헌적 제한이 된다는 것에,

직권조사사항에 속하는 소송요건이다.[1] iv) 국민의 재판을 받을 권리와 직접 관계되기 때문에 기간계산에 오해가 생기지 않도록 명확하게 규정되어야 한다(불변기간 명확화의 원칙).[2]

(2) 항소·상고기간, 즉시항고기간 등 상소기간(396조 2항, 425조, 444조 2항), 재심기간(456조 2항. 동조 3항·4항의 재심기간은 다르다),[3] 제소전화해에 있어서 소제기신청기간(388조 4항), 화해권고결정(226조 2항)·이행권고결정(소심 조의 4 5)·지급명령(470조 2항, 신법에서 불변기간화하였음)·조정을 갈음하는 결정(민조 34조 5항) 등에 대한 이의신청기간, 제권판결에 대한 불복기간(491조 2항), 행정소송에 있어서 제소기간(행소 20조 3항), 중재판정취소의 소의 출소기간(중재 36조 3항) 등이 불변기간의 예에 속한다. 그러나 상고이유서제출기간(427조),[4] 취하간주의 경우의 기일지정신청기간(268조 2항),[5] 집행법상의 즉시항고의 경우 항고이유서 제출기간(민집 15조 3항)은 불변기간에 속하지 않는다.[6]

Ⅱ. 기간의 계산

기간의 계산은 민법에 따른다(170조). 따라서 기간을 시·분·초로 정한 때에는 즉시로부터 기산하지만(민 156조), 일·주·월 또는 년으로 정한 때는 그 기간이 오전 0시로부터 시작하지 않는 한 **초일불산입의 원칙**에 의한다(민 157조). 예를 들면 '항소는 판결이 송달된 날로부터 2주일 이내에'(396조 1항)라고 한 때에는, 판결의 송달일의 다음날부터 기간이 진행되어 2주간의 경과에 의하여 만료한다.

기간의 말일이 토·일요일, 공휴일에 해당한 때에는 기간은 **다음날 만료된다**(개정민 161조). 일반의 공휴일에는 임시공휴일,[7] 신정의 공휴일[8]도 포함된다.

Ⅲ. 기간의 진행

재정기간에 있어서 시기를 재판으로 정한 때에는 그 시기의 도래시부터, 시

Münchener Kommentar, Einleitung, Rdnr. 147.

1) 대법 1965. 7. 27, 65누32.
2) 헌재 1992. 7. 23, 90헌바2·92헌바2·92헌바25; 동 1993. 12. 23, 92헌가12.
3) 대법 1992. 5. 26, 92다4079.
4) 대법 1981. 1. 28, 81사2; 동 1970. 1. 27, 67다774.
5) 대법 1992. 4. 21, 92마175.
6) 대법 2009. 4. 10, 2009마519.
7) 대법 1964. 5. 26, 63다958.
8) 대법 1967. 10. 23, 67다1895.

기를 정하지 아니한 때에는 재판의 효력이 생긴 때부터 진행된다(171조). 기간의 진행은 소송절차의 중단 또는 중지 중에는 정지되며, 그 해소와 동시에 다시 전체 기간이 새로이 진행된다(247조 2항).

Ⅳ. 기간의 신축

(1) 법정기간은 법원이, 또 재정기간은 이를 정한 법원 또는 재판기관이 연장하거나 줄일 수 있는 것이 원칙이다(172조 1항·3항). 이렇듯 기간의 신축은 법원의 재량에 의해 적당한 기간으로 조절하기 위한 것이다. 다만 법원의 소송지휘적 재량에 친하지 아니하여 예외적으로 신축이 허용되지 않는 경우가 있다. i) 불변기간(172조 1항 단서)·소송행위의 추후보완기간(173조 2항. 부가기간까지 불허)·공시송달기간(196조 3항. 그러나 신장은 허용) 등은 명문으로 불허하는 경우이고, ii) 상고이유서제출기간(427조. 단축하는 것은 당사자의 권리침해가 되기 때문이다)[1] 등이나 직무기간은 성질상 불허되는 경우이다.

(2) 법원은 불변기간에 대해 신축할 수는 없으나, **부가기간**을 정할 수 있다(172조 2항). 부가기간은 '주소 또는 거소가 멀리 떨어져 있는 사람'을 위하여 법원이 직권에 의한 재판(결정)으로 정한다. 법원소재지와 가까운 거리의 거주자와의 형평을 도모하기 위한 것이다. 여기의 주소지는 소송대리인이 있으면 대리인의 주소가, 소송대리인이 없으면 당사자의 주소가 그 기준으로 된다. 법원이 부가기간을 정하면 이는 원래의 기간과 일체가 되므로 연장된 기간까지 합하여 전기간이 불변기간이 된다. 불변기간의 경과 후에는 부가기간을 정할 수 없다.

(3) 기간의 신축 또는 부가기간을 정하는 조처는 법원의 직권사항이기 때문에, 당사자의 합의에 구속되지 아니하며, 당사자는 그 조치에 불복신청을 할 수 없다. 부가기간을 정할 때에는 주문 중에 이를 명시하여야 한다. 그러나 이러한 제도는 오늘날 분쟁당사자가 국제적으로 확산되어가고 있는 실정임에도 실무상 별로 활용되지 않고 있다.

1) 다만 대법 1980. 6. 12, 80다918은 광주시내의 소요사태로 인하여 상고이유서 송달이 늦어진 경우에는 상고이유서제출기간을 상고이유서가 대법원에 제출된 날까지 신장함이 상당하다고 하였다.

Ⅴ. 기간의 불준수(기간을 지키지 못한 경우)

1. 기간의 불준수와 소송행위의 추후보완(追後補完)

기간의 불준수란 당사자, 그 밖의 소송관계인이 행위기간을 지켜서 하여야 할 소정의 소송행위를 하지 않고 그 기간을 넘긴 것을 말한다(예: 2주간의 항소기간을 지켜 항소하지 않고 기간을 넘긴 경우). 이에 의하여 그 행위를 할 수 없는 불이익을 받게 되는데, 행위기간중 불변기간의 경우에는 판결의 확정(상소기간의 불준수), 소권의 상실(행정소송 제소기간의 불준수) 등의 치명적인 불이익을 입게 된다. 게으름을 피는 자를 보호하지 않는 결과이다. 그러나 '당사자가 책임을 질 수 없는 사유'로 말미암아 불변기간을 지킬 수 없어, 하여야 할 행위를 할 수 없었던 경우까지 그와 같은 불이익을 입게 하는 것은 가혹하고 불공평하다. 그리하여 구제책으로서, 기간 안에 미처 못한 소송행위를 추후보완하는 제도를 마련한 것이다(173조).

2. 추후보완대상인 기간

어떠한 기간을 지키지 못한 경우에 보완이 허용되느냐의 문제이다. 추후보완대상인 기간은 모든 기간이 아니고 법률로 **불변기간**으로 정해진 것에 한하며, 그 나머지 기간은 추후보완의 대상이 되지 않음이 원칙이다. 비록 법률로 명백히 정해진 불변기간은 아니지만 상고이유서 제출기간·재항고이유서 제출기간은 그 해태한 효과가 상고기간·재항고기간 자체를 해태한 효과와 실질적인 차이가 없는 불이익이 따르므로 유추적용이 필요하다(다수설).[1] 더구나 뒤에서 볼 바와 같이 우리나라의 그 기간이 유례 없이 짧고 연장도 되지 않아 쉽게 넘길 수 있기 때문이다. 그러나 판례의 주류는 반대이다.[2][3] 송달이 부적법 무효가 되어 불변기간이 진행될 수 없는 경우에는 추후보완의 문제는 생길 수 없다는 것이 판례이다(뒤 463면 참조).

---

1) 이영섭, 165면; 정동윤/유병현/김경욱, 680면; 강현중, 370면; 전병서, 144면; 한충수, 396~397면; 정선주, "소송행위의 추완," 저스티스 30권 2호(민소학회 발표). 반대: 송상현/박익환, 274면; 김홍엽, 1187면. ZPO § 233는 명문으로 추후보완을 인정.

2) 대법 1981. 1. 28, 81사2. 다만 대법 1998. 12. 11, 97재다445=우편집배원의 배달착오로 상고인이 소송기록접수통지서를 송달받지 못하여 상고이유서 제출기간 내에 상고이유서를 제출 못하였음에도 상고기각이 된 경우는 상고인이 적법하게 소송에 관여할 수 있는 기회를 부여받지 못하였으므로, 제451조 1항 3호의 대리권의 흠이 있는 때에 준하여 재심사유에 해당한다고 보았다.

3) 대법 1980. 12. 9, 80다1479 등.

3. 추후보완사유(불귀책사유)

어떠한 사유가 있을 때에 불변기간이 지난 소송행위의 추후보완이 허용되는가. 어느 때나 허용되는 것은 아니고, 제173조는 '**당사자**[1]**가 책임질 수 없는 사유**'로 말미암은 경우, 즉 귀책사유가 없는 경우에 한하는 것으로 규정하였다. 이것은 천재지변, 그 밖의 불가항력에만 한하는 것이 아니고 일반적으로 하여야 할 주의를 다하였음에도 그 기간을 준수할 수 없었던 경우를 말한다.[2] ZPO § 233는 추후보완사유로 당초 '불가항력, 그 밖의 피할 수 없는 사변'(unabwendbare Zufälle)으로 규정하였으나 1976년 개정법률에 의하여 '귀책사유 없는' 경우로 완화하였다. 여기에 나아가 2012년 ZPO 개정법률에서는 법적 구제를 잘못 고지한 경우에는 귀책사유가 없는 것으로 추정되는 조항을 추가하였다(§ 233에서 2문 추가). 우리 판례는 추후보완사유에 대해 법적 안정성만 생각하여 너무 기간엄수의 기조이나, 우리나라가 일본을 제외한 다른 나라에 비해 불변기간 등을 짧게 한 입법례(보통 1개월)임에 비추어도, 당사자의 충실한 절차권보장을 위하여도 완화가 요망된다. 교통·정보통신의 급진적 발달과 시·공초월의 전자소송시대로 진입하면서 '책임질 수 없는 사유'가 줄어들게 될 것에 틀림없다.

(1) 추후보완의 긍정례

1) 천재지변에 의한 항공·교통·통신의 두절로 우편물의 배달지연(상소장의 경우: 일본·독일 판례)[3]

2) 법원의 잘못이 불변기간을 지키지 못한 데에 원인이 된 경우.[4] 법원이 무권대리인에게 소송비용부담하도록 하는 재판결과를 통지하지 아니하여 항고기간을 지키지 못한 경우[5]

3) 소송서류전달의 잘못[6]

---

1) 여기의 당사자는 당사자본인과 당해사건의 소송대리인 내지는 대리인의 보조인만 포함될 뿐, 다른 사건의 소송대리인은 제외된다는 것에, 대법 2022. 4. 14, 2021다305796 등.

2) 대법 2016. 1. 28, 2013다51933; 동 2018. 4. 12, 2017다53623. 외국인이라는 사정만으로 주의의무의 정도를 달리할 수 없다는 것에, 대법 2016무876.

3) 서울·수원간에 4일 정도 항소장배달이 늦어진 것은 불귀책사유 아님=대법 1991. 12. 13, 91다34509.

4) 법원은 자기가 저지른 잘못의 결과를 국민의 불이익으로 책임전가할 수 없다 하여 추후보완을 허용한 사례로 서울고법 상고부 1962. 7. 30, 62마97. 판결정본이 공시송달로 송달되었으나 판결선고기일이 제대로 통지되지 않았고, 공시송달의 요건이 갖추어지지 않았던 사안으로는 대법 2011. 10. 27, 2011마1154.

5) 대법 2016. 6. 17, 2016마371.

6) 우편집배원으로부터 우편물의 전달을 부탁받은 자가 당사자에게 전달하지 않음(대법 1962. 2. 8, 4293민상397), 母子간 등 분쟁이 있는 경우 子에 대한 판결을 母가 전달하지 않음(대법 1992. 6. 9, 92다11473), 우체국 집배원의 불성실한 사무처리로 인한 송달불능(대법 2003. 6. 10, 2002다67628 등)=귀책사유가 아니다.

4) 무권대리인이 소송을 수행하고 판결정본을 송달받은 때[1)]

5) 발송송달임을 명시하지 아니하고 송달한 경우[2)]

6) **공시송달**에 의한 송달. 대표적 예이다.

소장부본과 판결정본 등이 공시송달의 방법으로 송달되어 피고가 과실 없이 알지 못한 것이 인정되는 경우(금융기관이 받은 지급명령의 공시송달에 특례법 20조의 2 5항).[3)] 항소심의 소송계속을 몰랐던 경우도 같다.[4)] 그러나 당사자가 다른 소송 절차를 통하여 그 소송의 준비서면으로 판결이 공시송달을 통하여 확정되었음을 알았을 때는 책임 없는 사유로 본다.[5)] 조정불성립으로 소송으로 이행된 경우에 주소변경신고를 하지 않은 상태에서 발송송달이나 공시송달이 된 경우에는 상소제기의 불변기간을 지키지 못한 것이 책임질 수 없는 사유.[6)] 또한 수감중의 공시송달.[7)] 그러나 처음에는 송달이 되다가 송달불능으로 공시송달에 이른 경우는 다르다. 당사자에게 소송의 진행상황을 조사할 의무가 있기 때문이다.[8)]

(2) 추후보완의 부정례

1) 소송대리인이나 그 보조자의 고의 · 과실 　판례는 소송대리인은 판결정본을 송달받았는데 당사자에게 통지하지 아니하거나,[9)] 변호사사무원이 당사자에게 통지해 주지 아니한 과실도 추후보완불허하고 있다.[10)] **소송대리인 · 보조자의 과실은 당사자본인의 것**으로 본다.[11)] 추후보완항소사유를 알리지 아니한 변호사는 손해배상책임을 질 수 있다.[12)]

2) 여행, 질병치료를 위한 출타 　판례는 지방출장이나 질병치료를 위해 집을 나가서 발생한 기간해태의 경우라도 자기의 처나 가족에 송달된 이상[13)] 추후보완사유로 부정하였다. 다만 피고는 입원, 처는 간병, 자녀는 외가에 있을 때에 피고주소에 송달한 것은 불귀책사유.[14)] 최근판례는 당사자가 해외여행중 지급명령의 송달을 받아 채무자가 2주간의 이의기간을 지키지 못하였으면 불귀책사유라고 했다.

3) 그 밖에 교도소에 수감되어 있었다는 사정,[15)] 집행관의 말만 믿고 기록열람 등 사실

---

1) 대법 1996. 5. 31, 94다55774.
2) 대법 2007. 10. 26, 2007다37219.
3) 대법 2019. 12. 12, 2019다17836.
4) 대법 2012. 4. 13, 2011다102172; 동 2015. 6. 11, 2015다8964.
5) 대법 2022. 4. 14, 2021다305796.
6) 대법 2015. 8. 13, 2015다213322.
7) 대법 2022. 1. 13, 2019다220618.
8) 대법 2017. 11. 14, 2015다214011 등.
9) 대법 1984. 6. 14, 84다카744.
10) 대법 1962. 1. 26, 62누2.
11) 대법 2016. 1. 28, 2013다51933; 동 1999. 6. 11, 99다9622. 상소제기의 위탁을 받은 자가 인지대 등을 받지 못하였다는 이유로 상소장제출을 해태하여 상소기간을 넘긴 경우는 추후보완이 불가능하다는 것에, 대법 1991. 2. 12, 90다16696. 사무장이 의뢰인을 속여 수천만원 받아갔다면 변호사에게 사용자 책임이 있다=울산지법 2019가단258.
12) 서울중앙지법 2013가합39983.
13) 대법 1968. 7. 5, 68마458. 지병으로 인한 집중력 저하와 정신과치료 등 사유의 부정은, 대법 2011. 12. 27, 2011후2688.
14) 대법 1991. 5. 28, 90다20480.
15) 대법 1962. 1. 25, 62누2(소송대리인 수감, 송달받은 사무원은 본인에게 전달하지 아니한 경

확인을 하지 아니한 경우,[1] 소송계속중에 이사하면서 법원에 주소이전신고를 하지 아니한 경우,[2] 통상 예견되는 배달기간을 고려하지 않고 항소장을 배달증명으로 발송한 경우,[3] 제186조 1항에 의거 수위(守衛)에게 보충송달하였는데 이를 당사자에게 전달하지 않은 경우[4]도 귀책사유로 보았다. 또한 상소기간경과 후에 이루어진 판결경정내용이 경정 이전에 비하여 불리하다는 사정만으로 추후보완상소가 적법한 것으로 볼 수 없다고 하였다.[5]

4. 추후보완절차

추후보완신청을 내자면 일정한 기간내 신청을 해야 한다.

(1) 추후보완기간 책임질 수 없는 사유로 불변기간을 지킬 수 없어 못했던 소송행위의 보완, 예컨대 기간을 넘긴 항소의 추후보완은 장애사유가 없어진 날부터 2주 이내에 하여야 한다(173조 1항 본문). 다만 외국에 있는 당사자의 추후보완기간은 30일이다(173조 1항 단서).[6] 추후보완기간은 불변기간이 아니더라도 신축할 수 없으며(173조 2항), 불변기간이 아니므로 부가기간은 정할 수 없고, 책임 없는 사유라고 하여 또 다시 추후보완을 인정할 수 없다.[7] 이 점에서 불변기간이고 안 날로부터 30일인 재심기간(456조 1항·2항)과는 다르다.

장애사유가 없어진 때란 천재지변, 그 밖의 이와 유사한 사유의 경우에는 그 재난이 없어진 때이다. 다만 공시송달에 의한 판결의 송달사실을 과실 없이 알지 못한 경우에는 당사자·대리인이 판결이 있었던 사실을 안 때가 아니라, 그 판결이 공시송달의 방법으로 송달된 사실을 안 때이다.[8][9] 제1심 판결이 확정되어 공탁금에 관한 배당절차가 진행된다는 것만으로 법률문외한이 제1심판결이 있었던 사실을 알게 되었다고 단정할 수 없다.[10] 당해 사건기록의 열람 또는 새로이 판결정본을 발급받은 때로부터 추후보완기간이 기산된다.[11]

우); 동 1992. 4. 14, 92다3441(원고가 구속되어 있었다는 사정).

1) 대법 1964. 4. 3, 64마9.
2) 대법 1993. 6. 17, 92마1030.
3) 대법 1991. 12. 13, 91다34509.
4) 대법 1984. 6. 26, 84누405.
5) 대법 1997. 1. 24, 95므1413·1420.
6) 대법 1974. 9. 24, 74다865; 동 1975. 11. 25, 75다1789 참조.
7) 주석신민소(Ⅲ), 67면; 서울중앙지법 2012. 11. 2, 2012나33463.
8) 대법 1994. 12. 13, 94다24299.
9) 다른 사건에서 선임된 피고의 소송대리인이 그 소송절차에서 위와 같은 준비서면 등을 송달받았다는 사정만으로 이를 피고가 직접 송달 받은 경우와 같이 볼 수는 없다는 것에, 대법 2022.4. 14, 2021다305796.
10) 대법 2020. 3. 13, 2018다222228.
11) 대법 2019다17836; 동 2015. 6. 11, 2015다8964 등. 피고가 공탁사건의 기록열람 및 복사신청

(2) 추후보완신청 추후보완신청할 수 있는 사람은 그 사유가 있는 사람에 한하며, 미처 못한 소송행위를 본래의 방식에 의하여 하면 된다. 따로 추후보완신청을 내지 아니하여도 된다. 예를 들면 항소제기를 보완하자면 단순하게 항소장을 제출하여도 된다.[1] 추후보완사유는 **소송요건**으로서 법원의 직권조사사항이지만,[2] 그에 관계되는 사실에 대해서는 보완신청을 하는 당사자가 주장·증명할 것이다.[3] 법원의 석명권행사에 의하여 추후보완항소인이 증명하지 못하면 증명책임의 원칙상 그 불이익은 주장자에게 돌아간다.[4] 반드시 '추후보완항소'임을 밝혀야 할 필요는 없으나,[5] 추후보완임을 밝히는 것이 실무이다. 항소장에 추후보완항소임을 명백히 하지 않았으면 추완사유의 유무를 심리할 필요는 없다.[6]

추후보완신청은 형사소송법의 상소권회복신청처럼 독립한 신청이 아니기 때문에, 추후보완사유의 유무와 문제된 소송행위의 당부를 따로 심리하지 않고 하나의 절차에서 심리함이 원칙이다. 따라서 추후보완신청이 이유 있으면 보완되는 소송행위의 당부에 관하여 실질적 판단을 하여야 하고, 이유 없으면 그 소송행위에 대해 부적법각하의 재판을 한다.

(3) 추후보완신청의 효력 추후보완신청은 확정판결의 기판력의 배제를 목적으로 한 재심의 소(451조), 정기금판결에 대한 변경의 소(252조)와 같은 제도이나, **보완신청을 하는 것**만으로는 불변기간의 도과에 의한 판결의 형식적 확정력이 바로 해소되지 않는다. 따라서 보완대상이 상소라 하여도, 그 불복을 신청한 판결의 집행력·기판력에 아무런 영향이 없다.[7] 상소추후보완의 경우에 확정판결의 집행정지를 시키려면 제500조에 의해 별도의 정지결정을 받아야 한다. 항소추후보완신청이 적법한 경우에는 항소심에서 반소도 제기할 수 있다.[8]

이 있었다는 사정만으로는 불해당=대법 2020. 2. 6, 2018다26048·26055.

1) 대법 1992. 7. 14, 92다2455=실종자의 상속인이 수계신청과 함께 추후보완항소; 동 1981. 9. 22, 81다334=이해관계인이 보조참가신청과 함께 추후보완항소.

2) 대법 1990. 11. 27, 90다카28559; 동 1999. 4. 27, 99다3150.

3) 대법 2012. 10. 11, 2012다44730; 동 2021. 4. 15, 2019다244980.

4) 대법 2022. 10. 14, 2022다247538.

5) 같은 취지로, 대법 1980. 10. 14, 80다1795. 다른 취지인 듯한 것으로, 대법 1981. 6. 23, 80다2315.

6) 대법 2011. 9. 29, 2011마1335.

7) 대법 1978. 9. 12, 76다2400; 정동윤/유병현/김경욱, 685면. 반대 취지: 대법 1998. 3. 4, 97마962; 동 1979. 9. 25, 79다505.

8) 위 2013. 1. 10. 판결.

제3관 송 달

Ⅰ. 의 의

송달이란 당사자, 그 밖의 소송관계인에게 소송상의 서류(소장 · 기일통지서 · 상소장 · 판결정본 등)의 내용을 알 수 있는 기회를 주기 위해 법정의 방식에 좇아 하는 통지행위이다. 재판권의 한 가지 작용에 속한다. 송달해서 제대로 알려야 절차권이 보장된다(due process의 내용이 opportunity to be heard와 더불어 fair notice라면, 송달은 due process의 발현이다).

(1) 송달은 재판권의 행사에 해당되기 때문에 재판권면제의 특권을 누리는 치외법권자에 대해서는 임의수령하지 않는 한 송달할 수 없다(외교관계에 관한 비엔나협약 31조, 37조).

(2) 송달은 법정의 방식을 좇을 필요가 있는 점에서 무방식의 통지(144조 3항, 242조, 426조)와 구별되며(우편법의 규정에 따른 보통우편은 민소법상의 송달이 아니다), 또 특정인을 상대로 하는 점에서 불특정다수인에 대한 공고(480조; 민집 106조)와 그 성질이 다르다. 어떠한 경우에 송달이 필요한가는 법에 명시되어 있다.

(3) 송달은 법원이 직권으로 하는 것이 원칙이다(174조).[1] 따라서 송달에 있어서는 당사자의 신청을 필요로 하지 아니하며 또 그 실시를 당사자에게 맡기지 아니한다. 이와 같이 미국의 당사자송달주의(FRCP 4(c))와 달리 **직권송달주의**에 의하는 것은, 송달은 소송절차의 진행 · 종료의 시점으로 되는 경우가 많아, 그 신속 · 확실을 기하고자 함이다. 다만 직권송달주의의 예외로서 당사자의 신청에 의하는 공휴일 등의 송달(190조)과 공시송달제도가 있다(194조). 공시송달의 경우에 당사자의 신청에 의하여서도 행할 수 있게 한 것은 그 요건의 증명을 당사자의 책임으로 하였기 때문이다.

(4) 송달의 목적에는 여러 가지가 있다. 단순한 통지의 목적(72조 2항, 85조 2항, 266조 4항, 273조), 법원의 요구를 관계인에게 알리기 위한 경우(167조), 소송행위를 완성시키고 효력을 발생시키기 위한 경우(255조, 469조), 상소 등 기간의 진행을 개시시키기 위한 경우(396조), 강제집행개시의 요건으로 하기 위한 경우(민집 39조) 등이 있다.

(5) 송달이 적법하게 이루어지지 아니하면 절차를 진행할 수 없으므로 원활한 송달도 소송촉진의 요체라고 할 수 있다. 피고가 소송지연을 시키기 위하여 적법한 **송달방해**의 예가 적지 않다. 인위적 송달불능은 전자소송이 아닌 종이소

---

1) 대법 2022. 10. 14, 2022다229936.

송에서 우편집배원 등에 의한 연속적인 송달불능을 만들어낸다. 송달방해에 제재 없이 손 놓고 방관할 일이 아니다.[1)]

Ⅱ. 송달기관

1. 송달담당기관(사무처리자)

송달사무는 원칙적으로 법원사무관등이 한다(175조 1항). 그 사무로는 송달서류의 수령·작성, 송달받을 자·송달장소·송달방법의 결정, 송달실시기관에의 서류교부, 실시 후에 송달통지서의 수령 및 기록에 편철, 그리고 공시송달의 경우에 송달처분과 그 서류의 보관 등이 포함된다. 다른 관내 거주자에 대한 송달의 경우에 당해지역을 관할하는 법원사무관등 또는 그 곳의 집행관에게 촉탁할 수 있다(175조 2항).

송달사무는 법원사무관등의 고유의 권한으로서 자기판단과 책임하에서 행하는 것이 원칙이다.

2. 송달실시기관

(1) 원칙적인 송달실시기관은 **집행관**과 **우편집배원**이다(176조). 집행관은 소속지방법원의 관할구역 내에 한하여 송달을 실시할 수 있다(집행관법 2조; 법조 55조). 우편집배원을 실시기관으로 하는 우편에 의한 송달은 전국 어느 곳에서도 실시할 수 있기 때문에 원칙적으로 그에 의한다. **공휴일 또는 해 뜨기 전·해 진 뒤**의 송달에 있어서 신법은 종전의 재판장의 허가제를 없애고 **당사자의 신청**이 있는 때에, 집행관이나 대법원규칙이 정하는 사람에 의해 송달할 수 있도록 하였다(190조. 이 위임규정에 상응하는 규칙 불명). **특별송달**이라고도 한다. 공휴일이 많아져 이에 의할 경우가 적지 않다. 우편집배원의 송달 잘못으로 손해가 발생한 경우에는 국가배상책임이 문제될 수 있다.[2)]

예외적으로 송달실시기관이 **법원사무관등**과 **법정경위**가 되는 일이 있다. 법원사무관등은 당해 사건 때문에 출석한 사람으로부터 영수증을 받고 서류를 직접 교부하는 교부송달(177조. 실무상 변호사에 대한 송달은 주로 이 방법에 의함) 이외에 우편송달(187조), 송달함송달, 공시송달(194조, 195조), 간이통지방법에 의한 송달(167조 2항, 규 45조), 전자소송의 **전자송달**을 실시한다. 공시송달도 2015. 7. 1.부터 법개정으로 재판장의 명령을 거치지 않고

---

1) 졸고, "민사법정운영의 합리화와 소송의 촉진," 법무자문위원논문 1집.
2) 대법 2008. 2. 28, 2005다4734.

법원사무관 등이 한다(194조). 법정경위에 의한 송달은 집행관에 의한 송달이 어려울 때의 직무대행조치이다(법조 64조). 이제 바야흐로 전자소송시대를 맞아 송달실시기관으로 우편집배인보다 법원사무관등의 역할이 더 커진다.

(2) 촉탁송달은 수소법원의 재판장이 촉탁한다. 전쟁에 나간 군인, 외국주재하는 군관계인 등에 대하여 소속사령관에 촉탁하여 하는 송달(192조), 외국에서 하는 송달(191조)이 그것이다.

(3) 송달한 기관은 송달에 관한 사유를 대법원규칙이 정하는 방법으로 법원에 알려야 한다(193조). 송달을 증명하는 서류로서 실무상 우편집배원은 송달통지서를, 집행관이나 법정경위는 송달보고서를 제출하는데, 송달된 때에는 송달일시·장소·수령자를 기재하고, 송달불능된 때에는 송달이 되지 않은 사유를 기재한다. 법원사무관등은 송달통지서 등을 수령하면 접수인을 찍고 기록에 편철한다. 법원이 상당하다고 인정하는 때에는 전자통신매체를 이용한 통지로 서면통지에 갈음할 수 있다(규 53조).

송달통지서의 작성은 송달실시의 필수적 구성부분이며 이의 작성이 없으면 송달이 무효라는 견해가 있지만, 송달통지서는 송달절차의 일환으로 그 작성이 필요하기는 하나, 송달의 단순한 증명방법에 지나지 않으며, 제158조와 같은 명문이 없는 이상 그 작성을 게을리하여도 송달의 효력에 영향이 없다고 할 것이다(통설).[1] 송달통지서는 송달이 적법하게 이루어졌는가에 관한 유일한 증거방법은 아니다.[2]

(4) 송달실시기관이 송달저항을 받을 때에는 국가경찰공무원에게 원조를 요청할 수 있다(176조 3항).

Ⅲ. 송달서류

특별한 규정이 없으면 송달할 서류의 원본이 아니라, 등본 또는 부본을 교부하여 실시한다. 원본은 소송기록에 첨부해두어야 하기 때문이다. 송달할 서류의 제출에 갈음하여 조서를 작성할 때에는(구술신청 때문에 조서를 작성할 경우), 그 조서의 등본이나 초본

1) 대법 1952. 10. 30, 4285민상106.

2) 대법 1986. 2. 25, 85누894. 송달보고서에 수송달자의 처가 수령한 것으로 기재되어 있어도 다른 자료에 의하여 송달받은 송달자 및 그 처가 외국에 거주하고 있음이 인정되면 그 송달이 부적법하다는 것에, 대법 1961. 8. 3, 4294민재항335.

을 교부한다(178조 2항). 다만, 기일통지서 또는 출석요구서의 송달은 원본(167조 1항), 판결의 송달은 정본(210조 2항, 211조 2항)의[1] 교부를 필요로 한다. 송달하여야 하는 소송서류를 법원에 제출하는 때에는 송달에 필요한 수의 부본제출의무가 있다(규 48조). 전자소송에서는 판결문 등을 서버에 등재하여 전자송달한다.

Ⅳ. 송달받을 사람

송달을 받을 사람은 원칙적으로 소송서류의 명의인인 당사자이나, 예외적으로 다음과 같은 자는 송달을 받을 권한이 있다.

(1) 법정대리인 소송서류의 명의인이 소송제한능력자일 때는 송달받을 사람은 법정대리인이다(179조). 법인 그 밖의 단체에 대한 송달은 법정대리인에 준하는 그 대표자 또는 관리인에게 한다(64조). 따라서 그 대표자의 주소·거소·영업소 또는 사무소에 하여야 한다(183조, 대표자의 주소지에 송달원칙—재판예규). 여기의 영업소·사무소라 함은 어느 정도 반복하여 송달이 이루어질 것이라고 객관적으로 기대할 수 있는 것이면 된다(2014다 43076).

국가를 당사자로 하는 소송에 있어서 국가에 대한 송달은 수소법원에 대응하는 검찰청의 장에게 한다. 소송수행자 또는 소송대리인이 있는 경우는 다르다(국가를 당사자로 하는 소송에 관한 법률 9조).

(2) 소송대리인 소송서류의 명의인인 당사자가 소송위임을 하였을 때에는 소송대리인이 송달받을 사람이나, 당사자본인에 대한 송달은 적절한 것은 아니라도 유효하다.[2] 판례는 대리인이 적은 주소라도 소송서류를 받아 볼 가능성이 없으면 적법한 송달이 아니라고 했다(대법 2023다204224). 여러 사람이 공동대리를 하는 경우라도 그 중 한 사람에게 송달하면 된다(180조).[3] 다만 공동대리인이 송달받을 대리인 1인을 지명·신고한 때에는 그 대리인에게 송달하여야 한다(규 49조).

(3) 법규상 송달영수권이 있는 사람 군사용의 청사 또는 선박에 속하는 사람에 대한 송달은 그 청사 또는 선박의 장에게 하여야 한다(181조). 교도소·구치소 또는 국가경찰관서의 유치장에 체포·구속 또는 유치된 사람에 대한 송달은

---

1) 결정·명령의 송달은 특별한 경우가 아니면 정본 아닌 등본으로 하여도 무방=대법 2003. 10. 14, 2003마1144.

2) 대법 1964. 5. 12, 63아37; 동 1970. 6. 5, 70마325.

3) 공동대표이사의 경우에도 한 사람에게 송달하면 된다는 것에, 대법 1961. 12. 21, 4294민재항 679. 부재자의 재산관리인이 수인인 경우에 같은 취지는, 대법 1980. 11. 11, 80다2065.

수감자에 대한 일종의 법정대리인이라 할 그 관서의 장에게 하여야 한다(182조).[1] 송달을 받은 청사 등의 장은 바로 송달을 받을 본인에게 송달서류의 교부의무가 있으며, 또 청사 등의 장은 송달을 받을 본인이 소송수행에 지장을 받지 않도록 필요한 조치(호송 등)를 취하여야 한다(규 50조). 비록 송달받을 사람이 교도소 등에 수감중인 사실을 법원에 신고하지 아니하였거나 기록에 의하여 법원에서 그 사실을 알 수 없었다고 하여도 수감자의 종전 주소에의 송달은 무효이며(단 공시송달의 경우는 유효[2]), 반드시 교도소장에게 송달하여야 한다는 것이 판례이다.[3]

(4) 신고된 송달영수인 신법 제184조는 당사자 등이 주소 등 외의 장소를 송달장소로 정하여 법원에 신고할 수 있게 하고, 이 경우에는 송달영수인을 정하여 신고할 수 있도록 하였다. 신법은 구법과 달리 송달장소와 송달영수인의 신고의무제를 폐지하고 임의적인 것으로 하였다.

V. 송달실시의 방법

교부송달을 원칙으로 하면서도, 이 밖에 보충송달, 유치송달, 우편송달, 공시송달의 방법을 별도로 정해 놓고 있으며, 신법은 송달함송달제와 간이방법에 의한 송달을 신설하였다. 전자송달의 시대가 열려 송달의 문제점이 많이 해소될 전망이다.

1. 교부송달

송달은 원칙적으로 송달을 받을 사람에게 직접 서류의 등본·부본을 교부하는 방법에 의한다(178조).[4] 이러한 의미에서 우편함에 넣으면 되는 보통우편물의 송부와 다르다.

(1) 송달할 장소 송달받을 사람의 주소·거소·영업소 또는 사무소(이하 "주소 등"이라 함)가 원칙이다(183조 1항 본문).[5] 다만 법정대리인에 대한 송달은 무능력자본인의

1) 피구속자에의 전달 여부는 효력에 관계 없다는 것에, 대법 1992. 3. 10, 91도3272; 동 1972. 2. 18, 72모3. 피구속자에게 송달여부가 불명하면 송달의 효력은 없다=대법 2017모2162.

2) 대판 2022. 1. 13, 2019다220618.

3) 대법(전) 1982. 12. 28, 82다카349; 동 2009. 10. 8, 2009마529; 동 2021. 8. 9, 2021다53 등. 이 경우에도 도달주의는 대법 2017모1680; 이 경우 송달서류가 송달명의인의 종전 주·거소에 송달된 경우, 송달의 효력의 발생여부를 결정하는 기준은, 대법 2017. 11. 7, 2017모2162.

4) 판결정본을 원고가 수령→자기 처→피고의 처→피고순으로 교부된 경우는 송달절차가 부적법하다는 것에, 대법 1979. 9. 25, 78다2448.

5) 여기의 영업소 또는 사무소는 그 자신 경영의 개인영업소 또는 사무소만을 뜻하지 그가 경영하

영업소 또는 사무소에서도 할 수 있다(183조 1항 단서).[1] 그러나 신법은 송달받을 사람의 주소등을 알지 못하거나 그 장소에서 송달할 수 없는 때에는 송달받을 사람이 취업하고 있는 **근무장소**에서 송달할 수 있게 하였다(183조 2항). 다만 여기의 근무장소는 다른 주된 직업을 갖고 있으면서 회사의 비상근 이사·감사 또는 사외이사의 직을 갖고 있는 사람에 대하여 그 회사의 본점은 '근무장소'에 해당되지 않는다.[2] 소장, 지급명령신청서 등에 기재된 주소 등에 송달을 시도하지도 아니한채 바로 **근무장소로 한 송달은** 무효이다.[3] 핵가족시대요 맞벌이시대이니만큼 낮시간에 집을 비우는 가정이 늘어남에 비추어 이는 바람직한 입법이다.

송달받을 사람의 주소 등 또는 근무장소가 국내에 없거나 알 수 없을 때, 주소 등 또는 근무장소가 있는 사람이라도 송달받기를 거부하지 아니할 때에는 그를 만나는 장소에서 송달할 수 있다(183조 3항·4항). 이를 출회(出會, 조우송달이라고도 함) 송달이라 한다. 당사자·법정대리인·소송대리인이 송달장소를 바꿀 때에는 **변경의 신고의무**가 있으며, 신고하지 아니하면 종전의 송달장소로 우편송달할 수 있다(185조).

(2) 보충송달 송달장소에서[4] 송달받을 자를 못 만났을 때에 다른 사람에게 대리송달하는 경우이다. 두 가지가 있는데, 뒤의 것은 신법에서 신설한 것이다.

1) 본래의 주소 등에서 보충송달 이는 송달받을 사람의 근무장소 아닌 본래의 주소등 송달할 장소에서 송달을 시도하였으나 송달받을 사람을 만나지 못한 때에 하는 송달이다. 그 때에는 그 **사무원, 피용자 또는 동거인** 즉 수령대행인으로서 사리를 분별할 지능이 있는 사람에게 교부하는 것이다(186조 1항). 실무상 많이 활용된다. 사무원 등에 소송서류를 교부한 때에 송달의 효력이 생긴다. 제183조 1항에서 정한 송달장소에서 하지 아니한 서류의 교부는 적법한 보충송달

는 회사의 공장은 해당되지 않는다는 것에, 대법 2004. 7. 21, 2004마535; 동 1994. 1. 15, 94마192. 이웃 주소지로 이사하였으나 종전 주소지에 주민등록을 둔 채 양쪽 집을 왕래하였다면 모두 송달장소라고 한 것에, 대법 1987. 11. 10, 87다카943. 영업소·사무소가 한시적 기간에만 설치·운영되는 곳이라도 어느 정도 반복해서 송달이 이루어질 것이라고 객관적으로 기대할 수 있는 경우라면 여기에 해당된다는 것에, 대법 2014. 10. 30, 2014다43076.

1) 법인의 경우에 먼저 그 사무소에 송달하여 보고 송달불능이 되면 그 대표자의 주소에 송달할 것이고 그 곳으로 송달불능이 될 때에 주소보정을 명할 것이라는 것에, 대법 1997. 5. 19, 97마600.

2) 대법 2015. 12. 10, 2012다16063.

3) 대법 2004. 7. 21, 2004마535.

4) 대법 2001. 8. 31, 2001마3790=우체국 창구에서 송달받을 자의 동거자에게 송달서류를 교부한 것은 부적법.

이 아니다.[1)]

송달받을 사람의 손에 들어갔는지 여부는 송달의 효력에 관계 없다.[2)] 다만 최근 판례[3)]는 소송서류를 송달받을 본인과 소송에 관하여 이해의 대립 내지 상반된 이해관계가 있는 수령대행인에게 보충송달을 할 수 없다고 했다(쌍방대리의 금지).

(a) 여기의 사리를 분별할 지능이 있는 사람이란, 송달의 의의를 이해하고 송달을 받을 사람에게 교부를 기대할 수 있을 정도의 능력을 갖춘 사람을 말하기 때문에[4)] 반드시 성년자임을 요하지 아니한다. 판례는 초등학교 3학년 재학의 만 8세 10개월의 학생,[5)] 15세 7개월의 가정부[6)]도 포함된다 하였다.

(b) 여기의 사무원·피용자(파출부 등) 또는 동거인에 관하여는 문제가 많다.[7)] 판례는 여기의 송달할 장소는 송달받은 사람의 주민등록상의 주소지에 한정하는 것이 아니며,[8)] 여기의 '**동거인**'이란 송달을 받을 사람과 사실상 동일세대에 속하여 생계를 같이하는 사람을 말한다고 한다.[9)] 따라서 송달받을 사람과 같은 집에서 거주한다 하여도 세대를 달리하는 임대인(가옥주)·임차인 등의 관계일 때는 동거인이라고 할 수 없다고 한다.[10)] 그러나 동일세대에 속하여 생계를 같이하는 사람으로 좁힐 것이 아니라, 임대인이나 임차인의 관계라도 평소에 등기우편물 등을 수령하여 오는 관계라면 송달수령의 권한을 인정하여야 할 것이다(구 ZPO § 181 II 참조).[11)] 판례는 동거인이 법률상 친족관계에 있어야 하는 것은 아니라 한다.[12)] 또

---

1) 대법 2018. 5. 4, 2018무513.
2) 대법 1992. 2. 11, 91누5877; 동 1984. 6. 26, 84누405.
3) 대법 2016. 11. 10, 2014다54366.
4) 대법 1980. 10. 14, 80누357.
5) 대법 1968. 5. 7, 68마336; 동 1990. 3. 27, 89누6013. 8세 3개월 초등학교 2학년의 남학생(대법 2005. 12. 5, 2005마1039), 8세 1개월 여자 어린이(대법 2011. 11. 10, 2011재두148), 8세 9개월 어린이(대법 2013. 1. 16, 2012재다370) 각 부인.
6) 대법 1966. 10. 25, 66마162.
7) 군대의 문서수발담당군인은 여기의 송달받을 수 있는 자에 해당한다고 한 것에, 대법 1972. 12. 26, 72다1408.
8) 대법 2012. 10. 11, 2012다44730.
9) 부모와 딸이 이웃아파트에 각각 전입하여 별개의 세대를 구성하고 있더라도 실제로는 생활을 같이하고 있다면 동거인으로 본다는 것에, 대법 1992. 9. 14, 92누2363. 이혼한 배우자가 동일세대에 소속되어 생활을 같이 하는 경우라면 동거인이라 한 것에, 대법 2013. 4. 25, 2012다98423.
10) 대법 1983. 12. 30, 83모53; 동 1982. 9. 14, 81다카864.
11) 정영환, 798면; 대법 2011. 5. 13, 2010다108876(송달수령권의 묵시적 위임이 있는 사안). 반대: 호문혁, 329면; 한충수, 407면.
12) 이혼한 처라도 사실상 동일 세대에 소속되어 생활을 같이 하고 있다면 동거인으로 본다는 것에, 대법 2000. 10. 28, 2000마5732. 반면 법률상 배우자라 하더라도 별거와 같은 혼인공동체의 소멸 등으로 동거인으로서 보충송달을 받을 지위를 인정할 수 없는 특별한 경우는 송달의 효력에 관해 더 심리할 필요가 있다는 것에, 대법 2022. 10. 14, 2022다229936.

한, 판례는 여기의 '**사무원**'이란 반드시 송달받을 사람과 고용관계가 있어야 하는 것이 아니고 평소 본인을 위하여 사무 등을 보조하는 자이면 충분하다고 한다.[1] 판례는 한때 빌딩 경비원·수위의 송달수령권을 부정하였으나,[2] 근자에는 빌딩이나 아파트의 경비원·관리인의 경우에 오로지 경비업무나 빌딩 자체의 관리업무만 맡긴 관계가 아니고, 평소에 우편물도 대신 수령하여 왔으면 송달수령권을 묵시적으로 위임한 것으로 본다.[3]

2) **근무장소에서의 보충송달** 신법은 근무장소에서 송달받을 사람에게 송달할 수 있게 한 것처럼 근무장소에서의 대리송달이라 할 보충송달도 할 수 있도록 하였다. 즉, 신법 제186조 2항은 근무장소에서 송달받을 사람을 만나 송달코자 하였으나 만나지 못한 때에는 그의 사용자, 사용자의 법정대리인이나 피용자 그 밖의 종업원으로서 사리를 분별할 지능이 있는 사람이 서류의 수령을 거부하지 아니하면 그에게 서류를 교부하여 송달할 수 있도록 하였다. 판례는 이때의 근무장소는 현실의 근무장소로서 고용계약 등 법률행위로 취업하고 있는 지속적인 근무장소라고 했다.[4] 일반 보충송달과 다른 점은 이들이 **서류의 수령을 거부하지 아니하는 경우**에 한한다는 점이다.

(3) 유치송달 송달을 받을 사람이 정당한 사유 없이 송달받기를 거부하는 때에 하는 송달로서, 송달할 장소에 서류를 놓아두는 것이다(186조 3항). 이를 유치송달이라 한다. 송달을 받을 본인·대리인의 거부뿐만 아니라, 제186조 1항에서 말하는 사무원·피용자 또는 동거인[5]의 거부도 여기에 포함한다. 근무장소에서 보충송달을 받을 수 있는 사람에게까지는 유치송달을 할 수 없음이 조문상 명백하다.

2. 우편송달—발송송달

이는 i) 본인에 교부송달은 물론 보충송달·유치송달도 불가능한 경우(187조. 적법한 송달장소에 송달받을 사람을 비롯하여 전가족부재·장기폐문 부재, 도망다니는 등으로 송달기피),[6][7] ii) 당사자 등이 송달장소의 변경신고의무

1) 대법 2010. 10. 14, 2010다48455.
2) 대법 1976. 4. 27, 76다192; 동 1984. 2. 14, 83누233.
3) 대법 2000. 7. 4, 2000두1164; 동 1998. 5. 15, 98두3679.
4) 대법 2015. 12. 10, 2012다16063.
5) 대법 1965. 8. 18, 65마665; 동 1979. 1. 23, 78마362.
6) 대법 1990. 11. 28, 90마914. 송달받을 자의 생활근거지가 되는 주소·거소·영업소 또는 사무소 등 송달받을 자가 소송서류를 받아 볼 가능성이 있는 곳이 적법한 송달장소라고 한 것에, 대법 2007. 5. 11, 2004마801.
7) 보충송달이나 유치송달을 먼저 시도하였어야 한다는 것에, 대법 1989. 10. 31, 89마237.

를 이행하지 아니하고 기록에 현출된 자료만으로 '달리 송달장소를 알 수 없는 경우'[1](185조 2항) 등 두 가지 중의 하나에 해당할 때 하는 송달이다. 법원사무관등이 소송서류를 송달장소[2] 또는 종전에 송달받던 장소에[3] **등기우편**의 방법으로 발송하면 되는 송달로서(규 51조), 그 발송시에 송달된 것으로 보는 송달방법이다(189조). 등기우편발송시에 송달이 완료된 것으로 보기 때문에, **발신주의**에 의하고 있다.[4] 발송송달임을 명백히 밝힐 필요가 있다. 확정일자 있는 우체국의 특수우편물 수령증이 첨부된 송달통지서가 있어야 한다.[5] 도달주의의 다른 방법의 송달과 달리 현실적인 소송서류의 도달 여부나 도달시기 등은 불문하는 점에서 송달받을 사람에게 매우 불이익한 송달방법이다. 제187조 사유에 의한 발송송달은 당해 서류의 송달에 한하나,[6] 제185조 2항 사유에 의한 송달은 이후의 모든 송달을 발송송달할 수 있다.

발송송달은 법원사무관등이 하는 점에서 우편집배원이 실시하는 다른 송달과 구별되며, 조문표제인 '우편송달'에 불구하고 흔히 **발송송달**이라고 한다.[7] 의무를 어겨 송달을 어렵게 만든 데 대하여 제재적 의미가 있다. 화해권고결정·이행권고결정·채무명시명령(민집 62조 5항)의 송달은 우편송달에 의할 수 없으며(225조; 소심 5조의 3), 이러한 송달은 외국판결의 효력승인을 받는 데서도 문제된다(217조 1항 2호). 우편송달은 발신주의이기 때문에 송달받는 자가 송달사실을 알기 어려우므로 법원사무관 등은 신중하게 하여야 하며, 그렇지 않으면 부적법해질 수 있다.[8] 신법은 우

1) 상대방에게 주소보정을 명하거나 직권으로 주민등록표 등을 조사할 필요까지는 없지만 적어도 기록에 현출되어 있는 자료로 송달할 장소를 알 수 없는 경우이다. 대법 2011. 5. 13, 2010다84956; 동 2018. 4. 12, 2017다53623.

2) 대법 2001. 9. 7, 2001다30025=소장 등에 주소로 기재되어 있으나 실제 생활근거지가 아닌 곳에 송달장소 외의 장소에의 우편송달은 무효. 계약서에 피고의 다른 주소가 있는데도 법원이 소장에 적은 피고의 주소로 우편송달한 후 피고가 변론기일에 2회 불출석했다는 이유로 항소취하 간주한 것은 잘못이다(대법 2023. 5. 18, 2023다204224).

3) 송달장소에 신고하였으나 그 장소에 송달된 바 없다면 제185조 2항의 '종전에 송달받던 장소'라 볼 수 없다.

4) 우편송달에 의한 기일소환장이 지정기일보다 늦게 도착하여도 잘못이 없다는 것에, 대법 1964. 6. 9, 63다930.

5) 대법 2000. 1. 31, 99마7663; 동 2009. 8. 31, 2009스75.

6) 대법 1994. 11. 11, 94다36278.

7) 대법 1992. 1. 30, 91마728=법원사무관등이 할 수 있는 것으로 특별한 허가 불필요.

8) 발송송달 부적법 판례: 대법 2004. 10. 15, 2004다11988 = 원고가 주소보정한 피고의 송달장소로 송달한 것이 송달불능이 되더라도 기록상 다른 주소가 현출되어 있는 경우에 그곳에 송달해 보지 않고 바로 발송송달. 대법 2009. 10. 29, 2009마1029는 처음 송달불능 → 다시 송달장소·송달영수인신고 → 위 신고장소에 송달시도 없이 발송송달. 또 대법 2011. 5. 13, 2010다84956은 피고소송대리인 사무실 송달 → 송달불능 → 기록에 현출된 피고본인 주소지에 송달불실시 → 바로 피고소송대리인 주소지로 발송송달 등.

편 · 통신제도의 발전에 따라 적절한 발송방법을 강구할 수 있도록 발송의 방법을 대법원규칙에 유보하였는데, 아직은 등기우편에 의한 발송송달만이 인정되고 있다(규 51조).

3. 송달함 송달

신법은 교부송달 · 보충송달 · 유치송달 · 우편송달 등의 송달방법에 불구하고 법원 안에 송달함(mail box)을 설치하여 여기에 송달할 서류를 넣는 방법의 송달을 할 수 있게 하였다(188조 1항). 변호사나 소송사건이 많은 대기업용의 송달함을 설치하여 여기에 넣은 서류를 찾아가도록 함으로써 사서함제도의 이점을 본받는 취지이다. 송달함 송달은 법원사무관등이 한다(동조 2항). 송달받을 사람이 송달함에서 서류를 수령해 가지 아니하는 경우에는 송달함에 서류를 넣은 지 3일이 지나면 송달된 것으로 본다(동조 3항, 송달의제). 송달절차에 관해서는 민사소송규칙 제52조에서 상세히 규정하고 있다(이용률은 저조).

4. 공시송달

(1) 의 의 　당사자의 주소등 행방을 알기 어려워 송달장소의 불명으로 통상의 송달방법에 의해서는 송달을 실시할 수 없게 되었을 때에 하는 송달이다. 공시송달은 법원사무관등이 송달서류를 보관하고 그 사유를 ① 법원게시판 게시, ② 관보 · 공보 · 신문게재, ③ 전자통신매체를 이용한 공시 중의 어느 하나의 방법으로 알린다(규 54조 1항). 이리하여 송달받을 자가 어느 때라도 송달받아 갈 수 있게 하는 송달방법이다(195조).

(2) 요 건 　당사자의 주소등 또는 근무장소를 알 수 없는 경우[1)]와 외국에서 하여야 할 송달에 관하여 촉탁송달을 하기가 어려운 것으로 인정되는 경우(당해 외국과의 사법공조조약이 없어 촉탁송달의 거절 예견 또는 그 외국에 천재지변 등의 사정. 일본상대의 위안부 배상사건에서 일본국에 계속 송달불능이 되자 일본국에 공시송달 서울중앙지법)를 요건으로 한다(194조 1항). 소권의 남용으로 소각하 판결을 하는 경우도 공시송달의 요건으로 추가한 것이 2023년 개정법률(194조 4항–이 경우는 재판장의 직권명령)이다. i) 공시송달은 당사자나 이에 준하는 보조참가인에 한하며, **증인 · 감정인**에의 송달은 이에 의할 수 없다. ii) 공시송달의 경우에 송달받을 사람이 송달의 내용을 현실적으로 안다는 것은 불가능에 가깝기 때문에 이에 의한 송달은 신중하게 하여야 하며, 다른 송달

---

1) 대법 2011. 10. 27, 2011마1154; 동 1991. 10. 22, 91다9985=당사자의 사망, 법인이 당사자인 때의 대표자의 사망인 경우에는 해당되지 아니함.

방법에 의하는 것이 불가능한 때에 한하는 **보충적인 송달방법이다**(공시송달의 보충성).[1][2] 피고의 주소를 제대로 적지 않아 송달불능이 된 경우임에도, 주소불명임을 전제로 한 공시송달은 무효이다.

(3) 절　차

1) 공시송달은 직권 또는 당사자의 신청에 의하여 재판장의 명령으로 한다고 하였다가, 2015. 7. 1.부터는 법원사무관 등의 처분으로 하는 것으로 개정되었다(개정 194조 1항). 다만 재판장은 지연을 피하기 위하여 필요한 경우 공시송달을 명할 수 있고 법원사무관 등의 처분을 취소할 수 있다(개정 194조 3·4항). i) 당사자가 공시송달의 신청을 함에는 송달받을 사람의 행방을 알 수 없다(행불자(行不者))는 사유를 소명하여야 한다(194조 2항. 주민등록말소자등본이나 불거주확인서, 집행관이 야간·휴일송달 등 특별송달을 시도하였으나 실패 따위). 지나치게 엄격한 소명자료를 요구하고 공시송달신청을 안받아 주면 소제기당할 것을 예상하여 행방을 감추며 도망다니는 사람에 대한 소송진행을 어렵게 하고, 반대로 너무 너그럽게 그 송달신청을 받아주면 주소가 뚜렷한 사람이 행불자로 둔갑되어 그에 대한 판결편취의 우려와 절차권침해의 위험이 생길 수 있다(뒤의 「공시송달에 의한 판결편취」 참조).[3] 공시송달신청이 각하[4]된 때에는 신청인은 법원사무관 등의 처분에 대한 이의신청을 할 수 있다(223조). ii) 직권에 의한 공시송달은 당사자의 신청을 기대할 수 없거나 또는 소송지연을 방지할 필요가 있는 경우에 한다. 실무상 통상의 송달방법에 의하여 송달받아오던 자가 뒤에 소재불명으로 송달불능에 이른 때는 직권에 의한 공시송달을 명하는 것이 보통이다.

2) 공시송달처분이 있을 때에는 법원사무관등은 송달할 서류를 보관하고 ① 법원게시판 게시, ② 관보·공보 또는 신문 게재, ③ 전자통신매체를 이용한 공시의 3가지 중 어느 하나의 방법으로 그 사유를 공시하여야 한다(규 54조 1항). 법원은 현재 위 3가지 공시방법 중 ③의 방식을 선택하여 대법원 홈페이지(http://www.scourt.go.kr)의 전자게시판을 활용하여 공시하고 있다. 신법은 구법과 달리 법원

---

1) 대법원은 미군병영 내의 군병사에 대한 송달방법에 관한 질의에서 「우편 또는 집행관에 의한 송달이 사실상 불가능하므로 민소법 제194조에 의한 공시송달방법 이외는 없다」고 문답하였다. 대법원예규집 1963. 7. 29 조사 제359호 대전지법 질의회답.

2) 수취인이 장기여행중이라는 사유는 제187조의 우편송달의 사유는 될지언정, 공시송달의 요건에 해당하지 않는다는 것에, 대법 1969. 2. 19, 68마1721.

3) 직접송달이나 우편송달이 가능함에도 안이하게 공시송달을 하는 것은 미국 헌법 제14조 수정조항의 due process 위반으로 본다(Mullane v. Hannover Bank & Trust Co., 339 US 306(1950)).

4) 판결정본의 주소가 외국으로 표시되었으면 외국에서 할 공시송달의 방법에 의하여야 한다는 것에, 대법 1991. 12. 16, 91마239.

은 외국에 대한 공시송달도 국내에 대한 공시송달과 같은 방법으로 하도록 하였다.

(4) 효 력

1) 최초의 공시송달은 게시한 날부터 **2주가 지나야 효력**이 생긴다. 그러나 같은 당사자에 대한 그 뒤의 공시송달은 게시한 다음날부터 그 효력이 생긴다(196조 1항). 다만 **외국거주자**에 대한 최초의 공시송달은 그 효력의 발생을 위한 공시기간을 2개월로 하고 있다(196조 2항, 신일본제철에 대한 미발행 주식의 현금화 절차에서 외국에서 하는 공시송달의 예).[1] 이러한 기간은 신장할 수는 있으나, 단축할 수 없다(196조 3항).

2) **공시송달의 요건**에 **흠**이 있어도 재판장이 공시송달을 명하여 절차를 취한 경우에는 유효한 송달이라 보는 것이 판례였다.[2] 공시송달이 재판장의 명령인 재판형식으로 이루어진 데 근거를 두고 있다. 따라서 공시송달이 무효임을 전제로 한 재송달은 있을 수 없으며, 또 공시송달명령에 대해 불복할 수 없다고 했다.[3] 그러나 법원사무관 등이 한 공시송달에 대하여도 기존판례가 유지될 것인지는 지켜볼 일이다. 재판장의 명령이라면 법관의 재판인데 반하여, 법원사무관 등의 처분이라면 법관 아닌 사법기관의 처분이기 때문이다. 따라서 법원사무관 등의 공시송달에 관한 처분의 잘못, 예컨대 요건불비의 공시송달 등은 제223조에 따라 그 소속법원에 이의신청을 할 수 있다고 할 것이다.[4]

공시송달로 진행되어 판결이 확정된 경우를 보면, 법원이 송달장소를 알고 있으나 단순히 폐문부재로 송달이 되지 아니하는 경우인데도 공시송달을 하는 등 잘못된 공시송달로 심리가 진행된 끝에 패소된 경우 송달받을 사람은 선택에 따라 추후보완항소(173조)[5] 또는 재심[6]을 제기하여 구제를 받을 수 있다. 공시송달로 진행되어 피고가 책임질 수 없는 사유로 전소에 응소할 수 없다 하더라도, 확정된 권리관계를 다투려면 전소의 기판력을 소멸시켜야 한다.[7]

3) 공시송달의 한계 이러한 송달 받은 당사자에게는 자백간주·소취하간주[8] 등 기일해태의 불이익, 답변서제출의무, 변론준비절차, 외국판결의 승인규

1) 대법 1982. 12. 14, 82다카922는 법원에 게시한 날부터 2개월이라 하였다.
2) 대법(전) 1984. 3. 15, 84마20. 반대: 방순원, 248면; 송상현/박익환, 226면.
3) 대법 1992. 10. 9, 92다12131.
4) 김상일, "개정된 공시송달규정과 요건불비인 공시송달의 효력," 한국민사소송법 2016년 동계학술대회발표자료(2016. 12. 3).
5) 대법 2011. 10. 27, 2011마1154.
6) 대법 1978. 5. 23, 77다1051 참조. 또 공시송달의 소명자료로 위조한 서류가 첨부되었다는 것만으로 독립재심사유가 아니라는 것에, 대법 1992. 10. 9, 92다12131.
7) 대법 2013. 4. 11, 2012다111340.
8) 요건불비의 공시송달의 경우에 불이익배제=대법 1997. 7. 11, 96므1380. 그러나 당사자가 주소

정 등이 적용되지 아니하며, 화해권고결정·조정을 갈음하는 결정·이행권고결정·지급명령의 송달은 공시송달(다만 금융기관의 대여금 채권 등에 관하여는 공시송달에 의한 지급명령이 가능하다는 특례가 있다(특례법 20조의 2))에 의할 수 없다. 판례는 환경분쟁 조정법에 의한 재정문서의 경우 제대로 송달되면 재판상 화해와 동일한 효력이 있으므로, 당사자의 재판청구권을 보장할 필요가 있어 재정문서의 정본의 송달은 공시송달에 의할 수 없다는 것에, 대법 2016. 4. 15, 2015다201510(이에 관한 평석은 강현중, "재판상 간주화해와 공시송달," 법률신문 2016. 7. 18자).

5. 송달의 특례—전자송달 등

(1) 간이통지방법과 전자송달

1) 간이통지방법은 법 제167조 2항과 규칙 제45조에 규정된 것으로, 기일통지를 위한 **기일통지서·출석요구서**를 송달할 때 이용할 수 있는 특례이다. 우편집배원에 의한 서류교부의 방식이 아니고 법원사무관등이 전화·팩시밀리·보통우편 또는 전자우편·문자메시지 등의 간이통지의 방법으로 한다. 간이통지를 받은 당사자·증인 또는 감정인이 기일에 불출석하여도 법률상의 제재나 그 밖의 기일의 해태의 불이익이 따르지 아니한다. 기일통지를 위한 송달에 한정되는 것이므로 소장부본·판결정본·소송종료통지서 등 다른 소송서류의 송달에는 해당 없다.

2) 「민사소송 등에서의 전자문서 이용 등에 관한 법률」 제11조·제12조에 의하면 전자진행에 동의한 등록사용자에 대하여는, 판결문·결정문·재판과정에서의 기일통지 등 모든 소송서류의 송달 또는 통지는 대법원의 전자관리시스템을 이용하여 전자적으로 이루어지는 **전자송달**을 이용할 수 있다. 송달받은 자가 전산정보시스템에 등재된 전자문서를 확인한 때에 송달된 것으로 간주한다.[1] 우편집배인의 송달이 막을 내릴 때가 다가오고 있다.

(2) 민소규칙의 송달 특례

1) 변호사에 대한 송달 변호사인 소송대리인에 대한 송달은 법원사무관등이 전화·팩시밀리·전자우편(e-mail) 또는 휴대전화문자메시지를 이용하여 할 수 있게 하였다. 교부송달원칙의 예외이다. 법원사무관 등은 변호사 송달의 경우는 이러한 송달특례를 우선 고려하여야 한다(개정규 46조).

보정을 하지 아니하여 공시송달된 경우는 다르다=대법 1987. 2. 24, 86누509.

1) 대법 2012. 5. 24, 2012후719. 단 미확인일 때의 송달간주되는 시기는 전자우편과 문자메시지 양자 모두의 방법으로 등재사실이 통지된 날로부터 1주가 지난 날, 대법 2013. 4. 26, 2013마4003.

2) 변호사 사이의 직접 송달　　양쪽 당사자가 변호사에 의하여 대리되는 경우에는 한쪽 당사자의 변호사가 상대방 변호사에게 송달할 서류의 부본을 직접 교부하거나 팩시밀리 · 전자우편으로 보내고 영수증 등으로 그 교부사실 등을 법원에 증명하는 방법으로 송달할 수 있게 하였다(규 47조). 우편집배원 등에 의한 송달원칙의 예외이다.

Ⅵ. 외국에 하는 송달(촉탁송달)

외국에서 할 송달은 그 나라에 주재하는 우리나라 대사 · 공사 · 영사 또는 그 나라의 관할 공공기관에 촉탁하여야 한다(191조). 이러한 촉탁송달의 규정은 그 나라와 사법공조(judicial assistance)에 관한 협정이나 국제관행 또는 상호보증이 있는 것을 전제로 하는 규정이다(국민사공 4조). 우리나라는 2000년에 다변조약인 1965년의 헤이그 송달협약에 가입하여 외교경로없이 체약국가가 지정하는 중앙당국에 직접송달을 촉탁할 수 있다. 호주 · 중국 · 몽골 · 우주베키스탄 등 몇 개 국가와의 쌍무조약이 체결되어 이들 체약국가와 사이에서 이에 의하여 촉탁송달은 할 수 있으며(이웃 일본과는 미결-일본정부나 일부 일본대기업은 송달거부를 일삼기 때문에 외국에서 하는 공시송달의 편법을 쓴다), 비체약국의 경우라도 외국이 명백한 의사표시로 승인한 경우(국민사공 5조 2항)나 상호보증이 있을 때에 촉탁송달할 수 있다. 외국거주의 우리나라국민일 때의 특례는 다만 외국이 촉탁송달을 거부하는 경우(일본국의 예)에는 외국에서 하는 공시송달(2개월)에 의하는 예가 있었다. 북한이나 북한주민에 대한 송달도 이에 의하고 있으나, 입법론적으로 해결할 문제일 것이다.

Ⅶ. 송달의 하자(흠)

(1) 송달이 법이 정한 방식에 위배된 경우, 예를 들면 송달을 받을 사람이 아닌 사람에 송달(수감자에 대해 교도소장에게 하지 않고 그의 종전 주소에 송달), 수령권자(186조) 아닌 사람에 송달(단순한 임대인에게 송달), 송달장소 아닌 곳에서 송달(송달장소 아닌 곳에 유치송달), 보충송달 · 유치송달을 해보지도 않고 하는 제187조 소정의 우편(발송)송달 등은 원칙적으로 무효이다. 최근 판례는 당사자가 미성년자인 경우의 소장송달은 무효로 보았다(대법 2020. 6. 11, 2020다8566 등). 다만 송달통지서에 우편집배원의 날인이 없는 경우, 송달이 무효가 아니다. 송달에 흠이 있으면 원칙적으로 무효라도, i) 송달받을 자가 추인하면 유효하게 되며, ii) 이의없이 변론하거나 수령하면 이의권의 포기 · 상실(151조)로 흠은 치유된다. 사망자에

대한 송달을 상속인이 이의 없이 현실적으로 송달을 받는 경우가 예이다.[1)]

(2) 불변기간의 기산점에 관계 있는 송달(상소기간의 기산점으로 되는 판결정본의 송달)에 위법이 있는 경우는 이의권의 포기·상실에서 제외된다고 할 것이다(상세는 「이의권」 참조).[2)] 특히 판결정본의 송달의 흠은 '자백간주에 의한 판결편취'의 경우에 생겨난다. 이 경우는 판결정본이 피고의 허위주소에 송달된 만큼 송달이 무효이므로 송달받을 때로부터 기산하는 불변기간인 항소기간이 진행될 수 없다는 것이 판례이다(상세는 「판결의 편취」 참조).[3)]

제8절 소송절차의 정지

Ⅰ. 총 설

1. 의 의

(1) 소송절차의 정지(Stillstand)란 소송이 계속된 뒤에 아직 절차가 종료되기 전에, 소송절차가 법률상 진행되지 않는 상태를 말한다. 절차가 사실상 정지된 상태(기일연기·추후지정, 기일불출석이나 판결선고의 지연 따위)와는 구별된다. 한쪽 당사자의 사망·법인의 합병·법정대리권의 소멸 등의 사유가 생겨 소송행위가 불가능하게 될 때에도 법원이 그대로 소송절차를 진행시키면 그 당사자가 소송에 관여할 수 없게 됨으로써 절차권이 침해되기 때문이다.

(2) 정지제도는 쌍방심문주의를 관철시키기 위한 제도이므로, 양당사자의 대석(對席)변론을 요하는 판결절차에 원칙적으로 적용된다. 뿐더러 판결절차에 준하는 절차(독촉절차, 제소전화해절차, 항고절차, 소송비용확정절차)에 대해서도 인정된다. 그러나 대석변론에 의한 재판의 공평보다도 절차의 신속을 앞세우는 강제집행절차,[4)] 임의경매절차,[5)] 가압류·가처분절차,[6)] 증거보전절차에는 준용되지 않는다.

---

1) 대법 1998. 2. 13, 95다15667.
2) 대법 1972. 5. 9, 72다379; 동 1979. 9. 25, 78다2448 등.
3) 피고가 그러한 판결선고가 있었음을 알고서 재심청구를 하였다가 취하한 바 있어도 송달의 하자를 추인한 것이 아니라고 한 것에, 대법 1971. 6. 22, 71다771; 동 1980. 12. 9, 80다1479.
4) 대법 1970. 11. 24, 70다1894.
5) 대법 1998. 10. 27, 97다39131 등.
6) 대법 1993. 7. 27, 92다48017 등.

2. 종 류

소송절차의 정지에는 중단과 중지 두 가지가 있다(ZPO 휴지제도 (Ruhe)도 있음).

(1) **중단**이란 당사자나 소송행위자에게 소송수행할 수 없는 사유가 발생하였을 경우에 **새로운 소송수행자**가 나타나 소송에 관여할 수 있을 때까지 법률상 당연히 절차의 진행이 정지되는 것을 말한다. 중단은 일정한 사유에 의하여 발생하며, 새로운 당사자에 의한 소송절차의 수계가 있거나 법원의 속행명령에 의하여 해소되게 된다.

(2) **중지**란 법원이나 당사자에게 소송을 진행할 수 없는 장애가 생겼거나 진행에 부적당한 사유가 발생하여, 법률상 당연히 혹은 법원의 결정에 의하여 절차가 정지되는 경우를 말한다. 새로운 소송수행자로 교체가 없고 새 사람에 의한 **수계가 없는 점**에서 중단과는 다르다.

이 밖에도 제척·기피신청(48조), 관할지정신청(규 9조)이 있는 경우에 소송절차가 정지된다.

Ⅱ. 소송절차의 중단

1. 중단사유

중단은 다음의 법정사유에 의하여 당연히 발생한다.

(1) **당사자의 사망**(233조) 대표적인 중단사유이다. i) **소송계속** 후 변론종결 전에 당사자가 죽었을 것을 요한다. 실종선고에 의한 사망간주도 포함한다.[1] 따라서 소제기 전에 이미 죽은 사람이 당사자가 된 경우에는 중단사유가 아니며 상속인에 의한 소송수계신청은 허용될 수 없다.[2] 이미 소송대리인을 선임한 뒤에 소제기의 경우는 다르다(2014다 210449). ii) 소송계속 후에 죽었어도 소송물인 권리의무가 **상속의 대상**이 되는 때에 한한다. 상속의 대상이 아닌 경우는 중단되지 않고 소송절차가 종료된다. 첫째로 상속인이 상속포기기간 내에 포기(민 1019조 1항)를 한 때, 둘째로 권리의무가 사망에 의하여 소멸되거나 일신전속적인 권리인 때이다. 그 예로 이혼소송에 있어서 당사자 한쪽의 사망(이혼소송에 부대한 재산분할청구의 경우도 같다),[3] 이사의 지위

1) 대법 1987. 3. 24, 85다카1151. 실종선고가 확정된 때에 소송절차가 중단된다는 것에, 대법 1983. 2. 22, 82사18.

2) 대법 1979. 7. 24, 79마173.

3) 대법 1994. 10. 28, 94므246·253; 동 1993. 5. 27, 92므143 등. 같은 취지: 직위해제 및 면직처

에서 주주총회결의취소소송, 이사회결의무효확인소송(이사선임처분의 소도 같다)을 제기한 경우에 이사의 사망,[1] 공동광업권소송에서 공동광업자의 사망,[2] 친생자관계존부확인소송(이하 589면 참조) 등이다. 상대방 당사자가 한쪽 당사자의 승계인이 될 때(혼동)에도 소송절차는 중단하지 않고 종료된다. iii) 통상공동소송에서는 소송절차의 중단이 죽은 당사자와 그 상대방간에만 가분적으로 생기는 데 반하여, 필수적 공동소송에서는 전면적으로 중단된다(67조 3항).

(2) 법인의 합병(234조) 회사 그 밖의 법인이 인수합병(M&A)에 의하여 소멸된 경우에는 소송절차는 중단된다. 법인이 합병 이외의 사유로 해산된 때에는 청산법인으로 존속하기 때문에 중단되지 아니한다.

또 단순히 당사자인 법인으로부터 **영업양도**를 받았다는 것만으로 중단되지 않으며,[3] 법인 아닌 사단의 명칭변경뿐 그 실체가 동일한 경우에도 같다.[4] 그러나 비단 합병에 의하여 법인이 소멸된 경우뿐만 아니라 청산절차를 밟지 않고 법인이 소멸된 경우에도 중단된다.[5] 따라서 법인의 권리의무가 상법상 **회사분할**의 규정 등 법률의 규정에 의하여 새로 설립된 법인에 승계된 경우,[6] 시·군 등 행정구역의 폐지분합의 경우에도 중단된다. 법인이 아닌 사단·재단(52조)에 대해서도 제234조가 준용된다. 비법인사단인 도시정비법상의 조합설립추진위원회 상대의 소송계속중 조합이 설립되었다면 조합이 소송승계[7]를 전제로 소송이 중단된다 할 것이다.

(3) 당사자의 소송능력의 상실, 법정대리인(대표자)**의 사망·대리권**(대표권)**의 소멸**(235조)[8] 당사자 자체는 변경되지 않지만 소송수행자가 교체되기 때문에 중단되는 경우이다. 다만 법정대리권이나 대표권의 소멸은 상대방에 통지하여야 효력이 생기기 때문에(63조, 64조), 통지가 있어야 중단된다. 당사자가 소송능

분의 무효확인소송중에 원고의 사망(대법 2007. 7. 26, 2005두15748), 양육자지정청구 및 양육비지급청구 중 당사자사망(대법 1995. 4. 25, 94므536). 다만 이혼판결 후 재심소송계속중에 재심피고가 사망한 경우에는 예외로서, 검사가 소송수계한다는 것에, 대법 1992. 5. 26, 90므1135.

1) 대법 2013. 9. 12, 2011두33044; 동 1962. 11. 29, 62다524(감사의 사망); 동 2013. 4. 11, 2012재두497(국가유공자거부처분취소소송); 동 2004. 4. 27, 2003다64381(종헌결의무효확인소송); 동 2019. 2. 14, 2015다255258(주주총회결의취소소송 중 이사의 사망).

2) 대법 2019. 2. 14, 2015다225258; 동 1981. 7. 28, 81다145.

3) 대법 1962. 9. 27, 62다441.

4) 대법 1967. 7. 7, 67마335.

5) Thomas-Putzo, § 239 Rdnr. 3.

6) 대법 1984. 6. 12, 83다카1409. 소송행위중 피고인 토지개량조합이 분할되어 새로운 토지개량조합이 설립된 경우에는 신토지개량조합을 피고의 소송승계인으로 보아야 한다는 것에, 대법 1970. 4. 28, 67다1262; 동 2002. 11. 26, 2001다44352.

7) 대법 2012. 4. 12, 2009다22419.

8) 소송계속 전에 그와 같은 사유가 생긴 경우는 포함하지 않는다. 대법 1961. 2. 6, 4292행상86.

력을 상실하는 것은 성년후견개시의 심판을 받은 경우이다(한정후견개시의 심판의 경우는 예외적. 앞의 「소송능력」 참조). 법정대리권 내지 대표권의 상실에는 가처분에 의한 직무집행정지가 된 경우도 포함된다.[1] 그러나 소송대리인의 사망, 소송대리권의 소멸의 경우에는 본인 스스로 소송행위를 할 수 있기 때문에 중단사유로 되지 않는다. 증권관련집단소송(증집소 26조)은 예외이다.

(4) 신탁재산에 관한 소송의 당사자인 수탁자의 임무종료(236조) 신탁법에 의한 수탁자의 임무종료를 말하는 것이고, 이른바 명의신탁관계는 포함하지 않는다.[2]

(5) 소송담당자의 자격상실(237조 1항) **및 선정당사자전원의 자격상실**(237조 2항) 일정한 자격에 기하여 타인소송의 당사자, 즉 남을 위한 소송담당자가 된 자란 파산관재인,[3] 회생회사의 관리인, 유언집행자 등을 말하는데, 그들이 자격상실한 경우이다.[4] 증권관련집단소송에서 대표당사자전원이 사망하거나 사임한 때도 같다(증집소 24조). 그러나 소송담당자 중에서 권리주체인 자와의 병행형소송담당자, 예를 들면 채권자대위소송의 채권자, 대표소송의 소수주주(「당사자적격」 참조)는 그 자격을 상실하여도 여기에 포함하지 않는다(통설).

(6) 파산재단에 관한 소송[5] 중의 파산선고 및 파산해지(239조, 240조) 도산절차의 활성화로 이 제도가 많이 문제된다. 채무의 존재를 다투는 소송이 계속중 채무자에 대한 파산선고가 있는 때[6] 채권자대위소송의 계속중 채무자가 파산선고가 되면 그 소송절차는 중단되고 파산관재인 또는 상대방이 수계할 수 있다.[7] 재단채권에 관한 소송은 파산재단에 속하는 재산에 관한 것이므로 마찬가지로 파산관재인이 수계한다.[8] 채권자취소소송의 계속중 채무자에 대하여 회생절차

---

1) 대법 1980. 10. 14, 80다623 · 624 등.
2) 대법 1966. 6. 28, 66다689.
3) 공동파산관재인 중 1인만의 사임은 중단 · 수계사유가 되지 아니한다=대법 2008. 4. 24, 2006다14363.
4) 부재자 재산관리인이 소구당한 소송계속중 해임되어 관리권을 상실한 경우에도 소송절차는 중단=대법 2002. 1. 11, 2001다41971.
5) 파산자의 채무자가 파산자 상대의 채무부존재확인소송이 이에 해당한다는 것에, 대법 1999. 12. 28, 99다8971.
6) 대법 2020. 6. 25, 2019다246399.
7) 대법 2013. 3. 28, 2012다100746. 그러나 소송수계가 이루어지기 전에 파산절차가 해지되면 파산선고를 받은 자가 그 소송절차를 수계한다(239조 단서)는 것에, 대법 2023. 2. 2, 2022다276703.
8) 대법(전) 2014. 11. 20, 2013다64908. 채권자취소소송이 제기된 경우도 파산관재인이 소송수계를 할 수 있다=대법 2018. 6. 15, 2017다265129.

개시결정(채무자회생 및 파산에 관한 법률 59조)이 있을 때도 마찬가지로 중단된다.[1] 채권자취소소송 진행 중 채무자에 대한 회생개시결정으로 소송절차가 중단되었으나 관리인의 소송수계 등이 있어 청구취지를 변경하여 부인소송을 진행하다가 회생개시결정이 폐지된 경우 기존 원고인 채권자가 소송 수계를 하여야 한다.[2] 회생개시결정이나 파산선고가 있었던 사실을 알지 못한채 수계절차가 이루어지지 아니한 상태에서 그대로 진행하여 선고한 판결은 무권대리를 한 때와 마찬가지의 잘못이다.[3] 간과하고 한 판결은 당연무효는 아니나 상소·재심사유가 되며, 수계절차를 상소심에서 밟은 경우 절차상 하자가 치유된다(파산선고의 경우).[4] 회생관리인이 부인권행사에 기한 소송절차는 파산절차로 이행된 경우에 파산관재인이 수계할 수 있다.[5] 회생개시결정이 늦게 되어 상고심의 소송절차가 변론없이 판결을 선고할 때에는 소송절차를 승계할 필요 없다.[6][7]

2. 중단의 예외

(a) 이상 본 중단사유 중 (1) 내지 (5) 사유에 있어서는 그 중단사유가 생긴 당사자측에 소송대리인이 있으면, 중단사유에 불구하고 소송절차는 중단되지 않는다(238조). 이와 같은 사유가 발생하여도 소송대리인이 있으면 그 대리권은 소멸되지 않고 계속 존속하므로(95조, 96조) 당사자가 대리인 없이 무방비상태가 되는 것이 아니기 때문이다.

소송대리인은 수계절차를 밟지 아니하여도 신당사자의 소송대리인이 되며,[8] 판결의 효력은 신당사자에게 미친다.[9] 그러나 소송대리인이 있어 중단되지 아니하는 경우라도 상속인이 소송절차를 수계하지 못한다는 뜻으로 풀이될 수는 없

1) 대법 2014. 5. 29, 2013다73780.
2) 대법 2022. 10. 27, 2022다241998.
3) 대법 2016다35123; 동 2017다287587. 이에 관한 평석은 강현중, 2017. 7. 17자 법률신문.
4) 대법 2020. 6. 25, 2019다246399.
5) 대법 2015. 5. 29, 2012다87751; 동 2018. 4. 24, 2017다287587.
6) 대법 2015. 2. 26, 2012다89320.
7) 채무자의 책임재산과 관련 없는 소송은 채무자 회생 및 파산에 관한 법률 제347조 제1항에 따른 수계의 대상이 아니다=대법 2019. 3. 6, 2017마5292.
8) 이 경우에 상속인이 밝혀진 경우는 상속인, 상속인이 누구인지 모를 때에는 망인을 그대로 표시하여도 된다는 것에, 대법 1992. 11. 5, 91마342. 망인으로 표시하여도 판결은 상속인들 전원에 대하여 미친다는 것에, 대법 1995. 9. 26, 94다54160; 동 2011. 4. 28, 2010다103048 등. 상속인 일부만 수계인으로 표시해도 상속인 전원에 미친다는 것에, 대법 2010. 12. 23, 2007다22859.
9) 신당사자를 잘못 표시하여도 판결의 효력은 정당한 상속인에 미친다는 것에, 대법 1992. 11. 5, 91마342.

다.[1] 만일 구당사자로 표시하여 판결이 선고된 때에는[2] 소송승계인을 당사자로 판결경정을 하면 된다.[3] 다만 소송대리인이 있다고 하여 소송절차가 무제한하게 속행되는 것이 아니라, 심급대리의 원칙상 그 심급의 판결정본이 당사자에게 송달됨으로써 심급종결로 소송절차는 중단된다는 것이 판례[4]이다. 이 경우 상소는 소송수계절차를 밟은 다음에 제기하는 것이 원칙이나, 소송대리인에게 상소제기에 관한 특별수권이 있어 상소를 제기하였다면, 그 상소제기시부터 소송절차가 중단되므로, 이때에는 상소심에서 적법한 소송수계절차를 거쳐야 소송중단이 해소된다.[5]

(b) 그러나 소송대리인에게 상소에 관한 **특별한 권한수여**가 있으면 판결이 송달되어도 예외적으로 중단되지 않는다. 따라서 이 경우에 소송대리인이 패소한 당사자를 위하여 상소를 제기하지 아니하면 상소기간의 도과로 판결은 확정된다. 예를 들면 甲·乙 간의 소송계속 중 乙은 사망하고 乙의 소송대리인인 丙이 소송수행끝에 乙이 패소하는 판결을 받았는데, 乙의 상속인으로는 A·B·C·D 4인이 있다고 하자. 그런데 A·B만이 항소를 제기한 경우, 상소제기의 특별수권을 받은 대리인 丙이 C·D가 상속인임을 몰라서 그를 위해 항소를 제기하지 않았다면(C·D 자신도 항소를 제기하지 않음) 항소기간의 도과로 C·D에 대한 패소판결은 확정되며, 누락한 C·D의 소송수계문제는 소송계속이 소멸된 이상 생길 수 없다는 것이 판례이다(확정설).[6] 이와 같은 판례의 결론이 부당하다고 지적하며 문제의 적절한 해결을 위해서 누락한 C·D에 대하여는 중단상태에 있다는 견해 등이 나오고 있다(중단설).[7] 생각건대 C·D에 대해 상소에 관한 특별수권이 있는 소송대리인 丙이 있으므로 乙의 사망에 불구하고 절차는 진행되어(238조) C·D에 대한 판결은 확정되는 것으로 볼 것이고, 그렇게 된 데 대하여 누락상속인 C·D와 대리인 丙에게 과실이 없다면 C·D를 위한 추후보완의 상소로 침해된 절차권을 보호할 것이며, 그렇지 아니하면 C·D를 위한 손해배상 등 실체법의 문제로 해결할 수밖에 없을 것으로 본다.[8]

---

1) 대법 1972. 10. 31, 72다1271·1272.
2) 신탁법에 의한 전수탁자가 파산선고를 받아 임무종료시 전수탁자를 당사자로 표시하거나 신당사자를 잘못 표시하여도 판결의 효력은 신수탁자에 미친다=대법 2014. 12. 24, 2012다74304.
3) 대법 2002. 9. 24, 2000다49374.
4) 대법 1996. 2. 9, 94다61649 등.
5) 대법 2016. 9. 8, 2015다39357; 동 2023. 8. 18, 2022그779 등.
6) 대법 1992. 11. 5, 91마342.
7) 호문혁, 846면.
8) 우리와 같은 취지: 정동윤/유병현/김경욱, 707면; 정영환, 812면; 김홍엽, 589면.

다만 최근에 확정설의 종전판례와는 사실관계에 다소 차이가 있어도 다른 취지가 아닌가 하는 판례가 나타났다. 제1심 계속중 사망한 원고의 공동상속인 중에 A만이 수계절차를 밟았을 뿐이고 A만을 망인의 소송수계인으로 표시하여 한 원고패소판결에 대하여 망인의 소송대리인이 항소인을 A만을 기재하여 항소제기한 사안에서, 제1심 판결의 효력은 공동상속인 전원에 대하여 미치는 것임에도 위 판결의 잘못된 당사자 표시를 신뢰한 망인의 소송대리인이 항소인을 A만으로 기재하여 항소를 제기하였다면, 항소를 제기한 소송대리인의 합리적 의사에 비추어 B 등 공동상속인 전원에 대하여 항소가 제기된 것으로 보아야 하고, 그들에 대하여 확정차단이 된다는 것이다.[1] 중단설은 아니고 **효력확장설**이라 하겠다.

3. 중단의 소멸

소송절차의 중단은, 당사자측이 수계신청을 하거나 법원의 속행명령에 의하여 해소된다(신청이 없었는데 당연수계되는 예외로는 239조 후문). 해소되면 소송절차의 진행이 재개된다.

(1) 수계신청 수계신청이란 당사자측에서 중단된 절차가 계속 진행되도록 **속행을 구하는 신청**이다(소송상의 지위를 물려받는 '승계'와는 다름).

(a) **수계신청권자** 수계신청은 중단사유가 있는 당사자측의 신수행자뿐만 아니라, 상대방 당사자도 할 수 있다(241조). 즉, 甲·乙 간의 소송에서 乙이 사망하였다면 甲도 乙의 상속인들을 위하여 중단된 소송의 속행을 구할 수 있다. 신수행자는 각 중단사유마다 법에 정해져 있다. 법인이 합병된 때에는 합병 후의 신법인·존속법인이고(234조), 소송능력의 상실·법정대리권의 소멸의 경우에는 소송능력을 회복한 당사자 또는 법정대리인이 된 자이다(235조). 법인대표자의 직무집행정지가처분의 경우에는 그 직무대행자이다.[2]

당사자사망의 경우에 수계신청권자는 상속인·상속재산관리인[3]·유언집행자·수증자들[4]이다. 공동상속재산은 필수적 공동소송관계가 아니므로 상속인 전

1) 대법 2010. 12. 23, 2007다22859. 여기에서 B 등이 항소심에서 제출한 소송수계신청의 기각은 잘못이라는 취지로 판시하였다. 생각건대 이 판결의 취지는 공동상속인 중 1인의 수계신청이나 항소가 공동상속인 전원에 미친다는 것인데, 공동상속의 소송관계가 필수적 공동소송관계가 아니라면 문제가 있어 보이고 소송행위의 표시주의의 원칙에 맞지 않는 문제도 있을 것이다(470~471면 참조).

2) 대법 2003. 5. 27, 2002다69211.

3) 소송계속중 당사자가 사망하고 그 상속인의 존부가 불명한 경우에는 민법 제1053조 1항에 따른 상속재산관리인의 선임을 기다려 그로 하여금 소송을 수계토록 하여야 한다=대법 2002. 10. 25, 2000다21802.

4) 일부재산을 특정하여 특정유증을 받은 자는 유증자가 사망한 경우에 유증자의 당연승계의 여지

원이 공동으로 수계신청하여야 하는 것이 아니며, 개별적으로 수계신청하여도 무방하다.[1] 상속인 중 한 사람만이 수계절차를 밟아 재판을 받았으면 수계절차를 밟지 않은 다른 상속인의 소송관계는 중단된 채 제1심에 그대로 계속되어 있게 된다.[2] 그러나 반대인 듯한 판례가 있다.[3] 상속인이 상속포기기간(민 1019조 1항) 안에 한 수계신청은 위법이나 상대방이 이의 없이 응소하면 이의권의 포기로 하자가 치유된다.[4] 다만 가사소송사건(가류·나류)에서 원고사망 등의 경우는 다른 제소권자가 있으면 그가 소송승계를 할 수 있는데, 승계신청을 6개월 내에 하지 않으면 소의 취하로 본다(가소 16조). 상고심의 소송절차가 변론 없이 판결선고할 때에는 수계절차가 필요없다.[5] 파산선고 당시 파산채권에 관한 소송이 계속 중인 경우, 파산채권이 이의채권이 되지 아니한 상태에서 미리 소송수계신청을 할 수 없다.[6]

(b) **신청하여야 할 법원** 수계신청은 중단 당시 소송이 계속된 법원에 하여야 한다. 종국판결이 송달된 뒤에 중단된 경우에 수계신청을 어디에 내야 하느냐가 문제인데 원법원(原法院)에 하여야 한다는 견해와 원법원 또는 상소법원에 선택적으로 할 수 있다는 견해[7]로 갈린다. 대법원은 이러한 경우에는 「상급법원에 수계신청을 할 수 있다」고 하여[8] 후설에 접근하였으나, 후설은 제243조 2항의 명문에 반할 뿐더러, 상소장의 원법원제출주의(397조)에 의하는 우리 법제에도 맞지 않는다. 기록보관을 하는 원법원이 함에 비추어 전설을 따른다.

(c) **수계신청절차** 수계신청은 신수행자가 수계의 의사를 명시하여 서면 또는 말로 할 수 있다(161조). 수계신청인가의 여부는 명칭에 구애함이 없이 실질적으로 판단하여야 한다. 따라서 기일지정신청 또는 당사자표시정정신청도 경우에 따라 수계신청으로 볼 수 있다(수계신청도 당사자표시정정으로 선해할 수 있음).[9] 또 묵시의 수계도 긍정하여야 할 것이다.[10] 수계신청이 있으면 법원은 이를 통지하여야 한다(242조). 상대방에 대한 관계에서는 통지시에 중단이 해소된다.

가 없다는 것에, 대법 2010. 12. 23, 2007다22859.

1) 대법 1964. 5. 26, 63다974.
2) 대법 1994. 11. 4, 93다31993; 동 1993. 2. 12, 92다29801.
3) 망인의 공동상속인 중 소송수계절차를 밟은 일부만을 당사자로 표시한 판결도 역시 수계하지 아니한 나머지 공동소송인에게도 미친다는 다른 취지의 것으로, 위 2010. 12. 23. 판결.
4) 대법 1995. 6. 16, 95다5905·5912 등.
5) 대법 2016. 4. 12, 2014다68761.
6) 대법 2018. 4. 24, 2017다287587.
7) 日大審院 昭和 7. 12. 24 판결; 新堂, 275면; 한충수, 419면.
8) 대법 1963. 5. 30, 63다123; 동 1996. 2. 9, 94다61649 등; 김홍엽, 461면.
9) 대법 1980. 10. 14, 80다623·624.
10) 대법 1955. 7. 7, 4288민상53.

(d) **수계에 관한 재판** 수계신청이 있으면 법원은 그 적법 여부를 직권으로 조사하여, i) 이유 없으면 결정으로 기각한다(243조 1항). 이 결정에 대하여서는 통상항고를 할 수 있다(439조). 기각이 되면 중단은 해소되지 않기 때문에 새로운 수계신청이 필요하다. 진정한 수계인이 아닌 참칭수계인임에도 불구하고 이를 간과한 채 받아 들여 본안판결을 하였을 때에는 진정한 수계인에 대한 관계에서는 소송은 중단상태에 있지만, 참칭수계인에 대해서는 기판력이 미친다.[1] 마치 대리인에 의하여 적법하게 대리되지 아니하였던 경우와 마찬가지로 된다. ii) 수계신청이 이유 있으면 별도의 재판을 할 필요 없이 그대로 소송을 진행시킬 것이다.[2] 판결정본송달 후에 중단된 경우에는 원법원에 수계신청을 하여야 함은 앞서 본 바이나, 이 경우에는 원법원이 수계결정을 하여(243조 2항) 이를 송달하여야 한다. 그 결정의 송달시로부터 상소기간이 진행된다.

(2) **법원의 속행명령** 당사자가 수계신청을 하지 아니하여 사건이 중단된 상태로 오랫동안 방치되었을 때에는, 법원은 직권으로 소송절차를 계속 진행하도록 명하는 속행명령을 할 수 있다(244조. 1년 내에 수계신청이 없으면 소의 취하로 간주하는 것에, 증집소 24조). 영구미제(永久未濟)의 사건이 되는 것을 방지하기 위한 것이다. 속행명령이 당사자에게 송달되면 중단은 해소된다. 속행명령은 중단 당시에 소송이 계속된 법원이 발한다. 법원이 속행명령을 발하지 않고 직접 변론기일을 지정하여 양쪽 당사자에 통지한 경우에도 속행명령을 발한 것으로 보자는 견해가 있으나, 중단중의 소송행위가 무효인 것에 비추어 찬성하기 어렵다.[3] 속행명령은 **중간적 재판**이므로 독립하여 불복할 수 없다.[4]

Ⅲ. 소송절차의 중지

소송절차의 중지사유로는 다음과 같은 것이 있다.

(1) **당연중지**(245조) 천재지변, 그 밖의 사고로 법원전부가 직무집행을 할 수 없게 된 경우이다(corona와 같은 범세계적 전염병(pandemic) 때문에 3번의 shut-down이 그 예). 이때에는 따로 결정의 필요가 없으며 중지는 당연히 발생하고, 직무집행불능의 상태가 소멸함과 동시

1) 대법 1981. 3. 10, 80다1895; 동 2023. 9. 21, 2023므10861 등.
2) 대법 1984. 6. 12, 83다카1409. 뒤에 신청인이 참칭수계인임이 판명되면 수계재판의 취소와 신청각하를 요한다는 것=대법 1981. 3. 10, 80다1895이나 의문이다(뒤의 「소송승계」 참조).
3) 같은 취지: 주석신민소(Ⅲ), 458면.
4) 경매절차속행명령에 대하여 같은 취지의 것으로, 대법 1974. 2. 27, 74마8.

에 중지도 해소된다.

(2) 재판중지(246조) 법원은 직무를 행할 수 있으나, 당사자가 법원에 출석하여 소송행위를 할 수 없는 장애사유가 발생한 경우이다. 예를 들면 전쟁 그 밖의 사유로 교통이 두절되어 당분간 회복될 전망이 보이지 않거나 또는 당사자가 갑작스러운 중병 등으로 법원에 출석은 물론 법원이나 변호사와 통신연락을 행할 수 없게 된 때이다. 소비자단체소송의 원고소송대리인의 사임 등도 중지의 원인이 된다(소비자단체 소송규 12조). 이에 의한 중지는 신청 또는 직권으로 법원의 결정에 의하여 발생하며, 그 취소결정에 의하여 해소된다.

(3) 다른 절차와의 관계에서 진행의 부적당 다른 절차와의 관계에서 소송의 계속진행이 부적당하기 때문에 절차가 중지되는 경우가 있다. 여기에는 i) 위헌여부제청(헌재 42조 1항),[1] 조정에 회부(민조규 4조 2항. 소비자기본법 65조에 의하면 소비자분쟁조정과 동일 원인의 소송절차가 동시진행되는 경우 소송절차나 조정절차의 중지) 등의 경우처럼 절차가 당연히 중지되는 경우가 있고, ii) 특허심결이 선결관계에 있는 경우(특허 164조; 실용신안 33조; 디자인보호 72조의 28), 채무자 회생 및 파산절차에서 회생절차개시의 신청이 있는 경우(채무자 회생 및 파산에 관한 법률 44조)의 중지[2]와 같이 법원의 재량에 의한 중지의 경우가 있다. 다른 민사사건이나 형사사건의 판결결과가 선결관계에 있는 경우 예컨대 표본소송(Musterprozess)과 같은 것이 있는 경우 실무상 법원은 재량으로 사건의 중지를 명하거나 이와 같은 경우는 기일의 추후지정으로 결과를 기다리는 일이 많다. 서로 관련된 사건에 있어서 이중의 노고와 재판의 모순저촉을 피하기 위해 ZPO § 148의 선결관계로 인한 일반적인 중지제도의 도입이 필요하다.

Ⅳ. 소송절차정지의 효과

소송절차의 정지 중에는 변론종결된 경우의 판결의 선고를 제외하고,[3] 소송절차상의 일체의 소송행위를 할 수 없으며, 기간의 진행이 정지된다(247조).

(1) 당사자의 소송행위 정지중의 당사자의 행위는 원칙적으로 무효이다. 예외적으로 소송절차외에서 행하는 소송대리인의 선임 · 해임, 소송구조신청

1) 관계법률에 대한 위헌 여부가 헌법재판소에 심리중이므로 그 결정 다음에 재판해 달라는 요구를 무시하고 판결 · 선고하였다고 하여도 위헌 · 위법이 아니라는 것에, 대법 1993. 3. 3, 92다55770.

2) 중지결정은 항고 · 재항고 대상이 아니라는 것에, 대법 1992. 1. 15, 91마912.

3) 대법 1989. 9. 26, 87므13. 제48조 단서의 규정에 비추어 긴급을 요하는 행위도 같이 볼 것이 아닌가 한다.

은 유효하게 할 수 있다. 그러나 무효라 하여도 상대방이 아무런 이의를 하지 아니하여 이의권이 상실되면 유효하게 된다.[1] 정지제도는 공익적 제도가 아니라 당사자보호를 위한 제도이기 때문에 정지중의 소송행위라도 추인하면 유효하게 된다. 상소라고 예외로 취급할 이유가 없다.[2]

(2) 법원의 소송행위 정지중에 법원은 기일지정, 기일통지나 재판, 보정기간의 연장명령,[3] 증거조사, 그 밖의 행위가 허용되지 않는다. 이에 위반하여 행한 법원의 재판은 상소로 불복할 수 있으며, 그 밖의 법원의 소송행위는 당사자 양쪽과의 관계에서 무효로 된다. 그러나 당사자의 이의권의 포기·상실로 하자가 치유된다.

만일 변론종결하기에 앞서 정지가 되었음에도 간과한 채 변론을 종결하고 판결을 선고하면 위법이 된다. 그러나 판결이 당연무효라고는 할 수 없다. 판례는 한때 소송계속중 당사자가 사망한 것을 간과하고 한 판결을 당연무효라고 하였다가 뒤에 대법(전) 1995. 5. 23, 94다28444로써 변경하였다.[4] 이 때에는 대리권의 흠이 있는 경우에 준하여[5] 그 판결이 확정 전이면 상소(424조 1항 4호), 확정 후이면 재심(451조 1항 3호)에 의한 취소사유가 될 뿐이다(통설).[6]

(3) 기간의 진행 정지되면 소송상의 기간[7]은 진행을 개시하지 아니하며, 또 이미 진행중의 기간은 그 진행을 멈추고, 정지해소 후에는 남은 기간이 아니라 다시 전기간이 진행한다(이 점 시효중단의 해소와 같다).

---

1) 대법 1955. 7. 7, 4288민상53.

2) 대법 1963. 12. 12, 63다703. 중단중에 제기한 상소는 부적법하지만 상소법원에 수계신청을 하여 그 하자를 치유할 수 있고, 그 묵시적 추인도 된다고 한 것에, 대법 1996. 2. 9, 94다61649; 동 2016. 4. 29, 2014다210449.

3) 대법 2009. 11. 23, 2009마1260.

4) 조관행, "당사자의 사망으로 소송절차가 중단된 것을 간과하고 한 판결의 효력," 고시계 1995. 12 참조.

5) 대법 1997. 10. 10, 96다35484.

6) 법원이 채무자에 대해 파산선고가 있은 것을 알지 못하여 파산관재인의 수계절차가 이루어지지 않은 채 판결선고한 경우에도 같은 취지는, 대법 2015. 11. 12, 2014다228587.

7) 지급명령이 송달된 후 이의신청기간 내에 소송중단사유가 생기면 이의신청기간의 진행이 정지된다는 것에, 대법 2012. 11. 15, 2012다70012.

제3장 증　거

제1절 총　설

Ⅰ. 증거의 필요성

재판은 구체적 사실을 소전제로, 법규의 존부와 해석을 대전제로 하여 3단논법적인 논리조작 끝에 권리관계가 있다 없다의 결론도출이므로, 법규의 존부·해석과 더불어 구체적 사실관계의 확정이 필요하다. 그런데 사실관계에 관하여 당사자간에 다툼이 없거나 현저한 것인 때에는 별 문제이나, 다툼이 있는 경우에는 법원이 그 존부를 확정하여야 하는바, 이때에 객관적·합리적인 것으로 널리 승인될 수 있는 것의 자료로서 증거(Beweis, evidence)가 요구되며 또한 그 조사절차가 문제된다. 증거의 필요성은 원칙적으로 사실(fact)에 관한 것이나, 예외적으로 법규·경험법칙에 관하여서도 문제된다. 실제 소송사건에 있어서 결론은 법률의 해석·적용에서 보다, 증거에 의한 사실인정에 좌우되는 일이 60~70% 정도가 된다. 따라서 '증거가 승부이고, 소송은 증거전이다', '가장 훌륭한 변호사는 증거이다'라고 할만큼 증거의 확보는 중요하다. 재판은 과거의 추적인만큼 추적자료인 계약서·합의서·차용증서·영수증·등기필정보·목격증인·이메일·문자메시지·컴퓨터파일·블랙박스 동영상물·음성녹음물의 확보 등 과거 재현의 증거의 확보[1])가 중요하다. 이는 증거 없는 허점을 노리는 자나 채권자보다 기억을 못하는 채무자에 대한 대비책이 되며, 소송 등 분쟁의 사전예방에도 큰 도움이 된다. 위증·문서위조 등 증거조작이나 증명방해에 의한 진실의 왜곡을 방어적으로 막는 것도 중요과제이다. 재판은 되도록 증거가 살아 있을 때에 해야 한다. 오래되면 증거가 없어져 진실이 왜곡될 수 있다(과거사정리위원회의 과거사 조사에는 한계가 있어야 한다).

미국에서는 소제기하자 법정 외에서 증거부터 먼저 수집조사하는 discovery

1) 특히 특허소송에 대비하여 증거자료를 정리하는 forensic technology라 하는 빅데이터 분석이 행해진다. 한편 삭제된 퍼스널컴퓨터, 사물인터넷, 스마트폰, 휴대전화의 증거데이터를 재판에서 사용할 수 있도록 복원, 분석, 리포트까지 작성해주는 서비스센터(아이폰암호를 푼 이스라엘의 Cellebrite사)도 생겼다.

가 있고 민·형사 공통의 증거규칙(1975 Federal Rules of Evidence, FRE라 한다)이 있으나, 우리나라에서는 민사소송법전에 증거규정이 개별적으로 정해져 있다.

AI시대가 개막되며, 채증(採證)이 획기적으로 개선될 전망이다.

Ⅱ. 증거의 의의

증거라는 말은 증거방법·증거자료·증거원인 등 여러 가지 뜻으로 쓰인다.

(1) 증거방법 증거방법이란 법관이 그 오관(눈·귀·입·코·피부)의 작용에 의하여 조사할 수 있는 유형물을 말한다. 증거방법 중 증인·감정인·당사자본인 세 가지는 인증(人證)이고, 문서·검증물·전자저장정보물(녹취, 영상물) 등 그 밖의 증거 세 가지는 물증(物證)이다.

(2) 증거자료 증거방법의 조사에 의하여 얻은 내용을 말한다. 증언, 감정결과, 문서의 기재내용, 검증결과, 당사자신문결과, 그 밖의 증거인 영상·사진·녹음테이프 등이나 각종 전자저장정보의 조사결과 등 여섯 가지 이외에 조사촉탁결과(294조)도 증거자료가 된다.

(3) 증거원인 법관의 심증형성의 원인이 된 자료나 상황을 말한다. 변론 전체의 취지와 증거자료가 이에 해당한다(202조).

Ⅲ. 증거능력과 증거력

(1) 증거능력 유형물이 증거방법으로서 증거조사의 대상이 될 자격을 말한다. 예를 들면 법정대리인은 당사자신문의 대상일 뿐 증인능력이 없으며(367조, 372조), 기피당한 감정인은 감정인 능력을 잃는다(336조, 337조).

이와 같은 법률상의 예외를 제외하고 우리 민사소송법에서는 자유심증주의를 채택하고 있기 때문에, 원칙적으로 증거능력의 제한은 없다.[1] 뒤에서 보는 바와 같이 소제기 후 다툼 있는 사실을 증명하기 위해 작성한 문서, 전문증거, 미확정판결서[2]도 증거능력이 있다.

위법하게 수집한 증거방법 대화 상대방의 동의 없는 무단녹음, 심부름센터 등 사

1) 선서하지 않은 감정인에 의한 신체감정결과는 증거능력이 없다는 것에, 대법 1982. 8. 24, 82다카317.

2) 대법 1992. 11. 10, 92다22107.

설탐정의 범법수집의 정보, 몰래카메라(USB캠)·드론에 의한 불법촬영, 동의없이 수집한 문자메시지, mobile 통화내용, 현행범도 아닌 사람을 체포하여 받은 성매매진술서,[1] 일기장의 도둑복사, 불법유출의 개인정보물, 인터넷해킹물 등의 증거능력이 문제된다. 판례는[2] 증거에 관하여 자유심증주의를 채택하였음을 들어 비밀로 녹음한 녹음테이프라도 위법하게 수집하였다는 이유만으로 증거능력이 없다고는 단정할 수 없다고 하였다.[3] 외국에서의 논의를 살펴보면, 과거에는 적극설이 있었으나, 오늘날에는 거의 찾아보기 드물다(califonia 등 12주법에서 금지와 프랑스). 대화상대방의 동의 없는 무단녹음 등은 상대방의 인격권(Persönlichkeitsrecht) 등 기본권을 침해하는 불법행위라고 할 수 있으며, 증거수집이 어렵다는 단순한 사유만으로는 그러한 위법의 증거수집이 정당화될 수 없는 것이라 하여 소극설이 독일은 물론 일본에서도 우세이다(毒樹毒果의 원칙, 독있는 나무의 열매는 독이 있으므로 먹지 말라. 통화녹음에 대해 I-phone으로는 불허. 최근 대법원 판례는 가방 속의 녹음기에 의한 녹취에 증거력 부정).[4] 새 개인정보보호법위반[5]의 정보자료로도 문제될 것이다. 녹음테이프는 특히 그 내용의 편집조작의 위험성이 있으므로 원본임이 입증되어야 한다. 녹음기녹음과 디지털녹음 중 후자가 위·변조가 쉽다고 한다. 채증은 녹음부터 시작되는 경향이고 녹취소영업의 성향 등 녹음天國이 되는 경향이 있어 인권선진국답지 않다.

판례[6]는 증거를 위법하게 수집한 경우에 불법행위가 되어 실체법상 손해배상책임을 면치 못한다고 한다. 이에 비추어 소송상의 제재로서는 그 증거능력을 부인하는 소극설이 옳다. 위법수집의 인격권 침해방지를 위하여도 그러하다(일부 국가에서 헌법에서 직접증거능력 부인, 브라질 헌 5장 56조). 다만 무단녹음 등 인격권·사생활의 침해가 되어도, 급박한 상태에서 보다 큰 불법의 방어용이었다는 예컨대 사회적 약자가 부당한 협박이나 공갈로부터 대응수단이 없을 때 등 정당방위 그 밖의 위법성조각사유가 있거나 상대방이 증거방법으로 동의하거나 이의없는 때만은 증거능력을 인정하여도 된다.[7] 개정형사소송법 제308조의2에서는 위법수집증거의 배제

1) 대법 2011. 6. 30, 2009도6717(형사).

2) 대법 2009. 9. 10, 2009다37138; 동 1999. 5. 25, 99다1789 등은 상대방이 모르게 대화를 녹음한 녹음테이프의 증거능력을 인정했다. 이러한 판례를 금과옥조처럼 여겨 채증에 무단녹음이 성행하며, 법원청사 앞에서 녹취업이 성행된다. 우리나라는 요즘 재판용의 무단녹음의 전성시대가 되어 있다. 그러나 최근 법원의 실무는 그 증거의 채부를 여러 가지 요소를 종합하여 결정한다는 것에, 강현중, 477~478면.

3) 피해자가 피고인으로부터 걸려온 전화를 녹음한 테이프는 위법수집증거가 아니라는 것에, 대법 1997. 3. 28, 97도240. 상대방 몰래 녹음하고 소송증거 제출은 음성권 침해(서울중앙지법 2021가단5160620).

4) Rosenberg/Schwab/Gottwald, § 110, Rdnr. 23, 24. 미국은 1961년 Mapp v. Ohio 사건에서 위법하게 수집한 증거에 대하여 증거능력을 부인했다(미국연방법에서는 interception and disclosure of wire, oral or electronic communications prohibited).

5) 개인정보수집에는 개인의 동의를 얻어야 하고, 수집·이용목적범위 안에서만 개인정보를 이용(15조)할 수 있으므로, 동의 없는 무단녹음의 재판의 증거용의 이용은 개인정보 보호의 원칙(3조)에 반할 것이다.

6) 대법 2006. 10. 13, 2004다16280=초상권 및 사생활의 비밀과 자유에 대한 부당한 침해는 불법행위를 구성하는데, 그것이 공개된 장소에서 이루어졌거나 민사소송의 증거를 수집할 목적으로 이루어졌다는 사유만으로 정당화되지 아니한다.

7) 같은 취지: 정동윤/유병현/김경욱, 550면. 행위자 모르게 찍힌 CCTV(폐쇄회로 영상정보처리기)의 영상물은 다른 증거가 없을 때 증거능력을 인정할 것이다. 헌법이 보장한 당사자의 기본인

원칙을 규정하였으며, 이에 따라 판례도 형사소송에서 종래의 입장을 변경하여 위법하게 수집한 증거는 원칙적으로 발전적으로 증거능력을 부인하기에 이르렀다.[1] 인격권의 보호를 우선시켜야 하는 것은 민사사건에서도 크게 다를 바 없으므로 판례변경을 검토할 때가 되었다.[2] 독일판례도 형사사건과 마찬가지로 민사사건에서도 예외적으로 증거능력을 인정할 수 있다고 본다.[3] 그렇다면 민사사건만 더 이상 외면할 수 없을 것으로, 그대로 두면 불법조장이 된다.

(2) 증 거 력 증거자료가 요증사실의 인정에 기여하는 정도를 증거력, 증명력 또는 증거가치라고 한다. 이것은 형식적 증거력과 실질적 증거력의 두 단계로 나누어지는데, 특히 서증의 경우에 중요한 의미가 있다. 법관은 이를 논리칙과 경험칙에 따라 자유롭게 판단하게 되어 있다(202조).

Ⅳ. 증거의 종류

1. 직접증거와 간접증거

주요사실에 관계되는가 여부에 의한 분류이다.

주요사실의 존부를 직접 증명하는 증거를 직접증거라 한다. 예를 들면 계약의 존부를 증명하는 계약서나 현장목격의 증인이나 현장영상물(블랙박스 등)은 직접증거이다. 이에 대하여 간접사실이나 보조사실을 증명하기 위한 증거를 간접증거라 하며, 주요사실의 증명에 간접적으로 이바지한다. 예를 들면 과실을 추단케 하는 음주운전의 증언, 알리바이를 증명해 줄 증인의 정황증언, 어느 증인의 증거력 부정을 위해 내세운 다른 증인의 증언 등은 간접증거에 해당하는데, 이에 의해서도 확신을 얻을 수 있다. 내심의 사실 즉 선의·악의·고의·과실 등, 공해사건·의료과오 등의 인과관계, 손해액의 입증곤란시에 손해액의 산정[4]이나 신설 제202조의 2 적용 등은 실제 간접증거로 증명이 될 수 있다. 특수한 간접증거로 일응의 추정이 있다(뒤 576면 등 참조).

권의 침해에 해당하거나 형법해당규정을 어긴 경우에는 그 증거능력을 부정할 것이라는 취지로는, Rosenberg/Schwab/Gottwald, § 110 Rdnr. 24. 독일 헌재의 부정적 판례로는 BVerGE 106, 28.

1) 대법(전) 2007. 11. 15, 2007도3061. 불법감청에 의하여 녹음된 전화통화내용은 증거능력이 없다는 것에, 대법 2019. 3. 14, 2015도1900.

2) 같은 취지: 정영환, 644면. 반대: 김홍엽, 604면.

3) BVerfG & NJW, 73, 891(형사); NJW 02, 3619(민사); Thomas-Putzo/Reichold, § 286, Vorbem Rdnr. 7.

4) 대법 2007. 11. 29, 2006다3561 등.

2. 본증, 반증, 반대사실의 증거

증명책임의 소재를 기준으로 한 분류이다.

(1) 당사자가 **자기에게 증명책임 있는 사실**을 증명하기 위하여 제출하는 증거를 본증(本證)이라 하고, **상대방이 증명책임을 지는 사실**을 부정하기 위해 제출하는 증거를 반증(反證)이라 한다. 어느 사실을 간접적으로 뒷받침해주는 증거인 방증(傍證)과는 다르며, 증명책임을 지는 자가 제출해도 상관없다. 본증의 경우에는 법관이 요증사실의 존재가 확실하다고 확신을 갖게 되지 않으면 그 목적을 달성할 수 없으며, 확신을 갖지 못하면 증명책임의 효과로서 불이익을 받게 된다. 그러나 반증의 경우에는 요증사실의 존재가 확실치 못하다는 심증을 형성케 하면 된다. 예를 들면 매매대금청구의 소에서 계약체결사실이 다투어질 때에 본증을 세우는 원고로서는 그 사실의 존재를 완벽하게 증명하여야 하지만, 반증을 드는 피고로서는 계약체결이 되지 아니하였음을 완벽하게 증명할 필요는 없고 법원이 계약체결사실의 존재에 대해 의문(Zweifel)을 품게 하는 사정을 증명하면 된다.[1] 반증에는 직접반증과 간접반증이 있다(후술「간접반증」참조).

(2) 반증과 구별할 것에 **반대사실의 증거**가 있다. 이는 원칙적으로 법률상의 추정이 되었을 때 이를 깨뜨리기 위하여 그 추정을 다투는 자가 제출하는 증거이다. 이것은 반증이 아니고 **본증**이다. 따라서 당사자로서는 법원이 그 추정사실의 존재에 **의문**을 품게 하는 정도로는 되지 아니하고, 그 추정사실을 번복할 만한 **반대사실**(Gegenteil)을 완벽하게 증명하여야 한다(처가 혼인 중에 포태한 자는 부의 친생자로 보는 법률상의 추정규정(민 844조)이 있는데 부부간의 장기간 별거 또는 부와 자의 DNA의 불일치는 반대사실(혼외자)의 증거라 하겠다. 부처가 1년에 한번 정도 만났다는 증거는 안된다[2]). 사실상의 추정 → 반증, 법률상의 추정 → 반대사실의 증거로 대응할 것이다.

Ⅴ. 증명과 소명

넓은 의미의 증명을 법관의 심증정도(증명도)를 기준으로 한 분류이다.

1. 증 명

증명이란 법관이 요증사실의 존재에 대하여 고도의 개연성 즉 확신을 얻은

1) 대법 2003. 2. 11, 2002다59122 등.
2) 대법(전) 1983. 7. 12, 82므59.

상태 또는 법관으로 하여금 확신을 얻게 하기 위해 증거를 제출하는 당사자의 노력을 말한다(80~90% 틀림 없다는 심증). 다만 재판상의 증명은 논리적으로 반대사실의 존재가 있을 수 없고 실험결과에 의하여 확인될 수 있는 정도의 이른바 과학적 증명은 아니고, 진실에 대한 고도의 개연성으로 만족하는 이른바 역사적 증명을 뜻한다(뒤에 볼 「자유심증주의」 참조).

2. 소 명

소명(疏明)이라 함은 증명에 비하여 **저도**(低度=可能性)의 **개연성** 즉 법관이 일단 확실할 것이라는 추측을 얻은 상태 또는 그와 같은 상태에 이르도록 증거를 제출하는 당사자의 노력을 말한다(50~60%는 맞다는 심증 possibility). 소명은 법률에 특별히 규정한 경우에 한하는데, 절차상의 파생적 사항·신속처리를 요하는 사항(예: 기피이유, 보조참가이유, 소송구조사유, 가압류·가처분 등)은 소명이면 된다고 하고 있다. 본안절차에서는 다르다. 헌법재판소는 정정보도청구의 소와 같은 통상의 본안소송에서 증명을 배제하고 가처분절차(언론중재 및 피해구제 등에 관한 법률 26조 6항)에 따라 간이한 소명만으로 청구를 인용할 수 있게 한 것은 공정한 재판을 받을 권리의 침해가 되어 위헌이 된다고 했다.[1] 소명에 있어서는 증명도의 경감완화 이외에 증거방법을 **즉시 조사**할 수 있는 것(예: 재정증인, 소지하고 있는 문서, 현장사진·동영상 등 현장증거. 시간 오래 걸릴 검증·감정 등은 안됨)에 한정한다[2](299조 1항). 즉시 조사할 수 있는 것이면 되므로 소명방법으로 제출한 서증이 원본이 아닌 사본이라 하여도 그 증거능력을 부인할 수 없다. 이처럼 증거방법의 즉시성을 요구한 결과 이용할 수 있는 증거방법이 당장 없을 때를 염려하여, 법원은 보증금의 공탁, 당사자의 선서(실무상 거의 이용 없다)로써 소명에 갈음할 수 있게 하였다(299조 2항). 이 경우에 거짓진술이 판명되면 보증금의 몰취 또는 과태료의 제재를 받는다(300조, 301조).

3. 엄격한 증명과 자유로운 증명

증거조사에 관한 법률규정을 지켰는가 여부를 기준으로 한 분류이다.

(1) 엄격한 증명은 법률에서 정한 증거방법에 대하여 법률이 정한 절차에 의하여 행하는 증명이고, 자유로운 증명은 증거방법과 절차에 대해 법률의 규정에서 해방되는 증명을 말한다. 자유로운 증명의 경우에 어느 정도 법률의 규정에서 해방되는가에 대한 정설은 없다. 그러나 조사송부촉탁(294조) 등(이 밖에 전문서적에서 얻은 지식, 기록에 편철되었으

1) 헌재 2006. 6. 29, 2005헌마165 등.
2) 대법 1956. 9. 13, 4289민재항30.

나 정식 증거조사를 거치지 않은 서류)과 같은 정식 아닌 임의적 증거방법에 의하거나, 증거신청의 절차·증거조사의 실시방법, 당사자공개·직접주의·구술주의(331조) 등 법정증거조사의 방식의 규제에서 해방되는 것을 뜻한다(독일 사법현대화법(JuMoG 284조 2문 내지 4문)에서는 민사소송에서 자유로운 증명을 명문화하여, 당사자의 합의로 법정증거의 절차와 달리, 예컨대 전화나 e-mail로 증인·감정인의 보충질문·당사자 결석시의 증거조사를 가능케 하였다).[1] 이러한 비공식의 자유로운 증명은 확대추세에 있다. **유럽 소액채권절차법**에서도 비용절감을 위하여 자유로운 증명에 의하게 하였다.[2] 엄격한 증명이나 자유로운 증명 양자가 모두 증명이기 때문에 확신의 정도에 차이는 없는 것이며, 일단 확실할 것이라는 추측으로 만족하는 소명과는 구별된다.

(2) 소송물인 권리관계의 기초사실은 엄격한 증명을 요함에 대하여, 자유로운 증명은 간이신속을 요하는 결정절차(변론을 거치지 않은 절차. 예: 소송구조절차)나 직권조사사항에 제한적으로 허용할 것이다. 따라서 섭외사건에 준거할 외국법[3]·난민신청자가 제출한 외국공문서[4]·지방법령·관습법의 인정, 전문적 경험법칙의 인정, 소가의 산정,[5] 비송사건은 자유로운 증명으로 된다. 직권조사사항 중 소송요건·상소요건은 자유로운 증명이 소송경제상 바람직하다. 그러나 판결의 실체법상의 요건에 못지않게 중요한 사항이므로 엄격한 증명을 요한다는 반론도 있다(전술한 「소송요건」 참조).[6]

제2절　증명의 대상(요증사실)

법원은 무엇보다 쟁점정리를 하면서 증명의 대상인 사실(요증사실)과 그 필요가 없는 사실(불요증사실)을 가려 명확히 하여, 증명의 대상인 사실에 초점을 맞추어 증거조사 즉 쟁점중심의 집중증거조사를 실시하는 것이 신법의 요청이다(293조). 요증사실부터 먼저 본다.

법규는 법관이 당연히 알고 있지 않으면 아니 되는 것이기 때문에(jura novit curia) 특별한 경우에만 증명의 대상이 되며, 원칙적으로는 사실이 증명의 대상

1) 반흥식, "민사소송에 있어서의 자유증명 이론의 기원과 전개 — 독일에서의 논의를 중심으로 —," 민사소송 14권 2호.
2) 졸고, "한국소액사건심판법의 제정과정과 평가," 민사소송 15권 2호.
3) 대법 1992. 7. 28, 91다41897.
4) 대법 2016. 3. 10, 2013두14269.
5) 日最高裁 昭和 47. 12. 26.
6) 자유로운 증명 긍정설: 강현중, 461면; BGH NJW 92, 627; 97, 3319(소송요건), BGH NJW 1987, 2875(상소 요건). 자유로운 증명 부정설: 한충수, 438면; 김홍엽, 608면.

이 된다. 다만 경험법칙도 때에 따라서는 증명의 대상이다.

Ⅰ. 사 실

(1) 여기의 사실이란 인식할 수 있는 외계의 사실과 내심의 사실(고의·과실, 선의·악의)을 말한다. 적용할 법규의 구성요건을 이루는 모든 사실은 증명의 대상이 되기 때문에, 과거의 사실이든 현재의 사실이든 가리지 않고, 적극적 사실뿐 아니라 소극적 사실도 포함하며, 또 가정적 사실[1)]도 증명의 대상이 된다. 그러나 사실에 관한 평가적 판단, 즉 사실을 법률적 개념으로 정리나 전문적 지식을 바탕으로 결론을 이끌어내는 등의 순수한 판단사항(법적 추론)은 증명의 대상이 되지 않는다. 예컨대 문서·의사표시의 해석, 선량한 풍속(민 103조)에 위반되는지 여부 따위이다.[2)]

(2) 소송물인 권리관계가 있느냐의 여부는, 법률효과를 발생케 하는 법규(권리근거법규·반대법규)의 요건사실인 주요사실의 증명에 의하여 판단할 것이므로, 주요사실이 증명의 대상으로서 중요성을 지니고 있다. 그러나 직접적으로 주요사실을 증명하는 것이 곤란한 경우(특히 내심의 사실, 손해액의 산정이 주요사실인 경우)에는, 주요사실을 간접적으로 추인케 하는 간접사실(징빙(Indiz), 알리바이 등)도 중요한 증명의 대상이 된다. 또 증거능력이나 증거력에 관계되는 사실인 보조사실(증인이 거짓말을 잘 한다든가, 서증이 위조라는 따위의 증거항변사실)도 증명의 대상이 된다. 다만 주요사실은 법원에 현저하거나 상대방이 다투지 않는 경우를 제외하고는 언제나 증거에 의해 인정하여야 하나, 간접사실이나 보조사실은 그것을 다투어도 주요사실과 관계 없을 때에는 증거조사의 대상이 되지 않는다.

(3) 다툼이 있는 사실로서 재판결과에 영향을 미칠 사실이어야 증거조사의 대상이 된다.[3)] 주장 자체로서 원고청구를 이유 있게 할 공격방법인 사실과 원고청구를 배척할 수 있는 방어방법인 사실만을 증거조사의 대상으로 할 필요가 있다. 주장 자체로 이유 없는 사실(도박자금으로 대여하였다고 주장하며 대여금청구하는 따위)에 대해 증거조사를 함은 무모하며, 소송기록(기록 파일)만 쌓이게 하는 것으로 증거조사에 앞서 청구기각하는 것이 소송촉진과 소송경제에 도움이 될 것이다(220면 참조).

---

1) 특히 손해배상청구는 손해발생이 없었다면 생겼을 가정적 이익을 고려하여 그 액수를 정한다.
2) 사실문제의 법률요건으로서 가치를 판단하는 것은 사실에 대한 법률적용에 관한 사항으로서 요증사실이 아니라는 것에, 대법 1964. 11. 10, 64다330.
3) Baur/Grunsky, Rdnr. 171; Rosenberg/Schwab/Gottwald, § 111 Rdnr. 7.

Ⅱ. 경험법칙

(1) 경험법칙이란 우리 경험을 통해 얻어지는 사물에 대한 지식이나 법칙을 말한다.[1] 쉽게 말해 같은 종류의 많은 사실을 경험한 결과 얻은 공통인식에 바탕을 둔 일반적인 결론이라 할 수 있다(common sense—상례). 통계적 분석의 결과, 경험칙이라고도 하는 여기에는 일반상식인 단순한 경험법칙(빌려준 돈은 채무자보다 채권자가 더 잘 기억, 혈통에 관한 족보의 내용은 믿을 만하다. 대법 1997. 3. 3, 96스67),[2] 전문적 · 학리적 지식에 속하는 경험법칙(연령별 평균수명에 관한 인간생명표, 빅데이터분석의 결과), 표현증명에 이용하는 고도의 개연성이 있는 경험법칙(그에 의한 추정이면 신뢰성이 매우 높아 따로 증거가 없어도 되는 경우)이 있다.[3] 경험법칙은 구체적 사건에 있어서의 구체적 사실이 아니라, 3단논법의 대전제를 이루는 일반적인 지식으로 존재하고 있는 것인데, 논리적인 판단을 함에는 항상 이의 도움을 얻어야 한다. 경험법칙은 특히 i) 사실에 대한 평가적 판단, ii) 증거의 가치판단, iii) 간접사실에 의한 주요사실의 추단에 있어서 이용된다. 경험법칙상 **이례**(異例)에 속하는 특단의 사정이 있었다는 판단을 하기 위해서는 이유설명이 필요하다.[4] 경험법칙은 자백의 대상으로 되지 않으며, 자유로운 증명의 대상이 된다.[5]

(2) 경험법칙 가운데 일반상식에 속하는 것은 증명의 대상이 되지 않으나, 특수한 전문적 · 학리적 지식에 속하는 것에 대해서는 일반 법관으로서 안다는 것을 기대할 수 없기 때문에 증명이 필요하다. 반대견해가 있지만, 재판의 공정에 대한 국민의 신뢰유지, 법관이 동시에 감정인이 되어서는 안되는 제41조 3호와의 관계(제척사유) 등으로 보아 그러하다 볼 것이다.[6]

(3) 경험법칙의 인정을 그르쳤거나 그 적용을 잘못한 경우에 사실문제로서 사실심의 전권에 속하느냐, 법령위반과 같이 보아 상고이유로 되느냐에 다툼이 있다. 예를 들면 별다른 자료도 없이 경험칙상 택시기사의 가동연한이 68세 정도가 아니라 60세[7]로 인정한 경우에 상고이유가 되느냐 여부이다.[8] 생각건대 경험

1) 대법 1992. 7. 24, 92다10135.
2) 부동산명의신탁의 경우에 등기필증(정보)과 같은 서류는 특별한 사정이 있는 경우 아니면 명의신탁자가 소지하는 것이 상례=대법 2012. 2. 23, 2011다71582 · 71599.
3) Münchener Kommentar zur ZPO, § 284 Rdnr. 43.
4) 대법 1996. 10. 25, 96다29700.
5) 엄격한 증명을 요한다는 견해로, 한충수, 440면.
6) 같은 취지: 방순원, 301면; 김홍규/강태원, 472면.
7) 대법(전) 2019. 2. 21, 2018다248909 판결에서 육체노동자의 가동연한을 60 → 65세로 연장된 것으로 보았다(사회변화와 육체노동의 가동연한 연장에 관한 평석, 이계정, 2019. 3. 25 법률신문).
8) 대법(전) 1989. 12. 26, 88다카16867 참조.

법칙은 법규에 준할 것이므로 그 위배는 일단은 사실문제라기보다도 법률문제로 보아야 할 것으로(통설), 우리의 판례도 경험법칙적용의 잘못은 법령위배처럼 상고이유가 된다고 보는 **법률문제설**이다.[1] 이에 대해 경험법칙은 법규와 달리 통상적으로 사실판단에 쓰이는 자료라는 점, 법률이 아닌 경험법칙에 대해서는 더 잘 안다고 할 수 없는 상고심법관이 사실심의 인정을 비판한다는 것은 부당하다는 점 등을 이유로 이를 사실문제로 보는 **사실문제설**이 있다.[2] 그러나 경험법칙에 기한 사실인정의 경로가 통상의 지식인의 표준에서 납득되어야 하며, 이것은 당해 경험법칙에 대해 전문적 지식을 갖지 않는 상고심법관이라도 충분히 판정할 수 있는 것이다. 다만 경험법칙 위반이라 하여 모두 상고심의 심사를 받게 된다면 단지 사실인정의 문제에 지나지 않는 케이스가 경험법칙 위반이라고 명분을 세워 상고되어 상고심이 법률심이 아닌 제3의 사실심이 될 염려가 있다. 따라서 경험법칙의 적용에 현저한 오류가 있을 때(채증법칙의 현저한 위배)에만 상고이유가 되고 심리불속행사유를 면할 수 있을 것이다(절충설).[3]

Ⅲ. 법 규

(1) 법규의 존부확정이나 적용은 법원의 책무이므로 증명의 대상이 되지 않는 것이 원칙이다. 법률은 법원이 알기 때문에 구태여 법전을 복사하여 증거로 내놓을 필요는 없다. 그러나 외국법·지방법령·관습법(특히 사실인 관습은 당사자의 주장·증명이 필요하다)[4]·실효된 법률·구법 등은 반드시 법관에 알려진다고 할 수 없으므로 이를 알지 못하는 때에는 증명의 대상이 된다. 이 경우에 증명책임을 참작함이 없이 직권증거조사[5]를 요하나 반드시 전문가의 감정, 공공기관 등에 의한 조사촉탁(294조)에 의하여야 하는 것은 아니며 자유로운 증명에 의하여도 무방하다.[6]

(2) 다만 외국법의 경우에 직권조사를 다하여 보아도(국제사법 5조) 외국법규의 존부를 확정할 수 없는 경우에는 국내의 법규를 적용할 수밖에 없다고 할 것이다(국

1) 대법 1970. 10. 23, 70누117; 동 1971. 11. 15, 71다2070 등.
2) 방순원, 461면; 김홍규/강태원, 469면; 송상현/박익환, 529면; 강현중, 463면.
3) 상식 밖이라고 볼 수 있는 심히 부당한 경험법칙위배만으로 범위를 제한하여 법령위배로 보자는 견해(新堂, 346면)도 설득력이 있다.
4) 대법 1983. 6. 14, 80다3231. 준거법인 외국법은 직권조사사항(대법 2019. 12. 24, 2016다222712).
5) 대법 1990. 4. 10, 89다카20252.
6) 대법 1992. 7. 28, 91다41897.

내법적용설, 법정지법설).[1] 이에 대하여 민법 제1조의 법원(法源)에 관한 원칙에 의해 조리에 따라 재판하여야 한다는 조리설,[2] 그 외국법과 가장 유사한 법률을 적용할 것이라는 유사법적용설[3] 등이 있다. 다만 그 존부가 아니고 외국법의 해석에 관한 자료를 확인할 수 없을 때에는 일반적인 법률해석기준인 조리에 따라 법의 의미와 내용을 확정할 수밖에 없을 것이다.[4]

제3절 불요증사실

Ⅰ. 개 설

당사자간에 소송상 다툼이 없는 사실 및 현저한 사실은 증명을 요하지 않는다(288조). 다툼이 없는 사실은 변론주의와의 관계에서 이에 반대되는 법원의 사실인정권이 배제되는 결과로 증명의 대상으로 되지 않지만, 현저한 사실은 그 객관성에 비추어 증명을 요하지 않는 것으로서 직권탐지주의에 의한 절차에서도 적용된다(가소 12조 참조). 법률상의 추정을 받는 사실은 적극적 증명을 요하지 않고 판결의 기초로 되는 경우이므로, 그러한 의미에서 증명을 요하지 않는 사실이다.

따라서 불요증사실은 i) 당사자간에 다툼이 없는 사실(재판상의 자백·자백간주), ii) 현저한 사실, iii) 법률상의 추정받는 사실 등 세 가지이다.[5]

Ⅱ. 재판상의 자백

1. 의 의

널리 자백(自白)이란 소송당사자가 자기에게 불리한 사실을 인정하는 진술을 말한다. 여기에는 변론 또는 변론준비기일에서 소송행위로서 한 것과 재판외에서 상대방 또는 제3자에 대하여 한 것으로 나누어진다. 전자를 재판상의 자백, 후

1) 같은 취지: 강현중, 464면; 대법 1988. 2. 9, 87다카1427; BGH 69, 387(394); BGH NJW 1982, 1215 등 독일의 판결; Thomas-Putzo, § 293 Rdnr. 9. 국내법 적용설을 오스트리아(1978)와 스위스(1987)는 입법으로 채택하였다.

2) 대법 2003. 1. 10, 2000다70064; 정동윤/유병현/김경욱, 554면.

3) 대법 2000. 6. 9, 98다35037; Stein/Jonas/Leipold, § 293 Rdnr. 63; 김홍엽, 611면.

4) 대법 2010. 8. 26, 2010다28185; 동 2001. 12. 24, 2001다30469도 유사; 동 2007. 6. 29, 2006다5130.

5) 이 밖에 상대방에 의한 증명방해사실도 불요증사실이라고 보는 것에, Zeiss/Schreiber, Rdnr. 429.

자를 재판외의 자백이라 한다.

2. 요　건

재판상의 자백이란 변론 또는 변론준비기일에서 한 상대방의 주장과 일치하고 자기에게 불리한 사실의 진술을 말한다(보통은 다투지 아니한다고 한다).[1] 자백의 성립에는 다음 4가지 요건을 갖추어야 한다.

(1) 구체적인 사실을 대상으로 하였을 것(자백의 대상적격)

1) 자백은 상대방 주장의 사실상의 진술에 대하여 성립하는 것이 원칙이며, 자기에게 불리한 상대방의 **법률상의 진술 또는 의견**은 자백의 대상이 되지 않는 것이 원칙이다. 판례에서도 법률적용의 전제가 되는 주요사실에 한정되고, 사실에 대한 법적 판단이나 평가 또는 적용할 법률이나 법적 효과는 자백의 대상이 되지 않는다고 했다.[2]

권리자백 　법률상의 진술에는 i) **법규의 존부·해석에 관한 진술**, ii) **사실에 대한 평가적 판단**(법적 판단·평가), iii) **법률적 사실의 진술**, iv) 소송물의 존부의 판단에 전제가 되는 **선결적 법률관계**의 진술 등이 있는데, 이것이 권리자백의 대상으로 문제된다. 다만 소송물인 권리관계 자체에 대한 원고 또는 피고의 불리한 진술도 넓은 의미의 권리자백이나, 청구의 포기·인낙으로서 구속력이 생긴다(220조).

위 i)은 법원이 그 직책상 스스로 판단·해석하여야 할 전권사항이므로 자백의 대상이 되지 않는다.[3]

ii)에는 「과실」, 「정당한 사유」, 「선량한 풍속위반」, 의사표시의 해석·법적 성질, 증거의 가치평가(실질적 증거력) 등의 진술이 해당되는데, 권리자백의 대상일지언정 재판상 자백으로 법원을 구속하지 못한다.[4] 판례도 당사자가 채권계약인 특수한 무명계약을 가리켜 물권계약인 담보설정계약의 취지로 자인하였다 하여도 권리자백이라 하였으며,[5] 법률상 유효한 유언이 아닌 것을 유언이라 시인하였다 하여 유언이 될 수 없고,[6] 법률상 혼인외의 자가 아닌 것을 혼인외의 자라고 시인하였다 하여 혼인외의 자로 될 수 없다고 하였다.[7] 근로관계에 관하여 법률적 평가를 여러 가지로 바꾸어 주장하는 것에 불과하면 자백

---

1) 대법 2015. 2. 12, 2014다229870; 동 1992. 11. 10, 92다22121.
2) 대법 2016. 3. 24, 2013다81514.
3) 대법 2000. 12. 12, 2000후1542.
4) 대법 2006. 6. 2, 2004다70789. 단순한 의견표명과 사실적 주장의 구별은 명확히 구별해야 한다는 것에, 대법(전) 2011. 9. 2, 2010도17237(MBC 광우병사건).
5) 대법 1962. 4. 26, 4294민상1071.
6) 대법 1971. 1. 26, 70다2662; 동 2001. 9. 14, 2000다66430.
7) 대법 1981. 6. 9, 79다62.

한 것의 취소로 볼 수 없다.[1] 이행불능에 관한 주장도 사실에 관한 진술이 아니다.[2] 현저하게 인식되어 있는 상표와 동일 · 유사 상표인지는 법적 판단에 관한 사항이다.[3] 법정변제충당순서[4]나 월급금액으로 정한 통상임금을 시간급금액으로 산정하는 방법에 관한 주장[5]은 자백의 대상인 사실에 관한 주장이 아니다. 준거법 지정의 합의도 마찬가지. 운송계약에 관한 몬트리올협약 적용의 문제도 그러하다(대법 2013다81514). 그러나 피해자의 사고당시의 수입,[6] 노동능력상실비율이나 후유장애등급은 자백의 대상이 된다.[7]

iii)은 법률상 개념을 사용하여 사실진술한 경우인데, 그 내용을 이루는 사실에 대한 압축진술로 보고, 매매 · 소비대차와 같이 상식적으로 널리 알려진 것이고 진술자가 소송대리인 같이 이해하는 사람이면 재판상 자백으로서의 구속력을 인정할 것이다.[8]

iv)는 **선결적 법률관계**에 관한 자백인데, 예를 들면 甲이 乙을 상대로 한 소유권에 기한 등기말소 또는 명도청구에서 甲 주장의 소유권을 乙이 시인하는 경우이다. 판례는 소유권의 내용을 이루는 사실에 대한 재판상의 자백으로 볼 수 있다고 하였다.[9] 선결적 법률관계는 그 자체로는 자백으로서 구속력이 없으므로 상대방의 동의 없이 철회할 수 있다.[10] 그러나 그 내용을 이루는 사실에 대해서는 자백이 성립될 여지가 있다고 하겠다.

생각건대 소유권에 기한 가옥명도청구소송에 있어서 소유권문제는 선결적 법률관계로서 중간확인의 소(264조)의 대상이 될 수 있는 것이며, 그때에 피고로서 청구의 인낙도 가능할 수 있는 것이라면, 그보다 유리한 피고의 자백은 응당 긍정하여야 할 것이다.[11]

2) 자백의 대상은 주요사실에 한한다.[12] **간접사실**(예: 취득시효에서 점유개시시기)[13]**과 보조사실**에는 자백이 성립하지 아니한다는 것이 원칙이다. 이것은 변론주의가 엄격하게 적용되는 것은 주요사실에 한하기 때문이며(343면 참조) 간접사실이나 보조사실 등에 자백을 인정하면 법관이 그에 구속되어 주요사실을 판단함에 있어서 그 전권인 자유심증을 제약하게 되기 때문이다. 예를 들면 부동산취득시효에 있어서 점유개시의 시기는 취득시효의 요건사실인 점유기간을 판단하는데 간접적이고 수

1) 대법 2008. 3. 27, 2007다87061.
2) 대법 1990. 12. 11, 90다7104.
3) 대법 2006. 6. 2, 2004다70789.
4) 대법 1998. 7. 10, 98다8763.
5) 대법 2014. 8. 28, 2013다74363.
6) 대법 1998. 5. 15, 96다24668.
7) 대법 2006. 4. 27, 2005다5485.
8) 대법 1984. 5. 29, 84다122는 당사자가 법률적 용어로써 진술한 경우에 그것이 동시에 구체적인 사실관계의 표현으로서 사실상의 진술을 포함하고 있을 때에는 그 범위에서 자백이 성립한다고 하였다.
9) 대법 1989. 5. 9, 87다카749.
10) 대법 1982. 4. 27, 80다851; 동 2008. 3. 27, 2007다87061.
11) 같은 취지: 독일의 다수설이다. Zeiss/Schreiber, Rdnr. 409. 반대견해: 한충수, 444면.
12) 대법 1980. 3. 25, 80다68; 동 2000. 10. 10, 2000다19526; 동 2022. 1. 27, 2019다277751.
13) 대법 2000. 1. 28, 99다35737; 동 1994. 11. 4, 94다37868.

단적인 구실을 하는 간접사실에 불과하여 자백의 구속력이 없다(원고가 점유의 개시시기를 1947. 3. 17.이라고 주장하고 피고가 자백한 바 있어도 법원이 1986년 6월경부터 점유하기 시작한 것이라고 인정하여도 된다).[1] 다만 간접사실에 대하여는 금반언과 자기책임을 근거로 당사자에 대해서만은 구속력을 인정할 것이고, 따라서 자백한 당사자의 임의철회를 허용할 수 없다는 설이 있다.[2] 판례는 **문서의 진정성립**에 관한 자백은 보조사실에 관한 것이나 그 취소에 관하여는 주요사실에 관한 자백 취소와 같이 취급하여야 한다는 입장이다.[3]

(2) 자기에게 불리한 사실상의 진술(자백의 내용) 상대방이 증명책임을 지는 사실이면 자기에게 불리한 사실로 보는 **증명책임설**이 있다.[4] 자신의 자백에 의하여 상대방의 증명책임이 면제되게 되므로 자기에게는 불리한 것이 된다는 이유에서이다. 이에 대하여 그 사실을 바탕으로 판결이 나면 패소될 가능성이 있으면 자기에게 불리한 사실로 볼 것이라는 **패소가능성설**[5]이 있다. 판례도 후설이나, 이에 의하면 자기가 증명책임을 지는 사실까지 자백의 성립(예: 원고의 소유권 확인사건에서 원고측이 소유권이전등기를 마친 사실은 원고들이 증명책임을 부담할 사항인데 원고들 스스로 마치지 않았음을 자인한 경우)이라고 보아야 하기 때문에 자백의 범위가 넓어지게 된다. 생각건대 자기에게 증명책임이 있기 때문에 주장책임도 있는 사실임에도 불리한 진술을 함은 당사자가 주장 자체로서 이유 없는 주장을 한 경우가 되며(Unschlüssigkeit), 흔히 착오를 일으켰거나 본인소송과 같은 경우에 생길 수 있다. 따라서 이를 자백으로의 굴레를 씌어 그 취소를 못하게 함은 법률적 약자에 도움이 될 바 없다. 이때에는 자기모순의 진술을 하는 당사자의 진의(眞意)가 문제될 것이기 때문에, 자백이 아님을 전제로 당사자에게 쉽게 정정할 기회를 주는 것이 옳을 것이다. 자백이 아니라 변론전체의 취지로 참작할 것으로 전설에 찬성한다.

(3) 상대방의 주장사실과 일치되는 사실상의 진술[6](자백의 모습)

1) 상대방이든 자백하는 당사자이든 어느 쪽이 먼저 불리한 사실을 진술하였는가의 시간적 선후는 문제되지 않는다. 상대방이 진술한 뒤에 이를 시인하는 것

---

1) 대법 1994. 11. 4, 94다37868.

2) 주요사실과 간접사실의 구별이 쉽지 아니한 점 등을 들어 간접사실도 자백의 대상이 된다는 것에, 강태원, "재판상 자백을 둘러싼 일부 쟁점들에 대하여," 민사소송 15권 1호, 366면.

3) 대법 2001. 4. 24, 2001다5654 등. 반대: 日最高裁 昭和 52. 4. 15 판결.

4) 日最高裁 昭和 54. 7. 31 판결; Rosenberg/Schwab/Gottwald, § 111 Rdnr. 6 등 독일의 통설. 이렇게 되면, 원고에게는 항변사실이, 피고에게는 청구원인사실이 불리한 사실이 된다.

5) 대법 1993. 9. 14, 92다24899. 김홍규/강태원, 471면; 정동윤/유병현/김경욱, 559 · 560면; 강현중, 468면; 김홍엽, 616면; 송상현/박익환, 533면.

6) 피고의 자백이 성립된 뒤에 원고가 청구를 교환적으로 변경한 경우는 자백의 효력이 소멸한다는 것에, 대법 1997. 4. 22, 95다10204.

이 보통이나, 때에 따라서는 일방이 먼저 자진하여 불리한 진술을 하는 수가 있다(예: 원고가 먼저 피고로부터 일부 변제를 받았다고 진술하는 따위). 이를 문자 그대로 **선행자백 또는 자발자백**이라고 일반적으로 말한다. 만일 상대방이 이를 자기것으로 만드는 의미의 원용을 하면 자백의 효력이 생긴다(원고의 청구원인사실을 피고가 부인하지만, 원고의 청구를 이유있게 할 별개의 사실을 주장하는 경우를 소위 등가치진술(等價値陳述)이라 하는데, 그 효력이 논란이 됨). 상대방이 원용하기 전에는 자백이 아니기 때문에 이를 자유롭게 철회하고[1] 이와 모순된 사실상의 진술을 함으로써 제거할 수 있으며, 이러한 의미에서 당사자에 대한 구속력은 없다.[2] 그러나 선행자백도 법원에 대한 구속력은 있는 것이기 때문에 법원이 그와 반대심증에 불구하고 이를 기초로 하여 판단해야 한다.[3] 다만 당사자 일방이 한 진술에 잘못이 분명한 경우는 상대방이 이를 원용하였다고 하여도 자백이 성립되지 않는다는 것이 판례이다.[4] 선행자백한 당사자의 진의는 석명사항이 아니다.[5]

2) 상대방의 주장과 전부 완전일치되어야 하는 것은 아니므로 자백의 가분성의 원칙은 당연히 인정된다. 자백에는 i) 상대방의 주장사실을 전체로서는 다투지만 그 일부에 있어서는 일치된 진술을 할 경우, ii) 상대방의 주장사실을 인정하면서 이에 관련되는 방어방법을 부가하는 경우가 있는데, 각 양자의 진술이 일치하는 부분의 한도에서 가분적으로 자백의 성립을 인정할 것이다.

i)은 **이유부부인**으로, 예컨대 돈을 받은 것은 인정하지만 상대방의 주장과 같이 차용한 것이 아니라 증여로 받았다는 등이 그것이며, 이 경우에 돈을 받았다는 사실의 한도에서 자백이 성립된다. ii)는 **제한부자백**으로, 예컨대 금전차용은 인정하지만 변제하였다는 등이 그것이고, 이 때에 차용사실에 관하여 자백이 성립된다. 이 진술이 일치하지 않는 나머지 부분에는 이유부부인의 경우에는 부인이 되고, 제한부자백의 경우에는 항변이 된다.

(4) 변론이나 변론준비기일에서 소송행위로서 진술하였을 것(자백의 형식)

1) 당해 사건의 법정에서 구술로 진술한 경우만이 아니라, 상대방의 주장사실을 자백하는 취지의 답변서나 준비서면이 변론기일/변론준비기일에 진술간주(148조)되어도 재판상의 자백의 효력이 생긴다[6](앞의 「한쪽 당사자의 불출석」 참조). 소송외에서 상대방

1) 대법 1993. 4. 13, 92다56438.
2) 대법 2016. 6. 9, 2014다64752; 동 1993. 4. 13, 92다56438 등.
3) Rosenberg/Schwab/Gottwald, § 111 Rdnr. 7. 그러나 법원에 대한 구속력은 별도 언급이 필요 없다는 견해에는, 호문혁, 383면. 법원에 대한 구속력을 부인하는 견해로, 한충수, 447면.
4) 대법 2018. 8. 1, 2018다229564.
5) 대법 2000. 10. 10, 2000다19526.
6) 대법 2015. 2. 12, 2014다229870.

이나 제3자에 대해 자기에게 불리한 진술을 하였다 하여도 재판외의 자백임에 그친다.[1] 또 다른 소송사건(형사사건의 법정이나 수사기관에서 진술해도 같다)[2]의 변론에서 그같은 진술을 하여도 역시 재판외의 자백이다.[3] 이는 하나의 증거원인일 뿐 재판상의 자백과 같은 구속력이 없다.[4] 통상공동소송에 있어서 공동피고의 자백도 변론 전체의 취지로 참작될 뿐이다(뒤의 「통상공동소송」 참조).

2) 자백은 소송행위이기 때문에 소송행위의 일반원칙에 따른다(앞의 412면 이하). 법원에 대한 단독적 소송행위이기 때문에, 상대방이 불출석하여도 자백을 할 수 있다. 소송행위는 조건에 친하지 아니하므로, 자백에는 조건을 붙일 수 없다(자기의 주장사실을 인정하면 상대방의 주장사실을 인정한다는 따위). 사실의 진술이므로 법률심인 상고심에서는 자백을 할 수 없으며 그 취소도 안 된다. 자백은 소송행위로서의 진술이기 때문에 소송자료로 되는 것이며, 증거조사의 일종인 당사자본인신문에서 원고의 주장사실과 일치되는 진술을 하여도 이는 증거자료임에 그치기 때문에 자백으로 되지 않는다.[5] 자백의 강요는 허용될 수 없다(민·형구분이 없었던 구시대는 고을 원이 송사를 다루면서 자백의 강요를 위하여 때로는 피고나 증인도 주리를 틀었다고 한다).

3. 성 질

소송행위로서 자백의 법적 성질에 관하여는 i) 의사표시설(Willenserklärung), ii) 사실보고설(Wissenserklärung)로 대립되어 있다. i)설에 의하면 자백은 상대방의 증명책임을 면제해 주고 자신의 방어권을 포기하는 의사표시 혹은 상대방 주장의 자기에게 불리한 사실을 진실로 받아들여 재판의 기초로 삼고자 하는 의사표시로 설명한다(상대방의 주장이 진실임을 알지 못한다 하여도 그 주장을 인정하고 싶어서 자백하는 것으로 보는 입장). ii)설은 단지 상대방의 주장사실이 진실이라는 지식의 보고에 그치는 것으로 본다(상대방의 주장이 진실임을 알고 있어서 자백하는 것으로 보는 입장). 자백의 법률효과는 당사자의 의욕에 불구하고 발생하는 것이므로, 통설인 후설을 따르지만, 견해의 대립에 실천적 의미는 크지 않다.

---

1) 재판 외에서 자기에게 불리한 사실을 확인하는 내용의 서면을 상대방에게 교부한 경우는 특별한 사정이 없는 한 실질적 증명력이 있다는 것에, 대법 1998. 3. 27, 97다56655.
2) 대법 1996. 12. 20, 95다37988; 동 1991. 12. 27, 91다3208.
3) 대법 1987. 5. 26, 85다카914·915.
4) 대법 1996. 12. 20, 95다37988; 동 1987. 5. 26, 85다카914·915 등.
5) 대법 1964. 12. 29, 64다1189; 동 1978. 9. 12, 78다879.

4. 효 력

(1) 내용 및 범위

1) 일단 자백이 성립되면 그 내용은 증명을 요하지 않는다(288조 본문). 상대방 당사자는 자백한 사실에 대하여 증거대지 아니하여도 되어 증명책임이 면제되며, 당사자간의 쟁점에서 배제되는 효과도 생기는 등 **증명책임면제효**와 **쟁점배제효** 외에, 법원은 자백한 사실을 판결의 기초로 하지 않으면 안 되는 구속을 받고, 당사자는 자백의 **자유로운 철회**가 인정되지 아니하는 구속을 받는다(288조 단서). 자백의 구속력은 상급심에도 미친다(409조).

2) 자백의 구속력은 변론주의에 의하여 심리되는 소송절차에 한하며, 가사소송 등 직권탐지주의에 의하여 심리되는 소송절차(가소 12조, 17조), 소송요건 등의 직권조사사항,[1] 재심사유[2]에 대하여는 미치지 않는다. 여기의 자백은 재판외의 자백처럼 그 효과에 있어서 하나의 증거원인에 그친다.

i) 판례는 행정소송에 있어서도 직권조사사항을 제외하고 자백의 구속력이 있다고 하며,[3] 행정소송에 있어서 법원의 수동적 역할만을 강조한다. 그러나 우리 행정소송법 제26조는 일본법 제24조처럼 단순히 직권증거조사를 규정한 데 그치지 않고, 나아가 직권탐지, 즉 당사자가 주장하지 않은 사실에 대해서도 참작하여 판단할 수 있도록 하였다. 이처럼 변론주의를 후퇴시키고 직권탐지주의에 의하도록 하고 있는 외, ① 행정소송판결의 효력이 제3자에 미치는 대세효, ② 사적자치의 원칙에 따른 당사자의 처분이 허용되지 아니하는 공법관계인 점을 고려할 때 자백의 구속력을 인정해서는 안 될 것이다(다수설, 직권탐지주의에 의하는 독일에서도 부정).[4] ii) 직권주의가 강화되어 있는 민사집행절차에서도 재판상 자백불허,[5] iii) 회사관계소송은 직권탐지주의에 의하는 소송절차는 아니나, 판결의 효력이 제3자에게 미치는 대세효(상 190조)가 있음에 비추어, 당사자는 자기의 이익만이 아니라 이해관계인 일반의 이익을 대표하는 것이라 보아 제67조 1항의 유추에 의하여 다른 필수적 공동소송인이 있는 경우와 마찬가지로 자백과 같은 불리한 행위는 하지 못한다고 할 것이다(반대설 있음). 변론전체의 취지로는 참작될 수 있을 것이다.

(2) 법원에 대한 구속력(사실인정권의 배제) 법원은 자백사실이 진실인가의 여부에 관하여 판단할 필요가 없으며(이 점 자백이 유죄인정의 유일의 증거일 때 보강증거를 요하게 되어 있는 형사소송과 다르다), 증

1) 대법 2002. 5. 14, 2000다42908 등.
2) 대법 1992. 7. 24, 91다45691.
3) 대법 1992. 8. 14, 91누13229 등. 이재성, "행정소송과 자백," 판례평석집(IX) 참조.
4) 정동윤/유병현/김경욱, 472면. 반대: 호문혁, 404면; 김홍엽, 621면. 그러나 행정소송의 대상인 행정처분의 존부에 대해서는 자백의 구속력을 인정할 수 없다는 것에, 대법 1990. 10. 10, 89누4673; 동 1993. 7. 27, 92누15499.
5) 대법 2015. 9. 14, 2015마813.

거조사의 결과 반대의 심증을 얻었다 하여도 즉, 허위자백이라는 심증을 얻어도 이에 반하는 사실을 인정할 수 없다(변론주의 아닌 협동주의의 오스트리아법은 다름).[1] 자백사실이 진실인 경우가 많다는 경험상의 개연성보다도, 변론주의의 발현으로 자백의 경우에는 법원의 증거에 의한 사실인정권이 배제되는 데 그 원인이 있다.[2]

현저한 사실에 반하는 자백, 경험법칙에 반하는 자백(불능인 사실의 자백)도 그 구속력이 있느냐가 문제된다. 현저한 사실에 반하는 자백이라도 이를 받아들여야 한다는 긍정설이 있지만, 판례[3] · 통설은 부정적이다. 이를 긍정하는 것은 변론주의의 과장이며 재판의 위신을 떨어뜨릴 것이기 때문에 부정설이 옳다.

(3) 당사자에 대한 구속력(철회의 제한) 일단 자백이 성립되면 자백한 당사자는 임의로 철회할 수 없다. 금반언의 원칙, 상대방의 신뢰보호, 절차의 안정을 위하여 당연한 법리라 할 것이다. 이 점이 재판상의 자백이 자백간주(150조)와는 다른 점이다. 자백간주의 경우에는 철회의 제한이란 구속력은 없다. 다만 자백도 다음과 같은 경우에는 철회가 허용되지만, 철회가 시기에 늦어서는 안 되며(149조) 상고심에서는 허용되지 아니한다.[4]

1) 상대방의 동의가 있을 때[5]

2) 자백이 제3자의 형사상 처벌할 행위에 의하여 이루어진 때 재심사유(451조 1항 5호)에 해당하는 흠이 있는 때이므로 그 무효를 주장할 수 있다(통설).[6]

3) 자백이 진실에 반하고 착오로 인한 것임을 증명한 때(제288조 단서) ZPO § 290를 모방하여 명문화한 것이다. i) 자백의 취소주장은 반드시 명시의 방법이 아니라, 묵시적(전의 자백과 상반되는 주장)으로도 할 수 있다.[7] ii) 취소하려면 **반진실과 착오** 두 가지를 아울러 증명하여야 하며,[8] 반진실의 증명만으로 착오에 의한 자백으로

---

1) 대법 2010. 2. 11, 2009다84288 · 84295; 동 1976. 5. 11, 75다1427 등.
2) 대법 1990. 11. 9, 90다카11254 · 11261. 종중총회의 결의 등에 따르지 않고 종중대표자가 한 자백이라도 법원은 이에 구속된다는 것이 판례이다.
3) 대법 1959. 7. 30, 4291민상551; 2018. 8. 1, 2018다229564(선행적 자백에 관하여).
4) 대법 1998. 1. 23, 97다38305.
5) 종전의 자백에 배치되는 주장을 하고 이에 상대방이 이의를 제기함이 없이 그 주장내용을 인정한 때에는 종전의 자백은 취소된 것으로 볼 것이라는 것에, 대법 1990. 11. 27, 90다카20548. 다만, 자백취소에 대하여 이의를 제기하지 않았다는 점만으로는 취소에 동의하였다고 할 수 없다는 것에, 대법 1994. 9. 27, 94다22897; 동 1987. 7. 7, 87다카69 등.
6) 日最高裁 昭和 36. 10. 5 판결은 재심의 경우처럼 유죄판결을 받을 것이 전제조건은 아니라 하였으나, 이와 달리 대법 2001. 1. 30, 2000다42939 · 42946 등은 그 확정을 요한다는 것이다.
7) 대법 2001. 4. 13, 2001다6367 등.
8) 대법 1992. 12. 8, 91다6962; 동 1990. 6. 26, 89다카14240.

추정되지 않는다.[1] 그러나 자백이 진실에 반함이 증명된 경우라면(간접사실의 증명으로도 된다) 변론전체의 취지만으로 착오로 인한 것임을 인정할 수 있다는 것이 판례이다.[2] iii) 자백한 당사자가 처음부터 진실한 것이 아님을 의식하고서 자백한 때에는 취소가 허용되지 않는다고 할 것이다.[3][4]

4) 자백이 실효되는 경우도 있다. 자백이 성립한 후 청구의 교환적 변경으로 구청구에서의 자백대상이었던 주장사실이 철회된 경우,[5] 소송대리인의 자백을 당사자가 경정한 경우(94조) 등이다.

Ⅲ. 자백간주(의제자백)

1. 의 의

당사자가 상대방의 주장사실을 자진하여 자백하지 아니하여도, 명백히 다투지 아니하거나 당사자 한쪽의 기일불출석 또는 피고의 답변서의 부제출의 경우에는 그 사실을 자백한 것으로 본다(150조 1항·3항, 257조 1항). 이를 자백간주(의제자백)라 한다. 변론주의하에서는 당사자의 태도로 보아 다툴 의사가 없다고 인정되는 이상 증거조사를 생략하는 것이 타당하다고 본 것이다. 따라서 자백간주가 인정되는 것은 변론주의에 의한 절차에 한하며, 직권탐지주의에 의하는 가사소송(가소 12조, 17조)·행정소송(행소 26조), 민사집행절차[6] 등에 있어서는 그 적용이 없다. 또 직권조사사항,[7] 재심사유,[8] 법률상의 주장[9]에 대해서도 자백간주가 있을 수 없다.

2. 자백간주의 성립

상대방의 소극적 태도도 자백으로 보는 경우이다. 자백간주는 다음 세 가지 경우에 성립된다.

(1) 상대방의 주장사실을 명백히 다투지 아니한 경우(150조 1항) 당사자가

1) 대법 1994. 6. 14, 94다14797; 동 2010. 2. 11, 2009다84288·84295.
2) 대법 2000. 9. 8, 2000다23013; 동 2004. 6. 11, 2004다13533 등.
3) 대법 1965. 11. 30, 65다1515는 재판상의 자백이 소송행위이므로 그 취소에는 취소권의 제척기간에 관한 민법 제146조가 적용되지 않는다고 하였다.
4) BGH 37, 54.
5) 대법 1997. 4. 22, 95다10204.
6) 대법 2015. 9. 14, 2015마813(경매개시결정에 대한 이의신청절차에서).
7) 대리권의 존부에 관하여 대법 1999. 2. 24, 97다38930도 같은 취지이다.
8) 대법 1992. 7. 24, 91다45691.
9) 대법 1973. 10. 10, 73다907; 동 2000. 12. 22, 2000후1542.

변론기일(변론준비기일도 같다)에 출석하였으나 상대방의 주장사실을 명백히 다투지 아니하였으면 그 사실에 대해서는 자백간주가 성립된다. 그러나 변론 전체의 취지로 보아 다투었다고 인정되면 자백간주가 성립될 수 없다(150조 1항 단서). 여기의 변론 전체의 취지란 제202조의 증거원인이 되는 경우와는 달리 변론의 일체성을 뜻하는 것이므로, 변론종결 당시의 상태에서 변론 전체를 관찰하여 구체적으로 정하여야 한다.[1)]

예를 들면 원고의 청구원인사실에 대한 주장을 부인하는 취지의 피고의 답변서가 제출되었다면 그 답변서가 진술 또는 진술간주된 바 없어도 제150조 1항 단서의 변론 전체의 취지에 의하여 원고의 청구를 다툰 것으로 볼 것이다.[2)] 그러나 피고가 답변의 취지로 청구기각의 판결만 구하고 사실에 대해서는 다음에 답변하겠다는 중도반단(中途半端)의 진술을 한 뒤 그 뒤의 기일에 불출석한 경우에도, 변론 전체의 취지로 미루어 사실을 다투는 것으로 해석할 수 없다.[3)] 그러나 구체적 답변서의 제출의무를 부과한 신법과 규칙하에서 논의의 실익은 크지 않다.

(2) 한 쪽 당사자가 기일에 불출석한 경우(150조 3항) 당사자 한쪽이 불출석한 경우에도 상대방이 서면으로 예고한 사항에 대해서, 답변서 그 밖의 준비서면을 제출하여 이를 다투는 뜻을 표한 바 없다면 그가 자백한 것으로 본다.

다만 구법과 달리 신법하에서는 원칙적으로 소장을 받고 답변서를 제출하지 아니하면 변론기일에 나오라는 통지를 하지 아니하므로 답변서제출 없이 변론기일불출석의 경우는 드문 일이 되었다. 따라서 자백간주의 이 조항의 적용범위가 구법시대와 달리 좁아진 것은 사실이다.

이 조항이 적용되려면 첫째로, 당사자가 공시송달에 의하지 않은 기일통지를 받았음에도 불구하고 불출석한 경우라야 한다. 공시송달에 의한 기일통지를 받은 경우에는 당사자가 기일이 있음을 현실적으로 알았다고 할 수 없기 때문에 불출석하여도 자백간주가 성립될 수 없다(150조 3항 단서). 둘째로, 기일에 불출석한 당사자가 상대방의 주장사실을 다투는 답변서 그 밖의 준비서면을 제출하지 아니하였을 것을 요한다. 제출하였을 때에는 그 서면에 따른 진술간주가 되기 때문에 자백간주가 될 수 없다(148조 참조). 그러나 불출석한 당사자가 연기신청서를 제출하였으나 허용되지 아니한 경우,[4)] 기일통지를 받은 대리인의 사임으로 당사자 본인

1) 자백간주 배제의 종기는 변론종결시가 된다(대법 2004. 9. 24, 2004다21305; 동 2012. 10. 11, 2011다12842).

2) 대법 1981. 7. 7, 80다1424 유사취지.

3) 항소심에서도 피고가 청구기각의 판결을 구하였을 뿐, 사실에 대해 아무런 진술을 하지 않았다면 자백간주가 성립된다는 것에, 대법 1989. 7. 25, 89다카4045. 이 경우에 항소한 피고에게 청구원인에 대한 답변을 촉구하지 아니함은 심리미진이다(대법 1993. 9. 28, 93다6850).

4) 대법 1947. 10. 21, 4280민상114.

이 불출석한 경우[1]에도 자백간주가 성립된다. 문제는 자기 책임에 돌릴 수 없는 사유로 불출석한 경우에 자백간주가 성립되느냐인데, 쌍방심문주의의 원칙상 부정하여야 할 것이다.

(3) 답변서부제출의 경우(256조, 257조) 신법은 피고가 소장부본을 송달받고 30일의 답변서 제출기간 내에 답변서를 제출하지 아니한 경우는 청구의 원인사실에 대해 자백한 것으로 보고, 이 때는 변론기일의 지정 없이 무변론의 원고승소판결을 할 수 있게 하였다.

3. 자백간주의 효력

1) 자백간주가 성립되면 재판상의 자백과 마찬가지로 **법원에 대한 구속력**이 생기며, 법원은 그 사실을 판결의 기초로 삼지 않으면 안된다. 따라서 법원이 증거에 기하여 자백으로 간주된 사실에 배치되는 사실을 인정하면 안 된다.[2] 자백간주의 요건이 갖추어지면 그 뒤 공시송달로 진행되는 등의 사정이 생겨도 자백간주의 효과가 없어지지 않는다.[3]

2) 자백간주는 재판상의 자백과 달리 **당사자에 대한 구속력**이 생기지 않는다(이 점에서 선행적 자백과 효력이 유사하다). 당사자는 자백간주가 있었다 하여도 그 뒤 **사실심**에서 그 사실을 다툼으로써 그 효과를 번복할 수 있다. 따라서 제1심에서 자백간주가 있었다 하여도 항소심의 변론종결 당시까지 이를 다투는 한 그 효과가 배제된다.[4] 다만 항소심에서는 제149조와 제285조의 제약하에서만 다툴 수 있다.[5]

Ⅳ. 현저한 사실

현저한 사실이란 법관이 명확하게 인식하고 있고, 증거에 의하여 그 존부를 인정할 필요가 없을 정도로 객관성이 담보되어 있는 사실이다. 이른바 증거가 필

1) 대법 1947. 12. 30, 4280민상169.
2) 대법 1962. 9. 27, 62다342.
3) 대법 1988. 2. 23, 87다카961. 제1심에서 피고에 대하여 공시송달로 재판이 진행되어 피고에 대한 청구가 기각되었다 하여도 피고가 원고 청구원인을 다툰 것으로 볼 수 없으므로, 항소심에서 피고가 공시송달이 아닌 방법으로 송달받고도 다투지 아니한 경우에는 자백간주가 성립된다는 것에, 대법 2018. 7. 12, 2015다36167.
4) 대법 1987. 12. 8, 87다368 등. 파기환송된 뒤에 다시 상대방의 주장을 다투어도 같다. 대법 1968. 9. 3, 68다1147.
5) 나아가 제1심의 심리의 충실을 기하기 위해 항소심에서 다투려면 자기의 책임에 돌릴 수 없는 사유로 제1심에서 다투지 아니하였음을 증명하지 않으면 안된다는 견해에는, 新堂, 365면.

요 없는 명백한 사실이다. 합의체의 경우는 그 과반수의 법관에게 현저한 것이면 충분하다. 반대견해는 있지만[1] 현저한 사실은 불요증사실(288조)일 뿐, 그것이 주요사실이면 변론주의의 적용으로 변론시에 당사자가 진술하여 공격방어의 대상으로 한 바 없으면 판결의 기초로 할 수 없다고 할 것이다.[2] 절차권을 보장하고 예상 밖의 불리한 재판으로부터 당사자를 보호할 필요가 있기 때문이다. 현저한 사실에는 공지(公知)의 사실(일반인에게 알려진 사실)과 법원에 현저한 사실(법원에 알려진 사실)이 있다.

(1) 공지의 사실 공지의 사실이란 통상의 지식과 경험을 가진 일반인이 믿어 의심하지 않을 정도로 알려진 사실을 말한다(동리사람 다 아는 사실정도로는 안된다). 역사적으로 유명한 사건 · 천재지변 · 전쟁 등이 이에 해당한다.

판 례 일정(日政)시의 공문서에 일본연호의 사용,[3] 일정시에 우리 국민의 대부분이 창씨개명,[4] 제2 · 3대 민의원의 선거일자와 그 임기만료일,[5] 월평균가동일수,[6] 1953. 2. 17부터 화폐단위로 "환"의 사용,[7] 서울대학교가 국가설립 · 경영의 학교,[8] 부동산시세의 상승세[9] 등을 공지의 사실로 보았다. 이 중 몇 가지 판례는 지금은 문제가 있을 것이다. 미곡의 시가,[10] 사채이자율[11] 등은 공지의 사실이 아니다.

공지의 사실이 불요증사실로 되는 것은 불특정 · 다수인이 진실이라고 믿고 있으므로, 어느 때나 그 진실여부를 조사할 수 있는 보장이 있다는 것에 근거한다. 어떠한 경위로 일반인에게 널리 알려졌는가는 문제되지 않는다. 공지인 것에 대한 반증이나 공지사항이 진실이 아니라는 것의 증명이 허용된다. 공지인가의 여부는 사실문제이며, 상고심이 그 당부를 가릴 사항이 아니다.[12] 다만 공지라고 인정하기에 이른 경로는 통상인의 사고에 비추어 납득할 수 있을 것을 요하며,

---

1) 변론주의부적용설에는 대법 1963. 11. 28, 63다493; 방순원, 464면; 김홍규/강태원, 483면; 정동윤/유병현/김경욱, 568면.
2) 적용설에는 대법 1965. 3. 2, 64다1761. 다수설에는 BGHZ 34, 45.
3) 대법 1957. 12. 9, 57민상358 · 359.
4) 대법 1971. 3. 9, 71다226. 종군위안부의 강제연행은 증거댈 필요없는 공지의 사실인가?
5) 대법 1966. 5. 24, 66다322.
6) 대법 1970. 2. 24, 69다2172. 경험칙으로 본 것에, 대법 1992. 12. 8, 92다26604.
7) 대법 1982. 5. 11, 81다카895. 1962. 6. 18부터 화폐단위로 "원"을 사용한 것을 공지의 사실로 본 것에, 대법 1991. 6. 28, 91다9954.
8) 대법 2001. 6. 29, 2001다21991(구법관계).
9) 대법 1990. 6. 12, 90누1090 등.
10) 대법 1956. 3. 13, 4286민상86.
11) 대법 1984. 12. 11, 84누439.
12) 대법 1965. 3. 2, 64다1761. 강현중, 474면; 송상현/박익환, 531면; 호문혁, 410면. 독일의 통설(BGHZ 31, 45).

그 한도에서 제한적으로 상고심의 심사를 받아야 할 것이다.[1]

(2) 법원에 현저한 사실　법원에 현저한 사실이란 법관이 그 직무상의 경험을 통해 명백히 알고 있는 사실로서 명확한 기억을 갖고 있거나 기록 등을 조사하여 곧바로 그 내용을 알 수 있는 사실을 말한다.[2] 다른 사건판결문에서 인정된 사실다툼이 없는 사정은 현저한 사실은 아닐 뿐더러, 피고와 제3자 사이에 있었던 민사소송확정판결의 존재를 넘어서 판결이유를 구성하는 사실관계까지 법원에 현저한 사실이라 본 것은 잘못이다(대법 2019. 8. 9, 2019다222140). 공유전산망 구축으로 법원간의 정보공유시대로 발전하므로 이러한 사실은 더 늘어날 것이다.

예컨대 법관이 스스로 행한 판결, 소속법원에서 행한 가압류·가처분사건 또는 파산, 쉽게 검색할 수 있는 회생개시나 후견개시, 직종별 임금실태조사보고서와 한국직업사전의 존재 및 그 기재 내용[3] 농촌일용노임, 건설물가, 정부노임단가 등을 현저한 사실로 볼 것이다.[4] 생명표(生命表)에 의한 연령별 기대여명은 법원에 현저한 사실이라는 판례[5]도 있으나 경험법칙으로 볼 것이다.[6]

어쨌든 법원에 현저한 사실을 불요증사실로 한 것은 법관의 인식의 객관성에 있으며, 필요에 따라 기록이나 자료를 조사하면 법관의 기억과 동일한 결과에 도달될 수 있기 때문이다. 다만 법관이 직무외에서 전해 들은 사실(법관의 사지(私知))은 판단의 객관성·공정성을 담보할 수 없기 때문에 증명을 필요로 한다.

Ⅴ. 법률상의 추정(573면 참조)

Ⅵ. 상대방이 증명방해하는 사실(BGH NJW 1972, 1131f)

독일과 달리 우리 판례는 자유심증설에 의하므로 불요증사실이 되지 못한다.

1) 대법 1967. 11. 28, 67후28. 김홍규/강태원, 486면; 정동윤/유병현/김경욱, 569면.
2) 대법(전) 1996. 7. 18, 94다20051의 다수의견.
3) 위 94다20051 전원합의체 판결; 동 대법 1991. 5. 10, 90다카26546.
4) 김교창, "민사소송절차에 관한 몇 가지 제언," 법률신문 1992. 5. 21.자.
5) 대법 1999. 12. 7, 99다41886.
6) 대법 2001. 3. 9, 2000다59920 참조. 호문혁, 411면. 단 대법 2018. 10. 4, 2016다41869는 주요사실로 봄.

제4절 증거조사의 개시와 실시

증거조사는 법관의 심증형성을 위하여 법정의 절차에 따라 인적·물적 증거의 내용을 오관(五官)의 작용에 의하여 깨닫게 하는 법원의 소송행위이다. 증거조사절차는 **증거신청→채부결정→증거조사의 실시**→증거조사의 결과에 의한 심증형성의 순으로 진행된다. 심증형성이 안 되면 증명책임으로 해결한다. 먼저 증거조사의 개시에 관계되는 증거신청과 채부결정을 살피고, 다음으로 증거조사의 실시에 관하여 살핀다.

제1관 증거조사의 개시

Ⅰ. 증거신청

증거신청은 일정한 사실(증명사항)을 증명하기 위하여 일정한 증거방법을 지정하여 법원에 그 조사를 청구하는 소송행위이다. 변론주의에 의하는 소송절차에서는 증거의 수집제출이 당사자의 책임이므로 당사자의 증거신청이 있는 때에 한하여 증거조사가 이루어지는 것이 원칙이다. 따라서 당사자로부터 증거신청이 없는 경우에는 당해 쟁점에 대하여 증거가 없는 것으로 될 위험이 있으므로 증거신청은 매우 중요한 신청행위라 할 수 있다.

증거제출권(증명권) 당사자권의 한 가지 내용으로 증거제출권(증거신청권)이 인정된다. 근자에 논의되는 이른바 증거에 관한 당사자권(당사자의 증명권)은 좁게는 증거제출권만을, 넓게는 증거보전신청권·증거조사에의 참여권·증거수집에의 협력요구권까지 포함된다.[1] 나아가 상대방의 반증제출권도 전제된다. 이와 같은 증명권은 헌법상 보장받는 권리인 것으로,[2] 증거제출에 어떠한 절차상의 제한을 가함에는 특별한 정당사유를 필요로 한다는 것을 뜻한다. 그러므로 법원은 증거법 소정의 요건을 갖춘 경우 예컨대 관련성 있는 증거일 경우에 신청한 증거를 원칙적으로 모두 조사하여야 한다. 만일 그와 같은 증거신청을 거부하거나 방치하면 소송법규(202조)에 위배됨은 물론 법률상 심문청구권, 즉 재판을 받을 권리의 침해가 되어 상고이유가 된다. 판례도 자신의 주장에 부합하는 증거를 제출할 기회를 상실함으로써 당사자로서 절차상 권리를 침해당한 경우는 대리권의

1) 상세는 정동윤/유병현/김경욱, 543면 이하; Habscheid ZZP 96(1983), 306ff.; 石川明, "證據に關する當事者權," 강좌민사소송법 ⑤, 1면 이하.

2) 증명권의 완전한 배제와 본질적 제한은 헌법위반이 된다는 것에, Nikolas Kan, Klamaris, Das Grundrecht auf Justizgewährung, Festschrift für Schwab(1990).

흠에 준하여 상고이유가 된다 하였다.[1] 신청증인은 믿을 만하지 않다든지, 이미 반대심증이 형성되었다는 등 **예단적 증거평가**(vorweggenommene Beweiswürdigung)에 의해 증거신청을 함부로 각하는 허용될 수 없다. 증거조사하지도 아니하고 증거평가를 하는 결과가 되기 때문이다.

(1) 신청의 방식

1) 증거신청은 서면 또는 말로 한다(161조 1항). 그 신청에 있어서는 i) 증명할 사실(입증사항)(289조), ii) 특정의 증거방법(308조, 345조, 364조), iii) 증명취지(규 74조)를 표시하여야 한다. 이 중 증명(입증)취지는 당해 증거방법(증인 甲)이 증명할 사실(요건사실 중 어떠한 사실)에 관하여 어떠한 관계에 있는가(중개사나 계약성립시 참여한 사람인 관계)를 뜻하는 것으로서 이는 구체적으로 명확히 밝혀야 한다. 서증의 경우에는 이를 밝히는 증거설명서를 제출하도록 한다. 신청서에는 인지를 붙일 필요가 없으나(민인 10조), 비용을 요하는 경우에는 비용을 예납하여야 한다(116조; 규 77조 1항). 특히 증인신문은 변론기일에서 정리된 쟁점중심으로 집중실시하는 만큼(293조), 부득이한 사정이 없으면 일괄신청을 필요로 한다(규 75조 1항). 재판장은 증거신청서를 법원사무관 등을 통하여 제출촉구를 할 수 있다(개정 규 70조의 3).

2) 증인신문사항 등의 제출 증거신청과 동시에 증인 및 당사자신문의 경우는 신문사항을 기재한 서면(뒤에 상세히 본다), 감정의 경우에는 감정사항을 적은 서면(규 101조), 서증의 경우에는 그 사본(규 105조)을 각기 제출할 것을 요한다.

모색적 증명(입증)[2] 증명책임을 지는 자가 증명할 사실을 정확히 특정·주장하지 않고 먼저 증거신청부터 하여(289조 위반), 증거조사를 통해 자기의 구체적 주장의 기초자료를 얻어내려고 하는 것을 모색적 증명(Ausforschungsbeweis)이라 한다. 사실경과과정을 상세히 모르는 경우라 이를 알아내기 위한 증거신청이다. 예를 들면 먼저 명예훼손하였다는 사실을 주장해 놓고 이를 증명하기 위하여 증인신청을 하는 것이 아니라, 앞으로 피고가 어떻게 원고의 명예를 훼손했는지를 주장하는 데 활용하기 위해 증인부터 먼저 신청, 범죄경력 등의 사실조회신청 등이다. 이와 같은 증거신청은 변론주의 하에서는 허용되지 아니하나, 직권탐지주의 하에서는 금지되지 않는다는 것이 근자의 독일의 증거법리이다. 「증거 낚기」를 목적으로 하는 남용적인 증거신청을 막고 단순히 혐의 있는 것만으로 소를 제기하는 남소로부터 법원과 상대방을 보호(privacy나 기업비밀의 보호 등)를 위하여 모색적 증명은 원칙적으로 금지된다(실무에서도 모색적 증명은 원칙적 금지, 2014년 전국민사법관포럼). 이것은 다분히 미국의 pretrial discovery와 유사한 발상이나, 증거의 구조적 편재를 막아 양쪽 당사자의 지위의 실질적

1) 대법 1997. 5. 30, 95다21365(피항소인이 항소장부본부터 공시송달의 방법으로 송달받아 항소가 제기된 사실조차 모르고 있었던 사안). 증명권의 긍정은 정동윤/유병현/김경욱, 543면; 강현중(제6판), 547면; 김홍규/강태원, 462면 등 다수설. 부정설에 호문혁, 453면.

2) 박지원, "증거수집절차와 증거조사절차의 구별에 관한 시론," 민사소송 제23권 제3호, 211면 이하.

평등을 실현하기 위해, 이른바 다수의 소액피해자 제기의 현대형 소송 등에서는 변론주의 하에서도 제한된 범위에서 받아들여야 할 것이 아닐까. 이렇게 제한적 인정은 우리나라에서 횡행하는 증거낚기 위해 민사소송사건을 형사사건화시켜 수사기록을 민사소송의 증거로 하는 열띤 경향을 막는 데도 도움이 될 것이다.

(2) 신청의 시기 신법은 집중심리주의와 적시제출주의를 채택하고 있으므로 증거의 신청 역시 집중심리주의가 구현될 수 있도록 소송의 정도에 따라 적절한 시기에 하는 것이 좋다. 다만 법률상 시기적 제약이 있는 법정순서주의의 법제가 아님을 주의할 필요가 있다.

1) 소장과 답변서 제출시의 증거신청 원고는 소장을 제출할 때 청구원인을 명확히 하고 증명에 필요한 증거방법을 함께 제출할 수 있다. 원고는 기본적 서증, 예컨대 부동산사건에서의 등기부사항증명서, 친족·상속관계 사건에서의 가족관계증명서, 어음·수표 사건에서 어음·수표 사본 등을 소장에 붙여야 한다(규 63조 2항). 또한 원고가 소장에서 서증을 인용한 때에는 그 서증의 등본 또는 사본을 붙여서 제출하여야 한다(254조 4항 참조). 소장을 송달받은 피고는 답변서를 제출하여야 하는데, 답변서에는 자기의 주장을 증명하기 위한 증거방법과 상대방의 증거방법에 관한 의견을 함께 적어야 하며, 답변사항에 관한 중요한 서증이나 답변서에서 인용한 문서의 사본 등을 붙여야 한다(256조 4항, 274조 2항, 275조).

2) 기일 전과 변론준비절차에서의 증거신청 증거의 신청은 기일 전에도 신청할 수 있다(289조 2항). 여기의 기일은 변론기일뿐만 아니라 변론준비기일도 포함한다.

변론준비절차에 부쳐졌을 때에는 재판장등이 정한 기간 안에 주장사실을 증명할 증거를 신청하여야 한다(280조 1항). 변론준비절차에서 주장과 함께 증거에 대한 효율적 정리를 위하여 원칙적으로 변론준비기일인 쟁점정리기일 전에 증인신문과 당사자신문을 제외한 모든 증거신청과 증거자료의 현출이 되어야 할 것이다.

3) 변론기일에서의 증거신청 변론준비절차를 거치지 아니하고 바로 변론기일지정의 진행과 1회변론기일집중을 원칙으로 하기 때문에(258조, 272조, 287조), 증인신문과 당사자본인신문을 제외한 모든 증거신청 및 증거자료의 현출은 가급적 제1회변론기일종료 전에 완료되도록 한다는 것이 사건관리방식에 관한 예규이다.[1] 또 법원은 증거의 적시제출을 위해 필요한 때에는 증거신청기간을 제한할

1) 동 예규는 참여사무관 등은 전형적으로 증거신청이 필요하다고 판단됨에도 불구하고(예: 교통사고로 인한 손해배상사건에서 신체감정, 건물명도사건에서 측량감정, 관련 형사기록이 있는 사건에 있어 문서송부촉탁 등) 당사자가 필요한 증거신청을 하지 않은 때에는, 증거신청에 관한 안내

수 있다(147조). 증인신문과 당사자신문의 증거조사는 변론기일에서 쟁점정리한 뒤에 집중실시를 하여야 하므로(293조) 적어도 집중조사기일 전에 신문신청이 있어야 하고, 그 때는 일괄신청을 필요로 한다(규 75조 1항). 변론준비기일까지 거쳐서 변론기일에 들어간 사건이면 이미 본 바와 같은 실권효(285조)가 미치므로 종결 뒤에는 특단의 경우에만 증거신청이 허용된다고 할 것이다. 변론종결 후에 신청한 증거는 조사할 의무가 없다.[1)]

(3) 상대방의 진술기회보장 증거에 관한 당사자권의 보장을 위하여 증거신청이 있으면 법원은 신청에 대하여 진술할 기회를 상대방에 주지 않으면 안된다(274조 1항 5호, 283조). 상대방은 여기에서 실기(失機)한 신청이라든가, 증거가치가 없다든가, 쟁점과 관련 없는 증거라든가 혹은 서증이 인장도용에 의해 위조되었다는 등의 **증거항변**을 할 수 있다. 상대방에게 진술의 기회를 주면 되지, 상대방이 실제로 주장할 필요는 없다.[2)] 진술의 기회를 주었음에도 의견제출이 없으면 소송절차에 관한 이의권(151조)의 포기·상실로 위법한 증거조사라도 적법한 것이 된다.

(4) 신청의 철회 증거신청은 변론주의에 의해 증거조사의 개시가 있기 전까지는 어느 때나 철회할 수 있다.[3)] 증거조사가 개시되면 증거조사결과가 제출자의 상대방에게 유리하게 참작될 수도 있으므로(증거공통의 원칙), **상대방의 동의**가 있는 때에 한하여 철회할 수 있다. 그러나 증거조사가 종료된 뒤에는 증거신청의 목적이 달성되었기 때문에 철회는 허용하지 아니한다.[4)] 적법하게 철회된 증거를 채택함은 위법이다. 철회는 기일 또는 기일 전에 말, 서면으로 할 수 있다.

Ⅱ. 증거의 채부 결정(증거결정)

서증 외에 증거신청을 하면 채부의 증거결정을 한다.

1. 서 설

(1) 적법성의 준수 증거신청이 **부적법**한 경우, 즉 앞서 본 방식을 어긴

서를 송부하거나, 전화 또는 팩시밀리로 신청을 촉구하여야 한다고 했다.

1) 대법 1989. 11. 28, 88다카34148.
2) 대법 1989. 3. 14, 88누1844 참조.
3) 대법 1971. 3. 23, 70다3013.
4) 대법 1946. 10. 11, 4279민상32·33.

경우(예: 증명사항의 불명시, 증거방법의 불특정), 증거방법 자체가 부적법한 경우(예: 판결선고 사실에 대한 증인신청, 158조 본문 참조), 위법하게 수집한 증거방법인 경우 또는 재정기간을 넘겼거나 시기에 늦은 경우(147조, 149조, 285조)에는 증거신청을 각하할 수 있다. 또 증인의 행방불명, 목적물의 분실, 증인에 대한 구인장의 집행불능[1] 등으로 증거조사를 할 수 있을지, 언제 할 수 있을지 알 수 없는 장애가 있는 때에도 그 증거를 조사하지 아니할 수 있다(291조. 구법에서 '부정기간의 장애'라 하였다).

(2) 필요성과 관련성 적법한 증거신청이라도 필요하지 아니하다고 인정한 것은 조사하지 아니할 수 있다(290조 본문). 즉 증거방법이 쟁점판단에 무가치·무관한 경우(규 109조 1호, 관련성 있는 증거가 아닌 때 대법 2014마2239. 소위 relevance가 없는 것), 또는 증명하려는 사실이 불요증사실이거나 주장 자체로 이유 없는 사실인 경우에는 조사하지 아니하여도 된다. 나아가 그 사실에 대하여 법관이 이미 확신을 얻은 경우에도 증거신청을 채택하지 않을 수 있다는 것이 실무운영이나 문제가 있다.[2] 같은 사실을 증명하기 위한 여러 가지 증거가 있을 때에 모두 조사하여야 하는 것은 아니며, 그 중 유력한 것으로 인정되는 것만 조사할 수 있다. 신청한 증거에 대한 채택의 여부는 소송촉진과 소송경제와의 관계에서 매우 중요한 문제이다. 적법절차를 준수한 증거신청, 증거와 증명할 사실의 관련성, 주요쟁점판단에 필요성 등을 기준으로 하되(relevance), 이의 판단은 원칙적으로 법원의 직권에 속하는 **재량사항**이다.[3] 필요하지 아니하다고 인정한 때에는 조사하지 않을 수 있으나, 당사자의 주장하는 사실에 대한 유일한 증거일 때에는 반드시 조사하도록 하였다(290조 단서).

2. 유일한 증거(290조 단서)

유일한 증거에 대한 예외적 취급은 과거에 판례법으로 확립된 원칙을 민소법이 성문화한 것으로, 유일한 증거를 조사하지 않고 주장을 배척하면 증명의 길을 막아 놓고 증거가 없다고 나무라는 결과가 되어 쌍방심문주의에 반한다.

1) 유일한 증거란 당사자로부터 신청된 주요사실에 관한 증거방법이 유일한 것으로서, 그 증거를 조사하지 않으면 증명의 길이 없어 아무런 입증이 없는 것

1) 대법 1962. 3. 15, 61민상954.

2) 헌재 2004. 9. 23, 2002헌바46은 합헌. 그러나 법원이 입증하고자 하는 사실과 반대의 확신을 얻었다 하여도 증거신청을 거부할 사유가 되지 않는다는 것이 독일의 판례이다(예단적 증거평가의 금지). BGH NJW 86, 1167.

3) 대법 1991. 7. 26, 90다19121. 그러나 독일에서는 주장사실이 지금까지의 증거조사결과에 의하여 밝혀져서 증인을 부를 필요 없다 하여 증거채택을 거부해서는 안된다고 하고 있다(BGH, ZZP 72, 198).

으로 되는 경우의 증거를 말한다.[1] 사건 전체에 대해서가 아니라 **쟁점 단위**로 유일한가 아닌가를 판단하여야 하므로, 사건 전체로 보아 수개의 증거가 있어도 어느 특정 쟁점에 관하여는 하나도 조사하지 아니하면 유일한 증거를 각하한 것이 된다. 유일한가의 여부는 전 심급을 통하여 판단하여야 한다.

i) **주요사실**에 대한 증거, 즉 직접증거라야 하므로 간접사실·보조사실에 대한 증거인 간접증거는 포함되지 않는다.[2] ii) 유일한 증거는 **자기에게 증명책임**이 있는 사항에 대한 증거이기 때문에 본증에 한하는 것이지 **반증**은 해당되지 아니한다는 것이 판례[3]이나, '법관 앞의 평등'이라는 쌍방심문주의와 당사자의 증거제출권의 중요성과의 관계에서 반증을 본증과 달리 취급할 것이 아니다.[4] iii) 판례는 구법하에서 **당사자본인신문**도 그 보충성에 비추어 유일한 증거가 아니라 하였으나,[5] 보충성이 폐지된 신법하에서는 유일한 증거가 될 수 있다고 할 것이다. iv) 유일한 증거이면 증거조사를 거부할 수 없다는 것 뿐이지, 그 내용을 채택하여야 하는 것은 아니다.[6]

2) 유일한 증거는 반드시 증거조사하여야 함이 원칙이나, 다음과 같은 경우에는 예외이다.

i) 증거신청이 부적법하거나[7] 재정기간의 경과나 시기에 늦은 경우(147조·149조),[8] ii) 증거신청서의 부제출, 비용을 납부하지 않는 등(116조 2항) 증거제출자의 고의나 태만의 경우,[9] iii) 증인의 병환·송달불능 등으로 조사할 수 있을지, 언제 조사할 수 있을지의 장애가 있는 때(291조),[10] iv) 쟁점판단에 대한 적절하지 아니하거나 불필요한 증거신청,[11] v) 최종변론기일에서 당사자가 증거방법이 없다고 진술한 경우,[12] vi) 검증·감정의 경우, vii) 직권탐지주

---

1) 방순원, 317면; 송상현/박익환, 561면; 강현중, 514면.

2) 대법 1962. 5. 10, 4294민상1510은 채무를 변제하였다는 증거로 제출한 서증이 유일한 증거이면 그 서증의 진정성립을 위하여 증인이 단 한번 출석하지 아니하였다 하여 취소한 다음 항변을 받아들이지 아니한 것은 채증법칙위반이라 하였다. 현대형 소송에서는 간접증거도 유일한 증거로 포함시켜야 한다는 견해로, 한충수, 482면.

3) 대법 1998. 6. 12, 97다38510; 동 1981. 1. 13, 80다2631 등. 판례와 같은 견해: 강현중, 514면; 김홍엽, 636면; 전병서, 367면.

4) 같은 취지: 한충수, 482면.

5) 대법 2001. 1. 24, 99두3980.

6) 대법 1966. 6. 28, 66다697.

7) 대법 1965. 3. 30, 64다1825 등.

8) 대법 1959. 10. 15, 4292민상104는 유일한 증거라도 소송을 지연시키는 등의 사정이 있으면 채택하지 않을 수 있다고 하였다. 반대: 대법 1962. 7. 26, 62다315.

9) 대법 1969. 1. 21, 68다2188; 동 1959. 2. 19, 4290민상873 등.

10) 대법 1971. 7. 27, 71다1195; 동 1973. 12. 11, 73다711 등.

11) 대법 1961. 7. 27, 4293민상661; 동 1961. 12. 7, 4294민상135.

12) 대법 1968. 7. 24, 68다998.

의에 의하는 소송 등이다.

3. 증거채택 여부의 결정(증거결정)

(1) 증거신청에 대하여 결정으로 증거조사를 할 것인가의 여부를 정하는 것을 말한다. 여기에는 증거신청을 배척하는 **각하결정**과 채택하는 **증거결정**, 그리고 **보류** 등 세 가지가 있다. 증거신청에 대해서는 반드시 채택여부의 결정을 요하느냐의 문제가 있다. 판례는 부정적이다.[1] 판례는 증거조사의 범위결정은 법원이 자유롭게 결정할 수 있는 직권사항임을 들어 증거를 채택할 때 반드시 명시적인 증거결정을 요하는 것이 아니고 다만 증거조사의 일시·장소를 당사자에게 고지하여 참여의 기회를 부여하면 된다는 것이고, 보류한 증거에 대하여는 불필요하다고 인정할 때에 각하결정을 하지 않고 묵과하면 묵시적 기각이 된다는 것이다.[2] 생각건대 증거신청을 채택할 때에는, 법원이 일시 변론을 중지하고 증거조사의 태세를 취하는 것으로 응답의 표시가 되므로 구태여 증거결정이 필요 없다고 할 것이다. 그러나 증거신청을 배척할 때에는, 당사자가 별도의 증거를 준비하는 데 도움이 되도록 **각하결정**을 하는 것이 바람직할 것이다(통설).[3] 그것이 또한 당사자권의 한 가닥인 당사자의 증명권의 존중일 것이다.[4] 합리적 설명도 없이 보류각하는 알 권리와 재판의 투명성에 저해가 된다.

증거의 채택여부 결정은 소송지휘의 재판이므로 어느 때나 취소변경할 수 있으며(222조), 독립한 불복신청이 허용되지 않는다.[5] 필요한 때에 부쳐지는 변론준비절차에서 재판장등은 쟁점정리의 필요상 증거결정을 할 수 있는데(281조 1항), 합의사건의 경우에는 재판장등이 한 증거결정에 대하여 당사자가 이의를 신청할 수 있고, 법원은 결정으로 이에 대하여 재판하여야 한다(281조 2항, 138조).

(2) 법원은 증거조사결정을 한 때에는 바로 그 비용을 부담할 당사자에게 필요한 비용의 예납을 명하여야 한다(규 77조 1항). **예납명령**을 받았음에도 예납을 하지 아니한 때에는 증거조사결정을 취소할 수 있으나(116조; 규 77조 3항), 반드시 증거조사를

1) 대법 1989. 9. 7, 89마694.
2) 대법 1992. 9. 25, 92누5096 등.
3) 당사자가 납득하는 재판을 위하여 특히 유일한 증거를 각하한 경우에는 판결이유에서 간단하게라도 그 이유를 명시함이 바람직하다는 견해도 있다. 주석신민소(V), 149면.
4) 각하결정에 충분한 이유가 없다면 헌법상의 법률상 심문청구권의 침해라고 하는 것이 독일의 판례이다(BVerfGE NJW 79, 43). 원칙적으로 판결서에서 각하이유를 밝혀야 한다는 견해로는, Jauernig/Hess, § 51 Ⅲ 4.
5) 대법 1989. 9. 7, 89마694.

필요로 하는 터에 예납하지 아니하여 소송절차의 진행 등이 현저히 곤란하게 되는 때에는 그 비용을 국고에서 대납지출할 수 있다(규 20조).

Ⅲ. 직권증거조사

(1) 직권탐지주의(가소 12조, 17조; 행소 26조)에 의하는 절차와 소송요건 등 직권조사사항에 관해서는 직권증거조사가 원칙이나, 증거자료의 수집·제출책임을 당사자에 일임한 변론주의에 의하는 통상의 민사소송절차에서는 직권증거조사는 보충적이고 예외적일 수밖에 없다(2차 대전 후 미국법의 영향으로 일본법에서 이 제도를 폐지).

그리하여 현행법은 통상의 사건에서는 직권증거조사는 당사자가 신청한 증거조사 가지고는 심증을 얻을 수 없거나 그 밖에 필요한 경우에 보충적으로 할 수 있도록 하였으며(292조), 다만 소액사건과 증권관련집단소송만은 그 보충성을 폐지하여 필요하다고 인정할 때에 직권으로 증거조사할 수 있도록 하였다(소액 10조 1항; 증집소 30조). 이 밖에 직권증거조사를 허용한 것으로는 i) 조사의 촉탁(294조), ii) 당사자신문(367조), iii) 감정의 촉탁(341조) 등이 있다. 원래 변론주의는 소송수행능력이 두 당사자간에 완전히 대등한 것을 전제로 한 것이나, 실질적으로는 당사자는 지식·경험·경제력에 있어서 평등하지 않으며 특히 법률지식이 없는 본인소송에 있어서는 충분한 증거자료의 제출을 기대할 수 없으므로 이 때에 생기는 변론주의의 폐해를 조절하기 위하여 법원이 나서는 이 제도를 마련한 것이다(개정 ZPO § 142에서 직권문서조사규정을 새로 둠).[1)]

(2) 보충적 직권증거조사는 다음과 같이 풀이되어야 할 것이다.

첫째로, **보충적**이기 때문에 처음부터 조사하여야 하는 것이 아니고 심리의 최종단계에 이르러 당사자신청의 증거로 심증형성이 안 될 때에 문제된다. 만일 처음부터 직권증거조사에 이른다면 변론주의 원칙에 반하기 때문이다.

둘째로, **법원에 의무**를 과한 것이 아니므로 심증형성이 어렵다고 하여도 직권조사를 할 것이냐는 법원의 재량이다. 심증형성이 안 될 때에 증명책임분배의 원칙에 의하여 재판하는 것이 정의와 형평의 이념에 반하고 증명책임부담자 스스로의 입증은 그 능력상 기대하기 어려울 때에 직권증거조사를 요한다고 할 것이다. 판례는 채권자취소권 행사기간은 제소기간이므로 직권증거조사를 할 수 있으나, 그 기간이 도과되었다고 의심할만한 사정이 발견되지 않는 경우까지 법

1) 대법 1959. 7. 2, 4291민상336.

원이 직권으로 추가적인 증가조사를 하여야 하는 것은 아니라 했다.[1] 변론주의 체질 때문에 직권증거조사를 소극적으로 운영한다. 다만 판례는 배상의무가 있음을 인정하면서 손해액에 관한 증명이 없다는 이유만으로 청구를 기각함은 부당하므로 경우에 따라서는 손해액에 대해 직권심리를 요한다고 하고 있다.[2]

셋째로, 당사자에 의하여 **철회된 증거방법**도 조사할 수 있으며 또 조사 결과에 대하여는 당사자로부터 의견을 들어야 한다(소심 10조 1항 후문 참조).

(3) 직권증거조사의 경우에 법원은 그 증거조사에 의하여 이익을 받을 자에게 증거조사 비용의 예납을 명하여야 하나, 이익을 받을 당사자가 불명한 때에는 원고가 예납의무자이다(규 19조 1항 3호 단서). 다만 당사자가 무자력자이므로 예납을 하지 못하고 절차진행에 장애가 생기면 국고에서 비용을 대체충당할 것이고(규 20조), 나중에 패소자로부터 거두어들이는 것(수봉)이 원칙이다(민비 12조).

제2관 증거조사의 실시

Ⅰ. 개 설

구법은 증인 · 감정인 · 문서 · 검증물 · 당사자본인 등 5가지 증거방법에 대해 증거조사를 실시할 수 있도록 하였으나, 신법은 「그 밖의 증거」 즉 전자저장정보물을 하나 추가하여 6가지로 하였다.

조사의 원칙은 **집중심리, 직접심리, 공개심리주의**에 의한다.

1. 증거조사와 집중(조사)주의

원래 신법에 의하면 변론준비절차에서 주장을 정리하고 서증의 조사, 감정 · 검증 등을 행하는 한편 증인과 당사자본인의 채부에 관한 결정을 하고, 변론기일에는 증인신문이나 당사자신문을 집중적으로 실시하는 구도였다. 그러나 앞서 본 바와 같이 2008년 개정법률에 의하여 변론준비절차중심제에서 변론기일중심제로 개편되었으므로, 원칙적으로 변론기일에서 변론준비절차에서 하던 몫을 하여 주장과 증거를 정리하여야 하게 되었다. 그러고 나서 제293조의 「증인신문과

1) 대법 2001. 2. 27, 2000다44348.
2) 대법 2011. 7. 14, 2010다103451; 동 2002. 5. 28, 2000다5817 등. 징발사건에 관하여 직권감정을 요한다는 것에, 대법 1980. 7. 22, 80다127.

당사자신문은 주장과 증거를 정리한 뒤 집중적으로 행하여야 한다」는 규정에 따라 집중조사로 집중심리주의를 관철할 수밖에 없다. 여기의 집중조사는 3주 내지 4주에 간격을 두고 간헐적으로 나온 것이 아닌 연일 연속의 조사를 뜻하는 것으로 미국의 배심에 회부되는 공판(jury trial)에서의 집중조사를 모방하였다. 따라서 제출된 증거(사실조회회보, 감정서 등)의 원용, 서증채부와 인부 등의 증인신문, 당사자본인신문을 제외한 증거방법에 대한 조사는 제1회변론기일까지 완료한다는 것이 심리방식에 관한 예규이다. 이는 증언 등 상호간의 모순의 쉬운 파악, 전체적인 신문시간의 단축, 필요한 경우 대질신문, 잊어먹기 전 신문의 결과 심증이 선명하게 형성된 상태에서의 사건의 결론을 위한 것이므로, 그 의의가 지대하다.[1] 규칙 제69조의 2가 그와 같은 취지이다.

2. 증거조사와 직접심리주의

증거조사는 직접심리주의의 요청 때문에 기일에서 그 법원 안에서 행하는 것이 원칙이다(법조 56조; 297조). 그러나 다음과 같은 예외가 있다.

1) **기일 전의 증거조사**　증거의 신청은 물론 조사도 변론기일 · 변론준비기일 이전에도 할 수 있다(289조). i) 문서제출명령 · 문서송부촉탁 · 서증조사, ii) 감정, iii) 사실조회, iv) 검증 등이다. 전자저장정보물인 '그 밖의 증거(영상 · 녹취물)'조사도 마찬가지이다. 증인과 당사자 본인의 증거신청은 기일 전에도 할 수 있지만 그 조사는 변론기일에서 집중적으로 시행하여야 한다(293조). 이 증인과 당사자 신문은 기일 전의 조사에서 제외된다(281조 3항 단서).

2) **법원 밖에서의 증거조사**　수소법원은 필요하다고 인정할 때에는 법원 밖에서 현장검증 · 임상신문 · 서증조사 등을 할 수 있다(297조 1항). 이 경우에는 변론기일과 증거조사기일이 분리되게 되는데, 당사자가 새로운 주장 등 변론을 할 수 없으며(최근에는 '찾아가는 법정'이라 하여 법원 밖의 변론도 한다), 재판상의 자백도 성립되지 않는다. 또 공개도 필요 없다.[2] 법원 밖에서의 증거조사는 수소법원의 구성원인 수명법관 또는 다른 법원의 수탁판사에게 촉탁할 수 있다(297조 1항).

법원은 제313조의 규정에 따라 ① 증인이 정당한 사유로 수소법원에 출석하지 못하는 때, ② 증인이 수소법원에 출석하려면 지나치게 많은 비용 · 시간을 필요로 하는 때, ③ 그 밖의 상당한 이유가 있는 경우로서 당사자가 이의를 제기하

1) 법원행정처, 민사소송법 개정내용 해설, 181면.
2) 대법 1971. 6. 30, 71다1027.

지 아니하는 때 중 어느 하나에 해당하면, 수명법관·수탁판사로 하여금 증인을 신문하게 할 수 있다. 이는 법원 밖 증거조사에 관한 제297조의 특칙으로서, 위 ③에 의하여 수명법관·수탁판사는 법원내외를 불문하고 증인신문을 할 수 있다. 수명법관·수탁판사가 증인을 신문하는 경우에는 법원과 재판장의 직무를 행한다(332조).

3) **외국에서의 증거조사** 이 때에는 외무부장관을 거쳐 외교상의 경로를 통하여 그 외국에 주재하는 대한민국 대사·공사·영사 또는 그 나라의 관할 공공기관에 촉탁한다(296조 1항; 국민사공 5조, 6조). 재판장 소속의 법원장 → 법원행정처장에 촉탁서의 송부요청 → 법원행정처장에 의한 외무부장관에 송부의뢰의 수순을 밟아야 한다. 외국에서 한 증거조사가 그 나라의 법률에 어긋나더라도, 우리 법에 어긋나지 않으면 그 효력이 있다(296조 2항). 외국에서 증거조사를 하자면 그 나라와 사법공조조약이나 국제관행이 성립되어 있어야 하며, 그렇지 않으면 그 외국은 촉탁조사에 응할 의무가 없다(상세는 「민사재판권」 참조).[1] 우리나라는 2009년에 다변조약인 1970년 '헤이그 증거협약' 즉 민사 또는 상사의 해외증거조사에 관한 협약에 비준가입함으로써 협약가입국의 사법공조를 받을 수 있게 되었다.

4) **직접심리주의의 예외와 원용문제** 위와 같은 2) 3)의 경우에 그 결과를 당사자가 원용하여야 하는가이다. 직접주의·구술주의의 요청 때문에 증거조사의 결과를 당사자의 책임하에 변론에 상정시켜야 하며, 이러한 의미에서 원용을 요한다는 견해가 있다(원용설).[2] 그러나 이 경우에는 직접주의의 예외로 해석하며, 법원이 증거조사결과를 변론에서 제시하여 당사자에 의견진술의 기회를 주면 되는 것이지, 당사자의 원용까지는 불필요하다고 볼 것이다(불원용설).[3] 증거보전의 결과를 당해 소송에서 이용하는 경우에도 마찬가지로 해석해야 할 것이다.

3. 당사자의 참여권과 당사자공개주의

(1) 증거조사를 하는 경우에는 그 기일·장소를 당사자에게 고지 또는 통지하지 않으면 안 된다(167조, 297조 2항, 381조). 이것이 증거조사에의 참여권인데, 이는 당사자권의 한 내용, 비밀심리의 배제로서 당사자공개의 원칙에 기한 투명한 재판을 하

1) 이시윤, 입문〔事例 10〕, 40면 이하.
2) 송상현/박익환, 565면; 강현중, 517면; 호문혁, 460면; 한충수, 486면.
3) 같은 취지: 김홍규/강태원, 497면; 정동윤/유병현/김경욱, 619면; 정영환, 683면; 김홍엽, 642면. 조사촉탁의 결과를 증거로 할 때에 같은 입장을 취한 것에, 日最高裁 昭和 45. 3. 26 판결.

기 위한 것이다. 그러나 일반적으로는 증거조사의 주체는 법원이기 때문에 당사자에게는 참여의 기회를 주면 되는 것이지 반드시 출석을 필요로 하지 않으며, 비록 당사자가 결석하여도 법원은 증거조사를 할 수 있다(295조).

(2) 당사자가 불출석한 채 증거조사가 행하여져 그것이 완결되었을 때, 불출석당사자가 그 증거에 대하여 다시 조사를 구하는 것은 허용되지 않는다.

(3) 법원은 증거조사의 결과에 대하여 변론의 기회를 주어야 하며(예컨대 증거항변이나 반증을 세우도록), 법원이 직권조사한 결과에 대하여는 당사자의 의견을 들어야 한다(특허 159조-강행규정이라는 것이 판례임; 소심 10조 1항 후문). 당사자에게 이러한 절차권이 보장되지 아니한 경우에는 그 증거자료를 채택하여서는 아니 된다.[1]

4. 증거조사의 조서화

증거조사의 절차 및 결과는 변론기일·변론준비기일에 행한 경우는 변론조서(154조 2호·3호)·변론준비기일조서(283조 2항, 154조)에, 그렇지 않은 경우는 증거조사기일의 조서에 기재하여야 한다(160조). 녹음한 녹취서로 갈음한다.

Ⅱ. 증인신문

1. 총 설

(1) 의 의 증인의 증언으로부터 증거자료를 얻는 증거조사를 말한다. 증인(Zeuge)은 과거에 경험한 사실을 법원에 보고할 것을 명령받은 사람으로서 당사자 및 법정대리인(대표자 포함) 이외의 제3자이다. 증인은 경험사실을 보고하는 자이지 결코 자기 의견이나 상상한 바를 진술하는 자일 수 없다. 특별한 학식과 경험을 기초로 하여 얻은 사실을 보고하는 **감정증인**(사고를 목격하고 도움을 준 의사가 사고경위를 말하며 동시에 피해정도에 관하여도 전문적 진술을 하는 경우)[2]도 증인일 뿐 감정인은 아니므로(감정인의 경우처럼 대체성이 있는 경우 아님), 그 조사절차는 증인신문절차에 의한다(340조). 증인의 진술을 증언이라 한다. 증인신문은 당사자신문과 더불어 쟁점정리를 한 뒤에 한 변론기일에 집중하여 실시하여야 함은 이미 본 바이다(293조).

증언의 평가는 법원의 자유심증에 맡기고 있지만 「증언은 최악의 증거」라는 말이 있

1) Zeiss/Schreiber, Rdnr. 450.
2) 법령해석의 자료로서 감정증인의 증언을 채택하여도 무방하다는 것에, 대법 1964. 8. 31, 63누189.

듯이 증언의 신뢰성에는 문제가 있으며, 부정확한 관찰·기억력의 한계에다가 위증의 성행, 정의보다 인정을 앞세운 풍토, 당사자의 증인동반·변호사 코치 하의 예행연습 등 소송윤리가 타락하고 위증죄에 솜방망이 식의 관용적인 우리 사회에서는 그 문제는 심각하다. 프랑스와 같은 국가에 있어서는 소액사건의 경우를 제외하고는, 원칙적으로 계약은 증인신문에 의하여 증명할 수 없으며 서증에 한정해 놓고 있다(프랑스민법 1341조 내지 46조). 또 영미계약법에서도 parol evidence rule(구술증거배제원칙)이 있어 당해 서면이 약정에 대하여 최종적이고 완전한 표시수단으로 의도된 경우에는 문서의 내용을 뒤집기 위해 하는 증언은 허용되지 아니한다.

다만 미국에서는 전문성 있는 사건에서 당사자 자비부담하에 전문가 증인제(testimony by experts)가 활용되는데(삼성 대 Apple 사건에서 한 증인에게 75,000$), 이미 우리 실무에서 도입되었다(미중거규칙 702조). 또 내부고발자(whistleblower testmony)도 행해진다.

(2) 증인능력

1) 당사자, 법정대리인 및 당사자인 법인 등의 대표자 이외의 자는 모두 증인능력을 갖는다(367조, 372조, 64조). 소송무능력자나 당사자의 친족이라도 상관없다.[1] 제3자의 소송담당에 있어서 이익귀속주체(예: 채권자대위소송에서 채무자), 소송대리인, 보조참가인, 소송고지에서의 피고지자, 법인 등이 당사자인 경우에 대표자 아닌 그 구성원도 증인이 될 수 있다.

공동소송인도 자기의 소송관계와 무관한 사항에 관하여는 증인이 될 수 있다. 다만 공동의 이해관계 있는 사항에 대해서는 당사자본인신문을 하여야 한다(반대설 있음). 그러나 제1심의 공동소송인이었다가 항소심에서 공동소송인이 아닌 경우는 아무 제한 없이 증인이 될 수 있다(「공동소송」 참조).

2) 당사자나 법정대리인을 잘못하여 증인으로 신문하였다 하여도 당사자신문절차와의 유사성에 비추어 지체없이 방식위배를 들어 이의권(151조)을 행사하지 아니하면 그 흠이 치유된다(366면 참조).[2]

(3) 증인의 신청과 채택여부의 결정

1) 일괄신청 법원은 당사자의 주장과 증거를 정리한 뒤 증인신문을 집중적으로 실시하여야 하므로(293조) 당사자도 필요한 증인을 일괄하여 신청하여야 한다(규 75조 1항). 증인을 신청하는 때에는 증인과 당사자의 관계, 증인이 사건에 관

---

1) 입법론으로는 증인이 당사자와 일정한 친분 기타의 관계가 있을 때에는 증인기피제도를 둠이 타당하다는 것에, 이영섭, 288면.

2) 대법 1977. 10. 11, 77다1316. 감정인으로 신문할 것을 증인으로 신문하였다 하여도 이의한 흔적이 없는 경우에는 그 증인의 증언을 증거로 하였다고 하여 위법이 아니라는 것에, 대법 1960. 12. 20, 4293민상163. 반대: 정동윤/유병현/김경욱, 622면.

여하거나 내용을 알게 된 경위 등을 구체적으로 밝혀야 한다(규 75조 2항).[1)]

2) 일괄채택여부의 결정 　법원은 신청된 증인에 대한 채택여부를 일괄하여 결정·고지하는 것이 마땅하다. **일괄신청**에 **일괄결정**이다. 법원은 증인의 채택여부 결정과 함께 개별 증인별로 증명취지 및 당사자와의 관계 등을 고려하여 증인진술서 제출이냐 서면증언이냐 등 방식을 선택하여 고지함이 마땅하다. 필요에 의하여 변론준비기일이 열린다면 신문순서, 대질신문과 재정신문의 활용여부, 개략적인 신문시간 등 증인신문의 구체적인 방법을 협의하고 증인의 출석확보방안을 확인하여 둠이 상당하다(규 70조).

3) 증인신문사항의 제출 　증인신문신청의 당사자는 법원이 정한 기한까지 증인신문사항을 적은 서면(상대방의 수에 3 내지 4통을 더해서)을 법원에 제출하여야 한다(규 80조 1항 본문). 증인신문사항은 상대방(규 80조 2항), 출석요구받은 증인에게 각기 송달한다. 신문사항이 개별성·구체성이 없거나 민소규칙 제95조 2항에서 정한 증인신문의 제한사항이 포함되면 재판장은 그 신문사항의 수정을 명할 수 있다(규 80조 3항). 미국법의 증언녹취(deposition)의 경우는 신문사항의 제한과 반대신문사항을 제출하게 한다. 다음에 볼 증인진술서를 제출하는 경우는 필요 없다고 보면 신문사항을 제출하지 아니하여도 되게 하였다(규 80조 1항 단서).

2. 증인의무

우리나라의 재판권에 복종하는 사람이면 누구든지 증인으로서 신문에 응할 **공법상의 의무**를 진다(303조 이하). 사사로운 일의 개입이 아니며 진실발견(fact finding)에 국민적 협력의무의 이행이다. 다만 우리나라의 재판권에 복종하지 않는 치외법권자도 임의로 신문에 응하면 증인으로 될 수 있다. **공무원** 또는 공무원이었던 사람을 증인으로 하여 **직무상의 비밀**에 관한 사항을 신문할 때에는 당해 공무원, 소속 국가기관 등의 동의를 필요로 한다(304조 내지 306조). 증인은 증인의무를 이행한 경우에 여비·일당 및 숙박료를 받을 수 있다(민비 4조). 증인의 의무로 아래에서 볼 출석의무·진술의무·선서의무 세 가지가 있다.

(1) 출석의무

(a) **증인에 대한 출석요구** 　증인출석요구를 받은 증인은 그 지정된 일

1) 실무상으로는 정형화된 증인신청서를 사용하고 있는데, 여기에는 증인의 이름과 주소 등, 증인이 사건에 관여하거나 그 내용을 알게 된 경위(사건과의 관련성), 증인신문에 필요한 시간 및 증인의 출석을 확보하기 위한 협의방안(개정규 75조 2항), 신문할 사항의 개요, 희망하는 증인신문방식 등을 기재하도록 되어 있다.

시 · 장소에 출석할 의무가 있다. 재정증인이 아니면 채택된 증인에 대하여 출석요구를 하여야 하는데, 출석요구서는 부득이한 사정이 없는 한 출석할 날의 2일 전에 송달되어야 한다(규 81조 2항). 증인은 출석요구를 받고 기일에 출석할 수 없을 경우 바로 그 사유를 밝혀 법원에 신고하여야 하고(규 83조), 증인출석요구서의 기재사항에는 이러한 취지가 포함되어 있다(규 81조 1항 1호). 신고의무를 불이행하면 정당한 사유 없는 불출석으로 인정될 수 있다(규 81조 1항 2호 참조).

실무상으로는 당사자 또는 대리인이 증인을 대동함으로써 따로 출석요구를 하지 아니하는 이른바 **대동증인**이 적지 아니한데, 증인의 출석 여부를 전적으로 당사자나 대리인에게 맡기고 증인이 불출석한 경우 과태료 등의 제재를 할 수 없다는 문제점이 있다. 증인에 대한 예행연습의 문제도 있다. 사전에 당사자나 대리인과의 접촉은 증인의 **중립성유지**를 해치는 것이다. 특히 출석요구를 받지 아니하고 법정에 출석한 자를 당사자가 그 자리에서 증인신청을 하여 채택된 증인을 **재정증인**(在廷證人)이라 하는데, 증인채택에 앞서 상대방 당사자의 의견을 듣는 것이 옳다 할 것이다.

(b) **불출석 증인에 대한 제재**　　집중증거조사를 실시하기 위하여는 증인의 출석확보가 전제되어야 한다. 이에 민소규칙은 「증인이 채택된 때에는 증인신청을 한 당사자는 증인이 기일에 출석할 수 있도록 노력하여야 한다」는 규정을 신설하였다(규 82조, 참여사무관 등이 기일 1주일 전에 출석여부의 확인). 그러나 이러한 일반적인 규정만으로는 증인의 출석확보에 한계가 있으므로 신법은 불출석 증인에 대한 제재를 한층 강화하여 아래와 같은 간접강제조치를 마련했지만, 관용의 입법에다가 실천의지조차도 박약하다. 제재는 법원의 직권사항이다(FRCP 45는 소환불응은 법정모욕죄, 오스트리아 ZPO 330조에는 해태하는 증인에 손해배상책임. 국회증인의 불출석시에는 형사처벌하는데 비해 재판증인의 불출석의 경우의 제재가 균형상 약하다. 약체 민사사법의 전형인가?).

aa) **소송비용부담과 과태료의 부과**　　증인이 적법한 출석요구를 받고 **정당한 사유 없이** 출석하지 아니한 때에는 법원은 결정으로 증인에게 이로 말미암은 소송비용을 부담하도록 명하고 500만원 이하의 과태료에 처할 수 있다(311조 1항). 정당한 사유란 질병 · 관혼상제 · 교통기관의 두절 · 천재지변 등을 뜻하고, 출석요구서의 내용을 확인하지 아니하였거나 기일을 잊은 경우는 이에 해당하지 않는다.[1] 소송비용부담결정과 과태료부과결정은 수소법원의 재량인데 양자를 함께 할 수도 있고 택일적으로 할 수도 있다. 과태료는 불출석할 때마다 부과할 수 있다. 과태료결정의 방법에는 증인에게 진술의 기회를 주는 정식재판과 그 기회를

1) 법원실무제요 민사소송(Ⅲ), 1399면.

주지 아니하는 약식재판이 있으나, 후자인 경우에도 종당에는 즉시항고할 수 있다(311조 8항).[1] 실무상으로는 첫 기일에 증인이 불출석한 경우 당사자나 대리인을 통하여 과태료를 예고하고 그 부과는 유보하였다가 향후의 태도에 따라 과태료처분을 하거나, 일단 과태료처분을 하고 향후 증인의 증언과 이의에 따라 과태료처분을 감액 또는 취소하는 방법으로 증인의 출석을 유도하기도 한다.

bb) **감 치** 법원은 증인이 과태료재판을 받고도 정당한 사유 없이 다시 출석하지 아니하는 때에는 결정으로 증인을 **7일 이내의 감치**에 처할 수 있다(311조 2항. 독일은 1일 내 6주까지, 일본은 벌금과 구류의 형사벌). 객관적인 중립증인의 출석확보를 위하여 신법이 새로 마련한 제도이다. 감치에 처하는 재판은 재판을 한 법원의 재판장의 명령에 따라 법원공무원 또는 국가경찰공무원이 경찰서유치장·교도소·구치소에 유치함으로써 집행한다(311조 4항). 신체구금으로 인한 불이익이 적지 아니하므로 법원은 감치재판기일에 증인을 소환하여 정당한 사유가 있는지 심리하여야 하고(311조 3항), 증인이 감치의 집행중에 증언을 한 때에는 법원은 바로 감치결정을 취소하고 그 증인을 석방하여야 하며(311조 7항), 감치사유가 발생한 날로부터 20일이 지나면 감치재판개시결정을 할 수 없다(규 86조 2항). 실무상 감치는 명목뿐 휴면화 상태이다.

cc) **구 인** 법원은 정당한 사유 없이 출석하지 아니한 증인을 구인하도록 명할 수 있다(312조 1항). 구인에는 형사소송법과 형사소송규칙의 구인에 관한 규정을 준용한다(312조 2항; 규 87조). 구인의 경우 그 집행률이 저조하여 유명무실한 제도화는 문제이다.

(2) 선서의무와 진술의무 증언을 할 때에는 원칙적으로 증인은 양심에 좇아 진실을 진술할 것을 선서할 의무를 진다(319조). 선서한 증인이 허위의 진술을 한 때에는 형법 제152조의 위증죄의 처벌을 받는다. 민사법정은「거짓말대회」라는 말이 있을 정도의 위증이 성행함에도 위증죄에 대해 온정주의의 문화 속에서 거의 실형 없는 '솜방망이'의 집행유예가 관행화되다시피 한 것은 문제이다. 정직을 중시하지 않는 사회, 이것부터 개혁의 과제다.

(a) **선 서** 재판장은 증인신문을 개시하기 전에 선서의 취지를 밝히고 위증의 벌에 대하여 경고한 후(320조) 증인으로 하여금 소리내어 읽고 기명날인 또는 서명하게 하여야 한다. 특별한 사유가 있을 때에는 신문 뒤에 선서시킬 수 있다. 증인이 선서무능력자(16세 미만인 사람 또는 선서의 취지를 이해하지 못하는 사람)인 경우(322조)와 선서거부권을 행사한 경우(324조)에는 선서를 하게 할 수 없고, 증언거부권이 있으나 증언을 하는

1) 대법 2001. 5. 2, 2001마1733.

경우에는 선서를 면제할 수 있다(323조). 선서할 자는 증인에 한하고, 다음 기일에 속행하여 신문하는 경우 다시 선서할 필요는 없으며, 증인이 여러 명인 경우 1인이 대표로 선서서를 낭독하게 할 수 있다.

(b) **증언거부와 선서거부** ① 증언이 i) 자신, ii) 친족·이러한 관계에 있었던 사람, iii) 증인의 후견인·증인의 후견을 받는 사람이 공소제기되거나 유죄판결을 받을 염려가 있는 사항이나 자신이나 위 사람들에게 치욕이 될 사항에 관한 것인 때(면책특권사항, privilege 단, 공산당문화에서는 아들·딸이 아버지 고발은 보통), ② 공무원·변호사 등 특수 직책에 있거나 그러한 직책에 있었던 사람이 공무상·직무상 비밀에 속하는 사항에 대하여 신문을 받을 때, ③ 기술 또는 직업의 비밀에 속하는 사항에 대하여 신문을 받을 때에는 당해 증인은 증언을 거부할 수 있다(314조, 315조). 그리고, 증인이 자기 또는 위 ①에 해당되는 어느 한 사람과 현저한 이해관계가 있는 사항에 관하여 신문을 받을 때에는 선서를 거부할 수 있다(324조). 이 경우에는 증언 자체는 거부할 수 없고 선서만을 거부할 수 있다.

기자의 취재원 공표 제315조 1항 2호의 「직업의 비밀」에 기자의 취재원이 해당하는가가 문제된다. 기자의 취재원은 언론의 자유와의 관계에서 문제되기 때문에 원칙적으로 증언거부할 수 있다는 다수설, 공표가 그 뒤의 취재에 지장을 주거나 혹은 불공표가 사회적으로 보아 직업상의 의무라고 생각될 때에 한해 증언거부를 할 것이라 하거나 선별적으로 증언거부를 할 수 있다는 소수설[1]로 갈려 있다. ZPO(§383 I⑤)는 신문방송기자에게 거부권을 인정하고 있다. 이는 구체적 사례에서 완전한 진실발견의 희생하에 언론자유를 위한 취재원의 익명을 보호하는 것이라 평가한다. 일본의 경우에 보호대상이 될 소스를 공개함으로써 비밀귀속주체가 받을 불이익과, 증언할 때의 심리의 충실·진실발견 및 재판의 공정의 촉진과를 비교교량하여 결정할 것이라는 입장이 지배적이었다. 그러나 오늘날에는 판례·다수설은 비교교량할 것이 아니라 직업의 비밀은 그 자체로 보호되어야 할 것이라 본다(독일 ZPO 383조 1항 5호). 불법으로 정보제공받은 기자의 취재원도 보호되는가 등은 국제적인 쟁점이다.

증언거부권이나 선서거부권의 고지에 관하여 명문규정이 없으므로 법원은 이를 증인에게 고지할 의무가 없으며, 고지하지 아니하였다고 하여도 위법이 아니다.[2]

증인의 선서의무와 진술의무 때문에 증언을 거부하거나 선서를 거부하는 사람은 그 이유를 소명하여야 한다(316조, 326조). 수소법원은 당사자를 심문하여 증언거부나 선서거부가 옳은지를 재판하여야 하고(317조 1항, 326조), 당사자 또는 증인은 이 재판에 대하여 즉시항고를 할 수 있다(317조 2항, 326조). 증언거부나 선서거부에 정당한 이

---

1) 주석신민소(V), 250면; 호문혁, 464면.
2) 대법 1971. 4. 30, 71다452; 동 1971. 11. 30, 71다1745.

유가 없다고 한 재판이 확정된 뒤에 증인이 증언이나 선서를 거부한 때에는 소송비용부담과 과태료처분을 받을 수 있다(318조, 326조). 출석의무 불이행의 경우와 달리 감치는 안된다.

3. 증인신문에 갈음하는 서면

증인은 법관 앞에서 선서하고 구술신문이 원칙이나 신문에 앞서 증인진술서의 제출, 구술에 갈음하여 서면증언 그리고 공증인법상의 선서인증서에 의할 수 있다.

(1) 증인진술서의 제출

(a) 의 의 법원이 필요하다고 인정하는 때에 직권으로 증인신문에 앞서 미리 당사자로 하여금 증인진술서를 제출하게 하여 상대방에게 이를 송달한다. 이에 의하여 법정에서는 쟁점사항에 한정하여 주신문을 하고 나머지 증명사실에 관하여는 위 증인진술서가 사실대로 작성되었다는 취지의 증언을 하게 하는 증인조사방식이다(규 79조). 종래 교호신문방식에 따른 증인신문의 상당수가 형식적·비효율적으로 운영된 점을 개선하기 위하여 또 주신문사항의 사전파악으로 상대방의 반대신문에 도움되게 하기 위한 것으로 증인신문사항을 대체하는 기능도 할 수 있다. 일본에서 법에는 없고 재판실무에서 이용하고 있는데 그치는 제도를 우리나라 민소규칙 제79조로 도입하였다.

증인진술서에는 증언할 내용을 시간순서에 따라 적고 증인이 서명날인하여야 한다(규 79조 2항). 그러나 증인진술서 제출 명령의 상대방은 증인이 아니라 당사자이므로 당사자가 법원에 증인진술서를 제출하여야 한다(규 79조 3항). 이 점에서 증인될 자 자신도 작성제출할 수 있는 일본재판실무와 다르다(증인될 사람이 공증인 앞에서 진술서를 쓰고 인증받는 인증진술서가 적지 않다).

(b) 증인진술서의 이용한계 증인진술서가 제출된 경우에는 이를 서증으로 채택하고 법정에서는 경위사실·정황사실·주변사실 등은 증인진술서의 기재로 대체할 수 있을 것이지만, 핵심쟁점사항을 진술서로서 주신문에 갈음하는 것은 허용될 수 없다. 증인진술서를 작성한 증인이 불출석한 경우 증인진술서를 서증으로 채택하면 상대방의 반대신문권의 보장이 어렵고 침해되는 결과가 되므로 증인진술서를 서증으로 채택하는 데 신중을 기하여야 한다. 당사자측의 변호사에 의하여 그 기재내용이 왜곡작성될 가능성을 배제할 수 없고 이를 적극적으로 활용하면 증인신문의 구술주의·직접주의마저 형해화될 우려가 있다. 일본학

계 일부에서는 증인제출이 아닌 당사자제출의 진술서의 유용성, 특히 반대신문권의 보장의 관점에서 이 제도에 회의적 시각이 있음을 유의할 것이다. AI를 이용하여 작성한 진술서의 증거능력, 증거력 등의 문제가 앞으로 제기될 수도 있다(조정욱, '인공지능세상의 증거법', 2019. 3. 18.자 법률신문).

(2) 서면에 의한 증언

(a) 의 의 법원은 증인과 증명할 사항의 내용 등을 고려하여 상당하다고 인정하는 때에는 직권으로 증인의 출석·증언에 갈음하여 증언할 사항을 적은 서면을 제출하게 할 수 있다(310조 1항). 신법은 구법과 달리 상대방의 동의도 공정증서 정본을 붙여 제출하는 것도 필요 없게 하였다.

증인진술서와 서면에 의한 증언(이하 서면증언이라 함)을 비교하여 보면, 전자는 서증인데 반하여 후자는 증언이고, 전자는 당사자에 대하여 제출을 명함에 반하여 후자는 증인에 대하여 제출을 명하며, 전자의 경우에는 제출 뒤에도 증인의 출석과 증언이 뒤따르지만 후자의 경우에는 원칙적으로 서면의 제출과 법정에서의 현출로 끝이 나는 차이가 있다. 증인에 한하는 점에서 감정인에 대해서도 서면신문제에 의하는 소액사건의 경우와 다르다(소심 10조 3항).

(b) **활용범위** 공시송달사건이나 피고가 형식적인 답변서만 제출하고 출석하지 아니하는 경우, 진단서의 진정성립만을 위하여 작성자인 의사를 증인으로 신문하여야 하는 경우 등 증언이 간단하여 반대신문권 보장의 필요성이 크지 않은 경우에 이를 활용할 수 있다. 나아가 증인이 중환자나 원거리에 살아 출석이 곤란한 경우나 반대신문을 하지 아니하여도 신빙성이 있는 진술을 기대할 수 있는 사람에도 활용의 여지가 있을 것이다. 비대면의 화상증인신문제도의 신설로 그 활용도가 낮아졌다.

(c) 내 용 서면증언에 의하여 증인조사를 하기로 결정하면, 법원은 증인을 신청한 당사자에게 증인신문사항을 제출하게 하여야 한다. 법원은 상대방의 반대신문권을 보장하기 위하여 상대방에게도 증인에게 회답을 바라는 사항을 적은 서면을 제출하게 할 수 있다(규 84조 1항). 법원은 서면증언을 명하면서 증인에게 ① 증인신문사항이나 증인신문사항의 요지, ② 법원이 출석요구를 하는 때에는 법정에 출석·증언하여야 한다는 취지, ③ 제출할 기한과 그 취지를 함께 고지하여야 한다(규 84조 2항). 서면증언의 진정성립과 기재 내용의 진실성을 담보하기 위하여 증인은 증언할 사항을 적은 서면에 서명날인하여야 한다(규 84조 3항).

법원에 제출된 서면증언은 법원이 서면증언의 도착사실을 당사자에게 알리고 당사자들에게 의견진술의 기회를 부여하여야 한다. 신청한 당사자가 원용하지 아니하여도 증거가 된다. 법원은 상대방이 이의를 하거나 필요하다고 인정하는 경우에는 서면증언을 한 증인으로 하여금 출석·증언하게 할 수 있다(310조 2항).

서면증언의 경우 선서의무가 면제되므로 그 내용이 허위라도 위증죄가 성립하지는 않는다. 서면증언을 거절하여도 과태료 등의 제재는 없다. 이 점에서 미국의 discovery과정에서 법정 아닌 곳에서 선서증언한 것을 작성한 증언녹취서(deposition, FRCP 30~32)와는 다르다.

(3) 개정공증인법상의 선서인증

증인될 자가 법정증언을 꺼리는 경우 공증인사무소에 가서 증언할 사항을 진술서로 작성하여 공증인의 사서증서의 인증방식으로 법원에 제출하는 **인증진술서**가 실무상 많이 활용되고 있다. 이에 더 나아가 개정공증인법 제57조의 2는 영미법의 affidavit(선서진술서)제도를 도입하여 촉탁인이 공증인 앞에서 사서증서에 적힌 내용이 진실함을 선서하고 서명 또는 날인하게 하는 한편, 공증인은 이를 확인하고 선서 사실을 증서에 적게 하는 새제도를 마련하였다. 이러한 선서인증은 촉탁인 본인이 하여야 하고 대리인을 내세울 수 없다. 만일 그 내용이 거짓이라면 위증죄가 아니라, 과태료 처분을 받게 된다. 2010년부터 시행되는 새제도이지만 홍보가 안된 때문인지 활용률은 낮다.

4. 증인신문의 방법

신문방법은 교호신문, 격리신문, 구술신문, 원격신문 등 4원칙에 의한다.

(1) 교호신문[1]—신문의 순서

증인신문의 방법에 관하여 민사소송법은 1961년 개정법률로써 신문의 주체를 법원에서 당사자로 옮겨 대륙식의 **직권신문제**를 버리고(증인신문사항의 제출 없이 재판장이 주신문), 영미식의 **교호신문제도**(cross examination, 신문공유)를 채택하였다.[2] 교호신문제도는 이를 순조롭게 진행할 때에 법원의 신문만으로는 기대할 수 없는 증언을 이끌어낼 수 있고 실체적 진실발견에 큰 도움을 줄 수 있다. 그러나 우리나라에서는 미리 만들어 제출한 신문사항에 대해「예」「아니오」의 장문단답(長問短答)식 답변의 요구와 유도신문화, 체계적 반대신문의 곤란(미국과 달리 미리 반대신문사항의 부제출), 법관의 수

1) 이시윤, 입문〔事例 73〕, 237면 이하.

2) 영미법은 변호사중심의 당사자주의(adversary model)이기 때문에 교호신문제로 가고, 대륙법은 판사중심의 직권주의(inquisition model)이기 때문에 직권신문제에 의하였다고 할 수 있다(Friedenthal 외, Civil Procedure(4th edition), p. 2 참조).

동적 자세 등으로 진실발견을 어렵게 하는 혼조를 보이고 있다. 사건은 폭주하고 법관은 부족한 현실에서 신문에 충분한 시간이 없다는 것도 문제이다.[1] 위증이 성행하는데도 처벌이 미온적인 것 또한 문제이다.

교호신문제도를 원칙으로 하므로 증인신문은 원칙적으로, 증인신문의 신청을 한 당사자의 신문(주신문) → 상대방의 신문(반대신문) → 증인신문을 한 당사자의 재신문(재주신문)의 순으로 진행되고, 그 이후의 신문(재반대신문, 재재주신문 등)은 재판장의 허가를 얻은 경우에 한하여 허용되며, 재판장은 당사자에 의한 신문이 끝난 다음에 신문하는 보충신문이다(327조 1항·2항; 규 89조). 정리된 쟁점별로 위 순서로 신문하게 한다(개정규 89조 3항).

이와 같은 교호신문제도를 원칙으로 하면서도 상당한 범위에서 법원의 직권신문을 인정하고 있다.[2] 따라서 알맞다고 인정하는 때에는 당사자의 의견을 들어 위와 같은 원칙의 신문순서를 바꿀 수 있다(327조 4항). 변호사중심의 당사자주의의 산물인 교호신문제도가 본인소송을 허용하는 우리법제하에서 기계적으로 관철하면 무리할 때가 있기 때문이다. 나홀로의 **본인소송**과 같은 경우는 재판장에 의한 보충신문부터 먼저 할 수도 있다는 말이다. 소액사건에서는 교호신문제 아닌 직권신문제에 의하도록 하였다(소심 10조 2항). 재판장은 또한 주신문에 앞서 증인으로 하여금 그 사건과의 관계와 쟁점에 관하여 알고 있는 사실을 개략적으로 진술하게 할 수도 있다(규 89조 1항 단서).

(a) **주 신 문** 직접신문(direct examination)이라고도 하는데, 증명할 사항과 이에 관련된 사항에 관하여 한다(규 91조 1항, 사건관리방식에 관한 예규에 의하면 증인진술서의 제출시에는 주신문은 핵심쟁점사항에 한정). 주신문에서는 허위증언 유도의 위험성 때문에 원칙적으로 **유도신문**이 금지된다(규 91조 2항). 미리 제출한 증인신문사항에 따라서 행한다. 증인신문을 신청한 당사자가 신문기일에 출석하지 아니한 경우 다음 기일로 연기할 수도 있으나 재판장은 그 당사자에 갈음하여 신문할 수도 있다(규 90조. 미국에서는 신문사항은 25개 정도로 제한).

(b) **반대신문** 반대신문은 주신문에 나타난 사항과 이에 관련된 사항에 관하여 한다(규 92조 1항). 주신문의 경우에는 자기에게 유리한 증언을 끌어내려는 입장에서 신문을 하기 때문에 반대신문에 의하여 그 증언의 진실성이 탄핵될 필요

1) 졸고, "미국의 pretrial discovery — 그 영향과 대책을 중심으로 —," 민사소송 14권 2호.

2) 영미의 경우처럼 증거개시제도(discovery)가 없고 반대신문을 위한 사전면접도 가능하지 않기 때문에 반대신문이 소기의 성과를 거두기 어려우며 따라서 교호신문제도는 입법상의 과오라는 것에, 木川統一郎, "라운드 테이블 방식의 주장정리," 三ケ月章 古稀祝賀(中), 312면; 동, "교호신문제도의 운영과 장래," 신실무민소(2) 참조.

가 있게 된다. 따라서 반대신문권이 보장되지 아니한 증언은 증거자료로 삼을 수 없음이 원칙이다. 반대신문은 주신문처럼 미리 신문사항을 제출하여 놓고 하는 신문이 아니므로, 순발력이 필요할 수 있다. 증인은 반대신문자에게 호의를 갖지 않는 경우가 대부분이므로 반대신문에서 필요한 때에는 **유도신문**을 할 수 있다(규 92조 2항). 다만, 재판장은 유도신문의 방법이 상당하지 아니하다고 인정하는 때에는 제한할 수 있다(규 92조 3항). 또 반대신문을 할 당사자가 대리인이 없는 본인일 때에는 재판장이 반대신문의 몫을 할 수 있다. 반대신문의 기회에 주신문에 나타나지 아니한 새로운 사항에 관하여 신문하고자 하는 때에는 재판장의 허가를 받아야 하고, 그 신문은 주신문으로 본다(규 92조 4항 · 5항).

(c) **재주신문** 재주신문(再主訊問)은 반대신문에 나타난 사항과 이와 관련된 사항에 관하여 한다(규 93조 1항). 재주신문은 주신문의 예를 따르므로(규 93조 2항) 원칙적으로 유도신문이 금지된다. 또한 반대신문에 나타나지 아니한 새로운 사항에 관하여 신문하고자 하는 때에는 재판장의 허가를 받아야 하고, 그 신문은 주신문으로 본다(규 93조 3항, 92조 4항 · 5항).

이상 본 주신문 · 반대신문 · 재주신문 과정에서 당사자는 증언의 증명력을 다투기 위하여 필요한 사항에 관한 신문을 할 수 있는데, 이를 탄핵신문이라 한다(彈劾訊問). 이 신문은 증인의 경험 · 기억 또는 표현의 정확성 등 증언의 신빙성에 관련된 사항 및 증인의 이해관계 · 편견 또는 예단 등 증인의 신용성에 관련된 사항에 관하여 한다(규 94조 1항 · 2항).

(d) **보충신문 · 개입신문** 재판장은 당사자에 의한 신문이 끝난 다음에 신문함을 원칙으로 하는데 이를 보충신문이라 하며(327조 1항 · 2항), 재판장이 예외적으로 당사자의 신문 도중이라도 스스로 증인을 신문하는 것을(327조 3항) 개입신문(介入訊問)이라 한다. 특히 본인소송에 있어서 중요한 의미가 있다. 합의부의 합의부원도 재판장에 알리고 신문할 수 있으며(327조 6항), 전문심리위원은 재판장의 허가를 얻어 증인에게 직접 질문할 수 있다(164조의 2 3항).

(2) 격리신문

1) 다른 증인의 격리 같은 기일에 두 사람 이상의 증인을 신문하는 경우에는 나중에 신문할 증인을 법정에서 나가도록 하는 것이 원칙이다(격리신문, 328조 2항 본문). 증인이 다른 증인의 증언에 의하여 영향을 받는 것을 막으려는 취지이다. 다만, 필요하다고 인정한 때에는 신문할 증인을 법정 안에 머무르게 할 수 있다(재정 신문, 328조 2항 단서).

2) 재정인(在廷人)의 격리 법정 안에 있는 특정인 앞에서는 보복이 두려워 충분히 진술하기 어려운 현저한 사유가 있는 때에는 재판장은 당사자의 의견을 들어 그 증인이 진술하는 동안 그 사람을 법정에서 나가도록 명할 수 있다(규 98조). 증인 아닌 재정인도 격리시킬 수 있도록 한 것이다. 여기에는 당사자·법정대리인뿐 아니라 방청인도 해당될 수 있다.[1)]

(3) 구술신문

증인은 법정에서 **말로** 증언하여야 함이 원칙이고 **서류**에 의하여 진술하지 못한다(331조 본문). 따라서 증인은 갖고 온 서류의 제출로 증언에 갈음할 수 없다. 그러나 당사자는 재판장의 허가를 받아 문서·도면·사진·영상·모형·장치, 그 밖의 물건을 이용하여 신문할 수 있다(331조 단서; 규 96조 1항). 위 문서 등이 증거조사를 하지 아니한 것인 때에는 신문에 앞서 상대방에게 열람할 기회를 주어야 하나, 다만 상대방의 이의가 없는 때에는 그러하지 아니하다(규 96조 2항). 예외적으로 서면에 의한 증언제(310조)가 있음은 이미 본 바이다. 이제는 소액사건에서 **원격영상재판**을 하듯이 독일(ZPO § 128a)과 일본법(204조)이 채택한 영상방법에 의한 증인신문을 한다.

(4) 비디오 등 중계장치, 인터넷 화상장치에 의한 원격신문

2016. 3. 29. 개정법률 제327조의 2에서 먼거리에 있는 증인, 나이, 심신상태, 당사자와의 관계, 전염병 등에 비추어 법정출석이 부적당할 때에는 당사자의 의견을 들어 비상조치로 이와 같은 신문을 할 수 있다. 다시 2021. 8. 17. 개정법률로 비디오 등 중계장치에 의한 중계시설 외에 '인터넷 화상장치의 이용'을 새로 추가하였다(제327조의 2 제1항 개정) 보완하였다. 이러한 원격 영상신문은 증인신문과 효과가 같으며(273조의 2) 그 절차는 소송규칙 제95조의 2에 의하는데 여기에서 변론기일·변론준비기일·심문기일에서의 영상기일의 실시에 관한 소송규칙 제75조의 3이 준용되게 된다. 증인신문결과를 디지털화하여 영구보존하여 이용하는 증인신문의 전자화 시대가 열릴 것으로 보인다.[2)] COVID-19 시대를 거치면서 원격신문이 활성화하고 있다.

(5) 신문에서의 재판장의 지휘권과 이의신청

1) 재판장은 증인신문에 앞서 인정신문을 한다. 증인의 이름·주소·직업 등

---

1) 일본 개정 민소 제203조의 3에서의 증인의 차폐(遮蔽-가림막세우기) 제도와 유사한데, 이에 나아가 동 제203조의 2에서는 불안한 증인의 긴장완화를 위해 증인에 사람을 붙여주는 증인에의 부첨(付添, 증인후견인) 제도도 채택했다.

2) 강현중, 524면 이하.

을 확인하고 주민등록증 등 신분증을 제시하게 한다(규 88조). 그 다음이 선서시키는 것인데 이에 대하여는 이미 본 바이다. 재판장은 신문 전체에 대해 지휘권을 갖는다. 증인에 대한 신문은 가능한 한 개별적이고 구체적으로 하여야 하고(규 95조 1항), 재판장은 그러한 노력은 물론 증인신문이 쟁점에 집중하도록 증인에 의한 증명할 사실에 대해 개별적인 설명이 필요하다. 재판장은 중복되거나 정리된 쟁점과 관계가 없는 신문, 증인을 모욕하거나 증인의 명예를 해치는 내용의 신문, 주신문·반대신문·재주신문·탄핵신문에 관한 민소규칙 제91조 내지 제94조의 규정에 어긋나는 신문, 의견의 진술을 구하는 신문, 증인이 직접 경험하지 아니한 사항에 관하여 진술을 구하는 신문을 제한할 수 있다(327조 5항; 규 95조 2항).

재판장은 필요하다고 인정한 때에는 증인 서로의 대질을 명할 수 있다(329조). **대질신문**을 하면 증인간 진술의 차이점이 명확하게 부각되어 사건의 진상을 파악하는 데 도움이 된다.

2) 증인신문에 관한 재판장의 명령 또는 조치에 대하여 당사자는 그 명령 또는 조치가 있은 후 바로 이유를 구체적으로 밝혀 이의신청을 할 수 있고(규 97조 1항), 법원은 이에 대하여 바로 결정으로 재판하여야 한다(규 97조 2항). 이러한 결정은 소송지휘에 관한 재판으로서 불복이 허용되지 아니하고 종국판결에 관한 상소를 하면서 함께 다툴 수 있을 뿐이다. 실무상 증인신문과정에서 상대방의 신문에 대하여 이의하는 경우가 있는데 이는 상대방의 신문에 대한 재판장의 제한조치를 촉구하는 것으로서 여기서의 이의와는 다르다.

Ⅲ. 감　정

1. 의　의

감정이란 특별한 학식과 경험을 가진 자에게 그 전문적 지식 또는 그 지식을 이용한 판단을 소송상 보고시켜, 법관의 판단능력을 보충하기 위한 증거조사를 말한다. 법관은 모든 지식을 다 갖출 수 없기 때문이다. 그 증거방법이 감정인이다(예: 인장필적 등 감정업자·측량사·의사·감정평가사·건축사·사고전문가·컴퓨터전문가·유전자검사기관·과학자·외국법전문가 등).

(1) 감정의 대상은 우선 법규·경험법칙(특히 상관습)과 같은 재판의 대전제로 되는 것들이다. 원래 법관은 그 직책으로서 법규전반에 대하여 정통하여야 하지만, 외국법·관습법에는 미칠 수 없기 때문에 그 존부 및 해석에 대하여는 감정이 필요하다. 뿐더러 재판의 소전제로 되는 사실판단에 대해서도 감정을 필요로 할 때가

있다. 예를 들면 항공기·선박·차량 등 교통사고의 원인, 노동능력의 상실정도, 치료비, 필적·인영(인장 자국)(인감과 서명의 병용제도 이후 계약서 서명의 위·변조가 많아 필적감정건수 연간 3,000여건)·지문 낙관(落款)의 동일성, 토지·가옥의 시가·면적·임대료, 건물하자·공사비, 신기술로 software 등, 혈액형·DNA, CCTV 설치, forensic, 의약품이나 새로운 의료기기, 의료·교통사고 등, 정신장애의 유무 및 정도 등이다. 생성형 AI(GPT) 등 혁신적 기술로 감정결과가 쉽게, 그리고 보다 정확·저렴하게 나올 전망이다. 다만 감정은 법관의 지식을 보충하는 것이기 때문에 통상의 지식에 의하여 판단할 수 있는 것은 스스로 판단하면 되고, 감정에 의할 필요가 없다. 따라서 감정증거조사는 **법원의 직권사항**이다.

감정은 ① 전문가의 감정기피현상, ② **값비싼 증거조사**가 될 때가 많으므로 소송경제를 위해 그 채택여부를 신중히 하여야 하며(EU 소액채권절차법에서는 비용절감의 견지에서 감정은 예외적으로 허용), 법관은 그 대안이 될 다른 증거신청을 시사함이 바람직하다.[1] 지가 감정같은 것은 자료도 많은 경우가 있기 때문에 값비싼 감정인의 감정이 필요치 않은 경우가 적지 않을 것이다. 또 감정인의 '부르는 것이 값'이라고 할 비싼 감정료 요구와 더불어 부실·불성실한 감정, 감정결과보고의 제출지연(예: 진료기록 감정에 최소 6개월) 여기에 더하여 당사자와 결탁하는 편파성의 moral hazard(원피고 양측 모두 돈을 받거나 하도급 감정 등), 의료과오소송에서 같은 의사에 편파적인 감정 등 절차의 공정·신속과 경제를 저해하므로 재판부에 의한 통제 나아가 사법개혁의 차원에서 **감정인제도**에 개선할 것이 적지 않다.[2] 2016. 3. 29. 개정법률에서는 뒤에서 보는 바와 같이 감정에 관한 증거조사절차의 개선을 시도하였다. 독일 민법 제839조a의 법원지정의 감정인이 고의 또는 중과실로 부당한 감정을 한 경우에 손해배상책임을 지우는 특칙을 신설하였음을 주의할 필요가 있다. 특수한 전문적인 식견이 문제되는 사건의 심리를 충실·신속하게 하기 위해 법원이 특수분야의 전문가나 전문심리위원을 관여시켜 당사자가 제출한 주장·증거 등에 대하여 의견·설명을 듣는 제도를 2007년 개정법에서 도입하였음은 이미 본 바이다. **전문심리위원**은 비싼 감정료의 절감에 도움이 되지만 그 협조가 문제이다. 다만, 그 의견·설명은 감정인의 감정결과와 달리 증거자료가 되는 것은 아니며, 선서도 하지 않는다.

(2) 감정은 인증의 일종이다. 법원의 명령에 의하여 감정인이 작성한 감정서

1) 임대료는 반드시 감정결과로써 인정할 필요가 없고 증언에 의하여 인정하여도 상관없다는 것에, 대법 1960. 9. 29, 4292민상229.

2) 서울변회와 서울중앙지법소송절차개선협의회의 제2차회의에서 논의사항.

는 서증으로 취급해서는 안 된다. 그러나 소송외에서 당사자가 전문가에게 직접 의뢰하여 작성된 감정서가 법원에 제출되었을 때에는 서증으로 되어, 합리적이라 인정되면 사실인정의 자료로 할 수 있다.[1] 이는 감정인에 대한 당사자의 기피권(336조), 신문권(327조, 333조)의 보장이 되어 있지 않고 선서를 하는 것도 아니므로 통상의 감정으로 보아서는 안 된다. 이것이 **사감정**(私鑑定)이라는 것인데, 이 경우에는 감정인으로서의 적격성 등을 증거평가에 반영시킬 필요가 있을 것이다.[2] 양 당사자의 동의가 있으면 감정으로 볼 수 있다.

(3) 증인도 감정인과 마찬가지로 인증이나, 증인은 대체로 구체적인 사건에 관련하여 과거경험사실을 보고하는 사람이므로 대체성이 없다. 감정인은 법원에서 감정의 명을 받은 뒤 전문적 경험지식(주로 경험칙)에 기한 판단을 보고하는 사람이므로 대체성이 있다. 즉 증언은 법원에 출석하기 전의 과거의 경험사실보고이고, 감정의견은 법원의 명령을 받고 감정을 한 후 내린 판단보고인 점에서 근본적인 차이가 있다. 따라서 i) 증인은 증명책임있는 당사자가 특정인을 지정하여야 하나(308조), 감정인의 지정은 법원에 일임되어 있으며(335조), ii) 증인능력에는 특별한 제한이 없으나, 감정인의 경우에는 결격사유에 관한 규정(334조 2항)과 기피에 관한 규정(336조)이 있고(기피이유와 소명방법은 신청일로부터 3일 안에 서면제출을 요한다. 규 102조. 중립성의 유지를 위해 의미있는 제도), iii) 불출석의 경우에 증인은 감치처분·구인할 수 있으나(311조, 312조), 감정인은 대체성이 있기 때문에 감치처분·구인을 할 수 없다(333조 단서). 소송비용의 부담·과태료의 제재가 있다(감정인의 불출석·거절의 제재는 ZPO § 409, 감정인불출석의 경우는 소환장이 나가고 소환에 불응=법정모욕죄, FRCP 45). iv) 자연인에 한정되는 증인과 달리 자연인 이외에 법인 등에도 감정을 촉탁할 수 있고(341조, 촉탁감정), v) 증인진술은 **구술의 원칙**에 의하지만(331조), 감정진술은 **서면 또는 말로** 한다(339조 1항. 실무상 서면진술이 통례). vi) 감정은 여러 사람에게 공동으로 시킬 수 있는 점(339조 2항)에서 증언과 다른 특질이 있다. vii) 증인은 어느 누구나 될 수 있으며 되어야 하지만, 감정인은 특수지식을 다루는 전문가만이 될 수 있다.

(4) 2016. 3. 29. 신설된 제339조의 2에 의하면, 감정인신문방식에 있어서 석명권행사의 경우처럼, 재판장의 직권신문을 하되, 합의부원은 재판장에 알리고 신문할 수 있으며, 당사자도 보충적으로 재판장에 알리고 신문할 수 있도록 했다. 나아가 신설 제339조의 3은 증인신문의 경우와 마찬가지로 비디오 등 중

1) 대법 2006. 5. 25, 2005다77848; 동 2002. 12. 27, 2000다47361; 동 1999. 7. 15, 97다57979.

2) 당사자 일방이 의뢰하여 작성된 감정서(서증)는 공정하고 신뢰성 있는 전문가에 의하여 행해진 것이 아니라고 의심할 사정이 있거나 법원의 합리적인 의심을 제거할 수 있는 정도가 아니면 쉽게 채용해서는 안 된다는 것에, 대법 2010. 5. 13, 2010다6222.

계장치에 감정인신문을 가능하게 하였다. 이 점이 증인에 대하여 교호신문의 방식에 의한 신문하는 방식과 달리하였다(2016. 3. 29. 개정 333조).

2. 감정의무

학식경험 있는 자로서 제334조 2항에 해당하지 않는 자는 감정의무가 있다. 그 내용은 출석의무 · 선서의무 · 감정의견보고의무이다. 이러한 의무위반의 경우에는 증인의무위배의 제재규정이 준용된다(333조). 그러나 미국과 달리 감정인의 법정출석의무가 이행되고 있지 않은 현실이다. 증거조사의 부실과 후진성은 증인신문은 물론 감정에서도 나타난다. 선서한 감정인이 허위의 감정을 한 때에는 형법 제154조의 허위감정죄의 처벌을 받는다.

2016. 3. 29.에 신설된 제335조의 2는 감정인의 의무로, 감정사항이 자신의 전문분야에 속하지 아니한 경우 또는 그에 속하더라도 다른 감정인과 함께 감정하여야 하는 경우에는 곧바로 법원에 감정인의 지정취소 또는 추가지정을 요구하게 하고(감정인의 자기 역량 고지의무),[1] 감정인이 다른 사람에게 감정사항의 위임을 금지시켰다.

3. 감정절차

원칙적으로 증인신문에 준한다(333조; 규 104조). 신청에 의하여 행하는 것이 원칙이지만, 제292조에 의해 직권으로도 감정을 명할 수 있다. 신청을 함에 있어서는 감정을 구하는 사항을 적은 서면과 함께 신청서를 내야 하며, 그 서면은 상대방에게 송달하여 그 의견을 내게 할 수 있다(규 101조 1항 · 2항 · 3항). 법원이 감정사항을 결정하기 위한 토대로 된다(동조 4항). 감정신청을 할 때에는 감정인을 지정할 필요가 없으며, 설사 그것이 표시되어도 법원에 추천하는 이상의 의미가 있을 수 없고, 법원은 감정인의 지정을 위한 사람선택에 있어서 신청에 구속되지 않는다(335조). 감정인능력에 제한은 없다.[2] 감정인은 감정과정에서 감정방해에 대비하여 강제력을 행사할 수 있다. 즉 감정인은 필요한 때에는 법원의 허가를 얻어 남의 토지 · 주거 · 관리중인 가옥 · 건조물 · 항공기 · 선박 · 차량 그 밖의 시설물 안에 들어갈 수 있으며, 이 경우에 감정인이 저항을 받았을 때에는 국가경찰공무원에게 원조를 요청할 수 있다(342조, 저항배제권). 감정의견의 보고는 변론기일 또는 감정인신문기일에 있어서는 말로 하고, 기일 외에 있어서는 서면으로 한다. 기일의 구술보고보다

1) 조병남, "개정 민사소송법에서 신설된 335조의 2의 진정한 의미," 법률신문 2016. 6. 16.자

2) 시중에서 인장감정업자에게 필적을 감정시켰다 하여 위법이 아니다(대법 1966. 1. 31, 65다2540).

기일외에서의 서면보고, 즉 감정서의 제출이 실무상 통례이다.

감정촉탁 감정촉탁은 개인에 대해서가 아니라, 공공기관, 학교 그 밖에 상당한 설비 있는 단체 또는 외국 공공기관에 대해 하는 것이다. 법원이 필요하다고 할 때에 직권으로 한다. 법관이 감정대상물이 있는 곳에 가지 않고 감정인에게 감정촉탁서에 의하여 감정지시를 하는 점에서, 흔히 감정인과 함께 현장에 가서 감정대상물을 지적하는 통상의 감정과 다르다. 따라서 감정대상물에 혼동이 생길 염려가 있을 때에는 감정촉탁은 부적합하다 할 것이다. 감정촉탁의 경우에는 선서나 진술의무가 면제된다(341조 1항 후문). 선서의무 등이 면제됨에 비추어 권위 있는 기관에 의하여 그 공정성, 진실성 및 전문성이 담보되어야 한다.[1] 감정촉탁의 경우에 제출된 감정서가 불명하거나 불비한 점이 있으면 그 촉탁받은 공공기관 등의 구성원 중 감정에 관여한 사람에게 감정서의 보충설명을 요구할 수 있다(341조 2항). 이 때에는 당사자를 참여시켜야 하며 또 설명의 요지를 조서에 기재할 것을 요한다(규 103조). 감정인을 법정에 불러 감정결과의 부적확성·불확실성을 탄핵하기 어렵다는 것이 문제이다(법률신문 2014. 6. 20.자, 일본법에는 입법대책 있음). 일본 민소법 제215조의 2는 감정인의 편의, 그 원활한 조달을 위하여 감정인의 **화상통화**에 의한 **진술**을 가능하게 하였다. 우리도 2016. 3. 2. 개정법률에서 원격증인신문 같은 새제도를 채택하였다(규 73조의 2).

4. 감정결과의 채택 여부

(1) 감정의 결과를 재판의 자료로 하기 위해서 실무상 당사자는 감정의 결과를 원용한다는 진술을 하지만, 수소법원에 의해 감정의 결과가 법정에 현출된 이상 원용하지 않는다는 진술을 하여도 증거자료로 할 수 있다고 할 것이다. 판례의 주류도 감정결과를 당사자가 증거로 원용하지 않는 경우라도 이를 증거자료로 할 수 있다는 입장이다.[2]

(2) 감정의 결과를 현실적으로 증거로 채용할 수 있는가는 다른 증거와 마찬가지로 **법관의 자유심증**에 의한다(202조).[3] 반드시 믿어야 하는 것이 아니나, 감정방법 등이 경험법칙에 반하거나 합리성이 없는 등 현저한 잘못이 없는 한 존중되어야 할 것이다.[4] 재감정신청의 채택 여부는 법원의 직권사항이며, 2개의 감정결

---

1) 대법 1982. 8. 24, 82다카317.

2) 대법 1994. 8. 26, 94누2718 등.

3) 대법 1998. 4. 24, 97다58491; 동 2002. 6. 28, 2001다27777. 녹음파일사본이 녹음원본파일과 동일성이 있는지 여부는, 대법 2023. 6. 1, 2023다217534.

4) 대법 2019. 3. 14, 2018다255648; 동 2015. 2. 26, 2012다89320; 동 2012. 11. 29, 2010다93790; 동 2002. 11. 26, 2001다72678=신체감정촉탁에 의한 남은 생존여명 감정결과는 특단의 사정이 없는 한 존중. 과학적인 방법에 의한 무인(拇印) 감정 결과도 유사한 취지=대법 1999. 4. 9, 98다57198. 선서 또는 촉탁 감정인이 제출한 항공기소음에 관한 감정결과는 그 신빙성을 탄핵할 만한 객관적 자료를 제출하지 않는다면 사소한 오류의 가능성을 지적하는 것만으로 쉽게 배척할 수는 없다=대법 2010. 11. 25, 2007다74560.

과가 판이한 경우 제3의 감정을 명하여 그 중간치의 감정결과를 채용하여야 한다는 증거법칙은 없다.[1] 동일사항에 대한 상반된 수개의 감정결과가 나왔을 때에(원고측 신청감정결과, 피고측 감정결과가 상반) 그 중 그 어느 것을 채용하여도 논리와 경험법칙에 위배되거나 합리성이 없다는 등의 잘못이 없는 한 적법하며,[2] 채용하지 아니한 다른 것에 대해 배척하는 이유를 설시하지 아니하여도 된다는 것이 판례이다.[3] 그러나 복수의 감정결과에 대한 신체감정 촉탁결과에는 감정의 중복·누락이 있을 수 있으므로 감정결과를 평가하는 법원으로서는 중복·누락되었는지 여부를 세심히 살펴야 하고 중복·누락이 있는 경우에는 필요한 심리를 통하여 바로잡아야 한다.[4]

또한 동일한 감정인이 동일한 감정사항에 대해 모순·불명료한 감정의견을 내었을 때에는, 특별히 다른 증거자료가 뒷받침되지 않는 한, 감정서의 보충을 명하거나 감정증인으로 신문하는 등 적극적 조치를 강구하여야 한다고 했다.[5] 동일감정인 작성의 하나의 측량도면의 일부채용·일부배척은 채증법칙 위반이다.[6] 전체적으로 서로 모순되거나 매우 불명한 것이 아니면 별문제이다.

(3) 법관이 감정결과를 사려 없이 받아들이는 것은 문제이다.「감정인이 판사이다」라는 말이 나올 정도로 주인으로서의 법관과 조력자로서의 감정인의 관계가 흔들려서는 안 될 것이다. 그러한 의미에서 감정촉탁결과는 법관이 그 특별한 지식·경험을 이용하는 데 불과한 것이므로, 예를 들면 그 결과에 의료과오의 유무에 관한 견해가 포함되어도 법원은 그 견해에 기속되지 아니한다.[7] 의료·건축소송에서의 말이나 감정결과만이 재판결과를 좌우한다는 말이 나와서는 안 된

1) 대법 1960. 2. 25, 4292민상52; 동 1980. 1. 29, 79다2029.
2) 대법 2015. 2. 12, 2012다6851; 동 2020. 4. 9, 2016다32582 등.
3) 대법 2006. 11. 23, 2004다60447; 동 1997. 12. 12, 97다36507; 동 2016다243115 등. 반면에 감정서의 보완을 명하거나 증인신문이나 사실조회를 통해 정확한 감정의견을 밝히도록 적극적 조치의 강구요=대법 2023. 4. 27, 2022다303216.
4) 대법 2020. 6. 25, 2020다216240.
5) 대법 1994. 6. 10, 94다10955; 동 2004. 11. 26, 2003다33998.
6) 대법 1984. 2. 28, 83다카1933.
7) 대법 2019. 5. 30, 2015다8902는 신체감정결과는 증거방법의 하나로서 법원이 어떤 사항을 판단할 때 특별한 지식과 경험이 필요한 경우에 판단이 보조수단으로 이용되는데 지나지 않는다. 법관은 모든 증거를 종합하여 자유로운 심증으로 감정결과에 따라 휴유장애의 여부를 판단할 수 있고, 이러한 판단은 논리와 경험에 반하지 않는 한 적법하다 하였다. 92%의 노동능력상실하였다는 서울대병원장의 감정촉탁결과를 배척하고 여러 가지 조건을 참작하여 70%의 노동능력감퇴라고 인정한 것이 정당하다고 한 예=대법 1987. 10. 13, 87다카1613. 환자의 구체적 상황을 파악하지 않고 신체감정서를 작성하였다면 전문의료인의 견해는 기대여명의 판단기준으로 삼을 수 없다는 것에, 대법 2010. 2. 25, 2009다75574. 노동능력상실률은 법관이 경험칙에 비추어 규범적으로 결정하는 것이다(대법 2017. 11. 9, 2013다26708·26722·26739).

다. 개정법률 제339조 3항은 당사자에게 감정결과에 대하여 의견진술권의 기회를 부여하도록 하였다.

Ⅳ. 서 증

1. 서증의 의의

서증이란 문서에 표현된 의사를 증거자료로 하여 요증사실을 증명하려는 증거방법을 말한다. **가장 확실한 증거**라고 하며, 예외적이나 이것만이 증거가 되는 경우도 있다(158조 본문). '종이'에서 'digital'로 이행하는 시대이니만큼 과거와는 비중이 달라지기 시작한다. 「그 밖의 증거」인 영상·녹취 등의 비중이 더 커지는 시대상이다.

(1) 문서란 문자, 그 밖의 기호의 조합에 의하여 사상적 의미를 표현한 종이쪽지 그 밖의 유형물을 말한다. 기호라면 전신부호·암호·속기라도 상관없으며, 유형물이라면 종이쪽지에 한하지 않고 나무·돌·금속·가죽 등 어느 것이라도 무방하다. 악보는 기호를 사용한 것이나 음의 표현이고 사상의 표현이 아닌 점에서 문서라고 할 수 없다. **전자문서**는 뒤에서 볼 「그 밖의 증거」에 속한다.

(2) 문서의 기재내용을 자료로 하는 것이 서증이기 때문에, 문서의 외형존재 자체를 자료로 할 때에는 서증이 아니라 검증이다. 따라서 위조문서라는 입증취지로 제출한 문서는 서증이 아니고 검증물로 된다.[1)]

(3) 당해 소송에 있어서 증거조사의 결과를 기재한 문서(예: 증인신문조서, 검증조서, 감정서 등)는 다시 서증의 대상이 되는 것이 아니다. 이에 반하여 다른 사건 소송의 조서는 서증으로 된다.

2. 문서의 종류

(1) 공문서·사문서

1) **공무원**이 그 직무권한 내의 사항에 대하여 직무상 작성한 문서를 공문서라고 한다. 공문서 중 공증인 등 공증사무소가 작성한 것을 공정증서라고 한다(공증인이 인증한 개인의 진술서 등 사서증서도 같다. 과거에 공인인증서에 의한 문서도 여기에 속하였으나, 그 제도가 없어졌다).[2)] 공무원이 작성한 것이라도 직

---

1) 같은 취지: 송상현, 659면; 대법 1992. 7. 10, 92다12919.

2) 공증인이나 공증인가합동법률사무소의 작성문서는 공문서이고, 신빙성 있는 반대자료가 없는 한 증명력을 부정할 수 없다는 것에, 대법 1994. 6. 28, 94누2046.

무권한 내의 사항에 관하여 작성한 것이 아니면 공문서가 아니다(공무원이 개인의 자격에서 작성한 문서는 공문서가 아님).[1] 공법인이 직무상 발급한 문서가 공문서인가는 문제이나, 공문서에 준해 볼 것이다[2](공문서의 증거력에 관하여 531면 참조).

2) 공문서 이외의 문서는 사문서이다. 그런데 사문서에 공무원이 직무상 일정한 사항을 기입해 넣는 경우가 있는데, 공사병존문서(公私併存文書)가 된다. 이 경우에 공문서부분의 진정성립으로 사문서부분의 진정성립을 추정할 수 없다[3](등기관이 부동산의 매도증서에 '등기필'을 기입한 등기필권리증(등기필정보) 등), 확정일자 있는 사문서(예: 확정일자를 갖춘 임대차계약서) 역시 확정일자 부분은 공문서이다.[4]

(2) 처분문서 · 보고문서 i) 증명하고자 하는 **법률적 행위**(처분)가 그 문서 자체에 의하여 행하여진 경우의 문서를 처분문서라 한다(법률행위 자체가 문서에 화체된 경우.[5] 독일은 구성요건문서라고도 함). 예를 들면 법원의 재판서,[6] 행정처분서, 사법상의 의사표시가 포함된 법률행위문서(매도증서 · 계약서 · 약정서 · 각서 · 차용증서 · 합의서 · 단체협약[7] 등),[8] 어음 · 수표 따위의 유가증권, 유언서, 해약통지서, 납세고지서 그 밖에 관념의 통지서가 그것이다. 영수증과 같은 자백문서도 이에 준하여 볼 것이나, 문제있다.[9] 이에 대해 ii) 작성자가 듣고 보고 느끼고 **의견이나 감상**을 기재한 문서를 보고문서라 한다(독일에서는 증명문서라고도 한다).[10] 예를 들면 의사록, 회의록, 상업장부, 가족관계증명서, 이력서, 진단서, 편지, 소송상의 조서, 병상일지, 일기, 확인서 등이다. 처분문서는 보고문서와 달리 뒤에서 볼 바와 같이 그 형식적 증거력이 인정되면 실질적 증거력이 당연히 인정된다. 그러나 절차적 요건은 의사록에 의해 판단할 것이라는 판례가 있다(536면 참조).

---

1) 면장의 증명서라도 그 관장사항에 관하여 작성한 것이 아니면 공증력이 없다 한 것에, 대법 1951. 8. 21, 4283민상1.
2) 대법 1972. 2. 22, 71다2269 · 2270.
3) 대법 1989. 9. 12, 88다카5836; 동 2018. 4. 12, 2017다292244.
4) 대법 1968. 1. 23, 67다1055 등. 법원의 접수인이 찍힌 소송위임장의 경우에도 접수인 한도에서 공문서부분이 포함된 공사병존문서라고 할 것이다. 대법 1972. 11. 14, 72다908; 동 1974. 9. 24, 74다234; 동 1976. 3. 9, 75다1843.
5) 대법 1997. 5. 30, 97다2986.
6) 판결서는 판결이 있었다는 사실을 증명하는 한도에서는 처분문서이나, 판결의 판단사실을 이용하는 경우에는 보고문서라는 것에, 대법(전) 1980. 9. 9, 79다1281. 피의자신문조서는 채무면제의 처분문서에 해당하지 않는다는 것에, 대법 1998. 10. 13, 98다17046.
7) 대법 2018. 11. 29, 2018두41532.
8) 대법 1991. 10. 22, 91다25468. 부동산 교환계약의 처분문서는 그 부동산교환계약서일 뿐이고, 교환계약상의 등록의무를 이행하기 위하여 사후에 형식적으로 작성된 임차권양도계약서는 교환계약에 대한 처분문서가 아니라는 것에, 대법 1997. 5. 30, 97다2986.
9) 이를 처분문서로 본 것에, 대법 1984. 2. 14, 80다2280. Schilken ZPR S. 258은 Quittung 영수증을 보고문서로 본다.
10) 대법 2010. 5. 13, 2010다6222.

(3) 원본 · 정본 · 등본 · 초본 원본(元本)이란 문서 그 자체를 말하고, 정본(正本)이란 특히 정본이라 표시한 문서의 등본으로서 원본과 같은 효력이 인정되는 것을 말한다. 등본이란 원본전부의 사본이며, 초본은 그 일부의 사본이고, 인증기관이 공증한 등본을 인증등본이라 한다(외국문서는 그 지역관할의 한국영사관의 인증을 필요). 문서의 제출 또는 송부는 원본 · 정본 또는 인증등본에 의할 것을 원칙으로 한다(355조 1항).

3. 문서의 증거능력

추상적으로 증거조사의 대상이 될 수 있는 자격을 증거능력이라 한다. 민사소송에 있어서는 형사소송과 달리 증거능력에 제한이 없음이 원칙이다.[1] 앞서 본 바와 같이 판례는 소제기 후 계쟁사실에 관하여 작성된 문서라도 증거능력을 인정하고 있다.[2] 나아가 서증의 사본도 전적으로 증거능력이 부인되지 않는다는 것이 판례이다.[3] 형사사건의 각종조서도 증거능력이 부인되지 않는다. 다만 독일에서는 신문을 받은 자가 진술거부권을 고지받지 않은 경우에는 경찰이나 형사법원의 신문조서를 서증으로 할 수 없다는 것이다(BGH NJW 85, 1470). 민사사건의 「증거만들기」를 위하여 형사고소로 형사사건화에 경종이다.

4. 문서의 증거력

문서의 증거능력 다음에 따지는 증거력을 판단함에 있어서는 우선 형식적 증거력의 유무를 조사하여 이를 확실히 하고, 다음 형식적 증거력이 있다고 할 때에 실질적 증거력을 판단하는 것이 순서이다(실질적 증거력이 부정되면 형식적 증거력을 조사함이 없이 배척하여도 된다).[4]

(1) 문서의 형식적 증거력

(a) 의 의 문서가 거증자(擧證者)(증거대는 자 또는 제출자)가 주장하는 특정인의 의사에 기하여 작성된 것을 **문서의 진정성립**이라 하고, 진정성립의 문서이면 원칙적으로 형식적 증거력이 있다고 한다.[5] 문서의 진정성립이란 증거대는 자가 작성자라고 주장하는 자가 진실로 작성한 것이고(Erklärung) 그의 의사와 무관하게 다른 사람에 의해 위조 · 변조된 것이 아님을 뜻한다. 그 문서의 기

1) 대법 1964. 9. 15, 64다360.
2) 대법 1992. 4. 14, 91다24755 등.
3) 대법 1966. 9. 20, 66다636.
4) 대법 2015. 11. 26, 2014다45317; 동 1997. 4. 11, 96다50520.
5) 문서의 진정성립과 형식적 증거력은 구별을 요한다는 견해는, 정선주, 법률신문 1999. 6. 24.자. 엄밀하게는 진정성립=의사에 의한 작성, 형식적 증거력=사상의 표현이라면, 연습용의 작성문서이면 진정성립이나 형식적 증거력이 없는 예외적인 경우가 될 것임.

재내용이 객관적으로 진실하다는 것까지 말하는 것은 아니다(작성진정이지 내용진정이 아님. 허위내용의 자기 이력서라도 진정성립이 될 수 있다). 이것은 뒤에 볼 문서의 실질적 증거력의 문제이다. 증거대는 자가 주장하는 특정인의 의사에 의해 이루어진 것이면 되므로, 반드시 그 자신의 자필일 필요가 없으며 그의 승낙하에 작성되어도 상관없다. 판례는 반드시 문서작성자의 날인이 필요하다고 보지 않는다.[1] 이 점이 문서의 서명날인을 필요로 하는 형소법상 문서와 다르다.

(b) **성립의 인부**(認否) 서증이 제출된 경우에는 그 형식적 증거력의 조사를 위해 법원이 상대방에게 그것의 진정성립에 대해 인정여부를 물어보고 답변하게 하는 절차이다. 근자의 실무는 서증의 인부절차를 거치지 않는 예도 있으나(독일에서는 이러한 인부절차 없다), 문서에 대한 위·변조의 항변 등 다툼이 있거나 처분문서의 경우 등 '필요적 인부문서'에 대하여는 인부절차를 거쳐야 할 것이다(사건관리방식에 관한 예규). 원고가 낸 甲호증은 피고에게, 피고가 낸 乙호증은 원고에게 문서의 작성자로 기재된 사람이 작성한 문서임을 인정하는지의 답변을 구한다. 이 때에 상대방의 답변을 「성립의 인부」라고 한다. **성립의 인부절차**에 있어서 상대방의 태도는 주장사실에 대한 답변처럼(402면 참조), 기본적으로 i) **성립인정**, ii) **침묵**, iii) **부인**, iv) **부지**(不知) 등 네 가지이다. 성립의 인부는 변론에서 구술로 함이 원칙이나, 변론준비과정(준비서면, 변론준비절차)에서도 할 수 있다(274조 2항, 281조 3항).

문서의 인부는 신중하게 하여야 하며, 무책임하게 부지 또는 부인의 답변을 하여서는 안 된다(덮어놓고 사문서이면 부지, 공문서이면 성립인정의 답변 경향). 고의나 중과실로 진실에 반하여 문서의 진정을 다툴 때에는 200만원 이하의 과태료의 제재가 따른다(363조).[2] 다만 본인작성의 문서에 있어서 자기 서명이나 날인이 있는 문서에 대해 '부지'의 답변은 문제이다. 이러한 문서에 대해서는 부지라고 할 수 없고 부인 또는 인정을 하여야 한다.[3] 부지라고 우기면 특단의 사정이 없는 한 자백으로 간주될 수 있다.[4] 당사자의 진실의무위반이 된다고 할 것이다.

1) 문서의 진정성립에 관하여 상대방이 **성립인정**이나 **침묵**으로 답변하면, 주요사실에 대한 경우처럼 재판상의 자백·자백간주의 법리가 적용된다는 것이 판례이다(일판례 반대). 따라서 당사자 사이에 성립에 다툼이 없으면 법원은 자백에 구속

1) 대법 1994. 10. 14, 94다11590; 동 1961. 8. 10, 4293민상510.

2) 과태료의 재판에 앞서 원칙적으로 당사자의 의견을 들어야 한다=대법 2010. 1. 29, 2009마2050.

3) 대법 1964. 9. 22, 64다447. 그 때에 부지라고 답변하면 그것만으로 증거력을 배척할 것이 아니라, 그 문서의 서명이 그 자신의 것인지 그 이름 아래의 인영이 진정한 것인지의 여부를 석명할 것이고, 만일 그 서명이나 인영까지 부인하는 취지라면 상대방에 입증을 촉구할 것이라는 것에, 대법 1972. 6. 27, 72다857; 동 1990. 6. 12, 90누356 등.

4) Rosenberg/Schwab/Gottwald, § 118 Rdnr. 15.

되어 그 형식적 증거력을 인정하여야 한다.[1] 그 취소에 있어서는 주요사실의 자백취소와 동일하게 처리하여야 한다.[2]

2) 문서의 진정성립에 관하여 상대방이 부인·부지로 답변할 수 있는데, 다만, 신민소규칙 제116조는 문서의 진정성립을 부인하는 때에는 단순부인은 허용되지 아니하며, 부인하는 이유를 구체적으로 밝혀야 하는 **이유부부인**만 할 수 있도록 하였다. 부인·부지의 답변 때는 증명을 필요로 하는데 증명책임은 그 문서 제출자에게 돌아간다.[3] 증명방법에 제한이 없으며,[4] 변론전체의 취지(202조)만으로 그 성립을 인정하여도 무방하다.[5][6] 다만 진정성립의 증명을 쉽게 하기 위해 법정 증거법칙의 일종으로 다음의 **추정규정**이 있다.

(c) **진정의 추정 등**

1) 공 문 서　　문서의 방식과 취지에 의하여 공문서로 인정되는 때에는 진정한 공문서로 추정된다(356조 1항).[7] 위조일 개연성이 낮기 때문에 **전면적 추정력**을 받는다. 그 증명력을 함부로 배척할 수 없다.[8] 공증인이 인증한 사서증서의 진정성립도 추정된다.[9] 다만 위조 또는 변조 등 특별한 사정이 있다고 볼만한 반증이 있는 경우에는 추정이 깨어진다(대법 2017다292244). 여기의 추정은 **실체법상의 법률요건사실의 추정**은 아니므로 법률상의 추정으로 볼 것은 아니다(다툼 있음). 따라서 이를 다투는 상대방은 반대사실의 증명이 아니라 진실에 의심이 들 정도의 반증을 세우면 된다. 법원은 의심 있는 때에는 직권으로 당해 공공기관에 조회할 수 있다(356조 2항). 외국의 공공기관이 작성한 문서도 이에 준한다(356조 3항).[10] 추정의 범

---

1) 대법 1967. 4. 4, 67다225.
2) 대법 2001. 4. 24, 2001다5654.
3) 대법 1994. 11. 8, 94다31549.
4) 대법 1992. 11. 24, 92다21135 등.
5) 대법 1993. 4. 13, 92다12070 등.
6) 사문서의 경우 그것이 어떠한 증거에 의하여 진정성립이 인정된 것인지 잘 알아보기 어려운 때에는 그 근거를 분명히 밝혀서 설시하여야 한다는 판례도 있다(현재는 실무와 거리 있음). 대법 1993. 5. 11, 92다50973; 동 1993. 12. 7, 93다41914 등.
7) 대법 1986. 6. 10, 85다카180 등. 동 2009. 1. 16, 2008스119=공증인이 인증한 사서증서도 진정성립이 추정된다.
8) 대법 2006. 6. 15, 2006다16055. 기재가 비정상적으로 이루어졌거나 내용의 신빙성을 의심할 만한 특별한 사정이 없는 한 기재내용대로 증명력을 가진다=대법 2015. 7. 9, 2013두3658, 3665.
9) 대법 1992. 7. 28, 91다35816.
10) 해당 외국공문서작성국 소재 대한민국의 공관의 인증이나 확인을 거친 것이 바람직하나, 반드시 그 절차를 거쳐야 하는 것은 아니다(2016다205373). 국내의 공문서와 같이 진정성립의 추정은 타당치 않고, 입법론으로는 법관의 자유심증에 맡기는 것이 옳다는 견해는, 정선주, 법률신문 2019. 12. 26.자.

위는 공문서의 진정성립에 국한된다.[1] 다만 난민신청자가 제출한 외국의 공문서는 엄격한 증명방법에 의할 것은 아니다.[2]

2) 사 문 서　　사문서의 진정에 대해서는 증거대는 자측이 그 성립의 진정을 증명하여야 하지만(357조), 그 문서에 있는 본인 또는 대리인의 서명·날인·무인(지장)이 진정한 의사임을 증명한 때에 한하여 진정한 문서로서 추정을 받는다(358조). 즉 **제한적 추정력**을 받는다(서명날인 없으면 별문제). 여기의 추정도 공문서의 경우와 마찬가지로 법률상의 추정이 아니라 사실상의 추정이다.[3] 그러나 문서의 서명·날인이 틀림없다는 인정까지는 가지 않고 작성명의인의 인영(印影: 도장자국)이 그 사람의 도장에 의하여 현출된 것이 인정될 때면, 그 날인(도장찍은 것)이 그 사람의 의사에 기한 것이라고 사실상의 추정이 된다는 것이고, 일단 날인의 진정이 추정되면 그 문서 전체의 진정성립까지도 추정된다는 것이다(먼저 내용기재가 이루어진 뒤의 도장이 진짜 → 진짜 날인한 것으로 추정 → 문서 전체의 진정성립의 추정).[4] 이른바 '**2단계의 추정**'이라 한다. 또한 이러한 추정은 문서전체가 완성되어 있는 상태 즉 **완성문서**의 서명날인의 추정이라는 것이다. 2단계의 추정과 완성문서의 추정의 판례법리가 생겼다고 하겠다. 따라서 그 문서의 전부·일부가 미완성상태에서 서명날인만 먼저 되었다는 사정은 이례에 속하므로, 완성문서의 진정성립의 추정력을 뒤집으려면 그럴 만한 합리적 이유와 뒷받침할 간접반증 등의 증거가 필요하다는 것이다.[5] 다만, 그 내용이 이례적이고 정황설명이 제대로 안될 때에도 그 진정성립의 추정이 깨질 수 있다는 것이고,[6] 특히 처분문서의 소지자가 업무 또는 친족관계 등에 의하여 문서명의자의 위임을 받아 그의 인장을 사용하기도 하였던 사실이 밝혀진 경우라면 처분문서의 진정성립의 추정에 더욱 신중을 기하여야 한다고 하였다.[7] 만일 완성문서로서 진정성립이 깨지고 다른 사람에 의하여 보충되었다는 것이 밝혀진 경우라면, 그 **미완성부분이 정당한 권원**에 의하여 보충되었다는 점에 관하여 문서제출자에게 증명책임이 돌아간

1) 대법 2002. 2. 22, 2001다78768은 공문서의 기재 중 붉은 선으로 그어 말소된 부분이 있는 경우에도 말소의 경위나 태양 등에 있어 비정상으로 이루어졌다는 특별한 사정이 없는 한 그 말소된 기재내용대로 증명력을 가진다고 한다.

2) 대법 2016. 3. 10, 2013두14269.

3) 대법 1997. 6. 13, 96재다462; 동 2014. 9. 26, 2014다29667=법률상의 추정이 아니므로 반대사실의 증명까지 불필요, 사실상의 추정이므로 작성명의인의 의사인가 의심을 품을 수 있을 사정을 증명하면 진정성립이 깨진다.

4) 대법 2010. 7. 15, 2009다67276; 동 2005. 5. 12, 2005다3748 등.

5) 대법 2011. 11. 10, 2011다62977; 동 2003. 4. 11, 2001다11406.

6) 대법 2013. 4. 25, 2011다76679.

7) 대법 2014. 9. 26, 2014다29667.

다는 것이 일관된 판례이다(독일은 우리나라처럼 가짜 문서가 거의 없어 문서로 증명될 사실은 당사자간에 다툼이 없다고 한다. 서증은 실무상 별로 문제되지 않는다).[1]

문제되는 것은 i) 인장도용·강박 날인주장의 문서, 즉 인장은 틀림없지만 도용당하거나 강박에 의해 찍은 것이라는 증거항변을 한 경우가 있다. 이때 도용·강박에 대한 증명책임은 항변자에게 있다는 것이며, 그가 입증하지 못하면 진정성립이 추정된다는 것이 판례이다.[2] 일부 변조의 항변을 할 때도 같다(인장위조의 증거항변에는 석명이 중요하다).[3] ii) 판례는 **백지보충문서**, 즉 작성명의인의 날인만 있고 내용이 백지로 된 문서를 교부받아 후일 다른 사람이 보충한 경우는 그 문서의 진정성립의 추정은 배제된다고 하였으나 의문이다.[4] 백지문서의 경우에 위임에 관한 증명책임은 수임인에 있다는 것이다.[5]

3) 문서가 진정하게 성립된 것인지 어떤지는 **필적 또는 인영의 대조**에 의하여 증명할 수 있다(359조. 인감도장이 찍힌 경우는 인감증명서의 제출을 명함. 지문인식시스템에서 얼굴·홍채·목소리·손금·걸음걸이, 진동인식 등을 통한 특정인물식별의 시대가 오고 있으므로 동일성의 증명방법도 달라질 것이다). 이것은 검증의 일종인데 법원은 대조에 필요한 필적이나 인영 있는 문서, 그 밖의 물건의 제출을 명할 수 있고(360조), 또 대조를 위하여 상대방에게 문자를 손수 쓰도록(수기) 명할 수 있다(361조 1항. 이에 불응시의 제재는 361조 2항). 서류의 위조 여부는 반드시 전문가의 감정에 의하여서만 판별할 수 있는 것이 아니고, 법원의 육안대조, 즉 검증에 의하여도 할 수 있다.[6]

(2) 문서의 실질적 증거력(=증거가치·증거의 무게)

1) 어떤 문서가 요증사실을 증명하기에 얼마나 유용한가의 증거가치를 말한다.[7] 바꾸어 말하면 다툼이 있는 사실을 증명할 수 있는 능력을 말한다. 이와 같은 실질적 증거력이 있으려면 문서의 진정성립 즉 형식적 증거력이 있을 것이 전제된다. 다만 형식적 증거력이 있는 문서라도 그 기재의 진실성이 없거나 또는 증명사항과 관계(relevance)가 없는 것이면 증거가치가 있다고 할 수 없다. 이러한 실질적 증거력의 판단은 **법관의 자유심증**에 일임되어 있으며, 여기에는 형식

---

1) 대법 2012. 12. 13, 2011두21218; 동 2003. 4. 11, 2001다11406 등.
2) 대법 1976. 7. 27, 76다1394; 동 2000. 10. 13, 2000다38602.
3) 대법 1995. 11. 10, 95다4674; 동 1994. 1. 25, 93다35353.
4) 대법 1988. 4. 12, 87다카576; 동 2000. 6. 9, 99다37009 등. 이 판례에서는 문서제출자는 그 기재내용이 작성명의인으로부터 위임받은 정당한 권원에 의한 것이라는 사실까지 입증하여야 한다고 했지만, 생각건대 백지날인 문서를 교부한 것이 틀림없다면 백지보충권을 준 것으로 보아 문서의 진정성립을 추정해도 될 것이라 생각된다. 독일판례 BGH NJW 1986, 3086도 백지서명의 경우에 반대취지.
5) 대법 2013. 8. 22, 2011다100923.
6) 대법 1977. 9. 3, 77다762; 동 1997. 12. 12, 95다38240 등.
7) 대법 1997. 4. 11, 96다50520.

적 증거력과 같은 증거법칙은 없다. 형식적 증거력과 달리 실질적 증거력에 관하여는 재판상의 자백은 성립되지 않는다.

2) 문서의 실질적 증거력에 관하여서는 처분문서와 보고문서를 나누어 생각할 필요가 있다.

㈎ 처분문서

(a) **처분문서의 증명력** 그 진정성립이 인정되는 이상 문언의 객관적 의미가 명확하다면 기재 내용대로 법률행위의 존재 및 내용을 인정하여야 한다(예: 도급계약서의 진정성립이 인정되는 이상, 실제로 계약의 존재나 내용은 계약서대로 인정되어야 한다-승패를 좌우하는 문서가 되기도 한다).[1] 그 문서로서 처분 등 법률행위가 이루어졌기 때문이다. 그 기재내용을 부정할만한 분명하고도 수긍할 수 있는 반증이 없으면 따라 주어야 하므로, 처분문서의 진정성립을 인정함에서는 신중을 기할 필요가 있다.[2] 예를 들면, 처분문서인 차용증서에 채권자 甲, 채무자 乙, 연대보증인 丙으로 기재되어 있는데 그럼에도 戊의 丁에 대한 채무에 대하여 연대보증하였다고 판단하려면 丙이 실제 채무자는 乙이 아니라 戊, 채권자는 甲이 아니라 丁이라는 사실을 알고 있었다는 점이 전제되어야 한다고 했다.[3] 그러나 이와 같은 처분문서의 증거력은 상대방의 분명하고도 수긍할 수 있는 반증에 의하여 부정될 수도 있는 강력한 사실상의 추정이지, 반증의 여지가 없는 **완전한 증명력**으로 볼 것이 아니다.[4] 일반 증거배척의 경우와는 달리 처분문서를 배척함에는 판결서에 **합리적인 이유설시**를 요한다(뒤에서 볼 「자유심증주의」 참조). 문언의 객관적 의미와 달리 해석함으로써 당사자 사이의 법률관계에 중대한 영향을 초래하게 되는 경우에는 그 문언의 내용을 더욱 엄격하게 해석하여야 한다.[5] 당사자의 내심의

---

1) 대법 1997. 4. 11, 96다50520; 동 2012. 11. 29, 2012다44471; 동 2023. 4. 13, 2022다279733 등. 그 기재내용이 부동문자로 인쇄되어 있을 때는 인쇄된 예문이므로 다르다는 것에 대법 1997. 11. 28, 97다36231 등. 그러나 부동문자로 인쇄된 약관의 형태를 취하고 있어도 같다고 한 것에 대법 2015. 4. 23, 2011다38899; 동 2015다206973.

2) 대법 2015. 11. 26, 2014다45317; 동 2015. 10. 15, 2012다64253. 처분문서의 소지자가 업무 또는 친족관계 등에 의하여 문서명의자의 위임을 받아 그의 인장을 사용하기로 했던 사실이 밝혀진 경우라면, 사실이 그러하다는 것에, 대법 2014. 9. 26, 2014다29667.

3) 대법 2011. 1. 27, 2010다81957. 예금계약서의 예금명의자 아닌 다른 사람이 예금계약서의 당사자라고 볼 수 있으려면 예금계약서의 증명력을 번복하기에 충분할 정도의 명확한 증명력을 가진 구체적이고 객관적인 증거에 의하여 엄격하게 인정하여야 한다는 것에, 대법(전) 2009. 3. 19, 2008다45828. 독일에서도 계약서는 그대로 합의가 있었다는 일응의 증거가 되며, 별도의 구두약정이 있었다는 주장을 하는 자는 계약서에 반영시키지 않은 이유를 믿게 하여야 한다는 입장이다. Schellhammer, Rdnr. 552.

4) 대법 2010. 11. 11, 2010다56616; 동(전) 1970. 12. 24, 70다1630; 동 1981. 6. 9, 80다442 등.

5) 대법 2014. 6. 12, 2012다92159. 유사취지는 대법 2017. 8. 18, 2017다228762; 동 2022. 2. 10, 2020다279951 등.

의사보다 서면의 기재내용에 의한 당사자의 표시행위에 부여한 객관적 의미에 따라야 한다.[1] 의사주의 아닌 표시주의의 입장이다.

(b) **처분문서의 해석**　　추정의 **범위**는 문서에 기재된 법률행위의 존재와 그 내용에 국한된다 할 것이다. ① **법률행위의 해석, 행위자의 의사의 흠**의 여부에는 미치지 않으며, 이와 같은 문제는 그 의미가 명확치 않거나 다툼이 있을 때 문언의 내용, 약정이 이루어진 동기와 경위, 약정으로 달성하려는 목적, 당사자의 진정한 의사 등을 종합하여 논리와 경험칙에 따라 합리적으로 해석해야 한다는 것이다.[2] 그 처분문서의 계약상의 책임을 공평의 이념 및 신의칙 같은 일반원칙에 의하여 제한할 수도 있다.[3] ② 그 기재내용과 **다른 명시적·묵시적 약정**이 있는 사실이 인정될 경우에는 그 기재내용과 다른 사실을 인정할 수 있다는 것이다.[4] 처분문서의 진정성립은 이를 다툴 독자적인 이익이 있으므로 증서의 진실여부의 확인의 소를 제기할 수 있다(250조).

(내) **보고문서**　　작성자의 관찰이나 인식에 잘못이 있느냐의 여부, 기록이나 표현이 정확한가 여부 등 여러 가지 사정을 고려하여 법관의 자유심증으로 결정할 문제이다. 이와 같은 법리는 원칙적으로 공문서인 보고문서의 경우도 같다. 다만, 판례에서 공문서 등에 대해 그 기재사항을 진실이라고 추정할 것이라고 하는 경우가 많다. 따라서 진정성립이 인정되는 공문서는 특단의 사정이 없으면 그 증명력을 쉽게 배척할 수 없다.[5]

i) 등기부에 기재된 권리상태의 진실, 등기원인과 그 절차의 정당성 추정, ii) 가족관계등록부(구 호적부)의 기재사실이 진실한 것이라는 추정,[6] iii) 토지대장[7]·임야대장,[8] 일제때인 1912년 작성된 **토지조사부**[9]에의 소유권자등재(사정=査定, 그 이전에는 우리나라에 토지공부가 없었다)는 토지소유권

1) 대법 2016. 12. 1, 2015다228799; 동 2017다228762.
2) 대법 2018. 12. 28, 2018다260732; 동 2019. 5. 30, 2016다221429; 동 2000. 4. 11, 2000다4517·4524; 동 2007. 7. 12, 2007다13640; 동 2023. 11. 30, 2023다263346 등.
3) 대법 2015. 10. 15, 2012다64253(신중을 기하여 극히 예외적으로 인정).
4) 대법 2013. 1. 16, 2011다102776. 동일사항에 내용을 달리하는 문서의 중복작성의 경우는 뒤에 작성한 후자우선의 원칙이 일반적이다.
5) 대법 2015. 7. 9, 2013두3658·3605.
6) 대법 1994. 6. 10, 94다1883; 동 1996. 4. 9, 96다1320 등.
7) 대법 1980. 5. 27, 80다748 등.
8) 대법 1965. 8. 31, 65다1229.
9) 대법(전) 1986. 6. 10, 84다카1773; 동 2011. 11. 24, 2011다56972. 사정이라는 제도가 해당 토지나 임야에 대한 기존의 소유권을 확인하는 절차에 불과하다고 볼 것은 아니며, 토지나 임야의 사정명의인은 이를 원시취득하는 것으로 당해 토지에 관한 기존의 권리관계는 모두 소멸되고 사정으로 인하여 소유권을 창설적으로 취득하게 된다. 임야원도에 성명의 기재는 사정(査定)추정은 아니다=대법 2012. 5. 24, 2012다11198. 그러나 용지매수비조사부(用地買收費調査簿)에 어느 사

귀속에 관하여 추정을 받으며, iv) 공문서인 사실조회회보,[1] 국립과학수사연구소의 감정의뢰회보,[2] 공증문서,[3] 지적공부[4]는 반대자료가 없는 한 그 기재와 어긋나는 사실을 인정할 수 없고, v) 확정된 민·형사판결에서 확정된 사실은 특단의 사정이 없는 한 유력한 증거자료가 되므로 합리적 이유의 설시 없이 배척할 수 없다(독일개정법 § 415에서는 확정된 형사판결에 완전한 증명력)[5][6]는 것이 그 예이다.

공문서는 아니나 민법상 사단법인의 의사정족수·의결정족수 등 절차적 요건은 왜곡 등 특단의 사정이 없는 한 의사록의 기재에 의하여 판단한다고 했다.[7] 주주명의로 등재된 자는 주주로 추정한다(대법 2014. 12. 11, 2014다218511).

5. 서증신청의 절차

서증신청은 i) 신청자가 스스로 가진 문서이면 이를 직접제출의 방법으로, ii) 상대방·제3자가 가진 것으로서 제출의무가 있는 문서는 그 소지인에 대한 제출명령을 신청하는 방법으로, iii) 소지자에게 제출의무가 없는 문서는 그에 대한 문서송부촉탁을 신청하는 방법으로, iv) 소지자에 대한 송부촉탁이 어려운 문서는 문서소재장소에서의 서증조사를 신청하는 방법으로 한다. 제출문서가 증거로 채택되지 아니하는 때에는 법원은 당사자의 의견을 들어 반환 또는 폐기할 수 있다(355조 4항).

(1) 문서의 직접제출 신청자가 가지고 있는 문서에 대해 서증신청함에 있어서는, 이를 법원에 직접 제출하여야 한다(343조). 문서의 제목·작성자 및 작성일을 밝혀 신청하여야 한다(규 105조). i) 제출은 변론기일(또는 변론준비기일)에서 현실로 제출할 것을 요하며, 준비서면에 첨부된 문서는 비록 준비서면이 진술간주되어(148조)도 제출한 것으로 보지 않는다.[8] ii) 문서는 원본·정본 또는 인증등본(공증인이 확정일자를 하여 준 문서의 사본도 상관없다)[9]의 제출이 원칙이다(355조 1항). 만일 원본의 성립·존재 등에 다툼이 있는데 원본에 갈음하여 사본이 제출되면 증거신청은 부적법하다. 원본제출의 원칙

람의 매도인기재는 다른 사정과 종합하여 권리이전 및 변동에 관한 사실인정의 자료=대법 2012. 9. 13, 2011다85833.

1) 대법 1990. 11. 23, 90다카21022.
2) 대법 1996. 7. 26, 95다19072.
3) 대법 1994. 6. 28, 94누2046.
4) 대법 2010. 7. 8, 2010다21757.
5) 외국의 민사판결도 같다=대법 2007. 8. 23, 2005다72386·72393. 그러나 미확정판결은 자유심증.
6) 대법 2000. 9. 8, 99다58471; 동 2012. 11. 29, 2012다44471 등.
7) 대법 2011. 10. 27, 2010다88682.
8) 대법 1991. 11. 8, 91다15775 등.
9) 대법 1963. 8. 31, 63다307.

이다.[1] 다만 전자복사기를 사용하여 원본을 본뜬 사본을 복사문서라 하는데, 이 경우는 원본의 존재를 인정하여 서증신청을 받아들일 수 있을 것이다(규 105조 2항 내지 5항).[2] iii) 신청한 서증의 내용의 이해 곤란 · 그 수의 방대 · 입증취지가 불명확할 때에는 당사자에게 **증거설명서**의 제출명령을 할 수 있다(규 106조 1항). iv) 원고 제출의 서증은 갑호증, 피고 제출의 것은 을호증, 독립당사자참가인 제출의 것은 병호증으로 구별하여, 제출순서에 따라 번호를 붙여나간다(규 107조 2항). v) 서증과 증명할 사실 사이에 관련성이 인정되지 아니하는 때, 이미 제출한 증거와 같거나 비슷한 취지의 문서, 번역문을 붙이지 아니한 때, 증거설명서의 제출명령을 따르지 아니한 때, 작성자 · 작성일자가 불명하여 밝히도록 하는 명령을 따르지 아니한 때에는 그 서증을 채택하지 아니할 수 있다(규 109조).

(2) 문서제출명령

(a) 머 리 에　　상대방 또는 제3자가 가지고 있는 것으로서 제출의무 있는 문서에 대해 서증신청을 함에 있어서는, 그 제출명령을 구하는 신청을 하여야 한다(343조 후단). 신법은 구법과 달리 상대방이 가지고 있는 서증의 포괄적 개시를 목적으로 한 증거개시제도(discovery의 producing documents)와 거의 같은 효과를 거둘 수 있도록 문서제출명령제도를 확장 · 강화하였으며, 이에 의하여 일반적 의무로 하여 증인의무와 균형을 맞추고 증거의 편재현상에서 오는 당사자간의 실질적 불평등을 시정코자 하였다. 이 밖에 문서목록제출명령과 문서제시명령도 신법에서 신설하였다. 그러나 문서의 부제출에 대한 제재가 입법적으로 미온적인 점과 수동적인 제도운영의 자세 등 개선해야 할 것이 여전히 남아 있다. 민사소송법과 별도로 상법 제32조는 상업장부의 제출명령제도를 두고 있다.

(b) **문서제출의무**　　구법에서는 문서제출 의무는 소지자가 갖고 있는 것 전부가 아니고 법이 정한 경우에 한하는 제한적인 것이었다. 입법론상 확장론이 대두됨에 따라 신법은 종전처럼 당사자와 문서 사이에 특수관계가 있는 문서 4가지를 제출의무 있는 문서로서 열거적으로 규정하는 한편, 여기에 해당되지 아니하여도 증언거부사유와 같은 일정한 이유가 있는 문서나 특수한 문서를 제외

1) 대법 2010. 1. 29, 2009마2050; 동 2002. 8. 23, 2000다66133; 동 1996. 3. 8, 95다48667 등은 원본의 존재 및 성립에 다툼이 없고 사본을 원본으로 대용하는 데 이의 없는 경우는 사본에 의한 증거신청이 허용되고, 그렇지 않고 증거에 의하여 사본과 같은 원본이 존재하고 또 원본의 진정성립이 인정되지 않으면 사본의 존재이상의 증거가치는 없고 사본으로 원본을 대신할 수 없다. 서증제출에 있어 원본을 제출할 필요가 없는 경우 및 그 주장 · 증명책임의 소재에 관하여는, 대법 2023. 6. 1, 2023다217534.

2) 대법 1992. 12. 22, 91다35540 · 35557.

하고는 문서를 모두 제출하도록 하였다. **동영상 파일**은 검증물로 문서제출명령의 대상에서 제외된다.[1] 신법은 문서제출의무는 알고 있는 사실은 모두 증언할 증인의무와 마찬가지로 일반의무화한 것이다. 그러나 문서제출명령에 의하여 증명코자 하는 사항이 청구와 직접관련성(relevance)이 없는 것이면 받아들이지 않을 수 있다.[2] 법원은 신청대상인 문서가 서증으로 필요한지를 판단하여 신청의 채택여부를 결정할 것이다.[3] 신법 제344조 1항에서 열거한 개별적 제출의무의 문서는 다음과 같다.

1) 인용문서(동조 1항 1호) 소송에서 자기를 위한 증거로 또는 주장을 명백히 하기 위하여 끌어 쓴 인용문서라면 상대방에게도 이용시키는 것이 형평에 맞기 때문에 그 대상으로 했다. 판례도 같은 견해이다. 나아가 인용문서가 공무원이 직무와 관련하여 보관하거나 가지고 있는 문서로서 공공기관의 정보공개에 관한 법률 제9조의 비공개대상정보에 해당하는 경우, 문서 제출의무를 부담하여야 함이 원칙이다.[4]

2) 인도·열람문서(동조 1항 2호; 민 475조, 484조 1항, 684조; 상 277조 1항, 396조 2항, 448조 2항, 466조 등) 신청자가 소지자에 대하여 인도나 열람을 요구할 수 있는 사법상의 청구권이 있을 경우인데, 소지자는 제3자라도 관계 없고, 청구권은 물권적인 것이든 채권적인 것이든, 계약에 기한 것이든 법률상의 것이든 관계 없다.[5] 공법상의 청구권이 있는 경우(162조(소송기록); 부등 19조(등기사항증명서) 등)에는 그 공법상의 청구권에 터잡아 인도나 열람을 할 수 있으므로 문서제출명령을 이용할 필요가 없다.

3) 이익문서와 법률관계문서(동조 1항 3호) i) 이익문서는 증거 대는 자의 이익을 위하여 작성된 것으로(예: 계약당사자를 위한 계약서, 돈 준 사람을 위한 영수증) 여기의 이익문서에는 직접 증거대는 자를 위하여 작성한 문서만이 아니라 간접적으로 증거대는 자를 위하여 작성된 것도 포함된다 할 것이며, 또 이익을 넓게 해석하여 증거확보라는 소송상의 이익도 포함된다고 할 것이다. ii) 법률관계문서는 증거대는 자와 소지자간의 법률관계에 관하여 작성된 것으로, 여기에는 당해 문서만이 아니라, 그 법률관계에 관련된 사항의 기재가 있으면 되고 따라서 그 법률관계의 생성과정에서 작성된 문서도 포함된다고 볼 것이다.[6] 오늘날 기업활동이나 행정관청의 활동에서 일어

1) 대법 2010. 7. 14, 2009마2105.
2) 대법 2016. 7. 1, 2014마2239.
3) 대법 2017. 12. 28, 2015무423.
4) 대법 2017. 12. 28, 2015무423.
5) 대법 1993. 6. 18, 93마434.
6) 같은 취지: 호문혁 569면; 김홍엽, 677면; 전원열, 429면. 반대: 정동윤/유병현/김경욱,

나는 여러 가지 사항이 문서화되고 보존되는 것이 실정인데, 기업·행정관청측은 이를 장악하여 어느 때나 이용이 가능하지만 이를 갖고 있지 못하는 상대방은 빈손일 뿐으로 이용하기 어렵다. 이를 두고 「구조적인 증거의 편재」라고도 하며 특히 **현대형 소송**에서 그러한데, 이에 당면하여 증거수집에 있어서 양당사자의 실질적 불평등을 시정하기 위해서는 이와 같이 법률관계문서의 확장해석은 불가피하다고 할 것이며, 그것이 문서제출의무를 일반화한 신법취지에도 맞을 것이다. 이렇게 해석하면, 법률관계 생성중의 문서가 비록 공무원보관문서가 되어도 동조 2항 괄호규정에 해당되지 아니하여 직접 제출할 수 있는 길이 열리게 되어 바람직하다.

4) 예 외 신법은 위에서 본 제344조 1항 3호의 이익문서와 법률관계문서라도 다음과 같은 경우는 소지자가 그 제출을 거부할 수 있도록 하였다(344조 1항 3호 단서). ① 공무원의 '직무의 비밀'이 적혀 있어 동의를 받아야 하는데 받지 아니한 문서, ② 문서소지자나 근친자에 관하여 형사소추·치욕이 될 증언거부사유가 적혀 있는 문서, ③ '직무의 비밀'이 적혀 있고 비밀유지의무가 면제되지 아니한 문서가 그것이다. 이는 뒤에 볼 일반적 제출의무의 제외문서보다는 좁다.

그러나 위 1)의 인용문서는 당사자간의 형평 때문에, 2)의 인도·열람문서는 신청자가 청구권을 갖고 있기 때문에, 위 3)의 문서와 달리 제출거부의 예외가 없다.

(c) **일반적 제출의무로 확장** 신법 제344조 2항에서는 1항에서 열거한 인용문서, 인도·열람문서, 이익문서, 법률관계문서에 해당되지 아니하는 문서라도 원칙적으로 소지하는 문서를 모두 제출할 의무가 있는 것으로 규정하여, 문서제출의무를 일반적 의무로 확장하였다(독일실무도 상대방의 일반적 제출의무로 발전시키고 있음). 다만 예외적으로 제출을 거부할 수 있는 제외문서는 다음 세 가지이다(제출거부사유의 존재는 증명책임이 소지인에게 있음).

① 증언거부사유상당의 문서 문서소지자나 근친자에 대하여 형사소추·치욕이 될 증언거부사유가 적혀 있는 문서(314조 참조)와 '직업의 비밀'[1] 등 증언거부사유와 같은 것이 적혀 있고 비밀유지의무가 면제되지 아니한 문서(315조 참조)이다(344조 2항 1호). 여기의 '직업의 비밀'은 그 사항이 공개되면 직업에 심각한 영향을 미치고 그 이후 직업의 수행이 어려워지는 경우를 가리키는데, 어느 정보가 직업의

649·650면; 김홍규/강태원, 528면; 정영환, 717면.

1) 대법 2016. 7. 1, 2014마2239; 동 2015. 12. 21, 2015마4174(매입매출 회계처리원장 사건). 중소기업이 대기업 상대의 피해구제소송에서 대기업이 '영업상의 비밀'을 내세워 문서제출거부를 제한하는 입법대책이 선다.

비밀에 해당하는 경우에도 소지자는 비밀이 보호가치 있는 비밀일 경우에만 문서의 제출을 거부할 수 있다는 것이다. 가치있는 비밀여부는 비밀의 공개로 발생하는 불이익과 달성하려는 실체적 진실의 발견 및 재판의 공정의 비교교량을 요한다는 점이다.[1] 금융거래의 비밀은 보장되지만 금융기관은 법원의 제출명령이 있으면 제출거부를 할 수 없다(금융실명거래 및 비밀보장에 관한 법률 4조 1항 1호).

② 자기이용문서 오로지 문서소지인이 이용하기 위해 작성되고 외부자에게 개시하는 것이 예정되어 있지 않으며 개시할 경우에 문서소지인에게 간과하기 어려운 불이익이 생길 염려가 있는 문서(일기·서신 등, 344조 2항 2호)이다. 다만 내부문서라도 문서에 기재된 정보의 외부개시가 예정되어 있거나 정보가 공익성을 가지는 경우는 자기이용문서라고 쉽게 단정해서는 안된다는 것이 판례이다.[2]

③ 공무원직무관련문서 공무원 또는 공무원이었던 사람이 직무와 관련하여 보관하거나 가지고 있는 문서이다(344조 2항 괄호규정). 국가기관이 보유·관리하는 공문서를 뜻하는 **공공기관의 보관문서**의 공개에 관하여는 공공기관의 정보공개에 관한 법률에 의한 규율을 받기 때문에 그 법에 따라 제출하도록 하고(예: 검찰인사명령기록, 제3자 수사기록·진정서사건기록 등)[3] 소송법에서는 제출의무대상에서 제외시켰으나, 직접제출거부의 범위가 지나치게 광범위하다.[4] 이것이 근본적으로 제출의무 없는 문서로 되는 것은 아니나, 당사자가 행정관청에 정보공개청구를 하여 이를 교부받아 법원에 내는 우회적 방법에 의하여야 한다. 이렇게 되어 시간도 걸리고, 동법에 정한 비공개범위가 넓어 증거로 이끌어내기 어려운 문제점이 있다. 실질비밀사항이 아니면 직접 제출하도록 입법개선이 요망된다.

그러나 개인정보보호법상 개인정보에 해당한다는 이유로 문서소지인이 문서의 제출을 거부할 수 있는 것은 아니라고 보는 것이 판례이다.[5] 다만 법원이 당사자가 상인인 경우에 상업장부에 대한 문서제출명령을 상법 제32조에 의하여

---

1) 위 대법 2015. 12. 21.자 결정. 日最高裁 平成 11(1999). 12 판결(은행의 대출품의서·거래명세표에 관한 사건).

2) 대법 2016. 7. 1, 2014마2239(합병추진 및 합병실행관련자료사건).

3) 대법 2010. 1. 19, 2008마546.

4) 우리의 이 부분 규정은 일본신법 제220조를 모방한 것인데, 일본은 이 규정에 문제가 있다 하여 2001년에 이르러 공무원등의 직무상 보관문서라도 공무원의 직무상의 비밀에 관한 문서로 그 제출에 의하여 공공의 이익을 해하거나 공무수행에 현저한 지장을 줄 염려가 있는 것, 즉 실질비밀에 속하지 아니하면 직접 제출의무의 대상에 포함시키는 방향으로 개정하였다(일본신민소 220조 4호, 223조 3항 내지 5항). 우리법에서도 조속한 개정입법이 필요하다는 것에, 박지원, "공공기관에 대한 문서제출명령의 개선방안에 관한 소고," 민사소송 15권 1호.

5) 대법 2016. 7. 1, 2014마2239. 대법(전) 2023. 7. 17, 2018스34는 전기통신사업자가 통신비밀보호법을 이유로 통신사실확인자료의 제출거부를 할 수 없다고 했다.

한 경우에는 제344조의 요건과 제재면에서 완화시킨 면이 있다.

(d) 문서제출의 신청 및 심판

1) 신 청 문서제출신청에 있어서는 문서의 표시·취지·증명할 사실·제출의무자 및 그 의무의 원인 등을 서면으로 명시하여야 한다(345조; 규 110조). 그런데 상대방이 어떠한 문서를 소지하고 있는지를 구체적으로 몰라 신청자가 제345조의 규정에 맞추어 문서의 표시나 취지를 꼬집어 신청하기 어려울 때가 있을 수 있다. 특히 분량이 방대할 경우에는 신청대상인 문서의 취지나 증명할 사실을 개괄적으로만 표시하여 신청하면 법원은 상대방 당사자에게 관련문서에 관하여 그 표시와 취지 등을 명확히 적어내도록 먼저 명령할 수 있다. 이것이 신법 제346조의 **문서목록제출명령**의 문서정보공개제도이다(삼성가의 상속재산사건에서 삼성특검기록 제출신청에 대하여 목록제출명령의 사례 등). 문서제출명령신청을 쉽게 할 수 있도록 하기 위함이 입법취지인데, 문서정보공개명령에 따르지 아니한 때에는 변론전체의 취지로 참작하는 것밖에 별도의 제재가 없어 그 실효성이 문제이다. 문서목록에서 누락시킨 문서를 문서소지자가 나중에 자신을 위한 서증으로 제출하면 적시에 제출되지 아니한 공격방어방법으로 보아 각하할 수 있을 것이다(149조).[1)]

2) 심리와 재판 당사자로부터 문서제출명령신청이 있으면(증권관련집단소송에서는 직권명령. 개정 ZPO § 142도 직권에 의한 문서제출명령제도 채택) 법원은 제출의무와 소지사실[2)]에 대하여 심리하여 그 허가 여부를 결정하여야 한다(347조 1항). 상대방에 문서제출신청이 있음을 알려서 신청에 대한 의견진술의 기회를 주어야 한다.[3)] 문서소지자가 제3자인 경우에는 소지자(법인이 소지하는 경우 소지자가 지정하는 자)를 심문하여야 한다(347조 3항). 문서소지자가 당사자이면 변론(준비)절차에서 심리하면 된다. 대상문서의 일부에 영업비밀[4)] 등 문서제출거절 사유가 있는 경우 나머지 부분만으로 증거가치가 있다면 그 부분만의 일부제출명령을 하여야 한다(347조 2항).[5)]

문서제출명령을 하려면 문서의 존재와 소지가 증명되어야 하는데, 그 증명책임은 원칙적으로 신청인에게 있다(거부사유의 증명책임에 다툼이 있다. 344조 2항의 경우).[6)] 문서가 신청인의 지배영역 밖에 있어 증명하기 어려울 것이므로 증명책임은 경감되어야 할 것이다. 제

1) 법원실무제요 민사소송(Ⅲ), 1460면.
2) FRCP 34는 직접소지(possession)뿐만 아니라 보관(custody), 관리(control)가 포함된다.
3) 대법 2009. 4. 28, 2009무12.
4) 대법 2020. 1. 9, 2019마6016(민소법 제163조 제1항 제2호에서 정한 '영업비밀'의 개념은 부정경쟁방지 및 영업비밀보호에 관한 법률상 영업비밀의 개념과 동일).
5) 대법 2015무423.
6) 대법 2005. 7. 11, 2005마259.

출명령이 있어도 그 문서가 법원에 제출되기 전까지는 그 신청을 철회함에 상대방의 동의를 요하지 않는다.[1] 문서제출의 신청에 관한 결정에 대하여는 즉시항고를 할 수 있다(348조). 판례는 신청에 대하여 아무 판단 없이 변론을 종결하고 판결을 선고하여도 판단누락이 되지 않는다 하였으나,[2] 독립의 불복신청권을 법이 인정하는 만큼 독립의 결정판단을 요한다고 할 것이다.

3) in camera(비공개심리) 절차　　문서소지자의 형사소추 · 치욕, 프라이버시나 직무상 · 직업상 비밀사항이 있는 문서이면 앞서 본 바와 같이 제출의무가 없어 거부할 수 있는데, 여기에 해당여부를 심리하는 과정에서 자칫하면 그와 같은 비밀사항이 외부에 누출될 염려가 있다. 이에 대비하여 신법 제347조 4항은 제344조에서 정한 비밀사항이 포함되어 **제출거부사유**에 해당되는지 여부를 판단하기 위하여 그 문서소지자에게 직권으로 **문서의 제시명령**을 할 수 있으되, 제출거부사유를 판단함에 있어서 그 제시문서를 다른 사람이 보지 못하도록 법원의 공개법정 아닌 집무실에서 비밀심리절차에 의하도록 하였다.[3] 미국의 in camera절차의 도입인데, 특히 영업상 비밀임을 내세워 제출거부할 때에 대응수단으로 활용가치가 있을 것이다. 영업상 비밀을 남용적으로 내세우는데 대한 입법대책안이 제출되어 있다.

(e) **문서의 부제출 · 훼손 등에 제재**　　i) 당사자가 문서제출명령 · 일부제출명령 · 비밀심리를 위한 문서제시명령을 받고도 이에 응하지 아니하고 버틸 때에는 법원은 문서의 기재에 대한 상대방의 주장을 진실한 것으로 인정할 수 있다(349조).[4] 사용방해의 목적으로 제출의무 있는 문서에 대해 훼손 등의 행위를 한 때에도 같다(350조).[5] 이는 제재로서 법원이 상대방의 그 문서의 기재(성질, 성립의 진정 및 내용)에 관한 **주장**을 진실한 것으로 인정할 수 있다는 것이지, 원칙적으로 상대방이 문제의

---

1) 대법 1971. 3. 23, 70다3013.

2) 대법 1992. 4. 24, 91다25444.

3) 참고로 특허침해소송 등에서는 소송관계인에게 비밀유지명령을 하고 위반시에 형사처벌의 특례도 있다(특 228조의 3, 229조).

4) 미국법에서는 증거개시명령에 따르지 않는 데 대한 제재로서 개시강제명령 이외에 법정모욕죄(contempt of court)로서 제재명령 등 형사제재까지 받게 된다(FRCP 37). 미국의 닉슨 행정부시대에 Water-Gate 사건에서 Washington D.C. 연방법원의 Syrica 판사의 닉슨대통령에 대한 백악관 녹음테이프의 제출명령을 하였으나 18분 삭제제출 등 제대로 응하지 아니한 데 대해 법정모욕죄의 소추문제가 제기되었던 유명한 사례도 있다. 또한 제출명령에 불응시에는 징벌적 배상판결까지 행한다. 이시윤, 입문〔事例 87〕, 277면 이하.

5) 일부가 훼손된 문서를 증거로 제출하였는데, 상대방이 훼손된 부분에 잔존부분의 기재와 상반된 내용이 기재되어 있다고 주장하는 경우, 증거가치판단의 방법 등에, 대법 2015. 11. 17, 2014다81542.

문서에 의하여 **증명하고자 하는 사실**(요증사실)이 바로 증명되었다고는 볼 수 없다.[1] 예를 들면 甲이 매매계약을 체결한 사실을 증명하기 위하여 乙이 소지한 매매계약서의 제출명령을 신청하여 받아들여졌으나 乙이 제출치 않은 경우에, 법원이 진실한 것으로 인정할 수 있는 것은 甲이 주장하는 바와 같은 기재내용의 진정성립의 계약서가 있었다는 것일 뿐, 甲의 요증사실인 매매계약의 체결까지는 확대될 수 없다. 이를 바탕(변론 전체의 취지)으로 요증사실을 인정하느냐의 여부는 법관의 자유심증에 의하는 것이다. 이러한 **자유심증설**[2]에 대해, 요증사실 즉「증명하고자 하는 사실」자체를 진실인 것으로 인정할 수 있다는 **법정증거설**[3]이 있다. 법정증거설은 명령대로 문서를 내어 놓은 때보다 더 증거대는 자를 이롭게 해주어 문제가 있다. 그러나 행정소송·공해소송·국가상대 손해배상소송의 경우처럼 대상문서가 상대방의 지배영역하에 있어 증거대는 자로서는 문서의 구체적 내용을 특정할 수 없고 또한 다른 증거에 의한 증명이 현저히 곤란한 경우에는, 제한적으로나마 요증사실이 직접 증명되었다고 볼 것으로 **절충설**을 따른다(일본신민소법의 입장, 도입검토 중인 미국의 discovery 일부의 도입이라고도 평가하는 ZPO § 142의 직권문서제출명령 참조).[4] 현재와 같은 미온적인 자유심증설로는 크게 논의되는 미국의 discovery가 결코 우리나라에서 성공적 정착을 할 수 없다.

ii) 제3자가 제출명령을 받고 불응한 때에는 신청당사자의 주장사실이 진실한 것으로 인정할 수 없는 것이고, 다만 500만원 이하의 과태료의 제재가 따른다(351조). 그러나 미국의 FRCP 45(e), 34(c)는 제3자(non party)도 면책사유없이 subpoena(소환영장)를 따르지 않으면 법정모욕죄로 처벌된다.

(f) **제출된 문서의 서증으로의 제출**　문서제출명령에 의하여 법원에 제출된 문서를 변론기일 또는 변론준비기일에 서증으로 제출할 것인지는 당사자가 임의로 결정할 수 있는데, 서증으로 제출하여야 증거로 삼을 수 있다.

(3) 문서의 송부촉탁　특히 제출의무 없는 문서에 대해 서증신청을 함에 있어서는, 그 소지자에 대해 문서를 보내도록 송부촉탁할 것을 신청하여 이를

---

1) 대법 2015. 6. 11, 2012다10386; 동 2007. 9. 21, 2006다9446 등. 문서를 고의로 훼기하거나 사용할 수 없게 한 때에도 진실한 것으로 인정할 수 있는 것(350조)은 그 문서에 의하여 증명될 사실관계에 관한 주장이 아니라 그 문서의 성질·내용의 주장에 관한 것으로서 그 진실 여부는 법원의 재량에 의하여 판단할 것이라고 한 것에, 대법 2015. 11. 17, 2014다81542. 다만 국가배상사건에서 요증사실 자체를 진실이라고 인정한 것에, 日東京高裁 昭和 54. 10. 18 판결(법정증거설).

2) 호문혁, 479면; 김홍엽, 685면.

3) 송상현/박익환, 594면; 한충수, 515면.

4) 같은 취지: 강현중, 557면. 이시윤·이진수, '한국형 디스커버리 제도 도입의 필요', 법률신문 2015. 3; 정영환, 771면.

할 수 있다(352조. 증권관련집단소송은 직권촉탁). 법원으로 보내달라고 부탁하는 것으로 특히 국가기관 또는 법인이 보관하는 문서를 이용하고자 할 때(손해사건에서의 산업재해기록 등)에 이에 의하는 수가 많다. 촉탁받은 자가 정당한 사유가 없는 한 문서의 송부에 대한 협력의무를 지며, 송부촉탁에 응할 수 없는 사정이 있는 경우에는 그 사유를 촉탁법원에 통지할 것을 요한다(2007년 개정법 352조의 2). 송부할 문서는 원본·정본 또는 인증있는 등본이어야 함이 원칙이다(355조 1항). 송부촉탁된 문서라고 하여 모두 증거력이 생기는 것이 아니다. 송부된 문서 중에서 필요한 것은 서증으로 제출할 것이며, 그것이 사문서의 경우에는 그 진정성립이 인정되어야만 증거로 할 수 있다.[1] 전부에 대해 송부촉탁을 받은 피고가 일부송부하여도 제350조의 사용방해에는 해당되지 않는다.[2] 기록 가운데 불특정한 일부에 대해서도 문서송부촉탁을 신청할 수 있다(규 113조).

(4) 문서 있는 장소에서의 서증조사(현장 서증조사) 문서제출신청의 대상도 아니고 송부촉탁신청을 하기도 어려운 문서에 대해 서증신청을 함에 있어서는, 법원이 그 문서 있는 장소에 가서 서증조사해 줄 것을 신청할 수 있다(규 112조). 예를 들면 미완결수사사건의 기록, 기소중지중의 수사기록 등으로서 대외방출이 어려운 경우가 그 대상이 된다. 문서송부촉탁의 경우처럼 정당한 사유가 없는 한 문서소지자에게 조사에 협력의무를 부과했다(개정법 352조의 2, 297조). 이에 의하여 문서소재지에 가서 **기록검증**의 방법으로 조사하여 오던 종전의 관행이 없어지고 **법원 밖에서의 서증조사**[3](297조)로 대체하게 되었다(이러한 제도변경을 몰라서, 과거 현재사건에서 현장 서증조사 신청을 변호인단이 간과한 사례 있음). 이 방법에 의한 서증조사는 문서가 있는 장소에서의 열독으로 마쳐지지만, 조사결과를 기록상 나타내고 상대방에게 방어의 편의를 주기 위하여 서증으로 신청된 문서의 사본은 소송기록에 첨부되어야 한다(규 112조 2항).

Ⅴ. 검 증

1. 의 의

검증이란 법관이 그 오관(五官)의 작용에 의하여 직접적으로 사물의 성질과 상태[4]를 검사하여 그 결과를 증거자료로 하는 증거조사이다.[5] 사건기록만으로

1) 대법 1974. 12. 24, 72다1532.
2) 대법 1973. 10. 10, 72다2329.
3) 이시윤, 입문〔事例 78〕, 250면 이하.
4) 대법 1977. 9. 13, 77다762.
5) 양 당사자가 동의하면 사진으로 검증에 갈음할 수 있다(BGH 65, 300).

미치지 못하는 이점이 있으며, 동영상과 녹음을 병용하면 시너지효과를 거둘 수 있다. 현장재판인 증거조사이므로 사건의 진상파악에 도움이 된다(현장을 직접 보는 것이 증거. 백문불여일견(百聞不如一見: 백번 듣는 것이 한번 보는 것과 같지 못하다)). 그 대상으로 되는 것을 검증물이라 한다. 토지·가옥·사고현장·상처·사고차량·건조물의 하자·공해장소, 상표 등의 동일성, black box 등 각종 검사기기 그 밖의 것이 검증물인데, 검증은 감정과 함께 하는 경우가 많다. 소위 '찾아가는 법정'이라 하여 장려도 된다. 특히 문제되는 것은 다음과 같은 것이다.

1) 사람의 경우에 그 진술내용인 사람의 사상을 증거로 하는 경우에는 인증으로 되지만, 체격·용모·상처 등 신체의 특징을 검사하는 경우에는 검증물이 된다.

2) 문서의 경우에 그 기재내용을 증거로 하는 경우에는 서증이 되지만, 그 지질·필적·인영 따위를 증거로 할 때에는 검증물이 된다. 따라서 **위조문서라는** 증명취지로 제출하였을 때에는 그 기재내용을 증거로 하는 것이 아니므로 검증의 대상이 된다.

3) 녹음·녹화테이프, 컴퓨터용 자기디스크·광디스크 등 음성·영상자료에 대한 증거조사는 검증의 방법에 의해야 한다(규 121조 2항. 이하 549면 참조). 간단한 현장검증은 head set을 쓰고, AR(Augmented Reality, 증강(增强)현실)로 갈음할 수도 있을 것이다.

2. 검증의 신청

검증도 원칙적으로 신청에 의하여 개시된다. 다만 요증사실(要證事實)의 정확한 파악을 위하여 전문적 지식을 바탕으로 하여야 할 때에는 감정과 함께 신청할 수 있다(예: 하자 있는 건조물의 보수비, 점유하는 토지나 가옥 부분의 위치·면적). 신청의 방법에 관하여는 서증의 신청에 대한 규정이 준용된다(366조 1항). 따라서 증거대는 자가 검증물을 소지·지배하는 경우에는 이를 법원에 제출하여야 하며, 상대방 또는 제3자가 소지·지배하는 경우에는 이에 대하여 제출명령을 신청하여야 한다(366조 1항, 343조. 제출한 검증물의 보관 등 방식은 규 118조). 판례는 **동영상파일**이 문서제출명령의 대상이기보다 검증물제출명령의 대상이 된다고 하고 있다. 동영상물은 검증의 대상이기 때문이다(527면). 사람의 신체·용모·상처를 검증함에는 이에 준하여 그 출석을 명할 수도 있다. 당사자가 검증물을 제출하지 않거나 출석명령에 불응한 때에는 법원은 검증물의 존재·물리적 상태에 관한 증거대는자의 주장을 진실한 것으로 인정할 수 있다(366조, 349조). 법원은 검증을 위하여 필요한 경우에 남의 토지·주거 등에 들어갈 수 있으며, 저항을 받은 경우에는 국가경찰공무원의 원조를 요청할 수 있다(366조 3항). 증거조사의 충실화를 위하여 신법이 신설한 제도이다.

3. 검증수인(受忍)의무

당사자나 제3자가 검증을 참고 받아들일 의무는 공법상의 의무이나, 명문의 규정이 없어 그 범위가 문제된다. 증인의무와 마찬가지로 정당한 사유가 있는 경우를 제외하고는 일반적 의무라고 볼 것이다(부동산에 출입·혈액의 채취·신체검사·정신상태의 진찰에 참아주어야 할 의무). 증인의무에 대한 증언·선서거부사유(314조, 315조, 324조)를 유추하여, 검증에 의하여 자기·근친자가 처벌받을 염려나 치욕이 될 경우, 공무상·직업상의 비밀에 관한 경우 등이 그 제시를 거부할 수 있는 정당한 사유라고 할 것이다. 당사자가 검증수인의무를 위반한 때에는 문서제출의무위반에 대한 것과 같은 제재가 과하여지고(366조, 349조, 350조. 단 혈액형의 수검의 불이행의 경우는 과태료·감치. 가소 67조, 29조) 제3자가 어기는 때에는 200만원 이하의 과태료의 제재를 받는다. 서울지법 1998. 8. 13, 97가합47366에서는 건물명도소송에서 법원이 점유부분의 특정을 위한 현장검증을 시도했으나 피고측이 건물의 문을 걸어 잠그고 잠적하여 현장검증을 못하게 한 증명방해행위에 대해서 원고의 주장대로 피고측이 점유하고 있다고 인정했다.

Ⅵ. 당사자신문

1. 의 의

당사자본인은 소송의 주체이지 증거조사의 객체가 아닌 것이 원칙이다. 그러나 예외적으로 당사자본인을 증거방법으로 하여, 마치 증인처럼 그가 경험한 사실에 대해 진술케 하는 증거조사를 당사자신문이라 한다. 당사자신문을 받는 경우의 당사자는 증거조사의 객체로서 증거방법이기 때문에, 여기에서 그의 진술은 증인의 증언과 마찬가지로 증거자료이지 소송자료가 아니다.[1] 따라서 당사자가 소송의 주체로서 하는 진술(주장)인 **소송자료**와는 구별되며, 당사자신문의 과정에서 상대방의 주장사실과 일치되는 부분이 있다 하여도 자백이라고 할 수 없다.[2] 또 법원의 석명에 대하여 당사자본인이 진술하는 것(136조 1항, 140조 1항 1호)은 주장의

1) 대법 1981. 8. 11, 81다262·263.
2) 대법 1964. 12. 29, 64다1189; 동 1978. 9. 12, 78다879.

보충이지 당사자신문은 아니다. 당사자신문은 소송자료를 제공하는 것이 아니기 때문에 소송제한능력자도 당사자신문의 대상이 된다(372条 단서). 당사자의 **법정대리인·법인 등**이 당사자인 경우 그 **대표자** 등도 이 절차로 신문한다(372条, 64条). 신문의 시기는 증인신문의 경우처럼 쟁점정리가 끝난 뒤에 변론기일에서 집중적으로 행한다(293条).

2. 보충성의 폐지—독립한 증거방법

구법은 당사자본인신문은 다른 증거방법에 의하여 법원이 심증을 얻지 못한 경우에 한해서 직권 또는 당사자의 신청에 의하여 허용된다고 했다. 당사자본인을 증거방법으로 하면서 보충성의 원리를 채택했던 것이다. 그러나 이와 같이 다른 증거방법에 의한 심증을 얻지 못하였을 때에 조사하는 보충성에 그치게 되면 당사자본인신문을 천상 다른 증거를 조사한 뒤로 미루게 되며, 따라서 사건내용을 누구보다 **잘 아는 당사자본인**을 통해 빨리 사건의 개요를 파악하기 어려워지고 재판의 신속·적정을 해치는 문제점이 생긴다. 이에 신법은 외국의 입법례에 따라 **보충성을 폐지**하기에 이르렀다(미국의 deposition에서 증인·당사자본인(법인의 대표자) 따로 구별 없이 신문한다). 신법 제367조 본문에서는 법원은 직권 또는 당사자의 신청에 따라 당사자본인을 신문할 수 있다고 규정하여, 당사자 본인이 독립한 증거방법임을 명백히 했다. 구법하의 판례는 당사자본인신문에 대해 '**증거방법**'으로서의 보충성에 그치지 않고 나아가 '**증거력**'으로서의 보충성까지 확장시켜 해석하였으나, 이제는 증인등 다른 증거조사에 우선하여서도 당사자본인신문을 할 수 있게 되었고, 당사자본인신문결과는 다른 증거와 종합하지 않고 독립적인 사실인정의 자료가 될 수 있게 되었다.

일찍부터 가사소송에 있어서는 민사소송과 달리 직권탐지주의를 채택하고 있고, 특히 사건의 성질상 양쪽 당사자를 직접 조사할 필요성이 있기 때문에, 당사자신문의 보충성을 배제하여 재판장은 언제든지 당사자본인을 신문할 수 있게 했다(가소 17条). 이제 통상의 민사소송에서도 이러한 특수소송에서와 마찬가지의 통일적인 입장을 취하게 된 것이다(서울중앙지법 당사자 본인신문활성화시범재판부 시행).[1] 증권관련집단소송에서는 필요하다면 대표당사자뿐만 아니라 구성원까지도 직권으로 신문할 수 있게 하였다(증집소 31条).

1) 반대: 호문혁, 484면.

3. 절 차

증인신문절차의 규정이 대부분 준용된다(373조; 규 119조). 그러나 증인신문의 경우와 여러 가지 차이가 있다. 당사자신문은 앞서 본 증인신문의 경우와 달리 i) 신청 이외에 직권으로도 할 수 있다(367조). ii) 증거로 채택된 당사자본인은 출석·선서·진술의무를 지지만, 증인처럼 구인·과태료·감치 등으로 출석·진술이 강제되지는 아니한다. 구법상 선서 여부는 법원의 재량에 의하였으나, 신법은 선서를 필수적인 절차로 하였다. iii) 당사자본인이 정당한 사유없이 출석·진술·선서를 거부한 때에는 법원은 신문사항에 관한 상대방의 주장을 진실한 것으로 인정할 수 있는데(369조), 이는 **법원의 재량**에 따라 「신문사항에 관한 상대방의 주장」을 진실한 것으로 인정할 수 있다는 취지이다.[1] 따라서 **신문사항에 포함된 사실**을 진실로 인정할 수 있을 뿐 곧바로 **상대방의 요증사실**을 진실로 인정할 수 있다는 취지는 아니다.[2] 여기의 출석할 수 없는 정당한 사유란 법정에 나올 수 없는 질병, 육·해·공상의 교통기관의 두절, 관혼상제, 천재지변 등을 말한다고 할 것이고 정당한 사유의 존재는 불출석 당사자가 주장·입증하여야 한다.[3] iv) 선서하고 허위진술을 하여도 형법상의 범죄가 되지 않고 500만원 이하의 과태료의 제재만 받는다(370조).[4] 당사자본인으로 신문할 자를 증인으로 신문했다 해도 당사자의 이의가 없으면 이의권의 포기·상실(151조)로 그 흠이 치유된다.[5] 증인능력이 없으므로 증인으로 선서하고 증언하였다고 하여도 위증죄의 주체가 될 수 없다.[6] 신문사항은 법원의 요구가 있는 때에 한하여 제출하면 된다(규 119조, 119조의 2).

Ⅶ. 그 밖의 증거—전자정보물

신법은 구법하의 증인·감정인·문서·검증물·당사자본인 등 5가지 증거방법 이외에 「그 밖의 증거」를 증거방법으로 추가하여 6가지로 하였다. 신법 제374조는 그 밖의 증거로 도면·사진·녹음테이프·비디오테이프·컴퓨터용 자기디스크·그 밖에 정보를 담기 위하여 만들어진 물건으로서 문서가 아닌 증거를

1) 대법 2010. 11. 11, 2010다56616; 동 1973. 9. 25, 73다1060.
2) 대법 1990. 4. 13, 89다카1084.
3) 대판 2010. 11. 11, 2010다56616.
4) 상대방에게 과태료 재판청구권 없다는 것에, 대법 1998. 4.13, 98마413.
5) 대법 1977. 10. 11, 77다1316.
6) 대법 2012. 12. 13, 2010도14360.

열거하고, 이에 대한 증거의 조사는 증거에 관한 장 중에서 제3절 내지 제5절의 규정, 즉 감정·검증·서증에 준하여 조사한다고 규정하였다. 한편 IT산업의 눈부신 발전으로 영상콘텐츠가 확산되는 등 전자저장정보물[1](electronically stored information=저장형태불문하고 서면, 도면, 그래프, 도표, 사진, 음성녹음, 영상, 그 밖의 데이터나 데이터편집물, 필요시의 그 번역물 등)이 일취월장하는 현실에서 유연성 있게 대처하기 위하여 이에 대한 구체적 사항은 대법원규칙에 위임하였다. 다음 두 가지가 이에 속한다. 증거의 중심이 서증에서 전자정보물로 이동 중이고 갈수록 그 비중이 커진다.[2]

(1) 도면·사진 등 구법에서는 도면(그림·그래프·차트 포함)·사진 등은 문서는 아니나, 뒤에 징표로 삼기 위하여 만들어진 경우에는 준문서로서 서증에 관한 규정을 준용하도록 하였었다(구법 335조). 신법하에서는 이에 관하여 대법원규칙으로 정한다고 하였는데, 규칙 제122조는 재래식의 도면·사진만이 아니라 정보를 담기 위하여 만들어진 도면·사진(필름, GPS사진 등 포함, 규 120조 3항)도 증거의 조사에 관하여는 특별한 규정이 없으면 감정·검증·서증절차의 규정을 준용한다고 하였다. 판례는 사진의 경우는 그 형태, 담겨진 내용 등을 종합하여 감정·서증·검증의 방법 중 가장 **적절한 증거조사방법**을 택하여 이를 준용할 것이고, 사진에 대하여 구체적인 심리 없이 곧바로 **문서제출명령**을 한 것은 잘못이라 하였다.[3]

(2) 녹음테이프·비디오테이프·컴퓨터용 자기디스크 등 구법시대에 도면·사진 아닌 정보를 담기 위하여 만들어진 물건으로서 문서가 아닌 전자저장정보물을 **전자증거**[4] 또는 digital증거라고도 하는데,[5] 이를 '그 밖의 증거'에 포함시켰다.

다시 두 가지로 나누어진다.

1) 자기디스크 등에 기억된 **문자정보** 등(규 120조) 컴퓨터용 자기디스크·광디스크, 그 밖에 이와 비슷한 정보저장매체에 기억된 문자정보(USB메모리, e-mail, 문자메시지, 카카오

---

1) 권혁심, "전자정보의 수집과 조사," 고려대 대학원 박사학위논문(2013. 8.).

2) 형사소송법의 개정으로 부인하면 증거능력 없는 이메일, SNS 등 디지털문서의 작성경위가 과학적으로 밝혀지면(forensic) 증거능력 인정.

3) 대법 2010. 7. 14, 2009마2105.

4) 이덕훈, "전자적 증거의 증거능력과 증명력," 민사소송 18권 1호.

5) 이규호, "미국에 있어 디지털증거의 증거능력," 민사소송 11권 2호, 152면 이하. 디지털증거란 디지털방식으로 저장된 정보로서 USB·플로피디스켓·하드디스크, 휴대전화 등 전자기기에 저장된 증거기록이다. 이 기기에 남아 있는 디지털기록을 수집·분석·보고하는 digital forensic이 있다(rooting). 이는 삭제되거나 위·변조가 쉽기 때문에 증거능력에 문제가 있다(앞 477면 참조).

톡, facebook, twitter 등)는, 정보의 보존전달이라는 기능을 갖고 있고 그대로는 읽을 수 없지만 보고 읽을 수 있는 상태를 예정하고 있기 때문에 **전자문서**라고도 한다.[1] 이러한 증거에 대한 조사는 검증의 방법으로도 할 수 있으나, 그 문자정보를 읽을 수 있도록 출력한 문서를 제출하는 방법으로도 증거조사를 할 수 있다(규 120조 1항).[2] 서증 규정을 준용하여 증거조사를 하는 방법이다. 디스크 자체를 조사하는 것이므로 출력문서 자체를 서증으로 제출하는 것과는 구별된다. 출력문서의 진정성립과 내용의 정확성을 담보하기 위하여 이러한 증거조사를 신청한 당사자는 법원의 명령 또는 상대방의 요구에 의하여 여기에 입력한 사람·입력일시, 출력한 사람·출력일시를 밝혀야 한다(규 120조). **원본과 동일성, 무결성**(integrity)이 증명되어야 한다(이에 관한 2013.7. 26, 2013도2511, FRE 1000(d) 참조). 출력문서와 저장된 원본과의 동일성여부가 다투어지면 검증의 방법으로 증거조사할 수 있다. 민사소송 등에서의 전자문서 이용 등에 관한 법률(전자소송법) 제13조 1항 1호에서는 문자, 그 밖의 기호, 도면·사진 등에 관한 정보의 증거조사는 이를 모니터, 스크린 등을 이용하여 열람하는 방법으로 한다고 규정하였다.

2) **음성·영상물** 등(규 121조) 녹음·녹화(비디오)테이프, 컴퓨터용 자기디스크·광디스크·유튜브 그 밖에 이와 유사한 방법으로 음성·영상을 저장하여 녹음·녹화하여 재생할 수 있는 매체는 그것만으로 사상을 해독할 수 없고 재생할 음성·영상 등의 현상을 수록하고 있는 데 그치는 것이므로(앞으로는 DNA에 저장 시대 도래), 이에 대한 증거조사는 녹음테이프·영상물 등을 재생하여 검증하는 방법으로 한다(규 121조 2항). 일찍이 판례도 그 증거조사는 검증의 방법에 의할 것이라고 했으며 현재도 같다.[3] 이에 대한 증거조사를 신청하는 때에는 음성·영상이 녹음·녹화된 사

---

1) 종전의 전자서명법에 의하면 공인인증서에 기초한 공인전자서명의 경우에는 전자문서의 형식적 증거력을 의미하는 진정성립에 특별한 문제가 없었고 나아가 서명 후 내용변경이 되지 아니한 것으로 추정되어 전자처분문서의 경우에 실질적 증거력이 높았다고 한다. 그러나 2020. 6. 9. 전자서명법이 개정되면서 공인인증서제도가 폐지됨에 따라 종전과 같은 그러한 전자문서에 대해 진정성립의 사실상의 추정은 끝났다는 견해(정영환, 669면)가 있는가 하면, 민소전자문서법 제2조 제3호도 이에 따라 전자서명의 정의를 공인전자서명에서 전자서명법 소정의 전자서명으로 개정함으로써, 근본적으로는 전자서명법의 개정으로 달라진 것은 없다는 취지의 견해도 있다(정동윤/유병현/김경욱, 668면).

2) 인터넷 거래 등에 이용되는 전자문서의 경우 거래과정에서 거의 동시에 여러 정보저장매체에 병존하므로 유일한 원본 그 자체의 제출·송부는 무리다(355조 1항 참조).

3) 녹음테이프에 관하여, 대법 1999. 5. 25, 99다1789. 동영상 파일은 검증의 방법에 의할 것으로 문서제출명령의 대상이 아니라 검증물제출명령의 대상이 된다는 취지는, 대법 2010. 7. 14, 2009마2105. DuPont v. Kolon Industry에서 미국 Virginia 동부연방지방법원은 Kolon 전산망에 접근권을 인정하였다(2006년 e-discovery가 시행되면서 FRCP 34에 의한 전자정보제출명령에 의함).

람과 녹음·녹화한 사람, 녹음·녹화의 일시장소를 밝혀야 하고(규 121조 1항), 증거조사의 신청당사자는 법원의 명령·상대방의 요구에 의하여 그 녹취서, 그 밖에 내용설명서를 제출하여야 한다(규 121조 3항). 녹취파일사본이 제출되었으면 그 원본의 왜곡편집을 따져야 한다. 위 전자소송법 제13조 1항 2호에서는 음성이나 영상정보에 대한 증거조사는 이를 청취하거나 시청하는 방법으로 한다고 규정하였다.

점차 소형화·지능형(빅데이터 두뇌형) CCTV(영상기록장치)와 날아다니는 CCTV인 드론이 전국도처에 옥 내외와 차량을 막론하고 날로 증가 설치된 이제 현장의 사진, 스마트폰의 영상물, e-mail,[1] 문자메시지, 카카오톡 등 전자정보물과 녹음 그리고 사물인터넷(IOT)나 빅데이터·cloud증거·GPT채증 등 증거방법이 새로운 패러다임 Shift의 전망이다. 과거를 낱낱이 채구성·증거로 할 수 있는 과학기술시대가 도래되었다(예: 계약체결시에 계약서+휴대폰으로 현장촬영+음성녹음; 무권대리 주장에 대비하여 본인이 대리인에게 대리권수여의 현장영상을 촬영해두는 따위). 급속한 digital 환경의 변화에 따라 소송의 주요증거로 정보저장매체에 대한 중요성이 갈수록 증대되고 있다.

Ⅷ. 조사·송부의 촉탁(사실조회)

(1) 조사·송부의 촉탁이란 법원이 공공기관·학교, 그 밖의 단체·개인 또는 **외국의 공공기관**에게 그 업무에 속하는 사항에 관하여 필요한 조사 또는 보관중인 문서의 등본·사본의 송부를 촉탁하는 특별증거조사절차를 말한다(294조).[2] 실무상 사실조회라고 한다. 신법은 개인에게는 촉탁할 수 없었던 구법과 달리 **개인에게도** 그 업무에 속하는 사항에 관하여 조사촉탁할 수 있도록 하였다. 개인도 전문적이고 특수한 분야에 관한 지식이나 정보를 가지고 있는 경우가 많고, 직무상 관련된 것으로서 간단히 확인할 수 있는 사항은 굳이 그 개인을 증인이나 감정인으로 불러 물어 볼 필요가 없기 때문이다. 신법은 조사촉탁에 그치지 않고 업무에 속하는 사항에 관하여 보관중인 문서 등·사본의 송부촉탁도 할 수 있도록 하였다. 촉탁의 한 방법으로 조사보고까지 가지 않고 보관하는 문서의 등사본을 보내게 하거나, 조사를 하면서 그 근거문서·참고서류가 있으면 같이 보내게 하려는 취지이다. 이제 구법과 달리 조사·송부촉탁이 맞는 말이 되게 되었다. 당

1) 권혁심, "이메일증거의 인멸과 제재," 민사소송 18권 1호.

2) 일본신민소법의 당사자조회제도: 당사자는 소송계속중 상대방에 대해서 주장·증명을 위하여 필요한 사항에 관하여 기간을 정해서 서면으로 질문하고 서면으로 답변할 것을 요구하는 것을 내용으로 하는데(미국의 FRCP 33의 Interrogatory와 유사), 그 실효성은 미미하다는 것이다.

사자의 신청에 의한 경우만이 아니라 직권으로도 할 수 있다(140조 1항 5호. Internet 검색이 발달하여 활용도가 다소 낮게 되었다). 예를 들면 기상청에 어느 일시의 기후관계, 상공회의소·증권거래소 또는 외환시장에 어느 일시의 물가시세·주가·환율의 조사보고, 의약사회에 의약관계의 자료보고와 그 근거서류를 보내게 하는 따위이다.

조사·송부촉탁은 촉탁의 상대방이 쉽게 조사할 수 있는 사실에 대하여 활용하고, 조사할 내용이 촉탁상대방의 특별한 지식경험을 필요로 하는 것이거나 촉탁상대방의 전문적인 의견을 구하는 것일 때에는 감정촉탁의 방법에 의하거나 촉탁상대방을 증인이나 감정인으로 신문하는 것이 바람직하다. 또 신설된 전문심리위원을 위촉하여 그의 의견이나 설명에 의할 수 있다. 촉탁에 응하는 경우 촉탁의 상대방은 보수 또는 필요한 비용을 청구할 수 있다.

(2) 조사·송부촉탁의 결과를 증거자료로 함에는 법원이 이를 변론에 현출하여 당사자에게 의견진술의 기회를 주어야 하나,[1] 당사자에 의한 원용은 필요 없다고 할 것이다.[2] 조사·송부촉탁의 결과는 따로 서증으로 제출할 필요가 없다.[3] 문서송부촉탁의 경우와 다르다.

(3) **금융거래정보나 과세정보**의 수집은 금융기관 또는 세무공무원에 대한 제출명령이라는 형식에 의하는데, 그 근거조문은 금융실명거래 및 비밀보장에 관한 법률 제4조 1항, 국세기본법 제81조의 13 1항 그리고 사실조회·문서송부촉탁·문서제출명령 등에 관한 민소법 규정이 그것이다. 민사소송 등에서의 전자문서 이용 등에 관한 법률 제2조 3호에는 전자서명제도가 있다.[4]

(4) **변호사회조회** 개정변호사법 제75조의 2에서는 지방변호사회가 회원인 변호사의 신청에 의하여 공공기관에 사실조회하는 제도를 신설하였다.

Ⅸ. 증거보전

(1) **의 의** 소송절차 내에서 본래의 증거조사를 행할 기일까지 기다리자면, 그 증거방법의 조사가 불가능하거나 또는 곤란하게 될 사정이 있는 경우에 본안의 소송절차와는 별도로 미리 증거조사를 하여 그 결과를 확보하여 두는

1) 대법 1982. 8. 24, 81누270.
2) 대법 1981. 1. 27, 80다51.
3) 서증제출을 필요로 한다는 견해로 한충수, 518~519면.
4) 정동윤/유병현/김경욱, 664면.

판결절차의 부수절차이다(375조). 예를 들면 증인으로 될 자가 중병·죽음에 임박, 해외에 이주시도 또는 검증물의 멸실 내지 변경의 우려가 있는 경우에는 이러한 증거조사가 허용된다. 소송계속전후를 불문한다(376조). 이는 본안소송의 증거조사시에 증거이용이 곤란해지는 것을 막기 위한 수단으로 생겼으나, 영미법에서처럼 공판전의 증거개시제도(pretrial discovery)가 없는 우리 민사법제하에서는 그에 그칠 것이 아니라 소송 전의 증거수집제도로 이용되도록 탄력적으로 확대운영하는 것이 바람직할 것이다. 그렇게 되면 증거의 구조적 편재의 방지, 사전의 증거수집에 의한 사실관계의 판명으로 소송유발의 방지, 쟁점 명확화로 인한 화해촉진이 가능할 수 있기 때문이다. 이러한 이유에서 1991년 독일 사법간소화법에서는 증거보전의 필요성과 관계 없이도 소송 전에 증거조사할 수 있는 독립적 증거절차(selbständiges Beweisverfahren)로 개편하였다(ZPO § 485 이하). 증거보전의 필요성이 없어도 미리 증거조사할 수 있는 특례를 증권관련집단소송에서 받아들였다(증집소 33조).

(2) 요 건 증거보전을 함에는 보전의 필요성 즉 미리 증거조사하지 아니하면 장래 그 증거방법을 사용하는 것이 불가능하거나 또는 곤란한 사정이 존재하여야 한다. 정식조사기일까지 기다리자면, 예를 들면 증인의 중병이나 치매끼, black box, 사고시 교신기록 등 검증의 대상이 되는 목적물의 현상변경의 가능성 등이다. 방치하면 증거조사가 물리적으로 곤란한 경우만이 아니라, 현저히 비용이 증가할 경우도 포함한다고 할 것이다. 그러한 사정의 존재에 대해서는 소명이 필요하다(377조 2항). 그러나 증명사항이 청구와의 관계에서 중요한 것인가는 밝힐 필요가 없다.

(3) 절 차 원칙적으로 신청에 의하되 서면신청을 요하는데, 신청서에는 증거보전의 사유에 관한 소명자료를 붙여야 한다(규 124조). 예외적으로 소송계속중에는 직권으로도 개시된다(379조). 그 절차는 증거방법의 종류에 좇아 통상의 증거조사의 규정에 의한다(375조). 관할법원은 소제기전이나 긴박한 경우에는 증거방법의 소재지를 관할하는 지방법원이고, 소제기 후는 그 증거를 사용할 법원이 된다(376조).[1] 소송계속후에 증거보전을 한 경우에는 그에 관한 기록을 2주 안에 본소송의 법원에 송부하여야 하며(382조; 규 125조 1항), 소송계속전에 증거보전을 한 경우에는

1) 선거에 관한 본안소송 즉 당선무효소송이 제기된 이후에 제기한 투표함에 대한 증거보전신청사건의 관할법원은 그 증거를 사용할 심급의 법원인 서울고등법원에 있다고 한 것에, 대법 2023. 6. 29, 2023수흐501.

본소송계속 후 그 법원의 기록송부요청을 받은 날부터 1주 안에 송부하여야 한다(규 125조 2항).

(4) 효 력 증거보전에 의한 증거조사결과는 변론에 제출됨으로써 본소송에 있어서 증거조사의 결과와 같은 효력을 갖게 된다. 증거보전 결정에 대해서는 불복신청할 수 없다(380조). 그러나 신청기각 결정에 대하여는 통상항고를 할 수 있다(439조). 증거보전절차에서 신문한 증인이더라도 당사자가 변론에서 다시 신문을 신청한 때에는 수소법원은 그 증인을 신문하여야 한다(384조). 이는 법원구성의 변경이 있을 때에 그러하듯이(204조 3항), 증인신문에 관하여 직접주의를 철저히 관철시키려는 의도이다.

제5절 자유심증주의

지금까지 요증사실에 대해서 현장의 증거조사를 설명하여 왔거니와, 그 **조사결과** 등을 토대로 자유심증주의에 의하여 그 진실여부를 가리며, 그 진실여부의 판명이 안 되면 증명책임으로 문제를 해결한다. 먼저 자유심증주의를 보고 증명책임의 문제를 검토한다.

Ⅰ. 의 의

자유심증주의(freie Beweiswürdigung)란 사실주장이 진실인지 아닌지를 판단함에 있어서 법관이 증거법칙의 제약을 받지 않고, 변론 전체의 취지와 증거자료를 참작하여 형성된 자유로운 심증으로 행할 수 있는 원칙을 말한다(202조). 이에 대립하는 **형식적 법정증거주의**란 증거능력이나 증거력(증거가치)을 법률로 정해 놓아 법관이 사실인정에 당하여 반드시 이러한 증거법칙에 구속되어야 하는 원칙을 말한다. 따라서 법정증거주의에 있어서는 계약의 존재나 변제사실에 대한 증거방법은 반드시 문서에 한정하거나, 4인 중 3인의 증인이 일치된 증언을 하면 다수결의 원칙에 의하여 반드시 그 증언을 믿어야 하거나, 여론조사의 결과나 소위 사회적 합의(진실 여부는 여론조사의 대상 경향)·국민적 정서에 의하여 사실확정을 하거나 서로 상반되는 감정결과가 나오면 반드시 제3의 감정인을 불러 새로 감정시켜야 한다는 등 증거법칙이 법정되어 있기 마련이다.

법정증거주의는 사실인정에 있어서 법관의 자의적인 판단을 막을 수 있는 이점이 있기는 하다. 그러나 사회가 단조로울 때는 증거를 유형화하여 이를 법정화할 수 있었지만, 오늘의 복잡다단한 사회에 있어서 일어나는 천태만상의 현실을 몇 가지 유형화한 증거법칙으로 대처할 수 없으며, 그것은 오히려 사실의 진실여부의 판단을 그르칠 위험이 있다. 그리하여 프랑스혁명을 전기로 하여 1806년 나폴레옹 민사소송법(함무라비법전 → 로마대법전 → 나폴레옹법전으로 흐름)은 사실의 진실여부판단에 있어서 형식적인 증거법칙의 굴레에서 벗어나 법관의 양식을 전적으로 신뢰하고 그의 자유로운 판단에 맡기기에 이르렀다(형사소송도 같다).

Ⅱ. 증거원인

심증형성(사실인정)의 자료가 되는 증거원인에는 변론 전체의 취지와 증거조사의 결과 두 가지가 있다. 따라서 법관이 당해 사건에 대하여 개인적으로 알고 있는 지식은 증거원인이라 할 수 없다(법관이 증인을 겸할 수 없다).

1. 변론 전체의 취지[1]

변론 전체의 취지란 변론의 일체성을 가리키는 경우도 있지만(앞서 본 「변론의 일체성」 참조. 150조 1항), 여기에서는 증거원인으로서의 변론 전체의 취지가 문제된다. 이는 증거조사의 결과를 제외한 일체의 소송자료로서, 당사자의 주장내용·태도·주장입증의 시기, 당사자의 인간관계 그 밖의 변론 과정에서 얻은 인상 등 변론에서 나타난 일체의 적극·소극의 사항을 말한다.[2] 예를 들면 전후 일관성 없는 주장, 간단한 사실을 땀을 흘리거나 낯을 붉히면서 주장하는 태도, 증명방해, 공동피고의 자백[3] 등이다. 형사소송에 있어서는 증거재판주의(형소 307조)에 기하여 증거자료만이 증거원인이 되나, 민사소송에서는 증거자료와 함께 변론 전체의 취지도 증거원인이 된다.

변론 전체의 취지만으로 당사자간에 다툼 있는 사실을 인정할 수 있느냐, 아니면 이는 증거자료에 보태어 사실인정의 자료로 쓰이는 보충적인 증거원인이 되는 데 그치느냐에 대하여서는 다투어진다. 독일·일본의 통설은 변론 전체의

1) 상세는, 졸고, "사실인정과 변론의 전취지," 서울대학교 법학 6권 1집, 147면 이하.
2) 대법 1983. 7. 12, 83다카308. 이 증거원인 조항은 합헌(헌재 2012. 12. 27, 2011헌바155).
3) 대법 1976. 8. 24, 75다2152. 증거가 아니라 입증취지로 제출된 자료도 변론 전체의 취지라는 것에, 대법 1998. 2. 27, 97다38442.

취지에 증거원인으로서의 독립성을 인정하여 이것만으로 다툼 있는 사실을 인정할 수 있다는 입장이며(독립적 증거원인설), 일부 학설도 이를 따른다.[1] 그러나 변론 전체의 취지는 모호하고 이를 기록에 반영하여 객관화하여 놓기도 힘든 것이므로, 원심이 무엇을 변론 전체의 취지로 본 것인가는 상급심이 심사하기 곤란한 바 있다. 또 증거조사를 하지 않고 이것만으로 모든 사실의 인정을 가능케 한다면 변론 전체의 취지를 빙자하여 자의적이고 안일하게 사실인정을 할 우려가 있다. 잘 활용되면 솔로몬 재판[2]이 되지만, 아니면 원님식 재판이나 점쟁이 재판의 우려마저 있다. 보충적 증거원인설이 옳다고 보며 다수설이다.[3] 현재의 우리 판례는 변론 전체의 취지만으로 인정할 수 있는 것은 문서의 진정성립(형식적 증거력)[4]과 자백의 철회요건으로서의 착오[5]에 국한시키며, 주요사실의 인정에 관하여서는 증거원인으로서 독립성을 부인하고 있다(보충적 증거원인설).[6]

2. 증거조사의 결과

증거조사의 결과란 법원이 적법한 증거조사에 의하여 얻은 증거자료를 말한다. 예를 들면 증언, 문서의 기재내용, 감정 · 검증 · 본인신문결과, 그 밖의 증거조사결과 등이다. 자유심증주의는 이것을 토대로 하면 되는 것이고 증거법칙으로부터는 해방됨을 의미하는데, 구체적으로 다음 세 가지 내용이다.

(1) 증거방법의 무제한 자유심증주의는 증거방법이나 증거능력에 제한이 없기 때문에, 매매 · 대여사실의 인정은 반드시 증인에 의하여야 하는 것은 아니며,[7] 서류위조 여부를 반드시 감정에 의할 필요가 없다.[8] 판례는 소의 제기 후 다툼있는 사실을 증명하기 위하여 작성한 문서라도 증거능력이 있는 것으로 보며,[9] 또 형사소송(형소 310조의 2)과 달리 전문증언(hearsay evidence)이라도 증명력에

1) 송상현/박익환, 516면; 김용욱, 282면; 강현중, 480면; 호문혁, 414면; 정영환, 740면.
2) 이시윤, 입문〔事例 82〕, 235면.
3) 방순원, 454면; 김홍규/강태원, 490면; 정동윤/유병현/김경욱, 573 · 574면; 전병서, 411면; 전원열, 357면.
4) 대법 1987. 7. 21, 87므16; 동 1982. 3. 23, 80다1857 등. 그러나 동 1996. 3. 8, 95다48667=다툼이 있는 경우는 변론전체의 취지에 의하여 원본의 존재 및 진정성립을 인정할 수 없다.
5) 대법 2000. 9. 8, 2000다23013; 동 1991. 8. 27, 91다15591 · 15607.
6) 대법 1984. 12. 26, 84누329; 동 1995. 2. 3, 94누1470.
7) 대법 1966. 4. 19, 66다34.
8) 대법 1960. 9. 29, 4292민상229. 임료상당액을 증언에 의하여 인정하여도 무방하다는 것에, 대법 1987. 2. 10, 85다카1391.
9) 대법 1992. 4. 14, 91다24755 등. 인증(人證) 회피의 목적으로 작성된 진술서인 문서의 제출은 상대방의 반대신문권을 부당하게 박탈하고 당사자의 공평을 해칠 수 있어 증거능력이 문제된다.

문제있겠지만 증거능력이 있다고 하였다.[1)2)] 나아가 위법하게 수집한 증거방법(앞 476면 참조)의 증거능력에 관하여도 판례는 적극적으로 보지만, 위법성조각사유 등 특별한 사정이 있는 경우에만 증거능력을 인정하여야 한다는 것은 앞서 본 바이다.

(2) 증거력의 자유평가 적법하게 실시된 증거조사에 의하여 얻은 증거자료의 증거력평가(증거취사 또는 증거가치의 평가)는 법관의 자유로운 판단에 일임하고 있다. 그러므로 직접증거와 간접증거 사이에,[3)] 서증과 인증 사이에[4)] 그 증거력에 있어서 우열이 없다는 것이다. 공문서의 진정성립이 추정된다 하여도 반드시 그 기재내용을 증거로 채택해야 하는 것도 아니다.[5)] 또 감정인의 감정이라고 해서 반드시 믿어야 하는 것이 아니고 다르게도 판단할 수 있다.[6)] 그러나 판례는 처분문서는 진정성립이 인정되면 특별한 사정이 없는 한 그 문서의 기재내용에 따른 의사표시의 존재와 내용을 인정하여야 한다고 했다.[7)] 민사재판에 있어서 다른 증거가 있으면 형사판결의 내용과 달리 사실인정을 할 수 있지만,[8)] 확정된 형사판결의 인정사실은 특별한 사정이 없는 한 유력한 증거자료가 될 수 있다.[9)]

이는 확정된 관련 민사사송에서 인정한 사실도 원칙적으로 마찬가지로 보았다.[10)]

(3) 증거공통의 원칙

1) 증거력의 자유평가는 증거제출자에게 유리하게도 혹은 불리하게도 평가될 수 있음을 뜻한다. 즉 증거조사의 결과는 그 증거제출자에게 유리하게 판단될 수 있을 뿐더러, 상대방의 원용에 관계 없이 **제출자에 불리**하게 오히려 상대방에게 유리한 판단에 사용될 수 있다. 이를 증거공통의 원칙이라 하는데, 현재 우리 판례의 주류는 이를 긍정하는 입장이다.[11)] 따라서 실무상 행하는 제출자의 상대방이

1) 대법 1962. 1. 11, 4294민상368. 직접 목격한 것이 아니고 제3자나 당사자로부터 「들어서 안다는 증언」 즉 **전문증언**으로 성행되는데, 그의 농담·추측·거짓으로 진술한 것일 수 있는 제3자를 반대신문하여 그 오류를 공격할 수 없는 문제점이 있다. 민소규칙 제95조 2항 4호는 전문증언을 증인신문에 있어서 제한할 수 있는 사항으로 하였다.
2) 판결서도 자유심증의 대상에서 제외될 수 없다는 것이다. 대법(전) 1980. 9. 9, 79다1281 등.
3) 대법 1959. 5. 21, 4291민상242; 동 1960. 12. 20, 4293민상435.
4) 대법 1964. 4. 14, 63아56.
5) 대법 1965. 4. 6, 65다130.
6) 대법 2000. 5. 26, 98두6531; 동 2002. 6. 28, 2001다27777.
7) 대법 2000. 1. 21, 97다1013; 동 2000. 10. 13, 2000다38602 등.
8) 대법 1979. 9. 25, 79다913; 동 2005. 1. 13, 2004다19647.
9) 대법 1994. 1. 28, 93다29051; 동 1989. 11. 14, 88다카31125 등.
10) 대법 2018. 8. 30, 2016다46338·46345; 동 2020. 7. 9, 2020다208195 등.
11) 대법 1987. 11. 10, 87누620; 동 2004. 5. 14, 2003다57697 등.

'원용한다'는 말은 법원의 증거판단에 주의를 환기시키는 이상의 의미가 없다.[1)]

2) 증거공통의 원칙은 변론주의와 저촉되는 것이 아니다. 변론주의는 증거의 제출책임을 법원과의 관계에서 당사자에 일임한다는 것이지, 일단 제출한 증거를 놓고 어떻게 평가하느냐는 변론주의 범위 밖의 문제이며 법원의 직권이요 자유심증의 영역이기 때문이다. 증거공통의 원칙의 결과 일단 증거조사가 개시된 뒤에는 상대방에게도 유리한 자료가 나올 가능성이 있기 때문에, **상대방의 동의**가 없으면 그 증거신청의 철회는 허용되지 않는다. 다만 증거공통의 원칙은 공동소송인 사이에도 적용되지만, 공동소송인간에 이해관계가 서로 대립 상반되는 경우까지 확장되는 것은 아니다(다수설).

Ⅲ. 자유심증의 정도

앞서 본 바와 같이 자유심증주의는 법관이 사실의 진실여부를 판단함에 있어서 자유로운 확신에 의하는 것을 의미한다.

(1) 사실인정에 필요한 확신의 정도(증명도·심증도)[2)] 증명은 심증이 확신에 이른 것을 말하는데 여기의 확신은 실제생활에 적용될 수 있는 정도의 정확성, 즉 의심을 완전히 배제할 수는 없지만 **의심에 침묵**을 명할 정도의 정확성을 의미한다(BGH 53, 245 독일의 Anastasiaurteil, 졸저, 입문〔事例 33〕, 101면 참조). 그렇다고 자연과학이나 수학의 증명과 같이 추호의 의혹도 없는 완전배제의 절대적 정확성까지 요구하는 것은 아니다(우주탄생의 Big Bang 때 가스상태에 질량을 실어주었다는 Higgs입자는 그 주장 50년만에 증명, 1915 아인슈타인의 중력파예언이나 그 뒤 블랙홀에서 빛의 굴절은 100년이 되어 증명 등, 이와 같은 증명이라면 부지 하세월로 소송에서는 바랄 수 없음). 말하자면 논리적 증명이 아니라 역사적 증명이면 되는 것으로, 통상인의 일상생활에 있어 진실하다고 믿고 의심치 않을 정도의 **'고도의 개연성'**을 증명하는 것이다.[3)] 즉 경험칙에 비추어 모든 종합증거 그리고 변론 전체의 취지를 검토하여 십중팔구

---

1) 대법 1974. 3. 26, 73다160; 동 1982. 12. 28, 82누461 등의 판례는 원용이 없는 이상 상대방 제출의 증거에 대해 채택여부 판단을 하지 아니하여도 증거공통의 원칙에 저촉되지 않는다고 하여, 아직 원용에 의미를 부여하고 있다. 찬성은 한충수, 457면.

2) 반흥식, "민사소송법에 있어서의 증명도," 민사소송 18권 2호.

3) 대법 2012. 4. 13, 2011다1828; 동 2009. 12. 10, 2009다56603; 동 2010. 10. 28, 2008다6755 등. 영미에서나 형소법 제307조에서는「합리적인 의심이 없는 정도」(beyond reasonable doubt) 또는 명백하고 확신적인 증거에 의한 증명이지만, 민사사건에서는 이보다는 경한 **「증거의 우월」**(preponderance of evidence)을 요구한다. 즉 쌍방의 증거를 비교하여 한 쪽이 우월하면 된다는 것이다. 우리의 통설·판례는 원칙적으로 고도의 개연성의 확신이라고 보지만(**고도의 개연성설**), 이처럼 증거의 비교우월이면 된다는 소수설(정동윤/유병현/김경욱, 577면)도 있다(**우월적 증명설**). 영국해상법 및 관습법상의 해상 고유의 위험으로 인하여 발생한 것에 대한 증명의 정도는 증거의 우월이라 한 것에, 대법 2001. 5. 15, 99다26221.

까지는 확실하다는 확신이 서면 된다. 이 정도의 확신이 서지 않은 경우라도 무리하게 사실의 진실여부의 판단강요가 자유심증주의가 아니다. 엄밀하게는 자유심증주의는 **객관적**으로는 고도의 개연성, **주관적**으로는 법관의 확신 두 가지를 요구한다.

(a) **손해배상소송에 있어서의 증명도의 경감 — 상당한 개연성 있는 증명** 증명도(Beweismaß)는 고도의 개연성의 확신이어야 하나 다음과 같은 일정 유형의 소송의 경우는 예외가 있다. 확신은 아니고 틀림없을 것이라는 추측 정도의 저도(低度)의 개연성을 뜻하는 소명의 영역은 넘어서지만 증명의 영역에 미치지 못하는 경우이다.

판례는 i) **장래의 일실(逸失)이익** 즉 장래 예측의 수입상의 손해에 관한 증명에 있어서 그 증명도는 과거사실에 대한 증명의 경우보다 경감되어 합리성과 객관성을 잃지 않는 범위 내에 있어서 상당한 개연성 있는 증명이면 되고,

ii) **현대형소송에 있어서 인과관계** 공해소송 · 의료과오소송 · 제조물책임소송 등에 있어서 인과관계를 구성하는 하나 하나의 고리에 관하여 과학적인 엄밀한 증명을 요구하는 것은 곤란하다 하여 증명도를 크게 경감시켰다. 판례는 널리 민사분쟁에서의 인과관계는 사회적 · 법적 인과관계이므로 그 인과관계가 반드시 의학적 · 자연과학적으로 명백히 증명되어야 하는 것이 아니라고 했다(보험사망사고사건 · 쓰레기매립장 침출수에 의한 어민피해사건).

iii) **손해액의 불분명** 지금까지 불법행위이든 채무불이행이든 판례의 주류는 손해발생사실은 인정되나 구체적인 손해액을 증명하는 것이 사안의 성질상 어려운 경우, 법원이 증거조사의 결과와 변론전체의 취지에 의하여 밝혀진 간접사실을 종합하여 손해액수를 정할 수 있다는 입장이었다.[1)2)]

그러다가 2016. 3. 29 개정법률 제202조의 2에서, 손해액의 증명이 곤란한 경우에 변론전체의 취지와 증거조사결과를 종합하여 상당하다고 인정되는 금액을 배상액수로 정할 수 있도록 하였다(ZPO 287 I 1문과 일 법 248조도 같은 취지).[3)] 이 개정안은 법무부 민법개정분과위원회에서 제의한 것으로 민사소송법개정시에 이를 수용하였다. ZPO § 287 I 2문에서는 신청에 의한 증거조사나 직권으로 감정인의 감정을 명할지 여부와 그 범위는 법원의 재량사항이라 하였다. 이 규정은 채무불이행 · 불법행위뿐 아니라 특별법에 따른 손해배상청구에도 적용되는 일반적 성격의 규정이다.[4)] 판례는 밝혀진 당사자 사이의 관계, 불법행위와 그로 인한 재산적 손해가 발생하게 된 경위, 손해의 성격, 손해가 발생한 이후의 제반 정황 등의 관련된 모든 간접사실들을 종합하여 상당인과관계 있는 손해의 범위인 수액을 판단할 수 있다는 종전

1) 대법 2020. 3. 26, 2018다301336. 채무불이행의 경우에도 증명이 곤란한 경우에 그러한 취지는, 대법 2004. 6. 24, 2002다6951 · 6968; 동 2015. 1. 29, 2013다100750 등. 불법행위 배상청구소송에서 같은 취지는, 대법 2014. 4. 10, 2011다72011, 72028. 특허법 제128조 5항의 손해액의 증명이 극히 곤란한 경우에도 같은 취지는, 대법 2011. 5. 13, 2010다58728; 동 2014다27425.

2) 대법 2007. 11. 29, 2006다3561; 동 2014. 7. 10, 2013다65710; 동 2010. 10. 14, 2010다40505.

3) 재량산정제에 대하여 김경욱, "증명의 곤란과 상당한 손해배상액의 인정," 민사소송 20권 2호 67면 이하; 정동윤/유병현/김경욱, 579면.

4) 대법 2020. 3. 26, 2018다301336.

판례를 유지하고 있다.[1)]

(b) **확률적 심증(할합적(割合的) 인정이론)** 민사소송에 있어서 사실의 인정은 종래 그 사실의 존재를 긍정하느냐 부정하느냐의 택일적 판단에 의하였지만 근자에 법관의 심증도만큼 비율적으로 사실을 인정하자는 이른바 심증비율에 의한 인정이 논란된다. 즉 심중팔구는 확실하다는 확신이 선 증명도까지는 이르지 못했으나 60% 정도의 심증이 형성된 경우에는 이를 진실인지 허위인지 불명이라 하여 사실의 존재를 부정하느니보다는, 그 심증도를 손해배상액에 반영시켜 손해액 60%만을 비율적으로 인정하는 것이 공해소송 등 인과관계가 복잡한 소송에 있어서 피해자구제를 위해 좋다는 것이다. 이것이 일본의 倉田卓次 판사의 확률적 심증의 이론이며, 그 실천이라 할 수 있는 것이 東京地裁 昭和 45. 6. 29 판결이다(피해자가 앞으로 시행할 미용사시험에 합격할 것이라는 심증이 60%이면, 배상액=손해액×60%). 그러나 심증도의 어느 한도까지 이 이론을 적용할 것인가와 중간적 사실의 인정 등 문제가 있어 학설로부터는 외면되고 있다.

(c) **역학적(疫學的) 증명** 일본에서는 공해·약해소송에 있어서는 이에 의하여야 한다고 강조하고 있다. 실무에서도 공해·약해소송 등의 경우에 원고측의 집단적 질환의 발생과 그 발생원과의 인과관계의 증명을 위하여 역학의 연구성과를 활용하고 있다. 여기에서는 원고측에서 원고도 역학적 증명에 의하여 원인이라고 할 인자의 영향을 받았다는 것과 원고의 증상도 역학적 증명의 기초가 되는 집단적 질환의 기본적 특징을 갖춘 것을 증명하면 그것으로 끝나고, 피고측에서 원고의 질병은 그 인자와는 관계없다는 것을 추정케 할 특단의 사정을 증명함으로써 역학적 증명으로부터 벗어나게 하는 식으로 증명책임이 분배된다. 서울고법 2011. 2. 15. 담배소송에서 결론에서는 원고패소이나 흡연과 폐암 사이에 역학적 인과관계가 인정된다고 하며, 달리 반대증거가 없는 한 개별적 인과관계도 있다고 보았으나, 제조상의 잘못이 없다고 했다.[2)] 대법원도 제조물책임법상의 결함은 없고, 흡연은 자유의사에 의한 선택이라고 판시하며, 15년 간의 담배소송을 끝냈다(대법 2014. 4. 10, 2011다22092).

(2) 자의금지 자유로운 심증에 의한 판단은 형식적인 증거법칙으로부터의 해방을 의미하는 것이지, 결코 법관의 자의적인 판단을 허용하는 것이 아니다.[3)] 따라서 사실판단은 일반의 논리법칙과 경험법칙에 따라야 하며 사회정의와 형평의 이념에 입각해 있을 것을 필요로 한다.[4)] 사실일정이 사실심의 재량에 속

1) 대법 2023. 4. 27, 2021다262905.

2) 담배소송은 범세계적 global소송이라 할 수 있는데, 미국 48개주 법무장관 v. 6개 담배회사에서 흡연피해로 의료비지출 증대의 손해배상소송에서 25년 끝에 2,460억불 지급의 화해. 캐나다 몬타리오주가 담배회사상대의 소송에서 500억불 지급받음. 캐나다 퀘벡주에서 3개 담배회사소송 상대로 150억불 배상판결. 우리나라 건강보험공단이 담배회사를 상대로 담배 때문에 건강보험료 과다지출을 이유로 537억원의 손해배상청구소송제기(빅 데이터의 분석결과를 증거제출예정. 폐암환자 3,400명 기록제출). 그러나 일본은 인과관계가 어렵다는 이유로, 프랑스는 smoking의 자유를 내세워 냉담. 서울중앙지법 2020. 11. 20(2014가합525054)에서 인과관계 인정이 어렵다고 했다.

3) 대법 2016. 3. 24, 2014두779; 동 2017. 3. 9, 2016두55933; 동 2020. 8. 27, 2017다211481 등.

4) 대법 2020. 8. 27, 2017다211481. 반흥식, "자유심증주의에서의 법관의 사실인정과 심증형성과정의 합리화와 한계," 민사소송 18권 1호.

한다고 하여도 그 한도를 벗어나서는 안된다.[1)]

자의금지(恣意禁止)의 원칙에 의하여 당사자를 보호하고 상고심으로 하여금 자의적 판단인가 여부에 관하여 재심사할 수 있도록 하기 위해서 증거의 채택·불채택의 심증형성의 경로를 명시하지 않으면 안 된다는 견해가 있다.[2)] 그러나 어떠한 증거를 갖고 어떠한 사실을 인정했는지 증거설명은 필요하나, 판례는 아래 몇 가지 특별한 증거가 아니면 무슨 이유로 A·B·C 세 증언 중 A 증언은 채택하고 B·C 증언은 배척하는지 그 이유설시를 필요로 하지 않는다는 태도이다.[3)] 자유심증의 경로의 논리적인 설시가 반드시 가능한 것이 아니고, 그 판단이 경험법칙상 흔한 예에 속하는 경우마저 채택·불채택의 이유를 빠짐없이 명시하여야 한다면, 판결서 작성에 들이는 노고로 소송촉진만 저해시킬 수 있다.[4)] 법관부족의 고육책이라 하지만, 현재처럼 배척하는 증거를 명시도 않는 등 지나친 간략화는 '불러도 답 없는 재판' 즉 법원의 이유설시의무(Begründungspflicht des Gerichtes) 위반으로 법치주의에 반한다고 할 것이다.

이유설시를 요하는 예외: i) 진정성립이 인정되는 처분문서의 증거력의 배척,[5)] ii) 진정성립이 석연치 않은 서증의 증거력인정,[6)] iii) 공문서의 진정성립의 부정,[7)] iv) 확정된 관련 민사사건에서 인정한 사실과 달리 인정할 때,[8)] v) 자기에게 불리한 사실을 시인하고 날인까지 한 서증의 증거력을 배척할 때,[9)] vi) 경험칙상 이례에 속하는 판단[10)]은 분명하고 수긍할 만한 이유의 설시를 요한다고 볼 것이다. 또 증명책임이 있는 당사자가 주장사실을 증명할 만한 상당한 증거를 제출하였는데 한 마디로 모두 믿지 않는다는 표현은 잘못이다.[11)]

---

1) 대법 2016두55933; 동 2016두50686.
2) 방순원, 452면; 송상현, 600면; 김홍규, 484면. Thomas-Putzo, § 286 Rdnr. 3.
3) 대법 1998. 12. 8, 97므513·97스12; 동 1993. 11. 12, 93다18129 등.
4) 같은 취지: 정동윤/유병현/김경욱, 575면.
5) 대법 2004. 3. 26, 2003다60549 등.
6) 대법 1993. 4. 13, 92다12070.
7) 대법 1986. 6. 10, 85다카180. 공문서인 사실조회회보를 배척할 때에 같은 취지의 것으로, 대법 1990. 11. 23, 90다카21022.
8) 대법 2000. 4. 11, 99다51685; 동 2012. 11. 29, 2012다44471 등. 그러나 달리 인정하는 구체적 이유를 일일이 설시할 필요없다는 것에, 대법 2002. 6. 11, 99다41657. 민사재판에서 특별한 사정이 없는 한 동일한 사실관계에 관하여 이미 확정된 형사재판의 사실판단과 반대사실을 인정할 수 없다는 것에, 대법 2021. 10. 14, 2021다243430; 동 2023. 6. 15, 2022다297632.
9) 대법 1993. 5. 11, 92다3823.
10) 대법 1996. 10. 25, 96다29700.
11) 대법 1992. 5. 26, 92다8293.

Ⅳ. 사실인정의 위법과 상고

법률심인 상고심은 사실심의 자유심증에 의한 사실인정을 그대로 받아들여야 하는 기속력이 생기므로(432조)(이를 실무상 증거의 채택문제와 사실의 인정은 사실심의 전권에 속하는 것으로 표현한다), 원심의 증거채택과 사실인정이 잘못되었다는 것은 상고심에서 문제삼을 수 없다. 그러나 다음과 같은 사유는 **자유심증주의의 내재적 한계**를 일탈한 것으로 상고이유가 된다고 하겠다(423조). i) 적법한 증거조사를 거친 증거능력 있는 적법한 증거에 의하지 아니한 사실인정,[1] 적법한 증거조사의 결과를 간과한 사실인정, ii) 논리법칙·경험법칙을 현저히 어긴 사실인정이다. 예를 들면 버스의 뒷바퀴로 16세의 소녀의 허벅다리를 치었는데도 경상에 그쳤다는 인정, 거액의 돈을 무담보·무증서·무기한으로 빌려 주었다는 인정 등 판결과정의 비상식에 해당한다.[2]

Ⅴ. 자유심증주의의 예외

1. 증거방법·증거력의 법정(예외 1)

예외적으로 법으로 증거방법·증거능력의 제한, 증거력의 법정을 해 놓은 때이다.

i) 대리권의 존재에 대한 서면증명(58조 1항, 89조 1항), 소명방법에 대해 즉시 조사할 수 있는 것에 한정(299조 1항) 등 증거방법의 제한, ii) 당사자와 법정대리인에 증인능력의 부정(367조, 372조) 등 증거능력의 제한, iii) 변론의 방식에 관하여 변론조서의 법정증거력(158조), 공문서·사문서의 형식적 증거력에 관한 추정규정(356조, 358조) 등의 증거력자유평가의 제한 등이 있다. 이 밖에 당사자의 일방이 고의로 상대방의 증명방해행위자에게 불리한 사실을 인정할 수 있도록 한 일련의 규정(349조, 350조, 360조 1항, 361조 2항, 366조, 369조)도 법정증거주의의 한 예이다.

여기에서 법의 규정이 없는 증명방해행위를 살펴본다.

증명방해(입증방해) 1) 의의: 법률에서 규정한 증명방해행위 이외에 어떠한 증

1) 대법 1982. 8. 24, 82다카317; 동 2018. 12. 27, 2015다58440·58457.

2) 경험칙에 반하는 사실인정의 예: ① 특별한 사정없이 명의신탁관계인데도 등기권리증을 명의신탁자가 아니라 명의수탁자가 소지하고 있다는 사실, ② 매도인이 잔대금지급받기 전에 매수인 앞으로 이전등기, ③ 매매계약을 합의해제하면서 원상회복의 약정이 없었다는 사실, ④ 피해자가 일생 의족과 휠체어를 사용하여야 한다면서 10세까지만 개호인이 필요하다는 사실인정 등, ⑤ 甲, 乙, 丙 사이의 경개계약을 甲, 乙 간의 합의해제하는 것만으로 경개계약을 해제하는 것은 경험칙상 이례에 속한다고 한 것에, 대법 2010. 7. 29, 2010다699.

거방법에 대하여 고의·과실, 작위·부작위에 의하여 한쪽 당사자의 증거의 사용을 곤란하게 하거나 불가능하게 만드는 경우가 있다. 이러한 증거인멸은 재판 전후를 불문한다. 예컨대 상대방 신청의 증인출석·진술방해, 자기가 알고 있음에도 사고를 목격한 증인을 알리지 않는것, 상대방 방해 때문에 의료기관 촉탁 감정을 실시 못하는 것,[1] 병상일지·X-Ray 사진이나 영상(DVD)·녹음의 변조·훼손, 가옥명도소송에서 점유부분의 특정을 위한 현장검증의 방해행위,[2] 원고가 감정 지정병원이 먼 거리임을 이유로 재감정에 응하지 아니한 경우,[3] DNA검사에 불응(가소 29조. YS 대통령 친자관계확인의 소에서 검사불응), 이메일이나 영상물 등 전자정보파일의 폐기 등이 그것이다. 이를 증명방해(입증방해, Beweisvereitelung, 형사에서 압수수색의 방해 따위)라 하는데 이에 관해서는 근자에 미국·독일 등에서 논의가 활발하다. 그러나 우리 판례는 증거자료에의 접근이 훨씬 용이한 한쪽 당사자가 상대방의 증명활동에 **비협력**하는 것을 증명방해라고 할 수는 없다고 한다.[4] 다만 대법 2010. 9. 30, 2010다12241·12258에서는 유족의 반대로 시체의 부검이 이루어지지 아니한 때에는 유족측이 증명책임상의 불이익을 감수하여야 한다고 했다(형사에서 압수수색을 피하고자 해외 cloud로 망명하는 일도 있다고 한다.).[5]

2) 효과(제재방법): 증명방해는 당사자간의 신의칙에 따른 소송수행의무(1조 2항)에 어긋나는 것이므로 제재를 면할 수 없다(방해자에 불이익). 제재에는 이를 하나의 자료(변론전체의 취지)로 삼아 자유심증에 따라 방해자에게 불리한 평가를 하면 된다는 **자유심증설**(증거평가설)과 방해한 측이 요증사실과 반대사실을 입증하도록 증명책임을 전환시켜야 한다거나 곧바로 상대방의 주장사실이 입증된 것(법정증거)으로 보아야 한다는 **증명책임전환설** 내지 **법정증거설**이 대립되어 있다.[6] 특히 증명책임전환설은 과실에 의한 증명방해의 경우에도 증명책임을 전환시켜야 하기 때문에 심히 가혹한 제재가 되어 문제가 있다. 한편 자유심증설에 의한다 하여도 고의의 증거제거의 경우에는 사실관계가 상대방에게 유리하다는 강력한 징빙(徵憑)으로 평가될 수 있는 것이다. 이렇게 볼 때에 방해의 모습이나 정도·그 증거의 가치·비난가능성의 정도를 고려하여 자유재량으로 방해받은 상대방의 주장의 진실 여부를 가려야 한다는 자유심증설이 원칙적으로 옳다고 할 것이며, 또 그것이 탄력성 있는 문제해결도 되어 증명책임전환설보다 우수한 면이 있다.[7] 옳은 면이 있으나, 우리와 같이 온정주의 문화가 만연된 상황에서는 자유심증에 너무 기댈 것은 못된다. 증명방해의 예시규정이라고 할 제349조·제350조의 문언에도 맞는다. 판례도 의사측의 진료기록의 변조가필행위는 입증방해행위에 해당한다 하면서 자유심증설을 따랐다.[8] 증거인멸에 대한 제재로서 미온적인 면이 있는 것도 사실이다. 따라서, 공해소송·대량사고소송

---

1) 대법 1994. 10. 28, 94다17116.
2) 서울지법 1998. 8. 13, 97가합47366.
3) 대법 1999. 2. 26, 98다51831.
4) 대법 1996. 4. 23, 95다23835.
5) 최근 하이닉스 v. 램버스사건의 항소심법원은 램버스가 증거파기했다는 이유로 1심인 캘리포니아 연방북부지법의 판결을 파기환송했다.
6) 상세는, 졸고, "민사소송에 있어서 입증방해행위," 고시계 1973. 4; 오용호, "민사소송에 있어서의 입증방해," 사법논집 17집, 207면.
7) 같은 취지: 정동윤/유병현/김경욱, 547면; 김홍엽, 712면; 박재완, 362면.
8) 대법 2014. 11. 27, 2012다11389; 동 1995. 3. 10, 94다39567.

등 현대형소송에서 고의적일 때와 달리 방해받은 당사자에게 증거방법이 없을 경우에 증명책임전환도 있을 수 있을 것이다.[1] 증거인멸은 선행 행위와 모순되는 거동금지의 원칙에 반하기도 한다. 증거훼손한 처지의 당사자가 증명당사자의 사실상의 주장을 부인하며 증거조사를 요구하는 것이기 때문이다.

한편 최근 미국에서는 증거인멸(증거보전의 의무위반, spoliation of evidence)을 단순히 소송상 조기 패소판결(default judgement: LG화학 대 SK이노베이션 사건)뿐 아니라 그 자체 법적으로 중대한 위법인 것으로 구성하여 독립한 소송원인(불법행위)으로 되고 징벌적 배상책임을 묻는 것이 판례화되고 있다. 미국에서는 이를 사법방해제도라고도 한다(obstruction of justice)(독일의 BGH ZIP 2000, 2329에서도 BGB § 242의 위반이 될 수 있다고 했다).[2] 이러한 외국의 재판실무를 증명방해에 유약하기만 한 우리사법 실무에서 他山之石으로 삼을 것이다. 형사사건·징계사건과 달리 증거인멸죄가 성립되지 아니하는 민사사건에서는 불법행위의 책임을 묻는 것은 균형으로 보아 필요하다.

2. 증거계약(예외 2)

증거계약이라 함은 소송에 있어서 사실확정에 관한 당사자의 합의를 말한다. 소송상의 효과를 발생케 하는 계약이기 때문에 소송계약의 일종으로 자유심증주의를 당사자의 의사로 제약하는 경우이다. 다음과 같은 것이 있다.

(1) 자백계약(무증거계약) 예를 들면 손해배상청구에서 사고발생사실과 같이 특정사실에 관하여서는 당사자간에 다투지 않기로 하는 약정 따위이다. 변론주의의 적용을 받는 통상의 민사소송에 있어서는 당사자의 자백이 허용되므로 원칙적으로 자백계약은 유효한 것으로 인정된다. 권리자백은 원칙적으로 재판상의 자백과 같이 법원을 구속하는 것이 아니기 때문에 권리자백계약은 무효라는 것이 다수설이다.[3] 또 간접사실에 대한 자백도 마찬가지로 이에 관한 자백계약은 그 효력이 없다고 할 것이다.

(2) 증거제한계약 예를 들면 일정한 사실의 증명은 서증 이외 다른 증거는 쓰지 않기로 하는 약정 따위이다. 우리 법제는 일본법과 달리 통상의 민사소송에 있어서는 보충적 직권증거조사(292조)를 인정하고 있으므로 약정한 증거방법의 조사로 심증형성이 되지 않을 때에 직권으로 다른 증거를 조사하는 것을 막

1) 같은 취지: 정영환, 649면. 다른 증거로부터 얻은 자유심증의 결과에 대하여 신의칙에 따라 어떤 형태로라도 불이익을 주어야 한다는 신의칙에 대한 법정증거설로, 강현중, 478~479면.

2) Silverstri v. General Motors Corp.(271. F. 3d 583). DuPont v. Kolon Industry사건에서 Kolon측이 증거자료로 요청받은 e-mail을 삭제하여 증거인멸제재로 엄청난 손해배상판결이 미국 Virginia 동부연방지법에서 있었다. 황규철, 한국민사소송법학회 2013년 하계학술대회발표논문.

3) 1968. 2. 13 BGH. 같은 취지: Häsemeyer, Parteiverinbarungen über präjudizielle Rechtverhältnisse, ZZP 85, 207ff.

을 수 없을 것으로,[1] 이 한도에서 증거제한계약은 효력을 잃는다고 할 것이다.[2] 또 직권증거조사를 원칙으로 하는 소액사건·증권관련 집단소송에서는 이러한 계약은 무효로 된다(소심 10조 1항; 증집소 30조 참조).

(3) **중재감정계약** 예를 들면 보험사고나 차·항공기 사고의 원인을 전문가인 제3자의 판정에 맡기기로 하는 따위이다. 처분할 수 있는 법률관계에 관하여서는 권리관계존부의 확정을 당사자간의 합의에 의해 제3자에게 맡길 수 있으므로(중재합의, 중재 9조 참조), 권리관계의 존부를 판단하는 데 전제가 되는 사실의 확정을 제3자에게 맡기는 것도 가능하다고 할 것이다. 따라서 중재감정계약도 유효하다. 다만 대법 2011. 11. 24, 2011다9426에서는 당사자의 합의에 의하여 지명된 감정인의 감정의견에 따라 보상금을 지급하기로 약정하였다 하더라도 약정취지에 반하는 감정이거나 감정의견이 명백히 신빙성이 없다는 등 특별한 사정이 있다면 그 감정결과를 따라야 하는 것이 아니라고 했다.

(4) **증거력계약** 증거력계약(A의 증언내용 또는 어느 서증을 진실인 것으로 하기로 하거나, 계약상의 권리를 행사함에 소명만 있으면 입증된 것으로 하는 약정[3])은 증거조사결과에 대한 법관의 자유로운 증거력평가의 제약이므로 무효이다. 이는 증거조사 후에는 증거포기의 여지가 없는 것에 견주어 당연한 귀결이라 하겠다.

(5) 넓은 의미의 증거계약에는 **증명책임계약**도 포함하나, 사실확정의 방법에 관한 것이 아니고 사실확정이 되지 않을 때에 누구에게 법률상의 불이익을 돌릴 것이냐 하는 문제이기 때문에, 엄밀한 의미의 증거계약이라 할 수 없다. 다만 처분할 수 있는 권리관계에 관한 것이면 계약으로 책임을 바꿀 수 있다.[4] 약관의 규제에 관한 법률 제14조에 의하면 상당한 이유 없이 고객에게 증명책임을 부담시키는 약관조항은 무효로 하였다.

---

1) Schilken, Zivilprozeßrecht(7. Auflage), Rdnr. 393.
2) 방순원, 299면; 송상현/박익환, 521면; 호문혁, 438면; 정영환, 751면. 반대: 김홍규/강태원, 487면; 정동윤/유병현/김경욱, 583·584면; 강현중, 479면.
3) 서울지법 1996. 6. 13, 94가합30633.
4) 대법 1997. 10. 28, 97다33089.

제 6 절 증명책임

Ⅰ. 의의 및 기능

(1) 증명책임(입증책임, 거증책임, Beweislast)이란, 소송상 어느 증명을 요하는 사실의 존부가 확정되지 않을 때에(non liquet=진실인지 허위인지 진위불명) 당해사실이 존재하지 않는 것으로 취급판단을 받게 되는 당사자일방의 위험 또는 불이익을 말한다. 이러한 의미의 증명책임을 객관적 증명책임이라고 하며, 쉽게 말하여 증거조사해 보았으나 증거가 없거나 미덥지 아니할 때의 패소할 위험을 뜻한다. 인간의 발전은 되지만 인식능력 수단이나 당사자의 증명노력에는 일정한 한계가 있는 것이고(AI, 빅데이터, 클라우드 등도 다소 개선의 여지) 시간이 갈수록 사실은 망각의 심연에 빠지기 때문에, 신이 아닌 인간이 하는 재판에는 사실이 증명되지 않는 경우가 적지 않다. 이 때에 법원이 진실인지 가짜인지 **진위불명**(眞僞不明)이라는 이유로 재판을 거부할 수 없는 일이고(재판거부의 금지), 사실이 증명될 때까지 마냥 소송진행을 연기할 수도 없다. 따라서 증명책임은 이러한 진위불명의 사태에 대처하여 증명을 요하는 사실의 부존재의 경우와 마찬가지로 취급하여 당사자 중에 어느 일방에 유리한 법규부적용의 불이익을 부담시켜서 판결을 가능하게 하는 것이다(법규부적용의 원칙). 예를 들면 대여금청구사건에서 「금전을 대여하였다는 사실」이 진실 여부불명의 상태에 이르면 대여사실이 없는 것으로 취급하여 증명책임을 지는 원고에게 불리하게 판결을 하게 되는 것이고, 만일 변제 여부가 불명하면 변제사실이 없는 것으로 보아 증명책임을 지는 피고가 각 불리한 판결을 받게 하는 것이다.

증명책임은 심리의 최종단계에 이르러도 사실주장이 진실인지 아닌지에 대해 아무런 확신이 서지 않을 때에 즉 **증명이 되지 않을 때** 누가 불이익을 부담하느냐의 문제이기 때문에, 그 전에 법관이 사실관계의 존부에 대해 확신을 갖게되면 증명책임은 문제되지 않는다.[1] 진위불명의 결과는 직권탐지주의하에서도 문제될 수 있기 때문에, 진위불명의 결과책임인 객관적 증명책임은 변론주의뿐만 아니라 직권탐지주의에 의한 절차에서도 문제된다.

(2) 앞서 본 객관적 증명책임에 의해 진위불명의 경우에 불이익한 판단 즉 패소위험 때문에, 증명책임부담자는 패소를 면하기 위하여 증거를 찾아 제출하여 입증활동을 하여야 할 필요에 직면하게 된다. 그리하여 승소를 하기 위하여

1) 대법 1961. 11. 23, 4293민상818.

증명책임을 지는 사실에 대하여 증거를 대야 하는 한쪽 당사자의 행위책임이 문제되는데, 이를 주관적 증명책임(증거제출책임, Beweisführungslast, 입증의 필요[1])이라 한다. 쉽게 말하여 패소를 면하기 위하여 증거를 대야 할 책임을 뜻한다. 다만 심리의 최종단계에서 따지는 객관적 증명책임과 달리 주관적 증명책임은 심리의 개시단계에서부터 따지는 것으로 구체적으로 그 책임을 질 당사자가 심리과정에서 바뀔 수 있으며, 변론주의의 산물이기 때문에 직권탐지주의하에서는 그 적용이 없다.

그러나 「증명책임은 민사소송의 척추이다」라는 말 그대로 증명책임이 민사소송에서 담당하는 역할은 크다. i) 청구원인과 항변의 구별, ii) 항변과 부인의 구별, iii) 본증과 반증의 구별, iv) 자백의 성립여부 등의 기준이 될 뿐 아니라, v) 증거를 대지 못하는 경우에 누구에게 증명촉구를 할 것인가의 석명권 행사의 대상자도 증명책임에 의하여 정하여진다. 따라서 심리의 최종단계에 이르러 진실여부 불명의 결과책임으로 문제되는 객관적 증명책임만으로는 민사소송과정에서 증명책임이 담당하는 이러한 여러 가지 기능이 도외시되지 않을 수 없다.[2] 미국법에서도 증명책임을 객관적 증명책임에 해당하는 것을 설득책임(burden of persuation, risk of nonpersuation), 주관적 증명책임에 해당하는 것을 증거제출책임(burden of producing evidence, going forward with evidence)으로 나누고 있으며, 다만 실무상으로도 증명책임이라 할 때에는 행위책임인 주관적 증명책임을 가리킬 때가 많다.[3] 먼저 주관적 증명책임을, 그 다음 객관적 증명책임을 심리하는 순서로 할 것이다.

(3) 증명책임에 관한 규정이 실체법에 속하느냐 소송법에 속하느냐에 관하여 다툼이 있다. 특히 시제법(경과법)·국제사법·상고제도 등과의 관계에서 문제된다. 그것은 재판규범으로서 본안판결의 내용을 정하기 때문에 **실체법규**로 해석하는 것이 옳을 것이다.[4]

---

1) 대법 1996. 4. 26, 96누1627 참조.
2) 오석락, 입증책임론, 6면.
3) 상대방에 의한 반증제출이 용이하게 기대됨에도 불구하고 이를 제출치 않으면 다른 사정도 참작하여 본증 쪽의 사실이 증명된 것으로 볼 수 있다는 「반증부제출의 법칙 또는 반증제출책임」을 강조하면서 행위책임으로서의 증명책임이 반드시 객관적 증명책임과 일치하는 것이 아니라고 하는 논의가 있다. 따라서 주관적 증명책임에 관한 지나친 과소평가는 금물이라 하겠다. 증거의 신빙성을 의심할 만한 사정이 없고 상대방으로부터 반대증거도 제출한 바 없다면, 일응 그 주장사실이 증명된 것으로 믿어 보는 것이 경험칙에 맞다는 것에, 대법 1992. 5. 26, 92다8293 등.
4) 같은 취지: 강현중, 491면. 계쟁사실의 요건을 구성하는 법규와 동일한 법역에 속한다는 적용영역설에는, 김홍규/강태원, 423면; 송상현/박익환, 542면.

Ⅱ. 증명책임의 분배

1. 서 설

요증사실의 진실여부가 불명한 경우에 당사자 중 누구에게 불이익을 돌릴 것인가는 문제이다. 특히 증명이 안 되는 사실에 대하여는 누가 증명책임을 부담하는가에 의하여 소송의 승패가 좌우되므로 그 분배는 매우 중요한 문제이다("의심스러운 때는 피고인의 이익으로," 공소사실에 증명책임이 있는 검사의 불이익으로 돌리는 것이 형사소송임). 예를 들면 가해자의 과실심증 50%, 그의 무과실심증이 50%일 때에 증명책임이 원고에게 있으면 원고가, 피고에게 있으면 피고가 각 패소된다. 분배의 기준에 관하여 요증사실의 성질이나 사실의 개연성을 표준으로 삼아야 한다는 요증사실분류설이 한때 있었다. 그러나 분배의 기준이 불명확하고 자의적인 면도 있어 이미 과거사가 된 견해이다. 우리 실무에서는 오래 전부터 막연히 **주장하는 자가 증명책임을 진다**는 이른바 주장자증명책임설에 입각하는 경우가 많다. 지나친 무리는 아니라고 보여지나, 누가 먼저 주장하는가에 따라 증명책임의 주체가 바뀔 수 있는 문제점이 있다. 예컨대 원고가 만일 계약해제·취소의 사유가 없다는 등 항변사실의 부존재를 먼저 주장할 경우라면 그 항변에 관계되는 사실에 대한 증명책임이 주장자인 원고에게 돌아가는 기이한 결론이 되므로 타당하다 할 수 없다. 현재로서는 증명책임의 분배를 법규의 구조에서 찾아야 한다는 **법률요건분류설** 내지는 규범설이 통설·판례로 되어 있는바, 증명책임은 사실주장의 진실여부가 불명한 경우의 법적용에 관한 문제이기 때문에 법규의 구조·형식(조문의 형식이나 관계조문의 상호관계) 속에서 그 분배를 구하는 설이 수긍가는 바이다.

2. 법률요건분류설에 기한 분배

법률요건분류설 내지 규범설은 각 당사자는 자기에게 **유리한 법규**의 요건사실의 존부에 대해 증명책임을 지는 것으로 분배시키고 있다(Rosenberg에 의해 개발). 따라서 소송요건의 존부는 원고에게 증명책임이 돌아간다.[1] 그것이 존재하면 원고에게 유리한 본안판결을 받을 수 있기 때문이다. 본안문제를 나누어 설명하면 다음과 같다.

1) 권리의 존재를 주장하는 사람은 자기에게 유리한 **권리근거규정**의 요건사

---

1) 대법 1997. 7. 25, 96다39301 등. 소송요건의 존부는 증명책임의 대상이 아니라는 견해로, 한충수, 472면.

실(권리발생사실=청구원인사실)에 대하여 증명책임을 진다.[1] 권리근거규정에는 물권적청구권, 계약, 계약불이행, 사무관리, 부당이득,[2] 불법행위 등 규정이 있는데, 이에 기한 권리주장자는 해당규정의 요건사실에 증명책임을 지게 된다. 예를 들면 매매계약상의 권리를 주장하는 사람은 매매계약규정인 민법 제563조의 요건사실에 대하여 증명책임이 있으며, 그 이상으로 계약이 불공정한 법률행위나 계약해제된 바 없었다는 사실 등 계속 존속된다는 사실까지는 증명책임이 없다.[3]

2) 권리의 존재를 다투는 상대방은 자기에게 유리한 **반대규정의 요건사실**(반대사실=항변사실)에 대하여 증명책임을 진다. 권리근거규정의 반대규정에는 다음 세 가지가 있다(앞서 본 「항변사실」 참조).

㈎ 권리장애규정의 요건사실(권리장애사실), 예컨대 불공정한 법률행위,[4] 선량한 풍속위반, 통정허위표시,[5] 강행법규의 위반, 공익상의 필요 등 위법성 조각사유 따위.

㈏ 권리소멸(멸각)규정의 요건사실(권리소멸사실), 예컨대 변제,[6] 공탁, 상계, 소멸시효완성, 제척기간의 도과,[7] 사기·강박에 의한 취소,[8] 계약의 해제,[9] 해지,[10] 권리의 포기·소멸[11] 따위.

㈐ 권리저지규정의 요건사실(권리저지사실), 예컨대 기한의 유예, 정지조건의 존재,[12] 동시이행항변권이나 유치권의 원인사실, 점유권원, 한정승인사실 따위.

3) 권리근거규정과 권리멸각규정·저지규정과의 구별은 어렵지 아니하나, 권리근거규정과 권리장애규정과의 구별이 애매하여 문제가 있다(예: 불공정한 행위(민104조)는 계약상의 청

---

1) 대법 1964. 9. 30, 64다34.
2) 급부부당이득에 있어서는 청구권자가, 침해부당이득에 있어서는 상대방이 증명하여야 한다는 것에, 대법 2018. 1. 24, 2017다37324.
3) 채권자취소소송에서 채무자가 악의라는 점은 취소권을 주장하는 채권자에게(민법 406조 1항 본문), 수익자·전득자가 선의인 점은 그들에게(동조 1항 단서) 증명책임이 돌아간다=대법 1997. 5. 23, 95다51908; 동 2006. 4. 14, 2006다5710 등.
4) 대법 1991. 5. 28, 90다19770 등.
5) 대법 1992. 5. 22, 92다2295.
6) 대법 1994. 2. 8, 93다50291·50307.
7) 대법 2009. 3. 26, 2007다63102.
8) 대법 1977. 2. 8, 76다359.
9) 해제권의 소멸·행사저지사유는 해제권주장의 상대방에게 증명책임=대법 2009. 7. 9, 2006다67602 등.
10) 대법 2015. 4. 23, 2011다19102·19119.
11) 대법 1992. 6. 9, 91다43640. 채권자취소권이 있다가 없어진 사실은 취소소송의 상대방에 증명책임=대법 2007. 11. 29, 2007다54849.
12) 대법 1993. 9. 28, 93다20832.

구권발생의 장애사실로 볼 수도 있지만, 그 부존재를 청구권발생의 근거사실로도 볼 수 있어 그 구분이 어렵다). 권리장애규정은 권리근거규정의 요건이 존재함에도 불구하고 예외적으로 권리발생을 방해하는 사유에 대한 규정으로서, 권리근거규정과 권리장애규정의 관계는 **원칙규정과 예외규정**의 관계이다[1](앞에서 본 「소송상의 항변」 참조). 따라서 원칙규정은 그 적용이 유리한 측에서, 예외규정은 그 적용이 유리한 측이 각기 증명책임을 진다고 보는 것이다.

4) 권리를 주장하는 자가 원고이고, 이를 다투는 자가 피고임이 보통이므로, 원고가 권리발생사실 즉 **청구원인사실**에 대해, 피고가 권리의 장애·소멸·저지사실 즉 **항변사실**에 대하여 증명책임을 지게 되는 것이 통례이다. 그러나 권리부존재의 확인소송[2]이나 청구이의의 소,[3] 배당이의의 소[4]에서는 통상의 경우와 달리 증명책임이 그 역으로 바뀌게 된다(원고→권리장애·소멸·저지사실 증명, 피고→권리발생사실 증명).

3. 법률요건분류설에 대한 비판—위험영역설 내지 증거거리설의 대두[5]

(1) 근자에 이르러 증명책임의 분배에 있어서 법규의 형식에 중점을 두는 법률요건분류설을 버리고 실질적 근거(누구의 지배영역에 속하느냐를 기준)에 입각하여야 한다는 신설이 나타나고 있다. 그것이 이른바 위험영역설(Gefahrenbereich)로서, 예를 들면 손해배상사건에 있어서 손해의 원인이 가해자의 위험영역에서 발생한 경우에는 피해자가 아니라 가해자가 책임의 객관적 요건 및 주관적 요건의 부존재에 대해 증명책임을 져야 한다는 것이다. 여기의 위험영역이라 함은 사실상·법률상의 지배가능한 생활영역(책임영역)을 가리킨다. 따라서 이에 의하면 불법행위의 경우에는 피고가 책임의 객관적 요건(인과관계) 및 주관적 요건(과실)의 부존재에 대한 증명책임을 지게 된다. 피해자는 증명곤란한 상태에 있고 오히려 가해자가 증명을 쉽게 할 수 있기 때문에 정의의 요청에 부합한다고 할 수 있으며, 이와 같이 증명책임을 분배하지 않는 한 책임규정의 예방목적은 달할 수 없음을 근거로 삼고 있다(Prölss, Larenz). 또 적극적 계약침해(계약불이행)에 있어서 무과실의 증명책임을 채무자(가해자)에게 지우고 있다는 것도 그 근거로 하며, 현재 독일의 판례경향이기도 하다. 누구에게 유리한 요건사실인가를 기준으로 할 것이 아니라, 어느 쪽이 **증거대기 쉬운 쪽**이냐를 기준으로 하자는 견해이기도 하다.

---

1) 경험칙상 원칙이라 할 수 있는 것에 예외에 해당할 때에는 예외규정에 준하여 예외를 주장하는 자에게 입증책임이 있다는 것에, Thomas-Putzo, § 284. 임기만료 전의 이사해임에 관한 손해배상책임을 규정한 상법 제385조 1항에서 규정한 정당한 사유의 존부에 관한 입증책임은 손해배상을 청구하는 이사에 있다고 한 것에, 대법 2006. 11. 23, 2004다49570.

2) 대법 2016. 3. 10, 2013다99409에서 유치권부존재확인소송에서 목적물과 견련관계의 채권존재에 관한 주장·증명책임은 피고에게.

3) 대법 2010. 6. 24, 2010다12852.

4) 대법 1997. 11. 14, 97다32178; 동 2007. 7. 12, 2005다39617.

5) 또 하나의 이설로서 개연성(Wahrscheinlichkeit)에 의한 증명책임분배설이 나타나고 있다. 각 당사자는 보다 개연성이 적은 사실관계에 증명책임을 져야 한다는 것이다. 이 설은 독일의 Kegel, Reinecke, Wahrendorf 등에 의하여 제창되는 설이다. 비판은 Rosenberg/Schwab/Gottwald, § 114 Rdnr 14.

(2) 일본에 있어서도 이러한 독일의 신설에 자극을 받아 법률요건분류설 대신에 실질적 이익교량을 정면에 내세워 증명책임의 분배기준을 재구성하려는 움직임이 있다. 이것이 **증거거리설**(Nähe zum Beweismittel)로서 증거와의 거리 · 입증의 난이 · 금반언 · 개연성, 나아가 실체법의 입법취지 등을 증명책임의 기준으로 내세워 이에 의하여 증명책임을 분배하려는 것이다.[1)]

(3) 우리 판례에서는 증거자료에의 접근이 훨씬 용이한 당사자가 상대방 당사자의 증명활동에 협력하지 아니하여도 된다는 것도 있지만,[2)] 증명이 곤란한 경우에 위험영역설 등과 입장을 같이하여 증명책임을 전환시킨 예가 발견된다.[3)] 대법 2013. 3. 28, 2010다60950은 허위기사로 명예가 훼손되었다고 하여 민법 제214조에 기한 삭제요구사안에서 의혹사실의 부존재를 증명한다는 것은 사회통념상 불가능에 가까운 반면 그 사실이 존재한다고 주장 · 증명하는 것이 보다 용이한 것이어서, 이러한 사정은 증명책임을 다하였는지를 판단함에 있어서 고려하여야 한다고 했다. 생각건대, 법규의 형식적 구조에만 집착되어 형식논리만을 조종한 끝에 증명곤란의 사태에 직면하여 무대책이었던 것은 사실이다. 그러나 신설에서 말하는 위험영역의 한계가 모호하고, 증명책임문제의 포괄적인 해결책이 아닐 뿐더러,[4)] 증거와의 거리에 의하여 정한다 하여도 증거와의 거리가 원 · 피고간에 동등한 경우에는 문제의 해결책이 될 수 없으며, 또 증명책임과 주장책임과의 관계를 어떻게 처리 해명할 것인가에 난점이 있다. 입법자가 법규의 구성배열을 할 때에 공평의 원칙 등을 고려하여 근거규정 · 장애규정 · 소멸규정 등 세 가지와 본문과 단서를 갈라 놓은 것도 사실이므로 법률요건분류설을 근본적으로 버릴 것은 아니며 차라리 이를 원칙으로 하되, 그 타당성이 현저히 결여되었다고 보여질 때나 요증사실이 위 세 가지 중 어디에 해당하는가 불명한 때에 이를 **보충 · 수정**하는 원리로서 신설을 받아들일 것이다(**수정법률요건분류설**). 특히 법률요건분류설의 기계적 관철이 어려운 공해 · 투자자 · 환경소송, 제조자책임, 의료과오소송 등 소위 현대형소송의 분야에서는 피해자의 증명곤란을 완화하기 위해 신설을 깊이 음미할 가치가 있다.[5)]

4. 법률요건분류설의 한계극복—미국의 discovery제도의 도입 필요

현대형소송에 있어서는 증거가 한쪽 당사자(기업 · 큰단체, 관청 혹은 의사)측에 잔뜩 편재(偏在)되고 상대방 당사자는 아무 것도 갖고 있지 아니하여 양 당사자의 불평등을 초래하는 경우가 많다. 이 경우에 법률요건분류설에 입각한 증명책임법리를 관철하면 증명

1) 石田穣, 立證責任の再構成, 判例タイムズ 322호, 29면; 新堂, 355면.
2) 대법 1996. 4. 23, 95다23835.
3) 대법 1980. 7. 8, 80다122; 동 1992. 7. 28, 91누10909 등.
4) Rosenberg/Schwab/Gottwald, § 114 Rdnr. 18; Musielak/Stadler, Grundfragen des Beweisrechts(1984), S. 127.
5) 정동윤/유병현/김경욱, 562면. 공해소송에서 가해기업이 피해자보다도 훨씬 원인조사가 용이할 뿐더러 원인의 은폐 염려가 있다고 하여 가해자에게 원인물질이 해가 없음에 대한 입증책임이 있다고 한 것에, 대법 1984. 6. 12, 81다558; 동 2002. 10. 22, 2000다65666 · 65673 등. 의사가 설명의무이행을 입증하기 쉬운 점을 들어 의사에게 증명책임이 있다는 것에, 대법 2007. 5. 31, 2005다5867.

책임은 자기에게 있는데 증거가 그 수중에 없는 당사자로서는 승소가능성이 막혀 진실에 맞는 재판을 실현시키기 어렵다.

우리 법에는 없으나 미국법에는

① 초기의 개시(initial),

② 전문가 증언의 개시(expert testimoney),

③ 공판 전의 개시(pretrial) 등 3가지를 내용으로 하는 **당연개시**(mandatory disclosure)로 당사자가 자주개시로 자료를 내놓게 하는 것이 있다.

이와 더불어 상대방 당사자에 요구하는 **요구개시**(request discovery)인

① 법정외의 증언녹취(deposition)

② 질문서의 교환(interrogatories)

③ 자백요구서(requests of admission)

④ 문서제출 및 토지출입(production and entry)[1)]

⑤ 신체정신검사(physical and mental examination) 등 5가지 있다. 2006년에는 FRCP 34를 개정하여 paper discovery를 둔 채 e-discovery로 발전시켰다. e-discovery[2)] (잘 활용하면 한 사람의 변호사가 500명 변호사의 역할기대)에서는 당사자에게 법원이 제출명령을 하면 디지털증거를 자진해서 제출하여야 한다. 디지털증거의 훼손·조작·누락사실이 드러나면 재판결과에 부정적인 영향을 받는다(듀폰 대 코오롱인더스트리 사건의 예. 앞 564면 참조).[3)] 이러한 증거개시의 pretrial의 discovery[4)]는 증명책임이 있는 당사자만의 증거제출이 아니고 이에 관계없이 양 당사자의 증거·정보 공유가 요구되고, 3·4년에 걸친 광범위하고 완벽에 가까운 증거 data 수집에 의하여 화해촉진과 trial 준비를 하게 되는 정보수집권보장이다. 포괄적 조사를 통해 정의실현에 적극 기여하려는 것인데 대륙법계수의 우리에게는 그와 같은 것이 거의 없다.

다만 신법에서 증거의 편재를 다소라도 시정하기 위하여 문서제출의무의 일반의무화, 문서목록제출제도, 문서제시명령, 교호신문제에서의 법관의 역할 강화, 당사자 본인신문의 보충성 폐지 그리고 증권관련집단소송법에서 직권증거조사제의 강화 등을 새로 입법한 것은 평가할 만하다. 그러나 여기에 그칠 것이 아니라 실질적 무기평등의 원칙을 보장하고, 증거수집제도의 확충을 위하여 뒤에서 볼 일응의 추정과 간접반증론 그리고 증거보전절차의 적극적 활용 이외에, i) 모색적 증명, ii) 증명책임 없는 당사자의 **사안해명의무**의 제한적 인정 등의 새로운 시도를 계속해야 할 것이다. 미국식의 discovery의 입법을 수정하여 집단소송 등에서 한국형 discovery 사전증거조사제도의 도입이 시도되고 있다.[5)]

---

1) 독일의 ZPO § 142의 직권문서제출명령제도는 일부지만 이것의 도입.

2) e-discovery의 상세는, 고려대산학협력단, "전자소송환경에서의 새로운 심리를 위한 발전적 방안"(법원행정처), 102면 이하.

3) 특히 미국회사와의 특허소송에서는 이를 익힐 필요가 있다. 2008년부터 2013년 8월까지 한국기업이 특허소송으로 피소된 특허소송건수 1,053건 중 미국측이 제기한 건수가 794건이 되기 때문이며(매일경제 2013. 10. 21.자) 날로 가속화되고 있다.

4) 윤재윤, "미국의 민사소송상의 사전개시제도의 운영현황과 우리의 도입가능성," 법원행정처, 외국사법연수논집 11권, 25면; 유병현, "미국 민사소송법상의 증거개시제도," 민사소송(Ⅰ), 477면; 이시윤, "미국의 pretrial discovery — 그 영향과 대책을 중심으로 —," 민사소송 14권 2호.

5) 이시윤·이진수, 전게논문 참조.

Ⅲ. 증명책임의 전환[1)]

(1) 입법적 접근 증명책임의 전환이란 증명책임의 일반원칙에 대하여 특별한 경우에 **입법**에 의하여 예외적으로 수정을 가하는 것으로, 일반원칙과 다른 증명책임의 분배를 처음부터 규정한 것이다. 예를 들면 동일한 과실이라도 일반규정(민 750조)에서는 권리근거규정의 요건사실이 되므로 과실의 증명책임이 피해자에게 있지만, 특별규정(① 민 759조, ② 자배 3조, ③ 제조물책임 4조 1항, ④ 특허 130조. 개인정보 39조, 하도급거래 공정화에 관한 법률의 개정법에서 원사업자에게 무과실책임. 공정거래 관계법, 환경정책기본법[2)] 등에서 증가추세)에서는 이와 달리 가해자에게 무과실의 증명책임을 지우고 있다. 피해자는 피해주장만 하면 되고 증거 댈 필요는 없다. 또 친일재산환수법 제2조는 추정규정으로 이제 100년 가까운 과거에 친일행위로 취득한 재산이 아니라는 증명책임을 친일파후손에 부과한 특례도 있다. 오남용의 폐해가 있을 수 있으므로, 그 확대입법은 경계할 사항이다.

(2) 해석에 의한 접근 이러한 특별입법 이외에 근자에 증명이 곤란한 경우에 해석에 의하여도 증명책임을 전환시키려는 시도가 활발하다. 독일 BGH 판례의 입장이 그러한데, 증명방해의 경우와 설명의무위반 등의 의료과오소송의 경우 등에서이다.

Ⅳ. 증명책임의 완화

증명이 곤란할 경우에 형평의 이념을 살리기 위해 이에 의해 불이익을 받는 당사자에 대한 증명책임의 일반원칙을 완화시켜 주는 몇 가지 입법대책과 해석론이 있다.

1. 법률상의 추정

(1) 의의와 종류 추정(Vermutung, presumption)이라 함은 일반적으로 어느 사실에서 다른 사실을 추인해내는 것을 말한다. 미루어 인정함을 뜻하는 추정에는 **사실상의 추정과 법률상의 추정**이 있다. 사실상의 추정(예: 매도증서(등기필정보)의 보관사실에서 매수사실의 추정)[3)]은 일반 경험법칙을 적용하여 행하는 추정을 말하고, 법률상의 추정은 이미 법규화된 경험법칙 즉 추정규정을 적용하여 행하는 추정을 말한다. 추정이 전자의 경우는 추정사실이 진실인가에 의심을 품게 할 **반증**으로 번복되지만, 후자의 경우는 추정사실이 진실이 아니라는 적극적인 **반대사실의 존재**를 증명해야 번복된다.

법률상의 추정은 다시 사실추정과 권리추정으로 나뉜다. 「甲사실(전제사실)이 있을 때에는 乙사실(추정사실)이 있는 것으로 추정한다」고 규정된 경우가 법률

1) 정선주, "법률요건분류설과 증명책임의 전환," 민사소송 11권 2호, 131면 이하.
2) 대법 2020. 6. 23, 2019다292026 등.
3) 대법 1990. 1. 12, 89다카14363; 동 1995. 10. 12, 94다4648.

상의 사실추정이다. 예를 들면 처가 혼인중에 포태한 자에 부(夫)의 친생자추정, 점유계속의 추정이 그것이다(민 30조,[1] 844조, 198조; 상 23조, 47조; 어음 20조 2항; 채무자 회생 및 파산에 관한 법률 329조 2항, 305조 2항; 자본시장과 금융투자업에 관한 법률 48조 2항 등. 과거사정리위원회의 조사보고서는 유력한 증거자료일뿐, 법률상의 사실추정은 아니라는 것에 대법 2014. 5. 29, 2013다217467 등; 대법 2019. 10. 23, 2016므2510(전원합의)은 추정력을 고려하지 않은 듯). 이에 대하여 「甲사실이 있을 때에는 乙권리가 있는 것으로 추정된다」고 규정된 경우가 법률상의 권리추정이다. 예를 들면 명의자의 특유재산의 추정,[2] 귀속불명한 재산의 부부공유추정, 점유자 권리의 적법 추정, 금융계좌명의자의 소유추정이 그것이다(민 830조, 200조, 215조 1항, 239조, 262조 2항, 709조. 금융실명법 3조 5항).

(2) **효 과** 추정규정이 있는 경우에도 증명책임이 있는 사람은 직접 乙(추정되는 사실 또는 권리)을 증명할 수도 있으나, 보통은 그보다도 증명이 쉬운 甲사실을 증명함으로써 이에 갈음하게 된다(증명주제의 선택). 따라서 **추정규정**에 의하여 혜택을 입게 되는 당사자는 甲사실에 대해서만 증명책임을 지게 되는 것이지 乙에 대해서까지는 증명할 필요가 없게 된다. 예를 들면 A시점부터 B시점까지 20년간 점유한 사실을 증명해야 하는 사람은 A시점과 B시점에 각 점유하고 있던 사실만 증명하면 되지, 양 시점 사이에 점유가 계속되고 있었음을 직접 증명할 필요는 없다. 민법 제198조의 점유계속의 추정규정이 있기 때문이다. 이러한 의미에서 추정규정은 증명책임을 완화시키는 것이며 추정되는 것은 증명하지 아니하여도 되는 불요증사실이 된다. 이에 대하여 상대방으로서는 乙이 부존재한다는 것을 증명함으로써 추정을 번복할 수 있는데, 상대방이 乙의 부존재에 대하여 증명책임을 진다는 의미에서는 증명책임이 전환되는 것이다. 위와 같은 예에서 A·B 양 시점의 점유계속이 추정되는 이상 상대방으로서는 그 중간에 점유가 계속되지 않은 반대 사실을 적극적으로 증명해야 한다. 추정을 번복하기 위해 세우는 증거는 본증(반대사실의 증거)이고 반증이 아니다. 추정은 간주(의제)와는 다르다. 간주되는 사실에 대해서는 그것이 진실이 아님을 증명하는 것이 허용되지 않기 때문이다.

등기의 추정력[3] 등기부상 명의자는 증명책임이 면제 또는 완화된다. 법률에 규정된 바 없지만, 판례[4]에서는 「부동산이전등기는 권리의 추정력이 있으므로 이를 다투는

1) 대법 1998. 8. 21, 98다8974는 민법 제30조의 동시사망의 추정은 법률상 추정으로 각자 다른 시각에 사망하였다는 점에 대하여 법관에게 확신을 줄 수 있는 본증을 제출하여야 깨진다는 취지이다.

2) 대법 2008. 9. 25, 2006두8068에서는 민법 제830조 1항의 명의자의 특유재산의 추정은 다른 배우자가 자금출처라는 사정만으로 추정이 번복되지 아니한다고 했다.

3) 대법 2018. 1. 25, 2017다260117=부동산소유권 이전등기에 관한 특별조치법에 의한 소유권이전등기의 전 등기명의인이 무권리자일 때에 그로부터 소유권이전등기가 원인무효로서 말소되어야 할 경우에 등기의 추정력은 번복.

4) 대법 2013. 1. 10, 2010다75044·75051과 동 1992. 10. 27, 92다30047 등은 등기는 진실한 권

측에서 무효사유를 주장·입증하지 않는 한 그 등기를 무효라고 판정할 수 없다」고 하여 **권리추정**으로 보았다. 「등기부상의 소유명의인은 반증이 없는 한 부동산을 소유하는 것으로 추정한다」[1]고 하여 사실상의 추정으로 해석하는 일본판례와 입장을 달리하였다. 법률상의 추정법리에 따라 甲은 증명의 필요가 없다. 등기부로 그 명의인의 권리증명이 되었지만, 이어 상대방에 의해 등기의 원인무효가 증명되면, 다음 차례인 실체관계에 부합사실의 증명책임은 등기명의인에 돌아간다(대법 2014. 3. 13, 2009다105215; 동지 대법 2018. 11. 29, 2018다200730). 그것이 등기소송의 특징이다. 보존등기의 추정력은 토지사정을 받은 사람이 따로 있는 경우는 깨진다는 것에 대법 2014다67782. 특히, 확정판결에 기한 등기의 추정력을 번복하기 위해서는 일반적으로 등기의 추정력을 번복함에 있어서 요구되는 증명의 정도를 넘는 명백한 증거나 자료를 제출하여야 하고, 법원도 그러한 정도의 증명이 없는 한 확정판결에 기한 등기가 원인무효라고 단정하여서는 아니 된다는 것에, 대법 2023. 7. 13, 2023다223591 등.

독일민법 제891조나 스위스민법 제937조와 같은 명문상의 추정규정도 없는 법제에서 이러한 강력한 법률상의 추정력의 인정이 타당한가는 의문이다.

유사적 추정 법조문에 '추정'이라는 말을 사용하였지만, 그 모두가 엄격한 의미의 법률상의 추정이라고 할 수 없다. 엄격한 의미의 추정이 아닌 것을 유사(의사)적 추정이라고 한다. 세 가지가 있다.

i) **잠정적 진실** — 전제사실로부터 일정한 사실을 추정하는 진정한 법률상의 추정과 달리 그 전제사실이 없는 무전제의 추정(무조건의 추정)을 말한다(민 197조 1항=어떠한 점유자가 아니라 점유자는 무조건 소유의사·선의·평온·공연의 점유추정; 상 47조 2항; 어음 29조 1항 등). 잠정적 진실은 그 반대사실의 증명책임을 상대방에게 전환시키는 취지의 간접적 표현에 불과한 것으로 뒤집기까지는 일응 진실로 본다는 것이다. 기본규정에 대한 반대규정, 혹은 본문규정에 대한 단서규정의 성질을 가진 증명책임규정에 불과하다.[2]

ii) **의사추정** — 구체적인 사실로부터의 사람의 내심의 의사추정이 아니고, 법규가 의사표시의 내용을 추정한 것이다. 엄격한 의미의 추정이 아니고 법률행위의 해석규정이다(민 153조 1항=기한은 채무자의 이익을 위한 것으로 추정, 398조 4항, 579조, 585조).

iii) **증거법칙적 추정** — 실체법의 요건사실과는 관계없는 추정으로 문서의 진정의 추정이 그것이다(356조, 358조). 문서의 진정의 추정은 실체법상의 법률효과와 달리 소송상의 법정증거법칙이다. 여기에는 변론종결후의 승계인의 추정도 포함된다고 할 것이다.

리상태를 공시하는 것으로 추정되므로, 상대방에게 그 추정력을 번복할 만한 반대사실(무효원인사실)을 입증할 책임이 있다고 하였다. 대법 2022. 12. 29, 2019다5500은 집합건물법에 따라 구분등기가 된 구분점포는 그 등기 당시 구분소유권의 요건을 갖추고 있다고 추정된다고 했다. 피고명의의 보존등기·이전등기말소를 구하려면 먼저 말소권원이 있음을 적극적으로 주장·입증하여야 한다는 것에, 대법 2012. 2. 23, 2011다89545. 통상의 보존등기와 달리 각종 특별조치법에 의한 소유권보존등기에 권리변동에 관한 직접적 추정력이 있다고 본 것에, 대법(전) 1987. 10. 13, 86다카2928. 이후도 같다.

1) 日最高裁 昭和 34. 1. 8 판결.

2) 잠정적 진실의 한 예인 자주점유의 추정은 악의의 무단점유의 증명으로 깨진다는 것에, 대법(전) 1997. 8. 21, 95다28625; 동 2012. 5. 10, 2011다52017. 이 추정은 점유자가 타인의 소유권을 배척하고 점유할 의사를 갖고 있지 아니한 것이라고 볼 만한 사정이 증명된 경우에도 깨진다는 것에, 대판 2007. 4. 13, 2006다22944.

2. 일응의 추정 또는 표현증명

(1) 의 의 사실상의 추정의 한가지로서, 고도의 개연성이 있는 경험칙을 이용하여 간접사실로부터 주요사실을 추정하는 경우를 일응의 추정(Prima facie-Beweis; 일단의 증명[1])이라 하며, 추정된 사실은 거의 증명된 것이나 마찬가지로 보이기 때문에 **표현증명**(表見證明, Anscheinbeweis)이라 한다. 증명책임이 있는 당사자가 추정의 전제사실 즉 **간접사실을 증명하여 주요사실**에 관한 추정이 성립되면, 상대방이 그 추정에 의문이 가는 특단의 사정없는 한 그것으로 일단 증명된 것으로 보며, 더 이상의 상세한 증명활동은 필요 없게 되는 경우이다. 예를 들면 차도를 운행하던 차량이 갑자기 인도에 진입하여 인명사고를 내거나, 중앙선을 침범하여 상대방쪽 차량과의 충돌사고를 낸 것이 증명된 경우라면 음주나 졸음운전 등 구체적 사실의 증명 없이도 특별한 사정이 없는 한, 그 한 가지만으로 가해자에게 운전상의 과실이 있는 것으로 추단하는 등이다. 일응의 추정은 경험칙 가운데 십중팔구는 틀림없는 정도의 **신뢰성이 높은 경험법칙**, 즉 경험원칙(Erfahrungsgrundsatz)을 적용한 사실상의 추정을 뜻하는 것으로, 통상의 경험법칙을 이용한 사실상의 추정의 경우처럼 사건의 경위에 대한 구체적이고 상세한 증명(음주나 졸음운전 등)은 더 이상 필요 없게 되는 점에서 증명책임이 경감된다. 일응의 추정 또는 표현증명은 독일의 Reich법원 등 판례법에서 발달한 법리로서 학설의 지지도 얻고 있는데,[2] 이는 영미법의 res ipsa loquitur(The thing speaks for itself, 사실 그 자체가 말하여 준다) rule과 그 입장을 같이 한다.

일응의 추정 또는 표현증명은 주로 불법행위에 있어서 인과관계와 과실의 인정의 경우에 적용되고,[3] 또 흔히 되풀이될 수 있는 통례적인 사건이 벌어진 경우 이른바 정형적 사상경과(定型的 事象經過)(typischer Geschehenablauf)가 문제된 경우에만 적용될 수 있는 점에 그 특징이 있다. 정형적 사상경과란 문자 그대로 전형적 사태의 진행으로서, 그 사실 자체로서 일정한 원인행위의 과실 또는 결과와의 인과관계를 시사하는 경우이다. 예를 들면 앞 예의 자동차가 인도에 갑자기 진입하여 인명사고를 낸 경우, 의사가 개복수술 후에 수술용 메스를 뱃속에 그대

---

1) 대법 2012. 1. 12, 2009다84608 등.

2) 김성수, "독일민사소송에 있어서 표현증명의 법리," 재판자료 20집, 385면 이하 참조.

3) 일응의 추정의 법리는 계약법에서도 인정된다(단 1회적이고 개별적인 의사결정 제외). 대법 2009. 12. 10, 2009다56603에서는 화재보험에서 화재가 발생하였다면 일단 우연성의 요건을 갖춘 것으로 추정되고, 다만 화재가 피보험자측의 고의·중과실에 의하여 발생하였다는 사실을 보험자가 증명하면 그 추정이 번복된다고 하였다.

로 남겨둔 경우, 건물의 신축 후 11주 만에 천장부분이 무너진 경우 이는 운전사, 의사, 건축업자의 각 과실 및 손해와의 인과관계를 시사하는 전형적 사태의 진행이라고 할 수 있다.

우리 판례 i) 탄광내의 천반의 붕괴사고로 인하여 깔려 죽은 것이라면 시설물의 흠으로 추정,[1] ii) 버스의 뒷바퀴로 16세 소녀의 허벅다리를 치었다면 특단의 사정이 없는 한 현장에서 즉사하였거나 중상을 입었을 것이라는 고도의 경험칙상 추정,[2] iii) 건널목 간수가 그 근무지침을 어겼으면 간수가 일응 업무상 주의를 다하지 않은 것으로 추정,[3] iv) 주위의 건물에는 이상이 없는데 유독 문제의 건물의 지붕이 바람에 무너진 것이라면 사고는 일단 그 공작물의 흠으로 추정,[4] v) 교통사고가 운전자의 도로교통법규위반(경적을 울리지 않은 것 외에 전방주시태만, 제한속도위반에 중앙선침범으로 반대방향의 차량과 충돌 등)으로 발생한 때에는 특별한 사정이 없는 한 그 운전자의 과실 추정,[5] vi) 의사의 척추 수술 직후에 하반신 완전마비증세가 나타난 경우 의사의 과실로 추정[6](에이즈 환자의 피의 수혈과 에이즈발병, 정부가 매독환자였다는 것과 주인의 매독발병의 인과관계도 같음), 수술후 수술용 튜브를 피부속에 넣은 채 봉합한 의사의 책임인정(울산지법 2017 가단70498) 등이다.

(2) 간접반증[7](일응의 추정의 번복)

(a) **의 의** 간접반증(indirekter Gegenbeweis)이란 주요사실에 대하여 일응의 추정이 생긴 경우에, 그 **추정의 전제사실과 양립되는 별개**의 간접사실을 증명하여 일응의 추정을 번복하기 위한 증명활동을 말한다. 반증자에게 증명책임이 있는 간접사실에 의하여 행하는 반증이기도 하다. 일응의 추정이 생긴 경우에 피고측의 방어방법이다. 예를 들면 차도를 달리던 자동차가 인도에 진입한 사실이나 중앙선침범의 사실이 확정되면, 그것만으로 운전자의 과실로 일응의 추정이 생겨 더 이상의 증명이 필요 없다. 그러나 그 다음 피고측이 인도에의 진입사실이나 중앙선침범의 사실을 받아들이면서 뒤의 다른 차량에 의한 충격이거나 어린이가 갑자기 차 앞에 돌출의 결과였다는 특단의 사정을 증명하게 되면 운전자의 과실의 추정은 뒤집어지게 된다. 이와 같은 경우의 **'특단의 사정'**의 입증(전형적 사태진행의 예외적 사실의 입증)[8]을 간접반증이라 한다. 이에 대해 전제사실을 직접 부정하기 위

1) 대법 1969. 12. 30, 69다1604.
2) 대법 1970. 11. 24, 70다2130.
3) 대법 1974. 5. 28, 74다217. 반대로 건널목의 차단기를 내린 이상 간수인으로서는 일단 주의의무를 다한 것으로 본 것이라는 판례도 있다(대법 1972. 4. 11, 71다2165).
4) 대법 1974. 11. 26, 74다246.
5) 대법 1981. 7. 28, 80다2569. 특단의 사정이 없으면 전형적인 과실로 추정되는 사안이다.
6) 대법 1993. 7. 27, 92다15031; 동 2011. 7. 14, 2009다54638.
7) 상세한 내용은, 오석락, 입증책임론, 121면. 판례에서도 간접반증을 많이 거론하고 있다. 대법 2023. 6. 15, 2018다41986, 2017다46274, 2017다6498 등.
8) 불법행위에 있어서 특단의 사정의 주장·증명책임은 가해자측에 있다. 대법 1992. 1. 21, 91다

한 증명활동(인도에 진입이나 중앙선 침범 자체를 의심케 할 사실의 증명)이 직접반증이다.

간접반증은 원고가 주요사실을 추정시키려는 간접사실을 입증한 경우(간접본증)에, 피고가 이와 모순되지 않는 별개의 간접사실을 증명하여 과실의 추정을 뒤집으려는 것이기 때문에, 법관으로 하여금 그 간접사실에 대해 확신이 가게 증명하지 않으면 안 된다. 따라서 **주요사실에 대하여는 반증, 간접사실에 대하여는 본증**이 된다. 간접본증에 대한 간접반증의 대응이다. 결코 주요사실에 대한 **반대사실의 증거는 아니다.**

(b) **기능과 응용** 근자에 공해소송·의료과오소송·제조물책임소송, 산업재해소송 등 현대형 소송에서 인과관계의 증명이 곤란한 소송이 늘어남에 비추어 피해자의 인과관계를 직접증거로 증명하기 곤란하여 그 완화하는 방안으로 간접반증이론을 응용하려 하고 있다. 즉 이와 같은 소송에서 인과관계의 전과정을 피해자인 원고 혼자에게 모두 증명하도록 요구하는 것은 형평의 관념에 반하는 것이므로, 그 과정의 일부를 피고의 간접반증의 대상으로 하여야 한다는 것이다. 예를 들면 공장의 폐수에 의해 피해를 입은 경우에 있어서 인과관계의 고리를 크게 i) 원인물질의 배출, ii) 원인물질의 피해물건에 도달 및 손해발생, iii) 기업에서 생성·유출된 원인물질이 손해발생에의 유해성 등 세 가지 간접사실로 대별할 수 있는바, i)·ii)에 대하여는 피해자인 원고로 하여금 증명을 하게 하여 증명이 성공하면 인과관계가 있는 것으로 일단 추정을 하되, iii)에 대하여는 가해자인 피고측의 간접반증의 대상으로 하여 그 부존재(원인물질이 무해, 유출과정에서의 희석, 다른 원인의 존재, 수인의 한계 내 등)의 증명이 성공하면 인과관계에 관한 일응의 추정에서 벗어나게 하는 것이다.[1] 그러나 이 경우에 있어서도 유해의 정도가 사회통념상 일반적으로 참아야 할 정도를 넘어선다는 사실까지 피해자가 증명책임을 부담해야 한다는 것이 최근 판례이다.[2] 이는 간접반증이론과 상통한다. 이 이론은 증명책임의 분배에 관한 법률요건분류설에 입각한 것으로, 증명이 곤란한 주요사실의 증명을 위하여 관련간접사실에 대하여 증명의 부담을 양 당사자에게 분담시켜(간접사실 세 가지 가운데 두 가지는 피해자의 간접본증, 다른 한 가

39306.

1) 대법 1997. 6. 27, 95다2692; 동 2002. 10. 22, 2000다65666·65673; 동 2004. 11. 26, 2003다2123도 같은 취지. 이러한 간접반증이론은 일본 구마모토현 미나마타병사건의 판례에서 시사받은 듯하다. 정영환, 769면; 전병서, 430~431면; 박재완, 571면 등 다수설도 공해소송에서 긍정적이다. 간접반증이론을 신개연성설이라고 한다는 것에, 정동윤/유병현/김경욱, 606면. 개연성설을 발전시킨 것에 불과하다는 견해로, 호문혁, 434~435면(개연성설). 신개연성설을 취한 것이라고 보는 견해로, 김홍엽, 734~735면.

2) 대법 2013. 10. 11, 2012다111661; 동 2014다67720; 동 2019. 11. 28, 2016다233538.

(지는 가해자의 간접반증으로 균형맞추는 증명책임분배의 기법) 증명책임제도의 공평한 운영을 기하려는 것이다. 우리 판례에서도 이를 정면으로 받아들였으며, 그 leading case가 대법 1984. 6. 12, 81다558이다(수질오탁으로 김 생육에 피해를 준 사안).[1] 의료과오소송에서도 이와 유사판례가 있다(대법 2019. 2. 14, 2017다203763).

(c) 비 판 다만 간접반증론에 대해서는 법률요건분류설을 부정하는 소수설의 입장으로부터 비판이 있다. 즉 간접반증이론은 증명책임의 전환을 인정하지 않으려는 도구개념이나, 이에 의할 때에 실질적으로 증명책임이 상대방에게 전환되는 것과 같은 결과가 생긴다는 것이다. 그러나 이 반증론을 따라도 주요사실에 관한 증명책임은 원고에게 부담시키는 것으로 큰 변동이 없는 것이고, 다만 간접사실의 차원에서 원·피고간에 증명부담의 공평한 분배를 시도하는 것뿐이다. 따라서 피고에게 증명책임의 전환이 아니라 피고도 원고의 증명책임을 분담해주는 그 완화의 도구이다.

3. 특수소송에 있어서 증명책임

(1) 공해소송에 있어서 개연성설 공해소송[2]에 있어서는 고도의 자연과학적 지식이 요구되고, 게다가 공적 조사기관의 불비·가해자의 비협력·피해자의 빈곤 등 여러 가지 요인으로 인과관계의 증명이 곤란하여 피해자의 구제가 어렵다. 여기에 피해자의 증명곤란을 타개하기 위하여 등장한 것이 이른바 개연성설이다. 이러한 개연성설은 화력발전소로 인한 과일나무의 산출감소로 인한 손해배상사건인 대법 1974. 12. 10, 72다1774에서 받아들여졌는바, 대법원은 이 판결에서 「공해로 인한 불법행위에 있어서의 인과관계에 관하여 가해행위와 손해와의 사이에 인과관계가 존재하는 **상당정도의 가능성**이 있다는 입증을 하면 되고 가해자는 이에 대한 반증을 한 경우에만 인과관계를 부정할 수 있다」고 판시하였다. 다만 이러한 개연성설은 증명책임의 전환까지 발전시킨 것이 아님은 틀림없으나, 공해소송에서의 증명책임 문제에 관한 초기단계의 판례이므로 원고의 인과관계의 증명도를 단순히 낮춘 「증명도의 경감」이냐, 아니면 일응의 추정 내지는 간접반증이론을 바탕으로 한 피해자와 가해자간의 증명책임의 분담이냐

---

1) 채무불이행에 의한 손해배상청구에서도 구체적 손해액수의 입증곤란한 경우에 간접사실을 종합하여 판단할 수 있다 한 것에, 대법 2004. 6. 24, 2002다6951·6968; 혈연상의 친자관계의 증명은 간접증명에 의할 수밖에 없다는 것에, 대법 2002. 6. 14, 2001므1537.

2) 공해에 의한 손해배상에 있어서 오염물질의 방출자가 그 방출이 지방관습상의 토지이용의 테두리 안에서 행하였으며, 환경오염방지를 위하여 경제적으로 기대할 수 있는 대비책을 강구하였다는 점에 대해 주장증명책임을 진다고 한 것에, BGH 90, 155; 증명책임의 전환에는 BGH 92, 143.

가 분명치 않고,[1] 이론구성에 있어서 취약하다. 따라서 이 판례에 큰 무게를 둘 것은 못된다. 그러나 그 이후 진해화학의 폐수가 김양식장을 망쳤다고 주장하며 제기한 손해배상사건에 대한 앞서 본 대법 1984. 6. 12, 81다558 판결를 비롯하여 동 2009. 10. 29, 2009다42666과 동 2012. 1. 12, 2009다84608, 동 2020. 6. 25, 2019다292026 · 292033 · 292040 등 판결에 이르기까지, 대기오염 · 수질오염 등 공해소송에서 「가해기업이 배출한 어떤 유해한 원인물질이 피해물질에 도달하여 손해가 발생하였고 유해의 정도가 사회통념상 참을 한도를 넘는 사실이면(대법 2019. 11. 28, 2016다233538 · 233545) 가해자측에서 그 무해함을 입증하지 못하는 한 책임을 면할 수 없다」고 최근까지 계속적으로 같은 취지로 판시함으로써 인과관계의 추정과 간접반증이론에 입각한 피해자와 가해자의 증명책임의 분배를 분명히 하였다.[2] 특히 2004. 11. 26, 2003다2123의 재첩양식장의 피해사건에서 간접반증으로 다른 원인이 작용하여 발생하였음을 증명하지 못하면 책임이 있다고 했다. 대법 2023. 12. 28, 2019다300866에서는 환경오염물질이 피해자에게 도달하여 피해가 발생했다는 사실은 피해자가 구 환경오염피해구제법 제9조 제2항상 여러 간접사실을 통해 상당한 개연성이 있음을 증명하면 그 시설과 피해 사이의 인과관계가 추정된다고 보아 반드시 직접 증명되어야만 하는 것은 아니라고 하였다.

(2) 의료과오소송에 있어서 증명책임 의료과오소송에 있어서 피해자의 입증곤란의 사태에 직면하여 어떻게 처리할 것인가도 문제이다.

의료과오소송의 경우에 독일의 판례는 증명책임을 전환시켜, 의사가 실제로 생긴 것과 같은 손해를 발생시키기에 적합한 의료과오를 저지른 경우에는 의사는 그 과실이 손해의 원인이 되지 아니한 점에 대해 증명책임을 부담하도록 하였다.[3] 피해환자의 증명곤란('달걀로 바위깨기' 의사측에 진료기록 · 수술동영상 등 증거의 편재, 환자측의 인과관계를 밝혀내기 어려운 특수성으로 승소율 30% 이하)을 극복시키고 무기평등의 요청을 충족시켜 공정한 절차를 구할 권리를 보장하기 위해서이다.

우리 판례는 아직 의사에게 증명책임을 전환하기보다 일응의 추정이론으로 증명책임을 완화하려는 태도로 보인다. 즉 판례는 「난관 묶는 수술을 받은 사람

1) 상세한 내용은, 오석락, 전게서, 163면 이하.

2) 판지의 근거로 공해소송에 있어서 「피해자에게 사실적 인과관계의 존재에 대한 엄밀한 과학적 증명을 요구함은 공해의 사법적 구제의 사실상 거부가 될 우려가 있는 반면 가해기업은 기술적 · 경제적으로 피해자보다 원인조사가 훨씬 용이할 뿐 아니라 그 원인을 은폐할 염려」가 있음을 들었다. 대법 2002. 10. 22, 2000다65666 · 65673; 동 2020. 6. 25, 2019다292026 등.

3) BGH NJW 68, 1185 und 2293; BGH 72, 132; BGH NJW 1988, 2948.

이 다시 임신하였다면 시술상의 잘못 이외의 다른 원인으로 볼 만한 특별한 사정이 없다면 그 원인은 의사의 시술상의 잘못이라고 일단 사실상의 추정을 하고, 사고발생이 그 과실에 기인한 것이 아니라는 반대사실을 증명하여야 한다」고 했다.[1] 판례는 또한 의사가 필요한 조치를 취하지 아니한 경우 그와 같은 조치를 취하였을 경우의 구명률이 50%라면 특별한 사정이 없는 한 의사의 과실과 환자의 사망과는 인과관계를 인정함이 상당하다고 하였고,[2] 손바닥과 발바닥에 땀이 많이 나는 증상을 치료하기 위하여 교감신경 절제수술을 받은 후 수시간 내에 환자가 사망한 사건에서 환자측이 의사의 의료행위상의 주의의무위반과 인과관계를 의학적으로 완벽하게 증명한다는 것은 어려우므로 환자측이 일반인의 상식에 바탕을 둔 의료상의 과실 있는 행위(담당의사가 수술에 늦게 참여하여 피부 및 근육을 절개해 놓고 기다린 시간이 다소 많이 경과되었고, 수술 후 대처가 완벽하지 못하였다)를 증명하고, 그 결과와 사이에 다른 원인이 개재될 수 없다는 점(환자가 수술 전에는 건강함)을 증명한 경우에는 의사가 의료상의 과실이 아니라 다른 원인임을 증명하지 못하는 한 의료상의 과실과 결과 사이의 인과관계가 추정된다고 하여 증명책임을 완화하였다.[3] 최근 판례는 의료과실 이외의 다른 원인이 있다고 보기 어려운 간접사실을 증명함으로써 그 과실이 의료과실이라고 추정할 수 있다고 하고, 이와 같은 경우에도 의사에게 무과실의 증명책임을 지우는 것은 아니라고 했다.[4] 나아가 해당 과실과 손해 사이의 인과관계를 인정하는 것이 의학적 원리 등에 부합하지 않거나 해당 과실이 손해를 발생시킬 막연한 가능성이 있는 정도에 그친 경우에는 증명되었다고 볼 수 없다고 했다(과실과 손해발생 사이의 개연성을 요구함).[5] 과실과 인과관계에 관련된 간접사실 3가지 중 쉬운 것 두 가지는 환자측이, 어렵고 전문적인 것 한 가지는 의사측이 증명책임을 지는 분담기법이다. 척추수술 직후 하지마비장애가 나타났다면, 수술과정에서 의사과실을 추정할 수 있을 정도의 개연성이 담보되

1) 대법 1980. 5. 13, 79다1390. 대법 1977. 8. 23, 77다686; 동 2010. 9. 30, 2010다12241은 민사분쟁에서의 인과관계는 의학적·자연과학적 인과관계가 아니라 사회적·법적 인과관계라 하였다.

2) 대법 1989. 7. 11, 88다카26246.

3) 대법 2020. 4. 9, 2018다246767; 동 2020. 2. 6, 2017다6726; 동 2018. 11. 29, 2016다266606; 동 2015. 2. 12, 2012다6851에서는 다른 원인이 있다고 보기 어려운 여러 간접사실을 입증함으로써 의료상의 주의의무위반으로 추정하는 것은 가능하다 하며, 간접사실의 입증을 강조했다. 대법 2010. 5. 27, 2006다79520에서는 뇌성마비의 가능한 원인 중 하나가 될 수 있는 분만도중 발생한 저산소성·허혈성 뇌손상을 표상하는 간접사실이 인정되는 반면, 선천적·후천적인 다른 요인의 존재를 추인케 할만한 사정이 발견되지 않는다면 뇌성마비가 분만중 저산소성·허혈성 뇌손상으로 인하여 발생하였다고 추정함이 상당하다고 했다.

4) 대법 2019. 2. 14, 2017다203763; 동 2022. 12. 29, 2022다264434; 동 2023. 10. 12, 2021다213316.

5) 대법 2023. 8. 31, 2022다219427.

는 간접사실을 입증함으로써 의료상의 과실에 기한 것이라는 추정이 가능하다고 했다.[1] 그러나 결과적으로 의사에게 무과실책임을 지우는 것까지 허용하는 것은 아니다.[2] 나아가 최근판례는 의사가 설명의무를 이행하였다는 증명책임을 의사에게 돌린 것은 주목할 만하다(의료계의 불만사항).[3] 직접적인 의료과오소송에 관한 것은 아니나 유족의 반대로 시체의 부검이 이루어지지 아니한 경우 증명책임상의 불이익을 유족들에게 돌린 것도 유념할 것이다.[4]

(3) 제조물책임소송[5] 독일 판례의 입장은 일응의 추정이 아니고 증명책임의 전환으로서, 통상의 방법으로 사용하였는데도 제조물의 결함 때문에 손해의 발생이 있었음이 확정되면, 제조업자는 그 결함에 과실이 없음을 증명하여야 하는 것이다. 2002년 제조물책임법도 같은 취지로 면책사유의 증명책임을 제조업자에게 지웠다(동법 4조 1항). 주목할 만한 것은 대법 2000. 2. 25, 98다15934로서 내구연한 5년을 1년 초과한 TV가 폭발한 사건에서, 제조업자측에서 제품결함 아닌 다른 원인에 의하여 사고가 발생한 것임을 증명하지 못하는 한, 사회통념상 기대되는 합리적 안전성을 갖추지 못한 제품의 결함으로 인하여 사고가 발생하였다고 추정된다고 판시하여 피해자의 증명책임을 크게 완화하려 하였던 것이다.[6] 약해(藥害)소송이나 담배소송도 이쪽으로 접근한다. 대법 2011. 9. 29, 2008다16776은 혈우병환자가 인간면역결핍 바이러스(HIV)에 감염된 사건에서 녹십자사의 혈액제제투여 전에는 감염의심의 증상이 없었으나, 투여 후 감염이 확인되었으며 약이 바이러스에 오염되었을 상당한 가능성이 있다는 점을 증명하면, 제조회사의 과실과 피해자 감염 사이의 인과관계가 추정된다고 하였다(이 사건은 뒤에 조정성립). 대법 2013. 9. 26, 2011다88870에서도 로타바이러스 예방백신을 사용 후

---

1) 대법 2011. 7. 14, 2009다54638.

2) 대법 2015. 1. 29, 2012다41069; 2007. 5. 31, 2005다5867.

3) 대법 2015. 2. 12, 2012다6851; 동 2013. 4. 26, 2011다29666은 설명의무만 위반한 경우 위자료의 명목으로 재산적 손해의 전보를 꾀해서는 안 된다고 하였다. 미성년자에 대한 것에, 대법 2023. 3. 9, 2020다218925.

4) 대법 2010. 9. 30, 2010다12241 · 12258.

5) 대표적인 제조물책임의 국제소송만도 자동차의 경우에 집단소송 형태로 현대자동차 연비과대광고, 도요타 가속페달결함, 폭스바겐 배기가스결함 등의 사건이 제기되었거나 제기되고 있다.

6) 대법 2004. 3. 12, 2003다16771도 제품이 정상적으로 사용되는 상태에서 사고가 발생한 경우 소비자측에서 그 사고가 제조업자의 배타적 지배하에 있는 영역에서 발생하였다는 점과 그 사고가 어떠한 자의 과실 없이는 통상 발생하지 않는다고 하는 사정을 증명하면, 제조업자측에서 그 사고가 제품의 결함이 아닌 다른 원인으로 말미암아 발생한 것임을 입증하지 못하는 이상 그 제품에 결함이 존재하며 그 결함으로 말미암아 사고가 발생하였다고 추정하여 손해배상을 지울 수 있도록 입증책임을 완화하는 것이 맞다고 했다.

태어난 송아지가 집단 폐사하자 제조사를 상대로 손해배상청구를 한 사안에서도 증명책임의 완화의 판시도 유사한 취지였다.[1] 자동차의 제조자책임문제는 소송화되어 여러 국가에서 동시 다발적으로 소송제기의 사례가 나타난다(현대차 에어백, GM 연소결함, Toyota 액셀장치 결함, Volkswagen 배기가스량 결함 등). 가습기살균제인 '옥시'의 제조자책임을 묻고자 영국법원에 징벌적 배상책임의 소가 제기되었다.

Ⅴ. 주장책임

(1) 변론주의하에서는 권리의 발생·소멸이라는 법률효과의 판단에 직접 필요한 요건사실 내지 주요사실은 당사자가 변론에서 현출하지 않는 한, 법원은 이를 판결의 기초로 할 수 없다. 즉 변론주의 하에서는 당사자는 주요사실을 주장하지 않으면 유리한 법률효과의 발생이 인정되지 않을 위험 또는 불이익을 부담하게 되는데, 이와 같은 당사자 일방의 위험 또는 불이익을 주장책임이라 한다(주장이 없을 때의 패소 위험). 말하자면 주장이 없는 경우에 그 불이익을 어느 당사자에게 돌릴 것인가의 문제이기 때문에, 어느 당사자로부터나 사실주장이 있을 때에는 문제가 되지 않는다. 주장책임은 증명책임의 그것에 대응하여 주관적 주장책임과 객관적 주장책임으로 나누어지지만, 흔히 주장책임이라 할 때에는 객관적 주장책임만을 가리킨다.

(2) 주장책임은 변론주의에만 특유한 것이지만, 증명책임(객관적 입증책임)은 변론주의만이 아니라 직권탐지주의하에서도 생기는 문제임은 앞서 본 바이다. 변론주의하에서는 당사자의 주장이 없는 한, 법원은 증거조사의 결과 이미 심증을 얻은 사실이나 불요증사실이라 하더라도 이를 판결의 기초로 할 수 없다(피고의 소멸시효의 항변이 없으면 채권소멸이라 판단할 수 없다).

어느 당사자가 **주장책임**을 지는가를 정한 것을 주장책임의 분배라 한다. 이것은 원칙적으로 **증명책임의 분배**와 일치한다(판결문에 요건사실에 대해 '주장증명'이 없는 등의 연이은 표현은 이 까닭이다). 따라서 원고가 권리의 현존을 주장하는 통상의 case에서는 증명책임의 분배대로 i) 권리근거규정의 요건사실을 원고가, ii) 반대규정 즉 권리장애·소멸·저지규정의 요건사실을 피고가 각기 주장하지 않으면 안 된다. i)이 청구원인사실=권리발생사실, ii)가 항변사실이다. 다만 예외적으로 **소극적 확인소송·청구이의·배당**

1) 혈우병환자가 C형간염바이러스에 감염된 사건에서, 순혈확보에 필요한 조치를 다했다는 증명책임은 혈액제제 제조업체가 진다는 것에, 대법 2017. 11. 9, 2013다26708 등.

이의의 소·유치권부존재확인의 소에서는 원고가 먼저 청구를 특정하여 채무발생원인사실을 부정하는 주장을 하면 채권자인 피고는 권리관계의 요건사실에 관하여 주장·증명책임을 분할한다.[1] 또 주장책임과 증명책임이 일치하지 않는 경우로는 ① 민법 제135조의 무권대리인의 책임, ② 동법 제397조 2항의 금전채무불이행으로 인한 손해배상 등이다. 민법 제397조의 채무불이행에 대한 손해배상액은 채권자가 증명책임은 없어도 주장책임은 있다 할 것이다.[2]

Ⅵ. 증명책임 없는 당사자의 이른바 사안해명의무(Aufklärungspflicht)[3]

1) 증명책임을 지지 않는 당사자가 예외적으로 증거제출을 하여야 할 경우가 있다. 자기가 가지고 있는 문서의 제출의무(344조), 당사자본인신문(367조), 가사소송법에 의한 혈액형 등의 수검명령(가소 29조)이 그 예이다.

2) 독일의 판례·통설은 실체법(BGB § 242의 신의칙)을 근거로 정보제공의무를 과하고 있는데, 나아가 독일에서는 증명책임을 지지 않는 당사자에게 포괄적인 해명의무(Aufklärungspflicht)를 인정하여야 한다는 견해가 나타나고 있다. Peters에 의하여 처음 발안이 되어 Stürner에 의하여 발전된 새 학설인바, 다음 4가지 요건을 갖춘 당사자는 상대방에 대하여 사안의 해명을 구할 수 있는 것으로 본다. i) 자기의 권리주장이 합리적인 근거가 있음을 명백히 할 실마리(Anhaltspunkt)를 보여주고, ii) 자기가 객관적으로 사안의 해명을 할 수 없는 정황에 있으며, iii) 그와 같이 된 데 비난가능성이 없고, iv) 그에 반하여 상대방은 용이하게 해명할 수 있는 입장에 있고 그 기대가능성이 있을 것 등이다. 이는 상대방에 이익이 되어도 사건관계를 알고 있는 모든 사람의 지정과 자기수중의 모든 문서의 제출의무를 지우는 미국의 pretrial discovery 제도에 영향받은 것이다.

3) 그러나 증명책임 없는 당사자에게 포괄적인 해명의무의 부과는 독일 판례와 다수설에서도 부인하고 있다(BGH NJW 2000, 1108). 그러나 증명책임을 지지 아니하는 당사자가 자기 책임영역에 속하는 등으로 사태에 관해 보다 상세하게 진술할 수 있는 데 대하여, 증명책임을 지는 당사자가 사태진행의 권역 밖에 있었고 또 그에 대해 상세히 아는 바가 없는 경우라면 신의칙(BGB § 242)에 의하여 증명책임 없는 당사자가 **제2차적 주장 및 설명책임**을 진다는 것이 최근의 판례·학설이다.[4] 다만 2002년 발효된 개정법 § 142에서 법원이 어느 한 당사자와 관계되는 문서나 증거물을 소지하는 당사자나 제3자에게 제출명령을 할 수 있도록 했다. 법원의 직권조사라 해서 이것은 당사자의 증명책임과 관계없이 제출의무를 지우는

---

1) 대법 1998. 3. 13, 97다45259; 동 2016. 3. 10, 2013다99409는 채무부존재확인소송에서 원고가 먼저 청구를 특정하여 채무발생원인사실을 부정하는 주장을 하면, 피고는 권리관계의 요건사실에 주장·증명책임을 진다고 한다.

2) 대법 2000. 2. 11, 99다49644.

3) 피정현, "당사자의 해명의무," 연세대 박사학위논문(1992. 2).

4) Rosenberg/Schwab/Gottwald, § 110 Rdnr. 15.

것이기도 하다.[1)]

우리 판례에서는 증거자료에의 접근이 훨씬 용이한 당사자가 상대방의 증명활동에 협력하지 않는다고 하여 신의칙에 위배되는 것이라 할 수 없다고 했다.[2)] 그러나 대량사고·공해·환경·의료과오·제조물책임소송 등 현대형소송에서 증거가 당사자의 한쪽에 편재되어 양당사자간에 불평등이 생겼을 때에 그 시정방안으로 해명의무의 제한적인 긍정은 고려될 수 있지 않을까. 일본의 최근 판례[3)]도 증명책임없는 당사자가 어느 사실에 대한 관련자료를 전부 갖고 있는 경우는 그 당사자에게 주장·입증을 요구할 수 있고, 그 당사자가 그 사실에 대하여 주장·증명을 다하지 못하면 그러한 사실이 있는 것으로 사실상 추인된다는 취지로서, 사안해명의무에 대해 긍정적이었다.

1) Masahisa Deguchi & Marcel Storme, The Reception and Transmission of Civil Procedural Law in the Global Society, p. 258. 여기에서 Leiphold는 영미법체계로 패러다임의 변화라 하는데 대해 Prütting은 미국형의 discovery의 도입은 아니라 한다.

2) 대법 1996. 4. 23, 95다23835.

3) 日最高裁 平成 4. 10. 29 판결.

제4편 소송의 종료

제1장 총　　설

Ⅰ. 소송종료사유

제기된 소송은 법원이 종국판결을 함으로써 종료됨이 보통이나, 민사소송은 사적 자치의 원칙이 지배하는 분쟁이므로, 당사자의 행위에 의하여 소송이 종료되는 경우도 있다. 소의 취하와 그 합의, 재판상화해, 조정, 청구의 포기·인낙이 그것이다. 이 밖에 대립당사자 구조의 소멸로 양쪽 당사자 중 한쪽만이 남게 됨으로써 소송이 종료되는 경우도 있다.

Ⅱ. 소송종료선언[1)]

1. 서　　설

소송종료선언이란 종국판결로써 계속중이던 소송이 유효하게 종료되었음을 확인선언하는 것을 말한다. ZPO에도 본안종료(Die Erledigung der Hauptsache)가 있는데, 소송은 종료시키되, 별도로 소송비용재판을 받아 당사자간에 비용을 공평하게 분담하는 제도이다.

우리나라의 소송종료선언은 이것과는 다르다. 소송종료선언은 그동안 판례를 통해 발전되어온 것으로 우리의 특유한 제도인데, 뒤에 민사소송규칙에서 명문화하였다. 판례를 중심으로 분석하면 그 내용은 다음과 같다.

2. 소송종료선언의 사유

다음 두 가지로 분류된다.

(1) 이유없는 기일지정신청　　확정판결에 의하지 않고 소송이 종료된 뒤, 그 소송종료의 효과가 무효라고 다투면서 소송이 끝나지 아니하였음을 전제로 당사자가 재판기일을 정해달라는 기일지정신청을 하는 경우가 있다. 이 때에 법원은 유효하게 종료되었느냐의 여부에 관하여 변론심리하여야 하며, 만일 소송

---

1) 이에 관한 체계화의 첫 시도는, 졸고, "소송종료선언," 고시계 1977. 2.

종료의 처리가 잘못되었다고 인정되면 본안심리를 계속 진행할 것이다(예외적으로 이때 소취하 무효선언을 할 경우가 있다. 규 67조 4·5항). 그러나 그 처리가 타당하고 기일지정신청이 이유없는 것으로 인정되면 신청기각이 아니라 **종국판결**로써 소송이 종료되었음을 선언하여야 한다. 이 선언에는 소송종료일자와 종료사유를 밝힌다(「이 사건 소송은 2010. 2. 1. 소취하로 종료되었다」). 기일지정신청은 다음과 같은 경우에 한다.

(a) **소 또는 상소취하의 효력에 관한 다툼** 소 또는 상소취하로 일단 소송이 종료된 뒤에 그 부존재·무효를 주장하며 기일지정신청을 하는 경우이다. 이때에 법원은 변론기일을 열어 신청사유를 심리하여야 하며, 신청이 이유 없다고 인정되는 경우는 종국판결로써 소송종료선언을 하여야 한다(규 67조 1 내지 3항). 소가 취하간주(268조)된 뒤에 그 무효를 다투면서 기일지정신청을 하는 때도 같이 처리한다(규 68조). 종국판결이 선고된 후 상소기록을 상소심에 보내기 전에 이루어진 소의 취하에 관하여 기일지정신청이 있으면 규칙 제67조 4·5항의 특칙이 있다.

(b) **청구의 포기·인낙, 화해의 효력에 관한 다툼** 청구의 포기·인낙, 재판상 화해·조정으로 인하여 일단 소송이 종료된 뒤에 그 무효를 다투며 기일지정신청을 할 수 있는가. 판례에 의하면 청구의 포기·인낙, 화해·조정의 무효 등 흠은 재심사유가 있을 때에 재심에 준하는 절차(준재심의 소)로써만 다툴 수 있을 뿐, 원칙적으로 기일지정신청으로 그 무효를 다툴 수는 없다.[1] 그럼에도 기일지정신청을 한 때 당연무효사유가 존재하지 아니하면 소송종료선언을 요한다.[2]

(c) **당사자 대립구조의 소멸** 소송계속중 한 쪽 당사자만이 남게 되는 경우이다.

소송계속중 당사자 한 쪽의 지위를 상속 등에 의하여 상대방 당사자가 승계하게 된 때에는 **당사자의 혼동**에 의하여 소송은 종료된다. 또, 당사자 한 쪽이 소송계속중 사망하였을 때에 이혼소송, 친생자관계존부확인소송[3]이나 이사의 지위에서 하는 소송과 같은 일신전속적인 법률관계라면 누구에게 승계될 성질의 것이 아니므로, 마찬가지로 종료된다.[4] 이 경우에 소송은 바로 종료되나 당사자 사이에 다툼이 있어 기일지정신청한 경우에는 이를 명백히 하는 의미에서 소송

1) 기일지정신청으로 화해의 무효주장을 할 수 없다는 것에, 대법 1977. 1. 11, 76다333 등. 다만 청구의 포기·인낙, 재판상화해에 예외적으로 확정판결의 당연무효사유(예컨대 당사자가 사자인 경우)와 같은 중대한 하자가 있는 경우에는 준재심의 소에 의하지 않고 기일지정신청으로 다툴 여지가 있다. 대법 1990. 3. 17, 90그3 참조.

2) 대법 2000. 3. 10, 99다67703; 동 2001. 3. 9, 2000다58668.

3) 대법 2018. 5. 15, 2014므4963.

4) 대법 2019. 2. 14, 2015다255258; 동 2013. 9. 12, 2011두33044; 동 1992. 5. 26, 90므1135.

종료 선언을 한다.

재판누락이 없는데도 있다고 추가판결신청한 경우에도 이를 명백히 하기 위한 소송종료선언을 할 수 있다.

(2) **법원의 소송종료의 간과진행** 확정판결, 청구의 포기·인낙·화해·조정의 조서화, 화해권고결정에 이의신청기간의 도과,[1] 소의 취하(취하간주 포함), 구 당사자의 소송탈퇴[2] 등에 의하여 소송종료의 효과가 발생되었는데도 법원이 이를 간과하고 소송심리를 진행하여 심판하는 경우이다.[3] 특히 상소심에서 발견되는 경우가 많다. 흔히 병합된 당사자나 청구 중 어느 하나의 당사자나 청구에서 끝난 것을 모르고 진행하는 실수이다. 이때에 소송의 종료 여부는 법원의 직권조사사항이 된다.[4]

(a) **소의 취하간주 등의 간과** 제1심에서 소가 취하간주되었음에도 이를 간과하고 진행한 끝에 본안판결을 하였으면, 상급법원은 제1심판결을 취소하고 소취하간주로 소송이 이미 종료되었다는 취지의 선언을 하여야 한다.[5] 소의 교환적 변경으로 구청구는 취하되었는데도 판결한 경우에도 상급법원은 마찬가지로 처리할 것이다.

(b) **청구인낙의 간과** 피고가 청구인낙을 하여 그 취지가 변론조서에 기재되어 있으면 따로 인낙조서의 작성이 없는 경우라도 확정판결과 같은 효력이 생기며 그로써 소송이 종료되는 것인데, 그럼에도 소송이 진행된 것이 밝혀지면 법원은 '청구의 인낙으로 인한 소송종료'를 판결로써 명확하게 선언하여야 한다.[6]

(c) **판결의 확정의 간과** **판결의 일부**가 이미 확정되어 그 한도에서 소송이 종료되었음에도 이를 간과하고 심판한 경우에 문제된다. 상급법원이 이미 종료된 것인데도 하급심이 심판하였음을 발견하면 그 부분의 판결을 파기(취소)하고 소송은 끝났다고 종료선언을 한다.[7] 대법 2012. 9. 27, 2011다76747에서 **예비적 공동소송**의 형태로 청구하고 있지만 공동소송인들에 대한 청구가 상호간에 법률상 양립할 수 없는 관계가 있지 아니하여 법 제70조 제1항의 예비적 공동

---

1) 대법 2010. 10. 28, 2010다53754.
2) 대법 2011. 4. 28, 2010다103048.
3) 이와 같은 경우에 소송을 진행하여 행한 판결은 비록 확정되어도 판결로서 당연무효이다. 졸고, "판결의 무효," 법정 1975. 8, 57면 이하.
4) 대법 2013. 2. 28, 2012다98225.
5) 대법 1968. 11. 5, 68다773의 제2심 판결.
6) 대법 1962. 6. 14, 62마6 등.
7) 대법 1991. 5. 24, 90다18036; 동 2007. 12. 14, 2007다37776·37783 등.

소송이 아니고 **통상 공동소송**인데, 그러한 판결에 대하여 공동소송인 중 일부에 대해서만 불복할 경우에는 그 부분만이 항소심으로 이심되고 그 부분만 항소심의 심판대상이 되는데, 불복하지 아니한 피고 부분도 항소심으로 이심된 것으로 잘못 보고 항소심이 판단한 사례에서, 대법원이 그 부분을 파기하고 소송종료선언을 하였다.

판결의 일부가 상고부분에서 배제되어 확정되었음을 간과한 채 심판하는 일은 특히 상고심으로부터 파기환송을 받은 법원이 **환송 후의 심판 범위**를 오해[1] 하여 심판하는 경우이다[2](뒤의 「상고인용판결」 참조). 예를 들면 예비적 병합의 경우 항소심에서 주위적 청구의 기각, 예비적 청구의 인용판결이 났을 때에 피고만이 상고를 제기하여 상고법원에서 파기환송되었다면 주위적 청구부분은 상고심의 심판대상이 되지 아니하며,[3] 상고심의 판결선고와 동시에 확정된다(654면 참조). 그럼에도 환송받은 항소심법원이 아직도 주위적 청구가 예비적 청구와 병합상태인 것으로 오해하여 이미 끝이 난 주위적 청구에 대해서도 판결한 때에, 상고심에서 이를 발견하였으면 그 부분에 대한 소송종료선언을 한다. 생각건대, 상고심에서 파기환송할 때에 **환송 후의 심판범위**를 판결이유에서 명시하여 주면, 그런 오해를 없애고 당사자, 환송법원이 이러한 헛수고하지 않는 소송경제가 될 것이다. 판결문의 민주화, 평이화에 있어서 고려할 대목일 것이다.

3. 효　　력

소송종료선언의 판결은 사건 완결의 확인적 성질을 가진 종국판결이며, 청구인용·기각과 같은 본안판결이 아니라 **소송판결**에 해당한다. 이에 대하여는 상소가 허용된다.

소송종료선언의 **소송비용의 재판**은 이유 없는 기일지정신청 때문에 소송종료선언의 경우에는 기일지정신청 후의 소송비용[4]에 관하여 재판하여야 한다. 이에 대하여 법원의 소송종료의 간과진행으로 소송종료선언의 경우에는 그 소송종료 후의 소송비용에 관하여 재판하지 않으면 안 된다. 한편 당사자 대립구조의 소멸의 경우는 편면적 구조로 바뀌게 되므로 소송비용 부담자를 정할 것이 아니다.

1) 대법 1991. 9. 10, 90누5153; 동 1982. 6. 22, 82누89.
2) 파기환송한 후 원심이 원고가 처음부터 상고하지 아니한 편집저작물저작권침해부분에 관하여 배척하는 판단을 하고 원고가 재상고하면서 이번에는 편집저작물저작권침해부분만을 상고이유로 삼은 경우, 대법원도 소송종료선언한 예=대법 2013. 7. 12, 2013다22775.
3) 대법 2007. 1. 11, 2005다67971; 동 2001. 12. 24, 2001다62213.
4) 그 뒤에 소송수행을 위하여 새로 지출한 비용을 뜻한다는 것에, 대법 2005. 5. 20, 2004마1038.

제2장 당사자의 행위에 의한 종료

당사자처분권주의에 의하여 판결에 의하지 않고 소송이 종료되는 경우가 있다. (1) 소의 취하, (2) 청구의 포기 · 인낙, (3) 재판상화해 이외에 화해에 준하는 조정이 있다. 이 때에는 납부한 인지대의 1/2을 되돌려 받을 수 있는 특례가 있다(민인 14조). 2014(그후도 대동소이)년 제1심의 처리결과를 보면 66.3%가 판결, 소의 취하 12.3%, 조정 · 화해 · 인낙 등으로 약 8%가 종결되었다(사법연감(2015), 533면).

제1절 소의 취하

Ⅰ. 의 의

소의 취하란 원고가 제기한 소의 전부 또는 일부를 철회하는 법원에 대한 단독적 소송행위이다. 이에 의하여 소송계속은 소급적으로 소멸되고(267조 1항), 소송은 종료된다.

(1) 소의 취하는 판결에 의하지 않는 소송종료사유이다. 이 점에 있어서 화해 · 조정, 청구의 포기 · 인낙과 공통적이나, 다음처럼 구별된다.

1) 청구의 포기와의 구별 원고 일방의 행위에 의한 소송종료사유라는 점에서 양자는 공통성이 있다. 그러나 소의 취하가 심판의 신청을 소급적으로 철회하는 진술이라면, 청구의 포기는 심판신청 후에 자기의 청구가 이유 없다는 진술이라는 데 그 차이가 있다(상세는 「청구의 포기 · 인낙」 참조).

2) 상소의 취하와의 구별 상소의 취하는 원판결을 유지시키며 이에 의하여 원판결이 확정되게 됨에 대하여, 상소심에서의 소의 취하는 이미 행한 판결을 실효케 한다. 상소의 취하에는 피상소인이 응소하였다 하더라도 그의 동의가 필요 없다는 점에서 소의 취하와 다르다(393조 2항).[1)]

(2) 소의 취하는 소의 전부나 일부에 대하여 할 수 있다. 여러 개의 병합된 청구 중 1개의 취하, 가분청구 중 일부분의 취하는 소의 일부취하이다. 또 공동소

1) 교환적 변경에 의하여 구소가 취하될 때에 구소의 권리의 포기나 상실로 볼 수 없다. 대법 1994. 12. 13, 94다15486.

송의 경우에 공동원고 중의 한 사람의 소취하, 공동피고 중의 한 사람에 대한 소취하도 소의 일부취하에 해당된다(고유필수적 공동소송에서는 불허).

1) **청구의 감축**이 소의 일부취하인지 청구의 일부포기인지는 원고의 의사에 따라 정할 것이나, 불분명한 경우에는 원고에게 이익이 되는 소의 일부취하로 해석하여야 한다(다수설·판례).[1)]

2) 소의 일부취하는 공격방법의 일부철회와는 구별된다. 소의 일부취하는 심판신청 자체를 일부철회하는 것임에 대하여, 공격방법의 일부철회는 심판신청을 이유 있게 하는 소송자료의 일부철회이기 때문이다(예: 소유권확인청구에서 원시취득과 승계취득 두 가지를 주장하다가 그중 하나의 철회). 후자는 어느 때나 피고의 동의가 필요 없다.

문제되는 것은 소송물이론이다. 경합하는 수 개의 청구권·형성권(형성원인)을 주장하다가 그 중 하나를 철회하는 경우이다. 예컨대 승객이 기차사고로 부상을 당하였다는 사실을 바탕으로 손해배상을 구하면서 경합하는 불법행위와 계약불이행청구권 두 가지를 주장하다가 그 한 가지를 철회하는 경우이다.

이 때 구이론에 의하면 소의 일부취하로 되나 신이론에 의하면 공격방법의 일부철회에 지나지 아니한다.[2)]

(3) 소의 취하는 원고의 법원에 대한 단독적 소송행위이다. 피고의 동의를 필요로 하는 경우라도 그것은 소취하의 효력발생에 필요한 한 가지 요건임에 그치고, 당사자간의 합의가 아니다.

Ⅱ. 소취하계약(합의)의 성행

(1) 소송외에서 원고가 피고에 대하여 소를 취하하기로 하는 약정을 소취하계약 또는 **소취하합의**라고 한다. 내외국에서 특히 집단소송·대형특허소송 등 많이 활용된다.[3)] 소송진행중에 사실관계가 증거에 의해 밝혀진 경우는 서로 Win-Win의 의미에서 화해하고 소취하한다. 3심인 대법원까지 판결로 끝까지 해결볼 때에 엄청난 시간·돈·노력과 stress의 소모전이 됨에 비추어(폴라로이드 v. 코닥이 판결로 승부하다가 코닥이 망한 전례. 삼성가의 재산상속문제를 놓고 형제 간에 소송하다가 패소한 형이 엄청난 소송비용의 부담 때문에 사후에 그 자제들이 한정승인의 상속 예) 그러한 경향이다. 이와 함께

1) 대법 1983. 8. 23, 83다카450; 동 2004. 7. 9, 2003다46758.
2) 상세는, 졸저, 소송물에 관한 연구, 223면.
3) 흥국생명이 Goldmann Sachs가 한 부채담보부채권(CDO)의 부실판매를 원인으로 미국 뉴욕연방법원에 제기했던 손배소송에서 손해액의 40%를 받기로 하고 소취하합의(외국법원에 제기한 소송 중 첫 사례). 최근 샌디스크 v 하이닉스소송이 그 예.
그 밖에 신문보도에 의하면 대형 특허 소송 등 합의(settlement) 사례로는, 본서「제14판」참조.

재소(再訴)하지 않는다는 합의도 이루어질 때가 있다.[1] 판례는 모든 민·형사상 소송취하의 합의라면 1심 후 항소심사건도 소취하합의로 보아야 한다 하였다.[2] 합의 형태는 재판상 화해 수반형, 재판외의 화해계약체결형, 단순소송종결형이 있다. 소취하계약의 효력에 관하여는 학설대립이 있다(「소송상의 합의」 참조).

소송법상의 효력이 인정되지 아니하며, 사법상으로도 무효가 된다는 무효설도 있으나 현재는 크게 두 가지 설로 압축된다.

(a) **사법계약설** 사법상의 계약으로서 유효하다고 하는 것으로, 원고가 위반하여 소송을 계속 유지하거나 재소를 하는 경우에 피고가 이를 항변으로 주장·입증하면 원고는 권리보호의 이익을 잃기 때문에 소를 각하할 것이라는 설(다수설·판례)이다.[3)4)]

(b) **소송계약설** 소취하계약은 소송계속의 소멸이라는 소송상의 효과를 목적으로 하는 소송계약으로서, 계약성립이 소송상 주장되면 직접 소송계속소멸의 효과가 생기고, 법원은 확인적 의미에서 소가 끝났다는 소송종료선언의 판결을 할 것이라는 설이다.[5] 나아가 발전적 소송계약설도 있다.[6] 이 설의 문제점은 이미 「소송상 합의」(396면)에서 살폈다.

그렇다면 사법계약설에 기하여 원고가 소취하의 의무를 위배한 채 그대로 소송을 유지함은 신의칙의 위배이고, 권리보호의 이익이 없다는 이유로 부적법각하할 것으로 볼 것이다.[7] 또 원고가 합의에 반하여 소를 취하하지 않는 경우에 피고의 손해배상청구권의 발생의 근거를 찾으려면 사법상의 계약에 기한 소취하의무를 인정하는 것이 적절할 것이다. 이와 같은 경우는 exceptio doli(악의의 항변)가 피고에게 부여된다고 하며 같은 결론에 이르고 있다.

(2) 소취하계약은 소송상 합의의 일종이므로 그에 관한 일반법리에 의하게 된다(전술 「소송상의 합의」 참조). 당사자 사이의 명시적·묵시적 합의에 의하여 해제될 수 있다.[8] 다만 소취하계약에 의하여 소가 각하된 뒤라도 원칙적으로 재소를 할 수 있지만,

1) 대법 2012. 3. 15, 2011다105966(선정당사자가 소취하합의를 하여 소취하하였는데 선정자들이 재소하는 사안).

2) 대법 2013다19052.

3) 대법 2005. 6. 10, 2005다14861; 동 1982. 3. 9, 81다1312 등.

4) 대법 1966. 5. 31, 66다564. 소취하계약에 기한 취하이행청구를 부정. 소취하의 합의 후 피고가 소취하에 동의하지 아니하는 경우에 그 합의에 원고가 청구를 포기하여서라도 소송을 종료시킬 의무가 포함되지 않는 것에, 대법 1984. 8. 21, 83다카1624.

5) 김홍규/강태원, 550면.

6) 정동윤/유병현/김경욱, 735면.

7) 부제소합의를 어겨 제소한 경우에 신의칙 위반으로 보듯이, 같은 맥락에서 소취하계약을 맺고도 이를 어기고 소송수행을 계속하는 경우에 신의칙 위배라는 입장이며(2013다19052), 독일의 판례도 그러하다(BGH 20, 205; NJW 1984, 805; Schellhammer, Rdnr. 1272; Stein-Jonas-Schumann, § 269 Rdnr. 5). 소취하계약을 맺고도 원고가 이를 어겨 소송진행하는 것은 이를 믿은 피고의 무방어상태의 허를 찌르는 것이므로 단순한 계약상의 의무위반을 넘어서는 반윤리적인 것으로 본다. 단순한 사법상의 계약위반이라면 손해배상의무만 있을 뿐 권리보호의 이익이 없다는 결론도출이 어려울 것이다. 반대: 호문혁, 746면.

8) 대법 2007. 5. 11, 2005후1202.

부제소합의까지 여기에 포함된 경우라면 다르다고 할 것이다.[1] 다만 재판상 화해수반형의 소취하합의는 그 자체가 재판상 화해이므로 화해의 소송종료효 때문에 재소의 여지가 없을 것이다.

Ⅲ. 소취하의 요건

1. 소 송 물

원고는 모든 소송물에 대하여 자유롭게 취하할 수 있다. 가사소송 · 행정소송 · 선거소송과 같이 직권탐지주의의 적용을 받는 소송물에 대해서도 자유롭게 소를 취하할 수 있다. 다만 주주대표소송과 증권관련집단소송에서는 소의 취하에 대해 법원의 허가를 요한다(상법 403조; 증집소 35조. 주민소송도 같다). 소의 취하를 법원의 명령으로 강제할 수 없으나, 사안을 보아 석명권에 의해 소의 취하를 종용하는 것까지 금할 것은 아니다.[2]

2. 시 기

소의 취하는 원고의 소제기 후 판결이 확정되기까지 어느 때라도 할 수 있다(266조 1항). 비록 소송요건의 흠 등으로 적법한 소가 아니라도 이를 취하할 수 있다. 심급 사이 즉 판결선고나 판결송달 후 상소의 제기 전이라도 할 수 있다. 상소심에서도 소의 취하는 허용되나 재소금지의 제재가 따른다(267조 2항). 상소심에서 피고의 동의를 얻어 취하서를 제출하였을 때에 소의 취하인지 상소의 취하인지가 불명할 때에는 석명하여 밝힐 것이나, 그럼에도 불명할 때에는 불이익이 비교적 적은 소의 취하로 볼 것이다.

3. 피고의 동의

소의 취하에 있어서 피고가 본안에 대한 준비서면의 제출 · 변론준비기일에

---

1) 화해하고 소취하약정을 한 뒤에는 다시 소를 제기하거나 이를 유지할 이익이 없다는 것에, 대법 1983. 3. 22, 82누354. 위 2011다105966.

2) 대법 1971. 5. 24, 71다361은 원고들에게 소취하를 종용 내지 강요하였다고 하여 그것만으로 상고이유가 되지 않는다고 하였다. 특히 명백히 이유 없는 청구나 보정불능의 부적법한 소에 대해서 강요가 아니라, 석명권을 통해 소의 취하를 강요 아닌 종용함은 반드시 불허할 일이 아니다. Rosenberg/Schwab/Gottwald, § 78 Rdnr. 28~31; Zeiss/Schreiber, Rdnr. 49. 실익도 없는 강제집행의 취하종용이 필요하다는 것에 BverfG 42, 64ff. 이는 명백히 무모한 소송을 하는 것을 재판장이 석명권을 통해 가르쳐 주어 그 취하여부를 자기판단에 맡기는 일로서, 전근대적인 권위주의의 발상으로만 볼 일은 아니다. 반대: 호문혁, 731면; 한충수, 535면.

서의 진술 · 변론(위 3가지를 「본안에 관한 응소」라 한다)을 하기 전까지는 피고의 동의를 필요로 하지 아니하나, 그 뒤에는 피고의 동의를 필요로 한다(266조 2항). 왜냐하면 피고가 응소하여 본안판결을 받으려는 적극적 태도를 보였으면 소송을 유지하는 데 피고에게도 이해관계가 있다고 볼 것이며, 기왕 소송이 성립된 기회에 피고에게 청구기각의 판결을 받을 이익이 생겼기 때문이다(마류가사비송사건(예: 재산분할심판사건)취하에 상대방의 동의 불요)[1)2)].

(1) 피고의 동의를 필요로 하는 것은 피고가 **본안에 관한 응소**, 즉 청구가 이유 있느냐 여부에 관한 사항에 응소한 경우이어야 한다. 이 단계에 이르지 않고 실체사항이 아닌 절차사항인 기일변경에의 동의, 소송이송신청에 그친 때에는 소의 취하에 피고의 동의를 필요로 하지 않는다.

또 피고가 주위적으로 소각하판결, 예비적으로 청구기각판결을 구한 경우에는 다툼이 있으나, 청구기각의 본안판결을 구하는 것은 예비적인 것에 그치므로 피고의 동의가 필요 없다는 것이 판례이다.[3)] 본소의 취하 후에 반소를 취하함에는 원고의 동의가 필요 없다(271조).

(2) 피고의 동의에 의하여 소의 취하는 확정적으로 효과가 생기며, 동의를 거절하면 소취하의 효과는 발생하지 아니한다. 소취하의 동의도 소송행위이므로 소송능력을 갖출 것이며, 또 조건을 붙여서는 안 되고 반드시 법원에 대한 의사표시로 하여야 한다.[4)] 피고의 동의 및 동의의 거절은 명시적이든 묵시적이든 상관없다.[5)] 고유필수적 공동소송에 있어서는 공동피고 전원의 동의를 요한다(독립당사자참가를 취하함에 있어서는 원·피고 쌍방의 동의를 요한다[6)]). 또 독립당사자참가 후에 원고가 본소를 취하함에는 참가인의 동의가 필요[7)] 예비적 공동소송에서도 소의 일부취하가 허용된다(70조 1항 단).[8)]

일단 피고가 동의를 거절하여 놓고 그 뒤에 이를 **철회하며 동의**한다고 하여도 취하의 효력이 생기지 아니한다.[9)] 왜냐하면 이 경우에는 동의할 대상이 없어

1) Stein-Jonas-Schumann, § 269 Ⅱ.
2) 대법 2023. 11. 2, 2023므12218.
3) 대법 1968. 4. 23, 68다217 · 218.
4) 이영섭, 260면; 호문혁, 651면은 대리인이 동의함에는 특별한 권한수여를 요한다고 하지만 의문이다. 특별수권사항(56조 2항, 90조 2항)은 예외규정이고, 예외규정은 엄격히 해석하여야 하기 때문이다. 대법 1984. 3. 13, 82므40도 특별한 권리수여가 필요 없다는 것이며, 송상현, 568면도 같다.
5) 대법 1993. 9. 14, 93누9460.
6) 대법 1981. 12. 8, 80다577. 편면참가자가 허용되므로, 이전 판례가 유지될 수 있는지 의문이라는 견해로, 한충수, 573면.
7) 대법 1972. 11. 30, 72마787.
8) 대법 2018. 2. 13, 2015다242429.
9) 대법 1961. 7. 10, 4292행상72; 동 1969. 5. 27, 69다130 · 132.

졌기 때문이다.

4. 소송행위로서 유효한 요건을 갖출 것

(1) 소의 취하를 하는 원고에게는 소송능력이 있어야 하며, 대리인에 의하는 경우에는 특별한 권한수여를 필요로 한다(56조 2항, 90조 2항). 유사필수적 공동소송에서는 단독으로 취하할 수 있으나(예비적 공동소송도 같다), 고유필수적 공동소송에서는 공동소송인 전원이 공동으로 취하하지 않으면 아니 된다. 다만 제한능력자 또는 무권대리인은 추인이 없는 한, 스스로 제기한 소를 취하할 수 있다.

(2) 취하는 소송행위이므로 민법상의 법률행위에 관한 규정이 적용될 수 없으며, 이에 정지조건이든 해제조건이든 조건을 붙여서는 아니 된다(예: 피고가 소송비용을 부담하는 조건하의 소 취하). 또 취하가 피고의 동의에 의하여 그 효력이 생긴 뒤에는 원칙적으로 철회는 허용되지 않는다.

(3) 판례는 소송절차의 명확성과 안정성을 기하기 위해 **표시주의**가 관철되어야 하는 것이 소송행위이기 때문에,[1] 착오 또는 사기·강박 등 하자(흠) 있는 의사표시에 의한 것이라도 민법 제109조와 제110조에 의하여 취소할 수 없다는 입장이다.[2] 다만 소의 취하가 형사상 처벌할 다른 사람의 행위로 인하여 이루어진 때에 제451조 1항 5호의 재심사유에 해당할 만큼의 충분한 가벌성이 있는 경우라면 무효·취소를 주장할 수 있다는 것이 다수설이고 판례이다.[3] 이 때에 원고는 제456조에 정한 제척기간 내에 주장하지 않으면 안 되나, 그 주장에 있어서는 제451조 2항의 요건, 즉 유죄의 확정판결까지 필요로 하지 않는다고 할 것이다(**확정판결불요설**).[4] 반대로 널리 원고의 보호를 위해 하자 있는 의사표시는 물론 착오에 의한 소의 취하까지도 취소할 수 있게 하여야 한다는 소수설도 있다(**민법 규정유추설**)(415면 참조).[5]

1) 대법 1983. 4. 12, 80다3251 등.
2) 대법 1997. 6. 27, 97다6124; 동 2004. 7. 9, 2003다46758 등. 원고소송대리의 사무원이 대리인의 의사에 반하여 착오로 소취하를 하였다 하여도 무효가 아니라는 것에, 대법 1997. 10. 24, 95다11740.
3) 대법 2012. 6. 14, 2010다86112; 대법 2001. 1. 30, 2000다42939·42946. 다른 사람의 강요나 폭행 등에 의하여 이루어진 소취하서의 제출은 무효라고 본 것에, 대법 1985. 9. 24, 82다카312·313·314. 서울고법 2014. 2. 11, 70나1122 판결(구로공단부지 강제수용사건).
4) 김홍규, 533면.
5) 정동윤/유병현/김경욱, 725면; 호문혁, 699면.

Ⅳ. 소취하의 방법

(1) 원칙적으로 소송이 계속된 법원에 **취하서**를 제출하여야 한다.[1] 다만 변론기일(변론준비기일도 같다)에서는 **말에 의한** 취하도 허용된다(266조 3항). 소장부본의 송달 후에는 소취하의 서면을 피고에게 송달하지 않으면 안 된다(266조 4항). 말로써 소를 취하한 경우에 상대방이 결석한 때에는 취하의 진술을 기재한 조서의 등본을 상대방에게 송달하여야 한다(266조 5항). 적법한 소취하의 서면이 제출된 이상 상대방에 송달전후를 불문하고 임의철회는 할 수 없다.[2] 소의 일부취하의 경우 피고의 동의 여부가 결정되지 아니한 상태에서는 심판의 범위가 정해지지 아니하였으므로 재판진행을 해서는 아니된다.[3]

(2) 취하에 대한 피고의 동의도 서면 또는 말로써 한다. 피고의 동의 여부가 불분명한 때에는, 피고가 취하서의 송달을 받거나 기일에 출석함으로써 취하가 있는 것을 안 날로부터 2주일 내에 이의하지 아니하면 소의 취하에 동의한 것으로 본다(동의간주)(266조 6항).

Ⅴ. 소취하의 효과

1. 소송계속의 소급적 소멸(267조 1항)

소가 취하되면 처음부터 소송이 계속되지 아니하였던 것과 같은 상태에서 소송이 종료된다.

(1) 소송을 더 이상 진행시키거나 청구기각·인용 등의 판결을 하여서는 안되며, 상소를 제기할 수 없다. i) 소를 취하하기에 앞서 행한 **법원의 소송행위** 특히 이미 행한 종국판결은 당연히 실효된다. 법원의 증거조사도 마찬가지이다. ii) 소송계속을 전제로 이미 행한 **당사자의 소송행위**(보조참가, 소송이송신청, 법관기피신청, 소송고지 등)도 당연히 실효된다. 그러나 취하에 앞서 제기한 독립당사자참가·반소 등 소송중의 소는 본소의 취하에 불구하고 원칙적으로 아무런 영향을 받지 아니한다.[4]

(2) 소의 제기와 결부된 사법상의 효과는 소의 취하에 의하여 그 운명이 어

1) 소취하서의 제출을 반드시 원고 자신이 아니라도 상관없다는 취지=대법 2001. 10. 26, 2001다37514.
2) 대법 1997. 6. 27, 97다6124.
3) 대법 2005. 7. 14, 2005다19477.
4) 대법 1970. 9. 22, 69다446; 동 1991. 1. 25, 90다4723.

떻게 되는가. 소의 제기에 의한 시효중단의 효과는 소급적으로 소멸된다는 명문이 있다(민 170조). 문제는 소장의 기재에 의하거나 변론진행중에 공격방어방법의 전제로서 행하는 사법행위가 소의 취하에 의하여 소멸되는가이다(예: 甲의 乙 상대의 소송에서 최고나 해지·해제, 취소 또는 상계의 의사표시 따위를 하였을 때에 갑이 소취하를 하였다면 그러한 사법행위가 없던 것이 되는가 그대로 남는가의 문제이다).

i) 사법행위(私法行爲)는 소의 취하에 불구하고 그 효과가 유지되며, 아무 영향이 없다는 병존설(사법행위설),[1] ii) 사법행위도 소취하와 함께 전부 소멸된다는 소송행위설, iii) 일반적으로 사법행위의 효과는 유지되지만, 상계의 의사표시에 관한 한 소취하와 함께 소멸된다는 신병존설[2] 등으로 대립되어 있다.

생각건대 재판상 상계권의 행사는 수동채권의 존재확정을 전제로 하여 행해지는 **예비적 항변**이 되는 특수성에 비추어, 소의 취하에 의하여 상계의 효력이 없어진다 할 것이나, 그 밖의 사법행위(해제·해지·취소 등)는 아무 영향이 없다는 iii)설을 따른다(신병존설로 개설한다).[3]

(3) 소의 취하에 의해 비록 소송계속이 소급적으로 소멸되지만, 소송계속 중에 생긴 소송비용의 부담과 액수를 정하는 절차는 남는다. 이것은 당사자의 신청에 의하여 법원이 결정으로 정하는데(114조), 이 일은 사법보좌관이 담당한다(법조 54조 2항 1호). 피고가 자진하여 채무를 변제한 특단의 사정이 없는 한,[4] 원칙적으로 원고를 패소자에 준하여 소송비용의 전액을 부담시킬 것이다. 우리는 일찍부터 원고가 당해 심급의 변론종결 전에 소의 취하를 하면 인지액의 1/2을 원고에게 돌려주어야 한다는 의견이었는데, 새 민사소송 등 인지법에서 수용했다(민인 14조). 변론기일 전에 소취하한 경우에도 피고의 변호사보수 1/2을 부담시키는 것이 타당할 것이다. 다만 청구의 일부감축의 경우는 환급의 대상이 되지 않는다.[5]

2. 재소의 금지(267조 2항)

(1) 머 리 에

1) 소의 취하는 앞서 본 바와 같이 소송계속을 소급적으로 소멸시키므로 종국판결선고 후에 소를 취하하면 이미 행한 판결이라도 당연히 실효되게 된다. 그

---

1) 방순원, 535면; 이영섭, 261면; 송상현, 570면. Rosenberg/Schwab/Gottwald, § 129 Rdnr. 27; Thomas-Putzo, § 269 Rdnr. 13 등 독일의 다수설. 대법 1982. 5. 11, 80다916.
2) 김홍규, 535면; 정동윤/유병현/김경욱, 728면; 강현중, 598면.
3) 대법 2013. 3. 28, 2011다3329; 동 2014. 6. 12, 2013다95964.
4) 대법 2020. 7. 17, 2020카확522.
5) 대법 2012. 4. 13, 2012마249.

리하여 판결을 하는 데 들인 법원의 노력은 원고의 이와 같은 처사로 헛수고가 된다. 그러므로 현행법은 판결의 확정에 이르기까지는 상소심에서도 소를 취하할 수 있게 하면서, 한편으로는 소의 취하로 인하여 법원의 종국판결이 농락될 염려를 방지하기 위해 제재적 조치[1]로 본안에 관하여 종국판결이 있은 뒤에는 이미 취하한 소와 같은 소를 제기할 수 없도록 하였다(267조 2항). 원고는 소취하, 피고는 이에 동의한다는 화해권고결정에 대하여도 그 뒤의 소제기는 재소금지원칙에 위반이라는 대법 2021. 7. 29, 2018다230229가 있다.[2] 원래 소의 취하는 뒤에 신소제기의 제약이 따르지 아니하며(고소취소후 재고소가 허용되지 않는 형소 229조와 다르다), 따라서 원고에게 큰 부담이 가지 않는 소송행위임에 비추어 소취하권은 남용되는 예가 왕왕 있는데, 재소금지(再訴禁止)는 남용에 대한 입법적 제재이다. 다만 취하남용의 제재냐 재소남용의 제재냐의 다툼이 있다.[3]

2) 재소금지에 대한 현행법의 입장이 온당한가. 독일법에는 판결의 확정 전까지는 어느 심급에서나 소취하의 자유를 허용하되 재소하여 올 때 피고는 원고가 전소의 소송비용을 상환할 때까지 응소거부는 할 수 있지만(ZPO § 269 Ⅵ), 재소금지는 없다. 판결확정시까지는 소취하의 자유를 주면서 한편으로는 일정한 시기 이후의 소취하에 재소를 금지시키고 있는 현행법(일본법도 같다)은 입법론상 모순이므로, 차라리 본안판결 선고 후에는 소의 취하를 금지하는 것이 온당하다는 견해가 있다.[4]

(2) 동일한 소 취하하기 전의 소와 취하 후의 재소가 동일한 소로서 재소금지가 되려면 동일한 당사자 사이의 동일한 소송물일 것 외에 권리보호의 이익도 같아야 한다. 기판력·중복소제기도 동일한 소금지이지만 그 점이 다르다.[5]

(a) **당사자의 동일** 재소를 제기할 수 없는 것은 전소의 당사자뿐(보조참가인 불포함)으로서 전소의 원고만이고,[6] 피고는 재소의 제기에 제한을 받지 않는다. 전소의 원고나 그의 변론종결후의 일반승계인이 그 효과를 받는 것은 문제 없으나,

---

1) 대법 1989. 10. 10, 88다카18023; 동 1998. 3. 13, 95다48599 등.

2) 반대는 문영화, "'원고는 소를 취하하고, 피고는 이에 동의한다'는 내용의 화해권고결정의 효력"(민사소송 제27권 2호, 85면 이하).

3) 그 밖의 소취하권의 남용례로서 소를 유지할 의사가 없다기보다는 사건담당 법관이나 재판부를 기피하기 위한 취하가 있다. 종국판결선고 전의 소의 취하지만 그 뒤의 재소가 신의칙에 위반된다는 사례로, 대법 1996. 10. 15, 96다12290.

4) 이영섭, 261면.

5) 대법 1989. 10. 10, 88다카18023. 대법 2023. 3. 16, 2022두58599는 후소가 전소의 소송물을 전제로 하거나 선결적 법률관계에 해당하는 경우 재소의 이익이 다를 경우에는 같은 소라고 할 수 없다고 하며, 재소허용.

6) 소취하한 종중이 甲종중인데, 재소한 종중이 甲종중의 소종중이면 당사자가 동일한 것이 아니다. 대법 1995. 6. 9, 94다42389.

특정승계인에게도 미치는가는 설이 대립되어 있다. 일부 학설과 판례[1)]는 일반승계인과 특정승계인을 가리지 않고 모두 포함한다고 해석하고 있지만, 반대입장이 있다.[2)] 재소의 금지는 기판력처럼 법적 안정성을 위한 것이 아니고 소권남용에 대한 제재이므로 전소의 취하를 알면서 승계하였다는 등의 특별한 사정이 없는 한 특정승계인에게는 미치지 않는다고 볼 것이다. 소를 취하한 자가 선정당사자일 때에는 선정자도 재소금지의 효과를 받는다. 본안판결 후에 취하한 자가 **채권자대위소송**을 한 채권자일 때에는 채무자가 대위소송이 제기된 것을 안 이상 채무자는 재소금지의 효과를 받는다는 것이 다수설 · 판례[3)]이다. 이에 대해 반대설이 있는데,[4)] 특히 채권자대위소송은 소송담당이 아니라는 전제이다.

(b) 소송물의 동일

1) 전소 · 후소의 소송물이 같을 것을 요구한다(공격방어방법까지 동일한 것은 불요).[5)] 구이론에 의하면 같은 목적의 소송이라도 실체법상의 권리를 달리 주장하면 동일한 소라고 할 수 없다. 예컨대 같은 목적의 가옥명도청구라도 **물권인 소유권**에 기한 경우와 **채권적인 약정**에 기한 경우는 동일한 소일 수 없다.[6)] 이에 대해 실체법상의 권리를 소송물의 요소라기보다도 공격방법 내지 법률적 관점으로 보는 신이론(단 이분지설은 결론이 다를 수 있다)은 그 경우에 동일한 소로서 재소금지의 효과를 받는다.

판례는 구이론을 따랐다.[7)] 소유권에 기해 농경방해금지청구를 하여 제1심판결이 있은 뒤 원고가 이를 취하하고 나서 다시 점유권에 기하여 같은 취지의 청구를 함은 재소에 해당하지 않는다고 하였다.[8)] 제1심에서 부정경쟁행위를 원인

---

1) 정동윤/유병현/김경욱, 730면; 강현중, 599면; 김홍엽, 752면. 대법 1981. 7. 14, 81다64 · 65는 특정승계인도 포함된다고 하면서도, 한편으로는 그 사안에서 소유권을 양수한 특정승계인의 새로운 권리보호의 이익이 생겼다 하여 결국 특정승계인의 재소를 막지 아니하였음을 주의할 필요가 있다. 공유자들이 제기한 소송에서 제1심판결선고 후 공유자 중 1인이 자기지분을 다른 공유자에게 양도하고 소를 취하한 경우, 그 양수인이 재소한 경우도 같다는 것에, 대법 1998. 3. 13, 95다48599 · 48605.

2) 김홍규/강태원, 543면; 송상현/박익환, 487면; 호문혁, 657면; 한충수, 542~543면.

3) 강현중, 600면; 정동윤/유병현/김경욱, 730 · 731면; 김홍엽, 753면. 대법 1996. 9. 20, 93다20177 · 20184 등.

4) 송상현/박익환, 488면; 호문혁, 658면.

5) 대법 1985. 3. 26, 84다카2001.

6) 대법 1991. 1. 15, 90다카25970.

7) 대법 1965. 6. 29, 65다434. 같은 취지로 청구원인을 달리하면 별개의 청구라는 것에, 대법(전) 1980. 12. 9, 79다634.

8) 대법 2022. 6. 30, 2021다239301에서는 구분소유자가 부당이득반환청구를 하였다가 본안에 관한 종국판결이 있은 뒤에 소를 취하한 경우, 관리단이 부당이득반환청구의 소를 제기한 것은 재소금지규정에 반하지 않는다.

으로 청구하였던 손해배상청구 등을 항소심에서 철회한 후, 같은 행위를 원인으로 **제1심에서 청구하지 아니하였던 기간**에 해당하는 손해배상청구 등을 함은 소송물이 같지 아니하여 재소에 문제없다는 것이다.[1)]

2) 문제가 되는 것은 전소가 원본채권이고, 후소가 이자채권일 때와 같이 전소의 소송물을 전제하거나 **선결문제**로 하는 것일 때에 동일한 소라고 하는 설이 있으며 그것이 판례이나,[2)] 이 경우에는 서로 소송물이 다르기 때문에 동일한 소라고 보기가 어렵다(335면 참조).[3)] 기판력의 문제에 있어서도 전소의 소송물을 선결문제로 하는 후소가 제기된 경우에 선결문제의 한도에서 전소의 기판력 있는 판단에 구속될 뿐이지 후소의 제기 자체가 불허되는 것은 아니다(뒤에 볼 「기판력」 660면 참조). 따라서 재소문제에 있어서 이 경우에 동일한 소라고 하여 재소를 막는 것은 기판력의 효과보다 더 가혹한 것이 된다. 그러나 전소의 소송물 속에 후소의 소송물이 포함된 때에는 재소금지의 효과를 받는다 할 것이다.[4)]

(c) **권리보호이익의 동일** 전소와 **권리보호**의 이익을 **달리**하는 재소일 때에는 재소금지의 원칙에 저촉되지 아니한다. 정당한 사유 없이 소를 취하한 경우에 재소를 하는 따위의 남소는 금지하여야 하겠지만, 소권이 부당하게 박탈되지 않도록 하기 위함이다. 재소금지의 취지에 반하지 않고 재소를 필요로 하는 사정이 있으면 상관없다.[5)] 이 점이 특히 중복소송금지의 원칙과 구별되는 점이다.[6)] 예컨대 제1심에서 소유권 침해를 막는 내용의 본안판결이 난 다음 항소심에서 피고가 소유권침해를 중지하여 소를 취하하였는데 그 뒤 재침해하는 경우,[7)] 피고가 원고의 소취하의 전제조건으로 하였던 약정사항을 이행하지 않아 약정이 해제·실효되는 사정변경이 있는 경우,[8)] 토지거래허가 전에 소유권이전등기청구를 제기하여 승소하였다가 취하하였는데 그 뒤 허가받았을 경우[9)]는 재소를 제기

1) 대법 2009. 6. 25, 2009다22037.
2) 김홍규/강태원, 543면; 정동윤/유병현/김경욱, 731면; 강현중, 600면; 김홍엽, 753면; 정영환, 1048면. 대법 1989. 10. 10, 88다카18023; 동 2023. 3. 16, 2022두58599.
3) 송상현/박익환, 488면; 호문혁, 661면.
4) 대법 1958. 3. 6, 4290민상784.
5) 위 대법 2009. 6. 25 판결; 동 2021. 5. 7, 2018다259213.
6) 대법 1991. 5. 28, 91다5730은 증여로 인한 소유권확인의 소와 상속으로 인한 지분소유권확인의 소는 동일한 소가 아니라 하였는데, 이 점 재소금지의 범위를 기판력의 범위보다 좁히고 있는 것으로서, 대법 1987. 3. 10, 84다카2132 취지에 반한다. 이 판례에 관한 평석은, 호문혁, 연구(Ⅰ), 520면 이하.
7) 대법 1981. 7. 14, 81다64·65.
8) 대법 1993. 8. 24, 93다22074; 동 2000. 12. 22, 2000다46399.
9) 대법 1997. 12. 23, 97다45341(허가이행청구로 교환적 변경한 사안).

하여도 무방하다. 또한 판례는 구분소유권자가 자신의 공유지분권에 관한 이익의 실현을 위하여 부당이득반환청구를 하였다가 본안종국판결선고 후에 소취하를 하였어도, 관리단이 나서 구분소유권자들의 공동이익을 위한 부당이득반환청구는 재소금지에 해당하지 않는다.[1] 다만 승소원고의 취하의 경우는 패소원고의 취하의 경우와는 재소의 이익을 달리 볼 여지가 있다.

(d) **본안에 대한 종국판결선고 후의 취하**

1) **본안판결**이 난 뒤일 것. 따라서 소송판결이 있은 뒤의 취하에는 적용되지 아니한다.[2] 소각하판결이 있은 뒤나[3] 소송종료선언의 판결 뒤에 소를 취하한 경우에 다시 원고가 동일한 소를 제기하여도 무방하다.[4] 그러나 본안판결이면 원고승소이든 패소이든 불문한다. 앞서 본 대법 2021. 7. 29, 2018다230299 판례는 화해권고결정이 난 뒤 재소도 금지된다 하여 재소금지의 원칙을 확장하였으나, 화해권고결정의 기판력 때문에 금지된다고 봄이 옳을 것이다. 왜냐하면 화해권고결정은 본안판결처럼 법원의 노력을 들인 것도 아니고 확정판결로 의제되는 것에 불과하여 그 후에 재소를 제기한다 하여 소권의 남용이라 보기 어렵기 때문이다.

2) **종국판결 선고 후**의 소의 취하일 것. 따라서 종국판결 선고 전에 소를 취하한 경우이면 법원이 이를 간과하고 종국판결을 선고하였다 하더라도 뒤에 동일한 소를 제기할 수 있다.[5]

3) **항소심**에서의 소의 교환적 변경과 재소 　　소의 교환적 변경은 구청구의 취하가 되며, 따라서 항소심에서 이 형태의 변경은 본안에 대한 **제1심 종국판결선고 후의 구청구의 취하**가 된다. 그 뒤 재변경에 의하여 다시 본래의 구청구를 되살리면 일찍이 종국판결까지 났던 구청구를 취하하고 다시 제기하는 것에 해당되므로 재소금지의 효과 때문에 부적법해진다. 현재 판례[6]·통설[7]이다. 이는 원고로서 예상 밖의 함정이 될 수 있다(구청구의 취하를 뜻하는 교환적 변경인 만큼 피고의 동의를 얻는 운영이 있었으면 원고는 이 과정에서 자기가

1) 대법 2022. 6. 30, 2021다239301.
2) 사망자 상대의 당연무효의 판결에 상속인이 항소하였다가 취하한 경우에도 그 적용이 없다는 것에, 대법 1968. 1. 23, 67다2494.
3) 대법 1968. 1. 23, 67다2494.
4) 대법 1968. 11. 5, 68다1773. 상계항변은 1심판결 후 항소심에서 이를 철회하고 별소제기가 가능하다. 대법 2022. 2. 17. 2021다275741.
5) 대법 1967. 10. 6, 67다1187.
6) 대법 1967. 10. 10, 67다1548; 동 1987. 11. 10, 87다카1405.
7) 재소금지는 현실로 취하했다가 현실로 제소한 경우에 한정하고 교환적 변경의 경우에는 적용해서는 안 된다는 반대견해에, 호문혁, 743면.

하는 행위의 의미를 어느 정도 짐작할 수 있을 것임). 예를 들면 甲이 乙상대로 제1심에서 목적물인도청구 → 항소심에서 그에 갈음하는 금전배상청구로 교환적 변경 → 다시 목적물인도청구의 원상 변경 등 우왕좌왕하는 경우이다. 그렇게 되면 손해배상청구는 취하로 소멸되고 목적물인도청구는 취하 후의 재소인 것으로 부적법해진다는 문제가 생긴다. 생각건대 항소심에서 무심코 소를 잘못 변경하여 불의의 타격을 받지 않도록 항소심에서의 소변경의 경우에 그 형태가 교환적인지, 추가적인지는 반드시 석명사항으로 할 것이며(136조 4항, 불의의 타격방지의 석명),[1] 이 때 구청구를 취하한다는 뜻의 교환적인 것으로 원고가 명시하지 아니하면 교환적이 아닌 추가적 변경으로 볼 것이다. 판례도 교환적 변경에 있어서 신청구가 부적법하여 법원의 판단을 받을 수 없는 경우까지 구청구가 취하되는 교환적 변경이라 볼 수 없다 하여, 교환적 변경의 해석을 엄격하게 하였다.[2] 이처럼 항소심에서 교환적 변경에 대해 석명과 엄격한 의사해석에 의하여 예상 밖의 결과는 해결될 수 있다고 보며, 그렇게 될 때 甲이 앞의 예에서 손해배상 취하, 목적물인도 부적법으로 모두를 잃는 뜻밖의 결과를 최소화할 수 있을 것이다. 따라서 이 문제 때문에 소의 교환적 변경의 성질에 관하여 통설·판례인 **신청구의 제기, 구청구의 취하** 두 가지의 결합으로 보는 결합설까지 버릴 이유는 없다고 본다. 반면 항소심에서 비로소 소의 추가적 변경에 의하여 새 청구를 하였다가 취하한 경우는 같은 효과가 발생하지 않는다.[3]

(3) 재소금지의 효과

1) 재소금지의 원칙은 소송요건이고 법원의 직권조사사항이다.[4] 따라서 피고의 동의가 있어도 재소임이 발견되면 판결로써 소를 각하하지 않으면 안 된다.

2) 재소금지는 소송법상의 효과임에 그치고, 실체법상의 권리관계에는 영향이 없다.[5] 따라서 재소금지의 효과를 받는 권리관계라고 하여 실체법상으로도 권리가 소멸되는 것은 아니며,[6] 자연채무의 상태로 남게 된다(재소금지의 채권이라도 원고의 임의변제의 수령, 상계에의 제공은 무방하며, 피고에게 원고의 채권부존재확인의 소를 제기할 이익은 있다).[7]

3) 청구의 포기를 할 수 없는 소송, 예컨대 가사소송사건(단 그 중에서 다류사건 및 이혼·파양의 소는 제외)

1) 대법 1995. 5. 12, 94다6802; 동 2003. 1. 10, 2002다41435 등 참조.
2) 대법 1975. 5. 13, 73다1449.
3) 대법 1965. 6. 29, 65다434.
4) 대법 1967. 10. 31, 67다1848.
5) 대법 1989. 7. 11, 87다카2406.
6) 대법 2023. 1. 12, 2022다266874.
7) 뿐더러 피고가 실체법상의 의무를 면제받았음을 전제로 한 원고의 부당이득청구는 부당하다는 것에, 대법 1969. 4. 22, 68다1722.

에 있어서는 재소금지의 효과가 적용되지 않는다 할 것이다(통설). 공익소송인 소비자·개인정보 단체소송도 청구의 포기가 허용될 수 없으므로(뒤의 「소비자단체소송」 참조. 개인정보 56조) 같이 볼 것이다. 만일 재소를 금지한다면 청구의 포기를 할 수 없는 소송에 대하여 포기를 인정하는 것과 같은 결과가 되기 때문이다.

Ⅵ. 소의 취하간주

소의 취하로 간주되는 것은 다음 다섯 가지 경우이다.

첫째로, 기일에 양쪽 당사자가 2회 출석하지 아니하고(출석하여도 무변론의 경우 포함), 1월 내에 기일지정신청을 하지 않은 때 또는 기일지정신청이나 직권으로 정한 새 기일에 양쪽 당사자가 다시 결석한 때에는 소가 취하된 것으로 본다(268조. 「변론기일에 있어서의 당사자의 결석」 참조).

둘째로, 피고의 경정의 경우는 구피고에 대한 소는 취하한 것으로 본다(261조 4항).

셋째로, 법원재난의 경우에도 소의 의제적 취하로 될 수 있다. 즉 법원재난에 기인한 민형사사건 임시조치법(1950. 3. 제정) 제2조, 제3조에 의하면 법원이 화재·사변 그 밖에 재난으로 인하여 소송기록이 멸실된 경우에는 원고가 6개월 내에 소장을 제출하지 않으면 소의 취하가 있는 것으로 간주된다(단 6개월은 불변기간 아님, 4288민상404). 다만 부주의로 인한 기록분실의 경우에는 포함되지 않는다.

넷째로, 증권관련집단소송에서 소송절차의 중단 후 1년 이내에 소송수계신청이 없으면 소가 취하된 것으로 본다(증집소 24조 3항·26조 5항).

다섯째로, 조정에 회부된 사건이 조정이 성립된 경우 등에도 같다(민조규 4조 3항).

Ⅶ. 소취하의 효력을 다투는 절차

(1) 소취하의 존재여부 또는 유·무효에 대하여 당사자간에 다툼이 있을 때에는 당해 소송의 절차 내에서 해결하여야 한다. 따라서 소취하의 부존재나 무효임을 다투는 당사자는 별도의 소로써 소취하의 무효확인청구를 할 수는 없고,[1] 상소를 할 수도 없으며,[2] 당해 소송에서 기일지정신청을 하여야 한다(규 67조 1항). 기일지정신청이 있을 때에는 법원은 반드시 변론을 열어 신청이유를 심리하고 그 결과 소의 취하가 유효하다고 인정되면, 종국판결로써 소송종료선언을 하여야

1) 다만 소취하의 성립 여부 또는 효력에 관한 다툼이 다른 소송의 선결문제로 되었을 때에는 그 소송에서 이를 판단할 수 있다는 것에, 대법 1962. 4. 26, 4294민상809.

2) 항소취하 간주는 법원의 재판이 아니므로 상고의 대상이 되는 종국판결에 해당하지 않는다는 것에, 대법 2019. 8. 30, 2018다259541.

한다. 만일 심리 결과 소의 취하가 무효인 것이 판명되면 취하 당시의 소송정도에 따른 필요한 절차를 계속 진행할 것이고 이를 중간판결(201조)이나 종국판결의 이유 속에서 판단·표시하여야 한다(규 67조 3항). 소의 취하는 의사주의에 의하는 사법행위와 달리 표시주의에 의하는 소송행위이므로, 원고가 내심의 효과의사에 반하여 착오로 소취하를 하였다고 하여 무효라고 볼 수는 없다.[1)]

(2) 흔한 일은 아니나 종국판결선고 후에 상소기록을 상급심으로 보내기 전에 소를 취하한 경우에, 취하의 무효를 다투며 기일지정신청을 하였을 때에 어느 법원에서 어떻게 심판할 것인가.

1) 상소이익이 있는 당사자 모두가 상소한 경우에는 상소법원(규 67조 4항 1호),

2) 그 밖의 경우에는 원심판결법원이 그 당부를 심판한다(규 67조 4항 2호·5항).

기일지정신청에 대해서는 1)의 상소법원은 위에서 본바 통상의 기일지정신청이 있는 경우처럼 처리하면 된다(588면 참조). 그러나 2)의 원심판결법원은 그 신청이 이유 없으면 소송종료선언을, 이유 있으면 소취하무효선언을 한다.

제2절 청구의 포기·인낙

Ⅰ. 의 의

청구의 포기(抛棄, Klageverzicht)란 변론 또는 변론준비기일에서 원고가 자기의 소송상의 청구가 이유 없음을 자인하는 법원에 대한 일방적 의사표시이며, 청구의 인낙(認諾, Klageanerkenntnis)이란 피고가 원고의 소송상의 청구가 이유 있음을 자인하는 법원에 대한 일방적 의사표시이다. 변론조서 또는 변론준비기일조서에 기재하면 확정판결과 같은 효력이 생기며 이에 의하여 소송은 종료된다(이 점 별도로 포기판결·인낙판결을 요하게 한 독일법제와는 다르다). 청구의 포기와 인낙은 의사표시의 주체는 각각 다르다 하여도 소송상의 청구에 관해 한쪽 당사자에만 불리한 진술이라는 점에서는 공통적이다. 다만 실무상 청구의 일부포기는 있어도 전부포기는 드물고(재판상 화해나 조정 시에 원고의 나머지 청구포기 등의 사례에서 소송을 종료하겠다는 의미로 보아야 함—대법 2020. 10. 29, 2016다35390), 청구의 인낙도 피고의 답변서부제출로 무변론판결로 끝내는 법제로 바뀌었으므로 그 활용이 퇴조일로이다.[2)]

(1) 청구의 포기·인낙은 당해 소송의 변론(또는 변론준비기일)에서 법원에 대하여 하는 진술이다. 따라서 소송외에서 상대방 당사자나 제3자에 대해 청구의 포기·인낙

---

1) 대법 2017. 11. 29, 2017다247503.

2) 2022년 본안사건 767,899건 중 인낙건수는 186건에 불과하다. 사법연감(2023), 718면.

과 같은 내용의 진술을 하여도 실체법상의 권리의 포기,[1] 채무의 승인 따위의 사법상의 법률행위에 지나지 않는다. 그러므로 이를 두고 공격방어방법의 내용으로 할 수 있을지언정, 소송법상의 효과가 발생하는 청구의 포기·인낙이라고 할 수 없다.

(2) 청구의 포기·인낙은 소송상의 청구에 대한 직접적이고 무조건의 불리한 진술이다.

1) **자백과의 구별** 청구의 포기·인낙의 대상은 소송상의 청구이다. 따라서 소송상의 청구의 당부판단에 전제되는 개개의 사실상의 주장이나 선결적 권리관계를 그 대상으로 하는 자백이나 권리자백과는 다르다. 불리한 것이 **소송물** 자체에 대한 것이면 청구의 포기·인낙이고, **공격방어방법**에 대한 것이면 자백이다.

예를 들면 소유권에 기한 가옥명도소송에서 피고가 원고의 가옥명도청구권을 시인하는 진술은 청구의 인낙이나, 명도청구권의 존부판단에 전제되는 원고의 소유권이나 피고의 점유사실의 시인은 권리자백이나 재판상 자백이 된다. i) 자백이나 권리자백이 있어도 법원은 청구의 당부에 대하여 판결하여야 하지만, 청구인낙의 경우에는 청구의 당부에 대한 법원의 판결이 전면적으로 배제된 채 조서작성으로 소송은 종료된다. ii) 청구가 법률상 주장 자체로 보아 이유 없을 때에는 피고가 전부 자백한 경우라도 청구기각판결을 하여야 하나, 인낙의 경우에는 그렇지 않으며 받아들여야 한다. 자백의 경우는 법원의 **사실판단권**만을 배제할 뿐 **법률판단권**까지는 배제하지 못하나, 인낙의 경우는 법원의 사실·법률판단권 두 가지 모두 배제되기 때문이다. iii) 자백은 어느 당사자나 할 수 있지만, 청구의 인낙은 피고만이 할 수 있다. iv) 자백은 상고심에서 허용되지 않지만, 청구의 인낙은 어느 때나 가능하다.

2) **일부포기·인낙, 제한부 인낙** 청구의 포기·인낙은 **무조건**이어야 한다는 것이 통설이다. 따라서 가분적 청구의 일부포기는 물론 일부인낙은 허용된다. 일부인낙을 하며, 나머지청구는 기각판결을 구한다는 답변을 할 수 있다는 것이다. 그러나 예를 들면 청구는 인정하나 반대채권과 상계한다. 반대급부의 이행제공이 없으면 이행할 수 없다. 채무는 인정하나 아직 기한미도래라는 따위의 조건부 또는 유보부인낙은 소송법상의 효과가 발생하는 인낙이라고 보지 않는다. 소송요건의 흠으로 부적법하나 청구만은 인정한다는 진술 또한 같다.

이에 반하여 근자에 독일을 중심으로 피고가 청구를 인정한 한도 내에서는 **제한부인낙**(eingeschränktes Anerkenntnis, 유보부인낙)으로 받아들여 인낙에 관한 규정을 유추

1) 대법 1972. 8. 22, 72다1075 참조.

적용할 것이라는 이론이 나오고 있다.[1] 이것은 피고가 인정한 일부법률효과의 한도 내에서는 법원은 본안심리 없이 그대로 판결의 기초로 삼아야 하며, 피고는 통상의 인낙의 경우와 마찬가지로 이를 철회할 수 없고, 만일 원고가 청구의 취지를 그에 맞추어 감축하면 통상의 인낙과 마찬가지의 효과가 생기며, 원고가 청구취지를 그대로 유지하면 문제되는 조건이나 항변사항의 한도에서 변론 제한하여 결론을 낸다는 것이다. 독일의 판례도 이를 따랐다(BGH 1989, 1934). 생각건대 이러한 제한부인낙은 청구의 질적 일부인낙이라 할 것이므로 청구의 양적 일부인낙이 허용되는 것에 견주어 무리한 이론구성이라 보기는 어렵고, 퇴조하는 이 제도의 유연한 활용과 소송경제를 위하여도 좋다. 청구원인은 인정하나 그 액수만을 다툴 때 원인의 한도 내에서 인낙을 받아들이는 것 따위도 포함된다.

(3) 화해와의 구별 모두가 판결에 의하지 아니하는 소송종료사유이다. 청구의 포기·인낙은 한쪽 당사자만이 전면적 양보를 하는 단독행위임에 대하여, 화해는 양쪽 당사자가 상호 양보한 끝에 소송을 종료시키기로 하는 합의임에 차이가 있다(화해는 원고측으로는 청구의 일부포기, 피고측으로는 청구의 일부인낙이라는 견해도 있다).

(4) 소의 취하의 구별 청구의 포기나 소의 취하가 원고의 행위에 의하여 소송을 종료시킨다는 점에서 공통적이다. 그러나 전자는 심판 청구에 대한 불이익한 진술임에 대하여, 후자는 단순한 심판신청의 철회라는 점에서 본질적으로 구별이 된다. 절차상 다음과 같은 차이가 있다.

1) 소의 취하가 있으면 소송은 처음부터 계속(係屬)되지 않은 것같이 되지만(267조 1항), 청구의 포기는 원고패소의 확정판결과 같은 효력을 낳는다(220조).

2) 본안의 종국판결 후에 소의 취하가 있은 때에는 재소가 금지되나(267조 2항) 그 밖의 소 취하의 경우에는 재소에 아무런 지장이 없다. 이에 대하여 청구의 포기가 있은 때에는 기판력이 생기기 때문에 어느 때나 신소의 제기는 허용되지 않는다.

3) 피고가 응소한 뒤 소의 취하에는 그 동의를 요하지만(266조 2항), 청구의 포기에는 상대방의 승낙이 필요 없다. 이와 같이 양자간의 효과상의 차이 때문에 특히 청구취지의 감축의 경우에는 의사가 불명하면 소의 일부취하로 보아야 함은 앞서 본 바이다.

4) 소의 취하는 직권탐지주의에 의하는 소송절차에서도 허용되나, 청구의 포기는 그렇지 않다.

Ⅱ. 법적 성질

① 청구의 포기·인낙을 실체법상의 권리의 포기, 채무의 승인(민 168조, 177조) 혹은 하자(흠) 있는 행위의 추인(민 143조) 등으로 보는 사법행위설, ② 청구의 포기·인낙은 직접 소송상의

---

1) 같은 취지: 정동윤/유병현/김경욱, 738면. Rosenberg/Schwab/Gottwald, § 131 Rdnr. 43~45; Stein-Jonas-Schumann/Leipold, § 307 Anm. I 등 독일의 다수설화하고 있다. 일본에서 받아들인 것에 松本·上野, 민사소송법(제5판), 488면.

효과를 목적으로 한다는 점에서 소송행위라고 보아야 할 것이나, 원고 또는 피고의 의사에 의해 소송물인 권리관계를 실체법상 처분한 것과 같은 결과를 발생시키기 때문에 사법상의 법률행위와 같은 작용도 겸유한다는 양성설, ③ 법원에 대한 일방적 소송행위라고 보는 소송행위설 등이 있지만, ③설이 통설로 되어 있다. 여기에는 i) 판결의 대용물인 조서로써 소송물을 확정하려는 효과의사의 표시라는 견해, ii) 소송물에 관한 자기의 주장이 이유 없음을 인정하는 단순한 관념의 표시로 보는 견해로 갈려 있다.

이러한 논쟁의 실익은 주로 청구의 포기 · 인낙에 사법상의 취소사유나 무효사유 등의 하자(예: 강행법규위반, 선량한 풍속위반, 착오나 하자 있는 의사표시 등)가 있는 때에 그 효과에 어떠한 영향을 받느냐 하는 데서 나타난다. 사법행위설과 양성설은 이 경우에 청구의 포기 · 인낙은 무효이며 소송상의 하자가 있을 때만 제461조의 규정 때문에 준재심에 의하여 구제를 받을 수 있게 됨에 대하여, 소송행위설은 사법상의 하자가 있어도 포기 · 인낙의 효력에는 아무런 영향이 없으며 소송상의 하자가 있을 때에 준재심의 소에 의하여서만 그 하자(흠)를 다툴 수 있다는 입장이다. 재판상화해와 달리 소송행위설이 독일의 통설[1](비록 포기판결 · 인낙판결제도에 불구하고, 그 법적 성질에 대해 논의가 없지 않다)이고 일본의 다수설이다. 우리의 통설도 소송행위설이고 판례 역시 일찍부터 관념의 표시에 불과한 소송행위라고 보고 있다.[2] 더구나 제461조는 청구의 포기 · 인낙조서의 효력의 취소는 준재심에 의하여 하도록 규정한 것이 입법적으로 소송행위설의 유력한 근거가 된다. 그러나 청구의 포기를 권리의 포기, 청구의 인낙을 채무의 승인의 사법상의 효과가 따른다는 양성설을 따를 때, 화해의 경우에 양성설에 의할 때보다는 결과가 심히 가혹해지고 또 당사자의 의사에도 맞을 수 없음을 유의할 필요가 있다. 따라서 청구의 포기 · 인낙은 소송행위로 보되, 청구의 포기나 인낙을 하는 당사자가 그 법률효과를 의식할 필요가 없기 때문에 단순히 자기의 소송상의 주장이 이유 없다는 관념의 표시로 해석할 것이다. 제461조의 규정 때문에 화해와 청구의 포기 · 인낙의 법적 성질을 일치시킬 필연성은 없다.

Ⅲ. 요 건

1. 당사자에 대한 요건

당사자로서는 소송행위의 유효요건인 소송능력을 갖추어야 하며 대리인에 의하는 경우에는 **특별한 권한수여**가 필요하다(56조 2항, 90조 2항).[3] 필수적 공동소송의 경우에는 공동소송인 전원이 일치하여 청구의 포기나 인낙을 하여야 하고(67조 1항), 그 중 한 사람의 청구의 포기 · 인낙은 무효로 된다(통상 공동소송에서는 다르다[4]). 독립당사자참가의

1) Rosenberg/Schwab/Gottwald, § 132 Rdnr. 68.

2) 대법 2022. 3. 31, 2020다271919는 인낙은 실체법상 채권 · 채무의 발생 또는 소멸의 원인이 되는 법률행위가 아님. 따라서 주채무자의 채무부존재확인청구에 대하여 피고가 인낙했다 해도(실체법상 주채무가 소멸되지 않으므로) 원고의 보증채무는 소멸되는 것이 아니라 했다.

3) 대법 1975. 5. 27, 75다120은 가처분에 의한 대표이사 직무대행자가 인낙을 하는 것은 특별수권을 요한다고 하고 있다.

4) 대법 1987. 6. 23, 86다카1640.

경우에는 원고나 피고가 청구의 포기나 인낙을 하여도 참가인이 다투는 한 효력이 없다(79조 2항, 67조 1항). 참가인이 청구를 포기하거나 참가인의 청구에 대하여 인낙하는 경우도 같다.[1] 또 청구의 포기나 인낙은 상대방 또는 제3자의 형사상 처벌할 행위에 의하여 이루어져서는 안 되며, 상대방과 담합하여 행하는 청구의 포기·인낙은 무효이다(451조 1항 5호 참조). 소송행위이기 때문에 단순히 사기·강박·착오 등을 이유로 민법의 법률행위의 법리에 따라 취소할 수 없다. 2016 개정법률(2017. 2. 4. 시행) 제62조의 2로 의사무능력자를 위한 특별대리인제도를 신설하면서, 특별대리인의 소취하·청구의 포기·인낙 또는 화해나 소송탈퇴행위가 본인의 이익을 명백히 침해한다고 인정할 때에는 법원은 결정으로 불허할 수 있도록 하였다.

2. 소송물에 관한 요건

(1) 청구의 포기·인낙의 대상은 당사자가 자유로이 처분할 수 있는 소송물이어야 한다. 가사소송(가소 17조. 단 다류사건 제외)·행정소송(행소 26조)[2]·선거관계소송(공선 227조) 등 직권탐지주의에 의하는 절차에서는 청구의 포기·인낙은 허용되지 않는다. 가사소송법 제12조 단서는 민사소송법 제220조 중 청구의 인낙에 관한 규정만 그 준용에서 배제하였으나, 가사소송에서는 일반적으로 당사자의 자유로운 의사에 의한 분쟁해결이 허용되지 않으며 또 청구배척의 판결까지도 원칙적으로 기판력이 제3자에게 미치므로(가소 21조 2항), 청구기각판결에 해당하는 **청구의 포기**도 할 수 없다고 할 것이다.[3] 반대설이 있다.[4]

다만 가사소송사건 중 **이혼소송과 파양소송**에는 협의이혼이나 협의파양을 인정하고 있으므로 조문에 불구하고 인낙도 허용된다고 할 것이다.[5] 회사관계소송에 있어서는 직권탐지주의를 따르고 있지 않지만 청구인용판결은 그 효력이 제3자에게 미치는 점에 비추어(상 190조, 376조 2항, 380조), 청구인용판결에 해당하는 청구의 인

1) 참가인의 피고에 대한 청구를 인낙하여도 무효이며 다만 참가인의 주장을 시인하고 다투지 아니하는 취지로 볼 수 있다는 것에, 대법 1968. 12. 24, 64다1574.

2) 귀속재산에 관한 소송에 있어서는 인낙이 허용되지 않는다는 것에, 대법 1954. 10. 16, 54민상137. 포기는 가능하다는 견해는, 한충수, 550면.

3) 같은 취지: 방순원, 545면. 정동윤/유병현/김경욱, 740면; 변진장, "가사심판에 있어서 변론주의의 제한," 사법논집 19집, 503면.

4) 송상현/박익환, 493면; 김홍규/강태원, 554면; 강현중, 608면.

5) 박동섭, 주석 가사소송법, 70면, 반대: 김홍엽, 763면. 일본 신인사소송법 제37조는 이혼의 소에서 원칙적으로 인낙을 허용하였다.

낙은 허용되지 않는다고 할 것이다.[1] 주주대표소송에서 청구의 포기·인낙을 함에 있어서, 증권관련집단소송(주민소송도 같다)에서 청구의 포기를 함에 있어서는 각 법원의 허가를 요하도록 하였다(상 403조; 증집소 35조). 소비자·개인정보 단체소송에서 청구기각 판결은 대세효가 있음(소비기본 75조, 개인정보 56조)에 비추어 청구기각의 판결에 해당하는 청구의 포기는 허용되지 않을 것이다.

판례는 **예비적 청구**만을 대상으로 한 청구의 인낙은 무효라 하였다. 예비적 청구는 주위적 청구의 당부를 먼저 판단하여 그 이유없을 때에만 심리할 수 있고 그것만 먼저 분리하여 일부판결은 할 수 없다는 이유에서이다.[2] 그러나 주위적 청구가 인용이 되면 무효로되, 배척이 되면 유효하게 되는 앞서 본 유형과 같은 제한부 인낙으로 해석할 수 있을 것이다(581면 참조).[3] 소송외가 아닌 소송 내의 조건이 붙은 청구의 인낙이므로 절차의 안정을 흔드는 것도 아닐 것이다. 앞서 본 바와 같이 청구의 인낙제도가 퇴조하는 마당에 그러한 신축성 있는 해석이 제도활용과 소송경제에도 도움이 될 것이다.

(2) 인낙의 대상이 되는 법률효과 자체가 **특정**되어야 하고, 또 **현행법상** 인정되지 않는 것(소작권과 같은 현행법에 없는 물권을 인낙에 의하여 만들어낼 수 없다) 또는 선량한 풍속 그 밖의 사회질서에 반하는 것(근육 1파운드의 인도청구)이 아닐 것을 요한다. 다만 법률효과 자체는 허용되는 것이지만 법원의 법률판단을 받게 될 때면 패소할 수밖에 없는 청구에 대한 인낙도 그 효력이 있는가에 관하여는 반대설이 있으나[4] 부정할 것은 아니다. 왜냐하면 소송상의 청구가 이유 있느냐의 여부에 대한 법원의 법률판단권 배제가 청구인낙의 취지이며,[5] 인낙의 효력은 당사자간에만 미치는 것이 원칙임에 비추어 이러한 청구에 대해 인낙하여도 그로 인하여 제3자의 지위에 영향을 줄 염려가 없기 때문이다. 따라서 원고의 주장 자체로 보아 이유 없는 청구(unschlüssig)라도 인낙의 대상이 되며, 이 경우에 법원이 인낙의 효력을 부인하고 청구기각의 판결을 하여서는 안 된다. 판례도 소재지관서의 증명이 없더라도 농지이전등기청구

---

1) 다수설이다. 주주총회결의의 하자를 다투는 소나 회사합병무효의 소 등에 있어서는 청구인낙이 허용되지 않는다는 것에, 대법 2004. 9. 24, 2004다28047(주주총회결의하자); 동 1993. 5. 27, 92누14908(회사합병무효). 다만 포기까지도 허용되지 않는다는 것에, 이영섭, 210면.
2) 대법 1995. 7. 25, 94다62017.
3) 이에 찬성은, 강현중, 605면; 한충수, 548면.
4) 호문혁, 691면.
5) 이영섭, 211면; 정동윤/유병현/김경욱, 741면; Rosenberg/Schwab/Gottwald, § 132 Rdnr. 48; Schellhammer, Rdnr. 295.

의 인낙조서는 무효가 아니라고 하였다.[1)]

(3) 소송요건의 흠이 있는 경우에 청구의 포기·인낙이 허용되느냐 하는 문제가 있다. 청구의 포기·인낙은 본안의 확정판결과 같은 효력을 가지므로 소송요건이 구비되지 않으면, 청구의 포기·인낙에 불구하고 법원은 소를 각하(또는 이송)하여야 한다(다수설).[2)] 학설에 따라서는 소송요건 가운데 관할위반, 중복소송, 소의 이익의 흠이 있는 경우에는 포기·인낙이 가능하다고 보고 있다.[3)]

3. 시기와 방식에 관한 요건

(1) 청구의 포기·인낙은 소송계속중이면 어느 때나 할 수 있다. 따라서 항소심은 물론 **상고심**에서도 허용된다. 종국판결선고 후라도 아직 확정 전이면 청구의 포기나 인낙을 위한 기일지정신청을 허용하여야 할 것이다.[4)]

(2) 청구의 포기나 인낙의 의사표명은 당해 소송의 기일에 출석하여 말로 하는 것이 원칙이다.

1) 변론기일(화해기일, 증거조사기일 포함)뿐 아니라 변론준비기일에서도 할 수 있다. 법원에 대한 일방적 진술이기 때문에 상대방이 법정에 출석하지 아니하여도 무방하다. 피고의 불출석, 준비서면의 부제출 등 피고의 태도로써 인낙을 한 것으로 보아서는 안 된다. 따라서 자백간주와 같은 **인낙간주**는 있을 수 없다. 청구의 인낙은 일방적 의사표시(단독행위)이므로 원고의 승낙을 요하지 아니하며, 원고가 거절한다 하여 무효가 되지 않는다.[5)]

2) 신법은 종래의 판례[6)]와 달리 다수설을 받아들여 불출석한 원·피고가 진술간주되는 준비서면에 청구의 포기·인낙의 의사표시를 적었고 공증사무소의 인증까지 받은 경우에는 그 취지대로 청구의 포기·인낙이 성립된 것으로 보도록 하였다(148조 2항). **서면포기·인낙제도**에 의하여 당사자의 법정출석의 불편은 덜게 하였지만, 그 진정성 때문이라 하여도 공증사무소까지 출석하여 비용을 들여 인

1) 김홍엽, 765, 766면; 한충수, 549. 대법 1969. 3. 25, 68다2024.

2) 日最高裁 昭和 30. 9. 30 판결은 권리보호자격의 흠결이 있는 확인청구에 대한 인낙은 무효라 하였다.

3) 이영섭, 211면; 방순원, 545면; 강현중, 609면; 정영환, 1062면. 단 김용진, 479면은 소송요건의 구비가 없는 경우에도 청구의 포기·인낙을 허용할 것이라 한다.

4) 법원실무제요 민사소송(Ⅲ), 1627면. 판례는 추후보완항소절차에서 작성된 포기조서는 당해 법원이 추후보완항소가 유효하다고 보고 포기조서를 작성한 것이라 하였다. 대법 1969. 2. 18, 68다1260.

5) Rosenberg/Schwab/Gottwald, § 132 Rdnr. 54.

6) 대법 1973. 12. 24, 73다333; 동 1982. 3. 23, 81다1336.

증까지 받도록 하는 것은 당사자 편의에 이바지할 것이 없으며 그 활용도 기대하기 어려울 것이다.

Ⅳ. 효 과

청구의 포기·인낙의 확실한 진술이 있을 때에는 법원 또는 법관은 그 요건의 구비 여부를 조사하여야 한다. 조사 결과 무효라고 판단될 때에는 그대로 심리를 속행하여야 한다. 그러나 유효한 것으로 인정하는 한 재판기관은 법원사무관등으로 하여금 조서에 그 진술을 기재하도록 명하여야 한다(154조, 155조, 160조). 조서의 작성방식에 있어서, 그 기일조서에는 청구의 포기·인낙이 있었다는 취지만을 기재하고, 청구의 포기·인낙조서를 별도로 작성하여야 하는 것이 원칙(규 31조)이다. 그러나 별도의 조서 아닌 그 기일의 변론조서·변론준비기일조서에만 포기·인낙의 취지를 기재하여도 무효라고는 할 수 없고 효력이 있다 할 것이다.[1] 청구의 포기·인낙이 있으면 그 날부터 1주 안에 그 조서의 정본을 당사자에게 송달하여야 한다(규 56조). 조서가 성립되면 포기조서는 청구기각의, 인낙조서는 청구인용의 **확정판결**과 같은 효력이 있다(220조).

(1) 소송종료효 소송은 포기나 인낙이 있는 한도 내에서는 판결없이 당연히 종료된다. 이를 간과한 채 심리가 계속진행된 때에는 당사자의 이의나 법원의 직권에 의하여 판결로써 소송종료선언을 하여야 한다(「소송종료선언」 참조). 포기나 인낙을 한 당사자는 패소자로서 소송비용을 부담하는 것이 원칙이며(114조 2항, 98조), 그 액수에 대해서는 따로 결정으로 재판한다.

(2) 기판력·집행력·형성력 포기조서나 인낙조서는 확정판결과 같은 효력이 있으므로 판결에 있어서와 같은 당연무효의 사유가 없는 한 기판력이 생긴다는 것이 통설·판례이다.[2] 이 밖에 인낙조서의 경우에는 이행청구에 관한 것이면 집행력, 형성청구에 관한 것이면 형성력을 낳는다. 상소심에서 포기·인낙이 있을 때에는 그 한도 내에서 전심의 판결은 당연히 실효된다.

(3) 하자(흠)를 다투는 방법 청구의 포기·인낙도 **조서작성 전**이면, 자백의 철회에 준하여 상대방의 동의를 얻거나 착오를 이유로 철회할 수 있다(다수설). 그러나 **조서작성 후**에는 그 하자(흠)는 기판력 있는 확정판결의 하자를 다투

1) 대법 1962. 5. 3, 4294민상1080; 동 1969. 10. 7, 69다1027.
2) 기판력의 범위도 판결과 같다는 것에, 대법 1991. 12. 13, 91다8159 등.

는 방법과 마찬가지로 준재심의 소에 의하여 다투어야 한다. 따라서 i) 확정판결에 있어서의 재심사유에 해당하는 하자가 있을 때에 한하여(예: 대리권의 흠, 형사상 처벌받을 타인의 행위로 인한 때) 그 효력을 다툴 수 있으며, 일반적인 하자 특히 실체법상의 무효·취소사유로써는 그 효력을 다툴 수 없다. ii) 재심의 방식에 의하여만 그 효력을 다툴 수 있다. 준재심의 소제기가 아니라 무효확인소송이나 기일지정신청의 방식으로 그 무효임을 전제로 당해 소송의 계속진행을 구하는 것은 허용되지 않는다. 이 경우에 당연무효사유가 없으면 확인적 의미에서 청구포기·인낙에 의하여 소송종료가 되었다는 소송종료선언을 할 수 있을 것이다.

(4) 청구의 인낙과 해제 앞서 본 바와 같이 청구의 인낙이란 피고가 원고의 소송상의 주장을 승인하는 관념의 표시에 불과한 **소송행위**이며, 실체법상 채권·채무의 발생원인이 되는 계약과 같은 법률행위라 볼 수 없기 때문에, 청구의 인낙 자체에 사법상의 **계약해제의 법리**가 적용될 여지는 없다. 따라서 피고가 인낙조서상의 의무를 이행하지 아니할 때에 이를 원인으로 하여 인낙 자체를 실효시켜 구소를 다시 부활시킬 수는 없다.[1] 나아가 인낙은 소송행위이므로 그 불이행 또는 이행불능을 이유로 손해배상청구도 할 수 없다고 할 것이다.[2]

제3절 재판상화해(조정 포함)

널리 재판상화해란 소송제기 전에 지방법원 단독판사 앞에서 하는 제소전화해(385조 1항)와 소송계속후 수소법원 앞에서 하는 소송상 화해 두 가지를 가리킨다. 제소전화해도 법관의 면전에서 하는 화해이기 때문에 소송상 화해와 같은 효력이 인정된다. 재판상 화해가 성립된 것으로 보는 화해간주도 있는데, 효력에서는 화해를 따라가는 조정이 그 대표적이다. 현재 조정률이 화해율을 앞지르고 더 많이 활성화되는 경향이므로, 화해에 포함하여 설명한다. 현행 민소법의 구조는 판결이 원칙이고 화해는 예외라는 관점에서 출발하였지만, 분쟁해결수단이 판결중심에서 **조정·화해 중심으로 점진적으로 이동**되어가는 경향이 현저하다. 판결은 필수가 아니고, 조정·화해와의 선택의 시대로 접어들고 있다. 다만 조정·화해가 성립되지 않으면 판결로 간다. 영미법의 settlement를 시도하여 대체로 끝나고,

---

1) 졸고, "청구의 포기·인낙," 고시연구 1976. 9.
2) 대법 1957. 3. 14, 4289민상439.

안되면 trial로 가는 문화의 영향 같다(큰 사건은 거의 trial로 3심인 대법원까지 가는 3심중심이 아니다).

Ⅰ. 소송상화해

1. 개 요

(1) 의 의 소송상화해란 소송계속중 양쪽 당사자가 소송물인 권리관계의 주장을 서로 양보하여 소송을 종료시키기로 하는 기일에 있어서의 합의이다.

1) 계속중인 소송기일에서 할 것을 요하기 때문에, 기일외 즉 법정외에서 하는 **재판외의 화해**(민법 제731조 이하의 화해계약)와는 구별되며, 여기에는 아무런 소송법상의 효과가 생기지 않는다. 원래 소송상화해라고 할 때에는 판결절차개시 후 그 기일에서 하는 경우를 가리키지만, 결정절차가 개시된 뒤 그 기일에서 하는 경우도 포함된다. 따라서 보전절차[1] · 집행절차의 심리기일에서 본안소송의 소송물에 대해서도 소송상의 화해가 허용된다.

2) 소송물에 관한 주장을 **서로 양보**할 것을 요하기 때문에, 양보가 한쪽만이고 한쪽이 다른쪽의 주장을 전면적으로 인정한 경우에는 청구의 포기 · 인낙이지, 소송상화해라고는 할 수 없다. 양보의 정도 · 방법에 대해서는 법률상 제한이 없으며 유연성 있게 분쟁해결이 가능하다. i) 원고가 청구의 전부를 포기하고 소송비용은 전부부담한다는 내용의 피고로부터 양보받는 화해도 가능하다. 다만 단순하게 소송종료만 합의하는 것은 소의 취하와 그 동의로 볼 것이지 화해로 취급해서는 안 된다. ii) **소송물 이외의 권리관계**도 덧붙여 화해 · 조정을 할 수 있다.[2] 그 한도 내에서 제소전화해가 있는 것으로 볼 것이며, 이 부분에 관하여는 제소전화해에 준하여 인지를 더 붙이도록 해야 할 것이다(민인 7조).[3] 화해의 효력이 생기려면 그 권리관계가 화해조항에 특정되거나 화해조서에 부가적으로 그 권리관계가 기재되어야 한다.[4] 조정에 관하여도 같은 취지이다.[5] '조정을 갈음하는 결정'

1) 반대: 대법 1958. 4. 3, 4290민재항121. 그러나 실무에서는 보전소송절차에서 본안에 관한 조정 · 화해가 가능한 것으로 운영하고 있다.

2) 대법 1981. 12. 22, 78다2278. 소송물 아닌 권리 내지 법률관계를 화해권고의 대상에 포함시킬 수 있다는 것에, 대법 2008. 2. 1, 2005다42880.

3) 같은 취지: 이영섭, 204면.

4) 대법 2011. 9. 29, 2011다48902; 동 2011. 9. 8, 2009다91903. 화해권고결정에서 같은 취지는 대법 2016다274966.

5) 대법 2013. 3. 28, 2011다3329; 동 2023. 6. 29, 2023다219417.

에 대하여 그 효력(종전 권리관계소멸, 새로운 권리관계의 성립)이 소송물 외의 권리관계에 미치는지는 엄격하게 보아야 한다.[1)]

3) 소송상화해에는 당사자 아닌 보조참가인이나 제3자가 참가할 수도 있다(제3자 참가의 화해 · 조정).[2)] 화해조서의 내용에 따라 효력이 제3자에게 미친다.

(2) 소송상화해의 실천적 의미 화해가 반드시 분쟁의 이상적인 해결방법이라고는 단정할 수 없다. 특히 법률과 정의에 의하여 분쟁이 해결된다는 법치주의적 의식을 마비시킨다는 문제점이 있다. 헌법은 재판에 대해서만 규정하였고, 화해 · 조정에 대해서는 규정한 바 없다(헌 103조). 따라서 당사자에게 판결거부라고 할 만큼 화해제도를 남용해서는 안 된다. 그러나 화해나 조정은 간이신속한 해결방법이라는 점에서 소송지연의 해소책이고, 비용을 절감시킨다. 소송물 이외의 것도, 당사자 이외의 제3자도 포함시켜 **포괄적인 분쟁해결**이 된다. 때로 있을 수 있는 오판의 폐해를 둔화시킬 수 있다. 뿐더러 판결에 의한 일도양단적 해결, 즉 all or nothing의 해결보다는 약간씩 양보한다는 점에서 예각적 감정대립을 중화시키고 법적 평화의 회복에 효과가 있다. 나아가 채무자의 재산도피로 집행확보가 어려운 실정하에서 화해의 이점을 결코 경시할 수 없다. 오늘날 판결이 「판단하는 사법보호」(entscheidender Justizschutz)라면 화해가 「상담하는 사법보호」(beratender Justizschutz)로 평가되고 있는 터이고 선진국에서 ADR의 강조 · 확산 등 분쟁해결방법으로서 판결만큼의 비중을 두고 있으므로(17~18면 참조), 모름지기 화해권유의 소극성은 지양되어야 할 것이다. 화해가 제대로 되려면 법관은 법률적 소양만이 아니라 수긍이 가도록 설득하는 당사자간의 분쟁조정능력도 중요하다. 물론 판결문 쓰기 어렵다 하여 안일한 도피책으로 화해나 조정의 강권은 경계할 일이다(판결문 쓰기가 어려워 화해만 권하던 과거 '호피판사'가 있었다).[3)] 2002년 개정 ZPO § 278는 특별한 사정이 없다면 **화해변론**(Güteverhandlung)을 판결을 위한 변론에 앞서 먼저 행하도록 **화해전치주의**를 취하였다(우리나라에서도 조정전치주의로 나아가는 경향). '최상의 판결보다 최악의 화해가 낫다'는 말이 있고, 공자말씀이 '부모를 살해한 원수가 아니면 화해에 의하여 적대관계는 풀어야 한다'(仇敵和而解)고 했다.[4)] 和而不同=화해를 하되 자기

1) 대법 2017. 4. 26, 2017다200771.

2) 대법 2014. 3. 27, 2009다104960; 동 1985. 11. 26, 84다카1880. 강용현, "재판상의 화해에 있어서 제3자의 참가," 사법논집 19집, 333면 이하.

3) 이시윤, 입문〔事例 94〕, 301면 이하.

4) 일본과의 관계에서 실화(失和)하지 않는 것이 좋다(신숙주, 해동제국기). 공산당은 잘 지키지 아니하므로 협상하지 말라는 말도 있다(장개석).

중심을 잃지 않는 것은 국제분쟁에서 지킬 덕목이다.

비록 화해가 되지 않아 판결절차로 간다 하여도 화해시도 과정에서 사실관계가 많이 밝혀져 쟁점이 정리되는 부수적 효과를 얻을 수도 있다.

때는 바야흐로 판결시대에서 화해시대로 바뀌어 나가고 있다.

2. 성 질

소송상화해의 성질에 관하여는 다음과 같은 설이 있다. 민법상의 화해계약(민 731조 이하)과 관련하여 문제된다.

(1) 사법행위설 이 설에 의하면 소송상화해는 소송행위가 아니라 민법상의 화해계약과 같은 것으로 본다. 그와 차이가 있다면 소송계속중 법관 앞에서 행하여지고, 화해가 성립되었을 때에 법원사무관등이 조서를 작성하여 이를 확인·공증한다는 점이다. 뒤에 보는 바와 같이 대법원 전원합의체는 공유물분할조정을 '협의에 의한 공유물분할'로 보아 사법행위설에 의하였다(619면 참조). 또 자동차보험분쟁심의위원회의 조정결정도 민법상의 화해계약이다(뒤 632면 참조).

(2) 소송행위설 이 설에 의하면 소송상화해는 비록 민법상의 화해계약과 그 명칭을 같이하지만, 그 본질은 전혀 다른 소송행위로서 소송법의 원칙에 따라 규율되고, 민법상의 화해계약에 관한 규정의 적용은 배제되는 것이라고 한다. 한때 다수설이었으며, 판례의 주류이다.[1] 여기에는 그 성질에 대하여 소송을 종료시키는 합의(소송계약)로 보는 설과 판결의 대용물(代用物)인 조서를 만들려는 합동행위로 보는 설[2]의 대립이 있다.

(3) 절 충 설 사법행위설과 소송행위설 두 설을 절충한 학설이다. 두 갈래로 나누어진다.

(a) **양행위병존설**(Doppeltatbestand) 소송상의 화해에는 민법상의 화해계약과 소송종료목적의 소송행위 등 2개가 병존하며 각각 독립·개별적으로 소송법과 실체법의 원칙의 지배를 받는 것이라 한다.

(b) **양행위경합설**(Doppelnatur, 양성설) 소송상의 화해는 1개의 행위로 민법상의 화해계약임과 동시에 소송행위인 성질을 갖춘 경합된 행위로 보는 설

---

1) 대법 1962. 5. 31, 4293민재6을 보면 「소송상의 화해는 판결의 내용으로서 소송물인 법률관계를 확정하는 효력이 있으므로 순연한 소송행위로 볼 것이라 함은 본원이 취하는 견해」라고 하였다. 수정된(제한적) 소송행위설로, 김홍엽, 771면.

2) 방순원, 549면; 김홍규, 526면; 송상현, 581면.

이다. 법원에 대한 관계에서는 화해의 내용에 관하여 진술하고 조서에 기재함으로써 소송이 종료되는 것으로 이 점에 있어서는 소송법의 적용을 받지만, 당사자간의 관계에서는 화해의 내용에 대한 진술이 민법상의 화해계약인 것으로 이 점에 있어서는 민법의 적용을 받는 것이라 한다. 현재 독일 · 일본뿐 아니라 우리나라에서 다수설이다.[1)]

생각건대 사법행위설과 같이 소송상의 화해를 민법상의 화해계약으로 볼 때에는 소송종료의 효과가 따르는 것을 충분히 설명할 수 없다. 또 소송상의 화해에는 재판외의 화해와 달리 법관이 관여하여 화해의 성립과 내용에 영향을 미치는 경우가 적지 않은데 사법행위설은 이 점을 간과하고 있다.[2)]

다음 소송행위설을 본다.

첫째로, 소송행위설에는 이론상 문제가 있다. 이 설에 의하여 소송상의 화해를 소송상으로만 법률관계를 확정시키고 소송을 종료시키려는 순수한 소송행위로 보지만, 실제로는 화해에 있어서 당사자는 현안의 분쟁을 사법상 일정한 내용으로 해결함과 동시에 소송을 끝내려는 것이어서 당사자의 의도와는 맞지 않는 해석이다. 당사자간의 다툼 있는 사법상의 법률관계는 아무런 해결을 봄이 없이 놓아둔 채 소송만을 종결시키려는 화해(이를 무인화해 — abstrakter Vergleich — 라 한다)는 현실적으로 존재하지 않으며, 오히려 화해에는 소송종료의 의사와 사법상의 분쟁해결결과가 밀접불가분의 관계에서 결합되어 있는 것이 보통인데, 소송행위설은 이 점을 간과하고 있다.

둘째로, 소송상의 화해를 소송행위라고 본다면 소송법의 규율을 받게 되고 민법의 적용이 배제되기 때문에 i) 화해에 조건 · 기한 따위의 부관을 붙일 수 없으며, ii) 해제에 의하여 실효시켜 종료된 소송을 다시 부활시킬 수 없고, iii) 강행법규위반, 반사회질서, 불공정한 행위 및 사기 · 강박[3)] 따위의 실체법상의 무효 · 취소사유가 있어도 화해의 효력에는 아무런 영향이 없게 된다. 화해에 기한이나 조건을 붙이지 못하게 하는 것은 분쟁을 유연성 있게 해결하는 데 장애가 된다.

또 뒤에 볼 바와 같이 소송행위설은 무제한기판력설과 연결되므로 강행법규에 반하거나 사회질서에 반하여도 기판력이 생겨 다시 다툴 수 없으며, 따라서 화해가 탈법수단으로 악용되어도 속수무책이 된다.

그러므로 소송행위설은 긍정하기 힘든 학설이며, 차라리 소송상의 화해는 법원에 대한 관계에서는 소송행위라고 할 것이고, 당사자에 대한 관계에서는 그 내용이 민법의 적용을 받는 화해계약이라 보고 양행위경합설을 따른다.[4)] 절충설 중 병존설은 너무 기교에 흐른 이론구성이라 할 것이고 소송행위설과 같은 문제점이 있어 따를 바 못된다.

1) 강현중, 615~616면; 정동윤/유병현/김경욱, 749면; 전병서, 452면; 호문혁, 672면; 전원열, 563면. 상세는, 졸고, "재판상의 화해," 서울대학교 법학 7권 1호(1965년), 98면 이하.

2) 당사자 양쪽이 화해내용을 서면에 정한 다음 법정에 제출하였으나, 화해조서가 작성되지 않은 때에는 소송상화해가 성립되었다고 할 수 없다. 대법 1991. 6. 14, 90다16825.

3) 대법 1979. 5. 15, 78다1094.

4) 같은 취지: 이재성, "소송상화해의 성질," 소송과 경매의 법리, 349면.

우리 대법원은 제소전화해 등에 관하여는 소송행위설로 일관하지 못하고 「화해계약이 그 내용을 이루어」 운운하는 등 동요를 보이고 있다.[1] 또 최근 2013. 11. 21, 2011두1917 전원합의체 판결에서도 **공유물분할조정**은 법원의 판단에 갈음하는 것이 아니어서 협의에 의한 공유물분할과 다를 바 없어, 공유물분할판결이 확정된 경우처럼 기존의 공유관계가 폐기되고 새로운 소유관계가 창설되는 것과 같은 형성적 효력은 조정에서는 없다고 했다. 이에 의한 물권변동의 효과는 민법 제187조의 '판결'에 해당되지 아니하여 조정성립시가 아니고, 민법 제186조에 따라 등기를 마친 때라고 보는 것이다(반대의견 있음).[2]

3. 요 건

(1) 당사자에 관한 요건 화해하는 당사자가 실재하여야 하고 소송능력을 갖추어야 한다. 대리인에 의한 화해에 있어서는 특별한 권한수여가 있어야 하며(개정 56조 2항, 신설 62조의 2 2항, 90조 2항),[3] 2016년 2월 개정법률(2017. 2. 4. 부터 시행) 제62조의 2에서는 의사무능력자의 특별대리인이 화해하는 경우(소취하, 청구의 포기·인낙·소송탈퇴 같다) 법원은 본인의 이익을 명백히 침해한다고 인정할 때에는 그날부터 14일 이내에 결정으로 불허할 수 있도록 하였다. 필수적 공동소송에 있어서 화해는 공동소송인 전원이 일치하여 하여야 한다(67조 1항). 독립당사자참가소송에서 원·피고간만의 화해는 안 된다(850면 참조). 화해는 상대방이나 제3자의 형사상 처벌받을 행위로 이루어져서는 안 된다(451조 1항 5호 참조).

(2) 소송물에 관한 요건

1) 화해의 대상인 권리관계가 사적 이익에 관한 것이고, 당사자가 자유로이 처분할 수 있는 것이어야 한다.[4] 다시 말하면 소송물이 **변론주의**에 의하여 심판되는 권리관계이어야 한다. 직권탐지주의에 의하는 절차에서는 원칙적으로 화해

1) i) 대법 1993. 6. 29, 92다56056; 동 1988. 8. 9, 88다카2332 등은 화해조항 자체에 실효조항을 정한 경우에는 그 조건성취로써 화해의 효력이 실효된다고 하고, ii) 대법 1988. 1. 19, 85다카1792 등은 제소전화해에 대해 당사자간의 사법상의 화해계약이 그 내용을 이루는 것이어서 화해가 이루어지면 그 창설적 효력에 의해 종전의 권리관계는 소멸된다고 하며, iii) 대법 2019. 4. 25, 2017다21176은 재판상화해의 창설적 효력이 미치는 범위는 사법상 화해계약과 같고, 재판상 화해 조항의 해석에 관하여 당사자 사이에 다툼이 있는 경우에는 법률행위의 해석방법에 따른다고 하는 등이다.

2) 졸고, "민일영대법관이 남긴 자취," 민사재판의 제문제 23권.

3) 대표이사가 주주총회의 특별결의사항에 관하여 제소전화해를 할 때에는 특별결의를 요한다는 것에, 대법 1980. 12. 9, 80다584.

4) 매각허가결정의 취소 따위는 임의로 처분할 수 없는 법률관계이므로, 그러한 내용의 화해가 이루어져도 취소의 효과가 발생할 수 없다는 것에, 대법 1980. 1. 17, 79마44; 그러나 대법 2022. 6. 7, 2022그534에서 청구이의의 소에서 '집행권원에 기한 강제집행을 불허한다'는 화해권고결정이 확정되었음.

를 할 수 없다. 행정소송(행소 26조. 법원의 권고 → 피고의 행정처분취소·변경 → 원고의 소취하의 방식의 사실상 조정), 선거관계소송에서는 직접 화해·조정이 인정되지 않는다. 최근 판례는 **재심사건**에서도 처분할 수 없는 사항을 대상으로 조정이나 화해가 허용될 수 없는 것이므로 재심대상판결을 취소한다는 취지의 조정이나 화해는 당연무효로 된다고 했다.[1] 가사소송사건(가소 17조. 단 다류사건 제외)에 있어서도 화해가 허용되지 않는다고 할 것이나[2] 임의로 처분할 수 있는 사항인 이혼 및 재산분할사건이나 파양사건 등에는 예외적으로 허용된다.[3] 회사관계소송, 예를 들면 주주총회의 결의의 하자를 다투는 소송에 있어서는 비록 직권탐지주의에 의하는 것은 아니나 판결의 대세효에 비추어 화해가 허용되지 않는다는 것이 통설·판례이다.[4] 다만 주주대표소송·다중대표소송과 증권관련집단소송(주민소송도 같다)에서 재판상화해를 함에는 법원의 허가를 요하게 하였다(상 403조, 406조의 2; 증집소 35조).

2) 제소전화해가 인정되기 때문에 소송요건의 흠(소장송달무효, 관할위반 등)이 있는 소송물이라도 원칙적으로 화해가 허용된다.[5] 이 점 청구의 포기·인낙과 다르다.

3) 화해의 내용이 **강행법규**에 반하거나 **사회질서**에 위반하여서는 안 된다는 것이 사견이다. 그러나 소송행위설에 의하고 있는 판례는 일관하여 사법상의 화해와는 달리 화해·조정의 내용이 강행법규에 위반[6] 또는 화해에 이른 동기나 경위에 반윤리적·반사회적인 요소 및 착오·사기·강박 등이 내재되거나 통정허위표시 등 실체법상의 하자가 있어도 화해가 무효가 되지 않는 것으로 보고 있다.[7]

4) **조건부화해**의 허용여부 　소송상의 화해에 있어서 그 내용을 이루는 이행의무의 발생에 조건을 붙이는 것은 무방하다(예: 피고가 언제까지 금 ○○원을 지급하지 못하면 피고는 원고 앞으로 가등기에 기한 본등기 절차를 이행한다는 따위). 그러나 소송상화해 자체의 성립이나 그 효력발생에 조건을 붙일 수 있는가는 문제이다(제3자의 이의가 있으면 화해의 효력이 실효된다는 조건 등). 앞서 본 바와 같이 소송상의 화해의 법적 성질에 관하여 사법행위설이나 절충설에 의하는 한 이와 같은 조건부화해

---

1) 대법 2012. 9. 13, 2010다97846.
2) 인지(認知)청구권의 포기를 내용으로 하는 화해는 불허한다는 것에, 대법 1987. 1. 20, 85므70. 대법 2007. 7. 26, 2006므2757·2764=친생자관계존부확인청구에서 같은 취지.
3) 일본 신인사소송법은 제37조에서 이혼의 소에서 화해를 허용하였다.
4) 대법 2004. 9. 24, 2004다28047.
5) 당사자가 실재하지 않거나 전속관할을 위반한 것과 같은 경우는 재판상 화해가 허용되지 않는다는 견해로, 한충수, 555면.
6) 대법 2014. 3. 27, 2009다104977(조정). 강행법규에 위반된다 할지라도 화해가 무효라는 주장은 할 수 없다는 것에, 대법 1999. 10. 8, 98다38760; 동 2002. 12. 6, 2002다44014.
7) 소송상의 화해를 사기·착오·강박으로 취소할 수 없다는 것에, 대법 1975. 3. 11, 74다2030; 동 1979. 5. 15, 78다1094. 화해가 민법 제607조, 제608조에 반한다든가, 통정허위표시로서 무효라는 주장은 할 수 없다는 것에, 대법 1991. 4. 12, 90다9872; 동 1992. 10. 27, 92다19033 등.

는 사적 자치의 원칙상 당연히 허용되며, 나아가 기한부화해나 해제권유보부화해도 가능하다.[1] 그러나 소송행위설은 소송행위의 확정성·안정성을 내세워 조건부화해를 허용하지 않는다.[2] 다만 대법원은 앞서 본 바와 같이 소송상의 화해의 성질에 관하여 기본적으로는 **소송행위설**에 의하면서도, **실효조건부화해**(해제조건 부화해)의 효력을 긍정하였다. 재판상 화해가 실효조건의 성취로 실효된 경우에는 화해가 없었던 상태로 돌아가며,[3] 준재심의 소에 의하여 화해가 취소된 경우와 같이 취급된다는 것이다. 그렇다면 화해에 의하여 생긴 확정판결과 같은 효력은 없어지게 되고, 구소송은 부활하여 소송절차는 속행된다. 처음은 소송이 있었다가 확정판결과 같은 효력으로 소송이 종료되었다가 또다시 옛소송이 되살아나는 사태가 벌어진다. 이와 같은 소송의 부침은 법적 안정성을 내세워 소송행위설을 따르는 대법원판례의 기본입장과는 맞지 아니한다. 또 소송행위가 조건에 친하지 아니함의 도외시이다. 분쟁의 유연한 해결에는 좋지만 비판받아 마땅하다.

(3) 시기와 방식에 관한 요건 i) 화해는 소송계속중 어느 때나 할 수 있다. 상고심에서도 화해가 가능하다. 법원은 소송정도 여하를 불문하고 사건의 합리적 해결을 위해 화해를 권고하거나 수명법관·수탁판사로 하여금 권고하게 할 수 있다(145조 1항). 소송대리인이 선임된 사건에서는 화해를 위하여 당사자본인이나 법정대리인의 출석을 명할 수 있다(145조 2항). ii) 화해는 기일에 양쪽 당사자가 출석하여 말로 진술하는 것이 원칙이다(구술화해). 기일이면 변론기일·변론준비기일·화해기일뿐만 아니라, 증거조사기일이라도 무방하다. 필요에 의하여 부쳐지는 변론준비절차에서 쟁점이 잘 정리되고 증거가 제대로 모여 증거정리가 잘되면 화해율이 크게 제고될 것이다. iii) 다만, 신법은 서면인낙과 마찬가지로 서면화해제도를 채택하였다. 불출석하는 당사자가 제출하여 진술한 것으로 보는 답변서 그 밖의 준비서면에 화해의 의사표시가 적혀 있고 그에 공증사무소의 인증까지 받은 경우에, 상대방 당사자가 출석하여 그 화해의 의사를 받아들였을 때에는 화해가 성립된 것으로 보는 것이다(148조 3항).

4. 효 과

(1) 당사자 양쪽의 화해의 진술이 있을 때에는 법원 또는 법관은 그 요건을

---

1) Rosenberg/Schwab/Gottwald, § 130 Rdnr. 43, 44.
2) 방순원, 554면; 송상현, 585면.
3) 대법 1993. 6. 29, 92다56056; 동 1996. 11. 15, 94다35343 등.

심사하여 유효하다고 인정하면 법원사무관등에게 그 내용을 조서에 기재시킨다(154조 1호). 양 당사자에게 화해내용을 확인시키고 조서화함이 옳다. 변론조서·변론준비기일조서에는 화해가 있었다는 기재만 하고, 별도로 화해조서를 작성하여야 한다(규 31조). 조서의 정본은 화해가 있은 날부터 1주 안에 당사자에게 송달하여야 한다(규 56조). 조서에 기재하기 전에는 화해의 진술을 철회할 수 있지만, 철회의 진술은 양 당사자가 일치하여 하지 않으면 안 된다.

(2) 화해조서는 확정판결과 같은 효력이 있다(220조).[1)]

(a) **소송종료효** 화해조서가 작성되면 확정판결과 같은 효력이 있기 때문에 그 범위에서 소송은 판결에 의하지 않고 당연히 종료된다. 상급심에서 화해가 된 때에는 하급심의 미확정판결은 당연히 실효된다. 이 때의 소송비용은 특별히 정한 바 없으면 각자 지출한 비용을 부담한다(106조). 다만 소송상화해가 준재심의 소(461조)에 의하여 취소되면 끝났던 소송은 다시 부활된다.

(b) **기 판 력** 화해조서에 기판력을 인정할 것인가에 대해서는 다툼이 있다. 제220조에서 화해조서에 확정판결과 같은 효력을 인정한 것은 소송종료효와 집행력을 인정한 것에 그치고, 기판력까지 인정한 것이라 볼 수 없다는 기판력부정설이 있으나,[2)] 제220조의 규정에다가 화해의 하자에 대한 구제수단으로서 제461조에서 준재심의 소제도를 규정한 이상 입론의 여지가 적다고 할 것이며(화해조서가 단지 집행력만 갖는 데 그친다면 그 구제수단은 집행증서의 경우처럼 청구이의의 소가 되어야 하지 재심에 의할 수 없는 것이다), 문제는 기판력을 제한 없이 긍정하느냐 않느냐이다.[3)]

aa) **무제한기판력설** 화해조서에는 확정판결과 마찬가지로 어떠한 경우에나 기판력을 인정할 것이며, 화해의 성립과정의 하자(흠)는 그것이 재심사유에 해당되어 재심절차에 의한 구제를 받는 이외에는 그 무효를 주장할 수 없다는 입장이다. 제220조와 제461조 등 현행법에 충실한 해석이며, 화해의 무효·취소를 쉽사리 다투면 법적 안정성을 해치게 됨을 내세운다. 과거의 다수설이며,[4)] 대법(전) 1962. 2. 15, 4294민상914 이래 일관된 판례의 입장이다.[5)] 지켜지지 않는

1) 원고 甲과 피고 乙·丙 사이에 이루어진 화해가 甲·乙·丙이 각 1/3 지분의 공유자임을 확인한다는 내용이면, 피고 乙·丙 사이에도 기판력이 생긴다는 것에, 대법 1981. 12. 22, 78다2278.
2) 양행위경합설을 취하면서 기판력 부정설에는, 정동윤/유병현/김경욱, 755면 이하.
3) 같은 취지: 강현중, 621면.
4) 방순원, 551면; 이영섭, 206면; 김홍규/강태원, 567면; 김홍엽, 783면; 한충수, 554면. 양행위경합설을 취하면서도 무제한기판력설을 주장하는 것에, 호문혁, 681면; 전원열, 569면(단 입법적으로는 기판력제한이 옳다고 한다).
5) 대법 2002. 12. 6, 2002다44014; 동 2000. 3. 10, 99다67703 등.

화해는 무의미하므로 꼭 지켜지도록 기판력으로 족쇄를 채웠다고 할 것이나, 확정판결의 경우보다 기판력의 범위가 넓어 더 무거운 족쇄이기 때문에 문제이다.

bb) **제한적 기판력설** 이 설은 소송상의 화해에 실체법상 아무런 하자가 없는 경우에만 제한적으로 제220조에 의하여 기판력이 생기며, 실체법상의 하자가 있는 한 기판력은 인정될 수 없다는 입장이다. 따라서 제461조의 준재심의 소는 실체법상의 하자 없는 소송상화해의 경우의 구제책인 것이며, 실체법상의 하자가 있는 경우에는 무효임을 전제로 기일지정신청이나 화해무효확인청구로 구제되어야 한다는 입장이다. 현재의 다수설이며,[1] 일본의 판례이다.[2] 우리 법은 당사자간의 화해내용을 인증하는 의미에서 법원은 조서화할 뿐이고, 그 내용에 대하여 아무런 통제장치가 없다. 이 점은 당사자간의 화해는 그 내용이 fair, reasonable, adequate할 때만 허가하는 미국법과는 다르다. 사전통제장치도 없는 우리법(단 의사무능력자의 특별대리인의 화해는 별론)에서 그 하자에 대하여 판결재심보다 사후구제책이 더 좁은 준재심에 의하는 것에 분명히 문제있다.

생각건대 무제한기판력설에는 여러 가지 이론상 난점이 있다.

첫째로, 제451조의 재심사유는 판결에서 생길 수 있는 하자를 예상하고 입법화한 것이므로 화해에서 생길 하자를 구제하는 데 적용시키기에 부적합하다. 제451조의 11개재심사유 중 5개 정도외는 화해의 경우에 끌어 들일 수 없다(2호의 제척이유, 3호의 소송능력 · 대리권의 흠, 4호의 법관의 직무상 범죄, 5호의 형사상 처벌받을 타인의 행위로 인한 때,[3] 10호의 전의 화해에 어긋나는 화해 때). 판결보다 화해가 흠의 개연성은 더 큰데, 구제의 길은 더 좁아, '재판받을 권리'의 과도한 제한이 된다.

둘째로, 화해는 당사자의 자주적 분쟁해결 결과인 합의(Vertrag)로서 국가적 판단인 판결(Urteil)이 아니다. 더구나 양쪽 당사자가 작성한 화해조항을 단순히 법관 앞에서 보고적으로 진술하는 데 그치는 경우가 적지 않다. 그렇다면 화해에 법원의 공권적 판단의 속성인 기판력을 전면적으로 인정하는 것은 그 본질의 외면이다.

셋째로, 판결에는 주문에 포함된 사항에 대해서만 기판력이 생기지만, 화해조서에는 주문과 이유의 구별이 없으므로 화해조항 전체에 기판력이 생기는 것으로 보아야 한다. 그리하여 화해에 확정판결의 기판력보다 더 넓게 기판력을 인정하는 불합리한 결과가 생긴다.

넷째로, 특히 제소전화해는 장래의 분쟁의 예방을 위하여 당사자간의 합의내용을 확실하게 하고 거기에 집행력을 부여하기 위해 이용하는 것이 실정이라면 그것은 실질상 공증인 앞에서 작성하는 집행력 있는 공정증서와 다를 바가 없는데, 공정증서의 경우에 기판력이 인정되지 않는 것과 형평에 어긋난다.

---

1) 강현중, 624~625면; 전병서, 455면; 정영환, 1082면. 진성규, "제소전화해의 실태와 문제점," 부동산거래의 제문제, 345면.

2) 日最高裁 昭和 33(1958). 6. 14 판결 등.

3) 그것이 화해의 의사표시를 하게 된 직접적 원인이 되었을 때에 한한다는 제한적 해석에, 대법 1979. 5. 15, 78다1094.

다섯째로, 법적 안정성을 과도하게 강조한 나머지 이에 기판력을 인정함으로써 당사자가 실체법상의 하자를 다투어 통상의 재판절차에 의한 법원의 판단을 받는 길을 막는 것은 헌법 제27조 위반의 소지가 있을 것이다.[1] 일본과 달리 재판상의 화해와 동일한 효력을 인정하는 행정위원회의 조정이 확대되는 현재의 상황에서는 더욱 그러하다. 행정조정까지 무제한 기판력인정으로 확대시키는 문제가 있다.

우리 법에 특유한 제461조(구 451조)의 조서에 대한 준재심제도는 판례의 입장인 무제한 기판력설을 뒷받침할 주요근거라 할 것이나, 이에 의하여 제한기판력설을 완전히 배제시킬 수는 없다 할 것이다. 따라서 제461조에 불구하고 우리는 제한적 기판력설을 따른다.

(c) **집 행 력** 화해조서의 기재가 구체적인 이행의무를 내용으로 할 때에는 집행력을 갖는다(민집 56조 5호). 집행력이 미치는 인적 범위와 집행력의 배제방법은 집행력 있는 판결에 준한다. 따라서 재판상화해에 의하여 소유권이전등기를 말소할 물권적 의무를 부담하는 자로부터 그 화해성립 후에 근저당권설정등기를 받은 자는 제218조 1항에서 말하는 변론종결한 뒤의 승계인에 해당한다.[2]

(d) **형 성 력** 판례는 이 밖에 민법상의 화해계약처럼 종전 법률관계를 바탕으로 한 권리의무관계를 소멸시키는 **창설적 효력**을 가진다고 한다. 그러나 그로 인하여 뒤에 보는 바와 같이 소송물의 법적 성질이 물권적 청구권에서 채권적 청구권으로 바꾸어지는 것은 아니라고 하였다.[3]

(e) **소송상의 화해의 효력을 다투는 방법**

1) 화해조서는 확정판결과 같은 효력을 갖기 때문에 화해조서에 잘못된 계산 등 명백한 오류가 있을 때에는 판결에 준하여 경정(211조)이 허용된다.[4] 소송상화해에 확정판결의 당연무효사유[5]와 같은 사유가 있을 때에는 별론(이 때는 기일지정신청으로 다툴 수 있다.[6] 596면 참조), 그 하자(흠)가 **재심사유**에 해당될 때에 한하여 **준재심의 소**로 다투는 방법 이외에는 그 무효를 주장할 수 없다는 것이 앞서 본 판례의 입장이다. 조정조서의 경우도 같다(대법 2009다104960). 그러나 제한적 기판력설에 입각하여 제461조의 준재심은 화해에 실체법상의 하자가 없을 때에 한하여 적용할 제도로 보고, 실체법상

---

1) 전병서, 454면. 폐지의 입법 시도가 있었으나 잘 안 되었고, 헌재 2004. 12. 16, 2003헌바105는 불완전·불충분한 입법이 아니다 하여 461조는 합헌. 이에 대한 비판은 이시윤, 헌법논총 21집 42면.
2) 대법 1976. 6. 8, 72다1842; 동 1977. 3. 22, 76다2778. 채권담보의 목적으로 한 화해조서에 정한 변제기에 채무변제가 없어 집행력이 발생한 이후에 피담보채무가 변제되었다 하더라도 이를 이유로 집행법상의 구제를 받을 수 있음에 불과하므로, 이를 무시한 채 동조서의 집행으로 이루어진 이전등기를 당연무효라고 할 수 없다는 것에, 대법 1979. 4. 10, 79다164.
3) 대법 2012. 5. 10, 2010다2558(화해권고결정에 관한 것).
4) 대법 1960. 8. 12, 4293민재항200.
5) 대법 1990. 3. 17, 90그3. 사망한 자를 당사자로 한 화해, 화해조서에 기재된 사항이 특정되지 않은 때는 무효로 된다. 대법 1965. 2. 3, 64다1387; 동 1972. 2. 22, 71다2596.
6) 대법 2000. 3. 10, 99다67703 등.

의 하자가 있을 때에는 기일지정신청이나 화해무효확인청구 등으로 그 무효를 주장하게 할 것이다.

2) 화해조서상의 의무불이행을 이유로 화해를 해제할 수 있느냐가 문제된다. 우리 판례는 소송상의 화해가 사법상의 화해계약이 아님을 들어 해제 자체가 허용되지 않는다는 태도이다.[1] 이와 같은 법리는 화해와 동일한 효력이 있는 조정조서에 대하여도 마찬가지이다.[2] 또한 제1화해가 성립된 후에 그와 모순되는 제2화해가 성립되어도 그에 의하여 선행화해인 제1화해가 당연 실효되거나 변경될 수 없다. 선행화해가 중복제소금지의 원칙에 위배되어 제기된 소송절차에서 이루어진 경우라 하여도 같다.[3] 제2화해가 준재심사유가 될 수 있을 것이다(461조, 451조 1항 10호).

5. 화해권고결정

구법은 소송계속중 수소법원·수명법관 또는 수탁판사가 제145조에 의한 화해권고를 할 수 있도록 한 데 그쳤지만, 신법은 여기서 나아가 직권으로 화해권고결정을 하고 당사자가 이의 없이 받아들이면 재판상 화해가 성립되는 제도를 채택하였다. '조정을 갈음하는 결정'이 성과를 거둔 것에 고무되어 이와 유사한 제도를 채택한 것으로 보이는데, 재판상화해를 적극적으로 활성화시키고자 하는 뜻있는 제도이다. 조정회부 등의 절차가 필요 없으므로 수소법원에 의한 화해적 해결은 주로 화해권고결정에 의하게 될 것이다. 전문가의 도움이 필요한 경우에는 2007년 개정법률에서 채택한 전문심리위원제도를 활용할 것이다. 당사자 선도의 순기능이 있으나, 화해이든 조정이든 판결문작성노고의 도피구로 안일하게 운영하거나 남용하면 법치주의가 몰락할 수 있어 경계할 것이다. 화해권고결정의 내용은 다음과 같다.

(1) 결정에 의한 화해권고 수소법원·수명법관 또는 수탁판사는 소송계속중인 사건에 대해 직권으로 당사자의 이익, 그 밖의 모든 사정을 참작하여 청구취지에 어긋나지 아니하는 범위 안에서 사건의 공평한 해결을 위한 화해권고결정을 할 수 있다(225조 1항). 소송계속중이면 할 수 있기 때문에 변론준비절차이든 변론절차이든 상관없이 할 수 있다. 법원이 한다고 하였으므로 상고심법원도

1) 대법(전) 1962. 2. 15, 4294민상914.
2) 대법 2012. 4. 12, 2011다109357.
3) 대법 1995. 12. 5, 94다59028.

이론상 화해권고결정을 할 수 있다고 할 것이다. 직권결정이므로 당사자는 권고결정신청권이 없으나, 그럼에도 당사자가 권고결정신청을 한다면 법원의 직권발동을 촉구하는 의미를 갖는다. 화해권고결정서에는 원칙적으로 청구취지와 원인을 적어야 한다(규 57조 1항 본문).

(2) 당사자에게 결정서 송달 법원사무관등은 결정서정본을 당사자에게 송달하여야 한다. 결정서를 따로 작성하지 않고 법원이 화해결정 내용을 조서에만 적었을 경우에는 그 조서정본을 송달하여야 한다. 결정서 또는 조서를 송달하는 때에는 송달받고 2주 안에 이의신청을 하지 아니하면 화해권고결정이 재판상 화해와 같은 효력을 가지게 된다는 것을 당사자에게 고지해야 한다(규 58조). 송달을 함에 있어서는 우편(발송)송달(185조 2항, 187조), 공시송달(194조)의 방법으로는 할 수 없다(225조 2항 단서). 우편송달, 공시송달 이외의 방법으로 송달할 수 없을 때에는 법원은 화해권고결정을 취소하여야 한다(규 59조).

(3) 당사자의 이의신청 당사자는 화해권고결정에 대하여 결정서 등의 정본을 송달받은 날부터 **2주 이내에 이의신청**을 할 수 있다. 제출한 서면에 이의한다는 취지가 전체적으로 나타나면 되고, 서면의 명칭은 문제되지 않는다.[1] 정본을 송달받기 전에도 할 수 있다. 2주의 기간은 불변기간이다(226조 2항). 따라서 해외여행 등 귀책사유 없이 이의신청 기간 내에 이의하지 아니한 때에는 추후보완신청을 낼 수 있다(173조). 이의신청은 신청서를 화해권고결정을 한 법원에 제출함으로써 한다(227조 1항). 이의신청을 한 당사자는 그 심급의 판결이 선고될 때까지 상대방의 동의를 얻어 취하할 수 있으며(228조 1항), 이의신청권은 그 신청 전까지 서면에 의해 사전포기를 할 수 있다(229조). 이의신청이 적법한 때에는 소송은 화해권고결정 이전의 상태로 돌아가며, 소송절차를 속행할 것이다(232조 1항). 이 경우에 화해권고결정은 그 심급의 판결선고로써 그 효력을 잃는다(232조 2항). 이의신청은 한쪽 당사자의 신청으로도 적법하다고 할 것이다.

(4) 화해권고결정의 효력 당사자가 화해권고결정의 송달을 받고 이의기간 내에 i) 이의신청이 없는 때, ii) 이의신청에 대한 각하결정이 확정된 때, iii) 이의신청의 취하나 신청권의 포기를 한 때에는 화해권고결정은 재판상 화해와 같은 효력을 가진다(231조). 따라서 재판 중 당사자의 합의에 의하여 성립된 **소송상 화해**처럼 확정판결과 같은 효력이 있는 것이므로(220조), 화해권고결정은 확정판결

---

1) 대법 2011. 4. 14, 2010다5694.

에서와 같이 기판력·집행력·형성력이 생긴다 할 것이며, 판례에 의하면 **창설적 효력**도 있어 종전의 법률관계는 소멸되는 동시에 재판상 화해에 따른 새로운 법률관계가 유효하게 형성된다. 동일한 당사자 사이에서 확정된 화해권고결정의 기판력 때문에 동일한 당사자는 그 결정에 반하는 주장을 할 수 없고 법원도 이에 저촉되는 판단을 할 수 없다.[1] 창설적 효력(민 732조)을 말하는 판례가 탈(脫)소송행위설의 길로 가는 것 같다.[2] **집행권원**도 된다(민집 56조 5호). 기판력의 기준시는 화해권고 확정시가 된다. 일부 당사자가 이의신청을 하지 아니하여 확정되어 그 소송이 종료되었는데 원심이 판결하였다면 그 부분 소송종료선언을 하여야 한다.[3] 다만 화해권고결정에 의하여 소송종료된 경우는 확정판결에 의해 종료된 경우처럼 참가적 효력은 인정되지 않는다(대법 2021. 7. 29, 2018다230227은 화해권고결정 후 동일한 소제기는 재소금지원칙에 저촉된다 하였으나, 반대임은 앞서 밝힌 바이다).[4]

Ⅱ. 제소전화해

1. 의의와 문제점

(1) 제소전화해란 일반민사분쟁이 소송으로 발전하는 것을 방지하기 위하여 소제기 전에 지방법원 단독판사(시·군법원 판사) 앞에서 화해신청을 하여 해결하는 절차를 말한다. 제소전화해는 소송계속전 소송을 예방하기 위한 화해인 점에서,[5] 소송계속 후에 소송을 종료시키기 위한 화해인 소송상화해와는 다르나, 대체로 소송상화해의 법리에 의한다.

(2) 제소전화해는 원래의 제도 본지대로 현존하는 「민사상의 다툼」(385조 1항)의 해결보다도 이미 당사자간에 성립된 다툼 없는 계약내용을 조서에 기재하여 재판상화해를 성립시키기 위해 이용되는 것이 실무의 현상이다. 제소전화해의 불성립이 거의 없는 점으로 보아 그렇다. 따라서 이 경우의 법원의 역할은 화해의

1) 대법 2014. 4. 10, 2012다29557에서 전소에서는 갑이 을이 수령한 보상금 중 상속분 해당금원 청구를 하여 화해권고 결정이 나서 확정된 사안인데, 이제 후소를 화해금으로 받은 금원을 공제한 나머지 금원청구를 또 하면 전후소의 소송물이 같아 후소는 전소의 기판력을 받는다는 취지였다.

2) 대법 2012. 5. 10, 2010다2558=소유권에 기한 말소등기청구소송이나 진정명의 회복을 원인으로 한 소유권이전소송 중에 그 소송물에 대하여 화해권고결정이 확정되면 상대방은 여전히 물권적으로 방해배제의무를 지는 것이고, 화해권고결정에 창설적 효력이 있다고 하여 그 청구권의 법적 성질이 채권적 청구권으로 바뀌지 아니한다.

3) 대법 2010. 10. 28, 2010다53754.

4) 대법 2015. 5. 28, 2012다78184.

5) 제소전의 화해신청이냐 소의 제기냐는 당사자의 선택이지만, 스위스법에서는 화해전치주의(obligatorisches Sühneverfahren)를 채택하였다.

알선권고가 아니라 당사자간에 성립된 계약에 대한 단지 공증적 역할을 함에 그치고 있다. 더구나 공증인이 만드는 공정증서로는 쉽게 만들 수 없었던 임대건물 명도청구 등에 있어서 공정증서의 대용물로 제소전화해가 많이 이용되고 있다. 즉 건물주인이 명도판결을 받지 않고 세입자에 대하여 나중에 쉽게 명도집행할 수 있는 수단으로 이용된다(이용률이 높아 신청후 상당기간을 기다려야 해 급하게 만들려는 사람은 쉽게 내주는 법원을 찾는 forum shopping도 있다). 나아가 금전소비대차의 채권자가 경제적 강자의 지위를 틈타서 폭리행위를 해놓고 이를 집행권원으로 만들기 위하여 악용되어 왔을 뿐 아니라(「가등기담보 등에 관한 법률」의 시행 후 다소 시정되었다), 우리 판례가 제소전화해조서에 무제한기판력설을 따름을 기화로 강행법규의 탈법을 합법화시키고 뒤에 재판상 다투는 길을 봉쇄하는 방편으로도 이용되고 있다(새 부동산등기특별조치법 5조에 의하여 탈법을 막으려 했다).[1]

이처럼 제소전화해제도가 제도외적 목적으로 남용되고 있으므로, 이에 관해 입법론적(독일에서는 이미 폐지된 제도이다)·해석론적으로 재검토가 있어야 할 것이다.[2] 차라리 사법부의 존엄과 가치의 훼손을 막기 위하여서는 그 일의 일부를 공증인의 소관사항으로 흡수시키는 것도 생각할 수 있을 것이다. 이와 같은 주장이 주효하여 2013년 4월 공증인법 제56조의 3이 개정되어 건물·토지인도청구도 공정증서로 작성할 수 있도록 하는 '**인도공증**'제도를 신설하여 집행권원이 될 수 있게 하였으나, 임차인에게 보증금지급공증도 함께 해야 하기 때문에 그 이용률이 매우 낮다. 이 신설제도는 제소전화해와 병존한다.

제소전 화해에서도 소송상 화해와 흡사하게 성질은 소송행위, 효력은 무제한 기판력, 구제는 준재심으로 나가는 것이 판례의 기조이어서 문제이다.

2. 화해신청

(1) 제소전화해를 신청할 법원은 상대방의 보통재판적 있는 곳의 지방법원이다(385조 1항). 따라서 화해신청은 상대방(피신청인)의 소재지관할의 지방법원(2조)에 하여야 하며, 청구금액이 많고 적음에 관계없이 지법단독판사의 직분관할에 속한다(법조 7조 4항). 다만, 시·군법원관할구역 내의 사건은 시·군법원판사의 배타적 사

1) 제소전화해 내용이 민법 제607조·제608조에 위반되어도 이를 무효라고 할 수 없다는 것에, 대법 1969. 12. 9, 69다1565. 이른바 5·17 신군부가 부정축재자의 재산을 국가환수함에 있어서 먼 훗날에 강박을 원인으로 한 반환소송의 제기를 봉쇄하기 위한 방편으로 이 제도를 활용하여 제소전 화해에 그 내용을 담았다. 대법 1992. 11. 27, 92다8521(박정권 때 국회부의장이었던 정해영 사건) 참조. 이시윤, 입문〔事例 96〕, 307면 이하.

2) 최근 임대차계약할 때 '제소전화해동의서'를 작성해 제출해야 하고, 임차인이 이를 거부할 때에는 계약을 해지한다는 상가건물임대차계약 약관에 공정위가 시정조치를 취했다.

물관할이다(법조 33조, 34조 1항 2호).

(2) 화해의 요건으로는, 첫째로 당사자가 임의로 처분할 수 있는 권리관계이어야 한다(소송상 화해와 같다). 둘째로 화해신청은 제385조 1항이 민사상의 '다툼'이라고 하였음에 비추어 현실의 분쟁이 있을 때에 한할 것이다(현실분쟁설).[1] 학설에 따라서는 반드시 현재의 분쟁이 아니라도 화해신청 당시로 보아 장래에 분쟁발생의 가능성이 있는 경우까지 신청할 수 있다는 견해가 있다(장래분쟁설).[2]

생각건대 그러나 이 때에도 화해신청을 허용하면「분쟁 없는 곳에 화해가 있게」되며, 위에서 본 바와 같이 임대인이 명도판결 없이 쉽게 명도집행하는 편법적 이용, 강행법규의 탈법, 재판상 다투는 길의 봉쇄 등 민사사법제도의 대표적 남용례로 되어 있는 폐단은 시정할 길이 없을 것이다. 하급심판례에는 전설에 따라 화해절차 이전에 현실의 다툼이 있어야 한다고 전제하고, 이러한 다툼이 없이 이미 성립된 토지거래계약에 기하여 오로지 거래허가제의 적용을 면탈하기 위한 화해신청은 부적법하다고 한 것이 있다.[3] 또 임차인이 장래의 임대료를 1회라도 연체하면 즉시 임대건물을 명도해 준다는 내용의 집행권원을 얻기 위하여 이용하는 화해신청에 대하여, 법률적인 다툼이 없다고 하여 각하한 예도 나오고 있다.[4] 하급심의 이와 같은 진취적 판례가 계속되면 제소전화해의 제도남용의 폐해는 그 막을 거둔 것이다.

(3) 신청은 서면 또는 말로(161조), 청구의 취지 및 원인 이외에 다투는 사정을 표시하여야 한다(385조 1항). 신청서에는 소장의 1/5의 인지를 내야 한다(민인 7조). 화해신청에는 그 성질에 반하지 아니하면 소에 관한 규정이 준용되므로(385조 4항), 신청서 제출시에 분쟁의 목적인 권리관계에 대하여 시효중단의 효력이 생긴다.[5] 다만 화해의 불성립으로 절차가 종료된 때에도 그 시효중단의 효력을 유지하고자 하면 그 뒤 1월 내에 소송을 제기하여야 한다(민 173조).

3. 절　　차

(1) 화해신청의 요건 및 방식에 흠이 있을 때에는 결정으로 이를 각하한다.

---

1) 같은 취지: 강현중, 632~633면(미리 청구할 필요가 없으면 장래를 위한 신청은 안된다); 호문혁, 686면; 김홍엽, 791면.

2) 송상현/박익환, 504면; 정동윤/유병현/김경욱, 763면; 정영환, 1092면; 한충수, 562면.

3) 광주지법 1990. 4. 10, 90자129.

4) 서울남부지법 2009자16, 법률신문 2009. 3. 26.자.

5) 같은 취지: 이영섭, 207면; 송상현, 587면. 반대: 방순원, 554면.

이에 대해 신청인은 항고할 수 있다(439조). 제소전화해를 이루려는 자가 우월적 지위를 이용하여 그 취지도 잘 모르는 상대방으로부터 그의 대리인선임용의 **백지위임장**에 도장을 받아 두었다가 이에 기하여 상대방의 대리인을 선임하여, 그 대리인과의 사이에 제소전화해가 이루어지는 경우가 많다.[1] 임대차계약에 관한 제소전화해를 위하여 임대인이 약자인 임차인에 대해 흔히 이용하는 수법이다.[2] 이 때에 위임한 임차인은 자기 대리인이 누구인지 모르고, 대리인도 피대리인인 본인의 이름 이상 아는 것이 없게 된다. 제도남용이다. 따라서 쌍방대리금지의 정신을 존중하여 법은 자기 **대리인의 선임권**을 상대방에 위임하는 것을 금지시켰다. 더 나아가 법원은 필요한 경우 대리권의 유무를 조사하기 위하여 당사자 또는 법정대리인의 출석을 명할 수 있게 하였다(385조 2항·3항. 잘 활용되고 있는지 의문이다). 생각건대 이러한 대리인선임권의 위임의 금지규정을 어긴 대리인이라면 일종의 무권대리인이며 따라서 그의 관여하에 성립된 제소전화해는 준재심의 소(461조)의 대상이 될 수 있다는 것이 일찍부터 주장한 사견이다.

(2) 화해신청이 적법하면 화해기일을 정하여 신청인 및 상대방을 출석요구한다. 화해기일은 공개할 필요가 없다. 기일에 신청인 또는 상대방이 출석하지 아니한 때에는 법원은 화해가 성립하지 않은 것으로 볼 수 있다(387조 2항). 화해불성립조서등본은 당사자에게 송달하여야 한다(387조 3항). 화해가 불성립된 경우에는 불성립조서등본이 송달된 날부터 2주 이내에 각 당사자는 소제기신청을 할 수 있다(388조 1항·3항). 적법한 소제기신청이 있을 때에는 화해신청을 한 때에 소가 제기된 것으로 본다(388조 2항). 화해불성립시의 화해비용은 신청인의 부담으로 되지만, 소제기신청이 있는 때에는 이를 소송비용의 일부로 한다(389조).

화해가 성립한 때에는 조서를 작성한다(386조). 이 때 화해비용은 특별한 합의가 없으면 당사자의 각자 부담으로 된다(389조).

4. 제소전화해조서의 효력

(1) 소송상화해와 동일한 효력 제소전화해조서도 확정판결과 같은 효력을 가지는 것으로(220조), 집행력이 있다. 판례는 기판력에 관하여도 소송상화해의 법리와 다를 바 없다고 하여[3] 전면적으로 긍정하고 있다. 따라서 제소전화해

1) 대법 1969. 6. 24, 69다571은 무효가 아니라 했으나, 1990년 개정법률 제385조 2항·3항의 규정이 나오기 이전의 구법하의 판례이다.

2) 2011. 8. 9.자 제소전화해에 대한 MBC방송의 PD수첩.

3) 대법 1962. 5. 17, 4294민상1619; 동 1970. 7. 24, 70다969. 화해조서작성 후에 발생한 사실을

의 흠은 재심사유에 해당하는 경우에 한하여 준재심의 소에 의한 구제의 길밖에 없으며, 비록 강행법규위배의 경우라 하여도 무효라고 주장할 수 없다는 것이다.[1] 그 기판력의 내용,[2] 시적범위,[3] 객관적 범위[4] 그리고 주관적 범위[5]는 확정판결의 그것과 하등 차이가 없다는 취지이다.

(2) **창설적 효력** 판례는 특히 제소전화해에 있어서는 당사자의 화해계약이 그 내용을 이루어 그 창설적 효력 때문에 당사자간에 다투어졌던 종전의 권리·의무관계를 소멸시키고 **새로운 권리관계를 창설**하는[6] 것으로 일관한다. 민법 제732조의 창설적 효력이 있다고 하여 소송물의 법적성질이 바뀌는 것은 아니라고 함은 이미 보았다. 창설적 효력이 생기는 범위는 당사자가 서로 양보하여 확정하기로 합의한 사항에 한한다(다툼이 없었던 사항, 서로 양해사항 제외).[7] 이는 화해의 법적 성질에 관하여 사법상의 법률행위가 아니고 소송행위로 파악하는 판례의 기본입장과는 모순된다.

(3) **화해조서취소의 효과** 준재심의 소(461조)에 의하여 화해조서가 취소되었을 때에는 종전의 소송이 부활하는 소송상화해와 달리, 제소전화해의 경우에는 부활할 소송이 없으므로 화해절차의 불성립으로 귀착되는 것이 특징이다(「준재심」 참조).[8] 따라서 당사자들 소송의 부활을 전제로 한 기일지정신청의 여지가 없다.

Ⅲ. 화해간주―조정 등

(1) 재판상화해 자체는 아니나, 그 효력에 관하여 법률에 의하여 재판상화해의 효력과 같은 것으로 간주되는(보는) 경우가 있다. 이를 화해간주 또는 의제화해라고 부르고 싶다. 조정이 그 대표적인 예로서 i) 민사조정조서(민조 29조), ii) 가사조정조서(가소 59조 2항), 그 밖의 분쟁조정조서(19면 참조), iii) 조정을 갈음하는 결정(민조 34조 4항, 30조, 32조)도 해당된다. 조정은 재판상화해

들어 그 효력을 다투는 것은 모르되 그 전의 사실로써는 다툴 수 없다는 것에, 대법 1984. 8. 14, 84다카207.

1) 대법 1987. 10. 13, 86다카2275.

2) 대법 2002. 12. 6, 2002다44014=제소전화해에 기하여 마쳐진 소유권이전등기는 준재심의 소에 의하여 제소전화해가 취소되지 아니하는 이상 원인무효라고 주장하며 그 이전등기의 말소등기를 구하는 것은 기판력으로 확정된 이전등기청구권을 부인하는 것이므로 기판력에 저촉된다.

3) 대법 1994. 12. 9, 94다17680.

4) 대법 1996. 7. 12, 96다19017; 동 1997. 1. 24, 95다32273.

5) 대법 1993. 6. 29, 92다56056.

6) 대법 1992. 5. 26, 91다28528; 동 2006. 6. 29, 2005다32814·32821(조정의 효력에 관하여) 등.

7) 대법 2013. 2. 28, 2012다98225.

8) 대법 1996. 3. 22, 95다14275; 동 2022, 1. 27, 2019다299058.

와 같이 확정판결과 동일한 효력이 있어, 기판력, 집행력, 창설적 효력을 갖는다는 것이 판례의 일관된 입장이다.[1] 민사조정법 제29조의 조정에 민법상 화해계약과 마찬가지의 창설적 효력을 갖는다는 것이 판례이다.[2] 민주화운동관련자 명예회복 및 보상 등에 관한 법률에 의한 보상금 등의 지급결정도 신청인이 동의한 때에는 재판상 화해의 효력과 동일한 것으로 간주된다(동 18조 2항).[3] 그러나 재판상 화해이므로 확정판결과 동일한 효력을 생기게 하는 판례경향에 동조할 수 없다. 다만 위에서 본 대법 2013. 11. 21, 2011두1917 전원합의체 판결은 공유물분할의 조정에 대하여는 재판상 분할이 아닌 협의분할과 마찬가지라 하여 공유관계소멸의 창설적 효력을 부정하였다. 나아가 자동차보험분쟁심의위원회의 조정결정은 민법상의 화해계약과 같은 효력이 생기므로, 그 결정이 확정되어도 당사자 사이의 법률관계가 정리되지 않는다고 본 것은 잘못(대법 2019. 8. 14, 2017다217151)이다. 그러나 전형적인 재판상의 화해와 같은 효력인정을 배제하는 방향으로 가는 것 같아 고무적이다. 법원에 의한 조정의 지나친 강요는 판결부담의 도피책이라 하여 '호피' 판사라는 별명이 붙을 수 있어 경계할 일이다.

(2) 형사피고사건에서 피고인과 피해자 사이에 민사상의 다툼에 관하여 합의가 이루어지면, 양자가 공동으로 합의를 공판조서에 기재하여 줄 것을 신청할 수 있다(소특법 36조 1항). 피고인 이외의 자가 피해에 대하여 지급보증을 하거나 연대의무를 부담하기로 합의한 경우에는 그 신청과 동시에 피고인 및 피해자와 공동으로 그 취지의 기재신청을 할 수 있다(동조 2항). 이는 변론종결 전에 공판기일에 출석하여 서면신청하여야 한다(동조 3항). 합의가 공판조서에 기재된 때에는 민소법 제220조의 규정을 준용하므로(동조 5항), 재판상화해처럼 확정판결과 같은 효력이 생긴다. 이것이 이른바 형사사건의 민사화해이다.

이 밖에 조정이 시대적 풍조로 되면서 대검지침에 기하여 행하여지는 **검찰에 의한 형사조정**이 성행되는데, 이는 재판상 화해와 같은 기판력·집행력 있는 조정과 달리 재판외 화해계약(민 731조 이하) 이상의 의미가 없을 것이다(23면 참조).

---

1) 소송비용부담 및 확정절차에 관한 조항을 민사조종절차에 유추적용할 수 있다는 것에, 대법 2022. 10. 14, 2020마7330.

2) 대법 2019. 4. 25, 2017다21176.

3) 대법 2014. 3. 13, 2012다45603; 동 2015. 1. 22, 2012다204365 전원합의체 판결은 보상금 등의 지급결정이 화해간주의 효력있음에 비추어 소극적 손해·적극적 손해뿐만 아니라 위자료까지 포함하여 기판력이 있는 사건종료효를 인정하는 취지였다. 그리하여 보상결정받은 뒤에 별도의 위자료청구를 기판력을 이유로 파기 각하하였다. 이에 대해 민주화법률 제18조 제2항에 따른 화해간주조항 중 위자료부분에 대하여 헌재의 일부위헌결정이 있은 뒤에 기판력에 저촉될 것 없다 하여 위자료청구가 가능한 것으로 보았다(대법 2023. 2. 2, 2020다270663등).

광주민주화운동 관련자보상심의회의 보상금 등의 지급결정에 동의한 경우도 동 관련자보상 등에 관한 법률 제16조 제2항에 따른 재판상 화해와 동일한 효력이 발생하며, 나중에 재심절차에서 무죄판결이 확정된 경우라도 그 부분피해가 재판상 화해의 효력이 미치는 범위에서 제외되지 않는다=대법 2015. 2. 26, 2012다203089; 동(전) 2015. 1. 22, 2012다204365. 위의 판례에 반대평석은 유병현, 민사소송 20권 2호, 105면 이하.

제3장 종국판결에 의한 종료

제1절 재판일반

Ⅰ. 재판의 의의

재판(Entscheidung)은 통속적으로는 소송사건의 해결을 위해 법원이 하는 종국판결과 같은 의미로 쓰이나, 소송법상의 전문용어로서는 그보다는 널리 재판기관의 판단 또는 의사표시로서 이에 의해 소송법상 일정한 효과가 발생하는 법원의 소송행위이다.

(1) 재판은 헌법 제27조에서 '법관에 의한 재판'으로 규정하였으므로, 법관의 행위이다. 이 점에서 법관 이외의 사법기관인 사법보좌관·법원사무관·집행관의 행위와는 구별된다. 이와 같은 기관도 법관처럼 법률판단을 하는 경우가 있으나(예: 사법보좌관의 경매개시결정·추심·전부명령, 법원사무관 등에 의한 공시송달처분·집행문의 부여, 집행관에 의한 압류금지물의 인정), 이것은 좁은 의미의 재판이라 할 수 없으며 '처분'이라고 하는 것이 보통이다(223조; 사보규 3조).

(2) 재판은 관념적 판단 또는 의사의 표시로서 효력을 갖는 점에서, 재판기관이 하는 사실상의 행위(변론의 청취, 증거조사, 판결의 선고 등)와는 구별된다. 재판은 때로는 심판이라고 하는 경우가 있다(가사비송사건=성년개시심판 등. 가소 39조 참조).

Ⅱ. 재판의 종류

(1) **판결·결정·명령과 그 차이** 재판의 주체와 성립절차의 차이에 의한 구별이다. 그 중 판결이 가장 중요한 것으로 법률도 판결을 중심으로 규정하였으며, 결정·명령은 그 성질에 반하지 않는 한 판결에 관한 규정을 준용하기로 하였다(224조).

1) **주체면**에 있어서, 판결과 결정은 법원의 재판이고, 명령은 재판장·수명법관·수탁판사 등 법관의 재판이다. 다만 법원의 재판이기 때문에 성질은 결정이나, 재판내용을 고려하여 명령이라는 명칭이 붙여진 경우가 있다. 문서제출명

령 · 검증물제출명령 · 압류명령 등이다.

2) **심리방식**의 면에서, 판결은 신중을 기하기 위하여 원칙적으로 필요적 변론 즉 변론을 거칠 것을 요하며(134조 1항 본문. 예외 124조, 219조, 257조, 413조, 429조, 430조; 소액 9조 1항), 결정 · 명령은 간이 · 신속을 요하기 때문에 원칙적으로 임의적 변론 즉 변론을 거칠 것이냐의 여부는 법원의 재량에 일임되어 있다(134조 1항 단서).

3) 결정 · 명령으로 완결되는 재판에서는 대립적 구조가 아니므로 **소송비용** 부담자를 정할 필요가 없다.[1)]

4) **알리는 방법**에 있어서, 판결의 경우에는 판결서를 작성하여 그에 기하여 선고에 의함에 대하여(205조. 심리불속행 · 상고이유서부제출에 의한 상고기각판결은 예외), 결정 · 명령의 경우에는 상당한 방법에 의하여 고지하면 되고(221조),[2)] 재판서를 작성하지 않고 조서의 기재로 대용할 수도 있다(154조 5호). 또 판결서에는 반드시 법관의 서명날인을 요하나(208조), 결정 · 명령의 경우에는 날인이면 된다(224조 1항 단서). 판결은 선고시에 성립되나, 결정 · 명령은 그 원본이 법원사무관 등에게 교부되었을 때에 성립되며 고지시가 아니다.[3)]

5) **불복방법**에 있어서, 판결에 대해서는 항소 · 상고이고, 결정 · 명령에 대해서는 이의 또는 항고 · 재항고이다(제한적).

6) **대상**의 면에서, 판결은 중요사항, 특히 소송에 대한 종국적 · 중간적 판단을 할 때임에 대하여, 결정 · 명령은 소송절차의 부수파생된 사항 · 강제집행사항 · 가압류 가처분사건 · 도산등 비송사건을 판단할 때에 쓰인다(144조 4항의 소 · 상소각하결정은 예외, 헌법재판소 재판과 같이 중요한 것은 모두「결정」으로 한 것은 고쳐져야 한다).

7) **기속력**의 면에서, 판결 중 절차진행에 관한 것은 법원은 자기의 판결에 기속됨에 대하여, 결정 · 명령의 경우에는 원칙적으로 기속되지 아니하므로 취소변경을 할 수 있다(88조 3항, 141조, 222조, 그러나 대법 2014마667(전)은 일단 성립된 결정 · 명령은 특별한 사정이 없는 한 결정법원이라도 취소 · 변경할 수 없다고 했다.).

8) 판결서와 달리 **결정서**에는 이유기재를 생략할 수 있게 하였다(224조 1항 단서).[4)]

판결절차에 부수적 결정, 예를 들면 보조참가허부결정 · 문서제출명령허부결정 등에서 실무상 경시경향이 보이고 있다(518면, 788면 참조).

(2) 종국적 재판 · 중간적 재판 사건처리와의 관계에서 한 분류이다.

---

1) 대법 1985. 7. 9, 84카55. 그러나 가압류 · 가처분결정은 다르다.

2) 결정은 그 원본이 법원사무관등에 교부되었을 때에 성립하고, 그 작성일자에 결정원본이 법원사무관등에 교부된 것이라고 추정되며(대법 1974. 3. 30, 73마894), 정본 아닌 등본을 송달해도 된다는 것에, 대법 2003. 10. 14, 2003마1144.

3) 대법 2013. 7. 31, 2013마670; 동(전) 2014. 10. 8, 2014마667.

4) 독일의 판례(BVerfG NJW 82, 925)는 불복할 수 있거나 신청을 배척하는 결정은 법치국가(Rechtsstaat)의 원리상 서면으로 함과 동시에 이유를 달아야 하는 것으로 본다.

1) 종국적 재판이란 사건에 대하여 종국적 판단을 하고, 그 심급을 끝내고 이탈시키는 재판이다. 판결의 예로는 종국판결, 결정의 예로는 소·상소각하결정(144조 4항), 증권관련집단소송·소비자·개인정보 단체소송에서의 소제기불허가결정(증집소 15조 1항; 소비기본 74조; 개인정보 55조), 화해권고결정(225조 이하), 이행권고결정(소심 5조의 3), 소송비용액확정결정(110조), 명령으로 하는 예로는 소장·상소장 각하명령(254조, 399조)이 있다.

2) 중간적 재판이란 심리중에 문제가 된 사항에 대하여 판단하여 종국적 재판의 준비로 하는 재판을 말한다. 판결로 하는 경우가 중간판결이고, 결정으로 하는 예로서 공격방어방법각하의 결정(149조)·소변경의 허가결정(263조)·속행명령(244조)·인지보정명령(254조 1항) 따위가 있다. 중간적 재판은 종국적 재판에 흡수되므로 별도의 규정이 없는 한 독립하여 불복신청을 할 수 없고, 종국적 재판과 함께 불복할 수 있다(392조). 소제기허가결정도 중간적 재판에 속한다.

(3) 명령적 재판·확인적 재판·형성적 재판 재판의 내용 및 효력의 차이면에서 본 분류이다. i) 명령적 재판이란 특정인에게 의무를 과하거나 부작위를 요구하는 내용의 재판으로, 강제력이 따르는 점에 그 특색이 있다. 이행판결·문서제출명령(문서목록제출명령, 문서제시명령 포함)·증인출석명령·주택임대차등기명령 등. ii) 확인적 재판은 현재의 권리·법률관계의 확정 또는 증서의 진정여부의 확인(250조)을 내용으로 하는 재판으로, 예를 들면 확인판결·제척의 재판(42조)·소송비용액확정결정 등. iii) 형성적 재판이란 기존의 권리관계의 변경, 새로운 권리관계의 창설을 내용으로 하는 재판으로, 예를 들면 형성판결·기피의 재판·감치결정·전부명령, 민법 제187조의 '판결' 등.

제2절 판 결

제1관 판결의 종류

Ⅰ. 중간판결

1. 의 의

중간판결이란 종국판결을 하기에 앞서 소송의 진행중 당사자간의 중간쟁점을 미리 정리·판단을 하여, 종국판결을 쉽게 하고 이를 준비하는 판결이다.[1] 중간확인의 소에 대한 회답인 중간확인판결과는 전혀 다르다. 중간판결사항을 중간판결로 정리하느냐, 종국판결의 이유 속에서 판단하느냐는 법원의 자유재량에 속하나, 사건이 폭주하는 상황에서 한 건에 두 차례에 걸친 판결서작성의 번거로

1) 대법 1994. 12. 27, 94다38366.

움 때문인지 중간판결은 별로 활용되고 있지 않다. 중간판결은 소송물의 가분적 일부에 대한 판단인 일부판결과 달리 소송자료의 일부에 대한 판단이다.

2. 중간판결사항

다음 세 가지에 대하여 필요한 때 중간판결을 할 수 있다(201조).

(1) 독립한 공격방어방법 독립한 공격방어방법이라 함은 그 한 개만으로 독립하여 본소를 유지 또는 배척하기에 충분한 것, 즉 본안에 관한 주장이나 항변 중에서 다른 것과 독립하여 그에 관한 판단만으로 청구를 유지 또는 배척하기에 충분한 것을 말한다. 예를 들면 소유권확인의 소에서 소유권의 취득원인으로 일차적으로 매매, 예비적으로 시효취득을 주장할 경우에 그 중 어느 하나가 인정되면 그것만으로 원고의 청구가 이유 있게 되기 때문에, 매매 · 시효취득은 독립한 공격방법으로 된다. 또는 대여금청구의 소에서 피고가 일차적으로 변제, 예비적으로 시효소멸의 항변을 하는 경우에 변제 · 시효소멸 중 어느 하나가 인정되면 그것만으로 원고의 청구는 배척되기 때문에 그것은 독립한 방어방법으로 된다. 독립한 공격방어방법을 판단한 결과 이유있어 곧바로 청구를 인용 또는 기각하기에 이르면 종국판결(198조)을 하여야 하므로, 그 이유없어 독립한 공격방어방법을 배척할 경우에 한하여 중간정리의 차원에서 중간판결을 할 수 있다.

(2) 중간의 다툼 중간의 다툼이라 함은 독립한 공격방어방법에 속하지 않는 소송상의 사항에 관한 다툼으로서, 이를 해결하지 않으면 청구 그 자체에 대한 판단에 들어설 수 없는 것을 말한다(소송상의 선결문제). 구체적으로는 소송요건의 존재여부, 상소의 적법여부, 소취하의 유 · 무효, 상소추후보완의 적법여부, 재심의 소에서 적법성과 재심사유의 존재여부(신법은 454조로 별도신설) 등에 관한 다툼 등이다. 다만 소나 상소가 적법하거나 소의 취하가 무효일 때에는 중간판결을 할 것이나, 그와 반대일 때에는 종국판결을 하여야 한다. 임의적 변론에 기하여 결정으로 재판할 사항(75조, 82조, 243조, 263조, 347조)은 중간판결의 대상이 되지 않는다. 헌법재판소에 위헌제청해서 받는 전제되는 법률의 위헌여부판단도 크게 보면 중간의 다툼의 성질의 것이다.

(3) 원인판결 청구의 원인과 액수 두 가지가 쟁점이 되어 있는 경우에, 청구의 원인이 이유 있다고 보면 이를 긍정하여 먼저 정리해 두는 중간판결을 원인판결이라 한다(201조 2항). 청구원인이 이유 있다고 하여 정리해 두는 원인판결을 먼저하면 그 뒤에는 청구의 액수만이 쟁점으로 남아 간편하게 종국판결을 마칠 수 있게 되기 때문이다. 다만 청구의 원인을 부정하면 청구 그 자체를 부정할 수 밖에 없기 때문에, 그 경우의 판결은 종국판결이고 중간판결이 아니다. 여기에서 말하는 청구의 원인이라 함은 청구를 특정하는 좁은 의미의 청구의 원인, 청구를 이유 있게 하는 넓은 의미의 그것(249조)과는 구별되는 것으로(앞의 「소의 제기」 참조), 액수 · 범위를 제외한 소송의 목적인 청구권이 있느냐 없느냐의 문제이다. 특허 침해 등

불법행위사건에서 청구의 원인에는 고의·과실·침해사실·인과관계 등의 권리발생사실만이 아니라, 널리 변제·시효·면제 등의 권리소멸사실도 관계가 될 수 있다.

독일에 있어서는 소송경제를 위하여 원인판결이 실무상 정착되어 있지만 앞서 본 것처럼 우리나라에서는 거의 사문화되어 있는 실정이다(미국 FRCP 56의 Summary Judgement=약식재판,[1] interim judgement가 때로 이러한 구실을 하고, 제소사유가 부적법함을 알면서도 무리하게 소송을 남발(frivolous)하는 경우에도 이것으로 정리한다). 다만 증권관련집단소송이나 그 밖의 **집단소송** 그리고 특허침해소송(일본동경지법 Apple v. 삼성 특허침해소송에서 중간판결)과 같이 원인과 액수가 복잡한 손해배상소송에서는 원인관계를 먼저 정리하는 원인판결제도를 활용할 가치가 있을 것이다. 일본의 2단계 소비자집단소송제도는 이와 일맥상통한다.

상소심의 환송판결　　판례는 한때 중간판결이라고 보았으나,[2] 사건본안 자체의 종국이 아니라도 당해 심급에 있어서의 소송절차를 끝내는 것이라는 의미에서 환송판결은 종국판결로 파악하여야 할 것이다. 대법 1981. 9. 8 선고, 80다3271 전원합의체판결은 항소심의 환송판결에, 동 1995. 2. 14 선고, 93재다27·34 전원합의체판결은 대법원의 환송판결에 각 종국판결설로 바꾸었다(엄밀하게는 형식적으로 종국판결, 실질적으로는 중간판결의 성질을 가진 판결). 따라서 항소심의 환송판결(418조)에 대해서는 상고할 수 있다.

3. 효　　력

(1) 중간판결을 일단 선고하면, 판결을 한 그 심급의 법원은 이에 구속되어(자기구속력) 스스로 취소변경을 할 수 없을 뿐더러 나중에 종국판결을 할 때에 중간판결 주문에 표시된 판단을 전제로 하지 않으면 안 된다. 설령 중간판결의 판단이 그릇된 것이라 하여도 이에 저촉되는 판단을 할 수 없다.[3] 당사자도 중간판결에 즈음한 변론전에 제출할 수 있었던 공격방어방법은 그 뒤의 변론에서 제출할 수 없다(실권효). 그러나 중간판결의 **변론종결 후에 새로 생긴 사실**에 기하여 새로운 공격방어방법을 제출하는 것은 무방하다. 이 점에서 종국판결의 기판력의 시적 범위와 흡사하다. 다만 중간판결의 기속력은 당해 심급에만 미치기 때문에 상급심에서는 시기에 늦은 것이 아니면(149조), 이를 뒤집기 위한 공격방어방법의 제출에 제약이 없다. 중간판결은 이러한 절차내적 효력인 **기속력**(羈束力)뿐이므로 기판력이나 집행력은 없다.

(2) 중간판결에 대하여는 i) 독립하여 상소할 수 없고, 종국판결이 나기를 기다려 이에 대한 상소와 함께 상소심의 판단을 받을 수 있는 데 그친다(392조). ii) 종국판결이 아니기

1) 오대성, "미국 민사소송에서의 약식재판(Summary Judgement)," 민사소송 14권 2호.
2) 대법 1965. 11. 30, 65다1883; 동 1970. 12. 29, 70다2475.
3) 대법 2011. 9. 29, 2010다65818(피고가 원고의 특허권을 침해하였다는 주장에 일부만 이유있다는 중간판결을 하였는데, 종국판결에 가서는 특허권침해가 없다는 이유로 원고의 청구를 기각한 사례).

때문에 원칙적으로 소송비용에 대한 재판을 하여서는 아니 된다(104조 참조).

Ⅱ. 종국판결

1. 의 의

종국판결이란 소·상소에 의하여 계속된 사건의 전부·일부를 그 심급에서 완결하는 판결을 말한다(198조, final judgement). 본안판결·소각하판결이 그 전형적 예이나, 소송종료선언도 이에 속한다.

종국판결은 사건을 완결시키는 범위에 의하여 전부판결·일부판결·추가판결로 구별되고, 소의 적법요건에 관한 판단인가, 청구의 정당여부에 관한 판단인가에 의해 소송판결과 본안판결로 구별된다(뒤의 641면 참조).

2. 전부판결

(1) 같은 소송절차에서 심판되는 사건의 전부를 동시에 완결시키는 종국판결이다. 법원은 사건의 전부에 대하여 심리를 완료한 때에는 전부판결을 하지 않으면 안 된다(198조). 1개의 소송절차에서 1개의 청구가 심리된 때에 그 청구에 대하여 행한 판결이 전부판결임은 물론이고, 청구의 병합·반소·변론의 병합 등과 같이 1개의 소송절차에서 수개의 청구가 병합심리된 때에 그 수개의 청구에 대해 동시에 1개의 판결을 행한 때에도 그 판결은 1개의 전부판결로 보는 것이다[1](200조 2항의 반대해석). 형식적으로는 일부판결이지만 실질적으로는 하나의 사건을 완결하는 전부판결이 있다(893면 참조).

(2) 전부판결은 1개의 판결이기 때문에 청구 중 일부에 대한 상소는, 나머지 청구에 효력이 미치고 판결 전체의 확정을 막는 차단의 효과와 위 심급으로 이전되는 이심의 효과가 생긴다.[2] 따라서 전부판결 중 원고 일부승소·일부패소의 경우에 패소부분에 대한 상소의 효력은 승소부분에도 미친다(뒤의 「상소불가분의 원칙」 참조).

이 때에 원고승소부분도 심판의 범위에 포함되는가는 별개의 문제이다.

3. 일부판결

(1) 같은 소송절차에 의해 심판되는 사건의 일부를 다른 부분에서 분리하여 그것만

---

1) 대법 1966. 6. 28, 66다711.
2) 대법 1956. 4. 16, 4288민상377.

먼저 끝내는 종국판결이다(200조 1항). 일부판결은 복잡한 소송의 심리를 될 수 있는 한 간략히 함과 동시에 판결하기에 성숙한 부분만이라도 속히 해결해 주려는 제도이다. 따라서 일부판결을 적절히 잘 활용하면 소송심리의 정리·집중화에 도움을 줄 수 있고 또 당사자의 권리구제의 신속에 이바지하지만, 반면에 일부판결은 독립하여 상소의 대상이 되기 때문에, 사건의 일부는 상소심에, 나머지 부분은 원심에 계속되게 하여 때로는 소송불경제와 재판의 모순을 초래할 수 있다. 다음의 경우는 일부판결이 허용된다. 즉 i) 병합(주관적·객관적 병합 포함)된 수개의 청구 중 어느 하나의 청구, ii) 가분적 청구 중 액수가 확정된 부분(예: 1,000만원 대여금청구 중 피고가 대여받았음을 자인하는 300만원부분),[1] iii) 변론병합한 청구 중 어느 한 청구, iv) 병합된 본소와 반소 가운데 어느 하나의 청구(200조 2항) 등이다. 그러나 일부판결은 실무상 거의 활용되고 있지 않다(다만 독일: 2~5%).

(2) 소송의 일부의 심리가 완료된 때라도 일부판결을 할 것인가의 여부는 법원의 재량에 속하나(200조), 일부판결을 한 뒤 잔부판결이 법률상 허용될 수 없는 경우나 일부판결과 잔부판결간에 내용상 모순이 생길 염려가 있을 때에는 일부판결이 허용될 수 없다. i) 선택적·예비적 병합청구,[2] ii) 본소와 반소가 동일목적의 형성청구인 때(같은 이혼을 구하는 본소청구와 반소청구)나 그 소송물이 동일한 법률관계일 때(동일부동산에 대하여 원고의 소유권확인의 본소와 피고의 소유권확인의 반소 따위), iii) 필수적 공동소송, 독립당사자참가,[3] 공동소송참가, 예비적·선택적 공동소송[4] 등 합일확정소송, iv) 법률상 병합이 요구되는 경우(상 240조, 188조, 380조; 증집소 14조; 소비자단체소송규 15조) 등이다.

(3) 일부판결의 경우에 판결하지 않고 남겨둔 나머지 부분은 그 심급에서 심리가 속행되지만 뒤에 이를 완결하는 판결을 잔부판결 또는 결말판결이라 하는데, 일부판결의 주문판단을 토대로 하여야 한다.

소송비용의 재판은 사건을 완결하는 잔부판결에서 하는 것이 일반적이나, 일부판결에서도 그 부분에 대한 비용재판을 할 수 있다(104조).

4. 재판의 누락과 추가판결

(1) 추가판결이라 함은 법원이 청구의 전부에 대하여 재판할 의사였지만, 본의 아니게 실수로 청구의 일부에 대하여 재판을 빠뜨렸을 때에 뒤에 그 부분에 대해 하는 종국판결을 말한다(212조). 예를 들면 반소가 제기된 경우에 본소만 판단하고 반소에 관한 판단을 빠뜨린 경우,[5] 소유권이전등기말소청구만 판단하고 소유권확인청구부분은 판결을 하지 않은 경우, 원금청구부분만 판단하고 확장된 지연손해금청구부분을 판단하지 아니한 경우,[6] 일부 당사자에 대한 재판누

1) 금전 기타 대체성이 있는 급부 등과 같이 수량적으로 분할급부가 가능한 1개의 채권을 분할하여 그 분할한 일부에 관하여 일부판결이 가능하려면 그 부분에 대해 법률상 식별·특정의 기준이 있어야 한다는 견해로는, 김홍규, 575~576면.

2) 대법 1998. 7. 24, 96다99(선택적 병합); 동(전) 2000. 11. 16, 98다22253(예비적 병합).

3) 대법 1981. 12. 8, 80다577; 동 1991. 3. 22, 90다19329·19336.

4) 대법 2011. 2. 24, 2009다43355; 동 2018. 2. 13, 2015다242429.

5) 대법 1989. 12. 26, 89므464 등.

6) 대법 1996. 2. 9, 94다50274; 동 1997. 10. 10, 97다22843(원고가 실제 감축한다고 한 것보다

락,[1] 소송비용 부담의 재판, 이혼판결을 하면서 직권으로 정할 미성년자인 자녀에 대한 친권자 및 양육자 판결을 빠뜨린 경우[2] 등이다.

재판의 누락은 i) 이를 모르고 실수한 경우이므로 일부에 대하여 의도적으로 재판을 하지 아니한 경우(잔부판결의 대상)는 포함되지 않고, ii) 종국판결의 결론인 주문에서 판단할 청구의 일부에 대한 재판을 빠뜨린 경우이므로, 판결의 이유에서 판단할 공격방어방법에 대한 판단누락, 즉 이유누락과는 다르다(451조 1항 9호). 따라서 판례는 **판결주문**의 누락이 기준이 된다는 것이며, 판결주문에서 아무 표시가 없는 경우에는 판결이유 속에서 판단이 되어 있어도 재판의 누락으로 보아야 하고,[3] 반대로 판결이유 속에 개별적으로 소상하게 설명되어 있지 않아도 판결주문에 기재가 있으면 재판누락으로 볼 수 없다는 태도이다.[4] 원고의 청구취지와 비교하여 판결주문에서 응답이 없는 부분이 있으면 그것은 재판의 누락이 된다.

(2) 재판누락이 있는 부분은 이를 누락시킨 법원에 그대로 계속되어 있기 때문에(212조 1항), 그 법원이 당사자의 신청·직권에 의하여 **추가판결**로 처리할 일이다. 따라서 상소의 대상이 될 수 없으므로 당사자가 상소를 제기하여 시정을 구할 것은 아니다.[5] 다만 청구 중 판단된 부분은 항소가 되어 항소심에 계속중이고 누락된 부분은 여전히 제1심에 계속되었을 때에는, 추가판결의 신청보다는 차라리 누락한 부분을 취하하고 이를 항소심에서 소의 변경으로 추가하여 항소심에서 함께 심판을 받도록 함이 좋을 것이다. 위에서 본 **일부판결**이 허용되지 않는 소송에서는 재판의 누락이 있을 수 없으므로 추가판결로 시정할 것이 아니라,[6] 빠뜨린 것이 있다면 **판단누락**의 일종으로 보아 상소(424조 1항 6호) 또는 재심(451조 1항 9호)으로 다투어야 한다(통설).

더 많은 부분을 감축한다고 보아 판결선고한 경우).

1) 대법 1996. 12. 20, 95다26773.

2) 대법 2015. 6. 23, 2013므2397.

3) 대법 2017다237339 등. 차라리 이 경우에 명백한 판결의 오류로 보여지면 경정결정에 의해 정정함이 옳을 것이다. 같은 취지: 김홍규, 577면; 정동윤/유병현/김경욱, 775면; BGH NJW 64, 1858.

4) 대법 2008. 11. 27, 2007다69834·69841; 동 2003. 5. 30, 2003다13604 등.

5) 대법 2004. 8. 30, 2004다24083; 동 1996. 2. 9, 94다50274 등. 누락된 부분에 대한 상소는 불복의 대상이 부존재하여 부적법하다는 것에, 대법 2005. 5. 27, 2004다43824; 동 2017다237339.

6) 그러한 취지는 독립당사자참가에서(대법 1981. 12. 8, 80다577), 선택적 병합의 경우에(대법 1998. 7. 24, 96다99), 예비적 병합에 대해서(대법 2000. 11. 16, 98다22253 전원합의체 판결), 선택적 예비적 공동소송에서(대법 2008. 3. 27, 2005다49430) 재판의 누락이 아니라 판단의 누락으로 각 판시하고 있다. 그렇다면 이처럼 소송물이 수개인 경우에도 '판단의 누락'의 문제는 있는 것이므로, 재판의 누락이냐 판단의 누락이냐는 소송물과 연관을 지을 것은 아니다(연관 짓는 견해도 있음).

(3) 추가판결과 전의 판결과는 각각 별개의 판결로서 상소기간도 개별적으로 진행한다. 다만 전의 판결의 기속력 때문에 그 결과를 토대로 삼아야 한다.

(4) 종국판결 중 본래 하여야 할 소송비용의 재판을 누락한 때에는 신청 또는 직권에 의하여 결정으로 추가재판을 할 것이나(212조 2항), 종국판결에 대하여 적법한 항소가 있는 때에는 추가결정은 효력을 잃고 항소심이 몰아서 소송의 총비용에 대해 재판한다(212조 3항).

5. 소송판결과 본안판결

(1) 소송판결은 소·상소를 부적법 각하하는 판결로서, 소송요건·상소요건의 흠이 있는 경우에 행하는 것이다. 본안판결거부의 취지이다. 소송종료선언·소취하무효선언판결(규 67조)도 성질상 소송판결에 속한다.

(2) 본안판결이란 소에 의한 청구가 실체법상 이유 있는지 여부를 재판하는 종국판결이다(267조 2항). 청구의 전부·일부에 대하여 인용·기각하는 판결이다. 상소심에 있어서도 상소에 의한 불복신청을 받아들일지의 여부를 재판하는 것은 본안판결에 준할 것이다. 본안판결은 소의 유형에 대응하여 이행판결·확인판결·형성판결로 나누어진다. 다만 청구를 이유 없다고 기각하는 판결은 모두 확인판결이다.

(3) 소송판결은 ① 필요적(필수적) 변론의 원칙 부적용(219조, 413조), ② 잘못 판단된 때에 원칙적으로 상소심의 필수적 환송사유가 되고(418조), ③ 기판력이 생겨도 뒤에 보정하면 재소가 허용되며, ④ 소취하 후의 재소금지원칙(267조)의 부적용 등 본안판결과 차이가 있다. ⑤ 필수적 공동소송, 예비적·선택적 공동소송, 독립당사자참가, 공동소송참가 등 **합일확정소송**이라도 상소에 의한 전체의 확정차단·이심의 효력은 본안판결에 한하고 소송판결을 한 경우는 다르다(815면 참조).

제2관 판결의 성립

판결의 성립절차는 **판결내용의 확정** → **판결서**(판결원본)의 **작성** → **선고** → **송달**의 순서로 진행이 된다. 선고된 판결은 그 정본을 당사자에게 송달한다.

Ⅰ. 판결내용의 확정

(1) 법원은 심리가 판결하기에 성숙한 때에는 변론을 종결하고 판결내용의 확정에 들어가지 않으면 안 된다. 판결의 내용은 직접심리주의의 요청 때문에 기본인 변론에 관여한 법관이 정한다(204조 1항). 따라서 변론종결 뒤 판결내용이 정해지지 않는 동안에 법관이 바뀌면 변론을 재개(142조)하여, 당사자에게 종전의 변론결과를 진술시키고 판결하여야 한다(204조 2항). 이에 반하여 판결의 내용확정 후이면 변론에 관여한 법관이 바뀌어(사망·퇴임·전근 등) 판결원본에 서명날인할 수 없어도 합의체의 다른 법관이 그 이유를 기재하면 되므로(208조 4항), 판결의 성립에 영향이 없다.

(2) 판결내용은 단독제의 경우에는 그 1인법관의 의견에 의하여 정하게 되지만, 합의제의 경우에는 합의체의 구성법관의 합의에 의하여 정한다. 합의(관여법관의 침묵금지는 독일법조법 195조)[1]는 재판장이 주재하며, 공개하지 않는다(법조 65조, 합의공개는 법관징계사유로 될 수 있다). 합의에 있어서 관여법관의 의견이 일치하지 않을 때에는, 헌법 및 법률에 다른 규정이 없으면 과반수의 의견으로 결정한다(법조 66조 1항. 수액에 있어서 3설 이상이 분립되어 있을 때에는 법조 제66조 2항 1호). 다만 대법원의 전원합의체에서 2설이 분립되어 어느 것도 과반수에 달하지 못하는 때에는 원심재판을 변경할 수 없다(법조 66조 3항). 대법원 재판서에는 대법관의 의견표시를 하여야 한다(법조 15조). 고등법원판결에서도 미국처럼 합의제인 이상 소수의견 등을 내는 것도 법관의 민주화와 합의제의 활성화에 도움이 될 수 있다.

Ⅱ. 판결서(판결원본)

판결내용이 확정되면 법원은 이를 서면으로 작성한다. 이 서면을 판결서 또는 판결원본이라 한다. 판결서는 판결선고에 앞서 작성해야 한다(206조). 증권관련 집단소송에서는 판결서 기재에 관한 특례가 있다(증집소 36조 1항).

1. 판결서의 기재사항(208조)

판결서에는 법률에 의하여 기재가 요구되는 사항인 필요적 기재사항과 사무처리의 편의상 기재가 행하여지는 사항인 임의적·편의적 기재사항이 있다. 사건

1) 박우동, "재판에 있어서의 합의," 이시윤 박사 화갑기념논문집(하), 229면 이하. 헌재 2012. 12. 27, 2012헌바47에서 공직선거법상의 사후매수죄 사건 등에서 "기권"이 있었던 것은 논란의 여지가 있다. 프랑스민법 제4조는 「법의 침묵, 불명확 또는 불충분을 구실로 판단을 거절하는 재판관은 재판의 거절로써 책임을 지고 소추된다」고 규정하고 있다.

표시(예: 2012가합 123 가옥명도), 표제(예: 판결), 판결선고 연월일이 후자에 속한다. 필요적 기재사항은 제208조에서 규정하고 있는데,[1] 이를 본다.

(1) 당사자와 법정대리인 특정할 수 있는 한도 내에서 당사자와 법정대리인[2]을 표시하여야 한다. 특정을 위하여 성명(법인의 경우는 명칭)과 주소(법인은 주된 사무소)를 기재하는 것이 보통이다. 실무상 주소불명으로 공시송달한 자에 대해서는 최후의 주소를 표시하며, 등기관계사건에서는 등기부상의 주소도 아울러 기재한다.[3] 소송대리인의 표시는 송달의 필요상 표시하는 것이지, 판결의 필요적 기재사항은 아니다.[4] 가령 회생회사의 재산에 관한 소에서는 「주식회사 ○○○○ 관리인 ○○○」라고 기재하지만, 그가 법정대리인은 아니다.

(2) 주 문 판결주문은 i) 본안에 관한 것, ii) 소송비용에 관한 것, iii) 가집행에 관한 것 등 세 가지로 구성됨이 원칙이다.

1) **본안주문**은 판결의 결론부분으로서 종국판결의 경우에는 소의 **청구취지**나 상소취지에 대한 응답이 표시된다. 소송판결을 할 때에는 「이 사건 소를 각하한다」라고 주문에 기재하고, 원고청구의 기각판결을 할 때에는 「원고의 청구를 기각한다」고 기재한다. 원고청구의 인용판결의 경우에는 소장에 기재된 '청구취지'의 문언에 좇아, 이행판결에 있어서는 「피고는 원고에게 돈 ○○원 및 이에 대한 ○○날로부터 다 갚는 날까지 연 12%의 비율에 의한 금원을 지급하라」로, 확인판결이면 「별지목록기재의 건물이 원고의 소유임을 확인한다」로, 형성판결은 「원고와 피고는 이혼한다」와 같이 표시한다.

2) 판결주문은 **간결하고 명확**하여야 하며(kurz und klar), 주문 자체로 내용이 특정될 수 있어야 한다.[5] 금전지급 판결이면 그 액수를, 특정물 인도판결이면 목적물을 특정하기에 필요한 사항을 각기 명확하게 하여야 한다. 만일 그 내용이 모호하면 기판력의 객관적 범위의 불분명뿐만 아니라 집행력·형성력의 내용도 불확실하게 되어 분쟁이 일단락되었다고 할 수 없다. 따라서 새로운 분쟁을 일으킬 위험이 있으므로 판결주문에서는 청구를 인용하고 배척하는 범위를 명확하게

---

1) 입법례에 따라서는 판결서의 권위를 위하여 '국민의 이름으로'(Im Namen des Volkes)라는 말을 판결 첫머리에 표시한다.

2) 법정대리인의 표시가 없어도 경정결정에 의하여 보정할 수 있는 것으로 판결의 효력에는 영향이 없다. 대법 1995. 4. 14, 94다58148 등.

3) 등기부상의 주소를 적지 아니하여도 경정사유가 아니라는 것에, 대법 1990. 1. 11, 89그18.

4) 대법 1963. 5. 9, 63다127.

5) 대법 1983. 3. 8, 82누294; 동 1989. 7. 11, 88다카18597 등. 판결주문이 갖추어야 할 명확성의 정도에 관하여, 대법 2020. 5. 14, 2019므15302.

특정하여야 한다.[1)] 만일 판결주문이 불명확하여 집행불능에 이를 경우에는 상소에 의한 취소사유로 되고,[2)] 비록 확정되어도 그 판결은 무효로 될 경우도 있을 수 있으나(676면), 이 경우는 같은 소를 다시 제기할 수 있다(227면 참조).[3)]

3) 주문에는 위와 같은 본안주문 이외에 순서상 소송비용의 재판(104조, 105조. 당사자가 부담할 비용의 액수까지는 밝히지 않는 것이 실무례), 가집행선고(213조)가 기재된다.

(3) 청구의 취지 및 상소의 취지 제1심판결의 경우에는 소장기재의 청구의 취지, 상소심판결에 있어서는 상소장기재의 상소의 취지도 표시하게 되어 있다. 이는 법원의 심판의 대상과 범위를 명백히 하여 소송물을 밝히면서 기판력의 객관적 범위를 파악케 하려는 취지이다.[4)] 원래 청구의 취지는 원고가 전부승소하는 경우의 판결주문에 대응하므로, 원고전부승소의 경우에는 「주문과 같다」라고만 기재하면 된다. 그러나 원고의 전부 · 일부패소의 경우에는 청구의 취지와 판결주문이 불일치하므로 소장의 청구취지를 그대로 옮겨 기재할 것이다.[5)]

(4) 이 유 이유에서는 주문이 정당하다는 것을 인정할 수 있을 정도로 당사자의 주장, 그 밖의 공격방어방법에 관한 판단을 표시한다(208조 2항). 원고의 청구원인과 피고의 항변을 종합하여 사실을 확정하고, 이 사실에 법률을 적용하여 주문에 도달한 경로를 명확히 하여야 한다.[6)] 판결이유를 국민의 '알 권리'를 존중하는 의미에서 이해하기 쉽도록 하여야 할 것이다.

이유기재의 정도에 관하여 구법(조진만 대법원장 시대 이전)은 당사자의 주장과 공격방어방

1) 대법 2012. 12. 13, 2011다89910 · 89927. 다만 판결주문 자체로서 일체의 관계가 명료하게 될 수 있는 것은 아니고, 판결의 주문이 어떠한 범위에서 당사자의 청구를 인용하고 또는 배척한 것인가를 그 이유와 대조하여 짐작할 수 있을 정도로 표시하고 집행에 의문이 없을 정도로 명확히 특정하면 된다. 대법 1995. 6. 30, 94다55118. 채권자대위소송에서는 기판력의 주관적 범위를 확정하는 의미에서 판결주문에서 당사자에 준하여 소외인인 채무자를 특정할 필요가 있다=대법 1995. 6. 19, 95그26.

2) 대법 1962. 10. 11, 62다422 등.

3) 대법 1972. 2. 22, 71다2596; 동 1995. 5. 12, 94다25216(화해조서에 관하여); 동 1986. 9. 9, 85다카1952. 같은 취지: 정영환, 1117면. 판결이 무효는 아니지만 특정을 위한 신소제기가 허용된다는 견해로, 김홍엽, 866면.

4) 판결서에 청구취지 또는 상소취지에 대한 일부 적시가 없어도 이에 대한 판단누락이 없는 이상 상고이유로 할 수 없다는 것에, 대법 1964. 6. 23, 63다1014.

5) 1961년 개정전 구 민사소송법에서는 「사실과 쟁점」을 판결서의 필요적 기재사항으로 하였으나(일민소 253조; ZPO § 313 Ⅰ), 개정하면서 그 대신에 「청구의 취지」만을 기재토록 하였다.

6) ① 당사자와 상급법원으로 하여금 판결주문이 어떠한 이유와 근거에 의하여 나온 것인지 알 수 있게 하고, ② 판결의 기판력의 범위를 명확히 특정하는 요건이 충족된다면 간략히 기재하여도 잘못이 아니다. 대법 1992. 11. 24, 92다15987; 동 1992. 10. 27, 92다23780. 최근에는 도표를 활용하며, 주를 달면서 판례와 참고문헌을 인용하는 예가 나타난다.

법의 '전부'에 관한 판단을 표시하도록 요구하였으나 신법 제208조 2항은 이유 기재의 정도로 "주문이 정당하다는 것을 인정할 수 있을 정도로 당사자의 주장, 그 밖의 공격방어방법에 관한 판단을 표시한다"고 바꾸었다. 그러므로 판결결과에 영향이 없는 주장 등 사소한 사항에 대한 판단을 생략할 수 있어 판결이유 간이화에 도움되게 하였다. 당사자의 주장을 빠짐 없이 판단명시까지는 아니로되[1] 적어도 본안전항변이나 본안의 항변을 배척하는 판단없이 넘어가는 것을 위 규정에 반한다고 할 것이다. 쟁점중심의 판결이유를 예정한 것으로 보이나, 규정내용이 모호하여 '대답없는 재판'으로 판단누락(451조 1항 9호)이 논란될 여지를 남겼다. 판례는 '판단누락'에 대해 너무 관용적으로 축소·해석하는 경향이 있어,[2] 편의위주이고 알권리의 무시의 경향이다.

1) 사실의 확정에 있어서는 다툼이 없는 사실·현저한 사실은 그대로 따르고(288조), 다툼 있는 사실은 반드시 증거나 변론 전체의 취지에 의하여 인정하지 않으면 안 된다(202조). 그러나 종전과 달리 두 가지로 가르지 않고「기초사실」로 일괄하여 설시하는 경우가 많다. 다음은「당사자의 주장 및 판단」이라 하여 원고의 주장이나 피고의 항변을 적시하고, 마지막으로「판단-결론」에 들어가는 일이 보통이다. 근자에 판결서가 지나칠 정도로 간략화되는 편의적 경향인데, 쟁점이 드러나지 아니하는 문제점이 있다.[3] 그렇다고 쟁점화되지 아니한 사항을 판결해도 안되며 이는 불의의 타격이 되므로 경계할 일이다. 다만 처분문서 등 특별한 증거나 경험법칙상 통상적이 아닌 사실일 때를 빼고는 증거를 채택하는 이유와 배척하는 이유의 설시 등 증거설명은 필요 없다[4](「자유심증주의」 참조).

2) 법률적용에 있어서는 해석상 다툼이 있는 경우 외에는 법률적용의 결과만 표시하면 되고, 그 적용·해석의 이론적 근거, 적용법조 같은 것은 명시할 필요 없다.

3) 이유를 밝히지 않거나 이유모순은 상고이유(424조 1항 6호)가 된다. 그러나 당사자가 주장한 사항에 대한 구체적 직접적인 판단이 표시되어 있지 않더라도 판결

1) 판결이유는 당사자가 다투는 쟁점중심으로 작성하고 되도록 이해하기 쉬운 용어로 쓰고 문장도 짧게 하기 위해, 대법원은「판결서작성 간이화방안」을 마련하였다. 권장사항이지만 민사사법의 민주화에 일조가 될 것으로 생각된다.

2) 설령 주장을 판단하지 아니하였다고 하더라도 그 주장이 배척될 경우임이 분명한 한 때에는 판결결과에 영향이 없어 판단누락의 위법일 수 없다는 것에, 대법 2020. 6. 11, 2017두36953; 동 2017다9657; 동 2016. 10. 27, 2015다216796 등.

3) 사법연수원, 청연논총(2011), 149면 이하.

4) 대법 2004. 3. 26, 2003다60549 등. 인정사실과 저촉되는 증거부분을 배척하는 취지를 명시하지 아니하여도 된다는 것에, 대법 1992. 9. 14, 92다21104·21111.

이유의 전반적인 취지에 비추어 그 주장을 인용하거나 배척하였음을 알 수 있는 정도라면 판단누락이라 할 수 없다.[1)] 다만 판결에 영향을 미칠 중요사항에 관한 판단누락이 있으면 재심사유(451조 1항 9호)가 된다.

(5) 변론을 종결한 날짜 결심(結審)한 날짜이다. 이는 기판력의 시적 범위의 표준시이기 때문에 이를 명백히 하는 의미에서 그 표시를 요한다. 무변론 판결의 경우에는 판결을 선고하는 날짜를 기재한다.

(6) 법 원 여기의 법원은 판결서에 서명날인하는 법관이 소속한 관서로서의 법원을 가리키나, 실무상 합의체의 경우에는 소속부까지 기재하는 것이 관행화되어 있다(「대전지방법원 제3민사부」). 법원은 판결서의 첫머리에 표시한다.

(7) 법관의 서명날인 판결서에는 판결을 한 법관의 서명날인을 요한다(208조 1항). 만일 판결을 한 법관의 서명만 있고 날인이 없는 때에는 판결원본이 있다 할 수 없고, 따라서 판결원본에 의한 판결선고가 아니기 때문에 선고의 효력이 없다는 것이 판례이다.[2)] 다만 합의 및 판결서 작성에 관여한 법관이 판결원본에 서명날인하는 데 지장이 있으면 다른 법관이 그 사유를 적고 서명날인한다(208조 4항. 「판사 ○○○는 전근으로 인하여 서명날인불능임. 재판장 판사 ○○○」). 판결서에 정정한 곳에는 날인이 관행이나, 날인하지 아니하였다고 하여 무효가 아니며,[3)] 간인(間印)이 관행이나 법률이 특별히 요구하고 있는 것은 아니다.[4)]

2. 이유기재의 생략 · 간이화에 관한 특례

판결문 특히 판결이유작성에 들이는 법관의 노력을 경감하고 이를 경제화할 수 있다면 보다 신속한 사건처리가 가능할 수 있으며, 소송촉진에 이바지할 수 있다. 따라서 판결이유 기재의 간이화와 함께 평이한 내용의 판결서작성은 소송법의 중요과제로 되어 있다. 따라서 i) 항소심판결에 이유를 기재함에는 제1심판결의 전부 또는 일부를 끌어쓰는 인용(引用)을 할 수 있으며(420조), ii) 소액사건의 판결서(소심 11조의 2 Ⅲ. 그러나 2023년 개정법률 동 단서에서는 당사자에게 설명이 필요한 경우는 판단의 요지를 판결서의 이유에 기재하도록 노력하여야 한다고 했다.), iii) 배상명령(특례법 31조 2항 단서), iv) 결정 · 명령(224조 1항 단서), v) 상고심리불속행 · 상고이유서부제출에 의한 상고기각판결(상특법 5조 1항) 등에는 이유기재를 하지 않을 수 있게 했다. vi) 신법 제

1) 대법 2019. 1. 31, 2016다215127; 동 2015. 5. 14, 2013다69989 · 69996.
2) 대법 1956. 11. 24, 4289민상236; 서울고법 상고부 1963. 4. 8, 62다235.
3) 대법 1962. 11. 1, 62다567.
4) 대법 1966. 7. 5, 66다844.

208조 3항에서는 단독·합의사건을 막론하고 제1심판결 중에서 무변론판결, 자백간주·공시송달에 의한 판결에 있어서는 주문이 정당하다고 인정할 수 있을 정도의 이유설시(208조 2항)가 아니라, 기판력의 범위를 확정하는 데 필요한 청구를 특정함에 필요한 사항과 상계항변이 있었으면 그 판단에 관한 사항만을 간략하게 표시하면 되도록 하였다(판결이유를 별도로 쓰지 않고 원고의 청구원인만 인용기재의 방식도 있음).[1] 법관의 수 부족의 고육지책이라면 그 수를 대폭적으로 늘려 부담을 줄여 이유기재생략의 예외를 축소해야 할 것이다. 현재 상고사건의 80% 이상 이유를 제대로 기재하지 않는 심리불속행기각의 판결은 비판의 대상으로, 재판이유에 대한 당사자의 알 권리의 무시, 법관의 이유설시 의무의 위반으로 법치주의에 반하는 결과라고 할 것이다.

Ⅲ. 판결의 선고

판결은 선고에 의하여 대외적으로 성립되고 효력이 발생한다(205조. 단 심리불속행·상고이유서부제출에 의한 상고기각판결은 선고 대신에 송달로써 효력발생. 상특법 5조 2항). 판결이 선고되면 기속력이 생기기 때문에, 그 뒤에 취소 또는 변경하지 못한다.

1. 선고기일

(1) 변론종결일로부터의 선고기일 선고기일은 원칙적으로 변론종결일로부터 2주 이내에 해야 하되(207조 1항 전문), 번잡한 사건이나 특별한 사정이 있을 경우에는 예외적으로 4주일을 초과하지 못하게 하였는가 하면(207조 1항 후문), 소액사건에 있어서는 변론종결 후 즉시선고제를 채택하였다(소심 11조의 2 1항). 그러나 훈시규정에 그친다. 전자소송은 선고기일의 단축에 도움을 줄 것이다.

선고기일은 재판장이 이를 미리 지정하고 당사자에게 고지하거나[2] 기일통지할 것을 요한다. 미리 선고기일을 지정하지 아니하고 변론기일에 선고된 판결은 위법이다(소액사건은 예외).[3] 또 당사자의 한쪽이나 양쪽이 출석하지 아니하여도 선고할 수 있다(207조 2항). 그리고 선고는 소송절차가 중단되어 있는 때에도 할 수 있다(247조 1항).

---

1) 항소심에서는 제208조 제3항 3호를 적용하여 판결이유를 간략하게 기재할 수 없다는 것에, 대법 2021. 2. 4, 2020다259506.

2) 적법한 변론기일에서 판결선고기일을 고지한 경우라면 재정하지 아니한 당사자에게 고지의 효력이 있다는 것에, 대법 2003. 4. 25, 2002다72514.

3) 대법 1996. 5. 28, 96누2699.

(2) 소제기일 등으로부터의 선고기일 제1심판결은 소가 제기된 날부터(선고기일이 아니고, 첫 별론기일이 열리는 날이라는 늦장 재판—언론비판), 항소심판결 및 상고심판결은 기록의 송부를 받은 날부터 **각 5월 이내에 선고하지 않으면 안 된다**(199조. 정정보도청구는 3개월 내. 일본의 재판신속화법에 의하면 제1심은 되도록 2년 내의 단기간. 영국은 1년내, 우리 헌재는 180일). 헌법 제27조 3항의 「신속한 재판을 받을 권리」를 보장하기 위한 정책입법이고 판결날짜의 예견가능의 제시임은 두말할 나위 없으나, 이 규정 역시 **훈시규정**으로 폄하 무시하며 안주하고 있다. 따라서 이를 어겼다는 이유로 판결의 무효주장을 할 수 없는 것으로,[1] 법률상의 의무조항이 아니라는 취지에서이다.[2] 그러나 훈시규정이라 해서 면죄부를 주는 무의미한 것은 아닐 것이며 상당한 이유없는 한 문책을 피할 수 없을 것이다. 직무상 책임과 위법의 문제는 남는다(구 소송촉진에 관한 임시조치법에서는 소송지연이유서 제출토록 함).

2. 선고방법

선고는 공개된 법정(헌 109조; 법조 57조)에서 재판장이 판결원본[3]에 의하여 주문을 낭독하여 행한다(206조). 이유의 간략한 설명은 필요한 때에 한한다. 그러나 소액사건에서는 특례로 판결서에 이유기재를 생략할 수 있는 대신에, 이유의 요지의 구술설명을 필수적인 것으로 하였다(소심 11조의 2 1항·2항). 선고하기에 앞서 판결원본을 반드시 작성하여야 하며, 이에 기하지 않은 선고는 제417조의 판결절차가 법률에 위배된 때에 해당하게 된다.[4] 판결의 선고는 내용이 이미 확정된 판결을 고지하는 것이기 때문에 그 기본인 변론에 관여하지 않은 법관이 하여도 무방하다. 선고만의 관여는 이전심급의 재판관여(41조 5호)에 해당하지 않는다(상세는 「법관의 제척·기피·회피」 참조).

Ⅳ. 판결의 송달

판결선고 후에는 재판장은 판결원본을 법원사무관등에게 즉시 교부하여야 한다(209조). 또 법원사무관등은 판결정본을 작성할 것을 요하며, 이를 영수한 날부터

---

1) 헌재 1999. 9. 16, 99헌마75.

2) 대법 2008. 2. 1, 2007다9009. 헌법재판소도 구민소 제184조(현 199조)는 그 기간 내에 노력해야 하겠지만, 반드시 판결을 선고해야 할 헌법상·법률상의 의무가 발생하지 않는다고 했다(헌재 1999. 9. 16, 98헌마75). 헌법재판소가 기본권인 '신속한 재판을 받을 권리'에 대하여 헌법 제10조의 국가의 기본권 확인의무와 보장의무를 등한시한 느낌이다. 권리는 있는데 대칭되는 의무는 없다면 이는 수사적(修辭的)이고 공허한 기본권으로 전락할 수밖에 없다. global sense를 잃은 판례라고 본다. 상세는 졸고, 앞의 헌법논총 21집, 64면.

3) 이시윤, 입문〔事例 99〕, 317면 이하.

4) 대법 1960. 3. 17, 4291민상862.

2주일 내에 당사자에게 송달하여야 한다(210조).[1] 여기의 2주일의 송달기간도 훈시규정이다. 상소기간은 송달된 날부터 진행되는데, 2주간이다(396조, 425조. 이 점 선고일로부터 7일인 형사상소와 다르다). 이는 훈시규정이 아니고 효력규정이다. 판결정본을 송달하는 때에는 당사자에게 상소기간과 상소장제출할 법원을 고지해 주어야 한다(규 55조의 2). 전자소송에서 판결문을 전자로 송달하였는데 등록사용자가 1주 이내에 확인하지 아니한 경우, 판결송달의 효력은 등록사용자에게 통지한 날의 다음 날로부터 기산하여 7일이 지난 날의 오전 영시가 된다. 이 때에 상소기간은 민법 제157조 단서에 따라 송달의 효력이 발생한 당일부터 초일을 산입해 기산하여 2주가 되는 날에 만료한다.[2]

제3관 판결의 효력

판결이 선고되면 그와 동시에 판결법원에 대한 관계에서 생기는 기속력, 판결의 확정에 의하여 당사자에 대한 관계에서 생기는 형식적 확정력, 법원 및 당사자에 대한 관계에서 생기는 실질적 확정력(기판력) 이외에, 집행력, 형성력 및 그 밖의 법률요건적 효력이 따른다.

Ⅰ. 기 속 력

(1) 판결이 일단 선고되어 성립되면, 판결을 한 법원 자신도 이에 구속되며, 스스로 판결을 철회하거나 변경하는 것이 허용되지 않는다. 선고하고 나서 오판임을 알아 당사자의 양해를 얻어도 내용을 바꿀 수 없다. 이를 판결의 기속력(羈束力) 혹은 자기구속력이라 한다. 형식적 확정을 기다릴 필요 없이 선고와 동시에 그 효력이 생긴다(205조). 일본이나 우리나라에서는 기속력을 이처럼 좁게 판결법원이 철회·변경할 수 없는 효력(불가철회성)으로 이해하여 오고 있지만, 독일에서는 널리 일부판결·중간판결의 뒤의 종국판결에 대한 구속력까지도 기속력에 포함시킨다(독일에서는 전자는 기속력의 소극적인 면(Negatives), 후자는 그 적극적인 면(Positives)으로 파악한다). 일단 재판으로서 외부에 표현된 이상 자유로운 변경의 인정은 법적 안정성을 해치고, 널리는 재판의 신용에도 악영향을 주기 때문이다. 원래의 기속력은 이와 같이 **판결법원**에 대한 구속력이지만(소송내적 구속력), **다른 법원**에 대한 구속력을 뜻하는 때도 있다(소송외적 구속력). i) 상고

1) 판결정본의 송달사무는 법원사무관등의 전담사항이므로 송달이 잘못되었을 때 법원사무관등의 처분에 대한 이의신청에 의하여야 한다는 것에, 대법 1966. 3. 22, 66마71.

2) 대법 2014. 12. 22, 2014다229016.

법원이 원심판결의 사실판단에 구속(432조), ii) 상급법원의 법률적 판단이 하급심을 기속(436조 2항; 법조 8조), iii) 이송재판은 이송받은 법원을 기속(38조), iv) 헌법재판소의 위헌결정이 법원을 기속하는(헌재 47조 1항)[1] 따위가 그것이다.

(2) 기속력의 배제 기속력이 법률에 의하여 배제되는 경우가 있다. 결정·명령은 주로 소송절차의 파생적·부수적 사항에 관한 재판이므로 항고시에 원심법원이 재도(再度)의 고안에 의하여 취소·변경할 수 있고(446조), 특히 소송지휘에 관한 결정·명령은 편의적이기 때문에 어느 때나 취소·변경을 할 수 있어 기속력이 배제된다(222조).[2] 우리 법에서는 미국법이나 일본법에서처럼 판결선고 후 일정한 기간(1주일) 내에 판단내용의 정정변경을 뜻하는 이른바 변경판결제도는 인정하고 있지 않으나, 아래 볼 바와 같이 일정한 경우 판결경정을 인정하여 판결에 대해서도 기속력을 완화시키고 있다.

(3) 판결의 경정

(a) 의 의 판결의 경정이란 판결내용을 실질적으로 변경하지 않는 범위 내에서, 판결서에 **표현상의 잘못**이나 **계산의 착오** 등 오류가 생겼을 때에 판결법원 스스로 이를 고치는 것을 말한다(211조). 그리하여 강제집행, 가족관계등록부·등기부의 기재 등 **넓은 의미의 집행**에 지장이 없도록 해주자는 취지이다.[3] 내용을 바꾸는 것이 아닌 이 정도의 오류의 정정에 구태여 상소로 그 시정을 구할 것까지 없이, 간이한 결정절차로 고치는 길을 열어놓았다. 이러한 결정을 경정결정이라 한다(211조 1항). 판결의 경정결정은 청구의 포기·인낙조서 및 화해·조

---

1) 헌법재판소의 일부위헌결정의 기속력: 이를 무시한 대법원판결이라 하여 헌법재판소가 이를 취소한 결정례로, 헌재 1997. 12. 24, 96헌마172·173(그 뒤에도 두 번 대법판결을 취소). 법원이 이미 실효되어 더 이상 존재한다고 볼 수 없는 법률조항을 유효한 것으로 해석하는 것은 법률해석의 한계를 벗어난 법률해석을 통하여 창설하는 일종의 입법행위로서 헌법상의 권력분립의 원칙 등에 위배되어 위헌이라 한 것에, 헌재 2012. 5. 31, 2009헌바123(GS 칼텍스사건), 한정위헌·한정합헌결정은 일부위헌임에 비추어 일부인용·일부기각 판결이 판결로서 효력이 있듯이 그 한도 내에서 헌재법 제47조 제1항에 의하여 법원 등 국가기관에 기속력이 미친다고 볼 것이다. 일반재판에서 청구일부인용·일부기각이 되듯이 헌법재판에서도 일부인용·일부기각이라고 할 한정위헌·한정합헌은 인정해야 한다. 아니면 헌법재판제도의 활성화에 큰 지장이 된다. 다른 나라 헌재도 같다(2022. 6. 30, 2014헌마670도 같다). 법률해석권은 법원의 전권임을 전제로, 반대: 대법 1996. 4. 9, 95누11405 등. 판결주문을 내는 것만 사법권에 전속되는 것이로되, 법률해석권은 법원에만 있는 것이 아니므로(여기에 주문이 아니므로 기판력도 생기지 않음), 헌법재판소의 위헌결정과 달리 법원의 법률해석은 헌법재판소를 비롯한 다른 국가기관에 대한 기속력이 없다. 국가보안법에 관한 한정합헌결정은 국회도 받아들여, 그 위헌적 요소를 제거한 바 있다. 대법원에도 실질적으로 한정합헌해석의 예가 있다. global standard에 반하여 헌법수호자의 역할만 약화시킨다. 미국 제1심법원에도 한정인용판결이 있다(Dupont v. Kolon case). 졸고, “신민사소송법제정 15년의 회고와 전망,” 2017. 2. 18. 민사소송법학회 기조발표.

2) 집행정지의 결정도 같다는 것에, 대법 1988. 2. 24, 88그2. 그러나 대법(전) 2014. 10. 8, 2014마667은 별도의 규정이 없는 등 특별한 사정이 없는 한 결정법원이라도 결정·명령을 취소·변경할 수 없다고 한 다수의견에 의문이 있다.

3) 대법 2012. 2. 10, 2011마2177; 동 2001. 12. 4, 2001그112; 동 2000. 5. 30, 2000그37 등.

정조서(220조)뿐 아니라, 이행권고결정[1] 등 결정 · 명령에도 준용된다(224조).

(b) 요 건 판결에 잘못된 계산이나 기재, 그 밖에 이와 비슷한 표현상의 잘못이 있고, 또 그 잘못이 분명한 경우이어야 한다. 따라서 표현상의 분명한 잘못이 아닌 **판단내용의 잘못**이나 **판단누락**은 경정사유로 되지 않는다.[2] 잘못이 법원의 과실 때문이든 당사자의 청구의 잘못 때문이든 가리지 않는다.[3] 분명한 잘못인가의 여부는 판결서의 기재 자체뿐만 아니라 소송기록과 대비하여 판단하여야 한다.[4] 경정대상인 판결 이후에 제출되어진 자료도 참작하여 그 오류가 명백한지 여부를 판단할 수 있다.[5] 부동산등기사건에서 **판결의 집행불능**의 사례가 흔히 나타나는데, 고치고자 신소제기로 비용 · 노력 · 시간을 소모하기보다는 경정제도의 폭넓은 해석으로 간소한 해결을 생각할 수 있다.

판례상의 경정사유: 당사자의 표시에 주소누락,[6] 판결서 말미에 별지목록의 누락,[7] 조정조서에 지적공사의 측량성과도가 붙지 아니하여 집행이 곤란해진 경우,[8] 목적물의 표시에 있어서 번지의 호수누락,[9] 주택호수 · 건물건평 · 토지면적의 잘못 표시,[10] 지적법상 허용되지 않는 m^2 미만의 단수를 그대로 둔 경우,[11] 호프만식 계산법에 의한 손해금의 계산 등 계산 착오,[12] 판결주문 중 등기원인일자의 잘못,[13] 변론종결전에 토지가 분할되었는데 그 내용이 변론에 드러나지 않은 경우 분할된 토지로 경정가능[14] 등. 그러나 이전등기 · 말소등기 판결에서 피고의 등기부상의 주소를 기재하지 않은 것은 경정사유가 아니다.[15]

---

1) 대법 2022. 12. 1, 2022그18.
2) 대법 1969. 12. 30, 67주4. 잘못 기재된 청구취지대로 판결한 경우는 불해당=대법 1984. 12. 26, 84그66; 동 1995. 4. 26, 94그26.
3) 대법 1992. 3. 4, 92그1; 동 1990. 5. 23, 90그17 등.
4) 분명한 잘못의 판단자료에 관하여 판례는 과거의 자료 외에 경정대상인 판결 이후에 제출된 자료나 집행과정에서 밝혀진 사실도 포함하고 있다(대법 2000. 5. 24, 98마1839; 동 2000. 5. 24, 99그82; 동 2012. 10. 25, 2012그249).
5) 대법 2023. 8. 18, 2022그779.
6) 대법 1995. 6. 19, 95그26; 동 2000. 5. 30, 2000그37.
7) 대법 1989. 10. 13, 88다카19415.
8) 대법 2012. 2. 10, 2011마2177.
9) 대법 1964. 4. 13, 63마40.
10) 대법 2023. 6. 19, 2023그590; 동 1964. 11. 24, 64다815; 동 1985. 7. 15, 85그66 등.
11) 대법 1996. 10. 16, 96그49. m^2 미만의 단수표시로 집행곤란할 경우에 상대방의 소유에 합산시켜 단수를 없애는 방식은, 대법 2023. 6. 20, 2023그574.
12) 대법 1970. 1. 27, 67다774; 동 1970. 9. 29, 70다1156. 손해배상액의 산정에 잘못의 같은 취지는 동 2002. 1. 25, 2000다10666 등.
13) 대법 1970. 3. 31, 70다104.
14) 대법 2020. 3. 16, 2020그507.
15) 대법 1986. 4. 30, 86그51; 동 1992. 5. 27, 92그6; 이행권고결정상 주민등록번호를 누락한 것은 결정 경정사유 부정, 대법 2022. 12. 1, 2022그18.

이행권고결정에 피고의 주민등록번호가 기재되어 있지 아니하여도 같다.[1] 판결경정사유는 상고이유로 되지 않는다.

생각건대 판결주문과 이유가 명백히 모순·착오인 경우(예를 들면 이유에서는 명백히 판단되었지만 주문에서는 「나머지 청구는 기각한다」는 것을 빠뜨리는 경우)는 추가판결이 아니라 경정절차에 의한 간편한 시정을 허용할 것이다.[2] 항소심에서 변경된 원고의 '청구'를 기각한다고 표현할 것을 원고의 '항소'를 기각한다고 한 것을 경정사유로 본 예로, 대법 1999. 10. 22, 98다21953이 있다.

(c) 절　　차

1) 경정은 직권 또는 당사자의 신청에 의하여 어느 때라도 할 수 있다(211조 1항). 상소제기 후는 물론 판결확정 후에도 할 수 있다. 원칙적으로 당해 판결을 한 법원이 경정할 것이나, 상소에 의하여 사건이 상소심으로 넘어간 경우에는 판결원본이 있는 상급법원도 경정할 수 있다고 볼 것이다.[3]

판례는 판결을 한 법원은 물론 상급법원도 경정할 수 있다고 하였으나,[4] 다만 하급심에서 확정된 판결부분에 대해서는 그 부분에 관한 기록이 상급법원에 와 있다 하여도 상급법원이 그 부분에 대한 심판권이 없으므로 경정할 수 없다고 하였다.[5]

2) 경정은 결정으로 함이 원칙이나, 판결로써 경정하였다 하여 위법이라 할 수 없다.[6] 경정사유를 소명해야 한다는 것이 판례이다(대법 2018그636). 경정결정은 판결의 원본과 정본에 덧붙여 적어야 한다. 다만 정본이 이미 당사자에 송달되어 정본에 덧붙여 적을 수 없을 때에는 따로 결정의 정본을 송달하면 된다(211조 2항).

3) 경정결정에 대해서는 즉시항고할 수 있다. 다만 판결에 대하여 적법한 항소가 있는 때에는, 항소심의 판단을 받으면 되기 때문에 항고는 허용되지 않는다(211조 3항). **경정신청기각결정**에 대해서는 불복할 수 없다는 것이 통설·판례이다.[7] 판례는 직접 판결을 한 법원이 분명한 오류가 없다고 본 것을 심판에 직접 관여도 하지 아니한 다른 법원이 그러한 오류가 분명하다 하여 경정을 명하는 것은 조리에 반하며,[8] 경정결정에 대해서만 즉시항고할 수 있게 한 제211조 3항 본문

---

1) 대법 2022. 12. 1, 2022그18 등.
2) BGH NJW 64, 1858. 노영희, "주문상의 이행주체를 바꾸는 판결경정의 허용여부(원고는 피고에게 → 피고는 원고에게)," 대한변협신문 2011. 12. 15자.
3) 대법 1984. 9. 17, 84마522.
4) 대법 1984. 9. 17, 84마522; 동 1992. 1. 29, 91마748.
5) 대법 1992. 1. 29, 91마748 등.
6) 대법 1965. 7. 20, 65다888; 동 1967. 10. 31, 67다982.
7) 대법 1986. 11. 7, 86마895 등.
8) 대법 1960. 8. 12, 4293민재항200; 동 1961. 11. 6, 4294민항572.

의 반대해석으로도 그렇다는 것이다.[1] 기각결정에 대해서는 헌법위반을 이유로 오로지 특별항고(449조)가 허용될 뿐이다.[2] **특별항고**를 하려면 신청인이 그 재판에 필요자료의 제출기회를 전혀 부여받지 못하였거나, 판결과 그 소송의 전과정에 나타난 자료 및 판결선고 후 제출한 자료상으로 판결오류가 분명한 경우에 해당되어야 한다.[3]

(d) **효 력** 경정결정은 원판결과 일체가 되어 판결선고시에 소급하여 그 효력이 발생한다.[4] 그러나 판결에 대한 상소기간은 경정에 의하여 영향을 받지 않고 판결이 송달된 날로부터 진행한다. 다만 경정한 결과 상소이유가 발생한 경우에는 상소의 추후보완(173조)을 할 수 없다는 판례[5]가 있으나, 일의적으로 부정할 것은 아니다.

Ⅱ. 형식적 확정력

(1) **의 의** 법원이 한 종국판결에 대하여 당사자의 불복상소로도 취소할 수 없게 된 상태를 판결이 형식적으로 확정되었다고 하고, 이 **취소불가능성**을 형식적 확정력이라 한다.[6] 판결의 형식적 확정은 판결정본이 적법하게 송달되었을 것을 전제로 한다.[7] 판결의 형식적 확정력은 상소의 추후보완 · 재심의 소에 의하여 배제될 수 있다.

(2) **판결의 확정시기**

1) **판결선고와 동시에 확정되는 경우** 상소할 수 없는 판결, 예컨대 상고심판결 · 제권판결(490조 1항) 따위가 그것이다(송달과 동시에 확정: 심리불속행 · 상고이유서 부제출시의 상고기각판결. 상특법 5조 2항). 판결선고 전에 불상소의 합의가 있는 때에도 판결선고와 동시에 판결이 확정된다

---

1) 대법 1971. 7. 21, 71마382.

2) 대법 1991. 3. 29, 89그9; 동 1995. 7. 12, 95마531 등(만일 당사자가 이를 오해하여 통상항고를 한 때에는 항고장을 접수한 법원은 특별항고로 보아 대법원에 기록송부를 하여야 한다).

3) 대법 2004. 6. 25, 2003그136.

4) 대법 1999. 12. 10, 99다42346 등.

5) 대법 1997. 1. 24, 95므1413 · 1420.

6) 판결의 내용적 효력을 대별하면

i) 판결의 **사실적 효력**: ① 증명효(전소 판결이유 중의 판단이 후소의 판단에 대하여 갖는 사실상의 증명효과), ② 파급효(현대형소송에서 원고승소판결이 같은 종류의 피해자의 구제에 도움을 주고, 특히 행정이나 입법에까지 파급하는 효과. 예: 통상임금에 관한 판례).

ii) 판결의 **법적 효력**: ① 본래적 효력(기판력, 집행력, 형성력), ② 부수적 효력(참가적 효력, 법률요건적 효력, 반사효 등).

7) 대법 1997. 5. 30, 97다10345.

(선고후 합의시는 합의성립시). 다만 비약상고(390조 1항 단서)의 합의가 있는 때에는 상고기간의 만료시에 확정된다.

2) 상소기간의 만료시에 확정되는 경우

㈎ 상소기간 내에 상소를 제기하지 않고 도과시킨 때.

㈏ 상소를 제기하였으나 상소를 취하한 때.[1]

㈐ 상소를 제기하였으나 상소각하판결이 나거나 상소장각하명령이 있는 때. 물론 이들 재판이 확정되었을 것을 전제로 한다.

3) 상소기간 경과 전에 상소권을 가진 당사자가 이를 포기할 때(394조, 425조)에는 그 포기시에 확정된다.

4) 상소기각판결은 그것이 확정된 때에 원판결이 확정된다.

5) **일부불복의 경우**(일부확정) 예를 들면 원고가 금 100만원을 청구하여 60만원 부분은 승소, 40만원 부분은 패소하였는데, 원고가 자기의 패소부분 40만원만을 불복상소하고 피고가 상소·부대상소하지 않은 경우에 원고의 승소부분 60만원은 어느 때에 확정되는가. 일부불복의 경우라도 상소불가분의 원칙에 의해 일단 판결전부의 형식적 확정력이 차단되지만, 상대방 당사자의 부대상소가 허용될 수 없는 시기에 이르면 불복이 되지 않은 부분은 확정된다고 볼 것이다. 따라서 항소심에서는 항소심의 변론종결시(403조), 상고심에서는 상고이유서 제출기간의 도과시가 각기 확정시라고 할 것이다(변론종결시설).[2] 그러나 판례의 주류는 불복신청 없는 부분은 상소심의 심판의 대상에서 제외된다고 하여 그 부분의 판결확정시는 항소심의 경우는 항소심 판결의 선고시,[3] 상고심은 상고심판결의 선고시로 본다(선고시설).[4] 따라서 그동안 선고시까지는 상소취지를 확장·감축시킬 수 있다는 결론이 되어 문제이다.

(3) 판결의 확정증명

1) 판결이 확정되면 소송당사자는 그 판결에 기하여 기판력을 주장하거나, 가족관계등록신고·등기신청 등을 할 수 있으므로, 이를 위해 판결이 확정되었음

1) 대법 2016. 1. 14, 2015므3455; 동 2017다233931(항소기간 경과 후에 취하한 경우도 같다).

2) Thomas-Putzo, § 705 Rdnr. 10; Schellhammer, Rdnr. 834.

3) 대법 2008. 3. 14, 2006다2940; 동 2001. 4. 27, 99다30312 등. 한위수, "청구가 단순병합된 소송에 있어 일부청구부분에 대하여만 항소 및 상고가 된 경우 항소심에서 불복하지 아니한 청구부분의 확정시기," 이시윤박사 화갑기념논문집(하), 268면 이하.

4) 대법 2001. 12. 24, 2001다62213. 그러나 원심판결중 상고심에서 불복하지 아니한 부분은 부대상고기간만료시 또는 부대상고포기시에 확정된다는 다른 취지의 것으로, 대법 2006. 4. 14, 2006카기62.

을 증명할 필요가 생기게 된다. 당사자는 소송기록을 보관하고 있는 법원사무관 등에게 신청하여 판결확정증명서를 교부받게 된다.

2) 상급심에서 소송이 완결된 경우라도 소송기록은 제1심법원에서 보존하게 되므로(421조, 425조), 확정증명서의 교부는 제1심법원의 법원사무관등으로부터 받음이 원칙이다(499조 1항). 다만 소송이 상급심에 계속중이라도 그 사건의 판결 일부가 확정된 경우에는 소송기록은 상급심에 있기 때문에, 확정부분에 대한 증명서는 상급법원의 사무관등으로부터 교부받게 된다(499조 2항).

(4) 소송의 종료 판결이 형식적으로 확정되면 소송은 종국적으로 끝이 난다. 확정에 의하여 판결의 내용에 따른 효력인 기판력 · 집행력 · 형성력 등이 생기게 된다.

Ⅲ. 기판력 일반

1. 기판력의 의의

(1) 확정된 종국판결에 있어서 청구에 대한 판결내용은, 당사자와 법원을 규율하는 새로운 규준(規準)으로서의 구속력을 가지며, 뒤에 동일사항이 문제되면 당사자는 그에 반하여 되풀이하여 다투는 소송이 허용되지 아니하며(불가쟁(不可爭)), 어느 법원도 다시 재심사하여 그와 모순 · 저촉되는 판단을 해서는 안 된다(불가반(不可反)).[1] 이러한 확정판결의 판단에 부여되는 구속력을 기판력 또는 실체(질)적 확정력(materielle Rechtskraft, res judicata)이라 한다.[2]

(2) 판결의 효력 중 기속력 · 형식적 확정력은 당해 소송절차상의 효력으로서, 전자는 법원에, 후자는 당사자에 대한 구속력으로서 문제됨에 대하여, 기판력은 소송물에 대해 행한 판단의 효력으로서, 당해 소송보다도 **뒤의 별도소송**에서 법원 및 당사자에 대한 구속력으로서 문제된다.[3]

(3) 기판력제도는 국가의 재판기관이 당사자간의 법적 분쟁을 공권적으로 판단한 것에 기초한 법적 안정성에서 유래된 것이나, 판결의 내용에 묵과할 수

1) 대법 1987. 6. 9, 86다카2756; Thomas-Putzo, § 322 Rdnr. 1.

2) 확정된 권리관계를 다투려면 전소의 기판력을 소멸시켜야 하며, 전소가 공시송달로 진행끝에 피고가 책임질 수 없는 사유로 전소에 응소할 수 없다고 하여도 마찬가지라는 것에, 대법 2013. 4. 11, 2012다111340.

3) 행정소송법 30조 1항의 취소확정판결의 기속력과 기판력 관계는 대법 2016. 3. 24, 2015두48235 참조.

없는 중대한 흠이 내포되었을 때에는 구체적 타당성 앞에서 양보하여야 한다. 그것이 재심제도이다.

2. 기판력의 본질

기판력의 구속력은 무엇이며, 어떠한 법적 성질을 갖느냐에 대하여는 다툼이 있다.

(1) 실체법설 판결은 당사자간의 **실체법상의 권리관계를 변경**하는 것이라고 보면서 기판력의 구속력을 설명하는 입장이다(Kohler, Pagenstecher). 따라서 정당한 판결이라면 종래의 권리관계를 그대로 확인하는 효력이 있고, 부당한 판결은 종래의 권리관계를 판결의 내용대로 발생·변경·소멸시키는 효력이 있는 것으로 본다. 그러므로 종래에 존재하고 있던 권리라 하여도 재판에서 인정하지 아니하면 그 권리는 재판의 확정과 동시에 소멸되고, 존재하지 아니한 권리라도 재판에서 인정하면 그 권리관계가 발생된다고 본다. 따라서 기판력이 후소에서 재판의 내용을 구속하게 되는 것은 판단의 대상인 실체법상의 권리관계가 이미 그 판결의 결과대로 변동되었기 때문이다. 이러한 실체법설에 근접한 것으로 **구체적 법규설**(권리실재설)이 있는데, 판결을 통하여 추상적인 법규를 당사자간의 구체적인 법규화가 기판력이라 본다.

(2) 소송법설 기판력은 실체법상의 권리관계를 변동시키는 것이 아니고, 오로지 소송법상의 효과로서 **후소를 재판하는 법관을 구속**하는 효력이라 한다.[1] 예를 들면 실제로 채무가 존재함에도 부존재한다고 부당판결이 났을 때, 실체법설은 기판력에 의하여 채무는 소멸되는 것이며 그럼에도 채무자가 변제한 경우에 채무가 없는데도 갚은 비채변제가 된다는 것임에 대하여, 소송법설은 소송상 다툴 수 없을 뿐 채무는 살아 있는 것이며 채무자가 변제하면 채무본지에 따른 변제가 된다는 것이다. 구속력의 내용을 어떻게 볼 것인가에 대하여 소송법설 안에서 다시 다투어진다.

(a) 모순금지설(구소송법설) 국가재판의 통일이라는 요구를 내세워 구속력의 내용을 후소법원이 **전에 판단한 것과 모순된 판단**의 금지 즉 **모순금지**(Widerspruchsverbot)로 파악하고 있다. 따라서 당사자는 반사적으로 후소에서 전소와 모순되는 내용의 판결을 구하는 것이 금지되며, 다만 전소와 같은 내용의 본안판결을 구할 수 있을 뿐이다.[2]

이 설에 의하면 승소판결을 받은 경우에 원고가 같은 신소를 제기하는 것은 이미 권리보호를 받았음에도 불구하고 이를 다시 구하는 것이므로, 권리보호의 이익에 흠이 있는 것이며 이 때문에 소각하를 하여야 한다고 한다. 그러나 패소판결을 받은 때에 원고가 신소를 제기하면 전의 판결내용과 모순되는 판단을 하여서는 아니 되는 구속력 때문에 전소판결의 판단을 원용하여 청구기각의 판결을 하여야 하고, 소각하할 것이 아니라는 입장이다.

---

1) 대법 2020. 5. 14, 2019다261381. 그러나 실체관계에 영향을 미치는 듯한 판례로 대법 2020. 5. 14, 2016다239024 등.

2) Grunsky, Grundlagen des Verfahrensrecht(2. Aufl.), S. 495f.

판례[1]와 일부학설[2]이 따른다.

(b) **반복금지설**(신소송법설) 이 설은 일사부재리(ne bis in idem)에 내재하는 분쟁해결의 1회성을 내세워, 기판력이란 후소법원에 대해 한번 확정된 법률효과에 대하여 다시 변론 · 증거조사 · 재판을 금지하는 구속력인 것으로 파악한다. 다시 말하면 기판력의 본질을 **반복금지**(Wiederholungsverbot)의 강제로 본다(독일 · 오스트리아의 통설 · 판례).[3] 이와 같이 반복하여 변론 · 증거조사 · 재판을 금하는 것이 기판력이라면, 전소와 소송물이 같은 후소는 전소의 판결 결과가 승소이든 패소이든 관계 없이 부적법각하를 면치 못하게 되며(승소한 원고가 재소의 경우 권리보호의 이익없다는 논리구성 없이), 따라서 기판력을 그 자체로서 **소극적 소송요건**으로 본다.

(3) 비 판 우선 실체법설은 권력분립의 원칙과 모순된다. 실체법상의 권리의 생성 · 소멸은 어디까지나 입법자의 과제이지 법관의 임무가 아니다. 법관은 단지 원칙적으로 기존의 권리관계를 확정할 뿐인데, 실체법설은 이 점을 간과하고 있다. 또한 실체법설은 기판력이 소송당사자간에서만 미치는 것을 설명하지 못한다. 왜냐하면 실체법설에 의하면 모든 판결은 형성판결이어야 하며, 따라서 당사자 아닌 제3자에게도 그 효과가 미쳐야 하기 때문이다. 나아가 실체법설에 의하면 실체법상의 권리의 당부를 판단하지 않는 소송판결에는 기판력을 부인하여야 하는 결과를 낳는다. 새로운 권리를 창설하는 것이 아니라 기존의 권리관계를 단지 조사하는 것이 소송의 본질이고 이를 단지 확정하는 것이 판결의 본질이라면, 소송법설이 타당하다 볼 것이다.

모순금지설은 실제로는 승소원고가 다시 같은 소송물에 대하여 후소를 제기하면 소의 이익이 없다 하여 소를 각하하여야 한다고 하지, 전과 같은 내용의 승소판결을 하여야 한다고는 해석하지 않는다. 이는 기본입장과는 일관성이 없는 취급이다. 한편 모순금지설은 패소원고가 다시 같은 소송물에 대해 후소를 제기하였을 때에는 소의 이익이 없다고 하지 않고 전과 같은 내용의 판결 즉 기각판결을 하여야 한다고 본다. 결국 전소와 같은 소송을 제기한 경우에 승소자에게는 이익이 없고 패소자에게는 이익이 있다는 설명인데, 이것은 매우 기이하다. 한편 전소와 동일 소송물인 후소를 제기하였을 때에는 반복금지의 소극적 기능이 작용하지만, 그 외의 경우는 모순금지의 적극적 기능이 작용한다는 **절충설**도 있다.[4] 이론구성이 간명하고 사고경제의 반복금지설을 따른다.[5] 어느 학설에 의해도 기판력에 저촉되면 기각이든 각하든 배척되는 것에 다름 없으므로 논쟁의 실익은 그리 크지 않다. 크게 보면 기판력은 일사부재리(non bis in idem)로 보면 된다. 이것이 흔들리면 여기에 매달리며 낭비적으로 국가사회가 흔들린다.

---

1) 대법 1989. 6. 27, 87다카2478; 동 1979. 9. 11, 79다1275 등. 대법 2009. 12. 24, 2009다64215는 일부승소판결이 있음에도 재소한 경우에는 승소부분에 해당하는 것은 각하, 패소부분에 해당하는 것은 기각하여야 한다고 했다.
2) 방순원, 610면; 이영섭, 191면; 호문혁, 598면; 한충수, 589면.
3) BGH 36, 365; 34, 337.
4) 김용진, 545면; 전병서, 638면.
5) 같은 취지: 김홍규, 603면; 정동윤/유병현/김경욱, 803면; 오정후, "확정판결의 기판력이 후소에 미치는 영향," 민사소송 18권 2호.

3. 기판력의 정당성의 근거

기판력이 미치는 근거를 어떻게 볼 것인가. 기판력의 본질과는 또 다른 문제로 그 실천적 의미는 결코 과소평가될 수 없다. 전통이론에 의하면 법적 안정성, 즉 사회질서의 유지와 같은 분쟁의 반복 금지에 의한 소송경제의 요청에서 찾고 있으며, 따라서 기판력은 소송제도에 없어서는 안 될 제도적 효력으로 본다(법적 안정설). 그러나 이것은 기판력인정의 필요성을 강조하는 것 뿐이고 이것만으로 기판력에 의하여 불이익을 받는 당사자에게 기판력을 정당화시킬 근거로는 될 수 없다. 따라서 기판력을 정당화하는 근거는 소송당사자로서 절차상 소송물인 권리관계의 존부에 대하여 변론을 하고 소송을 수행할 권능과 기회를 보장해 준데서 찾아야 한다는 이론이 나타나고 있다(절차보장설). 이 설에 의하면 양쪽 당사자에 변론의 권능과 기회가 주어진 이상 패소의 결과를 다시 다투는 것은 공평의 관념 내지 신의칙에 반한다 하여 받아줄 수 없다는 것이다. 이로부터 절차보장이 없는 사람이나 절차보장이 없는 소송물에 대한 판단에는 기판력이 인정될 수 없거나 적어도 상고이유·재심사유가 된다는 결론을 도출한다. 반대견해[1]가 있으나, 신설은 경청해보고 더 연구해볼 만한 가치가 있다.[2] 생각건대 기판력은 법적 안정성·소송경제의 요청과 함께 절차보장을 받은 당사자의 자기책임에서 그 근거를 찾는 것이 옳지 않을까 생각된다(이원설). 비단 당사자에게 기판력이 미치는 근거일 뿐 아니라 제3자에게 확장되는 근거도 여기에서 찾아야 할 것이다. 가사소송에서 원고패소판결은 다른 제소권자에게 소송참가의 절차보장의 기회가 제대로 주어지지 아니하였다면 그 제3자에게 기판력이 미치지 않도록 하는 것을 이러한 맥락으로 이해하고 싶다(가소 21조).

4. 기판력의 작용[3]

(1) 작 용 면 기판력은 전소에서 확정된 권리관계가 후소에서 다시 문제되는 때에 작용한다. 즉 1) 전소의 소송물과 같은 후소의 제기가 허용되지 않는 것은 물론, 같지 않다 하더라도, 2) 전소의 소송물에 관한 판단이 후소의 선결

1) 정동윤/유병현/김경욱, 765면.

2) 같은 취지: 전병서, 468면; 정영환, 1139면; 대법(전) 1995. 4. 25, 94다17956에서의 별개의견.

3) 이기택, "교과서로 본 민사소송법(2)"—법률신문 2023. 5. 23.자에서는 우리 교과서에서 기판력의 작용과 객관적 범위를 따로 설명하는데 대하여 비판적이다. 일리있는 견해이지만, 반드시 필연성이 있는 것 같지는 않고, 독일에서도 기판력의 객관적 범위 속에 그 효과(작용)를 포함시키지 않고 따로 설명하는 예도 있다. Schilken, Rdnr. 1026 이하.

문제가 될 때, 3) **모순관계**에 있는 때에는 후소에서 전소의 판단과 다른 주장을 하는 것을 허용하지 않는 작용을 한다.[1] 구체적으로 본다.

1) **소송물의 동일** 전소에서 승소한 원고이든 패소한 원고이든 같은 소송물에 대해 재소하면 기판력에 저촉되어 재소에 장애가 된다. 앞서 본 바와 같이 승소한 원고가 재소하는 경우에는 소의 이익이 없다고 보고 각하하여야 함에 대하여 패소한 원고의 재소의 경우에는 청구기각의 판결을 하여야 한다는 것이 모순금지설의 귀결이다. 판례는 모순금지설에 입각하여 일부승소판결이 있음에도 재소를 한 경우에는 승소부분에 해당하는 것은 각하, 패소부분에 해당하는 것은 기각하여야 한다는 것이 판례임은 앞서 본 바이다(657면 주 2)). 그러나 반복금지설에 따라 전소의 승소·패소를 불문하고 소극적 소송요건의 흠으로 보고 각하하여야 한다는 것이 우리의 견해이다. 다만 기판력 있는 판결이 있어도 i) 판결원본의 멸실, ii) 판결내용의 불특정,[2] iii) 시효중단[3]을 위해 다른 적절한 방법이 없을 때에는 예외적으로 신소가 허용됨은 앞서 본 바이다. 이 경우 전소가 재판상 청구가 있었음에도 전소판결에 의하여 확정된 채권의 시효를 중단시키기 위하여 채권자체를 대상으로 재판상의 청구가 있다는 점에 대하여만 확인을 구하는 형태의 소제기도 허용된다는 것에, 대법(전) 2018. 10. 18, 2015다232316. 신소의 판결은 전소의 판결내용에 저촉되어서는 안 되므로, 후소 법원은 전소에서 인정된 권리의 요건이 구비되었는지 여부를 다시 심리할 수 없다.[4] 다만, 전소의 변론종결 후에 새로 발생한 변제, 상계 등 채권소멸사유나 항변은 후소의 심리대상이 되나,[5] 법률이나 판례의 변경은 전소 변론종결 후 새로 발생한 사유가 아니다.[6]

2) **후소의 선결관계** 후소가 전소와 소송물이 동일하지 아니하여도 전소의 기판력 있는 법률관계가 후소의 선결관계로 되는 때에는 후소의 선결문제로서 기판력을 받아 후소의 법원은 그와 모순되는 판단을 할 수 없다. 후소의 항변사유가 되는 때도 같다. **선결관계효**(Präjudizialitätswirkung)라 한다.[7] 쉽게 말해 전소의 주문에 포함된 소송물에 관한 판단이 후소에서 짚고 넘어갈 선결문제가

1) 대법 2016. 3. 24, 2015두48235; 동 2014. 10. 30, 2013다53939.
2) 대법 1998. 5. 15, 97다57658. 화해조서의 내용불특정은 대법 1995. 5. 12, 94다25216.
3) 대법 1998. 6. 12, 98다1645.
4) 대법 2010. 10. 28, 2010다61557; 동 2018. 4. 24, 2017다293858.
5) 대법 2019. 1. 17, 2018다24349.
6) 대법 2019. 8. 29, 2019다215272(전소판결 확정 후 소송촉진법에 정한 지연손해금 이율이 변경되어도 후소에서는 새 이율을 적용할 수 없다).
7) 대법 2000. 2. 25, 99다55472; 동 2000. 6. 9, 98다18155 등.

되었을 때에는 후소법원은 그 한도 내에서 전소와 다른 내용의 판단을 해서는 안 되고, 당사자는 다른 주장을 하는 것이 허용되지 않는다. 실제로 중요한 의미가 있고 활용될 수 있는 경우이다(전소의 판결주문에서 판단된 법률관계가 문제이므로, 전소의 판결이유에서 판단된 선결적 법률관계가 후소에 미치지 아니하는 문제는 아님. 684면 이하 참조). 그러나 이 경우에 후소에서 선결문제의 한도 내에서 전소의 기판력 있는 판단에 구속되어 이를 전제하여 심판을 하여야 할 뿐, 소 자체의 각하판결을 할 경우가 아니다.

i) 선결관계가 되는 예: 원고가 전소에서 소유권확인의 확정판결을 받았으면, 후소로 같은 피고에 대하여 소유권에 기한 목적물인도(또는 이전등기)를 청구한 때에 여기에서 선결관계인 원고의 소유권에 관한 한 피고로서는 전소판결과 달리 원고가 그 소유권자가 아니라고 주장할 수 없고 법원으로서도 이와 다른 판단을 하는 것은 기판력에 저촉된다.[1)] 배당이의의 소에서 판단한 배당액수령권의 존부는 후소인 수령권이 없음을 전제로 한 부당이득반환청구의 소에서 선결문제가 되므로 전소의 기판력에 저촉된다.[2)] 또 甲·乙간의 이전등기이행청구에 대하여 乙에게 이행의무 없다 하여 기각판결이 된 뒤에, 이제 甲이 乙에게 그와 같은 의무 있음을 전제로 그 이행불능을 원인으로 乙에게 손해배상청구를 하는 것은 허용되지 아니한다.[3)] 전소에서 원금채권의 부존재가 확정된 뒤에 전소의 변론종결 당시에 원금채권의 존재를 전제로 변론종결 후의 지연이자 부분의 청구를 하는 경우에, 이는 변론종결 당시에 원금채권의 존재를 선결문제로 하는 것이 되어 안된다(뒤에 볼 「기판력의 시적 범위」 참조).[4)]

ii) 항변사유가 되는 예: 후소의 항변사유가 될 때도 같다. 甲·乙 사이에서 甲에게 권리가 없다는 기판력 있는 판결이 난 뒤에, 乙이 甲 상대의 다른 소송에서 甲이 자기에게 그와 같은 권리가 있음을 항변하는 때도 전소의 기판력에 저촉된다.[5)] 예를 들면 甲이 乙 상대로 매매대금청구소송에서 청구기각의 확정판결이 났다고 하자. 뒤에 乙이 甲 상대의 목적물인도청구소송을 할 때에, 甲이 乙에게 여전히 대금청구권이 있음을 전제로 하여 乙의 대금지급이 있어야 인도해 주겠다는 동시이행의 항변을 함은 기판력에 저촉된다.

3) 모순관계 후소가 전소의 기판력 있는 법률관계와 정면으로 모순되는 반대관계(kontradiktorisches Gegenteil)를 소송물로 할 때에는 전소의 기판력에 저촉된다. 이 경우에도 후소와 전소의 소송물이 동일하지는 않으나, 전소의 확정

1) 대법 1994. 12. 27, 94다4684. 대법 2000. 6. 9, 98다18155. 대법 1980. 9. 9, 80다1020은 채무부존재확인의 판결은 그 채무부존재를 원인으로 한 등기말소청구에 미칠 수 없다고 하였는데, 잘못이라고 본다. 같은 취지: 김희태, "소유권보존등기말소 및 소유권확인판결의 기판력과 그 변론종결전의 사유를 원인으로 하는 새로운 소유권이전등기청구," 이시윤 박사 화갑기념논문집(하), 211면 이하; 정영환, 1141면; 김홍엽, 650면.

2) 대법 2000. 1. 21, 99다3501.

3) 대법 1967. 8. 29, 67다1179.

4) 대법 1976. 12. 14, 76다1488.

5) 대법 1987. 6. 9, 86다카2756; 동 2001. 1. 16, 2000다41349.

판결의 효과가 침해되어 유지하기 어려워지기 때문이다. 이 때에 후소는 기판력의 부존재라는 소송요건의 흠으로 소각하하여야 함이 반복금지설의 귀결이나, 모순금지설에 의하면 소의 이익이 없는 경우는 아니므로 소각하는 아니고 청구기각판결이 된다.

예를 들면 원고의 소유권확인판결이 확정된 뒤에 동일한 물건에 대한 피고의 소유권확인청구는 전소의 기판력에 저촉된다. 만일 이 때에 후소를 허용한다면 일물일권주의(一物一權主義)에 반하는 결과도 생긴다. 또 확정판결에 의하여 손해배상의무가 있다고 확정된 경우에 후소로 배상의무 없다는 확인청구도 마찬가지이며 이 때에 전소의 기판력에 저촉된다.[1] 우리 판례에서도 甲 · 乙간의 확정판결로 甲 앞으로 소유권이전등기가 마쳐진 뒤에 乙이 다시 그 등기가 원인무효임을 내세워 甲을 상대로 그 등기말소청구를 하는 것은 확정된 이전등기청구권을 부인하는 것이 되어 기판력에 저촉된다고 하였다.[2] 제소전화해에 의하여 甲 앞으로 이전등기가 된 이후에 乙이 그 말소청구를 하는 경우도 다를 바 없다.[3][4] 대법 2014. 3. 27, 2013다91146에서 제3자가 명의수탁자 등을 상대로 한 승소확정판결들에 따라 소유권이전등기를 마친 후, 다른 소유권이전등기청구권자가 명의수탁자 등을 대위하여 제3자명의소유권이전등기가 원인무효임을 내세워 그 등기와 이에 기한 다른 등기의 말소청구는 전소의 기판력에 저촉된다고 했다(전소등기청구의 원인은 증여, 후소말소청구는 증여무효주장). 대법 2020. 7. 23, 2017다224906에서는 미국의 재산분할판결에 기초하여 우리나라에서 집행판결을 받아 소유권이전등기를 받았는데 항소심에서 취소되었음을 전제로 그 소유권이전등기의 말소등기청구하는 경우는 모순관계가 아니라고 했다.

[도표 6] 기판력과 다른 동일제소금지와의 비교표

종류	제도의 취지	후소에 작용하는 대상	소송상의 조치	예외의 경우
기판력	법적안정성 · 절차보장	동일소송물, 선결관계 · 모순관계	승소판결이 확정된 경우 — 각하판결 패소판결이 확정된 경우 — 기각판결(판례의 입장, 반대설 있음)	판결원본의 멸실, 시효중단의 필요, 판결내용의 불특정

1) Rosenberg/Schwab/Gottwald, § 153 Rdnr. 4.
2) 대법 1996. 2. 9, 94다61649; 동 1987. 3. 24, 86다카1958 등. 그러나 甲 · 乙간의 소유권이전등기말소청구소송에서 甲이 승소확정판결을 받아 판결이 집행된 뒤에 乙이 전소와는 별개의 청구원인에 기하여 제기한 소유권이전등기청구는 전소의 기판력에 저촉되지 않는다는 것에 대법 1995. 6. 13, 93다43491. 공시송달의 방법으로 확정된 제1심판결에 의해 이미 원고의 명의로 명의가 이전된 경우에는 피고는 추완항소 절차에서 말소청구를 구할 반소를 제기할 수 있다는 것에, 대법 2023. 4. 27, 2021다276225(본소), 276232(반소).
3) 대법 2002. 12. 6, 2002다44014(진정명의회복등기의 청구도 같다고 한 것에).
4) 乙에 대한 채권자 丙이 乙을 대위하여 같은 말소청구를 할 때에도 같다는 것에, 대법 2000. 7. 6, 2000다11584.

소취하후 재소금지	소권남용에 대한 제재	소송물의 동일만 아니라 전소가 전제관계·선결관계일 때 모두 동일의 소(판례, 반대설 있음)	소각하판결	권리보호의 이익 따로 있을 때
중복제소의 금지	소송경제(시간·비용·노력 등)	동일소송물(다툼 있으나 동일채권으로 상계항변과 별소제기는 불해당)	소각하판결	소송기록의 분실

(2) 작용의 모습 기판력의 소극적 작용과 적극적 작용이 있다. 전자는 기판력 있는 판단을 다투기 위한 당사자의 주장이나 항변을 허용하지 않고 이를 배척하는 작용임에 대하여(불가쟁), 후자는 기판력 있는 판단에 구속되어 이를 전제로 법원이 후소를 심판하여야 하는 작용을 말한다(불가반). 소송물이 동일한 경우에는 전자가 발현되고(일사부재리), 후소의 선결관계가 되는 때에는 후자가 그 기능을 발휘한다(선결관계효). 모순금지설은 후자를 강조하는 것임에 대해 반복금지설은 전자에 치중하는 입장이기도 하다(앞의「기판력의 본질」참조). 그러나 소극적 작용과 적극적 작용의 관계는 서로 배척보다는 상호 보완관계이다.

(3) 기판력의 쌍면성 기판력은 승소자에게 유리하게 작용할 뿐 아니라, 불리하게도 작용함을 말한다. 예를 들면 乙상대로 가옥의 소유권확인을 청구하여 승소한 甲은 그 뒤 乙로부터 가옥철거와 대지인도를 청구당한 경우에 그 가옥이 자기의 소유가 아니라고 주장할 수 없다. 甲의 소유권 부인은 기판력에 저촉되기 때문이다.

(4) 직권조사사항·소송요건 기판력은 비록 직권탐지사항은 아니라 할지라도, 소송법상·공법상의 구속력이기 때문에 직권조사사항이다.[1] 동일 소송물에 대해 기판력이 있는 판단이 없어야 한다는 것은 독자적 소송요건이다(판례: 반대). 당사자 간의 합의에 의하여 기판력을 부여하거나 취소·소멸시킬 수 없으며,[2] 또한 기판력을 확장시킬 수 없다. 포기도 허용되지 않는다. 그러나 기판력에 의하여 확정된 권리관계를 합의에 의하여 변경하는 것은 허용된다. 전소판결의

1) 대법 2011. 5. 13, 2009다94384 등=상고심에서도 주장·증명할 수 있다.

2) 대법 2012. 9. 13, 2010다97846에서는 재심대상판결을 취소시키는 조정(調停)조항은 당연무효라고 보았다. 대법 1994. 7. 29, 92다25137은 재판상화해에 있어서 선행화해와 모순·저촉되는 후행화해가 성립되어도 선행화해가 당연히 실효되거나 변경되지는 않는다고 본다. 관련소송에서 확정판결에 반하는 내용이 확정되어도 당초의 확정판결의 이행으로 교부받은 돈은 법률상 원인없는 이득이 아니다=대법 2000. 5. 16, 2000다11850.

기판력과 모순되는 판결은 무효는 아니나, 상소로써 다툴 수 있으며, 그것이 확정되었을 때 예외적으로 재심에 의하여 취소할 수 있을 뿐이다(451조 1항 10호). 그러나 뒤의 확정판결은 취소될 때까지는 새로운 표준시의 판결로서 기판력을 갖고 법적안정성을 도모한다(305면 참조).

5. 기판력 있는 재판

(1) 확정된 종국판결 종국판결이 확정되면 원칙적으로 기판력이 생긴다. 이에 대해 중간판결(201조)은 종국판결을 준비하기 위한 것이고, 그 소송절차 내에서 효력을 갖는 데 그치므로 기판력이 없다. 종국판결이라도 확정될 것을 요하기 때문에 미확정판결에는 기판력이 없다. 판례는 판결정본의 송달이 무효인 경우에 미확정판결로 본다(뒤에 볼 「판결의 무효」 참조).

1) 본안판결이면 청구인용판결이든 기각판결이든 불문하며, 이행판결 · 확인판결 · 형성판결 모두에 기판력이 생긴다. 형성판결에는 그 소송 대상인 형성권이 형성판결과 동시에 목적이 달성되어 소멸하기 때문에 다시 그 존부가 문제될 여지가 없다고 하여 기판력을 부인하는 견해가 있다. 그러나 기판력을 긍정하여야 함은 이미 본 바이다(앞서 본 「소의 종류」 참조). 다만 형성소송인 청구이의의 소는 집행권원의 집행력 배제가 목적이어서 집행권원의 원인이 된 실체법상 권리관계에 영향을 미치지 아니한다는 취지로 기판력이 생기지 않는다는 것에, 대법 2023. 11. 9, 2023다256577.

2) 소송판결도 소송요건의 흠으로 소가 부적법하다는 판단에 기판력이 생기는 것이고, 소송물인 권리관계의 존부에 미치지 않는다.[1] 예컨대 재판권이나 당사자적격 등의 소송요건의 흠으로 소각하판결을 받은 후에 그 흠을 그대로 둔 채 재소하면, 전소판결의 기판력에 의해 각하된다. 그러나 예를 들면 대표권의 흠을 이유로 소각하의 소송판결을 받아 확정된 뒤 새로 대표자를 선임보완하여 재소하는 경우는 기판력에 저촉되지 아니한다.[2] 상급심에서의 환송판결에 기판력이 있는지 여부는 다투어진다(뒤에 볼 「환송판결의 구속력」 참조).

3) 종국판결이라도 무효인 판결에는 기판력이 없다. 사망자를 당사자로 한 판결의 경우가 그러하다(「판결의 무효」 참조).

---

1) 대법 1983. 2. 22, 82다15. 참가신청각하판결은 참가요건을 갖추지 못한 점에 기판력이 생긴다는 것에, 대법 1992. 5. 26, 91다4669 · 4676. 소송물의 불특정을 이유로 청구기각한 판결에는 소송물인 권리관계의 존부에 기판력이 없다는 것에, 대법 1992. 11. 24, 91다28283 등.

2) 대법 1994. 6. 14, 93다45015; 동 2003. 4. 8, 2002다70181; 동 2023. 2. 2, 2020다270633 참조.

4) 가압류 · 가처분결정은 **피보전권리의 존재여부**를 종국적으로 확인하는 의미의 기판력은 없으나,[1] 뒤의 보전절차에서 동일사항에 관하여 달리 판단할 수 없다는 의미에서 한정적인 기판력이 있다.[2] 따라서 피보전권리나 보전의 필요성이 소명되지 아니하여 보전신청이 기각되었을 때에는 채권자가 전의 절차에서 제출할 수 없었던 새로운 소명자료에 의하여서만 새로운 신청이 적법할 수 있다.

(2) 결정 · 명령 결정 · 명령이라도 실체관계를 종국적으로 해결하는 것은 기판력이 생긴다. 예를 들면 소송비용에 관한 결정[3](110조, 114조), 간접강제를 위한 배상금의 지급결정(민집 261조), 재판상 화해와 동일한 효력있는 확정된 화해권고결정(231조)[4]이나 조정을 갈음하는 결정(민집 34조) 따위이다. 그러나 소송지휘에 관한 결정 · 명령(222조 참조)이나 집행정지결정(500조, 501조) · 지급명령 · 이행권고결정은 기판력이 없다.[5] 비송사건에 관한 결정도 기판력이 없기 때문에 뒤에 변경할 수 있다.[6]

(3) 확정판결과 같은 효력이 있는 것 청구의 포기 · 인낙조서(220조), 중재판정(중재 35조)[7]에는 기판력이 있다. 화해조서(220조)와 각종의 조정조서(가소 59조; 민조 29조)에 대해서 무제한기판력을 인정하는 것이 과거의 다수설이요 현재의 판례이나, 의문이다(앞에서 본 「재판상의 화해」 참조). 종전에는 확정된 지급명령(474조)에 기판력이 인정되었으나 현재는 기판력을 배제시켰다(민집 58조 3항).[8] 개인회생채권표의 기재(통합도산법 603조 3항)는 확정판결과 동일한 효력을 가진다고 규정하였으나, 이는 기판력이 아닌 확인적 효력을 가지고 불가쟁(不可爭)의 효력이 있다는 의미에 지나지 않는다고 한 것에 대법 2017다204131. 파산채권자표 기재도 같다.

(4) 외국법원의 확정재판 등과 개정법률(217조 · 217조의 2)[9] Global시대이므로 외국판결 등 재판이 국내에서 문제되는 경우가 갈수록 많아진다. 외국법원의 확정재판이 우리나라에 승인될 수 있으면 내국판결처럼 기판력이 생긴다. 따라서

1) 대법 1977. 12. 27, 77다1698; 동 2008. 10. 27, 2007마944.
2) Thomas-Putzo/Seiler, § 922 Rdnr. 8~11. 졸저, 신민사집행법(제8개정판), 605, 705면 참조. 같은 취지: 정영환, 1217면. 반대: 김홍엽, 833~834면; 한충수, 593면.
3) 대법 2002. 9. 23, 2000마5257.
4) 대법 2012. 5. 10, 2010다2558.
5) 대법 1987. 2. 11, 86그154.
6) 대법 1998. 6. 12, 98므213. 재산분할재판확정 후 추가로 발견된 재산에 대하여 추가재산분할청구로 볼 수 있다.
7) 외국중재판정에 기판력이 있다는 것에, 대법 2009. 5. 28, 2006다20290.
8) 대법 2009. 7. 9, 2006다73966.
9) 정선주, "Die Anerkennung ausländischer Urteile in Korea"(이는 Hess/Sunju Jeong, Die Anerkinnung im Internationlen Zivilprozessrecht, S. 79f.에 게재된 논문).

같은 소송을 국내에서 다시 제기하면 기판력에 저촉되게 된다.[1] 2014. 5. 20. 민사소송법개정법률은 제217조의 내용일부를 개정하는 한편, 제217조의 2를 신설하였다(이 개정법률은 위원입법으로 공청회도 없이 전격적으로 이루어졌으며, 그 동안의 판례·통설로 해결될 문제를 구태여 입법화한 면이 있다). 개정법률 제217조 제1항에서는 승인대상을 '외국법원의 확정판결 또는 이와 동일한 효력이 있는 재판'이라고 확대하였다. 이는 판결이 아니라 결정이라도 결정의 종국성·기판력·대세효 및 상소가능성이 있으면 외국판결의 개념에 포함될 수 있다는 종래의 다수설·판례[2]의 명문화이다. 문제는 재판자체는 아니라도 판결과 동일한 효력(우리 판례의 기판력)있는 조서인 청구의 포기·인낙조서, 화해·조정조서 등이 승인의 대상이 될 수 있는 것인가 앞으로 논란이 될 것이다. 최근 대법 2012다23832에서는 여기의 '외국법원의 확정재판등'은 사법상의 법률관계에 관하여 대립적 당사자에 대한 상호간의 **심문이 보장된 절차**에서 종국적으로 한 재판으로서 구체적 급부의 이행을 강제적 실현에 적합한 내용을 가지는 것을 의미한다고 하였다. 이 판례에 비추어도 위와 같은 조서 등을 대상에서 제외한다고 봄이 상당할 것이다. 개정법률 제217조 제1항은 다음 4가지 승인요건을 모두 구비하여야 한다고 규정하고, 동 제2항이 승인요건이 모두 법원의 직권조사사항이라고 하였다. 이는 집행요건이기도 하다.

i) **국제재판관할권**(1항 1호) 우리나라의 법령·조약에 따른 국제재판관할의 원칙상 그 외국법원이 당해 사건에 대하여 국제재판관할권을 갖고 있어야 한다(간접관할). 국제재판관할의 존부는 개정국제사법 규정에 의거할 것이다. 이에 관한 국제조약은 없어 근자에 바뀐 국제사법 제2조에서 밝힌 국제재판관할에 관한 원칙을 따를 것인데,[3] 이 기준을 넘어서 외국이 부당하게 자국의 재판관할권을 확대시켜 피고의 정당한 관할이익을 침해했을 때는 승인해 주지 않는다는 취지이다. 판례는 섭외이혼사건의 이혼판결을 한 외국법원에 국제재판관할권이 있다고 하기 위하여는 피고의 주소가 그 나라에 있어야 한다는 전제(피고주소지주의) 아래, 한국에 주소를 두고 있는 피고에 대한 미국 캘리포니아주 법원의 이혼판결은 우리나라에서 효력이 없다고 하였다.[4] 제조업자에 대한 제조물책임소송에서 손해발생지의 외국법원에 국제재판관할권의 유무판단에는 제조업자가 그 손해발생지

1) 대법 1987. 4. 14, 86므57·58.

2) 대법 2010. 3. 25, 2009마1600. 오영준, "민사소송법상 승인대상인 '외국법원의 판결'의 의의," 법률신문 2011. 10. 31.자.

3) 대법 2003. 9. 26, 2003다29555에서도 국제사법 제2조의 규정에 부합하게 원칙적으로 관할배분설을 따랐다.

4) 대법 1988. 4. 12, 85므71.

에서 사고발생으로 그 지역의 외국법원에 제소될 것임을 합리적으로 예견할 수 있을 정도로 제조업자와 손해발생지 사이에 실질적 관련성이 있는지를 고려해야 하며, 제조물의 결함으로 손해배상을 한 제조물공급자가 제조업자 상대의 구상금청구를 할 때도 제조업자와 그 법정지 사이에 실질적 관련성을 고려해야 한다는 것에 대법 2015. 2. 12, 2012다21737 판결 있다.

ii) **송달의 적법성과 적시성**(1항 2호) 신법은 비단 기일통지서 등만이 아니라 소장 등까지도 적법한 방식에 의한 송달을 받을 것(적법성)과 이러한 서류들을 방어에 필요한 시간여유를 두고 송달받을 것(적시성) 두 가지를 요구하고 있다. 적법성과 관련하여 판례[1]는 여기의 송달이란 공시송달 또는 우편송달이 아닌 통상의 송달방법에 의한 송달을 의미하며 또 적법한 것이라야 한다는 취지이다. 효율적인 방어를 위하여는 원고청구의 내용을 알아야 하고 또 시간적 여유도 필요하므로 신법은 송달되어야 할 서면에 소장 등을 추가하였고, 적법성 외에 적시성의 요건도 추가한 것이다. 한국에 주소를 둔 피고에게 충분한 응소기간을 주지 아니하고 대만법원이 소환장을 송달한 경우는 적시성을 어긴 것이 된다.[2] 대법 2003. 9. 26, 2003다29555에서 서류가 적법하게 송달된 이상 그 후의 소환 등의 절차가 우편송달이나 공시송달 등의 절차에 의하여 진행되었더라도 상관 없다고 했다. 또 송달에 관한 방식과 절차를 따르지 아니하였으나, 패소한 피고가 외국법원의 소송절차에서 방어의 기회를 가졌다고 볼 수 있는 경우 여기에서 말하는 피고의 응소가 있는 것으로 볼 것이다.[3] 송달의 적법성 · 적시성도 판결국의 법에 따른다.[4]

iii) **공서양속**(1항 3호) 중요한 승인요건이다.

① 공서양속일반 외국법원의 판결을 인정하는 것이 선량한 풍속 그 밖의 사회질서(ordre public—공서)에 위반되지 아니하여야 한다. 국내법질서의 보존을 위한 규정이지만 국제적 거래질서의 안정도 함께 고려해야 한다는 것이 통설이다. 확정재판 등의 승인이 우리나라 국내법질서가 보호하려는 기본적인 도덕적 신념과 사회질서에 미치는 영향을 확정재판 등이 다룬 사안과 우리나라와

1) 대법(전) 2021. 12. 23, 2017다257746(보충송달은 적법한 송달에 해당). 미합중국의 워싱턴주법에서 워싱턴주 밖에 주소를 둔 피고에게 60일의 응소기간을 부여한 소환장을 송달하도록 규정하고 있는데, 한국에 주소를 둔 피고에게 20일의 응소기간만을 부여한 소환장을 송달한 사례에서 제2호의 적법한 방식에 의한 송달이 아니라는 것에, 대법 2010. 7. 22, 2008다31089, 이에 대한 평석은 이규호, 외국판결의 승인 및 집행에 있어 송달요건(법률신문 2010. 9. 20.자).

2) 대법 1992. 7. 14, 92다2585(영사파견국인 대만법원이 우리나라 국민에게 자국영사에 의한 직접 실시방식에 의한 송달을 한 사안).

3) 대법 2016. 1. 28, 2015다207747.

4) 위 2010. 7. 22 판결. 그러나 Rosenberg/Schwab/Gottwald, § 157 Rdnr. 34(승인국의 법).

의 관련성의 정도에 비추어 판단하여야 한다는 것이 판례이다.[1] 판결주문뿐만 아니라 이유 그리고 외국판결을 승인할 경우 발생할 결과도 심사의 대상이 되고[2] 판결의 내용뿐만 아니라 그 절차적인 면도 심사의 대상이 된다(내용적 공서·절차적 공서).[3] 개정 법률 제217조 제1항 제3호에서 '그 확정재판 등의 내용 및 소송절차에 비추어'를 새로 추가하여 이 점을 분명히 하였다. 판례는 대한민국 판결의 기판력에 저촉되는 외국판결[4]과 피고의 방어권을 현저히 침해하여 성립한 외국판결에 대하여 절차에 관한 선량한 풍속 그 밖의 사회질서를 위반한 것이라고 하였다.[5] 또 미국파산법원의 회생계획인가결정에 따른 면책적 효력을 국내에서 인정하는 것이 국내채권자의 권리를 현저히 부당하게 침해하여 이에 반한다고 했다.[6] 판결의 편취와 관련하여 판례[7]는 외국 판결이 사기적인 방법으로 편취된 경우 피고가 판결국 법정에서 사기적인 사유를 주장할 수 없었고 또한 처벌받을 사기적인 행위에 대하여 유죄판결과 같은 고도의 증명이 있는 경우에 한하여 승인거부사유가 된다고 하였다. 사법권 독립의 보장 없는 북한판결도 공서에 반하는 문제가 있을 것이다. 대한민국의 헌법적 가치와 정면으로 충돌하는 외국판결도 마찬가지로 그 효력이 승인될 수 없다는 것이 대법원 판례이다(일본에서는 패소 확정판결의 사례).[8] 다만 선량한

1) 대법 2015. 10. 15, 2015다1284.

2) 대법 2012. 5. 24, 2009다22549. 강현중, 683면; 주석신민소(Ⅲ), 345면.

3) 대법 2004. 10. 28, 2002다74213. 외국판결승인요건이 아닌 집행판결에 관한 규정인 민사집행법 제26조의 외국법원의 판결에 대해 외국의 사법기관이 그 권한에 기하여 사법상의 법률관계에 관하여 대립적 당사자에 대한 상호간의 심문이 보장된 절차에서 종국적으로 한 재판으로 구체적 급부의 이행 등 강제집행에 적합한 내용을 가지는 것을 뜻한다고 하면서, 미국의 confession judgement=채무승인판결은 당사자상호간의 심문이 보장된 절차에 의한 판결이 아니므로 집행판결의 대상이 안된다는 것에, 대법 2010. 4. 29, 2009다68910.

4) 대법 1994. 5. 10, 93므1051(기판력 저촉, 우리나라 법원에서 이혼청구기각판결이 확정된 후 외국법원에 인용하여 받은 이혼판결).

5) 대법 1997. 9. 9, 96다47517(피고 방어권 침해).

6) 대법 2010. 3. 25, 2009마1600.

7) 대법 2004. 10. 28, 2002다74213.

8) 대법 2012. 5. 24, 2009다22549 및 2009다68620에서는 일제 강제징용피해자들의 미쓰비시중공업과 신일본제철 상대의 소송에서 일본의 최고재판소 등 법원의 패소판결을 받았지만, 그 판결이유에는 일본의 한반도와 한국인에 대한 식민지배가 합법적이라는 인식을 전제로 한 부분이 포함되어 있으므로 판결이유는 일제 강점기의 강제동원 자체를 불법이라고 보고 있는 대한민국헌법의 핵심적 가치와 정면적으로 충돌하는 것이어서 이러한 일본 판결의 승인은 대한민국의 공서양속에 어긋나는 것이라고 하였다. 한·일간에 장기간 외교갈등에 단초가 된 중대사건을 전원합의체가 아닌 소부에서 주심중심으로 처리된 사법적극주의 판결로서 한일간의 장기간 외교전의 기폭제가 되었다. 이 사건은 서울고법으로 파기환송되었다가 일본측이 대법원에 상고하여 5년간 끌다가 2018년 10월 30일((전)2013다61381)에 환송취지와 마찬가지로 대한민국의 공서양속에 반한다고 했다(소수의견 있음). 일본측에서는 이미 1965년 체결된 한일협정의 대일청구권규정에서 해결된 문제라고 하면서 일본정부가 협정위반이라는 주장이었다.

풍속 그 밖의 사회질서에 어긋나는지를 심사한다는 명목으로 확정재판 등의 옳고 그름을 전면적으로 재심사하는 것은 허용되지 아니한다[1](민집 27조 참조).

② 외국법원의 손해배상재판 등의 공서 개정법률 제217조의 2 제1항은 제3호의 공서요건과 관련하여 손해배상에 관한 확정판결 등에 대하여는 별도로 대한민국의 법률 또는 대한민국이 체결한 국제조약의 기본질서에 현저히 반하는 결과를 초래하는 경우는 해당 확정재판 등의 전부 또는 일부를 승인할 수 없다고 규정했다. 이는 고의적인 불법행위의 경우에 3배의 징벌적 배상(punitive damages)을 명하는 영미법계의 준형사적 제재수단이 우리나라에 들어와 집행판결을 받아 강제집행에 이르는 현실을 고려하여 특별규정을 둔 것으로 안다. 학설과 판례 상으로도 징벌적 배상제도는 형사법적 성격을 가지므로 하도급공정화법률·기간제 및 단시간근로자 보호 등에 관한 법률·개인정보보호법·제조물책임법 등 이제 20여개로 법에서 채택, 기업의 중대재해처벌 등에 관한 법률에서는 최대손해액의 5배 배상의 새 징벌적 배상제도가 확대되는 형편이나, 그 범위 밖에서는 전보배상이 원칙인 우리의 공서양속에 반한다고 보아 왔는데,[2] 이제 이를 입법화한 것이다. 따라서 실제로 입은 전보배상을 명한 판결에는 신설된 조항을 근거로 승인제한을 할 수 없다.[3] 판례[4]는 하와이주 법원 판결에서 3배상판결에 대하여 우리나라 공정거래법에서도 3배의 징벌배상제도를 허용하므로 공서양속에 반하지 않는다고 했다. 전부불승인만이 아니라 일부불승인도 된다고 밝힌 것은 의미 있어 보인다. 나아가 동조 제2항에서는 외국배상재판에 대한 승인심리할 때는 그 소송과 관련된 변호사 보수를 비롯한 소송비용이 포함되는지와 그 범위도 고려할 것을 규정하였다. 이는 2005년 헤이그 재판관할합의 협약 제11조 2항을 모델로 하였다고 한다.[5] 미국의 고액의 위자료판결(미국에서는 가짜뉴스보도에 1조원 배상의 합의까지 있었다. 개표기계회사 v. Fox-News)도 승인될 수 없을 것이나, 미국의 pretrial discovery 절차에 의한 손해배상판결까지는 승인거부사유라고 할 수 없을 것이다.

iv) **상호보증**(Gegenseitigkeit)(1항 4호)[6] 상호보증이란 외국이 우리나라의

1) 대법 2015. 10. 15, 2015다1284.
2) 수원지방법원평택지원 2009. 4. 24, 2007가합1706=약정보상금의 2배 상당의 손해배상금에 대하여 그와 같은 취지. 강수미, "징벌적 손해배상을 명한 외국판결의 승인·집행에 관한 고찰," 민사소송 12권 2호, 109면 이하.
3) 대법 2016. 1. 28, 2015다207747; 동 2015. 10. 15, 2015다1284.
4) 대법 2022. 3. 11, 2018다231550
5) 이규호, "외국재판의 승인 등에 관한 개정민소법·민사집행법에 대한 평가," 법률신문 2014. 9. 4.자
6) 제217조 2·3호의 절차적 공서에 의하여 절차보장을 심사하는 이상, 상호보증의 요건을 폐지해

확정판결의 효력을 인정하는 조건과 우리나라가 외국의 확정판결의 효력을 인정하는 조건을 비교형량할 때, 대등하거나 적어도 앞의 요건이 뒤의 그것보다 관대한 경우를 말한다.[1] 그러나 판례는 이를 완화하여 우리나라와 외국 사이에 동종판결의 승인요건이 '현저히 균형요건을 상실하지 아니하고 중요한 점에서 실질적으로 차이가 없을 것'이면 이 요건을 구비한 것으로 보았는데, 이러한 판례입장은 개정 제217조 1항 4호에서 그대로 반영하였다. 판례는 나아가 상호보증을 위하여 조약이 체결되어 있을 필요는 없고 당해 외국에서 우리나라의 동종판결을 승인한 사례가 없더라도 실제로 승인할 것이라고 기대할 수 있는 상태라면 충분하다 했다.[2]

Ⅳ. 기판력의 범위

기판력은 소송물에 관해 행한 일정시점의 판단으로서(시적 범위 when), 일정한 사항에 대하여(객관적 범위 what), 일정한 사람(주관적 범위 whom)을 구속한다. 국외에도 미칠 수 있는가의 장소적 범위(where)도 문제될 때가 있다.[3]

1. 기판력의 시적 범위(표준시의 기판력)

(1) 의　의　물건이나 주식값·기후 등이 변하는 것처럼 확정판결의 내용을 이루는 사법상의 권리관계는 시간의 경과에 의하여 변동될 수 있기 때문에, 기판력이 생기는 판단이 어느 시점의 권리관계의 존부에 관한 것인가 하는 것이 문제된다. 당사자는 사실심의 변론종결당시까지 소송자료를 제출할 수 있고, 종국판결은 그 때까지 제출한 자료를 기초로 한 산물이기 때문에, 그 시점에 있어서의 권리관계의 존부의 확정을 지은 것이 기판력이다. 따라서 사실심의 변

도 좋다는 것에, 양병회, "외국판결의 승인요건에 관하여," 이시윤 박사 화갑기념논문집(하), 256면 이하.

1) 상호보증이 없다는 것에, 대법 1971. 10. 22, 71다1393(미국); 동 1987. 4. 28, 85다카1767(호주), 단 뉴욕주 법원의 판결에 대해 승인요건이 갖추어졌다고 한 것에, 대법 1989. 3. 4, 88므184·191.

2) 대법 2012다23832; 동 2016. 1. 28, 2015다207747; 동 2009. 6. 25, 2009다22952(캐나다 온타리오주법원의 판결). 오레곤주 이혼판결에 대하여 그 곳에서도 우리 판결을 승인할 것이라고 기대하여 효력을 인정한 예로, 대법 2013. 2. 15, 2013므66·73.

3) 듀퐁 대 코롱인터스트리의 아라미도섬유제품의 판매금지명령(injunction)에서 판결의 범위를 '전세계적'이라 했다. 황규철, "듀폰-코오롱 영업비밀 소송의 주요 쟁점과 절차적 특징," 2013년 하계학술대회 발표논문.

론종결시가 기판력의 표준시가 된다. 이 점은 제218조의 규정이나 민사집행법 제44조 2항의 규정에 비추어 명백하다.[1] 다만 무변론판결의 경우는 표준시가 변론종결시가 아니라 선고시가 된다(화해권고결정의 기판력은 그 확정시[2]). 기판력은 이 표준시 현재의 권리관계의 존부의 판단이고 시공을 초월한 판단이 아니므로, 표준시 이전의 과거의 권리관계는 물론 표준시 이후의 장래의 권리관계[3]를 확정하는 것은 아니다. 이와 같은 기판력의 범위의 한정을 기판력의 시적 범위 또는 시간적 한계라 한다.

(2) 표준시 전에 존재한 사유—실권효(차단효)　　기판력은 표준시에 있어서의 권리관계의 존부판단에 생기기 때문에, 당사자는 전소의 표준시 이전(변론종결시전)에 존재하였으나 그 때까지 제출하지 않은 공격방어방법(주장하였거나 주장할 수 있었던 모든 공격방어방법)의 제출권을 잃는다. 따라서 그 뒤에 당사자는 후소로 제출하여 전소에서 확정된 권리관계와 다른 판단을 구할 수 없다. 또 후소법원은 그와 같은 사유가 제출되어도 이를 배제하지 않으면 안 된다. 이와 같은 기판력의 작용을 실권효 또는 차단효라 한다. 적시제출주의의 확보를 위한 실권효(352면 이하)보다는 엄격하다. 이제 와서 묵은 과거 이야기를 꺼내 재론하면 법적 안정성밖에 해칠 것이 없기 때문이다(KIKO 사건에서 피해자가 사기판매를 공격방법으로 하여 손해배상사건에서 판매회사인 은행측에 승소확정판결이 난 뒤에 피해자가 다시 불완전판매를 공격방법으로 금감원소속의 분쟁조정위원회에 손해배상조정신청은 조정의 효력이 재판상화해와 동일한 효력을 갖는다면 기판력에 저촉(?). 권고결정이라고 하지만, 법치주의에 반한다는 비판이 있다. 법률신문 2020. 4. 5.자). 변론종결 전의 소송자료이면 당사자가 알지 못하여 주장을 못하였는지 나아가 그와 같이 알지 못한데 과실이 있는지는 묻지 아니한다.[4][5] 알지 못했다 하여 재론반추만하면 안정성은 깨지고 미래의 전진이 어려워진다.

1) 권리가 없다고 인정하여 원고가 패소된 경우, 예를 들면 소유권확인청구에서 패소당한 원고가 변론종결 전에 주장할 수 있었던 소유권의 다른 취득원인 사실(취득시효완성의 사실)[6]을, 토지인도소송에서 소유권이 없음을 이유로 패소당한 원고가 변론종결 전에 주장할 수 있었던 원고에게로 소유권이 환원된 사실[7]을 들어, 각기 같은 소를 제기함은 전소의 기판력에 저촉된다. 대법 2014. 3. 27, 2011다79968에서는 토지소유권이전등기소송에서 그 토지가 토지거래허가구역에서 해

1) 대법 1961. 2. 14, 4293민상837.
2) 대법 2012. 5. 10, 2010다2558.
3) 대법 1998. 5. 26, 98다9908.
4) 대법 2014. 3. 27, 2011다49981; 동 1980. 5. 13, 80다473 등.
5) 新堂, 582면은 전소에서 주장하지 못한 데 기대가능성이 없었던 때에 실권되지 않는다고 한다.
6) 대법 1961. 12. 14, 4293민상837; 동 1987. 3. 10, 84다카2132. 반대 호문혁, 618면.
7) 대법 1976. 11. 23, 76다1338.

제되었음에도 이를 주장하지 아니하여 패소당한 원고가 그 후 허가가 해제되었음을 들어 같은 소를 제기한 경우도 같다고 하였다. **권리가 있다고 인정하여 원고승소**의 이행판결이 났다면, 패소한 피고는 후소(또는 청구이의의 소, 채무부존재확인의 소)로 변론종결 전에 발생한 변제·면제·소멸시효의 완성 등 채무의 소멸사유를 들어 다툴 수 없다. 또 뒤에 다른 서증을 발견하여도 다시 재론할 수 없다(ZPO § 580 다름. 우리 형소도 다름). 그러나 면책이 청구이의의 사유라면 변론종결 전 면책이 확정되어도 청구이의의 소를 인용해야 한다는 것이고,[1] 또한 변론종결 전의 사유가 문제되어도 판결집행이 불법이 되는 경우나[2] 변론종결 전의 한정승인사실[3]은 뒤에 청구이의의 사유로 다시 다툴 수 있다는 것이 판례이다. 그러나 상속채무의 존재·범위와는 관계없고 판결의 집행력을 제한할 뿐인 **한정승인**과는 달리, **상속포기**는 상속채무의 존재 자체가 문제되어 변론종결 전까지 주장하지 아니하였다면 전소의 기판력에 저촉되어 다시 다툴 수 없다는 것이다.[4] 같은 변론종결 전의 사유라면 상속포기는 안되고, 한정승인은 이제 신소로 다툴 수 있다는 차별취급에는 문제 있다. 판례는 나아가 개인채무자가 파산절차에서 면책결정이 확정된 사실을 변론종결 전에 주장한 바 없어도 청구이의의 소로 다툴 수 있다는 것이다.[5]

2) 어느 범위의 사실관계가 실권되느냐의 실권효의 범위가 문제이다. 변론주의에 의하여 심리되는 소송절차에 있어서는 당사자가 제출한 사실자료만이 판결의 기초로 되므로, 변론종결시에 당사자가 제출한 소송자료의 한도에서 소송물인 권리관계가 원고에게 귀속되는지 여부를 가릴 수밖에 없게 된다. 엄밀하게는 당사자가 제출한 사실자료의 범위 안에서 주장한 권리관계의 존부판단이 기판력의 대상이 된다. 그러므로 표준시 전에 존재하는 사실로서 당사자가 제출하지 않은 사실 전부가 모두 실권효의 제재를 받을 수 없으며, 제출하지 아니한 사실을 토대로 같은 청구취지의 소송을 제기할 때에 어느 때나 기판력에 저촉된다고 할 수 없다.[6] 생각건대 전소의 사실관계와는 무관하고 모순되지 않는 사실관계이면 실권효의 예외로서 기판력에 의하여 차단되지 않는다고 할 것이다(뒤에 볼 「기판력의 객관적 범위」 참조).

다만 구이론을 따르는 판례는 전소에서 제출하지 않은 사실 중에서 공격방어방법인 사실은 차단되지만,[7] 청구원인을 구성하는 사실관계(확인의 소는 예외)는 변론종결전에

1) 대법 2022. 7. 28, 2017다286492. 이에 대한 평석비판은 현낙희, '면책주장과 기판력 및 청구이의의 소', 민사소송 26권 3호, 279면 이하 참조.
2) 대법 1987. 7. 24, 84다카572 등.
3) 대법 2006. 10. 13, 2006다23138. 졸저, 신민사집행법(제8개정판), 94·95면 참조.
4) 대법 2009. 5. 28, 2008다79876.
5) 대법 2022. 7. 28, 2017다286492.
6) 졸저, 소송물에 관한 연구, 256면. 같은 취지: 송상현, 548면; Rosenberg/Schwab/Gottwald, § 155 Rdnr. 7; Thomas-Putzo/Reichhold, § 322 Rdnr. 41; Münchener Kommentar zur ZPO, § 322 Rdnr. 134. 반대: 정동윤/유병현/김경욱, 820면; 정영환, 1154~1156면.
7) 다같은 취득시효완성을 원인으로 소유권이전등기청구의 경우에 점유가 전소에서는 대물변제받

발생한 것이라도 기판력에 저촉되지 않는다는 태도이다.[1] 판례에서는 청구원인이 다르면 소송물이 다르다고 보기 때문이다.[2]

(3) 표준시 후에 발생한 새로운 사유—추후 사정변경(nova producta) 변론종결 전이 아닌 변론종결 후의 사유는 실권효의 제재를 받지 않는다. 따라서 변론종결 후에 발생한 새로운 사유에 의하여서는 기판력에 의하여 확정된 권리관계(법률효과)를 다시 다툴 수 있다.[3] 사정변경이 있으면 당사자는 신소를 제기할 수 있고 법원은 달리 판단할 수 있다. 채무이행소송에서 기한미도래라는 이유로 원고의 청구가 기각되었으나 변론종결 후에 기한이 도래된 경우, 담보로 넘어간 소유권이전등기를 말소 또는 회복등기를 하고자 하는 소송에서 담보채무의 미변제라는 이유로 기각되었으나 그 뒤 모두 채무변제가 된 경우, 또는 장래 잔존채무의 변제를 조건으로 그 회복을 청구하는 경우(대법 2014. 1. 23, 2013다64793),[4][5] 정지조건의 미성취를 이유로 기각이 되었으나 변론종결 뒤에 그 조건이 성취된 경우,[6] 공동상속재산에 대한 소유권확인청구가 일부 기각되었으나 뒤에 협의분할에 의하여 나머지 상속분의 소유권을 취득한 경우[7]에 패소했던 원고는 각기 신소를 제기할 수 있다. 이행소송에서 원고의 청구가 인용되었을 때에 피고는 변론종결 후에 발생한 사유인 변제·면제·소멸시효 등에 의해 집행채권이 이미 소멸되었음을 주장하여 청구이의의 소(민집 44조)를 제기할 수 있다.

다만 여기에 문제되는 것은 두 가지이다.

첫째는, 변론종결 후에 발생한 사유에는 **변론종결 후에 발생한 새로운 사실관계**에 그친다는 것이다. 법률·판례의 변경,[8] 법률의 위헌결정,[9] 기초가 되었던 행정처분의 변경[10]과 기존의 사실관계에 대한 새로운 증거자료가 있다거나 다른

아 시작했다고 하고, 후소에서는 증여를 받아 시작했다고 할 때 공격방법의 차이에 불과하다는 것에, 대법 1995. 3. 24, 93다52488.

1) 대법 1981. 12. 22, 80다1548; 동 1993. 6. 29, 93다11050 등.

2) 대법 1995. 6. 13, 93다43491.

3) 대법 2004. 5. 13, 2004다10268은 주위토지의 현황이나 구체적 이용상황에 변동이 생긴 경우, 기존의 확정판결 등이 인정한 곳과 다른 곳을 통행로로 삼아 다시 통행권확인의 소를 제기하는 것은 전의 판결의 기판력에 저촉되지 아니한다고 한다.

4) 대법 1983. 3. 8, 82다카1203. 대법 1980. 2. 26, 80다56도 유사.

5) 대법 1991. 11. 12, 91다27723. 대법 1995. 9. 29, 94다46817도 유사.

6) 대법 2002. 5. 10, 2000다50909; 동 1998. 7. 10, 98다7001.

7) 대법 2011. 6. 30, 2011다24340.

8) 대법 1998. 7. 10, 98다7001.

9) 대법 1995. 1. 24, 94다28017 등.

10) 재심사유가 될 뿐이라는 것에, 대법(전) 1981. 11. 10, 80다870. 반대: 박준서, "행정처분의 변경과 기판력의 문제," 민사재판의 제문제3권, 351면 이하.

법률평가 또는 그와 같은 법적 평가가 담긴 다른 판결 등의 존재는 포함하지 않는다(대법 2016. 8. 30, 2016다222149. 이에 관한 평석은, 강현중, "기판력의 시적한계와 선결적 법률관계," 2017. 1. 12자 법률신문).

둘째로, 장래 **이행판결**이 난 경우에 전소표준시에 예측한 바와 달리 그 뒤에 액수산정의 기초에 **뚜렷한 사정변경**이 생겨 판결 내용이 크게 형평을 해할 특별한 사정이 생긴 경우이다. 피해자가 표준시에는 노동능력상실자였으나 뒤에 능력이 회복되어 손해가 줄어든 경우(예: 1975년부터 2014년까지 노동능력상실자임을 전제로 교사기준의 수입상의 손해배상판결 — 그러나 2012년 국회의원으로 이미 세비받는 등 노동능력회복이 되면 판결집행 전이면 청구이의의 사유일 것임), 반대로 표준시의 임대료가 뒤에 대폭 폭등하여 손해가 늘어난 경우 등이다. 일본 판례는 앞의 예에서 피고에게 청구이의의 소가 허용되며 줄어든 차액만큼의 집행력 배제를 청구할 수 있다고 했다.[1] 우리 판례는 뒤의 예에서 표준시 임대료보다 9배 상승한 사안에서 다수의견은 정의와 형평의 이념상 전소를 **명시적 일부청구**가 있었던 것과 동일하게 보아 후소로 원고가 그 차액청구를 새로 하여도 기판력에 저촉되지 아니한다고 하였다.[2]

명시적 일부청구론의 유지 여부 뒤에 볼 **정기금판결**에 대한 변경의 소(252조)의 새 제도가 생긴 이제, 위와 같은 판례는 그 의미가 감퇴된 것은 사실이다. 전에 명시적 일부청구를 한 경우가 아니면 뒤에 볼 변경의 소인 새 제도에 의할 것이나, 명시적 일부청구로 보여질 경우이면 상승된 차액만큼의 추가청구할 수 있다 할 것으로 이때에 이 판례가 원용될 수 있다고 하겠다. 대법 2011. 10. 13, 2009다102452에서는 장래이행판결의 주문에서 변론종결 이후의 기간까지 급부의무의 이행을 명한 이상 확정판결의 기판력은 당사자 사이의 형평을 크게 해할 특별한 사정이 없는 한 주문에 포함된 기간까지의 청구권의 존부에 미친다고 전제하고, 당사자 사이의 형평을 크게 해할 특별한 사정이 생긴 때에는 이전 소송에서 명시적 일부청구가 있었던 것과 동일하게 평가하여 변론종결 후의 임금인상차액을 전소의 기판력과 관계없이 청구할 수 있다는 기존 판례의 **명시적 일부청구의제론**을 유지하는 입장이다(결론적으로는 기초사정이 뚜렷히 바뀌지 아니하였다 해서 기각한 사안).

(4) 표준시 전 발생이나 그 뒤의 형성권의 행사 전소의 변론종결 전에 발생한 취소권·해제권·상계권·매수청구권·백지보충권 등 형성권을 행사하지 않고 있다가 변론종결 후에 이를 행사할 때에 실권효의 예외로서, 청구이의의 소(민집 44조)나 확정채무부존재확인의 소로써 확정판결을 뒤집을 수 있는가. 특히 상계권이 문제된다. 예를 들면 甲이 乙에 대한 대여금 채권 1,000만원에 기하여 청구하여 승소확정판결을 받았다. 한편 乙은 甲에 대한 공사보수금 채권 1,000만원

---

1) 대법 2009. 11. 12, 2009다56665에서는 손해배상액 산정의 기초로 인정된 기대여명보다 일찍 사망한 경우에 이미 지급한 손해배상금 중 일부를 부당이득반환청구한 사안에서 판결에 의한 이득으로서 그 판결이 재심에 의해 취소되기 전에는 받아들일 수 없다고 했다.

2) 대법(전) 1993. 12. 21, 92다46226.

이 있음에도 전소송에서 상계권을 행사하지 않고 남겨 두었다가 뒤에 甲이 乙에 대한 승소확정판결을 집행하려 할 때에 乙이 이제 상계권을 행사하여 甲의 승소 판결을 뒤집어 집행을 배제시키기 위한 청구이의의 소(민집 44조)를 제기할 수 있는가 이다. 4설이 있다.

i) 제1설(비실권설)은 상계권은 물론 취소권·해제권까지 모든 형성권을 변론종결 후에 행사하면 그 후에 발생한 사유로 보고 실권되지 않는다고 하는 견해이다. 만일 실권되어 없어지면 실체법에서 규정한 형성권의 행사기간을 소송법이 단축하는 결과가 되어 이론상 곤란하다는 것이다.[1] 독일의 다수설

ii) 제2설(상계권비실권설)은 취소권·해제권 등 다른 형성권은 실권되지만[2] **상계권**만은 예외로서, 변론종결 전에 상계권이 있다 하여도 변론종결 후에 행사하였으면 상계권의 존부를 알았든 몰랐든 변론종결 후의 사유로서 실권하지 않는다는 견해이다. 다수설이고 판례의 입장이기도 하다.[3] 상계의 경우에는 원고의 청구권 자체에 무효·취소 등과 같은 내재된 하자의 주장을 하는 것이 아닌데다가, 원래 반대채권과 소구채권에 대한 분쟁은 별개의 분쟁임에 비추어 표준시 후의 반대채권행사를 일체 못하게 막는 것은 피고에게 가혹하며, 또 그 행사의 시기를 상계권자의 자유에 맡긴 실체법의 취지에도 반함을 든다.

iii) 제3설(제한적 상계권실권설)은 상계권이 있음을 알면서도 전에 이를 행사하지 않은 경우, 즉 잘못이 있는 경우에는 실권되지만 몰랐을 경우에는 달리 보아야 한다는 견해이다.[4]

iv) 제4설(상계권실권설)은 독일의 판례[5]로서 상계권이 있음을 알았든 몰랐든 상계권을 비롯한 모든 형성권은 변론종결 전에 발생한 것이면, 집행지연을 피하기 위하여 차단된다는 입장이다.

생각건대 법률행위의 무효사유도 변론종결 전에 생긴 것이면 기판력에 의하여 차단되는데 그보다 효력이 약한 취소·해제권까지도 차단되지 않는다고 하는 것은 균형이 맞지 아니하므로 제1설은 따를 수 없다. 피고가 상계권이 있음을 알았음에도 전소 판결의 기초되는 변론에서는 가만히 있다가 그 사건이 끝난 뒤에 원고가 강제집행단계에 가서 집행을 막으려고 이제 비로소 상계권을 행사하며 청구이의의 소를 제기한다고 할 때에, 그래도 상계권의 권리로서의 특수성 때문에 허용된다는 것은 우선 권리관계의 안정을 기조로 하는 기판력 사상에 반한다. 또 절차의 집중·촉진, 신의칙의 견지에서 바람직하지 않다(실기한 공격방어방법의 각하 규정과도 균형이 맞지 않고 신법

1) 호문혁, 623면; Rosenberg/Schwab/Gottwald, § 155 Rdnr. 4.
2) 대법 1979. 8. 14, 79다1105 등은 취소권·해제권은 실권되는 것으로 본다. 명의신탁해지권은 달리 본 판례라 할 것에, 대법 1978. 3. 28, 77다2311.
3) 대법 1998. 11. 24, 98다25344 등.
4) 이영섭, 193면.
5) BGH 42, 37; BGH NJW 1994, 2769; BGH NJW-RR 2010, 1598.

(의 적시제출주의에 부합하지 아니함). 설사 상계권자가 실권이 된다 하여도 잃게 된 것은 상계권일 뿐이지 반대채권 자체를 잃는 것은 아니므로 피고는 청구이의의 소(민집 44조)를 못하지만 별도의 소송은 할 수 있으므로 상계권자에게 근본적으로 가혹할 것도 없다.[1] 제2설처럼 상계권행사의 시기선택의 자유만을 강조하다 보면 상계권 남용에 이를 수 있고 상계항변이 영원한 재판·집행지연의 도구가 되어 **절차적 정의**를 희생시킬 것이다. 그러므로 제2설보다는 제3설이 타당하다.

표준시 전에 행사하지 아니한 지상권자·임차인의 **건물매수청구권**도 상계권에 준하여 어느 때나 실권되지 아니하며 확정판결 뒤에 청구이의의 사유로 삼을 수 있다고 보는 것이 다수설이나,[2] 모르고 행사하지 아니한 때로 한정함이 옳을 것이다. 그러나 판례는 백지어음의 소지인이 백지부분을 보충하지 아니하여 패소확정판결을 받은 후 이제 **백지보충권**을 행사하여 다시 동일한 어음금을 청구하는 것은 전소의 기판력에 차단되는 주장으로 허용되지 않는다고 했다.[3] 그러나 계약상의 option권(선택권)이나 해지권은 차단되지 않는다고 볼 것이다.[4]

(5) 표준시 전의 권리관계 앞서 본 바와 같이 기판력으로 확정되는 것은 변론종결당시(표준시)의 권리관계의 존부이기 때문에, 표준시전의 과거의 권리관계에 관하여는 기판력이 생기지 아니함은 이미 본 바이다. 판례는 원본채권이 변론종결당시에 부존재하였음을 이유로 청구기각되었을 경우라도, 변론종결 전에는 그 원본채권이 존재하였음을 전제로 그 종결 전날까지 생긴 이자청구가 가능하며 기판력을 받지 않는다고 하였다.[5]

(6) 정기금판결에 대한 변경의 소(252조)

(a) **의 의** 정기금판결에 대한 변경의 소란 매달 또 매년 얼마씩의 정기금의 지급을 명하는 장래의 이행판결이 확정된 뒤에 그 액수산정의 기초가

1) Münchener Kommentar zur ZPO, § 322 Rdnr. 153.
2) 강현중, 698면. 대법 1995. 12. 26, 95다42195에서 임대인의 임차인을 상대로 한 토지인도 및 건물철거소송에서 임차인이 패소확정을 받았다 하여도, 건물철거가 집행되지 아니한 이상 전소에서 행사하지 아니한 건물매수청구권을 행사하여 별도의 소로써 임대인에 대하여 건물매매대금의 지급을 구할 수 있다고 했다. 건물매수청구권을 행사하여 전소판결을 뒤집는 청구이의의 소가 된다는 것까지는 나가지 않았다.
3) 대법 2008. 11. 27, 2008다59230.
4) BGH NJW 1994, 1225, 1226.
5) 대법 1976. 12. 14, 76다1488=예를 들면 패소된 원금채권청구의 변론종결일이 1992. 10. 1이라면, 원금채권의 존재를 전제로 한 1990. 1. 1부터 1995. 12. 31까지의 이자만 다시 청구한 후소중에서, 1992. 10. 1부터 1995. 12. 31까지의 이자분은 기판력을 받아 청구할 수 없지만, 1990. 1. 1부터 1992. 9. 30까지의 이자분청구는 가능하다고 했다.

된 사정이 현저하게 바뀐 경우에 장차 지급할 정기금의 액수를 바꾸어 달라는 소를 말한다. 예를 들면 사고로 인한 중상으로 사망시까지 매년 1,000만원의 치료비가 소요되리라 예상하여 사망시까지 매년 1,000만원씩 피고에게 지급을 명하는 판결이 났는데, 예상과 달리 간단한 물리치료만 받으면 될 정도로 건강이 호전된 경우라면, 매년 1,000만원씩을 지급하라는 판결을 유지하는 것은 당사자 사이의 형평을 크게 침해하는 것이므로 그 판결의 피고가 그 정기금판결의 액수를 감액해달라는 청구를 할 수 있도록 한 것이다. 또 피고의 원고소유 토지의 무단점유로 인하여 매년 1,000만원씩 임대료만큼의 손해가 생겼다고 매년 1,000만원씩 지급하는 판결이 났는데, 그 뒤 토지가격의 급등으로 엄청난 임대료손해가 발생하는 등 사정변경이 생긴 때에는 원고가 그 판결의 액수를 증액하여 달라는 청구를 할 수 있다. 이와 같은 정기금판결에 대한 증액·감액 등 변경의 소는 독일의 ZPO § 323을 모델로 신법이 새로 도입하였다.

앞서 본 대법(전) 1993. 12. 21, 92다46226은 장래의 임료 상당의 부당이득금의 지급을 명한 판결의 확정 후에 그 임료가 9배 정도 상승하자 전소의 원고가 그 차액을 추가 청구한 사안에서, 전소의 청구를 명시적 일부청구로 보아 전소 판결의 기판력이 그 차액 부분에는 미치지 않는다고 판결하였는데, 이러한 판례의 입장에 대하여는, 전소에서의 청구를 명시적 일부청구로 의제하는 것 등 이론구성에 무리가 있고 해석론의 한계를 벗어나는 판결이라는 비판이 있었다. 따라서 무리 없이 같은 결론을 얻기 위해서는 독일과 같은 정기금판결에 대한 변경의 소를 입법화하는 것이 대안이라 하여 이의 도입에 이르렀다.

(b) **성 질** 그 법적 성질은 확정판결의 변경을 목적으로 하는 소이니만큼 소송법상의 **형성의 소**에 속한다.[1] 판결의 소송내적 효력과 기판력의 변경을 목적으로 하는 것이고 단순한 집행력의 변경을 목적으로 하는 소가 아니다. 재판 외에서 약정한 차임이 경제사정의 변동으로 상당하지 아니할 때에 당사자가 증감청구권을 행사할 수 있듯이(주택임대차보호법 7조 등), 재판에 의해 확정된 정기금의 경우에 뒤에 현저한 사정변경이 생겼을 때에는 그 판결을 바꾸어 달라고 소제기하는 것이 이 제도이다.[2] 청구이의의 소(민집 44조)가 판결 후 권리소멸(멸각)·저지사실이 생겨 사정변경을 이유로 판결의 효력을 배제시키려는 것이라면, 정기금판결에 대한 변경의 소는 권리발생사실(청구원인사실)에 사정변경이 생겨 판결을 바꾸려는 점에서 차이가 있다. 따라서 판결 후 변제·공탁에 의한 권리소멸은 변경의 소가 아

1) 같은 취지: 이호원, "정기금판결에 대한 변경의 소," 민사소송 7권 1호, 139면.
2) 그러나 청구취지에 따라 동시에 이행의 소나 확인의 소가 될 수 있다. Rosenberg/Schwab/Gottwald, § 158 Rdnr. 2.

니라 청구이의의 사유(민집 44조)가 된다.

(c) 요 건 변경의 본안판결을 하려면 아래의 요건을 갖추어야 한다.

첫째로, **정기금판결을 받는 당사자 또는 기판력이 미치는 제3자가 제기**할 것.

대법 2016. 6. 28, 2014다31721은 새로운 소유자의 다시 부당이익반환청구는 별론, 토지의 전소유자에 내려진 정기금판결에 대한 변경의 소는 불허한다 하였다.

둘째로, **정기금의 지급을 명한 판결**일 것.

장래 일정한 시기까지 매년 또는 매월 정기적으로 금전을 지급할 것을 명하는 판결이어야 한다. 일본제도(일민소 117조 1항)처럼 정기금배상판결만이 아니기 때문에 치료비·개호비·수입상의 손해 등의 배상판결에 한하지 아니하며, 정기금방식의 연금·임금·이자지급판결 등도 그 소송의 대상이 된다. **부양비·양육비재판**이 이 소송의 대상이 되느냐가 문제되는데, 이는 가사소송사건이 아니라 가사비송사건으로서 '마류사건'에 해당되는 것이므로(가소 2조 1항 2호 나목 1)·3)) 판결사항이 아니라 심판사항이기 때문에(가소 39조), 사정변경이 있으면 가사소송법 제34조, 비송사건절차법 제19조에 의해 심판을 변경하면 된다는 것이 사견이다.[1] 또 법으로 변론종결 전에 발생한 손해에 대한 정기금판결에 한정되지 않으므로, 예컨대 장차 건물명도될 때까지 매월 100만원의 임대료상당 손해금 또는 부당이득금을 지급하라는 등 **장래 발생할 손해**에 대하여 정기금의 지급을 명한 판결이라도 변경의 소가 허용된다.[2] 이 점에서 변론종결 전에 발생한 손해에 대한 정기금판결에서만 변경의 소를 한정한 일본의 제도(일민소 117조 1항)보다도 그 범위를 크게 넓혔다. 생각건대 장래의 수입상의 손해에 대하여 매년 얼마씩의 정기금 형태로 판결이 날 수 있지만 호프만식계산법에 의한 중간이자공제의 **일시금배상판결**이 났을 때에는 변경의 소의 대상이 되느냐가 문제인데, 다툼이 있을 수 있지만 이 경우에도 유추적용할 것이다. 왜냐하면 중간이자를 공제하여 일시금청구를 하여도 법원이 정기금판결을 할 수 있으며 그 반대도 가능하여 양자 간에 가변성이 있기 때문이다.[3][4] 만일 정기금판결만 되고 일시금판결은 배제된다면 원고가 정기금지급청구를 하였는데 법원의 선택으로 일시금판결을 하였을 때에 당사자는 불의의 피해를 입게 되는 결과가 생길 것이다. 그렇지 않으면 일시금판결에 사정변경이 있을 때에는 차

1) 문영화, "「정기금판결 변경의 소」에서 현저한 사정변경의 의미," 민사소송 18권 2호, 260면.
2) 강현중, 696면.
3) 대법 1970. 7. 24, 70다621 등.
4) 같은 취지: 정영환, 1166면. 반대: 김홍엽, 857면.

액만큼의 추가청구를 허용할 수밖에 없을 것이다(앞서 본 명시적 일부청구의제론의 원용).

전의 소송물에 대한 판결에서 정기금 산정의 기초가 된 사정이 현저히 바뀐 것을 반영시키는 것이므로 전소의 소송물과 동일하다고 할 것이다(소송물동일설).[1] 이 점에서 재심의 소와 유사한 면이 있다. 재판시점에서 예상치 못한 후유증에 의한 확대손해의 청구는 전소의 소송물과는 별개의 소송물이 되므로[2] 별도의 청구를 하면 되는 것이고 변경의 소의 대상으로 할 수 없다.[3] 요컨대 변경의 소는 전소의 기판력이 미치는 범위 내에 한하여 허용되고, 전소의 기판력이 미치지 아니하는 손해가 사후적으로 발생한 경우에는 별소를 제기할 수 있을 뿐이다.[4] 판결확정뒤에 발생한 사정변경을 요건으로 하므로, 단순히 종전 확정판결의 결론이 위법 · 부당하다는 등의 사정은 이 소송의 대상이 될 수 없다.[5]

셋째로, **정기금의 지급을 명하는 판결이 확정**되었을 것.

가집행선고가 있을 뿐인 미확정판결에서는 허용될 수 없다. 확정되기 전에 사정변경이 생겼을 때에는 상소의 제기로 원판결을 취소변경시키면 된다. 확정판결과 같은 효력이 있는 청구인낙조서, 화해 · 조정조서 나아가 화해권고결정에 대하여도 변경의 소가 유추적용된다(ZPO § 323a는 화해 · 집행증서에 명문화).

넷째로, **판결확정 뒤에 정기금 액수산정의 기초가 된 사정이 현저하게 바뀌**었을 것.

이로써 당사자 사이의 형평을 침해할 특별한 사정을 말하는데, 여기의 사정은 주로 사실적 상황일 것이나 법률개정과 같은 법률적 상황도 포함된다.[6] 그리고, 특별한 사정이란 산정시에 예상했던 후유장애가 크게 호전되는 변화, 임금 · 생필품가격 등 물가의 폭등, 공과금 부담의 증감, 한화의 큰 평가절하 등 경제사정의 변동 등을 들 수 있는데, 그와 같은 사실을 참작하였다면 당초의 법원이 다른 판결에 이르렀을 사정이 해당된다. 판례는 토지임대료 상당의 정기금지급판

---

1) 독일의 판례 · 통설. 반대: 호문혁, 625면.

2) 대법 1980. 11. 25, 80다1671. 대법 2007. 4. 13, 2006다78640에서는 식물인간인 피해자의 생존여명이 종전의 예측에 비하여 수년 연장되어 치료비 등 추가적으로 필요하게 된 것은 변론종결당시에 예견할 수 없었던 손해로서 전소의 기판력에 저촉되지 아니한다고 했다. 전소에서 그 부분이 유보되지 않았다 하여도 별개의 소송물이라 했다.

3) 전병서, "정기금판결에 대한 변경의 소," 고시연구 2003. 4, 169면. 명시적 일부청구에 대한 판결이 난 뒤에 변경된 사정 때문에 하는 나머지 청구는 변경의 소의 대상이 아니라는 것에 Lüke, Rdnr. 368.

4) 주석신민소(Ⅳ), 207면.

5) 대법 2016. 3. 10, 2015다243996.

6) 주석신민소(Ⅳ), 208면.

결에서 공시지가 2.2배 상승, m^2당 임대료 2.9배 상승한 경우에 당사자 사이의 형평을 크게 해칠 특별한 사정이 생겼다고 할 수 없다고 했다.[1] 장래의 예측판단이 크게 빗나가지 아니하였으면 기존의 기판력있는 판결을 흔들기보다 법적 안정성의 유지가 옳다는 입장이다.

이와 같은 요건은 적법요건이기보다 이유구비요건 즉 본안요건이 된다. 증명책임은 사정변경이 있음을 주장하는 원고에게 있다.

(d) **재판절차** 변경의 소는 제1심판결법원의 전속관할로 한다(252조 2항). 소장에는 변경을 구하는 확정판결의 사본을 붙여야 한다(규 63조 3항). 정기금판결의 강제집행이 끝난 뒤에는 감액을 구하는 소의 권리보호의 이익이 없다. 감액을 구하는 변경의 소를 제기한다고 하여 반드시 정기금판결의 집행력에 기한 강제집행이 정지되지 않으며, 별도로 집행정지 신청을 내야 한다(500조, 501조). 변경의 소에서 변경된 사정의 한도에서 종전 판결의 변경을 위한 심리를 하면 되는 것이고 전소의 사실관계를 근본적으로 달리 판단하거나 정기금을 원점으로 돌려 다시 새로 산정하여야 하는 것이 아니다. 변경된 새로운 사정과 무관한 전소의 사실확정에 대하여는 구속된다고 볼 것이다.[2]

법원이 청구를 인용하는 경우는 원판결을 감액 또는 증액으로 변경하는 판결주문을 내면 된다. 마치 항소심에서 「변경판결」을 하는 경우처럼 하면 될 것이다(뒤에 볼 「항소심의 주문례」 참조). 소송물별개설에 의한다면 전의 것은 놓아둘 것이지, 이를 늘리거나 줄이는 변경주문은 있을 수 없다. 소제기를 기점으로 하여 장차 지급할 정기금액수만이 변경판결의 대상이 된다고 할 것이다.[3] 원판결은 소제기일 이전의 이행의무에 관하여 집행권원이 되고, 소제기일 이후의 이행의무에 관하여도 변경되지 아니한 한도 내에서는 집행권원이 된다.[4]

2. 기판력의 객관적 범위(주문기판력)

(1) 판결주문의 판단 제216조 1항은 확정판결은 주문에 포함된 것에 한하여 기판력을 가진다고 규정하고 있다. 기판력은 주문에 포함된 것에 한해 미친다는 것은 판결의 결론부분, 즉 소각하판결의 경우에는 소송요건의 흠에 관한

1) 대법 2009. 12. 24, 2009다64215. 이에 관한 상세한 하급심 판례의 분석은 문영화, 위 논문, 272면 이하.
2) BGH NJW 84, 1458; 김용진, 639면; 호문혁, 628면.
3) 현저한 사정변경이 있었던 시점부터 법정판결의 대상이 된다는 견해로, 한충수, 601면.
4) 주석신민소(Ⅳ), 212면.

판단에만, 본안판결의 경우에는 소송물인 권리관계의 존재·부존재에 관한 판단에만 생긴다는 말이다.[1] 주문(결론)에만 기판력을 생기게 한 것은, 그것이 곧 당사자의 소송목적에 대한 해결이고 당사자간의 주된 관심사이기 때문이다.

그런데 원래 주문의 문구는 **일반적으로 간결하다**(소송판결에서는 「이 사건 소를 각하한다」라고, 청구기각판결에서는 「원고의 청구를 기각한다」라고 표시할 뿐이다). 따라서 기판력이 미치는 범위를 파악하자면 주문의 해석이 필요하다. i) 소송판결인 경우에는 어떠한 소송요건의 흠으로 판단한 것인가에 대하여 판결이유를 참작할 것이며, 이에 의하여 정해지는 소송요건의 흠에 대한 판단에만 기판력이 생긴다.[2] ii) 본안판결인 경우에는 어떠한 소송물에 관한 판단인가를 청구취지와 판결이유를 참작하여 가려야 하며, 이에 의하여 정해지는 소송물의 존재·부존재에 관한 판단에 기판력이 생긴다(기판력의 객관적 범위=판결주문=소송물).[3] 여기에서 본안판결에 있어서 기판력이 미치는 범위를 구체적으로 살펴본다.

(a) **동일소송물의 범위** 앞서 본 바와 같이 기판력은 소송물인 권리관계의 존재·부존재에 대한 판단에 미치므로 전소와 같은 소송물을 후소로 제기한 경우 전소의 기판력에 저촉된다. 따라서 전후 양소가 같은 소송물인가의 여부를 가릴 필요가 있다(앞에 본 「소송물」 참조).

1) **청구취지가 다른 때** 원칙적으로 소송물이 같다고 할 수 없다.[4] 신구이론에 차이 없다. 전소가 건물명도·토지인도소송이고 후소가 같은 건물의 이전등기말소소송일 때,[5] 전소가 1필 토지의 특정부분(2,434평 중 특정 1,500평)에 대한 소유권이전등기청구이고 후소가 그 토지 중 일정지분(1500/2434)에 대한 소유권이전등기청구일 때[6]에는 각각 전소의 기판력에 저촉되지 않는다. 물건 인도판결은 불법점유 손해배상청구에는 기판력이 미치지 않는다(대법 2019. 10. 17, 2014다46778). 등기말소청구와 진정한 명의회복의 이전등기청구 등 예외가 있기는 하다(뒤 685면 참조).[7]

---

1) 대법 2000. 2. 25, 99다55472.
2) 대법 1997. 12. 9, 97다25521.
3) 대법 1970. 7. 28, 70누66·67·68. 특히 이행소송에 있어서 청구기각의 판결에 관하여는 판결이유에 의하여 이행청구권의 존재를 근본적으로 부정한 것인가, 아니면 기한의 미도래·조건의 미성취 등을 근거로 한 것인가를 함께 살펴야 한다(대법 1962. 12. 27, 62다245).
4) 대법 1992. 4. 10, 91다45356·45363.
5) 대법(전) 1979. 2. 13, 78다58.
6) 대법(전) 1995. 4. 25, 94다17956. 그러나 환지처분 전의 토지소유권확인청구와 그 처분 후 상응하는 공유지분에 관한 소유권확인청구는 동일소송물이라 보아 기판력이 미치는 관계임은, 대법 2011. 5. 13, 2009다94384 등.
7) 사해행위취소 및 원상회복으로서 수익자 명의 등기의 말소를 명한 판결이 확정된 후 다시 수익자를 상대로 원상회복으로서 가액배상을 구하거나 채무자 앞으로 소유권이전등기를 구하는 것도 권리보호의 이익이 없다. 대법 2018. 12. 28, 2017다265815.

2) 청구원인을 이루는 실체법상의 권리만이 다른 때 청구취지와 사실관계는 같은 때이다. 예컨대 기차사고로 부상을 당한 승객이 금 1,000만원의 손해배상청구를 불법행위에 기해 구했다가 패소된 뒤에, 같은 금액의 배상을 계약불이행을 원인으로 청구하는 경우가 그것이다. 구이론은 실체법상의 권리를 소송물의 요소로 보기 때문에 이 때에 소송물이 다르다 하여 전소의 기판력을 받지 않는다고 본다. 판례는 대지의 불법점유로 인한 임대료상당의 **손해배상청구**는 같은 대지의 임대료상당의 **부당이득반환**의 전소의 기판력에 저촉되지 않는다고 했다.[1)] 각 별개의 소송물이라는 전제로 불법행위 손해배상청구권과 부당이득반환청구권 중 어느 하나의 청구권에 기하여 승소판결을 받았다 하여도, 책임제한의 법리 때문에 아직 채권의 만족을 얻지 못한 부분이 있다면 **다른 청구권**에 기한 이행의 소송을 제기할 수 있다.[2)] 그러나 신이론에 의하면 실체법상의 권리는 한낱 법률적 관점 내지는 공격방어방법에 지나지 않는다. 따라서 이 경우는 소송물이 같기 때문에 전소의 기판력은 후소에 미치는 것으로 본다.

3) 청구원인을 이루는 사실관계가 다른 때 청구취지는 같고 원고가 전소의 사실관계와는 별개의 사실관계에 기해 신소를 제기하는 때(예: 금 1,000만원의 1회적인 채무를 전소에서는 매수인이 발행해 준 어음에 기해 어음금으로 청구하여 패소한 뒤에, 후소로 같은 금액을 어음발행의 원인관계인 매매대금으로 청구하였을 때)로서, 크게 논란이 된다. 판례[3)]에서 말하는 채권자가 동일 목적을 이루기 위하여 복수의 채권을 가지고 있는 경우로서 각 채권의 발생시기와 발생원인을 달리하는 때이다. 구이론은 이 때에 소송물이 다르다 하여 기판력에 저촉이 되지 않는다고 본다. 신이론 중 이분지설도 이 경우는 사실관계를 달리하여 소송물이 같지 않기 때문에 신소가 허용되는 것이라 한다.[4)] 그런데 일본의 신이론은 일분지설에 입각하여 이 경우에도 소송물이 같다 하여 기판력이 미친다고 본다.[5)] 그러나 이 경우까지도 기판력을 받게 한다면 전소에서 제출한 것과는 별개의 사실관계에 대해 당사자의 예측을 넘어서 기판력에 의한 실권효 내지 차단효를 미치게 하는 결과가 되어 원고에게 매우 가혹해진다. 기판력의 대상은 제출한 사실관계를 토대로 한 원고 주장의 법률효과의 존부에 관한 판단이라면, 이 경우에는 사실관계가 전소와는 달라서 기판력에 의하여 실권되지 않는 경우라고 할 것이다.[6)] 이 때는 비록 일분지설에 의해 전후

1) 대법 1991. 3. 27, 91다650 · 667.
2) 대법 2013. 9. 13, 2013다45457.
3) 대법 2013. 2. 15, 2012다68217.
4) 정동윤/유병현/김경욱, 787면.
5) 小山昇, 訴訟物論集, 6면; 新堂, 211면, 656면.
6) 졸저, 소송물에 관한 연구, 257면 이하.

의 소송물이 같다고 보아도 기판력의 실권효의 범위를 넘어서는 경우이기 때문에 신소의 제기가 허용된다는 것이 사견이다(일분지설의 보완, 앞의 672면 참조).

공격방법이 다를 때 앞서 본 바와 같이 구이론(신이론 중 이분지설도 이와 유사)은 어느 때나 청구원인이 다를 때에는 소송물이 달라서 기판력에 저촉되지 않지만, 공격방어방법이 다른 데 그칠 때(같은 권리인데 권리발생요건만 달리 주장하는 때)에는 기판력에 저촉되는 것으로 본다(「기판력의 시적 범위」 참조). 따라서 청구원인과 공격방법의 구별이 중요하다. 판례는 말소등기청구사건에서는 전소와 후소 사이에 등기의 무효사유를 달리하는 경우라도 이는 다같이 등기원인이 무효임을 뒷받침하는 공격방어방법의 차이에 불과하다 하여 같은 말소청구일 때 전소의 기판력은 후소에 미친다고 보는 것이 주류이다.[1] 그러나 같은 이전등기사건이라도 등기원인을 달리하는 경우는 공격방어방법이 아닌 청구원인의 차이라고 보고 기판력이 미치지 아니한다.[2] 같은 부당이득반환청구에서 법률상의 원인 없는 사유로 여러 가지(불성립, 계약의 취소, 무효, 해제 등)를 주장하는 것은 공격방법에 지나지 아니하므로 그 중 어느 사유를 주장하여 패소한 경우에 다른 사유에 의한 신청구는 기판력에 저촉된다.[3] 채권자취소소송에서 피보전권리만을 달리할 때에도 마찬가지일 것이다.

(b) **일부청구** 가분채권의 일부청구에 대하여 판결한 경우에, 잔부청구에 대하여 기판력이 미치는가이다. 예를 들면 금 1억원의 금전채권 중 4,000만원만 먼저 청구하여 판결을 받은 경우 나머지 6,000만원에 대하여도 기판력이 미쳐 소제기를 못하게 되는가이다. 일부청구는 흔히 대형소송에서 소송비용의 절약과 법원의 법률적 견해를 타진해보기 위해 행하여진다(소심 5조의 2. 다액을 소액으로 나누어 하는 일부청구 불허).

1) **일부청구긍정설**은 일부청구의 경우에 그 일부만이 소송물임을 전제로 소권의 남용의 경우가 아니면, 기판력은 그 일부에 대해서만 생기고 그 잔부에 대해서는 생기지 않으며, 따라서 뒤의 예에서 잔부인 6,000만원의 청구가 가능하다는 입장이다.[4]

2) **일부청구부정설**은 채권액의 일부만을 소구하더라도 채권전체가 소송물이 된 것으로 보고, 잔부청구의 후소는 기판력에 의하여 차단된다고 한다. 특히 금

---

1) 대법 1993. 6. 29, 93다11050; 동 2011. 6. 30, 2011다24340 등. 같은 말소등기청구라도 청구원인을 달리한다고 하여(전소-상속회복청구권, 후소-중복등기) 기판력이 미치지 아니하는 관계라고 본 다른 취지의 것에, 대법 2011. 7. 14, 2010다107064.

2) 대법 1996. 8. 23, 94다49922(소유권이전등기를 넘겨주기로 하는 약정을 원인으로 한 이전등기청구권과 매매를 원인으로 한 이전등기청구권은 별개소송물). 대법 1991. 1. 15, 88다카19002·19019 등(대물변제를 원인으로 한 이전등기청구의 판결의 기판력은 취득시효의 완성을 원인으로 한 이전등기청구의 후소에 미치지 않음). 그러나 진정한 등기명의의 회복을 원인으로 한 소유권이전등기청구에 있어서, 소송물은 소유권에 기한 이전등기청구권이고 소유권취득원인이 되는 각개의 사실은 공격방법이라 보는 것에, 대법 1999. 7. 27, 99다9806.

3) 대법 2007. 7. 13, 2006다81141; 동 2022. 7. 28, 2020다231928.

4) 방순원, 605면; 이영섭, 194면; 주석신민소(Ⅱ), 487면; 호문혁, 608면.

전채권에서는 보통 소구하는 일부가 채권전체의 어느 부분에 해당하는가를 특정할 수 없기 때문에 채권전체가 소송물이 되며, 원고의 승소·패소를 불문하고 6,000만원의 잔부청구는 기판력에 저촉되어 청구할 수 없다고 한다.[1] 다만 채권의 일부를 특정할 수 있는 특징(담보권이 설정된 부분, 반대급여에 견련부분 또는 이행기를 달리하는 부분)이 있어 일부임을 인식할 수 있는 경우는 예외적으로 소송물은 일부청구에 한하며, 따라서 잔부청구의 후소가 허용된다고 본다.

3) **절충설**(명시설)은 명시적 일부청구와 묵시적 일부청구의 취급을 달리한다. 즉 전소에서 원고가 당해청구가 일부임을 명시한 경우에는 소송물로 되는 것은 당해 일부뿐이고 6,000만원의 잔부에는 기판력이 미치지 아니하나, 일부청구임을 명시하지 아니한 경우에는 소송물은 전부이므로 원고가 이제 와서 그것이 일부청구였다고 주장하며 6,000만원의 잔부청구를 하는 것은 허용될 수 없다는 것이다. 판례의 입장이며 다수설이다.[2][3] 일부청구의 명시방법으로는 반드시 전체 금액을 특정하여 그 중 일부만을 청구하고 잔부청구를 유보하는 취지임을 밝혀야 할 필요는 없고, 잔부청구와 구별하여 그 심리의 범위를 특정할 수 있는 정도로 표시하여 전체 채권의 일부로서 우선 청구하고 있는 것을 밝히는 것으로 충분하다는 것이다.[4] 명시여부를 판단함에 있어서는 소장·준비서면의 기재뿐만 아니라 소송의 경과 등도 함께 살펴야 한다.[5]

생각건대 전소의 청구가 결과적으로 일부청구에 지나지 않았으나 일부임을 명시하지 아니함으로써 상대방으로서는 전부를 소구한 것으로 알고 방어하였으며 그것으로 분쟁은 종결되는 것으로 신뢰하였는데, 이제 와서 그 청구는 일부에 지나지 아니함을 주장하여 잔부청구를 하여 피고로 하여금 두 번씩 응소토록 강제하는 것은 확실히 문제이다. 따라서 일부청구임을 명시하지 않은 경우에는 상대방의 신뢰이익의 보호를 위해 잔부청구를 허용해서는 안 될 것이며, 이러한 의미에서 절충설의 입장을 지지한다. 긍정설이 당사자처분권주의 내지 원고의 분할청구의 자유와 소송비용부담의 여유가 없는 원고의 입장을 중시한 것이라면,

---

1) 계약상의 채권에 대하여 일부청구부정설은, 강현중, 강의, 406면. 미국에서 한 사고에 한 소송만 허용하는 분쟁해결의 일회성 때문에 일부청구 후 잔부청구는 차단(미국은 인지대가 균일). Friedenthal 외, p. 670.

2) 대법 1993. 6. 25, 92다33008; 동 2000. 2. 11, 99다10424 등.

3) 정동윤/유병현/김경욱, 295면; 전병서, 476~477면; 송상현/박익환, 455면.

4) 대법 2016. 6. 10, 2016다203025; 동 2016. 7. 27, 2013다96165; 동 1986. 12. 23, 86다카536.

5) 대판 2013다96165.

부정설은 분쟁의 1회적 해결의 요청을 중시한 것인데, 이러한 두 가지 요청의 조화가 절충설이라 하겠다. 다만 채권이 전혀 없다는 이유로 일부청구가 패소된 경우라면 달리 볼 여지가 있을 것이다.[1)]

그러나 전소에서 예측하지 못한 후유증에 의한 확대손해에 대하여는 전소에서 그 부분 청구를 유보하지 않은 경우라도 전소와는 별개의 소송물로 보고 추가청구를 허용하여야 할 것임은 이미 본 바이다[2)](268, 678면 참조).

(2) 판결이유 중의 판단 민사소송법 제216조 1항에서는 기판력은 주문에 포함된 사항에 미친다 하였으므로, 반대해석으로 판결이유 중에 판단된 (a) 사실관계, (b) 선결적 법률관계, (c) 항변, (d) 법규의 해석적용 등 4가지에 대해서는 기판력이 미치지 않음이 원칙이다. 이유에 기판력이 생기지 않는 근거는 i) 당사자의 직접적인 관심사는 주문에서 판단되는 결론이고, 판결이유가 아닌데 여기에 기판력이 인정되면 당사자에게 예기치 못한 불이익을 입히는 것이고, ii) 이유까지 기판력을 인정하면 그만큼 오판시정의 기회가 적어지며, iii) 당사자는 이유문제에 대하여는 청구의 당부판단에 필요한 한도 내에서 다투면 되고, 법원도 공격방어방법 중 이유있는 것 하나만을 선택 판단할 수 있어서 신속한 결론에 이를 수 있는 점 등이다. 이하 차례로 본다.

(a) 사실관계 판결이유 중 판결의 기초로 한 사실에 대해서는 기판력이 생기지 않는다. 증거가치의 판단도 같다.[3)] 판결은 권리관계의 확정을 목적으로 한 것이고 사실확정을 목적으로 한 제소는 허용되지 않기 때문이다. 등기말소판결을 하면서 그 전제로 피고가 무권대리인으로부터 매수했다는 사실인정,[4)] 손해배상판결의 이유에서 판단된 고의·과실, 인과관계에는 기판력이 미치지 않는다.

(b) 선결적 법률관계 소송물의 존부를 판단하는 데 전제가 되는 선결적 법률관계에 대한 판단에도 기판력이 미치지 않는다.[5)] 이유에서 판단되는 선결적 법률관계의 확정이 아니라 소송물인 법률관계의 존부확정이 소송목적이기 때문

---

1) 日最高裁 平成 10(1998). 6. 12. 판결은 채권이 전혀 없다 하여 일부청구에서 패소한 원고가 잔부청구의 소를 제기하는 것은 특단의 사정이 없는 한 신의칙에 반하여 허용될 수 없다고 했다.

2) 대법 2007. 4. 13, 2006다78640.

3) 판결이유 중의 서증의 진정성립에 관한 판단에는 기판력이 미치지 아니한다고 한 것에, 대법 1968. 6. 11, 68다591. 보상금청구소송에 대한 확정판결에서 보상금채권이 특정인에게 양도귀속되었다는 사실판단에 기판력이 미치지 않는다는 것에, 대법 1990. 8. 9, 89마525.

4) 대법 1970. 9. 29, 70다1759.

5) 대법 2015. 1. 29, 2013다100750.

이다.[1)] 선결적 법률관계에 소송계속의 효과가 생기지 아니하는 것과 같다(300면 참조). 이러한 선결적 법률관계에 관하여 기판력이 있는 판결을 받을 수 있는 별도의 길로 **중간확인의 소 등**(264조)을 제기할 수밖에 없다. 예컨대 이자청구에 있어서 판결이유에서 원금채권이 있다 없다의 판단이 있어도 기판력은 소송물인 이자채권의 존부에 한한다. 또 소유권에 기한 이전등기말소청구에 관한 확정판결의 기판력은 결론이고 소송물인 말소등기청구권의 존부에 대해서만 미칠 뿐, 판결이유에서 밝힌 말소원인인 **소유권의 존부** 등에는 미치지 않는다.[2)] 따라서 甲이 乙을 상대로 한 이전등기말소소송에서 원고 甲에게 소유권이 없다는 이유로 패소확정된 뒤라도 원고 甲은 다시 乙을 상대로 하여 소유권확인의 후소를 제기할 수 있다.[3)]

나아가 판례는 한 때 이 경우에 말소등기청구하여 패소한 원고 甲은 乙 상대로 다시 '진정한 등기명의의 회복'을 원인으로 한 소유권이전등기청구도 가능하다고 하였으나, 대법(전) 2001. 9. 20, 99다37894에 이르러 후소인 **진정한 등기명의회복**의 이전등기청구나 전소인 **말소등기청구** 모두 소유자의 등기명의회복을 위한 것으로 목적이 같고 소유권에 기한 방해배제청구권으로서 법적 근거 등이 같아 결국 소송물이 실질적으로 동일하므로 후소는 전소의 기판력에 저촉된다는 것으로 판례를 변경하였다. 이 판례에서 소송물의 동일성을 판단함에 있어 목적과 법적 근거에서 그 기준을 찾은 것에 의미가 있다고 하겠고, 또 하나의 의미는 예를 들면 갑의 소유부동산에 원인무효의 등기가 순차로 A·B·C·D로 넘겨

---

1) 다만 대법 2020. 1. 9, 2019다266324에서는 지료급부청구소송의 판결이유에서 정한 지료에 관한 결정이 토지소유자와 법정지상권자 사이에서 지료결정으로서의 효력이 있다는, 예외 판례를 냈다. 관습에 의한 지상권자의 경우도 같다(2002다61934).

2) 대법 2002. 9. 24, 2002다11847; 동 1982. 3. 9, 81다464 등. 소유권에 기한 등기말소청구나 건물철거 및 토지인도청구소송의 기판력은 그 소유권의 존부에(대법 2010. 12. 23, 2010다58889; 동 2014. 10. 30, 2013다53939 등), 부당이익반환청구의 확정판결은 그 전제되는 소유권의 존부에(대법 2009. 3. 12, 2008다36022), 매매계약이 무효임을 전제로 매매대금반환청구에 대한 인낙조서의 기판력은 매매계약이 유효임을 전제로 한 소유권이전등기청구의 소에(대법 2005. 12. 23, 2004다55698) 각 미치지 않는다. 구분소유자를 상대로 한 체납관리비 청구소송은 체납관리비 청구권의 존부에 미친다는 것에, 대법 2011. 10. 27, 2008다25220. 단, 판단과정에서 형성적 재판을 한 경우 예컨대 지료지급소송에서 판단된 지료결정은 이유판단이나 소송당사자 사이에 효력이 있다는 것에, 대법 2003. 12. 26, 2002다61934.

3) 甲·乙간의 소유권이전등기말소소송에서 乙이 패소 → 乙 명의의 등기말소 → 甲·乙간의 전소 변론종결 후에 등기명의를 회복한 甲이 丙에게 소유권이전등기를 넘겨주고 순차 丁에게도 저당권설정등기가 넘어간 사안에서, 乙이 ① 丙에게는 진정한 등기명의회복의 이전등기청구, ② 丁에게는 저당권설정등기말소청구를 한 경우에, 丙, 丁은 모두 전소의 변론종결 후의 승계인으로서 ① 丙 상대의 이전등기청구는 전소와 소송물이 같다는 이유에서 ② 丁 상대의 저당권설정등기말소청구는 전소의 말소등기청구권의 존부를 선결문제로 한다는 이유에서 전소의 기판력이 모두 미친다고 했다(대법 2003. 3. 28, 2000다24856).

진 경우에 甲이 A · B · C · D 전원을 피고로 말소청구하지 않고 최후의 등기명의인 D만을 피고로 이전등기청구를 하는 간단한 소권행사의 길을 텄다는 데 있다.

기판력확장의 시론 기판력의 범위를 매우 좁히는 우리 판례입장과는 대조적으로, 독일 · 일본에서는 판결이유에서 판단된 선결적 법률관계에 대해 기판력을 확장하려는 시도가 나타나고 있다.

1) 일본의 쟁점(배제)효이론 이것은 영미법의 collateral estoppel 또는 issue preclusion의 법리(기판력인 res judicata가 소송물이 동일할 때의 재소금지의 법리라면, 이는 소송물이 다르다 하여도 이에 관계 없이 쟁점이 동일할 때에 재론금지의 법리임)에 그 뿌리를 두고 있는바, 기판력은 주문에 판단된 소송물에 한하여 미치나, 판결이유 중의 판단이라 하여도 그것이 소송에 있어서 중요한 쟁점이 되어 당사자가 주장 · 입증하고 법원도 그에 관하여 실질적 심리를 한 경우에는 그 쟁점에 대해서 행한 법원의 판단에 구속력을 인정하여야 한다는 이론이다. 그 근거는 공평, 금반언이다. 예컨대 甲이 乙에 대하여 소유권에 기해 등기말소소송을 제기한 경우에 토지소유권의 귀속이 중요쟁점으로 되어 다투어진 결과 甲에게 소유권이 있다고 판단되어 말소판결이 확정되었으면, 乙이 甲을 상대로 乙의 소유권 확인청구를 후소로 제기하였을 때에 전소에서 비록 甲의 소유권에 관한 판단을 판결이유에서 판시한 것에 그쳤지만 후소는 전소의 쟁점효에 저촉을 받는다는 것이다.[1] 우리나라에도 이에 동조하는 학자가 있다.[2]

2) 독일의 의미관련론과 경제적 가치동일성설 Zeuner는 전소의 판결이 그 목적에 비추어 후소에서 확정하려는 법률효과와 의미관련(Sinnzusammenhang)이 성립되면, 전소의 이유 중의 판단에 기판력을 인정할 것이라는 것이다.[3] Henckel은, 예를 들면 소유권에 기한 등기말소청구와 소유권확인청구와 같이 전소와 후소의 경제적 가치가 같은 경우에는 전소에서 판단한 선결적 법률관계에 대해서도 기판력을 인정해야 한다는 입장이다.[4]

위의 기판력에 관한 새로운 approach는 확실히 분쟁의 모순 없는 해결이나 분쟁해결의 일회성에 합치되는 바 있다. 그러나 다음과 같은 문제점이 있다.

① 원래 Savigny에 의하면 판결은 진실의 의제(Wahrheitsfiktion)라 하여 판결이유 중에 판단된 선결적 법률관계에 대해서 기판력을 인정할 것이라고 하였으나, ZPO의 기초자들은 이 견해를 따르지 않고 「청구에 대해 판단한 한도에서 판결의 기판력이 있다」고 규정하여(ZPO § 322), 소송물인 권리관계의 존부에 대해서만 기판력을 국한시켰고, 한편 소송물의 존부를 판단하는 데 전제가 되는 선결적 법률관계에 대해 기판력을 얻기 위해 따로 중간확인의 소의 제도를 인정하였다. 이러한 독일의 법제를 일본을 통해 계수한 우리 소송법에 있어서는 앞서 본 쟁점효나 의미관련이론 등을 정면으로 채택하기에는 법제상 난점이 있다.

---

1) 新堂, 425면.
2) 방순원, 610면; 송상현, 547면.
3) Zeuner, Die objektiven Grenzen der Rechtskraft im Rahmen der rechtlicher Sinnzusammenhänge(1959).
4) Henckel, Prozeßrecht und materielles Recht(1970), S. 173f.

② 특히 쟁점효를 인정하면 주문과 같은 결론을 끌어내는 데 수단이 되는 판결이유에도 치중하여야 하며, 심리대상은 그만큼 확대된다. 법원이 자유롭게 공격방어방법을 선택해서 원고승소의 주문을 끌어내기 어려워져 심리의 경직화와 소송지연을 초래하게 된다.

③ 판결이유의 판단에도 기판력과 유사한 구속력을 인정하면 그만큼 오판을 시정할 기회는 적어지며, 따라서 오판의 폐해가 확대될 염려가 있다.

④ 아직은 쟁점효의 요건불명, 기판력과 그 법적 성질의 차이, 쟁점에 관한 독립한 불복신청권을 인정할 것인지의 불명 등 이론적으로 미숙한 단계에 있다. 나아가 기판력의 범위 · 재판의 누락 · 보조참가의 이익 · 상소의 이익 · 불이익변경의 금지 · 일반적 상고이유 · 재심사유 등에서 보인 주문중심의 현행소송법의 이론체계와도 조화하기 어려워 쟁점효를 인정하는 것은 부적절하다. 일본에서도 거부하였다. 또 대법(전) 1979. 2. 13, 78다58의 다수의견도 명시는 아니나, 그러한 취지인 듯하다. 소유권이전등기의 말소청구를 한 경우에 양도담보권자라는 전소의 판단에는 기판력이 미치지 않는다 했다. 그러나 쟁점정리기일인 변론준비기일, 쟁점중심의 증인 등 집중신문제도를 채택한 점에 착안하여 쟁점효이론을 받아들여야 한다는 견해가 나타났다.[1]

3) 사견—신의칙설과 증명효 ① 그렇다고 문제를 마냥 방치해 둘 것은 아니며, 판결 상호간의 모순방지를 위해서는 쟁점효와 같이 판결효력으로서보다는 차라리 신의칙으로서 전소의 판결이유 중의 판단에 구속력을 인정함이 옳다고 본다. 예컨대 甲이 乙 상대로 매매계약에 기해 매매대금청구를 하였으나 乙이 계약무효라는 항변을 하고 이를 판결이유로 기각판결이 확정되었는데, 그 뒤 후소로 乙이 말을 바꾸어 이제는 그 계약유효를 주장하며 甲에게 매매목적물의 인도를 청구하는 따위는 전소에서 계약무효라고 하여 다투었던 것과는 모순되는 거동인 것으로, 신의칙의 파생인「선행행위와 모순되는 거동금지」에 저촉되어 허용될 수 없는 것이다.[2] 모순거동금지나 권리실효의 원칙에 의해 판결이유에서 판단한 선결관계에 실질적인 구속력을 인정한 Jauernig의 권리남용설도 같은 입장이다. 이는 전소에서 주장 · 항변한 사항이고 판결이유에서 긍정적 판단까지 받았다면, 전소와 소송물을 달리하는 후소에서라도 그 판단과 정반대의 주장 · 항변은 신의칙상 허용되지 않는다는 것으로 정리할 수 있겠다.[3]

1) 권혁재, 민사소송쟁점심리요론.

2) 같은 취지: 정동윤/유병현/김경욱, 842면; 강현중(제6판), 690면; 정영환, 1185면; 김홍엽, 867면; Jauernig/Hess, § 63 Ⅲ 2; 졸저, 소송물에 관한 연구, 241면. 반대: 호문혁, 616~617면. 그러나 대법 2002. 9. 24, 2002다11847은 소유권이전등기말소소송의 청구기각판결의 기판력은 말소등기청구권의 존부에만 미치는 것이지 그 소유권의 존부에는 미치지 아니하므로(등기회복은 못하여도 소유권행사가 불가능이 아님) 특별한 사정이 없는 한 뒤에 소유권확인의 소제기가 신의칙에 반한다고 할 수 없다고 했다.

3) 日最高裁 昭和 51. 9. 30 판결은 전소와 소송물을 달리하는 후소라도 i) 실질적으로 전소의 되풀이이고, ii) 전소에서 제기가능하였고, iii) 장기간에 걸쳐 형성된 법적 지위를 불안정하게 하는 것

② 다만 우리 판례는 이미 확정된 관련 민사사건에서 인정한 사실은 유력한 증거가 되므로 합리적 이유의 설시 없이 배척할 수 없고,[1] 특히 두 개의 민사소송이 당사자가 같고 분쟁의 기초사실이 같은 경우에는 전소의 판단이 후소에 유력한 증거자료로서의 효력, 즉 증명효가 생긴다고 했다(증명력설).[2)3] 그러나 이는 판결의 사실적 효력이지 그 법적 효력은 아닌 것이다. 따라서 다른 증거들을 종합하여 확정판결에서 인정된 사실과 다른 사실을 인정하는 것은 자유심증주의의 한계를 벗어나지 않고 그 이유설시에 합리성이 인정되면 괜찮다는 것이다.[4]

(c) 항 변

1) 판결이유 속에서 판단되는 피고의 항변에 대해서는 그것이 판결의 기초가 되었다 하여도 기판력이 생기지 않는다(항변에 소송계속의 효력이 미치지 않는 것과 같다). 따라서 건물철거·토지인도청구가 피고의 법정지상권의 존재를 이유로 기각된 경우에 그 지상권의 판단에는 기판력이 생기지 않으며, **상환이행판결**의 경우에 동시이행항변으로 제출한 **반대채권의 존부 및 액수**에는 기판력이 생기지 않는다.[5]

2) **주문기판력의 원칙의 예외—상계항변** 피고가 상계항변을 제출하였을 경우에 자동채권의 존부에 대하여 비록 판결이유 중에서 판단하게 되지만 상계로써 대항한 액수의 한도 내에서는 기판력이 생긴다(216조 2항). 그렇지 않으면, 상계에 쓰인 자동채권(반대채권)의 존부에 대해 뒤에 다시 다툼이 생겨 부당이득반환청구 등 이중분쟁이 유발될 가능성과 전소의 원고의 청구권의 존부에 관한 판결이 무의미하게 될 우려 때문이다.[6)7]

이면 신의칙에 의하여 후소는 허용할 수 없다는 판결을 하였는데, 이를 계기로 신의칙에 의하여 "실질적인 분쟁의 되풀이"를 부정하는 이론이 구축되어 가고 있다.

1) 대법 2020. 7. 9, 2020다208195. 그러나 전소와 후소 간에 당사자가 똑같지 않고 중요쟁점이 같지 아니한 경우까지 유력한 증거로서의 효력인정은 무리. 대법 2011. 5. 26, 2010다22552(노태우사건)는 의문이 있다. 무변론 판결과 다른 사실의 인정은 적법하다는 것에 대법 2012. 11. 29, 2012다44471.

2) 대법 2003. 8. 19, 2001다47467; 소송물이 달라 기판력에 저촉되지 아니하는 결과 새로운 청구를 할 수 있는 경우에 더욱 그러하다는 것에, 대법 2009. 9. 24, 2008다92312 가정법원과 행정법원 사이에서도 마찬가지이다(2018두66869). 채권자가 피보전채권 청구소송에서 승소확정 판결 받으면 특별한 사정이 없는 한 그 청구권의 발생원인이 되는 사실관계가 제3채무자에 대한 관계에서도 증명효가 생긴다는 것에, 대법 2019. 1. 31, 2017다228618. 평석은 윤진수, 법률신문 2020. 1. 20자.

3) 이를 강조한 것에, 호문혁, 617면.

4) 대법 2015다228799. 동 2018. 8. 30, 2016다46338·46345.

5) 대법 1975. 5. 27, 74다2074; 동 1996. 7. 12, 96다19017(화해에 관하여). 단 이 경우에는 동시이행항변의 조건이 붙어 있다는 데 기판력이 생기므로, 그 뒤에 무조건의 이행의무가 있다는 주장은 기판력에 저촉된다고 하였다.

6) 대법 2005. 7. 22, 2004다17207.

7) 대법 2018. 8. 30, 2016다46338·46345에서 그 취지를 판시하면서, 다음과 같은 기준적이고

상계항변에 대한 기판력의 한계에 관련된 몇 가지 문제가 있다. 첫째로, 자동채권의 존부에 관하여 **실질적 판단**을 한 경우에 한하며,[1] i) 상계항변의 각하(149조), ii) 상계금지(민 496조, 492조 1항 단서),[2] iii) 부적상(민 492조 1항 본문)을 이유로 배척된 경우에는 포함되지 않는다. 또 자동채권의 존부에 대해서는 **상계로써 대항한 액수**에 한하여 기판력이 생긴다(예: 금 60만원 청구에 금 100만원의 자동채권을 갖고 상계항변을 하였다면, 그 상계항변이 인용되든 배척되든 자동채권에 관한 판단의 기판력은 60만원에 한한다. 60만원을 초과한 40만원 부분은 기판력이 없다.). 여기서 말하는 상계는 민법 제492조 이하에 규정된 단독행위로서의 상계를 의미하는 것이지, 원피고 사이의 채권을 상계하여 정산키로 하는 합의를 하는 것은 포함하지 않는다는 것이, 대법 2014. 4. 10, 2013다54390이다.

이 항변의 기판력의 한계 때문에 판결이유의 설시에서 유의할 바가 있다. 판례는 **복수의 자동채권**에 기한 상계항변의 경우 법원이 어느 자동채권에 대하여 상계의 기판력이 미치는지 밝혀야 한다는 것이며, 상계로 소멸될 자동채권에 관한 아무런 **특정없이** 상계항변을 인용한 것은 잘못이라 했다.[3] 또 자동채권에 대하여 어느 범위에서 상계의 기판력이 미치는지를 판결이유 자체로 당사자가 분명하게 알 수 있을 정도까지 밝혀주어야 한다.[4]

둘째로, 상계항변에 기판력이 생기는 것은 수동채권이 소송물이 되어 심판되는 소구(訴求)채권이거나, 그와 실질적으로 동일한 경우로서, 원고가 상계를 주

다각적인 상계방법의 기판력에 관한 판례를 냈다.

(1) 상계 주장에 관한 법원의 판단에 기판력이 인정되려면 반대채권과 수동채권을 기판력의 관점에서 동일하게 취급하여야 할 필요성이 인정되는 경우를 말한다. 즉 원고가 상계항변을 주장하면서 청구이의의 소를 제기한 경우도 마찬가지이다.

(2) 소송상 상계항변은 상계에 관한 법원의 실질적 판단이 이루어지는 경우에야 비로소 실체법상 상계의 효과가 발생한다. '소구채권 자체를 부정하여 원고의 청구를 배척한 판결'과 '소구채권의 존재를 인정하면서도 상계항변을 받아들인 결과 원고의 청구를 기각한 판결'은 기판력의 범위가 서로 다르다. 후자의 경우 피고에게 상소의 이익이 있다.

(3) 법원이 수동채권의 전부 또는 일부의 존재를 인정하는 판단을 한 다음 상계항변에 대한 판단으로 나아가 반대채권의 존재를 인정하지 않고 상계항변을 배척하는 판단을 한 경우, 반대채권이 부존재한다는 판결이유 중의 판단에 관하여 기판력이 발생하는 범위 및 이러한 법리는 반대채권의 액수가 소구채권의 액수보다 더 큰 경우에도 마찬가지로 적용된다.

(4) 피고가 상계항변으로 2개 이상의 반대채권을 주장하였는데 법원이 그중 어느 하나의 반대채권의 존재를 인정하여 수동채권의 일부와 대등액에서 상계하는 판단을 하고 나머지 반대채권들은 모두 부존재한다고 판단하여 그 부분 상계항변을 배척한 경우, 나머지 반대채권들이 부존재한다는 판단에 관하여 기판력이 발생하는 전체 범위가 '상계를 마친 후의 수동채권의 잔액'을 초과할 수 없다. 이러한 법리는 피고가 주장하는 2개 이상의 반대채권의 원리금 액수 합계가 법원이 인정하는 수동채권의 원리금 액수를 초과하는 경우에도 마찬가지로 적용된다. 이때 '상계를 마친 후의 수동채권의 잔액'은 수동채권 '원금'의 잔액만을 원칙적으로 의미한다.

1) 대법 2018. 8. 30 판결.

2) 대법 1975. 10. 21, 75다48=항변권이 부착된 채권을 자동채권으로 한 상계.

3) 대법 2014. 12. 11, 2011다77290; 동 2011. 8. 25, 2011다24814.

4) 대법 2013. 11. 14, 2013다46023.

장하면서 **청구이의의 소**를 제기한 경우[1]에 한한다. 따라서 피고가 어느 채권을 동시이행항변으로 주장한 경우에 이를 배척하기 위해 원고가 **재항변**으로 상계항변을 하여 판단받은 때에는 기판력이 생기지 않는다.[2] 피고의 상계항변에 피고의 자동채권을 소멸시키기 위한 원고의 상계재항변은 허용할 이익이 없다. 즉 피고의 상계항변을 배척하는 경우나 상계항변이 이유있다고 판단되는 경우 모두 원고의 상계재항변에 대하여 판단할 필요가 없게 되고, 원고가 소구채권 외에 다른 채권을 갖고 있다면 소의 추가적 변경에 의하여 당해소송에서 청구하거나 별소를 제기할 수 있는 문제이므로, 구태여 원고의 상계의 재항변은 일반적으로 허용할 이익이 없다는 것이, 대법 2014. 6. 12, 2013다95964이다. 2015. 3. 20, 2012다107662도 같다(원고는 두 개의 채권청구, 피고는 그중 1개 채권에 대한 상계항변, 원고는 다른 채권으로 그에 재항변의 경우).

셋째로, 상계항변을 배척한 경우에 자동채권의 부존재에 기판력이 생기는 점은 다툼이 없으나,[3] **상계항변이 채택**된 경우에 기판력의 범위에 관하여는 견해의 대립이 있다. 수동채권과 자동채권이 다함께 존재하였다가 그것이 상계에 의하여 소멸된 점에 기판력이 생긴다는 설에 대하여,[4] 이 경우에도 현재의 법률관계로서 자동채권이 소멸되었다는 점인 결론부분에만 기판력이 생긴다고 보는 설이 있다.[5] 문제가 없지 아니하나 전설이 제216조 2항의 '청구가 성립되는지 아닌지'의 판단에 기판력이 있다는 조문에는 충실한 해석이 된다.

[도표 7] 상계항변에 관한 그 밖의 문제

상계판단의 기판력의 효과	상소이익 예외	상계승소피고—주문 아닌 이유판단에도 상소이익 (위 대법 2018. 8. 30)
	불이익변경금지의 예외	• 주문 아닌 판결이유도 불이익변경금지—상계패소한 원고의 항소에 수동채권의 부존재로 이유변경 못함. • 제415조 단서에 의하여 일부패소의 항소 원고에 전부패소의 가능성

1) 위 대법 2018. 8. 30 판결.
2) 대법 2005. 7. 22, 2004다17207. 甲이 乙을 상대로 먼저 원상회복의 건물 등 명도청구, 乙이 원상회복의 대금반환채권이 있음을 내세워 동시이행항변, 다시 甲은 자기의 반대채권을 자동채권으로 하여 그 대금반환채권과 상계되어 소멸되었다는 재항변, 받아들여졌으면 그 수동채권으로 한 대금반환채권이 소멸되었다는 판단에 기판력이 부정된다.
3) 이 경우 기판력은 법원이 반대채권의 존재를 인정하였다면 상계에 관한 실질적 판단으로 나아가 수동채권의 상계적상일까지의 원리금의 대등액에서 소멸하는 것으로 판단할 수 있었던 반대채권의 원리금 액수의 범위에서 발생한다는 것에, 앞의 대법 2018. 8. 30 판결.
4) 송상현, 543면; 정동윤/유병현/김경욱, 835·836면.
5) 한충수, 609면.

기판력의 시적범위	변론종결 후의 상계권행사(청구이의의 소에서) — 실권설, 비실권설(다수설·판례), 제한적 비실권설
상계항변의 특수성: 예비적 항변	• 중복소송여부: 소구채권을 상계항변으로 쓴 경우와 반대경우에 확정적 항변이 아니므로 중복소송부정(다수설·판례) • 수동채권 확정 후 판단(증거조사설) • 항변판단순서는 다른 항변보다 후순위 • 실기한 상계항변이라도 각하신중 • 소취하·상계항변각하 등 실질판단 못 받았으면 상계의 사법상 효과 없음(신병존설 — 통설·판례)

(d) **법률판단** 판결이유 속에서 표시된 법률판단에는 기판력이 미치지 않는다.[1] 여기의 법률판단에는 추상적 법규의 해석적용은 물론 구체적 사건에 대한 법률해석판단도 포함한다. 판결이유 속의 법률판단은 환송판결을 한 경우에 하급심법원을 기속하는 기속력뿐이지(436조 2항; 법조 8조), 일반적으로 당사자 자신은 물론 다른 국가기관에도 대세적 효력이 없다. 법원은 일반국민과 국가기관 등에 적용할 법률제정기관이 아니고, 개별당사자간의 개별사건의 해결기관이기 때문이다.

3. 기판력의 주관적 범위(당사자간의 기판력)

(1) 당사자 사이(inter partes) — 상대성

기판력은 당사자간에 한하여 생기고, 제3자에게는 미치지 않는 것이 원칙이다(218조 1항). 이를 기판력의 **상대성의 원칙**이라 한다. 원래 판결은 당사자간에 분쟁의 상대적·개별적인 해결을 위한 것이기 때문에 그 해결의 결과도 양당사자를 상대적·개별적으로 구속시키는 것이 당연하다 하겠고, 또 처분권주의·변론주의의 원칙에 의하여 당사자에게만 소송수행의 기회가 부여된 채 심판하기 때문에 그 기회가 없는 제3자에게 소송결과를 강요함은 제3자의 절차권을 침해하는 것이 된다(모든 국민에 구속력이 생기는 입법부의 법률과 차이). 따라서 소외의 제3자[2]는 물론, 당해 소송의 법정대리인·소송대리인, 보조참가인(참가적 효력이 미칠 뿐이다)·통상 공동소송인에게도 기판력이 미치지 않는다. 종중 등 단체가 당사자로서 받은 판결은 그 대표자나 구성원에게 미치지 않으며, 그 반대의 경우도 같다.[3] 피해자와 피보험자 간의 판결의 기판력

---

1) 대법 1970. 9. 29, 70다1759=이유 속의 농지분배무효라는 판시 부분은 기판력 없다.
2) 제3자가 등기원인이 확정판결인 경우에 그 등기의 추정력을 번복하기 위하여서는 일반적으로 등기의 추정력을 번복하기 위해 요구되는 증명도를 넘어 명백한 증거나 자료를 제출하여야 한다는 것에, 대법 2002. 9. 24, 2002다26252.
3) 대법 1978. 11. 1, 78다1206. 법인의 하부조직이 받은 판결은 법인에 안 미침=대법 2018. 9. 13, 2018다231031.

은 피해자와 보험자(회사) 간의 소송에 미치지 아니한다.[1] 판례[2]는 甲의 乙 종중 상대의 소유권에 기한 분묘굴이 및 토지인도청구의 인용판결이 확정되어도 그 효력은 甲과 乙 종중 사이에만 미칠뿐 乙 종중의 구성원인 종중원으로서 단순한 공동소송인의 관계에 있을 뿐인 丙에게 미치지 아니하며, 이때에 甲의 승소판결이 확정되었다 하여 甲이 丙에게도 자신이 소유권을 적법취득하였음을 주장함은 기판력의 객관적·주관적 범위에 관한 법리에 어긋난다는 취지이다.

관련문제 1—실질적 당사자에의 확장 문제(법인격부인의 법리) 다만 실질적으로는 스스로 당사자로 된 경우와 다를 바 없는 자를 당사자에 준하는 자(실질적 당사자)로 보아 판결의 효력을 미치게 하려는 시도가 있다. **법인격부인의 법리**에 의하여 회사가 받은 판결의 효력을 배후자인 실제 개인에 확장하려는 것이다.

우리 판례는 부정설이고,[3] 나아가 판결에 표시된 채무자의 포괄승계인이나 특정승계인이 아니면 판결에 표시된 채무자 이외의 자가 실질적으로 부담하여야 하는 채무자라 하여도 기판력 및 집행력이 미치지 아니한다고 본다.[4] 그러나 개인 곧 법인, 법인 곧 개인이 되고 서류작성만 있고 이사회나 주주총회 모두가 없다시피 하고 재산과 회계업무가 혼용되어 법인은 이름뿐이고 개인영업에 불과하여 법인격이 형해화가 범람하는 현실에서(법인격의 남용은 별론)는 법인인 회사는 물론 그 배후의 개인에 대하여도 회사의 행위에 대하여 책임을 물을 수 있다는 것이 최근의 판례이다.[5] 그렇다면 개인에게 법적 행위책임만이 아니라 소송법상 책임인 판결의 효력도 확장시키는 것이 옳을 것이므로, 그것이 다른 당사자라 하여 후소의 허용으로 사법적 노력의 낭비를 방지하는 길일 것이다. 이러한 당사자에게 별도의 절차보장이란 넌센스인 것이다. 현재는 법인인 회사와 배후 개인을 공동피고로 하는 소송만 허용한다.

두 개의 법인이 있는데 한쪽은 실체가 있는 법인이고, 다른 쪽은 조세피난처의 paper company일 때도 서로가 제3자 관계가 아니므로 같이 볼 것이다. 나아가 폐업한 구 회사가 채무·세금면탈의 목적으로 기업의 형태와 내용이 실질적으로 동일한 신설회사를 설립한 것으로 인정되는 경우에도[6](회사의 간판만을 바꾼 소위 **법인세탁**) 실질적인 동일 당사자임을 전제로 구 회사의 판결의 효력을 신설회사에 확장시키는 것은 신의칙상 당연하다고 하겠다.

---

1) 대법 2001. 9. 14, 99다42797.

2) 대법 2010. 12. 23, 2010다58889.

3) 대법 1995. 5. 12, 93다44531은 절차의 명확·안정을 중시하는 소송절차 및 강제집행절차의 성격상, 乙회사에 대한 판결의 기판력 및 집행력의 범위는 강제집행면탈의 목적으로 설립하였으며 乙회사와 실질적으로 동일하다고 하는 갑회사에까지 확장되지 아니한다고 하였다. 같은 입장: 정동윤/유병현, 170면. 이는 일본 최고재 昭和 53. 9. 14. 판결을 따른 것이나, 일본에서 비판이 많다.

4) 대법 2002. 10. 11, 2002다43851.

5) 대법 2008. 9. 11, 2007다90982. 회사가 개인에 대한 법적책임을 회피하기 위한 수단으로 함부로 이용되고 있는 예외적인 경우까지 개인의 책임을 부인하는 것은 신의칙위배=대법 2023. 2. 2, 2022다276703.

6) 대법 2008. 8. 21, 2006다24438과 동 2004. 11. 12, 2002다66892 참조.

관련문제 2—사해행위취소판결의 상대효 사해행위취소소송에서 채무자의 피고적격은 부인되므로, 취소판결의 취소의 효과는 채권자와 수익자/전득자 사이에만 미치므로 채무자와 수익자 사이에, 채권자와 채무자 사이의 법률관계에 영향을 미치지 않는 상대적 효력이라 보는 것이 판례이다(208면 참조). 기판력에 주관적 범위와 같은 맥락이다.

(2) 당사자와 같이 볼 제3자

예외적으로 기판력이 당사자 이외의 제3자에게 미치는 경우가 있지만, 이것은 법률에 특별한 규정이 있는 경우에 한한다. 다음과 같은 경우이다.

(a) **변론종결한 뒤의 승계인**(218조 1항)[1] 변론종결한 뒤에 소송물인 권리관계에 관한 지위를 당사자(전주)로부터 승계한 제3자는 당사자간에 내린 판결의 기판력을 받는다(변론종결 전은 소송승계. 변론종결 후는 기판력승계). 무변론판결의 경우에는 판결선고한 뒤의 승계인이 기판력을 받게 된다. 그렇지 않으면 패소당사자가 소송물인 권리관계를 제3자에게 처분함으로써 기판력 있는 판결을 무력화시키고, 승소당사자의 지위를 붕괴시킬 수 있기 때문이다(권리관계의 안정).

1) 승계인의 범위

① 변론종결 후에 당사자로부터 **'소송물인 실체법상의 권리의무'**를 승계한 자로서, 이것이 전형적인 승계인이 된다(실체적 의존관계설). 따라서 소유권확인판결 등이 난 소유권의 양수인,[2] 이행판결을 받은 채권의 양수인(승계기준시기는 채권양도의 대항요건을 갖춘 때[3]) · 채무의 면책적 인수인,[4] 순위보전의 가등기권자[5] 등은 승계인에 해당된다.[6] 가처분권자는 해당되지 않는다.[7] 뒤에서 보는 대법 2013다53939는 소송물 이외에 선

1) 변론종결 전의 승계인에게는 미치지 않는다. 따라서 대법 2020. 10. 29, 2016다35390에서는 추심금소송에서 확정된 판결의 기판력이 변론종결 이전에 압류·추심명령을 받았던 다른 추심채권자에게 미치지 아니한다고 하였다.

2) 변론종결 후 임대부동산을 양수한 자는 변론종결 후의 승계인에 해당하지만, 양도인의 보증금반환채무는 불소멸, 대법 2022. 3. 17, 2021다210720.

3) 대법 2020. 9. 3, 2020다210747.

4) 다만 상호를 계속 사용하는 영업양수인은 면책적 채무인수인이 아님을 이유로 승계인이 아니라고 한 것에, 대법 1979. 3. 13, 78다2330. 중첩적 채무인수인은 승계인으로 볼 수 없다는 것에, 대법 2016. 5. 27, 2015다21967. 병존적 인수도 같다(2016다205243 등).

5) 공유물분할판결의 변론종결 후 해당 공유자의 공유지분에 순위보전의 가등기를 마친 경우, 공유물분할확정판결의 효력은 제218조 1항의 변론종결 후의 승계인에 해당된다는 것에, 대법 2021. 3. 11, 2020다253836.

6) 임대차계약을 맺은 부동산(주택)이 계약명의신탁관계이기 때문에 명의신탁의 해소로 수탁자명의의 부동산등기가 말소되고 종당에는 명의신탁자에게로 이전등기가 된 경우이면 명의신탁자는 주택임대차보호법 제3조 제4항의 임대인의 지위를 승계하게 되고, 나아가 변론종결 후 임대부동산을 양수한 자는 제218조 제1항의 승계인에 해당된다는 것에, 대법 2022. 3. 17, 2021다210720.

7) 대법 1998. 11. 27, 97다22904=말소등기판결의 패소자인 피고에 대한 처분금지가처분을 한 자는 포함되지 아니한다. 권리의 승계가 아니라 제한이기 때문이다. 대법 2017다216981(화해권고결정의 사안에서).

결문제 · 모순관계의 승계인만 포함된다고 한다.

승계의 전주가 원고이든 피고이든, 승소자이든 패소자이든 불문한다. 승계의 모습도 일반승계(상속, 합병 등)와 특정승계를 가리지 않으며, 승계원인도 임의처분(매매, 유증 등), 국가의 강제처분(전부명령, 경매 등), 직접 법률의 규정(민 399조 등 법률상 대위[1])에 기한 것이든 차이가 없다. 승계의 시기는 변론종결한 뒤일 것을 요하는바, **원인행위**는 변론종결 이전, **등기**는 뒤에 하였으면 등기기준으로 변론종결 후의 승계로 보아야 할 것이다.[2]

② 계쟁물의 승계인에 기판력확장문제 　　소송물인 권리의무 자체는 아니나, '당사자적격'(분쟁주체인 지위)의 이전원인이 되는 계쟁물의 권리이전도 널리 승계인에 포함된다 할 것이다(적격승계설, 동일 사건에 이제 다시 소송한다면 당사자가 될 사람).[3] 예를 들면 건물명도판결이 난 뒤에 피고로부터 당해 건물의 점유를 취득한 자,[4] 소유권에 기한 건물철거판결이 난 뒤에 그 건물을 매수하거나 이전등기를 경료한 자[5]는 이러한 의미에서 피고적격의 승계인이라고 할 것이다. 그러나 **계쟁물 등의 승계인**에게 기판력배제의 판례가 본격화되고 있다. 대법 2014. 10. 30, 2013다53939에서는 이와 달리, 기판력은 전후소를 통한 소송물의 동일, 선결문제 또는 모순관계에 있을 때에 전소판결의 판단과 다른 주장을 허용하지 않는 작용을 하는 것이므로, 이와 같이 소송물의 동일, 선결문제 또는 모순관계에 의하여 기판력이 미치는 객관적 범위에 해당하지 아니하는 경우는 전소판결의 변론종결 후에 당사자로부터 **계쟁물 등을 승계한 자**가 후소를 제기하더라도 그 후소에 전소판결의 기판력이 미치지 않는다고 하였

---

1) 대위변제자에 대하여, 대법 2007. 4. 27, 2005다64033.

2) 대법 1992. 10. 27, 92다10883은 가등기는 변론종결 전, 이에 기한 본등기는 변론종결 후에 마친 때도 같다고 한다. 단, 가등기 후 본등기 마치기 전에 그 소유권취득자는 변론종결 후의 승계인 아님=대법 1993. 12. 14, 93다16802(제소전화해).

3) 대법 2003. 2. 26, 2000다42786 참조.

4) 판례는 소유권에 기한 자는 전소의 기판력이 미치지 아니하는 소유권에 기해 건물명도청구를 하는 것이므로 전소의 변론종결 후의 승계인이 아니라고 하고(대법 1999. 10. 22, 98다6855), 토지소유권에 기한 토지인도소송의 변론종결 후에 그 패소자인 토지소유자로부터 토지를 매수하고 등기를 마친 자도 같이 보았다(대법 1984. 9. 25, 84다카148). 여기에는 기판력의 주관적 범위를 그 객관적 범위와 연계시킨 문제점이 있으며, 그와 혼동하여 기판력의 주관적 범위를 축소시킨 문제점이 있다. global standard와는 거리도 있고 기판력을 쉽게 붕괴시키는 문제가 따를 것이다. 같은 취지: 정동윤/유병현/김경욱, 802면. 피고에게 소유물의 인도나 이전등기를 명한 판결의 기판력의 표준시 후에 원고로부터 당해 목적물을 양수한 제3자(계쟁물의 양수인)는 권리승계인에 준한다는 것에 松本 · 上野, 전게서, 566면.

5) 대법 1991. 3. 27, 91다650 · 667; 동 1992. 10. 27, 92다10883. 이 경우에도 기판력은 건물철거권의 존부에만 미치고 건물소유권에 미치지 않는 것임에도 불구하고 건물양수인은 승계인이 된다. 전병서, 483면은 소송물의 기초관계인 권리관계 또는 이것을 선결관계로 하는 권리관계에 대하여 당사자적격을 취득한 자도 여기의 승계인에 포함된다고 했다.

다. 따라서 甲 등이 乙 상대의 건물소유권이전등기말소청구를 하여 승소확정판결을 받았는데, 위 판결의 변론종결 후에 乙로부터 계쟁말소대상물인 건물소유권을 이전받은 丙이 甲 등 상대로 위 건물의 인도 및 차임상당의 부당이득반환청구의 소를 제기하였다면 丙이 변론종결 후의 승계인이 되어 전소의 기판력을 받아 건물 등 소유권을 취득하지 못한다고 한 것은 잘못이라 하였다. 계쟁물의 승계인을 기판력에서 배제시킨 점에서 문제가 있는데다, 나아가 소송물이 물권적 청구권이면 승계인이 된다는 다음의 기존 판례와 저촉되는 것은 아닌지 의문도 있다.[1)]

소송물이론과 승계인의 범위 — 물권적 청구권과 채권적 청구권의 구별 승계인에 해당하느냐 여부에 관해 신·구이론간에 견해차이가 있다. 실체법상 권리의 주장을 소송물로 보는 구이론은 소송물인 청구가 대세적 효력을 갖는 물권적 청구권일 때에는 피고의 지위를 승계한 자가 제218조 1항의 승계인으로 되지만, 대인적 효력밖에 없는 채권적 청구권일 때에는 승계인이 되지 아니한다고 한다. 판례도 대법 1991. 1. 15, 90다9964와 동 2003. 5. 13, 2002다64148에서 이를 밝혔다. 특히 소유권에 기해 소유권이전등기의 말소등기를 명하는 판결이 확정되었을 때에 피고는 원고의 소유권의 행사를 방해해서는 안 될 **물권적 의무자**로 보고, 그로부터 변론종결 후에 소유권이전등기(담보권설정등기도 같다)를 넘겨받은 자는 변론종결 후의 승계인이라고 한다.[2)] 이에 대해 원고가 매매에 기한 소유권이전등기청구에서 승소의 확정판결을 받았다 하여도 자기 앞으로 등기를 마치기 전이면, 변론종결 후에 피고로부터 소유권이전등기를 넘겨받은 제3자는 원고로부터 **물권적 대항을 받지 않는 자**임을 이유로 승계인이 아니라 했다.[3)] 대법 2016. 6. 28, 2014다31721에서는 토지소유자가 그 무단점유자 상대의 부당이득반환청구의 소를 제기하여 판결을 받아 확정된 경우 이러한 소송물은 채권적 청구권이므로, 이를 변론종결 후에 위 토지소유권을 취득한 사람은 기판력이 미치는 변론을 종결한 뒤의 승계인에 해당될 수 없다고 했다.

그러나 신청이나 신청과 사실관계만을 소송물의 구성요소로 보는 **신이론**에서는 이처럼 그 바탕이 된 청구권이 물권적이냐 채권적이냐, 채권적 청구권이라면 환취청구권(배후에 물권의 뒷받침을 받는 것)이나 교부청구권(배후에 물권적인 뒷받침이 없는 것)이냐 등의 실체법적 성격에 의하여 승계인인가의 여부를 가리지 않고,[4)] 등기나 점유승계인은 일률적으로 제218조 1항의 승계인에 해당되는

1) 이 판례에 찬성은 정동윤/유병현/김경욱, 846면. 대법 2020. 5. 14, 2019다261381에서는 토지소유권에 기한 가등기말소청구소송에서 청구기각된 확정판결의 기판력이 위 소송의 변론종결후 토지소유자로부터 근저당권을 취득한 제3자가 저당권에 기하여 같은 가등기말소청구하는 경우에는 미치지 않는다고 하였다.

2) 대법 1972. 7. 25, 72다935; 동 1974. 12. 10, 74다1046; 동 1976. 6. 8, 72다1842(제소전화해).

3) 대법 1993. 2. 12, 92다25151; 동 2003. 5. 13, 2002다64148; 동 2012. 5. 10, 2010다2558 등. 판례는 민법 제187조의 '판결'에 의한 물권변동에 있어서 판결이라 함은 형성판결이고, 소유권이전등기판결과 같은 이행판결은 포함하지 아니하므로 원고가 소유권이전등기판결을 받고 등기하지 않으면 소유권취득의 효과가 발생하지 아니하므로 피고의 등기승계인에 대항할 수 없다 한다. 공유물분할조정은 민법 제187조의 '판결'로 볼 수 없어 물권변동의 효과가 생기지 않는다는 것에, 대법(전) 2013. 11. 21, 2011두1917.

4) Rosenberg/Schwab/Gottwald, § 155 Rdnr. 9.

것으로 본다. 다만 이러한 신이론의 승계인 개념에 대해서는 지나치게 광범위하고 형식적이며 실체법과는 조화되지 않는다는 비판이 있으나, 승계인으로 보아도 뒤에 볼 승계인에 대한 기판력의 작용에 관하여 형식설을 따른다면 부당한 결과를 배제할 수 있는 것이며 승계인은 집행을 면할 수 있게 되어 문제될 것이 없다.[1)]

2) 승계인에 대한 기판력의 작용 　패소한 피고의 등기·점유승계인이 승소한 원고에게 **실체법상 대항할 고유의 방어방법**(선의취득, 등기 따위의 효력발생요건구비 등)을 갖고 있을 때에 제218조 1항의 승계인인가에 관하여 견해가 갈려 있다. 일반승계인의 경우는 문제되지 아니한다.

i) **형식설**은 변론종결한 뒤에 당사자로부터 점유나 등기를 취득했다는 형식에 치중하여 승계인에 해당한다 볼 것이지만, 이러한 제3자는 후소에서 자기가 선의취득을 하였다는 등 이른바 고유의 방어방법을 제출하는 것이 허용된다는 입장이다. 예를 들면 원고 甲의 동산인도청구에서 패소한 피고 乙로부터 목적동산의 점유를 승계한 丙은 일단 기판력을 받지만, 대항할 수 있는 방어 방법인 선의취득(민 249조)을 주장 증명하여 자기에 대한 甲의 인도집행을 물리칠 수 있다는 것이다. 학설로는 현재의 다수설이다.

ii) **실질설**은 고유의 방어방법을 갖고 있는 승계인은 실질적으로 당사자의 지위나 권리관계를 승계했다고 말할 수 없으므로 기판력을 받는 승계인에 해당되지 않는다는 입장이다. 학설로는 소수설이다.[2)]

이와 같은 견해는 일본 新堂 교수 중심으로 제기되고 있는데, 승계인의 범위와 기판력의 작용문제를 혼동한다는 비판도 있다.[3)]

3) 추정승계인(218조 2항)

i) 독일민소법(ZPO § 325)과 달리 변론종결 전의 승계인에게는 기판력이 승계되지 않는다. 그러나 당사자가 변론종결 전에 승계하여도 승계사실을 진술하지 않으면 변론종결한 뒤에 승계가 있는 것으로 추정되어, 반증이 없으면 기판력이 미친다. 이것은 소송계속 중에 어느 당사자 특히 피고의 지위가 승계되었음에도 이를 감춘 채 상대방 당사자에게 알리지 아니하여 상대방으로 하여금 피고를 바꿀 기회를 제공한 바 없다면(82조), 반증이 없는 한 변론종결 후의 승계인으로 보아 기판력이나 집행력을 미치게 하려는 것이다. 예를 들면 건물명도사건에서 피고측이 변론종결 전에 제3자에게 점유승계하였음에도 불구하고 원고에게 이를 말해 주지 아니하여 모르고 소송수행을 한 원고는 승소하여도 승계인에게 명도집행할 수 없는 판결을 받게 된다. 그러나 사전에 점유이전금지 등 가처분을 하지 아니하여 이러한 낭패를 당하게 되는데, 이 제도에 의하여 막을 수 있으며, 승소원고가 변론종결 후의 승계사실을 증명하지 아니하여도 보호된다. 감추어도 소용없게 하고 승

1) 환취(還取)청구권에 기한 소와 교부(交付)청구권에 기한 소를 구별하는 견해로는, 강현중, 697면; 전원열, 530.
2) 호문혁, 635면; 김홍엽, 881~882면; 한충수, 617~618면.
3) 三木浩一 외 4인, 民事訴訟法, 447면.

계상대방을 보호하려는 이 제도가 실무상 활성화되지 아니하는 것이 아쉽다.

ii) 第218조 2항의 승계를 진술할 자에 관하여, 일부 학설은 피승계인이 진술하지 않았기 때문에 승계인에게 추정의 불이익을 입게 하는 것은 불합리하다 하여 승계인이라 한다(승계인설).[1] 그러나 승계인설에서는 승계인이 변론에서만이 아니라 재판외에서 진술하여도 된다는 것인데, 변론에서 진술한다면 당사자도 아닌 소외인인 승계인이 어떤 자격에서 변론에 관여하여 진술할 것인가가 문제가 될 것이며, 재판외에서 진술한다면 소송기록에 반영될 리가 없기 때문에 소송기록으로 진술의 여부를 가려 곧바로 승계인에 대한 승계집행문을 부여하려는 이 제도의 본지에 반하게 된다. 생각건대 동조항에서는 승계를 진술할 자를 '당사자'라고 하였으므로, 당사자인 피승계인(전주)이라고 봄이 문리에 맞는 해석일 것이며(피승계인설), 이것이 다수설이다.[2] 피승계인의 진술은 변론에서의 진술을 뜻한다고 할 것이다.

iii) 본조항에 의하여 원고(채권자)는 피승계인 상대의 승소판결로써도 뒤에 밝혀진 승계인에 대한 승계집행문(민집 31조 내지 33조)을 일단 구하고 볼 수 있을 것이므로, 이 때에 승계시기에 대해서는 불필요하고 승계사실만 증명하면 된다고 할 것이다. 승계인은 시기적으로 변론종결전에 승계되었음을 주장·증명하여 기판력 · 집행력에서 벗어날 수 있다.[3]

iv) 신법은 **무변론판결**(257조)의 경우에는 그 판결선고시까지 승계사실을 진술하지 아니하였으면 판결선고후의 승계인으로 추정하도록 규정하였다(218조 2항). 입법상 무변론판결의 경우까지 추정승계인제도를 확장한 것이 옳았는가는 의문이다. 무변론판결은 피고가 답변서를 제출하지 않은 때에 변론기일을 열지 아니하고 내리는 판결이므로 피승계인(전주)이 기일에 나가 승계사실을 진술하며 '나는 이제 당사자적격이 없다'는 주장을 할 여지가 없는 경우이기 때문이다.[4]

(b) **청구의 목적물의 소지자**(218조 1항) 청구의 목적물을 소지한 사람에 대하여도 기판력이 확장된다.

1) 여기의 청구의 **목적물**이란 특정물인도청구의 대상이 되는 특정물을 말한

1) 이영섭, 197면; 방순원, 399면; 송상현/박익환, 472면. 승계인 · 피승계인 무관하다는 견해에는, 호문혁, 713면.

2) 같은 취지: 정동윤/유병현/김경욱, 850면; 강현중(제6판), 698면; 전병서, 485면; 김용진, 608면 등 다수설. 김광년, "변론종결 후의 승계인," 고시연구 1981. 1, 103면; 대법 1977. 7. 26, 77다92 참조.

3) 대법 1977. 7. 26, 77다92; 동 2005. 11. 10, 2005다34667 · 34674.

4) 반대: 정영환, 1269면.

다. 청구가 물권적이거나 채권적이거나, 목적물이 동산이든 부동산이든 상관없다. 소지의 시기에 관하여는 변론종결 전후를 불문한다고 하여 변론종결 전부터 소지하고 있는 자도 포함된다는 것이 통설이다.

2) 여기의 **소지자**란 당사자만이 아니라 변론종결한 뒤의 승계인을 위해서 청구의 목적물을 소지하는 사람을 말한다. 당사자와 같이 보아야 할 자이므로 기판력을 미치게 하여도 그의 절차권을 침해할 바 없기 때문이다. 예를 들면 수치인·창고업자·관리인·운송인 등이다. 그러나 자기의 고유이익을 위한 목적물의 소지자(예: 임차인·질권자·전세권자·지상권자)는 여기의 소지자에 해당하지 않는다. 또 당사자본인의 소지기관의 소지(법인 임직원의 소지), 점유보조자의 소지(민 195조. 동거 가족의 소지. 부부관계는 독립한 점유권원의 유무를 기준)는 본인 자신이 직접 소지하는 것과 같기 때문에 이에 해당되지 않는다.[1)]

3) 패소피고로 하여금 강제집행을 면탈하게 할 목적으로 목적물을 **가장양도** 받은 사람도 여기의 목적물의 소지자에 준하여 기판력·집행력을 확장하여야 한다는 해석이 나타나고 있다.[2)] **명의신탁**으로 목적물의 소유권이전등기를 받아 둔 사람도 원인무효인 점에서(부동산실명법 4조) 가장 양도받은 자와 공통적이므로 같이 볼 것이다. 가장양수인·명의수탁자에 그친다면 자기고유이익을 위한 소지자가 아니라 당사자를 위한 명의소지자에 불과하여 집행력·기판력을 확장시켜도 상관없을 것이기 때문이다.

(c) **제3자의 소송담당의 경우의 권리귀속주체**(피담당자. 218조 3항) 다른 사람의 권리에 관하여 당사자로서 소송수행권을 가진 자 즉 소송담당자가 받은 판결의 기판력은 그 권리의 귀속주체인 다른 사람에게 미친다. 예컨대 회생회사의 재산에 관하여 관리인(채무자회생 및 파산에 관한 법률 78조)이 받은 판결은 회생회사에게, 선정당사자(53조)가 받은 판결은 선정자에게, 유언집행자(민 1101조)가 받은 판결은 상속인에게, 해난구조료의 지급에 관하여 선장(상 894조)이 받은 판결은 선주에게, 집합건물의 관리단이 집한건물의 공용부분이나 대지를 권원없이 점용한 자에 대한 부당이득반환판결은 구분소유자에게 미치고, 구분소유자의 부당이득반환소송은 관리단에게[3)] 각각 그 효력이 미친다. 이 경우에 권리귀속주체는 스스로 소송한 것과 같은 효력을 받으므로, 소송담당자에게 그 자격권능이 없음을 다투어 기판력·집행력을 면하는 이외는 고유한 방어방법이 없다.

---

1) 대법 2001. 4. 27, 2001다1398. 졸저, 민사집행법 제6판, 472면.

2) 다수설. 日大阪高裁 昭和 46. 4. 6 판결. 처에게 부동산을 양도하고 위장이혼한 경우도 해당될 여지가 있다.

3) 대법 2020. 6. 30, 2021다239301.

채권자대위소송(action indirecte, 간접소송)**과 기판력** ① 채권자대위소송의 판결이 채무자에게 미치는가. 여기에는 세 가지 설이 있다. 첫째로 판결 효력은 당사자 이외는 미치지 않음을 근거로 하거나 채권자는 소송담당자가 아님을 근거로 채무자에게는 미치지 않는다는 소극설,[1] 둘째로 대위소송을 하는 채권자를 제218조 3항의 다른 사람을 위하여 원고로 된 사람으로 보아 채무자에게 미친다는 적극설, 셋째로 채무자가 고지 등을 받아 대위소송이 제기된 사실을 알았을 때에는 채무자에게 미친다는 절충설 등이다. 판례는 소극설이었다가, 대법(전) 1975. 5. 13, 74다1664로써 절충설로 바꾸었다. 전원합의체의 판례에는 반론이 없지 않으나, 이는 채무자가 대위소송의 계속사실을 알게 되어 참가의 기회가 주어지는 등 절차보장이 되었는가의 여부에 의하여 기판력의 확장을 좌우하려는 취지도 엿보여 그 논리에 수긍할 바가 있으며, 현재 다수설이다. 다만 판례는 소송계속의 사실을 알게 된 경우만으로 족하다고 하였으나, 그 사실을 알게 되어 참가 등으로 채권자의 소송수행을 현실적으로 협조·견제할 수 있는 경우로 보는 것이 채무자의 보호를 위하여 좋을 것이다. 이러한 채권자대위소송의 기판력에 관한 판례의 입장은 직무상의 당사자나 임의적 소송담당의 경우는 별론으로 하고, 권리귀속주체와 함께 소송수행하는 병행형의 소송담당(「당사자적격」 참조)의 경우에도 확장시킬 것이다. 대법 2014. 1. 23, 2011다108095는 어떠한 사유로 인하였든 적어도 채권자대위권에 의한 소송이 제기된 사실을 채무자가 알았을 때 그 기판력이 채무자에게 미친다는 의미는 채권자대위소송의 소송의 소송물인 피대위채권의 존부에 관한 판단에 국한하는 것이다. 그러므로 채권자대위소송에서 피보전권리가 인정되지 아니하여 '소각하판결이 있었던 경우, 그 판결의 기판력이 채권자가 채무자 상대로 제기한 소송에는 미치지 않는다고 했다.

② 채무자 자신의 소송의 판결이 채권자의 채권자대위소송에 미치는가. 판례는 채무자가 받은 판결이 당연무효이거나 재심에 의하여 취소되지 아니하는 한 미친다고 하고 있다.[2] 실질상 동일소송이라는 이유로 미친다는 것인데, 이는 기판력의 상대성의 원칙에 비추어 기판력이라기보다 채권자와 채무자간의 실체법상의 의존관계에 의한 반사효라고 볼 것이다. 다만 근자의 판례는 기판력의 문제라기보다, 이 경우는 채권자는 채무자를 대위할 당사자적격이 없다는 이유로 소각하 판결로 나아가는 경향이다.[3] 이 경우에 판결의 효력이 미치지 아니하며 채권자대위소송은 청구기각사유가 될 뿐이라는 견해도 있다.[4]

③ 채권자 甲의 채권자대위소송의 판결은 다른 채권자 乙에게 미치는가. 판례는 그 채무자가 어떠한 사유로든 채권자대위소송을 제기한 것을 알았을 때는 동일한 소송물에 대한 다른 채권자 乙에 의한 채권자대위소송에 미친다는 것이다.[5] 채무자가 알았을 때 甲의 판결의 기판력이 채무자에 미치며, 그 결과 그와 실체법상 의존관계에 있는 乙은 반사효를

1) 호문혁, 636-1면.
2) 대법 1979. 3. 13, 76다688; 동 1981. 7. 7, 80다2751.
3) 대법 1993. 3. 26, 92다32876; 동 2009. 3. 12, 2008다65839 등.
4) 호문혁, 638면.
5) 대법 1994. 8. 12, 93다52808; 대법 2020. 10. 29, 2016다35390. 어느 한 채권자가 제기한 추심소송에서 확정된 판결의 기판력이 변론종결일 이전에 압류·추심 명령을 받았던 다른 추심채권자에게 미치지 않는다.

받게 되는 것으로 해석한다.[1] 결국 甲이 받은 판결이 그 소제기 사실을 안 채무자를 통해 그 소송과는 직접 관계없는 乙에게 반사효가 미치는 관계로 보고 싶다. 甲과 乙간의 반사효가 있음을 전제로 甲·乙간은 유사필수적 공동소송인의 관계에 있다는 대법 1991. 12. 27, 91다23486이 이를 뒷받침한다. 선결관계효설, 반사적 효력이 아니라는 설,[2] 근본적으로 미치지 아니한다는 반대설이 있다.[3] 판결의 모순저촉의 우려, 제3채무자가 여러 차례에 걸쳐 피소당하는 폐해 등을 고려할 때에 반대설은 적절치 아니하다.[4]

④ 채권자대위권의 피보전채권에 기한 이행청구의 소를 제기하여 승소확정된 경우는 제3채무자가 채권자대위소송에서 피대위채권이 아닌 피보전청구권의 존재를 다툴 수 없다고 한 것이 대법 2014. 7. 10, 2013다74769 등(동 1995. 12. 26, 95다18741은 인낙의 경우)이나, 피보전채권의 청구는 채권자·채무자 당사자끼리의 소송관계라면 제3자인 제3채무자에 대한 기판력의 부당한 확장이 아닌가 한다. 반사효로 해석할 것인가.[5]

[도표 8] 채권자대위소송과 채권자취소소송의 비교

종류 / 항목	채권자대위소송	채권자취소소송
피보전채권	금전채권·특정채권	금전채권
피보전채권의 부존재	소송요건(소송담당자적격의 흠) -소각하	본안적격의 흠 -청구기각
권리행사의 기간	시효기간 내 -항변사유	제소기간 내 -직권조사사항
권리행사방법	재판상·재판외 행사	재판상 행사
다른 채권자소송의 경합	중복소송(단, 함께 제기 때는 유사필수공동소송)	중복소송 아님
증명책임	요건사실에 대해 채권자	선의—수익자·전득자
채무자에 기판력	채무자 알았을 때 기판력(피보전권리의 부존재로 각하판결 제외)	채무자 또는 채무자와 수익자 간에 미치지 않음, 채무자의 책임재산으로 환원뿐[6]
재심소송	채권자대위의 재심소송 안됨	사해재심제도(상법, 행소법) 있음
채권자취소소송과 채권자대위권의 연결여부	사해행위의 취소에 의하여 채무자가 권리자가 되는 것이 아니므로 채권자는 채무자대위로 제3채무자에 직접 지급청구는 안된다(661면 참조).[7]	

* 피보전권리의 변경은 공격방법이고 소의 변경이 아님.

** 제3채무자는 채무자가 채권자에 대해 갖는 항변권·형성권행사는 안됨(2013다55300)

1) 남동현, "채권자대위소송과 채무자의 절차권 보장," 민사소송 8권 1호, 181면 이하.
2) 전자는 정영환, 1198면; 후자는 김홍엽, 890~891면.
3) 호문혁, 637면.
4) 정영환, 1198면.
5) 이동률, '채권자대위소송에서의 피보전채권의 기판력', 경희법학 제55권 제1호.
6) 대법 2016. 11. 25, 2013다206313. 환원된 책임재산을 제3자에게 이전등기의 경우는 말소가능=대법 2015다217980.
7) 대법 2015. 11. 17, 2012다2743.

채권자취소소송(사해행위 취소소송) 채권자가 채무자의 권리가 아니라 자기의 권리를 행사하는 채권자취소소송의 경우는 다르다고 할 것이다. 판례는 채권자 甲에 의한 동일한 사해행위에 관하여 채권자취소청구를 하여 그 판결(패소)이 확정되었다는 것만으로 그 후 제기된 다른 채권자 乙의 동일한 청구가 기판력을 받는 것은 아니고, 이 경우에 권리보호의 이익이 없어지는 것이 아니라고 하였다.[1] 다만 甲의 승소확정판결에 의하여 원상회복이 완료된 뒤에는 권리보호이익이 없게 된다고 하겠다.[2]

(d) **소송탈퇴자**(80조, 82조) 제3자가 독립당사자참가(79조), 승계참가(81조) 또는 소송인수(82조)한 경우에 종전당사자는 그 소송에서 탈퇴할 수 있는데, 그 뒤 제3자와 상대방 당사자간의 판결의 기판력은 탈퇴자에게 미친다.

(3) 일반 제3자에의 확장(erga omnes)

(a) 통상의 소송에서는 대립하는 당사자간의 분쟁을 상대적으로 해결하는 것으로 만족하여 판결의 효력이 당사자에게만 미치는 것이 원칙이다. 그러나 신분관계·단체관계·공법상의 법률관계에서도 이를 관철하면 이해관계인의 법률생활을 혼란시킬 우려가 있으므로, 예외적으로 판결의 효력을 일정 범위의 제3자 또는 제3자 일반에까지 확장시켜 법률관계의 획일적 해결을 도모하고 있다. 채권자취소소송에서 원상회복의 대상이 부동산인 경우와 금전인 경우를 구분하여 전자인 경우는 원상회복의 효력이 모든 채권자, 후자인 경우는 취소채권자에게만 미친다는 점에 관하여는 비판이 있다(최준규, 법률신문 2020. 4. 23자).

1) **한정적 확장** 일정한 이해관계인에 확장되는 경우가 있다. 파산채권확정소송이나 개인회생채권확정소송 판결이 채권자 전원에게(채무자회생 및 파산에 관한 법률 460조, 607조), 회생채권 또는 회생담보확정소송의 판결이 회생채권자·회생담보권자 또는 주주 전원에게(채무자회생 및 파산에 관한 법률 168조), 추심의 소에 대한 판결이 그 소에 참가명령을 받은 채권자에게(민집 249조) 미친다. 증권관련집단소송의 판결은 대표당사자가 아니라도 제외신고(opt-out)를 하지 아니한 구성원에게 미치는 점(증집소 37조)이 일반소송과는 다른 특징이다. 나아가 최근의 소비자·개인정보 단체소송에서는 원고패소 판결을 받았을 때에 새로운 증거출현·고의에 의한 청구기각의 경우가 아니면 다른 단체는 동일한 소제기를 할 수 없게 하였다(소비기본 75조; 개인정보 56조).

2) **일반적 확장**(이른바 대세효) 일반 제3자에 확장되는 예로서, 가사소송·회사관계소송·행정소송[3]을 들 수 있다. ① 가사소송법 제21조는 「기판력의

1) 대판 2003. 7. 11, 2003다19558; 동 2008. 4. 24, 2007다84352.
2) 대법 2012. 4. 12, 2011다110579; 동 2005. 11. 25, 2005다51457.
3) 행정처분무효확인소송도 같다. 대법 1982. 7. 27, 82다173.

주관적 범위에 대한 특칙」이란 표제로 '다류사건'을 제외하고 청구인용판결의 기판력은 어느 때나 일반 제3자에게 미치지만, 청구배척(각하 또는 기각)의 판결은 제3자의 절차보장을 위하여 그가 소송참가하지 못한 데 정당한 사유가 있으면 미치지 아니하고, 정당한 사유가 없으면 확장되어 재소할 수 없도록 규정하였다(제한적 기판력의 확장. 가소 21조).[1] 기판력의 근거에 대하여 절차보장설과 일맥상통하며, 채권자대위소송의 기판력에 관한 판례와 궤를 같이 했다. ② 회사관계소송의 판결[2]도 제3자에게 미치나, 청구인용의 판결에 한하고 청구기각의 판결의 경우에는 일반원칙에 의하여 당사자에게만 기판력이 미칠 뿐이다(상 190조, 328조, 376조, 380조, 381조, 430조, 446조). 이를 편면적 대세효(片面的 對世效)라고도 한다.[3] 생각건대 법인의 이사회결의무효확인의 소 등 다른 단체관계소송에서도 회사관계소송의 법리를 유추적용함이 마땅할 것이다.[4] 그러나 우리 판례는 대세효를 부정하고 있다.[5] 과거의 판례이나 여러 사람 상대의 이사회결의 무효확인의 소를 유사필수적 공동소송으로 보는 것[6]이 있는데 이는 대세효를 전제한 것이라 볼 여지가 있다. ③ 행정소송에 있어서 청구인용의 판결은 대세적 효력이 있으나 청구기각의 판결은 그 효력이 당사자에게 국한된다(행소 29조 1항, 38조 1항). 다만 회사관계소송과 행정소송의 청구인용판결의 대세적 효력은 기판력의 확장이기도 하지만 형성력의 효과인 측면이 있다.[7]

(b) **제3자에의 기판력의 확장과 절차보장** 제3자에게 확장하는 경우에 몇 가지 심리의 특칙을 두고 있다. i) 처분권주의·변론주의를 배제하고 직권탐지주의에 의하거나 직권증거조사 등 직권주의를 가미하여 소송자료의 수집을 당사자에만 맡기지 않고 법원이 직권으로 나서게 하였으며(가소 12조, 17조; 행소 26조; 증집소 30조 이하), ii) 충실하고 공정하게 소송수행을 기대할 수 있는 관계인으로 제소권자를 한정하였고(상 376조; 증집소 11조; 소비기본 70조; 개인정보 51조), iii) 제3자에게 소송계속을 알려 소송참가의 길을 열어 놓았으며(상 187조, 404조 2항; 가소 21조 2항도 같은 맥락. 증집소 18조 등),[8] iv) 제3자에게 사해재심(詐害再審)을 인정하고

1) 같은 취지: 정영환, 1200면. 소제기권제한의 특별 효력으로 보는 견해에는 정동윤/유병현/김경욱, 856면.
2) 단 이사회결의무효확인은 제외. 대법 1988. 4. 25, 87누399; 동 2000. 2. 11, 99다30039.
3) 대법 2021. 7. 22, 2020다284977; 강구욱, "判決의 片面的 對世效와 必要的 共同訴訟," 민사소송, 26권 2호.
4) 日最高裁 昭和 47. 11. 9 판결. 일본의 다수설.
5) 대법 2000. 1. 28, 98다26187; 동 2010. 12. 23, 2010다58889.
6) 대법 1963. 12. 12, 63다449.
7) 대법 1960. 9. 30, 4291행상20도 행정소송판결의 기판력은 당사자간에만 미치고 형성력은 일반 제3자에게 미친다고 하였다. 행정처분의 무효확인판결은 그 취소판결의 경우와 같이 소송의 당사자는 물론 제3자에게도 미친다(대법 1982. 7. 27, 82다173).
8) 회사관계소송에서 제3자에게 절차권을 보장하는 방법의 강구가 요망된다는 것에, 강수미, "회사

(상 406조; 행소 31조), v) 원칙적으로 제3자에게 유리한 판결에 한하여 그 효력을 확장시키고 불리한 판결은 제한적이다(상 190조; 가소 21조). 제3자의 절차보장을 위함이다(日人訴 18조 참조). vi) 이러한 소송에서는 관련당사자끼리의 분쟁의 1회적 해결을 위한 절차집중의 필요상 법률상 병합심리의 의무를 지운 것이 특징이다(상 188조; 증집소 14조; 소비자단체소송규 15조). 나아가 입법론으로 제3자에 대한 소송고지의 의무화, 법원에 의한 직권소환제(행소 16조; ZPO § 640e 참조)가 요망된다 할 것이다.

Ⅴ. 판결의 그 밖의 효력

판결의 판단내용에는 앞서 본 기판력 이외에, 집행력, 형성력, 법률요건적 효력, 반사적 효력, 참가적 효력이 생긴다.

1. 집 행 력

(1) 의 의 좁은 의미의 집행력이란 판결로 명한 이행의무를 강제집행절차에 의하여 실현할 수 있는 효력을 말한다. 통상의 집행력이라 할 때에는 이를 가리키는바, 이러한 집행력은 확정된 이행판결에 인정되는 것이나 가집행선고에 의하여 판결확정전에도 부여된다. 이에 대하여 넓은 의미의 집행력이란 강제집행 이외의 방법에 의하여 판결의 내용에 적합한 상태를 실현할 수 있는 효력을 포함한다. 예를 들면 확정판결에 기하여 가족관계등록부에 기재·정정, 등기의 말소·변경 신청이나 확정판결 6개월 뒤 민사집행법의 채무불이행이행자명부등재신청 등의 효력이 생기는 것들이다. 넓은 의미의 집행력은 이행판결뿐만 아니라 확인판결·형성판결에도 인정된다.

(2) 집행력을 갖는 재판 판결 가운데 집행권원이 되는 것은 이행판결뿐이며, 확인판결·형성판결에서는 소송비용의 재판부분에 집행력이 생기는 데 그친다. 이 밖에 형사판결에 부대하여 행하는 배상명령(소촉특법 34조), 확정판결과 같은 효력을 가지는 각종 조서(인낙조서, 화해조서, 조정조서 등), 확정된 지급명령·화해권고결정·이행권고결정·조정에 갈음한 결정, 중재판정, 검사의 집행명령, 항고로써만 불복을 신청할 수 있는 결정·명령 등도 집행력이 있다.

(3) 집행력의 범위와 확장 집행력의 시적 범위, 객관적 범위, 주관적

법상 소송의 당사자적격에 관한 고찰," 민사소송 17권 2호, 102면.

범위는 원칙적으로 기판력의 그것에 준한다.[1] 그러나 근자에 주관적 범위에 있어서 집행력의 확장과 기판력의 확장을 구별하려는 새로운 견해가 나타나고 있다.[2] 이에 의하면 변론종결한 뒤에 소송물인 권리관계에 관하여 이해관계를 갖는 자는 모두 승계인으로서 기판력이 확장되지만, 승계인에게 고유의 방어방법(앞서 본 「기판력의 주관적 범위」 참조)이 존재하는 경우에는 집행력이 확장되지 않는다는 것이다. 다시 말하면 이 견해는 승계인에 대해 기판력의 확장은 무조건으로 인정하면서, 집행력의 확장은 고유의 방어방법을 갖고 있지 않을 때에 인정한다. 이것이 승계인에 대한 기판력의 작용에 관한 **형식설**의 입장임은 앞서 본 바이나, 더 검토할 문제이다(앞서 본 「기판력의 주관적 범위」 참조). 집행력은 없지만 기판력이 미치는 경우로 집행불능의 판결의 예가 있다. 판결의 효력은 제3자에게 미치나 집행력이 제3자에게 미치지 아니하는 경우로 제3자에 대한 **반사효**가 그것이다.

2. 형 성 력

형성력이란 형성의 소를 인용하는 형성판결이 확정됨으로써 판결내용대로 새로운 법률관계의 발생이나 종래의 법률관계의 변경·소멸을 낳는 효력을 말한다. 형성소송의 인용재판에는 형성력이 생긴다. 형성력에 의한 법률관계의 변동의 효과는 누구나 인정하여야 하기 때문에 그 의미에서 형성력도 당사자만이 아니라 일반 제3자에게 효력이 미친다.[3] 형성력의 본질 내지 근거에 대해서는 형성판결을 국가의 공법상의 행위로 보고 근거를 국가의 처분행위 혹은 의사표시에서 구하는 견해(의사표시설), 형성판결도 재판이며 그 형성력도 형성요건의 존재가 판결에 의하여 확정됨으로써 생기는 것으로서 그 근거를 기판력에서 구하는 견해(기판력근거설), 형성판결이 확정됨과 동시에 형성력이 생기기 때문에 형성력의 본질을 법률요건적 효력이라고 하는 견해(법률요건적 효력설) 등이 대립되어 있다(형성력의 상세는 「형성의 소」 참조).

1) 다만 대법 1979. 8. 10, 79마232는 채권자대위소송판결의 기판력이 채무자에게 미치는 경우는 있으나 집행력은 원·피고 사이에만 생길 뿐 원고와 채무자 사이에는 생기지 않는다고 한다.

2) 정동윤/유병현/김경욱, 860면; 新堂, 439면.

3) 헌법소송의 일종인 정당해산심판청구를 인용한 정당해산결정은 형성재판이므로 당사자만이 아니라 제3자에게 대세효가 미친다. 이에 대해 강현중, 323~324면은 헌재 2014. 12. 19, 2013헌다1의 통합진보당에 대한 정당해산결정은 당사자인 대한민국정부와 진보당 사이에만 미칠뿐, 김미희 외 4인의 국회의원에 미칠 수 없으므로 그들에 대한 의원직상실결정은 효력이 없다는 견해이다. 구 통합진보당과 새 진보당 사이에는 정관과 지도노선에 차이없고 구성원도 크게 바뀐 바 없으면 2014년의 헌재의 해산결정이 새 진보당에 미치는 여부는 검토할 문제이다.

3. 법률요건적 효력(Tatbestandswirkung)

민법 그 밖의 법률에서 판결의 존재를 요건사실로 하여 일정한 법률효과의 발생을 규정한 경우가 있는데, 이를 법률요건적 효력이라 한다. 이것은 판결 본래의 효력 이외의 것으로서, 뒤에 볼 반사적 효력과 더불어 판결의 실체법적·부수적 효과라고 한다. 이를테면 확정판결에 의한 시효의 재진행 및 단기시효의 10년으로 보통화(민 178조, 165조), 공탁물회수청구권의 소멸(민 489조 1항), 설립무효취소와 회사계속(상 194조), 가집행선고실효의 경우의 원상회복과 손해배상청구권의 발생(215조), 소유권보존등기신청권의 발생(부등 65조, 등기용의 소유권확인판결), 등기 없어도 형성판결에 의한 물권변동(민 187조) 등이 그것이다. 이 밖에 소송법적 효력으로, 참가적 효력(77조)과 청구이의의 소에 있어서 이의의 제한(민집 44조) 등을 들 수 있다.

4. 반사적 효력(Reflexwirkung)

(1) 확정판결의 효력 자체는 당사자에게만 미치는 것이 원칙이나, 판결을 받은 당사자와 실체법상 특수한 의존관계에 있는 제3자에게 판결의 효력이 이익 또는 불이익하게 영향을 미치는 경우가 있는데, 이를 판결의 반사적 효력이라 한다. **법률요건적 효력**과 별개가 아니고 그 일종이다. 법원이 판결에서 이를 명한 바도 없고 당사자의 의사에 관계 없이 생기는 효력임에 그 특징이 있다.[1)]

제3자의 반사적 효력이 인정되는 예로는, i) 채권자와 주채무자 사이의 소송에서 주채무자승소확정의 판결이 있었으면 보증채무의 부종성 때문에 보증인도 주채무자승소의 판결을 원용하여 자기의 보증채무의 이행을 거절할 수 있으며, ii) 합명회사와 그 채권자 사이의 소송에서 회사채무의 존부에 대한 판결이 행해진 경우에 그 사원은 회사패소의 판결을 승인하여야 하는 한편, 회사승소의 판결을 자기에 유리하게 원용할 수 있고(상 213조, 214조), iii) 공유자는 다른 공유자가 공유물반환 또는 방해배제청구를 하여 제3자에 대해 승소한 경우에는, 이를 보존행위라고 하여 제3자에 대해 그 판결을 원용할 수 있으며, iv) 채무자와 제3자 사이에 채무자의 재산에 관한 소송에서 받은 패소판결은 그 채무자를 대위하여 제3자를 상대로 소제기하는 채권자에게도 미치는 따위[2)] 등을 들 수가 있다. 여기에 더하

---

1) Lüke, Zivilprozeßrecht, Rdnr. 344.

2) 같은 취지: 김홍규/강태원, 644면; 대법 1979. 3. 13, 76다688; 동 1992. 5. 22, 92다3892; 동 1993. 2. 12, 92다25151 등 참조. 위 iv)의 경우는 이미 판결을 받은 채무자와 실체법상 대위권이란 특수한 의존관계에 있는 채권자에게 판결의 효력이 불이익하게 영향을 미치는 경우라고 할 것이다. 다시 말하면 이는 제3자에 대한 기판력의 확장이 아니라 채무자가 제3자와의 사이에 책임재산의 귀속에 관한 소송에서 패소확정되었을 때에 채무자와 실체법상의 의존관계에 있는 일반채권자가 이를 승인하지 않을 수 없는 결과로 불리한 영향이 가는 반사적 효력이라고 할 것이다(연습민사소송법, 221면 이하(鈴木正裕); 川嶋四郎, 민사소송법, 718면; 小島·石川, 신민사소송법, 255면; 新堂, 신민사소송법(제5판), 736면 등 다수설). 수인의 채권자가 채권자대위소송을 하는

여 어느 채권자의 채권자대위소송의 확정판결의 반사효는 다른 채권자의 채권자대위소송에 미친다는 견해가 있다.[1] 최근 판례는 어느 채권자의 채권자대위소송에 다른 채권자의 공동소송참가를 할 수 있다고 한다(대법 2015. 7. 23, 2013다30301 · 303257).

(2) **반사적 효력**은 기판력과의 관계에서 다음과 같은 특색이 있다. 첫째로 기판력은 당사자의 주장이 없어도 고려하여야 하는 법원의 **직권조사사항**이나 반사적 효력은 이에 의하여 이익을 받을 제3자의 **원용**에 의하여 비로소 고려할 성질의 것이다. 둘째로 기판력은 절대적인 불가쟁성을 갖지만, 반사적 효력은 당해 소송이 **사해소송**일 경우에는 그 효력을 부정할 수 있다.[2] 셋째로 기판력을 받는 자는 공동소송적 보조참가를 할 수 있지만, 반사적 효력을 받는 자는 **단순보조참가**를 할 수 있을 뿐이다. 넷째로 기판력이 확장되면 집행력도 따라서 확장되나, 반사효의 경우는 **집행력**이 확장되지 아니한다.

(3) 반사적 효력에 관하여는 사실상 기판력의 제3자에 대한 확장을 뜻하는 것으로 기판력의 확장에는 명문규정이 필요한데도 없다 하여 부정설이 있고,[3] 이를 인정하는 근거나 범위에 관하여 아직 정설이라 할 것이 없다. 따라서 기판력의 본질에 관하여 실체법설에 기울어지는 면이 없지 아니하며 더 연구검토를 요하는 문제이나, 실체법상의 의존관계에 있을 때에 제3자에 반사적 효력을 미치게 하여 분쟁을 통일적으로 해결할 실천적 필요는 있다 할 것이고, 판례는 앞서 본 iv)의 예에서 사건 당사자도 아닌 채권자에게 미친다고 하면서 반사적 효력이라 명시한 바가 없다. 그렇다고 절차에 관여하지도 않은 채권자인 제3자에게 왜 확장되는지 법률적 근거도 명확히 밝히지 않고 있다. 따라서 기판력의 확장이라면 기판력의 **상대성의 원칙**(218조)에 반하고 무리가 있기 때문에 기판력보다는 약한 효력인 반사적 효력으로 해석하려고 하는 것이다.[4]

경우에 유사필수적 공동소송이라고 본다(대법 1991. 12. 27, 91다23486).

이에 대해 단순히 채권자대위제도의 성질상 당연한 결론이며 기판력의 확장이라는 견해(정동윤/유병현/김경욱, 874면)와 채무자가 먼저 제3자 상대의 판결을 받았기 때문에 생기는 법률요건적 효력이라는 견해(호문혁, 643면)가 있다.

1) 강현중, 724면. 정규상, "판결의 반사적 효력에 관한 고찰," 민사소송 15권 1호, 427면.

2) 그러나 대법 1975. 8. 19, 74다2229는 채무자와 제3자간의 소송이 양자간의 허위통정에 의하여 채무자의 불출석으로 자백간주된 판결이라 하여도 채권자는 피대위자인 채무자의 입장에 서서 채무자와 제3자간의 판결의 효력을 부인할 수 없다고 하여 이와는 반대입장이다.

3) 日最高裁 昭和 51. 1. 21 판결; 동 昭和 53. 3. 23 판결.

4) 정규상, 앞의 논문.

Ⅵ. 판결의 무효[1]

1. 개 설

아무리 완벽한 소송법규라 해도 인간의 재판이므로 부당판결을 막을 수는 없다. 그러나 내용이나 절차상 부당한 판결이라 하여도 마치 판결이 없었던 것처럼 당연무효인 것으로 취급해서는 안 된다. 비록 흠이 있는 판결이라 하여도 판결로서 존중해야 하며, 따라서 확정전이면 상소로써, 확정 후이면 재심사유에 해당하는 경우에 한하여 재심의 소로써 그 취소를 구할 수 있음에 그친다. 만일 판결의 흠을 무제한으로 주장하게 하면 절차적 정의를 실체적 정의보다 앞세우려는 기판력사상은 무너지게 될 것이며, 판결에 의한 법적 안정성이나 법적 평화는 회복할 수 없게 되기 때문이다. 그 까닭에 강제집행이 쉽게 권리남용에 해당한다고 해서는 안된다.[2] 현행법이 원칙적으로 '맺고 끊는' 기판력이 생기면 절차나 내용상의 흠은 치유된 것으로 한 까닭이 여기에 있다. 확정판결은 재심의 소 등으로 취소되지 않는 한 그 소송당사자를 기속하므로 확정판결에 기한 이행으로 받은 급부는 법률상 원인 없는 이익이라고 할 수 없다.[3]

그러나 예외적이지만 일정한 경우에는 재심에 의하지 아니하고 기판력을 부인할 수 있는 경우가 있다. 이를 넓은 의미의 판결의 무효라고 하는데 무효인 판결은 있을 수 없다는 부정설도 있으나 판례·통설은 극히 제한적으로 긍정한다(함부로 넓히면 판결불신으로 사법권의 존립에 위협). 문제되는 것은 다음과 같은 경우이다.

2. 판결의 부존재(비판결)

적어도 판결로서 성립하기 위해서는 법관이 직무수행상 행한 것이라 할 외관을 갖추고, 이를 대외적으로 선고라는 절차를 통해 발표한 것이 아니면 안 된다. 그렇지 않으면 판결의 부존재 또는 사이비 판결(Scheinurteil)이라 할 수 있다.

(1) 직무상 사법권행사의 권한 없는 자가 행한 판결, 즉 법관 아닌 자의 판결(예: 경찰관·검사 등이 행한 판결, 집행관이나 법원사무관등이 행한 판결)이 그것이다. 사법연수원이나 로스쿨의 교육용의 모의판결도 같다.

(2) 선고하지 아니한 판결은 판결로서 존재하지 않는 것이다(판결초고). 또 판결선고조서가 없는 한 판결이 선고되었다고 할 수 없으므로 판결의 부존재이며,[4] 선고조서에 재판장의 서명날인이 없는 경우에도 판결선고의 사실을 증명할 수 없으므로 그와 같다.

(3) 판결의 부존재는 판결로서 아무런 효력이 없다. 판결의 내용상의 효력인 기판력·

1) 졸고, "판결의 무효," 법정 1975. 8.
2) 대법 2018. 3. 27, 2015다70822.
3) 대법 2023. 6. 29, 2021다243812.
4) 대법 1956. 8. 9, 4289민상285.

집행력 및 형성력이 없음은 물론 기속력과 형식적 확정력이 발생할 수 없다. 당해 심급에서 절차가 완결되지 않았기 때문에 당사자는 당해 심급에 기일지정신청으로 절차의 속행을 신청할 수 있다. 다만 마치 판결이 존재하는 것처럼 법원사무관등이 판결정본을 당사자에게 송달한 경우에는, 외관의 제거를 위해 상소를 허용할 것이다.

3. 무효의 판결

(1) 판결로서의 외관은 갖추었지만 그 내용에 있어서 묵과할 수 없는 중대한 흠 때문에 판결의 내용상의 효력인 기판력 · 집행력 · 형성력 등이 생기지 않는 경우가 있다. 이를 판결의 당연무효 또는 좁은 의미의 판결의 무효라 한다. 이 법리는 확정판결과 같은 효력이 있는 청구의 포기 · 인낙, 화해 · 조정조서(220조)에도 준용한다.[1] 다음과 같은 경우는 무효이다.

1) 국내재판권에 복종하지 않는 치외법권자에 대한 판결.

2) 실재하지 않는 자를 당사자로 하여 행한 판결 판례도 일관하여 사망자를 당사자로 한 판결.[2] 당사자적격이 없는 자가 받은 판결은 당사자적격자에게는 무효이다.

3) 현재 존재하지 않는 법률관계의 형성을 목적으로 한 판결 일방이 사망한 부부에 대한 이혼판결.[3]

4) 소가 제기된 바 없음에도 불구하고 판결을 행한 때 소의 취하 후에 행한 판결도 당연무효. 대법 1995. 1. 24, 94다29065는 심판의 대상이 되지 않는 (주위적) 청구에 대한 판결은 무의미한 판결이라 하였다. 심판의 대상이 되지 않는 예비적 반소에 대한 각하판결에도 같은 취지이다.[4]

5) 국내법이 인정하지 않는 법률효과 즉 물권관계 · 신분관계를 긍정한 판결, 기판력이 미치는 법률효과가 강행법규에 위반되거나 반사회질서행위(민 103조)에 해당하는 때(피를 한 말도 흘리지 않고 근육 1 pound의 인도를 명하는 판결)에도 판결은 무효라고 할 것이다.[5] 저항할 수 없는 외부압력의 강박에 의한 판결도 같이 볼 여지 있다. 그러나 기판력이 미치는 법률효과 자체가 아니라 판결이유에 강행법규나 사회질서에 위배되는 판단이 포함된 때에는 무효인 것으로 볼 수 없다.[6]

6) 판결내용이 불명확할 경우(단지 부동산목록의 불첨부는 판결의 경정사유)[7] 판결내용이 불명확한 판결이 반드시 전부무효인 것으로 보아서는 안 된다. 판결에 있어서 그 효력의 일부무효를 인정하여야 할 경우가 있다.[8] 예컨대 현실적으로 집행불능의 판결은 전부무효의 판결이라고 할 수 없다.[9] 이와 같은 경우에는 강제집행은 불가능하지만, 기판력은 있는 것이라 하겠다.

---

1) 대법 1963. 4. 25, 63다135.

2) 대법 1994. 12. 9, 94다16564; 동 2016다274188.

3) 대법 1982. 10. 12, 81므53.

4) 대법 2006. 6. 29, 2006다19061.

5) 이영섭, 203면.

6) 대법 1962. 4. 18, 4294민상1268.

7) 대법 1970. 4. 28, 70다322; 동 1980. 7. 8, 80마162. 반대: 동 1959. 10. 15, 4291민상859.

8) Jauernig, Das fehlerhafte Zivilurteil, 189ff.

9) 대법 1972. 2. 22, 71다2596; 동 1995. 5. 12, 94다25216은 화해조서의 목적물이 특정되지 아니한 경우에, 동 1986. 9. 9, 85다카1952는 환지예정지가 환지확정되면서 토지의 위치 · 면적 · 평수가 달라진 경우에 그로 인하여 집행이 불가능한 경우라면, 각각 다시 소구한다 하여 기판력에 위

나아가 확정판결과 동일한 효력이 있는 화해·조정에서 자유로 처분할 수 없는 재심대상 판결을 취소하는 내용이라면 당연무효라 본다(대법 2012. 9. 13, 2010다97846). 최근의 판례는 소유권 상실일까지 계속적·반복적인 부당이득 반환청구는 집행기관이 소유권 상실여부를 판단할 수 없어 집행력 없는 판결이라는 취지이다(2015다 244432).[1)]

7) 판결이 후발적으로 무효가 되는 경우도 있다. 판결을 묵시적인 해제조건부로 선고한 경우에 조건이 성취되었을 때가 그것이다. 이혼사건에 있어서 기판력이 생기기 전에 당사자 한쪽이 사망한 경우가 그 예이다.[2)]

(2) 무효인 판결은 그 내용상의 효력인 기판력·집행력·형성력이 발생하지 않는다. 그러나 판결의 부존재의 경우와 달라서 당해 심급을 완결시키며, 당해 법원을 구속하는 기속력이 있다. 따라서 무효인 판결이라도 적어도 형식적 확정력이 있다고 할 것이다. 판례는 반대이나[3)] 유효한 판결처럼 보이는 외관의 제거를 위한 상소는 허용된다 볼 것이며[4)] 이 경우에 상소심은 무효인 판결을 취소하고 소를 각하하여야 한다. 판결의 무효는 직권조사사항이다. 형식적으로 확정된 뒤에도 동일소송물에 대하여 신소의 제기가 허용된다. 무효인 판결은 재심의 대상이 되지 아니하며,[5)] 이에 기한 강제집행은 무효이다.

4. 판결의 편취(사위판결)

(1) 의의와 그 형태 법원을 속여(기망) 부당한 내용의 판결을 받아 상대방이 피해를 받은 경우를 널리 판결의 편취라 한다. 피기망자는 법원, 피해자는 상대방당사자인 때이다. 예를 들면, i) 다른 사람 이름의 차명판결(성명모용판결), ii) 소취하 합의에 의하여 피고불출석의 원인을 스스로 조성하여 놓고 소취하를 함이 없이 피고의 불출석의 허를 찔러 승소판결을 받은 경우, iii) 피고의 주소를 알고 있음에도 불구하고 소재불명으로 속여 공시송달명령을 받아 피고가 모르는 사이에 승소판결을 받는 경우, iv) 피고의 주소를 허위로 적어 그 주소에 소장부본을 송달케 하고 실제로 피고 아닌 원고나 그 하수인이 송달받았는데도 법원으로 하여금 피고 자신이 송달받고도 답변서를 내지 아니한다고 속게 만들고 피고의 자백간주로 무변론의 원고승소판결을 받는 경우 따위이다(구법하에서는 피고가 송달 받고도 변론기일에 불출석하는 것으로 속게 만들어 뜻을 이루었다).

(2) 소송법상의 구제책 이에 대해서는 ① 무효설, ② 상소추후보완·재

배된다고 할 수 없다 하였다. 최돈호, "판결에 의한 등기," 146면 이하(2014, 법률출판사).

1) 정영환, 414면은 반대.

2) 대법 1985. 9. 10, 85므27.

3) 대법 2000. 10. 27, 2000다33775 등은 사망자 상대의 무효판결에 대한 상소는 부적법하다 하였다.

4) 대법 2002. 4. 26, 2000다30578 참조.

5) 대법 1994. 12. 9, 94다16564. 반대: 정동윤/유병현/김경욱, 824면; 정영환, 1216면.

심설, ③ 항소설 등 세 가지 설이 있다. 무효설은 판결이 편취되었을 때에 피고의 '재판을 받을 권리'가 실질적으로 보장된 것이 아니기 때문에 당연무효로 보아야 한다는 입장이다.[1] 그러나 판결이 무효라면 기판력제도를 동요시켜서 법적 안정성을 해할 우려가 있으며,[2] 더구나 판결편취의 대표적인 경우라고 할 iii) · iv)의 경우에 우리 법 제451조 1항 11호에서는 당연무효의 판결이 아님을 전제로 하여 재심사유로 규정하고 있으므로 우리 실정법에는 맞지 않는 해석이다. 따라서 유효한 판결로 볼 것이며 그 구제책은 상소의 추후보완(173조)이나 재심의 소이다. 그러므로 상소추후보완 · 재심설에 따를 것이로되, 재심의 소를 제기한다면 위 i) · ii)의 경우에는 대리권의 흠이 있는 경우에 준하여 제451조 1항 3호에 의할 것이고(앞서 본 「성명모용판결」 참조),[3] iii) · iv)의 경우에는 직접 제451조 1항 11호에 의할 것이다. 특히 iii) · iv)의 경우가 많이 문제되는데, 이에 대해 본다.

판례의 태도는 위 iii)을 **공시송달에 의한 판결편취**의 경우로서 판결정본의 송달이 유효한 것으로 보고 상소추후보완 · 재심설에 의하여야 한다고 보고 있다.[4] 이 점은 반론도 없다. 그러므로 추후보완상소 아닌 재심의 방법을 택한 경우에는 추후보완상소기간이 도과하였다 하더라도 재심기간 내에 재심의 소를 제기할 수 있다.[5] 그러나 판례는 iv)는 **자백간주에 의한 판결편취**의 경우로서 항소설에 의하고 있는 것이다. 즉 판례는 그러한 판결은 그 정본이 허위주소로 송달되었기 때문에 그 **송달이 무효**이고 따라서 아직 판결정본이 송달되지 아니한 상태의 판결로 본다. 때문에 판결정본이 송달된 때로부터 진행하는 항소기간(396조)이 진행되지 않은 상태의 **미확정판결**이 되며 피고는 어느 때나 항소를 제기할 수 있다는 것이다.[6] 미확정판결인 이상 상소의 추후보완, 제451조 1항 11호에 의한 재심청구는 허용되지 않는다는 입장이기도 하다.[7] 이 때의 항소기간은 통상의 항소의 경우처럼 판결송달 후 2주일이 아니라, 항소기간의 **정함이 없는 무기한**인 경우라는 것이다. 그러나 iv)의 경우에 일관된 판례인 항소설은 첫째, 제451조 1항 11호의 명문에 반하는 것으로 보여지고, 둘째, 판례의 입장은 재심기간

1) 新堂, 401면.
2) 兼子一, 體系, 33면; 방순원, 391면.
3) 대법 1964. 3. 31, 63다656; 동 1964. 11. 17, 64다328.
4) 대법 1985. 7. 9, 85므12; 동 1994. 10. 21, 94다27922.
5) 대법 2011. 12. 22, 2011다73540.
6) 그 판결에 기하여 소유권이전등기까지 된 경우는 항소에 의한 판결취소 없이 바로 별소로써 그 말소를 구하는 등 원상회복할 수 있다는 것에, 대법 1995. 5. 9, 94다41010.
7) 대법(전) 1978. 5. 9, 75다634. 같은 취지: 호문혁, 857면; 김홍엽, 906면. 재심과 항소 2가지 모두 가능하다는 병용설: 정동윤/유병현/김경욱, 871면; 정영환, 1218면.

(456조)의 제약을 피할 수 있어 피고의 구제에 도움이 될지 모르나, 어느 때라도 항소할 수 있게 하는 것이 되어 불안정한 법률상태를 무한정 방치시키는 것이며, 셋째, 제1심의 정식심리를 생략하는 것이어서 심급의 이익을 박탈한다는 문제가 있다(일본도 재심설).[1] 다만 판례는 피고의 대표자를 참칭대표자로 적어 그에게 소장부본 등이 송달되게 하여 자백간주판결이 난 때는 재심사유(451조 1항 3호)로 본다.[2]

(3) 실체법상의 구제책 등

1) 학 설 편취된 판결에 의한 강제집행 등으로 손해가 생긴 경우에 재심에 의하여 판결을 취소함이 없이 직접 **부당이득, 손해배상청구** 등이 가능한가는 기판력과 관련하여 문제가 있다. 기판력에 의한 법적 안정성의 요구와 구체적 정의가 충돌하는 경우에 어느 쪽에 더 중점을 둘 것인가에 관련된 문제이기도 하다. 이에 대해 독일 판례는 재심에 의하여 판결을 취소하지 아니하여도 공서양속위반의 불법행위 규정인 BGB § 826에 의한 손해배상책임을 물을 수 있다는 것이다(독일의 학설은 반대). 이같은 조문이 없는 우리나라에서는 재심에 의한 판결취소의 필요 없이 손해배상청구 등이 가능한가의 문제를 놓고 **재심불요설**과 이와 다른 **제한적 불요설, 재심필요설**이 대립되어 있다.

생각건대 재심을 거치지 않고 바로 부당이득·손해배상청구가 가능하다고 보려면 편취된 판결의 효력이 당연무효임이 전제되어야 할 것인데 앞서 본 바와 같이 그에 관한 무효설을 따르기 어려우며, 특히 판결편취의 전형적인 예를 별도의 재심사유로 규정한 우리 법제하에서 더욱 그러하다(451조 1항 11호). 따라서 판결편취의 경우에 부당이득이나 손해배상청구를 함에는 원칙적으로 재심의 소를 제기하여 판결이 취소되는 것이 선결적일 것이다(재심필요설).[3] 다만 판례는 병합설에 부정적이나 통설대로 재심의 소를 제기하면서 이에 관련청구로 부당이득·손해배상청구를 함께 병합제기하는 것을 허용하는 것이 절차집중에 좋을 것이며(733면 참조), 그렇게 되면 재심필요설에 의하여도 먼저 재심소송하고 나서 뒤에 부당이익반환소송 등을 연달아 하게 됨으로써 생기는 번거로움과 불경제가 극복될 것이다.

2) 판 례 이에 관한 대법원판례를 정리하면, ① 부당이득의 성립문제에서 자백간주에 의한 판결편취의 경우를 제외하고(이때는 강제집행으로 옮겨간 이전등기에 관하여 항소에 의한 취소 없이 곧 바로 말소등기청구할 수 있음은 대법 1995. 5. 9, 94다41010), 일반적으로 편취된 판결에 의한 강제집행의 경우에 그 판

1) 日最高裁 平成 4(1992). 9. 10 판결.

2) 대법 1994. 1. 11, 92다47632; 동 1999. 2. 26, 98다47290.

3) 같은 취지: 방순원, 726면; 김홍규/강태원, 599면; 박재완, 424면. 제한적 불요설: 강현중, 663면. 재심불요설: 정동윤/유병현/김경욱, 873면.

결이 재심의 소 등으로 취소되지 않는 한 강제집행에 의한 이득은 부당이득이 안 된다는 것으로 일관되고 있고,[1] ② 불법행위에 의한 손해배상청구에도 먼저 재심의 소에 의한 판결취소가 될 것이 원칙이지만, **절차적 기본권**이 침해된 경우, 내용이 현저히 부당해 **재심사유**가 있는 경우에 한정하여 불법행위가 성립되어 바로 배상청구를 할 수 있다는 입장이다.[2] 따라서 부당이득에 관하여는 재심필요설, 불법행위에 관하여는 제한적 불요설에 가깝다.

앞서 살핀 것은 집행종료 후의 문제이나 아직 집행종료 전일 때의 처리문제를 곁들여 본다. 문제의 확정판결이 단순하게 실체적 권리관계에 배치될 때만이 아니고, 집행하는 것이 현저하게 부당하고 상대방으로 하여금 그 집행을 감당하게 하는 것이 **정의에 명백하게 반하여 사회생활상 용인**할 수 없다고 인정되는 경우에는 그 집행은 신의칙위반 또는 권리남용으로서 허용되지 않는다고 하여 청구이의의 소(민집 44조)로 그 집행을 막을 수 있다.[3]

(4) 단체소송의 특례 소비자단체 · 개인정보 단체소송에서 청구기각 판결은 대세효가 있어 그 뒤 다른 단체는 동일소송을 제기할 수 없으나, 원고의 고의로 인한 것이 밝혀지면 제기가 가능하다는 특례가 있다(소비자기본 75조, 개인정보 56조).

제4관 종국판결의 부수적 재판

판결의 본안 주문 다음에는, 부수적으로 소송비용 재판과 가집행선고(이행판결의 경우)가 뒤따른다. 소송비용문제부터 먼저 본다.

Ⅰ. 소송비용의 재판[4]

종국판결의 주문 중에는 부수적으로 가집행선고 이외에 소송비용에 대한 재판을 한다. 적는 순위는 가집행선고 앞이다. 무엇이 소송비용이고, 누구의 부담이 되며, 어떻게 받아내느냐 그리고 소송비용의 담보제공할 경우 등의 순으로 살

1) 대법 1995. 6. 29, 94다41430 등; 동 2009. 11. 12, 2009다56665은 편취된 판결사안은 아니나 사정변경으로 판결에 의하여 수령한 배상금이 부당이익이라 주장한 사안에서, 재심에 의한 판결취소가 선행되어야 한다고 했다. 유사취지는 대법 2023. 6. 29, 2021다243812.

2) 대법 1992. 12. 11, 92다18627; 동 1995. 12. 5, 95다21808.

3) 대법 2014. 5. 29, 2013다82043; 동 2018. 3. 27, 2015다70822 등. 의사표시를 명하는 판결은 예외=대법 1995. 11. 10, 95다37568.

4) 한국민사소송법학회, "민사소송비용제도의 정비방안연구," 법원행정처(2009).

핀다.

1. 소송비용

법정소송비용[1]은 소송당사자가 현실적으로 소송[2]에서 지출한 비용 중 법령에 정한 범위에 속하는 비용을 말한다. 소송비용의 범위 · 액수와 예납에 관하여는 민사소송비용법, 민사소송등인지법, 변호사보수의 소송비용산입에 관한 규칙과 민사소송규칙 등에 규정이 있다. 소송비용은 소 · 항소 · 상고의 비용을 말하며, 강제집행비용은 별도의 비용이다. 가처분비용도 '신속한 판결절차'임에 비추어, 판결비용에 준한다고 할 것이다.[3] 소송비용은 재판비용과 당사자비용으로 대별된다.

(1) 재판비용 당사자가 국고에 납입하는 비용으로서, 재판수수료인 인지대와 재판 등을 위해 지출하는 그 밖의 비용이다. i) 인지대는 수입인지상당액을 현금이나 신용카드 · 직불카드 등으로 납부함이 원칙이나, 인지액이 1만원 이하일 때에는 인지를 붙이거나 인지 상당의 현금납부할 수 있다(민인 1조 단서; 개정 민인규 27조). 인지액은 1000만원 미만의 경우는 '소가× $\frac{5}{1000}$'이나 고액일수록 체감되며 10억원 이상의 경우는 소가× $\frac{3.5}{1000}$(555,000원 가산)가 된다. ii) 인지대 아닌 재판비용은 송달료, 공고비(민소비 8조), 증인 · 감정인 · 통역인과 번역인 등에 지급하는 여비 · 일당 · 감정료 · 숙박료(민소비 4조), 법관과 법원사무관 등의 검증 때의 출장일당 · 여비 · 숙박료(민소비 5조) 등이다. 이와 같은 비용은 법원이 당사자에게 예납시킬 수 있는데, 예납명령의 불이행시 법원은 그 행위(증인채택)를 하지 않을 수 있다(116조. 민집 18조 참조). 예납명령의 불이행을 이유로 행한 불이익한 재판에 대하여는 독립하여 불복할 수 없다.[4] 예납의무자는 그 소송행위로 인하여 이익을 받을 당사자로 하되 그 구체적 기준을 민사소송규칙 제19조에서 정해 놓고 있다. 예납하지 아니하여 소송절차의 진행 또는 종료 후의 사무처리가 현저히 곤란한 때에는 국고에서 대납받아 지출할 수 있다(규 20조).

(2) 당사자비용 당사자가 소송수행을 위해 자신이 지출하는 비용이다.

---

1) 변호사 잘못으로 소송위임계약 해지되었더라도 이미 지출한 소송비용은 의뢰인의 몫=2016다200538. 이시윤, 입문[事例 104], 337면 이하 과외소송비용 참조.

2) 임대인이 임차인 상대의 임차목적물의 인도 및 연체차임의 지급을 구하는 경우, 그 소송비용은 반환할 임대차보증금에서 당연히 공제할 수 있다는 것에, 대법 2012. 9. 27, 2012다49490.

3) 서울고법 2016. 1. 10, 2016라20541.

4) 대법 2001. 8. 22, 2000으2.

예를 들면, 소장 등 소송서류의 작성료 즉 서기료, 당사자나 대리인이 기일에 출석하기 위한 여비 · 일당 · 숙박료(민소비 4조)와 대법원규칙이 정하는 범위 안에서 소송대리인인 변호사에게 지급하거나 지급할 보수(109조) 등이다.[1)]

(3) 변호사보수

1) 독일 · 프랑스 · 오스트리아 · 영국 등 선진제국의 입법례는 변호사보수를 소송비용에 산입하여 승소당사자는 패소당사자로부터 이를 직접 받아낼 수 있게 하였다. 그러나 우리 민사소송법은 일본법제를 모방하여 법원이 변호사선임명령(144조)을 한 경우를 제외하고 소송비용에 산입하지 않는 법제였으며, 다만 부당제소 · 부당응소 또는 부당상소로 인하여 부득이 변호사를 선임한 경우에는 불법행위를 구성하는 것으로 보아 별도의 소제기에 의한 그 비용의 배상청구를 인정하였을 뿐이었다. 그러다가 승소자가 '상처뿐인 영광'이 되지 않도록 필자 등의 강력한 추진으로 1981년 소송촉진 등에 관한 특례법에서 변호사보수의 소송비용 산입제를 도입하였으며 뒤의 개정 민소법에서 이를 수용함으로써 제도화한 것이 제109조이다. 이제 변호사보수는 대법원규칙이 정한 금액 범위 내에서 소송비용에 해당되는 것이고 소송비용으로 지출한 금액은 소송비용확정절차라는 간이한 구제절차가 별도로 있어서 그에 의하여 상환받을 것이므로, 과거처럼 불법행위에 의한 변호사보수의 별도의 손해배상청구는 소의 이익이 없다고 할 것이다.[2)]

이러한 산입제도는 승소의 실익 없는 소송제도를 개선하는 점에서, 부담 없이 부당제소 · 부당상소를 하는 등의 소권남용을 시정할 수 있는 점에서, 또 앞으로 변호사강제주의 채택의 포석이라는 점에서 그 의의가 크다. 다만 경제적 약자에 대하여 사법접근성이 약화되는 문제점은 있을 것이다. 패소하면 적지 아니한 상대방의 변호사보수를 물어주어야 하므로 분쟁의 화해적 해결에 도움도 되게 되었다. 변호사보수 패소자 부담제도에 대하여 위헌주장이 있었으나, 헌법재판소는 합헌으로 보았다(헌재 2016. 7. 7.). 소송보험에 들면 패소시 변호사 보수 등의 상환은 보험금으로 충당되므로 그 활용이 바람직하다. 세상의 모든 risk가 보험제도로 커버되는 시대상에서 소송처럼 risk가 큰 것도 없는데 이를 외면하면 안된다

1) 대법 2019. 8. 14, 2016다200538(수임인의 귀책사유로 변호사가 사임한 경우의 변호사보수관계). 법무사에게 지급한 또는 지급할 서기료, 도면작성료 및 제출대행수수료도 소송비용에 산입하는 비용에 포함된다는 취지이다(민사소송비용규칙 2조 3항).

2) BGH NJW 1990, 123. 대법 1987. 3. 10, 86다카803; 동 2000. 5. 12, 99다68577 참조. 소송비용으로 들어가는 변호사보수는 사회통념상 지나치게 과소하다 할 수 없는 것으로 이를 통상손해로 보고, 그 이상의 지출된 변호사보수는 패소자가 알았거나 알 수 있었을 때에는 특별손해로서(민 393조) 손해배상청구가 가능할 수 있을 것으로 생각한다.

(LIG보험사의 경우, 연 1건당 변호사보수 1,500만원, 인지대 및 송달료 500만원 한도).[1)]

별표기준

소송목적의 값	소송비용에 산입되는 비율
2,000만원까지 부분	10%
2,000만원을 초과하여 5,000만원까지 부분 [200만원+(소송목적의 값-2,000만원)×8/100]	8%
5,000만원을 초과하여 1억원까지 부분 [440만원+(소송목적의 값-5,000만원)×6/100]	6%
1억원을 초과하여 1억5천만원까지 부분 [740만원+(소송목적의 값-1억원)×4/100]	4%
1억5천만원을 초과하여 2억원까지 부분 [940만원+(소송목적의 값-1억5천만원)×2/100]	2%
2억원을 초과하여 5억원까지 부분 [1,040만원+(소송목적의 값-2억원)×1/100]	1%
5억원을 초과하는 부분 [1,340만원+(소송목적의 값-5억원)×0.5/100]	0.5%

2) 소송비용에의 산입방법에 관하여는 i) 변호사에게 지급한 또는 지급할 보수전액이 아니라, 그 중 대법원규칙인 「변호사보수의 소송비용산입에 관한 규칙」[2)]이 정하는 금액의 범위에 한정하기로 하였으며(109조 1항, 부가가치세액도 규칙이 정한 범위 내에 속함), 2008년부터 시행되는 개정규칙에 의하여 대폭 증액되어 현실화되었다. 2017년에 더 올렸다. ii) 여러 변호사가 동시 또는 이시에 대리하는 경우라도 한 변호사가 대리한 것으로 보도록 하였다(109조 2항). 한편 동규칙에 의하면, 당사자가 보수계약에 의하여 지급한 또는 지급할 보수액의 범위 내에서 각 심급단위로 소가에 따라 별정기준에 의하여 산정하되(동규칙 3조), 소송물의 가액의 산정에 있어서는 민사소송등인지법(2조 1항·2항, 3조, 8조)의 규정에 의한다. 구체적으로 보수를 보면 소가에 비례적이나 소가 1,000만원까지는 8%로 하다가, 2,000만원까지는 10%로 인상증액하는 등의 개정 별표기준을 마련하여 2018년부터 시행하게 되었다. 현저하게 부당한

1) 대법 2012. 1. 27, 2010다81315에서는 채권자가 자신의 권리보호를 위하여 외국에서 소송을 제기하고 관련변호사비용을 지출할 수밖에 없었다고 해도, 채권자가 지출한 변호사보수 전액이 곧바로 상당인과관계있는 손해라고 할 수 없고, 보수지출의 구체적 경위와 지급내역, 소송의 진행경과와 난이도, 보수가 통상적인 수준의 것이었는지 등에 대하여 심리한 다음 상당한 범위 내의 변호사보수액만을 손해로 판단해야 한다고 했다(채무불이행을 이유로 변호사보수상당액의 배상청구하는 사안).

2) 대출금회수를 위한 법적 절차비용을 채무자가 변상키로 약정을 한 경우에 이 규칙에 의한 보수기준은 일응 참작=대법 1986. 8. 19, 86다카70.

낮은 금액이라고 인정할 때에는 신청에 의하여 1/2한도 내에서 증액할 수 있다(동규칙 6조 2항). 이 금액은 심급대리를 전제로 하여 **심급단위**로 산정한 것이니만큼 결코 과소하다 할 수 없으며, **사법민주화**의 견지에서 또한 독일례 등 비교법적으로도 수용할만한 것이라고 하겠다. 이 금액을 넘어 지출한 착수금·성공보수금 등 변호사비용은 당사자가 부담한다. iii) 변호사가 변론이나 증거조사절차에 전혀 관여한 바 없으면 그에게 지급한 보수는 소송비용에 포함되지 않는다.[1)2)] iv) 소송비용에 산입되는 변호사보수에는 당사자가 사후에 지급하기로 한 것도 포함되고, 당사자가 아닌 제3자가 보수를 지급한 경우에도 결국 당사자가 상환할 관계이면 산입될 변호사 보수로 인정된다.[3)] v) 청구의 감축을 간과한 본안판결이 확정된 경우 확정판결에 따른 소가를 기준으로 산정한 것이 위법이 아닐지라도 위 보수규칙 제3조에 따라 산정한 변호사 보수 전부를 그대로 소송비용에 산입하는 것이 공정이나 형평의 이념에 반하여 감액할 필요가 없는지 심리해야 한다는 것에는 대법 2022. 5. 12, 2017마6274가 있다.

2. 소송비용의 부담

(1) 패소자부담의 원칙

소송비용은 당사자 중 패소자의 부담을 원칙으로 한다(98조. The loser pays-영국은 패소자는 승소자 비용부담, 미국은 각자 부담. 미국 Deleware주 법에서 주주와 기업간의 집단소송에서 주주패소하여도 기업이 주주에 비용청구 못하는 fee-shifting제). 패소의 이유, 패소자의 고의·과실을 불문하기 때문에 일종의 결과책임이다. 다만 대심구조가 아닌 편면적 절

---

1) 대법 1992. 11. 30, 90마1003.

2) 공동소송인이 공동으로 변호사선임시의 소송비용에 산입할 변호사보수 ① 공동소송인들의 각 소송물가액을 합산한 총액을 기준으로 산정함이 옳다는 것에, 대법(전) 2000. 11. 30, 2000마5563. ② 공동소송인이 서로 다른 변호사를 선임하였는데, 소송비용 전부를 상대방이 부담하는 판결선고가 된 경우, 소송비용액 확정절차에서 그 상대방이 공동소송인 중 일부에 상환할 변호사보수는 그 당사자에 관한 소송목적의 값을 기준으로 하여 이 규칙에 따라 산정된 변호사보수액 전체이며, 그 변호사보수를 공동소송인 사이에서 균분하거나 소송목적의 값의 비율에 따라 안분한 금액이 아니다(대법 2013. 7. 26, 2013마643). ③ 법원의 변론병합결정으로 복수의 소송이 하나의 공동소송으로 병합된 경우 일방당사자가 지출한 변호사보수 중 상대방 공동소송인들이 부담할 변호사보수를 소송비용에 산입할 때 변호사보수산정방법은, 대법 2014. 6. 12, 2014마145. ④ 공동소송인 중에서 일부만 소송비용액확정신청을 한 경우, 공동소송인 전원이 신청한 것을 전제로 액수 계산하여 신청인이 받을 금액을 확정결정하여야 한다(대법 2022. 5. 31, 2022마5141). 소송비용을 일정한 비율로 분담하는 재판이 된 경우로서 제111조 제2항에 따라 소송비용액을 확정할 경우 법원은 지출한 소송비용 총액을 산출한 다음, 그 비용 총액에 대하여 소송비용분담비율에 따라 상대방이 부담할 소송비용액을 정하여 그 금액의 지급을 명하는 방법으로 소송비용액을 확정하여야 한다는 것에, 대법 2022. 5. 31, 2022마5141(이 사건에서 피신청인이 신청인에게 상환하여야 할 변호사 보수를 확정하는 문제도 다루었다).

3) 대법 2020. 4. 24, 2019마6990.

차에서는 부담자를 정할 필요가 없다.[1)]

1) 패소자가 공동소송인인 경우 같은 비율로 패소한 경우 균등부담을 명하는 것이 원칙이나 법원은 공동부담이 형평에 반하거나 불합리하다면 제102조 1항 단서를 적극적으로 활용하여 달리 할 수 있다(대법 2017. 11. 21, 2016마1854). 연대로 명할 수 있는 경우로는 고유필수적 공동소송, 본안에서 연대채무나 불가분채무로 지급을 명하는 경우 등이다.

2) 일부패소의 경우에는 각 당사자가 부담할 소송비용은 반드시 승패(청구금액과 인용액의 비율)의 비율만을 고려할 것이 아니라,[2)] 법원의 의견에 의하여 정한다(101조 본문). 다만 사정에 의하여 한쪽 당사자로 하여금 소송비용의 전부를 부담하게 할 수 있는바(101조 단서), 이 규정으로 미루어 각 당사자가 부담할 소송비용은 법원이 그 재량으로 정할 수 있다.[3)]

3) 무권대리인이 제기한 소를 각하한 때에는 당사자 본인에게 부담시킬 것이 아니고, 그 소송행위를 한 대리인의 부담으로 하여야 한다(108조, 107조 2항).

(2) 원칙의 예외

패소 당사자 부담의 원칙에 대한 예외는 다음과 같은 경우이다.

1) 그 권리를 늘리거나 지키는 데 불필요한 행위로 말미암은 비용(99조 전단. 예: 피고가 이행거절을 하는 등 제소를 유발한 바 없음에도 원고가 불필요한 제소를 하여 승소한 경우 등).

2) 패소자의 행위가 그 행위 당시에 있어서 필요하였던 경우(99조 후단. 예: 피고가 변제하지 아니하여 제소하였으나 소송계속중에 피고가 임의변제하여 원고가 패소한 경우, 판례도 같은 취지).

3) 승소당사자의 소송지연으로 인한 비용(100조).

(3) 제3자에게 소송비용을 갚으라고 명할 수 있는 경우

1) 법정대리인, 소송대리인, 법원사무관등, 집행관이 고의·중대한 과실로 인하여 무익한 지급을 하게 한 때(107조 1항).

2) 무권대리, 즉 법정·소송대리인이 그 대리권 또는 특별수권을 증명하지 못하거나 추인을 얻지 못한 때(107조 2항). 이 경우라도 소송대리인이 그 소송위임에 관하여 중대한 과실이 없는 경우는 본인이 부담한다.[4)] 소송대리권소멸 후 소송대리인이 상고를 제기한 사안에서 소송대리인에게 소송비용을 부담시킨 사례도 있다.[5)]

3) 비용상환을 명하는 재판은 결정으로 하며, 이에 대해서는 즉시항고할 수 있다(107조 3항). 당사자 상대로 항소·상고할 수는 없다.[6)]

---

1) 대법 2019. 11. 29, 2019카확564.
2) 대법 2012. 7. 26, 2010다60479; 동 2007. 7. 12, 2005다38324.
3) 대법 1996. 10. 25, 95다56996 등.
4) 대법 2016. 6. 17, 2016마371.
5) 대법 2013. 9. 12, 2011두33044.
6) 대법 1997. 10. 20, 96다48756.

(4) 소송비용을 부담한다는 것은, 부담자의 지출비용은 부담자 자신의 부담이 되고, 상대방의 지출비용은 부담자가 상대방에 갚아주어야 함을 뜻한다.

(5) 소송비용의 재판

1) 법원은 종국판결의 주문에서 당사자 중 누가 어느 비율로 부담할 것인가를 정하지 않으면 안 된다(104조. 소송비용의 재판을 누락한 때에는 212조 2항). 소송비용의 재판은 법원이 직권으로 하여야 하기 때문에, 실무상 당사자가 소송비용부담에 관하여 신청을 하는 것은 법원의 직권발동을 촉구하는 의미밖에 없다. 소송비용의 재판은 심급마다 그 심급의 소송비용의 전부에 대하여 하여야 하며, 소송절차중의 일부의 비용만을 분리하여 재판할 수 없는 것으로 이를 소송비용 불가분의 원칙이라 한다. 따라서 일부판결이나 중간적 재판을 할 때는 소송비용의 부담에 관한 재판을 하지 않는 것이 원칙이나, 사정에 따라 그 비용의 재판을 할 수 있다(104조 단서).

2) 상급법원에서 상소를 각하·기각하는 때에는 그 심급에서 생긴 상소비용만을 재판하면 된다.[1] 그러나 하급법원의 본안판결을 변경하는 때에는 하급법원에서 생긴 비용까지 합하여 재판하여야 하며(105조 전단. 「소송비용은 제1·2심 모두 원고의 부담으로 한다」), 상급법원으로부터 환송·이송받은 법원이 그 사건을 완결하는 재판을 하는 경우에는 그때까지의 총비용에 대해 불가분적으로 재판하여야 한다(105조 후단. 「소송총비용은 피고의 부담으로 한다」).

3) 소송비용의 재판에 대해서는 독립하여 상소할 수 없다(391조, 425조). 따라서 본안재판과 함께 불복하여야 하나, 본안의 상소가 이유 없을 때에는 그 불복신청은 부적법하게 된다는 것이 판례이다.[2] 그러나 반대설이 있다.

3. 소송비용확정절차

(1) 판결 중의 소송비용의 재판에서 이론상으로는 부담할 액수까지 정할 수 있으나, 부담자와 부담비율을 정하는 데 그치는 것이 실무관행이다(예: 소송비용 중 1/3은 원고의, 나머지는 피고의 부담으로 한다).[3] 본안소송의 소송대리인인 변호사는 별도의 위임없이 이 절차에 관한 대리권행사를 할 수 있다(대법 2023. 11. 2, 2023마5298). 소송비용의 재판에서 부담할 액수가 정하여지지 아니하고 유보하여 두었으면 그 재판이 확정되거나 그 재판이 집행력을 갖게 된 후에 그 액수를 정하기 위한 절차를 밟게 되어 있다. 이를 위하여 **전속관할인 제1심수소법원**에 서면으로 소송비용액확정신청을 내야 하며(110조; 규 18조),[4] 이

1) 원고의 청구를 일부인용한 판결에 대하여 쌍방이 각 패소부분에 쌍방상소사건에서 각 당사자간의 불복범위에 현저한 차이가 있어 쌍방 상소기각과 함께 상소비용을 각자 부담으로 하게 되면 불합리할 경우에 상소비용부담재판에 관하여 법원이 취하여야 할 조치, 각 당사자의 불복으로 인한 부분의 상소비용을 불복한 당사자가 각각 부담하도록 하거나, 쌍방의 상소비용을 합하여 이를 불복범위의 비율로 적절히 안분하는 형태의 주문=2019. 4. 3, 2018다271657.

2) 대법 1970. 3. 24, 69다592; 동 2005. 3. 24, 2004다71522·71539.

3) 소송비용부담의 재판만으로는 소송비용상환청구권의 집행권원이 될 수 없다는 것에, 대법 2006. 11. 15, 2004재다818. 대법 2023. 12. 21, 2023마6918에는 파산자가 파산관계법에 의한 면책결정을 받은 경우, 소송비용확정을 구할 이익이 없다고 했다.

4) 비용부담의 재판이 후에 비용부담의무자의 승계가 있는 경우, 그 승계인을 상대로 비용확정신

때 법원은 결정으로 재판한다. 이를 소송비용확정절차라 한다. 확정된 본안재판에서 소송비용부담에 관한 판단 자체를 빠뜨린 경우는 적용될 수 없는 절차이다(빠뜨렸다면 추가판결의 대상). 본안재판에서 확정한 사항을 변경할 수 없다.[1] 변호사보수가 소송비용에 산입되게 된 이래 갈수록 이 절차가 중요해져서 그 확정신청건수가 2011년 25,000여건, 2020년에 이르러 43,642건으로 늘면서 점증한다. 이는 상대방이 부담할 액수를 확정하는 것이지, 자기가 지출한 액수를 확인해 주는 절차는 아니다.[2][3] 소송비용확정결정을 받으면 이를 **집행권원**으로 하여 상대방으로부터 강제집행하여 받아낼 수 있다. 상소심판결에서 그 액수를 정하지 아니한 경우에도 확정결정은 제1심수소법원이 하여야 한다.[4]

나아가 본안소송과 보전소송을 동일한 소송대리인에게 위임한 경우, 양자를 구별하여 별도로 보수지급약정을 하였는지는 소송위임계약의 체결경위와 내용, 양 소송의 진행 경과 등 여러 사정을 고려하여 구체적·개별적으로 판단할 사항이라 한 것에, 대법 2023. 11. 9, 2023마6427.

(2) 과거에는 법관의 업무로 하다가 2005년 법원조직법 개정으로 사법보좌관이 소송비용액확정절차에서의 법원의 업무를 맡게 되었다. 이 결정에 대해서는 즉시항고할 수 있는 것으로,[5] 항고에 앞서 먼저 판사에게 **사법보좌관의 처분에 대한 이의신청**을 내야 하는데(사보규 4조 1항),[6] 여기의 '판사'는 **제1심수소법원**을 말한다. 따라서 판결사건이 단독사건이면 다르되, 합의사건의 소송비용확정신청에 대한 사법보좌관의 처분을 합의부가 아닌 단독판사가 인가하였다면, 이는 전속

청을 하기 위해서는 승계집행문을 부여받아야 한다=대법 2009. 8. 6, 2009마897. 신탁계약에 의하여 제3자가 부담했다 하여도, 소송당사자가 지급한 것과 같이 소송비용에 산입된다(2019마6990).

1) 대법 2017. 11. 21, 2016마1854.

2) 대법 1991. 4. 22, 91마152.

3) 패소한 공동피고별로 소송비용의 부담을 명한 경우, 신청인이 상환받을 소송비용액은 원고가 상환받을 소송비용액을 원고가 공동피고들에 대하여 각기 구한 소가로 안분한 후, 해당 안분액을 상환토록 할 것이라는 것에, 대법 2010. 2. 16, 2009마2224. 전 심급을 통하여 최종적으로 승소한 금액의 일정비율을 변호사성공보수로 지급하기로 약정한 경우, 패소한 심급의 소송비용에 산입할 것이 아니라는 것에, 대법 2012. 1. 27, 2011마1941.

4) 대법 2008. 3. 31, 2006마1488.

5) 소송비용의 확정에 관하여 제1심법원이 산정한 비용액의 적정성 여부를 항고심이 직권으로 살펴볼 의무가 있다고 한 것에, 대법 2006. 8. 9, 2006마455. 공동소송인 중 일부만이 소송비용 확정신청을 한 경우의 비용을 정하는 법리에 관하여, 대법 2008. 6. 26, 2008마534; 동 2016마1648.

6) 대법 2008. 3. 31, 2006마1488. 그 이의신청에 관하여 지방법원단독판사가 사법보좌관의 처분을 인가한 경우 그 이의신청에 의한 즉시항고 사건은 항고법원인 지법합의부가 관할법원이 된다.

관할의 위반이 된다.[1] 소송비용으로 지출한 금액은 이와 같은 소송비용확정절차를 거쳐 상환받을 수 있으므로 원칙적으로 부당제소·부당응소를 이유로 별도의 소송할 것이 아님은 앞서 본 바이다(682면). 소송비용액에 관하여 구법은 법원사무관등에 계산하게 하는 것이 재량사항이었으나, 신법은 그로 하여금 계산하게 하여야 하는 것으로 하였다(115조). 한 기관에서 일괄하지 않고 **소송비용액 확정결정**은 사법보좌관이, **소송비용액의 계산**은 법원사무관 등이 각 담당하게 한다.

(3) 신법 제110조 1항은 그 재판이 확정된 뒤에 한하던 구법과 달리 확정되기 전이라도 주문 중 소송비용부담부분에 가집행선고가 붙어 소송비용부담의 재판이 집행력을 갖게 된 때에는 확정신청을 할 수 있게 하였다.[2]

소송이 판결에 의하지 않고 완결된 경우(화해, 청구의 포기·인낙, 소의 취하 등. 소의 일부 취하·감축, 강제집행의 취하나 집행처분의 취소[3]의 경우도 같다)에는 소송비용확정절차에 의하여 부담자·부담비율 및 부담액을 정하지 않으면 안 되며(114조),[4] 이 때에 관할법원은 제1심수소법원이 아니라 소송이 완결될 당시의 소송계속법원이므로 그 곳에 신청하여야 한다.[5] 소송비용액확정절차의 목적은 부담할 액수를 확정함에 있고 상환의무 내지 권리의 존재를 확정하는 것이 아니므로,[6] 이 절차에서는 변제 ·상계·화해·소송비용 부담에 관한 합의 등 **권리소멸의 항변**은 소송비용부담 및 확정결정의 집행단계에서 청구이의의 소 등으로 다투는 것은 별론, 이는 허용되지 않는다.[7] 그러나 소송비용상환청구권은 그 성질은 사법상의 청구권이므로 상계의 수동채권으로 될 수 있다.[8] 근자에는 보수규칙의 개정에 의하여 보수액이 대폭 증액되면서 제도가 크게 활성화되는 계기를 맞았다.

4. 소송비용의 담보

(1) 원고가 우리나라에 주소·사무소와 영업소를 두지 아니한 때에는 법원은 원고에

1) 대법 2008. 6. 23, 2007마634.

2) 소송비용부담의 재판이 확정되지 않더라도 집행력을 가지면 소송비용액확정을 할 수 있도록 한 것은 가압류·가처분 사건에서 더 큰 의의가 있다. 가압류·가처분을 명하는 결정은 바로 집행력이 생기므로 그 재판에 소송비용부담의 주문이 있는 경우 바로 소송비용액 확정신청을 할 수 있기 때문이다.

3) 대법 2023. 9. 1, 2022마5860.

4) 대법 2016마937. 다만 소취하로 소송이 끝난 경우 특단의 사정이 없으면 원고가 부담자가 된다 =대법 2020. 7. 17, 2020카확522; 동 2018. 4. 6, 2017마6406(예비적 반소가 소급적 소멸한 경우도 같다).

5) 대법 1992. 11. 30, 90마1003.

6) 대법 2009. 3. 2, 2008마1778.

7) 대법 2020. 7. 17, 2020카확522; 동 2002. 9. 23, 2000마5257.

8) 대법 1994. 5. 13, 94다9856. 유사취지는 대법 2023. 9. 27, 2022마6885.

게 소송비용의 담보제공을 명하여야 한다(117조). 원고가 패소하여 소송비용을 부담하게 되는 경우에 피고의 이익을 위하여 소송비용상환청구권의 용이한 실현을 미리 확보해 두기 위한 것이다. 담보제공을 명하는 재판은 피고의 신청에 의하여(117조 1항) 결정으로 한다.[1] 담보제공의 방법은 법원이 재량으로 선택할 수 있다.[2] 담보액은 피고가 각 심급에서 지출할 비용의 총액을 표준으로 정한다(120조 2항). 이 제도를 무책임한 소권남용의 견제수단 특히 집단소송에 있어서 원고패소시에 피고들의 구제수단이 되도록 입법확대론이 대두되어 있었다. 이를 받아들여 2010년 개정법률은 제117조를 바꾸어 소송기록상 원고의 **청구가 이유없음이 명백한 때**에도 담보제공을 명할 수 있도록 했으며,[3] 이때에는 법원의 직권으로도 결정할 수 있도록 하였다(117조 2항).[4] 이 직권 결정에 대해서도 제121조를 준용하여 즉시항고할 수 있다는 것이 판례이다.[5]

(2) 담보제공을 신청한 피고는 원고가 담보를 제공할 때까지 응소거부권을 갖는다(119조). 다만 피고가 본안에 대해 변론을 하거나 변론준비기일에 진술한 뒤에는 담보제공신청을 하여 이와 같은 거부항변을 할 수 없다(118조).[6] 그러나 원고가 담보를 제공할 기간 내에 제공하지 아니한 때에는 법원은 **변론 없이 판결로 소를 각하**할 수 있다(124조).[7]

(3) 담보제공의 방법은 금전의 공탁 또는 법원이 인정하는 유가증권의 공탁 이외에 **지급보증위탁계약서 소위 보증서의 제출**로도 할 수 있게 하였다(122조 본문). 지급보증위탁계약서의 제출방법으로 할 때는 미리 법원의 허가를 받아야 한다(규 22조). 여기의 지급보증위탁계약은 담보제공의 명을 받은 자가 은행법에 의한 금융기관이나 보험회사와 맺은 계약이어야 한다(규 22조 2항). 최저리의 금전을 장기간 공탁해 두는 데서 오는 손실을 막을 수 있고 현금조달의 어려움을 덜어줄 수 있는 이점이 있다. 공탁한 담보물은 법원의 결정 또는 당사자간의 특약에 의하여 변경할 수 있다(126조, 담보물 변경의 합의). 금전인 경우에 유가증권으로 담보물을 바꾸는 것은 법원의 재량이다.[8] 피고는 소송비용을 피담보채권으로 하여 공탁한 금전 또는 유가증권에 대해 질권자와 같은 권리를 갖는다(123조).[9]

(4) 원고가 담보제공한 것을 사건이 끝난 뒤에 되찾으려면 **담보취소결정**을 받지 않으면 안 된다. 이 결정에 대해서는 즉시항고를 할 수 있다(125조 4항).[10] 담보취소신청의 관할법원

1) 원고가 소송비용담보제공신청을 할 수 없다는 것에, 대법 2012. 9. 13, 2012카허15; 동 2017카담507.
2) 대법 2018. 6. 1, 2018마5162.
3) 이 조항이 합헌이라는 것에, 헌재 2019. 4. 11, 2018헌마431.
4) 대법 2013. 5. 31, 2013마488=원고가 준비명령기간 내에 피고의 답변서에 대한 반박준비서면을 제출하지 아니한 점만으로 원고의 청구가 이유없음이 명백한 때에 준하는 사유가 생겼다고 보기 어려워, 담보제공명령한 것은 옳다고 할 수 없다.
5) 대법 2011 5. 2, 2010부8.
6) 이미 담보제공신청을 하였다면 본안에 관한 변론 등을 하여도 신청의 효력은 유지된다.
7) 상소심에서 담보제공신청을 할 수 있는 경우는 대법 2017마63.
8) 대법 1977. 12. 15, 77그27. 담보제공의 방법도 법원의 재량=대법 2018마5162.
9) 담보권자가 공탁금회수청구권을 압류하고 추심명령·전부명령을 받은 후 담보제공자가 공탁금회수청구를 하는 경우에도 질권자와 동일한 권리가 인정된다는 것에, 대법 2004. 11. 26, 2003다19183.
10) 담보제공자의 담보물회수청구권에 관하여 압류 및 전부명령을 받아 그 지위를 승계한 담보권자

은 수소법원으로(규 23조 1항), 수소법원이 한 담보제공결정을 수소법원이 아닌 단독판사의 취소결정은 전속관할의 위반이 된다.[1] 담보취소결정은 다음 세 가지 경우.

i) 담보사유의 소멸(125조 1항) 원고가 우리나라에 주소·사무소를 갖게 되었거나, 원고가 승소하여 소송비용을 전부 피고의 부담으로 하는 판결의 확정시.[2]

ii) 담보권자인 피고의 동의(125조 2항).

iii) 권리행사최고기간의 도과(125조 3항) 원고가 패소하여 소송비용을 원고의 부담으로 하는 판결확정 후에, 원고의 신청에 의하여 법원이 피고에게 일정한 기간내에 그 담보물에 권리를 행사(소제기, 지급명령신청, 화해신청등의 권리행사를 뜻한다)[3]할 것을 최고하였는데, 피고가 이에 응하지 않은 경우이다.[4] 취소결정이 나도 담보권자가 권리행사한 증명서를 제출한 경우에는 그 결정은 유지될 수 없다.[5]

(5) 다른 절차에 준용: 위에서 본 담보제공의 방법 및 취소절차는 다른 법률에 의한 소제기에 관한 담보제공(상 176조, 237조, 269조, 377조, 380조, 613조 등)에 준용된다(127조). 뿐더러 가집행의 경우의 담보(214조), 강제집행의 정지·취소 등을 위한 담보, 가압류·가처분을 위한 담보 등 집행법상의 담보에도 준용된다(민집 19조 3항). 또 매각허가결정에 대한 항고를 위한 보증의 공탁(단 매각대금의 1/10 현금 또는 유가증권. 민집 130조 3항)에도 준용되는 것으로 볼 것이다. 실무상 활발하게 이용되는 것은 소송비용의 담보제공 자체의 경우보다도 오히려 위의 준용절차에서이다.

Ⅱ. 가집행선고[6]

1. 의 의

가집행선고란 **미확정의 종국판결**에 확정된 경우와 마찬가지로 미리 집행력을 주는 형성적 재판이다(=미확정판결의 선집행선고). 판결의 확정 전에 미리 강제집행할 수 있어 승소자의 신속한 권리의 실현에 이바지가 되며, 패소자가 강제집행의 지연만을 노려 남상소하는 것을 억제해 주는 기능을 한다. 뿐만 아니라 피고가 가집행선고에 의하여 즉시집행 당하는 것을 피하기 위해 제1심에서 전소송자료를 제출

가 담보취소결정에 대하여 항고이익이 없다는 것에, 대법 2011. 1. 13, 2010마1367.

1) 대법 2011. 6. 30, 2010마1001.

2) 이행권고결정의 확정도 담보취소사유에 해당된다는 것에, 대법 2006. 6. 30, 2006마257.

3) 대법 1978. 2. 14, 77다2139. 채권압류 및 전부명령신청은 적법한 권리행사가 아니다=대법 2015. 4. 28, 2015카담9.

4) 보전처분이 취소되어 해제되었다고 하더라도 그것만으로 소송이 완결된 뒤라고 할 수 없고, 본안사건까지 확정되어야만 소송의 완결도 인정할 수 있다는 것에, 대법(전) 2010. 5. 20, 2009마1073. 권리주장의 범위가 일부에 산정된 경우에 대하여는 대법 2016마1180.

5) 대법 2000. 7. 18, 2000마2407.

6) 졸고, "가집행선고(상·하)," 사법행정 1967. 12, 1968. 1.

하게 되기 때문에 심리의 제1심집중의 효과를 거둘 수 있다. 다만 이 제도의 운영에 있어서는 승소자의 조속한 권리만족을 받을 이익을 고려하는 한편 패소자의 상소의 이익도 감안하여야 하며, 양자의 균형조화가 요망된다.

제1심판결에 당연히 집행력이 생기는 영미법계에서는 가집행선고가 필요없다. 그러나 독일법계에서는 확정판결에 의하여 집행하는 것이 원칙이고 미확정판결에 의한 집행은 허용되지 않으므로 가집행선고가 붙어 있을 때에 집행이 가능하다. 실제로 가집행선고가 널리 이용되고 있고 **중요한 집행권원**이 된다.

2. 가집행선고의 요건

(1) 가집행선고의 대상 재산권의 청구에 관한 판결로 널리 집행할 수 있는 것이어야 한다(213조).

1) 가집행선고는 원칙적으로 **종국판결**에 한한다. 가압류·가처분을 비롯하여 결정·명령은 원칙적으로 즉시 집행력이 발생하므로(448조 참조), 가집행선고를 붙일 수 없다(단 가사비송은 예외. 가소 42조). 중간판결(201조)에서는 가집행선고를 할 수 없다. 종국판결이라도 성질상 가집행선고를 할 수 없는 것으로, i) 청구기각·소각하판결, ii) 가집행선고변경이나 가집행선고 있는 본안판결의 변경판결(215조 1항) 등이다.

2) **재산권의 청구**에 관한 판결일 것 재산권의 청구이면, 가집행선고 있는 판결에 기하여 강제집행을 한 뒤에 상소심에서 그 판결이 취소변경된다 하여도 원상회복이 비교적 용이하고 또 금전배상으로 수습이 가능한 경우가 보통이기 때문이다. 따라서 이혼청구 등 신분상의 청구와 같은 비재산권의 청구에 대해서는 가집행선고를 할 수 없다.[1] i) 재산권의 청구에 관한 판결이라도 의사의 진술을 명한 판결(예: 등기절차이행을 명하는 판결)은 확정되어야만 집행력이 생기기 때문에(민집 263조), 가집행선고를 붙일 수 없다는 것이 통설이나, 반론이 있다.[2] ii) 행정처분의 취소·변경판결이나 실체법상의 법률관계를 변경하는 판결(예: 공유물분할판결, 이혼시에 재산분할판결)도 확정을 기다려야 할 것으로 가집행선고를 허용할 수 없다. iii) 구 소송촉진 등에 관한 특례법 제6조 1항 단서는 **국가를 피고로 하는** 소송에서 가집행선고를 붙일 수 없게 하였는데, 헌법재판소는 위헌결정하였다.[3]

---

1) 이혼과 동시에 재산분할을 명하는 판결에는 가집행선고가 허용되지 않는다는 것이 1998. 11. 13, 98므1193. 이혼이 먼저 성립한 후에 재산분할의 금전청구도 마찬가지=대법 2014. 9. 4, 2012므1656.
2) 김홍규/강태원, 644면.
3) 헌재(전) 1989. 1. 25, 88헌가7.

3) **집행할 수 있는 판결일 것** 좁은 의미의 집행력을 낳는 이행판결에 가집행선고를 할 수 있음은 다툼이 없으나, 문제는 확인판결이나 형성판결이다. 명문이 있는 경우를 제외하고 확인판결·형성판결에는 가집행선고를 할 수 없다는 견해가 있으며,[1] 판례도 같은 태도이다.[2] 그러나 제213조 1항 본문에 이행판결에 한한다고 되어 있지 않고 또 강제집행에 적합하지 않은 판결이라도 넓은 의미의 집행력을 부여할 필요 때문에 이론상으로는 확인판결·형성판결에도 가집행선고를 할 수 있다고 볼 것이다(통설, 실무상 거의 없다). 이행판결 이외의 판결에 가집행선고를 명문으로 허용한 경우로는, 강제집행정지·취소결정의 취소·인가·변경판결(민집 47조 2항, 48조 3항) 등.

(2) 붙이지 아니할 상당한 이유가 없을 것 재산권의 청구에 관한 판결에는 상당한 이유가 없는 한 반드시 가집행선고를 붙여야 하는 것이 원칙이다. 따라서 가집행선고 여부는 법원의 자유재량이 아니다. 예외적으로 가집행선고를 붙일 수 없는 상당한 이유가 있어야 안 붙일 수 있는데, 여기의 「상당한 이유」란 가집행이 패소한 피고에게 회복할 수 없는 손해를 줄 염려를 뜻한다.[3] 예컨대 건물의 철거청구, 휴업하면 고객을 잃어버릴 염려 있는 점포명도청구, 한국형 집단소송에서 위자료청구와 같은 경우이다.

3. 가집행선고의 절차 및 방식

(1) 직권선고 가집행선고는 법원의 직권으로 하여야 한다.[4] 따라서 당사자의 신청은 법원의 직권발동을 촉구하는 의미밖에 없다. 당사자의 신청에 대하여 허부의 판단을 하지 아니하여도 재판사항의 누락으로 보아 추가판결을 구할 수는 없다고 볼 것이다.[5] 불복신청이 없는 부분(406조, 435조)에 대한 상소법원의 가집행선고는 직권으로 할 수 없고 당사자에게만 신청권이 있다.

(2) 가집행선고와 담보제공 가집행선고는 피고를 위하여 담보를 제공하거나 담보를 제공하지 않을 것을 조건으로 하여야 한다. 전자를 담보부가집행선고라 하고(「위 판결에 대해서는 돈 100,000원을 담보로 제공하면 가집행할 수 있다」), 후자를 무담보부가집행선고라 한다. 무담

1) 방순원, 378면; 송상현/박익환, 410면.
2) 대법 1966. 1. 25, 65다2374에서는 형성청구에는 특별한 규정이 있거나 또는 그 성질상 허용하는 경우 이외는 가집행선고를 붙일 수 없다고 하면서 「부동산임의경매는 이를 불허한다」는 부분에 붙인 가집행선고의 효력을 인정할 수 없다고 했다.
3) 이시윤, 입문〔事例 105〕, 342면 참조.
4) 대법 1991. 11. 8, 90다17804.
5) 같은 취지: 주석신민소(Ⅲ), 281면; 강현중, 735면.

보부가집행선고를 하여야 할 경우는 어음·수표금청구에 관한 판결(213조 1항 단서, 이 밖에 406조)을 할 때이다.

일반 민사사건에서 **담보부가집행선고**를 하느냐의 여부는 법원의 재량에 속하나, 상소심에서 판결이 변경될 가능성이 엿보일 때에는 담보의 제공을 필요로 한다(실제로 담보부 가집행선고율은 낮다). 담보는 가집행선고에 의한 조속한 집행으로 피고측이 입을 손해의 담보를 목적으로 하며, 피고측은 그 담보물에 관하여 질권과 같은 권리를 갖는다(123조). 담보의 액수도 법원의 재량으로 정하게 되어 있으나, 과대한 담보는 바람직하지 않다.

(3) 가집행면제선고 법원은 가집행선고를 하면서 동시에 피고를 위하여 피고가 원고의 채권전액을 담보로 제공하면 가집행의 면제를 받을 수 있음을 선고할 수 있다(213조 2항). 원고를 위하여 가집행선고를 해준 것에 대하여 피고를 위한 배려이다. 이를 가집행면제선고 또는 가집행해방선고라 한다(실무상 별로 활용되지 않는다). 다만 가집행면제선고는 가집행선고를 무의미하게 할 수 있으므로 가집행선고에 있어서 법원의 재량권이 완전히 배제되는 경우(민집 47조 2항, 48조 3항)는 할 수 없다. 따라서 가집행선고에 관하여 1990년 개정법률 이후 가집행선고에 있어서 법원의 재량권이 원칙적으로 배제되다시피 되어 법원의 직권인 가집행면제선고는 이제 되도록 자제할 필요가 있다(실무도 활용도 낮다).

가집행면제선고에 있어서는 반드시 채권전액의 담보제공을 조건으로 하여야 하는바, 이 때의 담보는 그 판결의 확정시까지 가집행의 지연으로 인해 원고가 입을 손해의 담보만이 아니라, 원고의 기본채권까지 담보하는 것으로 볼 것이다. 그러나 원고의 기본채권까지는 포함되지 않는다는 견해가 있으며 판례도 같은 입장인 것 같다.[1)]

(4) 판결주문에 표시 가집행선고나 가집행면제선고는 다같이 판결주문에 적어야 한다(213조 3항). 판결주문란에서 소송비용재판 다음에 적는다. 가집행선고는 청구인용판결의 전부에 대해서뿐 아니라, 그 일부에 한해서도 붙일 수 있다(특히 손해배상사건에 있어서 흔히 활용된다).

4. 가집행선고의 효력과 집행정지

(1) 가집행선고 있는 판결은 선고에 의하여 즉시 집행력이 발생한다. 따라서 이행판결이면 바로 **집행권원**이 된다.

(2) 가집행선고 있는 판결에 기한 강제집행 즉 가집행은 가압류·가처분과

---

1) 대법 1979. 11. 23, 79마74 참고. 그러나 이러한 입장은 우리의 경우와 달리 가집행면제선고에 있어서 채권전액의 담보제공을 요구하고 있지 않는 일본법제하(일민소 259조 3항)에서 타당할 수 있는 해석이지, 반드시 원고의 채권액과 같은 금액의 담보제공을 요구하고 있는 우리 법제하에서는 맞지 않는 해석이다. 따라서 이때의 담보는 지연으로 인하여 입을 손해 이외에 원고의 기본채권 자체도 담보하는 것으로 보아야 한다. 주석신민소(Ⅱ), 460면; 정동윤/유병현/김경욱, 876면.

같은 집행보전에 그치는 것이 아니라, 종국적 권리의 만족에까지 이를 수 있는 점에서 확정판결에 기한 본집행과 다를 바 없다(민집 201조 2항 단서, 208조 단서). 다만 확정판결과의 차이는 i) 본집행과 달라서 가집행은 확정적 집행이 아니며, 상급심에서 가집행선고 있는 본안판결이 취소되면 효력이 없어지는 해제조건부 집행이다.[1)]**확정적 집행**이 아니므로 상급심에서는 가집행의 결과를 참작할 것이 아니며, 이의 참작없이 청구의 당부를 판단하여야 한다(예: 甲·乙간의 건물명도사건에서 제1심판결의 가집행에 의하여 건물이 이미 원고인 甲 앞으로 명도되었다고 하여도 항소심이 이를 참작하여 원고의 청구가 이유없다는 기각의 판결을 해서는 안 된다).[2)] ii) 확정판결과 달리 가집행선고 있는 판결을 집행권원으로 하여서는 재산명시신청(민집 61조 1항 단서)·채무불이행자명부등재신청(민집 70조 1항 1호 단서)·재산조회신청(민집 74조 이하)을 할 수 없다.

(3) 신법에 의하면 가집행선고만 따로 떼어 독립한 상소를 하지 못한다(391조, 425조). 본안판결과 함께 불복해야 한다.

(4) **집행정지** 상소로는 안되고, 별도로 정지신청을 내어 강제집행정지의 결정(500조, 501조)을 받지 않으면 정지되지 않는다(제2심판결의 집행정지는 전액담보제공이 실무관행). 원고의 가집행선고판결이 '창'이라면, 피고의 집행정지신청이라는 '방패'로 대응한다.

5. 가집행선고의 실효와 원상회복

(1) **가집행선고의 실효** 가집행선고 있는 판결에 상소가 되어 상소심에서 가집행선고가 바뀌거나 그 선고 있는 본안판결이 바뀌었을 때(원고승소에서 피고의 역전승)에는 가집행선고는 그 한도에서 효력을 잃는다(215조 1항).[3)4)] 다만, 확정을 기다리지 않고 바로 선고와 동시에 그 범위에서 효력이 상실된다. 바뀐 뒤에는 더 이상 가집행은 할 수 없고, 이미 개시된 집행이라 하여도 바뀐 판결의 정본을 집행기관에 제출하여 집행의 정지·취소를 시킬 수 있다(민집 49조 1호, 50조). 다만 가집행선고의 실효는 기왕에 **소급효**가 없으므로 보전처분의 취소와 마찬가지로 그 이전에 이미 집행이 끝났으면 그 효력에 영향이 없다. 따라서 제3자가 가집행에 의한 경매절차에

---

1) 대법 2015. 2. 26, 2012다79866. 항소심 계속 중에 가집행선고부판결에 기하여 피고가 그 가집행선고금액을 지급하였다 하더라도 항소심법원으로서는 이를 참작함이 없이 당해 청구의 당부를 판단하여야 한다.

2) 대법 1993. 10. 8, 93다26175·26182 등. 가집행의 효과는 종국적으로 변제의 효과가 발생하지 않는다는 것에, 대법 1982. 12. 14, 80다1101·1102; 동 1993. 6. 8, 93다14233 등.

3) 대법 1995. 9. 29, 94다23357. 가집행선고 있는 승소판결이 선고된 뒤에 소를 교환적으로 변경하였다면 가집행선고는 실효된다는 것에, 대법 1995. 4. 21, 94다58490·58506.

4) 대법 2011. 11. 10, 2011마1482. 제1심 판결보다 인용범위가 줄어들지 않고 제1심 인용금액보다도 늘어난 금액으로 확정된 경우(조정을 갈음하는 결정으로)는 실효될 부분이 없다고 보아야 한다.

서 피고의 부동산이 제3자에게 이미 매각허가결정이 나고 매각대금이 납부되었다면, 경매가 반사회적 법률행위의 수단으로 이용된 경우가 아닌 한 그 매수인(제3자)의 소유권취득에는 영향이 없다.[1)]

(2) 원상회복 및 손해배상의무 가집행선고가 있는 본안판결이 상소심에서 바뀌었을 때에는, 원고는 가집행에 따라 피고가 지급한 물건의 반환뿐만 아니라, 피고가 가집행에 의하여 또는 가집행을 면제받기 위하여 받은 손해를 배상하지 않으면 안 된다(215조 2항. 다만 가집행선고만이 바뀐 경우는 부적용. 215조 3항). 이를 가집행선고의 실효로 인한 원상회복 및 손해배상책임이라 한다. 이것은 미리 집행한 것을 집행이 없었던 것과 같이 되돌려주는 공평의 관념에서 나온 것으로, 일종의 무과실책임이고 법정채무이다(통설).[2)]

1) 원상회복의 법적 성격은 **부당이득의 반환**이다.[3)] 여기의 '지급한 물건'이란 가집행의 결과 피고가 원고에게 이행한 물건이나 지급한 금전만을 가리킨다(경매절차에서 이미 매각된 물건은 불포함. 원고 자신이 매수인(낙찰자)이라 하여도 같다). 또 판례는 가집행으로 강제집행진행중에 피고가 집행당할 염려가 있어 부득이 지급한 것이라면 임의변제라 할 수 없고, 여기의 지급한 물건에 해당된다고 했다.[4)] 그러나 가집행선고 후 피고가 판결금액을 변제공탁하였다 하여도 원고가 수령하지 아니한 이상 공탁된 돈 자체는 여기에 해당할 수 없다는 것이다(가집행판결에 따른 지연손해금의 현실적 지급이 원천징수의무가 발생하는 소득금액에 해당한다는 것에, 대법 2019. 5. 16, 2015다35270).[5)]

2) 손해배상책임은 일종의 **불법행위책임**이므로, 민법상의 과실상계(민 763조, 396조)[6)]나 시효(민 766조)에 관한 규정의 준용을 인정하여야 한다. 배상하여야 할 손해는 가집행과 상당인과관계에 있는 모든 손해를 포함한다는 것이 판례이다.[7)] 그러나 가집행선고의 집행정지를 위한 담보공탁금에 대한 이자차액의 손해는 여기

1) 대법 1993. 4. 23, 93다3165 등.
2) 대법 1979. 9. 25, 79다1476; 동 2015. 2. 26, 2012다79866 등. 이시윤, 입문〔事例 33〕, 121면 이하 참조.
3) 대법 2011. 8. 25, 2011다25145; 동 2005. 1. 14, 2001다81320; 동 2023. 4. 13, 2022다293272. 따라서 상사채권에 기하여 가지급금이 지급되었더라도 가집행선고의 실효로 인한 원상회복의무의 지연손해금에 대하여는 민법 소정의 법정이율이 적용된다(대법 2004. 2. 27, 2003다52944; 동 2012. 4. 13, 2011다104130; 동 2014. 4. 10, 2013다52073 · 52080).
4) 대법 1995. 6. 30, 95다15827. 또한 대법 1993. 4. 23, 92다19163은 가집행을 면하려고 채권자 승낙하에 채무자가 자진하여 대물변제한 경우 가집행선고가 실효되면 대물변제도 효력을 잃는다고 하였다.
5) 대법 2011. 9. 29, 2011다17847. 따라서 이는 가지급물반환신청의 대상이 아니라고 하였다.
6) 대법 1984. 12. 26, 84다카1695; 동 1995. 9. 29, 94다23357.
7) 대법 1979. 9. 25, 79다1476; 동 1988. 5. 10, 87다카3101 등.

에 포함되지 않는다.[1] 배상의무는 상행위로 인한 채무가 아니므로 지연손해금은 민법상의 법정이율 연 5푼에 의한다.[2] 모든 손해이기 때문에 정신적 손해도 포함하는 취지로 보여지나, 손해배상책임이 무과실책임이고 더구나 직권가집행선고를 원칙으로 하는 법제하에서 지나친 배상범위의 확대라고 하겠다.[3] 가지급물 반환에 있어서는 원천징수세액의 처리를 해간 것도 가지급물에 포함된다.[4]

3) 피고가 이러한 원상회복 및 손해배상청구의 방식에는, 두 가지 길이 있다. 그 하나는 원고를 상대로 별도의 소를 제기하는 것이고,[5] **다른 하나는** 문제된 소송의 상소심절차에서 피고가 본안판결의 변경을 구하면서 함께 병합하여 원상회복 등의 청구를 하는 것이다(215조 2항). 이것은 별도의 소를 제기하는 비용·시간 등을 절약하게 만드는 **절차집중**의 간이절차로서, 이러한 신청을 실무상 **가지급물 반환신청**이라 한다. 후발적 병합소송(소송중의 소)의 일종으로 본안판결의 취소·변경을 조건으로 하는 예비적 반소의 성질을 띠며,[6] 따라서 소송에 준하여 변론을 요한다.[7] 다만 이 때의 피고의 신청은 상소심에서의 반소이기는 하지만, 원고의 동의를 요하지 아니하므로(412조 참조) **특수반소**에 속한다. 신청은 법률심인 상고심에서도 할 수 있지만, 사실관계에 다툼이 없어 사실심리를 요하지 않는 경우에 한하여 허용된다.[8] 다만 판례는 항소심에서 신청할 수 있음에도 신청하지 아니한 피고가 상고심에서 신청할 수는 없다고 하고,[9] 회생개시 후 제기한 가지급반환신청은 부적법하다고 한다.[10]

---

1) 대법 2010. 11. 11, 2009다18557.
2) 대법 2004. 2. 27, 2003다52944.
3) 반대: 호문혁, 517면; 정영환, 1229면; 한충수, 632면.
4) 대법 2019. 5. 16, 2015다35270.
5) 대법 1967. 2. 7, 66다2039 등.
6) 대법 2011. 8. 25, 2011다25145; 동 2005. 1. 13, 2004다19647 등. 본안판결이 변경되지 않는 것을 해제조건으로 하는 신청이므로 본안에 관한 부분을 파기하는 이상 반환신청은 당연히 파기되어야 한다(대법 2015. 2. 26, 2012다89320; 동 2005. 2. 25, 2003다40668). 위 2011. 8. 25 판결과 동 2023. 4. 13, 2022다293272에서 항소심에서 소의 교환적 변경으로 가집행선고가 붙은 당초의 소가 취하된다 하여도 항소심에서 가지급금은 반환을 구할 수 있다. 같은 취지는 대법 2023. 4. 13, 2022다293272.
7) 대법 1968. 3. 26, 68다154; 동 2000. 2. 25, 98다36474.
8) 대법 2000. 2. 25, 98다36474; 동 1999. 11. 26, 99다36617 등.
9) 대법 2003. 6. 10, 2003다14010·14027.
10) 대법 2014. 5. 16, 2012다114851.

제5편 병 합 소 송

지금까지는 소의 제기에서부터 소송의 종료시까지 하나의 절차에서 한 사람의 원고가 한 사람의 피고를 상대로 1개의 청구를 놓고 판결을 받는 단일의 소를 기본형으로 하여 살펴왔다. 그러나 단일의 소가 물적으로나 인적으로 여러 개 합쳐진 병합소송의 형태가 적지 않다. 그 하나는 하나의 소송절차에서 여러 개의 청구를 함으로써 청구(소송물)가 복수인 병합청구소송(Multiclaims, claim joinder)이고, 다른 하나는 하나의 소송절차에서 원피고 각 한 사람씩이 아니거나 다른 사람도 개입하는 다수당사자소송(Multiparties, party joinder)이다. 앞의 것이 객관적 측면의 병합 형태라면, 뒤의 것이 주관적 측면의 병합 형태로서 절차집중의 복잡구조임에 틀림없다.

제1장 병합청구소송(청구의 복수)

하나의 소송에서 여러 개의 청구를 하는 병합청구에는 원시적 병합과 후발적 병합이 있다. i) 원시적 병합은 원고가 소제기 당시부터 여러 개의 청구를 하나의 소송절차에 묶어서 제기하는 경우로서 청구의 병합 혹은 소의 객관적 병합이라고도 한다. ii) 후발적 병합은 이미 계속중인 소송에다 새로운 청구를 덧붙여서 제기한 경우이다. 소의 변경 · 중간확인의 소 · 반소 등이 있다.

원시적 병합이든 후발적 병합이든 병합된 청구 사이의 관계가 i) 같은 종류의 소송절차에 의한 심판, ii) 수소법원에 공통의 관할권을 요건으로 한다. 후발적 병합의 경우는 이 밖에 i) 사실심에 계속되고 변론종결전에 제기, ii) 구청구와의 관련성(청구기초의 동일성, 선결적 법률관계, 상호관련성, 양립하지 않는 관계 등), iii) 소송절차를 현저히 지연시키지 않을 것도 공통요건으로 한다. 후발적인 병합청구에는 본소법원에 당연히 관할권이 생기게 하는 관련재판적 때문에 관할권은 문제되지 않는다. 차례로 설명한다.

제1절 청구의 병합(소의 객관적 병합)

Ⅰ. 의 의

(1) 청구의 병합이란 원고가 하나의 소송절차에서 여러 개의 청구를 하는 경우를 말한다(253조). 처음부터 여러 개의 청구를 하는 경우를 소의 고유의 객관적 병합 또는 원시적인 소송물의 복수라고 일컫는다. 처음부터 3인 이상의 당사자가 개입하는 소의 고유의 주관적 병합인 공동소송에 대응한다. 청구의 병합을 인정하는 것은 소송경제를 도모하고 서로 관련 있는 사건끼리 판결의 모순저촉을 피하자는 데 있다.

(2) 청구의 복수(청구의 병합)는 공격방법의 복수와는 구별하여야 한다. 청구의 병합은 하나의 소송절차에 있어서 청구(소송물)가 복수로 묶인 경우를 뜻함에 대하여, 공격방법의 복수는 1개의 청구를 뒷받침하는 공격방법이 복수로 묶인 경우이다. 구이론은 청구취지 이외에 청구원인을 기준으로 청구의 병합인가의 여

부를 가림에 대하여, 신이론(이분지설은 예외)은 원칙적으로 청구취지를 기준으로 함은 앞서 본 바이다(금전·대체물 청구는 예외).

공격방법의 복수의 예 예를 들면 i) 소유권확인의 소에서 권리의 발생원인을 수개 주장하는 경우, 예컨대 매매·취득시효·상속 따위의 주장,[1] ii) 같은 실체법상의 권리에 기하여 청구하면서 법조경합관계의 수개법규의 주장(예: 손해배상청구를 하면서 민법 제756조와 자동차손해배상 보장법 제3조의 주장), iii) 같은 실체법상의 권리에 기하여 청구하면서 요건사실을 일부 달리하여 여러 개 주장, 예컨대 부당이득청구를 하면서 법률상 원인이 없다는 근거로 계약의 불성립·무효·취소 등의 주장, 대리인에 의해 체결된 계약상의 청구를 하면서 대리권의 수여·표현대리·무권대리의 추인의 주장 등. 임대차계약관계의 종료를 원인으로 건물명도청구에서 차임연체에 의한 계약해지, 계약기간의 만료 등의 주장.

원고가 공격방법을 여러 개 주장할 때에 순위를 붙여 주장하더라도(예비적 주장), 그 상호간의 논리적 순서와 시간적 선후에 불구하고 법원은 선택의 자유가 있어 그 하나를 선택하여 원고청구를 인용하면 되고 다른 주장에 대하여는 판단할 필요가 없다(선택자유의 제약이 있는 예비적 청구의 병합과 다름).[2] 그러나 원고청구를 기각할 때에는 모든 주장을 배척하지 않으면 안 된다(앞서 본 「공격방어방법」 참조). 변론의 분리·일부판결은 허용되지 아니한다.

Ⅱ. 병합요건

여러 청구간에 다음의 요건을 갖추어야 한다.

(1) 같은 종류의 소송절차에 의하여 심판될 수 있을 것(소송절차의 공통, 253조)

1) **민사본안사건과 가압류·가처분사건,[3] 민사사건과 비송사건**은 절차의 종류를 달리하는 것이므로 병합이 허용되지 않는다(단 가사소송과 가사비송의 병합인 이혼소송과 재산분할청구의 병합가능).[4] 또 **행정소송사건과 가사소송사건**(가·나류사건)은 변론주의에 의하지 아니하므로(행소 26조; 가소 12조, 17조) 여기에 통상의 민사사건의 병합은 원칙적으로 부적법하다. 다만 행정소송에서 민사상의 관련청구(손해배상·부당이득)를 병합하는 것은 예외적으로 허용된다(행소 10조). 정정보도 등 청구의 소에다가 강제집행절차인 간접강제신청의 병합제기가 인정되는가 하면(언론중재 및 피해구제 등에 관한 법률 26조 3항), 판례에서도 부작위채무이행의 소송절차에다가 간

---

1) 이분지설 가운데 예외설은 이 경우에 공격방법의 복수라고 하나(정동윤/유병현/김경욱, 995면) 일관설만은 이 경우에 청구의 병합으로 본다(호문혁, 698면).

2) 대법 1989. 2. 28, 87다카823·824 참조.

3) 대법 2003. 8. 22, 2001다23225. 그러나 미국에서는, preliminary injunction(가처분)과 final injunction(본안금지처분)의 병합청구가 인정된다(FRCP 65 (a) (2), Form 18).

4) 부부간의 명의신탁해지를 원인으로 한 소유권이전등기청구나 부부공유재산분할청구는 통상의 민사사건이므로 여기에다가 가사소송·가사비송사건인 이혼 및 재산분할청구와 병합할 수 없다=대법 2006. 1. 13, 2004므1378.

접강제신청의 병합을 인정하였다(본안+집행의 병합).[1] 분쟁의 1회적 해결을 위해 위 요건의 유연한 해석이 바람직하다.

2) **재심의 소**에 통상의 민사상 청구의 병합허부 판례는 이를 부정하지만[2] 상소심판결에 대한 재심의 소가 아닌 한 통상의 민사상 청구를 병합시키는 것을 막을 이유가 없다(통설). 특히 패소한 통상의 절차에서 피고가 재심의 소를 제기하면서 판결집행에 의하여 원고측에게 넘어간 목적물에 대한 부당이득·원상회복 등의 관련청구를 병합시키는 것은 분쟁의 1회적 해결에 도움이 될 것이고, 또 관련청구의 병합을 허용하는 다른 제도(215조 등)와도 균형이 맞는 해석일 것이다.[3]

3) 제권판결에 대한 불복의 소(490조 2항), 중재판정취소의 소(중재 36조)에 통상의 소송병합허부 반대설이 있으나,[4] 특수한 소가 아니라 통상의 소송절차와 같은 종류의 것이기 때문에 여기에 다른 민사상 청구의 병합을 허용할 것이다.[5] 그러나 대법 2013. 9. 13, 2012다36661에서는 제권판결 불복의 소와 같은 **형성의 소**는 그 판결이 확정됨으로써 비로소 권리변동의 효력이 발생하게 되므로 이에 의하여 형성되는 법률관계를 전제로 하는 **이행소송**(수표금 청구) 등의 병합을 부정하였다.

(2) 수소법원에 공통의 관할권이 있을 것(관할의 공통) 전속관할에 속하는 청구가 없는 한, 수소법원이 병합된 청구 가운데 어느 하나의 청구에 대하여 토지관할권을 갖고 있으면 제25조의 관련재판적에 의하여 다른 청구에도 관할권이 생기게 되므로 관할의 공통이 이루어져, 이 요건으로 크게 문제될 것은 없다.

(3) 원칙적으로 관련성이 필요 없다 매매대금청구와 가옥명도청구를 병합하는 경우와 같이 아무런 관련성이 없는 청구끼리 병합되어도 무방하다.

다만 선택적·예비적 병합의 경우는 병합된 청구 사이에 관련성이 있을 것을 요한다.

---

1) 대법 1996. 4. 12, 93다40614·40621. 집행권원이 성립되더라도 채무자가 단기간 내에 위반할 개연성 등을 요한다는 것에, 대법 2013다50367; 동 2011다31225.
2) 대법 1971. 3. 31, 71다8; 동 1997. 5. 28, 96다41649(병합 제기한 통상청구는 각하). 판례옹호론: 김홍엽, 930~931면.
3) 상고심이 아니면 병합허용의 견해는, 강태원, "재심청구와 통상의 민사상 청구의 병합," 민사소송 17권 2호, 233면.
4) 이영섭, 239면.
5) 제권판결에 대한 불복소송에 수표의 소지인이 수표의 무효로 인한 손해배상청구를 병합하는 것을 허용한다는 것에, 강현중, 750~751면; 대법 1989. 6. 13, 88다카7962.

Ⅲ. 병합의 모습

다음 세 가지가 전형적이나, 엄밀하게는 청구의 확장, 반소의 제기와 공동소송인의 추가(필수적 공동소송과 예비적·선택적 공동소송의 경우)도 병합의 일종이다. 병합의 형태는 당사자의 의사가 아니라 병합청구의 성질을 기준으로 판단하여야 한다.[1)]

1. 단순병합

(1) 원고가 여러 개의 청구에 대하여 차례로 심판을 구하는 형태의 병합이다. 병합된 다른 청구가 이유 있든 없든 관계 없이 차례로(병렬적으로) 심판을 구하는 것이기 때문에 병합된 모든 청구에 대하여 법원의 심판을 필요로 한다. 예컨대 매매대금과 대여금을 같이 청구하는 경우이다. 불법행위에 의한 손해배상청구에서 적극손해(치료비 등), 소극손해(일실이익), 정신적 손해(위자료)를 함께 청구하는 경우에, 판례처럼 소송물 3분설을 따르면 3개 청구의 단순병합으로 된다. 매매계약무효확인청구와 그 매매가 무효라고 하여 매매로 넘어간 목적물의 반환도 함께 구하는 경우에 후자는 전자에 종속적 관계이기는 하지만, 원고는 두 개의 승소판결을 구하는 것이므로 단순병합이고 진정예비적 병합이 아니다.[2)] 이를 **부진정예비적 병합**[3)]이라 하는데 제1차적 청구가 인용될 때를 대비하여 제2차적 청구에 대해서도 심판을 구하는 것이다. 이 점에서, 제1차적 청구가 배척될 때를 대비하여 제2차적 청구에 대해 심판을 구하는 뒤에서 볼 또 다른 **진정예비적 병합**과 다르며, 이 때는 원고가 한 개의 승소판결을 구하는 것이다(737면 참조).

(2) **소유권이전등기청구와 함께 대상청구**(代償請求)　이는 본래의 급부청구권의 현존을 전제로 판결확정 전에는 이행불능, 그 확정 후에 집행불능이 되는 경우를 대비하여 이를 대신할 전보배상을 미리 청구하는 것이므로, **현재의 이행의 소와 장래의 이행의 소의 단순병합**이지 진정예비적 병합이 아니다(244면 참조).[4)] 본래의 급부청구가 인용된다는 이유만으로 대상청구에 대한 판단을 생략할 수 없다. 본래의 급부청구의 인용, 대상청구의 기각의 사안에서 진정예비적 병합의

1) 대법 2018. 2. 28, 2013다26425.
2) 이영섭, 240면; 정동윤/유병현/김경욱, 1001면.
3) 성질상 선택적 관계에 있는 양 청구를 부진정 예비적 병합의 소로 제기하는 것이 가능하다는 것에, 대법 2002. 9. 4, 98다17145.
4) 대법 2011. 1. 27, 2010다77781; 동 2012. 5. 17, 2010다28604 전원합의체에서 선행소송으로 소유권보존등기의 말소등기청구가 확정되었다 하여도 그 청구권의 법적 성질이 채권적 청구권으로 바뀌지 아니하므로 그 권리의 이행불능을 이유로 하는 민법 390조의 손해배상청구권을 가진다고 말할 수 없다고 하며 대상청구를 후행청구할 수 없다고 했다.

경우처럼 원고에게 항소의 이익이 없다고 할 수 없다.[1)]

2. 선택적 병합

(1) **양립할 수 있는** 여러 개의 청구를 하면서 그 중에 어느 하나가 인용되면 원고의 소의 목적을 달할 수 있기 때문에 다른 청구에 대해서는 심판을 바라지 않는 경우이다.

다시 말하면 원고가 여러 개의 청구 중 어느 하나가 택일적으로 인용될 것을 해제조건으로 하여 다른 청구에 대하여 심판을 신청하는 형태의 병합이다. 따라서 법원은 이유 있는 청구 어느 하나를 무작위로 선택하여 원고청구를 인용하면 된다. 대법 2018. 2. 28, 2013다26425에 따르면, 선택적 병합인지 예비적 병합인지는 당사자의 의사가 아닌 병합청구의 성질을 기준으로 판단하여야 한다. 손해배상청구가 주위적-채무불이행, 예비적-불법행위를 원인으로 하는 청구는, 모두 동일목적을 달성하기 위한 것으로 하나의 채권이 변제소멸되면 나머지 채권도 목적달성이 되기 때문에 선택적 병합관계에 있다고 할 것이다.

선택적 병합은 하나의 목적의 **청구권·형성권경합**의 경우, 경합하는 여러 개의 권리에 기하여 같은 취지의 청구하는 때에 한하여 인정한다.[2)3)] 따라서 목적이 하나이므로 청구취지는 하나이고 청구원인만이 여러 개인 경우이다. 예컨대 손해배상금청구를 불법행위와 계약불이행 등 두 가지 손해배상청구권에 기하여 구하는 때(손해를 불법행위와 부당이득으로 청구하는 경우),[4)] 이혼소송을 부정행위와 혼인을 계속하기 어려운 중대사유 등 두 가지 이혼사유에 기하여 청구하는 때이다. 그러나 **논리적으로 양립할 수 없는** 여러 개의 청구는 예비적 병합청구는 할 수 있지만 선택적 병합청구는 할 수 없다.[5)]

(2) 선택적 병합과 관련하여 유의할 것이 있다. 첫째로, 권리경합관계가 아니고 **법조경합관계**에 있는 여러 법규에 기한 청구, **선택채권**에 기한 청구는, 여러 개가 아닌 한 개의 실체법상의 권리를 바탕으로 한 청구이기 때문에 선택적 병합으로 되지 아니함은 신·구이론이 같다. 둘째는, 선택적 병합 자체의 인정여

1) 대법 2011. 8. 18, 2011다30666·30673; 동 2006. 3. 10, 2005다55411.
2) 대법 2014. 4. 24, 2012두6773; 동 2015다42599.
3) 제1심 선고 전의 명예훼손행위로 손해배상청구를 하였으나 기각당한 원고가 청구취지를 변경하지 아니한 채 제1심 선고 후의 새로운 명예훼손행위를 청구원인으로 추가하는 것은 선택적 병합으로 볼 수 있다는 것에, 대법 2010. 5. 13, 2010다8365.
4) 대법 1963. 1. 31, 62다812; 동 1962. 6. 21, 62다102.
5) 대법 1982. 7. 13, 81다카1120; 위 2012두6773.

부를 놓고 신·구이론의 입장 차이가 있다. 신이론에서는 앞서 본 청구권·형성권 경합의 선택적 병합은 인정하지 아니하며, 이러한 병합은 소송물은 1개이고 단지 공격방법 내지 법률적 관점이 여러 개 경합된 것으로 본다(일본의 다수설).[1] 다만 신이론 중 이분지설(이원설)은 사실관계를 달리하는 청구권·형성권의 경합의 경우(246면 참조)는 제한적으로 선택적 병합을 인정한다. 셋째는, 신·구 어느 이론에 의하든 급여의 내용(목적)이 별개인 두 개의 채권에 기한 선택적 청구의 경우, 예를 들면 동일 피고에게 가옥명도 아니면 이전등기를 구하는 등 **택일적 청구**는 확정적 판결신청이 아니므로 청구취지의 불특정으로 부적법하다고 본다. 남은 땅인 잔여지의 수용청구와 잔여지의 가격감소로 인한 손실보상청구의 선택적 청구와 같은 것이다. 이때에는 단순병합으로 보고 보정시킬 것이다.[2]

3. 예비적 병합

(1) **양립될 수 없는** 여러 개의 청구를 하면서 주위적 청구(제1차적 청구)가 기각·각하될 때를 대비하여 예비적 청구(제2차적 청구)에 대하여 심판을 구하는 경우이다. 다시 말하면 여러 개의 청구를 하면서 그 심판의 순위를 붙여 주위적 청구가 인용될 것을 해제조건으로 하여 제2차적 청구에 대하여 심판을 구하는 형태의 병합이다. 예를 들면 주위적 청구로서 매매계약이 유효함을 전제로 매매대금의 지급을 청구하고, 예비적 청구로서 매매계약이 무효인 때를 대비하여 이미 인도해 간 매매목적물의 반환을 청구하는 경우이다(주위적으로 피고에게 직접 등기말소청구를 하고, 예비적으로 채권자대위권에 기하여 등기말소청구하는 경우도 같다). 법원은 당사자가 청구한 심판의 순서에 구속받게 된다.[3] 주위적 청구를 먼저 심리하여 보고 인용되면 예비적 청구에 대해서는 더 나아가 심판할 필요가 없다. 예비적 병합은 원고가 주위적 청구에 대하여 사실 증명이 어렵다든가 법률적으로 확신이 서지 않을 경우에, 그 청구가 배척된 뒤에 신소를 제기하여야 하는 소송불경제를 덜어 주며 분쟁의 1회적 해결에 이바지한다. 따라서 분쟁의 합리적 해결을 위하여 필요하다면 실질적 소송지휘권이라 할 석명권(136조)을 행사하여 예비적 청구의 추가병합을 시사할 것이다.[4]

---

1) Thomas-Putzo, § 260 Rdnr. 5.
2) 대법 2008. 12. 11, 2005다51495.
3) 대법 1993. 3. 23, 92다51204.
4) 판례는 주위적 청구가 전부 인용되지 않을 경우에는 주위적 청구에서 인용되지 아니한 수액 범위 내에서의 예비적 청구에 대해서도 판단하여 주기를 바라는 취지의 예비적 청구도 허용된다고 한다(대법 2002. 9. 4, 98다17145).

(2) 예비적 병합의 요건으로, 예비적 청구는 주위적 청구와 사이에서 첫째로 **양립될 수 없는 관계**에 있어야 한다는 것이 통설이고 주류적인 판례이며[1] 심판순서에 있어 선후순위가 있을 것을 요한다. 이 점에서 심판순서의 정함이 없는 선택적 병합과 구별된다. 둘째로 기초되는 사실관계가 서로 관련성이 있지 않으면 안 된다.

1) **양립될 수 없는 관계**: 주위적 청구와 예비적 청구간에 양립될 수 없는 서로 배척관계이어야 한다.[2] 따라서 전자가 후자를 흡수 포함하는 관계일 때에는 예비적 병합이라 할 수 없다. 판례도 같은 청구원인을 내용으로 하면서 주위적 청구의 수량만을 감축(예: 5,000만원→2,000만원)하여 하는 예비적 청구는 소송상의 예비적 청구라고 할 수 없으므로 따로 나누어 판단할 필요가 없다고 하였다.[3] 또한 주위적 청구로 무조건의 소유권이전등기청구, 예비적 청구로 금전지급을 받음과 상환조건의 소유권이전등기청구를 하는 것은, 후자가 전자를 질적으로 일부 감축청구한 것에 불과하다 하여 예비적 청구라고 할 수 없다고 했다.[4] 따로 예비적 청구를 하지 아니하여도 주위적 청구의 심판범위에 포함되기 때문이다. 최근 대법 2016다225353에서 주위적 청구를 양적이나 질적으로 감축한 청구가 소송상 예비적 청구에 해당할 수 없음을 분명히 하였다.

한 가지 더 첨언하는 것은 **부진정예비적청구**이다. 이는 판례가 개발한 것으로 '양립할 수 없는 관계'의 청구병합이 진정예비적청구인데, 논리적으로 양립할 수 있는 청구라 하더라도 수개의 청구 사이에 논리적 관계가 밀접하고 심판의 순위를 붙여 청구할 합리적 필요성이 있다고 인정되는 경우, 이른바 부진정예비적 청구가 가능하다는 입장이다. 예컨대 주위적으로 재산상 손해배상청구를 하면서 그 손해가 인정되지 않을 경우에 예비적으로 같은 액수의 정신적 배상을 청구하는 것을 든다.[5] 한 개의 손해배상청구를 제1차적으로 재산상의 손해, 예비적으로 정신적 손해로 주장한 것으로 보면 될 것을, 복잡하게도 또 다른 부진정예비적 청구로 만든것 같다. 빛을 잃어가는 소송물손해 3분설에 지나친 집착이 아닌

1) 양립되지 않는 관계의 청구는 예비적 병합만이 가능하고 선택적 병합 또는 단순병합할 수 없다(대법 1999. 8. 20, 97누6889; 동 1994. 4. 29, 93누12626). 그러나 대법 2002. 10. 25, 2002다23598은 주위적 청구원인과 예비적 청구원인이 양립가능한 경우에도 심판의 순위를 붙여 청구할 합리적 필요성이 있으면 허용된다 하여, 판례의 입장이 흔들리고 있다.

2) 반대: 호문혁, 786면.

3) 대법 1972. 2. 29, 71다1313; 동 1991. 5. 28, 90누1120.

4) 대법 1999. 4. 23, 98다61463.

5) 대법 2002. 10. 25, 2002다23598; 동 2021. 5. 7, 2020다292411(이 판례의 예에서 손해배상소송의 소송물 3분설이 전제된 것인데, 손해 1개설에 의한다면 원고의 공격방법이 예비적이다).

가 생각된다.

2) **논리적 관련성**: 기초되는 사실관계가 주위적 청구와 전혀 관련성(Zusammenhang)이 없는 경우라면 예비적 병합은 원칙적으로 부적법하다(법률적·경제적으로 동일목적의 추구일 것).[1] 예컨대 주위적 청구로 가옥명도를 구하고 예비적 청구로 그와는 관계 없는 대여금을 구하거나, 또는 주위적 청구인 손해배상청구와는 논리적으로 관련성이 없는 다른 손해배상청구를 예비적으로 병합하여, 주위적 청구가 배척되면 다른 손해배상청구를 인용해 줄 것을 구하는 경우이다. 이때에는 주위적 청구가 인용된 뒤라도 원고로서는 일찍이 예비적으로 구하였던 청구에 대하여 또 다시 신소를 제기할 수 있어, 피고로 하여금 계속 분쟁의 소용돌이에 말려 들게 할 수 있기 때문에 문제이다. 피고의 동의가 있으면 별론으로 하고 이러한 병합은 **소송지휘권**을 적절히 행사하여 **단순병합**으로 보정하게 하는 등의 조치를 취함이 마땅하다. 판례는 논리적으로 전혀 관계없어 순수하게 단순병합할 여러 개의 청구를 선택적·예비적 병합청구를 하는 것은 부적법하다고 보았다(저작재산권 침해를 원인으로 손해배상청구에다가 저작인격권 침해를 원인으로 한 손해배상청구의 예비적 추가).[2]

3) 같은 목적의 청구를 양립될 수 없는 여러 개의 청구권·형성권에 기하여 구하는 경우에도 청구의 예비적 병합으로 보는 것이 구이론의 입장이다. 예컨대 같은 금전을 주위적으로 소비대차상의 대여금채권에 기하여 구하고, 소비대차가 무효일 때를 대비하여 예비적으로 부당이득반환청구권에 기하여 금전청구하는 경우이다.[3] 그러나 신이론은 소송물을 1개로 보고 단지 공격방법의 예비적인 병합으로 해석한다.

[도표 9] 물권적 청구권과 채권적 청구권의 관계

소송물의 구분 등 / 항목	물권적 청구권	채권적 청구권	법적 근거
관할합의 효력	합의의 효력 양수인에게 미치지 않음	양수인에게 미침(단 외국에서 합의 예외)	전자는 물권법정주의, 후자는 계약자유의 원칙

1) 대법 1966. 7. 26, 66다933=일체성·밀착성의 필요.

2) 대법 2015. 12. 10, 2015다207679·207686·207693; 동 2008. 12. 11, 2005다51495. 2014스26은 주위는 생활비부담, 예비는 부양료청구는 단순병합청구로 보았다.

3) 같은 금전을 어음채권과 그 원인인 대여금채권에 기하여 구하는 경우에 청구의 예비적 병합으로 처리하는 것이 현재의 실무경향이지만, 양립되는 경우이므로 구이론에 의한다 하여도 선택적 병합으로 보아야 할 것이다. 청구의 예비적 병합이냐의 여부는 병합청구의 성질에 의하여 판단할 것이지, 당사자의 의사를 기준으로 할 것이 아니다(대법 1966. 7. 26, 66다933). 동 2014. 5. 29, 2013다96868; 동 2018. 2. 28, 2013다26425 참조.

기판력의 주관적 범위	변론종결 뒤의 승계인에게 미침	변론종결 뒤의 승계인에게 미치지 않음	전자는 대세적 권리, 후자는 대인적 권리
민법 390조의 손해배상청구(대상청구)	이행불능시에 후행청구로 병합 안됨	이행불능시에 병합됨	민법 390조의 손해배상(대상)청구권은 전자에는 부적용, 후자에게만 적용(대법(전) 2010다28604)

	소송물론관련문제	구소송물이론	신소송물이론
동일목적의 물권적 청구권과 채권적 청구권의 관계	동시에 두 가지 경합적 청구	선택적 병합	병합 아닌 단일청구
	때를 달리하여 그 하나를 먼저, 다른 것은 뒤에 청구	기판력이나 재소금지에 저촉안됨	기판력이나 재소금지에 저촉됨
	어느 하나만의 청구시에 다른 청구권에 기한 판단 가능 여부	처분권주의 위배	처분권주의 위배안됨

* 위 4항목 중 3항목까지는 판례를 토대로 한 것임.

Ⅳ. 병합청구의 절차와 심판

1. 소가의 산정과 병합요건의 조사

i) 사물관할과 인지의 표준이 되는 소가의 산정에 있어서, 단순병합의 경우에는 병합된 청구의 가액의 합산이 원칙이며, 선택적·예비적 병합의 경우는 합산이 아니라 **중복청구의 흡수**의 법리를 따른다(앞에서 본 「사물관할」 참조). ii) 병합요건은 청구의 병합에 특유한 소송요건이므로, 법원의 직권조사사항이다. 병합요건의 흠이 있을 때에는 변론을 분리하여 별도의 소로 분리심판하여야 하는 것이 원칙이다. 다만 병합된 청구 중 어느 하나가 다른 법원의 전속관할에 속하는 때에는 결정으로 이송하여야 한다(34조 1항). 병합요건이 갖추어졌으면 각 청구에 대한 소송요건을 조사하여야 하며, 그 흠이 있으면 당해 청구에 관한 소를 판결로 각하하여야 한다(219조).

2. 심리의 공통

병합요건과 소송요건이 구비되었으면 병합된 여러 개의 청구는 같은 절차에서 심판된다. 따라서 **변론·증거조사·판결**은 같은 기일에 여러 개의 청구에 대하여 공통으로 행하며, 여기에서 나타난 증거자료나 사실자료는 모든 청구에 대한 판단의 자료가 된다. 어떠한 형태의 병합이든 어느 하나의 청구에 대한 변론의 제한은 허용되나, 변론의 분리는 단순병합에 한한다는 것이 통설이다. 다만 단순병합이라도 쟁점을 공통으로 하는 병합청구(관련적 병합)의 경우에는 중복심판과 재판의 모순저촉을 피하기 위하여 변론의 분리를 삼가할 필요가 있다.

3. 종국판결

(1) 단순병합의 경우 병합된 청구 전부에 대하여 판결하기에 성숙하면 전부판결을 한다(198조). 모든 청구에 대하여 판단하여야 하기 때문에 어느 하나의 청구에 대해 재판누락을 하면 추가판결의 대상이 된다[1](212조). 그러나 변론의 분리가 허용되며 병합청구 중 어느 하나의 청구가 판결하기에 성숙하면 일부판결을 할 수 있다(200조). 일부판결에 대하여 상소한 때에는 나머지 부분과 별도로 상급법원으로 넘어가는 이심의 효력이 생긴다. 그러나 전부판결의 일부에 대하여 상소하면 모든 청구에 대해 이심과 확정차단의 효력이 생긴다.[2]

(2) 선택적 · 예비적 병합의 경우

1) **변론의 분리 가부**: 선택적 · 예비적 병합의 경우에는 여러 개의 청구가 하나의 소송절차에 불가분적으로 결합되기 때문에 변론의 분리 · 일부판결을 할 수 없다(통설).[3] 특히 선택적 병합의 경우에 반대설이 있었으나,[4] 판례도 통설을 따랐다.[5]

2) **판단방법**: 이것은 소송절차에서 대표적 핫이슈이다. 1개의 전부판결을 하여야 하는데 i) 선택적 병합의 경우에 원고승소판결에 있어서는 이유 있는 청구 중 하나를 선택하여 집중판단하면 되며, 나머지 청구에 관하여는 심판을 요하지 않는다. 청구의 선택적 병합에서 선택적 청구 중 하나의 청구만 기각하고, 다른 선택적 청구는 남겨놓으면 안 된다.[6] 단일청구를 하다가 항소심에서 선택적 병합청구로 바꾼 경우도 같다. 그러나 원고패소판결을 할 때에는 병합된 청구 전부

1) 대법 2008. 12. 11, 2005다51495에서 단순병합할 여러 개의 청구를 선택적 · 예비적 병합을 한 경우는 부적법한 병합이나, 그 중 한 청구만에 대한 제1심 판결에 대해 피고만이 항소한 경우 판단한 청구만이 항소심으로 이심될 뿐, 판단하지 아니한 나머지 청구는 여전히 제1심에 남아 있게 된다.
2) 대법 1956. 4. 16, 4288민상377.
3) 대법 1995. 7. 25, 94다62017은 예비적 청구만을 분리심리하거나 일부판결을 할 수 없으며, 예비적 청구만을 대상으로 하는 인낙은 할 수 없다고 했다.
4) 강현중(제6판), 367면.
5) 대법 1998. 7. 24, 96다99.
6) 대법 2018. 6. 15, 2016다229478.

에 대하여 배척하는 판단을 요한다.[1] 다만 선택적 병합청구를 모두 기각한 항소심판결에 대하여 상고한 경우 상고법원이 어느 하나의 청구에 관한 상고가 이유 있을 때 원심판결 전부가 파기환송대상이다.[2] ii) 예비적 병합의 경우에 주위적 청구에 집중판단할 것이며, 이를 인용할 때에는 예비적 청구에 대하여 심판할 필요가 없지만(이 점이 예비적 공동소송과 다름), 그것이 기각되는 때에는 예비적 청구에 대하여 심판하여야 한다.[3] 주위적 청구를 기각하고 예비적 청구를 인용하는 때에는 판결주문에서 먼저 주위적 청구의 기각을 표시하고 다음 예비적 청구를 인용하는 뜻의 판단을 하지 않으면 안 된다.[4] 이를 누락하는 경우가 종종 있다.

3) **판단누락의 청구부분**: 선택적 병합에서 원고패소 판결을 하면서 병합된 청구 중 어느 하나를 판단하지 않거나, 예비적 병합에서 주위적 청구를 먼저 판단하지 아니한 때나 주위적 청구만을 배척하고 예비적 청구는 판단하지 않는 경우가 있을 수 있다. 이 경우에 누락시킨 청구부분이 **판단누락**(451조 1항 9호 참조)되는가 **재판누락**(212조)되는가가 문제된다.[5] 판례는 선택적 병합의 경우는 판단누락을 전제로 원고가 이와 같은 판결에 항소한 이상 누락된 부분까지 선택적 청구전부가 항소심으로 이심하는 것이고 재판누락은 아니라고 본다.[6] 예비적 병합의 경우는 한 때 이와 달리 **재판누락**이 된다고 하였다.[7] 그러나 예비적 병합도 성질상 하나의 절차에서 여러 청구의 불가분적 결합이라고 볼 것이므로 누락된 부분까지 항소에 의하여 항소심에 이심된다고 보고 항소심에서 판단누락에 준하여 구제할 것이다.[8] 대법(전) 2000. 11. 16, 98다22253은 예비적 병합에 관한 종전의 판례를 변경하여 같은 입장으로 정리했다.[9] 이 경우에 판단누락한 예비적 청구부분은 상소로 다투어야지, 별소로 다투는 것은 권리보호의 자격이 없어 부적법하다. 상소로

1) 대법 2007. 3. 29, 2006다79995; 동 2018. 6. 15, 2016다229478.
2) 대법(전) 1993. 12. 21, 92다46226; 동 2023. 4. 27, 2021다262905 등. 성질상 부진정 선택적 관계에 있는 청구를 당사자가 순위를 붙여 예비적으로 병합한 경우도 같다는 것에, 대법 2022. 3. 31, 2017다247145.
3) 주위적 청구에 대한 항변이 일부 이유 있어 그 일부만 인용하는 경우는, 특단의 사정이 없는 한 예비적 청구에 대한 판단이 필요하지 않다는 것에, 대법 2000. 4. 7, 99다53742.
4) 대법 1974. 5. 28, 73다1942.
5) 재판누락이어서 추가판결로 해결해야 한다는 견해로, 한충수, 665~666면.
6) 대법 2010. 5. 13, 2010다8365; 동 1998. 7. 24, 96다99. 호문혁 707면은 재판누락이지만 상소의 대상이 된다고 한다.
7) 대법 2000. 1. 21, 99다50422.
8) 같은 취지: 정동윤/유병현/김경욱, 1009면; 강현중, 765면; 전병서, 506면.
9) 대법 2016다253297. 예비적·선택적 공동소송에서도 일부 공동소송인에 관한 청구에 대해서만 판결을 한 경우, 판단누락으로 상소로써 다투어야 한다는 것에, 대법 2008. 3. 27, 2005다49430.

써 지적하였음에도 오류가 시정되지 아니하였으면 재심사유(451조 1항 9호)가 된다.[1)]

4) **항소심의 심판대상**[2)]: 좀 어려운 문제가 많으나, 간단하게 정리하여 본다. i) 선택적 병합의 경우에 그 중 하나만을 받아들여 청구를 인용하는 판결, 예비적 병합의 경우에 주위적 청구를 인용한 판결에 대하여 각 항소하면, 판단하지 않은 나머지 청구나 예비적 청구까지도 항소심으로 이심이 되며, 또 항소심의 심판의 대상으로 된다.[3)4)] 하나의 사건을 완결시킨 전부판결이기 때문이다. 대법 2014. 5. 29, 2013다96868에서는 실질적으로 **선택적 병합관계**의 두 청구를 순위를 매겨 예비적 병합으로 청구하였는데,[5)] 제1심법원의 주위적 청구기각, 예비적 청구 인용의 판결에 피고만이 항소한 경우에도 항소심으로서는 두 청구 모두가 심판의 대상으로 삼아야 한다(반대견해도 있음). ii) 예비적 병합의 경우에 주위적 청구 기각·예비적 청구 인용의 원판결에 대하여 피고만이 그 패소부분에 상소한 때에, 불복하지 않은 주위적 청구에 관한 부분도 **이심(移審)은 되지만**[6)] 상소심의 심판의 대상이 되지 아니한다.[7)8)] 불복할 상소이익이 없다. 원고만이 항소한 경우도 예비적 청구가 이심되지만 피고가 부대항소하지 않는 한 예비적 청구는 심판의 대상이

1) 대법 2002. 9. 4, 98다17145.

2) 이기택, "청구의 객관적 병합의 심판"(법률신문, 2023. 6. 12.자)에서는 우리나라 민소교과서에서 항소심의 심판대상과 같이 뚜렷한 근거없이 교과서 사이에서 전혀 설명을 달리한다는 비판을 했다. 옳은 지적이나 엄밀하게는 항소심절차문제이므로, 제1심 중심으로 설명하는 마당이라 긴 설명은 생략한 것으로 볼 것이다.

3) 대법 2010. 5. 27, 2009다12580; 동(전) 2000. 11. 16, 98다22253(예비적 병합의 경우); 동 2006. 4. 27, 2006다7587·7594; 동 2021. 5. 7, 2020다292411에서는 부진정예비적병합청구도 같다고 했다.

4) 선택적 병합의 경우에 제1심에서 심판하지 아니한 다른 청구에 기하여 제1심과 마찬가지로 결론은 청구인용으로 같아도 판결주문에서 항소기각을 해서는 아니되고 제1심판 판결을 취소한 다음에 새로이 청구를 인용하는 주문을 내야 한다는 것이 위 2006다7587·7594 판결과 대법 2019. 12. 27, 2016다208600(상고심에서 유사취지는 대법 2020. 1. 30, 2017다227516)이나, 이 경우에 선택적 병합에 의하여 달하려는 소송목적이 이루어진 점에서 항소심 판결이 제1심의 그것과 다를 바 없으므로 구소송물론을 따르지 않는 한 항소기각설이 옳다고 본다(정동윤/유병현/김경욱, 1007면; 전병서, 727면).

5) 예비적·선택적 공동소송에서도 병합의 형태를 실질적으로 파악한 것에, 대법 2015. 6. 11, 2014다232913.

6) 대법 1992. 6. 9, 92다12032는 이 경우에 주위적 청구도 이심이 되기 때문에 피고는 주위적 청구를 인낙할 수 있으며, 인낙하면 예비적 청구를 심판할 필요 없이 종결된다 하였다.

7) 대법 2015. 12. 10, 2015다207679·207686·207693; 동 1995. 2. 10, 94다31624. 다만 주위적 청구 중 일부를 인용하고 예비적 청구를 모두 기각한 판결에 대하여 피고항소의 경우에, 피고의 항소를 받아들여 제1심판결을 취소하고 그에 해당하는 원고의 주위적 청구를 기각한다면, 항소심은 기각하는 주위적 청구 부분과 관련 예비적 청구를 심판의 대상으로 삼아 판단하여야 한다는 것에, 위 대법(전) 2000. 11. 16, 98다22253.

8) 정동윤/유병현/김경욱, 959면; 정영환, 838면.

아니다. iii) 항소심이 주위적 청구에 대한 원고의 항소가 이유가 없다고 판단한 때에 항소심에서 추가된 예비적 청구가 있으면 그에 대해 제1심으로서 판단해야 한다.[1] iv) 예비적 병합소송에서 주위적 청구에 독립당사자 참가의 요건을 갖추면 참가가 허용된다.[2]

제2절 청구의 변경

Ⅰ. 총 설

1. 의 의

청구의 변경은 소의 변경, 다시 말하면 소송물의 변경을 말한다. 종전의 청구 대신에 새로운 청구로 바꾸거나 종전의 청구에 새로운 청구를 추가시키는 방법으로 청구의 변경이 이루어진다. **소의 3요소**는 법원·당사자·청구이기 때문에 법원의 변경(소송이송), 당사자의 변경(임의적 당사자의 변경)도 소의 변경인 것처럼 보이나, 이는 넓은 의미의 소의 변경이 될지언정 제262조에서 말하는 소의 변경은 아니다. 여기의 소의 변경은 법원과 당사자의 동일성을 유지하면서 오로지 **청구가 변경되는 경우**만을 가리킨다(제262조의 표제를 '청구의 변경'으로 했다). 이와 같이 청구의 변경은 청구 즉 소송물의 변경을 뜻하기 때문에 청구의 취지와 원인의 변경에 의하여 이루어진다. 다만 구이론(이분지설도 유사)은 청구원인의 권리가 소송물의 특정에 중요한 역할을 한다고 보기 때문에 소의 변경은 청구원인의 변경이 중심이 됨에 대하여, 신이론(이분지설은 다르다)은 주로 청구취지의 변경을 문제로 삼는다.

2. 청구취지의 변경

(1) 청구취지의 변경은 원칙적으로 소의 변경이 된다.

i) 청구원인을 놓아 두더라도 소의 종류를 달리하는 경우(예: 동일건물에 대한 명도청구→소유권 확인청구),[3] ii) 심판의 대상이나 내용을 바꾸는 경우(예: 甲가옥명도청구→乙가옥명도청구) 소의 변경이 된다.[4] 구청구를 더 이상 유지할 수 없는 경우에 청구취지변경의 석명이 필요하다는 것에, 대법 2015. 7. 9, 2013다69866이 있다.

---

1) 대법 2016다253297 등 890면 참조.
2) 대법 2007. 6. 15, 2006다80322·80339. 이에 관하여는 강현중, 법률신문 2017. 9. 18자 평석.
3) 대법 1966. 1. 25, 65다2277; 동 1962. 10. 11, 62다304.
4) 대법 1962. 2. 28, 4294민상656; 동 1962. 4. 18, 61민상1145.

(2) 심판의 범위를 변경하는 경우에는 문제이다.

(a) **청구의 확장** 상환(조건부)이행청구에서 단순(무조건)이행청구로 바꾸는 경우와 같은 질적 확장이 있고, 금전채권 중 일부를 청구하다가 나머지 부분까지 전부청구하는 양적 확장이 있다. 특히 일부청구에서 전부청구로 확장할 경우에, 청구의 원인에 변경이 없음을 근거로 또는 이행명령의 상한의 변동에 지나지 아니함을 근거로 소의 변경이 아니라는 견해가 있으나(일부청구부인설의 입장),[1] 명시적 일부청구에서 전부청구로 확장될 때는 **소송물의 변동**이 생기므로(명시설의 입장) 소의 추가적 변경으로 해석할 것이다.[2]

(b) **청구의 감축** 금전청구에서 양적으로 일부 줄이는 경우뿐 아니라, 단순이행청구에서 상환이행청구로 질적으로 축소하는 경우까지 포함된다. 청구의 감축이 소의 변경은 아니나,[3] 감축된 한도에서 일부취하로 볼 것인가 일부포기로 볼 것인가는 문제이다. 원고의 의사에 따르되 그 의사가 불분명한 경우에는 원고에게 유리하게 소의 **일부취하**로 볼 것이다.[4]

(3) **청구취지의 보충·정정** 불명한 것을 명백히 하는 것이므로, 소의 변경이 아니다. 예를 들면 단순히 건물의 구조·평수·지번 등을 바로잡는 변경, 건물의 일부철거를 그 건물의 추녀 부분의 철거로 변경, 청구취지를 청구원인대로 변경하는 것[5] 등이 그것이다.[6]

3. 청구원인의 변경

(1) 청구취지를 그대로 두고 청구원인의 **실체법상의 권리**를 변경하는 데 그치는 경우가 있다. 하나의 사실관계에 기초한 청구권·형성권경합의 경우에 그 중에서 어느 하나만을 주장하다가 다른 것으로 바꾸는 경우에 생긴다. 예를 들면 하나의 교통사고의 피해자가 손해배상청구를 하면서 불법행위에서 계약불이행으로 권리를 바꾸어 주장하거나,[7][8] 이혼청구를 하면서 부정행위에서 혼인을 계

1) 이영섭, 243면.
2) 대법 1997. 4. 11, 96다50520=1필지 토지의 일부에서 전부로 확장청구한 사례.
3) 대법 1971. 8. 31, 71다1371. 단, 소의 변경으로 보는 견해로는, 호문혁, 713면; 한충수, 668면.
4) 이영섭, 234면; 방순원, 218면; 정동윤/유병현/김경욱, 1014면. 대법 1983. 8. 23, 83다카450.
5) 대법 1982. 9. 28, 81누106.
6) 판례는 이와 같은 경우에도 소의 변경이라고 전제하는 것 같다. 대법 1963. 5. 9, 62다931; 동 1969. 5. 27, 69다347.
7) 대법 1965. 4. 6, 65다139·140. 불법경작의 피해액을 불법행위로 인한 손해배상청구에서 부당이득반환청구로 바꾸는 경우를 소의 변경이라 했다.
8) 일정한 금전을 어음채권에 기한 청구에서 원인채권에 기한 청구로 바꾸는 경우, 대법 1965. 11.

속하기 어려운 중대사유로 이혼사유를 바꾸는 등이다. 이러한 경우에 구이론에 의하면 소의 변경이지만, 신이론에 의하면 소의 변경이 아니고 공격방법의 변경이다. 또 손해배상소송에서 재산상 손해액의 일부를 위자료로 바꾸는 경우에 판례 입장인 손해 3분설에 의하면 소의 변경이 되지만, 손해 1개설에 의하면 단순한 손해항목의 변경에 그친다.

(2) 금전지급이나 대체물인도청구에 있어서 청구원인의 사실관계를 별개의 것으로 바꾸는 경우는 신·구이론을 막론하고 소의 변경으로 된다(금 100만원을 처음에 매매대금으로 구하다가, 대여금으로 바꾸어 청구하는 경우 등).

4. 공격방법의 변경

원고가 같은 권리를 주장하면서 이를 이유 있게 하기 위한 주장의 변경은 소의 변경이 아니라 단지 **공격방법의 변경**에 그친다고 함은 신·구이론간에 견해를 같이한다. 여기에는 소의 변경과 같은 제약이 없다. i) 확인의 소에 있어서 같은 권리인데 취득원인을 달리 주장하는 경우,[1] ii) 같은 실체법상의 권리에 기한 청구인데 법조경합관계의 다른 법규로 바꾸는 경우, iii) 같은 실체법상의 권리에 기한 청구이면서 요건사실의 일부를 달리 주장하는 경우는 공격방법의 변경이다.[2]

판례[3]는 이전등기청구소송에 있어서 등기원인을 바꾸는 것(매매→취득시효의 완성)은 소의 변경이라고 보지만 차라리 공격방법의 변경으로 볼 것이다.

Ⅱ. 모　　습

(1) **교환적 변경**　　교환적 변경은 구청구에 갈음하여 신청구를 제기하는 경우이다. 종래의 청구취지나 청구원인의 철회를 전제로 한다.[4] 예컨대 같은 건물에 대한 명도청구에서 소유권확인청구로 바꾸는 경우이다. 교환적 변경은 독자적 소변경형태가 아니고, **신청구 추가와 구청구 취하의 결합형태**이다(항소심에서 교환적 변경의 경우는 항소각하가 아니고, 신청구에 의하여 제1심으로 재판하면 된다).[5] 새 소송관계가 생겨나고 구 소송관계가 떨어져 나

30, 65다2028.

1) 이 경우에 이분지설 중 일관설(호문혁, 715면)은 청구의 변경이라 하나, 예외설에 의하면 공격방법의 변경이라고 한다(정동윤/유병현/김경욱, 1015면).

2) 사해행위취소청구의 채권자가 그 보전하고자 하는 채권의 추가·교환은 공격방법의 변경(대법 2003. 5. 27, 2001다13532; 동 2012. 7. 5, 2010다80503), 가등기에 기한 본등기청구에서 가등기에 의한 피담보채권의 변경은 공격방법의 변경이다(대법 1992. 6. 12, 92다11848).

3) 대법 1997. 4. 11, 96다50520.

4) 대법 1969. 5. 27, 68다1798.

5) 대법 2018. 5. 30, 2017다21411; 동 2010. 6. 24, 2010다17284; 동 2016다45595 등.

가는 두 가지의 결합이다. 결합설이 판례·통설이나 반대설이 있다.[1] 피고가 본안에 관하여 응소한 때에는 피고의 동의를 얻어야 구청구의 취하의 효력이 생기며(266조 2항), 동의를 얻지 못하면 소의 변경은 구청구에 신청구를 추가한 추가적 변경으로 된다는 것이 다수설이다.[2] 다만 판례와 일부 학설은 청구기초의 동일성에 영향이 없다 하여 피고의 동의가 없어도 취하의 효력이 생기는 것으로 보지만,[3] 구청구에 관한 기각판결을 받을 이익이라는 피고의 절차권이 도외시되는 결과가 되어 부당하다.

(2) 추가적 변경 구청구를 유지하면서 신청구를 추가 제기하는 경우이다. 이것은 청구의 후발적 병합에 해당하므로 청구의 병합요건(253조)을 필요로 한다. 단순병합, 선택적 병합, 예비적 병합의 형태로 소의 추가적 변경이 행하여진다. 추가적 변경에 의하여 소가가 단독판사의 사물관할을 초과하는 때(4억 3천만원→5억 200만원으로 확장)에는 이를 합의부로 이송할 것이다(상세는 「사물관할」 참조).

(3) 변경형태가 불명한 경우 소의 변경이 교환적인가 추가적인가 또는 선택적인가는 당사자의 의사해석에 의할 것이나, 구청구를 취하한다는 명백한 의사표시가 없어 그 변경형태가 불명한 때에는, 그 점에 관하여 석명하여야 한다.[4] 또 판례[5]는 변경에 의하여 **신청구가 부적법하게** 되는 경우까지 구청구가 취하되는 교환적 변경이라 할 수 없다는 취지이다.

Ⅲ. 요 건[6](262조 1항)

원고가 기존의 소를 그대로 유지하면 소송목적을 달성할 수 없는 경우에 소변경의 불허는 원고에게 가혹하고 종전의 심리를 백지화시킨다. 반면에 별도의 소제기 대신에 소의 변경을 무제한하게 허용하면 피고에게 방어상 부담을 주게 되며 특히 항소심의 경우에는 심급의 이익을 박탈하게 되고 소송촉진을 저해한

1) 호문혁, 797면.
2) 이영섭, 245면; 김홍규, 659면; 강현중, 770면; 日最高裁 昭和 31. 12. 20 판결. 반대: 호문혁, 797면.
3) 대법 1970. 2. 24, 69다2172; 방순원, 336면; 정동윤/유병현/김경욱, 1023면; 정영환, 845면. 제262조에서 동의요구한 바 없으므로 동의불요설에는, 호문혁, 798면; 한충수, 671면.
4) 대법 2003. 1. 10, 2002다41435; 동 2014. 6. 12, 2014다11376 등.
5) 대법 1975. 5. 13, 73다1449.
6) 대법 2012. 7. 5, 2012다25449에서는 승계참가인도 소변경의 요건을 갖추면 변경 가능(권리승계 이외의 청구원인으로).

다. 따라서 원고의 편의 · 피고의 보호 · 소송촉진 등의 3요소를 조화시키기 위하여 소의 변경에는 다음의 요건을 요구하고 있다.

1. 청구의 기초가 바뀌지 아니할 것(청구기초의 동일성)

(1) 청구의 기초라는 개념은 신 · 구청구간의 관련성을 뜻하지만, 그 동일성이 구체적으로 무엇을 의미하는가에 다툼이 있다.

크게 이익설, 사실설 및 병용설로 갈려 있다. i) 이익설[1)]은 청구를 특정한 권리의 주장으로 구성하기 전의 사실적인 분쟁이익 자체가 공통적인 때로 보는 입장이다. ii) 사실설에는 ⓐ 소의 목적인 권리관계의 발생원인인 근본적 사회현상인 사실이 공통적인 경우로 보는 설,[2)] ⓑ 신청구와 구청구의 사실자료 사이에 심리의 계속적 시행을 정당화할 정도의 공통성이 있는 경우라는 설이 있다. iii) 병용설은 신청구와 구청구의 재판자료의 공통만이 아니라 신 · 구청구의 이익관계도 서로 공통적인 경우로 보는 입장이다.[3)]

신 · 구청구간에 절차면에서 소송자료에 공통성이 있는 경우에는 별도의 소를 제기하는 것보다는 소의 변경을 택하여 구자료를 이용하는 것이 훨씬 소송경제에 도움이 될 뿐더러, 피고가 방어방법을 새롭게 바꾸어야 하는 어려움도 없을 것이므로 소의 변경을 허용하는 것이 옳다고 하겠다. 따라서 **사실자료동일설**을 따른다.[4)] 우리 판례의 주류는 청구의 기초의 변경이 없는 경우를 동일한 생활사실 또는 경제적 이익에 관한 분쟁에 있어서 그 해결방법에 차이가 있는 것에 지나지 않는 경우[5)]로 보아 이익설에 접근하였으나, 사실자료동일설에 입각한 예도 발견된다.[6)] 다만 어느 설에 의하든 구체적 적용결과는 큰 차가 없다.

(2) 판례를 중심으로 청구의 기초에 동일성이 있다고 할 경우를 유형화하면 다음과 같다.

(a) **청구의 원인이 같은데 청구취지만을 변경한 경우**[7)] 예를 들면 같은 지상의 방해물철거를 구하면서 대상만을 달리한 경우,[8)] 이전등기말소청구에다가 명도청구의 추

1) 이영섭, 244면; 김홍규, 658면.
2) 방순원, 333면.
3) 정동윤/유병현/김경욱, 1017면; 유사는 견해로, 한충수, 672~673면.
4) 같은 취지: 호문혁, 720면.
5) 대법 1990. 1. 12, 88다카24622; 동 1997. 4. 25, 96다32133 등.
6) 대법 1964. 9. 22, 64다480; 동 2015. 4. 23, 2014다89287 · 89294.
7) 대법 1992. 11. 24, 91누11971.
8) 대법 1962. 4. 18, 4294민상1145.

가,[1] 같은 원인에 의한 청구취지의 확장[2]

(b) **신·구청구 중 한쪽이 다른 쪽의 변형물·부수물인 경우** 목적물인도(또는 이전등기) → 그 이행불능을 원인으로 그 값 만큼의 전보배상청구,[3] 가옥명도청구에다가 임대료 상당의 손해금의 첨가,[4] 소송수계 후 부인(否認)의 소로 변경[5]

(c) **같은 목적의 청구인데, 법률적 구성을 달리하는 경우** 앞서 본 청구취지를 그대로 두고 실체법상의 권리 즉 법률적 관점만을 변경하는 데 그친 경우인데, 다만 신이론은 이러한 경우는 공격방법의 변경으로 봄은 이미 본 바이다(745면 참조).

(d) **같은 생활사실·경제이익에 관한 것인데 분쟁의 해결방법을 달리하는 경우**[6] 매매계약에 의한 이전등기청구 → 계약해제로 인한 계약금반환청구로,[7] 원인무효로 인한 말소등기청구 → 명의신탁해지로 인한 이전 또는 말소등기청구로나 그 반대,[8] 어음·수표금청구 → 그 어음·수표의 위조작성을 들어 손해배상청구,[9] 이전등기청구를 원고의 직접매수를 원인으로 직접청구 → 간접매수를 원인으로 대위청구나 그 반대의 경우,[10] 영업손해액 상당의 손해배상청구 → 와인 손상에 따른 손해배상청구[11] 등

그러나 판례는 약속어음금청구와 전화가입명의변경청구 사이,[12] 행정소송에 있어서 취소·변경을 구하는 행정처분을 달리한 경우,[13] 점유권에 기한 철조망철거·경작방해금지청구에서 농지개혁법(구법)에 기한 같은 토지에 대한 경작권확인청구로 확장한 경우는[14] 청구의 기초에 변경이 있다 하였다.

(3) 청구의 기초의 동일성에 관하여서는 사익적 요건설과 공익적 요건설[15]의 대립이 있다. 생각건대 이는 피고의 방어목표가 예상 밖으로 변경되어 입는 불이익을 보호하기 위한 것으로 보아 전설(前說)을 따른다(통설). 따라서 피고가 소의 변경에 동의하거나 이의 없이 본안변론을 하는 때에는 이 요건을 갖추지 아니하여도 소의 변경을 허용할 것이다. 판례도 같다.[16]

---

1) 대법 1960. 5. 26, 4292민상279; 동 1992. 10. 23, 92다29962.
2) 대법 1984. 2. 14, 83다카514.
3) 대법 1965. 1. 26, 64다1391; 동 1969. 7. 22, 69다413.
4) 대법 1964. 5. 26, 63다973.
5) 대법 2018. 6. 15, 2017다265129.
6) 대법 1998. 4. 24, 97다44416 등.
7) 대법 1972. 6. 27, 72다546.
8) 대법 2001. 3. 13, 99다11328; 동 1998. 4. 24, 97다44416; 동 1987. 10. 13, 87다카1093.
9) 대법 1966. 10. 21, 64다1102.
10) 대법 1971. 10. 11, 71다1805 등.
11) 대법 2012. 3. 29, 2010다28338·28345.
12) 대법 1964. 9. 22, 64다480.
13) 대법 1963. 2. 21, 62누231; 동 1979. 5. 22, 79누37.
14) 대법 1960. 2. 4, 4291민상596은 의문 있는 판례이다.
15) 방순원, 334면.
16) 대법 2011. 2. 24, 2009다33655; 동 2003. 11. 28, 2003다62481 등.

2. 소송절차를 현저히 지연시키지 않을 것

청구의 기초에 변경이 없어도 구청구에 대한 심리가 마쳐지고 신청구에 대하여는 새로운 사실관계의 심리와 새로이 특단의 소송자료의 제출을 필요로 하는 경우[1)]는 소의 변경보다도 별도의 소에 의하게 하려는 취지이다. 판례는 새로운 청구의 심리를 위해 종전의 소송자료를 대부분 이용할 수 있는 경우는 절차지연에 해당하지 아니한다고 하지만,[2)] 법원이 새로운 청구의 심리를 위하여 종전의 소송자료를 대부분 이용할 수 없고 별도의 증거제출과 심리로 인하여 소송절차를 현저히 지연시키는 경우는 변경불허결정을 할 수 있다.[3)] 2회에 걸쳐 상고심으로부터 파기환송된 후 항소심변론종결시에 비로소 소의 변경을 함은 소송절차를 현저히 지연시키는 경우라 하였다.[4)] 특히 **항소심**에서 변론준비기일이 끝난 뒤의 소의 교환적 변경은 종래의 쟁점정리를 무의미하게 할 수 있고 변론준비절차를 마친 뒤 1회 변론기일의 원칙(287조 1항)을 관철하기 어렵게 만들 수 있으므로 특별한 사정이 없으면 현저히 절차지연을 시키는 경우로 볼 것이다(항소심의 소변경제한은 개정 ZPO § 533, 항소이유서제출 의무제로 2014년 1월 개정 법률에서 따르지 아니함).[5)] 이러한 해석이 집중심리차원의 변론준비기일종결효인 실권효규정(285조 1항)의 취지에도 합치할 것이다. 이 요건은 청구의 기초의 동일성과 달리 공익적 요건이기 때문에 피고의 이의가 없어도 직권조사를 요한다. 다만 청구이의의 소와 같이 별도의 소를 금하는 경우(민집 44조 3항)에는 절차를 지연시킬 경우에도 예외적으로 청구의 변경을 허용할 것이다.

3. 사실심에 계속되고 변론종결 전일 것

(1) 소장부본이 피고에게 송달되기 전이면 소송계속전이기 때문에 원고는 자유롭게 소장의 기재를 보충·정정할 수 있다. 변론종결한 뒤의 소의 변경은 원칙적으로 허용되지 아니하며, 이 경우에 법원이 변론을 재개할 필요가 없다.[6)]

(2) 상고심에서는 늘이고 줄이고 바꾸는 소의 변경이 허용되지 않지만,[7)] 항

1) 대법 1972. 6. 27, 72다546.
2) 대법 1998. 4. 28, 97다44416 등.
3) 대법 2015. 4. 23, 2014다89287·89294; 동 2017다211146.
4) 대법 1964. 12. 29, 64다1025.
5) 같은 취지: 정영환, 850면(다만, 항소심 여부와 무관하게 쟁점 및 증거에 관한 정리를 마친 이후에 청구변경은 이에 해당). 반대: 김홍엽, 956면.
6) 대법 1970. 11. 24, 70다1501.
7) 대법 1992. 2. 11, 91누4126; 동 1997. 12. 12, 97누12235.

소심에서는 상대방의 동의 없이 소의 변경을 할 수 있다(단 교환적 변경에서는 피고의 동의가 문제될 수 있다).[1] 지방법원 항소부가 단독판사의 판결에 대한 항소심의 심판도중에 지방법원 합의부의 관할사건으로 청구확장한 경우에(소가 1억 8천만원→5억을 훨씬 초과하는 경우), 심급관할은 제1심법원의 판결에 의하여 결정되는 전속관할이므로, 관할이 고등법원으로 바뀌는 것이 아니다.[2] 다만 항소심에서의 소의 교환적 변경에 있어서는 주의할 바가 있다. i) 제1심에서 본안판결이 난 청구를 항소심에서 다른 청구와 교환적 변경을 하고 나서 그것을 소의 변경에 의하여 또다시 부활시키는 등 우왕좌왕한다면, 본안에 관한 종국판결선고 후에 취하한 소를 다시 제기한 결과가 된다. 따라서 **재소금지의 원칙**(267조 2항)에 저촉되어 불의의 일격을 당할 수 있다(「재소금지」 참조).[3] ii) 항소심에의 교환적 변경이 있으면 변경된 신청구에 대해 사실상 **제1심**으로 재판한다.[4] 또 항소심에서 신청구와 종전청구가 실질적 쟁점이 동일하면 반소변경도 허용된다.[5][6]

(3) 원고가 전부승소한 경우에 소의 변경만을 목적으로 한 항소 원칙적으로 항소의 이익이 없다고 할 것이나, **명시하지 않은 일부청구**의 경우 전부승소한 원고가 나머지 잔부에 대해 확장청구하기 위해 독립항소를 하는 것은 예외적으로 허용된다.[7] 만일 이 때에 항소하지 못하고 그러한 승소판결이 확정되게 되면 그 뒤의 잔부청구는 기판력을 받아 다시 청구하지 못하고 실권을 당하기 때문이다(682~684면 참조). 또한 판례는 하나의 소송물에 관하여 형식상 전부승소한 당사자의 상소이익의 부정은 절대적이 아니라는 전제하에 손해배상소송에서 **원고가 재산상 손해는 전부승소, 위자료는 일부패소**한 사안에서 원고가 위자료 패소부분에 불복항소한 경우에 전부승소의 재산상의 손해에 대한 청구의 확장이 허용된다고 하였다(889~890면 참조).

4. 소의 병합의 일반요건을 갖출 것(「청구의 병합」 참조)

신·구청구가 같은 종류의 소송절차에 의하여 심판될 수 있어야 한다(소송절차의 공

1) 대법 1963. 12. 12, 63다689; 동 1969. 12. 26, 69다406.
2) 대법 1992. 5. 12, 92다2066.
3) 대법 1967. 10. 10, 67다1548; 동 1987. 11. 10, 87다카1405.
4) 대법 2009. 2. 26, 2007다83908; 동 1995. 1. 24, 93다25875. 이 경우에 제1심판결과 가집행선고는 실효된다는 것에, 대법 1995. 4. 21, 94다58490·58506.
5) 대법 2012. 3. 29, 2010다28338·28345.
6) 항소심에서 청구의 교환적 변경은 항소취하서가 제출되지 아니한 이상 제262조의 청구변경의 요건을 갖추었는가에 따라 허가여부를 판단할 것이라는 것에 대법 2018. 5. 30, 2017다21411.
7) 대법 1997. 10. 24, 96다12276; 동 2007. 6. 15, 2004다37904·37911.

(통, 253조). 가압류·가처분사건에서 본안소송으로의 변경은 허용될 수 없다. 판례는 **재심의 소를 통상의 소**로 변경하거나 그 반대의 경우에는 다른 종류의 절차라는 전제하에 허용되지 않는다[1]고 하지만, 절차의 경직성을 풀어야 하므로 반대이다. 그러나 대법 2023. 6. 29, 2022두44262에서 같은 종류의 소송절차 아닌 민사소송에서 항고소송으로, 행정소송(당사자소송)에서 민사소송으로 각기 소의 변경이 허용된다고 했다.

Ⅳ. 절 차(262조 2항·3항)

(1) 소의 변경은 **원고의 신청**에 의하여야 한다. 따라서 소를 변경할 것인가의 여부는 원고의 자유이며, 법원이 이를 강제할 수 없다. 그러나 소의 변경제도는 사태의 진전에 맞추어 승소할 청구로 정비하는 방편인 동시에 관련청구까지도 병합하여 1회적으로 해결하는 방안이므로, 쉽게 예상될 수 있는 것이면 소의 변경시사의 석명에 인색하여서는 안 될 것이다(357면 참조).

(2) 소의 변경은 **서면**에 의하여야 한다. 소의 변경은 소송중의 소이고, 소의 제기는 서면주의(248조)를 원칙으로 하고 있기 때문이다(다만 구술제소가 가능한 소액사건(소심 4조)에서는 구술변경이 허용). 제262조 2항은 소의 변경에 있어서 청구의 취지만 서면에 의한 변경을 요구하고 있는데 나아가 청구의 원인도 서면에 의해야 하느냐에 대해 학설[2]에 따라서는 **서면설**에 의하나, 판례[3]는 청구의 원인의 변경은 반드시 서면에 의할 필요가 없고 말로 변경해도 된다는 태도이다. 제262조 2항의 반대해석상 **구술설**이 옳다고 본다.[4] 청구취지의 변경은 서면에 의하여야 하는데 청구취지변경서만이 아니라 준비서면으로도 바꿀 수 있다는 것으로,[5] 말로 한 경우라도 **피고의 이의권**의 상실로 그 잘못은 치유된다.[6] 소변경의 서면에는 소정의 인지를 내야 하지만, 청구

1) 대법 1959. 9. 24, 4291민상318.
2) 이영섭, 245면; 방순원, 336면; 유사취지로 정동윤/유병현/김경욱, 1020면.
3) 대법 1965. 4. 6, 65다170 등.
4) 같은 취지: 김홍규/강태원, 672면; 강현중, 777면; 호문혁, 726면. 앞서 본 바와 같이 청구원인의 권리만을 변경하는 것도 소송물의 변경이라고 보는 구이론을 좇는 학자는 청구원인의 변경을 서면변경에서 배제하였음은 입법론상 부당하다고 하고 있으나(이영섭, 245면), 신이론의 입장에서서 원칙적으로, 청구원인만의 변경은 소송물의 변경이 아니고 한낱 공격방법의 변경이라 볼 때에는 입법상 매우 타당한 것이라 하겠다. 졸저, 소송물에 관한 연구, 122면.
5) 대법 2011. 1. 13, 2009다105062.
6) 대법 1990. 12. 26, 90다4686 등; 변론기일에 예비적 청구를 하는 취지의 진술을 한 뒤에 같은 취지의 소변경신청서의 제출에 큰 의미를 부여하지 아니한 것에, 대법 2011. 2. 10, 2010다87702.

의 확장이나 소의 추가적 변경에 있어서는 증가분에 대해서만 부족인지를 더 내면 된다(민인 5조).

(3) 소변경서는 상대방에게 바로 송달하여야 한다(262조 3항; 규 64조 2항·1항). 신청구의 소장에 해당하기 때문이다. 새로운 소장에 해당하는 변경서를 상대방에 송달하거나 변론기일에 이를 교부한 때에 신청구에 대해 소송계속의 효력이 발생한다.[1] 소의 변경에 의한 시효중단·기간준수의 효과는 **소변경서**를 법원에 제출하였을 때에 발생한다(265조)(손해배상청구 등 단기시효사건에서 제소시가 아닌 청구의 확장시에 시효중단이 됨).[2] 주주총회의 결의취소의 소와 같이 제소기간이 정해져 있는 경우에 주주총회에서 여러 안건이 상정되어 각 결의가 행하여진 경우에 그 결의취소의 소의 제소기간의 준수여부는 각 안건에 대한 결의마다 별도로 판단되어야 한다는 것이, 대법 2010. 3. 11, 2007다51505이다. 결의안건별 소송물이라는 이 입장은 그 범위가 좁아 소권의 유연성 있는 행사에 저해가 될 것으로, 의문 있다(A안건은 제소기간내, B안건은 그 기간도과후 추가병합하였으면 B안건결의취소의 소는 부적합하다고 한다). 결의날짜별소송물설이 옳다고 본다. 원고의 청구원인의 변경에 대해서는 피고에게 방어의 기회를 주어야 하며, 그렇지 않으면 절차권침해로 위법이 된다.[3]

V. 심 판

소의 변경인가 여부와 변경이라도 적법한가 여부는 법원의 직권조사사항이다. 만일 소의 변경이 아니고 공격방법의 변경인데도 당사자간에 다툼이 있으면 중간판결, 종국판결의 이유 속에서 판단하면 된다.

1. 소변경의 부적법

(1) 소의 변경에 해당되지만 변경요건을 갖추지 못하여 부적법하다고 인정할 때에는 법원은 상대방의 신청 또는 직권으로 소의 변경의 불허결정을 하여야 한다(263조). 불허결정은 중간적 재판인바, 독립하여 항고할 수 없고, 종국판결에 대한 상소로써만 다툴 수 있다.[4]

---

1) 대법 1992. 5. 22, 91다41187.

2) 대법 2019. 7. 4, 2018두58431; 동 2012. 4. 12, 2010다65399 사해행위취소청구에서 원상회복의 소유권이전등기말소청구에서 가액배상청구로 바꾸었다가 다시 소유권이전등기말소청구로 바꾼 경우에도 제척기간의 준수효과에는 영향이 없다=대법 2005. 5. 27, 2004다67806.

3) 대법 1989. 6. 13, 88다카19231.

4) 대법 1992. 9. 25, 92누5096.

(2) 항소심이 제1심의 소변경불허결정을 부당하다고 보면 원결정을 명시적·묵시적으로 취소하고 변경을 허용하여 신청구에 대해 심리를 개시할 수 있다. 경우에 따라 제1심으로 임의적 환송을 할 수 있다는 견해가 있으나[1] 임의적 환송제도가 없어진 마당에, 돌려보내지 않고 스스로 재판할 것이다.[2]

2. 소변경의 적법과 신청구의 심판

(1) 소의 변경이 적법하다고 인정할 때에는 법원은 따로 소변경을 허가한다는 뜻의 명시적 재판은 요하지 않으나, **상대방이 다툴** 때에는 제263조를 준용하여 결정으로 변경의 적법성을 중간적 재판, 종국판결의 이유 속에서 판단할 수 있다. 변경에 대하여 피고측이 지체없이 이의하지 않고 변론하면 더 이상 이를 다툴 수 없다.[3] 소변경허가조치에 관하여서는 다툼이 있으나, 소송경제상 불복할 수 없다고 할 것이다.[4]

(2) 적법한 소의 변경으로 인정되면 신청구에 대해 심판하여야 한다. 구청구의 소송자료는 당연히 신청구의 자료로 된다. 교환적 변경의 경우는 구청구의 소송계속이 소멸되므로 신청구만이, 추가적 변경의 경우는 구청구와 함께 신청구가 각 심판의 대상이 된다.[5]

3. 소변경의 간과

소의 변경이 적법하다고 인정되면 신청구에 대하여 심판하여야 함에도 불구하고 이를 간과한 채 구청구에 대하여 심판하는 예가 있다. 변경불허가의 재판도 없이 그렇게 한 경우에 위법임은 물론이나,[6] 사견으로는 i) **교환적 변경**을 간과하여 신청구에 대한 심판을 누락한 채 구청구만을 심판한 경우에는 이를 발견한 상급심으로서는, 없어진 구청구에 대한 원판결을 처분권주의의 위배를 이유로 취소(또는 파기)하고 그에 대한 **소송종료선언**을 함이 옳을 것이다. 그리고 누락된 신청구(212조 참조)는 상소심으로 이심되지 않고 원심에 계속중이므로 원심법원이 **추가판결**을 하여야 할 것이다.[7] 신청구에 대한 심급이익을 잃지 않기 위해서이다. ii) 추

---

1) 이영섭, 246면; 방순원, 338면.
2) 같은 취지: 정동윤/유병현/김경욱, 1022면.
3) 대법 2011. 2. 24, 2009다33655.
4) ZPO § 268. 서울고법 상고부 1963. 2. 11, 62다180 등 다수설.
5) 新堂, 462면.
6) 대법 1989. 9. 12, 88다카16270; 동 1962. 7. 5, 62다222.
7) 대법 2003. 1. 24, 2002다56987도 같은 입장. 송상현, 371면; 대법 2016다45595 참조. 이 경우

가적 변경을 간과하여 신청구는 남기고 구청구만 심판한 경우에도 상급심으로서는 원칙적으로 이를 이유로 원판결을 취소·환송할 여지는 없다고 하겠고, 누락된 신청구에 대하여 원심법원 자신이 **추가판결**로써 정리하여야 할 것이다.[1)2)]

다만 추가적 변경에 의하여 신청구를 **선택적 병합**시킨 경우에 원심법원이 신청구에 대하여 간과하였다면 원판결의 파기사유가 된다는 것이 판례이다.[3)] 이 때에 원심법원의 재판누락으로 보아 추가판결의 대상이라고 하여 놓아둘 것이 아니라, **판단누락**으로 보아 상급심이 재판할 것이다. 예비적 병합시킨 경우에도 마찬가지로 볼 것이다. 선택적·예비적 병합에 있어서 추가판결이 허용되지 아니함은 앞서 본 바이다(741~742면 참조).

4. 항소심에서 소를 변경하는 경우에 판결주문의 제1심으로 판단할 것이다(이에 관한 상세는 「항소심판결 주문」 참조).[4)]

제3절 중간확인의 소

Ⅰ. 의 의

(1) 중간확인의 소란 소송계속중에 본소 청구의 판단에 대해 선결관계에 있는 법률관계의 존부에 기판력이 생기는 판단을 받기 위하여 추가적으로 본소법원에 제기하는 소이다(264조). 예를 들면 원고의 소유권에 기한 가옥명도소송에서 피고가 선결적 법률관계인 소유권이 원고에게 없다고 다툴 때에, 원고가 이 가옥명도소송에 편승하여 소유권확인의 소를 병합 제기하는 따위이다. 원래 선결적 법률관계에 대하여는 종국판결의 이유 속에서 판단하기 때문에 기판력이 생기지 않는다(216조 1항, 622면 이하 참조). 따라서 이에 관하여 기판력 있는 판단을 받기 위하여 당사자는 별도의 소송에 의할 수도 있으나, 기왕의 소송절차를 이용하여 함께 판단받도록 함이 소송불경제와 재판의 불통일을 막는 방편이 된다고 하여 이 제도를 채택하였다. 한편 중간확인의 소는 이른바 **쟁점효이론**에 제동이 되는 제도이기도 하다.

는 항소심법원이 원판결을 취소하고 변경된 신청구에 대해 재판하면 된다는 반대견해가 있다(호문혁, 809면).

1) 원고가 실제로 청구감축한다고 진술한 것보다 더 많은 부분을 감축한 것으로 판결한 경우에 그 차액부분청구는 추가판결의 대상이 된다는 것에, 대법 1997. 10. 10, 97다22843.

2) 이 경우에 항소심이 추가판결을 할 수 있다는 것에, 김홍규/강태원, 672면. 제1심에서 간과한 경우에는 항소심에서 원고가 부대항소나 소의 변경의 방법에 의하여 유탈한 신청구 부분을 새로 청구하여 그 판단을 받을 수 있을 것이다. 서울고법 1971. 3. 25, 71다54(판례월보 10호, 61면) 참조.

3) 대법 1989. 9. 12, 88다카16270.

4) 대법 2018. 5. 30, 2017다21411 참조.

(2) 중간확인의 소의 이용은 이처럼 편의가 있으나, 당사자가 반드시 이를 택하여야 할 의무는 없으며 별도의 소송으로써 선결적 법률관계에 대해 소제기하여도 무방하다.

(3) 중간확인의 소를 원고가 제기하는 것은 **청구의 추가적 변경**에 해당하며, 피고가 제기하는 경우에는 **일종의 반소**이나, 다만 그 부수적 성질에 착안하여 현행법은 별도의 규정을 두어 **별도로 제도화** 하였다. 이용의 독자적 가치는 크지 않다. 중간확인의 소는 원고만이 아니라 무기평등의 원칙상 피고도 제기할 수 있다.

(4) 중간확인의 소는 단순한 공격방어방법이 아니며, 일종의 소이다. 따라서 이에 대한 판단은 중간판결(201조)에 의할 것이 아니라, 종국판결의 주문에 기재하여야 한다.

Ⅱ. 요 건

(1) **다툼 있는 선결적 법률관계의 확인을 구할 것**(264조)

(a) **법률관계의 확인을 구하여야 한다**(법률관계) i) 본소의 선결적인 사실관계나 증서의 진정여부(250조)는 확인청구의 목적이 될 수 없다. 또 현재의 권리·법률관계이어야 하기 때문에 과거의 권리·법률관계는 그 대상이 될 수 없다.[1] ii) 확인청구이어야 하므로, 경계확정의 소와 같은 형성청구를 중간확인의 소의 대상으로 할 수 없다.[2]

(b) **본소 청구의 전부 또는 일부와 선결적 관계에 있어야 한다**(선결성)[3] 예를 들면 등기말소소송에 있어서의 소유권, 이자청구소송에 있어서의 원본채권 등이 이에 속한다. 현실적으로 그 판단이 소송을 좌우할 선결관계이어야 하는가, 아니면 이론상의 선결관계에 있으면 되는가(이론설)는 다툼이 있다. 본소청구에 대한 선결관계는 중간확인의 판결선고시까지 현실적으로 존재할 것을 요한다고 보아 통설인 전설(**현실설**)을 따른다. 따라서 본소 청구가 취하·각하될 경우나 확인의 대상으로 한 법률관계에 대한 판단까지 가지 않고도 청구기각이 될 경우이면 현실적으로 선결적 관계에 서지 않게 되어, 중간확인의 소는 부적법각하되지 않으면 안 된다. 판례는 재심사유가 인정되지 않아서 재심청구를 기각하는 경우는 재심절차에서 제기한 중간확인의 소는 각하하여야 한다고 했다.[4] 만일 이때에 일반 확인의 소로서의 별도의 확인의 이익이 인정되면 독립의 소로써 심리할 것이다.

(c) **당사자간에 다툼이 있는 법률관계라야 한다**(계쟁성) 본소의 소송진행중 사실상·법률상 다툼이 있는 법률관계라야 한다. 비록 중간확인의 소의 제기전부터 당사자간에 다투어 왔다고 하여도 무방하다. 현재는 비록 다툼이 없어도 장래 다툴 전망이 서면 허용하여야 할 것이다. 확인의 이익은 소송상 다툼이 있고 선결관계인 것으로 당연히 충족되며 별도로 확인의 이익이 필요 없다.

(2) **사실심에 계속되고 변론종결 전일 것** 상고심에서는 제기할 수 없으나, 항소심에서는 상대방의 동의가 없어도 중간확인의 소를 제기할 수 있다(피고가 제기해도 같다). 판례도 이전

1) 대법 1966. 2. 15, 65다2442.
2) 日最高裁 昭和 57. 12. 2 판결.
3) 대법 1984. 6. 26, 83누554·555; 동 2014. 4. 10, 2012두17384.
4) 대법 2008. 11. 27, 2007다69834·69841.

등기청구나 말소등기청구의 소송을 진행하다가 소유권확인청구를 추가하는 소변경은 제2심에서도 유효하게 할 수 있다고 하였다.[1)]

(3) **중간확인의 청구가 다른 법원의 전속관할에 속하지 않을 것**(관할의 공통) 중간확인의 청구에 대해 본소 청구의 수소법원이 법정관할을 갖지 못하여도 제264조에 의하여 당연히 관할권을 갖게 된다. 이 경우는 그 적용범위가 토지관할에 국한되는 제25조의 관련(병합청구) 재판적에 의하여[2)]가 아니라, 본소법원이 관련청구인 중간확인의 소를 함께 관할심판하게 한 제264조의 관련재판적 규정이 적용된다(115면 「관련재판적 참조」). 중간확인의 청구가 비록 지법단독판사의 사물관할에 속한다고 하여도 본소가 지법합의부에 속하면 본소관할의 합의부가 관할권을 갖게 되는데,[3)] 그것은 제264조의 적용결과이다. 다만 지법단독판사가 본소심리중에 합의사건에 속하는 청구를 중간확인의 소로 제기한 경우는 제269조 2항을 유추하여 본소와 중간확인청구 모두 합의부로 이송할 것이다[4)](ZPO § 506 참조). 그러나 중간확인의 청구가 본소법원과 다른 법원의 전속관할에 속하는 경우에는 그것이 독립한 소로서 취급받을 수 있으면, 이를 분리하여 관할권이 있는 법원으로 이송할 것이다.

(4) **중간확인청구가 본소 청구와 같은 종류의 소송절차에 의할 것**(소송절차의 공통) 예컨대 상속재산에 대한 인도소송이 계속중일 때에 친자관계 등 신분관계가 선결적 관계로서 당사자간에 다툼이 있는 경우라도 이는 민사소송이 아닌 다른 종류의 가사소송사항이기 때문에 중간확인의 소를 제기할 수 없다. 행정소송사항도 같겠지만, 행정처분의 효력이 민사소송의 선결문제가 되는 경우에 민사법원의 심리·판단에 있어서는 행정소송법의 규정을 준용하게 되어 있으므로(행소 11조), 민사소송절차에서 행정처분무효확인청구(취소청구는 별론)의 병합제기를 허용하여도 무방하지 않을까.[5)] one-stop service일 것이다.

Ⅲ. 절차와 심판

(1) 중간확인의 소는 소송계속중의 소의 제기이기 때문에 소에 준하는 서면을 제출하여야 하며, 그 서면은 바로 상대방에 송달하여야 한다(264조 2항·3항; 규 64조 2항·1항). 서면의 송달시에 소송계속이 생기며, 제출시에 시효중단·기간준수의 효력이 발생한다(265조). 피고가 중간확인의 소를 제기하는 경우에는 반소의 제기에 준하므로 그 소송대리인에게 특별한 권한수여가 있어야 하나(90조 2항 1호 참조), **원고**가 이를 제기하는 경우에는 소의 추가적 변경에 준하는 것이기 때문에 본소 청구의 대리권에 당연히 포함되고 특별한 권한수여가 필요 없다고 볼 것이

1) 대법 1973. 9. 12, 72다1436.
2) 호문혁, 732면.
3) 방순원, 225면; 이영섭, 248면; 송상현/박익환, 622면; 정동윤/유병현/김경욱, 1037면.
4) 원고제기의 경우는 양자의 소가 합산하여 합의부이송의 여부를 정할 것이라는 설에, 정동윤/유병현/김경욱, 988면; 정영환, 873면.
5) 같은 취지: 호문혁, 813면. 대법 1966. 11. 29, 66다1619도 같은 입장이라 본 것에, 송상현/박익환, 622면; 독일 법원조직법 제17조 2항은 이와 같은 경우 먼저 제소된 법원에서 포괄적으로 모든 법률적 관점에서 재판할 수 있게 한다. 반대: 강현중, 786면; 김홍엽, 965면; 한충수, 678~679면.

다.[1] 이는 우리 법제가 반소의 제기는 특별수권사항으로 하고, 소의 추가적 변경은 그렇게 하지 아니하였기 때문에 생기는 당연한 결과이다.[2]

(2) 중간확인의 소에 대한 조치와 심판에 대해서는 소의 추가적 변경 또는 반소의 경우에 준한다. 먼저 병합요건을 심리할 것이고, 만일 그에 흠이 있으면 독립한 소로서 취급할 수 없는 한 이를 부적법각하하여야 한다. 그것이 갖추어졌으면 본소 청구와 병합심리할 것이며, 1개의 전부판결에 의하여 동시에 재판하여야 한다. 일부판결이 불가능하다는 견해가 있지만, 이론상 불가능이라기보다 부적당하다고 보는 것이 옳을 것이다.

제4절 반 소

Ⅰ. 의 의

반소(Widerklage, counterclaim)란 소송계속중에 피고가 그 소송절차를 이용하여 원고에 대하여 제기하는 소이다. 맞소송이라고도 한다. 피고가 제기하는 소송 중의 소로서 이에 의하여 청구의 추가적 병합으로 된다. 본소의 능동적 주체와 수동적 주체가 반소에서는 역으로 바뀌므로, 본소원고는 반소피고로, 본소피고는 반소원고로 불린다. 반소제도를 인정하는 것은 i) 원고에게 소의 변경을 인정한 것에 대응하여 피고에게도 원고에 대한 청구의 심판을 위하여 본소절차를 이용케 하는 것이 공평한 취급이고(무기평등의 원칙), ii) 원·피고 사이에 서로 관련된 분쟁을 같은 절차 내에서 심판하는 것이 별도의 소송에 의한 심판보다도 소송경제에 부합하고 재판의 불통일을 피할 수 있기 때문이다.

(1) 반소는 독립의 소이고 방어방법이 아니다

1) 반소는 피고가 자기의 신청에 대하여 판결을 구하는 소의 일종이며, 본소를 기각시키기 위한 답변인 방어방법과는 다르다(FRCP 8(c)(2)에 의하면 방어방법을 반소로, 반소를 방어방법으로 잘못 정하면 전환시켜야 함). 예를 들면 매매로 인한 물건인도청구의 본소에서 피고의 물건인도의무는 원고의 대금지급의무와 동시이행관계에 있다는 항변은 피고의 본소에 대한 방어방법일 뿐 반소에 해당되지 아니한다. 피고가 더 나아가 대금지급을 구하는 청구를 하면 반소로 된다.[3]

1) 같은 취지: 강현중, 786면.
2) 피고가 제기하는 중간확인의 소로 특별수권이 필요 없다는 견해로, 호문혁, 733면; 한충수, 679면.
3) 공시송달에 의한 제1심 판결로 이미 원고명의로 등기명의가 이전된 경우에는 피고는 추후보완항소절차에서 반소를 제기할 수 있다는 것에, 대법 2023. 4. 27, 2021다276225(본소), 276232

2) 반소에는 본소의 방어방법(본소청구의 기각) 이상의 **적극적 내용**이 포함되어야 한다.[1] **공격적 방어**이다. 반소청구의 내용이 실질적으로 본소청구의 기각·감축을 구하는 것과 다를 바 없다면, 반소청구로서의 이익이 없다. 예를 들면 소유권존재확인의 본소청구에 대하여 그 부존재확인의 반소청구 따위는 허용되지 않는다(소유권존재확인의 본소에 그 존재확인의 반소는 적법).[2] 그런데 甲이 乙에게 교통사고로 인한 손해배상채무가 없다고 하여 그 **부존재의 확인의 본소**를 제기한 후에 바로 乙이 甲을 상대로 그 손해배상의무이행의 **적극적인 반소**를 제기한 사안에서, 본소는 반소의 소송물 속에 흡수되는 관계이기 때문에 소의 이익이 없다고 할 수 있겠는가. 이에 대해 대법 1999. 6. 8, 99다17401·17418에서 적법하게 제기된 본소가 그 뒤 피고의 반소로 인하여 소송요건의 흠결이 생겨 부적법하게 되는 것은 아니라고 하여 적법한 본소로 보았으나,[3] 의문이다.

3) 반소는 방어방법이 아니므로 주문과 판결서(208조)의 청구의 취지란에서 밝혀야 함은 물론이고, 공격방어방법에 관한 제147조(재정기간)·제149조(실기각하)·제285조(변론준비기일의 종결효)의 **3실권효 규정**이 적용되지 아니한다. 따라서 반소가 시기에 늦게 제출되어도 이를 이유로 각하할 수 없다. 다만 1990년 법개정 이래 소의 변경과 마찬가지로 반소의 제기도 소송절차를 현저하게 지연시키지 아니할 것을 요하게 하였다.

(2) 반소는 피고가 원고를 상대로 한 소이다(반소의 당사자)

1) 본소의 피고가 원고를 상대로 한 반소가 통상적이나, 독립당사자참가(79조)나 참가승계(81조)의 경우에 참가인과의 관계에서 피고의 지위에 서는 종전의 원·

(반소).

1) 대법 2007. 4. 13, 2005다40709·40716; 동 1964. 12. 22, 64다903·904.

2) 반소청구취지 속에는 독립한 방어방법인 항변이 포함될 수 있다는 것에, 대법 1987. 5. 12, 84다카1870·1871. 임차인의 차임감액청구권(민 628조)은 독립한 방어방법으로 주장하면 되지 독립한 반소로써 제기할 성질이 못 된다고 한 것에, 대법 1968. 11. 19, 68다1882·1883 등.

3) 대법 2010. 7. 15, 2010다2428·2435도 결론을 같이하면서, 원고가 이행청구의 반소제기되었다는 사유로 본소취하, 피고가 원고의 동의없는 일방적인 반소취하를 유발하게 되어 결국 원고가 당초에 추구한 기판력을 취득할 수 없게 되는 점을 그 이유로 들었다. 이 판례 옹호론은 정영환, 858면; 김홍엽, 302면. 그러나 본소·반소 모두 없어질 염려 있다는 것은 필연적 가정일 수 없어 판례의 이론적 뒷받침에는 문제 있다.

독일의 BGH NJW 1987, 2680에 의하면 같은 사안에서 본소가 판결하기에 성숙할 단계까지 갔는데 이제 피고가 그 채무이행의 반소를 제기하면 본소가 적법하지만, 그렇지 아니한 경우는 채무부존재의 본소는 확인의 이익이 없는 것으로 보았다. 日最高裁 平成 16(2004). 3. 25 판결도 비슷한 취지이다. 우리 판례에 반대입장은 김세진, "확인의 소의 보충성과 확인의 이익 판단의 기준," 법조 2011년 11월호. 전병서, 517면도 같은 취지.

피고 당사자도 **참가인 상대의** 반소를 제기할 수 있다.[1] 반소라는 명칭이 붙지 아니하여도 피고가 원고를 상대로 한 새로운 청구이면 실질상 반소이다(예: 가집행선고 실효의 경우의 가지급물반환신청 따위).

2) 본소의 당사자가 아닌 자 사이의 반소, 예를 들면 보조참가인의 또는 보조참가인에 대한 반소제기는 부적법하다.[2] 문제되는 것은 다음과 같다.

(a) **공동소송인간의 반소—이른바 crossclaim** 미국에서는 피고의 원고에 대한 반소뿐만 아니라, 자기의 공동피고에 대한 반소도 허용한다. 즉 FRCP 13(g)에 의하면 자기와 같은 편의 공동소송인(coparty)에 대한 청구를 crossclaim이라 하여 그 청구원인이 본소의 대상인 거래 또는 사건에 바탕을 둔 경우에는 허용되는 것으로 규정하고 있다(교차청구 또는 횡소라고도 한다). 이를 허용한다면 우리나라의 예에서는 부동산의 진정한 권리자가 여러 사람의 피고를 상대로 순차로 마쳐진 그들 명의의 이전등기의 각 말소청구를 한 경우에 최후의 등기명의인인 피고가 자신이 패소되어 말소판결을 받는 경우를 대비하여, 자기에게 그 부동산을 매도한 공동피고를 상대로 하여 추탈담보의 손해배상소송의 병합제기가 가능하게 된다.

(b) **제3자반소**(Dritt-Widerklage) 독일 BGH의 판례는 i) 피고가 원고뿐만 아니라 제3자도 반소피고로 추가하거나, ii) 제3자가 피고와 더불어 반소원고가 되어 원고를 상대로 한 이른바 제3자반소를, 추가적 당사자의 변경요건을 갖추고 본소와 상호관련관계 있는 경우이면 허용하고 있다.[3] 예를 들면 매매대금청구를 받은 매수인인 피고가 매도인인 원고만이 아니라 소개인인 제3자도 상대방으로 하여 사기를 원인으로 한 손해배상의 반소를 제기할 수 있다. FRCP 14에서 피고가 제3자 원고로서 자기에 책임있는 제3자에게 제기하는 third party-practice(impleader, 제3자 당사자소송)도 이와 유사하다.

이상에서 본 crossclaim이나 제3자반소는 다수당사자가 관련된 권리관계를 동일소송절차에 모아 one stop으로 일거에 모순 없이 해결할 수 있게 하는 점, 연쇄반응적인 다발소송을 피할 수 있는 점에서 경청할 만하다고 하겠으며, 따라서 반소를 본소당사자간에만 허용하는 전통적인 dogma는 입법론 및 해석론상 재검토될 단계에 이르렀다고 본다.[4] 생각건대 우리 법제하에서도 피고가 **제68조의 요건**을 갖추면 원고와 필수적 공동소송관계에 있는 제3자를 반소피고로 추가하는 **제3자반소**의 형태를 허용할 수 있을 것이다. 이와 같은 필자의 견해는 대법 2015. 5. 29, 2014다235042 · 235059 · 235066에서 채택되었다.[5]

(c) **강제반소**(compulsory counterclaim)**와 반소의 자유** 강제반소는 FRCP 13(a)에 규정된 것으로, 본소의 대상인 거래 또는 사건을 청구원인으로 하는 피고의 청구는

1) 대법 1969. 5. 13, 68다656 · 657 · 658.
2) 같은 취지: 변동걸, "보조참가인의 지위," 사법논집 14집, 190면.
3) BGH 40, 185; BGH Z 56, 75; 69, 37.
4) 이를 허용할 것이라는 견해에, 방순원, 342면; 김홍규/강태원, 683면. 반대: 정동윤/유병현/김경욱, 977면.
5) 이에 관한 판례평석은, 전병서, 법조최신판례분석, 제718호; 김동현, "제3자 반소에 대한 연구," 민사소송 20권 2호, 173면 이하.

반드시 반소에 의하여야 하지, 별소의 제기가 허용 안되는 것이다(그렇지 않은 반소를 permissive counterclaim). 우리 법제는 이와 달리 반소에 의할 것인가, 별도의 소에 의할 것인가는 원칙적으로 피고의 자유선택이다. 그러나 일본에서 근자에 이르러 피고가 본소와 주요쟁점을 공통으로 하는 청구를 반소에 의하지 않고 별도의 소로 제기하면 중복소송에 해당된다는 견해가 나타나고 있다.[1] 관련청구를 동일절차에 강제로 몰아 1회적으로 해결하려는 절차집중으로 평가할 바 있다. 그러나 강제반소제도가 없는 우리 법제하에서는 반소에 의한 청구를 별도의 소로 제기할 때에 중복소송으로 보아 금할 것이 아니라, 이를 받아들여 이부(移部), 변론의 병합(141조), 이송(35조)에 의하여 하나의 소송절차로 집중 병합시키는 것이 바람직하지 않을까. 반드시 반소에 의하여야 하고 별도의 소를 금하면, 반소제기가 본소의 지연책으로 악용되는 폐단과 원고선택의 법원에 피고가 제소당하게 됨으로써 관할이익의 침해를 막기 어려울 것이다.

Ⅱ. 모 습

1. 단순반소와 예비적 반소

i) 단순반소는 본소청구가 인용되든 기각되든 관계 없이 반소청구에 대하여 심판을 구하는 경우이며, 반소의 전형적 형태이다. 예를 들면 원고의 소유권을 바탕으로 한 가옥명도의 본소청구에 피고가 그 가옥에 대한 원고의 소유권이 없다 하여 소유권이전등기말소의 반소청구를 하는 경우이다.

ii) **예비적 반소**는 본소청구가 인용될 때를 대비하여 조건부로 반소청구에 대하여 심판을 구하는 경우이다(조건부반소).[2] 예를 들면 원고가 매매로 인한 소유권이전등기청구를 한 경우에 원고의 청구가 인용될 때를 대비하여 피고가 잔대금의 지급을 반소로 구하는 경우이다(본소청구가 배척될 것에 대비하여 제기하는 예비적 반소청구도 상정할 수 있으나, 실무상 별로 없다. 단 항소심에서 하는 가지급물반환신청은 그 한 예).[3] 이 경우에는 ① 본소청구가 각하·취하되면 반소청구는 소멸되며, ② 본소청구가 기각되면 반소청구에 아무런 판단을 요하지 않는다. 그럼에도 반소청구에 대해 판단하면 효력이 없다.[4] ③ 예비적 반소에서 본소·반소 모두 각하한 경우에 피고는 항소하지 아니하고 원고만이 항소하였다 하여도 **반소청구도 심판대상**이 된다는 것이 판례[5]이나 의문이다.[6] 피고가 재판결과에 승복하여 항

1) 新堂, 1975, 656면.
2) 대법 2021. 2. 4, 2019다202795 · 202801(본서 729면 참조).
3) 대법 1996. 5. 10, 96다5001.
4) 대법(전) 2000. 11. 16, 98다22253; 동 1991. 6. 25, 91다1651 · 1622.
5) 대법 2006. 6. 29, 2006다19061 · 19078.
6) 이 견해의 소개는, 정동윤/유병현/김경욱, 1028면. 이론적으로 문제가 있다는 것에, 한충수, 682면. 대법 2008. 3. 13, 2006다53733 · 53740 참조. 반대: 김홍엽, 978면.

소·부대항소를 하지 아니하는 마당에 항소심이 심판을 하는 것이므로 처분권주의(상소심에서의 불이익변경금지의 원칙)에 반한다는 문제가 생긴다. 설혹 이 경우에 피고의 반소 각하판결은 무효이고 이에 대한 피고의 항소 또한 무효가 되어 항소하지 않은 것으로 보아도, 피고는 원고의 본소 각하판결에 대하여는 항소·부대항소의 여지가 있으며 피고가 이에 항소하였다면 무효가 될 수 없는데 이것조차 하지 않은 경우이기 때문에 그러하다. 예비적 반소가 본소와 합일확정소송이라면 별문제일 것이다.

2. 재반소와 제3자에 대한 반소

반소에 대한 재반소를 허용할 것인가에 관하여는 소송절차를 복잡하게 한다 하여 반대견해가 있으나, 현행법에서 이를 금지하는 규정을 둔 바도 없고 상호관련성 있는 소송을 한꺼번에 해결하려는 것이 반소제도의 취지라면, 재반소가 기존의 소송절차를 현저히 지연시키지 않는 등 **반소로서의 요건**을 충족하였으면 이를 허용할 것이다(통설). 원고는 취하하였던 본소청구를 재반소의 방식으로 다시 부활시킬 수 있다.[1)2)]

제3자에 대한 반소는 원칙적으로 허용되지 아니하나, 예외적으로 허용될 경우가 있음은 앞 759, 760면 참조.

Ⅲ. 요 건(269조 1항)

(1) 상호관련성 반소청구가 본소청구나 본소의 방어방법과 상호관련성이 있어야 한다. 신법은 구법의 '견련' 대신에 '서로 관련'으로 표현을 바꾸었다. 상호관련성을 요하게 함은 변론과 증거조사를 함께 실시하는 데 편리하고 나아가 심리의 중복과 재판의 저촉을 피할 수 있기 때문이다. 이 요건은 소의 변경에 있어서 청구의 기초의 동일성에 대응하는 요건이다.

(a) **본소청구와 상호관련성** 본소청구와 반소청구와의 상호관련성이란 양자가 소송물 혹은 그 대상·발생원인에 있어서 공통성(법률상·사실상)이 있다는 것을 뜻한다. 다음과 같은 경우이다.

---

1) BGH ZZP 68, 192.

2) 본소이혼청구를 기각하고 반소이혼청구를 인용하는 경우, 본소이혼청구에 병합된 재산분할청구는 원고의 반대의사표시 등 특별한 사정이 없는 한, 피고의 반소청구에 대한 재반소의 실질을 가지게 되므로 원고의 재산분할청구에 대한 심리에 들어가 액수와 방법을 정해주어야 한다는 것에, 대법 2001. 6. 15, 2001므626·633.

1) 반소청구가 본소청구와 같은 법률관계의 형성을 목적으로 하는 경우 예를 들면 원고의 이혼의 소제기에 피고도 반소로써 이혼청구.

2) 청구원인이 같은 경우 예를 들면, 원고가 매매를 원인으로 한 소유권이전등기 청구의 본소에 대하여 피고가 같은 매매의 잔대금지급 청구의 반소.

3) 양자의 청구원인이 일치하지 아니하여도 그 **대상·발생원인**에 있어서 주된 부분이 공통인 경우 예를 들면, 원고가 본소로써 토지인도를 구하였는데 피고가 반소로써 같은 토지에 대한 시효취득을 원인으로 한 소유권이전등기 청구[1](대상의 공통성, 같은 종류제품에 서로 간의 본소에서 특허침해청구·판매중지, 반소로 특허무효청구, 삼성전자 v. Apple 간의 사건 예. 특허침해의 본소에 피고측이 반소로 맞선 예, 본소가 국제관할권이 있는 사건이면 지연시키지 않으면 반소도 그 법원에 제기, 개정 국제사법 제7조), 차량충돌사고에서 서로 상대방의 과실이라 하며 원고의 손해배상의 본소제기에 피고도 손해배상의 반소제기로 맞서는 경우(발생원인에 있어서 공통성).[2]

(b) **본소의 방어방법과 상호관련성** 본소의 방어방법과 상호관련성이란 반소청구가 본소청구의 항변사유와 **대상·발생원인**에 있어서 사실상 또는 법률상 공통성이 있는 경우를 말한다. 원고의 대여금청구에 대하여 피고가 상계항변을 하면서 상계초과채권의 이행을 구하는 반소, 원고의 가옥명도청구에 대하여 피고가 항변으로 유치권을 주장하면서 피담보채무의 지급을 구하는 반소[3] 따위.

1) 본소의 방어방법과 상호관련된 반소는 그 방어방법이 반소제기 당시에 현실적으로 제출되어야 하며 또 법률상 허용되어야 한다. 따라서 상계금지채권(민 496조 내지 498조; 근기 21조)에 기한 원고의 본소청구(예: 갑이 을의 고의에 의한 불법행위임을 이유로 손해배상의 본소청구를 한 경우)에 대한 피고의 상계항변의 경우와 같이 실체법상 항변이 허용되지 않는 경우에 이에 바탕을 둔 반소(통설),[4] 소송법상 실기한 공격방어방법으로 각하된 항변(149조, 285조)에 바탕을 둔 반소는 부적법하다.[5] 이 때는 본소의 항변이 어차피 배척되게 될 것이므로 이

---

1) 원고의 건물에 대한 소유권이전등기말소의 본소에 대하여 피고가 본소인용의 경우를 대비하여 동건물부지의 소유권에 기한 건물철거를 구하는 예비적 반소에 관련관계를 인정한 것에, 대법 1962. 11. 1, 62다307.

2) 원고가 임대차의 종료를 원인으로 건물명도청구를 한 데 대하여 피고가 원고측의 그 건물에 대한 단수단전을 원인으로 하여 손해배상을 구하는 반소에 관련관계 있다고 한 것에, 대법 1967. 3. 28, 67다116·117·118. 원고가 임대차계약의 해지를 원인으로 건물명도의 본소청구에 임차인인 피고가 수선의무의 불이행으로 인한 그림 훼손의 손해배상의 반소청구=서울중앙지법 2011. 12. 23, 2011가합75725 판결(가수 비 맞소송).

3) 원고의 가등기에 기한 본등기청구에 대하여 피고가 방어방법으로 가등기채무의 변제항변을 하면서 가등기말소를 구하는 반소, 대법 1974. 5. 28, 73다2031·2032 참조.

4) 이 경우의 반소청구는 실체법상 이유 없는 것이 된다는 반대설(호문혁, 819면)이 있으나, 뒤에 반소청구본안기각의 기판력 때문에 소권을 잃을 수 있다.

5) 반대: 한충수, 684면.

와 반소청구를 함께 병합하여 변론과 증거조사를 할 경우가 못 되기 때문에 반소 병합요건의 흠결로 반소청구가 부적법각하되게 된다.

2) 본소의 방어방법과의 상호관련성과 관련되어 문제되는 것은 **점유회복의 본소**에 대하여 피고가 **본권**에 기한 반소를 제기할 수 있느냐이다. 민법 제208조 2항은 '점유권에 기인한 소는 본권에 관한 이유로 재판하지 못한다'고 규정하여 다툼이 있으나, 이는 점유의 소에 대하여 피고가 본권을 방어방법으로 내세울 수 없다는 것이지 본권에 기한 반소제기까지 막는 것이 아니므로 적법하다 할 것이다.[1] 예를 들면 아파트 임차인의 부재중에 임대인이 점유침탈하여 이를 빼앗아 들어 갔을 때에 임차인이 점유회복의 명도의 소를 제기하는 사례라면, 임대인이 소유권에 기한 명도의 반소로 맞서는 경우에 그 반소는 적법하다.

(c) **상호관련성**은 다른 반소요건과 달리 직권조사사항이라 할 수 없고 원고가 동의하거나 이의 없이 응소한 경우에는 상호관련성이 없어도 반소는 적법한 것으로 보아야 한다(사익적 요건). 판례도 이를 **이의권상실**의 대상으로 본다.[2]

(2) 본소절차를 현저히 지연시키지 않을 것 반소가 본소의 지연책 내지는 화해유도책으로 남용되는 것을 방지하기 위해 1990년 개정법률에서 이 요건을 추가하였다. 따라서 반소청구가 상호관련성이 있다 하여도 반소청구의 심리를 위해 본소절차가 지연되게 되어 별도의 소송에 의하는 것이 오히려 적절할 경우에는 법원은 반소를 허용하지 않을 수 있다. 신법 하에서 필요에 의하여 부쳐진 변론준비기일까지 마치고 쟁점·증거정리가 끝나 이제 변론에 상정된 마당에 새삼 피고의 반소제기는 1회의 변론기일의 원칙(287조 1항)을 관철하기 어렵게 만들므로, 특단의 사정이 없으면 본소절차의 현저한 지연의 경우로 볼 것이다.[3] 2024년 1월 개정법률에서 소송촉진을 위해 항소이유서제출의무제도를 채택한 마당에 더욱 그러하다. **반소권의 남용**의 견제를 위해서이다. 특히 소액사건에서 여러 차례 변론기일이 거듭되다가 변론종결 단계의 반소제기가 이에 해당되는 것으로 볼 것이다(일본은 소액사건에서 반소제기 금지). 특히 충분히 심리한 본소의 쟁점과 무관한 반소

---

1) 日最高裁 昭和 40. 3. 4 판결은 이 때에 「원고가 점유회복의 본소에 의하여 승소한 끝에 원고 앞으로 인도집행된 뒤는 원고는 이를 피고에게 인도하라」는 취지의 장래의 이행의 소의 형태로 반소청구를 하여야 한다고 했다. 점유권에 기한 본소와 소유권에 기한 예비적 반소가 모두 이유 있으면 본소·반소 모두 인용하여야 하고, 확정되면 점유자는 본소의 강제집행으로 점유회복할 수 있으며 본권자는 본소집행후 반소의 강제집행으로 점유회복할 수 있다는 것에, 대법 2021. 2. 4, 2019다202795·202801.

2) 대법 1968. 11. 26, 68다1886·1887.

3) 같은 취지: 정영환, 922면. 반대: 김홍엽, 973면.

일 경우에 그러하다. 상호관련성과 달리 원고의 이익을 위한 것이 아니고 소송촉진이라는 공익적 요건이므로 이의권의 포기·상실의 대상이 될 수 없으며 직권조사사항인 것이다.

(3) 본소가 사실심에 계속되고 변론종결 전일 것

1) 본소의 소송계속은 반소제기의 요건이고 그 존속요건은 아니다. 따라서 반소제기 후에 본소가 각하·취하되어 소멸되어도 예비적 반소가 아닌 한 반소에 영향이 없다.[1] 그러나 본소가 취하되면 피고는 원고의 응소 후라도 그의 동의 없이 반소를 취하할 수 있다(271조). 본소가 각하된 경우까지 이 규정이 유추되지 않는 것이 판례이다.[2]

2) 반소는 사실심인 항소심의 변론종결시까지 제기할 수 있다. 지방법원 합의부가 지방법원 단독판사의 판결에 대한 항소사건을 제2심으로 심판도중 제기된 합의부관할의 반소청구에 제269조의 이송규정에의 적용이 배제된다.[3] 상고심에서는 반소를 제기할 수 없음이 원칙이나, 예외적으로 피고가 가집행선고의 실효의 경우를 대비한 가지급물반환신청(215조)은 예비적 반소로써[4] 상고심에서도 허용하는데 당사자간에 다툼이 없어 사실심리를 요하지 않는 경우에 한한다.[5]

항소심에서 반소의 제기는, 상대방의 심급의 이익을 해할 우려가 없는 경우 또는 상대방의 동의를 얻은 경우라야 한다(412조 1항). 특히 항소심에서 비로소 상계항변(소의 변경·상계항변과 같이 항소심에서 반소제기의 제한은 ZPO § 533)을 하면서 이를 토대로 반소까지 제기하는 것은 원고의 동의가 없는 한 부적법하다. 다만 상대방이 이의 없이 반소에 대해 본안변론을 한 때는 반소제기에 동의한 것으로 본다(동조 2항).[6] 원고의 심급의 이익을 해할 우려가 없는 경우이면 동의 없이 반소제기를 허용할 것이라는 것은 종전 판례·학설에서 인정했던 바인데, 신법이 이를 입법화하였다.

원고의 심급의 이익을 해할 우려 없는 경우에는 i) 중간확인의 반소, ii) 본소와 청구원인을 같이하는 반소, iii) 제1심에서 본소의 청구원인 또는 방어방법과 관련하여 이미 충분히 심리한 쟁점과 관련된 반소,[7] iv) 항소심에서 추가된 예비

1) 같은 취지: 정동윤/유병현/김경욱, 1031면. 다만 피고가 추후 보완항소를 하면서 항소심에서 반소를 제기한 경우에 그 항소가 적법하면 반소를 제기할 수 있다는 것에, 대법 2013. 1. 10, 2010다75044; 동 2003. 6. 13, 2003다16962·16979.
2) 대법 1984. 7. 10, 84다카298. 이에 반대: 이재성, 판례평석집(Ⅷ), 91면.
3) 대법 2011. 7. 14, 2011그65.
4) 대법 2005. 1. 13, 2004다19647.
5) 대법 1999. 11. 26, 99다36617 등.
6) 반소청구의 기각답변만으로 이에 해당되지 않는다는 것에, 대법 1991. 3. 27, 91다1783·1790.
7) 대법 2013. 1. 10, 2010다75044; 동 2015. 5. 28, 2014다24327 등.

적 반소 등이 해당될 것으로, 이 때는 원고의 동의 없이 제기할 수 있다고 볼 것이다. 항소심에서 반소를 교환적으로 변경하는 경우 신·구청구가 실질적 쟁점이 동일하여 청구의 기초에 변경이 없으면 된다.[1] 원고의 동의도 없고 심급의 이익을 해할 항소심의 반소는 부적법하다.[2]

3) 변론종결 후에 제기한 반소는 부적법하다. 반소의 제기가 있다 하여 반드시 변론의 재개를 허용하여야 하는 것은 아니다. 그러나 재개하면 그 흠은 치유된다.

(4) 본소와 같은 종류의 소송절차에 의할 것(소송절차의 공통. 253조 참조) 반소는 본소 계속중에 그 소송절차를 이용하여 신소를 제기하는 것이기 때문에, 청구의 병합 요건을 갖추지 않으면 안 된다.

(5) 반소가 다른 법원의 전속관할에 속하지 아니할 것(관할의 공통. 269조 1항 단서 전단) 본소에 대하여 국내법원에 관할권이 있는 경우처럼, 대한민국 법원에 국제재판관할권이 있고 앞서 본 반소요건인 본소와의 상호관련성과 본소절차를 현저히 지연시키지 아니하는 경우는 반소를 본소계속의 법원에 제기할 수 있다(국제사법 7조). 반소청구가 본소청구와는 다른 법원의 전속관할에 속하는 경우에는 본소계속법원에 제기할 수 없다. 전속관할에는 전속적 합의관할까지 포함하지 않는다고 할 것이다.[3]

지법단독판사는 본소심리중에 피고가 합의사건에 속하는 청구를 반소로 제기한 경우에는 본소와 반소를 모두 합의부로 이송하여야 한다(269조 2항). 다만 이 경우에 원고가 이제 합의부관할 사건이 되었다고 관할위반의 항변을 하지 아니하고 반소에 대해 변론하면 단독판사에 변론관할(30조)이 생겨 이송할 필요가 없다는 것이 신법 제269조 2항 단서의 규정이다. 판례는 항소심에서 합의사건에 속하는 반소청구를 하는 경우는 이 이송규정이 배제되는 것으로 보았다.[4]

Ⅳ. 절차와 심판

1. 반소의 제기

반소는 본소에 관한 규정을 따른다(270조). 따라서 반소를 제기함에 있어서는 본소의 경우에 있어서 소장처럼 원칙적으로 반소장을 제출하지 않으면 안 된다

1) 대법 2012. 3. 29, 2010다28338·28345.
2) 부동의한 반소청구에 대해 판결주문이나 이유에서 언급이 없으면 재판누락이 된다는 것에, 대법 1989. 2. 26, 89므646.
3) 같은 취지: 강현중, 793면. 반대: 방순원, 344면; 이영섭, 250면; 한충수, 685면.
4) 대법 2011. 7. 14, 2011그65.

(online 제출 가능. 다만 소액사건에서는 구술에 의한 반소의 제기가 허용. 소심 4조 참조). 반소장에는 소장의 필요적 기재사항(249조)과 마찬가지로 반소청구의 취지와 원인을 기재하여야 하며, **적극적 당사자를 반소원고로, 소극적 당사자를 반소피고로** 표시한다. 소장에 붙이는 것과 같은 금액의 인지를 붙여야 하나, 다만 본소와 그 목적이 동일한 반소의 경우에는 반소의 인지액에서 본소의 그것을 공제한 차액의 인지액만 내면 된다(민인 4조 2항. 차액주의). 반소장의 부본은 바로 원고에게 송달하여야 한다(규 64조 2항·1항).

2. 반소요건 등의 조사

반소가 제기되면 반소요건과 일반소송요건을 조사하여야 한다. 반소요건의 흠이 있는 부적법한 반소에 대해서는 판결로써 각하하여야 한다는 각하설이 종래의 학설이고 판례이나,[1)] 요건에 흠이 있는 반소라도 그것이 독립의 소로서의 요건을 갖춘 것이면 본소와 분리하여 심판할 것이라는 분리심판설이 다수설이다. 생각건대 i) 반소요건이 본소와의 병합요건인 바에야 청구의 병합의 경우의 요건의 흠과 달리 취급할 이유가 없는 것이고, ii) 당사자의 의사·이익보호·소송경제 등을 고려할 때에 다수설이 옳다. 다만 반소요건을 갖추어도 일반소송요건(소의 이익, 대리권 따위)의 흠이 있는 경우에는 보정되면 별론이로되 판결로써 반소를 각하하여야 한다.

3. 본안심판

본소와 반소는 심리의 중복·재판의 불통일을 피하기 위하여 원칙적으로 병합심리를 하여야 한다. 따라서 1개의 전부판결이 원칙이나, 절차의 번잡·지연의 염려 등 특별한 사정이 있는 경우에는 변론의 분리·일부판결을 할 수 있다(141조, 200조 2항).[2)] 본소에서 주장과 증거제출이 반소제기 후 반소에 관한 항변으로 원용의 여지가 있으면 원고가 원용하는지 여부의 석명이 필요하다.[3)] 1개의 전부판결을 하는 경우에도 본소와 반소에 대해 판결주문을 따로 내야 하나, 소송비용의 부담에 관하여는 **소송비용불가분**의 원칙상 본소비용과 반소비용을 나누어 판단할 것이 아니다.

---

1) 대법 1965. 12. 7, 65다2034·2035; 동 1968. 11. 26, 68다1886·1887은 원심의 부적법각하 조치에 대하여 의문시하지 않았다.

2) 같은 취지: 김홍규/강태원, 681면; 정동윤/유병현/김경욱, 1034면; 호문혁, 801면. 대법 2019. 3. 14, 2018다27785·277792에서는 반소청구에서 사해행위취소판결이 아직 확정되지 않았다 하더라도 사해행위인 법률행위가 취소되었음을 이유로 본소청구를 기각할 수 있다고 했다.

3) 대법 1993. 3. 26, 92다38065.

제2장 다수당사자소송(당사자의 복수)

원래 민사소송법은 1인의 원고 대 1인의 피고의 단일소송을 기본형으로 출발하였다. 그러나 오늘날 사회생활과 경제거래가 다양해지고 집단화하면서, 종래의 1 대 1의 개인주의적 소송형태로서는 처리하기에 버거운 양상이 나타나서, 이에 대응하는 새로운 민사소송이론의 정립이 중요한 과제로 등장하고 있다.

널리 다수당사자소송이란 1개의 소송절차에 3인 이상의 자가 동시에 또는 때를 달리하여 절차에 관여하는 소송을 말한다. 동시에 3인 이상 관여하는 것으로는 공동소송이 대표적이고, 후발적으로 관여하는 것으로는 당사자 참가, 당사자의 추가·변경 등이다. 다수당사자분쟁을 하나의 소송에 **절차집중**에 의한 해결은 공통의 쟁점에 대하여 통일적인 심판을 하게 되어, 당사자에게 편리함은 물론 판결의 모순·저촉을 방지할 수 있어서 소송경제에도 도움을 준다.

다수당사자소송형태에는, 2인 이상의 당사자가 원고 또는 피고측에서 공동으로 소송에 관여하는 '**공동소송**'과 이의 현대적 확장인 '**집단소송**', 종전의 소송에 제3자가 적극적으로 가입하는 '**제3자의 소송참가**', 그리고 '**당사자의 변경**'이 있다. 다수당사자소송에는 당사자끼리 모순없는 판결을 해야 하는 합일확정을 필요로 하는 형태가 있고, 반드시 그렇게 할 필요가 없는 형태가 있다. 전자에 속하는 것이 필수적 공동소송, 예비적·선택적 공동소송, 독립당사자참가·공동소송참가 등이다. 저자는 이를 총괄적으로 **합일확정소송**이라고 부르고 싶다.

제1절 공동소송

Ⅰ. 의 의

(1) 공동소송이란 1개의 소송절차에 여러 사람의 원고 또는 피고가 관여하는 소송형태를 말한다. 이 경우 원고 또는 피고측에 서는 여러 사람을 **공동소송인**이라 한다. 공동소송을 **소의 주관적 병합**이라고도 한다. 공동소송이 되기 위해서는 당사자가 복수이어야 하므로, 당사자 이외의 자 예컨대 소송대리인이 여러

사람일 때에는 공동소송으로 되지 않는다.

(2) 공동소송은 다수당사자간의 관련분쟁을 같은 절차 내에서 동시에 심리함으로써, 심판의 중복을 피하게 하여 당사자와 법원의 노력·시간·비용을 절약하게 하는 한편 분쟁의 통일적 해결에 이바지할 수 있다. 그러나 공동소송은 때로는 소송을 복잡하게 하고, 소송지연의 요인이 됨을 간과하여서는 안 된다. 그러므로 공동의 이해관계를 가진 자가 당사자가 되어 공동소송을 할 경우는 필요에 따라 공통의 변호사 선임(변론의 복잡·중단사유의 발생·송달의 폭주 등의 방지), 선정당사자의 선정으로 소송관계를 단순화시킬 것이 요망된다.[1][2]

현행 공동소송제도는 1 대 1의 개별소송의 병합으로 구성되어 있고, 또 어느 때나 원고측과 피고측이라는 이면적분쟁을 기본적 전제로 하는 점에서 최근에 자주 발생하는 현대형소송 즉 집단불법행위소송, 공해소송, 투자자·소비자구제소송에 있어서와 같은 당사자가 많은 집단분쟁의 해결에 적합치 않고, 다면적당사자분쟁의 통일적 해결의 요청에도 부응하지 못한다. 이와 같은 전통형의 공동소송형태가 집단분쟁의 해결에는 무기력한 것도 비합법적인 집단소요의 한가지 요인이라 할 수 있다.

낫과 망치, 우마차시대에서 트렉터와 로봇, 전동차·항공기·드론·로켓·AI시대로 변모하는 상황에서 소송형태도 단일소송 → 공동소송 → 집단소송 → 소액AI소송으로 transform을 할 때이다. 미국의 class action은 증권관련집단소송제도로, 독일의 단체소송은 소비자·개인정보 단체소송제도로 부분 도입을 하였고, 지방자치법의 주민소송, 상법의 주주대표소송의 채택 등으로 부분적 제도화는 평가할 바 있으나 이에 안주할 수는 없다(뒤의 「집단소송」 참조). 나아가 여러 사람끼리 서로 얽힌 다면적 당사자 분쟁의 1회적 해결을 위하여는 미국의 crossclaim, third party practice(impleader), interpleader 등[3]에 대하여 입법론은 물론 해석론상으로 그 도입의 검토가 필요할 것이다.

아래에서는 세계에서 가장 소송사건이 많아 연간 1,800만 건에 달하여 소송법이 가장 발달한 미국의 다수당사자소송을 다음 약도로 소개하며 우리 제도와 비교한다(아래 [도표 10] 참조).

[도표 10] 미국의 다수당사자소송과 우리 제도와의 비교

	소송형태	내 용	비슷한 우리 제도
	당사자병합-공동소송 (joinder of parties)	강제적 당사자병합 (FRCP 19) 임의적 당사자병합 (FRCP 20)	통상 공동소송 필수적 공동소송 예비적·선택적 공동소송 추가적 공동소송

1) 졸고, "사법운영의 합리화와 소송촉진책," 법무자문위원논설집, 134·141면.
2) 독일 행정심판법에서는 20명 이상의 당사자가 있는 경우에 법원이 공통의 대리인의 선임을 구하거나 50명 이상의 당사자가 있는 경우 공시송달 또는 공시에 의해 행하는 소환을 명할 수 있도록 하였다(§ 56a, 65, 67a VwGO).
3) 김정환, "미국의 복합소송제도와 그 도입 가능성," 고려대학교 법학박사 학위논문(2012), 12면.

다수 당사자소송 (complex litigation)	소송참가 (intervention)	권리로서의 소송참가 (FRCP 24(a)) 허가에 의한 소송참가 (FRCP 24(b))	보조참가 공동소송적 보조참가 공동소송참가
	경합권리자 확정소송 (interpleader)	연방규칙상의 확정소송 (FRCP 22) 제정법상의 확정소송 (28 U.S.C. § 1335 등)	독립당사자 참가
	제3당사자소송 (impleader, FRCP 14)		소송고지
	대표당사자소송 (class action, FRCP 23)		증권관련집단소송
	주주대표소송 (shareholder derivative suit, FRCP 23.1)		상법상의 주주대표소송

Ⅱ. 발생원인과 소멸원인

(1) 원시적 발생원인 처음부터 여러 사람의 원고가, 또는 여러 사람의 피고에 대하여 공동으로 소를 제기한 경우로서 공동소송의 원칙적인 발생원인이다. 이를 소의 고유의 **주관적 병합**이라고도 한다.

(2) 후발적 발생원인 처음은 단일소송이었다가 소송계속이 된 뒤에 후발적으로 공동소송이 되는 수도 있다.

i) 필수적 공동소송인이나 예비적·선택적 공동소송인의 추가(70조, 68조), ii) 참가승계(81조), iii) 소송인수(82조), iv) 공동소송참가(83조; 상 404조 1항), v) 변론의 병합(141조), vi) 한 당사자의 지위를 수인이 당연승계(예: 당사자의 사망으로 소송의 목적인 권리관계를 여러 사람이 공동상속한 경우) 등이 있다.

(3) 소멸원인 공동소송인 일부의 소송관계가 일부판결에 의하여 종결되거나, 일부화해·포기·인낙 또는 일부취하에 의하여 종료되는 때 혹은 제141조에 의하여 변론이 분리된 경우에는 공동소송은 단일소송으로 변모된다.

Ⅲ. 공동소송의 일반요건

여러 사람이 공동으로 소송을 수행하려면, 객관적 요건 이외에 주관적 요건을 요한다. 주관적 요건은 공동소송으로 병합심리하기에 적합하게 각 공동소송인의 청구 또는 이에 대한 청구 서로 간의 공통성·관련성을 뜻한다. 다만 공동소송의 객관적 요건은 직권조사사항임에 대해, 주관적 요건은 피고의 이의를 기다려 조사할 항변사항이다. 여기의 요건은 통상공동소송만이 아니라 필수적 공동소송에도 적용되는 요건이다.

(1) 주관적 요건(65조) 소송의 목적이 공동소송인이 될 여러 사람 사이에서 다음과 같은 경우이다.

1) 권리·의무의 공통(65조 전문 전단) 예를 들면 여러 사람의 합유자·공유자들의 소송, 진정 또는 부진정 연대채권자·연대채무자들의 소송, 불가분채권자·불가분채무자들의 소송 등.

2) 권리·의무발생원인의 동일(65조 전문 후단) 권리·의무가 사실상·법률상 같은 원인으로 말미암아 생긴 경우, 예를 들면 집단 사고·재해 피해자들의 손해배상청구 또는 여러 사람의 가해자(건축설계자·시공자·시행자·직무유기의 관계당국 등, 저축은행·회계법인·금융감독원 등)에 대한 손해배상청구, 주채무자와 보증인을 공동피고로 하는 청구 등.

3) 권리·의무와 발생원인의 동종(65조 후문) 예를 들면 아파트 구분소유자들이 개별 하자 때문에 제기하는 손해배상청구, 같은 종류의 분양계약에 기해 여러 사람에 대한 분양대금지급청구 등.

위 1), 2)유형의 공동소송(65조 전문, 오스트리아에서는 실질적 공동소송)과 위 3)유형의 공동소송(65조 후문, 그곳에서는 형식적 공동소송)과는 법리상 몇 가지 차이가 있다. i) 전자에는 관련재판적이 준용되나(25조 2항), 후자에는 준용이 없다. ii) 전자에 대해서는 선정당사자를 세울 수 있지만, 후자는 그러하지 아니하다. iii) 공동소송인 독립의 원칙의 수정이 요청되는 것은 전자에 대해서이다. iv) 이론상 합일확정소송이 논의되는 것도 전자에 대해서만이다.

(2) 객관적 요건 공동소송은 고유필수적 공동소송의 경우를 제외하고는 청구의 병합이 뒤따르므로, 청구의 병합요건을 갖추어야 한다(앞의 「병합청구」 참조).

공동소송인의 각 청구가 같은 종류의 소송절차에 의해 심판될 것(253조), 수소법원에 공통의 관할권.

제65조 후문의 공동소송에서는 **관련재판적의 규정**이 준용이 되지 아니하므로(25조 2항 참조) 공통의 관할을 찾기 어려워 공동소송으로의 제기에 장애가 생길 수 있다.

Ⅳ. 공동소송의 종류

공동소송은 공동소송인간에 합일확정(einheitliche Entscheidung, 재판통일)이 필수적인가의 여부에 의하여 통상공동소송과 필수적 공동소송으로 구분되는데, 먼저 통상공동소송을 본다.

1. 통상공동소송

(1) 의 의 통상공동소송이란 공동소송인 사이에 합일확정이 필수적이 아닌 공동소송으로서, 공동소송인 사이에서 **승패가 일률적으로 될 필요**가 없는 공동소송의 형태를 말한다. 따라서 공동소송인 중 A는 완승, B는 완패, C는 반패 등 판결의 결과가 구구하게 되어도 무방한 경우이다(물리적 결합). 예를 들면 여러 사람의 피해자가 같은 가해자를 상대로 한 손해배상청구, 채권자가 주채무자와 보증채무자를 상대로 하는 청구 등이다(공동소송의 대부분). 원래 각기 개별적인 소송으로 해결지어도 무방한 성질의 사건이 우연히 하나의 절차에 병합된 형태이다. 예외적으로 인정되는 필수적 공동소송을 제외하고 공동소송은 모두 통상공동소송이다.

(2) 공동소송인독립의 원칙(66조)

(a) 개 념 통상공동소송에 있어서는 각 공동소송인은 다른 공동소송인에 의한 제한·간섭을 받지 않고 각자 독립하여 소송수행을 가지며, 상호간에 **연합관계**나 **협력관계**가 없는 것을 공동소송인독립의 원칙(Selbständigkeit)이라 한다. ZPO § 61는 공동소송인 중 한 사람의 행위는 다른 공동소송인에게 이익으로도 불이익으로도 영향을 미치지 않는 것으로 표현하였다.

(b) 내 용

1) 소송요건의 존부는 각 공동소송인마다 개별 심사처리하여야 한다(소송요건의 개별처리). 따라서 일부 공동소송인에 대해서는 소송요건이 존재하나 나머지 공동소송인에 대해서는 그 흠이 있으면, 흠이 있는 공동소송인에 한하여 소를 각하하여야 한다. 심리의 개시도 모든 공동소송인에 대하여 일률적으로 같은 기일에 할 필요가 없다.[1)]

2) 공동소송인의 한 사람의 소송행위는 유리·불리를 가리지 않고 원칙적으로 다른 공동소송인에게 영향을 미치지 않는다(소송자료의 불통일). 따라서 각 공동소송인은 각자 청구의 포기·인낙,[2)] 자백,[3)] 화해·조정, 답변서의 제출, 소·상

1) Thomas-Putzo, § 61 Rdnr. 2.
2) 대법 1987. 6. 23, 86다카1640.
3) 대법 1968. 5. 14, 67다2787 등.

소의 취하,[1] 상소의 제기 등의 소송행위를 할 수 있으며, 그 행위를 한 자에 대하여서만 효력이 미치고 다른 공동소송인에 대하여는 영향이 없다.[2] 공동소송인은 공격방어방법을 개별적으로 제출할 수 있으며 그 주장을 서로 달리하여도 관계없다. 자백하는 자가 있는가 하면 다투는 자가 있을 수 있다. 서로 주장을 달리한다 하여 석명할 필요가 없다.[3]

3) 공동소송인의 한 사람에 관한 사항은 다른 공동소송인에 영향이 없다(소송진행의 불통일). 한 사람에 대해 생긴 사망 등 중단이나 중지의 사유는 그 자의 소송관계에 대해서만 절차를 정지하게 하고, 기일·기간의 해태가 있어도 다른 공동소송인에게 그 효과가 미치지 않는다. 따라서 기일에 불출석한 공동소송인만이 자백간주(150조)[4]·소취하간주(268조) 등의 불이익을 입게 된다. 공동소송인에 대한 판결의 상소기간도 개별적으로 진행된다.

4) 각 공동소송인은 자신의 소송관계에 있어서만 당사자이다. 그러므로 다른 공동소송인의 대리인·보조참가인이 될 수 있고 또 그에게 소송고지를 할 수 있다(84조). 또 자기의 주장사실에는 관계가 없고 다른 공동소송인의 이해에만 관계 있는 사항에 대해서는 증인능력이 있다(당사자지위의 독립).

5) 공동소송인의 한 사람에 대해 판결하기에 성숙한 때에는 변론의 분리·일부판결(200조)을 할 수 있다. 공동소송인간에 재판통일이 필요 없으며, 판결내용이 공동소송인들 상호간의 공격방어방법의 차이에 따라 모순되고 구구하게 되어도 상관이 없다(재판의 불통일).[5] 승소의 경우에 소송비용을 구하는 경우에도 각 공동소송인별로 산정함이 원칙이다.[6] 다만 공동소송인간의 소송비용부담에 관하여는 특칙이 있다(102조).

이처럼 통상공동소송에 있어서는 각 공동소송인은 독립의 지위를 갖지만 같은 절차에서 병합심리되는 이상, 각 공동소송인에 대해 기일을 공통으로 지정하

---

1) 대법 1971. 10. 22, 71다1965. 대법 1970. 7. 28, 70다853·854는 공유자의 지분권확인의 소는 통상공동소송이라는 전제하에서 각 공유자는 자유로이 자기의 소를 취하할 수 있다 하였다.
2) 공동소송인 중 일부만이 상고를 제기한 경우에 피상고인이 상고인 이외의 다른 공동소송인을 상대로 부대상고를 제기할 수 없다(대법 1994. 12. 23, 94다40734).
3) 대법 1982. 11. 23, 81다39.
4) 대법 1981. 12. 8, 80다2963.
5) 각 공동소송인마다 그 소송관계가 각기 별개로 성립되어 처분권주의하에서 각기 상이한 판결이 선고될 수 있다고 한 것에, 대법 1992. 12. 11, 92다18627 등. 자백간주가 된 피고들과 원고의 주장을 다툰 피고들 사이에서 동일한 실체관계에 대하여 서로 배치된 내용의 판단을 내려도 위법이 아니다(대법 1997. 2. 28, 96다53789).
6) 대법 1992. 12. 14, 92마369.

고 변론준비 · 변론 · 증거조사 · 판결도 같이하는 것이 원칙이다. 그리하여 사실상 소송진행도 같이하게 되고, 재판의 통일도 어느 정도는 기대할 수 있다. 특히 변호사를 공동대리인으로 세운 경우는 그러하다.

(3) 공동소송인독립원칙의 수정 공동소송인독립의 원칙을 기계적으로 관철하면 공동소송인간에 재판의 통일이 보장되기 어렵다. 특히 공동소송인간에 실질적인 견련관계가 있는 제65조 전문의 공동소송의 경우에 재판의 모순 · 저촉은 매우 부자연스럽다. 따라서 이 원칙을 부분적으로 수정하려는 법리로서 다음과 같은 것이 있다.

(a) **증거공통** 병합심리에 의하는 이상 변론 전체의 취지 및 증거조사 결과 얻은 심증(202조)은 각 공동소송인에 대해 공통으로 되기 때문에, 한 사람의 공동소송인이 제출한 증거는 다른 공동소송인의 원용이 없어도 그를 위한 유리한 사실인정의 자료로 사용할 수 있다. 이를 '**공동소송인간의 증거공통의 원칙**'이라 하는데 현재 통설이다.

증거공통의 원칙에는 두 가지 예외가 있다.

① 공동소송인간에 이해상반이 있는 경우에까지 확장되는 것은 아니며, 이 때에는 다른 공동소송인의 방어권의 보장을 위하여 명시적인 원용을 요한다고 할 것이다.[1)]

② 공동소송인 중 한 사람이 자백(자백간주도 같다)한 경우, 자백한 공동소송인에 대해서는 증거에 의한 심증에 불구하고 자백대로 사실확정을 해야 하나, 다른 공동소송인에 대해서는 변론 전체의 취지로 영향을 미칠 수 있다.[2)]

(b) **주장공통** 공동소송인 중의 한 사람이 상대방의 주장사실을 다투며 항변하는 등 다른 공동소송인에게 유리한 행위를 할 때 다른 공동소송인의 원용이 없어도 그에 대하여 효력이 미치는가이다. 우리 판례[3)]나 일부학설은 주장공통의 원칙을 부정한다. 제66조의 명문규정과 변론주의를 근거로 한다. 예를 들면 채권자 갑이 주채무자 A와 보증채무자 B를 공동피고로 제소한 경우에 주채무자 A는 채무의 존재를 부인 또는 변제 등 이유 있는 항변을 하나 보증채무자 B는 답변서의 부제출 또는 불출석으로 자백간주되거나 그와 같은 항변의 원용조차 하

---

1) 강현중, 802~803면. 반대: 박재완, 595면; 전원열, 645면.
2) 대법 1976. 8. 24, 75다2152.
3) 대법 1994. 5. 10, 93다47196; 동 1991. 4. 12, 90다9872. 피고 중 일부는 출석하여 쟁점 등기가 실체관계에 부합하는 유효등기라는 주장을 하였으나, 나머지 피고는 공시송달에 의하여 소환받아 그에 관한 아무런 주장도 못한 경우이다.

지 않을 때, 법원은 주채무자 A에 대한 관계에서는 주채무의 부존재·소멸을 이유로 원고청구기각, 항변없는 보증채무자 B에 대한 관계에서는 주채무가 소멸되지 않고 존재함을 전제로 원고청구인용을 하여야 한다는 것이다. 그러나 이것은, 역사적 사실은 하나밖에 있을 수 없다는 논리의 거역으로서 국민의 재판불신요인이 될 수 있다. 다시 말하면 주채무가 소멸되었으면 소멸된 것 한 가지의 사실인정을 할 것이지, 어떤 사람에게는 소멸되었다고도 하고 다른 사람에게 소멸되지 아니하였다고도 하는 등 서로 모순되는 사실인정으로 나가는 것이어서, 일반국민이 자칫 법원이 어이없는 재판을 한다고 사법 불신을 하게 된다.[1] 또 이와 같은 예는 항변에 의한 이익을 받고 싶지 않다기보다는, 공동소송인 독립의 원칙의 몰이해나 소송수행능력의 불완전 등에 기인한다고 할 것으로 본인소송·공시송달에 의해 진행되는 소송에 있어서 생길 수 있는 일이다. 따라서 공동소송인 중 한 사람에 의하여 공통사실이 주장되었을 때에 다른 공동소송인이 이와 **저촉되는 행위**를 적극적으로 한 바 없고 그 주장이 다른 공동소송인에게 **이익이 되는 한** 그 자에게도 효력이 미친다고 볼 것이다(한정적 긍정).[2] 이는 변론주의의 무리한 확장도 아닐 것이다.

(c) 공동소송인 사이에서 판결 결과가 구구하게 나오는 것을 피하기 위하여 이러한 주장공통의 원칙이론 외에 ① 공동소송인 간에는 당연히 보조참가의 성립을 인정하여야 한다는「당연의 보조참가관계」이론 그리고 이론상 합일확정소송이론(뒤에 볼「필수적 공동소송」참조), ② 석명권행사론[3]도 있다.

2. 필수적 공동소송[4](필요적 공동소송)

필수적 공동소송이란 공동소송인 사이에 **합일확정**을 필수적으로 요하는 공동소송이다(67조). 구법에서는 필요적 공동소송이라 했다. 공동소송인간에 소송의 승패를 일률적으로 할 필요가 있다. 따라서 공동소송인 중 A는 승소, B는 패소 등 본안판결의 결과가 구구하게 되는 것이 법률상 허용되지 아니하는 경우이다

1) 甲이 A·B를 상대로 소유권확인의 소를 제기한 경우에 A는 열심히 다투어 승소, B는 변론답변서를 제출하지 아니하여 자백간주에 의해 패소가 되는 경우, 甲은 B에게는 소유권자, A에게는 소유권자가 아니라는 결과가 되어 법원이 소유권의 절대성도 모른다고 오해할 수 있는 일이 발생할 수 있다.

2) 방순원, 198면; 강현중, 803~804면; 정영환, 884면; 홍기문, "공동소송인 독립의 원칙," 이시윤 박사 화갑기념논문집(하), 124면; Rosenberg/Schwab/Gottwald, § 48 Rdnr. 28; Thomas-Putzo, § 61 Rdnr. 11 등 독일의 통설. 일본에서도 新堂, 480면 등 유력설.

3) 정동윤/유병현/김경욱, 1048면.

4) 김경욱, '다수당사자소송과 합일확정', 안암법학 2011년 제35호.

(화학적 결합). 합일확정소송 또는 특별공동소송이라고도 한다. 필수적 공동소송은 소송공동이 강제되느냐의 여부에 의하여 고유필수적 공동소송과 유사필수적 공동소송으로 분류된다.

(1) **고유필수적 공동소송** 소송공동이 법률상 강제되고, 또 **합일확정**의 필요가 있는 공동소송이다. 즉 여러 사람에게 소송수행권이 공동으로 귀속되어 여러 사람이 공동으로 원고 또는 피고가 되지 않으면 당사자적격을 잃어 부적법해지는 경우이다(하나의 소, 하나의 절차, 하나의 판결).[1] 고유필수적 공동소송은 실체법상 **관리처분권**, 즉 소송수행권이 여러 사람에게 공동귀속되는 때이므로 실체법상 이유(aus materiellrechtlichen Gründen)에 의한 필수적 공동소송이라고 한다.

관리처분권이 여러 사람에게 귀속되느냐 여부를 기준으로 고유필수적 공동소송인가의 여부를 가리는 관리처분권설이 통설이나,[2] 이보다 i) 분쟁의 1회적 통일적 해결의 관점에서 분쟁해결의 실효성, 판결의 모순회피의 이익, 관계자의 이해, 절차의 진행상황 등 소송법적 관점을 중시하여 고유필수적 공동소송의 범위를 정하여야 한다는 견해가 있는가 하면, ii) 관리처분권의 귀속 여부의 실체법적 관점과 함께 소송법적 관점도 같이 고려하여 분쟁의 통일적 해결의 관점에서 판정하여야 한다는 견해[3]가 있다. 그러나 여기에서 말하는 소송법적 관점은 객관적 기준이 불명확하여 불안정하며, 자칫 실체법상 관리처분권을 가진 자의 법적 지위가 무시될 수 있는 문제점이 있다. 통설이 무난하다.

(a) **형성권의 공동귀속**[4] 형성(소)권이 여러 사람에게 공동으로 귀속된 경우는 그 주체인 여러 사람이 공동으로 원고 또는 피고가 되지 않으면 안 된다. 다른 사람 사이의 권리관계의 변동을 목적으로 하는 형성의 소(이에 준하는 확인의 소)가 이에 해당되는데, 이 때는 그 권리관계의 주체 전원이 공동소송인으로 나서지 아니하면 안 된다.[5]

1) 재산관계소송 공유물분할청구는 공유자 모두에게 귀속된 분할권에 관한 소송이므로 분할을 구하는 공유자가 다른 나머지 공유자 전원을 공동피고로 하여야 하고,[6] 공유자측이 경계확정의 소를 제기할 때에는 공유자가 모두 공

1) 미국에는 병합되지 아니하면 법원의 명령에 의하여 당사자로 되게 하는 강제적 당사자병합(compulsory party joinder)제도가 있다(FRCP § 19(a)).

2) 방순원, 199면; 강현중, 805면; 송상현/박익환, 638면.

3) 김홍규/강태원, 689면; 정동윤/유병현/김경욱, 1050면; 정영환, 886면; 한충수, 694면.

4) Thomas-Putzo, § 62 Rdnr. 12; Zeiss, Rdnr. 749.

5) 소송계속 중에 일부 공유지분이 이전된 경우에도 그 양수인까지 소송당사자가 되지 못하면 전부 부적법하다는 것에, 대법 2022. 6. 30, 2020다210686 · 210693.

6) 상속재산에 속하는 개별재산에 대해서는 민법 제268조의 규정에 의한 공유물분할청구의 소의 대상이 아니다=대법 2015. 8. 13, 2015다18367. 대법 2012. 6. 14, 2010다105310; 동 2014. 1. 29, 2013다78556; 동 2014. 8. 20, 2013다41578(특허권이 공유인 경우에 공유물분할청구가 가

동원고가 될 것을 요한다(공유자측이 피고로 되는 경우도 같다). 이웃 토지소유자와의 공유토지의 경계확정청구는 공유자 모두에 귀속된 공유물의 처분·변경권에 관한 중요사항이므로(민 264조), 공유자 전원이 나서야 하는 고유필수적 공동소송이다. 판례도 같다.[1] 그러나 분할방법에 재량은 있으나 공유물분할청구의 소에서 법원이 등기의무자가 아닌 자를 상대로 등기의 말소절차이행을 명할 수 없다.[2]

2) 가사소송　　제3자 제기의 친생자관계부존재확인의 소[3]나 혼인무효·취소의 소[4]는 모두 필수적 공동소송이다(가소 24조 2항).[5] 앞은 부모 및 자를, 뒤는 부부를 각 공동피고로 하여야 한다. 민법 제845조의 규정에 의한 '부(아버지)를 결정하는 소'도 필수적 공동소송의 예이다(가소 27조 참조).

3) 회사 등 단체관계소송　　판례는 청산인해임의 소(상 539조)[6]는 그 법률관계의 당사자인 회사와 청산인 둘을 공동피고로 하여야 한다고 했다. 집합건물 제24조 제3항의 관리인 해임의 소는 법률관계의 당사자인 관리단과 관리인 사이의 법률관계의 해소를 목적으로 하는 형성의 소이므로 양자를 공동피고로 하여야 한다.[7] 일본판례[8]도 이사해임청구의 소(상 385조)에 있어서 당해 법률관계의 당사자인 점과 절차보장을 위해 회사와 더불어 이사도 같이 공동피고로 하여야 하는 고유필수적 공동소송이라 하였다.

(b) 공동소유관계소송[9]

1) 총유관계　　판례[10]는 비법인사단의 총유재산에 관한 소송은 사단 자체의 명의로 단일소송할 수 있는 외에 그 구성원 전원이 당사자로 나서서 소송을 할 수 있으며, 이 때의 소송관계는 필수적 공동소송이 된다 하였다. 총유물의 관리처분권이 구성원 전원에 귀속됨을 전제로 한 것이다(민 276조). 총유물의 보존행위

능). 단 금전채권자가 채무자의 공유물 분할청구권을 대위행사할 수는 없다(대법(전) 2020. 5. 21, 2018다879).

1) 대법 2001. 6. 26, 2000다24207. 반대설인 호문혁, 755면은 유사필수적 공동소송설이다.

2) 대법 2020. 8. 20, 2018다241410 · 241427.

3) 대법 1970. 3. 10, 70므1; 동 1983. 9. 15, 83즈2. 제소권자는 민법 제865조 제1항에서 정한 자이고 민법 제777조에서 정한 친족만으로 안된다(대법(전) 2020. 6. 18, 2015므8351).

4) 대법 1965. 10. 26, 65므46.

5) 대법 1955. 6. 30, 4287민상121은 제3자가 제기하는 친족회결의무효확인의 소는 현재 친족회원의 자격을 가진 자 전원을 피고로 하여야 한다고 했다.

6) 대법 1976. 2. 11, 75마533.

7) 대법 2011. 6. 24, 2011다1323.

8) 日最高裁 1998. 3. 27 판결. 일본신회사법 855조에서 명문화.

9) 졸저, 입문〔事例 110〕, 362면 이하 참조.

10) 대법 1994. 5. 24, 92다50232; 동 1995. 9. 5, 95다21303.

에 해당하는 소송이라도 사원총회의 결의를 거쳐 사단 명의로 제소하거나 또는 그 구성원 전원이 당사자가 되어 필수적 공동소송의 형태로 제소하여야 한다.[1)]

2) **합유관계** 민법상 합유물의 처분·변경권은 물론 그 지분처분권도 합유자 전원에 공동귀속되어 있는 관계이다(민 272조, 273조). 따라서 이에 관한 소송수행권도 전원이 공동행사할 것을 요한다.

i) 합유인 조합재산(민 271조, 704조),[2)] ii) 공동광업권(광 30조),[3)] iii) 여러 사람의 수탁자에 의한 신탁재산(신탁법 51조 1항), iv) 공유지식재산권(특 139조, 99조; 상표 124조; 실용신안 33조; 디자인보호 125조 등),[4)] v) 공동명의의 허가권·면허권 등에 관한 소송,[5)]과 손실보상금증액청구의 소,[6)] 수인의 유언집행자 전원에게 유증의무이행을 구하는 소송[7)]은 고유필수적 공동소송이다. 여러 사람의 파산관재인[8)]·여러 사람의 회생회사관리인이 하는 소송도 같이 본다. 관리처분권이 그 여러 사람에게 합유적으로 귀속되어 있기 때문이다(채무자회생 및 파산에 관한 법률 359조, 360조, 75조, 78조). 같은 선정자단에서 선출된 여러 사람의 선정당사자, 증권관련집단소송에 있어서 여러 사람의 대표당사자(증집소 20조)가 수행하는 소송도 같다. 그러나 분할전 상속재산은 합유라기보다 공유관계인 것으로(민 1006조 참조) 보아[9)] 필수적 공동소송임을 부인할 것이다.[10)] 다만 판례는 공동상속인이 다른 상속인 상대의 상속재산 확인청구는 고유필수적 공동소송이라 했다.[11)]

합유물에 관한 것이라도 예외적으로 i) 조합원 중 1인의 **보존행위에 관한 소**

---

1) 대법(전) 2005. 9. 15, 2004다44971; 동 2011. 7. 28, 2010다97044.
2) 대법 2012. 11. 29, 2012다44471. 조합재산이 상실된 경우 조합원 손해배상청구는 전원의 고유필수적 공동소송에 의해야 한다는 것에, 대법 2022. 12. 29, 2022다263448 등. 조합의 채권자가 조합재산에 대하여 강제집행을 하려면 조합원 전원에 대한 집행권원이 필요(대법 2015. 10. 27, 2012다21560).
3) 대법 1995. 5. 23, 94다23500; 동 1970. 3. 10, 69다2103 등.
4) 대법 1982. 6. 22, 81후43; 동 1987. 12. 8, 87후111 등. 다만 상표권의 공유자가 제기하는 심결취소소송은 공유자전원이 공동으로 제기하여야 할 고유필수적 공동소송이라 할 수 없다는 것에, 대법 2004. 12. 9, 2002후567.
5) 대법 1993. 7. 13, 93다12060; 동 1991. 6. 25, 90누5184.
6) 재결청과 기업자를 공동피고로 하는 필요적 공동소송=대법 1997. 11. 28, 96누2255.
7) 대법 2011. 6. 24, 2009다8345.
8) 대법 2008. 4. 24, 2006다14363. 개인회생채권조사확정재판에 대하여 다른 개인회생채권자가 이의의 소를 제기한 경우에 채무자와 그 재판신청을 한 개인회생채권자 모두를 피고로 하여야 한다는 것에, 대법 2009. 4. 9, 2008다91586.
9) 상속재산분할전에는 법정상속분에 따른 상속재산공유만을 인정함이 타당하다는 것에는 대법 2023. 4. 27, 2020다292626.
10) 대법 1993. 2. 12, 92다29801. 단 이주자택지의 공급계약체결의 청약권을 공동상속한 경우에 그 행사방법으로 제기하는 소는 고유필수적 공동소송이라는 것에, 대법 2003. 12. 26, 2003다11738.
11) 대법 2007. 8. 24, 2006다40980.

송,[1] ii) 각 조합원의 개인적 책임에 기하여 조합채무의 이행을 구하는 소송(수동소송)[2]은 필수적 공동소송이 아니다.

3) 공유관계　　판례는 「공유는 소유권이 지분의 형식으로 공존할 뿐 관리처분권이 공동귀속하는 것이 아님」을 내세우거나 또는 「보존행위」를 근거로 삼아 공유관계소송에 대해 고유필수적 공동소송으로 보는 범위를 좁히고 있다.[3] 공유지분소유권의 물리적 집합쯤으로 보는 것이다.

aa) 공유자측이 소를 제기한 경우(능동소송)　　공유자 전원이 공동원고로 나설 필요없다. 판례는 공유물이 방해당하거나 그 점유를 빼앗긴 경우에 각 공유자는 보존행위로서 방해제거청구의 소(건물철거, 등기말소청구 등)[4] · 공유물인도청구의 소[5]를 제기할 수 있고(그러나 소수지분권자가 다른 공유자와 협의없이 공유물의 전부 또는 일부를 독점적으로 점유사용하는 경우 다른 소수지분권자가 보존행위로서 인도청구는 불가, 단 지분권에 기초하여 공동점유방해행위의 금지청구는 가능[6]), 공유물의 불법점거로 인한 손해배상청구의 소,[7] 아파트하자 관련의 손해배상청구[8](집합건물 9조 참조)는 각 지분의 한도에서 단독으로 제기할 수 있다고 하였다.

다만 예외적으로, 능동적 공유관계소송 중 공유물 전체에 대한 소유권확인청구,[9] 공동상속인 사이의 상속재산확인의 소,[10] 이주자택지의 청약권을 공동상속한 경우에 그 행사방법으로 제기하는 소송[11]과 공유자의 경계확정의 소는 필수적 공동소송이라고 본다. 청약저축가입자가 사망한 경우에는 민법에 따라 예금계약의 해지의사표시를 공동으로 하여야 하기 때문에 공동상속인 중 일부가 단독으로 청약저축을 해지하여 상속분상당의 예금반환청구를 할 수 없다.[12] 그러

---

1) 대법 2013. 11. 28, 2011다80449(조합원 중 1인의 입찰무효확인의 소); 동 1997. 9. 9, 96다16896(이전등기말소청구소송).

2) 대법 1991. 11. 22, 91다30705 등. 다만 대법 1983. 10. 25, 83다카850은 피고등의 합유로 등기된 부동산에 대한 이전등기소송은 고유필수적 공동소송이라 하였다. 또 조합이 시공회사에 공사대금명목으로 제공한 건물에 대하여 분양계약체결자 등이 조합원들을 상대로 위 건물에 관하여 소유권이전등기청구의 소는 고유필수적 공동소송이라는 것에, 대법 2010. 4. 29, 2008다50691.

3) 대법 1994. 12. 27, 93다32880 · 32897.

4) 대법 1948. 4. 12, 4280민상431.

5) 대법 1968. 11. 26, 68다1675; 동 1969. 3. 4, 69다21 등.

6) 대법(전) 2020. 5. 21, 2018다287522.

7) 대법 1970. 4. 14, 70다171.

8) 대법 2012. 9. 13, 2009다23160.

9) 방론으로 비친 것에, 대법 1953. 2. 19, 4285민상134; 동 1994. 11. 11, 94다35008.

10) 대법 2007. 8. 24, 2006다40980. 그러나 공동상속재산의 지분에 관한 지분권 확인소송은 필수적 공동소송이 아니라는 것에, 대법 2010. 2. 25, 2008다96963 · 96970.

11) 대법 2003. 12. 26, 2003다11738.

12) 대법 2022. 7. 14, 2021다294674.

나 대법 2012. 2. 16, 2010다82530 전원합의체 판결에서 수인의 채권자가 각자의 지분별로 별개의 독립적인 매매예약완결권을 가지는 경우는 채권자 중 1인이 단독으로 자신의 지분에 관하여 본등기절차이행청구를 할 수 있다고 하면서 종래의 판례를 제한적으로 변경하였다.

여기에서 주목할 판례로, ① 2인이 **부동산을 공동매수**한 경우에, 단순한 공동매수인에 해당될 때에는 매도인은 2인에게 각 1/2 지분에 대한 이전등기의무를 부담하게 되지만, 그들을 **조합원으로 하는 동업체매수**인 때이면 그에 대한 소유권이전등기청구권은 동업자들의 준합유관계에 있으므로 그 소송관계는 고유필수적 공동소송이라 한 것과[1] ② **공동명의예금자**들의 은행 상대의 예금반환청구의 소는 동업자들의 동업자금예금의 경우는 필수적 공동소송이나 동업 이외의 목적의 공동예금일 때는 아니라 한 것이 있다.[2] 동업목적일 때에는 준합유설, 그 외의 목적이면 준공유설에 의한다고 할 것이다. 동업목적이 아닌데 공동으로 찾기를 약정한 경우에 다른 예금명의자가 찾는데 불응하면, 공동으로 반환하는데 승낙청구의 소를 제기할 수 있다는 것이다. 그러나 집합건물법상 매도청구권자가 수인이라도 매도청구권을 공동으로 행사할 필요가 없고, 그에 따른 소유권이전등기청구의 소도 고유필수적공동소송이 아니라는 것에, 대법 2023. 7. 27, 2020다263857.

bb) **공유자측을 상대로 소제기하는 경우**(수동소송) 공유자전원을 반드시 공동피고로 할 필요없는 것이 원칙이다. 판례는 제3자가 공유자에 대해서 하는 소유권확인 및 등기말소청구,[3] 이전등기청구[4]는 공유자전원을 피고로 하여야 하는 필수적 공동소송이 아니라고 하였다. 또 공동점유물의 인도청구, 공유건물의 철거청구,[5] 공동건축주명의변경청구[6]도 공동점유자나 공유자전원, 건축주전원을 공동피고로 하여야 하는 필수적 공동소송이라 할 수 없고, 각 공유자에 대하여 「그 지분권의 한도 내」에서 인도·철거변경을 구하는 것으로 볼 것이라 했다. 이를 필수적 공동소송으로 보지 않으면 서로 상반·모순된 판결이 나올 수 있게 되어 사실상 소송목적을 달성할 수 없게 되지만, 이러한 사실상의 필요성 때문에

1) 대법 1979. 8. 31, 79다13; 동 1994. 10. 25, 93다54064.
2) 대법 1994. 4. 26, 93다31825.
3) 대법 1972. 6. 27, 72다555.
4) 대법 1994. 12. 27, 93다32880·32897 등.
5) 대법 1993. 2. 23, 92다49218.
6) 대법 2015. 9. 10, 2012다23863(이에 관한 분석, 강현중 "고유필수적공동소송에서 공동당사자 지위," 2016. 6. 22.자 법률신문.

필수적 공동소송이라고는 볼 수 없다고 했다.[1] 수동적 공유관계소송 가운데 공유물분할청구·공유토지경계확정청구, 공동상속인 사이의 상속재산확인의 소 이외에는 필수적 공동소송으로 본 예가 없다.

cc) 비 판 이상의 판례를 보면 공유관계소송에 대해서는 고유필수적 공동소송의 인정을 거의 거부하고 있다. 물론 소송공동이 필요한 고유필수적 공동소송의 범위를 공유관계에서 무작정 넓히면, 첫째로, 공동원고가 될 자 중의 한 사람이 소송을 제기하는데 동조하지 아니하면 다른 공유자는 소제기의 길이 막히게 되고,[2] 둘째로, 공유자 중 다툼이 없는 자까지도 피고로 하여야 하며, 셋째로, 공유자의 범위가 불분명하면 소송을 하기 힘들게 된다.

그러나 판례와 같이 그 범위를 좁히면, 첫째로, 공유자를 상대로 소제기하는 경우에 그 한쪽에 승소하여도 다른 쪽에 대해 패소당하는 등 서로 상반된 판결로 결국 집행불능이 되고, 둘째로, 공유자 각자가 따로따로 소제기할 수 있어 피고나 법원에 큰 loss가 되며, 셋째로, 공유자의 한 사람에 대한 집행권원을 얻으면 그 집행권원만으로 실제집행을 개시할 가능성 때문에 다른 공유자는 부당집행을 당할 위험성이 생긴다. 물론 이때 다른 공유자가 제3자이의의 소(민집 48조)에 의하여 이를 막을 수는 있다.

생각건대, 판례의 입장과 같이 공유관계소송에 있어서 고유필수적 공동소송의 인정을 거의 거부하는 태도는 문제이다. 그렇다고 공유관계의 경우에 1개의 소유권에 관한 1개의 분쟁이라 하여 분쟁 해결의 1회성만을 강조하여 고유필수적 공동소송의 범위를 무제한 확대하자는 것은 아니다.

문제의 해결의 길은 **첫째로**, 실체법의 규정을 충실히 존중하는 것이다. 민법 제264조의 규정에 의하면 공유자는 다른 공유자의 동의 없이 공유물의 처분·변경을 못한다고 규정하고 있으므로, 공유물 자체의 처분·변경에 해당하는 소송, 즉 공유자에 대한 공유건물의 철거, 소유권이전등기청구는 필수적 공동소송으로 보아야 할 것이다.[3] 실질적인 권리변경의 효과가 생기기 때문이다. 판례의 이론구성은 지분한도 내에서 지분에 관한 청구로 격하시켜 민법 제263조에 귀착시키고 있는데, 이러한 해석은 민법 제264조의 규정을 무의미하게 만드는 것이다. **둘째로**, 공유자 중 다투지 아니하는 자를 상대로 한 청구부분은 소의 이익이 없고 그 밖의 공유자간에 있어서만 필수적 공동소송관계가 성립되는 것으로 이론구성하는 것도 생각할 수 있을 것이다.[4] 대법 2004. 12. 9, 2002후567은 공유자 1인

1) 대법 1966. 3. 15, 65다2455; 동 1969. 7. 22, 69다609.
2) 이때에 다른 공유자는 소제기에 동조하지 아니하는 자도 피고로 하여 소(경계확정의 소)를 제기할 수 있다는 것에, 日最高裁 平成 11(1999). 11. 9 판결.
3) 같은 취지: 호문혁, 756면; 홍기문, 594면; 정영환, 947면. 소유권이전등기청구를 공유권에 기하여 청구하는 때는 고유필수적 공동소송이라고 한 것에, 日最高裁 昭和 46(1971). 10. 7 판결; 김능환/민일영, 주석 민사소송법(Ⅰ), 478면. 반대: 강현중, 814면; 김홍엽, 1000면. 이에 관한 일본에서의 학설논의는 김상수, "공유건물에 대한 철거청구소송," 2013년 한국민사소송법학회 동계학술논문.
4) Rosenberg/Schwab/Gottwald, § 49 Rdnr. 26. 임차인이 임대인의 공동상속인에 대해 임차권확인소송을 함에 있어서 다투지 않는 자를 상대방으로 할 필요가 없다는 것에는, 日最高裁 昭和

이라도 당해 상표등록을 무효로 하거나 권리행사를 제한 방해하는 심결이 있는 때에는 단독으로 취소를 구할 수 있다고 했다.

[도표 11] 공동소유와 그 소송관계

공동소유물	관리처분권의 주체	소송수행권의 행사	필수적 공동소송 여부
총유물	법인 아닌 사단/구성원전원(대법 95다21303, 민법 276조)	사원총회 결의에 의한 대표자행사/구성원 전원의 공동행사	대표자 단독수행이면 단일소송/구성원 전원수행이면 필수적 공동소송
합유물	합유자(조합원) 전원(민법 제272조, 제273조)	합유자 전원의 공동행사	필수적 공동소송
공유물	지분권의 범위에서 각 공유자(민법 제263조)	각 지분권자의 단독행사	필수적 공동소송 아닌 통상공동소송

(2) 유사필수적 공동소송

(a) **소송공동은 강제되지 않으나 합일확정의 필요**가 있는 공동소송이다. 즉 여러 사람이 공동으로 원고 또는 피고가 되어야 하는 것(소송공동)은 아니고 개별적으로 소송을 할 수 있지만, 일단 공동소송인으로 된 이상 합일확정이 요청되어 승패를 일률적으로 하여야 할 공동소송이다. 이를 우연필수적 공동소송이라고도 한다.

이는 소송법상 판결의 효력이 제3자에게 확장될 경우에 인정되는 공동소송으로서, 만일 이 때 합일확정이 안 되는 통상공동소송으로 된다면 공동소송인 중 한 사람인 A는 승소, 다른 공동소송인 B는 패소될 수 있으며, 한편 B는 A가 받은 판결효력 확장 때문에 B는 진 것이기도 하고 이긴 것이기도 한 모순된 결과가 생기게 된다. 그리하여 그와 같은 특수소송에서는 여러 사람이 함께 소제기하는 경우는 이기면 같이 이기고 지면 같이 지는 합일확정의 필수적 공동소송이 되게 하였다. 소송법상 판결의 효력이 제3자에게 확장되는 소에서 공동소송인간에 판결의 모순저촉의 회피라는 소송법상의 이유 때문에 생겼다고 하여 이를 **소송법상 이유**에 의한(aus prozessrechtlichen Gründen) 필수적 공동소송이라고도 한다.

(b) 여기의 판결의 효력이 **제3자에게 확장**될 경우라 함은 판결의 효력(기판력·형성력)이 직접 제3자에게 확장될 경우만을 뜻하는가, 아니면 권리귀속주체를 통하여 판결의 반사효가 제3자에 미칠 경우(「반사적 효력」 참조)도 포함하는가는 견해의 대립이 있으나, 후자도 포함된다고 볼 것이며(우리나라·일본 다수설), 판례도 같은 맥락에서 유

45. 5. 22 판결. 대법 1969. 12. 23, 69다1053은 합유재산이라 하여도 현실적으로 점유하고 있는 합유자만을 상대로 명도청구를 할 수 있고 반드시 합유자 전원을 상대로 할 필요는 없다고 하였다.

사 필수적 공동소송으로 보고 있다.

1) 판결의 효력이 직접 제3자에 확장되기 때문에 유사필수적 공동소송이 되는 예로는, 여러 사람이 제기하는 회사합병무효의 소(상 236조), 회사설립무효·취소의 소(상 184조), 주주총회결의취소·무효·부존재확인의 소(상 376조, 380조),[1] 주주총회부당결의취소·변경의 소(상 376조, 381조), 공동특허무효심결취소소송[2] 등, 여러 사람이 제기하는 혼인무효·취소의 소(가소 24조), 여러 사람의 이의자의 파산채권확정의 소(채무자 회생 및 파산에 관한 법률 462조, 468조), 여러 사람이 제기하는 선거무효·당선무효의 소(공선 222조, 223조) 등이 있다. 판례에는 여러 사람에 대하여 제기하는 이사회결의무효확인의 소도 유사필수적 공동소송으로 본 일이 있다.[3] 또 같은 사업자 상대의 여러 단체의 소비자단체소송도 같다고 할 것이다(소비기본 75조). 원고가 탈퇴하여도 승계인의 판결효력이 미칠 관계에 있는 권리승계참가인과 탈퇴하지 않은 원고는 필수적 공동소송(대법 2019. 10. 23, 2012다46170 전원합의체).

2) 반사효가 제3자에게 미치기 때문에 유사필수적 공동소송으로 되는 예로, 여러 사람의 채권자에 의한 채권자대위소송,[4] 여러 사람의 압류채권자에 의한 추심소송(민집 249조), 여러 사람의 주주에 의한 주주대표소송(상 403조)[5] 등이 있다.

(3) 필수적 공동소송으로 볼 수 없는 예(이론상 합일확정소송)

공동소송인간에 있어서 단순히 합일확정이 이론적으로 필요하고 실천적으로 요청되는 경우까지 필수적 공동소송의 범위가 확장되는 것은 아니다. 따라서 i) 공동소송인 사이에 권리·의무가 공통적인 경우, 예컨대 여러 사람의 부진정연대채무자에 대한 청구,[6] ii) 권리·의무의 발생원인이 동일한 경우, 예컨대 같은 사고의 여러 사람의 피해자가 하는 손해배상청구, 아파트공동하자와 관련한 구분소유자들의 손해배상청구,[7] iii) 공동피고 전원에 대하여 승소하지 않으면 소송의 목적을 달성할 수 없는 경우, 예컨대 A→B→C로 순차로 마친 등기가 모두 원인무효임을 이유로 소유권자 甲이 A·B·C 3인을 상대로 각 등기말소를 구하는 경우[8] 등은 필수적 공동소송이 아니다.[9]

---

1) 대법(전) 2021. 7. 22, 2020다284977에서 방론 다수의견(코멘트 강구욱, 민사소송 26권 2호).
2) 대법 2009. 5. 28, 2007후1510.
3) 대법 1963. 12. 12, 63다449.
4) 대법 1991. 12. 27, 91다23486(반사적 효력이라고 하지 아니하였으나 알고 있는 채무자를 통해 판결의 효력이 채권자들에 확장된다는 것이다). 같은 취지: 방순원, 202면; 송상현/박익환, 640면; 전병서, 770면; 정영환, 890면; 강현중, 817면. 정규상, 앞의 논문 425면. 반대: 한충수, 699~700면; 김홍엽, 778면; 호문혁, 759면은 여러 사람의 채권자대위소송은 통상공동소송이라고 하고 있다.
5) 日最高裁 平成 12(2000). 7. 7 판결. 나아가 복수의 주민이 제기하는 지방자치법상의 주민소송도 같다. 동 平成 9. 4. 2 판결.
6) 대법 2012. 9. 27, 2011다76747 참조.
7) 대법 2012. 9. 13, 2009다23160.
8) 대법 1987. 10. 13, 87다카1093; 동 2015다24849 등. 대법(전) 1990. 11. 27, 89다카12398은 소유권자는 이와 같은 경우 말소등기청구 대신에 '진정한 등기명의의 회복'을 위하여 최후등기명의인인 C 한 사람만을 상대로 한 단일소송이 가능하다고 한다(앞의 「기판력의 주관적 범위」 참조).
9) 집합건물법 제48조 제4항에 따른 소유권이전등기절차의 이행 등을 구하는 소도 매도청구권자 전원이 소를 제기하여야 하는 고유필수적 공동소송이 아니라는 것에, 대법 2023. 7. 27, 2020다263857.

위 세 가지 유형은 모두 제65조 전문에 해당하는 소송이지만 필수적 공동소송이 아니다. 필수적 공동소송은 이미 본 바와 같이 실체법상 관리처분권(소송수행권)의 공동 귀속의 경우와 소송법상 판결효력의 제3자확장의 경우 등 두 가지에 한정되기 때문이다.[1)]

다수설도 필수적 공동소송임을 부인한다. 우리 판례도 '당사자가 자주적으로 분쟁을 해결할 수 있기 마련인 변론주의가 적용되는 소송에 있어서는 우연히 수개의 청구가 공동으로 제소되거나 또는 병합심리되었다 하여 본래부터 당사자가 가지고 있었던 자주적 해결권이 다른 공동소송인들 때문에 제한이나 간섭을 받는다는 논리는 생각할 수 없다'고 하여 **통상공동소송**으로 보고 있다.[2)] 통상공동소송으로 보아도 앞서 말한 바와 같이 증거공통의 원칙과 한정된 범위의 주장공통의 원칙에 의하여 판결의 모순저촉은 상당부분 피할 수 있을 것이다. 한 변호사를 공동대리인으로 한 소송일 때도 그러할 것이다.

(4) 필수적 공동소송의 심판

(a) **연합관계** 통상공동소송의 경우는 공동소송인 상호간에 독립의 관계(Selbständigkeit)이며 따라서 공동소송인간에 구구한 판결이 가능하지만, 필수적 공동소송의 경우에는 상호연합관계(Abhängigkeit)이며 따라서 구구한 판결을 하여서는 안 되고 합일확정의 판결만이 허용될 뿐이다. 이와 같이 필수적 공동소송의 경우는 합일확정을 요하기 때문에 본안심리에 있어서 소송수행상 i) **소송자료의 통일**, ii) **소송진행의 통일**이 요청된다. 그 결과 iii) **재판의 통일**로 나갈 수 있다. 이 점에서 공동소송인 독립의 원칙과 다른 법리에 의한다. 그러나 필수적 공동소송이라 하여도 공동소송인간에 본안에 있어서 판결의 통일을 위한 한도 내에서만 운명공동체적 공동소송이며, 소송행위를 언제나 공동으로 하여야 하는 것은 아니다. 각 공동소송인은 개별적으로 소송행위를 할 수 있으며 개별적으로 소송대리인을 선임할 수 있다.

(b) **소송요건의 개별조사와 필수적 공동소송인의 보정**

1) 통상공동소송에서처럼 필수적 공동소송에서도 소송관계는 복수이므로, 소송요건은 각 공동소송인별로 독립하여 조사하여야 한다. **고유필수적 공동소송**에 있어서는 공동소송인 중 한 사람에 소송요건의 흠이 있으면 **전 소송**을 부적법 각하하여야 한다. 예를 들면 공유물분할청구소송에서 공유자를 누락하였거나, 이미 사망한 공유자 상대로 하였거나,[3)] 공유자지분이 제3자에게 이전되었는데 제3자가 승계·인수 참가하지 아니한 경우[4)]는 부적법해진다. **유사필수적 공**

1) 대법 1959. 2. 19, 4291민항231.
2) 대법 1961. 11. 16, 4293민상766·767; 동 1991. 4. 12, 90다9872.
3) 대법 2012. 6. 14, 2010다105310.
4) 대법 2014. 1. 29, 2013다78556.

동소송에 있어서는 그 경우에 당해 공동소송인의 부분에 대하여서만 일부각하하면 된다.

2) 소송공동이 강제되는 고유필수적 공동소송에 있어서는 공동소송인으로 될 자를 한 사람이라도 **누락**한 때에는 소는 당사자적격의 흠으로 부적법하게 된다.[1] 예를 들면 1필지의 토지가 A·B·C·D 등 4명의 공유인데, A가 분할하여 단독소유로 하고 싶어 공유물분할청구를 하였으나 피고를 B·C만으로 하고 D를 빠뜨린 경우이다.

이 경우에 누락된 자인 D를 보정하는 방법에는 i) D 상대의 별도의 소를 제기하고 계속중인 B·C 상대의 소송에다 변론병합(141조), ii) B·C 상대의 소송에다 D를 추가하는 소의 주관적 추가적 병합(공동소송인의 추가), iii) D가 A의 B·C 상대의 소송에서 B·C측에 공동소송참가(83조) 등이 있다. 그런데 판례는 한 때 그 중 가장 손쉬운 ii)의 방법에 의한 추가를 허용하지 아니하였으나, 제68조의 입법으로 허용하게 되었다. 만일 공유자 공유지분의 일부가 소송계속중 다른 사람 乙과 丙에게로 이전되었으면 乙과 丙이 변론종결시까지 승계참가·소송인수로 당사자가 되지 않으면 부적법하다(대법 2014. 1. 29, 2013다78556).

(c) 소송자료의 통일 공동소송인 중 한 사람의 소송행위는 전원의 이익을 위해서만 효력이 있으며(67조 1항) 그 한 사람에 대한 소송행위는 전원에 대하여 그 효력이 생긴다(67조 2항).

1) 공동소송인 중 한 사람의 소송행위 가운데 **유리한 것**은 전원에 대하여 효력이 생긴다. 공동소송인 중 한 사람이 상대방의 주장사실을 다투면(부인·항변) 전원이 다툰 것으로 되고, 피고측 한 사람이라도 본안에 관하여 응소하였으면 소의 취하에 전원의 동의를 필요로 한다. 공동소송인 중 한 사람이 기일에 출석하여 변론하였으면 다른 공동소송인이 결석하여도 기일불출석의 효과(자백간주·취하간주)가 발생하지 않으며, 한 사람이 기간(상소기간·재심기간)을 지켰으면 다른 사람이 지키지 못하여도 기간을 어긴 효과가 생기지 않는다.[2] 공동소송인 중 한 사람이라도 답변서를 제출하였으면, 답변서를 제출하지 아니한 공동소송인에 대하여도 무변론패소판결을 할 수 없다(257조 1항의 부적용). 다만 유사필수적 공동소송에 있어서는 뒤에서 볼 바와 같이 일부가 떨어져 나가는 **일부취하가 허용됨에 비추어 취하간주**의 규정이 적

---

1) 대법 1966. 10. 4, 66다1079 등. 미국법에서는 공동소송인으로서 누락하면 소송을 진행할 수 없으며 각하될 수밖에 없는 당사자를 indispensable parties라고 한다. Friedenthal 외, p. 355.

2) 공동소송인 중 일부만이 출석하였을 때 그 출석자의 소송행위는 불리한 행위(청구의 포기·인낙, 자백)라도 결석한 공동소송인에 대하여 그 효력이 미친다는 견해가 있으나(방순원, 203면; 송상현, 158면), ZPO § 62와 같은 규정이 없는 우리 법제에서는 출석한 자의 유리한 행위만이 그 효력이 미친다고 볼 것이다. 같은 취지: 정동윤/유병현/김경욱, 1056면; 강현중, 819면.

용된다. 이 한도에서는 1인의 출석은 결석한 자도 출석의 효과를 낳는 제67조 1항의 규정이 배제된다.[1)]

2) **불리한 것**은 공동소송인 전원이 함께 하지 않으면 안 되며, 그 한 사람이 하여도 전원을 위하여 효력이 없다. 따라서 자백, 청구의 포기·인낙 또는 재판상 화해[2)]는 불리한 소송행위이기 때문에 전원이 함께 하지 않으면 그 효력이 생기지 않는다. 소송공동이 강제되는 고유필수적 공동소송에 있어서는 소의 일부취하도 허용되지 아니하며 무효이나[3)] 소송공동이 강제되지 아니하는 유사필수적 공동소송에서는 다른 공동소송인의 동의없이 일부취하가 허용된다.[4)] 이와 같은 예외를 제외하고 공동소송인 중 한 사람만의 불리한 소송행위는 무효이지만 변론 전체의 취지(202조)로 공동소송인측에 불리하게 참작될 수 있으며, 나머지 공동소송인이 뒤에 같은 의사표시를 하면 완전한 효력이 발생한다.[5)]

3) 공동소송인 중 한 사람에 대한 **상대방의 소송행위**는 유리·불리를 불문하고 다른 공동소송인 전원에 대해 효력이 발생한다(67조 2항). 공동소송인의 일부가 불출석해도 상대방이 소송행위를 하는 데 지장이 없게 하려는 취지이다. 그러므로 공동소송인 중 한 사람이라도 기일에 출석했으면 상대방은 비록 그 자에 대하여 준비서면으로 예고하지 않은 사실이라도 주장할 수 있다(276조 참조).[6)]

(d) **소송진행의 통일**

1) 변론준비·변론·증거조사·판결은 같은 기일에 함께 하여야 하므로 변론의 분리(141조)·일부판결을 할 수 없다. 착오로 일부판결을 하여도 추가판결을 할 수 없다.[7)]

2) 공동소송인 중 한 사람에 대하여 소송절차 중단·중지의 원인이 발생하면 다른 공동소송인 전원에 대하여 중단·중지의 효과가 생겨 전 소송절차의 진행이 정지된다(67조 3항).[8)]

---

1) 같은 취지: 강현중, 819면; 정영환, 893면; 김홍엽, 1006면. 반대: 호문혁, 761면; 한충수, 701면.
2) 방순원, 203면은 유사필수적 공동소송에 있어서는 공동소송인 1인의 일부화해가 가능하다는 반대견해.
3) 대법 1996. 12. 10, 96다23238; 동 2007. 8. 24, 2006다40980.
4) 대법 2013. 3. 28, 2011두13729.
5) Rosenberg/Schwab/Gottwald, § 49 Rdnr. 45.
6) 대법 1955. 9. 8, 4288민상221.
7) 대법 2010. 4. 29, 2008다50691.
8) 대법 1983. 10. 25, 83다카850. 1인에 대해 중단·중지의 사유가 생겨 그 사유의 해소가 부당하게 장기화할 우려가 있을 때에는 나머지 당사자에 한하여 필수적 공동소송으로 진행할 것이라는 견해에는, 新堂, 478면.

3) 상소기간(396조, 425조, 444조)은 각 공동소송인에게 판결정본의 송달이 있은 때부터 개별적으로 진행되나(개별진행), 공동소송인 전원에 대하여 상소기간이 만료되기까지는 판결은 확정되지 않는다.[1] 공동소송인 중 한 사람이 상소를 제기하면 전원에 대하여 판결의 확정이 차단되고 전 소송이 상급심으로 이심이 된다.[2] 예를 들면 주주총회결의부존재확인의 소에 대한 제1심 판결에 대해 공동원고 A·B·C·D 중 B만이 항소를 제기하였다면 항소를 제기하지 아니한 다른 원고인 A·C·D에게도 그 효력이 미치는 것이므로 공동소송인 A·B·C·D 전원에 대한 관계에서 판결의 확정이 차단되고 전 소송이 항소심으로 이심되므로, 항소심으로서는 공동소송인 A·B·C·D 전원에 대하여 전부판결을 하여야 한다. 패소되었음에도 상소하지 아니한 공동소송인 A·C·D를 빼놓으면 직권취소사유가 된다. 이 때에 불복하지 아니한 A·C·D에게 유리하게 변경될 수 있다(불이익변경금지의 원칙배제).[3]

패소한 공동소송인 중 한 사람만이 상소를 제기한 경우에 상소의 효력을 받는 다른 공동소송인의 지위에 대해서는 i) 상소인설,[4] ii) 실제 상소한 자에게 묵시적으로 소송수행권을 넘겨준 자로 보고 상소한 자를 그의 선정당사자로 볼 것이라는 이른바 선정자설,[5] iii) 단순한 상소심당사자설이 있다. 생각건대 그 지위를 상소인이라기보다는 합일확정의 요청 때문에 소송관계가 상소심으로 이심되는 **특수지위**라고 본다면 iii)설이 타당하고 현재 통설·판례로 되어 있다.[6] 따라서 앞의 주총결의부존재확인청구소송의 예에서 상소하지 아니한 A·C·D는 **상소심당사자**일 뿐이다. 선정자설은 지나친 의제이다. 따라서 실제 상소를 제기한 공동소송인만이 i) 상소인지를 붙여야 하고, ii) 패소한 경우에 상소비용을 부담하게 되고, iii) 상소심의 심판범위(한도)는 그에 의하여 특정·변경되게 되며, 상소 취하여부도 그에 의하여 결정된다.[7]

(e) **본안재판의 통일** 공동소송인 사이에서 본안에 관한 판결결과가 구구하게 되는 것이 허용되지 않는다 함은 이미 본 바이다. 전부판결을 하여야 하

1) 대판 2017다233931(공유물분할판결에서).
2) 대법 2011. 6. 24, 2011다1323; 동 2022. 6. 30, 2022다217506.
3) 대법 2003. 12. 12, 2003다44615.
4) 한충수, 702~703면.
5) 井上治典, 다수당사자소송의 법리, 207면.
6) 대법 1993. 4. 23, 92누17297은 필수적 공동소송에서 상고하지 아니한 피고를 '피고, 상고인'으로 표시하지 아니하고 단순히 '피고'라고만 표시하고, 상고비용을 상고한 피고에게만 부담시켜 같은 견해를 취했다. 같은 취지: 대법 1995. 1. 12, 94다33002.
7) 찬성: 강현중, 820면. 이 때에 대법원 전원합의체에서 방론으로 통상공동소송이 된다는 소수의 견이 있었다. 앞의 대법(전) 2021. 7. 22, 2022다284977.

고, 공동소송인 일부에 대한 일부판결이나 추가판결을 할 수 없다.[1] 필수적 공동소송인측이 패소할 경우 소송비용은 공동소송인의 연대부담으로 하는 것이 적당하다(102조 1항 단서).

Ⅴ. 공동소송의 특수형태

1. 예비적 · 선택적 공동소송(소의 주관적 예비적 · 주관적 선택적 병합)

(1) 의 의 공동소송의 일종으로, 공동소송인의 청구나 공동소송인에 대한 청구가 서로 예비적이거나 선택적 관계인 경우이다.[2] 신법 제70조는 공동소송인의 청구나 공동소송인에 대한 청구가 법률상 양립할 수 없는 관계에 있고 어느 것이 인용될 것인가 쉽게 판정할 수 없을 때에 **필수적 공동소송**의 규정을 준용하여 서로 모순 없는 통일적인 재판을 구하는 공동소송의 형태를 신설하였다. 이를 예비적 · 선택적 공동소송이라 하는데, 같은 당사자 사이의 예비적 · 선택적 병합청구를 당사자를 달리하는 사이의 예비적 선택적 청구로 발전시킨 새로운 소송형태이다(공동소송과 예비적 · 선택적 병합청구의 한국적 융합). 예를 들면 공작물의 설치 · 보존에 흠이 있음을 이유로 점유자를 제1차적 피고(주위적 피고)로, 그것이 인용되지 아니할 경우를 대비하여 소유자를 예비적 피고로 하여 각 청구하는 경우(민 758조), 혹은 대리인을 상대로 거래한 경우에 거래상대방이 본인을 주위적 피고로 하여 계약이행을 구하고, 만일 무권대리가 된다면 무권대리인을 예비적 피고로 하여 청구(민 135조)를 하는 경우이다.[3] 예비적 공동소송 또는 소의 주관적 예비적 병합은 그 적법성 여부에 대하여 일찍부터 문제되어 왔던바, 이의 적법성을 긍정하는 입법례(영국)도 있으며, 일본 신민소법은 적법성을 직접 긍정하지는 아니하고 이러한 형태의 공동소송에서 원고가 동시심판신청을 하면 변론과 재판을 분리할 수 없도록 규정하여 재판의 통일을 도모했다(동시심판신청소송).

이처럼 입법론으로 해결하지 아니했던 우리 법제하에서는 신법이 나오기까지 이러한 공동소송의 적법성여부에 관해 부정설과 긍정설이 크게 대립되어 있었다. 부정설의 논거로는 ① 예비적 피고의 지위의 불안정 등 부작용, 즉 경우에 따라 예비적 피고에 대한 청구

1) 위 2011다1323.

2) 원래 선택적 병합은 법률상 양립할 수 있는 경우에만 허용하는 것인데, 「법률상 양립할 수 없는 관계」일 때도 선택적 병합이 가능한 것으로 규정한 점은 입법론상 문제있는 것이 아닌지 생각된다.

3) 경매목적물에 권리하자가 있는 경우에 매수인이 제1차적으로 채무자를 피고로 하여 매각대금반환청구, 제2차적으로 배당받은 채권자를 피고로 하여 배당금반환청구(민 578조)를 하는 것도 같다고 할 것이다.

에 관하여는 아무런 판단도 못받은 채 소송관계가 종료됨으로써 뒤에 또 다시 소제기를 당할 위험이 있는 점, ② 이러한 소송을 인정하여도 공동소송인 독립의 원칙 때문에 재판의 통일이 반드시 보장되지 않는 점, ③ 소송고지제도를 활용하면 문제없어진다는 점 등을 내세웠는데, 부정설이 판례[1]의 입장이었고 일부 학설도 이에 동조하였다. 이에 대하여 긍정설의 논거는 ① 권리자·의무자가 택일적인 관계일 때에 이에 대처하여 해결하는 공동소송형태의 현실적 수요, ② 재판의 불통일의 방지, ③ 하나의 절차에서 분쟁의 1회적 해결에 의한 소송경제 등이었다.

저자는 일찍부터 독립당사자참가 중 권리주장참가(79조 1항 전단)가 권리자가 누구인가를 확정하는 권리자합일확정소송이라면, 소의 주관적 예비적 병합은 주로 의무자가 누구인가를 가리는 **의무자합일확정소송의 측면**이 있으므로, 독립당사자참가의 경우처럼 필수적 공동소송에 관한 심판특칙을 준용하여야 하고,[2] 그렇게 되면 이러한 소송형태를 인정하여도 부정설이 우려하는 문제점을 해소할 수 있다고 주장했다.

신법은 결국 이러한 입장을 수용하여 예비적 공동소송, 나아가 선택적 공동소송까지 적법한 것으로 보고 그 심판방법은 필수적 공동소송의 규정을 준용하면서, 예비적 피고로 하여금 두 번 재판받지 않도록 하는 한편 재판통일이 보장되지 않는 문제점을 제거하는 독자적인 우리 특유의 입법조치를 했다. 다양한 분쟁해결 Frame의 획기적 개발이라는 점에서 자랑스러운 제도개선이다. 성과가 실로 괄목할 만하다.[3]

(2) 소송의 형태

예비적·선택적 공동소송의 형태에는 다음과 같은 것이 있다.

1) **수동형**(甲 → A 주위적 청구, 甲 → B 예비적 청구)과 **능동형**(A → 乙 주위적 청구, B → 乙 예비적 청구) 당사자 중 어느 쪽이 공동소송인이 되느냐에 따라 유형을 달리한다. 먼저 피고측이 수동적으로 예비적·선택적인 관계의 공동소송인이 되는 경우이다. 이것은 채무자가 택일적이어서 A 아니면 B임을 가려달라는 의미에서 채권자 제기의 **채무자 합일확정소송**인 것으로, A, B 중 한 사람을 주위적 피고로 하고 다른 사람을 예비적 피고로 하여 그들에 대해 제기하는 유형으로서 전형적인 형태이고 가장 흔한 것이다. 이를 흔히 소의 주관적·예비적 병합이라 하여 지금까지 문제삼았다. 신법이 제70조 1항 후단에서 「**공동소송인 가운데 일부에 대한 청구와 다른 공동소송인에 대한 청**

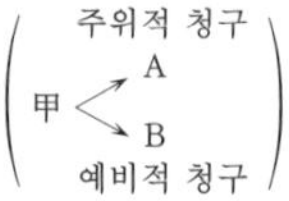

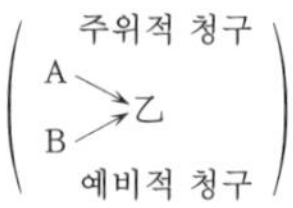

1) 대법 1996. 3. 22, 95누5509; 동 1982. 3. 23, 80다2840 등.
2) 준필수적공동소송설에는 강현중, 823면.
3) 이의 일본민소법학회에 소개는 전병서, "韓國における豫備的共同訴訟とその運營," 日本民事訴訟雜誌 57호.

구」라고 규정한 것은 이러한 소송형태를 뜻한다.

한편 제70조 1항 전단은「**공동소송인 가운데 일부의 청구**와 **다른 공동소송인의 청구**」라고 규정하여 원고측이 능동적으로 예비적·선택적인 관계의 공동소송인이 되는 경우도 허용된다. 그것은 공동원고 중 한 사람은 주위적 원고로, 다른 사람은 예비적 원고로 나서서 동일 피고를 상대로 양립할 수 없는 청구를 하는 경우이다. 채권자가 택일적인 경우로서 먼저 채권의 양수인이 주위적 원고로 되어 채무자에게 이행을 구하고, 기각될 때를 대비하여 양도인이 예비적 원고가 되어 채무자에게 이행을 구하는 경우이다. 판례에서 주위적 원고가 대여금 또는 구상금청구를, 예비적 원고가 후발적으로 임대보증금청구를 한 경우[1)]와 주위적 원고로 **입주자대표회의**, 예비적 원고로 **구분소유권자**로 하여 제기한 예비적 공동소송의 사례가 나타나고 있다.[2)] 채권자나 당사자적격합일확정소송에 속할 것인데, 독립당사자참가 중 권리주장참가(79조 1항 전단)나 참가승계(81조)에 의하여 소기의 목적을 달성할 수 있는 것이므로 그 활용도는 보충적일 것이다.

2) **예비형**(甲 < A 주위적 청구, B 예비적 청구)과 **선택형**(甲 < A, B 각 동일청구) 공동소송인을 상대로 양립할 수 없는 청구를 하면서 심판의 순서를 붙여서 심판청구하는 유형과 그렇지 아니한 유형이 있다. 순서를 붙이는 것이 예비적 공동소송인 것으로 주위적 피고에 대한 청구를 인용해 줄 것을 먼저 구하고, 이유 없으면 예비적 피고에 대한 청구를 인용해달라는 공동소송이며, 전형적인 것이기도 하다. 다른 한 가지는 신법 제70조의 표제에 나타난 바인 '**선택적 공동소송**'으로서 심판의 순서를 붙이지 아니하고 청구하는 형태의 것이다. 이러한 선택적 공동소송의 경우, 법원은 어느 피고에 대한 청구를 먼저 판단하여야 하는 구속이 없으며, 무작위로 이유 있는 청구를 선택하여 청구인용을 하면 된다. 같은 청구를 하면서 피고를 달리하는 경우일 것이다. 다만 A의 단독불법행위인지 A·B의 공동불법행위인지 불분명할 때에 피고 A 또는 피고 B의 선택이 아니라, 피고 A 또는 피고 A·B를 상대로 하는 선택적 병합청구가 가능할 것이라고 본다(FRCP Form 12 참조). 예비형이 대종을 이룰 것이다.

3) **원시형**(甲 < A 주위적 청구, B 예비적 청구)과 **후발(추가)형**(甲 < A 단일 청구, B +추가적 청구) 신법은 제70

---

1) 대법 2008. 4. 10, 2007다36308.
2) 대법 2012. 9. 13, 2009다23160.

조의 규정에서 제68조의 공동소송인의 추가에 관한 규정도 준용하도록 하였다. 따라서 예비적·선택적 공동소송을 소제기 당초부터 제기하는 원시적인 형태뿐 아니라 당초에는 단일소송이었다가 뒤에 소송계속중 다른 피고적격자가 있는 것 같으면 그를 예비적 당사자나 선택적 당사자로 추가하는 후발적인 형태도 가능할 수 있다. 피고를 추가하는 당사자의 변경형태라고 할 것이며, 소송진행상황에 맞추어 **탄력적으로 대응할** 수 있는 혁신이기 때문에 그 활용도가 매우 크다. 예를 들면 처음에는 乙의 대리인 丙을 통하여 토지를 매수한 甲이 乙을 피고로 이전등기청구를 하다가, 乙로부터 丙이 무권대리인이었다는 답변이 나오자 甲이 丙을 예비적 피고로 추가하여 그에 대해 이전등기청구하는 것이다.[1] 판례는 원고가 어느 한 사람을 피고로 지정하여 소를 제기하였다가 다른 사람이 **주위적 또는 예비적 피고**의 지위에 있다고 주장하면서 그에 대한 청구를 아울러 한 경우는, 예비적 공동소송이라 하여 모든 공동소송인에 대하여 판결하여야 한다고 했다.[2] 따라서 추가되는 피고는 반드시 예비적 피고가 아니라 주위적 피고가 될 수도 있는 것이다(甲-乙소송에서, 甲-乙/丙 소송 또는 甲-丙/乙소송). 예비적 원고의 추가에는 추가원고의 동의가 필요하다(68조 1항).

(3) 허용요건 1) 공동원고측의 청구이든 공동피고측에 대한 청구이든 청구끼리 법률상 양립할 수 없는 경우라야 한다.

① 甲 → A·B 사이의 공동소송에 있어서 甲-A청구와 甲-B청구가 **서로 양립할 수 없는 경우**라야 한다. 甲-A청구와 甲-B청구 중 어느 하나가 인용되면 법률상 다른 청구는 기각될 관계에 있어야 하며, 두 청구 모두 인용될 수 있는 경우이면 안 된다. 부진정연대채무관계는 일방의 채무가 변제 등에 의하여 소멸되면 타방의 채무도 소멸되어 모두 기각될 관계이므로 이러한 관계의 채무자 A를 주위적 피고, B를 예비적 피고로 하여 이행의 소를 제기한 경우 각 청구가 **법률상 양립할 수 없는 경우**가 아니므로 예비적 공동소송이 될 수 없다. 이때에는 통상 공동소송으로 보아 심리판단한다.[3]

예비적 피고에 대한 청구가 주위적 피고에 대한 청구와 전부가 아니라 일부

---

1) 법원에 의한 변론의 병합으로 예비적·선택적 공동소송으로 할 수 있다는 견해가 있으나(법원실무제요 민사소송(Ⅰ), 369~370면) 당사자가 각기 독립하여 인용판결의 청구를 한 사건을 법원이 직권으로 예비적·선택적인 병합관계로 바꾸는 것이 되어 처분주의와의 관계에서 문제가 있다. 석명을 통한 당사자의 의사확인이 있었으면 별론일 것이다.

2) 대법 2008. 4. 10, 2007다86860.

3) 대법 2009. 3. 26, 2006다47677; 동 2012. 9. 27, 2011다76747(직접점유자를 주위적 피고, 간접점유자를 예비적 피고로 하여 각 부당이득청구를 한 사안=부진정연대채무자에 대한 청구).

와 양립하지 아니하는 관계라도 된다. 판례(2014. 3. 27, 2009다104960·104977)는 주위적 피고에 대한 주위적·예비적 청구 두 가지 중 하나인 주위적 청구부분만이 인용되지 아니할 경우 그와 법률상 양립할 수 없는 관계에 있는 예비적 피고에 대한 청구를 인용해 달라는 취지로 결합하여 소를 제기할 수 있다고 본다. 이와 같은 형태의 소송을 처음부터 제기할 수 있고, 소송 도중 예비적 피고에 대한 청구를 결합하기 위하여 예비적 피고를 추가하는 것도 가능하다. 이때에 주위적 피고에 대한 두 가지 청구 중 예비적 청구와 예비적 피고에 대한 청구가 서로 양립할 수 있는 관계에 있으면 양청구를 통상 공동소송으로 보아 심리·판단할 수 있다는 것이다. 이러한 법리는 주위적 피고에 대하여 실질적으로 선택적 관계에 있는 두 청구를 주위적·예비적으로 순위를 붙여 청구한 경우도 적용한다는 최근의 판례도 있다.[1)] 대법 2009. 3. 26, 2006다47677도 같은 취지이다(아래 796면 주 4) 참조).

② 양립하지 않는 관계이면 **소송물이 동일하지 않아도 무방**하다. 대법 2008. 7. 10, 2006다57872에서는 주위적으로는 B(카드회사)가 A(자동차판매회사)에게 차량대금지급하였음을 전제로 주위적 피고 A에 대하여 차량미인도로 인한 채무불이행책임을 묻는 청구 등을 하고, 예비적으로는 B가 A에게 차량대금미지급을 전제로 예비적 피고 B에 대하여 채무없음의 부존재확인·납입대금반환청구를 구하는 사안에서 서로간에 법률상 양립할 수 없는 경우로 보고 예비적 공동소송에 해당된다고 보았다.

③ 제70조가 법률상 양립할 수 없는 경우로 규정했기 때문에, **사실상 양립할 수 없는 데 그칠 경우**이면 법문에 반하여 안 된다.[2)] 예를 들면 계약체결의 당사자가 불확실하여 A, B 둘 중의 하나 아니면 C일 수 있다는 사실을 내세우거나 불법행위자가 A 아니면 B, B 아니면 C식의 경우는 해당될 수 없다. 법률상 의무자가 A가 아니면 B, B가 아니면 A일 수밖에 없는 필연적인 상호결합관계에 있을 때에 해당될 것으로, 이러한 견지에서 뒤에 볼 판례의 입장을 지지한다. 그렇지 않으면 투망식 소송이 되는 폐단을 막을 수 없다. 따라서 A를 주위적 피고, B를 제1차적 예비적 피고, C를 제2차적 예비적 피고로 하는 축차적인 예비적 피고화는 안 된다고 하겠다. 대법 2007. 6. 26, 2007마515 결정에서는 '법률상 양립할 수 없다'는 것의 의미를 유연하게 정의하고, 법률상 양립할 수 없으면 **실체법상 양립**할 수 없는 경우는 물론 **소송법상 양립**할 수 없는 경우도 포함된다고 했다.

1) 대법 2015. 6. 11, 2014다232913.
2) 같은 취지: 정동윤/유병현/김경욱, 1062면; 정영환, 900면. 반대: 김홍엽, 1015~1016면.

이 판례에서는 피고적격자가 A(아파트대표자회의의 구성원 개인)인지 B(아파트대표자회의)인지 누가 피고적격을 가지는가에 따라 어느 일방에 대한 청구는 부적법해지고 다른 일방에 대한 청구는 적법해질 수 있는 경우, A를 먼저 피고로 제기한 소송중에 B를 예비적 피고로 추가하는 것은 적법하다고 보았다.

또 대법 2008. 3. 27, 2005다49430에서는 주위적 피고에 대하여는 통정허위표시라 하여 법률행위의 원인무효를 이유로 소유권이전등기말소청구를, 예비적 피고에 대하여는 그 법률행위의 이행불능을 이유로 전보배상청구를 하는 경우에 허용되는 것으로 보았다. 판례의 요지는, 동일한 사실관계에 의한 법률적 평가나 그 인정관계여하에 의하여 **한 쪽의 법률효과가 긍정되면 다른 쪽의 법률효과가 부정되거나** 또는 사실관계 여하에 의하여 일방의 법률효과가 긍정되거나 부정이 되면 타방의 법률효과가 부정되거나 긍정되는 경우로서 주위적 청구의 판단이유가 예비적 청구에 대한 판단이유에 영향을 줌으로써 각 청구에 대한 판단과정이 **필연적으로 상호결합관계**에 있을 때 두 청구는 법률상 양립할 수 없는 관계라고 한다. 같은 맥락에서 대법 2011. 2. 24, 2009다43355에서는 공탁이 무효임을 전제로 한 피고 A에 대한 주위적 청구와 공탁이 유효임을 전제로 한 피고 B 등에 대한 예비적 청구를 그와 같은 관계로 보았다.

2) 공동소송의 일종이므로, 공동소송의 주관적·객관적 요건을 갖추어야 한다(65조, 253조). 예비적 공동소송인의 추가는 **제1심변론종결시**까지 제기할 수 있다(70조, 68조 1항). 항소심에서 기존의 공동소송인을 예비적 공동소송인으로의 변경도 안된다.[1] **제2심변론종결시**로 연장입법이 옳을 것이다. 한편 항소심에서도 상대방이 동의하면 그를 당사자로 추가하는 예비적·선택적 공동소송이 가능하다는 견해[2]도 있으나 **제1심 변론종결시**까지만 가능하게 한 제68조의 법문 때문에 문제는 있다.[3]

(4) 심판방법 제70조는 이와 같은 특수공동소송에 있어서는 제67조 내지 제69조의 필수적 공동소송에 대한 규정을 준용하도록 하였다. 따라서 이 소송에서는 소송자료의 통일과 소송진행의 통일을 통해 모순 없는 판결에 이를 수 있게 하였다.

1) 법원실무제요, 민사소송(Ⅰ), 343, 370면.
2) 강현중, 825면; 정영환, 960면.
3) 정동윤/유병현/김경욱, 1063면 등 다수설. 다만 항소심에서 후발적 예비적 공동소송을 허용한 원심의 판결을 바로잡지 아니하고 넘어간 것에, 대법 2008. 4. 10, 2007다36308(이에 관한 평석은 전병서, 법률신문 2010. 8. 12.자).

1) 소송자료의 통일[1)]

① 원 칙 제67조 1항이 준용되므로 공동소송인 중 한 사람의 유리한 소송행위는 그 전원에 대하여 효력이 발생한다. 서로 대립적 이해관계의 독립당사자참가의 경우에도 제67조 1항을 준용하는 것과 마찬가지이다. 따라서 제1차적(주위적) 피고, 예비적 피고 중 한 사람의 소송행위 중 유리한 것은 전원에 대하여 효력이 생긴다. 두 공동피고 중 한 사람이 상대방의 주장사실을 다투면 다른 사람도 다툰 것이 되고, 한 사람이라도 변론기일 또는 변론준비기일에 나가 변론·진술을 하였으면 다른 공동피고가 결석하여도 자백간주 등의 기일해태의 불이익을 입지 아니하며, 한 사람이 기간을 지켰으면 다른 사람이 지키지 못하여도 기간해태의 불이익을 입지 아니한다. 한 사람이 답변서를 냈으면 다른 사람이 안 내어도 무변론판결(257조)을 받지 아니한다.

이에 반하여 불리한 소송행위는 원칙적으로 공동소송인 전원이 함께 하지 아니하면 안 된다. 따라서 주위적 피고·예비적 피고 중 한 사람이 자백하여도 효력이 없으며, 자백은 전원이 함께 하지 아니하면 안 된다.[2)] 제67조 2항의 준용으로 공동소송인의 상대방은 유리·불리를 떠나 한 사람의 공동소송인을 상대로 소송행위를 하면 그 소송행위는 공동소송인 모두에게 효력이 미친다.

② 소송물 처분행위의 예외 원래 이러한 공동소송에서는 제67조 1항의 필수적 공동소송의 규정을 준용하는 이상 청구의 포기·인낙, 화해 및 소의 취하와 같은 소송물에 관한 불리한 처분행위는 공동소송인 중 한 사람이 개별적으로 할 수 없어야 하겠지만, 이렇게 되면 각 공동소송인의 소송물의 처분자유를 지나치게 제한하는 것이고 가혹하다는 문제가 생긴다. 그리하여 신법 제70조 1항 단서에서는 불리한 행위이지만 각자 청구의 포기·인낙, 화해 및 소의 취하를 할 수 있도록 예외규정을 두었다. 생각건대 소의 취하는 별문제이나(공동소송인 중 일부가 소취하하거나 일부에 대한 소취하가 가능하며, 그 경우 나머지 공동소송인에 관한 부분이 여전히 심판의 대상이 된다는 판결로는, 대법 2018. 2. 13, 2015다242429) 그 나머지의 행위까지 처분의 자유를 인정함은 입법목적에 합치하느냐 하는 의문이 있다. 예컨대, 채무자가 A, B 택일관계에 있어서 갑이 A를 주위적 피고로 하고 B를 예비적 피고로 하여 소제기한 경우에, 피고 B가 자기에 대한 청구의 인낙을 하였다고 할 때에, 그럼에도 피고 A에 대한 심리의 속행 결과 A에 대한 청구도 인용될 수 있어 양쪽

1) 위 대법 2008. 7. 10 판결; 동 2015. 3. 20, 2014다75202. 반대: 호문혁, 769면.

2) 재판상의 자백에 67조 준용이 안된다는 설로는, 강현중, 830면. 자백의 성립은 각 공동소송인별로 판결하여야 한다는 다른 견해로는, 정동윤/유병현/김경욱, 1055면; 정영환, 902면; 전병서, 민사소송 14권 2호. 그러나 이 경우는 변론전체의 취지로 참작될 것이다.

모두 승소판결을 받은 결과가 되고, 이렇게 되면 채무자가 A, B 중 한 사람임을 가리려는 제도의 목적이 이루어지기 힘들어진다. 반면에 B가 청구인낙한 결과 A에 대한 청구는 기각하여야 한다면 주위적 피고에 대해 우선적으로 승소판결을 받고자 하는 당사자의 의사를 무시하는 것이 되어 문제이다. 물론 예비적 피고의 청구인낙은 아니 되거나 무효라는 **인낙불허설**[1]이나 **인낙무효설**[2]을 취하면 이러한 모순을 피할 수 있지만, 실정법인 제70조 1항 단서의 규정을 도외시한 채 제한해석이 가능할 수 있을지는 의문이다.[3] **인낙허용설**이 다수설이다. 같은 문제는 화해에서도 생길 수 있다지만, 이와 달리 볼 이유없다.

2) **소송진행의 통일** 제67조 3항의 준용으로 변론준비 · 변론 · 증거조사 · 판결선고는 같은 기일에 함께 하여야 하며, 변론의 분리 · 일부판결은 할 수 없다.[4] 다만 제70조 1항 단서에 의하여 일부 공동소송인만이 청구의 포기 · 인낙 · 화해를 한 경우에는 그 공동소송인에 대한 관계에서는 소송종결의 효력이 생겨 **분리 확정**되는 것이 원칙이라 하겠으나, 이것도 특별한 사정이 있는 경우는 분리확정이 안 된다는 것이 판례이다.[5] 처음에는 조정을 갈음하는 결정에 일부 공동소송인이 이의신청을 하지 아니한 경우에 판례가 그리하였으나, 화해권고결정에 대한 일부 공동소송인이 이의신청을 하지 아니한 경우에도 같다는 취지로 대법 2015. 3. 20, 2014다75202 판결 및 동 2022. 4. 14, 2020다224975이 있다(이에 대한 반대평석은, 최은희, 2015. 12. 28. 법률신문). 또 필수적 공동소송의 규정을 전면 준용하였기 때문에 주위적 피고 · 예비적 피고 중 한 사람에 대하여 중단 · 중지의 원인이 발생하면 다른 사람에게도 영향을 미쳐 전체 소송절차의 진행이 정지되게 됨은 물론이다.

공동소송인 중 어느 한 사람이 상소를 제기하면 전원에 대하여 판결확정이 **차단되고 상급심으로 이심되어 심판의 대상**이 된다.[6] 이러한 경우 상소심의 심판대상은 주위적 · 예비적 공동소송인들 및 그 상대방 사이의 결론의 합일확정의

1) 호문혁, 830면.
2) 강현중, 829면.
3) 예비적 피고의 인낙을 인정할 때 원고가 주위적 피고 · 예비적 피고 양쪽에 승소될 수 있지만, 이것은 예비적 피고의 처분행위에 의한 것이기 때문에 별 문제가 되지 아니한다는 견해에, 高橋宏志, 중점강의 민사소송법(하), 280면.
4) 대법 2022. 4. 14, 2020다224975.
5) 대법 2008. 7. 10, 2006다57872는 '조정에 갈음하는 결정'에 일부 공동소송인이 이의신청을 하지 아니한 경우에 그에 대한 관계에서는 분리 확정되는 것이 원칙이나, 결정 자체에서 분리확정을 불허하거나 결정내용이 공동소송인들에 공통되는 법률관계의 형성을 전제로 이해관계를 조절하는 등 소송진행의 통일을 목적으로 하는 제70조 1항 본문의 입법취지에 반하는 결과가 될 때에는 분리확정이 안된다는 것이다. 같은 취지의 것으로, 위 2020다224975.
6) 대법 2018. 2. 13, 2015다242429 등.

필요성을 고려하여 그 심판의 범위를 판단하여야 한다는 것이 판례이다. 또 **불이익변경금지 원칙**의 적용도 배제된다. 甲이 주위적 피고 乙에 대하여는 패소, 예비적 피고 丙에 대하여 승소하였는데 丙만이 상소하였다 하여도 乙에 대하여 패소한 甲에게도 상소의 효력이 미쳐, 甲·乙간의 청구부분도 심판의 대상이 되며 甲의 乙에 대한 패소부분은 甲이 불복하지 아니하였는데도 甲에게 유리하게 甲의 乙에 대한 청구를 인용하는 판결로 바뀔 수 있다.[1] 상소심의 심판대상은 주위적·예비적 공동소송인들과 그 상대방당사자 사이의 결론의 합일확정의 필요성을 고려하여 그 심판의 범위를 확정하여야 하기 때문이다.[2] 이 경우 주위적 피고인 乙은 상소심 당사자가 되는 것이며,[3] 피고 乙은 당사자인 만큼 원고를 위한 보조참가는 할 수 없다.

주위적 피고 乙에 대한 청구와 예비적 피고 丙에 대한 청구가 법률상 양립할 수 없는 것이 아닌 경우는 진정한 의미의 예비적 공동소송의 관계가 아니므로 필수적 공동소송에 관한 제67조는 준용되지 않는다고 할 것이다. 그러므로 상소로 인한 확정차단의 효력도 상소인과 상대방에 대하여만 생기고 다른 공동소송인에게는 미치지 아니하므로 상소한 청구부분은 상소심의 심판의 대상이 되지만 상소하지 아니한 부분은 분리확정된다(그 부분은 소송종료선언의 대상).[4]

3) **본안재판의 통일**(모순 없는 판결) 필수적 공동소송의 규정준용으로 소송자료의 통일과 소송진행의 통일에 의하여 원고의 주위적 피고에 대한 청구도 인용, 예비적 피고에 대한 청구도 인용되는 **서로 모순된 판결**은 배제할 수 있게 되었다. 공동원고들의 청구이든 공동피고들에 대한 청구이든 서로간에 법률상 양립할 수 없는 관계일 것이 이러한 특수공동소송의 특징이니만큼, 그 판단방법은 어느 한 피고에 대한 청구(또는 어느 한 원고의 청구)가 인용되면 다른 피고에 대한 청구(또는 다른 원고의 청구)는 받아들이지 아니하는 판결내용으로 되는 것이 원칙이며, 다른 피고에 대한 판단없이 놓아두어서는 안 된다.[5] 그러한 뜻으로 신법 제70조 2항에서는 모든 공동소송인에 관한 청구에 대하여 판결하여야 한다고 규

---

1) 같은 취지: 강현중, 632면. 결론에서만 같은 취지: 호문혁, 853면.
2) 대법 2011. 2. 24, 2009다43355 판결.
3) 乙을 피상소인으로 취급하여 절차관여의 기회를 주어야 한다는 견해로, 한충수, 709면.
4) 대법 2012. 9. 27, 2011다76747.
5) 대법 2008. 4. 10, 2007다86860(추가된 예비적 피고에 대하여 아무런 판단을 하지 아니한 사안). 다만, 대법 2021. 9. 30, 2016다252560(주관적·예비적 공동소송에서 파기범위) 주위적 공동소송인에 대한 원심판결 파기 시, 합일확정의 필요에 따라 예비적 공동소송인에 대한 부분도 함께 파기.

정하였다. 따라서 예비적 공동소송에서는 주위적 피고에 대한 청구가 이유 있고 예비적 피고에 대한 청구가 이유 없을 때에 주위적 피고에 대한 **인용판결**과 함께 예비적 피고에 대한 **기각판결**의 주문을 내야 한다. 선택적 공동소송에서는 어느 피고에 대한 청구에 대하여 인용판결을 함과 동시에 나머지 피고에 대한 기각판결을 하여야 한다. 따라서 일부 공동소송인에 대해서만 판결하거나 남겨진 공동소송인을 위한 추가판결은 허용되지 아니한다.[1] 착오로 일부 공동소송인에 대하여서만 일부판결을 하더라도 전부 판결을 한 것으로 취급할 것으로 이때에 **판단누락**으로 보아 상소로써 다투어야 하고, 누락된 예비적·선택적 공동소송인은 착오로 인한 일부판결을 시정하기 위하여 상소를 제기할 이익이 있다.[2]

소송비용의 부담에 있어서 한 사람에 대해서는 그 피고의, 다른 한 사람에 대해서는 원고의 부담으로 되게 되며, 이 제도를 이용하는 당사자로서 피할 수 없는 불이익이다. 이 점이 하나의 청구가 이유 있으면 다른 청구는 판단받을 의사가 없고 그 의사가 존중되는 객관적 예비적·선택적 청구의 경우와는 다르다. 한 청구는 인용하되 두 청구 모두 차례로 본안판결을 구하는 것이므로 청구의 순위적 단순병합의 측면이 있다. 다만 제1심이 주위적 피고에 대한 청구 모두 기각, 예비적 피고에 대한 청구 모두 인용한 사안에서 주위적 피고가 예비적 피고에 대한 판결에 그 판결이유에 불만이 있어도 승소한 주위적 피고는 항소이익은 없다고 하였다. 주위적 피고는 예비적 피고에 대한 청구에서 자신이 당사자가 아니라는 이유에서이다.[3]

4) **부적법한 소에 대한 취급과 소송형태의 복잡화문제** 어느 한 당사자에 대한 청구를 배척한다고 하여 반드시 다른 당사자에 대한 청구를 인용하여야 하는 것은 아니다. 이론적으로는 그러한 관계라도 증명책임을 다하지 못하면 모든 당사자에 대한 청구(또는 모든 당사자의 청구)가 배척되는 경우가 얼마든지 있을 수 있다. **양립할 수 있는 청구**이어서 예비적 공동소송으로는 부적법하면 병합요건에 문제가 있는 것이고 소송요건의 흠이 있는 것이 아니므로 공동소송 자체를 각하시킬 것이 아니라 통상 공동소송으로 심리·판단할 것임은 이미 본 바이다(790면).[4] 다만 사전에 소송지휘권을 행사하여 통상공동소송으로 보정시키고 판단함이 처분권

1) 위 2011. 2. 24 판결; 위 2014. 3. 27 판결; 동 2018. 2. 13, 2015다242429.
2) 대법 2008. 3. 27, 2005다49430; 동 2018. 12. 27, 2016다202763.
3) 위 2011. 2. 24 판결.
4) 대법 2009. 3. 26, 2006다47677. 위 2012. 9. 27 판결은 대법원에서 부적법한 예비적 공동소송을 통상 공동소송임을 전제로 취급한 예이다.

주의에 맞지 않을까 생각한다. 앞서 본 바와 같이 필수적 공동소송에 관한 제67조를 적용할 수 없다. 주위적 피고와 예비적 피고간의 이해의 대립 때문에 독립당사자참가의 경우처럼 양쪽을 모두 대리하는 쌍방대리는 허용되지 않는다고 볼 것이다.

예비적 공동소송의 도입을 계기로 소송의 복합적 구조가 발전되고 있다. 예비적 공동소송에다가 ① 주위적 원고가 또 다른 제3자 상대의 청구까지 병렬적인 병합을 시키거나,[1] ② 주위적·예비적 피고 양쪽을 단순하게 공동피고로 하는 통상공동소송을 함께 병합시키는 등 복합적 구조를 판례가 부정하지 않는다(양쪽에 대해 연대로 위자료 청구하는 따위 병합).[2] 이렇게 되면 다소 복잡하기는 하나 다자(多者) 간에 얽힌 분쟁을 하나의 절차에서 집중 해결하는 새모델의 파라다임을 열었다고 할 수 있다. 그러나 지나친 複雜化는 심리의 혼란으로 소송경제를 해칠 것으로 그 한계가 있어야 할 것이다.

2. 추가적 공동소송(소의 주관적 추가적 병합)

(1) 의의와 현행법 소송계속 중에 원고측이나 피고측에 당사자가 추가되어 공동소송화되는 경우이다. 제3자 스스로 당사자로서 계속 중인 소송에 가입을 구하거나, 종래의 당사자가 제3자에 대해 소를 추가적으로 병합제기함으로써 제3자가 새로 당사자로 추가되어 공동소송의 형태로 되는 경우이다. 현행법이 명문의 인정 예로는 필수적 공동소송인의 추가(68조), 참가승계(81조), 인수승계(82조), 공동소송참가(83조) 등 외에 신법에서 새로 도입한 예비적·선택적 공동소송인의 추가(70조, 68조)가 있다. 나아가 명문이 허용한 이외에도 이론상 소의 주관적 추가적 병합을 더 확대시킬 것인가에 대해 찬반양론이 대립되어 왔다.

(2) 학설·판례 판례는 일관하여 「당초 제소한 원고 외에 다른 사람을 원고로 추가하는 소의 변경은 허용되지 않는다」 하여 법에 명문이 있는 경우를 제외하고 어떠한 형태의 소의 주관적 추가적 병합이든 부정하는 입장이다.[3] 일

1) 대법 2012. 9. 13, 2009다23160.
2) 대법 2008. 7. 10, 2006다57872. 또 위 대법 2009. 3. 26 판결에서 제70조 1항 본문의 규정에 비추어, 주위적 피고 A에 대한 주위적 청구와 예비적 청구 중 그 주위적 청구부분만이 예비적 피고 B에 대한 청구와의 관계에서 예비적 공동소송으로 결합하여 제기할 수도 있으며, 이때에 주위적 피고 A에 대한 예비적 청구부분과 예비적 피고 B에 대한 청구가 양립할 수 있는 관계이면 통상의 공동소송으로 심리판단할 수 있다고 하였다. 대법 2015. 6. 11, 2014다232913도 같은 취지이다. 이에 대한 비판은, 강현중, 827~828면.
3) 대법 1957. 5. 30, 4290민상30; 동 1993. 9. 28, 93다32095.

본의 판례도 근자에는 부정적이다.[1] 그러나 다수설은 주관적·추가적 병합을 허용함이 별소의 제기와 변론의 병합이라는 간접적이고 구차스러운 방법으로 뜻을 이루는 것보다 소송경제적이고 실제로 편리하며, 또 관련분쟁해결의 1회성에 부합한다고 본다. 독일이나 미국 모두 당사자의 가입 또는 확장을 널리 허용하고 있으며, 다양화의 추세 속에서 우리처럼 폐쇄적이고 경직된 운영의 틀의 고수는 아주 개탄스럽다. 이와 대조적으로 FRCP 59(c)에 의하면 판결의 변경절차로 종국판결 후에도 당사자추가가 허용된다.

(3) 추가적 병합의 형태 다음의 형태를 생각할 수 있다.

(a) 제3자 스스로 가입하는 경우 제3자가 스스로 기왕의 절차에 가입하여 종전의 원고측이나 피고측의 공동소송인으로 될 수 있도록 공동소송인의 추가제도를 확장시키는 것이 필요하다. 그렇게 되면 현재 계속중의 손해배상청구소송에 자기도 같은 피해자라고 하며 원고측에 공동원고로 추가신청을 할 수 있게 된다.[2] 제68조의 공동소송인의 추가제도의 입법확대가 바람직하다. 나아가 피참가인인 당사자와 합일확정관계의 제3자가 아니라도 쟁점공통인 관계일 때에는 참가할 수 있도록 제83조의 공동소송참가제도의 확장운영을 입법론이나 해석론으로 고려하는 것이다. 집단불법행위소송에서 의미있을 것이다.

(b) 제3자를 강제로 끌어들이는 경우 종래의 당사자가 제3자에 대한 소를 병합제기하는 경우이다. 뒤에 볼 인수승계에 있어서 추가적 인수의 확대해석이 되어야 한다(875면 참조).

(4) 요 건 주관적 추가적 병합은 이에 의하여 공동소송으로 되기 때문에 공동소송의 요건(65조)을 갖추어야 하고, 또 소송절차를 현저히 지연될 정도로 복잡해지지 않을 것도 요건으로 한다고 볼 것이다.[3]

제2절 선정당사자

Ⅰ. 의 의

(1) 선정당사자란 공동의 이해관계 있는 여러 사람이 공동소송인이 되어 소송을 하여야 할 경우에, 그 가운데서 모두를 위해 소송수행 당사자로 선출된 자를 말한다. 선정당사자를 선출한 자를 **선정자**라고 한다. 공동의 이해관계를 가진 다수자전원이 소송당사자가 되면 변론의 복잡, 송달사무의 폭주와 과다한 송달

1) 日最高裁 昭和 62. 7. 17 판결은 이를 인정하여도 반드시 소송경제가 되는 것이 아니고, 오히려 소송의 복잡화, 경솔한 제소의 조장, 소송지연의 염려 등의 폐해도 있어, 원고는 별도의 소를 제기하고 변론의 병합을 법원에 촉구할 것이라 하였다.

2) 대법 1980. 7. 8, 80다885에서는 불허.

3) 항소심에서도 제한적으로 허용여지가 있다는 것에, 정영환, 906면.

료, 그리고 다수자 중의 어느 누구에게 발생한 사망 등에 의한 중단사유 때문에 소송진행이 한없이 번잡해진다. 특히 변호사강제주의를 채택하지 않고 있는 우리나라에서는 공동소송인이 많을 때에 그 폐단이 두드러진다. 이리하여 다수자 중에서 대표자를 뽑아 그에게 소송을 맡겨 다수당사자소송을 단순화·간소화하는 방편으로 선정당사자제도가 생겼다. 다수자가 공동소송인이 되고 같은 소송대리인을 선임한 때에는 다수자가 직접 소송관여함으로써 생기는 불편은 제거되지만, 그 경우에도 다수자 각자에 대한 소송요건의 존재에 대한 조사 때문에 그보다는 선정당사자를 선정하는 것이 더 편리하다(특히 금융사기범 조희팔의 피해자 267명 v. 16,213명의 공탁금출급청구권확인의 소와 같은 초대형 소송에서 그 이용가치가 크다). 영국의 reprentative suit에서 유래된 것으로 일본을 통해 우리나라에 도입되었는데, 일본보다 훨씬 더 활성화되고 있다. 집단소송제도의 미정비상태에서 소송의 집단화경향의 반영이라 하겠다.

(2) 선정당사자와 선정자의 관계는 대리관계가 아니라, 선정자의 소송수행권을 선정당사자에게 맡긴 신탁관계이다. 따라서 선정당사자제도는 앞서 본바와 같이 **임의적 소송담당**의 일종이다. 선정당사자제도를 이용하느냐 않느냐는 공동의 이해관계를 가진 다수자의 자유이며, 법원이 이를 강제할 수 없다(다만 민사조정에 있어서는 판사가 대표당사자의 선임을 명할 수 있다. 민조 18조 3항).

Ⅱ. 요 건(53조)

(1) **공동소송을 할 여러 사람이 있을 것** 여기의 여러 사람은 원고측에 한하지 아니하며, 피고측이라도 무방하다. 여러 사람은 두 사람 이상이면 된다(가족, 동료 몇 명 중의 대표나 많은 수 집단구성원 중 대표). 여러 사람이 비법인사단(52조)을 구성하고 있을 때에는 선정의 여지가 없다.[1)] 그러나 민법상의 조합과 같이 그 자체에 당사자능력이 인정되지 않는 경우에는 선정당사자제도를 활용할 수 있다(앞에서 본「당사자능력」참조).

(2) **공동의 이해관계**(공동의 이익)**가 있을 것** 어떠한 경우에 다수자 사이에 공동의 이해관계가 있느냐에 관하여는 학설상 다툼이 있다. 다수자가 합유자인 경우와 같이 반드시 공동으로 소송하지 않으면 안 되는 고유필수적 공동소송이나 소송의 목적인 권리·의무가 공통인 경우(공유자, 공동상속인, 연대채무자)에만 국한시킬 것이 아니라, 널리 다수자 서로간에 **공동소송인이 될 관계**에 있고 또 **주요한 공격**

1) 그러나 판례는 비법인사단 등의 구성원 전원은 사단에 관한 법률관계에 대한 소송에 있어서 공동소송인으로서 당사자가 될 수 있다고 하였다. 대법 1994. 5. 24, 92다50232 등.

방어방법을 공통으로 하는 경우라면 공동의 이해관계가 있는 경우로 볼 것이다.[1] 따라서 여러 사람이 제65조 전문의「권리·의무가 공통되거나 같은 원인으로 생긴」관계에 있을 때에는 이에 해당되어 공통의 대표자인 선정당사자를 선정할 수 있다고 할 것이다(65조 전문 관계설).

대법 1999. 8. 24, 99다15474는 여러 사람의 임차인들이 乙을 상대로 각기 보증금 반환청구를 하는 사안에서, 사건의 쟁점은 乙이 임대인으로서 계약당사자인지 여부에 있으므로, 공동의 이해관계가 있는 경우로 보았다. 여러 사람 사이의 **쟁점공통**의 경우도 공동의 이해관계가 있는 경우로 본 것이다. 그렇다면 여러 사람이 제65조 후문의「권리·의무가 같은 종류이며 그 발생원인이 같은 종류」인 관계인 때라도 특별히 쟁점에 공통성이 있으면 한정적으로 공동의 이해관계를 인정할 것이다. 그렇지 아니한 제65조 후문의 관계일 때는 서로간에 공격방어방법이 공통적일 것을 기대하기 어려울 것이므로, 공동의 이해관계 있음을 전제로 한 선정을 허용해서는 안 된다 할 것이다.[2] 집단소송에서 **대표성**을 중요시하여 대표적격이 없는 자를 선정당사자로 세우는 것은 선정자에 대한 피해가 될 수 있기 때문이다. 공동의 이해관계가 있는지의 여부는 원고 주장의 청구원인사실에 의하여 판정할 것이다.

(3) 공동의 이해관계 있는 사람 중에서 선정할 것[3] 만일 제3자도 선정할 수 있게 하면 변호사대리의 원칙(87조)을 잠탈할 수 있기 때문이다. 선정당사자는 동시에 선정자이어야 한다. 선정당사자도 선정행위를 하였다는 의미에서 선정자단에 포함시킬 것이다.[4]

Ⅲ. 선정의 방법

선정당사자를 뽑는 선정은 선정자가 자기의 권리이익에 대해 소송수행권을 수여하는 대리권의 수여에 유사한 단독소송행위이다(통설).[5]

(1) 소송행위이기 때문에 선정을 함에는 소송능력이 필요하며, 선정에 조건을 붙여서는 안 된다(소송행위조건불허의 원칙). 따라서 화해를 하는 권한을 제한

1) 대법 2007. 7. 12, 2005다10470.
2) 대법 1997. 7. 25, 97다362; 동 2007. 7. 12, 2005다10470.
3) 대법 1955. 1. 27, 4287민상104.
4) 대법 2011. 9. 8, 2011다17090.
5) 다만 방순원, 124면은 선정행위는 선정자가 소송수행권을 부여하는 일종의 합동행위라고 본다.

하는 것은 허용되지 않는다. 다만 제1심 소송수행에 한정할 것을 조건으로 선정하는 것에 대해 찬반의 논란이 있다.[1] **심급한정**이 다수설이나, 소송의 단순화·간소화에 의한 효율적 소송의 진행을 꾀하는 것이 입법목적이고 선정당사자로 하여금 소송종료시까지 소송을 수행하게 하는 것이 본래의 취지라면, 선정서에 제1심소송절차만을 수행케 하는 내용이 조건으로 붙어 있어도 특별한 사정이 없는 한 그 선정의 효력은 제1심소송에 한정할 것이 아니라 **소송의 종료**까지 소송수행권을 갖는다 볼 것이다.[2]

(2) 선정의 시기는 소송계속 전이거나 계속 후이거나 불문한다. 소송계속 후 선정하면 선정자는 당연히 소송에서 탈퇴하게 되고(53조 2항), 선정당사자가 그 지위를 승계하게 된다. 일본신민소법은 이미 계속중인 선정당사자소송에 제3자가 선정자로서 참가하는 **추가적 선정**을 인정하였는데(일민소 30조 3항. opt-in 그래야 제3자에 판결효 미침), 일본과 달리 집단분쟁이 성행하는 우리 상황에서 이러한 문호개방형의 선정당사자제도는 입법론상·해석론상 고려해 볼 과제이다.

(3) 선정은 각 선정자가 개별적으로 하여야 하며, 다수결로 정할 수 없다. 따라서 전원이 공동으로 같은 사람을 선정할 필요는 없다(선정자측의 상대방이 선정당사자를 선정할 수 없다). 예를 들면 선정자 10명은 甲을, 다른 선정자 5명은 乙을 별도로 선정하거나 스스로 당사자가 되어 소송하여도 무방하다. 이때 일단의 선정자들에 의해 선출된 선정당사자와 스스로 당사자가 된 자와의 관계는 원래의 소송이 필수적 공동소송의 성질이 아닌 한, **통상공동소송**으로 보아야 할 것이다.[3] 이 경우 선정당사자와 스스로 당사자가 된 자들은 소송수행권을 합유하는 관계가 아니기 때문이다.

(4) 선정당사자의 자격은 대리인의 경우와 같이 서면증명이 필요하기 때문에 선정서를 작성·제출하는 것이 보통이며, 이를 소송기록에 붙여야 한다(58조).

---

1) 이와 반대로 소송종료설에는 三ヶ月章, 189면; 兼子一, 條解 119면. 선정의 효력은 특단의 사정이 없는 한 소송의 종료까지 계속된다고 보는 것이 상당하다고 한 것에, 日最高裁 昭和 52(1977). 9. 12 판결.

2) 대법 2003. 11. 14, 2003다34038은 어떠한 심급에 한정하는 선정도 허용된다고 할 것이나, 심급의 제한에 관한 약정 등이 없는 한 선정의 효력은 소송의 종료시까지 미친다고 하였다. 별도의 약정이 없는 한 심급에만 대리권이 미치는 심급대리의 소송대리인과 다른 것이라 본 것이다.

3) 같은 취지: 김홍규/강태원, 719면; 정동윤/유병현/김경욱, 1073면.

Ⅳ. 선정의 효과

1. 선정당사자의 지위

(1) 선정당사자는 선정자의 대리인이 아니고 당사자본인이므로[1] 소송수행에 있어서 소송대리인에 관한 제90조 2항과 같은 제한을 받지 않는다. 따라서 선정당사자는 일체의 소송행위에 대하여 포괄적 수권을 받은 자이므로, 예컨대 소의 취하, 화해, 청구의 포기·인낙, 상소의 제기[2]를 할 수 있으며, 소송수행에 필요한 모든 사법상의 행위를 할 수 있다.[3] 예를 들면 甲 등의 선정당사자 丙이 乙 등을 상대로 소송수행 중에 乙 등으로부터 소송을 취하하고 민·형사상 책임을 묻지 않겠다는 취지로 금원을 지급받고 **소취하합의**를 하여 취하한 경우, 이는 선정당사자가 소송수행에 필요한 사법상의 행위에 해당하고 선정자 甲 등으로부터 개별적 동의여부에 관계없이 甲 등에게 그 효력이 미친다.[4] 그러나 선정당사자가 선정자로부터 별도의 수권 없이 한 **변호사보수에 관한 약정**은 소송위임에 필수적으로 수반되는 것이 아니므로 여기의 사법상의 행위라고 할 수 없어 선정자에게 효력이 미치지 않는다.[5] 공동의 이해관계를 갖지 아니하는 선정당사자가 청구의 인낙을 하였다 하여도 선정자 스스로 선정행위를 한 이상 제451조 1항 3호(대리권의 흠)의 재심사유가 되지 아니한다는 것이 판례이다.[6] 선정자와의 사이에 선정당사자가 권한행사에 관한 내부적인 제한계약을 맺었다 하더라도 그와 같은 제한으로써 법원이나 상대방에 대항할 수 없다. 입법론으로는 증권관련집단소송의 경우처럼 선정당사자가 화해, 소의 취하, 청구의 포기·인낙 등의 소송행위를 할 때에는 **법원의 허가**를 얻게 하는 등 견제 조치가 요망된다 할 것이다(민조 18조 참조).[7]

(2) **같은 선정자단**에서 여러 사람의 선정당사자가 선정되었을 때에는 그 여러 사람이 소송수행권을 합유하는 관계에 있기 때문에 그 소송은 필수적 공동소송으로 된다(앞 744면 참조). 그러나 **별개의 선정자단**에서 각기 선정된 여러 사람의 선

---

1) 배당절차에서 선정당사자가 선정되었을 때에 배당 이의의 소의 상대방은 선정자들이 아닌 선정당사자라는 것에, 대법 2015. 10. 29, 2015다202490.
2) 대법 2015. 10. 15, 2015다31513.
3) 대법 2003. 5. 30, 2001다10748.
4) 대법 2012. 3. 15, 2011다105966.
5) 대법 2010. 5. 13, 2009다105246.
6) 대법 2007. 7. 12, 2005다10470.
7) 졸고, "집단소송에 관한 입법론소고," 인권과 정의 1991. 7, 19면; 정동윤/유병현/김경욱, 1072면.

정당사자간의 소송관계는 원래의 소송이 필수적 공동소송의 형태가 아니면 통상 공동소송관계라고 할 것이다.

2. 선정자의 지위와 판결의 효력

(1) 소송계속 후에 선정을 하면 선정자는 당연히 소송에서 탈퇴한다(53조 2항). 선정당사자를 선정한 경우에 선정자가 그 소송에 관한 소송수행권을 상실하는가는 다투어지고 있다. 이 경우에 선정자는 대리인의 경우처럼 자기의 고유의 소송수행권을 상실하지 않는 것으로 볼 것이며(적격유지설), 그렇게 보는 것이 선정자로 하여금 제94조의 경정권 등의 유추로 선정당사자의 독주를 견제하는 방편이 될 것이다. 다만 선정당사자가 소송중인데 선정자가 소송을 하면 중복소제기(259조)로 배척될 뿐이다.[1] 선정자의 절차보장을 위하여 증권관련집단소송만큼은 아니나 소의 취하, 청구의 포기·인낙, 화해, 판결 등은 선정자에게 보통우편에 의한 고지제도의 채택이 어떨까 생각된다. 판례는 변론능력이 없는 선정당사자에게 진술을 금하고 변호사선임명령을 하는 경우, 구법 제134조 3항(신법 144조 3항)을 유추적용하여 실질적인 변호사선임권을 가진 선정자에게 그 취지를 통지하여야 하며, 그러한 통지조치 없이는 변호사 불선임을 이유로 소각하할 수 없다고 했다(172면 참조).[2]

(2) 선정당사자가 받은 판결(화해조서도 같다)은 선정자에 대해서도 그 효력이 미친다(218조 3항). 선정자 아닌 다른 피해자들에는 미치지 않는다(opt-in). 선정당사자가 이행판결을 받았으면 이에 의하여 선정자를 위해 또는 선정자에 대해 강제집행을 할 수 있다. 집행을 위하여 선정자와의 관계에서는 승계집행문이 필요하다(218조 3항; 민집 25조, 31조). 선정당사자가 소송을 수행한 경우에 판결문의 당사자표시에 있어서는 **선정당사자**만 표시하고 **선정자**를 표시하지 아니하며, 다만 선정자 목록(선정당사자도 여기 포함시킬 것)을 판결문 뒤에 별도로 붙인다. 그러나 선정자는 당사자가 아니므로 그의 이름으로 판결해서는 안 된다. 또 선정당사자를 상대로 소송비용확정결정이 이루어진 경우 비용상환권리자가 선정당사자 외의 다른 선정자를 상대로 집행문부여신청(민집 25조 2항)을 하여서는 아니 된다.[3]

---

1) 같은 취지: 방순원, 180면; 이영섭, 78면; 정동윤/유병현/김경욱, 1073면; 정영환, 997면. 반대: 김홍규/강태원, 712면; 강현중, 839면; 송상현/박익환, 174면; 김홍엽, 1039면; 호문혁, 868면은 적격상실설인데, 그럼에도 선정자가 소를 제기하면 중복소송이라는 설명이다. 이것은 선정자에게 소송수행권이 있다는 것을 전제로 한 것이다. 대법 2013. 1. 18, 2010그133도 적격상실설을 따르는 듯하다.

2) 대법 2000. 10. 18, 2000마2999.

3) 대법 2011. 9. 8, 2011다17090; 동 2013. 1. 18, 2010그133.

3. 선정당사자의 자격상실

(1) 선정당사자의 자격은 선정당사자의 사망·선정의 취소에 의하여 상실된다. 또 선정당사자 본인에 대한 부분의 소취하·판결의 확정 등으로 공동의 이해관계가 소멸되어도 자격을 상실하게 한다.[1] 선정자는 어느 때나 취소할 수 있다. 묵시적으로 선정철회도 가능하다.[2] 취소와 동시에 새로 선정하면 선정당사자의 변경으로 된다. 선정당사자자격의 변경상실은 대리권의 소멸의 경우처럼 상대방에 통지를 요하며, 그렇지 않으면 그 효력이 발생하지 않는다(63조 2항). 통지자는 통지 후에 그 취지를 법원에 신고하여야 한다(규 13조 2항).

그러나 선정자의 사망·공동의 이해관계의 소멸 등은 선정당사자의 자격에 영향이 없다(95조 1호 유추).[3]

(2) 여러 사람의 선정당사자 중 일부가 그 자격을 상실하는 경우라도 소송절차는 중단되지 않으며, 다른 선정당사자가 소송을 속행한다(54조). 선정당사자 전원이 그 자격을 상실한 경우에는, 선정자 전원 또는 신선정당사자가 소송을 수계할 때까지 소송절차는 중단된다(237조 2항). 그러나 소송대리인이 있으면 그러하지 아니하다(238조).

Ⅴ. 선정당사자의 자격 없을 때의 효과

선정당사자의 자격의 유무는 당사자적격의 문제이므로 직권조사사항이다. 선정행위에 흠이나 서면에 의한 자격증명이 없는 때에는 보정을 명할 수 있으며, 보정하기까지 지연으로 인하여 손해가 발생할 염려가 있을 때에는 보정을 조건으로 일시소송행위를 하게 할 수 있다(61조, 59조).[4] 선정한 바 없는데 선정당사자라고 사칭하는 경우가 있으므로, 선정서의 진정에 의문이 있을 때에는 소송대리인의 경우처럼 공증사무소의 인증을 받아올 것을 명할 수 있다 할 것이다(89조 2항 준용).

1) 적법하게 선정되지 아니한 선정당사자나 자격증명이 없는 선정당사자의 소송행위일지라도 선정자가 그 소송행위를 추인하거나 뒤에 자격증명을 하면 유

---

1) 대법 2006. 9. 28, 2006다28775. 반대: 정영환, 999면.
2) 대법 2015. 10. 15, 2015다31513.
3) 대법 1975. 6. 10, 74다1113.
4) 송상현/박익환, 175면. 이에 반대하여 일시소송행위를 하게 하는 것은 타당하지 않다는 견해가 있으나(호문혁, 869면), 제61조에서 선정당사자가 소송행위를 하는 경우에 제59조를 준용하도록 규정하고 있어, 입법론으로는 별론으로 하고, 해석론으로는 펴기 어렵다고 하겠다.

효하게 될 수 있다(61조, 60조). 만일 보정이나 추인을 얻지 못하면 판결로써 소를 각하하지 않으면 안 된다. 이를 간과하고 본안판결을 하였을 때에는 당사자적격의 흠을 간과한 경우와 같이 상소로써 취소할 수 있지만, 재심사유로는 되지 아니한다. 이러한 판결은 판결로서 무효이며 선정자에게 그 효력이 미치지 아니한다(이 점은 당사자적격의 경우와 같다).

2) 공동의 이해관계가 없는 무자격의 선정당사자의 소송수행의 경우도 그와 같이 볼 것이나, 판례는 그러한 선정당사자라도 선정자 자신이 선정하였다면 그에 의한 청구의 인낙은 재심사유가 아니라고 했다.[1)] 무자격의 선정당사자에 의한 판결이라도 선정자 자신이 세웠다면 선정자에 귀책사유가 있다 할 것이므로 판결로서 대표성(대리권)의 문제라고까지는 보지 않은 것이다.

제3절 집단소송

Ⅰ. 집단소송제도 일반

1. 서 설

소송제도의 발전사는 개별소송 → 공동소송 → 집단소송으로의 변모이다.

오늘날 대량생산, 대량 투자·소비·재해의 현대사회구조하에서는 결집력이 약한 소액다수의 피해(massive injury)가 부단히 발생한다. global기업이 global 재해를 이르켜 여러 나라에 동시다발적인 분쟁양상(Toyota, 현대, GM, Volkswagen, Tesla)이 나타나고 있다. 이를 제도권에서 수렴하여 법에 의한 해결을 하지 못하면 다수의 피해자들의 힘으로 밀어붙이기식 해결시도로 「만인대 만인의 투쟁장」화하는 사회혼란을 야기할 수 있으며 법치주의는 실종된다. 그런데 현재의 제도권해결방식인 민사소송절차나 법리에 의하여서는 소액다수의 피해(diffused and fragmented, 확산되고 소액임이 특성)에 대한 권리구제가 현실적으로 적절치 못하다. 개별적 소제기에 의해서는 소송에 드는 노력·시간·비용면에서 감당할 수 없을 뿐만 아니라 막강한 가해 단체기업·국가 앞에서 무력하여 정면대결이 불가능해지기 때문이다. 그러므로 소액다수의 피해분쟁에 따르는 대형사고·대형불법행위소송, 환경소송, 공해·수해소송, 소비자·투자자소송, 개인정보유출소송 등 현대형소송(modern litigation)이 출현함에

1) 대법 2007. 7. 12, 2005다10470.

당하여 전통적인 소송의 틀에서 벗어나 소송상의 구제책으로 소액다수인의 공통의 피해를 일괄구제할 수 있는 새 방안이 모색되게 되었다.[1)]

소송의 특징이라면 ① 적절한 당사자적격자가 나서야 하는 것이고, ② 처분권주의나 변론주의의 제한, ③ 증명에 엄청난 부담을 고려하여 증명책임의 완화 즉 개별적·구체적 증명보다도 표본적·통계적 증명 또는 간접사실에 의한 증명의 필요가 있으며, ④ 법관의 보다 능동적·후견적 역할과 입법부·행정부에만 일임되었던 공공정책에 사법의 개입, ⑤ 판결결과의 대세효 내지 파급효 등이다. 대표적 입법례로 미국법의 대표당사자소송(class action. 영국은 collective action)과 독일법의 표본확인소송(Musterfeststellungsklage)과 단체소송(Verbandsklage)이 있다.

2. 외국입법례

(1) 대표당사자소송(class action) class action[2)]은 일찍부터 영미법에서 판례를 통하여 발달하여 왔고 1966년에 개정된 미국의 FRCP 제23조에 성문화한 것으로, 다수의 소비자나 투자자들이 원인이나 쟁점을 공통으로 하는 소액의 손해배상청구권을 갖고 있는 경우에, 그 피해자집단(class) 중에서 대표자가 나서서 class에 속하는 총원(all member)을 위하여 일괄하여 소제기하고 일거에 전체의 권리를 실현시키는 소송형태이다.[3)] 집단소

---

1) Friedenthal 외, p. 3; "집단소송법제정의 필요성과 입법방향에 관한 토론회," 인권과 정의 2000. 12, 56면 이하. 함영주, 앞의 논문, 55면 이하.

2) 상세는 오시영, 미국법상의 대표당사자소송제도(2015), 상원서점; 졸고, "집단소송과 입법론," 김기수교수 회갑논문집, 1017면 이하.

3) 다음 사례는 삼성전자가 피고가 되어, 미국 네바다 연방지법에 제소된 집단소송으로, 다음과 같은 쟁점에 바탕을 둔 손해배상을 위한 소장이다. (1) 과실, (2) 사생할 침해, (3) 계약위반, (4) 묵시계약 위반, (5) NRS 598 위반, 그리고 배심재판요구(매일경제신문 보도인용).

<table>
<tr><td colspan="2">UNTED STATES DISTRICT COURT

DISTRICT OF NAVADA</td></tr>
<tr><td>SHELBY HARMER, INDIVIDUALLY
AND ON BEHALF OF ALL OTHERS
SIMILARLY SITUATED,

PLAINTIFFS,

-VS.-

SAMSUMG ELECTRONICS
AMERICA, INC.,
DEFENDANT.</td><td>CASE NO.
Dept No.:

CLASS ACTION
Complaint for Damages Based on: (1) Negligence; (2) Invasion of Privacy; (3) Breach of Contract; (4) Breach of Implied Contract; And (5) Violation of NRS 598

Jury Trial Demanded</td></tr>
</table>

송의 형태로서 뒤에서 볼 단체소송은 단체주도형임에 대해, 이는 개인주도형이다.

여기에는 대표자가 class member의 권리를 그 소송에서 일괄 청구하여 배상받아 class member에게 분배하는 방식이 있고(일괄청구형), 경우에 따라 공통의 쟁점, 예컨대 원인에 대한 유책성에 대하여 class member 전원에게 효력이 미치는 판결을 받아내는 데 그치고 이를 바탕으로 class member가 각자의 배상금액을 주장·증명하여 각자 배상청구하는 방식이 있다(공통쟁점판단형―실리콘유방확대 피해자의 소송이 그 예). 연방법원의 관할이며, 인지대는 350불 균일이다.

모든 class action에 요구되는 공통의 요건으로서 i) class에 속하는 자가 다수이고 전원을 당사자로서 병합심리하기가 실천적으로 곤란하고, ii) 그 class에 공통적인 법률상·사실상의 문제가 존재하고, iii) 대표당사자(lead plaintiff)의 청구 또는 항변이 그 class의 청구 또는 항변의 전형적인 것이어야 하며, iv) 대표자가 그 class의 이익을 공정·적절하게 보호할 수 있어야 하는 것 등인데, class action으로서 소송수행을 허용할 것인가의 여부는 법원이 결정한다. 결정을 한 법원은 최선의 통지방법을 강구하여 class의 member에게 개별적 소송통지를 하여 참가의 기회를 열어주게 되며, 통지받은 member가 특정일까지 제외신청(opt out)을 하지 않으면 판결은 승패를 불문하고 member 전원에게 미친다(참가한 member에게만 판결의 효력이 미치는 opt in의 class action도 있다-선정당사자제도가 그 예). 한편 class action에 있어서 많이 이용되는 화해·소의 취하 등은 법원의 허가(preliminary approval와 final approval 두 차례)를 받도록 하는 등 법원의 후견적 역할도 요구하고 있다. 화해의 경우에는 이를 모든 class member에게 고지하여야 하며(settlement class member), member는 화해안에 반대할 수 있다(FRCP 23(e)).[1)]

문제점이라면, 대표당사자가 청구기각의 판결을 받은 경우에도 판결의 기판력이 소의 제기조차 알지 못한 class의 member에 대하여 미치는 점과 대표당사자 개인이 class의 member 전체에 불이익한 소송수행을 못하도록 대표당사자의 소송제기자격을 어떻게 규제할 것인가 등이 있으나, 브라질·캐나다·오스트레일리아, 네덜란드 등 적지 않은 국가의 호응을 얻어 널리 확산되어 가고 있다. 우리나라는 증권관련집단소송에 한정하여 부분도입하였는데 뒤에 지적한 바를 개정하면 제 구실이 가능할 것이다.

(2) 단체소송(Verbandsklage) 독일의 단체소송(프랑스, 오스트리아도 유사)은 소액다수의 피해구제책으로 class action에서와 같이 대표당사자 개인이 나서는 것을 배척하고, 그 대신에 단체가 나서서 타인의 이익의 대표자로서 행동하고 가해자에 대하여 부작위청구권 등을 소송상 청구하는 것이다. 단체소송에는 여러 가지 형태가 있다.

대표적인 것은 부정경쟁방지법(UWG), 보통계약약관의 규율에 관한 법률(AGBG) 등에 규정된 바로서, 법률이 보호하는 집단이익이나 공익이 침해된 경우에 개인이 아닌 영업상의 이익촉진단체 또는 소비자단체에 소제기권을 부여하여, 그 단체가 나서 그 이름으로 소송을 수행하는 형태이다. 단체구성원의 이익을 위하여 사업자를 상대로 약관철회의 소, 약관사용중지의 소 혹은 부정한 선전중지의 소 제기를 허용하고 있다. class action은 금전배상청구가 중심임에 대해, 단체소송은 부작위청구(금지·중지청구)가 중심이 되어 있

1) 대한항공과 아시아나항공의 미주노선 항공권 담합집단소송(Anti-Trust Law위반)에서 아시아나항공-2,100만불, 대한항공-현금 3,900만불, 상품권 2,600만불 지급의 화해사례가 있었는가 하면, 현대차·기아차 연비과장광고의 미국 집단소송에서 총 3억 9천 500만불을 화해금으로 치르기로 하여, 해당차량 소유자 1인당 367불 내지 440불 지급의 사례도 있었다.

고 손해배상소송은 인정하지 않는다. 우리나라에서도 이를 모델로 소비자·개인정보 단체소송제도가 생겼다.

독일의 표본소송(Musterprozess)으로부터 현재 표본확인소송으로 발전 i) 독일에서는 표본소송이 실제 많이 활용된다. 이것은 표본소송약정을 하여 그 재판의 사실적인 파급효를 이용코자 하는 것이다. 독일은 2005년 자본시장투자자표본소송법(KapMuG)을 제정하였는데(2023년까지 시행), 이는 자본시장에서의 허위정보 등으로 인한 투자자의 손해배상사건이 여러 건 계류중일 때에 표본(Muster)을 설정하여 고등법원에 제청하여 그 결정 결과(Musterentscheid)에 같은 쟁점의 다른 모든 사건이 기속력이 미쳐 따라가게 하는 내용의 것이었다(Musterverfahren). 그런데 Volkswagen의 배기가스 사건이 독일 Braunschweig 지법에 1,400건이 제기되었지만 표본소송법의 한계 때문에 차라리 class action 제도가 있는 Netherland 법원을 찾는다는 것으로서 독일의 model이 실패라는 말이 있었다. 미국에는 모든 관련사건을 한 지방법원의 7인 법관구성의 특별재판부(panel)에 이송시켜 discovery를 포함한 pretrial procedure를 거치게 하는 multidistrict litigation이 있다[1] (MDL, 28 USCA § 1407). Volkswagen의 배기가스조작으로 손해배상사건이 집단소송형태로 이미 Virginia연방법원과 Sanfrancisco 연방지법에 제기되어 multidistrict litigation으로 간다는 설이 있었다.

여기에 시사를 받았는지 독일은 2018년부터 Musterfeststellungsklage—표본확인소송절차(ZPO § 606~614)로 고등법원에서 쟁점확인판결을 받은 뒤, 그에 기속되어 지방법원에 개별 손해배상소송 제기하는 제도를 새로 마련하였다.[2] 기존의 단체소송제도의 취지와 표본소송절차의 결합으로 제도화하였다. 소비자와 기업 사이에 집단분쟁이 생긴 경우에 일정한 법적 요건을 갖춘 단체가 나서서 피해자인 소비자를 위하여 소비자와 기업 사이의 사실상·법률상의 문제에 대한 확인청구를 관할 고등법원에 제기하여 그 판결이 나면, 소비자와 기업 사이의 동일한 후행소송에 구속력을 갖게 한다. 다만 2023. 10. 12. 위의 ZPO의 규정을 삭제하고 내용은 그 규정 그대로 한 소비자권리실행법(VDuG)에 통합시켰다. 이 소송은 기업인에 대한 민사법상의 단체소송으로 보면 된다.

Ⅱ. 우리나라의 증권관련집단소송

1. 의 의

증권관련집단소송이라 함은 유가증권의 거래과정에서 다수의 집단적인 피해자가 생겼다는 이유로 법원의 허가를 얻어 그 중 1인 또는 수인이 대표당사자로 나서 피해자집단의 구성원 전원을 위해 소송수행해 주는 손해배상청구소송을 말한다. 여기의 집단소송은 제외신청하지 아니한 피해자에게 판결의 효력이 미치는 점이 특색이며, 일반적으로 손해

---

1) maltidistrict litigation에 대한 체계적 연구와 우리 도입문제에 대한 연구는, 김경욱, 전게논문 참조.

2) 독일의 표본확인소송제도의 도입을 검토해 볼 만하다는 견해에, 호문혁, 2022. 10. 24.자 법률신문.

배상의 공동소송에서는 당사자 이외의 다른 피해자에게 판결의 효력이 미치지 않는 것과 다르다. 선정당사자가 공동소송하고자 하는 다수인에 의하여 선출된 자라면, 대표당사자는 피해자에 의한 수권 없이 법원의 허가를 얻어 피해자 전원을 위해 소송수행하는 자임에 특색이 있다. 그러나 대표당사자도 선정당사자와 마찬가지로 피해자의 대리인이 아니라 소송담당자임에 틀림없다. 선정당사자는 소송의 종류에 제한이 없지만, 증권관련집단소송은 손해배상청구에 한정하는 차이가 있다. 증권시장에 상장된 기업의 분식회계 · 부실감사(부실없다는 감사보고서 믿고 투자한 경우) · 허위공시 · 주가조작 · 내부거래 등 불법행위로 인하여 다수의 소액투자자들이 재산적 피해를 입은 경우, 현행의 소송구조로는 소액투자자들이 손해배상청구의 소를 제기하기 어려울 뿐더러 다수의 중복소송으로 소송불경제와 심판의 모순저촉이 야기될 우려가 있다. 이에 당면하여 소액투자자들의 집단적 피해의 효율적 구제와 기업경영의 투명성의 제고에 이 제도도입의 입법목적이 있다. 이는 증권과 관련되는 한도에서 제한적으로나마 미국의 class action제도의 도입이며, 주주권의 커다란 신장이라는 점, 이 제도 자체만으로 경영권자의 분식회계 등 부정에 대한 견제라는 점, 앞으로 일반집단소송법 제정의 포석이라는 점 등에서 획기적 의의가 있다 하겠고, 특히 대륙법체계에 영미법의 이식이므로 기존 민사소송법과 민사집행법 규정의 많은 특례규정을 둔 특징이 있다. 본법의 시행세칙으로 증권관련집단소송규칙이 마련되었다. 다만 소제기 · 소송허가결정의 공고와 증권거래소에 통보 등으로 기업의 주가에 악영향 등 그 피해가 적지 아니할 것으로, 소권이 남용된다면 문제가 심각해질 수 있다.[1] 미국과 같은 discovery가 없는 법제하에 정보수집의 어려움과 인지대 외에 고지 · 공고 · 감정 등 소송비용의 과다, 소송허가절차의 지연 때문인지 기대만큼 잘 활성화되지 아니한다.[2)3)] 허가결정이 나도 집행정지의 효력이 있는 즉시항고 · 재항고로 대법원까지 끌고 갈 수 있기 때문에, 대법원허가결정이 확정되기까지는 2 · 3년 이상 허가절차에서 시간이 소모된다. 그 뒤에 비로소 제1심의 본안소송절차의 심리가 개시되므로 집단소송의 본안 종국까지는 엄청난 소모적 지연이 불가피하다. 이 문제로 한국형집단소송이 기형화되어 있어, 미국법처럼 항고해도 집행정지의 효력을 부여하지 않는 입법이 요망된다. 허가절차에서 제소자의 상대방에 의한 **김빼기 전술**은 이제는 막는 개정이 간절하다.[4] 그렇지 않으면 현재처럼 제도의 악용으로 유명무실한 제도로 전락할 수밖에 없다. 큰 기대하에 제정하여 20년 가까이 되었건만, 소송허가확정 건은 4건에 불과할 정도로 형해화되어 있다. 소송허가결정에 대한 즉시항고에 효력정지의 효력을 주지 않기 때문에 야기되는 문제이므로 정지의 효력을 부정하는 법개정 방향으로 활성화될 수 있

1) 미국의 부시 대통령은 집단소송을 비롯하여 석면피해분쟁, 의료분야소송을 기업에 큰 짐을 지우는 3대소송으로 지목하고 근자에 의회에 소권남용의 방지입법을 요청하여 최근 입법화되었다(Class Action Fairness Act of 2005). 주법원보다는 엄격하게 소제기허가의 연방법원의 관할권을 확대하였다.

2) 대법 2015. 4. 9, 2013마1052 · 1053; 동 2015. 4. 9, 2014마188.

3) 도이치뱅크 운영의 ELS(주가연계증권) 주가조작으로 피해를 본 피해자 464명 구성원이 도이치뱅크 상대로 낸 증권관련집단소송에서 승소하여 120억원 배상금을 받게 한 2017. 1 서울중앙지법 판결이 본안판결까지 승소한 첫 case이다. 도이치뱅크는 항소했다가 취하함으로써 판결은 확정되었다.

4) 졸고, "신민사소송법제정 15년의 회고와 전망," 2017. 2. 18 민사소송법학회 기조발표.

으므로, 조변석개(朝變夕改) 제도폐기가 능사는 아니다(溫故知新). 미국의 FRCP처럼 민소 본법에 이를 흡수하지 않고 별도의 단행법화한 것도 이용의 불편을 주는 것으로 개선되었으면 한다.

2. 증권관련집단소송의 허가요건

소를 제기하려면 일반소송의 경우와 달리 법원의 허가를 얻어야 하는 특례가 있는데(증집소 7조, 이하 이 항에서 특별한 표시가 없는 조항은 증집소 조항임), 허가받기 위해서는 다음과 같은 요건을 갖추어야 한다. 허가절차와 본안소송절차는 분리되므로, 허가절차에서는 손해배상책임의 성립여부는 심리대상이 아니다. 이에 관한 leading case로 대법 2016. 11. 4, 2015마4027이 있다.

(1) 증권관련 손해배상청구소송일 것(3조 2항) 보다 구체적으로 말하면 자본시장과 금융투자업에 관한 법률 제125조의 증권신고서 및 사업설명서의 거짓기재, 동 제162조의 사업보고서 · 반기보고서 · 분기보고서 · 주요사항보고서의 거짓기재, 동 제175조의 미공개정보의 이용행위(내부자거래), 동 제177조의 시세조정 즉 주가조작, 동 제179조의 부정거래행위 그리고 동 제170조의 회계감사인의 부실감사를 원인으로 한 손해배상청구를 적용대상으로 한다(3조 1항). 또한 위 손해배상청구는 동 제9조 15항 3호의 주권상장법인이 발행한 증권의 거래에 관한 것이어야 한다(3조 2항).

(2) 구성원의 다수, 중요쟁점의 공통 그리고 이익보호에 적절한 수단일 것(12조) 소송허가요건을 갖추려면, 첫째로 피해집단의 구성원(class member)이 50인 이상이어야 하고 피고회사의 발행증권 총수의 1/10,000 이상을 보유하여야 한다(12조 1항 1호)(다수성). 이러한 요건을 갖추게 한 것은 증권관련집단소송제도가 남용되어 상장법인 등이 괴로움을 당하는 것을 방지하기 위한 것이다. 담보제공을 제소요건으로 하여 남소방지를 고려했던 바이나 채택되지 아니 하였다. 둘째로 법률상 또는 사실상의 중요한 쟁점이 모든 피해집단의 구성원 사이에서 공통하여야 하며(동 2호)(공통성), 셋째로 당해 소송이 총원의 권리실현이나 이익보호에 적합하고 효율적인 수단일 경우라야 한다(동 3호)(적합성). 이 밖에 소송허가신청서의 기재사항과 첨부서류에 흠결이 없어야 한다(동 4호). 이는 미국 FRCP 제23조의 모방이다('Cant'=common, adequate, numerous, typical). 선정당사자의 경우에 공동의 이해관계(민소 53조)와 유사한 요건이다.

(3) 대표당사자가 당사자적격을 갖추었을 것(11조) 대표당사자가 되려면 첫째로 피해집단의 구성원일 것 즉 유가증권을 보유하는 주주일 것, 둘째로 집단소송으로 인하여 얻을 수 있는 경제적 이익이 가장 큰 자 등 총원의 이익을 공정하고 적절하게 대표할 수 있는 구성원일 것. 이 두 가지가 적극적 요건이다(11조 1항). 원고측 대리인도 총원의 이익을 공정하고 적절히 대리할 수 있는 자일 것을 요한다(11조 2항).[1] 다만, 소극적 요건으로 대표당사자 · 그 소송대리인은 3년간 3건 이상 집단소송관여자가 아니어야 하며(11조 3항), 또 소송수행의 목적으로 증권을 취득하지 아니하여야 한다(9조 2항). 브로커성의 단골당사자 출현의 방지 목적이다.

---

1) 미국에서는 대표당사자가 소송비용을 감당할만한 충분한 재산을 갖췄는가 여부를 법원이 고려한다. Friedenthal 외, 767면.

3. 소송허가 절차

증권관련집단소송의 허가절차[1]는 다음과 같다.

(1) 소의 제기와 소송허가신청 대표당사자가 되기 위하여 증권관련집단소송을 제기하고자 하는 자는 소장과 소송허가신청서를 피고의 보통재판적 소재지를 관할하는 지방법원 본원합의부에 제출하여야 한다(7조 1항, 4조). 전속관할이다. ① 소장에는 총원을 대표하여 소제기하는 대표당사자와 원고측 소송대리인을 필요적 기재사항으로 하고, 총원 즉 피해집단의 구성원 전원의 범위를 기재하는 것이 특례이고 그 나머지는 통상의 소장의 기재사항과 같으며(8조), 인지는 통상의 소장의 1/2이되, 인지대는 5,000만원을 넘어설 수 없도록 하였다(7조 2항). 그러나 신문공고비용을 비롯하여 고지·공고·감정·송달료 등의 적지 않은 비용예납을 요한다(16조 1항). ② 소송허가신청서에는 소장과 같은 인적 사항 이외에 대표당사자와 원고측 소송대리인의 경력, 허가신청의 취지와 원인, 변호사 보수에 관한 약정을 필요적 기재사항으로 한다(9조 1항). 대표당사자와 원고측 소송대리인은 일정한 내용의 진술서를 각기 첨부 제출하여야 한다(9조 2항·3항). 동일한 분쟁에 관하여 수개의 소송허가신청이 제출된 경우 법원은 병합심리를 하여야 한다(14조). 소의 제기 및 소송허가신청서의 제출사실은 한국거래소에 즉시 통보하여야 하며, 한국거래소는 일반인이 알 수 있도록 공시해야 한다(7조 4항).

(2) 소제기의 공고와 대표당사자의 선임 법원은 소장 및 소장허가신청서를 접수한 날로부터 10일 이내에 집단소송제기의 사실, 총원의 범위, 청구의 취지와 원인의 요지, 대표당사자가 되기를 원하는 구성원은 30일 내에 법원에 신청서를 제출해야 한다는 사실 등을 전국보급의 일간신문에 공고하여야 한다(10조 1항·2항). 공고비용은 예납하여야 하는데, 예납하지 아니할 때에는 재판장은 소장 및 소송허가신청서의 각하명령을 한다(증규 4조). 법원은 공고한 날로부터 50일 이내에 대표당사자가 되기 위해 소제기하는 자와 신청서를 제출한 구성원 중에서 총원의 이익을 대표하기에 가장 적합한 자를 대표당사자로 선임한다(10조 4항). 선임결정에 앞서 이들을 심문하여야 한다(증규 7조). 소제기자 아닌 자로서 대표당사자가 되기를 원하는 구성원은 자기의 경력과 신청의 취지를 기재한 신청서에 제9조 2항의 문서(무자격자가 아닌 사실)를 법원에 제출하여야 한다(10조 3항).

(3) 소송허가여부결정과 고지·공고·통보 대표당사자는 소송허가신청의 이유를 소명하여야 하며, 법원은 대표당사자가 되고자 소 제기하는 자와 피고를 심문하여 결정으로 재판한다(13조 1항·2항). 법원은 허가여부를 결정함에 있어서 관련 감독기관으로부터 손해배상원인 행위에 관한 기초자료를 제출받는 등 직권조사를 할 수 있다(동조 3항). 법원은 증권관련 손해배상소송일 것(3조)과 소송허가 요건(12조), 대표당사자적격(11조) 등 위 세 가지를 갖추었다고 보면 소송허가결정을 한다(15조 1항). 허가·불허가결정에 대하여서는 즉시항고할 수 있다(15조 4항, 17조 1항). 즉시항고를 하면 집행정지의 효력이 생기기 때문에 항고·재항고를 거듭하면 허가결정의 확정이 지연됨으로써 본안소송의 심리를 할 수 없어 정지상태에 들어간다. 이것이 한국형집단소송의 큰 맹점임은 앞서 지적하였거니와 항고의 집행정지효력은 조속

---

1) 함영주, "민사소송법상의 ADR 분류체계의 재검토," 민사소송 제17권 2호, 516면.

히 폐지되어야 한다(민사집행법 15조는 집행정지효력 부정). 소송허가결정이 난 때에는 고지·공고·감정 등 소송비용을 예납하여야 하며, 예납하지 아니하면 허가결정을 취소하고 소송불허가결정을 한다(증규 13조). 소송허가여부결정의 송달은 대표당사자와 피고에게는 소송법에 의한 송달, 소송허가결정의 구성원고지는 우편법에 의한 통상우편에 의한다. 허가결정시의 고지사항은 제18조 1항에 규정되어 있는데, 이것은 구성원에 고지 후 전국보급의 일간신문에 게재하여야 한다(18조 3항). 그 고지사항은 한국거래소에 즉시 통보를 요하며, 통보를 받았으면 그 내용을 일반인이 알 수 있도록 공시하여야 한다(19조 2항).

4. 소송관계인의 지위

(1) 대표당사자의 지위

1) 피해집단구성원(총원)의 대리인이 아니다. 독자적 소송수행권을 갖는 소송 담당자이므로 소송대리인과 같은 제90조 2항의 제약을 받지 아니한다. 따라서 대표당사자는 구성원으로부터 수권 없이 그 소송에 관한 일체의 소송행위를 할 수 있음을 원칙으로 한다. 예외적으로 소송개시와 소송종료 행위는 법원의 허가를 요한다. 대표당사자는 1인일 필요가 없으며 수인이어도 상관 없다. 대표당사자가 수인일 경우에는 수인이 구성원을 위한 소송수행권을 합유하는 관계이므로 그 소송은 고유필수적 공동소송으로 된다(20조).

2) 대표당사자의 전부가 사망·사임하거나 소송수행금지결정이 된 경우에는 소송절차는 중단된다(24조 1항). 이 경우는 새로 대표당사자가 되고자 하는 구성원이 법원의 허가를 얻어 소송절차를 수계하게 되지만, 중단 후 1년 이내에 수계신청이 없으면 소의 취하로 본다(24조 2항~3항). 원고측 소송대리인 전원이 사망·사임하거나 해임된 때에는 소송절차는 중단되며, 수계문제도 대표당사자의 경우와 같다(26조 3항~5항).

(2) 법원의 지위 소송의 개시에서부터 그 종결에 이르기까지 대표당사자에 대해 법원은 견제와 감독으로 후견적·능동적인 역할을 한다(case manager). 구성원에 불이익한 소송을 하지 못하게 하기 위한 직권주의의 가미이다. 따라서 소송허가는 물론 대표당사자로 허가결정을 하는 것도 법원의 소관이나, 허가하였다가도 총원의 이익을 공정·적절히 대표하고 있지 못하거나 그 밖에 중대한 사유가 있는 때에는 직권 또는 당사자의 신청에 의하여 대표당사자의 소송수행금지결정을 할 수 있다(22조). 대표당사자는 정당한 사유가 있을 때에 사임할 수 있으되, 법원의 허가를 요한다(23조). 원고측 소송대리인이 사임할 때에도 같다(26조 1항). 대표당사자가 소송대리인을 해임·추가선임 또는 교체할 때에도 법원의 허가가 있어야 한다(26조 2항). 소의 취하·소송상 화해·청구의 포기 그리고 상소취하·포기는 법원의 허가사항이다(35조 1항, 38조 1항). 허가를 받고자하는 당사자는 법원에 사전에 허가신청을 내야 한다(증규 22조). 화해 등 허가여부를 결정함에는 당사자를 심문하여야 한다(증규 24조. 여기에 FRCP 23(e)(2)에 의하면 fair, reasonable, adequate가 허가요건이 된다). 그리고 총원의 범위·제외신고의 기간과 방법, 변호사보수에 관한 약정 등에도 법원이 관여한다(18조).

(3) 구성원의 지위

1) 피해집단의 구성원은 소송의 주체인 당사자는 아니나 제3자의 소송담당의 경우와 마찬가지의 권리귀속주체이다. 소송계속중 구성원에서 제외되는 자와 새로이 구성원이 되

는 자가 생겨 총원의 범위변경이 생길 수 있다(27조). 구성원은 제외신고기간 내에 서면으로 법원에 제외신고를 할 수 있는데(28조 1항), 제외신고를 한 구성원이 아니면 확정판결의 기판력을 받는다(opt out). 대표당사자의 승소판결은 물론 패소판결까지도 미친다(37조). 구성원으로부터 수권을 받지 아니하였는데도 그러하다. 이 점이 선정당사자의 선정에 참여하지 아니한 피해자에게 판결의 효력이 미치지 아니하는 선정당사자 제도와 다르다(opt in).

2) 피해집단의 구성원은 당사자는 아니나 그 권익보호를 위하여 법원은 소송허가결정의 경우처럼 대표당사자의 변경, 총원범위의 변경, 소의 취하 · 화해 · 청구의 포기 · 상소의 취하와 포기, 판결, 분배계획과 그 변경이 있으면 이를 구성원에게 모두 고지한다(18조, 27조, 35조 2항, 36조 3항, 38조 1항, 47조, 48조). 고지는 구성원 모두에게 보통우편으로 하며, 그 고지내용은 전국보급의 일간신문에도 게재하여야 한다. 다만 대표당사자의 변경, 분배계획의 고지는 전자통신매체를 이용하여 공고함으로써 한다(증규 17조, 38조). 이는 구성원의 대표당사자로서의 참가, 의견진술 등 절차보장을 위한 배려인 것으로, 만일 제대로 고지되지 아니한 경우에 일반 소송고지나 채권자대위소송의 경우와 마찬가지로 기판력이 구성원에 미치지 아니한다고 할 것이다(뒤에 볼「소송고지」참조).

구성원은 자기비용 들이지 않고 대표당사자의 소송수행의 상황만 지켜보다 제외신청을 하지 않은 이상, 대표당사자의 승소시에 권리신고를 하여 자기몫의 분배금을 받아가면 된다. 기업에 비유하면 대표당사자는 CEO이고, 구성원은 shareholder 주주라 할 수 있다.

5. 소송절차의 특례

심리절차에 있어서 일반 민사소송법의 원칙과 다른 특례가 있다.

(1) 관 할 지방법원 본원합의부의 전속관할로 한다.

(2) 당사자의 처분권 제한 소의 제기, 소의 취하 · 화해 · 청구의 포기, 상소의 취하 · 상소권포기 등을 법원의 허가를 얻도록 하였음은 이미 본 바이다. 직권주의의 큰 전진이다.

(3) 변호사강제주의 즉 원 · 피고 쌍방이 변호사를 소송대리인으로 선임하여야 한다. 전문적이고 복잡한 소송이므로 본인소송이 부적합하기 때문이다(법 5조 1항). 변호사강제소송인 이상 당사자 스스로 유효하게 소송행위를 할 수 없다. 당사자 스스로 행한 소송행위는 무효가 된다. 원래 변호사강제주의를 채택하고 있지 않은 우리나라 법제하에서는 손해배상청구의 원인인 불법행위 자체와 변호사비용 사이에 상당인과관계를 인정할 수 없다고 할 것이나[1] 증권관련 집단소송에서는 변호사강제주의 때문에 변호사비용은 불법행위 자체와 상당인과관계가 있으므로 이를 손해배상청구의 일부로 청구가 가능할 수 있다 할 것이다. 변호사보수의소송비용산입에관한규칙에서 정한 변호사 보수액을 넘어서기 어려울 것으로 보여진다. 사견으로는 반대이다.

(4) 직권증거조사(30조) 일반 민사소송법의 직권증거조사의 보충성을 따르지 않고 필요하다고 인정될 때에는 원칙적인 직권증거조사를 할 수 있다.

집단소송법 제정(안)에서는 한국형 증거개시제도와 증거유지명령제도를 도입하고,

---

1) 대법 2010. 6. 10, 2010다15363 · 15370.

아울러 국민참여재판제도를 채택하고 있다.

(5) 구성원 및 대표당사자의 신문(31조) 법원은 필요하다고 인정하는 때에는 구성원과 대표당사자를 신문할 수 있는데, 이는 직권신문인 것이다. 구성원의 신문방식은 증인신문이 아니라 당사자 본인신문의 방식에 의한다(규 20조).

(6) 문서제출명령 등(32조) 법원은 당사자의 신청이 없어도 필요하다고 인정하는 때에는 직권으로 소송관련 문서의 소지자에 문서제출명령이나 송부촉탁할 수 있다. 일반민사소송의 신청주의(민소 345조, 352조)의 특례이다.

(7) 증거보전의 특례(33조) 민소법의 원칙(민소 375조)과 달리 법원은 소제기허가 결정이 나기 전에 미리 증거조사를 하지 아니하면 그 증거를 사용하기 곤란한 사정, 즉 보전의 필요성이 있지 아니한 경우에도 필요하다고 인정하는 때에는 당사자의 신청에 따라 증거조사를 할 수 있다.

(8) 손해배상액 산정의 특례(34조 2항) 손해배상액(자본시장과 금융투자업에 관한 법률 125조, 126조 참조)의 산정에 있어서는 구체적 증거에 의하여 산정하는 것이 소송법의 일반원리이나, 증거상으로 정확한 손해액 산정이 곤란한 경우에는 제반사정을 참작하여 표본적 · 평균적 · 통계적 방법 그 밖의 합리적 방법으로 이를 정할 수 있도록 했다.

(9) 쌍불취하(민소 268조)의 적용배제(35조 4항)

(10) 판결에 관한 특례 판결서의 기재에 있어서 원 · 피고측 소송대리인 · 총원의 범위 · 제외신고를 한 구성원 등 특례(36조 1항)가 있고, 배상금지급판결에서 **지급의 유예와 분할지급** 등의 방법에 의한 지급을 허락할 수 있다(36조 2항). 기판력의 주관적 범위의 특례로 제외신고를 하지 아니한 구성원에 효력이 미침은 이미 본 바이다.

위의 (4) 내지 (7)은 원고가 피고인 기업으로부터 자기에게 유리한 증거 · 정보수집의 미국의 discovery제도에 접근하는 특칙이지만, 불완전하므로 앞으로 입법보완이 요망된다. 우선 interrogatory(당사자 조회)제도나마 도입하는 등 적응의 노력을 해야 할 것이다.

6. 분배절차

대표당사자가 구성원을 위한 일괄 승소판결을 받아 집행권원을 취득하였을 때에는, 대표당사자는 패소 법인이 임의이행하지 아니하는 한 지체없이 강제집행에 의하여 그 권리를 실행하여야 한다. 대표당사자는 법원에 권리실행의 결과보고를 하여야 한다(규 30조). 권리실행을 강제집행에 의한다면 통상의 강제집행의 경우와 마찬가지로 압류 → 현금화 절차를 밟아 행할 것이다. 증권관련집단소송법은 특히 배당절차, 즉 분배절차에 관해서는 민사집행법과는 다른 특례에 의해 구성원에게 분배하도록 하였다.

(1) 분배법원은 집행법원이 아니라 **제1심 수소법원**이며 그의 전속관할로 한다(39조). 판결기관이 권리실행으로 취득한 금전을 one stop으로 구성원에 대해 분배처리한다. 분배법원은 당사자의 신청에 의해 분배관리인을 선임하여 그 법원의 감독하에 권리실행으로 취득한 금전 등의 분배업무를 처리하게 한다(41조). 구성원이 소지한 증권의 수효에 안분하므로 분배절차에는 민사집행처럼 복잡한 문제 없다.

(2) 분배관리인은 분배계획안(allocation plan)을 만들어 분배법원의 인가를 받은 뒤, 구성원으로부터 신고기간 내에 권리확인신청을 받고 권리확인을 한 후에 분배절차를 진행시킨다(46조, 49조). 일반 강제집행절차에서는 집행권원을 가진 모든 채권자나 법률상 우선 변제청구권자는 배당에 가입할 수 있지만, 집단소송판결 등에 의한 권리실행으로 얻은 금전은 권리신고한 구성원만의 독점적 몫이 되며(49조 참조), 이 점에서 집행절차에서 **채권자평등의 원칙**의 예외라고 볼 것이다. 분배관리인은 분배하고 남은 잔여금은 지체없이 공탁하여야 한다(51조).

Ⅲ. 소비자단체소송

증권관계에 한하지 않고 집단소송제를 일반화하였으면, 소비자단체소송이나 개인정보단체소송을 정비하지 않고 새집단소송과 병립시킬 필요가 있을 것인가 의문이다.

(1) 의 의 　소비자단체소송이란 사업자가 소비자기본법 제20조에서 정한 소비자의 권익관련의 기준(안전·거래·표시·광고·개인정보관련기준 등)을 위반하여 소비자의 생명·신체 또는 재산에 대한 권익을 직접적으로 침해하고 그 침해가 계속되는 경우 소비자단체가 나서서 그 권리침해행위의 금지·중지를 구하는 공익소송이다(소비기본 70조). 독일의 단체소송을 모델로 한 **부작위소송**으로서 2008. 1. 1.부터 시행되는 **공익소송제도**이다. 중단시키는 **부작위소송**인 점에서 사후의 **손해배상소송**인 증권관련집단소송과는 다르다. 소비자 피해에 대한 배상제도가 아닌 한계 때문인지 이용이 저조하지만, 그동안 3~4건이 문제되었다(SKT, KT, LG U+ 상대).[1)] 일본[2)]은 2013년에 소비자집단소송제도를 새로 마련하였다. 2단계소송이라고 하는데 제1단계는 소비자단체가 나서 소비자권익침해의 위법성판단을 받는다. 공통의 의무확인소송이다. 여기에서 승소하면 개별소비자가 손해배상청구를 하는 2단계집단소송으로 넘어가는 구도이다. 이는 마치 원인과 액수 두 가지가 쟁점이 되었을 경우 원인만을 먼저 정리하고 내리는 중간판결 제도와 유사하다. 우리나라 소비자기본법에 특별한 규정이 없으면 민사소송법의 적용을 받는 소송인데(76조 1항), 다음과 같은 특례가 있다. 제도의 문제점 때문인지 이용률이 저조하다.

(2) 특 례

1) 관할의 특례(71조) 　피고의 주된 사무소 등이 있는 곳의 지방법원 본원합의부의 전속관할로 한다. 비재산권상의 소로 본다.

2) 원고적격의 한정 　소비자기본법 제70조는 원고적격자를 다음과 같이 한정하였다.

① 공정거래위원회에 등록된 소비자단체로서 동법 제70조 1호 소정의 요건을 모두 갖춘 단체(1호)

② 대한상공회의소, 중소기업협동조합중앙회 및 전국단위의 경제단체(3호)

③ 50인 이상의 소비자로부터 단체소송의 제기를 요청받은 비영리민간단체(4호). 상시

---

1) 대법 2023. 6. 15, 2018다287034에서는 이동통신 사업자인 피고는 부당하게 청약철회권을 제한하면 안된다는 취지였다.

2) 최승재, 2단계 집단소송에 대한 소고, 법률신문 2017. 10. 23.자.

회원수가 5천명 이상일 것 등이다.

3) 제소에 법원의 허가(73조, 74조) 허가를 필요로 하므로 단체소송을 제기하는 단체는 소장과 함께 소정의 사항을 기재한 소송허가신청서를 제출하고 일정한 첨부자료를 내야 한다. 허가요건으로는 소비자의 피해가 발생하거나 발생할 우려가 있는 등 다수 소비자의 권익보호 및 피해예방을 위한 공익상의 필요한 사항을 갖추는 것이다. 허가제는 일반민사소송처럼 사익을 위한 소송이 아니고 공익소송이라는 것과 남소방지가 그 입법취지일 것이나, 위에서 본 바와 같이 원고적격 단체를 법으로 한정한 자체가 남소방지책이므로 법정요건에 해당하는 단체인지를 철저히 심사하면 충분한 일이고 구태여 허가제까지 나갈 것이 아니다. 비교법적으로 보아도 무리인 것 같다. 허가결정이 있을 때에는 가압류·가처분 등 보전처분을 할 수 있다(76조 2항). 법원은 필요한 경우 원고의 대표자나 피용자, 회원, 구성원, 피고와 소비자 등을 심문할 수 있다(소비자단체소송규칙 10조). 이것은 법 제134조 제2항의 심문과 같은 성질의 것으로 이해한다.

4) 변호사강제주의(72조) 원고는 변호사를 소송대리인으로 선임하여야 한다. 피고는 그러한 강제가 없다(편면적 변호사주의).

5) 청구기각판결의 대세효(75조) 원고청구기각의 판결이 확정되면 다른 단체도 판결의 효력을 받아 같은 소송을 제기할 수 없다. 공기관에 의한 새로운 연구결과가 나타나거나 청구기각판결이 원고의 고의로 인한 경우는 예외로 한다. 이와 같은 기각판결의 대세적 효력에 비추어 청구기각의 확정판결과 같은 효력이 있는 청구의 포기는 이 소송에서 허용할 수 없을 것이다(앞의 「청구의 포기·인낙」 참조).

한편 대법원규칙인 소비자단체소송규칙에 의하면 소송허가절차, 다른 단체의 참가에 의한 공동소송참가(민소 83조), 소송대리인의 사임 등의 경우에 절차의 중지, 필요적 변론병합을 할 수 있게 하였다. 소가는 1억원으로 보기 때문에 인지대는 문제될 것이 없다(민인규 15조의 2).

Ⅳ. 개인정보 단체소송

2011. 9. 30.부터 발효한 개인정보 보호법에 의한 개인정보 단체소송이 생겼다. 개인정보보호단체가 나서서 개인정보에 관한 권리침해를 중지·금지시키기 위한 공익소송이다. 손해배상소송이 아니고 부작위소송이란 한계가 있다. 조정위원회의 조정을 거부하거나 그 조정결과를 수락하지 아니하는 때에 제소할 수 있다. 소비자단체소송과 비슷하게 원고적격의 제한, 법원의 제소허가, 원고만의 편면적 변호사강제주의, 청구기각판결의 대세효 등의 절차상의 특례를 두고 있다(동 보호법 51조 이하).

Ⅴ. 우리나라 집단소송[1] 현황과 그 과제

(1) 의 의 집단피해에 대한 집단구제의 집단소송의 우리나라의 효시는 1984년도의 망원동 주민의 서울시·현대건설 상대의 '망원동 집단수해소송'이었던 것으로 그 이래 증권투자자 보호의 증권관련집단소송과 소비자·개인정보보호의 단체소송 그리고 상법의 주주대표소송 및 지방자치법의 주민소송 등이 산발적으로 법제화되어 있지만 거의 휴면화되고(단 용인경전철 주민소송은 예외) 집단소송일반을 규율할 수 있는 법제도는 아직 없다. 최근에 일부 변호사나 피해보상위원회, 소송공모를 위한 인터넷 카페의 운영으로 이른바 국민·주민소송단, 공익소송단을 구성하는 등으로 개별 국가나 기업 등 단체 상대의 집단소송형태가 집단행동의 시대상의 반영인지 공전의 성황을 보이고 있다. 개인정보유출·과대광고·왜곡보도·불량식품·불법집회시위와 비행기소음공해·과거사소송·원전공해·기름폐수유출피해·불공정담합피해자·대학기성회비피해자·Apple 배터리피해·포항지진·산불·공해 피해등 다종 다양의 집단소송이 제기되고 있다. 집단소송이 국외로까지 확산되고 있다(Volkswagen의 배기가스조작에 미국법원제소, 농심·오뚜기 8억불 미국집단소송피소). 이는 공통의 피해자들 개인의 권리구제보다도 가해 국가기관·대기업 등의 사회적 책임을 묻고 재발방지의 경종을 울리는 공익적 소송이요 나아가 사회개혁의 동력이란 측면이 있는가 하면, 국가의 **정치·경제·사회문제**(public policy)가 **사법적 해결**에 의존하는 새로운 패러다임의 전개라 할 수 있다(통상임금사건의 예). 그러나 한편 일부 변호사의 노다지 투기성 기획소송·정치적 공세로의 이용, 건실한 기업활동에 위협 등 남소의 문제도 있다. 이는 현재의 법제하에서는 1 대 1의 개인소송의 단순집합인 공동소송 즉 집단공동소송 이상일 수 없으며, 19세기 우마차의 전원사회에서 개발 통용되던 소송모델로는 이러한 21세기 현대형 소송에 적응할 수 없다.

(2) 남용의 문제와 통제의 필요 이렇듯 입법의 공백으로 규제없는 지금의 **한국형집단소송**은 피고측의 방어상의 부담과 재판부에 대한 엄청난 부담 때문에 날림재판의 우려 등 문제가 크다. 구체적으로 보면 같은 쟁점을 놓고 여러 지방법원에 다발적인 중복 제소, 당사자의 중복, 소송과정에서 개인정보 노출 가능성, 부풀어진 무늬만의 피해자, 수많은[2] 다수자에 대한 당사자 실재의 여부

1) 이시윤, 입문〔事例 114〕, 집단소송의 효시인 조영래변호사, 375면 이하 참조. 이에 관한 비교법적 연구와 해결방안의 제시는, 정선주, "집단분쟁의 효율적인 해결과 대량소송의 방지를 위한 대표소송제도의 신설," 민사소송 15권 2호, 245면 이하.

2) 비행기소음공해 15만 명, 태안기름유출어민피해 12만 건 그 중 27,000여건은 화해·소취하로 끝남.

를 포함하여 소송요건과 개별적 피해의 증명심사, 공정하고 적절한 소송수행자의 선정, 통제받지 않는 변호사의 보수,[1)2)] 통제 없는 소의 제기·소의 취하·청구의 포기와 화해, 소권남용(소권남용에 대비한 소송비용 담보제공의 직권명령, 117조), 제외된 피해자들에 대한 판결의 효력확장이 되지 아니하여(opt in) 뒤에 같은 소송의 연발가능성, 증명의 곤란(100% 인지 부담) 등 기존의 단조로운 공동소송의 법리와 현행 증거법의 한계 등 어려운 문제에 직면한다. 엄청난 재판인력의 소모, 국고금의 유출도 문제지만 한 기업의 명운 좌우 등 그 사회적·국가적 파급효도 압도적이다. 선정당사자제도를 활용하는지는 모르겠으나 합리적 제어가 될 수 없다. 기형적으로 도입한 증권관련집단소송제도와 개혁에 둔감하여 발전시키지 못하고 답보상태인 소비자·개인정보단체소송제도는 성공적 정착을 하고 있지 못하다. 휴면화되다싶은 현 상황에서 재정비가 절실하다. 요원의 불길처럼 확산되는 집단분쟁=집단소송화로 집단소송천국(litigious)이 되어가는 현실에서 엉성한 현행제도에 대하여 개탄만 할 것이 아니라, 그 개선을 위한 대응책 마련에 학계, 실무계, 그리고 입법 당국이 공동으로 힘을 합쳐야 할 것이다. 이것이 법문화의 후진성을 극복하는 대표적인 길일 것이다. 최근에는 오랜 세월 속에 fact가 많이 희석된 과거사를 들추어 형사재심에 이어 국가배상의 집단소송이 나타남에도 국가측의 소멸시효의 항변은 신의칙상 허용되지 않는다는 대법원판례 때문에 국가패소로 국고에 엄청난 부담을 주고 있는 상황이라면 무엇인가 입법통제가 필요할 것이다.

(3) 법적대응—위자료배상형으로 고착 현재 원고단이 여러 가지 손해를 일괄하여 위자료의 명목으로 같은 금액의 배상청구를 하는 **포괄적 일률청구**가 태반을 이루고 있으나(김포공항 항공기소음피해사건, 사이월드해킹피해자 사건 등), 원고단의 결속의 차원에서 의미가 있을지 모르나 피해액의 개별적·개인적 구제가 안 되는 원초적인 접근이다. 우선은 공통쟁점정리형의 집단소송제도의 입법화가 필요하다. 일단 현제도하에서는 **중간판결제도**를 활용하여 불법행위의 원인판결을 법원이 해주고 뒤에 피해액의 산정문제는 당사자간의 화해등 자주적 해결에 맡기는 것도 방안일 것

---

1) 국민·농협·롯데카드 3사 정보유출 단체소송 변호사보수 현황들 보면, 인지대 등 1심소송비용은 1인당 10,000원 내외이고, 성공보수금으로 10~20%로 약정된다고 한다(한국일보 2014. 2. 4자). 원희룡 변호사가 10,000명을 대리하여 농협카드·KCB 상대의 손해배상청구는 1인당 100,000원씩 인용의 서울중앙지법 판결이 2016. 6. 20에 났다.

2) 대구 공군비행장(K-2) 소음피해집단소송에서 피해자들과 변호사간에 승소액 15%+지연손해금 전액의 보수지급약정을 하였다. 사실심판결선고 후의 연 20%의 지연손해금 때문에 손해원금액에 접근하는 지연손해금지급의 결과가 되어 큰 뉴스거리가 되었다. 이는 통제 없는 집단소송 성행의 대표적 폐단이다(앞 76면 참조).

이다.[1)] 종합적인 집단소송법안이 자주 거론되건만, 구시대의 4색 당쟁을 무색케 하는 정쟁에 여념이 없어 그 통합법안이 국회에 상정조차 되고 있지 않은 방치상태이다. 큰 사회적 분쟁은 집단데모로 혼돈 천하를 만들지 않고 class action 제도에 의하여 평온리에 법에 따라 해결나는 미국 등 선진국의 예가 마냥 부럽기만 하다.

제4절 제3자의 소송참가

널리 제3자의 소송참가란 현재 계속중인 다른 사람 사이의 소송에 제3자가 자기의 이익을 옹호하기 위하여 관여하는 것을 가리킨다. 甲·乙 간의 소송에 丙이 개입하는 것으로(미국에서는 널리 joinder이라 한다), 크게 나누어 i) 종전의 당사자 가운데 어느 한쪽 당사자의 승소보조자의 지위에서 참가하는 **보조참가**, ii) 종전의 당사자와 동등한 당사자의 지위에서 참가하는 **당사자참가**가 있다. 다시 보조참가에는 단순히 법률상의 이해관계를 갖는 자가 참가하는 **통상의 보조참가**, 판결의 효력은 받으나 당사자적격이 없는 자가 참가하는 **공동소송적 보조참가**가 있다. 또 당사자참가도 참가하는 제3자가 종전의 당사자와의 관계에서 대립견제관계에 서는 **독립당사자참가**, 그와의 관계가 같은 편의 연합관계가 되는 **공동소송참가** 그리고 그 승계인으로서 소송상의 지위를 물려받는 승계참가로 나누어진다.

모두 i) 다른 사람 사이의 소송이 계속중일 것, ii) 참가이유, iii) 제3자의 참가신청이 있을 것(직권참가로는, 행소 16조)을 요한다. 다만, 보조참가는 자기를 위한 판결청구를 할 수 없는 **소송상의 신청**이지만, 당사자참가는 자기를 위한 **판결청구**가 있어야 하며 따라서 소제기와 그 효과가 같은 **본안의 신청**이다. 여기에 관련하여, 종전의 당사자가 소송참가할 제3자에게 소송계속을 통지하여 참가의 기회를 제공하는 소송고지제도, 제3자가 아닌 종전의 당사자의 신청에 의하여 제3자를 소송에 강제가입시키는 인수승계제도가 있다.

1) 김경욱, "집단분쟁해결을 위한 새로운 민사소송제도의 도입에 관한 소고," 민사소송 17권 2호, 229면.

[도표 12] 소송참가형태 4가지 비교

참가형태	의 의	참가이유	참가인의 지위와 그에 대한 판결의 효력
보조참가 (제71조)	당사자 일방의 승소를 위한 참가	판결 효력을 받지 않지만 소송결과에 이해관계	• 종된 당사자이므로 피참가인에 대한 불리한 행위 불허 • 피참가인 패소시 참가적 효력뿐
공동소송적 보조참가 (제78조)	판결 효력이 미치는 자의 보조참가	당사자적격은 없으나 판결효력을 받을 이해관계	• 종된 당사자이나 필수적 공동소송인에 준하는 지위 • 당사자와 같은 판결 효력
독립당사자참가 (제79조)	종전당사자를 상대로 한 대립견제관계의 당사자참가	소송목적인 권리주장참가 소송목적인 사해행위방지참가	• 당사자로서 완전한 소송수행권 • 당사자와 같은 판결 효력
공동소송참가 (제83조)	종전당사자 일방과 필수적 공동소송인 관계의 당사자참가	종전당사자의 일방과 합일확정관계	• 소제기와 같은 실질, 완전한 소송수행권 • 당사자와 같은 판결 효력

Ⅰ. 보조참가

1. 의 의

(1) 보조참가란 다른 사람 사이의 소송계속중 소송결과에 이해관계가 있는 제3자가 한쪽 당사자의 승소를 돕기 위하여 그 소송에 참가하여 주장·증명을 하는 것을 말한다(71조). 보조참가하는 제3자를 보조참가인 또는 **종된 당사자**라고 하며, 보조받는 당사자를 피참가인 또는 **주된 당사자**라고 한다. 특히 피참가인이 성의 있는 소송수행을 하지 아니하여 참가인의 법적 지위가 충분히 보호될 수 없을 때에 참가하는 것이 바람직하다. 예를 들면 채권자 甲이 보증채무자 乙을 상대로 제기한 소송에서 보증채무자가 패소하면 주채무자 丙에게 구상청구를 할 것이므로 주채무자 丙이 보증채무자 乙의 승소를 위해 참가하는 따위이다.

(2) 보조참가인은 자기의 이름으로 판결을 구하지 않고 단지 한쪽 당사자의 승소를 위하여 소송을 수행하는 것이므로, 진정한 의미의 소송당사자와 다르다. 또 자기의 이익의 옹호를 위해 자기의 이름과 계산으로 소송을 수행하므로 대리인과도 다르다. 따라서 보조참가인은 자기를 위한 대리인을 선임할 수 있다.

2. 요 건(71조)

(1) 다른 사람 사이의 소송계속

1) 보조참가는 다른 사람 사이의 소송에 한하여 허용되며, 한쪽 당사자는 자기 소송의 상대방을 위해서는 참가할 수 없다. 그러나 자기의 공동소송인이나 그 공동소송인의 상대방을 위하여 보조참가하는 것은 가능하다. 또 법정대리인은 소송수행상 당사자에 준하기 때문에 본인의 소송에 보조참가할 수 없다.[1)]

2) 소송계속중일 것을 요한다. i) **상고심**에서도 허용된다. 다만 상고심에서 참가하면 제76조 1항 단서에 의한 제약 때문에 사실상의 주장, 증거의 제출이 허용되지 않는다. 판결확정 후라도 재심의 소(451조)의 제기와 동시에 참가신청을 할 수 있다(72조 3항). 피참가인이 사망시에는 안 된다.[2)] ii) 여기의 소송계속이라 함은 판결절차를 의미하므로 판결절차 이외는 독촉절차와 같이 이의에 의해 판결절차로 넘어갈 절차에 국한할 것이라는 견해가 있으며,[3)] 판례는 대립당사자 구조가 아닌 결정절차(예를 들면 매각허가결정에 대한 항고절차에서 보조참가하는 매수인)는 보조참가가 허용되지 않는다고 한다.[4)] 헌재 2020. 3. 26, 2017헌가20 등에서도 위헌법률심판사건에서 대립 당사자 개념을 상정하기 어려워 보조참가신청을 불허하였다. 그러나 널리 결정절차에서도 결정이 보조참가인의 권리상태에 법률상 영향을 줄 관계에 있으면 그의 절차권의 보장을 위해 보조참가의 규정을 준용으로 허용할 것이다.[5)]

3) 보조참가인은 대립하는 당사자 중 어느 한쪽에 참가하는 것이므로 이미 당사자 한쪽에 참가한 자가 그 상대방에 참가함에는 먼저 한 제1의 참가를 취하하여야 할 것이다(쌍면참가의 금지).

(2) 소송결과에 대하여 이해관계가 있을 것(참가이유)

(a) '소송결과'에 대해 이해관계가 있다고 하려면, 판결의 결과가 참가인 자신의 법적 지위에 영향을 미칠 경우라야 한다. 그러므로 피참가인이 승소하면 참

---

1) 공동소송인간에 이론적으로 실천적으로 합일확정의 필요가 있는 때(앞의 「이론상 합일확정소송」 참조)에는 따로 참가신청이 없어도 참가관계를 인정하여야 한다는 '당연의 보조참가이론'이 있으나, 명시적인 참가신청이 없는데 보조참가관계를 인정하는 것은 무리라 하겠다(다수설).

2) 대법 2018. 11. 29, 2018므14210.

3) 방순원, 206면; 송상현, 181면.

4) 대법 1973. 11. 15, 73마849; 동 1994. 1. 20, 93마1701. 판례도 비록 결정절차이지만 소송절차와 집행절차가 혼재된 가압류·가처분절차에서까지 참가가 허용되지 아니한다고 보는 것은 아니다.

5) Rosenberg/Schwab/Gottwald, Rndr. 6, 7.

가인의 법률상의 지위가 유리해지고, 패소하면 그 지위가 불리하게 될 때이다.[1] 널리 보면, 본소송의 판결의 효력인 기판력·집행력이 직접 참가인에게 미칠 경우도 포함할 것이나 이때의 참가는 그 성질이 공동소송적 보조참가이고[2] 통상의 보조참가는 아니다.[3]

1) 엄격하게는 통상의 보조참가는 참가인의 법적 지위가 본소송의 결과인 승패, 즉 **판결주문에서 판단되는 소송물인 권리관계의 존부**에 의하여 직접적으로 영향을 받는 관계에 있을 때라고 할 것이다.[4] 피참가인이 패소하면 그로부터 구상·손해배상청구(법적추급)를 당하게 되는 등 불리한 영향을 받을 제3자가 참가의 이익이 있는 경우라고 하겠다. 예를 들면 물건의 매수인 甲이 그 매도인 乙을 상대로 산 물건에 하자가 있다고 하며 하자담보책임을 묻는 소송을 제기하여 왔을 때에 乙에게 문제의 물건을 공급매각한 매도인 丙은, 만일 乙이 패소하면 자신도 乙로부터 손해배상청구를 당할 염려가 있기 때문에 乙의 승소를 위한 참가의 이익이 있는 자라고 할 것이다. 피해자에 의하여 가해자인 피보험자가 제소당한 경우에 그를 승소시키기 위해 참가하는 보험회사도 같다. 또 피참가인의 승소에 기득권의 확보 등 유리한 영향을 받을 관계 있는 제3자도 이에 해당한다. 예를 들면 국가 부동산을 우선적으로 매수할 수 있는 연고권자는 국가가 그 부동산에 대하여 등기명의를 회복하고자 제기하는 말소등기청구소송에서 국가를 승소시키기 위한 보조참가의 이익이 있고,[5] 건물의 조건부 매수자는 그 건물의 원시취득자인 매도인이 제기한 소유권에 기한 건축주명의변경청구사건의 소송결과에 법률상 이해관계가 있다.[6]

2) 반대설은 있으나 **판결주문이 아니라 판결이유 속에서 판단되는 중요쟁점**

---

1) 대법 1979. 8. 28, 79누74. 판례는 소속사찰의 도지사 상대의 사찰등록처분무효확인소송에서 사찰이 상위 종단에 종속되어 그 재산처분에 대해 종단의 승인을 받아야 하는 관계는 종단과 사찰간의 계약내용 등에 의하여 결정되므로 이 소송결과에 좌우되지 않는다 하여 상위 종단의 피고보조참가이익의 부정(대법 1982. 2. 23, 81누42).
2) 대법 1952. 8. 19, 4285행상4; 동 1969. 1. 21, 64누39.
3) 형성의 소로 볼 수 없고 그 판결이 확정되어도 대세효나 형성력이 없어 판결의 효력이 참가인에 미칠 수 없는 소송에 보조참가는 통상의 보조참가에 불과하다고 한 것에, 대법 2010. 10. 14, 2010다38168.
4) 대법 1958. 11. 20, 4290민항161; 동 1982. 2. 23, 81누42.
5) 대법 1961. 3. 8, 4294민재항28 등. 甲이 A학교법인 이사였는데, 교육부에 의하여 이사취임승인취소처분을 당하였다. 그리하여 甲은 교육부장관 상대의 그 취소를 구하는 소를 제기하였다. 甲이 승소하게 되면 학교법인으로서는 그 의사와 관계 없이 甲이 되돌아와 법인이사회의 구성원에 변경이 생기므로 피고의 승소를 위해 참가한 A법인은 소송결과에 의하여 그 법률상의 지위가 결정되는 관계로 이해관계 있는 경우에 해당한다(대법 2001. 1. 19, 99두9674).
6) 대법 2007. 4. 26, 2005다19156.

에 의하여 영향받는 것만으로는 참가할 수 없다(통설).[1] 예를 들면 같이 교통사고를 당한 피해자 A·B 중 A만이 가해자 乙을 상대로 손해배상소송을 할 때에[2] 앞으로 같은 소송을 하려는 다른 피해자 B는 참가이익이 있다고 할 수 없다.

(b) 여기서 '**이해관계**'라 함은 법률상의 이해관계를 말한다.[3]

1) 법률상의 이해관계라면 재산법상의 관계에 한하지 않고, 가족법상의 관계, 공법상의 관계도 포함된다. 이해관계가 있는 한 행정소송에 있어서 피고인 행정청을 위해서도 보조참가할 수 있다(행소 16조).

또 간통을 원인으로 한 이혼소송에 있어서 당사자가 패소하면 민법상 손해배상청구를 받을 염려가 있는 사람은 보조참가를 할 수 있다.

2) 법률상의 이해관계이기 때문에 단지 사실상·경제상 또는 감정상의 이해관계만으로는 참가할 수 없다.[4] 예를 들면 당사자 한쪽과 친척·친우관계에 있기 때문에 그가 패소하면 감정상 고통을 받을 관계, 당사자 한쪽이 패소하면 자기가 친족의 의무로서 부양하게 될 우려, 이웃 사립대학이 등록금환불청구에서 패소하면 같은 사립대학으로서 간접적으로 영향을 받아 등록금제도운영에 차질이 생긴다는 사실상의 파급효,[5] 또는 회사가 패소하여 회사의 자산이 감소되면 자기들의 주주 이익배당이 줄어들 경제적 인과관계[6]만으로는 보조참가를 허용할 수 없다.[7]

(3) 소송절차를 현저하게 지연시키지 아니할 것(71조 단서)[8] 이것은 신법에

1) 다만 「소송의 결과」를 「판결주문」에서 「판결이유의 판단」까지 확장하여 본소의 중요쟁점인 사항에 참가인의 지위가 논리적으로 의존관계에 있으면 참가의 이익이 있다는 견해는 소송결과인 판결주문에 이해관계를 필요로 한 현행법의 명문에 반한다고 할 것이다.

2) 그러나 대법 1999. 7. 9, 99다12796은 손해배상의 책임을 지는 불법행위자는 피해자가 다른 공동불법행위자를 상대로 제기한 소송결과에 법률상의 이해관계를 갖는다 하였다.

3) 대법 2000. 9. 8, 99다26924; 동 1999. 7. 9, 99다12796 등.

4) 대법 2023. 8. 31, 2018다289825; 동 2014. 5. 29, 2014마4009=甲의 부동산에 관한 임의경매절차에서 제3순위로 배당받은 가압류채권자 乙이 제4순위 배당받은 甲을 상대로 구상금청구소송에서 이 소송결과에 따라 甲·乙이 배당받을 실제 배당액이 달라지고, 그에 따라 甲이 배당받을 잉여금에 대하여 압류·추심명령을 받은 甲 보조참가인 丙이 추심할 수 있는 금액도 달라질 관계라면 참가인 丙은 위 구상금청구소송의 소송결과에 따른 법률상 이해관계인이라고 했다.

5) 대법 1997. 12. 26, 96다51714 등.

6) 대법 1961. 12. 21, 4294민상222. 대법 2000. 9. 8, 99다26924는 어업권의 명의신탁관계는 무효이므로 법률상의 이해관계에 해당하지 아니한다고 했다.

7) 그러나 회사 상대 임대료증액청구사건에서 회사사원이 합작투자관계 등 임대차계약상의 이해관계가 있으면 회사측에 보조참가할 수 있다는 것에, 대법 1992. 7. 3, 92마244.

8) 미국법에서 본소송과 공통의 사실관계나 법률관계가 있는 경우에는 적절한 시기에 신청하였을 때(timely motion) 법원의 재량으로 소송참가가 허용됨(FRCP 24(b)). 강수미, "미국 연방민사소송 규칙상의 소송참가에 관한 고찰," 민사소송 15권 1호.

서 추가한 요건으로, 참가이유는 인정되지만 재판을 지연하거나 심리를 방해할 목적으로 통상의 법정에서는 재판을 할 수 없을 정도의 다수인이 보조참가신청을 하는 경우나 소송절차를 지연시킬 의도로 뒤늦게 보조참가신청을 하는 등[1] 제도남용에 의한 소송지연책의 방지 때문이다. 공익적 요건으로 직권조사사항으로 볼 것이다.

(4) 참가인이 그 지위를 옹호하기 위하여 **소송법상의 다른 구제수단**(예: 79조, 83조)이 있다 하여도 참가가 허용된다.

보조참가와 독립 당사자참가와의 관계 : ① 독립 당사자참가의 성질을 상실하게 되어 부적법해진 당사자참가의 경우에 보조참가신청으로 전환할 수 있다.[2] ② 대법 1994. 12. 27, 92다22473 · 22480은 당사자참가를 하면서 예비적으로 한 보조참가신청은 허용할 수 없다는 것이나, 당사자참가에서 보조참가로 전환이 가능하다면 불허할 이유가 없다. 예비적 청구, 예비적 피고를 허용한다면 예비적 참가도 허용할 것이다. ③ 보조참가를 하고 있다가 독립당사자참가를 하면, 보조참가가 종료된다.[3]

(5) 참가신청은 **소송행위의 유효요건** 등을 갖추어야 한다. 따라서 당사자능력 · 소송능력과 대리인에게는 대리권이 존재하여야 한다. 민사소송법상 당사자능력 및 소송능력이 없는 행정청으로서는 행정소송법상의 참가는 별론, 민소법상의 보조참가할 수 없다.[4] 이와 같은 요건은 참가이유와 달리 직권조사사항이다.

3. 참가절차

(1) 참가신청

1) 참가를 함에 있어서는 서면 또는 말로(161조)[5] 참가의 취지와 이유를 명시하여 현재 소송이 계속된 법원에 신청하여야 한다(72조 1항). 참가의 취지에는 참가하는 소송과 당사자 어느 쪽의 승소보조를 위해 참가하는가를 표시할 것이고, 참가이유에는 어째서 소송결과에 관하여 이해관계를 갖고 있는가의 사정을 밝혀야 한다. 당사자로 참가하는 것이 아니므로 신청서에는 소장과 같은 인지를 붙일 필요가 없다(민인 9조).

2) 참가신청은 참가인으로서 할 수 있는 소송행위(예: 상소 · 재심의 제기, 지급명령에 대한 이의신청, 추후보완의 상소)[6]

1) 법원실무제요 민사소송(Ⅰ), 304면.
2) 대법 1960. 5. 26, 4292민상524.
3) 대법 1993. 4. 27, 93다5727 · 5734.
4) 대법 2002. 9. 24, 99두1519.
5) 대법 1956. 6. 19, 4289행상44.
6) 대법 1981. 9. 22, 81다334; 동 1999. 7. 9, 99다12796.

와 동시에 할 수 있다(72조 3항). 신청서는 당사자 양쪽에 송달하여야 한다(72조 2항).

(2) 참가의 허가여부

1) 신청의 방식 · 참가이유의 유무에 대해서는 당사자의 이의가 있는 경우에 조사함이 원칙이다(73조 1항).[1] 이 점이 이의없어도 조사할 직권조사사항인 당사자능력 · 소송능력 · 대리권 · 소송절차의 지연여부 등과 다르다. 당사자가 참가에 대하여 이의신청 없이 변론(또는 변론준비기일에서 진술)한 때에는 이의신청권을 상실한다(74조). 이의신청이 있는 경우에는 참가인은 참가의 이유를 소명하여야 하며, 참가의 허가여부는 신청을 받은 법원이 결정으로 재판한다(73조 1항). 그러나 신법은 당사자의 이의신청이 없는 경우라도 필요하다면 **직권으로** 참가이유를 소명하도록 명할 수 있게 하였다(73조 2항). 예를 들면 참가이유도 없이 사실상 소송대리를 할 목적으로 보조참가 신청하는 등 변호사대리의 원칙을 피하기 위한 편법으로 이용되는 경우를 직권방지하기 위함이라 한다.[2] 참가의 허가여부 결정에 대해서는 당사자 또는 참가인이 즉시항고할 수 있다(73조 3항). 허가여부에 대한 재판을 결정으로 독자적으로 하지 않고 종국판결의 이유 속에서 판단하였다 하여 위법이 아니라는 판례[3]가 있으나 중간적 재판이 아니고 독자적인 불복방법이 있음에 비추어 의문이다.

2) 당사자의 이의신청이 있다 하더라도 본소송의 절차는 정지하지 않는다. 참가불허가의 결정이 있어도 확정될 때까지는 참가인으로 할 수 있는 일체의 소송행위를 할 수 있지만, 불허가결정이 확정되면 효력을 잃는다. 이 경우에 피참가인이 원용하면 그 효력이 있다(75조).

(3) 참가의 종료 참가인은 어느 때나 신청을 취하할 수 있다. 그러나 신청이 취하되어도 제77조의 참가적 효력을 면치 못한다. 따라서 참가인이 한 소송행위는 취하에 불구하고 그 효력을 상실하지 않으며 당사자의 원용이 없어도 판결자료로 할 수 있다고 할 것이나,[4] 반대설이 있다.[5] 이 밖에 보조참가인이 독립당사자참가를 한 경우는 보조참가는 종료됨은 이미 본 바이다.

---

1) 대법 1994. 4. 15, 93다39850.

2) 이러한 경우라면 직권조사사항인 신의칙으로도 막을 수 있는 문제일 것으로, 구태여 이 때문에 당사자주의의 틀을 버릴 필요는 없을 것이다. 일본법 44조나 독일의 통설은 이의 있을 때 조사사항으로 한다.

3) 대법 2015. 10. 29, 2014다13044.

4) Thomas-Putzo, § 66 Rdnr. 12; 방순원, 140면. 대법 1971. 3. 31, 71다309 · 310=증거를 제출한 참가인의 보조참가신청이 부적법각하되었다 하여도 이미 법원이 실시한 증거방법에 의하여 법원이 얻은 증거자료의 효력에 아무 영향이 없다.

5) 정동윤/유병현/김경욱, 1093면; 송상현/박익환, 660면; 호문혁, 885면; 한충수, 739면.

4. 참가인의 소송상의 지위

(1) 보조참가인의 종속성 참가인은 당사자의 **승소보조자**(Gehilfe)일 뿐이다. **당사자도 공동소송인도** 아니다. 당사자로서 독자적 청구를 내어놓고 참가[1]하는 자가 아니라(이 점에서 독립참가와 다르다), 피참가인을 보조하기 위하여 참가하는 자이므로, 피참가인과의 관계에서 그 지위가 종속적이다. 소송비용의 재판을 제외하고(103조)는 참가인의 이름으로 판결을 받지 아니하며, 제3자로서의 증인·감정인능력을 갖는다. 참가인에게 사망 등 중단사유가 생겨도 본소송절차가 중단되지 않고, 참가인의 승계인이 수계하는 절차만 남는다.[2] 참가인에 의한 상소는 피참가인의 상소기간 내에 한한다(판결문 뒤에 이 점을 명시하는 것이 실무).[3]

(2) 보조참가인의 독립성 그러나 참가인은 피참가인의 대리인이 아니며 자기의 이익을 옹호하기 위해 독자적인 권한으로서 소송에 관여하는 자이므로, 이 점에서 독자성이 인정된다. 따라서 당사자에 준하는 **절차관여권**이 인정되므로 별도로 참가인에 대해 기일통지·소송서류(판결 정본 제외)의 송달을 하지 않으면 안 되며, 참가인에 기일통지를 하지 않고 변론의 기회를 부여하지 아니하였으면 기일을 적법하게 열었다 할 수 없다.[4] 그리고 피참가인이 기일에 결석하여도 참가인이 출석하면 피참가인을 위해 기일을 지킨 것이 된다.

(3) 참가인이 할 수 있는 소송행위 참가인은 피참가인의 승소를 위하여 필요한 소송행위를 자기의 이름으로 할 수 있다(76조 1항 본문). 따라서 참가인은 사실주장은 물론 다툴 수 있으며, 증거신청(서증은 원고참가의 경우는 갑나호증, 피고참가의 경우는 을나호증으로)[5]·상소의 제기나 이의신청을 할 수 있다. 이와 같은 참가인의 소송행위는 피참가인 자신이 행한 것과 같은 효과가 생긴다. 그러나 참가인은 어디까지나 다른 사람의 소송의 보조자(종속성)에 그치기 때문에 다음과 같은 행위는 할 수 없다(제한에 위반된 참가인의 행위는 무효로 된다).

(a) **참가당시의 소송정도에 따라 피참가인도 할 수 없는 행위**(76조 1항 단서) 예를 들면 자백의 취소, 시기에 늦은 공격방어방법의 제출, 상고심에서 새로운 사

---

1) 당사자 아닌 피고보조참가인에게 한 이행청구는 부적법하다는 것에, 대법 1989. 2. 28, 87누496.

2) 대법 1995. 8. 25, 94다27373.

3) 대법 2007. 9. 6, 2007다41966; 동 2001. 2. 9, 99두5030. 공동소송적 보조참가라면 다르다 할 것이다(78조).

4) 대법 2007. 2. 22, 2006다75641; 동 1968. 5. 31, 68마384. 그러나 이의권상실의 대상은 된다.

5) 대법 1994. 4. 29, 94다3629.

실 · 증거의 제출, 피참가인의 상소기간경과 후의 상소제기[1] 등은 참가인도 할 수 없다.

(b) **피참가인의 행위와 어긋나는 행위**(76조 2항)

1) 참가인은 피참가인이 이미 행한 행위와 모순되는 행위를 할 수 없다. 예를 들면 피참가인이 자백한 뒤에 참가인이 이를 부인하거나,[2] 피참가인이 상소포기한 뒤에 참가인의 상소제기[3]는 할 수 없다. 그러나 피참가인의 명백하고도 적극적인 의사에 어긋나지 않으면 참가인의 행위가 무효로 되지 않는다. 예를 들면 피참가인이 명백히 다투지 않은 사실을 참가인이 다투거나, 피참가인이 패소부분 가운데 일부는 상소를 하고 있지 않을 때에 참가인이 패소부분 전부에 대해 상소하는 것은 허용된다.[4]

2) 참가인의 행위와 어긋나는 행위를 피참가인이 뒤에 한 경우에도 참가인의 행위는 무효로 된다. 따라서 참가인이 제기한 항소를 피참가인이 포기 · 취하할 수 있다.[5] 그러나 공동소송적 보조참가라고 할 참가인이 재심의 소를 제기한 경우에 피참가인의 재심의 소취하로 재심의 소제기가 무효로 되거나 부적법하게 된다고 볼 것이 아니다.[6]

(c) **피참가인에 불이익한 행위** 참가인은 피참가인의 승소보조자이므로 소의 취하, 청구의 포기 · 인낙, 화해(당사자끼리의 화해에 가입은 별론), 상소의 포기와 취하 등은 허용되지 아니한다.[7] 자백에 관하여는 다툼이 있으나, 격이 같은 지위의 필수적 공동소송인조차 허용되지 않으므로(67조 1항), 하물며 피참가인과 주종의 관계에 있는 보조참가인의 경우에 허용될 수 없음은 당연한 일이다.[8]

(d) **소를 변경하거나 확장하는 행위** 참가인은 소의 변경,[9] 반소, 중간확인의 소를 제기할 수 없다. 참가인의 임무는 당사자의 승소보조이지 당사자를 지배하며 주도적 지위에서 소송을 끌고 가는 자가 아니기 때문이다.

---

1) 대법 2007. 9. 6, 2007다41966. 피참가인의 상고이유서제출기간 경과 후의 이유서 제출도 허용되지 않는다는 것에, 대법 1962. 3. 15, 4294행상145.
2) 대법 1981. 6. 23, 80다1761.
3) 대법 2000. 1. 18, 99다47365.
4) 대법 2002. 8. 13, 2002다20278.
5) 대법 1984. 12. 11, 84다카659; 동 2010. 10. 14, 2010다38168.
6) 대법 2015. 10. 29, 2014다13044.
7) 참가인이 신청한 증거에 터잡아 피참가인에게 불이익한 사실인정을 할 수 있다는 것에, 대법 1994. 4. 29, 94다3629.
8) 같은 취지: 방순원, 149면; 송상현/박익환, 188면. 반대취지: 이영섭, 102면. 제한적 유효로 보는 것에, 강현중, 856면; 정동윤/유병현/김경욱, 1096면; 정영환, 945면.
9) 대법 1989. 4. 25, 86다카2329; 동 1992. 10. 9, 92므266 등.

(e) **사법(私法)상의 권리행사** 참가인이 자신의 사법상의 권리를 행사하는 것은 별 문제이나, 소송수행상 필요하다 하더라도 피참가인의 사법상의 권리를 함부로 행사할 수 없다(이 점에서 대리인과 다르다). 따라서 피참가인의 채권을 가지고 상계권을 행사해서는 안 되며, 피참가인의 계약상의 취소권, 해제·해지권 등을 행사할 수 없다는 것이 다수설이다.[1)2)] 제3자에게 그 권한의 행사를 인정한 경우이면 별론이다(민 404조, 418조, 434조).

5. 판결의 참가인에 대한 효력(참가적 효력)

(1) **효력의 성질** 보조참가가 있는 소송이라 하더라도 판결의 효력인 기판력이나 집행력은 당사자에게만 미치고(218조 1항), 보조참가인에게는 미칠 수 없다. 문제는 제77조의 「**재판은 참가인에게도 그 효력이 미친다**」고 한 규정인데, 여기의 효력을 어떻게 파악할 것인가이다. i) 기판력의 확장이라 보는 **기판력설**이 있었으나, ii) 현재의 통설·판례[3)]는 기판력과는 다른 특수효력, 즉 참가인으로서 피참가인이 패소하고 나서 뒤에 피참가인이 참가인 상대의 소송(제2차 소송)을 하는 경우 피참가인에 대한 관계에서 참가인은 판결(제1차 소송)의 내용이 부당하다고 주장할 수 없는 구속력으로 본다. 이것이 **참가적 효력설**인데, 이에 의하면 참가인이 피참가인과 협력하여 공동으로 소송을 수행하였음에도 불구하고 패소하였으면 자기책임의 범위 내에서는 그 결과에 대해 피참가인과 같이 책임을 분담하는 것이 형평의 관념과 금반언의 사상에 맞다는 것을 근거로 한다.[4)]

생각건대 민사집행법 제25조 1항 단서에서 참가인에게 집행력을 인정하지 아니한 점, 제77조가 참가인에 대하여 재판효력의 배제되는 예를 참가인과 피참가인 사이에 발생한 사유에 한정한 점 등을 고려하면 기판력으로 보기는 힘들다.

본소의 판결이 참가적 효력을 낳으려면 소송판결이 아닌 본안판결이라야 하고 또 확정될 것을 요한다. 법원의 사실상·법률상 판단이 이루어졌다고 할 수 없는 화해권고결정에는 참가적 효력이 인정될 수 없다.[5)]

---

1) 반대: 김홍규/강태원, 726면. 이에 대하여 당연히는 행사할 수 없으나 참가인이 권리행사를 한 경우에 피참가인이 지체없이 권리행사의 의사가 없음을 명시하지 않는 한 묵시의 추인이 있는 것으로 보자는 절충설이 있다. 강현중, 856면. 유사한 취지의 절충설은, 한충수, 739~740면.

2) 대법 2015. 9. 10, 2013다55300은 채권자대위소송에서 제3채무자가 채무자가 채권자에 대해 갖는 항변권·형성권은 행사할 수 없다 하였는데, 그와 마찬가지이다.

3) 대법 1972. 2. 29, 70다617; 동 1988. 12. 13, 86다카2289 등.

4) 참가인과 피참가인 사이에는 참가적 효력이 생기지만, 참가인과 피참가인의 상대방 사이에도 기판력 내지 쟁점효를 인정해야 한다는 신기판력설에 대해 소개한 것은 강현중, 858면.

5) 대법 2015. 5. 28, 2012다78184.

(2) 참가적 효력의 범위

(a) **주관적 범위** 참가적 효력은 피참가인과 참가인 사이에만 미치고, 피참가인의 상대방과 참가인 사이에는 미치지 아니한다.[1] 피참가인측이 패소하고 난 뒤에 피참가인과 참가인 사이에 소송이 된 때, 참가인은 피참가인에 대한 관계에서 이전의 판결의 내용이 부당하다고 다툴 수 없다. 예컨대 제3자 甲이 매수인 乙을 상대로 자기의 소유임을 전제로 목적물인도청구를 한 소송에서 乙에 대한 매도인 丙이 보조참가하였는데도 매수인 乙이 패소당하였다면, 뒤에 매수인 乙이 매도인 丙을 상대로 타인소유의 흠 있는 물건을 매도하였다 하여 담보책임을 추궁하는 제2차 소송에서 매도인 丙은 그 물건이 甲소유의 물건이 아니고 자기소유라는 주장을 할 수 없다(예: 채권자 甲이 보증인 乙을 상대로 한 소송에서 주채무자 丙이 보증인 乙을 위해 보조참가하였지만 보증인 乙이 패소한 뒤, 보증인 乙이 주채무자 丙을 상대로 한 구상소송에서 주채무자 丙은 주채무가 부존재한다고 다툴 수 없다). 사려 없이 보조참가했을 때에 당할 보조참가인의 위험이기도 하다.

(b) **객관적 범위** 참가이유는 판결주문에서 판단할 사항과 관계가 되어야 하지만, 참가적 효력은 이와 달리, 판결주문에 대해서뿐만 아니라 판결이유 중 패소이유가 되었던 사실상·법률상의 판단에 미친다. 따라서 피참가인이 패소하고 나서 참가인을 상대로 다시 소송을 하였을 때에, 전소송의 판결의 기초가 되었던 **사실인정이나 법률판단**에 법관은 구속을 받게 되고, 참가인도 전(前)소송의 사실인정이나 법률판단이 부당하다고 다툴 수 없게 된다.[2] 이와 같이 기판력의 범위보다는 참가적 효력의 범위를 넓히지 않으면 참가인에게 판결의 효력이 미치는 실익을 거둘 수 없다. 예를 들면 乙차량과 丙차량 충돌의 공동불법행위로 인한 피해자 甲이 乙차주만을 대상으로 손해배상청구를 한 경우, 쟁점은 사고원인이 乙차량의 과실인가 丙차량의 과실인가인데,[3] 이 소송에 丙차주는 甲을 위해 참가하였지만 乙차량의 과실이라 볼 수 없다는 이유로 甲이 패소하였다 하자. 그 뒤 甲이 丙차주를 피고로 하여 제2차 소송을 제기한 경우, 丙의 참가적 효력에 의한 구속이 甲·乙간의 본 소송의 판결주문의 판단에 그치고 이유판단에까지 미치지 않는다면 丙차주는 본소송의 판결이유의 판단과 다르게 사고의 원인이 乙차량의 과실이라고 주장할 수 있게 되어 丙에게 참가적 효력을 인정하는 의미가 없게 된다는 말이다.

1) 대법 1971. 1. 26, 70다2596; 동 1965. 7. 20, 65다939.
2) 전소송과 다른 판단에 이를 수 있고 전소송에서 주장할 수 있었던 새로운 주장은 법원이 참작하지 아니한다는 것에 Rosenberg/Schwab/Gottwald, § 50 Rdnr. 60.
3) 유사한 사안에서 丙에게 甲을 위한 참가이익이 있다는 것에, 대법 1999. 7. 9, 99다12796.

참가적 효력이 미치는 것은 판결이유 중 결론에 영향을 미칠 중요한 판결이유인 선결적 법률관계이며, 예를 들면 일부청구판결이면 그 선결관계인 채권 전부에 미친다는 것이다.[1] 참가인이 피참가인과 공동이익으로 주장하거나 다툴 수 있었던 사항일 것이 전제된다.[2] 그러한 영향이 없는 부가적·보충적인 판단, 방론(傍論) 등에까지는 아니다.[3]

(c) **기판력과의 차이** i) 기판력은 분쟁을 종국적으로 해결하는 공권적 판단에 부여하는 효력이므로 승패에 불구하고 생기는 효력이며 직권조사사항임에 대해, 참가적 효력은 서로 협동하여 소송수행하였으므로 책임을 분담하여야 한다는 데 기초를 두었기 때문에 피참가인이 패소한 경우에만 문제되는 것이며[4] 주장을 기다려 고려하여야 할 항변사항이다.[5] ii) 기판력은 원칙적으로 소송당사자간에 미치는 것임에 대해, 참가적 효력은 당사자인 피참가인과 제3자인 참가인과 사이에 그 효력이 미친다. iii) 기판력은 판결의 주문, 즉 판결의 결론부분인 소송물에 대한 판단에 미치는 데 대해, 참가적 효력은 판결이유 속의 판단인 사실인정·법률판단에도 미친다(이 점에서 기판력보다 넓다). iv) 기판력은 법적 안정성을 최고의 지표로 하며 당사자간의 주관적 책임과 관계 없이 생기는 효력임에 대해, 참가적 효력은 패소에 대해 피참가인의 단독책임으로 돌릴 사정이 있을 때에는 예외적으로 배제된다(이 점에서 기판력보다 좁다).

(3) 참가적 효력의 배제(77조) 참가인은 다음 경우 중 어느 하나에 해당하면 참가적 효력을 면하게 된다. i) 참가 당시의 소송정도로 보아 필요한 행위를 유효하게 할 수 없었을 경우(상고심에 참가한 경우의 사실자료의 제출), ii) 피참가인의 행위와 어긋나게 되어 효력을 잃은 경우(참가인이 사실을 다투는데 피참가인이 자백이나 인낙한 경우),[6] iii) 피참가인이 참가인의 행위를 방해한 경우(참가인이 제기한 상소를 피참가인이 취하·포기), iv) 참가인이 할 수 없는 행위를 피참가인이 고의나 과실로 하지 아니한 경우(참가인이 알지 못하나 피참가인이 알고 있는 사실·증거의 제출을 게을리하거나, 피참가인이 사법상의 권리행사를 하지 않는 경우) 등이다. 다만 위 i) 내지 iv)의 사태가 발생하지 아니하였으면 전소송의 판결결과가 피참가인의 패소가 아니라 승소로 달라졌을 것을 참가인이 주장·증명하지 아니하면 안 된다.[7]

1) Thomas-Putzo, § 68 Rdnr. 7.
2) 대법 2020. 1. 30, 2019다268252.
3) 대법 1997. 9. 5, 95다42133.
4) 참가적 효력은 피참가인에게 유리한 효력이지 불리한 것이 아니다. BGH 100, 257.
5) 직권조사사항이라는 반대설이 있다. Stein/Jonas/Leipold, § 68 Anm. I 2; 한충수, 742면.
6) 대법 1988. 12. 13, 86다카2289.
7) Thomas-Putzo, § 68 Rdnr. 9.

(4) 참가적 효력의 유추확장시도

1) 법정대리인·소송담당자에 확장 법정대리인·소송담당자에 의해 잘못 소송수행한 결과 입은 손해배상청구를 무능력자 본인이나 권리귀속주체가 뒤에 제기할 때는 법정대리인이나 소송담당자에게도 참가적 효력을 확장시키자는 것이다.

2) 당사자간의 확장 당사자간에도 금반언의 원칙상 참가적 효력을 인정해야 할 경우가 있다는 견해도 있다.[1] 甲·乙간의 소송에서 乙이 매매의 무효를 주장하여 승소한 경우, 乙이 甲과의 다른 소송에서 유효를 주장하는 따위이다.

차라리 신의칙의 견지에서 같은 결론을 끌어낼 것이다(「기판력의 객관적 범위」 참조).[2]

Ⅱ. 공동소송적 보조참가

1. 의 의

우리 구민사소송법에는 공동소송적 보조참가에 관한 규정이 없었으나 해석론상 이를 긍정하여 오다가, 신법에서 이를 명문화하였으며 성공적 입법이다(78조). 공동소송적 보조참가라 함은 단순한 법률상의 이해관계가 아니라 재판의 효력이 미치는 제3자(참가인)가 보조참가하는 경우를 말한다. 원래 판결의 효력을 받는 참가인의 절차권을 제대로 보장하자면 통상의 보조참가의 경우와 달리 참가인에게 필수적 공동소송인에 준하는 소송수행권을 부여할 필요가 있다는 데서 이와 같은 제도를 발상하게 되었다. 자기의 생부 A가 사망하였다고 하여 검사를 피고로 인지(認知)청구소송을 제기한 경우에, 그 판결의 효력을 받을 A의 친족들이 피고측에 참가하는 경우이다. **당사자적격**이 없는 자로서 판결의 효력을 받는 제3자에 의한 참가인 점에서, 스스로 청구에 관하여 독립하여 당사자적격을 가진 자에 의한 참가인 제83조의 공동소송참가와 다르다.[3] 또 소제기와 같은 실질이 아닌 소송상의 신청인 점에서도, 그와 같은 실질의 공동소송참가와 다르다.

공동소송적 보조참가로서 취급할 것인가의 여부는 당사자의 신청방식에 구애됨이 없이, 법원이 법령의 해석에 의하여 결정할 것이다.[4]

---

1) 방순원, 216면; 新堂, 505면.

2) 같은 취지: 정동윤/유병현/김경욱, 1101면; 정영환, 950면; 김홍엽, 1067면.

3) 대법 2001. 1. 19, 2000다59333은 원고가 피고에게 구하는 채권이 허위채권으로 보여지는데도 피고가 원고의 주장사실을 자백하여 원고를 승소시키려 한다는 사유만으로 공동소송적 보조참가를 할 수 없다고 한다.

4) 대법 1962. 5. 17, 4294행상172 참조.

2. 공동소송적 보조참가가 성립되는 경우(78조)

본소재판의 효력이 참가인에게도 미치는 경우이다.

(1) 제3자의 소송담당의 경우: 제3자가 소송담당자가 되었을 때에 그가 받은 판결의 효력은 권리귀속주체에게 미치므로(218조 3항), 권리귀속주체인 자가 보조참가하면 공동소송적 보조참가로 된다. 유언집행자(민 1101조)의 소송에 상속인의 참가, 회생회사 관리인의 소송(채무자 회생 및 파산에 관한 법률 78조)에 회생회사의 참가 등이 그 예이다. 채권자대위소송에 있어서 채무자의 참가도 포함된다는 것이 통설이나, 채권자대위소송의 채권자가 소송담당이 아니라는 전제하에 이에 해당하지 아니한다는 반대설이 있는가 하면,[1] 대위권행사 사실의 통지 후에는 채무자는 당사자적격이 없는 자로서 한 공동소송적 보조참가에 해당된다는 견해도 있다.[2]

주주대표소송(상 403조 1항)도 제3자의 소송담당의 일종으로 소수주주가 회사의 권리를 소송담당하는 경우이다(앞의 「당사자 적격」 참조). 그럼에도 판례는[3] 이 소송에 상법 제404조 제1항에 회사가 원고측에 참가하는 것은 공동소송참가를 의미하는 것으로 중복소송도 안 된다고 했다. 그러나 문제가 있다. 원래 중복소송금지의 법리상 전소의 당사자가 받은 판결의 기판력이 후소의 당사자에게 확장될 경우인데도 후소의 당사자가 별도의 소를 제기하면 중복소송이 된다(앞 298면 「중복 소제기의 금지」 참조). 이는 후소가 독립의 소만이 아니라 소송중의 소라고 할 공동소송참가의 형태로 제기하여도 마찬가지이다. 그런데 주주의 대표소송의 판결의 효력은 회사에 확장이 되는 것이므로(218조 3항) 그러한 처지의 회사가 먼저 주주대표소송의 계속중에 원고측에 공동소송참가하는 것은 그것과는 중복소송이 되어(298면 참조), 부적법해지는 문제가 있다.[4] 나아가 공동소송적 보조참가는 안되고 반드시 공동소송참가로 보면 소장에 준하는 비싼 인지대(민인 6조)를 부담하게 되므로 적절치도 않다. 다만 이 경우에 공동소송적 보조참가를 하였을 때 판례의 입장대로 부적법하게 된다 하여도 공동소송참가로서는 적법할 수 있는 경우라면, 이를 각하하기보다 석명에 의하여 공동소송참가로 전환유도도 좋을 것이다. 양자간의 혼동의 위험을 경감시

---

1) 호문혁, 891면.

2) 김홍엽, 1071면.

3) 대법 2002. 3. 15, 2000다9086. 그러나 日最高裁 平成 13(2001). 1. 30 판결은 반대. 일본 신회사법 849조는 회사를 공동소송참가 또는 공동소송적 보조참가 어느 것이든 가능하게 하였다. 일본 최고재 소화 63. 2. 25. 판결도 공동소송참가가 가능한 경우에 보조참가신청한 경우에는 보조참가로 취급할 수 있다는 입장이다.

4) 김홍규/강태원, 739면. 중복소송에 해당한다고 곧 공동소송참가를 할 수 없다고 단정할 수 없다 하며 옹호론에, 김홍엽, 1071면.

키기 위해서이다.

(2) 가사소송 · 회사관계소송 · 행정소송[1] · 권한쟁의심판과 헌법소원심판청구 등 판결의 효력이 일반 제3자에게 확장되는 경우(가소 21조; 상 190조, 376조 2항, 380조, 381조 2항, 430조; 행소 29조. 특히 민원성 보조참가 많다; 헌재 40조): 이와 같은 소송에 제3자가 보조참가하면 공동소송적 보조참가로 된다(행소법 17조에 의하여 소송참가하는 행정청도 같다).[2] 예를 들면 회사이사선임결의무효확인의 소에서 피고적격자는 회사이고 당해 이사는 피고적격이 없으며, 이 때 이사는 본 소송에 공동소송적 보조참가를 할 수 있다.[3] 형성소송은 제소기간의 제한을 두는 경우가 많다(예: 상 376; 행소 20조; 헌재 69조). 판결의 효력을 받는 제3자가 자기이익을 수호하려면 제소기간 내에는 제83조의 공동소송참가를 할 수 있으나, 그 기간 경과 후에는 보조참가가 대역인 것으로 이때의 보조참가는 공동소송적 보조참가로 된다.[4]

3. 공동소송적 보조참가인의 지위

본소송의 판결의 효력을 직접 받는 공동소송적 보조참가인과 피참가인에 대해서 필수적 공동소송인의 경우처럼 제67조 등을 준용한다(78조). 통상의 보조참가인과 달리 다음 3가지 점에서 필수적 공동소송인에 준하는 강한 소송수행권이 부여된다.[5]

(1) 참가인은 유리한 소송행위이면 피참가인의 행위와 어긋나는 행위를 할 수 있다(67조 1항 준용). 따라서 통상의 보조참가의 경우에 참가인에 적용되는 제76조 2항의 제한은 배제된다. 참가인이 상소를 제기한 경우에 피참가인이 상소권포기나 상소취하를 하여도 상소의 효력은 지속된다.[6] 피참가인은 소의 취하는 할 수 있음은 통상의 소의 경우이지만,[7] 재심의 소의 취하는 이와 달리 확정된 종국판결에 대한 불복의 기회를 상실하게 하므로, 재심의 소에 공동소송적 보조참가인

---

1) 행정소송법 16조에 해당하지 않는 경우의 참가는 공동소송적 보조참가(대법 2015두36836; 동 2011두30069). 특허심결취소소송의 참가도 보조참가에 관한 규정의 준용에는, 대법 2013. 10. 31, 2012후1033.

2) 대법 1969. 1. 21, 64누39. 형성의 소에 대하여 같은 취지는, 대법 2010. 10. 14, 2010다38168.

3) 日最高裁 昭和 59. 9. 28 판결.

4) 헌법소원심판에 공동심판참가신청이 청구기간의 경과로 부적법한 경우에 위헌결정의 효력이 미치는 범위에 있는 자들은 보조참가인으로 본 것에, 헌재 2008. 2. 28, 2005헌마872 · 918; 동 2010. 10. 28, 2008헌마408.

5) 부당노동행위인용결정에 대하여 고용주가 중노위상대의 그 취소의 행정소송을 제기한 경우에 근로자가 중노위에 보조참가신청을 낸 경우에 근로자의 밀린 임금채권이 시효중단이 된다는 것에, 대법 2012. 2. 9, 2011다20034.

6) 대법 2016. 7. 27, 2013두17923; 동 2015두36836.

7) 대법 2013. 3. 28, 2011두13729. 반대: 한충수, 745면.

이 참가한 후 피참가인은 참가인의 동의 없이 재심의 소를 취하할 수 없다.[1] 참가인의 동의가 없는 한 본안에 영향 있는 자백, 청구의 포기·인낙, 화해·조정은 피참가인이 혼자서 불리한 소송행위이므로 할 수 없다.[2]

(2) 참가인의 상소기간은 피참가인에 종속됨이 없이 참가인에 대한 판결송달시로부터 독자적으로 계산된다(396조 참조). 보조참가인이 제출기간 내에 상고이유서를 제출하였으면 피참가인이 제출기간 경과 후라도 그 제출은 적법하다.[3]

(3) 참가인에게 소송절차의 중단·중지의 사유가 발생하여 참가인의 이익을 해할 우려가 있으면 소송절차는 정지된다(67조 3항 준용).

그러나 공동소송적 보조참가인은 당사자가 아니므로 이 밖에는 통상의 보조참가인과 같은 지위를 갖는다. 당사자가 보조참가신청에 이의 없다면 수소법원은 보조참가허가결정 없이 보조참가인은 계속 소송행위를 할 수 있다.[4] 따라서 참가인은 청구의 포기·인낙·화해·조정 또는 소의 취하 등 처분행위를 할 수 없다. 또 참가할 때에 소송의 진행 정도에 따라 피참가인도 할 수 없는 행위를 할 수 없다[5](76조 1항). 다만 증거조사의 경우에 증인능력을 갖느냐, 당사자본인신문의 대상이 되느냐는 다투어지고 있다.[6]

Ⅲ. 소송고지

1. 의　　의

소송고지란 소송계속중에 당사자가 소송참가를 할 이해관계 있는 제3자에 대하여 일정한 방식에 따라서 소송계속의 사실을 통지하는 것이다. 고지하는 자를 **고지자**, 고지받는 제3자를 **피고지자**라 한다. 소송고지는 제3자에게 소송계속을 알려서 고지받은 피고지자에게 소송참가하여 그 이익을 옹호할 기회를 주고,

1) 대법 2015. 10. 29, 2014다13044.
2) 서울중앙지법 2004. 8. 19, 2001가합548 등.
3) 대법 2012. 11. 29, 2011두30069. 대법 2020. 10. 15, 2019두4267=보조참가인이 상고하지 않았다면 상고이유서 제출기간의 준수여부는 피참가인을 기준으로 판단한다.
4) 대법 2015두36836.
5) 대법 2015. 10. 29, 2014다13044. 보조참가인의 재심청구 당시 피참가인인 재심청구인이 이미 사망하여 당사자능력이 없다면 보조참가인의 재심청구는 허용되지 않는다는 것에, 대법 2018. 11. 29, 2018므14210. 상고하지 않은 공동소송적 보조참가인이 피참가인의 상고이유서제출기간 경과 후에 상고이유서를 제출하였다면 적법한 기간 내의 제출이 아니며, 이러한 법리는 상고이유의 주장도 마찬가지라는 것에, 대법 2020. 10. 15, 2019두40611.
6) 독일의 통설은 당사자신문을 하여야 한다고 한다. Thomas-Putzo/Hüßtege, § 69 Rdnr. 1.

아울러 고지에 의하여 피고지자에게 그 소송의 판결의 참가적 효력 등을 미치게 할 수 있는 점에 그 주된 실익이 있다. 이는 당사자가 아닌 법원의 직권고지이다.

(1) 소송고지는 소송이 계속되어 있다는 사실의 통지에 지나지 않으며, 제3자에 대한 소송참가의 최고나 청구와 같은 의사통지는 아니다. 또 소송고지는 상대방 당사자에 대한 권리의 주장이나 방어가 아니다.

(2) 당사자가 자신이 패소했을 때에 제3자에게 **담보책임**을 묻거나 **구상청구** 등 법적 추급을 하고자 할 경우에(패소시 화풀이),[1] 미국의 third-party practice제도(FRCP 14)처럼 바로 당해 소송에서 피고에게 책임있는 제3자를 피고(third party defendant)로 끌어들여 청구하는 것은 허용되지 않지만, 그 제3자에 대해 미리 소송고지를 해 두는 것이 제격이며 결정적 대비책이 된다. 즉 이 경우에 소송고지를 하면 고지받은 피고지자에게 참가적 효력을 미치게 할 수 있어 고지자가 후일 피고지자(제3자)와 벌이는 제2차 소송에서 피고지자가 전소송의 패소결과를 무시하고 전의 사실상·법률상의 판단과 다른 주장과 항변을 하는 것을 막을 수 있게 된다. 예를 들면 보증인 乙이 채권자 甲으로부터 보증채무를 청구받은 경우에 주채무자 丙에게 소송고지를 해 두면, 만일 보증인이 패소하여 보증채무를 지급하고 나서 주채무자에 대해 **구상권 행사를 위한 제2차소송**을 할 때에 주채무자 丙이 전 소송의 판단과 달리 주채무가 없다는 항변을 할 수 없게 된다. 또 한 가지 예로, 乙의 토지를 경락취득한 甲이 토지점유자 상대의 부당이득반환청구 소송을 하면서 그 토지가 乙소유가 아닌 타인소유임이 밝혀져 패소할 경우 乙에 대한 하자담보책임(민 578조)을 묻는 제2차소송을 할 때를 대비하여 乙에게 소송고지를 할 수 있는데, 그 활용도가 크다. 먼저 피해자에게 불법행위 손해배상청구를 당한 가해자가 손해발생의 원인제공자에게 구상을 위한 소송고지의 예가 많다.

2. 소송고지의 요건(84조)

(1) 소송계속중일 것 제3자에게 소송참가의 기회를 주기 위한 것이기 때문에 소송계속중이 아니면 무의미하다. 판결절차·독촉절차·재심절차이면 여기에서 말하는 소송이지만, 국내 법원에 계속하고 있는 동안이 아니면 안 된다. 상소심에 계속중이라도 상관없다. 제소전화해절차, 조정절차, 중재절차,[2] 가압

1) 혹은 반대로 제3자로부터 배상청구를 받을 우려가 있는 경우도 해당되는데, 소송담당자가 권리귀속주체에게 소송고지를 함으로써 권리귀속주체가 나중에 소송수행을 잘못했다고 탓하지 못하게 하는 경우가 그 예이다.

2) 반대: 정동윤/유병현/김경욱, 1105면.

류·가처분절차는 이에 해당되지 않는다. 결정절차·항고절차에서도 이론상 해당되는 것으로 보아야 할 것이나, 결정절차(가압류·가처분은 별론)에서 보조참가를 허용하지 않는 판례의 입장을 따르면 소극적으로 해석할 것이다.

(2) 고 지 자

1) 고지를 할 수 있는 자는 계속중인 소송의 당사자인 원·피고(당사자참가인(79조, 83조), 참가·인수승계당사자(81조, 82조) 포함), 보조참가인 및 이들로부터 고지받은 피고지자(84조 2항)이다. 예를 들면 C로부터 토지를 매수한 B가, 진정한 소유자라고 주장하는 A로부터 매매목적물의 추탈소송을 제기당하여 자기의 매도인 C에게 소송고지를 한 경우에, C는 스스로 참가하지 않으면서 다시 자기의 전매도인 D에게 연쇄적인 소송고지를 할 수 있다(어음의 최후 소지인 A가 배서인 B를 피고로 어음금상환청구를 한 경우에 B로부터 소송고지를 받은 배서인 C(B에 대한 배서인)는 다시 전배서인 D에게 소송고지할 수 있음).

2) 소송고지를 하고 아니하고는 고지자의 자유이며 그 권한이나, 예외적으로 소송고지가 고지자의 의무인 경우가 있다. 추심의 소(민집 238조),[1] 주주대표소송(상 404조 2항), 재판상의 대위(비송 49조 1항) 등이 그 예이다. 그 밖에 회사관계소송에 있어서 공고의무(상 187조), 채권자대위권행사의 통지의무(민 405조)도 그에 속한다. 이와 같이 고지가 의무인 경우에는 피고지자가 권리귀속자 내지 진정한 이해관계인이라는 점에 공통의 특질이 있으며, 따라서 고지의 취지도 이러한 이해관계인의 절차보장을 주된 목적으로 한다. '고지자를 위한 고지'라기보다는 **'피고지자를 위한 고지'**라는 면이 있다.

고지의무위반의 경우에 손해배상의무를 부담하는 불이익이 있을 뿐 소송에는 영향이 없다는 견해가 있으나,[2] 이에 그칠 것이 아니고 고지가 되지 아니하면 판결의 효력이 고지의무의 상대방인 피고지자에게 미치지 않는다고 볼 것이다(가소 21조 2항 참조).[3]

(3) 피고지자 고지를 받을 수 있는 자는 당사자 이외에 그 소송에 참가할 수 있는 제3자이다. 보조참가뿐만 아니라 공동소송적 보조참가(78조), 당사자참가(79조·83조), 소송승계(81조·82조)를 할 수 있는 제3자라도 상관없다. 그러나 소송고지는 이에 의하여 피고지자에게 참가적 효력을 미치게 하는 것에 이익과 필요가 크다

1) 추심의 소에 있어서 소송고지는 소제기요건이나 직권조사사항이 아니다. 대법 1976. 9. 28, 76다1145·1146.

2) 방순원, 163면; 송상현/박익환, 713면.

3) 대법(전) 1975. 5. 13, 74다1664에서 채권자대위소송에 있어서 민법 제405조에 의한 통지, 비송사건절차법 제84조(현행법 49조)에 의한 고지 등에 의하여 채무자에게 소송계속의 사실을 알게 하였으면 기판력은 채무자에 미치되, 알게 되지 아니하였으면 미치지 않는다는 입장의 표시는 이러한 해석과 궤를 같이 하였다는 점에서 그 의의가 자못 크다.

할 것이므로, 여기의 제3자라 함은 보조참가할 이해관계인이 중심이 될 것이다. 따라서 고지자가 패소하게 되면 그로부터 손해배상·구상청구를 당할 처지의 제3자가 대표적으로 해당한다고 할 것이다(앞의 「참가이유」 참조). 다만 동일인이 양쪽 당사자로부터 이중으로 소송고지를 받은 경우도 있을 것이다(甲이 乙 상대로 계약상의 의무이행을 구하는 사안에서 乙의 대리인 丙의 대리권의 존부가 쟁점이 되었다 할 때, 甲이 丙의 무권대리 때문에 패소하면 丙에게 의무이행 청구를 위해서, 乙이 표현대리 때문에 패소하면 丙에 대한 배상책임을 묻기 위해서 甲·乙이 각기 丙에게 소송고지할 수 있다). 이 때에는 두 당사자 중 패소자와의 사이에 참가적 효력이 생긴다.

3. 소송고지의 방식

소송고지를 하려는 당사자는 고지서라는 서면을 법원에 제출할 것을 요하며(서면주의), 법원은 이 서면을 피고지자와 상대방당사자에게 송달하여야 한다.

(1) 소송고지서 고지서에는 고지이유 및 소송의 진행정도를 기재하지 않으면 안 된다(85조 1항). 고지이유에는 청구취지와 원인을 기재하여 계속중인 소송의 내용을 명시하고, 이 소송에 피고지자가 참가의 이익을 갖는 사유를 밝혀야 한다. 소송의 진행정도에는 소송의 현재의 진행단계(예: 변론준비절차 회부나 변론중)를 명시하여야 한다. 고지서의 제출을 받은 법원은 주로 고지서에 관한 방식에 맞느냐 여부를 조사하고, 방식에 맞지 않으면 보정을 시켜서 송달해야 한다. 보정에 불응할 때에는 각하할 수 있다고 해석되며, 이에 대해서는 항고로써 불복신청을 할 수 있다(439조). 고지방식의 흠은 피고지자가 소송참가한 후나 고지자와의 차후의 소송(2차 소송)에서 지체없이 이의를 진술하지 않으면 소송절차에 관한 이의권의 상실로 치유된다(151조).

(2) 고지서의 송달 소송고지서는 피고지자만이 아니고 상대방 당사자에 대하여도 송달하지 않으면 안 된다(85조 2항). 고지의 효력은 피고지자에게 적법하게 송달된 때에 비로소 생긴다.[1] 고지비용은 그 소송의 비용에는 산입하지 않는다.

4. 소송고지의 효과

(1) 소송법상의 효과

(a) **피고지자의 지위** 소송고지를 받은 자가 그 소송에 참가하느냐의 여부는 피고지자의 자유이다. 피고지자가 참가신청을 한 경우에 고지자는 참가에 대하여 이의를 진술할 수 없으나, 상대방은 이의를 진술할 수 있다. 또 소송고지

---

1) 대법 1975. 4. 22, 74다1519.

의 신청이 있었다고 하여 본소송의 진행에는 영향이 없다.[1] 그러나 피고지자가 고지를 받고도 소송에 참가하지 아니한 이상, 당사자가 아님은 물론 보조참가인도 아니기 때문에 피고지자에게 변론기일을 통지하거나 판결문에 피고지자의 이름을 표시할 필요가 없다.[2]

(b) **참가적 효력** 피고지자가 고지자에게 보조참가할 이해관계가 있는 한 고지자가 패소한 경우에는 소송고지에 의하여 참가할 수 있었을 때에 참가한 것과 마찬가지로 제77조의 참가적 효력을 받는다(86조).[3] 피고지자가 소송에 참가하지 아니하거나 늦게 참가한 경우도 마찬가지이다. 이와 같은 효력은 소송고지서가 피고지자에게 송달되었을 것을 전제로 한다.[4] 참가적 효력 때문에 피고지자는 뒤에 고지자와의 소송에서 본소판결의 결론의 기초가 된 사실상·법률상의 판단과 상반하는 주장을 할 수 없다.[5]

주장할 수 없는 것은 피고지자가 참가하였다면 상대방에 대하여 고지자와 공동이익으로 주장할 수 있었던 사항에 한할 뿐이므로, 고지자와 피고지자 사이에서 이해가 대립되는 사항에 대하여는 참가적 효력이 생기지 않는다는 것이 판례이다.[6] 앞서 본 바와 같이 본소판결의 중요한 이유 아닌 방론 등으로 판단된 사항은 다시 다툴 수 있다. 또 고지자가 필요한 항변을 제기하지 아니하여 패소되었을 때는 피고지자는 참가적 효력을 받지 아니한다.[7] 참가적 효력의 배제 법리가 적용된다고 할 것이다(830면 참조).

(c) **기판력의 확장** 대법 1975. 5. 13, 74다1664 전원합의체 판결은 채권자대위소송에서 채권자가 채무자에 대하여 민소법 제84조(구법 77조)의 소송고지 등을 위시하여 어떠한 사유에 의하였든 대위소송이 제기된 사실을 알았을 때에는 그 판결의 효력은 미친다 하여, 소송고지의 효력으로 기판력의 확장을 인정하였다. 나아가 살피면 가사소송에 있어서 피고가 이 제도를 이용하여 다른 제소권자에게 소송참가의 기회를 주는 소송고지를 하였

---

1) 대법 1970. 6. 30, 70다881.
2) 대법 1962. 4. 18, 4294민상1195.
3) 대법 2020. 1. 30, 2019다268252. 참가적 효력은 피고지자가 고지자측에 참가할 것이 기대될 수 있었을 때에 피고지자에게 미치는 것으로 볼 것이다. 이는 고지자가 피고지자에게 참가의 기회를 주어 원조를 기대할 수 있었는데 이를 저버린 신의칙위반의 효과이기 때문이다. 따라서 고지받은 피고지자가 오히려 고지자가 아니라 그 상대방측에 보조참가한 경우는 고지자의 패소판결의 참가적 효력이 피고지자에게 미치지 않는다고 볼 것이다. 같은 취지: 정동윤/유병현/김경욱, 1108면. 반대: 日仙台高裁 1980. 1. 28 판결.
4) 대법 1986. 2. 25, 85다카2091.
5) 대법 2009. 7. 9, 2009다14340.
6) 대법 1986. 2. 25, 85다카2091; 동 1991. 6. 25, 88다카6358.
7) 대법 1991. 6. 25, 88다카6358.

을 때는 고지받아 원·피고간의 소송계속사실을 알았으면 가사소송법 제21조 2항에 따라 다른 제소권자는 소송참가를 하지 못한 데 대해 정당한 사유가 있다고 주장할 근거를 잃게 된다. 따라서 나중에 청구가 배척되어 피고측이 승소한 때에 고지받아 소송참가의 기회가 있었던 다른 제소권자에게도 기판력을 확장시킬 수 있을 것이며, 이로써 고지받은 그가 뒤에 고지자인 피고를 상대로 제기하는 재소의 방지책이 될 것이다[1](예 : 甲이 부부인 乙·丙 상대로 혼인무효의 소를 제기하였을 때 승소의 자신이 있는 乙·丙이 다른 제소권자인 丁에게 소송고지하여 甲 대 乙·丙간의 소송에 참가의 기회를 제공하였다면, 乙·丙이 승소판결을 받았을 때에 丁으로서는 그 소송에 참가하지 못한 데 정당한 사유가 있다고 주장할 수 없으며 이에 의해 丁에게도 기판력을 확장시킬 수 있을 것이다). 가사소송에 있어서 다른 제소권자, 채권자대위소송에 있어서 채무자는 각기 그 소송의 판결의 효력을 받을 제3자이므로, 공동소송적 보조참가할 이해관계인으로서 피고지자 적격이 있다 할 것으로, 이들 소송에서 소송고지의 요건이 충족된다.[2] 소송고지제도를 참가적 효력 때문만이 아니라 기판력의 확장을 위하여 이용하는 것은 결코 제도의 오용이 될 수 없다. 증권관련집단소송법 제18조에서 제외신고를 하지 아니한 구성원에게 판결의 효력을 미치게 하기 위한 소송허가결정의 고지도 그러한 맥락이라 할 수 있다.

(2) 실체법상의 효과 일반적으로 소송고지에 시효중단의 효력을 인정하는 것이 독일법이나,[3] 우리 법은 단지 어음·수표법(어음법 70조 3항, 80조; 수표법 51조, 64조)상의 상환청구권에 대해서만 시효중단의 효력을 인정하는 데 그친다. 이 밖에 소송고지에 피고지자에 대한 채무이행을 청구하는 의사가 표명되어 있는 경우는 민법 제174조에 정한 시효중단사유로서 최고의 효력이 인정된다. 소송고지에 의한 최고의 경우에 시효중단효력의 발생시기는 소송고지서를 법원에 제출한 때이다.[4] 소송고지에 의한 최고의 경우 보통의 최고와 달리 법원의 행위를 통하여 이루어지는 특색이 있다. 소송고지를 한 당해 소송이 계속되는 동안은 최고에 의한 권리행사의 상태가 지속되는 것으로 보아 민법 제174조의 규정의 적용에 있어서 '6월'의 기산점은 처음 소송고지된 때가 아닌, 당해 고지소송이 종료된 때라고 관대하게 본다(고지자가 피고지자를 상대로 제기한 제2차소송에서 문제됨).[5]

Ⅳ. 독립당사자참가

1. 의 의

(1) 독립당사자참가란 다른 사람의 소송계속 중에 원·피고 양쪽 또는 한쪽을 상대방으로 하여 원·피고간의 청구와 관련된 자기의 청구에 대하여 함께 심

1) 정동윤/유병현/김경욱, 1108면.
2) 찬동의 취지: 정영환, 960면; 김홍엽, 1075면. 반대: 호문혁, 894면.
3) BGB § 209·215.
4) 대법 2015. 5. 14, 2014다16494.
5) 대법 2009. 7. 9, 2009다14340.

판을 구하기 위하여 그 소송절차에 참가함을 말한다(79조). 이는 소송중의 소의 일종이며, 이에 의하여 원고·피고·참가인 3자간의 분쟁을 일거에 모순 없이 해결함으로써, 소송경제를 도모하고 판결의 모순·저촉을 방지할 수 있다. 독립당사자참가·권리자참가 등 여러 가지로 불리는데, 일본과 우리나라 이외에는 다른 나라에 꼭 같은 제도가 없다.

(2) 독립당사자참가는 '당사자'참가의 일종이기 때문에 보조참가(71조)와는 구별되고, '독립'한 지위에서 참가하는 것이기 때문에 종전당사자의 한쪽과 연합관계인 공동소송참가(83조)와 구별된다.

(3) 독립당사자참가는 서로 이해관계가 대립되는 원고·피고·참가인 3자 분쟁의 해결형태임을 특색으로 하나, 소송형태로서는 결코 예외적인 형태인 것은 아니다. 비록 공동소송형태를 취하여도 공동소송인간에 이해가 대립되어 다자(多者)분쟁을 이루는 경우가 있기 때문이다. 공유물분할청구의 소, 수인을 공동피고로 하여 부(父)를 정하는 소(민 845조; 가소 27조), 그리고 예비적·선택적 공동소송도 이에 해당한다(「공동소송」 참조).

2. 구 조

참가인이 종전 당사자 한쪽의 필수적 공동소송인으로 된다는 공동소송설 외에 다음 두 설이 크게 대립되어 있다.

(1) **3개소송병합설** 같은 권리관계를 에워싼 3개의 소송, 즉 원·피고간, 참가인·원고간, 그리고 참가인·피고간에 각 1개씩 3개의 소송관계가 병합된 것으로 파악하는 입장이다.

(2) **3면소송설** 제3자가 당사자로 참가함으로써 전통적인 양당사자대립구조의 예외적인 소송형태로 되어 원·피고와 참가인 3자 사이에 각각 독립한 지위에서 대립되는 3면의 1개 소송관계가 성립되며, 제67조가 준용되는 것은 당사자가 서로 대립·견제관계에 있기 때문이라고 보는 입장이다.

(3) 비 판 위에서 본 (1)설은 양당사자대립구조를 기조로 하는 전통적인 소송이론의 테두리 안에서 참가소송의 구조를 파악하려는 것임에 대하여, 3면소송설은 양당사자대립구조의 예외를 인정하여 이론구성을 시도하는 입장이다. 3개소송병합설에 대한 3면소송설의 비판은 3개소송이 병합심리되고 있다는 것만으로는 제67조의 준용이 요청될 근거가 되지 않는다는 것이다. 그리하여 독립당사자참가소송은 현실적으로 존재하는 3면적인 1개분쟁을 그대로 소송에 반영시켜 3면소송을 창설한 것으로 보아야 한다는 것이다.

이것이 통설이고 신법 이전의 주류적 판례로 되어 있다.[1)]

3면소송은 독립당사자참가소송이 1개의 3면적 소송관계라고 보는 데 그 특색이 있다. 그러나 생각건대 독립당사자참가에 있어서는 참가에 앞서 원·피고간의 1개의 소송관계가 성립되어 있는 상태에다가 참가인이 원고와 피고 쌍방을 각기 상대방으로 하여 제기한 새로운 청구를 병합시켜 동시에 심판을 구하는 병합소송 이상의 것이 아니다. 따라서 3당사자간에 최소한 3개의 청구가 병합되기 마련이고, 종전의 원고는 피고에 대해 원고이면서 동시에 참가인에 대해서는 피고이며, 종전의 피고는 원고에 대해 피고이면서 동시에 참가인에 대해서도 피고인 이중적인 지위에 각각 서게 된다. 이 때문에 비록 참가이유로 미루어 동일권리관계를 에워싸고 실질적으로 원고·피고·참가인 3파전인 1개의 3면분쟁이라 할 수 있지만, 내면적으로는 3개의 소송관계의 성립을 상정하지 않으면 안 된다. 만일 가분적인 3개의 소송관계가 아니고 3면적인 1개의 소송관계라고 한다면 독립당사자참가소송의 전면취하·전면각하는 있을 수 있을지언정, 원고의 본소 또는 참가인의 참가신청을 가분적으로 취하·각하하는 것은 허용될 수 없는 것이다. 또 참가인의 참가취지가 이미 참가인이 원고로서 별도로 소송을 제기한 종전당사자에 대한 청구와 같은 것일 때에 중복소송(259조)이 될 리 없다. 뿐더러 판결에 있어서도 원고의 본소청구, 참가인의 원고에 대한 청구와 피고에 대한 청구 즉 3개에 대해 개별적으로 판단하여 3개의 판결주문을 내야 할 이유가 없을 것이다. 더구나 편면참가를 새로 도입한 신법하에서는 3면소송설의 입지가 더 약화되었다고 하겠다.

그러므로 나는 독립당사자참가는 동일소송절차에서 원·피고 및 참가인간에 각기 소송관계가 성립되는 소송으로서, 소송정책상 제67조를 준용하기 때문에 3자간의 본안판결에 있어서 서로 모순·저촉되는 판단을 하여서는 안 되는 제약의 소송구조로 파악하고 싶다.[2)] 이러한 의미에서 3면적 1개의 소송관계로까지 비약할 것은 아니다.

3. 참가요건(79조 1항)

(1) 다른 사람 사이에 소송이 계속중일 것

(a) 여기에 소송이라 함은 판결절차 또는 이에 준할 절차를 가리킨다. 따라서 강제집행절차·증거보전절차·제소전화해절차·중재절차·공시최고절차는 포함되지 않는다. 독촉절차에 대해서는 소극설[3)]도 있으나, 이의신청 후에는 판결절차로 이행하므로 참가할 수 있다고 할 것이다(다수설). 판례는 행정소송에서는 행정청만을 피고로 삼아야 하는데(행소 13조) 행정청 아닌 원고를 피고로 하는 것이 독

1) 대법 1991. 12. 24, 91다21145·21152; 동 1980. 7. 22, 80다362·364 등.

2) 호문혁, 927면; 전원열, 637면. 유사취지: 대법 1958. 11. 20, 4290민상308 내지 311은 「원고와 피고간, 참가인과 원고간, 참가인과 피고간에 각기 소송관계가 성립되고 이 3자간의 법률관계가 1개의 판결에 의하여 통일적으로 결정될 뿐」이라고 하였다. 동 1961. 11. 23, 4293민상578·579. 같은 취지: 오용호, "독립당사자참가소송의 심판에 관하여," 사법논집 9권, 11면; 한충수, 756~758면.

3) 방순원, 220면.

립당사자참가인만큼 허용하지 아니한다고 보고 있다.[1] 신법에서 편면참가제도가 도입된 이제(845면 참조) 참가인이 피고만을 상대하는 편면참가도 허용된다 할 것이다.

(b) 소송이 사실심에 계속 중이면 심급 여하에 관계 없이 참가할 수 있으며 항소심에서도 할 수 있다.[2]

aa) **상고심**에 계속 중이라도 본조의 참가를 할 수 있는지 문제이다. 판례와 일부 학설은 독립당사자참가는 그 실질에 있어서 신소제기의 성질을 가지므로 법률심인 상고심에서는 참가할 수 없는 것으로 본다.[3] 그러나 상고심에서도 원판결이 파기되어 사실심으로 환송되면 그 때 사실심리를 받을 기회가 생기기 때문에 참가신청도 일단 허용해야 할 것이고, 다만 상고가 각하·기각될 때에는 참가신청을 부적법 처리할 것이다.[4] 당사자 가운데 누구도 상고하지 않아 사해판결이 확정되는 것을 방지하기 위해서도 상고심에서의 참가를 허용해야 할 것이다(재심에서의 독립당사자참가는 991면 참조).

bb) 사실심의 변론종결 후에 참가신청을 한 경우에는 변론을 재개하지 않는 한 참가신청은 부적법하게 된다. 변론이 재개되지 않은 채 그대로 본소판결이 났을 때에 참가신청을 각하하여야 한다는 견해가 있으나, 참가인이 일거에 전면적으로 해결하려는 의향이 나타나지 않는 한 참가신청은 독립의 소로 취급할 것이다.

(c) 참가할 소송은 다른 사람 사이의 소송일 것을 요한다. 보조참가인은 본소송의 제3자이므로 독립당사자참가를 하여도 무방하지만, 그때에는 보조참가가 종료되게 된다.[5] 통상공동소송에 있어서 공동소송인은 다른 공동소송인과 상대방과의 소송에 참가하여도 무방하다.

(2) 참가이유(=참가형태) 두 가지인데, 하나는 독일의 주장참가 내지 참칭권리자참가제도에서, 다른 하나는 프랑스의 사해재심제도에서 유래했다.

(a) **권리주장참가**(79조 1항 전단)[6]

1) 제3자가 '소송목적의 전부 또는 일부[7]가 **자기의 권리임을 주장하는**' 경우

1) 대법 1970. 8. 31, 70누70·71 등.
2) 대법 1966. 3. 29, 65다2407·2408.
3) 대법 1977. 7. 12, 76다2251·77다218; 동 1994. 2. 22, 93다43682·51309 등. 송상현/박익환, 681면; 호문혁, 808면; 김홍엽, 1083면.
4) 강현중, 871면; 한충수, 759면.
5) 같은 취지: 대법 1993. 4. 27, 93다5727·5734.
6) 참가 후에는 미국 FRCP 22의 자기에 경합적으로 권리를 주장하는 자들을 피고로 하여 진정한 권리자를 가리는 interpleader(경합권리자 확정소송)와 비슷해진다.
7) 주위적 청구와 예비적 청구 병합의 본소청구 중 어느 하나의 청구와 참가인의 청구가 양립되지

이다(경합권리자 참가). 참가인이 원고의 본소청구와 양립되지 않는 권리 또는 우선할 법률관계를 주장할 것을 요한다. 이러한 주장을 하나의 판결로서 서로 모순 없이 일시에 해결하려는 것이다. 예컨대 원고가 자기의 소유라고 주장하는 목적물에 대하여 참가인이 원고가 아니고 자기가 소유권자라고 주장하는 경우,[1] 원고가 피고에 대해 자기가 예금채권자라고 하며 그 지급청구하는 소송에서 참가인이 원고의 선대로부터 증여받았으니 자기가 진실한 예금채권자라고 주장하든가, 공탁금수령권자가 누구냐를 다투는 경우 이의 확정을 구하는 경우 등이다.[2] **경합권리자**가 참가하여 진정한 권리자를 가리자는 권리자합일확정의 참가이다.

2) 본소청구와 참가인의 청구가 **주장 자체**에서 양립하지 않는 관계에 있으면 그것만으로 참가가 허용된다(판례도 주장설로 굳혀감).[3] 이것은 제79조 1항 전단에서 참가요건으로서 참가인이 소송목적의 전부 또는 일부가 자기의 권리임을 주장하면 되도록 규정하여, 주장 자체로서 참가인 적격을 판가름하게 되어 있기 때문이다. 따라서 본안심리 결과 본소청구와 참가인의 청구가 **실제로 양립된다** 하여도 그것 때문에 독립참가가 부적법하게 되지 않는다 할 것이다(다수설).[4][5] 판례는 예비적 병합소송에서 참가인의 청구가 주위적 청구와 양립하지 않는 관계이면 참가가 허용된다고 본다.[6] 이와 관련하여 **부동산이중양도의 경우**에 독립참가가 허용되느냐에 위 주장설에서는 긍정하나 부정설이 있다(일본에서도 다투어짐).[7] 여기의 3자간의 분쟁이 복잡할 수 있어서, 문제를 일의적으로 볼 것이 아니라 나누어 생각할 필요가 있다. 부동산이중양도의 경우에 매수인 A·B 가운데 제2매수인 B가 매도

아니하는 관계이면 된다는 것에, 대법 2007. 6. 15, 2006다80322·80339.

1) 甲·乙간의 소유권확인청구에 丙이 乙 상대로는 그 부동산에 관한 등기말소 및 소유권확인청구를 하고 甲 상대로는 소유권확인청구하는 경우=대법 1998. 7. 10, 98다5708; 동 1980. 12. 9, 80다1775·1776 등.

2) 甲이 A의 중도금반환채권의 전부채권자라 하여 乙을 상대로 제기한 전부금청구의 본소에 대하여 丙이 진정한 중도금반환채권자 B로부터 채권양도받았다고 주장하며 참가하는 경우=대법 1991. 12. 24, 91다21145·21152. 甲이 명의신탁자라 하여 제기한 본소에서 丙이 자신이 진정한 명의신탁자라고 하며 참가한 경우=대법 1995. 6. 16, 95다5905·5912. 甲·乙간의 취득시효완성을 원인으로 한 이전등기청구에 丙이 취득시효완성을 원인으로 乙에 대해 이전등기, 甲에 대해 토지인도청구의 경우=대법 1996. 6. 28, 94다50595·50601. 유사한 것에 대법 1997. 6. 10, 96다25449·25456.

3) 대법 2014다221777·221784; 동 2014. 11. 13, 2009다71312·71329·71336·71343.

4) 이영섭, 111면; 김홍규/강태원, 741면; 송상현/박익환, 682면; 新堂, 514면.

5) 대법 2022. 10. 14, 2022다241608, 241615에서는 참가인의 피고에 대한 청구와 달리 원고에 대해 구하는 청구는 원고의 본안소송과 양립가능하므로 권리주장참가의 요건 불비.

6) 대법 2007. 6. 15, 2006다80322·80339.

7) 정동윤/유병현/김경욱, 1117면; 김홍엽, 1089면; 호문혁, 905면 등은 대체로 이에 속하는 듯하다.

인 乙을 피고로 한 이전등기청구소송에서 제1매수인 A가 자기도 매수하였으므로 이전등기청구권은 자기에게도 있다고 주장하며 참가하여 등기청구를 할 때는 주장 자체로 양립할 수 있는 관계의 참가이므로 허용될 수 없을 것이다. 그러나 B와 乙간의 매매계약의 무효·해제 등을 주장하거나 자기가 계약의 주체라고 하며 진정한 이전등기청구권자는 원고가 아니라 A 자기만이라고 주장할 때에는 참가를 허용할 것이다. 주장 자체로 양립되지 않는 경우이므로 이때는 독립참가가 부적법해지는 것이 아니다(절충설).[1] 甲과 乙 사이에 체결한 매매계약의 매수당사자가 甲이라고 주장하며 소유권이전등기청구를 하고 있는데, 丙이 자기가 매수당사자라고 주장하며 참가하는 경우에 이를 적법하다고 한 판례도 있다.[2] 대법 2014. 11. 13, 2009다71312 등(동 2012. 6. 28, 2010다54535 등도 유사)은 골프회원권 등의 권리귀속에 관한 다툼에서 원고는 피고측을 상대로 회원지위 등 확인청구를 한데 대하여, 참가인은 회원권에 관한 권리가 자기에게 있으며 원고에게는 그 권리가 없다는 부존재확인청구를 하고, 피고에게는 그 회원권에 관하여 양도를 원인으로 명의개서이행청구를 한 사안에서 참가인의 원고에 대한 부존재확인의 승소판결이 나도 그 판결로 인해 원고에 대한 관계에서 자기의 권리가 확정되는 것도 아니고 판결의 효력이 제3자인 피고에게 미치는 것도 아니므로 확인의 이익 없다고 했다. 그러나 적어도 부존재확인청구이나 3자간의 권리자합일확정의 이익 때문에 확인의 이익을 긍정하는 것이 옳다고 본다(강현중, 2016. 2. 21.자 법률신문에서도 반대). 그렇다면 참가인은 이 경우 권리존재확인청구로 나갈 수밖에 없다.

쌍면참가만 적법하게 보던 구법하의 판례는, 한때 이와 같은 경우에 참가인 A가 매도인 乙에 대해서는 그 권리를 주장할 수 있는 관계이지만, 다른 매수인 B에 대한 관계에서는 대항할 수 없는 관계에 있다 하여 참가가 부적법하다고 하는 태도였다.[3] 여기에서 나아가 판례는 참가인이 주장하는 권리가 원·피고 한쪽에만 대항할 수 있는 채권이면 안 된다는 것으로, 양쪽에 대하여 다같이 대항할 수 있는 물권과 같은 대세권이 아닌 한 참가신청은 부적법하다는 데로까지 발전하였다. 그리하여 계쟁물이 부동산인 경우에 있어서 등기명의자 아닌 자가 독립당사자참가하는 길을 거의 봉쇄하는 형편이 되었던 때도 있었다. 신법은 당사자 중

1) 같은 취지는 전원열, 653면.

2) 대법 1988. 3. 8, 86다148~150, 86다카762~764. 이에 대한 평석은 차한성, "부동산 이중매매와 관련하여 본 권리주장참가요건," 민사판례연구 XI, 391면 이하. 김경욱, "다수당사자소송의 합일 확정," 안암법학 35호(2011), 300면.

3) 대법 1966. 7. 19, 66다896 등.

한쪽만을 상대로 하는 **편면참가**(片面參加)를 제도화하였으며, 이로써 부동산에 대세권이 아닌 채권만 가진 자에게 참가의 길을 터서 법적 분쟁을 유연성 있게 해결할 수 있게 한 것이다.

(b) **사해방지참가**(79조 1항 후단) 제3자가 「소송결과에 따라 **권리가 침해된다**고 주장」하는 경우의 참가이다. 앞의 권리주장참가와는 이질적인 것으로 참가인의 청구가 원고의 본소청구와 양립할 수 있더라도 상관 없고,[1] 또 권리주장참가를 하여 각하된 뒤에 사해방지참가를 해도 기판력을 받지 아니한다.[2] 독립당사자 참가에 있어서 특단의 사정이 없으면 권리주장참가로 볼 것으로 사해방지참가는 그 이용률이 낮아 폐지론도 나온다. **권리의 침해**의 의미를 놓고 견해가 갈려 있다.

여기에는 ① 이 참가제도의 목적이 사법상의 사해행위취소권(민 406조), 통정허위표시의 무효(민 108조) 주장과 같은 목적을 소송과정에서도 인정한 것으로서 사해판결의 사전방지에 있는 만큼, 그 요건을 엄격히 해석하여 본소판결의 효력이 제3자에 미칠 경우에 한하여 참가할 수 있다는 판결효설,[3] ② 널리 소송의 결과로 실질상 권리침해를 받을 제3자는 참가인에 포함시킬 것이라는 이해관계설, ③ 이 참가가 프랑스의 사해재심제도에서 유래한 연혁에 충실하게, 본소의 당사자들이 당해 소송을 통하여 참가인을 해할 의사 즉 사해의사를 갖고 있다고 객관적으로 판정할 수 있는 경우에 참가를 허용할 것이라는 사해의사설(詐害意思說)이 있다.

이 중에 사해의사설이 입법연혁에도 충실하고 또 이론적으로 무난한 견해라고 하겠다. 그러나 제3의 채권자를 해하려고 사해소송을 내는 경우가 전형적인 예이나 그 의사의 확인은 어려운 문제이다. 사해의 주관적 의도의 직접적인 탐구는 개개의 구체적 사정에 의하여 결정할 수밖에 없을 것이다(이에 나아가 객관적으로 사해적 소송수행이 명백한 경우 참가를 허용할 것이라는 사해수행설이 나오고 있다).[4] 사해의사설이 현재 다수설이다.[5] 판례[6]는 엄격히 말해 사해의사와 권리침해의 우려를 요구하였으나, 사해의사가 인정되면 권리침해의 염려가 추정된다고 할 것이므로 판례의 입장이 사해의사설과 큰 거리가 있다고 보기 어렵다.

다만 대법 2014. 6. 12, 2012다47548 등에서 원고의 피고에 대한 청구의 원

---

1) 대법 2001. 9. 28, 99다35331 · 35348; 동 1996. 3. 8, 95다22795 · 22801.
2) 대법 1992. 5. 26, 91다4669 · 4679.
3) 방순원, 221면; 김상원, 논점중심민소법, 150면도 같은 취지인 듯하다.
4) 新堂, 513면.
5) 이에 관한 상세한 고찰은 정규상, "사해방지참가의 적법요건에 관한 고찰," 민사소송 15호 2호.
6) 대법 2014다221777 · 221784; 동 2011. 5. 13, 2010다106245; 동 2014. 11. 13, 2009다71329 등.

인행위가 사해행위라는 이유로 원고에 대하여 사해행위취소를 구하면서 독립참가신청을 한 경우, 독립참가인의 청구가 그대로 받아진다 하여도 원 피고 사이의 법률관계에는 영향이 없어 참가신청은 사해방지의 목적을 달성할 수 없어 부적법하다는 취지이다. 사해행위 취소의 판결의 효과는 채권자와 수익자/전득자 사이에만 미칠 뿐, 채권자와 채무자 사이에서 취소의 효력이 소급하여 채무자의 책임재산으로 복구하는 것이 아니라고 보기 때문이다(상대적 효력). 이 판례 때문에 이 제도의 사해방지기능은 더 떨어지게 되었다. 독립당사자참가에서 사해행위취소의 판결이 나면 참가인(채권자), 원고(수익자), 피고(채무자) 3자 사이에 합일확정의 효력 때문에 참가인과 피고 사이에 판결의 효력이 미치지 않는다고 할 수 있을까 의문이 있다.[1)]

(3) 참가의 취지

(a) **쌍면참가** 참가신청의 참가취지에서 참가인은 원·피고 양쪽에 대하여 각기 자기청구를 하는 것이 원칙이다. 이를 쌍면참가라고 한다. 이 점이 자기 청구가 없는 보조참가와 차이이다. 원·피고 양쪽에 대한 청구가 같은 취지일 수도 있고(예: 참가인이 원·피고 쌍방에 다같이 소유권확인이나 계약무효확인청구를 하는 경우), 서로 취지를 달리할 수도 있다(참가인이 원고에 대해서는 채권확인, 피고에 대해서는 금전지급청구 등).

(b) **편면참가**[2)] 1) 문제는 참가취지에서 참가인이 원·피고 양쪽 아닌 한쪽에 대해서만 청구하는 편면참가를 허용할 것인가이다. 구법시대에는 법률상 명백치 아니하여 학설상 다툼이 있는 문제였다. 구법하의 판례는,

① 편면참가, 즉 원·피고 중의 한 쪽에 대해 청구하고 다른 쪽에 대해 청구하지 아니한 경우,[3)] ② 참가인이 피고에 대해서만 청구를 하고 원고에 대해서는 원고청구의 기각을 구할 뿐인 경우,[4)] ③ 원·피고 중 양쪽에 대해 청구하였지만 그 한쪽에 대한 청구는 다툼이 없어 소의 이익이 없는 경우,[5)] 모두 부적법한 참가라고 보았다. ①②는 전형적 편면참가, ③은 실질적 편면참가의 경우이다.

따라서 과거의 판례는 원고·피고·참가인 3자간에 완벽한 대립견제의 긴장관계가 성립되는 경우에 한하여 독립참가가 허용된다는 취지였는데, 원고·피고·참가인간의 3파분쟁의 완전형 내지 이상형이 비교적 드문 것이 분쟁의 실상이다. 그리하여, 제도이용의 어려움을 타개하기 위하여 다수설은 참가인의 주장과 원고의 주장이 양립관계가 아닌 경우이면, 실질적 편면참가는 물론, 전형적 편면참가까지도 참가이익을 인정하여야 한다고 하

1) 졸고, "우리 법 70년 변화와 전망(청헌 김증한 교수 30주기 추모논문집), 791~792면.
2) 오시영, "편면참가의 법적 성질에 대한 고찰," 민사소송 14권 2호.
3) 대법 1991. 3. 22, 90다19329·19336 등.
4) 대법 1992. 8. 18, 92다18399·18405·18412 등.
5) 대법 1965. 11. 16, 64다241 등.

였다. 신법 제79조는 판례의 입장과 달리 이러한 다수설의 입장을 받아들여 편면참가라도 쌍면참가에 준하여 참가할 수 있도록 입법화하였다.

2) **편면참가**를 입법화한 신법하에서는 판례가 부적법하게 보던 위에서 본 ①②③유형의 편면참가를 모두 적법하게 보아야 한다. 편면참가는 권리주장참가만이 아니라 사해방지참가에서도 허용된다고 하겠다.[1] 이는 참가취지에서 양쪽 당사자 중 한쪽만을 상대로 실질적 청구를 한다는 차이가 있을 뿐 쌍면참가와 참가요건에서 다를 바 없으며, 심리방법도 쌍면참가와 같이 필수적 공동소송에 관한 규정을 준용함을 명문화하였다. 따라서 편면참가는 전형적인 쌍면참가는 아니나, 이에 준하는 **준독립당사자참가**라고 할 것이다. 그 법적 성질은 참가인과 피참가인의 소송관계와 피참가인과 상대방(본소 원·피고)의 소송관계의 두 개 병합인 것이지,[2] 구태여 3면소송의 일부 공백의 형태인 것으로 볼 필요는 없다. 종전에 폐쇄적으로 운영하던 독립당사자참가제도가 이러한 새 입법에 의하여 앞으로 크게 활성화될 계기를 맞게 되었으며, 그 동안 무리하게라도 원·피고 모두에게 참가취지를 내세워야 하는 억제의 쌍면참가의 강제는 시정되게 되고 유연성 있는 소송관계의 형성을 가능하게 하였다. 다만 원고 甲이 피고 乙에 대한 권리주장의 경우에 참가인 丙이 甲에 대한 청구는 하지 않지만, 乙에 대해 그 권리주체는 甲이 아니라 丙이라 하며, 乙에 대해 청구하는 경우와 같은 때이다. 원고 甲의 피고 乙에 대한 청구와 참가인 丙의 피고 乙에 대한 청구는 양립할 수 없는 관계라야 할 것이다.

(4) 소의 병합요건을 갖출 것 참가신청은 본소청구에 참가인의 청구를 병합 제기하는 것이므로, 첫째로 참가인의 청구가 본소청구와 같은 종류의 소송절차에 의하여 심판될 청구이어야 한다(소송절차의 공통, 253조). 예를 들면 본소가 통상의 민사소송절차에 의할 청구일 때 참가인의 청구가 가사 또는 행정소송절차[3]에 의할 경우에는 참가는 부적법하게 된다. 둘째로 참가인의 청구가 본소청구와 다른 법원의 전속관할에 속하여서는 안 된다.

(5) 소송요건 참가신청은 실질적으로 신소의 제기이기 때문에 일반소송요건도 갖추어야 한다. 참가인이 참가에 의하여 주장하는 청구에 대하여 이미

1) 반대설은 있지만, 특히 사해소송을 주도하는 당사자 일방에 대해서만 참가인이 원·피고간에 매매계약무효확인청구를 내세우는 편면참가를 할 수 있다고 할 것이다. 吉村德重 외, 강의 민사소송법, 458면; 松本博之 외, 민사소송법, 587면 참조.

2) 오시영, 위의 논문.

3) 대법 1995. 6. 30, 94다14391 · 14407.

본소의 당사자 양쪽 또는 한쪽을 상대로 별소를 제기하였을 때에 참가신청이 중복소송에 해당하느냐의 문제가 있다. 반대견해가 있으나, 이를 허용하면 재판의 모순·저촉을 피할 수 없으며 일종의 소권의 남용으로 해석되므로 중복소송으로 봄이 타당하다고 하겠다.[1)]

4. 참가절차

(1) 참가신청

1) 참가신청의 방식은 보조참가의 신청(72조)에 준한다(79조 2항). 따라서 참가신청에는 참가취지와 이유(소송목적이 자기의 권리에 속한다든가, 소송결과로 인하여 권리침해의 우려가 있다는 등)를 명시하여 본소가 계속된 법원에 신청하여야 한다.

참가신청은 보조참가와 달리 실질적으로 당사자 양쪽에 대한 신소의 제기이기 때문에 소액사건의 경우를 제외하고는(소심 4조), 반드시 서면에 의할 것을 필요로 한다(248조. 전자신청도 가능할 것이다). 또 참가신청에서는 참가취지·이유와 더불어, 자기청구에 대해 청구의 취지와 원인을 밝히지 아니하면 안 된다. 이 점이 보조참가와는 다르다. 참가신청을 대리인에 의하여 할 수 있으나, 종전당사자의 대리인은 참가인의 대리인을 겸할 수 없다.[2)] 참가신청서에는 소장에 준하는 인지를 붙여야 한다(민인 6조). 당사자가 상소하지 않을 때에는 참가인은 상소제기와 동시에 참가신청을 할 수 있다(79조, 72조 3항).[3)] 판례는 독립당사자참가를 하면서 예비적으로 보조참가를 하는 것은 부적법하다고 했으나,[4)] 유연성 있는 변형을 막을 이유는 없을 것이다(788면 참조). 참가신청서 부본은 이를 본소의 양쪽 당사자에게 바로 송달하지 않으면 안 된다(79조, 72조 2항; 규 64조 2항·1항).

2) 참가신청은 보조참가와 달리 실질적인 소의 제기이므로 종전의 당사자는 참가에 이의할 수 없으며(다수설),[5)] 또 소제기의 효과인 시효중단·기간준수의 효력이 있다(265조). 참가에 의하여 종전 당사자는 참가인에 대한 관계에서 피고의 지

---

1) 이영섭, 112면. 다만 日最高裁 昭和 48(1973). 4. 24 판결은 채권자가 채권자대위소송을 제기한 경우에 채무자가 채권자의 대위권의 적법여부를 다툰다면 그가 독립참가를 하여도 중복소송금지규정에 반하지 않는다 하였다.

2) 대법 1965. 3. 16, 64다1691·1692.

3) 대법 1978. 11. 28, 77다1515는 이때 참가인이 적법한 항소기간 내에 참가신청을 하면서 제1차적 청구를 했으면, 항소기간 경과 후라도 추가적 청구를 할 수 있다고 한다.

4) 대법 1994. 12. 27, 92다22473·22480.

5) 반대: 방순원, 225면; 김홍규/강태원, 746면.

위에 서게 되며, 따라서 종전 당사자는 참가인을 상대로 반소를 제기할 수 있다.[1)]

(2) 중첩적 참가와 사면소송(四面訴訟) 판례는 일단 독립참가가 있은 뒤 다시 또다른 제3자가 본소의 당사자를 상대로 참가하는 중첩적 독립참가신청을 하여 그 취지가 권리자는 제2참가인이고 원·피고·제1참가인 세 사람 모두 아니라는 경우인데도, 참가인간에는 아무런 소송관계가 성립될 수 없다는 이유로 제2참가인과 제1참가인간에 어떠한 판결을 할 수 없다고 하였다.[2)] 그러므로 참가제도를 3자간의 법률관계가 1개의 판결에 의하여 통일적으로 결정되는 구조 이상은 아니라는 전제하에, 제2참가인까지 포함하는 4면소송까지는 인정할 수 없다는 취지로도 보여진다. 어떻든 독립참가의 **중복**(중첩)은 허용되는 것이로되 제2참가인과 제1참가인간의 소송관계의 성립을 전제로 한 4면소송이 허용되지 아니한다면, 원·피고와 제1참가인간의 합일확정결과와 원·피고와 제2참가인간의 그것과의 내용이 서로 모순·저촉될 수 있다(예: 甲·乙간의 권리자 확인을 구하는 본소가 계속중 丙이 자기가 권리자라고 제1참가를 한 뒤, 丁이 자신이 바로 권리자라고 제2참가를 하였을 때 丁의 丙에 대한 청구가 허용되지 아니하면, 甲·乙·丙간에는 丙이 권리자, 甲·乙·丁간에는 丁이 권리자라는 서로 모순된 판결이 나올 수 있다). 원래 독립참가가 하나의 권리관계를 에워싼 다자 분쟁을 통일적으로 해결하려는 데 그 제도적 취지가 있는 것이라면, 제2참가인이 제1참가인까지 끌어 넣어 하나의 무대에서 4자간에 얽힌 분쟁을 일거에 모순 없이 합일확정하려는 4면소송을 막을 이유는 없다고 보며, 허용해야 한다.[3)] 아니면 설례에서 丁은 丙을 상대로 별도의 소송을 해야 하는 불경제를 감수해야 한다. 다만, 절차의 번잡·지연의 염려 등 특별한 사정이 있는 때만 이를 불허할 것이다.

5. 참가소송의 심판

(1) 참가요건과 소송요건의 조사

1) 참가신청이 있는 경우에는 먼저 참가요건을 직권으로 조사하여야 한다. 수개의 청구를 병합하여 독립참가한 경우에는 각 청구별로 참가요건을 갖출 것이다.[4)] 참가요건의 흠이 있을 때에는 참가신청은 부적법하게 된다. 판례는 이 때

---

1) 대법 1969. 5. 13, 68다656~658.

2) 대법 1958. 11. 20, 4290민상308~311(단국대사건); 이시윤, 입문〔事例 118〕, 388면 이하; 동 1963. 10. 22, 62다29.

3) 같은 견해에는 김홍규/강태원, 744면; 정동윤/유병현/김경욱, 1123면; 정영환, 925면. 미국의 interpleader(경합권리자 확정소송)에서는 권리자라고 나선 자의 수를 가리지 않고 모두 피고로 할 수 있고, 공동피고간의 crossclaim으로 소송관계를 형성할 수 있다.

4) 대법 2022. 10. 14, 2022다241608.

에 각하설로 일관하고 있다.[1] 다만 판례는 부적법해졌을 때 보조참가로 전환시킬 수 있다는 태도이다.[2]

생각건대 제1심에서 한 참가신청이 참가요건의 흠이 있어도 각하만이 능사가 아니고, 종전당사자를 상대로 한 소송제기의 실질을 갖추고 있고 또 참가인이 원·피고 사이에서 일거에 모순없이 해결하려는 의향이 강하게 나타나지 아니하였으면 달리 볼 것이다(丙의 甲·乙 상대의 공동소송).[3]

2) 참가인의 청구가 소송요건을 갖추었는가도 직권조사사항이며, 이의 흠이 있을 때에는 판결로써 참가신청을 각하하여야 한다.

(2) 본안심판 독립참가소송은 원고·피고·참가인 3자간의 동일권리관계를 에워싸고 벌이는 분쟁을 일거에 모순 없이 해결(합일확정)하려는 소송형태이므로, 본안심리와 판결은 통일적으로 되어야 한다. 이 때문에 3자간의 소송자료의 통일과 소송진행의 획일화를 기할 필요가 있으며, 이를 보장하기 위해 필수적 공동소송에 관한 제67조의 규정을 준용한다.

그러나 필수적 공동소송의 경우처럼 연합관계가 아니라 상호 대립·견제에 서게 된다. 처음부터 원고·피고와 참가인 3자간에 소송공동이 강제되는 것도 아니고 일단 제3자가 참가해 들어오면 3자간에 합일확정하여야 할 소송이므로 필수적 공동소송 중 유사필수적 공동소송의 법리에 의거하게 된다.[4]

(a) 본안심리

1) 소송자료의 통일 원·피고·참가인 3자 중 어느 한 사람의 유리한 소송행위는 나머지 1인에 대해서도 그 효력이 생긴다. 예컨대 참가인이 주장하는 주요사실에 대해 원고만이 다투고 피고는 자백을 하여도 피고가 다툰 것과 같은 효력이 생긴다.[5] 참가인 한 사람의 이의신청은 유리한 행위이므로 원·피고에 미친다.[6]

두 당사자 사이의 소송행위가 나머지 1인에게 불리한 것이면 그 두 당사자간

1) 대법 1993. 3. 12, 92다48789·48796 등. 각하설이 부당하다는 것에는, 졸고, "독립참가," 고시계 1974. 6, 67면; 송상현/박익환, 689면; 김홍규, 738면; 정동윤/유병현/김경욱, 1124면; 정영환, 925면.

2) 대법 1960. 5. 26, 4292민상524. 참가인이 피고에 소유권확인, 원고에 원고청구기각청구 → 피고에 대한 청구취하 → 원고청구기각 청구만 남은 단계에서 참가신청을 유지하겠다는 당사자의 진술을 피고에 대한 보조참가로 보았다.

3) 같은 견해로, 김홍규/강태원 768면; 전원열 642면. 반대견해로, 한충수, 767면.

4) 졸고, 앞의 논문, 68면.

5) 대법 1955. 2. 17, 4287민상145.

6) 참가인이 화해권고결정에 대하여 이의하면 그 효력은 원·피고 사이에도 미친다는 것에, 대법 2005. 5. 26, 2004다25901·25918.

에도 효력이 발생하지 않는다(67조 1항 준용). 예컨대 원·피고간의 소송관계에 대하여 청구의 포기·인낙, 화해[1]나 상소의 취하[2]는 허용되지 않으며, 원고청구에 피고의 자백은 참가인에게 효력이 없다.[3] 참가인의 피고에 대한 청구를 피고가 인낙을 해도 무효이다.[4] 그렇게 되면 3자간에 결과가 합일확정이 되지 아니한다. 이 한도에서 독립당사자참가의 경우 통상의 소송과 달리 처분권주의(203조)가 후퇴되는 것이다.[5] 다만 본안에 관하여 아무런 확정이 없는 본소 또는 참가신청의 취하는 가능하다.[6]

2) 소송진행의 통일　　기일은 공통으로 정하지 않으면 안 된다. 따라서 3자 중 어느 한 사람에 대하여 중단·중지의 원인이 생긴 때에는 다른 두 사람에 대해서도 그 효력이 생기기 때문에(67조 3항 준용), 전소송절차가 정지되게 된다. 당사자 한 사람이 기일지정신청을 하면 전소송에 대하여 기일을 지정하여야 하며, 소송관계의 일부에 대한 변론의 분리·일부판결은 허용되지 않는다. 따라서 독립당사자 참가소송의 제1심 본안판결에 대하여 일방이 항소하고 피항소인 중 1인에게 적법하게 송달되어 항소심 법원과 당사자들 사이의 소송관계가 일부라도 성립한 것으로 볼 수 있는 경우, 다른 피항소인에게 송달되지 아니하여 보정명령하였으나 불이행시에 항소장 각하명령은 부적법하다.[7] 다만 상소기간과 같은 소송행위를 위한 기간은 각기 개별적으로 진행한다.

(b) **모순 없는 본안판결**　　3당사자간의 본안에 관한 다툼을 하나의 소송절차로 한꺼번에 모순 없이 해결하여야 한다.[8] 반드시 1개의 전부판결로써 본소청구와 참가인의 청구 모두에 대하여 동시에 재판하지 않으면 안 된다. 잘못 일부판결을 했다면 잔부에 대한 추가판결에 의하여 보충될 수 없고, 판단누락으로 보아 상소로써 시정할 것이다.[9]

소송비용의 재판에 있어서 제103조는 적용되지 않는다. 원고·피고·참가인

---

1) 대법 2005. 5. 26, 2004다25901·25918.
2) 대법 1964. 6. 30, 63다734.
3) 대법 2009. 1. 30, 2007다9030·9047.
4) 대법 1968. 12. 24, 64다1574.
5) 졸저, 소송물에 관한 연구, 309면.
6) 참가의 포기도 된다는 견해도 있다(강현중, 880면).
7) 대법 2020. 1. 30, 2019마5599·5600(3자간의 합일확정관계 때문에).
8) 대법 1961. 11. 23, 4293민상578·579는 3당사자간의 상호분쟁은 모순저촉됨이 없이 해결되어야 할 것이므로 3당사자 중 어느 일방이 승소한다면 다른 쌍방은 모두 패소하지 않으면 안 된다고 했다.
9) 대법 1991. 3. 22, 90다19329·19336; 동 1995. 12. 8, 95다44191.

3자 중 1인이 승소한 경우에는 그 소송비용은 다른 두 당사자를 공동소송인에 준하여 제102조에 의해 두 당사자의 분담으로 하고, 패소한 두 당사자간에는 적극적 당사자의 부담으로 한다.

(3) 판결에 대한 상소 독립당사자참가에 있어서 상소와 관련하여 1) 상소하지 아니한 패소당사자의 소송관계, 2) 그 당사자의 지위, 3) 불이익변경금지 등 문제가 있다. 차례로 본다.

1) 첫째 문제는, 원고·피고·참가인 3당사자 가운데 두 당사자가 패소하였으나 패소당사자 중 한 사람이 승소당사자를 상대로 상소를 제기하였을 때에, 그 상소의 효력이 패소한 다른 당사자에게도 미치는가이다. 예를 들면 피고 乙과 참가인 丙이 모두 패소되었는데 피고 乙만이 원고 甲을 상대로 불복상소한 경우에 실제로 상소를 제기하지도 않은 참가인 丙에 대한 판결부분도 상소심으로 이심되느냐 분리확정되느냐 하는 문제가 있다. **참가신청의 부적법각하**의 판결은 상소기간의 도과로 확정된다 하여 문제없으나,[1] 본안판결을 받은 경우는 丙에 대해서도 상소의 효력이 미쳐 상급심으로 이전되는 것으로 보는 **이심설**(移審說),[2] 丙의 소송관계는 끝나고 이심의 효력이나 확정차단의 효력이 생기지 않는다는 **분리확정설**(分離確定說)[3]의 대립이 있다.

생각건대 독립당사자참가제도가 원고·피고·참가인 3당사자간에 본안에 관하여 합일확정(einheitliche Entscheidung)을 목적으로 하는 것인 만큼, 3당사자간의 어느 일부의 소송관계에 관하여 가분적인 본안해결을 하지 못한다. 어느 당사자가 가분적으로 본안에 관하여 일부 확정시키고 물러서고 싶어도 물러설 수 없는 관계이다. 함께 확정되지 않고 먼저 일부만 확정된다면 그 부분과 나머지 뒤에 상소심에서 확정될 부분 사이에서 판결내용상의 모순을 피할 수 없게 되기 때문이다. 분리확정설은 변론주의나 처분권주의를 내세워 상소하지 않은 참가인의 판결부분이 분리확정된다 하고 있으나, 이것은 3당사자간의 소송관계 중 일부에 관해서 결과적으로 변론분리 끝에 일부판결로 끝내는 것이 되어 곤란하다. 그러므로 통설·판례인 이심설이 옳다.

---

1) 대법 1972. 6. 27, 72다320; 동 1992. 5. 26, 91다4669·4676; 동 2007. 12. 14, 2007다37776·37783.
2) 대법 1991. 3. 22, 90다19329·19336; 동 2007. 12. 14, 2007다37776·37783.
3) 이영섭, 민소법연습강좌, 56면·62면 이하. 패소하고서도 상소하지 아니한 자의 청구부분이 그대로 확정되면 상소인에게 불이익이 될 염려가 있는 경우에 한하여 제한적으로 이심이 된다는 것에(제한적 이심설), 이재성, 평석집(Ⅵ), 21면 이하; 김주상, "민사항소심의 심판대상과 심판범위," 사법논집 5집, 351면.

2) 둘째 문제는, 패소하고도 상소하지 않은 당사자의 패소부분도 끝나지 않고 이심된다면 그의 상소심에서의 지위는 어떠하고, 어떻게 표시할 것이냐이다. 대체로 ① 상소인설(67조 1항의 준용),[1] ② 피상소인설(67조 2항의 준용),[2] ③ 상대적 이중지위설(승소자에 대하여는 상소인이 되고, 상소를 제기한 패소자에 대하여는 피상소인이 되는 특수지위라는 입장),[3] ④ 상소인도 피상소인도 아닌 단순한 상소심당사자설 등이 있다.

생각건대 스스로 상소를 제기하지 않은 자를 상소인으로 간주하는 것도 부자연스러울 뿐더러, 상소의 이익이 없어 상소를 제기당하지 않은 자가 피상소인으로 된다는 것도 기이하며, 또 상소인인 동시에 피상소인이라는 것은 지나친 기교적 이론구성으로 보인다. 따라서 상소를 제기하지도 당하지도 않았지만 합일확정의 요청 때문에 불가피하게 상소심에 관여하여야만 하는 **단순한 상소심당사자**로 보는 것이 타당하다 하겠으며, 나는 일찍부터 ④설을 제창하여 온 바이며 현재 통설화되었다.[4]

이와 같이 단순한 상소심당사자로 볼 때 그의 지위는 **상소유지의 주도권**을 잃는 대신 상소인 또는 피상소인으로서 **의무를 부담하지 않는 특수한 지위**라고 하겠다. 구체적으로 보면 다음과 같다.

i) 상소취하권이 없으며, ii) 상소장에 인지를 붙일 의무가 없고, iii) 상소심의 심판범위도 실제로 상소를 제기한 당사자의 불복범위에 국한된다.[5] iv) 피상소인이 아니므로 부대상소를 할 수 없고, v) 상소를 제기한 당사자의 승패에 관계 없이 상소비용은 부담하지 않게 되며, vi) 상소제기도 당하지도 않은 당사자인 만큼 판결서에 상소인이나 피상소인의 표시가 아니라 단순히 「독립당사자참가인」으로 표시할 것이다.[6]

나아가 최근 대법 2022. 7. 28, 2020다231928에서는 참가인이 항소·부대항소를 제기하지 않은 당사자의 청구에 관하여 항소심에서 판결주문이 선고되지 않고 그 참가소송이 그대로 확정된다면 취소되거나 변경되지 않은 제1심판결의 주문에 대하여 기판력이 발생한다고 하였다.[7]

3) 셋째 문제는, 이 경우 상소심의 심판대상은 실제로 상소제기한 자의 상소

1) 대법 1964. 6. 30, 63다734.
2) 이영섭, 114면; 김상원, 논점중심민소법, 165면; 방순원, 233면; 한충수, 770면.
3) 小島武司, "독립당사자참가를 둘러싼 약간의 문제," 실무민소강좌(1), 133면; 김홍규/강태원, 749면.
4) 「항소심에서의 당사자」라고 한 것에, 대법 1981. 12. 8, 80다577. 필수적 공동소송에서 단순한 상소심당사자설을 취한 대법 1993. 4. 23, 92누17297 참조.
5) 다만 세 당사자 사이의 결론의 합일확정의 필요성을 고려하여 그 심판범위를 판단하여야 한다는 것에, 대법 2007. 10. 26, 2006다86573·86580. 위 2022. 7. 28, 2020다231928 참조.
6) 대법 2007. 12. 14, 2007다37776·37783.
7) 이 판례에 대한 상세한 해설은 정동윤/유병현/김경욱, 1135~36면 참조.

취지에 나타난 불복범위에 한정하되, 세 당사자 사이의 결론의 합일확정의 필요성을 고려하여 그 심판범위를 판단하여야 한다.[1] 이 때에 상소를 제기하지 않은 당사자의 판결부분이 상소인의 불복범위의 한도 내에서 유리한 내용으로 변경될 수 있는가인데, 불이익변경금지의 원칙(415조)의 적용이 배제되는 것으로 본다.[2] 원고·피고·참가인 3자간의 합일확정의 요청 때문이다. 예를 들면 甲 승소, 乙·丙 패소인데 丙만이 상소한 경우 상소 내지 부대상소를 하지 않은 乙의 패소부분이 유리하게 변경될 수 있다(뒤의 「불이익변경금지의 원칙」 참조). 즉 甲의 乙에 대한 청구부분이 乙의 승소로 바뀔 수 있다. 그러나 참가인의 참가신청이 적법하고 합일확정의 요청상 필요한 경우에 한한다.[3]

6. 단일소송 또는 공동소송으로 환원(독립당사자참가소송의 붕괴)

독립당사자참가소송은 다음과 같은 사유가 있으면 그 구조가 붕괴되어 단일소송 또는 공동소송으로 환원된다.

(1) 본소의 취하·각하[4] 참가 후에도 원고는 본소를 취하할 수 있으며, 법원은 본소가 부적법하면 이를 각하할 수 있다. 그러나 참가인은 본소의 유지에 이익이 있다 할 것이므로 본소 취하에 있어서는 참가인의 동의를 필요로 한다.[5] 본소의 취하·각하의 경우에 독립참가소송의 운명에 관하여 통설은 참가인이 원·피고 양쪽을 상대로 한 공동소송으로 변한다고 하고 있으나(공동소송잔존설), 독립당사자참가의 애초의 소송목적을 상실하게 되므로 3면소송은 끝이 난다는 반대설이 있다(전(全)소송종료설).[6] 본소의 계속을 조건으로 한 참가신청이라는 특별한 사정이 없는 한, 참가인의 원·피고에 대한 청구가 일반 공동소송으로 남는다고 할 것이다. 판례도 같다.[7] 다만 편면참가에서 본소가 소멸하면 참가인과 원고 혹은 참가인과 피고 사이의 단일소송으로 남는다.

(2) 참가의 취하·각하 참가인은 소의 취하에 준하여 참가신청을 취하

1) 대법 2014. 11. 13, 2009다71312 등.
2) 대법 2007. 10. 26, 2006다86573·86580; 동 2022. 7. 28, 2020다231928.
3) 대법 2007. 12. 14, 2007다37776·37783. 원고승소와 참가인의 신청각하, 이에 대하여 참가인만이 항소한 경우 원고승소부분까지 이심되지만 피고가 항소하지도 아니한 원고승소부분을 원고청구기각으로 바꿀 수 없다고 했다.
4) 본소가 기각되어도 참가신청이 부적법하게 되지 않는다=대법 2007. 6. 15, 2006다80322·80323.
5) 대법 1972. 11. 30, 72마787.
6) 이영섭, 114면.
7) 대법 1991. 1. 25, 90다4723.

할 수 있다. 따라서 본소 원고나 피고가 본안에 관하여 응소한 경우에는 양쪽의 동의(266조 2항)를 필요로 한다.[1] 적법하게 취하한 뒤에는 원고·피고간의 본소만이 남는다. 다만 참가인이 쌍면참가를 하였다가 당사자 한쪽, 예를 들면 피고에 대해서만 참가신청을 취하하면 그로 인해 **편면참가**가 된다. 참가가 각하된 경우에도 본소만이 남는다. 참가가 취하·각하되어 본소로 환원된 경우에, 참가인이 제출한 증거방법은 당사자가 원용하지 않는 한 그 효력이 없다.[2]

참가신청을 판결로 각하한 경우에 그 각하판결이 상소심에서 확정될 때까지는 본소에 관한 판결을 미루는 것이 원·피고·참가인간의 합일확정을 위하여 당연히 요구된다고 할 것이나,[3] 판례는 반대이다.[4]

(3) 소송탈퇴(80조)

1) 제3자가 참가함으로써 종전의 원고 또는 피고가 소송에 머물 필요가 없게 된 때에는 그 소송에서 탈퇴할 수 있다. 예를 들면 피고인 채무자 乙이 채무의 존재 자체는 시인하지만 진정한 채권자가 원고 甲이 아니라 제3자인 丙으로 생각되어 응소하고 있는데 마침 丙이 참가한 경우에, 甲·丙 사이에서 가리게 하고 채무자 乙은 탈퇴할 수 있다.[5] 탈퇴는 종전 당사자의 일방이 자기의 상대방과 참가인간의 소송결과에 전면적으로 승복할 것을 조건으로 소송에서 물러서는 것으로, 이에 의하여 참가인의 상대방에 대한 소송관계만이 남게 되고 본소와 참가인·탈퇴자간의 소송관계는 종료된다고 보는 것이 **조건부 청구의 포기·인낙설**이다.[6] 최근 판례도 소송탈퇴하면 종전 당사자의 소송관계가 종료된다는 입장을 취하였다.[7] 이에 대해 탈퇴의 경우에도 소송인수의 경우처럼 결과에 전면 승복하겠다기보다는 소송수행권만 열의 있는 남은 두 당사자에게 맡겨 소송담당을

1) 대법 1981. 12. 8, 80다577.

2) 따라서 증거판단을 요하지 않는다는 것에, 대법 1962. 5. 24, 4294민상251·252. 참가가 각하됨이 마땅한 이상 참가인 제출의 증거에 대해 판단을 요하지 않는다는 것에, 대법 1966. 3. 29, 66다222·223. 반대: 대법 1971. 3. 31, 71다309·310.

3) 같은 취지: 정동윤/유병현/김경욱, 1128면. 반대견해; 한충수, 772면.

4) 대법 1976. 12. 28, 76다797. 참가의 적법여부에 대한 판결을 본소에 대한 판결과 함께 하는 것이 실무운영이므로 본소절차의 정지문제는 실제로는 생기지 않는다.

5) 미국의 interpleader제도(FRCP 22; 28 USCA § 1335)에서 채무는 인정하나 진정한 채권자가 누구인지 모르는 채무자가 이중변제의 위험 때문에 제기한 소송에서 금전이나 재산을 법원에 공탁하고 채권자일 가능성있는 자에게 고지를 하여 그들간에 진정한 채권자를 가리게 하며, 법원이 이러한 제도이용이 적합하다고 인정하면 자기는 빠질 수가 있다. 이러한 소송에서 채무자가 그 중 어느 한 사람에게 책임있는 외는 다른 사람에게 채무없다는 면책청구도 한다.

6) 송상현/박익환, 696면; 김용진, 929면.

7) 대법 2011. 4. 28, 2010다103048(참가승계의 경우) 등.

하게 하는 것일 뿐 탈퇴자의 소송관계는 남는다는 소송담당설(청구잔존설)도 생각할 수 있다고 하겠다. 선정당사자를 세웠을 때 선정자가 소송탈퇴하여도 선정자의 소송관계가 남는 것과 같다.[1] 소송탈퇴는 참가가 적법·유효한 경우만 허용되며, 상소심에서도 가능하다. 소송탈퇴는 원고 또는 피고만이 할 수 있으며 참가인의 소송탈퇴서의 제출은 참가신청의 취하의 취지로 볼 것이다.[2]

2) 소송탈퇴의 필요성은 주로 제79조 1항 전단의 권리주장참가의 경우에 있기 때문에 법률도 「자기의 권리를 주장하기 위하여 소송에 참가한 사람이 있는 경우」라고 규정하고 있다. 그러나 동 후단의 **사해방지참가**의 경우에도 피고가 소송수행의 의욕이 없고 전혀 소극적 태도로 일관해 온 때에는 제3자가 소송참가함을 계기로 소송에서 탈퇴해 나갈 수 있으므로 소송탈퇴를 동 전단의 권리주장참가에만 한정시키는 견해[3]는 적당치 않다(다수설). 제82조의 소송인수의 경우에 소송탈퇴를 인정하는 것(82조 3항)으로 보아도 제한적으로 해석할 필요없다. 또 **편면참가**에서 소송탈퇴 안된다는 제한해석의 필요가 없다.

3) 소송탈퇴를 할 때에 상대방당사자의 승낙 이외에 **참가인의 승낙**도 필요로 하는가 하는 점이 문제된다. 상대방의 승낙만을 요하도록 한 제80조의 규정과 탈퇴에 의하여 참가인의 이익이 해쳐질 바 없는 점으로 보아 구태여 **참가인의 승낙**은 불필요하다고 할 것이다. 나아가 제80조가 상대방의 승낙을 얻게 한 것은 탈퇴에 의하여 상대방이 뜻밖의 손해를 입게 하지 않으려는 배려이기 때문에, 그와 같은 손해가 생길 염려가 없으면 상대방의 승낙조차 불필요하다고 하겠다. 판결의 효력은 어차피 탈퇴자에게도 미치는 것이므로 탈퇴한다고 하여 상대방에게 큰 불이익이 될 것이 없다는 것도 근거가 된다.[4]

탈퇴나 상대방의 승낙은 서면에 의하여야 하나, 기일에는 말로써 할 수 있다(161조). 생각건대 탈퇴자에게 판결의 효력이 미치므로 절차보장을 위하여 탈퇴자의 **소송복귀**를 허용해야 한다는 것이 사견이다. 탈퇴한 선정자가 선정당사자의 선정취소에 의하여 소송복귀가 가능한 것과 마찬가지이다.

4) 판결의 효력은 탈퇴자에게 미치는데(80조 단서), 그 효력의 내용이 어떠한 것인가는 명확하지 않다. 따라서 i) 참가적 효력설, ii) 기판력설, iii) 기판력 및 집행

1) 정동윤/유병현/김경욱, 1130·1131면; 정영환, 935면(잠재적 당사자로 남는다); 김홍엽, 1104면.
2) 대법 2010. 9. 30, 2009다71121.
3) 송상현/박익환, 697면; 호문혁, 919면.
4) 같은 취지: 정동윤/유병현/김경욱, 1129면; 강현중, 885면; 전병서, 578면=다수설. 승낙이 필요하다는 소수설에, 호문혁, 920면; 송상현/박익환, 697면; 한충수, 774면.

력설(집행력포함설) 등 3설이 대립되어 있다. 현재의 통설인 집행력포함설이 무난하다 하겠다.

다수설은 원고 탈퇴의 경우는 조건부 청구의 포기, 피고 탈퇴의 경우는 조건부 청구의 인낙(조건부 청구의 포기·인낙설)이기 때문에 집행력까지 미친다고 보지만, 판결결과가 탈퇴당사자에게 불리하게 된 때는 별론이로되, 오히려 유리하게 된 때에는 설명이 궁해진다. 차라리 남은 두 당사자에게 일종의 소송담당을 시키고 물러선 것이기 때문에 그 소송담당관계의 반영으로 집행력도 탈퇴당사자에 미치는 것으로 볼 것이다(218조 3항 참조. 소송담당설).[1)2)]

다만 탈퇴자에게 집행력이 미친다면 무엇이 집행권원이 되느냐가 문제인데, 남은 당사자의 소송의 판결주문에서 의무이행선언이 집행권원이 된다.[3)]

Ⅴ. 공동소송참가

1. 의 의

공동소송참가란 소송계속중에 당사자간의 판결의 효력을 받는 제3자가 원고 또는 피고의 공동소송인으로서 참가하는 것을 말한다(83조). 예를 들면 주주 한 사람 A가 회사를 상대로 주주총회결의부존재확인의 소를 제기한 경우에 그 판결의 효력을 받는 다른 주주 B가 A와 공동원고로서 그 소송에 참가하는 경우이다.[4)5)] 이와 유사한 **공동소송적 보조참가**는 판결의 효력을 받는 제3자가 공동소송인으로서가 아니라 단지 승소보조자로서 참가하는 경우임에 대하여, **공동소송참가**에서는 참가인이 당사자인 지위에서 같이 소송수행하겠다는 참가인 점에서 공동소송적 보조참가보다 한층 강력하다.

---

1) 스위스 일부 주법에 의하면 보조참가의 경우에 피참가인은 참가인에게 소송수행을 맡기고 소송탈퇴하는 제도가 있다. 이 경우 참가인은 탈퇴당사자에 대해 소송담당자가 되는 것으로 본다. Habscheid, S. 176.

2) 정동윤/유병현/김경욱, 1078면. 조건부 포기·인낙설에 의할 때에 문제점이 생긴다고 하여(김홍규, 744면), 그와 같은 한계로 인해 법률에 의하여 직접 기판력뿐 아니라 필요에 따라 집행력까지 발생하는 것으로 보자는 법정효과설도 있다.

3) 졸저, 신민사집행법(제6판), 82면 참조.

4) 甲이 주총결의부존재확인의 소를 제기하였는데 회사경영에서 손을 뗀 甲의 처 乙, 처남 丙이 공동소송참가한 경우에 소권의 남용이라 한 것에, 대법 1988. 10. 11, 87다카113.

5) 특허심판에 이해관계인의 참가는 공동소송참가이다. 대법 1973. 10. 23, 71후14.

2. 참가의 요건

(1) 소송계속중일 것 소송계속중이라면 상급심에서도 참가할 수 있다. 판례도 항소심에서 공동소송참가를 인정하고 있다.[1] 공동소송참가가 소제기의 실질을 갖는다 하여 상고심에서는 부정하는 학설도 있을 수 있으나, 참가하지 아니하여도 자기에게 판결의 효력이 미치는 경우의 참가임을 고려한다면 상고심이라도 참가를 허용하여 방어의 기회를 주어야 할 것이다(통설).

(2) 당사자적격 공동소송참가를 하는 제3자는 별도의 소를 제기하는 대신에 계속중의 소송을 이용하여 공동소송인으로서 참가하는 것이므로, 자기 자신도 별도 소를 제기할 수 있는 당사자적격을 구비하지 않으면 안 된다. 당사자적격이 없는 경우에는 판결의 효력을 받는 경우라도(예: 파산자, 제소기간경과 후의 주주) 공동소송적 보조참가(78조)를 할 수밖에 없다. 채권자대위권을 행사하는 경우의 채무자, 선정당사자를 내세운 선정자, 어음추심위임배서의 경우의 배서인 등은 당사자적격을 가지나 중복소송(259조)에 해당되게 되어 공동소송참가가 허용되지 않는다.[2] 판례는 주주대표소송에서 회사의 참가는 공동소송참가를 의미한다고 하는데 의문이다(832면 참조).[3]

(3) 합일확정관계 참가하는 제3자는 피참가인 쪽 당사자와 합일적으로 확정될 관계라야 한다. 이는 그 당사자와 제3자가 같이 소를 제기한다면 합일확정소송의 대표격인 **필수적 공동소송**으로 될 경우이다.

1) 본소송의 판결의 효력이 참가인인 제3자에게 확장되는 유사필수적 공동소송이 여기에 해당될 것은 물론이다. 판결의 반사적 효력이 미치는 경우도 유사필수적 공동소송에 해당되기 때문에 포함된다 할 것이다.[4] 대법 2015. 7. 23, 2013다30301 · 30325는 채권자대위소송의 계속중 다른 채권자가 동일채무자를 대위하여 채권자대위권을 행사하면서 공동소송참가신청을 할 경우, 양 청구의 소송물이 동일하다면 제83조 제1항의 합일확정의 경우에 해당하여 적법하다고 하였다.[5] 민사집행법 제249조의 추심의 소에서 집행력있는 정본을 가진 다른 채

---

1) 대법 1962. 6. 7, 62다144. 항소심에서 공동소송참가 후 본소가 부적법각하되어도 참가에 심급이익의 박탈문제가 생기지 않는다는 것에, 대법 2002. 3. 15, 2000다9086.

2) 송상현/박익환, 711면; 정동윤/유병현/김경욱, 1111면. 채권자대위소송은 법정소송담당이 아님을 전제로 하는 반대설에는 호문혁, 801면. 중복소송금지의 법리는 참가에는 적용되지 않는다는 반대설로는, 한충수, 753면.

3) 대법 2002. 3. 15, 2000다9086. 판례에 찬성하는 견해로, 한충수, 754면.

4) 반대: 송상현/박익환, 717면.

5) 이에 관한 판례평석은 강현중, 2015. 12. 17.자 법률신문.

권자는 공동소송인으로 추심채권자인 원고측에 참가할 수 있으며, 이에 비추어 위 판례는 옳다. 소비자기본법 제70조에 해당되는 단체는 법원의 허가를 받아 소비자단체소송에 공동소송인으로 참가할 수 있다(소비자단체소송규 13조). 청구기각판결의 대세효 때문이다.[1] 그러나 이사회결의무효확인의 소와 같이 판결의 대세효가 없는 소송에서는 공동소송참가를 할 수 없다는 것이 판례이다.[2]

2) **고유필수적 공동소송**으로 될 경우에도 포함된다고 할 것인지 문제이다. 반대설이 없지 아니하나,[3] 고유필수적 공동소송도 합일확정소송인 점, 그와 같은 소송에서 공동소송인의 일부를 빠뜨렸을 때에 이 제도의 이용으로 누락자를 참가시켜 소를 적법하게 만들 수 있는 점 등을 고려할 때에 허용함이 옳을 것이다(다수설).[4] 제68조에서 고유필수적 공동소송의 경우에 일부 누락된 공동소송인을 추가하는 제도가 마련되었지만, 제1심에서만 허용하므로 상고심에서까지 허용되는 공동소송참가는 여전히 누락자 보정의 제도로서 그 의미가 있다. 대법 2014. 1. 29, 2013다78556에서 필수적 공동소송인 공유물분할청구소송이 항소심 계속중 당사자인 공유자의 일부지분이 제3자에게 이전되었고 그 제3자가 당사자로 참가(승계참가·소송인수 등)하지 않은 상태에 변론종결하였으면 공유물분할소송이 적법하다 볼 수 없다 하며, 항소심에서 소송승계로 소를 적법하게 할 수 있음을 비추었다.

3) 입법론의 문제인데 피참가인인 기존의 당사자와 합일확정의 관계가 아니라도 권리·의무의 발생원인이 공통적인 경우, 즉 제65조 전문의 통상공동소송의 관계에 설 사람에게 확대입법으로 공동소송참가에 의한 연합전선을 펼 길을 열어주면 좋을 것이다. 대량사고로 인한 집단소송에서 처음 소제기 때에 제외되었던 피해자들의 권리구제에의 문호개방이 될 것이다(817면 참조).

3. 참가절차와 효과

(1) 참가신청의 방식에는 제72조가 준용된다(83조 2항). 다만 참가신청은 소의 제기(원고측에 참가) 또는 청구기각의 판결을 구하는 것(피고측에 참가)이기 때문

1) 헌법소원심판에 공동심판참가신청인들에게도 위헌결정의 효력이 미친다면 합일확정의 필요가 있으므로 적법한 참가신청으로 보아 허용할 수 있다는 것에, 헌재 2008. 2. 28, 2005헌마872·918. 청구인 추가신청을 공동심판 참가신청으로 선해한 사례=헌재 2020. 4. 23, 2015헌바1149.

2) 대법 2001. 7. 13, 2001다13013 등.

3) 이영섭, 116면.

4) 다만 참가인이 소송목적물에 대하여 피참가인과 같이 지분을 가지고 있음을 이유로 지분비율에 따른 소유권이전등기를 구하는 경우에는 피참가인과 참가인간에 합일확정될 경우가 아니므로 참가신청은 부적법하다는 것에, 대법 1970. 3. 24, 69다687.

에 소액사건을 제외하고는, 소장 또는 답변서에 준하여 서면으로 하지 않으면 안 된다. 공동소송적 보조참가와 달리 원고측에 참가하는 신청서에는 소장 또는 상소장에 준하는 인지를 붙여야 하며(민인 6조), 또 참가의 취지(자기를 위하여 어떠한 판결을 구하는가와 어느 쪽 당사자의 공동소송인으로서 참가하는가) 및 참가의 이유(합일적으로 확정되어야 할 사유)를 기재하여야 한다.

(2) 참가신청은 일종의 소의 제기이기 때문에, 당사자가 이의를 신청할 수 없다. 법원은 직권으로 참가의 적부를 심사하고 그 요건에 흠이 있을 때에는 종국판결로써 각하하지 않으면 안 된다. 요건에 흠이 있는 공동소송참가신청이라도, 단순보조참가 또는 공동소송적 보조참가의 요건을 갖추었으면 부적법한 소송행위의 전환으로 후자의 참가로 보아도 무방할 것이다.[1)]

(3) 참가가 적법하다고 인정되면 피참가인과 참가인은 공동소송인이 되고 그 관계는 필수적 공동소송으로 취급된다.

제5절 당사자의 변경

같은 소송절차에서 제3자가 소송에 가입하는 기회에 종전 당사자가 그 소송에서 탈퇴하는 경우를 널리 당사자의 변경이라 한다. 신 당사자가 탈퇴자의 지위를 승계하지 않는 경우와 신 당사자가 탈퇴자의 기왕의 소송상태를 승계하는 경우가 있다. 전자를 임의적 당사자의 변경이라 하고, 후자를 소송승계라고 한다.

Ⅰ. 임의적 당사자의 변경

1. 의 의

임의적 당사자의 변경(gewillkürte Parteiänderung)이란 당사자의 의사에 의하여 종전의 원고나 피고에 갈음하여 제3자를 가입시키거나 종전의 원고나 피고에 추가하여 제3자를 가입시키는 것을 말한다. 특히 원고가 피고적격자를 혼동하여 잘못 소를 제기한 경우, 고유필수적 공동소송에 있어서 공동소송인이 될 자를 일부 누락시킴으로써 당사자적격에 흠이 생겼을 때에 이를 허용할 실익이 있다.

i) 임의적 당사자의 변경은 소송계속중에 분쟁주체인 지위가 포괄적으로 승

1) 같은 취지: 정영환, 910면. 헌재 2008. 5. 29, 2005헌마1173 참조(민사소송법을 준용하는 것이 헌법재판소의 심판절차임을 유의할 필요-2014헌마7.

계되거나(당연승계), 특정적으로 승계되는 경우(참가승계 및 인수승계)에 피승계인이 물러나고 승계인이 들어섬으로써 생기게 되는 소송승계와는 구별된다. 임의적 당사자의 변경은 **당사자적격의 승계**가 없는 경우이다.

ii) 임의적 당사자의 변경은 당사자의 동일성을 해치는 것이므로 이를 유지하는 전제의 당사자 표시의 정정과 다르다.

2. 판례 · 학설과 관련법

(1) 대법원 판례의 입장 폭넓고 유연성있게 **당사자표시의 정정**을 인정하지만, 임의적 당사자의 변경은 엄격하게 제한하고 있다. 당사자 교체의 형태이든, 당사자 추가의 형태이든 마찬가지이다. 선진국의 추세를 외면한 채 **당사자항정**(恒定)의 원칙만 고집하는 폐쇄적인 소송운영으로 효율적 권리보호를 저해한다.

따라서 판례는 당사자표시정정의 형태로, 甲이 원고로서 소제기한 후 원고의 명의를 그의 아버지인 乙로 변경,[1] 당초 원고 외에 다른 사람을 원고로 추가,[2] 당사자를 상고인으로 추가[3] 등은 당사자의 변경으로 인한 소의 변경에 해당되므로 허용할 수 없다고 하였다. 법인등 단체의 대표자 개인을 그 법인등 단체 자체로 변경하는 당사자표시정정은 허용되지 않는다고 했다.[4]

다만 당사자의 동일성의 변경이 아니라는 입장에서 i) 사망자인 것을 모르고 피고로 표시하여 제소한 경우에 피고를 상속인으로, 상속포기를 한 제1순위의 상속인을 피고로 한 경우에 실제(제2순위) 상속인으로 정정,[5] ii) 학교 자체와 같이 당사자 능력없는 자를 내세웠다가 당사자능력자(자연인 또는 학교법인)로 바꾸는 것을 표시정정의 형태로 허용한다(당사자적격이 없는 자를 적격자로 바꾸는 표시정정도 같다).[6] iii) 부적법한 당사자 표시정정이라도 피고가 동의하여 진행하여 판결선고까지 된 경우에 피고의 부적법주장은 신의칙에 반한다고 본다. 이 법리의 확대조짐이 보인다(앞의 「민사소송과 신의칙」, 「당사자표시의 정정」 각 참조). 판례(2013다76871)에서도 당사자인 종중의 실체에 관하여 당사자가 주장하는 사실관계의 기본적 동일성이 유지되고 있다면 그 법적 주장의 추이를 가지고 당사자변경에 해당한다 해서 불허할 것이 아니라 했다.

(2) 학 설 우리의 통설은 임의적 당사자의 변경은 당연히 허용되는 것으로

---

1) 대법 1970. 3. 10, 69다2161.
2) 대법 1980. 7, 8, 80다885 등.
3) 대법 1991. 6. 14, 91다8333.
4) 대법 1986. 9. 23, 85누953; 동 2003. 3. 11, 2002두8459; 동 2008. 6. 12, 2008다11276 등.
5) 대법 2006. 7. 4, 2005마425 등. 사망자를 원고로 한 경우에 관하여는, 동 1979. 8. 14, 78다1283. 공유물분할청구의 소에서 피고 중 1인이 이미 사망자일 때에 상고심에 이르러 당사자표시정정으로 보정이 되지 않는다는 것에, 대법 2012. 6. 14, 2010다105310.
6) 대법 1975. 12. 9, 75다1048; 동 1978. 8. 22, 78다1205.

알아 왔으며, 일본과 독일의 통설 및 판례 또한 긍정적이다.[1)]

우리의 판례와 같이 당사자의 변경을 불허한다면, 당사자적격을 혼동한 경우에는 종전의 소를 취하하고 새로 소를 제기하지 않으면 안 될 것이고, 공동소송인의 일부를 누락하였을 경우에는 종래의 소송은 그대로 두고 별도의 소를 제기하여 여기에 변론을 병합시키는 도리 밖에 없다. 그 어느 것도 직접적으로 임의적 당사자의 변경을 허용하는 것보다 소송관계인은 물론 법원에 대해서도 불편·불경제가 된다. 또 임의적 당사자의 변경을 허용하면 소송진행중에 밝혀진 상황에 맞추어 탄력적인 대처가 가능해진다. 다시 말하면 신당사자의 관할이익을 결정적으로 침해하지 않고 현저한 소송지연이 아니면 유연성있는 운영이 필요할 것이다.

(3) 관 련 법 1) 행정소송·가사소송 등에서는 피고의 경정을 일찍부터 명문화하였으나(행소 14조; 가소 15조, 반론보도 등 청구사건심판규칙 4조 참조), 민사소송에서는 1990년 개정법률에 이르러 제63조의 2(신법 68조)에서 당사자 추가의 한 형태로 필수적 공동소송인의 추가를 새로 입법하였으며, 제234조의 2·3(신법 260조, 261조)에서 당사자의 교체의 한 가지로 피고의 경정을 규정하였다.

2) 신법은 예비적·선택적 공동소송인의 추가가 가능할 수 있도록 하였다(70조, 68조). 제한적 범위이지만 분명히 진일보한 입법이다. 앞서 본 대법 2007. 6. 26 결정에서 처음에는 피고를 단체대표자 개인으로 하였다가 다음에 예비적 피고로 단체 자체를 추가하는 예비적 공동소송인의 추가가 허용된다고 한것은 고무적인 일이다(앞의 「예비적·선택적 공동소송」 참조).

3. 성 질

임의적 당사자의 변경을 허용한다면 그 법적 성질을 어떻게 파악할 것인가 하는 문제가 남는다.

소의 변경설 이외에 다음 두 가지 주목할 견해가 있다.

(1) 신소제기·구소취하설(복합설) 새로 가입하는 신당사자에 대해서는 신소의 제기이고 탈퇴하는 구당사자에 대해서는 구소의 취하라고 할 것으로 이러한 두 개의 복합적 소송행위라고 보는 견해이며, 현재 우리의 다수설이다.[2)] 또 당사자 추가의 경우에는 신소의 병합제기라고 한다. 이러한 견해에 따르면 당사자의 변경은 신소의 제기이기 때문에 오로지 제1심에 국한시켜야 하며 제2심에서는 허용할 수 없는 결과가 되고, 뿐더러 신당

1) 일본에 있어서 통설에 대한 반대설로서는, 小山昇, 민소법, 424면. 小山昇 교수에 의하면, 당사자를 바꾸면 분쟁이 전혀 별개의 것이 된다는 것을 들어 원칙적으로 이를 허용할 수 없다고 한다. 그러나 동 교수도 법률적 평가를 그르쳐 당사자적격자를 혼동한 경우에는 당사자의 변경을 허용해야 한다고 하고 있다.

2) Kisch, Parteiänderung in Zivilprozess, 1912; 이영섭, 117면; 김홍규/강태원, 758면; 송상현/박익환, 699면.

사자의 절차보장은 존중되나 신·구당사자간에 소송의 연속성이 끊기게 된다는 실천적인 난점이 있다.

(2) **특수행위설**(소송속행설) 이 설은 구당사자의 절차와 신당사자의 절차를 소송법상 하나의 단일현상으로 파악하면서 기존의 법규와는 별개로 그 요건·효과를 규율하여야 한다는 견해로서, 현재 독일의 다수설이고 우리나라에서도 유력하다.[1] 독자제도설이라고도 한다. 구당사자의 소송수행의 결과를 신당사자에게 미치게 하려는 이론구성이다.

생각건대 제68조와 제260조·제261조가 그 법적 성질을 규명하는 데 기준이 되지 않을 수 없다. 제68조 3항에 의하면 공동소송인의 추가는 신소의 제기로 되어 그 효과를 최초에 소를 제기한 때로 소급시키고 있고, 또 제260조·제261조에서는 종전의 피고가 본안에 관하여 응소한 때에는 그의 동의를 얻게 하는 한편 경정허가결정이 된 때에는 종전의 피고에 대한 소는 취하된 것으로 보고 있다. 따라서 복합설이 입법을 통해 채택된 것이다(다수설).

4. 법률상의 임의적 당사자의 변경

(1) 서 설 1990년 개정법률에서 허용한 임의적 당사자의 변경의 하나는 당사자의 교체(Parteiwechsel, 교환적 당사자의 변경)의 한 형태인 피고의 경정(260조)이고, 다른 하나는 당사자의 추가(Parteierweiterung, 추가적 당사자의 변경)의 한 모습인 필수적 공동소송인의 추가(68조)이다.

그 요건상의 특색은 다음과 같다.

첫째로 **원고의 신청**에 의하여만 당사자를 변경하도록 되어 있다. 원고의 initiative에 의하여 이루어지게 되어 있으며, 피고나 제3자의 신청권을 인정하지 않는다.

둘째로 **제1심**에 계속 중이고 변론종결전까지만 허용된다. 이것은 새로 가입하는 당사자의 절차보장(심급의 이익)을 고려한 것이지만, 명문에 불구하고 신·구 양당사자의 동의를 얻으면 항소심에서도 변경을 허용해야 할 것이 아닐까.[2] 가사소송법 제15조 1항은 '사실심의 변론종결시'까지 필수적 공동소송인의 추가 또는 피고의 경정이 되고, 행정소송에서는 판례가 사실심의 변론종결시까지 피고의 경정이 된다고 하고 있으므로(행소 14조, 대법 1996. 1. 23, 95누1378)민사소송에서만 제1심에 한정하는 것은 균형이 맞지 아니한다. 물론 피고적격의 명백한 혼동이나 필수적 공

---

1) 정동윤/유병현/김경욱, 1152면; 정영환, 965면; 호문혁, 829면; 한충수, 778면.

2) 정동윤/유병현/김경욱, 1158면; 강현중, 893면; 정영환, 973면. 독일에서도 판례와 학설이 항소심에서 신·구피고의 동의를 얻으면 변경이 허용된다고 한다. Rosenberg/Schwab/Gottwald, § 42 3; Schellhammer, Rdnr. 1679. 반대: 호문혁, 881면; 김홍엽, 1121, 1124면. 대법 1991. 8. 27, 91다19654는 항소심에서 피고를 "삼척시 교육장" → "삼척시"로 바꾸는 것을 불허했다.

동소송인의 누락 등이 항소심에서 발견되었을 때에 원심판결을 취소하고 소를 각하할 수밖에 없고 원고로서는 신소를 제1심에 다시 제기해야 하는데, 이 때의 시간·비용·노력 등 소송불경제가 되고 국민에 불편을 주는 제도로 된다. 항소심이 미국처럼 법률심도 아니고 제1심의 속행인 사실심인데 이를 막을 합리적 이유를 찾을 수 없다. 독일 등과 달리 우리법은 임의적 당사자의 변경에 있어서 허용하는 모습의 면에서나 신청권자·시기면에서 매우 제한적이므로, 입법개선이 요망된다. 판례도 확대해석을 하지 않으려는 경향인데 이것도 문제이다.[1)]

(2) 피고의 경정

(a) 요　건　　i) 원고가 피고를 잘못 지정한 것이 분명한 경우라야 한다(예: 법인격이 있어 회사를 피고로 하여야 할 것을 그 대표자 개인을 피고로 한 경우, 아내 명의의 계약을 남편이 하여 남편이 물어주어야 하는 것으로 착각하여 남편을 피고로 한 경우-서울중앙지법 2013나27151 참조).[2)] 피고의 동일성을 바꾸는 것이므로 그 동일성의 유지를 전제로 피고표시를 바로 잡는 당사자 표시정정과는 다르다. 판례는 청구취지나 청구원인의 기재내용 자체로 보아 원고가 법률평가를 그르치거나 또는 법인격의 유무에 착오를 일으킨 것이 명백하여 피고를 잘못 지정한 때가 이에 해당된다고 보고, 뒤에 **증거조사결과** 판명된 사실관계로 미루어 피고의 지정이 잘못된 경우는 포함되지 않는 취지로서 경정요건을 좁히고 있다.[3)] 이렇게 되면 원고는 후소를 취하하고 신소를 제기할 수밖에 없는 저효율·고비용의 난감한 상황이 된다. 이 때에도 피고의 지정에 있어서 잘못이 분명하면 경정을 허용할 것이다.[4)] 법은 원고가 잘못 지정된 경우를 포함시키지 아니하였으나, 신원고의 동의가 있으면 제68조 1항 단서를 유추하여 원고의 경정도 허용할 것이다(다수설).[5)] 잘못 지정된 경우에는 석명권(136조)을 행사하여 원고로 하여금 고치게 할 것이다.[6)]

---

1) 대법 1991. 6. 14, 91다8333. 항소심에서 당사자 표시정정은 상대방의 동의불요=대법 1978. 8. 22, 78다1205.

2) 피고가 이미 사망자임을 모르고 피고로 지정한 경우, 이미 본 바와 같이 판례는 실질적인 피고는 상속인으로 보고 피고표시정정으로 처리할 것이라 하고 있다. 표시정정에 의하는 것은 처음 소제기의 효과인 시효중단·기간준수의 효력이 유지되므로 제도이용자에게 유리하다. 반대로 피고경정사항으로 보는 것에, 호문혁, 926면.

3) 대법 1997. 10. 17, 97마1632.

4) 정동윤/유병현/김경욱, 1155면; 정영환, 967면; 강현중, 893면. 반대: 호문혁, 926면; 한충수, 779면; 김홍엽, 1119면.

5) 호문혁, 926면. 반대: 김홍엽, 1120면. 대법 1994. 5. 24, 92다50232는 반대 입장인 듯하다. 부락의 구성원 중 일부가 제기한 소송에서 원고의 표시를 부락으로 정정함은 당사자의 동일성을 해한다고 하여 불허하였다.

6) 대법 1990. 1. 12, 89누1032; 동 2004. 7. 8, 2002두7852. 석명에 의하여 원고에게 피고경정의 기회를 제공하였음에도 경정하지 아니하여 각하한 사례=대법 2009. 7. 9, 2007두16608.

ii) 교체 전후를 통하여 소송물이 동일하여야 한다.[1)]

iii) 피고가 본안에 관하여 준비서면의 제출, 변론준비기일에서의 진술변론을 한 뒤에는 피고의 동의를 요한다(260조 1항 단서). 피고가 경정신청서를 송달받은 날로부터 2주 이내에 이의하지 않으면 동의한 것으로 본다(260조 4항).

(b) **신청 및 허가여부의 결정**　　i) 피고의 경정은 신소제기와 구소취하의 실질을 가지므로, 원고가 서면으로 신청할 것을 요한다(260조 2항. 다만 구술제소에 의한 소액사건에는 예외). 신청서에는 새로 피고가 될 사람의 이름·주소와 경정신청이유를 적어야 한다(규 66조). 종전의 피고에게 아직 소장부본이 송달되기 전이면 경정신청서는 그 피고에게 송달할 필요가 없으나, 송달되고 난 뒤이면 신청서의 송달을 필요로 한다(260조 3항). ii) 경정 전후를 통해 소송물이 동일할 것을 요하는 이상 경정신청시에 인지를 따로 붙일 필요가 없으며, 구소장의 인지를 유용하여도 무방하다.[2)] iii) 원고의 경정신청에 대하여 법원은 결정으로 허가여부의 재판을 한다. 허가여부의 결정은 송달할 것을 요한다(261조 1항. 단, 소장부본이 아직 송달되지 아니한 경우 제외). 그러나 새로운 피고에 대해서는 경정허가를 한 때에 한하여 결정서정본과 함께 소장부본의 송달을 요한다(261조 2항). 경정허가결정에 대하여는 원칙적으로 불복할 수 없지만, 피고(260조 1항 단서)가 경정에 부동의하였음을 사유로 하여서만 즉시항고할 수 있다(261조 3항). 피고 경정신청을 한 원고가 그 경정허가결정이 부당함을 내세워 불복할 수 없다.[3)]

(c) **효　과**　　경정허가결정이 있는 때에는 i) 종전의 피고에 대한 소는 취하된 것으로 본다(261조 4항). 종전의 피고에 대한 관계에서 소송계속의 효과가 소멸되었기 때문에 그에 관한 심리를 하여서는 안 된다. ii) 피고의 경정도 새 피고에 대하여는 소의 제기이므로 이에 의한 시효중단·기간준수의 효과는 **경정신청서의 제출시**에 발생한다(265조). 그러나 피고적격의 혼동에 의한 보완이므로 구소제기의 시점으로 **소급효** 인정이 입법론상 옳다 할 것이다. 다만, 피고의 표시정정의 경우에는 당초 소제기에 의한 시효중단·기간준수의 효과가 유지됨은 앞서 본 바이다. 이 때문인지, 판례는 피고의 경정은 축소지향적으로 해석하는가 하면, 피고의 표시정정은 넓게 허용하려는 경향이다(앞의 「당사자표시정정」 참조). iii) 종전의 피고가 해온 소송수행의 결과는 신당사자에 의한 원용이 없는 한 그에게 효력이 없으며, 법원은 신당사자에 대하여 새로 변론절차를 열어야 함이 원칙이다. 그러나

1) 같은 취지: 정동윤/유병현/김경욱, 1156면.
2) 같은 취지: 정동윤/유병현/김경욱, 1156면; 정영환, 969면.
3) 대법 1992. 10. 9, 92다25533은 즉시항고 이외에 허가결정의 당부는 항소법원의 판단대상이 아니라고 했다.

신당사자가 경정에 동의한 때,[1] 신당사자가 실질상 구소송절차에 관여하여 왔고 구당사자의 소송수행이 신당사자의 그것과 동일시될 때(사실상 절차보장이 있는 때)에는 원용이 없어도 소송수행의 결과는 그에게 미친다고 볼 것이다(다수설).

(3) 필수적 공동소송인의 추가

(a) 요 건 i) 필수적 공동소송인 중 일부가 누락된 경우일 것을 요한다. 고유필수적 공동소송에서 공동소송인으로 될 자를 일부 빠뜨림으로써 당사자적격에 흠이 생긴 경우(예: 공유물분할청구의 소에서 원고가 공유자 전원을 상대로 하지 않고 그 중의 일부를 빼놓고 소제기한 경우)이다. 유사필수적 공동소송 및 통상공동소송에서는 공동소송인을 일부 빠뜨려도 당사자적격의 흠의 문제가 생기지 않으므로 입법취지상 이 경우까지는 추가의 대상이 되지 않는다고 할 것이나,[2] 입법론적으로 검토할 과제이다.

ii) 추가된 신당사자가 종전의 당사자와의 관계에서 공동소송인이 되므로 공동소송의 요건을 갖추어야 한다(전술한 「공동소송의 요건」 참조).

iii) 원고측이든 피고측이든 추가가 허용되지만, 원고측을 추가하는 경우에는 추가될 신당사자의 동의가 있어야 한다(68조 1항 단서). 이것은 신당사자의 절차보장(당사자의 처분권의 존중)을 위한 당연한 요청이다.[3] 예를 들면 A·B·C 3인이 한 필지의 토지를 乙로부터 동업목적으로 매수하여 乙에 대해 소유권이전등기청구를 함에 있어서는, A·B·C가 공동원고가 되어 필수적 공동소송의 형태로 소제기를 하여야 하는데도 C를 원고에서 빠뜨렸다고 하자. 이 때에 A·B가 C를 필수적 공동소송인으로 추가하는 신청을 내어 적법한 소송으로 만들고자 할 때 C의 동의를 구하여야 한다는 말이다.

(b) 신청 및 허가여부의 결정 i) 공동소송인의 추가는 추가된 당사자와의 사이에 신소의 제기이므로, 추가신청은 서면에 의하여야 한다(단 소액사건에서는 구술에 의한 신청도 가능). ii) 신청서에는 추가될 당사자의 이름·주소와 추가신청이유를 적어야 한다(규 14조). 원고의 추가신청에 대하여 법원은 결정으로 그 허가여부를 재판한다(68조 1항). 허가결정이 있는 때에는 그 허가결정서의 정본은 모든 당사자(원·피고 및 추가당사자)에게 송달하

1) Thomas-Putzo, Vorbem, § 50 Rdnr. 20.

2) 대법 1993. 9. 28, 93다32095; 동 2009. 5. 28, 2007후1510. 반대: 강현중, 818면(유사필수적 공동소송에서 허용).

3) 대법 1998. 1. 23, 96다41496은 회사대표이사 개인명의로 원고로서 소를 제기한 후, 회사를 당사자로 추가하고 그 개인명의의 소를 취하함으로써 원고를 변경한 것은 부적법하다고 보았다. 다만 당사자 추가신청이 부적법함을 간과한 채 추가당사자와 사이에 본안판결까지 선고되었다면 소송경제나 신의칙 등에 비추어 그 적법 여부를 문제삼는 것은 허용할 수 없다고 했다.
유사취지: 대법 2008. 6. 12, 2008다11276.

되 추가될 당사자에게는 그 이외에 소장부본도 함께 송달하여야 한다(68조 2항). iii) 허가결정에 대하여는 원칙적으로 불복을 할 수 없으나, 추가될 원고의 부동의는 이해관계인의 즉시항고사유가 된다(68조 4항). 피고경정신청의 기각결정(439조에 의한 통상항고만 허용[1])과 달리, 추가신청의 기각결정에 대하여는 즉시항고할 수 있다(68조 6항).

(c) **효 과** 필수적 공동소송인의 추가결정이 있는 때에는 i) 처음 소가 제기된 때에 추가된 당사자와의 사이에 소가 제기된 것으로 보기 때문에, 시효중단·기간준수의 효과는 처음 제소시에 소급한다(68조 3항. 피고의 경정과 다르다). ii) 필수적 공동소송인의 추가이므로 종전의 공동소송인의 소송수행의 결과는 유리한 소송행위인 범위 내에서 신당사자에게도 효력이 미친다고 할 것이다.

(d) **필수적 공동소송인 일부가 후발적으로 빠진 경우** 앞서는 필수적 공동소송인이 처음부터 빠졌을 때의 문제이다. 그러나, 예를 들면 적법한 공유물분할청구소송에서 피고인 공유자 중 일부가 소송도중에 자기지분을 제3자에게 이전함으로써 피고 일부가 후발적으로 빠져 부적법하게 된 경우, 제3자가 승계참가·소송인수로 보완되어야 하며, 그렇지 않으면 부적법각하된다(2013다 78556).

(e) **예비적·선택적 공동소송인의 추가에 준용** 신법 제70조는 앞서 본 바와 같이 예비적·선택적 공동소송을 신설하였는데, 여기에 제68조의 필수적 공동소송인의 추가규정을 준용토록 하였다. 이미 예비적·선택적 공동소송에서 설명한 바이지만, 원·피고간의 단일소송이 계속중에 제68조의 규정에 맞추어 새로운 당사자(원고·피고)를 예비적 당사자 또는 선택적 당사자로 추가병합함으로써, 소송형태를 예비적·선택적 공동소송으로 바꿀 수 있도록 길을 열어 놓았다. 소송진행중에 밝혀진 상황에 맞춘 탄력성 있는 소송수행과 분쟁의 1회적 해결에 도움이 되는 매우 혁신적인 입법이며, 크게 활용되고 있다. 앞서 본 바와 같이 판례는 A를 피고로 한 소송계속중에 B를 예비적 피고로 추가하여 예비적 공동소송으로 된 경우에 적법하다고 보았다(792면 참조). 원고적격자가 불확실할 때에도 다를 바가 없을 것이다(788면 참조).

Ⅱ. 소송승계

1. 총 설

(1) 소송승계의 의의 널리 소송계속중에 소송의 목적인 권리관계의 변

1) 대법 1997. 3. 3, 97으1.

동으로 새 사람이 종전 당사자가 하던 소송을 인계인수 받게 되는 것을 소송승계라 한다. 당사자적격(엄밀하게는 당사자 본안적격)의 이전으로 당사자가 변동되는 점에서 당사자적격의 혼동·누락의 경우에 허용하는 임의적 당사자의 변경과 구별된다. 이때 권리관계의 승계인이면서 소송승계를 하지 않고 계속중인 소송을 취하하고 별도의 소송을 벌여야 한다면, 소송경제에 반할 뿐더러 지금까지의 소송수행의 노고가 헛되게 되어 상대방과의 관계에서도 불공평한 결과가 된다. **변론종결 전**의 승계인은 소송을, **변론종결 후**의 승계인은 기판력을 각 인계받는 것이라 할 것이므로, 소송승계제도는 기판력의 확장제도와 기본적으로 입장을 같이한다(따라서 생성중인 기판력의 확장이라고도 한다).

소송승계가 된 뒤에는 신당사자는 전주(피승계인)의 **소송상 지위**를 이익·불이익을 막론하고 그대로 승계하며, 이를 전제로 상대방과 승계인간에 심판을 하여야 한다. 종전의 변론준비·변론·증거조사·재판이나 종전의 소제기에 의해 생긴 시효중단·기간준수의 효과가 신당사자에게 미치며, 자백에 반하는 주장, 실기한 공격방어방법의 제출 등의 구당사자가 소송상 할 수 없는 행위는 신당사자도 할 수 없다. 다만 종전의 소송비용은 당연승계의 경우에는 별 문제이나, 소송물의 양도에 의한 승계의 경우에는 특별한 사정이 없는 한 승계하지 아니한다.

(2) 형 태 그 하나는 당사자의 사망 등 포괄적 승계원인의 발생과 동시에 법률상 당연히 일어나는 당사자의 변경인 소송승계이고, 다른 하나는 소송물의 양도 등 특정승계원인이 생겨 관계당사자의 신청에 의하여 비로소 일어나는 당사자의 변경인 소송승계이다. 전자가 당연승계(포괄승계), 후자가 소송물의 양도에 의한 승계(신청승계)로서 여기에 참가승계와 인수승계가 있다.

2. 당연승계

(1) 원 인 실체법상의 포괄승계원인이 있는 때에 법률상 당연히 소송당사자가 바뀌며 소송을 인계받게 되는 경우이다. 법은 당연승계의 발생원인인 포괄승계가 있는 때에 소송절차의 중단·수계의 각도에서 이를 규정하고 있다. 그러나 소송절차의 중단·수계(속행)는 소송수행상의 장해에 대한 대책이므로 당사자지위의 변동을 뜻하는 소송승계와 같은 개념이라 할 수 없다. 중단원인이 있음에도 당사자가 바뀌지 않는 경우도 있으며(소송능력의 상실, 법정대리권의 소멸. 235조), 소송승계가 있음에도 중단이 생기지 않는 경우가 있기 때문이다(소송대리인이 있는 경우. 238조). 다음이 승계의 원인이다(앞의 「소송절차의 중단」 참조).

1) 당사자의 사망(233조) 상속인 · 수증자[1] · 유언집행자 · 상속재산관리인[2] 등이 승계인이 된다. 다만, 당사자가 사망하여도 소송물인 권리의무가 상속이 되는 때에 한하여 승계가 된다. 따라서 i) 상속기간 내에 상속포기한 때(민 1019조, 1041조), ii) 소송물인 권리관계가 일신전속적인 때에는 소송은 당연히 종료된다(예외: 가소 16조).

2) 법인 등의 합병에 의한 소멸(234조)

3) 당사자인 수탁자의 임무종료(236조) 이는 신탁법에 의한 수탁자의 임무종료를 뜻한다.[3]

4) 일정한 자격에 기하여 당사자가 된 자의 자격상실(237조 1항)

5) 선정당사자의 소송중에 선정당사자 전원의 사망 또는 그 자격의 상실(237조 2항. 증권관련집단소송의 대표당사자도 같다. 동법 24조)

6) 도산절차의 개시, 즉 파산의 선고 또는 해지(239조, 240조), 회생절차개시결정 또는 회생절차종료(채무자 회생 및 파산에 관한 법률 59조 1항 · 4항)

(2) 소송상의 취급

1) 당연승계의 원인이 생긴 때에는 소송은 승계인에게 넘어가지만 곧바로 소송수행을 할 수 있는 것은 아니므로 법은 소송절차를 중단토록 하는 한편, 수계절차를 밟아 중단된 절차를 속행하도록 하였다.

수계신청은 승계인 자신이나 상대방이 한다.

수계절차를 밟고자 수계신청이 있었을 때 법원은 승계인의 적격을 직권조사하여 상속인이 아닌 점 등 적격자가 아님이 밝혀지면 결정으로 수계신청을 기각한다(243조). 그 적격이 인정될 때에는 명시적인 결정 없이 승계인의 소송관여를 허용할 것이나, 한참 속행이 된 뒤 **승계인적격이 없음**(참칭승계인)이 판명되면 필요적 변론(134조 1항)까지 거친 사람을 물리쳐야 하므로 판결로써 그 사람에 대한 소를 각하하여야 한다(소각하설).[4] 그러나 판례는 이때에 수계재판을 취소하고 신청을 각하하여야 한다는 입장(신청각하설)이며[5] 신청각하가 아니라 기각을 요한다는 견해(신청기각설)도 있다.[6] 이 경우에 진정승계인에 대한 관계에서는 여전히 그 소송은 중단상태에 있으므로 새로 수계신청을 할 수 있다고 할 것이다.

---

1) 특정유증을 받은 자는 당연승계인이 아니라는 것에, 대법 2010. 12. 23, 2007다22859.
2) 상속인의 존부가 불명할 경우는 법원으로서는 소송절차를 중단한 채 상속재산관리인의 선임을 기다려 소송을 수계시킬 것이라는 것에, 대법 2002. 10. 25, 2000다21802.
3) 대법 1966. 6. 28, 66다689.
4) 같은 취지: 강현중, 897면.
5) 대법 1981. 3. 10, 80다1895.
6) 호문혁, 939면; 한충수, 786면.

당사자인 피상속인이 사망한 경우에 공동상속재산은 상속인들의 공유이므로 소송의 목적이 공동상속인들 전원에게 합일확정되어야 할 경우가 아닌 이상 상속인 전원이 반드시 공동으로 수계하여야 하는 것이 아니다.[1] 일부상속인만 수계한 경우에 수계하지 아니한 나머지 상속인들에 대한 소송은 중단상태로 사망당시의 심급법원에 그대로 남는다.

2) 당연승계가 있어도 소송절차가 중단되지 않는 경우에는 소송절차의 진행에 아무런 영향이 없다. 소송대리인이 있는 경우에는 그 대리인이 계속 구당사자의 이름으로 소송을 수행하게 되지만(238조), 실질상 승계인의 대리인이라 할 것이다. 다만 구 당사자 이름의 판결에 기하여 승계인을 위하여 또는 그에 대하여 강제집행을 하기 위해서는 승계집행문을 부여받지 않으면 안 된다(민집 31조. 소송대리인이 있는 경우에는 판결의 경정결정). 그러나 판결 전에 승계사실과 승계인이 판명되었을 때에는 따로 수계절차를 밟을 필요 없이 판결에 승계인(망 ○○○의 상속인 ○○○)을 당사자로 표시하여야 한다. 당사자의 사망으로 인한 소송승계의 경우에는 상속인의 상속분에 맞추어 새로 청구취지정정신청을 내야 하는 것이 원칙이나, 이를 제출하지 아니하여도 법원은 승계인들에게 상속분에 따른 분할지급의 판결을 할 수 있다.[2]

3. 소송물의 양도(특정승계)

(1) 소송물의 양도의 입법례 참가승계와 인수승계의 원인이 되는 소송물의 양도에는 여러 가지 입법례가 있다.

로마법 등 과거에 양도금지주의가 있었으나(우리 구시대도 마찬가지) 소송완결에 소요되는 장구한 시간을 고려할 때 양도금지는 지나친 거래활동의 제한이라 하여, 근대에 들어와서는 양도의 자유를 인정하기에 이르렀다. 입법례가 갈린다.

(a) **당사자항정주의**(독일법) 독일 민소법(265조)이 채택한 바로서, 소송물의 양도가 있어도 당사자를 바꾸지 않고 종전의 당사자가 그대로 승계인을 위해 소송수행권을 가지며, 그 판결의 효력을 승계인에게도 미치게 하는 입장이다.

(b) **소송승계주의** 소송목적인 실체적인 권리관계의 변동을 소송에 반영시켜, 승계인을 새 당사자로 바꾸고 전주의 소송상의 지위를 승계시키는 입장이다.

(c) **현행법의 입장** 현행 민사소송법 제81조·제82조는 소송물의 양도자유의 기조하에 소송승계주의를 채택하고 있다.

소송승계주의는 소송물인 권리관계주체의 변동을 소송에 반영시켜 진행함으로써 '새 술을 새 부대'에 넣는 활력소를 주입시킬 수 있지만, 당사자적격의 변동이 있었음에도 불

1) 대법 1993. 2. 12, 92다29801; 동 1994. 11. 4, 93다31993.
2) 대법 1970. 9. 17, 70다1415 등.

구하고 상대방이 그 변동사실을 몰라서 소송승계절차를 밟지 못했을 때가 문제이다. 모르고 그대로 소송수행한 결과 받은 판결은 승계인에 미치지 아니하여 무용지물이 되어 낭패가 된다. 특히 그 폐단은 건물명도소송 등에서 두드러지는데, 명도소송의 피고 乙이 소송도중에 丙에게 점유승계하고 자기는 빠져 나가는 경우 이 사실을 모르고 소송수행한 결과 원고 甲이 받은 승소판결은 丙에게 효력이 없어 집행을 못하는 판결이 된다. 따라서 승계인을 상대로 다시 신소를 제기하여야 하는 소송불경제의 결점이 있다. 다시 말하면 소송승계주의는 특히 권리승계의 경우는 승계인의 보호라는 면에서는 당사자항정주의가 미치지 못하는 장점이 있으나, 특히 의무승계의 경우는 그 상대방의 보호라는 면에서는 그 결함이 크다.

따라서 입법론으로는 소송승계주의와 당사자항정주의를 병용하여, 승계인이나 상대방의 신청에 의하여 승계인 자신이 당사자가 될 수 있도록 하되, 한편 소송승계가 행하여질 때까지는 종전의 당사자가 승계인을 위하여 소송수행권을 갖게 함이 타당할 것이다.[1] 다만 현행법은 소송승계주의의 결함을 시정하는 방법으로 몇 가지를 마련해 놓고 있다.

(가) 가처분제도　원고측이 가처분제도를 이용하면 소송계속중에 피고가 의무승계 등 현상변경을 해도 보호받을 수 있다. 예를 들면 건물명도청구소송에서 점유이전금지가처분(이전등기소송에서는 처분금지가처분)에 의하여 피고적격을 굳혀 놓음으로써 소송계속중 피고가 다른 사람에게 점유승계를 시켜도 소용 없도록 하는 것이다.

(나) 추정승계인　제218조 2항에서는 당사자가 변론종결전에 승계사실이 있으면 진술하도록 하고, 만일 하지 아니하면 승계인은 변론종결 후에 승계가 있는 것으로 추정하여 그에게 판결의 효력을 미치게 하였다. 상대방으로 하여금 승계인에 대해 소송인수신청을 할 수 있게끔 승계사실을 상대방에 알리도록 간접강제하는 것이다(상세는 앞서 본 「기판력의 주관적 범위」 참조).

(2) 소송물의 양도의 의의[2]　널리 소송물의 양도란 소송계속중에 소송물인 권리관계에 관한 당사자적격이 특정적으로 제3자에게 이전됨으로써 소송을 인계받게 되는 경우를 말한다. 따라서 소송물의 양도를 특정승계라고도 한다. 소극적으로는 소송승계의 원인 가운데 당연승계가 아닌 것을 말한다. 다만 소제기전에 권리관계의 변동이 있어도 소송물의 양도라 할 수 없으며, 이때에는 소송승계의 문제가 생길 수 없다.[3]

1) 양도의 형태로서 임의처분(매매·증여 따위), 행정처분(기획재정부장관의 계약이전명령[4]), 집행처분(매각허가·전부명령 따위), 그리고 법률상의 당연이전(대위)을 포함한다. 또 소송물인 권리관계의 전부양도만 아니라 일부양도도 포함된다. 소송물인 권리관계 자체가 제3자에

---

1) 같은 취지: 강현중(제6판), 265면. transfer of interest가 될 때에 양주의를 병용한 입법례로는 미국의 FRCP 25(c)가 있다. 스위스 민소법에서는 종전의 당사자가 소송수행권을 갖되, 승계인에게 보조참가인으로서 참가할 법률상의 이익을 인정한다. Habscheid, Rdnr. 295.

2) 상세히는 졸고, "소송물의 양도," 고시계 1976. 6.

3) 대법 1983. 9. 27, 83다카1027.

4) 대법 1987. 11. 10, 87다카473.

게 특정승계된 경우뿐 아니라, 소송물인 권리관계의 목적물건, 즉 계쟁물의 양도(예: 건물철거소송중에 건물의 소유권이 제3자에게 넘어간 경우)도 포함된다. 이를 당사자적격 이전의 근거가 되는 실체법상의 권리이전이라고도 한다.[1)]

2) 소송물의 양도는 특정적인 권리관계의 변동에 의하여 종전당사자가 당사자적격(엄밀하게는 본안적격)을 잃고 신당사자가 당사자적격을 취득하는 당사자적격의 이전[2)]이므로, 제81조와 제82조의 소송승계인(변론종결 전의 승계인)은 제218조의 변론종결한 뒤의 승계인에 준하여 취급하여야 한다.[3)] 따라서 변론종결 뒤의 승계인의 경우처럼 구이론은 채권적 청구권에 기한 소송중 계쟁물을 취득한 자, 예를 들면 매매계약의 매수인이 매도인에게 소유권이전등기청구를 한 경우에 소송 도중에 매도인으로부터 목적물에 대해 등기이전을 받은 제3자(이전등기의무 자체의 승계는 별론)는 여기의 승계인에 포함되지 아니한다고 본다.[4)5)] 그러나 물권적 청구권에 기한 소송중 계쟁물을 양수한 자, 예를 들면 소유권에 기한 이전등기말소소송의 계속중에 당해 부동산을 매수하여 등기이전을 받은 제3자는 승계인에 포함시키고 있다.[6)] 생각건대 소송물인 권리관계가 물권적 청구권인가 채권적 청구권인가의 성질에 의하여 가리려는 것이 분명하기는 하지만, 등기나 점유승계인은 모두 승계적격자로 볼 것이고, 승계인이 상대방 당사자에 대항할 고유의 항변을 갖고 있다면 승계 후의 소송과정에서 주장할 기회를 보장하는 것이 옳다는 견해도 있을 수 있다(형식설)(696면 참조).[7)]

(3) 승계의 방식과 절차 소송물의 양도가 있는 경우에 승계절차를 밟는 데는 참가승계와 인수승계가 있다.[8)] 전자는 승계인 자신이 자발적으로 소송

1) 대법 2003. 2. 26, 2000다42786(신주발행무효의 소송중 주식이 양도되는 경우).
2) Rosenberg/Schwab/Gottwald, § 100 Rdnr. 11; Thomas-Putzo, § 265 Rdnr. 6.
3) 제81조와 제82조의 소송승계인과 제218조의 변론종결 후의 승계인은 서로 입장을 같이하는 것으로서 양자를 통일적으로 이해하여 그 범위를 같이 보는 것이 통설적 입장이나(동일설), 전자는 심리도중에 공격방어방법의 제출기회가 보장되지만, 후자는 그와 같은 기회가 없어 양자간에 절차보장의 충족가능성에 차이가 있으므로 소송승계인의 범위를 변론종결 후의 승계인의 범위보다 넓게 보려는 반론도 나타나고 있다(비동일설). 강현중, 898면; 정동윤/유병현, 983면; 송상현/박익환, 707면; 정영환, 982면.
4) 대법 1983. 3. 22, 80마283. 도시 및 주거환경정비법에 의한 매도청구소송 중 대상부동산을 양수한 자도 여기의 승계인에 포함되지 않는다는 것에, 대법 2019. 2. 28, 2016다255613.
5) 대법 1970. 2. 11, 69마1286. 이 판례의 입장에 대하여 반론은, 이영섭, 민사소송연습, 82면 이하 참조.
6) 대법 1972. 7. 25, 72다935 참조.
7) 정동윤/유병현/김경욱, 1140·1141면; 정영환, 983면. 반대: 호문혁, 933면.
8) 피해자가 보험급여를 받기전에 먼저 가해자상대의 향후치료비 청구 소송계속중 공단으로부터 보험급여를 받은 경우, 손해배상청구권일부가 공단에 이전하므로, 공단이 승계인으로서 소송참가

에 가입하는 방식임에 대하여(자발참가), 후자는 당사자가 승계인을 강제로 소송에 끌어들이는 방식이다(강제참가). 뒤에 볼 바와 같이 비록 승계의 원인이 있어도 별도의 소냐 소송승계의 절차를 밟느냐는 당사자나 승계인의 자유 선택이다. 따라서 당사자에게 소송인수신청의 석명은 불필요하다.[1)]

(a) 참가승계(81조)—승계참가

1) 의 의 소송계속중 소송목적인 권리·의무의 전부나 일부의 승계인이 독립당사자참가신청의 방식으로 스스로 참가하여 새로운 당사자가 되고 소송을 잇게 되는 것을 말한다(81조).[2)] 승계참가라고도 한다. 예를 들면 甲이 乙을 상대로 소유권에 기한 가옥명도청구소송중에 甲이 그 가옥을 丙에게 양도한 경우에 丙이 신청하여 새로운 원고가 되는 것을 말한다. 甲이 회사상대의 신주발행무효의 소 계속중에 원고적격의 근거가 되는 주식을 甲으로부터 丙이 양수한 경우에도 같다.[3)] 참가승계는 권리승계인이 주된 승계적격자가 되겠지만, 채무승계인이라도 자기 쪽에 승소의 전망이 서면 자발적인 참가를 바랄 것이므로, 채무승계인까지도 참가신청을 할 수 있도록 하였다.[4)] 이리하여 권리승계인·의무승계인 가릴 것 없이 자진 참가신청을 할 수 있도록 한 것이다. 특히 권리승계인의 참가신청은 소의 제기에 해당하며, 참가요건은 소송요건에 상당하기 때문에 그 요건의 구비 여부는 직권조사사항이며, 부적법하면 판결로 각하하여야 한다[5)](본래의 소송과 분리하여 각하판결도 가능[6)]). 다만 참가신청이 있는 경우에 승계인에 해당하는가의 여부는 본소송의 청구와 참가인의 주장에 의하여 판정하면 되고, 본안에 관한 심리 결과 승계가 인정되지 않는 때에는 청구기각판결을 하여야 한다.[7)]

2) 참가신청 참가승계신청은 법률심인 상고심에서는 허용되지 않는다.[8)] 참가승계의 경우에 참가방식은 고유의 독립당사자참가의 경우와 같지만, 원칙적으로 전주(피승계인)와 참가인간에 이해대립이 되는 관계가 아니므로 소송의 구조는 그것과 근본적인 차이가 있다. 따라서 전주가 승계사실을 다투지 않는

나 소송인수가 가능하다는 것에, 대법 2021. 3. 18, 2018다287935.

1) 대법 1975. 9. 9, 75다689.

2) 배당이의소에서 원고 승계참가인이 원고의 배당받을 권리를 양수하였더라도 승계참가는 부적법하다는 것에, 대법 2023. 2. 23, 2022다285288.

3) 대법 2003. 2. 26, 2000다42786.

4) 대법 1983. 3. 29, 83다카1027.

5) 대법 2007. 8. 23, 2006마1171.

6) 대법 2005. 3. 11, 2004다26997.

7) 대법 2014. 10. 27, 2013다67105·67112.

8) 대법 2015. 6. 11, 2012다10386 등.

한, 고유의 독립당사자참가의 경우와 같이 대립견제의 소송관계가 성립하지 않는다. i) 참가인이 전주인 원고에 대하여 아무런 청구를 하지 아니하여도 되며(편면참가), 참가신청서에 참가의 청구취지를 밝히지 아니하여도 무방하다.[1] ii) 전주인 원고의 대리인이 참가인의 대리인을 겸하여도 쌍방대리로 문제되지 아니한다.[2] 예외적이지만, 권리의무관계의 승계가 제대로 되었는지 그 유무효에 대해 **전주와 승계인간에 다툼**이 있는 경우에는 승계인은 전주에 대해서도 일정한 청구를 하여야 하며(쌍면참가), 이 경우에는 전주·승계인·피고의 대립관계의 소송형태로 된다. 때문에 독립당사자참가와 같은 인지를 붙여야 한다(민인 6조 2항).

3) 효 과 참가신청을 내면 참가의 시기에 관계 없이 당초의 소제기시에 소급하여 시효중단·기간준수의 효력이 생긴다.[3] 이 소급효가 승계인이 별도의 소제기보다는 좋은 이점이다. 승계인은 고유의 독립당사자참가의 경우와 달리 전주의 소송상의 지위를 승계하기 때문에, 참가시까지 전주가 한 소송수행의 결과에 구속된다.

(b) 인수승계(82조)—인수참가

1) 의 의 소송계속중 소송의 목적인 권리·의무의 전부나 일부의 승계가 있는 때에 종전당사자의 인수신청에 의하여 승계인인 제3자를 새로운 당사자로 소송에 강제로 끌어들여 잇게 하는 것을 말한다. 예를 들면 甲이 乙을 상대로 소유권에 기한 가옥명도청구소송 중에 乙이 丙에게 가옥의 점유를 승계시킨 것이 밝혀질 경우에 甲의 신청에 의하여 丙을 새로운 피고로 소송에 끌어들이는 것 등이다. 인수승계에서는 채무승계인이 주된 승계적격자가 되겠지만, 권리승계인도 자기측이 승소의 자신이 없으면 참가를 꺼릴 것이므로, 권리승계자도 전주의 상대방에 의한 인수승계가 가능하게 하였다. 이리하여 의무승계인·권리승계인 가릴 것 없이 종전당사자는 인수신청에 의해 소송에 끌어들일 수 있다. 인수승계는 법률이 인정한 제3자를 끌어들이는 소송인입(訴訟引入)의 대표적 예이다.

2) 인수신청의 요건

㈎ 다른 사람 사이의 소송이 계속중일 것 인수신청은 사실심의 변론

---

1) 대법 1976. 12. 14, 76다1999.

2) 판례는 당초에는 고유의 독립당사자참가와 같은 소송구조임을 전제로 하여 이와 반대의 입장이었으나, 대법 1969. 12. 9, 69다1578부터는 태도를 바꾸어, 고유의 독립당사자참가의 구조와는 근본적인 차이가 있는 것으로 보게 되었다.

3) 대법 2012. 7. 5, 2012다25449에서는 승계참가인의 권리승계를 주장하는 청구부분에 한정하여 소급효가 있다고 했다. 승계참가인이 추가·변경시는 소급효 없다.

종결전에 한하며, 상고심에서 허용되지 않는다. 사실심변론종결후의 승계인은 끌어들이지 아니하여도 제218조에 의하여 판결의 효력이 미치므로 소송승계를 인정할 이익이 없다. 또 채권자가 가처분(처분금지 또는 점유이전금지 등)을 하여 채무자의 피고적격을 굳혀 놓은 경우에는 채무자가 이에 위반하여 피고적격을 이전하여도 승계인에게 소송인수를 시킬 필요가 없다.

(나) 소송의 목적인 권리·의무의 승계 소송인수에서 의무자체의 승계냐 의무를 전제로 한 새의무의 승계냐가 갈린다.

i) **교환적 인수** 원칙적으로 그 소송의 목적인 **채무 자체**를 제3자가 승계한 때에 허용한다. 예를 들면 피고의 채무를 제3자가 면책적으로 인수한 경우이다. 즉 피고적격자가 새 사람으로 이전되어 교환적 인수가 이루어지는 경우이다.[1]

ii) **추가적 인수** 소송의 목적인 채무 자체를 승계한 때가 아니라도, 소송의 목적이 된 채무를 전제로 새로운 채무가 생김으로써 제3자가 **새로 피고적격을 취득**한 경우에도 소송인수를 허용할 것인가. 피고적격자가 새로 늘어나서 추가적 인수가 문제될 경우인데, 우리 판례[2]는 이러한 형태의 소송인수에 대해 부정적이다. 그러나 이를 불허하여 별도의 소를 또 제기하게 하는 불경제를 막고 하나의 절차에서 관련분쟁의 1회적 해결을 위하여는 이때에도 인수시킴이 다수설이며, 판례처럼 절차집중을 외면할 뚜렷한 이유도 없다. 예를 들면 토지소유자가 자기 땅 위에 지은 가건물철거청구소송중에 피고가 그 건물에 제3자를 입주시킨 경우에 차제에 입주자도 피고로 삼아 그에 대한 퇴거청구를 하기 위한 인수신청,[3] 이전등기말소소송의 피고가 제3자에게 다시 이전등기를 하였을 때에 제3자도 피고로 하여 그에게 이전등기말소청구를 하기 위한 인수신청은 각 허용할 것이다.[4] 원고가 점유이전금지가처분이나 처분금지가처분을 해두지 않은 때에 좋은 대책이 될 것이다. 중첩적 채무인수인을 소송인수시키는 경우도 같다.

---

1) 의무승계자 이루어졌다 볼 수 없는 사례로, 대법 2019. 2. 28, 2016다255613(재건축조합설립에 동의하지 않은 토지 등 소유자를 상대로 매도청구소송을 한 경우에 대상토지 등을 승계한 제3자가 대상토지 등을 특정승계한 사안).

2) 대법 1971. 7. 6, 71다726은 건물철거청구중에 피고가 제3자 앞으로 그 건물에 대한 소유권이전등기를 넘길 경우에 제3자명의의 등기말소의무의 이행을 구하기 위한 소송인수신청은 허용될 수 없다고 했다. 대법 1983. 3. 22, 80마283은 이전등기청구소송중 제3자 앞으로 소유권이전등기가 경료되었을 때 그 말소를 구하기 위한 소송의 인수를 불허했다. **소송의 목적인 채무 자체를 승계한 경우가 아니라는** 이유이다(이 판례에 찬성은 김홍엽).

3) 자체 日最高裁 昭和 41. 3. 22 판결(민집 20권 3호, 484면).

4) 같은 취지: 이재화, "소송계속중의 특정승계에 관한 고찰," 사법논집 제7집, 371면; 김홍규, 768면.

iii) 당사자가 인수신청함에는 인수인에 대해 청구하는 바를 밝혀야 한다. 다만 **교환적 인수**의 경우에는 청구가 전주에 대해 한 것과 마찬가지의 것이기 때문에 청구취지를 따로 밝힐 필요가 없으나(「피신청인은 피고를 위하여 본건소송을 인수한다」는 신청취지로 된다), **추가적 인수**의 경우에는 인수인에 대한 청구의 취지·청구의 원인을 새로 밝혀야 한다.

3) 인수승계의 절차

(가) 종전당사자가 소송인수를 신청하여야 하는데, 여기의 신청할 당사자란 i) 전주를 상대로 제소하고 있는 상대방이고 전주 자신은 포함되지 않는다는 견해가 있으나,[1] 제82조가 단순히 '**당사자**'라고만 규정하고 있고 전주가 자기의 지위를 승계인에게 인수시켜 그 부분의 채무를 면하고자 할 수도 있으므로 전주자신도 신청권자라고 볼 것이다(다수설). 나아가 ii) 채무승계인도 여기의 신청권자에 포함시킬 것이라는 견해가 있으나,[2] 차라리 채무승계인 자신은 제81조에 의한 참가신청을 하여야 할 것이다. 이상 본 바를 쉽게 말하여 甲·乙간의 소송에서 乙이 丙에게 채무를 승계하였다고 할 때 인수승계신청인은 甲과 乙만이 될 수 있다는 말이다.

(나) 인수신청이 있는 때에는 법원은 신청인과 제3자를 심문하고 결정으로 그 허가여부를 재판한다(82조 2항). 주장하는 사실관계 자체에서 승계적격 흠결이 명백하지 않으면 인수신청을 받아들이는 인수결정을 하여야 한다. 신청각하결정에 대해서는 항고할 수 있으나(439조), 인수결정은 중간적 재판이기 때문에 독립하여 불복신청을 할 수 없다.[3] 인수승계인이 채무승계사실을 자백하고 소송수행한 뒤에 채무승계를 다툴 수 없다(선행행위와 모순거동의 금지).[4] 심리결과 승계사실이 인정되지 않으면 참가승계의 경우처럼 청구기각의 본안판결을 하여야 한다.[5]

4) 인수승계의 효과　인수한 신당사자는 전주의 소송상의 지위를 그대로 물려받게 되며, 유리·불리를 불문하고 그에 구속된다(소송상태승인의무). 당초의 소의 제기에 의한 시효중단·기간준수의 효과도 인수인인 신당사자에 소급적으로 미친다(82조 3항).[6] 다만 추가적 인수의 경우에는 전주의 행위와 모순되는 승계

1) 이영섭, 120면; 김홍규/강태원, 778면.
2) 방순원, 238면; 송상현/박익환, 708면.
3) 대법 1981. 10. 29, 81마357; 동 1990. 9. 26, 90그30.
4) 대법 1987. 11. 10, 87다카473.
5) 대법 2005. 10. 27, 2003다66691. 다만 공유물분할청구소송에서 피고인 공유자 일부가 그 지분이전한 경우에 승계참가·소송인수가 안되었으면 소각하된다(2013다78556).
6) 전주의 탈퇴 후에 인수참가인의 청구가 기각·각하 판결이 확정된 후 6개월 내에 탈퇴자가 같은 재판상 청구를 한 때에는 최초의 소제기로 발생한 시효중단의 효과가 그대로 유지=2016다35789.

인의 독자적인 소송행위를 넓게 인정할 필요가 있다.

(4) 전주의 지위와 소송탈퇴

1) **탈퇴**의 경우의 소송관계 소송물의 양도에 의한 참가·인수승계의 경우의 공통적 문제로서, 전주인 종전의 당사자의 운명은 어떻게 되는가. 원칙적으로 당사자적격이 없어진다.[1] 따라서 전주는 **상대방의 승낙**을 얻어 탈퇴할 수 있다. 乙이 원고 甲에 참가승계신청을 하자 甲측(소송계속중 甲의 사망, 그 대리인의 소송수행)이 탈퇴신청을 하여 상대방인 피고 丙이 동의한 경우라면 甲측과 丙 사이의 소송관계는 종료하게 되며, 그 이후의 乙의 소송수계신청은 이유없는 것이 된다.[2] 피참가인이 소송에서 탈퇴한 경우 심판대상은 참가인의 청구 또는 참가인에 대한 청구이다.[3] 그러나 탈퇴에도 불구하고 판결의 효력은 탈퇴한 당사자에게 미친다(82조 3항, 81조, 80조).[4]

2) **불탈퇴**의 경우의 소송관계 i) 승계의 효력을 다투거나, ii) 권리·의무의 일부승계, iii) 추가적 인수 등의 경우 등에는 전주(前主)가 소송탈퇴할 성질이 아니다. 전주의 소송탈퇴에 상대방이 승낙하지 아니할 때에도 또한 같다. 이 경우에는 소송승계에 불구하고 전주인 종전당사자가 당사자적격을 잃지 않는다. 승계의 효력을 다투거나 소송탈퇴를 하지 않고 버티는 특단의 경우를 제외하고 새로 가입한 신당사자와 통상 공동소송인의 관계에 선다는 것이 종례의 판례이나 2019. 10. 23, 2012다46170 대법원전원합의체 판결은 이를 변경하여 필수적 공동소송으로 보았다.[5] 논거는 독립참가에서 편면참가허용, 예비적·선택적 공동소송에서 필수적공동소송규정인 제67조의 준용, 승계인과 피승계인 사이의 두 청구에 대한 모순·저촉의 방지 등을 내세웠다. 결론은 옳다. 그러나 판지대로 원고와 승계인 양 당사자간에 모순판결을 할 수 없는 관계에 있다기보다는, 원고가 탈퇴하여도 승계인이 받은 판결이 원고에게도 미치기 때문이라고 봄이 옳을 것이다. 즉, 판결의 효력이 확장될 관계이기 때문이다(781면 참조).[6]

---

1) 대법(전) 1969. 5. 27, 68다725.

2) 대법 2011. 4. 28, 2010다103048.

3) 항소심에서 원고에 대한 참가승계가 이루어지고 원고가 적법하게 탈퇴한 경우에 항소심에서 제1심판결을 변경하여 참가인의 청구에 대하여 판단할 것이고, 피고의 항소가 이유 없다 하여 단순히 항소기각할 것이 아니라는 것에, 대법 2004. 1. 27, 2000다63639.

4) 원고가 1심소송에서 소송탈퇴하였더라도 항소심에서 새로운 권리주장하며 그 소송에 독립당사자참가하는 경우 재소금지의 원칙에 저촉되지 않는다는 것에, 서울고법 2013. 7. 4, 2012나69748, 2013나27444.

5) 판지의 찬성은 강현중, 2020. 2. 17.자 법률신문.

6) 위 전원합의체 판결과 저촉되는 대법 2004. 7. 9, 2002다16729(상대방의 부동의로 탈퇴하지 못한 경우)는 폐기. 이 판례에 반대는 한충수 "참가승계와 필수적 공동소송의 심리특칙," 법률신문 2020. 8. 24자.

생각건대 승계의 효력을 다투어 전주가 권리자이냐 승계인이 권리자이냐의 양립되지 않는 **권리자의 문제가 쟁점**이 되면 권리자합일확정의 독립당사자참가소송의 형태(3편 소송구조)가 되므로 제79조를 적용한다. 전주가 채무자이냐 승계인이 채무자이냐의 **채무자의 문제가 쟁점**이 되면 채무자합일확정의 예비적 공동소송의 형태와 유사하게 되므로[1] 제70조의 규정을 유추적용하여 재판의 통일을 기하는 것이 옳을 것이다.

1) 같은 취지: 김연, "소송탈퇴," 고시계 2004. 10, 93면; 김홍엽, 1142면. 반대: 호문혁, 936면; 정동윤/유병현/김경욱, 1146면; 정영환, 988면.

제6편 상소심절차

제1장 총　　설

Ⅰ. 상소의 의의

상소란 재판의 확정 전에 당사자가 상급법원에 대하여 재판이 잘못되었다고 하여 그 취소·변경을 구하는 불복신청방법(Rechtsmittel, appeal)을 말한다. 현행법은 상소로서 **항소·상고·항고**의 세 가지를 인정하고 있다.

상소와 구별되는 불복신청　　i) 상소는 재판의 확정 전에 하는 불복신청인 점에서, 확정된 재판에 대한 불복방법인 재심(451조 이하)·준재심(461조), 불복할 수 없는 결정·명령에 대한 특별항고(449조)와는 구별된다. 위헌제청신청기각결정에 대한 헌법소원(헌재 68조 2항)은 상소는 아니며, 단지 비상권리구제수단일 뿐이다. ii) 상소는 상급법원에 대한 불복신청인 점에서, 같은 심급안에서 하는 불복신청인 각종의 이의, 예컨대 화해권고결정·지급명령·이행권고결정·조정을 갈음하는 결정에 대한 이의(226조, 470조; 소심 5조의 4; 민조 34조), 재판장·수명법관의 재판에 대한 이의(138조, 441조, 규 28조의 2), 집행에 관한 이의(민집 16조), 사법보좌관의 처분에 대한 이의(사보규 4조 1항), 가압류·가처분에 대한 이의(민집 283조, 301조) 등과 구별된다. 위 화해권고결정 등의 4가지의 경우를 제외하고 이의신청의 기간에 제한이 없다. 이의신청에는 사건이 당해 심급안의 처리이므로 상급심으로 넘어가는 이심(移審)의 효력이 없다.

Ⅱ. 상소의 자유

법관도 인간인 이상 그 판단에 오류가 있을 수 있기 때문에 1회만의 재판으로는 재판의 적정을 보장할 수 없다. 따라서 재판에 의하여 불이익을 받은 당사자에 대하여 다른 법관에 의하여 이를 시정할 기회를 주어 분쟁해결의 적정을 기하는 것은 당사자의 권리구제와 재판에 대한 국민의 신뢰유지를 위해 필요하다. 또 각 법원마다 법령해석이 달라지면 국민은 어떤 법원의 법령해석을 따라야 할 것인지 당혹하게 될 것이고, 법률생활을 혼란에 빠뜨려 거래의 안전을 해할 것이기 때문에 최고법원이 정점에서 법령해석의 적용의 통일을 기하게 하는 것이 필요하다. 이와 같이 오판으로부터 당사자의 권리구제를 보장함과 동시에 하급심에서의 들쑥날쑥의 법운영의 혼선방지 및 법령해석·적용의 통일을 위해 마련된 것이 상소제도이다.

이러한 목적을 위해 현재는 원칙적으로 두 차례의 상소를 허용하는 3심제도를 채택하였다. 다만 우리 나라에서는 다른 대륙법계의 국가들과 같이 두 차례의 상소 중 첫번째의 상소(항소)는 제1심법원의 재판에 대하여 '사실의 인정'과 '법률의 적용'의 양측면에서 보충적으로 심리를 하지만, 두 번째의 상소(상고)는 제2심까지의 사실의 인정을 기초로 하여 법률의 적용의 면에서만 심리를 하게 되어 있다. 그리하여 첫번째의 상소심은 **사실심**이 되고 두 번째의 상소심은 **법률심**으로 되는데(영미법계는 두번째·세번째 모두 법률심), 두 번째의 상소심을 법률심으로 한 것은 상소제도의 둘째 목적인 법령해석·적용의 통일을 이 단계에서 실현시키려는 배려이다.

그러나 상소제도는 재판지연, 소송을 값비싸게 하는 불경제(특히 심급대리 때문에 각 심급마다 변호사보수의 지급+인지대할증+연 12% 지연이자 등), 심급간의 재판모순에 의한 재판불신의 요인, 나아가 승소자에 부당한 화해압박이 됨을 잊어서는 안 된다. 한편 상소가 재판에 대한 불만을 희석시키는 것도 사실이지만, 제1심과 똑같은 형태로 심리의 되풀이인 것은 아니다. 제1심중심주의가 실종되고 '3세판승부'라는 의식과 재판불신 속에 제3심 중심주의로 가는 세계에 높은 상소율[1] 때문에 과다한 소송비용, 소송지연 등의 폐해를 낳으며, 상소심절차는 제1심절차에 뒤지지 않게 비중이 크므로(서울고법은 세계에서 최대규모의 판사수이고, 대법원은 세계최대의 사건수, 감소세이나 2020년 현재 46,231건 접수), 예외적이라 할 수 없는 이 절차를 잘 익힐 필요가 있다.

Ⅲ. 상소의 종류

1. 세 가지 종류

항소·상고·항고 등 세 가지 종류의 상소 중에, 항소와 상고는 모두 판결에 대한 상소이고, 항고는 결정·명령에 대한 상소이다.

항소는 제1심의 종국판결에 대한 불복신청이고 상고는 원칙적으로 제2심항소법원의 종국판결에 대한 불복신청이나, 예외적으로 제1심의 판결에 대하여 직접 상고심 법원에 불복신청을 할 수 있는 경우가 있다(비약상고. 390조 1항 단서, 422조 2항). 한편 항소

1) 2023년 사법연감, 721면에 의하면, 2022년 현재 ① 항소율-합의사건 45.3%, 단독사건 17.7%, 소액사건 5.3%, ② 상고율-합의사건 31.3%, 단독사건 28.8%, 소액사건 17.8%이다(2017년 사법연감 570면에 의하면 항소율은 합의사건 46.1%, 단독사건 17.8%, 소액사건 4.0%이고, 상고율은 합의사건 39.4%, 단독사건 34.0%, 소액사건 23.4%로, 상고율은 조금 줄어드는 듯). 이에 비해 미국은 타협형 분쟁이 많고 discovery의 효율적 운영 때문에 민사사건 2%의 상소율로서 제1심중심주의이다. 우리는 투쟁형 분쟁이 소송의 대종을 이루어 제3심까지 가 결판내는 제3심주의가 지배적이다. 이 때문에 미국과 달리 소송에 국민 혐오감이 없지 않다.

는 사실심에의 상소이며, 상고는 법률심에의 상소이다. 항고는 결정·명령에 대하여 하는 불복신청이다. 특히 항고법원의 결정에 대하여 다시 항고하는 것을 재항고라 한다. 항고에 대해서는 항소의, 재항고에 대해서는 상고의 규정이 원칙적으로 준용된다(443조). 다만 항고는 소송법에서 명확하게 정한 경우에 한하여 허용된다.

2. 불복신청방법의 선택

상소 이외에도 재판에 대한 불복신청방법이 있고, 상소에도 원재판의 종류에 따라 여러 가지가 있기 때문에 신청인은 원재판의 종류에 맞는 불복신청방법을 선택하여야 한다. 그 선택을 잘못하면 부적법하게 되지만, 법원은 그 신청서의 표제에 관계 없이 신청취지를 좋게 선해하여 되도록 적법한 것으로 취급하여야 한다.[1]

3. 형식에 어긋나는 재판

형식에 어긋나는 재판이란 판결로 하여야 할 경우에 결정으로 재판하거나, 반대로 결정으로 하여야 할 경우에 판결로 재판하는 등 민사소송법에서 본래 기대되는 방식의 재판과는 다른 방식에 의한 재판을 뜻한다. 구법에서는 위식(違式)의 재판이라 했다. 이와 같이 형식을 어긴 재판은 무효는 아니나,[2] 이에 대하여 당사자로서 어떠한 불복방법을 선택할 것인가. 이는 i) 현재 취한 재판형식에 따라 상소의 종류를 정할 것인가(주관설), ii) 본래 하여야 할 재판형식에 따라 상소의 종류를 정할 것인가(객관설)의 문제이다. 객관설에 의한다면 당사자에게 원심법관 이상의 정확한 법률지식을 기대하는 것이 되고, 법원의 잘못인데도 당사자에게 소송상의 불이익을 입히게 되어 부당하다. 그러므로 당사자가 현재 취한 재판형식에 따라 상소방법을 취하는 것을 배제할 것이 아니며,[3] 제440조에서 '결정이나 명령으로 재판할 수 없는 사항에 대하여 결정 또는 명령한 때에는 이

---

1) 항고법원(지법합의부)이 한 결정에 대하여 고등법원에 항고를 제기한 경우에는 이를 재항고로 보고 기록을 대법원에 송부하여야 한다는 것에, 대법 1975. 11. 14, 75마313. 추후보완항소로 기재되지 않았지만 증거상 불귀책사유에 의한 항소기간의 도과로 인정되면 추후보완항소로 보아야 한다는 것에, 대법 1980. 10. 14, 80다1795.

2) 대법 1957. 12. 26, 4290민상346.

3) 보조참가허부의 재판은 결정으로 하여야 하지만(73조) 본안판결에서 함께 그 허부를 심판하였다고 하여 위법이라고 할 수 없으며, 참가가 거부된 당사자는 그 판결에 대한 상소를 할 수 있다고 한 것에, 대법 1961. 12. 21, 4294민상222; 동 1962. 1. 11, 4294민상558.

에 대하여 항고할 수 있다'고 규정하여 주관설을 부분적으로 따랐다.

생각건대 이 경우에는 당사자에게 가장 유리하게, 현재 취한 재판형식에 따른 상소이든 본래 하여야 할 형식의 재판에 따른 상소이든 어느 것을 선택하여도 적법한 상소로 볼 것이다(선택설, Prinzip der Meistbegünstigung). 법원의 잘못된 재판 때문에 당사자가 불이익을 받게 되는 것은 절차권의 침해가 되기 때문이다.[1)]

예를 들면 가압류명령에 대한 이의신청(민집 283조)이 있었는데 이에 대하여 법원이 결정으로가 아니라(민집 286조 3항 참조) 판결로 잘못 기각한 때에는 당사자는 항고이든 항소이든 어느 것이나 선택할 수 있다 할 것이다.[2)] 단 선택설에는 예외가 있다. 불복할 수 없는 재판을 불복할 수 있는 재판의 형식으로 판단하였다 하여 불복이 허용될 수는 없다(다수설).[3)]

Ⅳ. 상소요건

1. 의 의

상소인에 의하여 상소가 제기되어도 상소법원은 모든 재판에 대하여 본안심판을 해야 하는 것은 아니며, 상소를 위해 일정한 요건을 갖춘 적법한 상소에 대해서만 이유있느냐 여부를 가리는 본안심리를 한다. 적법한 상소로 취급받기 위한 요건을 상소요건이라 하며, 이의 흠이 있을 때에는 상소는 각하된다.

2. 상소의 일반요건

각종의 상소에는 각각 특별요건이 정해져 있지만, 여기에서는 각 상소에 공통되는 일반요건만을 살핀다. **적극적 요건**으로 (1) 상소의 대상적격, (2) 방식에 맞는 상소제기와 상소기간의 준수, (3) 상소의 이익을 들 수 있고, **소극적 요건**(상소장애사유)으로 (4) 상소권의 포기, (5) 불상소의 합의를 들 수 있다. 소송요건과 마찬가지로 **직권조사사항**이다. 상소요건구비의 시기에 관하여는 상소제기행위 자체에 관한 요건(예: 아래 (1) (2) 따위)은 상소의 제기당시[4)]를, 그 밖의 것은 심리종결시를 기준으로 하여야 한다. 상소의 이익을 가장 뒤에 설명한다.

1) BVerfGE 69, 385.
2) 강현중, 910면.
3) Zeiss, § 81 Ⅳ.
4) 다만 상소의 이익의 존재는 상소제기당시를 기준으로 판단하여야 한다는 것에, 대법 1983. 10. 25, 83다515.

(1) 상소의 대상적격

대상적격이 없는 것은 다음과 같다.

1) 선고 전의 재판 선고되기 전에는 상소권이 발생하지 아니하므로 선고전의 재판은 상소의 대상이 될 수 없다. 판례는 결정의 고지 전에 한 항고는 부적법하며 뒤에 결정이 고지되더라도 그 항고가 적법한 것으로 되지 않는다고 하다가, 대법(전) 2014. 10. 8, 2014마667에 이르러 결정·명령이 법원사무관 등에 교부되어 성립된 경우는 결정·명령이 고지되기 전이라도 항고할 수 있는 것으로 변경하였다(고지시설→성립시설로).

2) 중간적 재판 상소의 대상이 되는 재판은 종국적 재판이며, 중간판결 등 중간적 재판은 종국판결과 함께 상소심에서 심사를 받게 되므로(392조) 독립하여 상소를 할 수 없음이 원칙이다. 판례는 항소심에서의 환송판결·이송판결에 대해 종국판결로 보아 독립한 상고대상이 되는 것으로 보았다.[1] 그러나, 본안의 재판 중에 한 **소송비용의 재판**에 대한 상소는 본안의 재판에 대한 상소와 함께 하지 않으면 안 된다(391조, 425조, 443조). 별도로 본안재판과 독립하여 상소를 허용하면, 비용부담이 제대로 되었는가를 가리기 위해 다시 본안재판에 들어가 그 적정도 가려야 하는 본말전도의 현상이 생길 것이기 때문이다.[2] 이러한 독립상소불허에는 무권대리인이 소송비용부담의 재판을 받은 경우는 포함하지 않는다.[3] 신법은 이에 나아가 **가집행선고**도 소송비용의 재판과 마찬가지의 부수적 재판임에 다를 바 없으므로 독립하여 상소하는 것을 허용하지 아니하였다(391조, 406조).[4]

3) 비 판 결 원칙적으로 이는 상소의 대상이 아니나, 무효인 판결은 상소의 대상이 된다고 할 것이다(전술한 「판결의 무효」 675면 참조).[5] 허위주소에 의한 피고의 자백간

---

1) 대법(전) 1981. 9. 8, 80다3271.

2) 상소심절차에 의한 재판을 받을 권리에 대하여는 광범위한 입법재량 또는 형성의 자유가 인정된다 하여 독립하여 항소하지 못한다는 부분은 합헌=헌재 2010. 3. 25, 2008헌마510; 대법 1991. 12. 30, 91마726. 소송비용의 재판에 대판 불복은 본안에 대한 상고가 이유 있을 때에 한하고 그 이유 없는 경우는 허용되지 않는다는 것에, 대법 1996. 1. 23, 95다38233; 동 1998. 11. 10, 98다42141 등.

3) 대법 2016. 6. 17, 2016마371.

4) 대법 1981. 10. 24, 80다2846·2847. 본안과 더불어 상소한 가집행선고의 재판에 잘못이 있어도 본안사건에 대한 상소가 이유없다고 판단되는 경우에는 가집행선고의 재판을 시정하는 판단을 할 수 없다=대법 1981. 10. 24, 80도2846·2847.

5) 대법 1965. 11. 30, 65다1989 등은 사망한 자를 상대로 한 판결은 무효이므로, 이 판결에 대하여 사망자의 승계인이 한 항소는 부적법하다고 하였으나, 유효한 판결처럼 보이는 외관의 제거를 위해서는 상속인의 상소로써 그 취소를 구할 수 있다 할 것이다. 대법 2002. 4. 26, 2000다30578(가처분결정에 관한 것) 참조.

주(150조 3항)로 편취된 판결은 아직 피고에게 유효하게 판결정본이 송달되지 아니한 **미확정판결**이라고 보고, 형식상 상소기간이 지나도 어느 때나 상소의 대상으로 할 수 있다(396조 1항 단서)는 것이 일관된 판례이다(「판결의 편취」 참조).[1)]

4) 다른 불복방법이 있을 때 상소 아닌 다른 불복방법이 있을 때에는 상소의 대상이 되지 않는다. 판결의 경정사유(211조),[2)] 추가판결의 대상이 되는 재판의 누락(212조),[3)] 이의방법(164조)으로 다툴 조서의 기재[4)] 등에 대해서는 상소가 허용되지 않는다.

(2) 방식에 맞는 상소제기와 상소기간의 준수

1) 상소의 제기의 방식 방식에 맞는 상소제기이어야 한다. 반드시 i) 상소장이란 서면에 의하여야 하고(online방식에 의할 수 있음) 말로 할 수 없고, 항소는 제1심의 1.5배, 상고는 2배의 인지를 납부하여야 한다(과다인지대 때문에 패소판결 중 일부항소의 예도 있다. 미국연방항소법원 450불, 대법원은 접수시 300불+변론시 300불 균일). ii) **원법원**에 제출하지 않으면 안 된다(원법원제출주의. 397조 1항, 425조, 445조). 따라서 원법원에 접수된 때가 상소기간준수 여부의 기준시가 된다.[5)] 판결서 정본을 송달하면서 법원사무관 등은 상소장을 제출할 법원을 고지하여야 하기 때문에(규 55조의 2) 상소장을 잘못 상소법원에 제출하는 일은 드문 일이 되게 되었다. 그러나 상소장을 상소법원에 잘못 제출하여 상소법원이 원법원에 송부한 경우에 상소기간의 준수 여부는 상소장이 원법원에 접수된 때가 기준이 된다는 것이 판례이다.[6)] **상소장**에는

① 당사자와 법정대리인

② 원재판의 표시

③ 원재판에 대한 상소의 취지[7)]

등을 최소한 기재하여야 한다(397조 2항, 425조, 443조). 따라서 불복신청의 범위나 상소이유는 상소장에 기재하지 아니하여도 무방하다. 그러나 상고의 경우 상고이유서제출강제주의 때문에 상고장에 상고이유를 기재하지 않은 때에는 상고인은 정해진 기간 내에 상고이유서를 제출하여야 한다(427조).

---

1) 대법(전) 1978. 5. 9, 75다634; 동 1994. 12. 22, 94다45449 등.
2) 대법 1978. 4. 25, 78다76 등.
3) 대법 1996. 2. 9, 94다50274; 동 2008. 11. 27, 2007다69834 · 69841 등.
4) 대법 1981. 9. 8, 81다86.
5) 대법 1987. 12. 30, 87다1028; 동 1992. 4. 15, 92마146.
6) 대법 1985. 5. 24, 85마178; 동 1992. 4. 15, 92마146. 독일 판례는 이와 다르다. 단 동일 청사 내에 지법과 고법이 있을 때에 혼동 · 착각하여 잘못 제출한 때는 다르다=대법 1996. 10. 25 96마1590.
7) 원재판의 변경을 구하는 의사가 나타나면 되지, 여기에 어느 한도에서 변경을 구하느냐는 필요적 기재요건이 아니라는 것에, 대법 1990. 5. 8, 88다카30214; 동 1994. 11. 25, 93다47400 등.

2) 상소기간 기간의 제한이 없는 통상항고 이외의 상소는 법정의 상소기간내에 상소를 제기할 것을 요한다. 상소기간은 항소·상고의 경우에는 판결서가 송달된 날부터 2주(396조, 425조),[1] 즉시항고·특별항고의 경우에는 재판의 고지가 있은 날부터 1주(444조, 449조 2항)로서, 이 기간이 경과되면 상소권은 소멸된다(대리인이 수인인 때는 최초 1인에 송달된 때가 기준[2]). 판결정본이 적법하게 송달된 바 없으면 상소기간이 진행되지 않으므로 상소권소멸의 문제가 생기지 않는다.[3] 다만 판결선고 후에는 송달 전이라도 적법하게 상소를 제기할 수 있으나(396조 1항 단서, 425조)[4] 결정·명령의 성립(법원사무관 등에게 원본교부시) 후에는 고지전이라도 항고제기를 할 수 있다.[5] 통상항고는 재판의 취소를 구할 이익이 있는 한 어느 때나 제기할 수 있다.

여기에서 기간의 계산은 민법에 의한다(170조). 예를 들면 판결정본이 9. 1에 송달되었으면 9. 2부터 항소기간이 기산되며 9. 15. 24:00로써 만료되지만, 만일 9. 15이 토·일요일 또는 공휴일이면 그 다음날에 끝난다.

(3) 상소권의 포기

1) 당사자는 상대방의 동의 없이 상소권을 포기할 수 있다(394조). 이에 의하여 상소권이 상실되며 제기한 상소는 부적법하게 된다. 다만 판결의 효력이 제3자에게 미치는 대세효가 있을 때는 제3자의 공동소송참가(83조)의 기회를 박탈하기 때문에 허용될 수 없다. 통상공동소송에 있어서는 공동소송인 중 어느 한 사람의 또는 어느 한 사람에 대한 포기가 가능하나, 필수적 공동소송에 있어서는 그와 같은 포기는 효력이 없다. 독립당사자참가, 예비적·선택적 공동소송에서도 같다 할 것이다. 증권관련 집단소송에서 상소의 포기에는 법원의 허가를 요한다(증집소 38조. 주주대표소송(상 403조)은 다르다).

2) 포기는 법원에 대한 단독행위로서, 상대방의 수령을 필요로 하지 않는다. 상소제기 전에는 원심법원에, 상소제기 후에는 소송기록이 있는 법원에 서면으로 하여야 한다(395조 1항). 소송기록이 원심법원에 있는 동안에 포기서를 제출한 경우에는 원심법원에 항소권포기서를 제출한 즉시 포기의 효력이 발생한다.[6] 상소

---

1) 전자소송에서 상소기간은 민법 제157조 단서에 따라 송달의 효력이 발생한 당일부터 초일을 산입해 기산하여 2주가 되는 날로 만료된다는 것이 판례이다. 대법 2014. 12. 22, 2014다229016.

2) 대법 2011. 9. 29, 2011마1335.

3) 대법 1986. 11. 25, 86므81.

4) 판결정본이 적법하게 송달된 바 없으면 항소기간이 진행되지 아니하므로 상소의 추후보완문제가 나올 수 없고, 이때 항소는 판결송달 전에 제기된 항소라는 것에, 대법 1997. 5. 30, 97다10345.

5) 대법(전) 2014. 10. 18, 2014마667.

6) 대법 2006. 5. 2, 2005마933.

제기후의 포기는 상소취하의 효력도 있다(395조 3항).

상소권을 포기한 당사자는 상소권을 상실하게 되므로 적법하게 상소를 제기할 수 없으며, 그럼에도 상소를 제기하면 법원은 직권[1]으로 상소를 각하하여야 한다.

3) 상소권의 포기는 상소제기 전이든 후이든 상관없으나, 판결선고 전에 상소권의 포기가 가능한가는 다투어진다. 이에 대해 제395조 1항에서 아무런 시기적 제한이 없음을 들어 판결선고 전이라도 포기할 수 있다는 견해가 있으나, 상소권은 판결의 선고에 의하여 구체적으로 발생하는 것이고 또 상소의 이익의 존부나 그 범위도 판결의 선고가 있고 나서 알 수 있으므로 **판결선고 후**에야 포기할 수 있다 할 것이다(통설).[2] 상소권의 포기는 재판외화해 속에 포함되는 일도 있다.

4) 판결선고 전에 소송외에서 당사자 사이에서 **상소권포기계약**을 맺을 수 있다. 이것은 당사자에게 상소를 제기하지 않거나 상소기간 지나기 전에 상소권포기의 의사표시를 할 의무를 지우는 소송계약의 일종이다. 포기계약이 있음에도 상소가 제기되면 부적법한 상소로 각하하여야 할 것이나, 이것은 직권조사사항이 아니며 피상소인의 항변사항일 뿐이다. 포기계약이 있어도 포기서를 법원에 제출하기 전에 계약을 해지하기로 다시 합의하고 상소를 제기하였으면 상소는 적법하다.[3]

(4) 불상소의 합의

1) 불상소의 합의는 미리 상소를 하지 않기로 하는 소송법상의 계약으로서, 구체적인 사건의 심급을 제1심에 한정하여 그것으로 끝내기로 하는 양쪽 당사자의 합의이다. 이는 상고할 권리는 유보하되 항소만 하지 않기로 하는 **불항소의 합의**(비약상고의 합의, 390조 1항 단서, 뒤의 「상고의 개념」 참조)와는 다른 것으로, 유보없는 불상소의 합의라고도 한다. 공권인 상소권을 제약한다 하여 무효설도 있으나, 당사자가 임의처분할 수 있는 권리관계에 관한 사건에서는 중재합의도 허용되고 재판상화해에 의하여 소송을 종료시킬 수 있음에 비추어 원칙적으로 유효한 것으로 볼 것이다. 제390조 1항 단서는 비록 비약상고의 합의만을 규정하였지만, 이러한 불상소의 합의도 묵시적으로 전제하고 있는 것이라 하겠다. 합의는 제1심판결선고 전이라도 할 수 있는 것으로 그것이 오히려 당연하다. 왜냐하면 항소권발생 후에는 합의가 없어도 일방적으로 항소권을 포기할 수가 있기 때문이다.

---

1) 대법 1969. 3. 8, 68마1622 참조.
2) 대법 1966. 1. 19, 65마1007=채무자가 항고권포기서를 매각허가결정의 선고가 있는 바로 그 날에 채권자를 통하여 법원에 제출한 사안에서 항고권은 유효하게 포기된 것이라고 하였다.
3) 대법 1987. 6. 23, 86다카2728.

2) 불상소의 합의의 요건은 **관할의 합의**(29조)에 준한다(390조 2항 참조). i) **서면**에 의하여야 하고, 특히 판결선고 전의 합의일 때에는 서면의 문언에 의하여 당사자 양쪽이 상소를 하지 아니한다는 취지가 명백하게 표현되어 있을 것을 요한다.[1] 이는 소송행위이므로 그 해석은 실체법상의 법률행위와 달리 내심의 의사가 아닌 그 표시를 기준으로 하여야 하며, 표현내용이 불분명하다면 불상소의 합의를 부정할 것이다.[2] ii) 구체적인 일정한 법률관계에 기인한 소송에 관한 합의라야 한다(29조 2항 참조). iii) 당사자가 임의로 처분할 수 있는 권리관계에 한하기 때문에, 그 제한이 따르는 직권탐지주의에 의하는 소송에서는 허용될 수 없다(통설). iv) 당사자 양쪽이 다 각각 상소하지 않기로 하는 것이므로, 한쪽만이 상소하지 않기로 하는 합의는 공평에 반하여 안 된다(앞의 '불제소 합의' 참조).[3]

3) 적법한 불상소의 합의가 판결선고전에 있으면 소송은 그로써 완결되고 판결은 선고와 동시에 확정된다. 판결선고후의 합의는 그 성립과 동시에 판결을 확정시킨다. 이와 같은 합의는 항변사항이라 보는 견해도 있으나,[4] 판례는 직권조사사항으로 보고 있다.[5]

불상소의 합의는 상소권의 포기와 다르다. 후자는 발생한 상소권을 포기하는 것임에 대하여, 전자는 상소권 자체를 발생시키지 않는 것이다.

(5) 상소의 이익[6]

(a) **학　설**　　상소의 이익은 권리보호의 이익의 특수한 형태로서 무익한 상소권행사를 견제하자는 것이다. 어떠한 경우에 상소의 이익을 인정할 것인가에 대하여는 학설이 대립되어 있다.

① **형식적 불복설**로서, 원심에 있어서의 당사자의 신청과 그 신청에 대해 행한 판결을 형식적으로 비교하여, **판결주문이 신청**보다도 양적으로나 질적으로 불리한 경우에 불복의 이익을 긍정하는 견해이다.[7] **청구취지와 판결주문의 형식적 비교**이다. 이 설에 의하면 그것이 일치하여 제1심에서 전부승소의 판결을 받

1) 판결 선고 전에 합의서면이 법원에 제출되지 아니하였으면, 소송 외에 하는 소취하 또는 상소취하서 이상의 의미 없다는 견해는, 문영화, "불상소합의와 판결선고 전 상소권 포기의 합의", 민사소송 26권 2호, 222면 이하.

2) 대법 2015. 5. 28, 2014다24327; 동 2002. 10. 11, 2000다17803 등.

3) 대법 1987. 6. 23, 86다카2728.

4) 정동윤/유병현/김경욱, 893면; 호문혁, 531면; 정영환, 1225면.

5) 대법 1980. 1. 29, 79다2066; 송상현/박익환, 725면; 김홍엽 1151면; 박재완 453면.

6) 즉시항고나 재항고도 같은 법리=대법 2019. 7. 25, 2018마6313.

7) 제1심판결의 주문을 기초로 하여 그것으로 분쟁을 종결한다는 합의가 있었다고 보여질 경우에 항소의 이익을 부인한 것에, 대법 1995. 9. 5, 95다17908·17915.

은 자는 항소를 할 수 없는 것으로 된다.

② **실질적 불복설**로서, 당사자가 상급심에서 원재판보다도 실체법상 유리한 판결을 받을 가능성이 있으면 불복의 이익을 긍정하는 견해이다. 이 설에 의하면 제1심에서 전부승소의 판결을 받은 자라도 보다 유리한 판결을 구하기 위해 항소할 수 있다.

③ **절충설**로서, 원고에 대해서는 형식적 불복설, 피고에 대해서는 실질적 불복설에 따라 상소이익의 유무를 가리자는 견해(독일 BGH의 입장)가 있는가 하면,

④ **신실질적 불복설**로서, 기판력을 포함한 판결의 효력(집행력, 부수효)이 미치는지 여부를 기준으로 할 것이며, 원판결이 그대로 확정되면 기판력 그 밖의 판결의 효력에 있어서 불이익을 입게 되면 상소의 이익을 인정하자는 견해이다.

판례는 '상소인은 자기에게 불이익한 재판에 대해서만 상소를 제기할 수 있는 것이고 재판이 상소인에게 불이익한 것인가의 여부는 재판의 주문을 표준으로 하여 결정되는 것'이라 하여[1] 형식적 불복설을 따랐으며, 통설도 같다. 생각건대 실질적 불복설을 따르면 상소를 인정하는 범위가 넓어지고 그 명확성도 결여되게 될 뿐더러, 항소심이 복심구조가 될 염려가 있다. 그리고 절충설은 당사자 평등주의에 반한다.[2] 신실질적 불복설은 상소의 이익을 넓게 잡은 문제점도 있지만, 판결효력에 관한 쟁점효이론과 연계된 견해이기도 하다. 그러므로 형식적 불복설을 원칙으로 따르되, 예외적으로 기판력 그 밖의 판결의 효력 때문에 별도의 소의 제기가 허용될 수 없는 경우는 널리 실질적 불복설에 의하는 것이 옳을 것이다.

(b) **구체적인 예**

1) **전부승소**한 당사자는 원칙적으로 불복의 이익이 없다.[3] 따라서 원고의 청구를 전부인용한 판결에 대해서 피고는 상소할 수 있으나 원고는 상소할 수 없으며, 원고의 청구를 전부기각한 판결에 대해서는 원고는 상소할 수 있으나 피고는 상소할 수 없는 것이 원칙이다.[4]

2) 전부승소한 원고가 소의 변경 또는 청구취지의 확장을 위해 상소하거나, 전부승소한 피고가 반소를 위해 상소하는 것은 허용되지 않는다(부대항소는 별문제). 그 예외는 다음 두 가지이다. **그 하나는**, 기판력을 받게 되기 때문에 뒤에 별도의 소를

1) 대법 2002. 6. 14, 99다61378; 동 1999. 12. 21, 98다29797 등.
2) Rosenberg/Schwab/Gottwald, § 134 Rdnr. 22.
3) 대법 2015. 1. 29, 2012다41069; 동 1999. 12. 21, 98다29797 등.
4) 대법 2014. 11. 13, 2012다52526.

제기할 수 없게 될 경우에는 실질적 불복설에 입각하여 전부승소한 원고라도 소의 변경 또는 청구취지의 확장을 위한 상소의 이익을 인정하는 것이다. 예를 들면 잔부를 유보하지 않은 **묵시적 일부청구**의 경우에는 전부승소자라도 나머지의 잔부청구를 하기 위한 항소는 인정할 것이다(앞의 「소의 변경」 참조).[1] 뒤에 별도의 소가 금지되는 청구이의의 소(민집 44조 3항)에서 전부승소자인 원고가 다른 이의사유를 추가하기 위한 항소의 경우도 같이 볼 것이다. **다른 하나는**, 원고가 재산상 손해와 위자료를 청구하여 재산상 손해는 전부승소, 위자료청구는 일부패소하여 위자료부분만 항소한 경우에도 손해배상소송의 재산상의 손해나 위자료는 단일한 원인에 근거한 것인데 편의상 별개의 소송물로 분류한 **소송물의 특수성** 때문에 전부승소한 재산상 손해에 대해 청구의 확장을 허용할 것이라 한다. 판례의 입장은 형식적 불복설을 배제시키고 실질적 불복설에 접근이다.[2] 하나의 소송물에 관하여 형식상 전부승소한 당사자의 상소이익의 부정은 절대적인 것이라 할 수 없다는 이유에서이다. 손해배상소송물에 관한 3분설의 완화이기도 하다(앞 「처분권주의」 참조).

3) 승소한 당사자는 **판결이유 중의 판단**에 불만이 있어도 상소의 이익이 없다.[3] 기판력은 주문의 판단에 대해서만 생기기 때문에 어떠한 이유로 승소하여도 승소의 법률효과에는 차이가 없기 때문이다. 예를 들면 징계처분의 취소를 구하는 원고의 청구가 인용되었지만 그 판결이유 중에 원고에게 비위사실이 있다고 판시한 부분은 부당하다 하여 이 부분 이유의 변경을 위하여 상소하는 것은 허용되지 않는다(원고가 전부 승소하였지만, 고의에 의한 권리침해의 주장과 달리, 이유에서 과실에 의한 침해로 판단한 경우도 같다). 예외적으로 **판결이유에 기판력이 있는 상계항변**에 관한 판단은 다르다(216조 2항). 상계항변이 이유 있다 하여 승소한 피고의 경우 원고의 소구채권 자체의 부존재를 판결이유로 이유변경이 되어 승소하는 것이 피고에게 더 이익이 되기 때문에, 상소의 이익이 있다([도표 4] 참조. 2016다46338·46345). 그러나 본래의 의미의 상계항변이 아닌 상계정산합의에 관한 판단은 다르다(689면 참조).

청구권의 경합과 상소의 이익 예를 들면 불법행위에 기한 손해배상청구를 하였음에도 불구하고 계약불이행에 기해 인용한 경우에, 실체법상의 개개의 청구권마다 소송물이 별개라는 구이론에서는 원고측에 상소의 이익을 긍정하여야 함에 대해,[4] 개개의 청

---

1) 대법 2010. 11. 11, 2010두14534; 동 1997. 10. 24, 96다12276.

2) 대법 1994. 6. 28, 94다3063.

3) 대법 2014. 4. 10, 2013다54390; 2011. 2. 24, 2009다43355; 동 2004. 7. 9, 2003므2251·2268 등.

4) 소유권이전등기청구를 매매를 원인으로 청구한 데 대하여 양도담보약정으로 인용한 데 대하여 상소의 이익 긍정=대법 1992. 3. 27, 91다40696.

구권은 한낱 공격방법에 불과하다고 보는 신이론에 의하면 이와 같은 판결에 대한 상소는 단지 이유 중의 판단에 대한 불복에 불과하므로 그 이익이 부정되게 된다. 후설을 따른다.

4) 청구를 일부인용하고 일부기각한 판결에 대해서는 원·피고 모두 상소할 수 있다.[1] **예비적 병합청구**에서 주위적 청구가 기각되고 예비적 청구가 인용된 경우에, 원고로서는 주위적 청구가 기각된 데 대하여, 피고로서는 예비적 청구가 인용된 데 대하여, 각기 상소의 이익이 있다.[2] 예비적 공동소송에서 주위적 피고에 대하여서는 청구기각, 예비적 피고에 대하여 청구인용의 판결이 났을 때에도 마찬가지로 원고와 예비적 피고가 각기 상소의 이익이 있다 할 것이다.

5) 소각하판결은 원고에게 불이익일 뿐만 아니라, 만일 피고가 청구기각의 신청을 구한 때에는 본안판결을 받지 못한 점에 피고에게도 불이익이 있기 때문에, **원·피고 모두** 상소할 수 있다.

6) 제1심판결에 대하여 불복하지 않은 당사자는 그에 대한 항소심판결이 제1심판결보다 불리하지 않다면 항소심판결에 대한 상고의 이익은 없다.[3][4] 원고패소부분에 원고가 항소하지 아니하여 항소심이 판단하지 아니한 부분은 상고대상이 될 수 없다.[5]

Ⅴ. 상소의 효력

상소가 제기되면 확정차단의 효력과 이심의 효력이 생긴다.

1. 확정차단의 효력

상소가 제기되면 그에 의하여 재판의 확정을 막아 차단되게 되고 상소기간이 경과되어도 원재판은 확정되지 않는다(498조). 이를 확정차단의 효력(Suspensiveffekt)이라 한다. 확정판결의 효력인 집행력은 정지된다. 따라서 가집행선고

1) 피고의 동시이행의 항변이 없었음에도 이를 한 것임을 전제로 한 서로 주고 받는 상환이행판결은 피고에게 이익이 되므로 이에 피고가 불복할 수 없다는 것에, 대법 1975. 11. 11, 74다1661.

2) 대법 1985. 4. 23, 84후19.

3) 대법 2002. 2. 5, 2001다63131 등. 원고일부승소의 제1심 판결에 대하여 불복하지 않은 피고들은 원고가 승소한 그 부분에 관하여 상고할 수 없다(대법 2009. 10. 29, 2007다22514).

4) 대법 2008. 3. 14, 2006다2940은 원고의 청구일부인용의 판결에 대해 원고만이 그 패소부분에 항소를 제기하고 피고는 항소나 부대항소를 제기하지 아니한 경우 원고승소부분은 항소심의 판결선고와 동시에 확정되는 것이므로 원고승소부분에 대한 상고는 원고의 상고이익이 없어 부적법하다고 하였으나, 그 부분의 소송종료선언함이 옳을 것이다.

5) 대법 2017. 12. 28, 2014다229023.

가 붙지 않은 한 상소의 제기가 있으면 집행할 수 없다. 다만 통상항고에 있어서만은 확정차단의 효력이 없으므로, 통상항고가 된 결정·명령에 대해 집행력의 정지를 위해서는 별도의 집행정지의 조치가 필요하다(448조).

2. 이심(移審)의 효력

(1) 상소가 제기되면 그 소송사건 전체가 원법원을 떠나 상소심으로 이전하여 계속되게 된다. 이를 이심의 효력(Devolutiveffekt)이라 한다. 상소심으로 넘어가지 않는 각종의 이의(지급명령, 가압류·가처분 등에 대한 이의)는 이 의미에서 상소가 아니다. 사건의 소송기록도 넘겨주어야 하므로 2주 이내에 상소심법원에 송부된다(400조).[1] 송부기간인 2주는 통상의 경우 항소장 제출일로부터 기산하여야 함이 원칙이다(판결송달 전에 항소제기의 경우는 판결송달일부터, 규 127조 1항).

(2) 하급심에서 재판한 부분에 한하여 이심의 효력이 생긴다. 따라서 하급심에서 재판의 **일부누락**이 있을 때에는 그 청구부분은 하급심에 그대로 계속되며(212조), 상소하여도 이심의 효력이 생기지 않는다.[2] 판례는 사망한 자를 당사자로 제소하였다가 제1심에서 그 상속인들로 당사자표시정정을 하면서 공동상속인 중 일부를 누락한 경우에는 그 누락된 상속인의 소송관계는 이심되지 않고 여전히 제1심에 계속되어 있다고 보았다(471면 참조).[3]

3. 상소불가분의 원칙

상소의 제기에 의한 확정차단의 효력과 이심의 효력은 원칙적으로 상소인의 불복신청의 범위에 관계 없이 원판결의 전부에 대하여 불가분으로 발생한다. 이를 상소불가분의 원칙이라 한다. 따라서 **판결의 일부**에 대하여 상소한 일부 상소의 경우라도 판결의 나머지 전부에 대하여 확정차단의 효력이 생기고 또 사건의 전부에 대하여 이심의 효력이 발생한다. 나중에 상소인은 불복신청의 범위 확장과 피상소인의 부대항소를 가능하게 하기 위함이다.

(1) 내 용 여러 개의 청구에 대해 하나의 전부판결을 한 경우에 그

1) 대법원의 환송판결에 의한 이심의 효력은 원심에의 기록송부에 의하여 생기는 것이 아니라 선고에 의하여 생긴다는 것에, 대법 1969. 9. 30, 69다1063.

2) 단순병합할 수개의 청구를 잘못 예비적·선택적 병합을 한 경우에 법원이 이러한 청구 중 일부에 대하여서만 판단한 경우에 판단하지 아니한 부분은 이심의 효력이 생기지 않는다=대법 2008. 12. 11, 2005다51495.

3) 대법 1974. 7. 16, 73다1190; 상속인 중 일부만이 소송을 수계하여 항소한 경우에도 같은 취지는, 동 1994. 11. 4, 93다31993.

중 한 청구에 대해 불복항소를 하여도 다른 청구에 대해 항소의 효력이 미친다.[1)] 원고 甲이 가옥명도 및 손해배상청구를 하여 가옥명도 인용·손해배상 기각의 판결을 받았는데 패소부분인 손해배상부분에 대해서만 항소한 경우에, 승소부분인 가옥명도부분은 비록 항소심의 심판범위에 들어갈 수 없지만 패소부분과 같이 항소심에 옮겨지고(이심) 그 확정이 차단된다. 이 점은 1개청구에 1개판결의 일부패소부분에 불복항소한 경우도 같다. 예를 들면 원고가 3필지토지에 대한 이전등기청구소송에서 그 중 2필지는 승소, 1필지는 패소한 경우에 원고가 1필지 패소부분만 항소하여도 나머지 2필지에 대하여 이심의 효력이 생기며 단지 이는 심판의 범위에 포함되지 않을 뿐이다.[2)]

나아가 ① 선택적 병합에서 하나의 청구가 인용되어 나머지 청구를 판단하지 아니한 경우, ② 예비적 병합에서 주위적 청구가 인용됨으로써 예비적 청구를 판단하지 아니한 경우,[3)] ③ 예비적 반소에서 본소가 배척됨으로써 반소청구를 판단하지 아니한 경우는 판단의 필요가 없어 남겨둔 경우이므로 형식적으로 일부판결이나 실질적으로는 하나의 **사건완결의 전부판결**이다(638면 참조). 따라서 상소불가분의 원칙이 적용되어 판단하지 않은 나머지 청구에도 이심의 효력이 미친다.

다음은 상소불가분의 **예외**이다.

i) 청구의 일부에 대하여 불상소의 합의나 항소권·부대항소권의 포기가 있는 경우에는 그 부분만이 가분적으로 확정된다.

ii) 1인 대 1인의 단일소송이 아닌 공동소송에서는 좀 다르다. 통상공동소송에 있어서는 **공동소송인독립의 원칙**(66조) 때문에 공동소송인 중 한 사람의 또는 한 사람에 대한 상소는 다른 공동소송인에 관한 청구에 상소의 효력이 미치지 않으므로 그 부분은 확정된다. 예를 들면 甲이 A·B를 공동피고로 하여 통상공동소송을 제기하여 전부승소하였을 때, 패소한 B만이 항소하였다면 공동소송독립의 원칙에 의하여 甲과 B간의 부분만 가분적으로 확정차단 및 이심의 효력이 생기고, 甲과 A간의 부분은 같은 효력이 생기지 아니하며 항소기간의 도과로 분리확정되어 끝이 난다.[4)] 다만 공동소송인 독립의 원칙의 적용이 없는 필수적 공동소

1) 원고에게 금 6,000여 만원을 지급할 것의 판결이 났는데, 피고가 그 중에 3,200만원 패소부분에 대하여서만 불복한 경우에 피고가 불복하지 아니한 나머지 패소부분(2,800만원)이 분리확정되지 아니한다=대법 2002. 4. 23, 2000다9048.

2) 대법 1966. 6. 28, 66다711; 동 1971. 12. 21, 71다1499.

3) 대법(전) 2000. 11. 16, 98다22253.

4) 본래의 예비적 공동소송이 아닌데도 주위적 피고로 한국수자원공사에 대하여, 예비적 피고로 국가에 대하여 부당이득반환청구의 소에서 주위적 청구가 기각되고 예비적 청구가 인용되자 원고

송, 예비적·선택적 공동소송, 독립당사자참가, 공동소송참가 등 이른바 **합일확정소송**에서 본안판결이 있었을 때에는 이와 달리 가분적으로 효력이 생기지 아니한다.

(2) 상소의 범위와 심판의 범위의 불일치 원판결의 전부에 대해 확정차단 및 이심의 효력이 생긴다 하여 전부가 곧 심판의 범위에 포함되는 것은 아니다. 상소심의 심판은 원판결 중 불복신청의 범위에 국한하므로(407조. 처분권주의) 확정차단·이심의 범위와 **심판의 범위**와는 일치하지 않을 수 있다.[1] 오해하기 매우 쉬운 일로서, 수개의 청구를 모두 기각한 제1심판결에 대해 일부 청구에 대해서만 불복항소를 제기한 경우에 불복항소하지 아니한 나머지 부분은 이심은 되었으나 심판의 대상이 되지 아니하며,[2] 그 부분도 이유있다고 받아들이는 인용판결을 할 수 없다. 그러나 주위적 청구를 인용한 제1심판결에 대하여 피고가 불복항소한 경우에 항소가 이유 있을 때에, 주위적 청구를 배척하는 데 그칠 것이 아니라, 예비적 청구에 관하여 심판하여야 함은 앞에서 본 바이다(709면 참조).[3]

(3) 심판의 범위확장 **일부상소**라도 상소불가분의 원칙에 의하여 상소의 효력은 원판결의 전부에 미치므로 항소인은 항소심의 변론종결시까지 어느 때나 항소취지의 확장으로 심판의 범위를 확장할 수 있으며[4](이혼 및 위자료 모두 패소한 피고가 이혼에는 이의없으나 위자료 주기가 아까워 위자료만 불복하여 항소하고 난 뒤라도, 뒤에 항소취지를 확장하여 이혼부분까지 확장할 수 있는 것은 이혼부분도 이심되어 있기 때문. 삼성家 형제간의 상속소송에서 패소 원고가 4조 여원 패소액 중 110억만 항소하였다가 확장한 사례), 또 피항소인도 부대항소의 신청(403조)을 할 수 있다. 그 때문에 항소의 일부취하가 허용되지 않는다(다만 항소취지의 감축은 허용).

Ⅵ. 상소의 제한

앞서 본 바와 같이 상소제도는 재판의 적정에 이바지하지만, 소송촉진과 소

가 위 공사에 대하여 항소를 제기하고 공사와 국가는 항소하지 않은 사안에서, 공사에 대한 청구만이 항소심의 심판대상이 되고 국가에 대한 제1심 판결은 분리 확정된다고 했다. 대법 2012. 9. 27, 2011다76747.

1) 대법 2002. 4. 23, 2000다9048.

2) 대법 2014. 12. 24, 2012다116864; 동 2011. 7. 28, 2009다35842(항소하지 아니한 나머지 부분의 확정시기는 항소심 판결선고시); 동 2009. 10. 29, 2007다22514·22521. 대법 2003. 4. 11, 2002다67321은 심판범위에 속하는 청구의 당부를 심사하기 위하여 청구권의 전반에 관하여 심리하는 것은 부득이 하다고 했다.

3) 대법(전) 2000. 11. 16, 98다22253.

4) 대법 1994. 11. 24, 93다47400 등. 김정범, "일부 항소로 항소심 진행 중 항소취지의 확장 가능한가," 법률신문 2013. 3. 11자.

송경제의 요청과는 모순된다. 아무리 소송심리가 충실히 적정하게 행하여져도 사건의 해결이 늦어지면 당사자의 권리보호가 제대로 이루어질 수 없으며, 신속한 재판을 받을 권리가 침해될 수 있다. 일반적으로 재판에 패소한 당사자는 승소하기까지 몇 번이고 그 시정을 바라지만, 승소한 당사자는 되도록 빨리 재판의 확정을 구하는 것이 보통이다. 무제한하게 반복 반추의 심리를 허용하는 것은 법적 안정성이나 소송경제(시간, 노력, 비용, 스트레스)의 견지에서 바람직하지 않을 뿐만 아니라, 또 국가의 소송제도상 다수의 사건을 제한된 시간 안에 신속히 처리하여야 한다는 공익적 요청에도 반한다. 상소허용에 대해 일정한 한계를 설정하여야 할 의미와 필요성은 바로 여기에 있다. 이에 관하여는 어느 나라나 고뇌하고 있는 바로서 어떠한 방법으로든 일정한 제한을 가하고 있다.

1. 입 법 례[1]

(1) 사건별제한 소액사건의 경우에 상소를 제한하는 것인바, 미국에서 small claims court 사건은 1심으로 끝나는 일도 있다. 또 독일에서는 통상사건이라도 항소는 항소액이 600유로를 넘어설 때에 한하여 허용한다(상고가액으로 스위스도 상고제한). 일본에서도 원칙적으로 보전처분에 대한 상고를 불허하고(일민보전 41조 3항) 소가 60만엔 이하의 소액사건에서는 항소조차 금지시켰다. 경미한 사건에 대해서까지 다른 사건과 마찬가지로 3심제도를 절대시하는 것은 재판제도 이용의 효율화의 견지에서나 해결할 사항의 가치와 이에 들이는 비용·노력·시간과의 균형유지의 요청상 불합리하기 때문이다.[2]

(2) 허 가 제 미국의 연방대법원에는 대법원이 재량에 의하여 상고를 허가하고, 소송기록의 이송명령(writ of certiorari)을 발하는 이른바 허가제에 의하고 있다(사실심 1회, 법률심 1회, 헌법심 1회=3심구조).[3] 항소도 권리항소(appeal as right)와 허가항소가 있다. 독일은 미국법의 영향을 받아 2002. 1. 1부터 발효하는 민사소송개혁법에 의하여 허가상고제(Zulassungsrevision)를 채택하여 항소심판결에서 상고허가를 하거나 항소심법원의 상고불허에 대한 항고에 의해 상고법원이 상고허가를 한 사건(Nichtzulassungsbeschwerde)에 한한다. 그리고 허가는 법률문제가 원칙적인 중요성을 가진 경우, 법의 지속적인 형성·발전이나 판례통일의 보장을 위하여 상고법원의 재판이 필요한 경우에 한정하는 것으로 하였다. 이제 독일의 상고심은 구체적 사건의 올바른 재판을 통하여 개인이익의 실현을 위한 제도로서의 의미는 더 이상 없게 되는 것으로 개혁했다. 1996년 일본신민소법에서도 미국법의 영

1) 오용규, "세계각국의 상고제도변천과정과 우리상고제도개혁 논의에의 시사점," 법률신문 2020. 3. 23자.

2) Apple vs 삼성전자의 디자인특허침해사건은 상고허가를 받아 배상액에 관하여 본안 심리중이고 일본기업의 서울반도체 상대 특허사건은 상고불허결정이 났다.

3) 대법원의 구상은 제1심중심주의의 기조하에 항소심을 사후심, 상고심을 법률심·정책심으로 한다는 구상으로 미국식에 접근을 모색하는 듯하다. 이것은 입법사항이라 하겠다.

향으로 헌법위반과 절대적 상고이유를 권리상고사유로 하고, 법령해석에 관한 중요사항을 포함한 것에 대해 재량으로 상고수리를 하는 것으로 하였다. 독일과 일본의 새 상고허가제가 폭주하는 상고사건의 해결책이라는 주장이 있으나, 현재의 심리불속행제도가 일단 인지를 반만 붙이던 상고허가제도의 변형에 불과함을 간과하고 있는 것이다. 근본대책은 대법원 구성법관(대법관 증원 아니면 그와 더불어 헌법이 예정한 대법원판사로 이원적 구성)의 증원이다. 상고허가제도는 영국, 프랑스도 따르고 있다.

미국의 writ of certiorari절차에서 허가율(수리율)이 상고사건의 약 3%(100건 이내. 파기율은 수리사건의 60 내지 70%)에 불과하여 상고는 못한다고 할 정도이고, 독일의 2002년 바뀌기 전의 수리상고제에서는 그 수리율은 약 30%에 이르고 있었다.[1)]

2. 우리 법제

우리나라에 있어서는 1961년 민사소송법의 시행 이래 세계에 유례 없는 높은 상소율 때문에 상소사건의 폭주로 당사자의 과다한 비용지출, 법원의 과중한 부담 때문에 상고제한의 문제가 현안이 되어왔던 바인데, 1981년의「소송촉진등에관한특례법」에서 허가상고제를 채택하여 9년 여 동안 나름대로 시행하다가 1990년 민사소송법을 개정하면서 이를 폐기하였다.[2)] 그리하여 법령위반을 이유로 한다면 제한 없이 상고할 수 있도록 문호가 개방되는 등의 구제도로 돌아갔다. 그러나 엄청나게 사건이 쇄도하게 되었고 이를 감당할 길이 없어 1994년에 **상고심절차에 관한 특례법**을 새로 제정하여 남상고제한의 명분하에 심리불속행제도라는 형태로 사실상 허가상고제를 부활시켰다.[3)]

그럼에도 2018년 현재 접수건수 47,979건에 이르는 상고사건에 대법관 1인당 4,000건에 가깝다(2020년 현재는 3,778건으로 감축. 다소간 감축세). 그러나 최근에 이르러 2년 이상 계류중의 사건도 800건에서 569건으로 줄어 고무적이다. 사건수는 10년 전에 비하여 90%나 늘어난 터에 이에 대처하기 위해 대법원구성 법관의 증원여론(정치권, 검찰, 변호사협회, 법학계[4)] 등)에도 불구하고 대법원장 이외 12명의 대법관 증원 없이 고수를 전제한 대법원 자체의 개혁안이 나와 있었다. 그동안에 상고법원안이 나왔지만 양승태 대법원장이 '사법농단'이라고 재판받는 후유증만 남겼다. 한편 평생법관제의 운영 · 고법부장판사제의 폐지와 대등재판부 고법판사의 경력강화(15년), 2024년 1월 입법의 항소이유서제출의무제 등 하급심의 강화를 시도하고 있으나, 화급한 현안의 상고심 해결책은 못 된다.[5)] 근본해결은 대법원구성법관의 증원이다.

---

1) Pfeiffer, Der Bundesgerichtshof, S. 32.
2) 졸고, "민사소송법 중 개정법률개관," 사법행정 1990. 2.
3) 변형된 제한적 상고허가제도라고 평가한 것에, 이호원, "한국 민사상고제도의 개선방안," 민사소송 17권 2호, 213면.
4) 이호원, 위 논문, 227면.
5) 졸고, "대법원의 개혁문제," 대한변협신문 2010. 5. 17.자.

3. 현행법상의 상소제한

i) 통상상고사건에서 상고이유를 내세워도 그 주장이 중대한 법령위반에 관한 사항 등을 포함하고 있지 않을 때에는 접수 4월 이내에 상고심리를 불속행한다는 이유로 상고기각판결을 하도록 하였다(특례법 4조). ii) 소액사건에서는 하위법규의 상위법규에의 위반여부에 관한 부당한 판단, 대법원판례를 위반한 판단에 한하여 상고할 수 있도록 하였다(소심 3조). iii) 가압류·가처분사건에서는 소액사건의 상고이유에 준하여 심리속행사유를 제한하였으며, 그렇지 않으면 심리속행 없이 기각한다(특례법 4조 2항, 7조). 재항고사건은 이에 준한다. 그럼에도 대법원은 지키지 아니하여 법초월적인 사물관할의 확대로 자업자득의 부담을 하고 있다. iv) 민사집행법상의 집행에 관한 이의신청의 재판은 1심으로 끝나는 것을 원칙으로 한다(민집 17조의 반대해석). v) 소송촉진 등에 관한 특례법 등은 소구채권의 소송이자를 연 12%로 낮추었지만 채무자측이 상소로 소송지연책을 쓰면 그만큼 비싼 이자를 부담하게 하여 남상소를 견제하려고 하였고, vi) 부동산경매절차에 있어서 매각허가결정에 대한 항고를 하고자 하는 사람은 누구나 담보로 매각대금의 1/10에 해당하는 현금 등을 공탁하게 하여 남항고의 폐해를 막으려 했다(민집 130조).

제2장 항　　소

제1절 총　　설

Ⅰ. 항소의 의의

항소(Berufung)란 지방법원 단독판사 또는 지방법원 합의부가 한 제1심의 종국판결[1)]에 대하여 다시 유리한 판결을 구하기 위하여 항소법원에 하는 불복신청이다(390조). 항소법원은 단독사건이면 지방법원 항소부, 2억 초과이면 고등법원으로 2원화, 합의부사건은 고등법원이 된다(특허침해소송 등은 소가의 다과에 관계없이 제2심은 특허법원). 2010년 발효의 개정법원조직법에 의하여 지방법원 소재지마다 적어도 고등법원의 지부(고등법원 원외 재판부)가 생기게 되었으므로, 지방법원 제1심 판결에 대하여 현지에서 항소할 수 있는 길을 텄다. 그 신청인을 항소인, 상대방을 피항소인이라 한다. 항소는 제1심판결의 취소·변경을 구하는 불복신청이고, 제2심법원에 있어서 심리의 계속을 구하는 것이기 때문에 새로운 소의 제기가 아니다.

불복신청의 이유에 대해서는 제한이 없기 때문에 사실인정의 부당은 물론 법령위반도 항소이유로 된다. 이 점에서 법령위반만을 이유로 삼을 수 있는 상고와는 다르다. 상고심을 법률심이라 함에 대하여 항소심을 제2의 사실심이라고 하는 까닭이 여기에 있다. 따라서 항소심의 목적은 앞서 본 상소제도의 목적 가운데서, 특히 오판으로부터 당사자의 보호 즉 권리실현의 적정을 담보하는 데 중점을 두고 있다.

Ⅱ. 항소심의 구조

항소심의 구조에는 크게 세 가지의 유형이 있다.

1. 복 심 제

복심제는 항소심이 제1심의 소송자료를 고려함이 없이 독자적으로 소송자료를 수집

1) 불항소합의 때는 제1심판결에 대해 항소심은 생략되고 상고만이 허용된다. 제422조 2항 참조.

한 끝에 이를 기초로 하여 다시 한번 심판을 되풀이하여야 하는 구조이다. 이를 제2의 제1심이라고도 한다. 항소심에서 새로운 소송자료를 제출할 수 있는 권능을 변론의 갱신권이라 하는데, 복심제에 있어서는 이러한 변론의 갱신권을 무제한하게 인정한다. 따라서 이 제도하에서는 당사자가 제1심에서 충실한 소송자료의 제출을 미루어 소송심리의 중점이 항소심으로 이전될 뿐 아니라, 소송자료의 반복제출로 소송기록이 쌓이게 되어 소송의 지연과 심리의 경직을 초래할 가능성이 있다(특허심판원에서는 소송자료의 제출을 미루다가 2심인 특허법원에서 전력투구하는 복심적 현상이 있다 함).

2. 사후심제

항소심에서는 원칙적으로 새로운 소송자료의 제출을 제한하고 제1심에서 제출된 소송자료만을 기초로 제1심판결의 내용의 당부를 재심사하게 되어 있는 구조이다. 오스트리아민소법과 일본 및 우리나라의 형소법이 채택하고 있는 입장이며, 제1심중심주의에 철저하다. ZPO도 지금까지는 항소심은 완전한 사실심이었으나, 2002년 민사소송개혁법에 의하여 오스트리아의 경우처럼 제1심판결의 오류를 시정하는 심급으로 변혁시켰다. 따라서 항소심은 제1심의 사실인정에 구속됨을 원칙으로 하며, 그 사실인정의 정당성과 완전성에 구체적인 의심의 실마리가 발견되어야 제1심 사실인정에 재심사가 허용되는 것으로 바뀌었다.[1] 항소에 관하여 제1심 법원의 허가제이다. 불복가액이 600유로를 초과하는 사건, 그리고 법률문제가 중요한 의미를 갖는 경우 또는 법의 형성이나 판례의 통일성을 확보하기 위하여 항소법원의 재판이 필요한 경우에 한하여 허가한다(ZPO § 511). 일본도 사후심 쪽으로 옮겨갔다. 미국의 항소심은 사후심 비슷하게 원심판결에 대한 재심리가 아니라 재검토할 뿐이다. 그리하여 제1심이 잘못되었으면 환송(reversal)이 원칙이다. 항소심을 사후심에 가깝게 운영하기 위한 향후발전에 부합한다고 첨언한 것에 대법(전) 2021. 4. 22 2017마6438. 그러나 discovery 제도도 없고 있어도 실효를 거두기 어려운(가짜증인, 가짜문서, 문서제출명령 거부 등) 상황에서 제1심의 사실확정이 신빙성이 낮아, 심사숙고 없이 사후심제의 무조건 예찬에는 경계할 바 있다 본다.

3. 속심제와 항소이유서제출의무제도

속심제는 복심제와 사후심제의 중간형태로서, 항소심이 제1심에서 수집한 소송자료를 기초로 하여 심리를 속행하되 여기에 **새로운 소송자료**를 보태어 **제1심판결의 당부를 재심사**하는 구조이다. 이 경우는 제1심에서의 소송자료를 기초로 하여 제1심판결의 당부를 심사하는 점에서 사후심적이나, 다시 새로운 자료를 보태어 사건의 심리를 하는 점에서는 복심적이다. 일본 · 우리 민사소송법이 채택하고 있는 입장이다.

속심제에서는 제1심에서 일단 종결하였던 변론을 재개하여 연장속행하는 것으로 된다. 따라서 제1심에 있어서의 소송행위는 당연히 그 효력이 유지[2]됨과 동

1) Musielak, Grundkurs ZPO(6. Aufl.), Rdnr. 510.

2) 항소심에서 항소이유로 특별히 지적하거나 그 후의 심리에서 다시 지적하지 않는다 하더라도

시에 당사자는 제1심에서 제출하지 않은 공격방어방법을 제출할 수 있는 **변론의 갱신권**(ius novorum)이 인정된다. 다만 변론의 갱신권을 무제한하게 인정하면 제1심에서 능히 제출할 수 있었던 공격방어방법이라 하여도 항소심에서 실권되지 않고 자유롭게 제출할 수 있어, 당사자의 제1심 경시와 제1심 법관의 항소심으로 **미루기 경향**을 조장하고 심리의 중심이 항소심으로 옮겨지는 요인이 된다. 갱신권을 넓히느냐 좁히느냐에 따라서 속심이 복심도 될 수 있고 사후심화될 수도 있다.

2024. 1. 20. 개정법률에서는 그 시행일을 2025. 3. 1.로 하여 항소이유서제출의무제도를 채택하였다. 그 개정내용을 보면 오스트리아·독일처럼 완전한 사후심의 채택까지 가지는 않고, 속심주의를 버리지 않은 채 항소이유서제도의 채택으로 사후심에 가깝게 운영하도록 하였다. 개정입법이유에도 사후심제도로 간 것이란 말이 없고 민사소송재판절차의 지연해소책이라 했다.

Ⅲ. 항소요건

당사자가 한 항소를 적법한 것으로 보아 법원이 이를 수리하여 본안심리를 하는 데 필요한 조건을 항소요건이라 한다. 항소요건 가운데 어느 하나가 흠이 있을 때에는 항소를 부적법각하하여야 하며, 본안심리를 받을 자격을 잃어 본안판결을 받을 수 없게 된다. 항소의 요건으로서는 다음 다섯 가지를 들 수 있다.

i) 불복하는 판결이 항소할 수 있는 판결일 것(항소의 대상적격), ii) 항소제기의 방식이 맞고 항소기간이 지켜졌을 것, iii) 항소이유서제출이 있었을 것, iv) 항소의 당사자적격이 있을 것, v) 항소의 이익이 있을 것, vi) 항소인이 항소권을 포기하지 않았고 당사자간에 불항소의 합의가 없을 것. 이에 관하여는 앞서 본 「상소요건」에서 대체로 말한 바 있으므로, 여기에서는 항소의 당사자적격만을 본다.

Ⅳ. 항소의 당사자

(1) 제1심의 원·피고[1]가 항소인·피항소인으로 된다. 원·피고 가운데 앞서 본 항소의 이익을 가진 자가 **항소인**(appellant)이 되고, 그 상대방이 **피항소인**

항소법원은 제1심에서의 주장을 받아들일 수 있다는 것에, 대법 1996. 4. 9, 95다14572.

1) 채권자가 채권자대위권에 기하여 당사자인 채무자 대신에 항소할 수 없다. 항고에 관하여 같은 취지의 판례로, 대법 1961. 10. 26, 4294민재항559.

(appellee)이 된다. 피항소인이 동시에 부대항소인이 되고, 항소인이 부대피항소인으로 되는 경우도 있다(403조 참조). 필수적 공동소송, 독립당사자참가, 공동소송참가, 예비적·선택적 공동소송 등 합일확정소송의 경우에는 별론으로 하고, 통상 공동소송의 경우에는 그 한 사람이 항소하거나 당하여도 다른 공동소송인은 항소인·피항소인으로 되지 않는다(공동소송인 독립의 원칙 66조).

제1심의 당사자는 아니나 **당사자참가할 수 있는** 제3자(79조, 83조)는 참가와 동시에 항소를 제기할 수 있다. 보조참가인은 피참가인이 항소권을 포기하지 않는 한 스스로 항소할 수 있지만, 당사자가 아니기 때문에 항소인은 되지 않는다. 제1심 판결의 선고후에 승계인으로서 수계절차를 마친 자는 항소인 또는 피항소인으로 된다(243조). 그리고 승계할 자가 항소를 함과 동시에 항소법원에 수계신청을 한 때에도 적법한 항소로 취급된다.[1)]

(2) 가사소송사건의 당사자로 된 검사(가소 27조)도 항소인·피항소인이 될 수 있다.

제2절 항소의 제기

항소장제출에 의한 **항소제기는 그로부터 이어지는 → 항소장심사 → 항소이유서의 제출 → 항소심의 심리**의 순서에서 제1단계이다.

Ⅰ. 항소제기의 방식

1. 항소장의 제출

(1) 항소의 제기는 원심인 제1심법원에 항소장을 제출하여야 한다(397조 1항). 항소장에 기명날인/서명 등의 기재누락이 있어도 그 기재에 의하여 항소인이 누구인지 알 수 있고 항소인의 의사에 의하여 제출한 것으로 인정되는 경우, 항소장은 유효하다.[2)] 직접제출이 아닌 우편제출[3)]·전자접수라도 무방하다. 원심법원 이외의 법원에 항소장이 제출되었을 때에는 무효의 항소라는 견해가 있으나(규칙 55조

1) 그러나 수계신청이 부적법할 경우에는 항소도 부적법한 것으로 된다. 대법 1971. 2. 9, 69다1741.
2) 대법 2011. 5. 13, 2010다84956.
3) 법원의 우편함에 투입되었으면 그것으로 되며, 법원직원에 의한 접수를 필요로 하지 않는다는 것에, BVerfG NJW 76, 747; 81, 1951.

(의 2에 의해 판결정본 뒤에 항소장 제출할 법원을 밝혀주어 혼동의 가능성이 낮음),[1] 이 경우에도 항소제기의 효력이 생기기 때문에 제34조 1항에 의하여 원심법원으로 이송할 것이다.[2] 그 부본은 피항소인에게 송달하여야 하기 때문에(401조), 항소장과 함께 피항소인의 수만큼의 부본을 제출하여야 한다.

(2) 말·전화에 의한 항소의 제기는 허용될 수 없으나, 2011년 5월부터는 전자접수에 의해 항소할 수 있다. 항소장이 분실되어 기록에 편철되지 아니하였다 하여도 항소의 효력이 생긴다.[3]

2. 항소장의 기재사항과 항소이유서제출의무

(1) 필요적 기재사항 항소장에는 당사자와 법정대리인 이외에 제1심 판결의 표시와 그 판결에 대한 불복의 뜻의 **항소의 취지**를 반드시 기재하여야 한다(397조 2항). 항소의 취지를 표시함에 있어서는 항소장기재에 의하여 어떠한 항소취지인가를 인식할 수 있으면 충분하다.[4][5] 항소인이 항소취지 등을 명확히 하라는 제1심 또는 항소심 재판장의 보정명령에 불응하였으나, 항소장 전체의 취지로 보아 제1심판결의 변경을 구한다는 내용임을 알 수 있는 경우 제399조 2항, 제402조 2항을 적용하여 항소장각하를 할 것은 아니다.[6]

그러나 개정법률시행 이전인 현재는 항소장 자체에서 심판의 범위(원판결변경의 범위)를 정하게 될 불복의 범위와 그 이유기재는 임의적이며,[7] 그 기재가 있으면 준비서면의 구실을 하게 된다(398조). 따라서 원판결의 전부불복이냐 일부불복이냐의 불복의 범위·정도는 항소심의 변론종결시까지 서면·말로 명확히 하면 되는 것이나,[8] 뒤에 볼 개정민소규칙 제126조의 2에 비추어 적어도 항소인의 처음 준비서면에서 이를 명확히 할 것을 요한다고 볼 것이다. 항소심의 쟁점정리의 차원에서 법원은 석명권을 통해 불복의 범위를 명확하게 하는 것이 바람직하다. 그러나 개정

1) 이영섭, 314면; 주석신민소(VI), 117면.
2) 같은 취지: 정동윤/유병현/김경욱, 901면; 정영환, 1267면(단, 판례는 기록송부).
3) 대법 1956. 5. 28, 4288민상538.
4) 대법 1965. 6. 15, 65다662.
5) 항소취지의 기재 예: 「원판결을 취소한다. 원고의 청구를 기각한다. 소송비용은 제 1·2심 모두 원고의 부담으로 한다」라는 판결을 구함.
6) 대법 2012. 3. 30, 2011마2508.
7) 대법 2020. 1. 30, 2019마5599·5600(이 판례에서 항소의 범위는 항소취지와 항소장에 기재된 사건명·사건번호, 당사자의 표시, 취소를 구하는 제1심 판결의 주문 내용 등을 종합적으로 고려해서 판단하여야 한다고 하였다).
8) 대법 1994. 11. 25, 93다47400 등.

법률이 시행되는 2025년 3월 이후에는 항소이유서에서 밝힐 사항이지만, 그 불복범위가 불명하면 석명사항이 될 것이다. 항소장의 인지액은 제1심소장의 1.5배이지만, 상소로써 불복하는 범위의 소송물가액을 기준으로 한다(민인 3조; 민인규 25조).[1]

(2) 항소이유서 2025년 3월 1일부터 시행되는 2024년 1월 20일 개정법률이 나오기 전에는 독일 등이나 형사소송법에서처럼 제출기간을 정한 항소이유서의 **제출강제주의**를 채택하지 아니하였다. 다만 개정민소규칙 제126조의 2에서는 항소인은 항소의 취지를 보다 분명하게 하기 위해 항소장이나 항소심에서 처음 제출하는 준비서면에서 i) 제1심판결 중 사실인정·법리적용의 잘못된 부분, ii) 새롭게 주장할 사실과 증거신청, iii) 새로운 주장·증거를 제1심에서 제출하지 못한 이유를 적도록 규정하였다. 사실상 **항소이유서**에 갈음코자 한 것인지 모른다. 이러한 방식의 준비서면을 제출하지 아니하였다 하여 항소가 부적법각하되는 것은 아니었다(창원지법 2015. 6. 22, 2015인라4). 그러나 새 개정법률에서는 항소장에 항소이유가 기재되어 있지 않은 경우는 오스트리아·독일·일본처럼 항소이유서제출의무제(강제주의)를 채택하였다. 만일 항소법원으로부터 소송기록 접수의 통지를 받은 날로부터 제출기한 40일(1회에 한해서 1개월 연장 가능) 내에 항소이유서를 제출하지 않으면 항소를 각하한다. 다른 나라와 다른 입법적 특색은 독일 2개월, 일본 50일을 제출기간으로 하였는데 우리는 40일, 또 다른 나라와 달리 상대방의 답변서제도가 없고 무엇이 항소이유가 되는지 구체적으로 규정하지 않았다. 독일법은 ZPO § 520에서 항소이유를 명시함과 동시에 항소이유로 보아 법률문제가 중대한 의미를 갖지 아니하는 경우 등 기각처리하는 규정까지 두었고(ZPO § 522), 우리 형사소송법 제361조의 5에서는 15가지에 걸쳐 광범위하게 규정하였으나 그렇지 아니한 우리 법제하에서는 해석론이 필요하다. 생각건대 결국 제1심 판결의 불복의 범위와 더불어 제1심 판결을 나무라는 다음 사항이 이유서의 기재사항으로 보여진다. 형사소송법 동조 1호처럼 판결에 영향을 미칠 헌법·법률·명령 또는 규칙의 위반, 동 15호처럼 사실의 오인이 있어 판결에 영향을 미친 때(채증법칙 위반·심리미진 포함), 대법원 판례 위반, 민사소송법 제424조의 절대적 상고이유 해당의 6가지 그리고 동법 제451조의 재심사유가 될 것으로 보인다. 요컨대 민사소송규칙 제126조의 2 제1항 제1호에서 규정한 제1심 판결 중 사실을 잘못 인정한 부분 또는 법리를 잘못 적용한 부분 등이 기재사항이 될 것이라고 본다. 다만 독일에서는 직권조사

1) 주주대표소송에서 패소피고가 상소하는 경우에 상소심의 소가는 5,000만 100원이다(대법 2009. 6. 25, 2008마1930, 이제 1억원이 되게 되었음, 민인규 18조의 2 단서).

사항, 헌법 위반 문제와 재심사유는 항소이유서 제출 기간의 경과 후에도 추후 제출할 수 있다는 것인데(Rosenberg/Schwab/Gottwald ZPR § 137, Rdnr.46), 우리도 같이 볼 것이다. 그러나 우리 법은 직권조사사항만 추후 제출할 수 있다고 규정했다(402조의 3 1항 단서). 일찍이 서울고등법원에서 민사소송규칙 제126조의 2에 근거하여 항소이유서 작성 권장양식을 만든 바 있는데 이것을 참고로 본서 뒤에 부록 (2)로 첨부해둔다.

한편 항소이유서가 피항소인에게 송달되면서 준비명령으로 답변서의 제출을 촉구하는 것이 바람직하다. 장황한 설시는 원활한 사법운영에 도움이 되지 않는다(미국의 항소이유서나 답변서에는 매수제한도 있다).

Ⅱ. 재판장등의 항소장심사권

위에 본 항소장의 제출 후 심사사항이다.

소장의 경우처럼(254조. 전술한 「재판장의 소장심사」 참조), 제출된 항소장에 대해서도 재판장이 그 심사권을 갖는다. 먼저 원심재판장이 심사하고, 항소기록이 항소심으로 송부된 다음에는 항소심재판장에 의하여 다시 심사된다. 원심재판장에게도 항소장심사권을 부여한 것은, 항소장에 관한 원심제출주의와 일관시키려는 것으로, 방식에 맞지 아니한 상소장을 사전정리하여 상소심의 부담을 경감시키고 상소권의 남용을 방지하려는 데 있다.

(1) 원심재판장 등에 의한 심사 항소장이 원심법원에 제출되면 원심재판장은 i) 항소장에 필요적 기재사항(397조 2항)의 기재여부, ii) 소정 인지의 납부여부를 심사하여, 그 흠이 있을 때에는 상당한 기간을 정하여 항소인에게 보정명령을 하여야 한다(399조 1항). 재판장은 법원사무관 등으로 하여금 보정명령을 하게 할 수 있다(개정 399조 1항 2문). 항소인이 그 기간 내에 보정하지 않을 때는 원심재판장은 명령으로 항소장을 각하하여야 한다.[1] 각하명령이 성립된 후 그 정본이 당사자에게 고지되기 전에 부족한 인지를 보정하였다고 하여 각하명령이 위법하게 되거나 재도의 고안에 의하여 그 명령을 취소할 수 없다.[2] 항소장의 송달비용을 예납

1) 헌재 2012. 7. 26, 2009헌바297은 399조 중 '인지미납의 경우에 항소장 각하명령' 부분이 과잉금지원칙에 위반되어 항소인의 재판받을 권리를 침해하지 아니하므로 합헌이라 하였다(다수의견). 이에 대하여 항소장각하명령을 송달받은 후 7일의 즉시항고 기간 내에 부족인지를 납부하고 즉시항고를 하였을 때도 인지보정하지 아니한 흠이 있는 것으로 보면, 당사자의 재판을 받을 권리의 지나친 제약이며 한정위헌이 된다는 소수의견이 있었으며, 이에 동조하고 싶다.

2) 대법 2013. 7. 31, 2013마670. 서울고법 2020라21169는 보정명령기간이 지난뒤에 송달전 인지보정했다 하더라도 1심 재판장의 항소장 각하명령은 정당하다고 하였다.

하지 아니한 경우에도 마찬가지로 각하명령을 할 수 있다.[1] iii) 항소기간의 도과도 함께 심사할 수 있으며, 도과하였음이 분명한 때에는 항소장각하명령을 하여야 한다(399조 2항). 항소권의 포기 등으로 제1심판결이 확정된 뒤에 제출한 항소장도 각하명령의 대상이 된다.[2] 원심재판장의 항소장각하명령에 대하여는 즉시항고할 수 있다(399조 3항). 이 경우의 항고는 성질상 **최초의 항고**라고 할 것이므로, 항고법원은 제2심법원이고 제3심인 대법원이라고 볼 것이 아니다.[3] 항소법원에 항소기록을 보내는 기간은 항소장이 제출된 날부터 2주이다(400조 1항. 예외: 400조 2항). 항소장이 판결정본의 송달 전에 제출된 경우는 송부기간은 같되, 그 송달된 날부터 기산한다(규 127조).

(2) 항소심재판장 등에 의한 재심사 항소장이 항소기록과 더불어 항소심으로 송부되면, 항소심재판장은 항소장을 다시 심사한다. 심사 결과 필요적 기재사항이 기재되지 않거나 원심재판장이 제대로 납부하지 아니한 인지의 보정명령을 하지 않고 이를 간과한 때, 그리고 항소장부본이 피항소인에게 송달불능이 된 때[4]에는 상당한 기간[5]을 정하여 보정명령을 할 것이다(개정 402조 1항 2문. 법원사무관 등으로 하여금 보정명령을 하게 할 수 있음). 만일 항소인이 이에 응하지 않을 때에는 항소심재판장은 항소장각하명령을 한다(402조 2항).[6] 그러나 최근 판례는 항소장부본송달시 항소장이나 판결문 등에 기재된 주소 외에 **소송기록에서 나타난 다른 주소**로 송달해 보지 않고 보정명령에 불응한다고 하여 한 항소장 각하명령은 잘못이라 했다.[7] 항소장에 추완항소임을 명백히 하지 아니한 경우 항소장각하명령을 하기 전에 그 추완사유의 유무를 심리하거나 이를 주장할 기회를 주지 아니하여도 된다.[8] 항소기간의 도과를 원심재판장이 간과한 때에도 같다(402조 2항). 항소장 각하명령을 할 수 있는 시기는 항소장 송달전까지이며,[9] 항소장이 송달된 뒤에 소송이 진행되다가 기일통지서가 송달불능이 된 때에는 각하명령을 할 수 없다. 각하명령에 대해서는 즉시항고할 수 있다(402조 3항).[10]

---

1) 대법 1995. 10. 5, 94마2452.
2) 대법 2006. 5. 2, 2005마933.
3) 대법 1995. 5. 15, 94마1059 · 1060 참조. 반대: 이재성, "항고장각하의 재판에 대한 불복신청의 성질," 이시윤 박사 화갑기념논문집(하), 356면 이하.
4) 대법 1995. 5. 3, 95마337; 동 1973. 10. 26, 73마641 등.
5) 항소인이 상대방의 주소를 알아내어 보정하거나 이를 조사해 보아도 알 수 없어 공시송달을 신청하는 데 필요한 기간(대법 1991. 11. 20, 91마620 등).
6) 대법(전) 2021. 4. 22, 2017마6438(반대 의견 있다).
7) 대법 2011. 11. 11, 2011마1760; 동 2014. 4. 16, 2014마4026.
8) 대법 2011. 9. 29, 2011마1335.
9) 대법 2020. 1. 30, 2019마5599 · 5600.
10) 보정명령 자체에 대하여는 즉시항고할 수 없다는 것에, 대법 2012. 3. 27, 2012그46.

Ⅲ. 항소제기의 효력

항소의 제기에 의하여 제1심판결의 확정은 차단되고, 사건의 계속은 항소심으로 이전된다(상세는 「상소의 효력」 참조). 항소장부본은 피항소인에게 송달하여야 한다(401조).

Ⅳ. 항소의 취하(393조)

1. 의 의

항소의 취하란 항소인이 항소의 신청을 철회하는 소송행위이다. 항소를 제기하지 않았던 것으로 될 뿐이기 때문에, 소 자체를 철회하는 원고의 소취하(266조 1항)나 항소할 권리를 소멸시키는 항소권의 포기(394조)와는 다르다. 항소의 취하는 항소법원에 대한 의사표시이므로 재판외에서 피항소인에 대해 취하의 의사표시를 하였다 하여도 당연히 항소취하의 효력이 생기지 않는다(항소취하의 합의에 불과).

2. 항소취하의 요건

(1) 항소의 취하는 항소제기후 항소심의 **종국판결선고전**까지 할 수 있다.[1] 소의 취하가 종국판결의 확정시까지 가능한 것(266조 1항)과 달리, 항소심의 판결선고후에는 항소의 취하를 허용하지 않는다. 그것은 항소인이 항소심에서 부대항소 때문에 제1심판결보다 더 불리한 판결을 선고받았을 때에 항소를 취하하여 보다 유리한 제1심판결을 선택함으로써 제2심판결을 실효시키는 것을 방지하기 위함이다.

(2) 항소의 제기는 항소불가분의 원칙에 의해 전청구에 미치기 때문에 소의 취하와 달리, **항소의 일부취하**는 허용되지 않는다. 그러나 판례는 일부청구에 대한 불복신청을 철회하는 것은 **불복범위의 감축**일 뿐이고, 항소심변론종결시까지 불복범위를 다시 확장할 수 있다고 본다.[2] 직권탐지주의에 의하는 절차에서도 항소취하는 자유롭게 허용된다.

(3) 통상공동소송의 경우에는 공동소송인 한 사람의 또는 한 사람에 대한 항소를 취하할 수 있으며, 그 효력을 다른 공동소송인이 다툴 수 없다.[3] 필수적 공

---

1) 항소심의 종국판결이 선고된 뒤라도 그 판결이 상고심에서 파기환송된 경우는 새로운 종국판결이 있기까지 항소인은 항소를 취하할 수 있다(대법 1995. 3. 10, 94다51543).
2) 대법 2016다241249.
3) 대법 1971. 10. 22, 71다1965.

동소송의 경우에는 공동소송인 전원이 또는 전원에 대하여 항소를 취하할 것을 요한다(67조). 보조참가의 경우에는 보조참가인은 피참가인이 제기한 항소를 취하할 수 없지만, 보조참가인이 제기한 경우에는 피참가인의 동의가 있으면 보조참가인도 항소를 취하할 수 있다.[1)]

독립당사자참가 등과 항소의 취하 예를 들면 독립당사자참가에 있어서 패소한 원고 및 참가인 두 사람 모두가 항소를 제기하였다가 그 중 원고만이 항소취하를 하여도 원고는 항소심의 당사자로 남아 원고·피고·참가인간의 세 개의 청구가 항소심의 심판의 대상이 된다.[2)] 문제는 패소한 A·B 중에 A 한 사람만이 항소를 제기하였다가 A가 바로 취하한 경우인데, 항소를 하지 않은 패소당사자 B의 항소심에서의 지위에 관하여 상소인설을 취하지 않는 한(「독립당사자 참가」 참조) 다른 패소자 B의 동의가 없어도 유효한 항소취하가 되며, 그 취하에 의하여 항소가 소급적으로 소멸되어 항소심절차는 끝난다. 예비적·선택적 공동소송 등 다른 합일확정소송의 경우도 같이 해석할 수 있을 것이다.

(4) 항소의 취하는 항소인의 의사표시만으로 되는 단독적 소송행위이므로 소의 취하와 달리, 어느 때나 상대방의 동의가 필요 없다(393조 2항에서 266조 2항 부준용). 그러나 증권관련 집단소송에서는 항소의 취하에 법원의 허가가 필요하다(증집소 38조, 35조).

(5) 항소의 취하는 소송행위이기 때문에 여기에는 소송행위 일반의 유효요건을 갖추어야 한다. 따라서 의사무능력자가 행한 항소의 취하는 무효이다. 절차안정의 요청 때문에 표시외관에 의하여 취하의 효과가 확정되어야 한다. 그러므로 조건을 붙일 수 없으며, 또 착오·사기·강박과 같은 외부에서 용이하게 알 수 없는 행위자의 의사의 흠을 이유로 그 행위의 무효·취소를 주장할 수 없다.[3)] 그러나 형사상 처벌을 받을 다른 사람의 행위에 의하여 항소가 취하되었을 때에는 제451조 1항 5호의 재심사유에 관한 규정을 유추하여 항소취하의 취소가 허용됨은 소의 취하와 마찬가지이다(「소의 취하」 참조).

3. 항소취하의 방식

항소취하의 방식에 관하여는 소의 취하에 관한 제266조 3항 내지 5항이 준용된다. 서면취하시에 취하의 효력이 생기는 것은 취하서가 항소법원에 제출된 때이고 상대방에의 송달시가 아니다.[4)5)] 항소의 취하는 항소법원에 제출할 것이

1) 반대: 주석신민소(Ⅵ), 96면. 참가인이 제기한 항소는 피참가인이 포기·취하할 수 있다는 것에, 대법 1984. 12. 11, 84다카659; 동 2010. 10. 14, 2010다38168.
2) 日最高裁 昭和 45. 12. 24 판결.
3) 대법 1967. 10. 31, 67다204; 동 1980. 8. 26, 80다76.
4) 대법 1980. 8. 26, 80다76.
5) 항소취하서를 작성하여 타인에게 교부한 바 있으면 그 타인이 약속을 어기고 이를 법원에 제출

나, 아직 소송기록이 원심법원에 있을 때에는 항소의 취하를 원심법원에 하여야 한다(규 126조).

4. 항소취하의 효과

항소의 취하에 의하여 항소는 소급적으로 그 효력을 잃게 되고, 항소심절차는 종료된다(393조 2항, 267조 1항). 원판결을 소급적으로 소멸시키는 원고의 소취하와 달리 항소의 취하는 원판결에 영향을 미치지 않으며 그에 의해 **원판결은 확정**된다. 항소심에서 소취하보다는 항소취하가 더 불리할 수 있으므로, 선택을 바르게 하여야 한다. 소취하는 재소금지의 효과(267조 2항)가 따르지만, 항소취하는 기판력 있는 확정판결에 이르기 때문이다. 다만 항소취하 후라도 상대방은 물론 항소인도 항소기간만료 전이면 또다시 항소를 제기할 수 있다.[1] 판결이 아직 확정되기 전이므로 항소기간이 남아 있으면 마음을 바꾸어 항소할 수 있다. 이 점이 다시 제기하면 항소가 부적법하게 되는 항소권의 포기와의 차이이다.

항소심에서 소의 교환적 변경이 이루어진 뒤에 한 항소취하는, 변경된 구청구에 대한 소의 취하에 따른 제1심판결의 실효로 항소취하 대상이 없어져 아무런 효력이 발생할 수 없다.[2]

5. 항소취하의 간주

i) 2회에 걸쳐 항소심의 변론기일에 양쪽 당사자가 출석하지 아니한 때(무변론 포함)에 1월 내에 기일지정신청이 없거나 그 신청에 의하여 정한 기일에 출석하지 아니한 때에는 항소취하가 있는 것으로 본다(앞에서 본 「쌍방당사자의 결석」 참조. 268조 4항). ii) 법원재난에 기인한 민형사사건 임시조치법에 의하면 상소심의 계속중에 법원의 재난으로 인하여 소송기록이 멸실되었을 때에 상소인이 6월 이내에 상소장의 부본 및 사건계속의 소명방법을 제출하지 아니하면 상소취하가 있는 것으로 간주된다.[3]

6. 항소취하의 합의

항소취하의 합의(항소취하계약)는 소취하의 합의와 마찬가지로 그 법적 성질

하였다 하여도 취하의 효력이 있다는 것에, 대법 1970. 10. 23, 69다2046; 동 1971. 1. 26, 69다2048 참조.

1) 대법 2016. 1. 14, 2015므3455. 다만 판결정본이 송달되기 전에 항소를 제기하였다가 취하되어도 원판결이 확정되지 아니한다=대법 1991. 4. 23, 90다14997.

2) 대법 1995. 1. 24, 93다25875.

3) 대법 1971. 5. 31, 71다752.

및 효과에 관하여 견해의 대립이 있지만, 사법(私法)계약설에 입각하여 피항소인의 항소취하계약의 주장·입증이 있으면 항소법원은 항소의 이익이 없다 하여 항소를 각하할 것이다(「소취하계약」 참조. 미국 상소규칙 § 42에 의하면 소송비용의 부담을 정하면서 취하합의가 있으면 항소각하). 그러나 항소심에서 청구의 교환적 변경신청이 있는 경우, 그 시점에 항소취하서가 법원에 제출되지 아니하였으면 법원은 청구변경의 요건을 갖추었는지에 따라 변경의 허부만 결정하면 된다.[1)]

Ⅴ. 부대항소

1. 의의 및 성질

(1) 부대항소란 항소를 당한 피항소인이 항소인의 항소에 의하여 개시된 항소심절차에 편승하여 자기에게 유리하게 항소심 심판의 범위를 확장시키는 신청이다. 상대방의 항소제기에 대해 피항소인이 하는 대응이다. 예를 들면 제1심판결에서 원고 甲의 피고 乙에 대한 1,000만원 지급청구 중 600만원만이 인용된 경우, 甲만이 자기패소부분 400만원에 대해 항소하여 乙의 항소권이 소멸(항소기간도과, 항소권의 포기)되었더라도 乙은 부대항소에 의하여 자기패소부분 600만원에 대해 유리하게 원판결의 변경을 구할 수 있는 것이다. 제도의 취지는 첫째로, 항소인은 항소심에서 심판범위를 확장할 수 있기 때문에 이에 대응하여 피항소인에게도 부대항소로 심판범위를 확장할 수 있도록 하여 공평한 취급을 하려는 것이고(무기평등의 원칙), 둘째로, 피항소인이 부대항소에 의해 항소인이 불복하지 않은 부분뿐만 아니라 제1심판결 사항이 아니었던 것까지도 그 심판범위에 포함시켜 소송경제를 도모하려는 것이다[2)](예: 제1심의 전부승소자가 청구의 확장 또는 반소의 제기를 위한 부대항소를 제기한 경우, 이혼소송에서 전부승소한 원고가 부대항소에 의하여 재산분할청구까지 확장하는 경우 등). ① 항소기간도과 뒤나 항소권포기 뒤의 항소제기라는 점, ② 항소의 이익을 필요로 하지 아니한다는 점이 그 특징이다.

(2) 부대항소의 성질에 관하여는 학설대립이 있다. i) **항소설**은 부대항소도 항소라고 보아 항소의 이익이 없으면 부적법해지며, 제1심에서 전부승소한 당사자가 항소심에서 청구의 확장·변경 또는 반소의 제기를 위하여 하는 부대항소는 허용될 수 없다고 본다. ii) **비항소설**은 부대항소는 공격적 신청 내지 특수한 구제방법이고 항소가 아니기 때문에 항소의 이익을 필요로 하지 아니하며, 제1심에

1) 대법 2018. 5. 30, 2017다21411.
2) 대법 2003. 9. 26, 2001다68914.

서 전부승소한 피항소인이 청구의 확장·변경 또는 반소의 제기를 위해 부대항소할 수 있다는 입장이다. 부대항소는 상대방의 항소에 편승한 것뿐이지 이에 의하여 항소심절차가 개시되는 것이 아니므로, 통설·판례[1]인 비항소설이 옳다고 본다. 부대항소의 종속성으로 보아도 그렇다.

2. 요　건

(1) 주된 항소가 적법하게 계속되어 있어야 한다.

(2) 주된 항소의 피항소인(또는 보조참가인)이 항소인을 상대로 제기하여야 한다(403조). 그러므로 당사자 양쪽이 모두 주된 항소를 제기한 경우에는 그 한쪽은 상대방의 항소에 부대항소를 할 수 없다. 통상공동소송에서 항소인 甲이 공동소송인 A·B·C 중 한 사람인 A에 대하여만 항소한 때에는 피항소인이 아닌 다른 공동소송인인 B·C는 부대항소를 제기할 수 없다. 또 통상공동소송인 A·B·C 중 한 사람인 A만이 항소한 경우에도 피항소인 乙은 항소인이 아닌 다른 공동소송인 B·C를 상대방으로 하거나 상대방을 보태어 부대항소를 제기할 수 없다.[2] 이 경우에 피항소인이 아닌 다른 공동소송인이나 항소인이 아닌 다른 공동소송인의 판결부분은 공동소송인독립의 원칙(66조)에 의하여 이미 분리확정되어 끝났기 때문이다[3](앞의 「상소불가분의 원칙」 참조).

(3) 항소심의 변론종결 전이어야 한다(403조).

(4) 피항소인은 항소권의 포기나 항소기간의 도과로 자기의 항소권이 소멸된 경우에도 부대항소를 제기할 수 있다(403조). 부대항소권까지도 포기하였으면 그러하지 아니하다.

3. 방　식

(1) 항소에 관한 규정에 의한다(405조). 따라서 부대항소장이라는 서면제출을 필요로 하지만, 그 신청을 변론에서 말로 해도 상대방이 이의권(151조)을 포기하면 적법한 제기로 볼 수 있다. 부대항소장에는 항소장에 준하는 인지를 납부해야 한다(민인규 26조. 항소장과 같은 액수의 인지는 비항소설과 맞지 않음. 부대항소로 보는 청구확장부분은 제1심의 지위에서 재판한다. 소장인지에 준함이 옳을 것임).[4] 전부승소한 당사

---

1) 대법 1980. 7. 22, 80다982 등.
2) 대법 2015. 4. 23, 2014다89287·89294 참조.
3) 대법 2012. 9. 27, 2011다76747.
4) 인지가 불필요하다는 설은, 김홍규, 803면.

자는 독립의 항소는 허용되지 않으나 상대방이 항소제기한 경우에 소의 변경 또는 반소의 제기를 위한 부대항소를 제기할 수 있으며, 이 때에 부대항소장의 제출을 하지 않고 대신에 **청구취지확장서**[1)2)] · **반소장**, 판례는 이에 나아가 피항소인이 제1심판결보다 자신에게 유리한 판결을 구하는 적극적 공격성 신청의 의미가 객관적으로 명백히 기재된 서면(불복이 담긴 항소장도 같다)[3)] 제출을 이용해도 된다. 그렇게 해도 상대방에게 불리하게 되는 한도에서 부대항소를 한 것으로 본다. 부대항소의 취지를 밝히지 않아도 부대항소로 의제되는 것이다.[4)] 그러나 원심보다 유리하게 변경하고자 하는 내용이 명백하지 아니하므로 부대항소로 보려면 석명해야 하며 그렇지 않고 답변서를 부대항소로 보면 재판으로서 불의타가 된다.[5)] 부대항소의 경우에도 독립항소의 경우처럼 부대항소이유서제출의무가 있다고 볼 것이다. 다만 항소심에서 교환적 변경에 의한 부대항소는 부정될 것이다. 이때에는 항소한 제1심판결이 실효되고 항소심은 신청구에 대한 제1심이 되기 때문이다. 항소의 대상이 없어져 본항소의 존재를 전제로 한 부대항소는 허용될 수 없다.

(2) 부대항소도 취하할 수 있다. 부대항소를 취하함에는 상대방의 동의를 요하지 않는다. 부대항소의 취하를 서면으로 한 경우에는 그 서면을 법원에 제출한 때 비로소 효력이 생긴다.

4. 효　　력

(1) 불이익변경금지의 원칙 배제

부대항소에 의하여 항소법원의 심판의 범위가 확장되면 피항소인의 불복의 정당여부도 심판되게 된다. 원래 항소심의 변론은 항소인이 제1심판결의 변경을 구한 불복의 범위에 한하며, 항소인에게 제1심판결 이상으로 불이익한 판결을 할 수 없다(불이익변경금지의 원칙. 407조 1항, 415조). 예를 들면 1,000만원의 대여금청구에서 제1심판결이

1) 여기의 청구취지확장에는 양적 확장은 물론 상환이행청구를 단순이행청구로 바꾸는 질적 확장도 포함한다. 대법 1979. 8. 31, 79다892 참조.

2) 원고의 본소 중 주위적 청구는 전부인용, 피고의 반소 중 주위적 청구는 소각하 · 예비적 청구는 일부기각의 판결에 대하여 피고만이 반소의 예비적 청구의 판결부분에 항소한 경우에, 원고의 본소의 주위적 · 예비적 청구 모두 심판범위에서 제외되기 때문에 원고가 청구취지변경신청서를 제출하여 새 청구를 추가하여도 추가된 청구는 심판범위에 포함되지 않는다(대법 2008. 3. 13, 2006다53733 · 53740)고 하였으나 의문이다. 이 경우에 원고가 청구취지변경서로 새로 낸 새청구는 부대항소의 취지로 보아 심판의 대상이 된다고 볼 수 있지 않을까.

3) 대법 2022. 10. 14, 2022다252387.

4) 대법 2008. 7. 24, 2008다18376; 동 1995. 6. 30, 94다58261 등.

5) 대법 2022. 12. 29, 2022다263462.

600만원을 인용한 데 대하여 일부패소의 원고만이 항소하였을 때, 항소심에서 600만원조차 인용되지 않는다는 결론에 이르더라도 제1심판결의 원고승소부분을 취소할 수 없다. 그러나 피고(피항소인)로부터 부대항소가 있었으면 취소가 가능하다.[1)]

(2) 부대항소의 종속성

부대항소는 상대방의 항소에 의존하는 것이기 때문에, 주된 항소의 취하 또는 부적법각하에 의하여 그 효력을 잃는다(404조 본문). 주된 항소가 취하·각하될 것을 해제조건으로 한 예비적 항소이다. 앞의 예에서 1,000만원 중 400만원 원고패소의 판결에 원고가 항소한 뒤, 피고가 자기 패소부분 600만원을 부대항소하였는데, 이로 인해 원고가 많은 인지대 등 소송비용을 들여 항소제기를 하였지만 제1심 자기의 승소부분 600만원조차 유지하기 힘들어 화를 부른 것 같다고 생각된다면, 자기의 주된 항소의 취하로 피고의 부대항소를 실효시켜 현상유지를 할 수 있다. 이것은 부대항소의 종속성 때문이다. 부대항소인이 독립하여 항소할 수 있는 기간 내에 제기한 부대항소는 독립항소로 보기 때문에(404조 단서), 항소의 취하·각하에 의하여 영향을 받지 않는다. 이를 **독립부대항소**라고 한다. 그러나 항소가 취하·각하된 뒤에는 이것도 항소의 이익은 갖추어야 한다(독일의 통설).

제3절 항소심의 심리

항소심은 i) 항소장이 알맞는 방식인가와 항소기간이 지켜졌는가, ii) 항소가 적법한가, iii) 항소 또는 부대항소에 의한 불복이 이유 있는가의 순서로 심리한다. i)의 문제는 재판장의 항소장심사권에 관한 설명에서 밝힌 바 있으므로, 여기에서는 ii)·iii)의 문제만 살핀다.

---

1) 대법 2000. 2. 25, 97다30066; 동 1991. 9. 24, 91다21688. 원고전부승소판결에 대하여 피고가 지연손해금부분에 대하여 서면항소하였는데, 원금부분에 대하여 제1심에서 전부 승소한 원고가 부대항소로 청구취지를 확장하였을 때에 항소심이 원고의 부대항소를 받아들여 제1심판결의 인용액보다 더 원고청구를 인용하여도 불이익변경금지의 원칙에 위배되지 않는다=대법 2003. 9. 26, 2001다68914.

Ⅰ. 항소의 적법성의 심리

항소법원은 항소장방식이 맞고 항소기간이 준수된 것으로 인정되는 때에는 먼저 항소의 적법요건(「상소요건」 참조)에 관하여 직권조사하여야 한다. 조사결과 부적법한 항소로서 그 흠을 보정할 수 없는 경우임이 판명되면 변론 없이 판결로써 항소를 각하할 수 있다(413조). 40일 기간 내에 항소이유서를 제출하지 아니한 때에는 결정으로 항소를 각하하는 것이 개정법률 제402조의 3의 규정이다. 불항소의 합의가 있는데 제기한 항소,[1] 항소의 이익이 없는 항소,[2] 판결선고 전에 제기한 항소,[3] 사망자 상대의 판결에 대한 항소[4] 등이 흠을 보정할 수 없는 경우에 해당한다. 그러나 대리권소멸 후에 제기한 항소 등은 추인의 여지가 있으므로 보정할 수 없는 경우에 해당되지 않으며,[5] 일단 변론을 열고 볼 것이다.

Ⅱ. 본안심리(불복의 당부 심리)[6]

1. 총 설

항소가 적법하면 불복의 당부, 즉 항소가 이유 있느냐의 여부에 관한 본안심리를 한다. 항소심에서의 심리도 2008. 12. 26. 개정법률에 의하여 제1심의 소송절차에 준하여(408조) 변론준비절차 중심주의에서 변론기일 중심주의로 바꾸었다. 바로 변론기일을 열어 행하는 것을 원칙으로 한다(개정 258조 1항 본문). 변론에 앞서 필요한 경우에는 변론준비절차에 부쳐 항소장이나 항소심에 처음 제출하는 준비서면에서 밝힌 항소이유(개정규 126조의 2)를 토대로 쟁점정리를 한 뒤에 변론에 들어갈 수 있다(개정 258조 1항 단서). 제1심의 무변론판결사건, 공시송달사건, 제1심의 쟁점정리판단이 부적절한 사건, 새로 제출한 공격방어방법에 대한 심리판단이 필요한 사건 등을 그 예로 들 수 있다. 변론에서는 항소인은 먼저 제1심판결의 변경을 구하는 한도 즉 불복의 범위를 명확히 진술할 것을 요한다.[7] 이에 대하여 피항소인은 항소의 각

---

1) 대법 1980. 1. 29, 79다2066.
2) 대법 1972. 4. 11, 72다237; 동 1979. 8. 28, 79다1299.
3) 대법 1957. 5. 2, 4289민상647.
4) 대법 1971. 2. 9, 69다1741; 동 1986. 7. 22, 86므76. 그러나 유효한 판결로서의 외관제거를 위한 항소는 적법한 것으로 보아야 한다(814면 주 4) 참조).
5) 대법 1965. 11. 30, 65다1989.
6) 전병서, "항소심심리개선의 방향," 한국민사소송법학회, 2014년 동계학술대회발표논문.
7) 대법 1962. 12. 20, 62다680. 불복의 범위를 확장한 서면을 진술하지 않기로 한 경우는 심판의 대상이 되지 않는다는 것에, 대법 1990. 12. 31, 90다6149·6156.

하 · 기각의 신청을 할 수 있으며, 경우에 따라 부대항소를 신청할 수도 있다. 제1심과 마찬가지로 증인신문과 당사자신문은 변론기일에서 집중적으로 하여야 한다(408조, 293조).

2. 변론의 범위—항소심판의 대상

항소심에서의 변론은 항소인이 제1심판결의 변경을 청구하는 한도 즉 불복신청의 범위 안에서 하며(407조 1항), 그 **불복의 한도** 안에서 항소심의 판결도 한다(415조). 이와 같이 항소심의 심판이 당사자에 의하여 항소로 주장된 불복의 범위에 한정되는 것은 처분권주의(203조)를 채택한 결과이다. 제1심판결 전부가 심판의 대상이 되는 것이 아니다.

(1) 항소심의 심판의 범위를 제약하는 것이 **불복의 한도**이기 때문에 앞서 본 바와 같이 그 표시가 항소장의 필요적 기재사항은 아니며(397조), 항소이유서에 불복인지 일부불복인지를 밝혀야 할 것이다. 수개의 청구 모두 패소하였을 때에 그 중 하나 청구패소부분에 대해 항소할 수 있지만, 1개 청구 중 가분하여 일부만 떼어 일부항소도 할 수 있다. 불복의 범위가 불분명하면 석명권(136조)의 행사로 명확히 하여야 함은[1] 앞서 본 바이다. 불복의 범위[2]는 항소심의 변론종결시까지 변경할 수 있으며, 수개의 청구에 대한 불복항소에서 일부청구에 대한 불복신청을 철회할 수도 있다.[3] 또 피항소인도 부대항소에 의하여 불복의 범위를 확장시킬 수 있다.

(2) 원칙적으로 제1심판결 가운데 불복하지 않은 것은 항소심의 심판대상이 되지 않는다. 다시 말하면 항소불가분의 원칙에 의해 항소의 제기로 제1심판결에서 심판한 모든 청구가 이심되지만, 심판의 범위는 불복의 범위에 국한된다.[4] 예를 들면 주위적 청구기각 · 예비적 청구인용의 판결에 피고가 자기 패소의 예비적 청구부분에 항소한 경우에, 항소심에 이심의 효력은 주위적 청구에까지 미치나,

---

1) 대법(전) 1996. 7. 18, 94다20051는 재산상 손해와 위자료 청구가 1개의 판결로서 선고된 경우, 소송물의 범위를 특정하지 않은 채 일정금액부분만 항소하였다면 재산상 손해와 위자료청구 모두 항소심에 이심되어 항소심의 심판대상이 된다고 하였는데, 이는 소송물에 관한 손해 1개설에 접근으로 보여진다.

2) 불복의 범위는 반드시 서면이 아니라 구술로 밝혀도 된다는 것에, 대법 1978. 3. 28, 77다1809 · 1810 등.

3) 대법 2016다241249.

4) 항소인의 불복한도로 제한되지만, 심판의 범위에 속하는 청구의 당부를 심사하기 위하여 당해 청구권의 전반에 관하여 심리하는 것은 부득이하다는 것에, 대법 2003. 4. 11, 2002다67321.

심판의 범위는 예비적 청구에 국한된다.[1] 따라서 「이심의 범위=심판의 범위」가 되지는 않는다(앞의 「상소불가분의 원칙」 참조). 판례는 항소심의 심판대상이 되지 아니한 부분은 항소심판결선고와 동시에 확정된다고 한다.[2] 불복의 범위에 속하지 않는 청구에 대하여 판결하였다면 이것은 무의미한 판결이며, 이에 대하여 상고하였다 하여 상고심의 심사대상이 되지 않는다.[3]

예외적으로 필수적 공동소송, 독립당사자참가, 공동소송참가, 예비적·선택적 공동소송[4] 등 합일확정소송의 경우는 제1심판결 중 불복하지 아니한 당사자의 본안판결 부분도 합일확정의 범위 내에서는 항소심의 심판대상이 된다(뒤에 볼 「불이익변경금지 원칙」 참조).

(3) 원칙적으로 제1심판결로 심판하지 아니하고 **누락한 청구부분**은 이심이 되지 아니하므로 항소심의 심판대상도 되지 않는다. 이것은 추가판결(212조)의 대상이 될지언정 항소심의 심판대상은 되지 아니한다. 다만 제1심판결에서 주위적 청구를 인용함으로써 예비적 청구를 심판하지 아니한 경우에 예비적 청구도 항소심으로 이심되어 심판의 대상이 됨은 앞서 본 바이다(앞의 741~742면 참조).

(4) 항소심에서 피고의 경정, 필수적 공동소송인의 추가는 불허되고 반소의 제기에는 원고의 동의를 필요로 하는 제약이 있다. 원고가 이의를 제기하지 아니하고 반소의 본안에 관하여 변론을 한 때에도 반소제기에 동의한 것으로 보지만(412조), 판례는 원고가 반소기각의 답변을 한 것만으로는 이의 없이 반소본안에 관하여 변론한 때에 해당한다고 볼 수 없다고 했다.[5] 그러나 중간확인의 소·소의 변경·소의 일부취하가 허용되기 때문에 이에 의하여 심판의 대상이 확장되거나 축소되는 경우가 있다. 소의 교환적 변경에 의하여 구청구에 대한 취하에 따라 제1심판결은 실효되고, 신청구에 대해 항소심은 제1심의 지위에서 심판하게 된다. 추가적 변경은 청구의 기초에 변경이 없고 소송절차를 현저하게 지연시키지 않는 경우이면 추가된 청구는 당연히 항소심의 심판대상이 된다.[6] 추가된 신청구는 항소심이 **제1심으로 심판**하게 된다(따라서 교환적 변경에는 제1심인지만 붙이면 된다고 할 것이다). 제1심에서 전부승소한 원고라도 피고가 항소하였을 때에 부대항소에 의하지 않고 청구취지확

1) 대법 1995. 2. 10, 94다31624 등.
2) 대법 2004. 6. 10, 2004다2151·2168; 동 2020. 3. 26, 2018다221867 등.
3) 대법 1995. 1. 24, 94다29065.
4) 법률상 양립할 수 있는 부적법한 예비적 공동소송의 경우는 다르다는 것에, 대법 2012. 9. 27, 2011다76747.
5) 대법 1991. 3. 27, 91다1783·1790.
6) 대법 1990. 1. 12, 88다카24622.

장으로 새로운 청구를 할 수 있으며 이는 부대항소한 취지임은 앞서 본 바이다(전술한 「부대항소」 참조). 단 새로 확장된 청구(반소청구도 같다)는 항소의 각하·취하에 의하여 그 효력을 잃게 된다(앞서 본 「부대항소의 종속성」 참조).

3. 가집행선고

원판결 중에서 어느 당사자도 불복신청을 하지 않은 부분에 대해 가집행선고가 붙지 않은 경우에는 항소법원은 신청에 의하여 결정으로 가집행선고를 할 수 있다(406조 1항). 신청을 기각한 결정에 대하여는 즉시항고를 할 수 있다(406조 2항).

4. 제1심의 속행으로서의 변론

우리나라의 민사항소심은 **속심제**이므로 제1심변론의 속행으로서 제1심에 있어서의 자료에다 항소심에서의 새로운 자료를 보태어 심리를 한다는 것은 이미 본 바이다.

(1) 변론의 갱신절차 당사자는 제1심의 자료를 항소심에 상정할 필요가 있으며, 이를 위해 불복신청을 하는 데 필요한 한도에서 제1심의 변론결과를 진술하지 않으면 안 된다(407조 2항). 이를 **변론의 갱신**이라 한다. 개정법률이 항소이유서제출의무제를 채택하였으므로 항소이유서에서 밝힌 한도에서 변론갱신절차를 밟아야 할 것은 필연적이다. 변론의 갱신이 형식에 그친다고 하여 개정민소규칙 제127조의 2에서는 제1심 변론결과의 진술은 당사자가 사실상·법률상 주장, 정리된 쟁점 및 증거조사의 요지 등을 진술하거나, 법원이 쟁점을 확인하는 방식에 의하도록 하였다. 변론의 갱신은 출석한 당사자 한쪽만이 하여도 되지만,[1] 변론결과의 일부만을 분리하여 진술할 수 없다.[2)3]

제1심의 변론준비·변론·증거조사 그 밖의 소송행위는 항소심에서도 그 효력이 있다(409조). 예를 들면 이의권(책문권. 151조)의 상실, 재판상의 자백의 구속력도 그대로 유지된다. 항소이유에서 특별히 지적하거나 그 뒤의 심리에서 밝히지 아니하여도 항소법원이 제1심에서의 주장을 받아들일 수 있음은 당연하고 이를 들어 직접주의나 변론주의에 반하거나 불의의 타격이라 할 수 없다.[4] 다만 제1심에서

1) 대법 1957. 6. 20, 4290민상102; 동 1960. 6. 3, 4292민상805.
2) 대법 1954. 5. 27, 4286민상235.
3) 대법 1987. 12. 22, 87다카1458. 당사자가 출석하여 소송관계를 표명하고 증거조사결과에 대하여 변론했다면, 제1심의 공격방어방법과 증거조사결과를 원용한 것이 된다.
4) 대법 1996. 4. 9, 95다14572.

자백간주가 되었어도 항소심 변론종결시까지 이를 다툰 이상 자백으로서의 구속력이 없다.[1] 제1심의 절차상의 사항이 적법한가 여부도 항소심의 판단을 받게 되기 때문에, 위법한 절차나 행위는 이를 심리의 기초에서 제외하고 절차를 진행하여야 한다.[2] 채권자가 외환채권을 우리나라 통화로 환산하여 청구하는 경우에 항소심이 항소심 변론종결 당시를 기준으로 청구의 당부를 판단하는 속심인 점에 비추어 항소심의 변론종결 당시의 외국환시세를 기준으로 환산하여 심리해야 한다. 항소인의 항소이유에 지적이 없어도 그러하다.[3]

(2) 변론의 갱신권과 제약

당사자는 항소심의 변론종결시까지 종전의 주장을 보충·정정하고, 이에 나아가 제1심에서 제출하지 않은 새로운 공격방어방법을 제출할 수 있다. 이를 **변론의 갱신권**(更新權, ius novorm)이라 한다(앞의 「변론의 갱신」과 다름). 개정법률상 항소이유서에서 밝힌 사항과 전혀 무관한 공격방어방법의 제출에는 제약이 따를 것이다. 다만 가집행 때문에 피고가 한 변제는 방어방법으로 되지 않는 것은 이미 본 바이다(앞의 「가집행 선고」 참조). 항소심의 변론의 갱신권은 제약이 따른다.

1) 증인의 재신문과 새로운 공격방어방법의 제출 제1심에서 신문했던 증인의 재신문을 구할 수 있지만 같은 심급 안의 법관의 경질과 달라서 제204조 3항이 적용되지 않으며(앞으로 증인신문결과를 digital화(전자화) 하여 보존하면 특별한 사정이 없으면 문제되지 않을 일), 따라서 반드시 신문하여야 하는 것이 아니고 **재량사항**이다. 생각건대 증명취지가 같고 명확한 증언을 한 경우까지 재신문을 한다면 소송기록만을 쌓이게 하고 항소심을 복심화하게 될 것이다. 또 제출한 새로운 공격방어방법이라도 적시제출주의를 위반하면 시기에 늦은 것이 되어 각하된다(408조·149조). 시기에 늦었는가의 여부는 속심이기 때문에 1·2심을 통괄하여 판단해야 한다는 것은 이미 설명한 바이다(앞서 본 「적시제출주의」 참조).[4] 특히 개정민소규칙 제126조의 2에서는 항소인이 항소심의 처음준비서면에서 새로운 공격방어방법을 제1심에서 제출하지 못한 이유를 적도록 하였으며,

---

1) 대법 1968. 3. 19, 67다2677.

2) 같은 취지: 정동윤/유병현/김경욱, 913면. 제1심 법원이 위법한 발송송달을 하여 결과적으로 변론기일통지서 전부가 적법하게 송달되지 아니한 상태에서 변론종결하고 선고한 경우, 항소심은 제1심 전부를 취소하고 소장진술을 비롯한 모든 변론절차를 새로 진행한 다음 본안에 대하여 다시 판단하여야 한다는 것에, 대법 2004. 10. 15, 2004다11988.

3) 대법 2007. 4. 12, 2006다72765.

4) 항소심에 이르러 동일한 쟁점에 관한 대법원판결이 선고되자 그 판결취지를 토대로 한 새로운 주장을 제출한 경우는 실기한 공격·방어방법이라 볼 수 없다는 것에, 대법 2006. 3. 10, 2005다46363 등.

정당한 이유를 대지 못하면 시기에 늦었다 하여 각하시켜도 될 것이다.

2) **재정기간제도** 항소심에서의 변론의 갱신권의 적절한 제한은 제1심으로의 절차의 집중을 위하여서나 항소심의 복심화를 막기 위하여 고려되어야 할 중요한 과제이다. 변론의 갱신권을 무제한으로 인정하면 당사자는 제1심에서 소송자료의 제출에 충실한 노력을 등한히 함으로써 제1심이 통과심이 되고 제1심 법관은 '항소심 미루기'로 나가게 되어 심리의 중점이 항소심으로 넘어가게 된다. 즉 1심보다는 2심이 재판이 더 길어지는 항소심으로 도피의 현상이 나타날 수 있다. 나아가 **증거방법과 시간적**으로 **지리적**으로 떨어져 있는 것이 항소심인 만큼 소송을 지연시킬 뿐더러 사건의 진상발견도 곤란하게 하며 소송경제에 반한다(이 사례로 세월호 사건은 9번 시간·노력·비용 등을 지출하였다). 그러므로 사실심리는 사건을 fresh하게 접하는 제1심에 중점을 두어야 하며(제1심중심주의), 항소심은 어디까지나 보충적이어야 한다. 따라서 항소이유에서 지적한 쟁점중심의 심리에 치중해야 한다. 신법은 독일이나 일본처럼 항소심에서 독자적으로 갱신권을 제한하는 규정은 두지 아니하였다. 그러나 신법은 제146조에서 적시제출주의(timeliness)를 규정하고 제147조에서 공격방어방법의 제출기간제한인 **재정기간**의 규정을 두었는데, 이것들은 항소심에서도 적용이 되는 것이므로, 항소심에서 변론갱신권의 제한을 구법보다 크게 강화한 결과임에 틀림 없다. 모처럼 마련된 이러한 일련의 규정들이 재량규정인 점과 이의 활발한 적용은 실체적 진실발견을 희생시킨다는 점 등에 미련이 남아 그 적용을 주저하는 것은 옳지 않다. 따라서 항소심에서 그 제도를 적절히 활용하여 공격·방어방법의 적시제출기간을 제한하고 그 기간을 넘기면 실권적 제재를 과감하게 과하는 것이 바람직하다(사건관리방식에 관한 예규 참조). 여기에 더하여 심리에 시간이 많이 소요될 상계항변·소의 변경 등이나 실기한 공격·방어방법에 대한 각하,[1] 변론준비기일의 종결효 등 **실권효**의 활성화가 민사항소심에서 요망되는 심리방식이 될 것이며, 그것이 제1심 중심주의로 가는 길이라는 논의가 있다.[2] 그러나 위증이 성행되고 가짜문서가 난무하는 현실이니만큼, 문제도 간단치 않다.

서울고법의 심리개선방안으로 확정되었다는 것은 항소인이 1심 판결의 잘못만을 단순히 주장하면 변론 1회로 종결하는 것이다. discovery가 없는 우리제도에 너무 성급한 것 같다. 이렇게 되면 속심이 아니라 사후심주의로 접근한다는

1) 제1심 변론기일에는 주장이 없음은 물론 항소심 제1차 변론기일을 넘기고 마지막 변론기일에 제출한 주장각하를 긍정한 예로, 대법 2014. 5. 29, 2011두25876.

2) 서울고법 하반기 민사재판장 워크숍(법률신문 2010. 12. 13.자).

문제점이 있고, 이는 사실심을 1회에 그친다는 비판도 있다.[1)]

3) **사실심으로서 최종심**(서울고법재판장 2014. 4. 워크숍) 논의되는 것은, 이러한 항소심의 구조에 비추어 항소심에서의 증거채택여부는 필요성과 관련성만을 기준으로 할 것이 아니라 당사자의 의견을 최대한 존중하는 한편, 특히 제1심 감정결과의 불확실성과 부정확성이 크면 재감정신청을 채택하는 것이다.

제4절 항소심의 종국적 재판

항소심에서도 중간판결 그 밖의 중간적 재판을 하여야 할 경우가 있지만, 항소 또는 부대항소에 대한 응답은 종국적 재판으로 하지 않으면 안 된다. 여기에는 항소장각하 이외에 항소각하 · 항소기각 · 항소인용이 있는데, 항소장각하는 재판장의 명령으로, 나머지는 판결(기록송부일로부터 5월 내에 선고를 요한다. 199조)로써 행함이 원칙이다.

항소심의 판결서에 기재한 이유가 제1심의 판결서의 그것과 다를 바가 없는 때에는 그 기재를 끌어 쓰는 인용(引用)을 할 수 있다. 이를 **인용판결**이라 하는데(420조 본문), 전부인용만이 아니라 자구수정이나 한정적인 일부인용도 허용된다. 소송촉진에 이바지하게 하고 제1심 중심주의로 가게 하려는 취지로 그 활용이 요망되기도 하지만, 요사이는 인용판결이 대종을 이루고 있다. 지나치면 고심하지 아니한 안이한 제2심재판으로 평가될 수 있다. 다만 i) 제1심판결이 제208조 3항에 따라 청구를 특정함에 필요한 사항과 상계항변에 관한 판단만을 간략하게 기재한 경우에는 인용판결이 허용되지 아니하며(420조 단서), 제208조 제2항에 따라 주문이 정당하다는 것을 인정할 수 있는 정도의 표시를 요한다는 것에, 대법 2021. 2. 4, 2020다259506. ii) 상고심에서 환송된 항소심의 판결서에는 환송 전의 항소심의 판결서를 인용해서는 아니 된다.

Ⅰ. 항소장각하

i) 항소장의 인지부족 등 방식위배(397조), ii) 항소기간의 분명한 도과, iii) 항소장의 송달불능의 경우에는 항소심 재판장의 명령으로 항소장은 각하된다. 다만

1) 졸고, 전게 "신민사소송법제정 15년의 회고와 전망" 참조. 항소심 1회 심리주의에 변호사 85%가 반대(변협신문 2017. 2. 13자).

i)·ii)의 사항에 관하여는 원심재판장도 항소심재판장처럼 항소장각하명령을 할 수 있다(399조 2항).

Ⅱ. 항소각하

항소요건에 흠이 있어 항소가 부적법할 때에는 항소법원은 판결로써 항소를 각하한다. 다만 개정법률상의 항소이유서를 제출하지 아니한 경우에는 결정으로 항소를 각하한다(402조의 3 1항). 부적법한 항소로서 그 흠을 보정할 수 없을 때에는 무변론으로 항소를 각하할 수 있다(413조. 앞서 본 「항소의 적법성의 심리」 참조). 권한없는 자에 의한 항소의 제기라도 추인에 의하여 소급적으로 유효하게 될 수 있으므로 보정을 명하는 것이 상당하다.[1] 또 법원이 변론무능력자에 대하여 변호사선임명령을 하였음에도 불구하고 선임을 하지 아니한 때에는 판결 아닌 결정에 의한 항소각하를 할 수 있게 하였다(144조 4항).

Ⅲ. 항소기각

항소가 이유 없어 원판결을 유지하는 경우에는 항소법원은 판결로써 항소기각을 한다.

(1) 항소기각은 제1심판결이 정당하거나 또는 그 이유는 부당하다고 하여도 다른 이유로 정당하다고 인정할 때에 한다(414조). 바꾸어 말하면 항소심의 변론종결시를 기준으로 하여 결론적으로 원판결의 주문과 일치한다고 판단되는 경우이다. 판결의 기판력은 판결이유중의 판단에는 생기지 않는 것을 원칙으로 하기 때문이다(216조 1항). 무변론판결(257조)을 받은 피고가 항소제기를 하였지만, 항소인이 처음 준비서면(개정규 126조의 2)이나 항소이유서의 제출을 요구받았음에도 제출하지 아니할 때에는 제1심절차를 준용하여 변론기일을 정함이 없이 무변론 항소기각의 판결을 할 수 있다고 할 것이다.

(2) 다만 **예비적 상계의 항변**에 의하여 승소한 피고가 항소를 했을 때에 항소법원에서 볼 때에 상계에 의할 필요 없이(예: 변제의 항변을 받아들여) 청구를 기각할 수 있으면, 원판결을 취소하고 다시 청구기각의 선고를 하여야 한다. 상계의 항변에 관한 판단에는 기판력이 생기기 때문에(216조 2항), 결론은 같은 청구기각이지만 기판력의

1) 대법 1967. 1. 31, 66다2395.

객관적 범위가 달라지기 때문이다.

Ⅳ. 항소인용

1. 원판결의 취소

항소가 이유 있을 때에는 항소법원은 판결로써 원판결을 취소한다. 그것은 제1심판결을 부당하다고 인정한 때(416조)와 제1심판결의 절차가 법률에 어긋날 때(417조)에 한다. 판결의 절차가 법률에 어긋날 때란 판결의 성립과정에 하자(흠)가 있어 그 존립 자체에 의문이 있는 경우를 뜻한다(예: 변론에 관여한 바 없는 법관에 의해 서명날인한 판결,[1] 판결원본에 의하지 않은 판결선고,[2] 답변서제출을 간과한 채 무변론판결선고[3]). 변론기일 통지서를 피고에게 송달하지 아니하고 피고의 불출석하에 변론이 진행된 끝에 변론종결된 뒤에 판결선고기일 통지서는 아예 송달을 하지 아니한 경우가 문제이다. 제1심의 중대한 절차가 법률에 어긋날 때에 해당되어, 제417조에 의하여 제1심 판결 전부를 취소하고 모든 변론절차를 새로 진행하여야 한다.[4] 소장 부본을 공시송달해야 하는데, 누락한 채 진행되어 선고한 제1심판결에 대하여 피고가 추완항소를 제기하며 소장 부본이 자신에게 송달되지 아니하였음을 명시적으로 지적하고 있는 터이면, 항소심 법원으로서는 소장 부본부터 다시 송달한 다음 변론절차를 진행하여야 한다.[5]

원판결을 취소하고 난 뒤에, 소 자체에 대한 응답의 형태에는 다음의 세 가지가 있다.

(1) 자 판　　항소법원이 원판결을 취소하고 스스로 제1심에 갈음하여 소에 대하여 종국적 해결의 재판을 하는 경우이다. 항소심은 사실판단까지 새로 할 수 있는 사실심인 관계상 자판(自判)이 원칙이며, 다른 법원으로 환송·이송은 예외적이다. 이 점 법률심인 상고심과 대조적이다. 미국항소법원은 사실심이 아니라 법률심이므로 환송이 원칙이 된다.

1) 대법 1971. 3. 23, 71다177.
2) 대법 1974. 5. 28, 73다1942는 주청구기각·예비적 청구인용을 하면서 판결주문에서 주청구기각의 판단을 표시하지 아니하였으면 판결절차가 법률에 위배되는 경우로 보았다.
3) 대법 2020. 12. 10, 2020다255085.
4) 대법 2004. 10. 15, 2004다11988; 동 2003. 4. 25, 2002다72514.
5) 대법 2011. 4. 28, 2010다108388.

(2) 환 송

1) 항소법원이 취소할 원판결이 소각하의 판결이면,[1)2)] 제1심에서 소에 대한 아무런 본안심리가 행하여지지 않았기 때문에 사건을 원법원으로 환송하여야 한다(418조). 본안심리 3번의 3심제의 유지를 위함인데, 이를 **필수적 환송**이라 한다.[3)] 다만 제418조 단서에서는 예외적으로 i) 제1심에서 본안판결을 할 수 있을 정도로 본안심리가 잘된 경우, ii) 당사자의 동의가 있는 경우에는 환송치 않고 자판할 수 있게 하였다. 1990년 개정 전에는 소각하의 제1심판결을 취소하는 경우에 예외 없이 제1심법원으로 환송하도록 규정하였지만, 오히려 소송촉진을 저해하고 본안에 관하여 3심급의 이익 보호에도 도움이 안 되는 경우가 있다고 보아 개정한 것이다. 다만 소송경제를 내세워 단서규정의 지나친 확대해석은 단서를 본문화하는 것이고 편의적인 취급이므로 경계할 것이다. 판례는 나아가 소각하가 잘못되었다 하여도 본안에서 청구기각될 사안이면 필수적 환송규정의 적용을 배제시키고 항소기각하여야 한다는 입장이다(뒤에 볼 「불이익변경 금지의 원칙」 참조).[4)] 환송판결에 대해 판례는 한때 중간판결이라 하여 독립하여 상고할 수 없다 하였으나, **종국판결**임을 전제로 **상고**할 수 있는 것으로 변경하였다(앞의 「중간 판결」 참조).[5)]

2) 이상의 필수적 환송 이외에 일제시대의 구 민사소송법 제389조에서는 재량에 의하여 돌려보낼 수 있는 **임의적 환송제도**를 두었으나, 현행법에서는 없앴다. 현행법하에서도 임의적 환송의 허용여부의 논란이 있으나,[6)] i) 입법취지, ii) 소송촉진, iii) 3심제도가 자연법적 철칙이 아닌 점 등을 고려할 때 소극적으로 보고 싶다.[7)] 필수적 환송제도조차 그 범위를 축소시키는 입법추세로 미루어도 그렇다. 판례도 항소심이 사후심이 아닌 속심임을 전제하고 현행법이 민사항소재판의 신속과 경제를 위하여, 심급제도의 유지와 소송절차의 적법성의 보장이라는 이념을 제한할 수 있는 예외적인 경우를 인정하고 있는 등에 비추어 볼 때에

1) 기판력을 이유로 원고청구기각의 판결을 한 것은 본안판결이라고 하고 여기에 해당되지 않는다고 한 것에, 대법 1989. 6. 27, 87다카2478.

2) 채권자대위소송에서 피보전채권이 존재하지 아니하여 각하할 판결을 기각한 때에는 제1심판결을 취소하고 소를 각하하는 판결을 할 것이지 환송할 것이 아니라는 것에, 대법 1991. 8. 27, 91다13243.

3) 대법 1980. 3. 11, 79다1611은 이 경우 필수적 환송을 하지 아니하고 항소심이 본안에 들어가 자판하는 것은 3심제를 채택한 민사소송법의 취지에 비추어 위법이라고 하였다.

4) 2006년도 전국 법원 항소심의 원심판결 취소판결 8,400건 중 환송판결은 단 8건인바(2007년 사법연감, 604면) 이는 취소환송규정이 실무상 거의 활동되지 않는다는 실증이다.

5) 대법 1981. 9. 8, 80다3271.

6) 적극설: 방순원, 648면; 이영섭, 322면; 김홍규, 813면. 소극설: 주석신민소(Ⅵ), 210면; 송상현/박익환, 743면; 정동윤/유병현/김경욱, 916면; 강현중, 944면; 정영환, 1287면.

7) 대법 1971. 10. 11, 71다1805.

항소심이 제1심판결을 취소하는 경우 필수적 환송은 아니라 하였다.[1)]

3) 환송받은 제1심법원이 다시 심판할 경우에는 항소법원이 취소의 이유로 한 법률상 및 사실상의 판단에 기속된다. 이 점 상고법원의 환송판결의 기속력과 같으며, 법원조직법 제8조에서 명백히 했다.

(3) 이 송 전속관할위반을 이유로 원판결을 취소하는 때에는 원심으로 환송하지 않고, 직접 판결로 관할제1심법원으로 이송하여야 한다(419조. 이부진·임우재 이혼사건에서 취소 이송의 사례). 예를 들면, 이혼·재산분할 사건 등도 가사소송법 제22조에 의하여 전속관할이므로, 제1심이 관할위반의 재판을 하였을 때에는 제1심판결을 취소 이송할 것이다. 그러나 임의관할을 어긴 경우는 원판결취소사유로 되지 않는다(411조 본문).

2. 불이익변경금지의 원칙

항소심이 원판결을 취소하고 항소인용함에 있어서 심판범위와 관련하여 지켜야 할 준칙이 있다. 불이익변경금지의 원칙이다(415조 본문 Verbot der reformatio in peius). 이는 항소의 제기에 의하여 사건은 전부 이심되지만, 항소법원의 제1심판결의 당부에 대한 심판은 항소 또는 부대항소한 당사자의 불복신청의 한도 안에 국한되며(형사소송법 같음), 제1심판결 중 누구도 불복신청하지 아니한 부분에 대하여는 불이익으로든 이익으로든 바꿀 수 없음을 뜻한다. 원래 민사소송에서는 당사자가 신청한 범위를 넘어서 판단할 수 없는데(203조. 처분권주의), 항소심도 그 예외가 될 수 없기 때문이다.[2)] 그리하여 여기에는 넓게는 이익변경의 금지까지 포함하는데, 이것부터 본다.

(1) 원 칙

1) 이익변경의 금지 불복하는 항소인의 불복신청의 한도를 넘어서 제1심판결보다도 더 유리하게 바꿀 수 없다.[3)] 패소판결 중 일부만 불복항소한 경우, 불복하지 아니한 나머지 부분에서 문제된다. 예컨대, 이혼과 위자료 두 가지 모두 패소한 피고가 그 중 위자료패소부분에 한하여 불복항소하였을 때,[4)] 불복하지 않는 이혼패소부분이 부당하여도 피고에게 유리하게 승소로 바꿀 수 없다.[5)]

1) 대법 2013. 8. 23, 2013다28971; 동 2020. 12. 10, 2020다255085.
2) 소송비용확정결정에 관한 이의신청에도 이 원칙이 적용된다는 것에, 서울고법 2010. 4. 15, 2010라79.
3) 대법 1980. 7. 8, 80다1192.
4) 대법 1972. 2. 29, 71므36; 동 1989. 6. 27, 89다카5406은 재산상의 손해배상청구와 위자료청구는 소송물이 동일하지 아니한 별개의 청구이므로, 항소하지 아니한 원고에게 제1심판결보다 많은 위자료의 지급을 명할 수 없다 하였으나, 손해배상청구의 소송물을 달리보면 결론이 달라질 것이다.
5) 대법 1994. 12. 23, 94다44644.

원고가 이전등기말소청구와 금전지급청구 두 가지 모두 패소한 제1심판결에 대하여 말소청구부분만 항소하였을 뿐 그 변론종결시까지 항소취지를 확장한 바 없다면, 불복항소하지 아니한 금전지급부분까지 심판대상으로 하여 그것도 이유 있다고 원고에게 유리하게 판단할 수 없다.[1)]

2) 불이익변경의 금지 상대방으로부터 항소·부대항소가 없는 한,[2)] 불복하는 항소인에게 제1심판결보다도 더 불리하게 바꿀 수 없다. 바꿀 수 없는 이러한 경우에 항소심은 항소기각판결을 한다.

(가) 청구를 일부기각한 제1심판결에 대하여 원고만이 항소한 경우에, 항소법원이 청구전부가 이유 없는 것으로 판단되어도 항소를 기각할 수 있을 뿐, 기왕의 원고승소부분까지 취소하여 청구전부를 기각할 수 없다.[3)] 예를 들면 100만원을 청구하여 60만원만이 인용된 경우에 원고만이 항소하였다면 불복하지 아니한 원고승소부분(60만원)마저 취소하여 원고의 청구전부를 기각할 수 없는 것이다.[4)] 반대로 일부기각의 판결에 대하여 피고만이 항소한 경우에 항소법원이 피고의 패소부분을 넘어서 피고에게 불리한 판결을 할 수 없는 것이다. 위와 같이 100만원을 청구하여 60만원만이 인용된 사례에서 피고만이 항소하였을 때 불복하지 아니한 피고 승소부분(40만원)마저 취소하여 피고에게 100만원 모두의 지급을 명하는 판결을 할 수 없다.[5)]

(나) 소각하 아닌 청구기각할 사안에서 원고의 항소 소가 부적법하다고 하여 소각하한 제1심판결에 대하여 원고로부터 항소가 제기된 경우에, 항소법원이 소 자체는 적법하지만 어차피 본안에서 이유없어 **청구기각될 사안**이라고 보여질 때에 취할 조치에 대해 다툼이 있다.

소각하의 판결보다도 청구기각의 판결을 하는 것이 항소인인 원고에게 더 불리하기 때문에 불이익변경금지의 원칙상 제1심판결을 취소하고 청구기각의 판결을 하는 것은 허용할 수 없다는 전제에서, 판례는 이 때에 항소기각할 수밖에 없다는 **항소기각설**이다.[6)] 그러나 이 경우에 항소기각은 잘못된 제1심의 소각하

1) 대법 1994. 12. 23, 94다44644.
2) 피고만이 항소한 항소심에서 원고가 청구취지를 확장한 경우에 그에 의하여 피고에게 불이익하게 되는 한도에서 부대항소이며, 이때에는 이 원칙이 적용되지 않는다는 것에, 대법 1991. 9. 24, 91다21688; 동 2000. 2. 25, 97다30066.
3) 대법 1986. 7. 22, 86다카829 참조.
4) 대법 1983. 12. 27, 83다카1503.
5) 대법 1967. 2. 28, 66다2633.
6) 대법 2017다237399; 동 2001. 9. 7, 99다50392; 동 2019. 1. 17, 2018다24349.

판결을 확정시키는 것이므로 문제가 있다. 뒤에 원고가 문제의 소송요건을 보정하여 다시 재소하여 올 때 이를 막을 길이 없게 되는 것이다. 따라서 소각하판결로써는 원고에게 어떠한 이익이 생긴 것이 아니며 청구기각판결을 해도 불이익변경금지의 원칙에 저촉되지 않는다는 견해가 나오고 있으며,[1] 이러한 전제하에 이 경우는 제1심판결을 취소하고 청구기각을 해도 된다는 **청구기각설**[2]이 있다. 그런가 하면 이 경우는 소각하의 제1심판결이 잘못되었으므로 제418조에 따라 제1심판결을 취소하고 제1심으로 환송하여야 한다는 **환송설**도 있다.[3] 청구기각설은 제418조의 법문보다도 소송경제를 앞세우는 입장이고, 환송설은 제418조에 충직하게 심급의 이익을 고려한 해석이다.

생각건대 이 경우 불이익변경금지의 예외일지라도 제1심에서 본안심리가 이루어졌거나 당사자의 동의가 있으면 제418조 단서에 따라 제1심판결을 취소하고 **청구기각**을 할 것이로되, 그렇지 않으면 **동조 본문에 따라 환송하는 등** 청구기각과 환송을 절충하는 것이 옳다고 본다(절충설). 청구기각시킬 경우와 그렇지 아니한 경우를 명백히 가르지 않고 어느 때나 청구기각으로 일관하는 내용의 청구기각설이 된다면, 이는 분명히 해석론의 한계를 벗어나는 것이다.

(다) 판결주문이 기준 제1심판결 주문의 불리한 변경이 문제되지, 기판력이 생기지 아니하는 **이유의 변경**은 원칙적으로 항소인에게 더 불이익한 변경이 되어도 상관 없다.[4] 상소인에게 불이익여부는 원칙적으로 **판결주문**이 원칙적 기준이기 때문이다.[5] 그러나 주문원칙의 예외가 이유 중의 판단에도 기판력이 생기는 **피고의 상계항변**의 경우이다. 피고의 상계항변을 받아들여 원고청구기각의 판결을 한 데 대하여 원고만이 항소한 경우는 달리 볼 것이다. 이 때 원고 주장의 소구채권이 부존재한다 할 때에, 그것으로 이유를 바꾸어 항소기각하는 것은 허용되지 않는다. 그렇게 되면 항소한 원고에게 상계에 제공된 피고의 반대채권소멸의 이익마저 잃게 되어 제1심판결보다 더 불리해지기 때문이다. 그렇다고 이 때에 제1심판결을 취소하고 원고의 소구채권의 부존재라는 취지의 원고청구기각의 판결을 하는 것은 불이익변경금지의 원칙에 정면 저촉된다. 결국 이 경

1) 독일 통설 · 판례(BGH 23, 50)는 불이익변경금지의 원칙에 저촉되지 않는다고 본다.
2) 강현중, 948~949면; 정동윤/유병현/김경욱, 918면; 호문혁, 623면. 서울고등법원 2011. 3. 23, 2010나63173도 같다.
3) 송상현(구판), 704면. 주석신민소(Ⅳ), 243면. 新堂, 774면은 청구기각을 시킬 것이 명백할 때에는 별론이로되, 그렇지 아니하면 제1심으로 필수적 환송을 시킬 것이라 한다.
4) 대법 1998. 4. 10, 97다58200.
5) 대법 2004. 7. 9, 2003므2251 등.

우는 이유변경을 할 수 없어 제1심판결과 똑같은 이유를 달아 항소기각할 따름이다(이 때에 피고만이 항소한 경우에 피고주장의 반대채권이 부존재한다고 하여 피고의 상계항변을 배척하면서 항소기각하는 것도 제1심보다 더 불리해져서 허용되지 않는다[1]).

불이익변경 금지 사례: ① 상환이행판결에 대해 원고만이 항소한 경우에 원고청구를 기각하거나 반대급부의 내용을 더 불리하게 할 수 없으며,[2] ② **금전채권과 지연손해금채권은 별개의 소송물**이고 불이익변경에 해당여부는 원금과 지연손해금을 각각 따로 비교판단하여야 하므로 피고만이 항소한 항소심 심리결과 지연손해금은 제1심보다 줄고 원본은 늘어난 경우, 원본부분은 항소기각하고 지연손해금은 줄어든만큼 항소인용하여야 하며,[3] ③ 이 경우에 양자를 합산한 전체금액을 기준으로 판단하여서는 안 되므로 원본부분을 제1심보다 늘려 인용할 수 없으며,[4] ④ 이자율이 하루 2/10,000인데 1.6/10,000으로 잘못 계산되어도 원고가 불복하지 아니하였으면 피고에게 불이익하게 판결할 수 없다.[5]

(2) 예 외

1) 불이익변경금지의 원칙은 처분권주의에 근거를 두고 있으므로, 처분권주의가 통하지 아니하는 **직권탐지주의** 절차에서는 적용되지 아니한다. 또 **직권조사사항**인 소송요건의 흠·판결절차의 위배 따위는 이 원칙에서 배제되며,[6] 만일 이 점에 대해 잘못이 있으면 일부패소의 당사자로부터 항소가 있어도 그 전부를 취소하여 소의 각하·이송 등의 조치를 취하여야 한다. 소송비용의 재판과 가집행선고[7]도 불이익변경금지의 예외이다.

2) 성질상 비송사건 법원의 재량으로 판결내용을 정할 수 있는 **형식적 형성소송**(경계확정소송, 공유물분할청구소송, 이혼의 경우에 재산분할청구 등)[8]은 불이익변경금지의 원칙이 적용되지 않는다. 예를 들면 경계확정소송에서 항소법원은 제1심판결이 정한 경계선이 정당치 않다고 인정할 때는 정당하다고 판단되는 경계를 정할 수 있으며, 그 결과 항소인에게 불리하게 되어도 무방하다.

3) **예비적·선택적 공동소송**(70조)에서도 불이익변경금지의 원칙이 배제된다. 예를 들면 원고 甲이 乙을 주위적 피고, 丙을 예비적 피고로 하여 제기한 예비적 공동소송에서 丙이 채무자로 인정되어 丙은 패소, 乙은 승소의 제1심 판결이 났을 때 丙만이 불복항소하였다 하여도, 乙에 대하여 패소한 甲에게도 항소의 효력

1) 대법 1995. 9. 29, 94다18911.
2) 대법 2005. 8. 19, 2004다8197·8203 등.
3) 대법 2005. 4. 29, 2004다40160.
4) 대법 2013. 10. 31, 2013다59050; 동 2009. 6. 11, 2009다12399.
5) 대법 2009. 1. 30, 2007다84697.
6) 대법 1995. 7. 25, 95다14817.
7) 대법 1998. 11. 10, 98다42141; 동 1991. 11. 8, 90다17804.
8) 日最高裁 昭和 38. 10. 15 판결.

이 미치며, 항소심에서 丙이 아니라 乙이 채무자라고 보면 항소도 하지 아니한 甲에게 제1심 판결보다 유리하게 甲의 乙에 대한 주위적 청구부분이 오히려 승소가 되는 판결이 날 수 있다. 그렇지 아니하면 채무자가 택일적인 경우에 채무자를 모순 없이 가리려는 합일확정의 소송목적이 이루어질 수 없게 되기 때문이다(앞의 「예비적 · 선택적 공동소송」 787면 이하 참조).

4) **독립당사자참가소송**에서 패소하였으나 상소나 부대상소를 하지 아니한 당사자의 판결부분에 대하여도 이 원칙이 배제되며, 상소한 당사자의 불복범위 내에서 합일확정을 위해 필요한 한도에서는 더 유리하게 변경할 수 있다. 예를 들면 원고 甲, 피고 乙, 참가인 丙 3자간에 누가 소유권자인가를 가리는 3면소송에서 甲의 소유라고 하여 甲 승소, 乙 · 丙 패소의 제1심판결이 났을 때에, 본안 패소자 중 乙만이 불복항소하였다 하여도 항소심이 丙의 소유라고 판단하면 불복항소하지도 아니한 丙에게 유리하게 丙의 소유라는 판결을 할 수 있음은 이미 본 바이다(앞의 「독립당사자참가」 852면 참조).[1)]

5) 항소심에서 피고측의 **상계주장이 이유 있다**고 인정된 때에도, 이 원칙의 예외로 된다(415조 단서). 예를 들면 원고의 금 100만원의 대여금청구에서 피고가 전부변제의 항변을 하였는데, 제1심은 변제항변을 일부 인정하여 금 40만원만 인용하였고 이에 대하여 원고만이 항소하였다고 할 때에, 항소심은 변제항변은 전부 이유 없지만 항소하지 아니한 피고제출의 상계항변이 오히려 전부 이유 있는 것으로 인정된다고 하자. 이 때에 항소심으로서는 항소한 원고에게 오히려 더 불리하게 제1심의 원고승소부분인 40만원 부분마저 취소하여 원고의 청구를 모두 기각할 수 있다.

6) 피고만의 상고에 의해 대법원에서 파기환송된 뒤 환송심에서 **환송 후의 판결**이 오히려 환송전의 판결보다 피고에게 더 불리한 결과를 낳을 수도 있다[2)] (뒤의 「상고인용판결」 참조).

Ⅴ. 항소심판결의 주문

항소에 대한 결론적 응답이 항소심판결의 주문이므로 매우 중요하나, 그 이해에 어려움이나 판결집행에 혼선이 없도록 올바로 내는 것이 결코 쉽지 않다.

1) 대법 2007. 10. 26, 2006다86573 · 86580; 동 2022. 7. 28, 2020다231928.
2) 대법 1991. 11. 22, 91다18132.

1. 항소기각

제1심판결의 결론이 정당하여 항소기각의 판결을 할 때에는「원고(또는 피고)의 항소를 기각한다. 항소비용은 원고(또는 피고)가 부담한다」라고 표시한다.

2. 항소의 전부인용

항소인의 항소가 전부 이유 있는 경우에, i) 제1심에서 원고 청구가 전부인용된 때에는「원판결을 취소한다. 원고의 청구를 기각한다」, 제1심에서 전부기각된 때에는「원판결을 취소한다. 피고는 원고에게 돈 ○○원을 지급하라」, ii) 제1심에서 청구일부가 인용된 경우에는「원판결 중 피고패소부분을 취소한다. 위 취소부분에 해당하는 원고의 청구를 기각한다」, 제1심에서 일부가 기각된 경우는「원판결 중 원고패소부분을 취소한다. 피고는 원고에게 돈 ○○원을 지급하라」라고 표시한다.

3. 항소의 일부인용

제1심판결의 일부정당, 일부부당하여 항소가 일부만 이유 있는 경우에, 제1심판결을 변경하는 주문례와 제1심판결 중 부당한 부분만을 취소하는 주문례가 있다.

i) **변경주문례**에 의하면, 제1심이「피고는 원고에게 돈 50만원을 지급하라」라고 판결한 데 대하여 피고가 전부 불복하는 항소하였을 때에 피고의 항소가 30만원의 한도에서 그 이유 있다면 항소심은「원판결을 다음과 같이 변경한다. 피고는 원고에게 돈 20만원을 지급하라. 원고의 나머지 청구를 기각한다」가 되고[1]

ii) **취소주문례**에 의하면, 설례와 같은 경우에「원판결 중 돈 20만원을 넘는 피고패소부분을 취소하고 위 취소부분에 해당하는 원고의 청구를 기각한다. 피고의 나머지 항소를 기각한다」가 된다.

취소주문례에 의한다면 주문이 복잡하고 이해하기 어려워 판결서작성의 간이화·대중화 경향에 역행할 뿐더러, 오해와 집행상의 혼란을 초래할 염려가 있다(독일도 실무상 항소의 전부인용의 경우는 취소판결, 항소의 일부인용의 경우는 대체로 변경판결).[2] 따라서 변경판결도 허용되며, 이는 제1심판결을 일부취소하는 판결의 형태로 볼 것이다.[3]

4. 항소심에서 청구의 변경이 있는 경우

(1) 청구의 감축 항소심에서 원고가 소의 일부취하나 청구의 일부감축을 한 경우에는, 그 부분은 처음부터 소송계속이 없었던 것과 같아지므로, 그 한도 내에서 제1심판결은 실효된다. 따라서 제1심판결의 그 부분에 대한 불복은 항소심의 심판대상에서 제외

1) 주문 등에서 항소의 당부에 관하여 별도의 판단을 요하지 않는다는 것에, 대법 1992. 11. 24, 92다15987·15994.

2) 주문이 복잡해지는 것은 피하고 주문의 내용을 알기 쉽게 하기 위한 편의상의 요청에 좇은 것에 불과하여 항소심이 변경판결을 하였다 하여도 민소법 407조·415조에 위반되지 않는다는 것에, 대법 1983. 2. 22, 80다2566; 동 1992. 8. 18, 91다35953; Schilken, Rdnr. 919.

3) 앞의 92다15987·15994 판결. 제1심판결에 가집행선고가 붙은 경우에 항소심의 변경판결에 의하여 청구인용범위가 줄어들더라도 그 가집행선고는 제1심판결보다 청구인용범위가 줄어든 차액부분에 한하여 실효되고 그 나머지 부분은 여전히 효력이 있음=대법 1992. 8. 18, 91다35953.

되기 때문에, 항소심은 나머지 부분에 대하여 제1심판결의 당부를 가릴 수밖에 없다. 이때에 제1심판결이 정당하다고 보는 때에는 주문에서 항소기각을 하면 된다.[1] 그러나 명확화를 위해 항소기각의 주문 다음에, 「원판결의 주문 제1항은 당심에서 청구의 감축에 의하여 다음과 같이 변경되었다. 피고는 원고에게 돈 ○○원을 지급하라」라고 표시하는 것이 바람직할 것이다.[2]

(2) 청구의 확장과 추가 i) 제1심에서 원고가 전부승소하여 피고가 항소하고 한편 부대항소로 원고가 청구를 확장하였을 때에, 항소심에서 확장부분을 포함한 청구전부를 인용하여 승소시킬 경우이면 그 주문은 「피고의 항소를 기각한다. 피고는 원고에게 돈 ○○원을 지급하라(여기의 「○원」은 확장된 금액)」 또는 「원판결을 다음과 같이 변경한다. 피고는 원고에게 돈 ○○원을 지급하라(여기의 「○원」은 원청구와 확장부분을 합친 총액)」로 표시한다.[3] ii) 반면 피고의 항소가 이유 있고 확장부분도 패소시켜야 할 때에는 「원판결을 취소한다. 원고의 원심 및 당심에서의 청구를 모두 기각한다」로 표시한다. iii) 1심에서 청구기각판결을 받고 항소하면서 항소심에서 새로운 청구를 추가한 경우에, 청구기각의 제1심판결이 정당하고 추가된 청구를 인용하는 때에는 제1심판결에 대한 항소기각, 추가된 신 청구에 대한 제1심으로서 인용하는 판결을 한다.[4] iv) 항소심에서 기존의 청구와 항소심에서 추가된 청구를 모두 배척할 경우에 단순히 「항소기각」은 안 되고, 이와 함께 항소심에서 추가된 청구에 대해 원고청구를 기각한다는 주문표시를 해야 한다.[5]

(3) 소의 교환적 변경 항소심에서 소의 교환적 변경이 있을 때에는 구소의 취하가 따르므로 구청구에 대한 소송계속소멸과 제1심판결실효의 효과가 생긴다. 변경된 신청구의 당부만이 심판대상이 된다. 따라서 이 경우에는 신청구에 대해서 항소심은 사실상 제1심으로 심판하지 않으면 안 되며, 구청구에 대한 제1심판결의 존재를 전제로 하는 「원판결취소」[6] 또는 「항소각하 · 기각」[7]의 여지가 없다(753면 참조).[8]

---

1) 대법 1979. 12. 11, 79다828 등.

2) 대법 1992. 4. 14, 91다45653.

3) 항소심에서 청구가 선택적으로 병합되고, 새로 병합된 청구가 이유 있다고 인정할 경우에는 결론이 제1심과 같아도 항소기각이 아니라, 제1심판결 취소+새 청구를 받아들이는 주문을 선고해야 한다는 것에, 대법 1993. 10. 26, 93다6669; 동 2006. 4. 27, 2006다7587 등. 항소심에서 제1심 인용의 기존청구에 예비적 청구를 추가한 사건에서, 기존청구(주위적 청구) 기각, 예비적 청구를 인용할 경우에도 제1심판결취소+주위적 청구기각+예비적 청구를 인용하는 주문을 내야 한다는 것에, 대법 2011. 2. 10, 2010다87702. 결과적으로 제1심의 주문과 같거나 유사하여도 항소기각의 주문을 내서는 안 된다.

4) 대법 2003. 11. 27, 2001다46549; 동 2016다253297.

5) 대법 2004. 8. 30, 2004다24083; 동 2021. 5. 7, 2020다292411.

6) 대법 1980. 11. 11, 80다1182; 동 1989. 3. 28, 87다카2372.

7) 교환적으로 변경된 신청구에 대하여 배척하여야 할 경우에는 항소법원은 원고청구기각의 주문을 표시하여야 하고 그 주문표시가 제1심의 그것과 일치되어도 항소기각의 주문표시를 해서는 안 된다는 것에, 대법 1997. 6. 10, 96다25449 · 25456; 동 2009. 2. 26, 2007다83908 등.

8) 대법 2018. 5. 30, 2017다21411.

제3장 상 고

제1절 상고심의 특색

Ⅰ. 상고의 개념

상고는 종국판결에 대한 법률심에의 상소로서, 원판결의 당부를 전적으로 법률적인 측면에서만 심사할 것을 구하는 불복신청이다.

(1) 상고는 원칙적으로 항소심의 종국판결에[1] 대한 대법원에의 상소이다. 즉 고등법원(또는 그 지부)이 제2심으로서 한 판결과 지방법원본원합의부(또는 일부지원합의부. 통상 지방법원항소부라 한다)가 제2심으로서 한 판결이 상고의 대상이 된다(422조 1항; 법조 32조 2항). 종국판결이어야 하므로 결정은 상고의 대상이 아니다.[2] 항소심의 판결 중 제1심으로 돌려 보내는 환송·이송판결도 종국판결에 해당하며, 상고의 대상이 된다.[3][4]

(2) 항소심의 종국판결만이 상고의 대상이 되는 원칙에는 예외가 있다(422조 1항·2항). 당사자간에 **비약상고**(Sprungrevision)의 합의가 있는 제1심판결에 대해서는 직접 상고할 수 있다. 불항소합의라고도 한다. 비약상고의 합의는 사건의 사실관계에 관하여 당사자간에 다툼이 없고, 법률문제에 대하여 신속하게 최종심법원의 판단을 받으면 해결될 수 있는 경우에 이용된다(390조 1항 단서. 존엄사인정의 '김할머니' 사건 등 활용이 바람직한데, 실무상 이용률이 낮다). 비약상고의 합의는 ① 불항소합의의 요건 이외에도 제1심판결선고 후일 것을 요하고, ② 반드시 서면으로 하여야 하므로 합의서면을 제출한 바 없다면 비약상고는 부적법하다.[5]

---

1) 원고의 일부승소판결에 쌍방이 항소한 경우 피고의 항소장은 인지를 붙이지 아니하여 명령으로 항소장이 각하되고 원고의 항소기각의 판결이 났을 때에, 피고는 항소심판결로 인하여 불이익이 없기 때문에 피고의 상고는 부적법=대법 1991. 12. 10, 91다36116. 예비적 반소의 경우에 원고의 본소청구를 기각함으로써 피고의 반소청구에 대해 아무런 판단하지 않았을 때에, 피고의 이에 대한 상고는 그 대상이 없어 부적법=대법 1991. 6. 25, 91다1615 등. 대법 2019. 8. 30, 2018다259541(항소취하간주는 상고대상이 되는 종국판결이 아님).

2) 대법 1995. 6. 30, 95다12917(소송인수신청의 각하결정에 대하여).

3) 대법(전) 1981. 9. 8, 80다3271.

4) 다만 제1심판결에 대하여 항소·부대항소하지 않은 당사자는 상대방의 항소를 각하·기각한 판결에 대하여 상고할 수 없다는 것에, 대법 1993. 12. 28, 93다50680 등.

5) 대법 1995. 4. 28, 95다7680.

(3) 법원의 판결이 아닌 행정부 산하 준사법기관의 심판임에도 불구하고 대법원에 직소하여 **단심**으로 끝나는 경우가 있다. 해양안전사건에 관한 중앙해양안전심판원의 재결에 대한 소(해양사고의 조사 및 심판에 관한 법률 74조) 등이다. 이 밖에도 지자체조례안재의결무효확인의 소, 지자체의 관할구역분쟁에 관한 소, 법관징계처분취소의 소, 대통령·국회의원 선거관계소송 등이 있다. 법관에 의한 **사실심리**가 모두 생략되므로 위헌의 문제가 있을 수 있다.[1] 이러한 것들은 차라리 헌법재판소로 이관시키면 소수의 대법관에 사건 폭주의 고민이 덜어질 것이다.

(4) 상고법원을 대법원으로 일원화시킨 **집중형 상고제**가 우리 현제도이다. 고등법원의 판결이든 지방법원본원 합의부(일부지원 합의부)의 판결이든 이에 대한 상고는 대법원에 하도록 되어 있다(법조 14조). 큰 틀의 사법부구조의 개혁은 대통령 발안이 아닌 국회의원 발안의 방안은 바람직하지 않다.[2]

Ⅱ. 상고제도의 목적

(1) 상고제도의 목적을 어디에 두느냐는 각국의 입법정책에 달린 문제이다. 크게 프랑스형, 독일형 그리고 미국형이 있다. 프랑스의 상고심은 오로지 법령해석의 통일을 목적으로 한다. 이에 대하여 2002년 민사소송개혁법 이전의 독일형은 법령해석의 통일과 당사자의 권리구제 두 가지를 그 목적으로 하였다. 우리나라 상고심은 구독일형에 속한다.[3] 왜냐하면 우리 나라의 경우는 프랑스의 파기원(Cour de Cassation)과 달리 상고법원이 원판결이 부당하다고 인정할 때에는 이를 파기함과 동시에, 필요한 경우에는 사건에 대하여 스스로 종국적인 판결을 하는 자판(自判)으로 사건을 종결시킬 권한이 있기 때문이다. 또한 우리 상고심

---

1) 졸고, 앞의 헌법논총 21집, 29면.

2) 대법원이 상고법원을 추진하고 있는데 편법으로 의원입법을 추진하기 위해 무려 168명의 국회의원에게 서명을 받을 때까지 언론이 문제를 제기하지 않았다. 이를 심층 기사로 다룬 메이저 언론은 보지 못했다. 상고법원 설치는 사법부 개편위원회 같은 기구를 만들어서 전문가들의 공론화 과정을 거쳐야 한다.

대법원은 정부를 통해 법안을 제출해야 한다. 그런데 정부 입법은 국무회의를 통과해야 하고 부처 심의를 거쳐야 하는 등 복잡하니까 의원입법을 추진하는 것이다. 의원들은 법안에 크게 손댈 게 없고 입법 실적도 올라 순순히 서명을 해주나, 쉽게 사법부 관계 입법이 국회 통과하고 공포·시행되는 문제 있다. 이것은 사실상 사법부에 입법발안권을 준 것과 같아 문제 있다.

3) 같은 취지: 방순원, 653면; 정동윤/유병현/김경욱, 922면. 그러나 독일의 민사소송개혁법은 상고심을 법의 발전, 판례의 통일과 중요한 법률문제의 해명 등 일반적인 이익을 목적으로 하는 제도로 바꾸었고 바른 재판을 통한 당사자개인이익의 구제수단으로서 존재의미를 없앴다. Museilak, Rdnr. 531.

은 주로 헌법심인 미국연방대법원과 거리가 있다. 따라서 우리 대법원은 법령해석의 통일 이외에 오판으로부터 **당사자의 권리구제**도 주요 목적이므로, 상고는 당사자만이 제기할 수 있고 또 상고의 이익을 요하게 한 것이다. 그러나 자판으로 사건을 종결시키는 자판율이 낮아 우리 대법원은 실제 프랑스의 파기원과 유사하게 운영하는 면이 있다.[1)]

(2) 상고제도의 주된 목적이 오판으로부터 당사자의 권리구제 외에 법령해석·적용의 통일인만큼, 되도록 소수의 법원이, 가능하다면 하나의 법원이 상고를 담당하는 것이 이상적이다.

(3) 우리나라는 다른 선진국과 달리 제1심중심주의가 아닌 3심중심주의의 경향이다. 1·2심은 통과심쯤으로 폄훼되고 분쟁은 대법원에서 결정나는 것이라는 의식구조(3판승부식) 때문에 막대한 비용·시간·노력의 소모와 스트레스를 당한다. 심급마다 보수를 지급하는 심급대리의 원칙 때문에 변호사가 상고를 자제시키지도 않는다. 소송경제의 적이다.

Ⅲ. 법률심으로서의 상고심

(1) 상고심은 원판결의 당부를 법률적인 측면에서만 심사하기 때문에 항소와 달리 사후심적이다. 상고심은 스스로 사건의 사실관계를 더 이상 조사하지 않고 원심이 조사한 사실관계를 전제로 재판한다. 이러한 의미에서 원판결이 적법하게 확정한 사실은 상고법원을 기속한다(432조). 이를 증거채택여부 및 사실인정은 **사실심의 전권사항**이라 한다. 그것이 자유심증주의의 한계를 벗어나지 않는 한 상고심에서 문제삼을 수 없다.[2)] 당사자도 상고심에서는 사실관계에 대하여 새로운 주장을 내세우거나[3)] 새로운 증거를 제출하여 원심의 사실인정을 다툴 수 없다. 비록 사실심의 변론종결시 이후에 발생한 사실이라 하여도 상고심에서 이

1) 2021년 현재 민사본안판결의 파기율은 2.3%로서(사법연감(2022), 683면), 1990년 현재 파기율 1.2%인 日本最高裁보다 높은 편이다. 한때 자판은 파기 소각하할 경우에 한하고 파기하여 본안판결의 자판의 예는 거의 찾을 수 없었으나(2007년 사법연감, 605면), 2020년 0.1%(14건)(사법연감(2021), 608면), 2021년 현재 0.1%(21건)(사법연감(2022), 683면) 달라지는 현상이 점차로 나타난다.

2) 대법 2006. 6. 29, 2005다11602 등. 책임감경사유에 관한 사실인정이나 그 비율을 정하는 것은 사실심의 전권사항이라는 것에, 대법 2023. 8. 31, 2022다303995 등.

3) 대법 2001. 6. 12, 2000다71760·71777; 동 1992. 9. 25, 92다24325. 원심에서 변제공탁금이 변제에 충분한가의 여부를 다툰 바 없었는데 상고심에서 다투는 것은 새로운 사실주장이라는 것에, 대법 1979. 9. 11, 79다150.

를 주장할 수 없다.

(2) 상고심에서도 예외적으로 직권조사사항[1]인 소송요건 · 상소요건의 존부, 헌법위반, 재심사유, 원심의 소송절차위배, 판결의 이유불명시,[2] 판단의 누락[3] 등을 판단함에 있어서는 새로운 사실을 참작할 수 있으며, 필요한 증거조사를 할 수 있다. 당사자는 이에 관하여 새로 주장 · 증명할 수 있다(원고의 채권이 소멸시효의 완성의 사실을 발견하여도 이를 항변으로 삼을 수 있다).[4] 또 다툼이 없거나 공지의 사실이면 새로운 사실이라 해도 상고심이 이를 참작할 수 있다. 이 경우에는 새로 증거조사를 필요로 하지 않기 때문이다.[5]

(3) 상고심에서는 새로운 청구도 허용되지 아니한다. 새로 사실조사를 하여야 하기 때문이다. 같은 근거에서 소의 변경도 허용되지 아니한다. 예외적으로 가집행선고의 실효로 인한 가지급물반환신청(215조 2항)은 상고심에서도 허용되나, 다툼이 없어 사실심리의 필요가 없는 경우에 한한다.[6]

제2절 상고이유

상고심은 법률심이므로 상고신청에는 법령위배가 있다는 주장에 바탕을 두어야 하며, 상고심에서는 상고이유를 내세워야 한다.

Ⅰ. 민사소송법상의 상고이유

민사소송법은 제423조에 규정한 일반적 상고이유와 제424조에 규정한 절대적 상고이유를 바탕으로 상고를 제기할 수 있게 하였다.

1. 일반적 상고이유

상고심은 법률심이므로 상고이유로 되는 것은 일반적으로 원판결의 법령위반만이고, 사실인정의 과오는 상고이유로 되지 않는다. 즉 법령위반만을 주장하

1) 대법 1983. 4. 26, 83사2.
2) 대법 2005. 1. 28, 2004다38624.
3) 대법 1991. 3. 22, 90다19329(독립참가에서 참가인의 본소청구에 대한 판단 누락).
4) 대법 1989. 10. 10, 89누1308.
5) Zeiss, S. 258; BGH ZZP 87, 460.
6) 대법 1980. 11. 11, 80다2055.

여 상고할 수 있도록 하고 또 그것이 이유 있으면 원판결의 파기사유로 하고 있다. 그러나 모든 법령위배가 곧 상고이유가 되는 것이 아니라, 현행법상 상고이유가 되는 것은 '판결에 영향을 미친 헌법·법률·명령 또는 규칙의 위반'이 있는 경우이다(423조. 상대적 상고이유라고도 한다).

(1) '법령' 위반 법령위반의 '법령'으로 제423조는 헌법·법률·명령·규칙[1]으로 규정하였지만, 널리 지방자치단체의 조례, 비준가입한 국제조약·협정 등도 포함한다. 성문법이든 관습법이든 불문하며, 준거법으로 된 외국법도 여기의 법령에 해당한다. 보통계약약관의 조항[2]이나 법인의 정관도 이에 포함된다.[3] 계엄포고령도 포함된다. 불특정다수인의 법률관계를 규율하기 때문이다. 경험법칙위반의 경우에는 전문적 경험법칙과 상식적 경험법칙으로 구분하여 후자의 위반만이 상고이유로 된다는 견해가 있으나,[4] 경험법칙은 판단의 대전제가 되는 것으로 법규에 준하기 때문에 여기에서 말하는 법령위반이라고 볼 것이다(통설·판례). 대법원 판례위반의 원판결은 직접적으로 법령위반은 아니나 법령해석의 잘못이 있는 것으로 되어 결국 법령위반이 된다. 이는 심리 속행사유이기도 하다.

(2) 법령 '위반'

1) 위반의 원인을 기준으로, 법령해석의 과오와 법령적용의 과오로 나누어진다. i) 법령해석의 과오란 법령의 효력의 시간적·장소적 제한의 오해나, 법규의 취지·내용의 부정확한 이해가 있는 경우를 뜻한다. ii) 법령적용의 과오란 법령의 해석에 대해서는 잘못이 없어도 구체적인 사건이 법규의 구성요건에 해당하지 아니하는데도 해당되는 것으로 그르친 경우이다(법령을 적용하지 않은 경우도 포함).

사실인정의 과오는 상고이유가 되지 않음은 앞서 본 바인데, 이는 법령적용의 과오와의 관계에서 구별이 힘들다. 전자가 사실문제(Tatfrage)이고, 후자가 법률문제(Rechtsfrage)이다. i) 구체적 사실의 존부는 사실문제이나, 사실에 대한 평가적 판단(불확정개념. 예: 과실·착오·선량한 풍속·정당한 사유·신의칙위반·의견표명)은 법률문제이다. 그러나 ii) 증거가치의 평가(예: 증언의 신빙성, 서증의 증거력 등)는 사실문제이다. 사실추정의 법리(일응의 추정도 포함)·논리칙·경험법칙의 위반 여부는 법률문제가 되며, 이를 채증법칙(採證法則) 위반이라 하고 상고

1) 여기의 명령·규칙에는 훈시적 지시인 법원행정처장의 통첩은 불포함. 대법 1983. 7. 26, 82다698 참조. 대법원예규도 같다 할 것이다.
2) BGH NJW 1970, 321. 반대견해: 한충수, 834면.
3) BGH 9, 279.
4) 방순원, 427면; 日最高裁 平成 3(1991). 1. 18 판결 참조.

이유로 하는 경우가 많다. iii) 법률행위의 해석에 있어서는 의사표시의 존부·내용의 인정 자체는 사실문제이나, 그에 기하여 법률상 어떠한 법률효과를 인정할 것이냐의 해석은 법률문제이다. iv) **사실심의 전권사항**—법원이나 행정관청의 자유재량에 속하는 사항은 법률문제가 아니다. 예를 들면 과실상계의 항변을 참작하여 배상액의 감액산정이나 이사의 손해배상액제한의 참작사유에 관한 사실인정이나 제한의 비율을 정하는 것,[1] 그 밖의 법률에 의한 배상액의 경감여부 및 경감비율을 정하는 것은 현저히 불합리한 것이 아니면 사실심의 전권사항이다.[2]

위자료에 있어서 손해의 공평한 분담이라는 이념과 형평의 원칙에 현저히 반하는 산정은 사실심법원이 갖는 재량의 한계를 벗어난다는 것이 판례이다.[3]

그렇지 않으면 위자료 판결은 대법원이 불간섭, 우리나라 위자료가 타국에 비해 현저히 낮다.

2) 법령위반의 형태를 기준으로 하여, 판단상의 과오(의율의 과오)와 절차상의 과오로 나뉜다.

i) **판단상의 과오**란 원판결 중의 법률판단이 부당하여 청구의 당부판단의 잘못을 초래하게 된 경우를 말한다. 실체법위반의 경우에 문제된다. 법령의 올바른 적용은 법원의 당연한 직책인 관계로, 법원은 당사자 주장의 상고이유에 구속됨이 없이 법률판단의 과오의 유무를 직권조사하지 않으면 안 된다(434조). 이를 **상고이유불구속의 원칙**이라 한다. 따라서 ① 상고이유로 한 법령위반이 있어도 원판결이 다른 이유로 결론에 있어서 정당한가를 심사하여야 하며, ② 주장한 법령위반이 없어도 다른 법령위반 여부도 심사를 요할 수 있으며 상고인이 주장한 것과 다른 판단상의 과오로 원판결을 파기할 수 있다. 따라서 상고인은 실체상의 과오를 상고이유서제출기간 후나 예외적으로 열리는 변론과정에서 주장할 수 있으며, 비록 상고인이 절차상의 과오만 상고이유로 삼았다 하여도 그러하다 할 것이다.[4] 상고심 판결이 상고인제출의 상고이유에 대한 응답으로만 일관하는 모습의 우리 실무에서, 이 원칙이 잘 지켜지는지 의문이다.

ii) **절차상의 과오**란 절차법규를 위배한 절차가 있는 경우를 말한다. 예를 들면 변론주의·처분권주의의 위반, 석명의무·지적의무의 위반, 당사자에 기일통

1) 대법 2023. 3. 30, 2019다280481.
2) 대법 2014. 11. 27, 2011다68357; 동 2013. 7. 25, 2013다21666; 동 2019. 11. 14, 2019다215432; 동 2023. 8. 18, 2022다227619.
3) 대법 2013다26708·26715; 동 2018다227551 등.
4) Jauernig, § 74 Ⅶ 3; Rosenberg/Schwab/Gottwald, § 140 Rdnr. 60.

지 없이 한 변론[1] 등이다. 다만 훈시규정의 위반이 있을 때는 상고이유가 되지 아니하며, 임의규정위반의 경우에 당사자가 이의권(151조)을 포기·상실하였으면 여기의 과오에 해당되지 아니한다. 절차상의 과오는 판결에 잠재적으로 존재하여 쉽게 발견하기 어려우므로, 직권조사사항을 제외하고는 당사자가 상고이유로 주장한 경우에 한하여 조사한다(431조). **직권조사사항**은 상소요건, 외국판결의 승인요건, 상고속행사유, 항소심판결의 적법성(예: 부적법하게 진행한 끝에 한 판결, 항소심의 당사자 아닌 자에 대한 판결), 소송요건, 판결이유의 불기재라고 할 정도 등을 들 수 있다.[2] 판례는 나아가 **심리미진**도 상고이유가 된다고 보는데, 이것은 법령해석·적용 이전의 문제로서 특히 사실관계에 필요한 심리를 다하고 결심하지 않은 절차법규(423조)의 위배를 가리킨다.[3] 이를 독립한 상고이유로까지 취급할 수 있는가에 대해 논란이 있다.[4]

3) 특히 **헌법위반의 주장**에는 헌법규정 해석의 잘못·적용의 잘못에 관한 주장은 물론 재판의 전제가 되는 법률·명령·규칙이 위헌무효라는 주장도 포함된다. 법률이 헌법에 위반되어 무효라는 이유로 구제받고자 할 때에는 당사자로서는 헌법재판소에 위헌여부심판제청신청을 하거나(헌재 41조 1항·2항), 신청까지 이르지 아니하여도 헌법위반이라고 단순히 상고이유로 주장하는 방법이 있다. 후자의 경우에 법률이 합헌이라는 견해라면 합헌결정권을 갖는 대법원이 합헌선언을 할 것이고, 위헌이라는 견해라면 직권으로 헌법재판소에 위헌제청을 할 것이다. 헌법위반이면 뒤에 보는 바와 같이 심리속행사유이다.

4) 원판결 후에 법령의 변경이 있고, 신법이 소급하는 경우에는 신법위반도 법령위반이 된다. 원심이 판결당시에는 구법을 적용하여야 하였더라도, 상고심의 판결당시를 기준으로 하여 원판결이 신법에 위배되면 상고이유로 된다.[5] 다만 신법에 소급효가 없는 경우는 구법위배의 여부만이 문제된다.

(3) 판결에 영향 **'판결에 영향을 미친'** 법령위반이라야 한다. 따라서

---

1) 대법 1955. 3. 17, 4287민상376.

2) Thomas-Putzo, § 557 Rdnr. 1~7. 판결이유가 기재하지 아니한 것과 같은 정도로 되어 당사자가 상고이유로 내세우는 법령위반의 당부를 판단할 수 없게 된 경우도 포함된다는 것에, 대법 2005. 1. 28, 2004다38624. 대법 2011. 5. 13, 2009다94384=확정판결의 존부는 당사자의 주장이 없더라도 법원의 직권조사사항이고, 상고심에서 새로이 주장·증명할 수 있다.

3) 유류분반환청구소송에서 당사자가 새로운 증여재산을 추가하여 청구취지를 확장하자마자 그 가액에 대한 입증기회도 제공하지 아니한 채 변론종결=대법 2002. 4. 26, 2000다8878.

4) 피고소송대리인의 소멸시효항변 → 원고회사지배인의 가압류신청사건의 사건번호명시하여 시효중단의 주장 → 그후 추가적 주장이나 증명없이 변론종결(대법 2014. 12. 11, 2013다59531). 박우동, "민사상고이유로서의 심리미진에 관하여," 사법논집 8집, 199면 이하 참조.

5) BGH 9, 101, 103; Stein/Jonas/Grunsky, § 549 Anm. Ⅲ. 단 특별항고에 대해 반대: 대법 1989. 11. 6, 89그19.

단순한 법령위반의 존재만으로는 상고이유가 되지 아니하고, 법령위반과 판결의 결론인 주문과의 사이에 인과관계가 있을 것을 필요로 한다. 즉 원심에 법령위반이 없었다면 원심판결의 결론이 달라질 가능성이 있었을 때 비로소 상고이유가 된다. 일본법은 우리 법과 달리 '판결에 영향을 미친 것이 명백한 법령위반'으로 규정하여 결론이 달라질 개연성을 요구하고 있으나, 우리 법에서는 이보다는 낮은 가능성만 있으면 상고이유가 된다.[1] 판례는 판결이유 중의 판단에 불복하는 것에 불과하면 이유있다 하여도 판결에 영향을 미친 것이 아니며,[2] 가정판단으로 부가한 법률해석은 판결결과에 영향을 미친 위법이 아니라 했다.[3]

2. 절대적 상고이유

앞서 본 바 일반적 상고이유와 달리, 원판결의 결과에의 영향 유무에 관계 없이 상고이유가 되는 경우가 있다. 제424조에 열거된 절차상의 과오가 이에 해당되는데, 판단상의 과오와 달리, 이 경우에는 판결의 결론과의 사이에 인과관계의 유무의 판단이 극히 곤란하기 때문이다. 아래 절대적 상고이유(제6호 사유 제외)는 뒤에서 보는 바와 같이 심리속행사유이다. 이를 구체적으로 본다.

(1) 판결법원구성의 위법(제1호) 판결법원의 구성이 법원조직법 및 민사소송법을 따르지 아니한 경우이다. 판사 2인에 의한 합의부의 구성이 그 예이다.[4] 특히 제204조 위반이 문제되는 수가 많다. 즉 기본인 변론에 관여(204조 1항)하지 않은 법관이 판결에 관여한 경우,[5] 법관이 바뀌었는데도 변론의 갱신절차(204조 2항)를 밟지 않은 경우이다.

(2) 판결에 관여할 수 없는 법관의 관여(제2호) 제척이유(41조) 또는 기피의 재판이 있는 법관(43조), 파기환송된 원판결에 관여한 법관(436조 3항)이 관여한 판결이 이에 해당한다.[6] 판결관여란 판결의 합의(평의) 및 원본작성에의 관여를 뜻하며, 선고만의 관여는 이에 포함되지 않는다. 판결관여 이외의 직무수행은 통상의 절

1) 같은 취지: 심중선, "민사상고제도에 관한 연구"(건국대 1993년 박사학위논문), 49면 이하.
2) 대법 2013. 1. 10, 2011두7854.
3) 대법 1984. 3. 13, 81누317.
4) 관여법관이 잠시 자리를 비우거나(BAG NJW 58, 924), 잠자거나 다른 짓을 할 경우(BVerwG NJW 66, 467, BGH NJW 1962, 2212)도 해당된다고 할 것이다(미국에서 조는 배심원에 제척, DuPont v. Kolon Industry, 미국 버지니아 연방동부지법 법정의 예).
5) 대법 1966. 4. 26, 66다315; 동 1970. 2. 24, 69다2102.
6) 법관이 변호사자격을 가진다는 이유만으로 제2호의 법관에는 불해당한다는 것에, 대법 2020. 1. 9, 2018다229212.

차위배로 됨에 그친다.

(3) 전속관할규정에 어긋날 때(제3호) 전속관할이 정해진 사건에 대해 관할권이 없는 법원이 판결한 경우이다(임의관할의 위배는 상고이유 아님. 425조, 411조).

(4) 대리권의 흠(제4호) 대리인으로서 소송수행을 한 자에게 대리권이 없는 경우뿐 아니라, 무능력자의 소송행위나 대리인의 특별한 권한(56조 2항, 90조 2항)의 흠이 있는 경우도 상고이유가 된다. 제424조 4호는 이른바 **당사자권**을 보장하기 위한 규정이므로, 당사자가 변론에서 공격방어방법을 제출할 기회를 부당하게 박탈당하며 절차권이 침해된 경우 많이 유추된다. 대법 2014. 3. 27, 2013다39551에서는 적법한 회사의 대표자 아닌 자에게 소송서류가 송달되게 함으로써 적법한 대표자가 귀책사유없이 변론기일에 출석하여 공격방어 방법을 제출할 기회를 박탈하고 변론이 종결된 경우에 그와 같이 보았다. 엉뚱한 사람이 대리인으로 관여뿐 아니라 당사자의 절차관여권의 배제도 포함된다. 매우 중요한 상고이유이다. 성명모용자에 의한 소송수행,[1] 당사자사망[2]이나 회생절차 개시결정[3]에 의한 소송절차의 중단을 간과하고 소송수계신청이 이루어지지 아니한 상태에서 판결선고, 변론기일에 책임에 돌릴 수 없는 사유로 불출석하였음에도 불구하고 그대로 판결한 경우에도 또한 같다고 할 것이다.[4] 다만, 대리권의 흠을 명시적·묵시적으로 추인한 경우(60조, 97조)에는 상고이유/재심사유가 소멸된다(424조 2항).[5] 변호사대리의 원칙을 위배하여 변호사 아닌 지방자치단체 소속 공무원(소송수행자, 국가공무원이면 별론)을 소송대리시킨 경우도 여기의 소송대리권 수여의 흠으로 본 것이 판례이나,[6] 대리권의 흠이 아니라 변론능력의 흠으로 봄이 옳을 것이다.

(5) 공개규정에 어긋날 때(제5호) 헌법 제109조와 법원조직법 제57조의 규정에 위배하여 판결의 기본이 되는 변론을 공개하지 않은 경우이다. 수명법관에 의하여 수소법원 밖에서 증인신문·현장검증·서증조사를 하는 경우에는 비

---

1) 대법 1964. 11. 17, 64다328.
2) 대법 1995. 5. 23, 94다28444.
3) 대법 2011. 10. 27, 2011다56057.
4) 대법 1997. 5. 30, 95다21365; 동 2011. 4. 28, 2010다98948; 동 2012. 4. 13, 2011다102172=공시송달로 인하여 소송계속이나 항소제기 자체를 몰라 변론의 기회가 없었던 경우에 같은 취지. 처를 통하여 재심소장부본을 송달받았으나 그 후 이사불명으로 송달불능이 되어 변론기일통지서를 받지 못한 경우와 같이 당사자의 귀책사유로 주장·입증의 기회를 상실한 것이라면 절대적 상고이유가 되지 아니한다는 것에, 대법 2005. 4. 29, 2004재다344.
5) 대법 2012. 3. 29, 2011두28776. 소송대리권의 흠이 있는 자의 소송행위에 대한 추인은 상고심에서도 할 수 있다는 것에, 대법 2005. 4. 15, 2004다66469.
6) 대법 2006. 6. 9, 2006두4035.

공개라도 이에 위배되지 않는다[1](변론공개를 미리 인쇄해 놓은 조서용지를 사용하는 것이 실무이므로, 실제 이를 상고이유로 삼기 힘듦). 비대면 변론이 문제된다.

(6) 이유의 불명시 · 이유모순(제6호)

1) 판례는 이유의 불명시란 판결에 이유를 전혀 기재하지 아니하거나[2] 이유의 일부를 빠뜨리는 경우 또는 이유의 어느 부분이 명확하지 아니하여 법원이 어떻게 사실인정을 하고 법규를 해석 · 적용하여 주문에 이르렀는지가 불명확한 경우라고 했다.[3] 판결에 영향을 미치는 중요사항에 대한 판단누락(451조 1항 9호)이 포함된다. 이유로서 단순히 「이유 없다」는 기재도 사실상 이유를 밝히지 아니한 것으로 볼 것이다(불과 72자의 판결이 유도 같다 할 것임). 해답없는 재판은 법치주의에 역행이고 사법민주화에 반한다. 그러나 판례는 판단누락의 범위를 좁게 보아 국민의 알권리를 소홀히 한다.

대법 2016. 1. 14, 2015다231894; 동 2016두34905; 동 2017다9857; 동 2016다239680 등에서 일관하며 판단누락의 판례들에 대하여, 당사자가 주장한 사항에 대한 구체적 직접적인 판단이 판결이유에 표시되지 아니하여도 판결이유의 전반적인 취지에 비추어 그 주장을 인용하거나 배척하였음을 알 수 있는 정도라면 판단누락이라 할 수 없다. 실제로 판단하지 않았지만 주장이 배척될 것이 분명한 경우도 그러하다(대법 2018. 7. 20, 2016다34281); 동 2017. 12. 13, 2015다61507; 동 2022. 11. 30, 2021다287171. 판지가 판단누락을 너무 좁게 해석하는 것은 아닌지 의문이다. 재심사유인 판단누락에 대한 해석도 유사하다. 지나치게 재판폭주를 고려하는 태도 같다. 대법 1995. 3. 3, 92다55770; 대법 2013두16852 참조.

2) 이유모순이란 판결이유의 문맥에 있어서 모순이 있어 일관성이 없고, 이유로서 체제를 갖추지 못한 것을 말한다.[4] 즉 법원이 어떻게 사실을 인정하고 법규를 해석 · 적용하여 주문과 같은 결론에 이르렀는지가 불명확한 경우이다.[5] 판결이유에서는 피고들의 부진정연대채무로 인정하면서 판결주문에서는 피고들에게 '각자' 아닌 '각기' 지급을 명하는 판결을 한 경우,[6] 판결 본문에 설시된 세액

1) 대법 1971. 6. 30, 71다1027.
2) 판결에 이유를 밝히지 아니한 위법이 판결에 이유를 전혀 기재하지 아니한 것과 같은 정도가 되어 당사자가 내세우는 법령위반 등의 주장의 당부를 판단할 수 없게 되었다면 그와 같은 사유는 당사자의 주장이 없더라도 법원이 직권으로 조사하여 판단할 수 있다는 것에, 대법 2005. 1. 28, 2004다38624(가처분이의 사건에서 피보전권리의 존부에 관하여 본안판결의 이유를 인용한 사안).
3) 대법 2004. 5. 28, 2001다81245 등.
4) 손해배상사건에서 제1심판결이유를 인용하는 이른바 인용판결을 하면서 제1심보다 원고의 과실을 무겁게 과실상계함은 이유모순이라는 것에, 대법 1980. 7. 8, 80다597.
5) 대법 1995. 3. 3, 92다55770.
6) 대법 1984. 6. 26, 84다카88 · 89.

과 별지로 첨부된 산출근거표에 기재된 세액이 달리 설시된 경우[1] 등이다. 다만 중요사항에 대한 이유가 맞지 않은 경우를 가리키는 것이므로, 판결이유의 기재에 모순이 있는 경우라도 그것이 군더더기(蛇足)에 지나지 않는 것일 때에는 이유모순에 해당되지 않는다.

3. 그 밖의 상고이유—재심사유

재심사유도 상소에 의하여 주장할 수 있기 때문에(451조 1항 단서), 비록 절대적 상고이유에 포함되어 있지 아니하여도 법령위배로서 상고이유로 된다는 것이 통설·판례이다. 그러나 당해사건과 관련된 다른 사건에 재심사유가 존재한다는 점을 상고이유로 삼을 수는 없다.[2] 다만 제451조 1항 1호 내지 3호까지의 재심사유는 제424조와 중복되므로 **제451조 4호 이하의 재심사유가 또다른 상고이유가 되게 된다.** 재심사유에 해당하는 사실은 직권조사사항으로서(434조, 432조), 상고심에서도 사실조사를 할 수 있다. 다만 제451조 1항 4호 내지 7호 소정의 가벌행위를 상고이유로 주장함에는 가벌행위와 함께 동조 2항의 유죄확정판결의 사실도 내세워야 한다.[3]

Ⅱ. 소액사건심판법상의 상고이유

소액사건에서는 통상의 민사소송사건과 달리 상고이유를 제한하는 특례가 있다. 즉 소액사건심판법 제3조는 i) 법률·명령·규칙 또는 처분의 헌법위반 여부와 명령·규칙 또는 처분의 법률위반 여부에 관한 판단이 부당한 때, ii) 대법원판례에 상반되는 판단을 한 때만을 상고이유로 삼을 수 있게 하였다(상세는 뒤에 볼 「소액사건심판절차」 참조).

제3절 상고심의 절차

상고심절차는 상고의 제기에 의하여 개시된다. 상고심절차에는 항소심의 소송절차에 관한 규정이 준용되며(425조; 규 135조), 상고심절차에 관한 특례법의 적용을 받는다. 제1심의 소송절차에 관한 규정도 상고심에 준용된다(425조, 408조). 상고심절차를

1) 대법 1989. 1. 17, 88누674.
2) 대법 2001. 1. 16, 2000다41349.
3) 대법 1966. 1. 31, 65다2236; 동 1977. 6. 28, 77다540.

요약하면 상고장의 제출과 그 심사 → 소송기록접수통지 → 상고이유서의 제출 → 송달 → 답변서의 제출 → 상고요건 · 심리속행사유의 심사 → 상고이유의 심리의 순으로 진행된다.

Ⅰ. 상고의 제기

(1) 상고장의 제출 　상고의 제기는 상고기간내(425조, 396조, 원판결송달 후 2주간)에 상고장을 원심법원에 제출하여 하지 아니하면 안 된다(425조, 397조). 2011년 5월부터는 전자접수가 가능하다. 상고기간의 준수 여부는 원심법원에 상고장을 접수한 때를 기준으로 한다.[1)] 상고장의 기재는 항소장에 준하지만, 내야 할 인지액은 소장의 2배이다(민인 3조). 이 밖에 상고장의 송달비용의 예납을 필요로 한다.

(2) 재판장등의 상고장심사 　상고장이 제출되면 먼저 원심재판장은 상고장을 심사한다. 즉 상고장에 필요적 기재사항(425조, 397조 2항)이 기재되었는지, 인지를 제대로 냈는지 등 방식준수를 조사하여 그 흠이 있으면 보정명령을 발하고 소정기간 내에 보정하지 않은 경우에는 명령으로 상고장을 각하한다(425조, 399조 1항 · 2항).[2)] 법원사무관등으로 하여금 보정명령을 하게 할 수 있음은 하급심과 마찬가지이다. 상고가 상고기간을 경과하여 제기된 때에도 원심재판장은 명령으로 상고장을 각하한다(425조, 399조 2항). 원심재판장의 상고장각하명령에 대하여는 즉시항고할 수 있다(425조, 399조 3항). 다만 원심재판장이 그와 같은 잘못을 간과하였을 때에는 상고심재판장이 같은 조치를 취하여야 함은 항소심과 같다(425조, 402조). 현행법과 달리 상고이유서의 제출을 상고법원 아닌 원심법원에 제출케 하여 원심재판장에 심사권을 주어, 부제출 시에는 원심재판장의 명령으로 상고장 각하명령을 하는 개정시도가 있는 듯 한데, 이는 전형적인 입법사항이다.

(3) 소송기록의 송부와 접수통지 　상고장에 형식적 불비가 있어 원심재판장이 보정명령을 한 때를 제외하고 원칙적으로 원심법원의 법원사무관등은 상고장이 제출된 날로부터, 판결정본송달전에 상고가 제기된 때에는 판결정본이 송달된 날부터 2주 이내에 소송기록을 상고법원에 보내야 한다(425조, 400조; 규 135조, 127조). 소송기록이 상고법원에 송부되기까지는 기록보관의 원심법원이 사건으로부터 파

---

1) 대법 1981. 10. 13, 81누230.

2) 송달료보정명령을 받고 불응한 경우는 상고장 각하를 할 수 없다=대법 2014. 5. 16, 2014마588.

생되는 부수적 재판(예: 집행정지신청, 소송구조신청 등)에 대해 관할권을 가지며, 상고의 취하·상고권의 포기·소의 취하도 원심법원에 대해 한다(앞의 「심급관할」 참조). 상고법원의 법원사무관 등이 소송기록의 송부를 받은 때에는 바로 그 사유를 당사자에게 통지하여야 한다(426조).

(4) 상고이유서의 제출

1) 상고인이 상고장에 상고이유를 기재하지 아니한 때에는 소송기록의 접수통지를 받은 날부터 20일 이내에 상고법원에 상고이유서를 제출하여야 한다(427조). 이유서의 제출기간이 일본은 소송기록의 접수통지일로부터 50일이며, 독일은 판결송달일로부터 2개월이로되 신청에 의해 연장 가능하다. 미국의 경우는 상고수리신청(petition for writ of certiorari)은 원판결 등록 후 90일 내이고, 정당한 사유가 있으면 60일을 초과하지 아니하는 기간 내에서 연장할 수 있다. 상고수리결정이 되면 상고인은 45일 안에 상고 본안에 관한 서면을 제출하게 되어 있다. 이러한 외국의 입법례에 비추어 보거나 사건내용이 날로 복잡화되어가는 현실에서 목가적인 우마차의 전원사회에서나 맞는 20일은 지나친 속전속결주의이다. 여유를 갖는 연장신청제도도 없다. 기왕에 제출한 상고이유서에서 밝힌 상고이유를 보완하는 보충서만을 20일이 지나도 제출할 수 있을 뿐이다. 상고심재판에 시간적으로 쉽게 access하기 어렵게 하는 단기간이고 하루라도 늦으면 상고기각을 당하는 이 제도는 상고인대리인을 곤혹스럽게 하는 경우가 많다. 상고이유서제출기간의 만료시는 사실심의 변론종결시에 비유할 수 있는 것이라면 변론종결 후라도 필요하다면 변론재개를 허용하는 것처럼 여기에도 연장제출의 제도가 필요할 것이다. 항소심에서 항소이유서제출기간 40일 그리고 기간연장제를 채택한 개정법률을 고려하여서라도 입법개선이 간절히 요망된다. 과실로 기일도과로 상고기각되면 해태한 변호사상대의 위자료배상판결이 나오고 있다.

상고이유서 강제주의를 채택한 것은 상고심은 법률심으로서 서면심리에 적합하므로, 서면심리에 의하여 speedy한 사건처리와 그 부담경감을 위한 것이다. 상고인이 제출기간 내에 상고이유서를 제출하지 아니한 때에는 직권조사사항이 있는 경우가 아니면 상고법원은 변론 없이 상고를 기각하여야 한다(429조). 제출하였다 하여도 뒤에 볼 심리속행사유가 포함되지 아니한 때에는 더 이상 심리하지 아니하고 상고기각을 하여야 한다(상특법 4조 1항). 위 두 가지의 기각판결에는 이유기재를 하지 않을 수 있으며, 판결을 선고하지 않고 송달로 고지하는 등의 특례에 의한다(상특법 5조, 6조).

2) 상고이유서의 제출기간은 법정기간이지만 불변기간은 아니다.[1] 따라서 당사자의 책임에 돌릴 수 없는 사유로 제출기간을 준수하지 못했다고 하여도 추후보완(173조)이 허용되지 아니하는 것이 판례이나, 기간경과 후라도 상고이유서의 제출이 있으면 그 기간의 신장(172조 1항)을 인정하여 상고이유서를 적법한 것으로 처리할 수 있다.[2] 보조참가사건의 피참가인이 상고를 제기한 경우에 참가인은 피참가인의 상고이유서제출기간 내에 한하여 이를 제출할 수 있다.[3]

3) 상고법원의 판단의 대상이 되는 상고이유는 **상고이유서제출기간** 내에 제출된 상고이유에 한하며, 기간경과 후에 제출된 보충서(제출기간 지난후의 탄원서 기재도 같다)는 이미 제출한 상고이유서를 석명보충하는 한도 이외의 것은 원칙적으로 판단의 대상이 되지 않는다.[4] 예외적으로 i) 기간경과 후에 새로운 상고이유가 생긴 경우(예컨대 재심사유), ii) 직권조사사항(429조 단서)은 그 후라도 추가제출할 수 있다.[5] 단 패소부분 전부에 대하여 상고하면서도 그 중 일부분, 예컨대 손해배상사건에서 위자료 부분에 대하여만은 상고이유를 밝히지 않았다면 그 부분 상고는 제429조를 적용하여 당연히 기각된다.[6]

4) 상고이유를 기재함에는 원판결의 어느 점이 어떻게 법령에 위배되었는지를 알 수 있도록 명시적이고 구체적인 위배의 사유,[7] 법령의 조항 또는 내용, 절차위반의 사실을 표시해야 하며, 절대적 상고이유의 경우에는 해당 조항 및 이에 해당하는 사실, 판례위반을 주장하는 때에는 그 판례를 구체적으로 명시해야 한다(규 129조 내지 131조). 그렇지 않으면 상고이유의 부제출로 취급된다.[8]

i) 원판결에 사실오인 내지 채증법칙의 위배가 있다고만 적시된 경우,[9] ii) 억울한 사

1) 대법 1970. 1. 27, 67다774; 동 1981. 1. 28, 81사2.
2) 광주시내의 소요사태로 기간의 신장을 인정한 것에, 대법 1980. 6. 12, 80다918. 기간의 신장가능성 등을 들어 상고이유서 제출기간 20일이 위헌이 아니라는 것이 헌재 2008. 10. 30, 2007헌마532이나, 상고심에서의 효율적 권리보호(effektiver Rechtsschutz)에 합치할 수 있는지는 의문이다. 기간의 신장규정(172조 1항)을 활용하면 된다고 하지만, 이 규정은 휴면화에 가깝다. 졸고, 앞의 헌법논총, 21집, 41·42면.
3) 대법 1962. 3. 15, 4294행상145.
4) 대법 1960. 6. 30, 4292민재항5; 동 1962. 5. 24, 4293민재항5 이래 일관된 판례이다.
5) 대법 1998. 6. 26, 97다42823. 제척기간의 도과에 관하여 그와 같은 취지는, 대법 2000. 1. 13, 99다18725.
6) 대법 1987. 3. 24, 86다카1289.
7) 대법 1993. 9. 28, 93누5994; 동 2017다216981 등. 미국은 상고수리신청서가 5페이지를 초과하면 목차와 인용문헌을 밝히도록 한다(Supreme Court 규칙 § 14(c)).
8) 대법 1983. 11. 22, 82누297; 2014. 7. 24, 2013다55386.
9) 대법 1969. 3. 4, 68다1514; 동 1974. 5. 28, 74사4.

정을 호소한 것에 불과한 진정서,[1] iii) 독립적인 서면이 아니고 1심 이후 항소심까지 주장준비서면의 내용을 모두 그대로의 원용,[2] iv) 자기에게 불리한 주장 따위[3]는 적법한 상고이유의 기재라고 할 수 없다.

(5) 부대상고 부대항소와 같이 피상고인은 상고에 부대하여 원판결을 자기에게 유리하게 변경할 것을 신청할 수 있다. 다만 법률심인 상고심에서는 소의 변경이나 반소가 허용되지 아니하므로, 부대항소와 달리 **전부승소자**는 부대상고를 할 수 없다.[4] 일부승소한 피상고인만이 할 수 있다. 부대상고의 제기와 그 상고이유서의 제출기간은 **본상고이유서제출기간** 내라고 하는 것이 판례이다.[5]

Ⅱ. 심리불속행(심불)제도—심리속행사유의 심사

1. 개 설

1994년 상고심절차에 관한 특례법은 상고심리불속행제도를 채택하였다. 이는 상고인 주장의 상고이유에 중대한 법령위반에 관한 사항 등 사유가 포함되어 있지 않으면 상고이유의 당부에 대해 더 이상 본안심리를 속행하지 아니하고 판결로 상고기각하여 추려내는 제도이다.[6] 입법제안이유로, 비록 상고이유에 해당하지 아니하면서도 마치 이에 해당하는 것처럼 남상고가 행하여짐으로써 판결확정의 지연, 대법원의 업무처리에 부담, 이로 인한 대법원의 중요사건의 심리지장, 다수사건의 신속처리와 소송제도의 공익적 요청에 반하는 결과의 초래를 내세웠다. 요컨대 대법원이 법률심으로 판단할 가치있는 사건이 아니면 2심으로 끝낸다는 취지이다.[7] 1990년까지 구 소송촉진등에 관한 특례법상의 **상고허가제**가 상고이유에 법령해석에 관한 중요한 사항의 포함여부를 심리하기 위한 허가절차를 따로 마련하여 불허가결정이면 끝나고 허가결정이면 인지대 1/2을 더내게 하고 본안심리로 가는 남상고방지책이라면, 1994년부터 시행된 심리불속행제도는 처음부터 인지대전액부담하에 상고를 제기하되 그와 같은 사항이 포함되지 아니하면 인지대 1/2을 돌려주고 심리불속행 기각판결(속칭 심불기각이라 한다)로 사건을 간단히 정

1) 대법 1981. 5. 26, 81다494.

2) 대법 2012. 11. 15, 2010두8676; 동 2008. 2. 28, 2007다52287.

3) 대법 1983. 6. 28, 82다카1767. 원고가 소각하가 아니라 청구기각을 하여야 한다는 주장은 자신에게 불리한 주장이므로 안된다는 것에, 대법 1990. 12. 7, 90다카24021.

4) 대법 2015. 10. 29, 2014다75349.

5) 대법 2015. 4. 9, 2011다101148; 동 2013. 2. 14, 2011두25005.

6) 불속행제도가 헌법 제27조 1항에 위배되지 않는다는 것에, 대법 1995. 7. 14, 95카기41.

7) 權誠, "남상고 여과를 위한 심리불속행제도", 법조, 1994. 4.

리하고, 나머지 사건은 본안심리로 나가는 제도이다.[1)]

2. 심리속행사유

상고이유 주장이 상고심절차에 관한 특례법 소정의 심리속행사유를 포함하지 아니하는 경우에는 상고법원은 더 이상 심리해 보지 않고 상고기록을 송부받은 날로부터 4월을 시한으로 상고기각판결을 한다.

다음과 같은 것이 심리속행사유가 된다(상특법 4조 1항).

(1) 통상의 소송절차를 보면,

1) 헌법위반이나 헌법의 부당해석

2) 명령·규칙 또는 처분의 법률위반 여부에 대한 부당판단

3) 대법원판례위반

4) 대법원판례의 부존재 또는 변경의 필요성 　특히 새 판례를 내서 많은 유사사건에 재판기준으로 제시할 필요가 있는 표본소송적 사건(model case)이나 하급심판례나 실무상 법령해석이 엇갈려 대법원의 판례를 필요로 하는 때가 해당될 것이다. 잘못된 대법원판례를 바꾸어야 할 경우는 물론, 서로 헛갈리는 등 그 정비가 필요할 때도 같이 볼 것이다.

5) **중대한 법령위반**에 관한 사항[2)] 　위에서 본 1) 내지 4)는 5)의 중대한 법령위반의 예시이고 이를 구체화한 것이라고 한다면, 결국 중대한 법령위반이 중심적인 심리속행사유가 된다 할 것이다. 다만 어떠한 법령위반을 중대한 법령위반이라고 할 것인가는 모호하여 자의에 흐를 면이 없지 아니하여, 구체적 기준의 설정이 필요하다는 논의가 있다(미국의 writ of certiorari를 부여하는데 고려사항은 Supreme Court § 10에 규정). 생각건대 상고심의 기능에 비추어 법해석의 통일이나 법 발전과 직결되는 중요한 실체법·소송법상의 문제를 포함하고 있을 때와 원판결을 그대로 유지하면 정의와 형평에 현저히 위반되는 때가 이에 해당될 것으로, 상고이유 중에서 중요하지 않다고 보여지는 것을 배제시키려는 것이다.[3)] 예를 들면 법률심으로 순화하는 데 지장 있고 사실인정 문제에 지나친 개입 가능성이 있는 이른바 「심리미진」은 단순한 것

1) 심리불속행비율은 2018년 현재 80% 넘어서고 있고 증가세라 한다(2018년 76.7%). 재판부담의 과중이라 하지만, 비판의 목소리 크다(뒤 911면 참조).

2) 정규상, "상고심절차에 관한 특례법상의 중대한 법령위반에 관한 소고," 이시윤 박사화갑기념논문집(하), 318면 이하.

3) 중대한 법령위반에서의 "중대"를 판결에 영향을 미친 경우로 해석하는 학자도 있으나 그렇게 되면 심리속행사유가 제423조의 일반상고이유와 같아지는 결과가 되어 독자적 의미를 부여하려는 입법자의 의도와는 거리가 멀어지는 해석이 될 수 있다.

이면 이에 해당할 수 없고 현저한 것일 때에 한해 중대한 법령위반이라고 볼 것이다. 또 종전부터 채증법칙 내지 경험법칙 위반은 법령위반이라 보았으므로 채증법칙[1]이나 경험법칙의 위반이 현저한 경우이면 이에 해당될 것이고, 공문서·처분문서 등 증거판단의 누락도 중요한 증거일 때 속행사유가 될 것이다. 나아가 소송물의 값이 커서 원심판결이 그대로 확정될 때에 당사자의 불이익이 중대한 경우(비례의 원칙), 원판결과 상고이유서를 대조하여 일단 승소가능성(Erfolgsaussicht)이 예견되는 경우,[2] 1·2심의 판결이 서로 정면배치되는 경우, 사회적으로 이목이 집중된 사건 나아가 집단소송 등을 꼽을 수 있을 것이다. 제451조 1항 4호 이하의 재심사유도 그 흠의 중대성으로 보아 속행사유로 볼 것이다. 대법원재판예규 중에 적시처리가 필요한 중요사건의 선정 및 배당에 관한 예규가 있는데, 동 예규 제2조의 **적시처리 필요 중요사건**도 일단의 기준이 될 것이다.

6) 이유불명시·이유모순을 빼버린 제424조 소정의 각 절대적 상고이유(이유설시의 경시경향의 반영. 일본신민소법은 이유불명시·이유모순까지도 권리상고이유로 함)

다만 상고이유로 주장한 바가 비록 위 1)부터 6)까지 속행사유에 해당되어도 i) 그 주장 자체로 보아 이유 없는 때, ii) 원심판결에 무관련·무영향인 때에는 심리속행을 하지 않는다.

(2) 가압류·가처분절차를 보면, 신속한 심리를 요하는 절차임에 비추어 위에서 본 6가지 중 1) 내지 3) 사유만을 심리속행사유로 하여 상고심리를 제한하였으며 **중대한 법령위반**은 심리속행사유가 아니므로 여기에 해당되어도 상고기각판결로 끝내도록 하였다. 재항고사건도 동법 제4조 2항의 가압류·가처분에 관한 규정을 준용하므로(동법 7조) 마찬가지이다. 그럼에도 불구하고 가압류·가처분사건은 물론 재항고 사건에서 이러한 제한이 잘 지켜지지 아니하여, 상고사건이 폭주하는 상황에서 법을 무시하는 자승자박의 관할확대를 하고 있다.

3. 심리속행사유의 조사

심리속행사유는 상고이유에 관한 본안심리속행을 위해 갖추어야 할 요건이므로, 마치 본안심리요건인 소송요건이나 상고본안심리요건인 상고요건과 마찬가지의 직권조사사항으로 볼 것이다. 따라서 피상고인이 상고이유에 속행사유가

1) 채증법칙 위배도 법령위반으로서 심리속행사유가 된다는 것을 국회속기록에 남긴 다음 국회본회의에서 통과된 것으로 알려졌다.
2) 강현중, 959~960면.

포함되어 있지 않다고 하며 상고기각신청을 하여야 비로소 고려하는 항변사항이 아니다. 무익한 상고·남상고의 방지라는 공익적 요청에서 나온 것이기 때문이다. 속행사유 존부의 조사기간은 원심법원으로부터 상고기록을 송부받은 날로부터 4월이다. 상고심의 본안심리에 들어갈 것인가의 여부를 초기단계에서 가리자는 취지이다. 이 기간 내에 조사하여 속행사유가 포함되어 있지 않다고 인정하면 심리불속행기각판결로써 상고심절차는 종국적으로 끝나게 되지만, 그와 같은 판결 없이 그 기간이 넘어가게 되면 심리불속행절차만 끝이 나고 통상의 상고심절차에 따라 심리가 속행된다(동법 6조 2항). 상고법원은 제출기간 내에 제출한 상고이유서의 주장을 기준으로 하여 속행사유의 존부를 가릴 것이지만, 속행사유가 직권조사사항임에 비추어 직권발동을 촉구하는 의미에서 이유서제출기간 이후라도 상고인은 속행사유에 관한 주장을 보충·변경할 수 있다고 할 것이다.[1] 상고이유서와 별도로 심리속행사유서를 제출하게 되어 있지 않고 상고이유서 하나로 두루뭉술 그것까지 겸하게 하고 있지만(상고이유서 일본(一本)주의), **심리속행사유와 상고이유**는 완전히 합치하는 것이 아니고 속행사유는 선행적인 상고심리대상이 되는 만큼 양자를 따로 구분기재하도록 현재의 일본(一本)주의 제도를 정비·보완하는 것이 마땅할 것이다(일본의 상고수리제도는 상고의 제기와는 별도의 상고수리신청 및 수리이유서의 제출제도, 미국도 수리신청방식은 같다). 즉 심리속행사유서면과 상고이유서서면을 따로 작성하여 전자를 선행적으로 제출함이 마땅하다.

4. 심리불속행판결의 특례와 그 적용범위

(1) 위에서 본 바와 같이 심리속행사유에 해당되지 아니할 때에는 심리불속행기각판결(엄밀하게는 심리불속행의 상고기각판결)을 하여야 하며 이때에 소송비용은 상고인의 부담이 된다. 불속행기각판결은 상고본안심리의 거부라는 점에서 내용상으로는 상고각하와 같은 **소송판결**이라 할 것이나, 형식상으로는 「각하」가 아니라 「기각」이므로 본안판결이다.

이러한 판결에서는 간이·신속한 처리를 위해 다음과 같은 몇 가지 특례가 적용된다. i) **판결의 이유기재를 생략할 수 있다**(상특법 5조 1항. 실제 특례법 소정의 사유에 불해당한다고 하는 간단기재. 이유도 모른채 기각 때문에 황당해 하는 일 많다).[2] 이유 생략이 되는 이상, 이유에 관한 판단누락은 있을 수 없다. ii)

1) 같은 취지: 심중선, "상고심리불속행제도," 이시윤 박사화갑기념논문집(하), 305면.

2) 종국판결이고 상고를 배척하는 불속행판결에 이유기재의 생략이 불복할 수 없는 재판에 「알권리」의 위배요 '네 죄를 네가 알렸다'는 식의 해답 없는 재판이 되는 문제가 있고(사실상 2심제라는 주장도 있다), 법의 근거를 제대로 명시하지 아니한 불이익한 국가작용이 되므로 법치국가의 원리에 합치되는가의 의문이 있다(헌재 2009. 4. 30, 2007헌마589 반대의견 참조). 여기에 나아가 상고인이 재심사유가 있는지 여부만이라도 판단할 수 있을 정도의 이유기재는 하여야 하는데도 일

판결의 선고가 불필요하며, 상고인에의 송달로써 고지를 갈음한다(동법 5조 2항). 이때 판결의 성립시기는 법원사무관등에게 판결원본을 교부한 때라고 할 것이며, 그 효력발생시기는 상고인에게 송달시라고 할 것이다.[1] iii) 대법원의 전원합의체가 아닌 대법관 3인 이상으로 구성된 재판부 즉 소부에서 재판하는 경우만 할 수 있다(동법 6조 1항).[2] iv) 이 판결의 시한은 상고기록을 송부받은 날로부터 기각판결원본을 법원사무관등에게 교부하기까지 4월 이내이다(보통 50일~80일 이내). 따라서 4월이 지나면 따로 결정이 없이 심리속행결정이 난 것이 된다. 이때 개정 민사소송 등 인지법에 의하여 납부 인지액의 1/2에 해당하는 금액을 환급청구할 수 있다. v) 법원사무관등은 교부받은 판결원본에 영수일자만을 부기하고 날인 후 바로 당사자에게 송달하여야 한다(동법 5조 3항).

(2) 이와 같은 심리불속행제도는 민사소송뿐 아니라, 가사소송, 행정소송, 특허소송의 상고사건까지 모두 적용되며(동법 2조), 같은 소송들의 재항고에도 준용된다(동법 7조). 다만 **소액사건**에 대한 상고사건과 **특별항고** 등에는 그 적용이 배제된다고 할 것이다.

5. 검 토

첫째로, 이 제도의 model인 미국의 writ of certiorari의 경우는 수리허가결정이 나기 전에는 소송기록 없이 제출된 수리신청서(petition)만 놓고 검토하고, 허가결정 후에 상고인은 이와는 별도의 본안에 관한 상고서면과 발췌한 소송기록을 제출하게 되어 있다. 그러나 미국과는 달리 원심판결의 소송기록을 송부받게 되어 있으며, 따라서 기록과 상고이유서만을 놓고 별도의 심리속행신청서와 이유서를 제출시키지 아니한 채 심리속행 여부를 가리게 되는 기형적이고 편의적이다.

둘째로, 판결은 원칙적으로 공개법정에서 선고를 하여야 하는 공개주의가 헌법상의 원칙이며 심지어 무변론판결(피고의 답변서 부제출, 소·상소각하)과 비공개심리(법조 57조 1항 단서)의 경우도 선고는 하는데(헌 109조), 심리불속행판결을 공개선고하지 않고 송달로 갈음하는 **밀행주의**에 의하는 것이 과연 헌법과 조화가 되는지 의문이다. 차라리 판결기각이 아니라 결정기각으로 하여 송달토록 함이 옳았을 것으로 본다.[3]

셋째로, 이유기재가 없으므로 심리불속행기각의 경우는 상고장각하명령의 경우처럼 인지 1/2 반환을 하여야 한다는 주장이 수용되어, 2012. 1. 17. 민사소송 등 인지법 개정

체의 이유를 기재하지 않는 것은(소위 「깜깜이 판결」) 재심청구권의 침해라는 주장의 헌재 2010 헌마344 사건에서 5 : 3의 반대의견도 나와 있다.

1) 미확정판결공개(163조의2)의 예외.

2) 대법관에 따라서 불속행률이 90% 이상이라서 과연 3인제 합의제도의 운영이 잘 되는지 의문이 있다.

3) 헌재 2009. 4. 30, 2007헌마589에서 이동흡 재판관의 보충의견.

법률 제14조 1항 6호에 의하여 1/2 환급청구를 할 수 있게 되었다.[1)]

상고기각의 이유를 알 수 없는 소위 '묻지마'식 재판의 전형, 하급심통제력의 약화 등 비판이 있으며, 폐지해야 한다는 것이 지배적 여론이다(대한변협 조사 660명 변호사 중 67% 폐지의견). 헌법재판소가 벌써 헌법불합치를 이유로 손보았어야 할 일이다.

Ⅲ. 상고심의 본안심리

(1) 상고이유서의 송달과 답변서의 제출 상고법원은 상고이유서의 제출을 받은 경우에는 지체없이 피상고인에게 그 부본이나 등본을 송달하여야 한다(428조 1항). 부적법한 상고이기 때문에 곧바로 각하할 경우에는 송달을 요하지 않는다. 피상고인은 그 송달을 받은 날로부터 10일 내에 답변서를 제출할 수 있다(428조 2항. 이것도 짧다. 구 의용민소법과 일본법은 재판장이 정하는 상당한 기간, 미국법은 사건등록 후 30일). 답변서의 부본이나 등본은 상고인에게 송달을 요한다(428조 3항). 상고기각을 할 때는 별론으로 하고, 피상고인의 답변서 제출기간의 도과를 기다리지 않고 상고를 받아들여 원판결을 파기함은 '듣지 않는 재판'으로 피상고인의 절차권을 침해하는 것으로 볼 것이다. 소장에 대한 답변서와 달리 답변서제출기간을 피상고인이 지키지 아니하였다고 하여 상고인의 상고이유에 대한 자백간주의 불이익이 따르는 것은 아니다.

(2) 심리의 범위 상고법원은 상고이유가 심리속행사유를 포함하고 있다고 판단되면 상고이유에 관하여 심리를 속행한다. 이 경우에 상고법원은 상고이유로서 주장한 사항에 한하여 또 불복신청한 한도에서 원판결의 정당 여부를 조사한다(431조). 그 결과 원판결을 변경하는 경우에도 불복신청의 한도에 한하게 되어 있다(425조, 407조. 「불이익변경금지의 원칙」 참조). 다만 **직권조사사항**[2)]에 대해서는 이 원칙이 적용되지 아니한다(434조). 헌법위반이나 재심사유도 같이 볼 것이다. 또 실체법의 판단의 과오에 대해서는 상고이유 불구속의 원칙 때문에 여기에서 지적되지 아니하여도 직권조사를 할 수 있음은 앞서 본 바이다.

이와 같이 심리의 대상은 원칙적으로 불복신청한 한도에 그치기 때문에, 청구의 병합의 경우에 그 중 하나의 청구에 대하여 불복신청한 경우 다른 청구에 대해서까지 상고심으로 이전하는 이심의 효력이 생기나, 심판의 대상은 불복신청한 청구부분에 한함은 항소의 경우와 같다. 예를 들면 주위적 청구기각, 예비

---

1) 졸고, 앞의 헌법논총 21집, 40면.

2) 소송요건등 직권조사사항에 대해서는 불복신청이 없는 부분도 상고법원은 파기할 수 있다는 것에, 대법 1980. 11. 11, 80다284; 동 2018. 12. 27, 2018다268385.

적 청구인용의 항소심판결에 대해 피고만이 상고하고 원고는 상고나 부대상고를 하지 않은 경우, 주위적 청구에 대한 판결부분은 이심은 되어도 상고심의 심판대상이 되지 아니한다(742면 참조).[1] 또한 원고일부승소의 제1심판결에 대하여 원고만이 항소하고 피고는 항소·부대항소조차 하지 않는 경우에 피고는 제1심판결의 원고승소부분에 대하여 상고를 제기할 수 없다.[2]

(3) 소송자료 상고심은 **법률심**이므로 직권조사사항[3]을 제외하고 새로 소송자료의 수집과 사실확정을 할 수 없다. 원판결이 적법하게 확정한 사실은 상고법원을 기속하기 때문에(432조), 사실의 인정은 사실심법관의 전권사항이고 대법원의 권한 밖이다.[4] 이와 같이 상고심에서는 새로 소송자료의 수집과 사실확정을 할 수 없기 때문에 새로이 사실주장·증거조사·새로운 청구도 할 수 없다(예외적으로 대법원이 제1심으로 심리할 때는 증거조사가능). 같은 근거에서 소의 변경, 중간확인의 소나 반소도 허용되지 아니한다.[5] 원심에서 한 자백의 취소도 안 된다.[6] 예외는 가집행선고의 실효로 인한 원상회복신청(215조)뿐이다.

(4) 심리의 방법과 참고인제 상고법원은 상고장, 상고이유서, 답변서 그 밖의 소송기록에 기하여 서면심리만으로 판결할 수 있다(430조). 상고기각의 경우든 상고인용의 경우든 변론을 열지 않아도 무방한 **임의적 변론절차**이다. 그리하여 상고심에서는 변론을 여는 예가 많지 않으며 서면심리로 일관하다시피되었다(현재는 다르다. 상고수리된 사건에는 예외없이 변론을 여는 독일·미국대법원과 대조적. 영국은 사건당 5분이지만 Internet 공개). 과중한 재판부담 때문이라 하겠으나 최고법원이 '열리지 아니한 법원'이 되면 궁금증을 가중시킨다. hearing이 없고 투명하지 아니한 밀실심리로 국민의 알 권리가 지나치게 제한되면 '문턱높이' 때문에 국민과의 친화력을 잃게 된다(단 중요사건-presentation 변론의 생중계의 사례 있음). '심리진행상황'을 설치하여 인터넷으로 공개한다. 한편 개정신법에서는 상고심법원이 소송관계를 분명하게 하기 위하여 필요한 경우에는 변론을 열어 참고인의 진술을 들을 수

1) 대법 1969. 12. 30, 69다295; 동 1970. 4. 28, 69누59. 그 때문에 피고의 상고가 이유 있어 상고심이 예비적 청구에 관한 부분을 파기·환송하였다면 예비적 청구부분만이 원심법원에 계속되게 된다.
2) 대법 2009. 10. 29, 2007다22514·22521.
3) 제척기간은 직권조사사항인 만큼 사실심변론종결시까지 주장하지 않았다 하더라도 상고심에서 새로 주장·증명할 수 있다(대법 2019. 6. 13, 2019다205947).
4) 대법 1967. 10. 4, 67다780 등. 과실상계 사유에 관한 사실인정 및 그 비율은 사실심의 전권사항이라는 것에, 대법 2000. 6. 9, 98다54397; 동 2012. 1. 12, 2010다79947 등. 손해배상예정액의 감축사유에 대한 사실인정 등에 대해서도 같은 취지는 대법 2017다22872; 동 2014다11895 등.
5) 대법 1991. 10. 8, 89누7801.
6) 대법 1998. 1. 23, 97다38305.

있도록 하였다(430조 2항). 중요사건에서 심증형성에 도움을 받으려는 석명처분(140조)의 일종이라 할 것이다. 참고인의 진술을 듣는 경우에는 당사자를 참여하게 하여야 한다(규 134조 1항). 나아가 개정민소규 제134조의 2 제1항에서 국가기관과 지방자치단체도 공익과 관련된 사항에 관하여 대법원에 의견서제출권과 제출의무를 규정하고(대통령과 밀행교섭은 옳지 않다), 또 제2항에서 소송관계를 분명하게 하기 위하여 공공단체 등 그 밖의 참고인에게 의견제출을 하게 할 수 있다고 규정하였다. '당사자끼리'의 당사자주의의 한계극복의 의미가 있다. 이제 미국의 amicus curiae(법정조언자. 미국에서는 하급심도 시행)제도를 도입하여 널리 '국민의 소리'를 경청하려 한다.

상고법원에서 변론을 여는 경우라도 임의적 변론절차이어서 구술의 진술뿐만 아니라 제출서면의 내용도 다같이 재판의 기초가 되므로 진술간주규정(148조)은 그 적용이 없다고 할 것이다.[1] 양쪽 불출석 때의 상소취하간주의 규정(268조 4항)도 적용되지 않는다고 볼 것이다.[2] 재판부의 구성에 변경이 있어도 변론의 갱신은 불필요하고, 변론에 관여하지 않은 대법관도 합의에 관여할 수 있다(규 8조의 2).

Ⅳ. 상고심의 종료

상고심도 소의 취하, 청구의 포기·인낙, 화해와 종국적 재판에 의하여 종료된다. 심리불속행기각판결은 소송기록을 송부받은 날로부터 4월을 시한으로 하되(상특법 6조 2항), 그 밖의 상고심판결도 5월 이내에 하여야 한다(199조 단서 훈시규정). 상고심의 종국적 재판은 판결이 원칙이나 명령에 의하여야 할 예외가 있다.

1. 상고장각하명령

상고심재판장의 상고장각하명령에 대해서는 즉시항고할 수 없다(앞에서 본 「항소장각하명령」 참조).[3] 상고 인지액의 1/2의 환급청구를 할 수 있다(민인 14조).

2. 상고각하판결

상고요건(상소요건)의 흠이 있는 경우에는 상고법원은 판결로써 상고를 각하

---

1) 같은 취지: 정동윤/유병현/김경욱, 936면. 반대: 김홍규, 840면; 한충수, 850면.
2) 같은 취지: 이영섭, 339면; 김홍규, 840면; 정동윤/유병현, 936면; 강현중, 963면. 반대: 방순원, 669면.
3) 대법 1965. 5. 20, 65그11.

한다(425조, 413조).[1] 다만 상고기간경과 후의 상고임을 발견한 때에는 명령으로 상고장 각하를 하게 됨(425조, 402조 2항, 399조 2항)은 앞서 보았다.

3. 상고기각판결

상고가 이유 없다고 인정할 때에는(425조, 414조) 상고기각의 본안판결을 하여야 한다. 상고이유대로 원판결이 부당하다 하여도 다른 이유에 의하여 결과적으로 정당하다고 인정할 때에는 상고기각을 하여야 한다(414조 2항 준용).

이 밖에 상고이유에 관한 주장이 앞서 본 심리속행사유를 포함하고 있지 아니하는 경우도 더 이상 심리를 속행하지 않고 끝낸다는 의미에서 상고기각판결을 한다(상특법 4조). 소정기간내에 상고이유서의 제출이 없을 때에도 또한 같다(429조). 선고없이 판결문만 송달한다. 상고이유서에 병합된 청구 중 하나의 청구에 대해서만 원판결을 탓하는 기재가 있고 다른 청구에 대해서는 아무런 이유명시가 없으면 그 부분만 상고이유서의 제출이 없는 것으로 기각하여야 한다(903면 참조).[2] '기각'이라 했지만 '각하'의 소송판결이다. 따라서 이 때는 결정기각을 한다는 개정안이 나와 있다.

심리불속행, 기간 내의 상고이유서 부제출에 의한 기각판결은 판결이지만 실질적으로 상고장 각하와 다를 바 없으므로, 그에 준하여 1/2의 인지환급의 청구를 할 수 있게 한 것은 앞서 본 바이다.

4. 상고인용판결—원판결의 파기

상고법원은 상고가 이유 있다고 인정할 때에는 원판결을 파기하지 않으면 안 된다. 파기사유(깨는 이유)로는 i) 상고이유에 해당할 때, ii) 직권조사사항에 관하여 조사한 결과 원판결이 부당한 때 등이다.[3] 원판결에 두 개 이상의 파기사유가 있을 때에는 이론상 그 중 하나를 선택하여 파기하여도 무방하다. 판결주문 중심제이고 이유중심제가 아니기 때문이다.

(1) 파기환송 또는 이송(436조) 상고법원이 원판결을 파기한 경우에는 더 심리가 필요한 것으로 보아(즉 새로 증거조사의 필요) 사건을 환송 또는 이송(back or transfer)하

1) 원고가 소제기 이전에 사망하였음이 인정되는 경우 부적법상고각하한 것에, 대법 2000. 10. 27, 2000다33775.
2) 대법 1980. 7. 8, 80다597.
3) 소각하할 것을 기각한 경우에는 파기사유가 되지 않는다는 것에, 대법 1992. 11. 24, 91다29026.

는 것이 원칙이다. 이 점이 항소인용의 경우에 자판, 즉 스스로 본안판결하는 것이 원칙인 항소심과 다르다. 환송은 원판결을 한 법원 즉 원심법원에 대해서 하지만, 원심법원이 제척 등의 관계로 환송심을 구성할 수 없는 경우가 있으므로(436조 3항), 이 때에는 동등한 다른 법원으로 이송하여야 한다. 전속관할의 위반이 있을 경우에 관할권 있는 법원에 이송할 것은 물론이다.

(a) **환송 후의 심리절차**

1) 환송(또는 이송)판결이 선고되면 사건은 환송받은 법원에 당연히 계속된다. 따라서 환송받은 법원은 새로 변론을 열어서 심판하지 않으면 안 된다(436조 2항 본문). 환송 후의 항소심의 변론은 환송 전의 항소심의 속행에 지나지 않는다.[1] 그러나 환송 후의 항소심은 새로 재판부를 구성하여야 하는 관계(436조 3항)로 반드시 변론의 갱신절차를 밟아야 한다(204조 2항; 개정규 127조의 2). 변론의 갱신이 있은 뒤에 환송 전의 소송자료와 증거자료가 새 판결의 기초자료가 될 수 있음은 통상의 경우와 다를 바 없다. 그 뒤의 속행절차에 있어서는 당해 심급에서 허용되는 일체의 소송행위, 예를 들면 소나 항소의 취하,[2] 소·항소취지의 변경, 반소의 제기, 부대항소, 청구의 확장, 새로운 공격방어방법의 제출 등 **변론의 갱신권**이 인정되며,[3] 따라서 환송 후의 판결결과가 환송 전의 원판결보다도 오히려 상고인에게 더 불리하게 바뀔 수도 있다(일종의 불이익변경금지의 예외).[4] 또 환송판결에 나타나지 아니한 사항에 대하여는 환송 전의 원심판결과 다른 판단을 할 수 있다.[5] 나아가 환송 후 항소심에서 **소의 교환적 변경**을 하면 제1심판결은 소취하로 실효되고 항소심의 심판대상은 교환된 청구에 대한 새로운 소송으로 바뀌어 항소심은 사실상 제1심으로 재판하는 것이 된다.[6] 환송 전 항소심의 소송대리인의 대리권은 환송에 의하여 당연히 부활된다는 것이 판례이나,[7] 환송판결이 종국판결인 점과 신뢰관계의 소멸을 고려하여 부정할 것이다(앞의 「소송대리인」 참조).

2) **환송 후 환송심의 심판의 대상**인 청구는 원판결 중 파기되어 환송된 부분

1) 대법 1969. 12. 23, 67다1664.
2) 대법 2004. 4. 28, 2004다4225(부대항소의 제기 여부와 관계없이 주된 항소를 취하할 수 있다).
3) 대법 1984. 3. 27, 83다카1135·1136.
4) 대법 2014. 6. 12, 2014다11376. 동 1991. 11. 22, 91다18132에서는 민사소송법에는 형사소송법 제368조와 같은 불이익변경의 금지규정이 없음을 들었다.
5) 대법 1987. 10. 13, 87누418.
6) 대법 2013. 2. 28, 2011다31706.
7) 대법 1984. 6. 14, 84다카744 등.

만이다.[1] 혼동하기 쉬운 일인데, 원판결 중 i) 상고이유가 없다 하여 기각된 부분, ii) 파기자판한 부분, iii) 상고로 불복신청이 없었던 부분, 예컨대 주위적 청구기각·예비적 청구인용의 원판결에 피고만이 불복상고한 경우에 파기환송되었다면 주위적 청구부분 등은 심판대상에서 제외된다(950면 주 1) 참조). 그러나 선택적 청구 중 어느 하나의 청구에 대해 상고가 있으면 전부파기환송하여야 함은 앞서 말한 바이다(741면 참조). 또한 선택적병합청구를 모두 기각한 경우 그중 하나라도 상고이유 있으면 전부 파기를 요한다는 것은, 대법(전) 1993. 12. 21, 92다46226인데, 이는 앞 741면에서도 설명한 바 있다. 원고청구일부인용의 판결에 피고만이 그 패소부분에 상고하여 파기환송된 경우라면 원심판결 중 원고 패소부분은 확정되어 **환송 후 심판대상에서 제외된다.**[2] 대법 2014. 6. 12, 2014다11376·11383 등에서는 원고의 본소청구 및 피고의 반소청구가 각 일부 인용된 환송전 원심판결에 대하여 피고만이 상고하고 상고심에서 본소 및 반소에 관한 각 피고 패소부분을 파기환송한 경우라면, 환송전 원판결 중 본소에 관한 원고 패소부분과 반소에 관한 피고 승소부분은 이미 상고심판결선고시에 확정되었다고 할 것이므로 환송받은 원심의 심리대상에서 제외된다고 했다.

3) 환송 전의 원심판결에 관여한 판사는 환송 후의 재판에 관여할 수 없다(436조 3항). 여기의 원심판결에 관여한 판사란 바로 파기된 원심판결 자체만을 말하는 것이고 그 이전에 파기되었던 원심판결까지 포함하는 취지가 아니다(제2차에 걸쳐 파기환송되었다면 제1차 파기의 원심판결의 판사는 불포함).[3] 다만 재판과 밀접한 관련 있는 화해·조정에도 관여할 수 없다는 견해도 있다.[4]

(b) **환송판결의 기속력**

aa) **기속력(羈束力)의 의의와 범위** 환송(또는 이송)을 받은 법원이 다시 심판을 하는 경우에는 상고법원이 파기의 이유로 한 **법률상 및 사실상의 판단**에 기속된다(436조 2항 후문; 법조 8조). 이는 환송심에서 전과 같은 견해를 고집하면 상고법원과의 사이에 사건이 끊임없이 왕복하게 되어 종결이 불가능하게 되기 때문으로, 이는 심급제도의 본질에서 유래하는 효력이다. 기속력은 **객관적으로는**, 판결이유 속의 판단에도 미치나 당해 사건에 한한다. 당해사건에 관한 한 **주관적으로는**, 환송을

1) 대법 1970. 2. 24, 69누59. 원심판결 중 소극적 손해에 관한 원고패소부분만 환송되었다면 심판범위는 소극적 손해에 관한 원고패소부분만에 한정된다=대법 1998. 4. 14, 96다2187.
2) 대법 2013. 2. 28, 2011다31706; 동 2020. 3. 26, 2018다221867.
3) 대법 1967. 7. 11, 67다979; 동 1973. 11. 27, 73다763.
4) 정영환, 1412면.

받은 법원 및 그 하급심에도, 또 그 사건이 재상고된 때에는 상고법원(대법원의 부)도 기속함이 원칙이다(자기기속).[1] 그러나 대법(전) 2001. 3. 15, 98두15597에 이르러 환송판결의 기속을 받는 자기기속력은 법령의 해석적용에 관한 의견변경권을 가진 **대법원 전원합의체**에 대해서는 부정된다 하면서, 전원합의체는 환송판결의 법률판단을 변경할 수 있다고 했다. 제1차 환송판결과 제2차 환송판결이 저촉되는 경우라도 환송받은 원심으로서는 제2차 환송판결의 법률상의 판단에 기속된다.[2]

bb) **기속력의 성질** 기속력의 성질에 관하여는 몇 가지 설로 나뉜다. 중간판결설[3]과 기판력설이 있으나 현재의 통설은 특수효력설로서, 심급제도의 유지를 위해 상급심의 판결이 하급심을 구속하는 특수한 효력으로 보는 입장이다.

cc) **기속력의 내용** i) 기속을 받는 '**사실상의 판단**'이란 상고법원이 사실심이 아닌 점에 비추어 단지 직권조사사항[4]·절차위배[5]·재심사유[6]에 관한 사실상의 판단에만 국한되고, 파기이유로 삼지 아니한 본안에 관한 사실판단은 포함되지 않는다. 따라서 환송받은 법원은 본안에 관하여서는 새로운 증거나 보강된 증거에 의하여 본안의 쟁점에 관하여 새로운 사실을 인정할 수 있다.[7] 소의 변경과 확장, 부대항소 등 그 심급에서 허용되는 모든 소송행위가 가능하다.[8] 상고법원의 기속적 판단의 기초가 된 사실관계의 변동이 생긴 때에는 환송판결의 기속력은 미치지 않는다.[9]

ii) '**법률상의 판단**'이란 법령해석·적용상의 견해를 뜻하는데, 여기에는 사실에 대한 평가적 판단도 포함한다.[10] 이에 기판력의 범위와는 다른 기속력의 물적 범위가 문제되는데, ① 명시적으로 설시한 법률상의 판단, ② 파기사유로 명시적으로 설시하지 않았지만 그와 논리적·필연적인 전제관계 있는 법률상의 판단(예: 소송요건의 흠도 상고이유로 한 경우에 소송요건을 긍정하면서 본안판단의 위법을 들어 파기한 때에는 소송요건의 존재를 긍정한 판단에도 기속력이 미친다)에 기속력이 생긴다

1) 대법 1981. 2. 24, 80다2029는 판례를 변경하는 취지의 환송판결이 전원합의체가 아닌 소부에서 행해진 경우에도 하급심 및 상고심을 기속한다고 하였다.
2) 대법 1995. 8. 22, 94다43078 등.
3) 판례는 대법원의 환송판결에 대해 중간판결설을 유지하다가 대법(전) 1995. 2. 14, 93재다27·34에 이르러 종국판결설로 변경하였다.
4) 대법 2011. 12. 22, 2009다75949; 동 2000. 4. 25, 2000다6858; 동 1996. 9. 20, 96다6936.
5) 대법 1964. 6. 20, 63다262; 동 1964. 6. 30, 63다1193.
6) 대법 1988. 11. 22, 88누7; 동 1991. 4. 23, 90다13697.
7) 대법 2012. 1. 12, 2010다87757; 동 2008. 2. 28, 2005다11954.
8) 대법 2013. 2. 28, 2011다31708.
9) 대법 2011. 12. 22, 2009다75949.
10) 대법 1983. 6. 14, 82누480 등.

고 볼 것이다.[1] 그러므로 원판결을 파기하면서 파기사유와 논리적·필연적 관계가 없는 부분 즉 부수적으로 지적한 사항은 기속력이 없다.[2]

iii) 기속력 때문에 반드시 원심판결의 결론을 바꾸어야 하는 제약은 없다. 그러므로 파기환송되었다 하여도 상고인이 반드시 승소된다 단정할 수 없다. 하급심은 파기의 이유로 든 잘못된 견해만 피하면, 당사자가 새로이 주장·증명한 바에 의한 다른 가능한 견해에 따라 환송 전의 판결과 같은 결론의 판결을 하여도 기속력을 어긴 것이 아니다.[3]

원심판결을 파기환송한 경우에 그 환송판결에서 원심의 사실인정에 위법이 없다는 이유설명을 하였다고 하여도 원심을 기속하는 것은 파기사유뿐이다.[4] 파기사유로 한 사항 이외의 사항에 대한 판단으로서 판결하기에 충분하다고 인정될 때에는 파기사유로 된 사항에 관한 판단을 생략할 수 있다.[5]

dd) **기속력의 소멸** ① 환송판결에 나타난 법률상의 견해가 뒤에 판례변경으로 바뀌었을 때(다툼 있음),[6] ② 새로운 주장·증명이나 이의 보강으로 전제된 사실관계의 변동이 생긴 때,[7] ③ 법령의 변경이 생겼을 때[8]는 기속력을 잃는다.

(2) **파기자판** 상고법원이 원판결을 파기하는 경우라도 반드시 되돌려 보내는 환송, 다른 하급법원으로의 이송의 판결을 하여야 하는 것은 아니다. i) 확정된 사실에 대한 법령의 해석·적용의 잘못을 이유로 원판결을 파기하는 경우에 새로운 사실의 확정을 요하지 않고 그 확정사실에 기하여 판결을 할 수 있을 때(민소 437조 1호), ii) 사건이 법원의 권한에 속하지 않거나 그 밖의 소송요건의 흠을 이유로 원판결을 파기할 때에는 상고법원은 사건에 대해 자판을 하여야 한다(437조 2호). 이러한 판결은 본래는 원법원이 행하여야 할 것을 소송경제상 이에 갈음하여 상고법원이 행하는 것이다. 자판을 요하는 경우임에도 원심으로 되돌리는 환송판결을 하는 것이 거의 대법원의 지배적 경향으로 되어 왔었기 때문에 자판

---

1) 대법 1991. 10. 25, 90누7890; 동 2012. 3. 29, 2011다106136.
2) 대법 1997. 4. 25, 97다904; 동 1997. 7. 22, 96다37862. 반대: 이재성, "환송판결의 성격과 기속력," 인권과 정의(1981. 10), 13면.
3) 대법 1995. 10. 13, 95다33047; 동 1983. 11. 8, 82므16.
4) 대법 1965. 1. 19, 64다1260.
5) 대법 1970. 5. 26, 69다239.
6) 같은 취지: 주석신민소(Ⅵ), 593면; GmS in BGH 60, 397f.
7) 대법 1989. 6. 27, 87다카2542; 동 1992. 9. 14, 92다4192 등.
8) 같은 취지: 강현중(제6판), 765면. 환송판결 선고후 헌법재판소가 기속적 판단의 기초가 된 법률조항을 위헌선언하여 그 법률조항의 효력이 상실된 경우 기속력이 미치지 않는다는 것에, 대법 2020. 11. 26, 2019다2049.

율은 매우 낮다. 사법연감에 의하면(932면 주 1) 참조) 제437조 2호에 따라 소각하의 파기자판을 한 예는 있지만,[1] 동조 1호에 따라 본안판결의 파기자판은 예를 찾기 쉽지 않았다. 프랑스의 최고법원인 파기원처럼 운영함은 문제가 있었다. 파기자판하여야 할 사건이 자판이 되지 않고 환송되면, 3심급으로 끝날 사건이 5심급으로 늘어나(소위 핑퐁재판) 소송완결이 늦어짐은 물론 당사자의 부담이 커진다.[2][3] 다만 최근에 소각하의 파기자판이 아닌 본안의 파기자판의 적지 않게[4] 나타나서 고무적이다.

파기자판을 하는 경우에 상고법원은 제2심(항소심)의 입장에서 재판하게 된다. 따라서 항소에 대한 응답의 형태로 재판한다.[5] 단 소송요건의 흠을 이유로 소각하한 제1심판결을 유지한 항소심판결을 상고법원이 파기할 때에는 항소심판결 파기 → 제2심의 입장에서 제1심판결 취소 → 제1심법원 환송으로 처리한다.

1) 최근의 것으로 대법 2019. 3. 25, 2016마5908.
2) 졸고, "사법운영의 합리화와 소송촉진책," 법무자문위원회논설집 1집, 147면; 민일영, "소의 부적법각하와 상고심판결," 민사재판의 제문제 4권, 347면 이하. 파기환송률 대 자판율이 일본 40%, 우리나라는 2%(법률신문 1996. 8. 22.자). 독일은 2009년 현재 파기환송 177건, 본안파기자판 122건으로, 자판율이 40% 정도(BGH의 2009년 민사부통계서 SS. 31, 32).
3) 대법원은 서울 중곡동 땅사건의 해결에 17년이나 걸렸다. 이 사건 대법원이 무려 3번이나 파기환송한 것이 시간을 잡아먹은 요인이 되었다. 원심법원이 계속 대법원에 박치기판결을 한다면 환송만 거듭할 것이 아니라 파기자판을 하여 시간을 단축할 수도 있는 일이었다.
4) 대법 2012. 3. 29, 2011두9263; 동 2011. 11. 10, 2011다67743; 동 2009. 6. 11, 2009다18045; 동 2010. 7. 22, 2009므1861 등. 이 밖에 과거사 위자료의 지연손해금에 관한 기산점의 산정방식을 바꾸면서 대법원에서 파기자판한 예가 있었다(아람회 사건). 이와 유사파기자판사례로 대법 2023. 7. 27, 2023다227418. 대법 2021. 2. 4, 2019다277133에서는 행정소송사건을 잘못하여 민사소송으로 제기한 경우, 1·2심 관할법원으로 이송조치를 취하지 아니한 사안에서 원심판결의 파기, 직권으로 제1심판결 취소하고 서울행정법원으로 이송한 바 있음.
5) 대법 2012. 3. 15, 2011다95779.

제4장 항　　고

Ⅰ. 항고의 개념과 목적

(1) 항고(Beschwerde)란 판결 이외의 재판인 결정·명령에 대한 독립의 간이한 상소이다. 항고는 상급법원에 원재판의 당부의 판단을 구하는 점에서 항소·상고와 같지만, 간이·신속한 결정절차에 의하는 점과 이에 의하여 원법원이 원결정을 변경할 기회를 갖게 되는 점에서 차이가 있다. 항고는 모든 결정·명령에 대해 허용되는 것이 아니고, 법률이 특히 인정한 경우에 한한다.

(2) 종국판결 아닌 소송절차에 부수·파생하는 사항에 관한 재판까지도 모두 종국판결과 함께 항소·상고의 기회에 심사를 받게 하면 상고심의 소송절차가 번잡해질 뿐만 아니라, 또 본래의 소송사건 자체의 해결을 지연시킬 우려가 있다. 그러므로 그와 같은 사항에 대해서는 항고라는 별도의 간이·신속한 불복방법을 마련하였다. 이 밖에 판결에 이르지 않고 결정·명령으로 완결한 사건(예: 소장 각하명령), 종국판결 후에 한 재판(예: 소송비용 액확정결정), 당사자 아닌 제3자에 대한 재판(예: 증인에 대한 과태료의 결정) 등 항소·상고에 의한 불복의 여지가 없는 것에 대해 불복의 길을 트려는 것도 항고제도를 둔 이유라 할 수 있다. 다만 항고는 민사소송에 있어서는 부수적 결정에 대한 불복신청인 것이 중심임에 대하여, 강제집행·보전처분·비송·도산절차에서는 독립적 결정에 대한 불복신청의 성격을 띠는 차이가 있다.

(3) 항고는 일종의 상소이며, 상급법원에 대한 불복신청이다. 이 점에서 각종의 이의 즉 수명법관·수탁판사의 재판에 대한 이의(준항고. 441조), 사법보좌관의 처분에 대한 이의(사보규 4조 1항), 변론의 지휘에 대한 이의(138조), 화해권고결정·이행권고결정·지급명령·조정을 갈음하는 결정에 대한 이의(226조, 470조; 소심 5조의 4; 민조 342), 가압류·가처분에 대한 이의(민집 283조, 301조) 등과 같은 같은 심급에 대한 불복신청과는 구별하지 않으면 안 된다.

Ⅱ. 항고의 종류

(1) 통상항고 · 즉시항고 통상항고(보통항고라고도 한다)는 항고제기의 기간에 제한이 없는 항고로서, 항고의 이익이 있는 한 어느 때나 제기할 수 있는 것이다(독일 2002년 시행 ZPO개혁법에서는 항고절차의 단순화를 위해 기간 제약의 즉시항고와 상고와 유사한 권리항고만으로 정리했다). 즉시항고는 신속한 해결의 필요상 1주일[1]의 불변기간 내에 제기할 것을 요하고(444조), 그 제기에 의하여 집행정지의 효력이 생기는 것이 원칙이다(447조)(증권관련집단소송법상 위 소송허가결정에 대한 즉시항고에도 집행정지효력은 마찬가지). 통상항고가 원칙이며 즉시항고는 법률에 「즉시항고할 수 있다」는 명문이 있는 경우에 예외적으로 허용한다(민사집행법 15조).

(2) 최초의 항고 · 재항고 판결절차에 있어서 항소 · 상고에 대응하는 것으로 심급에 의한 구별이다. 재항고는 최초의 항고에 대한 항고법원의 결정 그리고 고등법원 또는 항소법원의 결정 · 명령에 대한 항고이다(442조). 최초의 항고에는 항소의 규정이 준용되며,[2] 재항고에는 상고의 규정이 준용된다(443조).

(3) 특별항고 불복신청을 할 수 없는 결정 · 명령에 대하여 비상구제책으로 대법원에 직소하는 항고이다(예: 판결경정신청기각결정). 특별항고에 대해 그렇지 않은 항고를 일반항고라 한다.

Ⅲ. 항고의 적용범위

항고는 모든 결정 · 명령에 대해 허용되는 것은 아니고, 성질상 상소(불복)할 수 있고 또 법률이 인정하는 경우에 허용됨은 앞서 본 바이다.

1. 항고로써 불복할 수 있는 결정 · 명령

(1) 소송절차에 관한 신청을 기각한 결정 · 명령(439조) 법문은 신청기각이라고 하였으나 널리 신청을 배척한 경우라고 하겠으며, 전부기각뿐만 아니라 일부기각도 이에 속한다.[3] 신청각하도 포함한다. i) 소송절차에 관한 신청이란 본안의 신청과 구별되는 것으로, 절차의 개시 · 진행 등에 관한 신청을 말한다. 따

1) 헌법재판소는 형사소송법 제405조의 즉시항고기간을 3일로 한 규정에 대해 헌법불합치 결정을 냈다(헌재 2018. 12. 27, 2015헌바77, 2015헌마832(병합)).
2) 구법 제642조 5항(민집 130조 4항)의 원심법원의 항고장각하결정에 대한 불복은 재항고가 아니라 최초의 항고라고 본 것에, 대법(전) 1995. 1. 20, 94마1961.
3) 대법 2000. 8. 28, 99그30(가압류신청에 담보제공부분을 다투는 경우 등).

라서 기일지정신청(165조 2항), 소송인수신청(82조), 수계신청(234조), 공시송달신청(194조), 피고경정신청[1](260조), 증거보전신청(375조) 따위를 기각한 결정 · 명령이다. 다만 당사자가 소송절차에 대해 신청권을 갖지 않고 그 신청이 법원의 직권발동을 촉구하는 데 그칠 때에는 신청을 기각한 재판이라도 당사자는 항고할 수 없다(판례에 의하면 관할위반에 의한 이송허부재판 등). 소송절차에 관한 신청의 기각결정이라 할 수 없는 판결경정신청의 기각결정 따위는 항고가 허용되지 않는다.[2] ii) 결정 · 명령은 법원사무관 등에 교부된 때에 성립한다는 것이므로 고지되기 전의 결정명령에 대한 항고라도 적법하다는 것으로 판례변경을 하였다.[3] iii) 일본법(일본민소 410조)처럼 명백히 정하지 아니하였으나, 필요적 변론을 거치지 않은 재판만이 항고의 대상이 된다. 필요적 변론에 기한 재판은 종국판결의 전제로서 사건의 심리와 밀접불가분의 관계가 있기 때문에 종국판결과 함께 불복신청을 시키는 것이 적당하기 때문이다. 증거신청의 각하결정,[4] 실기한 공격방어방법의 각하결정[5]은 필요적 변론을 거쳐서 한 것이므로 독립하여 항고할 수 없다(ZPO § 567 I 2 참조). 나아가 판례는 중간적 재판(예: 청구취지의 변경 불허결정,[6] 소송인수결정, 인지보정명령,[7] 속행명령)도 독립하여 항고할 수 없다고 본다. 별도의 불복절차가 있는 결정 예컨대 위헌여부심사제청신청의 기각결정도 항고의 대상이 아니다(헌재 68조 2항에 의한 헌법소원).

신청을 기각한 경우이므로 이를 인용한 결정 · 명령에 대해서는 항고할 수 없음이 원칙임을 유의할 필요있다(예: 소송인수결정, 기피결정 등).[8]

(2) 방식을 어긴 결정 · 명령(440조) 결정이나 명령으로 재판할 수 없는 사항에 대하여 결정 또는 명령을 한 때에는 항고할 수 있다.

(3) 집행절차에 관한 집행법원의 재판(민집 15조) 이에 대해서는 특별한 규정이 있는 경우에 한하여 즉시항고할 수 있다. 재산관계명시신청기각결정(민집 62조 2항 · 8항), 채무불이행자명부등재결정(민집 71조), 재산조회의 거부에 대한 과태료 결정(민집 75조 3항), 매각허가여부결정(민집 129조), 압류명령 · 추심명령 · 전부명령(민집 229조 6항) 등이

1) 대법 1997. 3. 3, 97으1.
2) 대법 1961. 10. 6, 4294민항572. 화해조서경정신청의 기각결정에 관하여는, 대법 1984. 3. 27, 84그15.
3) 대법(전) 2014. 10. 8, 2014마667.
4) 대법 1989. 9. 7, 89마694는 증거조사를 위한 수행신청을 하였음에도 변론종결한 조치에 대하여는 불복을 할 수 없다.
5) 대법 1951. 4. 28, 4283민상18.
6) 대법 1992. 9. 25, 92누5096.
7) 대법 1995. 6. 30, 94다39086 등.
8) 대법 1981. 10. 29, 81마357.

다. 사법보좌관이 결정하였을 때에는 준항고처럼 선행적으로 소속법원판사에 이의신청을 해야 한다(사보규 4조 1항, 6항 5호).

(4) 그 밖에 법률상 개별적으로 항고가 허용된 것 이 경우는 거의 즉시항고이다.

(5) 보전처분에 대한 이의 · 취소 2005년 민사집행법 개정으로 보전소송에 있어서 이른바 전면적 결정주의가 채택됨으로써, 가압류 · 가처분 이의신청과 가압류 · 가처분 취소신청에 대하여 결정으로 재판하도록 되었고(민집 286조 3항, 287조 3항, 288조 3항, 301조, 307조 2항), 이러한 결정에 대하여는 즉시항고할 수 있게 되었다(민집 286조 7항, 287조 5항, 288조 3항, 301조, 307조 2항).

2. 항고할 수 없는 결정 · 명령

(1) 명문상 불복할 수 없는 재판(예: 기피결정, 관할지정결정 등. 그 밖에 337조 3항, 465조 2항, 개정 62조의 2 2항)

(2) 해석상 불복할 수 없는 재판(뒤의 「특별항고」 참조)

(3) 항고 이외의 불복신청방법이 인정된 재판(예: 화해권고결정 · 지급명령 · 이행권고결정, 조정에 갈음하는 결정, 가압류 · 가처분결정 →이의신청, 위헌제청신청기각결정 → 헌법소원)

(4) 대법원의 재판[1)]

(5) 수명법관 또는 수탁판사의 재판(준항고) 수명법관 · 수탁판사는 수소법원의 수권에 기하여 수소법원에 갈음하여 특정의 직무를 집행하기 때문에, 수명법관 · 수탁판사의 재판에 대해서는 직접 상급법원에 항고할 수 없도록 하였다. 그 대신에 수소법원 스스로 하였을 경우에 항고할 수 있는 성질의 재판이면, 우선 수권을 한 수소법원에 대해 이의신청을 하게 하고, 그 결정을 거쳐서 항고할 수 있게 하였다(441조). 이를 준항고(準抗告)라 한다. 앞서 본 바이나 사법보좌관의 처분에 대하여는 항고에 앞서 그 소속법원 판사에 대하여 이의신청을 거치게 하는 것도, 준항고와 유사한 점이 있다.

(6) 항고권이 실효되거나 즉시항고기간이 도과된 때 항고권의 포기의 경우도 같다. 독일 판례에서는 결정 후 2년 7개월 뒤에 제기한 통상항고에 대하여 실효(失效)이론을 적용하여 각하했다.[2)]

1) 대법원의 결정 · 명령에 대해 재항고는 물론 특별항고도 불허, 대법 1971. 4. 9, 71그1 등.
2) Zeiss, Rdnr. 733.

3. 항고권의 남용문제

결정·명령에 대한 항고는 본안의 부수·파생절차에 대한 불복절차이므로 판결에 대한 불복절차처럼 중요하여 개방적일 필요가 없다. 그렇지 않으면 본안 판결절차의 지연 원인이 될 수 있다. 따라서 항고절차의 간소화는 절차법의 본질적 요청이라 할 수 있다. 그럼에도 우리나라에서는 제도면에서 또 운영면에서 넓게 남발하는 면이 있다. 그 예가 증권관련집단소송법상의 허가결정에 대한 집행정지의 효력 있는 즉시항고제도나 아래에 볼 대법 2023. 7. 14, 2023그585·586 결정에서 경정(更正)결정에 대한 즉시항고권의 인정 따위이다.

Ⅳ. 항고절차

1. 당 사 자

항고는 편면적 불복절차이고, 판결절차와 같이 두 당사자의 대립구조가 아니다. 그러므로 설사 항고인과 이해가 상반되는 자가 있는 경우라도 판결절차에 있어서와 같이 절차상 엄격한 의미의 대립을 인정할 수 없으므로, 항고장에 피항고인을 표시하거나 항고장을 상대방에 송달하여야 하는 것이 아니다.[1)]

2. 항고의 제기

원재판에 의하여 불이익을 받는 당사자 또는 제3자는 항고를 제기할 수 있다. 항고는 원심법원에 **항고장**이라는 서면의 제출로 한다(445조. 원심법원제출 주의, 전자접수가능).[2)] 항고기간은 통상항고는 기간의 제한이 없고, 즉시항고에 대해서는 원재판을 고지한 날로부터 1주간의 불변기간이다(444조).[3)] 항고기간의 준수 여부는 원심법원에 항고장이 접수된 때를 기준으로 하여야 하며, 다른 법원에 항고장이 제출되었다가 원심법원에 송부되었다고 하여도 같다는 것이 판례[4)]이나, 의문이다. 공시송달 등으로 원재판의 고지를 받아 책임없는 사유로 항고기간이 지나간 경우에는 추완항고가 허용된다(173조). 항고장에는 민사소송 등 인지법 제11조에 정한 인지를 붙여야 한다(통상 2,000원). 일본처럼 2024. 1. 16. 개정법률에 의해 소송절차에 관한 항고에서는 항고이유서의 제출강제에 의하게 되었다. 민사소송법상 항고법원의 소송

1) 대법 1966. 8. 12, 65마473.
2) 항고인표시가 오기인 것으로 보일 때에는 보정명령에 의하여 정정시킬 것이라는 것에, 대법 1982. 11. 29, 81마63.
3) 고지전이라도 법원사무관 등에 교부한 뒤의 항고는 적법=대법(전) 2014. 10. 8, 2014마667.
4) 대법 1979. 8. 31, 79마268; 동 1984. 4. 28, 84마251.

절차에는 항소에 관한 규정이 준용되므로, 항고절차에서 항고이유서를 소정기간 내에 제출하지 않으면 항고법원은 결정으로 항고를 각하하여야 한다. **민사집행법**은 소송절차 아닌 집행절차에 관한 집행법원의 재판에 대해서는 항고장을 제출한 날로부터 10일 이내에 항고이유서를 제출하도록 하였다(제출강제주의)(민집 15조 3항). 재항고의 경우도 마찬가지이다(민집규 14조의2 2항). 항고심절차에는 항소심절차가 준용되므로(443조) 원심재판장의 항고장심사권이 인정된다고 할 것이다.[1] 집행법원재판장의 항고장각하명령에 대하여는 즉시항고를 할 수 있다. 이 항고장각하명령은 1차적인 처분으로서 그에 대한 불복방법인 즉시항고는 성질상 최초의 항고이며, 재항고·특별항고라고 할 수 없다.[2]

3. 항고제기의 효력

(1) 재도의 고안(항고의 처리)　　항고가 제기되면 판결의 경우와 달리 원재판에 대한 기속력이 배제되어 원심법원은 반성의 의미에서 스스로 항고의 당부를 심사할 수 있으며, 만일 항고에 정당한 이유가 있다고 인정하는 때에는 그 재판을 경정하여야 한다(446조). 판례는 이에 대해 즉시항고가 허용된다고 한다.[3] 이를 다시 한 번 고려한다는 뜻에서 재도의 고안(再度의 考案)이라 하는데, 조문의 표제는 「항고의 처리」이다. 상급심의 절차를 생략하고 간이·신속하게 사건을 처리하여 당사자의 이익을 보호하려는 데 있다. 불복할 수 없는 결정·명령에 대법원에 특별히 심사권을 부여한 특별항고의 경우는 그 대상이 아니다.[4]

1) 적법한 항고의 경우에 경정(更正)이 허용된다는 것이 판례이고 통설이다.[5] 그러나 부적법한 항고라도 항고가 이유 있으면 제446조에 의한 경정을 할

---

1) 구 소송촉진 등에 관한 특례법 하에서 불허한 것에, 대법 1984. 11. 21, 84그79.

2) 대법 2015. 4. 7, 2014그351; 동(전) 1995. 1. 20, 94마1961.

3) 그러나 재도의 고안으로 하는 경정결정은 항고로써 불복할 수 있는 결정에 해당되지 않는다고 본다. 그것이 소송절차에 관한 신청을 기각한 결정도 아니고 방식을 어긴 결정이 아님은 물론, 나아가 즉시항고할 수 있는 명문규정이 있는 경우도 아니다. 또한 헌법위반, 법률·명령·규칙·처분의 헌법·법률위반 여부에 대한 판단 등 극히 제한적인 특별항고사유가 될 수 있는 경우도 아니다. 그럼에도 대법 2023. 7. 14, 2023그585·586 사건에서 특별항고사유가 됨을 전제로 경정결정에 불복한 당사자에게 즉시항고권을 인정했다. 이 판례에 대한 평석은 김연, "항고의 제기에 따른 경정결정에 대한 불복방법," '民事訴訟' 27권 3호, 3면 이하(입법적 해결과제라고 했다). 문제 있는 판례로 보여진다.

4) 대법 2001. 2. 28, 2001그4.

5) 대법 1967. 3. 22, 67마141; 정동윤/유병현/김경욱, 957면; 주석신민소(Ⅵ), 657면; 정영환, 1337면; 김홍엽, 1208면.

수 있다는 반대설이 있다.[1] 반대설에 의하면 즉시항고기간이 지난 뒤의 항고라도 원심법원이 경정할 수 있다는 말이 된다. 여기의 경정에는 단순한 위산·오기의 경정(211조)에 한하지 않고 원재판의 취소·변경도 포함한다. 재판누락의 경우에도 경정할 수 있다.[2] 주문을 변경하지 않고 이유만을 경정하는 것은 허용될 수 없다.[3]

2) 원법원은 재도의 고안을 위해 필요하다면 변론을 열거나 혹은 당사자를 심문하고 새로운 사실이나 증거를 조사할 수 있다(다수설). 다만 인지부족으로 소장각하한 경우에, 뒤에 인지를 더 납부하여도 재도의 고안에 의하여 각하명령을 경정할 수 없다는 것이 판례이다.[4]

3) 판례대로 경정결정을 하면 당초의 항고의 목적이 달성되어 항고절차는 당연히 종료된다. 다만 경정결정에 대해서는 별도의 즉시항고가 허용되며(211조 3항 참조), 만일 항고법원이 경정결정을 취소하면 경정결정이 없는 상태로 환원되어 당초의 항고가 존속된다.[5]

(2) 이심의 효력 항고제기에 의하여 사건은 항고심에 심급이 이동된다. 구법은 원심법원이 항고를 부적법 또는 이유 없다고 인정하는 때에는 의견서를 첨부하여 보냈으나 폐지하였다.

(3) 집행정지의 효력 결정·명령은 곧바로 집행력을 낳는 것이 원칙이지만(민집 56조 1호), 즉시항고가 제기되면 일단 발생한 **집행력이 정지된다**(447조). 예외적으로 증인에 대한 과태료·감치결정(311조 8항 단서)과 집행법원의 재판에 대한 즉시항고(민집 15조 6항)는 정지의 효력이 없다. 그리고 이미 지적한 바이나, 증권 관련 집단소송의 소제기 허가결정에 대한 즉시항고에도 집행정지의 효력은 부정해야 동법 소송이 휴면화 상태를 면할 것이다. 그러나 통상항고의 경우는 항고법원 또는 원심법원이 항고에 대해 결정이 있을 때까지 원심재판의 집행정지 등의 처분을 명할 수 있다(448조). 이러한 집행정지 등의 재판은 신청·직권으로 할 수 있다. 이 재판에 대해서는 당사자가 불복신청을 할 수 없다고 할 것이다(500조 3항 유추).

1) 호문혁, 655면; 한충수, 862면.
2) 대법 1959. 3. 12, 4291민재항53.
3) 같은 취지: 강현중, 980면.
4) 대법(전) 1968. 7. 29, 68사49 등.
5) 대법 1967. 3. 22, 67마141.

4. 항고심의 심판

(1) 항고심의 절차는 성질에 반하지 않는 한, 항소심에 관한 규정을 준용한다(443조 1항; 규 137조 1항). 따라서 항고법원의 심판범위는 항고인의 불복신청의 한도이어야 하고(443조 1항, 407조), 항고인은 항고심재판이 있기까지는 언제나 불복신청의 한도를 확장변경할 수 있다. 항고절차에서도 보조참가를 할 수 있고(785면 참조),[1] 부대항고가 허용된다.

(2) 항고절차는 결정으로 완결할 사건이므로, 변론을 열 것이냐 아니냐는 항고법원의 자유재량에 속한다(134조 1항 단서). 변론을 열지 않고 서면심리를 하는 경우라도 당사자, 이해관계인 그 밖의 참고인을 심문할 수 있다(134조 2항).[2] 이해관계인 등의 심문 여부도 **항고법원의 재량**에 속하며,[3] 항고인에게 증거제출의 기회를 주지 아니하였다고 하여도 위법이 아니라는 것이 우리 판례이다.[4] 그러나 항고인의 주장이 진실하고 이해관계가 중대한 것으로 보여질 때에는 심문이 재량일 수 없다.[5] 상대방에 불리한 재판은 고지하기에 앞서 상대방에게 심문받을 기회를 주어야 한다는 것이 독일의 판례이다.[6] 그것이 절차권보장이고 due process일 것이다.

(3) 항고심에서는 당사자는 항소심에서와 마찬가지로 새로운 사실·증거를 제출할 수 있다(속심제). 항고법원의 조사범위는 항고이유에 의하여 제한되는 것은 아니다.[7] 제1심법원의 자료와 항고심의 새로운 자료를 토대로 하여 제1심의 결정·명령의 당부를 재심사한다. 항고심의 재판도 항소심의 재판에 준하는 것이다. 따라서 항고각하·항고기각·원재판취소 중 어느 하나이다. 항고법원이 제1심재판을 취소하는 때에는 특별한 규정이 없는 한 제1심법원으로 환송하지 아니하고 직접 스스로 신청에 대한 재판을 할 수 있다.[8] 항고심에 준하는 항소심이 환송이 아니라 **자판**(自判)**이 원칙**이기 때문이다. 항고법원의 소송절차에 항소에 관한 규정이 준용되므로(393조 1항, 443조 1항), 항고 역시 항고심의 결정이 있기까지만 취하

1) 대법 1962. 6. 21, 61민재항472. 반대: 대법 1973. 11. 15, 73마849; 동 1994. 1. 20, 93마1701.
2) 대법 2012. 5. 31, 2012마300(가압류·가처분 사건에서).
3) 대법 2020. 6. 11, 2020마5263; 동 2001. 3. 22, 2000마6319.
4) 대법 1964. 5. 26, 64마369; 동 1971. 2. 6, 70마920 등.
5) 대법 1960. 12. 27, 4293민재항386.
6) BVerfGE NJW 74, 133; 82, 1691.
7) 대법 1982. 10. 12, 82마523. 동 판례에서 비송사건절차에 의한 항고사건에서는 항고이유의 주장 유무에 관계 없이 기록에 나타난 자료의 진실 여부를 직권조사하여야 한다고 했다.
8) 대법 2008. 4. 14, 2008마277.

할 수 있다.

Ⅴ. 재 항 고

1. 재항고의 개념

재항고는 항고법원의 결정 그리고 고등법원 또는 항소법원의 결정 및 명령에 대한 법률심인 대법원에의 항고이다. 재판에 영향을 미친 헌법·법률·명령 또는 규칙의 위반을 이유로 하는 때에 한하여 인정한다(442조). 제424조의 절대적 상고이유도 재항고이유가 된다고 할 것이다. 결정·명령에 대해서까지 3심제를 관철시켜 제한 없이 법률문제만 있으면 무조건 대법원의 심판범위에 포함시키는 입법례는 세계에 유례가 없는 것이므로 입법론상 재검토를 요한다(일본 신법은 고법의 결정·명령에 대해 허가가 있을 때에 최고법원에 항고할 수 있는 허가항고제, ZPO § 574도 명문이 있는 경우 이외에 항고법원이 항고를 허가하는 때에 권리항고)[1].

2. 재항고의 적용범위

(1) 재항고의 대상은 ① 항고법원의 결정[2] ② 고등법원의 결정·명령 ③ 항소법원의 결정[3]·명령 등 3가지이다(442조). ①의 항고법원의 결정이란 고등법원·지방법원항소부가 항고심으로서 한 결정, 즉 고등법원(지부포함)·지방법원항소부의 제2심결정을 뜻한다. ②의 고등법원의 결정·명령이란 고등법원이 제1심으로 한 결정·명령(고법판사에 대한 기피신청각하결정)을 뜻하고, ③의 항소법원의 결정·명령이란 지방법원항소부가 제1심으로 한 결정·명령을 말한다. ③에 대해서는 과거에 고등법원에 항고설이 있었으나, 입법으로 항소법원의 결정·명령도 대법원에 재항고할 수 있게 하였다(법조 14조 2호).

(2) 재항고할 수 있는가의 여부는 항고법원의 결정의 내용에 의한다. 항고를 부적법각하한 재판에 대하여는 재항고할 수 있다(439조). 항고기각의 결정도 항고가 허용되는 원재판(최초의 재판)을 유지하는 것이므로 이에 대해서는 재항고를

---

1) 졸고, "사건폭주의 상고심에 대한 대책," 사법행정 통권 381권(1992. 9).

2) 재항고의 대상은 항고법원의 종국적 재판이고 중간재판은 포함하지 않는다=대법 1981. 7. 3, 80마505; 동 1981. 10. 29, 81마357. 위헌제정신청기각결정에 재항고는 불허=대법 2015. 1. 6, 2014그247.

3) 항소법원인 지방법원 합의부의 법원사무관등이 한 처분에 대한 이의신청을 기각한 결정에 대한 항고는 재항고이다=대법 2004. 4. 28, 2004스19. 지방법원항소부소속 법관에 대한 제척이나 기피신청의 각하·기각결정에 대한 항고는 재항고=대법 2008. 5. 2, 2008마427.

할 수 있으며, 이 경우의 재항고권은 항고인에 한한다.[1] 항고를 인용한 결정에 대하여는 그 내용이 항고에 적합한 경우에 한하여 재항고를 할 수 있다. 예를 들면 기피신청의 각하·기각결정에 대하여 항고심이 기피이유 있다고 결정한 때에는 이에 대해 불복신청을 할 수 없으므로(47조 1항), 재항고도 허용되지 않는다.[2]

(3) 재항고가 즉시항고인가 통상항고인가도 항고심의 결정의 성질과 내용에 의한다. 최초의 항고가 즉시항고인 때에 항고심이 항고를 각하·기각하였으면 재항고는 즉시항고로 된다.[3] 항고심이 원재판을 변경한 경우에는 그 내용이 즉시항고에 의할 것이면 즉시항고, 통상항고에 의할 것이면 통상항고로 된다.

3. 재항고의 절차

재항고는 항소심판결에 대한 상고에 견줄 것이므로 민사소송법상의 상고규정(443조 2항; 규 137조 2항)을 준용한다. 따라서 재항고장은 원심법원에 제출하여야 한다(425조, 397조). 즉시항고의 경우에만 재항고이유서의 제출이 강제된다는 견해가 있으나,[4] 즉시항고이든 통상항고이든 구별할 것이 아니며,[5] 그것이 현재 실무운영이다. 재항고이유서의 제출은 독립한 서면에 의하여야 하며, 다른 서면을 원용할 수 없다.[6] 법률심이므로 새로운 증거는 참작할 수 없다.[7]

상고심절차에 관한 특례법은 재항고사건에도 준용된다(동법 7조). 동법 제4조 2항의 가압류·가처분특례규정을 준용하므로 통상의 상고사건처럼 동법 제4조 1항 4호 내지 5호까지를 준용하지 않고, 동조 1항 1호 내지 3호만을 따라가게 되어 있다. 따라서 재항고이유에 관한 주장이 가압류·가처분사건에서처럼 원결정이 ① 헌법위반이나 헌법의 부당해석, ② 명령·규칙·처분의 법률위반여부에 대한 부당판단, ③ 대법원판례와 상반되는 해석 등 세 가지 심리속행사유를 포함하여야 하며, 그렇지 아니하면 기록송부를 받은 날로부터 4월을 시한으로 심리불속행의 재항고기각결정을 한다(동법 7조, 4조 2항, 4조 1항 1호 내지 3호). 이러한 심리속행사유의 한정은 재항고의 남용에 큰 견제가 될 것으로 보여지며, 비교법적으로도 타당하다. 실제 이 특례규정의 제한이 잘 적용되지 않고 통상의 상고처럼 심리운영되는 것 같다.

---

1) 대법 1985. 4. 2, 85마123; 동 1992. 4. 21, 92마103.
2) 같은 취지는 대법 2018. 1. 19, 2017마1332.
3) 대법 2004. 5. 17, 2004마246. 반대견해: 한충수, 865면.
4) 방순원, 678면; 이영섭, 339면; 호문혁, 658면.
5) 같은 취지: 주석신민소(Ⅵ), 649면; 정동윤/유병현/김경욱, 914면; 정영환, 1342면.
6) 대법 1982. 12. 22, 82마777; 동 1987. 8. 29, 87마689 등.
7) 대법 2010. 4. 30, 2010마66.

대법원에 사건이 쇄도하는 상황에서, 특례규정의 제한을 도외시한 관할확대로 재판폭주를 자초하는 것은 문제있다(3심 중심주의의 의식구조 반영?).

Ⅵ. 특별항고

특별항고란 **불복할 수 없는 결정·명령**에 대하여 재판에 영향을 미친 헌법위반이 있거나, 재판의 전제가 된 명령·규칙·처분의 헌법·법률의 위반여부에 대한 판단이 부당하다는 것을 이유로 **대법원에 직소**(直訴)하는 항고이다(449조 1항). 이것은 재판확정 후의 비상불복방법인 것이지 통상의 불복방법으로서의 상소가 아니다.[1] 따라서 통상의 상소처럼 재판의 확정을 막고 차단시키는 효과가 없다. 이것은 불복할 수 없는 결정명령에 대하여 헌법적통제를 위한 제도이다. 재판도 헌법소원의 대상으로 하는 독일에서는 이는 대법원이 아니라 헌법재판소의 소관사항이다.[2]

(1) 대 상 명문으로 불복할 수 없는 결정·명령[3](921면 참조) 외에, 해석상 불복이 인정되지 아니하는 경우[4]도 포함한다. 대법원의 명령·결정은 포함되지 않는다(보정명령도 같다).[5]

(2) 항고이유 헌법 제107조에 의하여 명령·규칙 또는 처분이 헌법이나 법률에 위반[6]되는 여부가 재판의 전제가 된 경우에는 대법원에 최종심사권을 부여한 관계로, 비록 통상의 불복신청방법이 없는 재판이라 하여도 예외적으로 이 경우에 해당되면 불복할 수 있도록 하려는 것이 이 제도의 본 뜻이다. 그럼

1) 대법 1989. 11. 6, 89그19.

2) 다만 ZPO § 321a에서 헌법 제103조의 법률상 심문청구권의 침해의 경우는 헌법재판소에 가기에 앞서 당해 법원의 자기경정제도를 규정하였다. 이의 소개와 재판의 헌법소원배제의 문제에 대해, 유병현, "독일 법원의 구조와 재판소원제도—민사법원을 중심으로—," 법조 60권 10호.

3) 대법 1981. 8. 21, 81마292; 동 1981. 7. 31, 80그21(가집행선고 있는 판결에 대한 집행정지결정, 기각결정); 동 2005. 12. 19, 2005그128(잠정처분의 신청을 기각한 결정).

4) 개인회생절차에서 면책취소신청기각결정(대법 2016. 4. 18, 2015마2115). 판결경정신청 기각결정(대법 1991. 3. 29, 95마531). 대법 1980. 10. 15, 78스13은 법원의 부재자재산관리인 선임결정에, 대법 1986. 11. 7, 86마895는 판결 또는 화해조서경정신청 기각결정에 대하여 그러한 견해. 특히 관할위반에 기한 이송신청기각결정에 대해서는 특별항고까지도 허용되지 않는다는 것이 일관된 재판례이나, 합헌적 통제에서 제외되는 이유는 불분명하다. 위헌제청신청기각결정은 중간적 재판의 성질 때문에 특별항고대상 아님=대법 2015. 1. 6, 2014그247. 대법 2022. 12. 29, 2020그633(중재인 선정 신청사건에서 중재합의의 존부는 특별항고사유가 아니다).

5) 대법 1977. 6. 29, 77그18 등.

6) 결정·명령에 헌법·법률의 위반이 있는지의 여부는 그 결정·명령 당시의 헌법이나 법률의 규정을 기준으로 하여 판단하여야 한다는 것에, 대법 1989. 11. 6, 89그19.

에도 불구하고 구법은 널리 결정·명령에 재판에 영향을 미친 헌법·법률 위반이 있는 경우를 특별항고이유로 삼음으로써 불복할 수 없는 결정·명령이 불복할 수 있는 결정·명령처럼 항고의 길을 넓혀 문제가 있었다. 특히 법률위반까지 항고이유로 함으로써 실무상 재판의 지연을 위하여 특별항고제도가 남용되는 경향이 있었다. 그리하여 입법론상 재고를 요한다고 하는 주장이 대두되었으며, 결국 그것이 수용되어 신법은 ① 재판에 영향을 미친 헌법위반, ② 재판의 전제가 된 명령·규칙·처분의 헌법 또는 법률의 위반여부에 대한 판단부당 등 2가지 가운데 하나에 해당할 때로 특별항고이유를 좁혔다. 이제 결정이 대법원판례위반이나 법률위반[1]이 된다는 것은 특별항고사유가 아니다. 재판에 영향을 미친 헌법위반이란 헌법 제27조 등에서 규정하고 있는 **적법한 절차에 따라 공정한 재판**을 받을 권리가 침해된 경우를 포함한다.[2] 침해가 있다고 하려면 신청인에게 그 재판에 필요한 자료를 제출할 기회를 전혀 부여받지 못한 상태에서 그러한 결정이 있었다던지, 판결과 그 소송의 모든 과정에 나타난 자료와 판결선고 후 제출된 자료에 의하여 판결에 잘못이 있음이 분명하여 판결경정을 해야 할 사안이 명백한데 법원이 이를 간과한 사정이 있어야 한다.[3] 앞서 본 바와 같이 대법 2023. 7. 14, 2023그585, 586 결정에서 재도의 고안에 의한 경정결정에 특별항고를 받아들였다.

(3) 항고기간 재판이 고지된 날부터 1주의 불변기간 이내에 항고를 하여야 한다(449조 2항·3항). 특별항고의 제기는 당연히 원재판의 집행을 정지시키지 못한다. 원심법원 또는 대법원은 집행정지의 처분을 명할 수 있다(450조, 448조).

특별항고의 경우에는 재도의 고안(446조)이 허용될 수 없다는 것이 판례이다.[4] 특별항고에는 그 성질에 반하지 않는 한, 상고에 관한 규정을 준용한다(450조; 규 137조 2항). 또 상고심절차에 관한 특례법 제7조에서 특별항고의 경우에 동법 제4조 2항의 가압류·가처분 규정을 준용하여 대법원판례위반까지도 특별항고의 심리속행사유로 되도록 하였으나, 이 특례법보다 우선하는 후법인 신민사소송법에서 판례위반을 특별항고사유에서 배제시켰으므로 **특례법은 더 이상 준용**의 여지가 없게 되었다.

(4) 절차혼동의 특별항고 특별항고에 의하여야 할 재판을 일반항고의 대상이 되는 것으로 혼동하여 항고를 제기하는 경우가 있다. 판례는 일관하여 이

1) 대법 2008. 1. 24, 2007그18; 동 2014. 5. 26, 2014그502.
2) 대법 2013. 6. 10, 2013그52; 동 2004. 6. 25, 2003그136.
3) 대법 2020. 3. 16, 2020그507.
4) 대법 2001. 2.28, 2001그4.

경우에 비록 특별항고의 외관(특별항고로 표시하지 않고 항고법원을 대법원으로 불표시 등)을 갖추지 못한 경우라도 항고장의 접수를 받은 법원은 특별항고로 좋게 보아주어(선해) 대법원에 기록송부를 하여야 한다고 한다(「소송의 이송」 참조).[1] 특별항고로 잘못 보고 대법원에 기록송부가 되었으면, 그와 반대로(이송으로) 처리할 것이다.[2]

---

1) 대법 2016. 6. 21, 2016마5082; 동 2011. 2. 21, 2010마1689; 동 1999. 7. 26, 99마2081 등.

2) 대법 1997. 3. 3, 97으1. 즉시항고할 사안이라 하며, 대법원이 고등법원에 이송한 예로, 대법 2011. 5. 2, 2010부8.

제7편 재 심 절 차

재 심 절 차

Ⅰ. 재심의 개념

(1) 재심(Wiederaufnahme)이란 확정된 종국판결에 재심사유에 해당하는 중대한 흠이 있는 경우에 그 판결의 취소와 이미 종결되었던 사건의 재심판을 구하는 비상의 불복신청방법이다. 판결이 확정되면 기판력이 생기고 법적 안정성이 확보된다. 그러나 판결에 중대한 절차상의 흠·판결기초에 잘못이 있는 경우에도 법적 안정성이라는 일반적 정의에 집착하면, 재판의 적정과 위신을 지킬 수 없을 뿐더러 당사자의 권리구제라는 구체적 정의에도 반한다. 그리하여 법적 안정성과 구체적 정의와의 상반되는 요청을 조화시키기 위해 마련된 것이 재심제도이다. 이 제도는 확정판결에 중대한 흠이 있는 경우에 당연무효로 하는 것이 아니라, i) **재심사유**를 제한적으로 열거하고, ii) 다시 일정한 **시간적 제약**(재심기간) 하에, iii) **소의 방식**에 의한 확정판결의 취소를 주장하게 하는 것이다.

(2) 재심의 소는 확정판결에 대한 법정의 재심사유를 주장하여 원판결의 취소와 종결된 소송의 부활을 구하는 소이다. 확정판결의 취소를 구하는 점에서 일종의 **소송상의 형성의 소**이며, 사건의 재심판을 구하는 점에서 **부수소송**의 성질을 띤다.

1) 재심은 **비상상고**(außerordentlich Rechtsmittel)라고도 한다. 판결에 대한 불복신청방법이라는 점에서 통상의 상소와 유사하며, 재심소권의 포기, 부대재심, 소송비용의 재판·가집행선고만에 대한 불복의 금지 등 통상의 상소에 준한다. 그러나 한편 통상의 상소와 달리, 판결확정후에 하는 것이므로 확정차단의 효력이 없으며, 또 원칙적으로 같은 심급의 법원에 심판을 구하는 것이므로 상급심으로 이전되는 이심의 효력도 생기지 않는다. 재심은 4심제가 아니다(재판소원은 헌법소원에서 배제되었지만, 그 대상이 되어도 일종의 비상상고가 되기 때문에 4심제로 보지 않는다. 독일헌재의 재판소원에 대한 판결에 대해 EU인권재판소, 사법재판소(ECJ)에 재심청구를 할 수 있지만 이 또한 5심으로 보지 않음. 역내국가의 법원이 Local법원, 이들 EU법원이 Major 법원으로 되는 것은 지나친 과장이 아닐 것이다). 또 상소의 추후보완(176조)은 판결 후의 상소제기의 장애의 구제임에 대하여, 재심은 판결전의 절차나 자료의 흠을 이유로 하는 것이다. 그 점에서 재심은 판결 후 액수산정의 기초사정에 현저한 변경이 생긴

경우에 증액·감액을 목적으로 하는 정기금판결에 대한 변경의 소(252조)와도 구별된다.

2) 재심의 소의 제기에 의하여 당연히 확정판결의 집행정지의 효력이 생기지 않으나(500조), 이에 의하여 확정판결의 집행력의 배제를 구하는 점에서 청구이의의 소(민집 44조)와 유사하다. 그러나 전자는 판결전의 사유에 의하여 확정판결 자체의 취소를 구하는 소임에 대하여, 후자는 확정판결 자체의 취소가 아니라 판결후의 사유에 의하여 집행력의 소멸을 구하는 소인 점에서 다르다.

3) 중국(북한도 같다)은 2심제에 의하므로 재심이 3심의 구실을 하고 있지만, 우리나라는 3심제에 불구하고 재심사건이 세계에서 유례 없을 정도로 많이 폭주되고 있다. 판결불신·지나친 승부욕 등이 그 원인인 것 같다. 법적 불안정과 사법인력이 낭비되는 문제가 있다.[1] 형사재심과 달리 민사는 성공률이 낮다.

Ⅱ. 재심소송의 소송물

(1) 이원론(소송상의 형성소송설)과 일원론(본안소송설) ① 재심의 소의 소송물은 확정판결의 취소요구와 구소송의 소송물 두 가지로 구성된다고 보는 것이 이원론이며 현재의 판례·통설이다.[2] 특히 확정판결의 취소에 중점을 두기 때문에, 재심의 소는 소송상의 형성소송임을 강조하는 설이기도 하다. ② 재심의 소의 소송물은 구소송의 소송물 하나로 구성된다고 보는 것이 일원론이다. 이에 의하면 재심의 소는 원판결의 취소·변경을 구하는 상소와 유사한 면이 있으며, 따라서 상소심절차에 있어서의 소송물이 본안(구소송)의 소송물인 것처럼 재심의 소도 같다는 것이다.[3] 재심사유는 확정판결이 있을 때에 거듭 본안의 소송물에 대하여 재판을 받기 위한 전제조건일 뿐 독자적인 소송물을 가리는

---

1) 조선시대에 세 번의 소송을 거친 사건은 수리하지 않는다는 '삼도득신법'(三度得伸法)이 있었지만 3심제도로 실체적 정의를 유린할 수 없다는 데 미련을 두어 재심을 거의 한정 없이 허용하였다 한다(세월호 사건의 9번 조사처럼). 일단 송사가 벌어지면 이겨도 벗어나기 어렵고 져도 물러서기 어려워서 삼심에 재심에, 집안의 명운을 걸고 대를 이어나가는 일이 허다하였다(이주영, "척(隻)지지 말지니," 법률신문 2013. 7. 1자). 판결의 형식적 확정력이나 기판력의 개념이 없었다. 특히 비교적 중요한 사건의 오판설이 나오거나 문서증거를 제대로 조사하지 아니한 경우에 그리했다는 것이다. 고려시대는 5결 3종(5決3從)제였다 한다. 근자에 와서 과거사정리차원에서 상대방에 due process를 거치는지가 불명한 상태에서 무죄결정을 받고, 이를 바탕으로 형사재심에서 무죄판결을 받은 뒤에 국가상대의 민사손해배상사건이 제기되는데, 승소율이 높아 배상금 국고손실이 커지고 나아가 기판력에 의한 법적 안정성이 흔들린다는 인상을 받는다.

2) 재심의 소는 확정된 판결의 취소와 본안사건에 관하여 확정된 판결에 갈음한 판결을 구하는 복합적 목적을 가진 것이라 한 것에, 대법 1994. 12. 27, 92다22473·22480. BGH 14, 251.

3) 정동윤/유병현/김경욱, 967면; 강현중, 993면; Behre, Der Streitgegenstand des Wiederaufnahmeverfahrens(1968); Rosenberg/Schwab/Gottwald, § 159 Rdnr. 7; Stein/Jonas/Grunsky, vor § 578 Rdnr. 20.

기준은 될 수 없다고 본다.

(2) 구소송물이론과 신소송물이론 여기에서도 신·구소송물이론의 견해대립이 있다. ① 구소송물이론에 의하면 재심소송에서 개개의 재심사유마다 소송물이 별개가 된다고 보고, i) 수개의 재심사유를 하나의 소에서 주장하였으면 청구의 병합, ii) 재심사유의 변경은 소의 변경, iii) 재심기간의 준수 여부는 각 재심사유의 주장시기가 표준이라 본다.[1] ② 신소송물이론의 주류는 재심소송의 소송물은 1개의 확정판결의 취소를 구하는 법적 지위의 주장인 것으로서 재심사유는 한낱 공격방법에 불과하고, 다만 알지 못하여 주장하지 않았던 재심사유를 바탕으로 새로 재심의 소를 제기하는 것은 무방하다는 입장이다.[2] 한편 신이론 중 이분지설은 하나의 확정판결의 취소요구를 하여도 사실관계(재심사유)가 여러 개이면 소송물은 여러 개가 된다고 한다(구이론과 결론상 차이가 없다).[3]

(3) 사 견 생각건대, 재심절차는 실무상 비상의 불복방법인 점에서 통상의 불복방법인 상소절차와 달리 확정판결의 취소요구에 관계되는 소의 적법요건 및 재심요건(재심사유)의 심리에 오히려 큰 비중이 있으며, 본안사건의 심판보다는 여기에 재심의 소의 분쟁핵심이 있다 해도 과언이 아니다. 신법 제454조는 재심의 적법요건 및 재심사유와 본안사건을 분리하여, 앞의 것만 먼저 심판해보자는 전제에서 중간판결제도를 채택하였는데, 본안사건심리까지 갈 것 없이 재심사유 등이 없다는 이유로 사건이 끝나는 경우가 많다는 것이 입법이유인 것으로 보인다. 재심의 소에 있어서 본안소송의 재심리에 들어가지 아니한채 재심각하·기각이 압도적인 것이다. 이 점에서 본안소송의 재심리가 태반인 상소와는 다르다. 상소와 동일시 하는 일원론을 따르지 않는다.

재심의 소에는 소장에 반드시 개개의 재심사유를 기재하게 되어 있는(458조 3호) 점을 근거로 구이론은 재심의 소에 있어서 재심사유마다 소송물이 별개라고 보지만, 현행법이 재심사유를 재심소장의 필요적 기재사항으로 규정한 것은 차라리 재심의 소의 남용방지에 그 취지가 있다고 할 것이다. 그렇다면 당사자가 여러 개의 재심사유를 주장하여도 결국 소의 목적은 1개의 판결의 취소를 구하는 것이므로 재심의 소의 소송물은 1개의 확정판결의 취소를 청구라고 보는 신이론이 옳다고 할 것이다. 따라서 재심사유의 주장은 한낱 공격방법의 주장 이상으로 볼 것은 아니다. 그러나 재심의 소의 기각판결이 확정되어도 알지 못하여 주장할 수 없었던 별개의 재심사유까지 재심기간의 도과로 실권되는 것은 아니며, 이에 기한 새로운 재심청구는 허용된다고 할 것이다(451조 1항 단서, 456조 1항 참조).

Ⅲ. 적법요건

재심의 소가 적법하기 위해서는 i) 재심당사자적격, ii) 재심의 대상적격, iii) 재심기간의 준수, iv) 재심의 이익 등 네 가지 요건 이외에 뒤에 볼 법정재심사유

1) 주석신민소(Ⅶ), 37면; 송상현, 764면; 대법 1982. 12. 28, 82무2; 동 1992. 10. 9, 92므266.
2) 김홍규/강태원, 881면.
3) 호문혁, 958면.

를 주장할 것(주장 자체의 정당성)과 보충성의 요건을 갖추어야 한다.[1] 적법요건 중 i) 내지 iii)을 본다. 다만 재심의 이익은 상소의 이익에 준하는 것으로(앞의 「상소의 이익」 참조), 불복이익이라는 점에서 공통적이기 때문이다.[2]

1. 재심당사자

(1) 재심의 소는 확정판결을 취소하고 그 기판력을 배제할 것을 구하는 것이기 때문에,[3] 확정판결의 기판력에 의하여 불이익을 받은 사람이 **재심원고**, 이익을 받은 사람이 **재심피고**로 되는 것이 원칙이다. 따라서 확정판결에 표시된 당사자뿐만 아니라,

i) 변론종결한 뒤의 일반·특정승계인[4](218조 1항),

ii) 제3자의 소송담당의 경우에 권리귀속주체(218조 3항. 예: 선정당사자가 판결을 받은 경우의 선정자),[5]

iii) 판결의 효력이 제3자에 확장되는 경우에 판결의 취소에 대하여 고유의 이익을 갖는 제3자도 당사자적격을 갖는다. 이 때만은 제3자가 독립당사자참가의 방식에 의하여(79조), 본소의 당사자를 공동피고로 하여야 한다.[6] 이 경우는 제3자가 본소당사자간의 법률관계인 확정판결의 취소를 목적으로 재심의 소를 제기하는 것이므로, 그 법률관계의 주체인 본소당사자를 공동피고로 하여야 하기 때문이다.[7] 제3자가 다른 사람 사이의 법률관계의 변동을 목적으로 제기하는 형성의 소에서는 그 주체 전원을 공동피고로 하여야 함은 이미 설명한 바이다(앞의 「필수적 공동소송」 775면 참조). 판례는 다른 사람 사이의 재심의 소에 대한 독립당사자참가는 참가인이 재심사유가 있음이 인정되어 본안사건이 부활되기 전에는 참가이유를 주장할 여지가 없으므로, 본안소송이 부활되는 단계를 위한 참가라 볼 것이라 했다.[8] 조건부참가라고 할 것이다.

iv) 가사소송에 있어서 상대방이 될 자가 사망한 경우에 검사(가소 24조 3항)가 승계

---

1) Schellhammer, Rdnr. 1147.
2) Zeiss/Schreiber, Rdnr. 606. 전부승소한 당사자는 재심의 소를 제기할 이익이 없다는 것에, 대법 1993. 4. 27, 92다24608.
3) 대법 1974. 5. 28, 73다1842.
4) 대법 1997. 5. 28, 96다41649 등. 전소송의 공동피고 중 1인이 다른 공동피고를 상대로 한 재심의 소는 대립하는 당사자로서 소송관계가 없었다 하여 부적법하다고 한 것에, 대법 1966. 3. 15, 65다2357.
5) 대법 1987. 12. 8, 87재다24.
6) 같은 취지: 송상현/박익환, 790면(일본의 통설).
7) 반대: 호문혁, 960면.
8) 대법 1994. 12. 27, 92다22473·22480.

인으로 당사자적격을 갖는다.[1] 이 밖에 사해판결에 의해 권리가 침해된 제3자에게 재심이 인정되는 사해재심(詐害再審)이 있다(상 406조. 유사규정: 행소 31조).

(2) 필수적 공동소송의 확정판결에 대해서는 공동소송인 중 한 사람이 재심의 소를 제기하면 다른 공동소송인도 당연히 재심당사자가 되지만, 상대방으로부터 재심의 소가 제기된 때에는 공동소송인 전원이 재심피고로 되어야 한다(67조 1항·2항). 또 전소송의 보조참가인도 재심의 소를 제기할 수 있으며 보조참가신청과 동시에 재심의 소를 제기할 수도 있다(72조 3항). 이 경우에 보조참가인이 청구의 변경을 할 수 없음은 물론이다(797면 참조). 재심의 소에 공동소송적 보조참가한 후에 피참가인은 참가인의 동의없이 재심의 소를 취하할 수 없다.[2] 재심의 소의 취하는 통상의 소의 취하와 달라 재판의 효력과 직접적인 관련이 있는 소송행위로서 확정판결의 효력이 미치는 참가인에 대해서는 불리한 행위라는 이유에서이다.

(3) 채권자는 **채권자대위권에 기한 재심청구**를 할 수 없다는 것이 최근 판례이다.[3] 채무자와 제3채무자 사이의 소송이 계속된 이후의 소송수행과 관련된 개개의 소송행위는 소송당사자인 채무자의 의사에 맡기는 것이 옳다고 하며 종전 소송절차의 재개, 속행, 재심판을 구하는 재심의 소는 채권자대위권의 목적이 될 수 없다고 보았다. 앞서 본 재심절차는 확정판결의 취소요구와 구소송의 소송물 두 가지로 구성되는 새로운 부수소송의 계속이고 새 소송행위의 연쇄로 본다면 의문인 판례이다(개개의 소송행위를 보면 새로운 절차의 시작인 소의 제기처럼 같은 인지대를 받을 이유가 없다).

2. 재심의 대상적격

재심의 소는 확정된 종국판결에 대해서만 허용된다.

(1) **미확정판결**은 재심의 대상이 될 수 없다. 미확정판결은 뒤에 확정되어도 그에 대한 재심의 소가 적법하게 되지 않는다는 것이 판례이다.[4]

(2) 확정된 종국판결이면 전부판결이든 일부판결이든, 본안판결이든 소송판결이든 불문한다. **확정된 재심판결**도 재심의 대상이 된다(2차 재심. 원래의 확정판결에 재심사유가 없을 경우는 종전 재심판결취소, 종전 재심청구기각).[5] 이행판결·확인판결은 별 문제가 없으나, 형성판결 특히 이혼판결의 경우에 새로 혼인하였을 때에도 재심의 대상으로 할 수 있는가는 논란이 있

1) 대법 1992. 5. 26, 90므1135.
2) 대법 2015. 10. 29, 2014다13044.
3) 대법 2012. 12. 27, 2012다75239.
4) 대법 1983. 6. 8, 83모28; 동 2016. 12. 27, 2016다35323 등.
5) 대법 2016. 1. 28, 2013다51933; 동 2015. 12. 23, 2013다17124.

다.[1] 중간판결은 독립하여 재심의 대상이 되지 아니함이 원칙이나, 만일 거기에 재심사유가 있고 그 재판이 종국판결의 기본이 된 때에는 종국판결에 대해 재심신청을 할 수 있다. **대법원의 환송판결**에 대해서는 사건을 당해 심급에서 이탈시킨다는 점에서 형식적으로는 종국판결에 해당하나, 사건 자체에 관한 종국적 판단을 유보하여 재판의 성질상 기판력·집행력·형성력 등이 생기지 않는 중간판결의 성질을 갖는 판결이기 때문에 「실질적으로 확정된 종국판결」이라 할 수 없어 재심의 대상이 되지 않는다는 것이 판례이다.[2] 종국판결이라도 형식적으로 확정되었지만 내용상의 확정력이 없는 무효인 판결(예: 사망자를 상대로 한 판결)은 재심을 제기할 필요가 없다.[3]

(3) 같은 사건의 하급심의 종국판결과 이에 대한 상소를 배척(각하 또는 기각)한 상급심판결이 다같이 확정되었을 때에는, 원칙적으로 개별적으로 재심의 대상이 된다. 다만 항소심에서 항소기각의 본안판결을 한 경우에는 사건이 전면적으로 재심판된 것이기 때문에 제1심판결은 재심의 소의 대상이 되지 않고, 항소심판결만이 그 대상이 된다(451조 3항. 뒤 「재심관할법원」 참조).

(4) 확정판결이 아니라도 이와 같은 효력을 가진 청구의 포기·인낙, 재판상 화해와 조정조서(220조)에 대해서도 준재심의 소(461조)가 인정된다. 그러나 중재판정은 확정판결과 동일한 효력을 갖지만(중재 12조), 별도로 중재판정취소의 소가 인정되기 때문에(중재 36조) 재심의 소가 인정되지 않는다. 소송비용·가집행의 재판에 대해서는 상소와 마찬가지로(391조, 425조, 443조), 독립하여 재심의 소를 제기할 수 없다. 또 기판력이 없는 확정된 지급명령(474조, 민집 58조 3항)도 재심의 대상이 아니다.[4] 이행권고결정(소심 5조의 7)도 같다고 할 것이다(뒤 1000면 참조). 외국판결도 재심의 대상으로 할 수 없다.

3. 재심기간

재심사유 중 대리권의 흠[5]과 기판력의 저촉[6]을 제외하고(457조), 그 나머지 9

1) Jauernig, § 76 Ⅶ.
2) 대법(전) 1995. 2. 14, 93재다27·34.
3) 대법 1982. 12. 28, 81사8; 동 1994. 12. 9, 94다16564.
4) 재심이란 기판력·형성력·집행력 등 판결의 효력의 배제를 주된 목적으로 하는 것이라는 판례로, 대법(전) 1995. 2. 14, 93재다27·34.
5) 좁은 의미의 무권대리의 경우이고 단 특별수권의 흠 등 월권대리의 경우는 불포함한다는 것에, 대법 1994. 6. 24, 94다4967 등.
6) 이 경우에 영구히 재심을 허용해도 좋은지는 의문이며, 일정한 제한을 가하여야 한다는 입법론이 있다.

개 재심사유에 관하여는 재심기간이 정해져 있으며(456조), 영원한 싸움이 안되도록 그 제약을 받는다.

(1) 안 날로부터 30일(출소기간) 재심원고는 원칙적으로 재심의 대상인 판결확정 후 재심사유를 안 날로부터 30일 내에 재심의 소를 제기하여야 한다(456조 1항).[1]

1) 판결법원구성의 위법(451조 1항 1호), 판단누락(동 1항 9호)은 판결정본이 송달된 때에 알았다고 봄이 상당하므로 송달시로부터 기산한다.[2] 소송대리인이 있었던 경우에는 대리인이 판결정본을 송달받은 때로부터 기산한다.[3] 제451조 1항 4호 내지 7호의 이른바 형사상의 가벌적 행위(Straftat)를 재심사유로 하는 경우의 재심기간은 동조 2항의 유죄판결이 확정되었을 경우는 이를 알았을 때부터 진행한다.[4] 증거부족 이외의 이유로 유죄의 확정판결을 할 수 없을 경우는 이를 알았을 때부터(예: 공소권 없음의 불기소처분 또는 면소판결이 있은 것을 안 때) 진행된다.[5]

2) 30일의 출소기간은 불변기간(456조 2항)이며,[6] 여러 개의 재심사유를 주장한 때에는 재심기간은 각 재심사유마다 이를 안 때부터 진행된다.[7] 재심사유마다 별개의 소송물을 인정하지 않고 공격방법으로 보는 신소송물이론을 따른다 하여도, 몰랐으면 실기되지 않는다 할 것으로 달리 풀이할 필연성이 없음은 앞서 본 바이다(974면 참조).[8]

(2) 판결확정시로부터 5년(제척기간) 재심사유의 존재를 알지 못하여 출소기간 내에 제기하지 못하였다 하여도, 판결이 확정되어 5년이 경과하면 재심의 소는 제기할 수 없다(456조 3항). 이 5년의 기간은 제척기간으로서 불변기간이 아니므로 추후보완이 인정되지 않는다.[9] 5년의 제척기간은 재심사유가 판결확정

---

1) 대표자가 바뀐 경우에 새임원이 사유를 안 때로 본 것에, 대법 2016. 10. 13, 2014다12348.

2) 대법 2015. 10. 29, 2014다13044 등. 재심기간 경과 후에 재심의 소를 취하한 경우에만 타당할 수 있다는 평석은 강현중, '공동소송적 보조참가인의 동의 없이 피참가인이 한 재심의 소 취하의 효력', 법률신문 2015. 5. 16자.

3) 대법 2000. 9. 8, 2000재다49; 동 1988. 6. 28, 88누24 등.

4) 대법 1996. 5. 31, 95다33993. 재심원고가 판결선고기일에 법정방청하였다면 그 판결을 알았다고 보아야 한다는 것에, 대법 1963. 10. 31, 63다612.

5) 대법 1975. 12. 23, 74다1398; 동 1997. 4. 11. 97다6599(불기소처분에 항고나 재정신청을 거친 경우는 그에 대한 결정통지를 받은 날). 단 제456조 3항과 4항의 제척기간은 그 사유가 발생한 날로부터 진행된다는 것에, 대법 1990. 2. 13, 89재다카119.

6) 불변기간의 준수 여부는 직권조사사항이라는 것에, 대법 1989. 10. 24, 87다카1322.

7) 대법 1993. 9. 28, 92다33930; 동 1982. 12. 28, 82무2 등.

8) 三谷忠之, "민사재심의 소송물론," 手續法의 理論과 實踐(上), 346면 이하; 新堂, 893면.

9) 대법 1988. 12. 13, 87다카2341; 동 1992. 5. 26, 92다4079.

전에 발생한 때에는 그 판결확정일로부터, 확정 후에 발생한 경우에는 그 사유가 발생한 때부터 기산한다(456조 4항).[1)]

Ⅳ. 재심사유

1. 재심사유의 의의

재심의 소는 제451조에 한정적으로 열거된 재심사유가 있는 경우에 한하여 허용된다. 재심원고가 법정재심사유를 주장하는 것은 소의 적법요건이 되며, 그 주장이 없거나 **주장사유자체**가 재심사유가 되지 아니하면 재심의 소는 각하된다.[2)]

2. 보충성(재심사유와 상고의 관계)

재심의 소는 재심사유를 전소송에서 상소로써 주장할 수 없었던 경우에 한하여 보충적으로 그 제기가 허용된다. 이를 상소에 대한 관계에서 재심의 소의 보충성(Subsidiarität)이라 하며, 재심의 소의 적법요건이 된다(다툼이 있다).[3)] 따라서 당사자가 ① 재심사유를 상소로써 주장하였으나 기각된 때, ② 이를 알면서 상소심에서 주장하지 아니한 경우, ③ 알면서 상소를 제기하지 아니함으로써 확정된 경우[4)]에는 같은 사유로 재심의 소를 제기할 수 없다(451조 1항 단서). 이것은 재심사유는 당연히 상고이유[5)](상고심리속행사유도 된다)가 됨을 전제한 것이라 하겠다.[6)] 법정대리인이나 소송대리인이 알았던 경우도 여기에 해당된다. 상고이유를 제한하고 있는 **소액사건**에 있어서는 재심사유가 상고이유가 될 수 없으므로(소심 3조), 재심의 소의 보충성은 완전히 배제된다는 것이 사견이다.[7)]

---

1) 피의자의 사망, 공소권의 소멸, 사면 등의 사실이 재심대상판결 전에 생겼을 때에는 그 판결확정시부터 재심기간이 진행된다는 것에, 대법 1988. 12. 13, 87다카2341.

2) 대법 1996. 10. 25, 96다31307 등. 따라서 사실오인 내지 법리오해의 위법(대법 1987. 12. 8, 87재다24), 소송기록수리통지를 받지 못했다는 사실(대법 1974. 2. 12, 73사26)을 이유로 한 재심의 소는 부적법하다.

3) 대법 2011. 12. 22, 2011다73540; 동 1980. 11. 11, 80다2126.

4) 대법 1985. 10. 22, 84후68; 동 1991. 11. 12, 91다29057.

5) 대법 1962. 8. 2, 62다204.

6) 그러나 판례는 여기에서 상소로 주장하였다고 하기 위해서는 제451조 1항 각호의 재심사유만 주장한 것으로서 부족하고 재심의 대상이 되는 상태 즉 유죄판결의 확정 등 제451조 2항의 사실도 아울러 주장할 것을 요한다고 한다. 대법 2006. 10. 12, 2005다72508 등.

7) 같은 취지: 정동윤/유병현/김경욱, 973면; 호문혁, 961면; 정영환, 1360면; 김홍엽, 1223면.

3. 각개의 사유

(1) 개 설

1) 제451조 1항에서는 재심사유로 11가지를 열거하고 있다. 이것은 결코 예시적인 것이 아니다.[1] 1호 내지 3호(11호도 같다)까지는 절대적 상고이유로 되는 것인데(중대한 절차위반) 이 경우에는 판결내용에 영향을 미쳤는가의 여부를 불문하나, 4호 내지 10호는 판결주문에 영향을 미칠 가능성이 있어야 한다(중대한 판결 기초의 잘못).[2] 판결확정 후 중요한 증거의 발견은 형사소송과 달리 재심사유가 아니다(당초 법제정시에 논의는 있었음).

따라서 민사재심에서는 형사재심만큼 재심성공률이 낮다.

2) 4호 내지 7호는 모두 판결에 영향을 미친 범죄 그 밖의 위법행위로 판결이 이루어진 경우, 즉 가벌적 행위를 규정하였는바, 이 경우에는 가벌적 행위만으로 충분하지 않고 확정된 유죄판결 또는 과태료판결이 있거나, 아니면 증거부족 이외의 이유인 공소시효의 완성등으로 유죄의 확정판결을 할 수 없다는 사실뿐만 아니라 그 사유만 없었다면 위조·변조의 유죄 확정판결을 할 수 있었다는 점 등 재심청구인이 증명하여야 한다.[3] 판결의 부당성이 분명할 때에 재심을 인정하려는 취지이다(451조 2항. 증거확실성의 원칙. Beweissicherheit).

여기에서 i) 가벌적 행위(Straftat)만이 재심사유가 됨에 그치고, 유죄의 확정판결 등은 재심의 소의 남용을 방지하기 위한 소의 적법요건이라는 **적법요건설**, ii) 가벌적 행위와 유죄의 확정판결 등이 합체되어 재심사유로 된다는 **합체설**의 대립이 있다. 아직 유죄의 확정판결 등이 없음에도 제기한 재심의 소는 전설에 의하면 각하하여야 함에 대하여(독일의 다수설·판례), 후설에 의하면 재심청구를 기각하여야 한다. 판례는 전설이다.[4]

여기의 증거부족 이외의 이유로 인하여 유죄의 확정판결 등을 할 수 없을 때란 범인의 사망·심신장애[5]·사면·공소시효의 완성[6]·기소유예처분[7] 등의 사유로 유죄판결을 받지 못하게 된 경우를 말하며, 소재불명으로 기소중지결정을 한

---

1) 대법 1990. 3. 13, 89누6464.
2) ZPO에서는 우리 법 1호 내지 3호에 해당하는 것=무효의 소(Nichtigkeitsklage), 4호 내지 10호에 해당하는 것=원상회복의 소(Restitutionsklage). ZPO § 579, 580.
3) 대법 2016. 1. 14, 2013다40070.
4) 대법 1989. 10. 24, 88다카29658.
5) 대법 1964. 5. 12, 63다859.
6) 대법 1994. 1. 28, 93다29051. 이 경우에 범인이 구체적으로 특정되지 않더라도 상관 없다는 것에, 대법 2006. 10. 12, 2005다72508.
7) 대법 1960. 12. 27, 4292행상43.

경우,[1] 무혐의불기소처분의 경우[2]는 포함되지 않는다. 증거부족 이외의 사유만 없었다면 유죄의 판결을 받을 수 있었던 점은 재심법원이 독자적으로 증명에 의해 인정하여야 하나,[3] 재심원고에게 그 증명책임이 있다.[4]

(2) 다음과 같은 것이 재심사유로 된다.

1) **판결법원구성의 위법**(451조 1항 1호) 이것은 이미 설명한 제424조 1항 1호의 규정과 같다(「절대적 상고이유」 참조). 다만 대법원이 종전에 판시한 법률의 해석적용에 관한 의견의 변경 즉 판례변경을 하면서 대법관 2/3 이상으로 구성하는 전원합의체에서 하지 않고 그에 미달하는 소부(小部. 법조 7조 1항 참조)에서 재판하면 본호에 해당된다.[5] 하급심이 판례와 다른 견해를 취하여 재판한 경우는 이에 해당되지 않는다.[6]

2) **재판에 관여할 수 없는 법관의 관여**(451조 1항 2호) 이것도 이미 본 제424조 1항 2호의 규정과 같다(「절대적 상고이유」 참조). 판결선고에만 관여는 포함되지 아니하며, 1차 재심사건에 관여한 법관이 2차 재심사건에 관여, 기피원인이 있는데 그친 법관의 관여도 해당되지 아니한다. 재심의 대상이 된 원재판에 관여한 법관이 그 재심사건의 재판에 관여한 때에는 본호의 재심사유에 해당되지 않는다.[7]

3) **대리권의 흠**(동 3호 본문) 이것도 이미 본 제424조 1항 4호의 규정과 같다(「절대적 상고이유」 참조). 실무상 많이 문제되는 것으로 **절차권침해의 재심사유**이기도 하다. **적극적으로** 무권대리인에 의한 실질적인 대리행위는 물론, **소극적으로** 당사자 본인이나 그 대리인의 실질적인 소송행위가 배제된 경우가 포함된다.[8] 본인의 의사와 관계없이 선임된 대리인에 의한 소송대리, 특별대리인(62조)의 선임 없이 소송을 수행한 때,[9] 성명모용소송에서 판결이 확정된 때에도 피모용자는 본호에 의하여 재심의 소를 제기할 수 있다.[10] 당사자 일방에 회생개시결정이 있었는데 이를 간과하고 소송수계신청이 이루어지지 않은 진행상태에서 판결한 경우도 같

1) 대법 1989. 10. 24, 88다카29658.
2) 대법 1975. 5. 27, 74다1144; 동 1985. 11. 26, 85다418.
3) 대법 1965. 6. 15, 64다1885; 동 1982. 10. 26, 82므11.
4) 대법 1981 10. 27, 80다2662; 동 1982. 9. 14, 82다16.
5) 대법(전) 2000. 5. 18, 95재다199; 동(전) 2011. 7. 21, 2011재다199; 의견변경의 여부는 당해 사건의 사안과 관련하여 이해하여야 한다면서, 판례변경의 범위를 좁게 해석한 것으로 대법 2009. 7. 23, 2009재다516; 대법 1997. 6. 13, 97재다94=심리불속행판결을 대법원 전원합의체에서 재판하지 아니한 점을 들어 재심사유로는 할 수 없다.
6) 대법 1996. 10. 25, 96다31307.
7) 대법 1990. 12. 11, 90재다23; 동 1986. 12. 23, 86누631 등.
8) 대법 1999. 2. 26, 98다47290.
9) 대법 1965. 9. 7, 65사19.
10) 대법 1964. 3. 31, 63다656; 동 1964. 11. 17, 64다328.

다(수계절차의 간과).[1] 대표이사가 주주총회의 특별결의사항에 관하여 그 결의 없이 제소전화해를 한 때에는 특별수권이 없는 경우로 되어 이에 해당된다.[2] 제385조 2항은 제소전화해를 위하여 대리인선임권의 상대방위임을 금지시켰는데, 이를 어긴 대리인의 관여하에 성립된 제소전화해의 경우도 이에 해당할 것이다(준재심의 소. 630면 참조). 이는 대리권의 흠이 있는 쪽 당사자의 보호를 위한 제도이므로 그 상대방이 재심사유로 삼기 위하여서는 그러한 사유를 주장함으로써 이익을 받을 수 있는 경우인 것으로 제한된다.[3] 공동의 이해관계 없는 선정당사자에 의한 청구의 인낙은 재심사유가 아님은 이미 본 바이다(805면 참조).

송달받을 권한이 없는 자에게 잘못 송달된 경우, 특히 소장부본·기일통지서가 권한 없는 자에게 송달되고 법원은 피고측이 송달받고도 답변서부제출 혹은 불출석하는 것으로 속아 자백간주로 원고승소판결을 한 경우가 문제이다. 판례는 피고의 주소를 허위로 적어 제소함으로써 참칭(僭稱)피고에게 송달된 경우에는 그러한 판결정본의 송달까지 무효가 되어 판결은 항소대상이 되는 것이지 본호의 재심사유에 해당하는 것이 아니라고 하였으나, 피고가 아니라 그 **참칭대표자**(대리인)에게 송달된 경우에는 송달무효가 아니고 송달대리권의 흠결로 본호의 재심사유가 된다고 했다.[4] 엉뚱한 사람이 절차에 관여하고 판결의 효력을 받을 피고측의 절차관여권이 배제된 점에서 두 가지가 다를 바 없는데, 구별하고 있는 것이다.[5] 다만 송달이 무권대리인에게 되어도 본인이나 적법한 대리인이 실질적인 소송행위를 할 기회가 박탈되지 아니하였으면 재심사유가 안 된다.[6] 대리권의 흠은 판결확정 후라도 본인이 추인(60조, 97조)하면 재심사유는 되지 않는다(451조 1항 3호 단서).

4) 법관의 직무상의 범죄(동 4호) 예를 들면 법관이 그 담당사건에 대하여 수뢰죄나 공문서위조죄 등을 범한 경우이다.[7]

---

1) 대법 2012. 3. 29, 2011두28776.

2) 대법 1980. 12. 9, 80다584. 파산관재인이 법원의 허가 없이 재판상화해를 한 때도 같다=대법 1990. 11. 13, 88다카26987.

3) 대법 2000. 12. 22, 2000재다513 등.

4) 대법 1994. 1. 11, 92다47632. 반대: 대법 1982. 11. 24, 81사6(이재성, 판례평석집(Ⅶ), 142면 이하).

5) 문제가 있다고 보는 견해, 호문혁, 927면. 옹호론은, 김홍엽(초판), 954면.

6) 대법 1992. 12. 22, 92재다259. 우편집배원의 소송기록접수통지서의 배달 잘못으로 상소이유서제출기간 내에 제출을 못하여 상고기각된 경우도 재심사유라 본 것=대법 1998. 12. 11, 97재다445.

7) 재심대상본안사건의 기록검토 없이 재심청구를 기각한 경우는 불해당=대법 2000. 8. 18, 2000재다87.

5) 다른 사람의 형사상 처벌받을 행위로 인한 자백 또는 공격방어방법의 제출방해(同 5호)　범죄행위로 인하여 변론권을 침해당한 당사자의 보호를 위한 것이다. 여기의 형사상 처벌을 받을 행위라 함은 형법뿐만 아니라 특별형법을 포함한 형사법상의 범죄행위를 뜻한다고 할 것이지만, 경범죄처벌법위반행위나 질서벌은 포함되지 않는다(통설). 여기에서 말하는 다른 사람이란 상대방 당사자 또는 제3자를 말하며, 그 법정대리인·소송대리인뿐만 아니라, 재심청구한 당사자의 대리인도 포함된다.[1] i) 다른 사람의 범죄행위와 당사자의 자백 또는 공격방어방법의 제출이 방해받은 사실 및 불리한 판결간에 인과관계를 필요로 한다. 그 범죄행위로 인하여 재심대상판결의 소송절차에서 당사자의 공격방어방법의 제출이 직접 방해받은 경우만을 말하고, 간접적인 원인이 된 때에는 포함되지 않는다.[2] 타인의 범죄행위가 소송행위를 하는 데 착오를 일으키게 한 정도에 불과할 뿐 소송행위에 부합하는 의사가 존재할 때에는 해당되지 않는다는 것이 판례이다.[3] 원고가 **자백간주로 판결편취**를 한 경우도 사기죄로 처벌되었으면, 본호 후단과 본조 제11호에 의해 경합적으로 재심청구를 할 수 있다 할 것이나, 판례의 주류는 그 구제책을 항소의 제기로 본다(뒤에 볼 「11호 설명」 참조). 그러나 원고가 **공시송달로 판결편취**한 경우는 본 호와 제11호의 재심사유의 두 가지 **병존**으로 본다.[4] ii) 제5호 후단에서 말하는 공격방어방법에는 판결에 영향이 있는 주장·부인·항변뿐만 아니라 증거방법도 포함된다. 따라서 소송의 승패에 중대한 영향이 있는 문서의 절취·강탈 또는 손괴·반환거부[5]로 제출이 방해된 경우, 그러한 증인을 체포·감금함으로써 출석할 수 없게 한 경우 등 증명방해도 해당된다. iii) 배임죄로 유죄판결을 받은 것만으로 부족하고 대리인의 배임행위에 소송상대방 또는 그 대리인이 **통모하여 가담한 경우**도 자백에 준하여 해당된다(항소의 취하).[6] 그러나 당해 소송절차와 관계 없이 범죄행위로 실체법상의 어떤 효과발생이 제지되거나 사실이 조작된 경우는 포함되지 아니한다.[7]

6) 문서의 위조·변조(同 6호)　판결의 증거된 문서라 함은 판결에서 그 문서

---

1) 대법 2012. 6. 14, 2010다86112. 다른 사람이 처벌받을 행위로 인한 상소취하도 자백에 준한다고 했다.
2) 대법 1993. 11. 9, 93다39553 등.
3) 대법 1984. 5. 29, 82다카963.
4) 대법 1997. 5. 28, 96다41649.
5) 대법 1985 1. 29, 84다카1430.
6) 대법 2012. 6. 14, 2010다86112(회사대표이사가 소송상대방으로부터 금품을 받기로 하고 회사가 1심에서 패소한 소송의 항소취하한 사건).
7) 대법 1982. 10. 12, 82다카664.

를 채택하여 판결주문을 유지하는 근거가 된 사실인정의 자료로 삼은 경우를 말하는 것이며,[1] 법관의 심증에 영향을 주었을 것이라고 추측되는 문서라도 그것이 사실인정의 자료로 채택된 바 없으면 이에 해당되지 않는다.[2] 문서라면 공·사문서(소취하서 따위)를 가리지 않으며, 위조·변조에는 공정증서원본부실기재만이 아니라 허위공문서작성[3]도 포함한다. 다만 당사자의 허위주장이 기재된 변론조서는 제외된다.[4] 여기의 '그 밖의 물건'이라 함은 공인(公印)·사인(私印)뿐 아니라, 권리의 증명을 위해 만든 경계표도 해당된다. 문서의 위조에는 무형(無形)위조는 포함되지 않는다.[5] 제6호의 재심사유는 제7호와 같이 사실심판결에 대한 재심사유이지 상고심판결에 대한 것이 아니다.[6]

7) 증인 등의 허위진술(동 7호) 허위진술이 판결의 증거로 된 때란 「판결주문을 유지하는 근거된 사실을 인정하는 증거로 채택된 때를 말하고, 주요사실의 인정에 영향을 미치지 아니하는 사정에 관한 것일 때에는 이에 해당하지 않을 뿐 아니라 증인이 직접 재심대상이 된 소송사건을 심리하는 법정에서 허위로 진술한 경우」를 뜻한다.[7] 따라서 허위진술이 직접증거일 때만이 아니라 대비증거로 사용한 때에는 되지만[8] i) 판결이유에서 가정적 혹은 부가적으로 인용된 때,[9] ii) 주요사실의 인정에 관계 없을 때,[10] iii) 다른 사건에서의 증인신문조서가 판결에서 서증으로서 증거로 채택된 때[11]에는 재심사유로 되지 않는다. 본호는 허위진술이 판결주문의 이유가 된 사실인정의 자료로 채택되었을 뿐더러 그 진술이 없었다면 판결주문이 달라질 수도 있을 것이라는 개연성이 있는 경우를 뜻한다.[12] 변경의 확실성까지 말하지는 않는다.[13] 허위진술이 위증이라도 나머지 증거에 의

1) 대법 1997. 7. 25, 97다15470=그 위조문서를 참작하지 않았더라면 다른 판결을 하였을 개연성이 있는 경우를 말한다.
2) 대법 1968. 5. 21, 68다245·246. 다만 사실인정의 자료가 된 이상, 간접사실이나 부가적 사실의 인정자료가 되어도 해당된다는 것에, 대법 1982. 2. 23, 81누216.
3) 대법 1982. 9. 28, 81다557.
4) 대법 1965. 1. 28, 64다1337.
5) 대법 1974. 6. 25, 73다2008.
6) 대법 2000. 4. 11, 99재다746.
7) 대법 2001. 5. 8, 2001다11581 등.
8) 대법 1989. 11. 28, 89다카13803; 동 1995. 4. 14, 94므604.
9) 대법 1983. 12. 27, 82다146.
10) 대법 1988. 1. 19, 87다카1864; 동 1993. 6. 11, 93므195.
11) 대법 1977. 7. 12, 77다484; 동 1997. 3. 28, 97다3729. 병행심리된 두 사건에 대한 동시증언이 그 중 한 사건에 관하여서만 위증으로 확정되었을 때에 그 위증이 다른 사건의 재심사유가 아니라는 것에, 대법(전) 1980. 11. 11, 80다642.
12) 대법 1993. 11. 9, 92다33695; 동 1995. 8. 25, 94다27373 등.
13) 대법 2001. 6. 15, 2000두2952.

하여도 판결주문에 영향이 없을 때에는 재심사유가 아니다.[1)]

8) 판결의 기초된 재판 또는 행정처분이 뒤에 변경된 경우(동 8호) 판결의 기초가 되었다는 것은 재심대상판결을 한 법원이 그 재판이나 행정처분에 법률적으로 구속된 경우뿐만 아니라, 널리 재판이나 행정처분의 판단사실을 원용하여 사실인정을 한 경우를 말한다.[2)] 예를 들면 유죄의 형사판결이 재심대상판결의 사실인정에 있어서 증거로 채택되었는데 그 뒤 형사판결이 변경 또는 무죄확정되거나,[3)4)] 제권판결을 이유로 어음금청구를 기각하였는데 그 뒤 제권판결이 취소된 경우[5)]와 같은 것이다. 여기의 재판에는 민·형사판결은 물론, 가사심판, 가압류·가처분결정,[6)] 비송재판도 포함된다. 행정처분의 변경은 재판기관에 의하든 행정관청에 의하든 무방하나, 그 변경은 판결확정후일 것을 요하며 또 확정적이고 소급적인 변경이어야 한다.[7)] 여기에서 재판이나 행정처분이 판결의 기초가 되었다 것은 그 재판이나 행정처분이 확정판결에서 사실인정에 있어서 증거자료가 되었고 그 재판이나 행정처분의 변경이 확정판결의 사실인정에 영향을 미칠 가능성이 있는 경우를 말한다.[8)] 그러나 행정처분이 당연무효일 때는 포함되지 않는다.[9)] 특허가 무효라는 특허법원의 판결이 상고심에 계속중 해당 특허에 대한 정정심결이 확정되면 해당 판결에 대해 제8호의 재심사유가 있다고 보아, 파기환송해 온 종전 판결등을 변경하여 제8호의 재심사유가 없다고 본 것이 최근 전원합의체 판결이다.[10)] 법령[11)]·판례의 변경,[12)] 법규에 대한 위헌판단은 재심사유

1) 대법 1993. 9. 28, 92다33930; 동 1989. 3. 14, 87다카2425.

2) 대법 2019. 10. 17, 2018다300470; 동 1982. 5. 11, 81후42 등. 재판이나 행정처분의 사실판단을 원용하여 사실인정을 한 경우는 사실심판결에 대한 재심사유가 된다는 것에, 대법 1983. 4. 26, 83사2.

3) 대법 1983. 4. 26, 83사2; 동 1993. 6. 8, 82다27003.

4) 대법 1966. 2. 28, 65다2452. 유사취지: 동 1981. 11. 10, 80다870.

5) 대법 1991. 11. 12, 91다25727. 판결의 기초가 된 화의인가결정이 그 취소결정에 의하여 취소되어 확정된 경우도 같다는 것에, 대법 2004. 9. 24, 2003다27887.

6) 대법 1962. 8. 2, 62다204.

7) 대법 1981. 1. 27, 80다1210·1211. 검사의 불기소처분은 해당되지 않는다는 것에, 대법 1999. 3. 27, 97다50855 등. 특허무효심판에서 같은 취지는 대법(전) 2020. 1. 22, 2016후2522.

8) 대법 2015. 12. 23, 2013다17124. 다만, 재판내용이 담겨진 문서가 확정판결이 선고된 소송절차에서 반드시 증거방법으로 제출되어 그 문서의 기재내용이 증거자료로 채택된 경우에 한정하는 것은 아니라는 것에, 대법 2005. 6. 24, 2003다55936; 동 1996. 5. 31, 94다20570 등.

9) 대법 1977. 9 28, 77다1116.

10) 대법(전) 2020. 1. 22, 2016후2522(특허권침해소송의 상고심 계속중에 해당 특허에 대한 정정심결이 확정된 경우에도 역시 제8호의 재심사유가 없다고 변경하였음).

11) 은행예금관리규정의 변경은 재심사유가 아니다. 대법 1983. 6. 14, 83사6.

12) 대법 1987. 12. 8, 87다카2088. 불기소처분 후 기소되어 유죄로 확정된 경우도 해당되지 않는다는 것에 대법 1998. 3. 27, 97다50855.

가 되지 않는다. 여러 개의 유죄판결이 재심대상판결의 기초가 된 경우에는 별개의 독립된 재심사유가 된다(대법 2019. 10. 17, 2018다300470).

9) **판단누락**(동 9호) **대표적으로 중요한 재심사유이다.**[1] 판단누락은 당사자가 소송상 제출한 공격방어방법으로서 판결주문에 영향이 있는 것에 대하여 판결이유 중에서 판단을 표시하지 아니한 것을 뜻한다.[2] 따라서 직권조사사항의 판단을 빠뜨린 경우도 여기에 포함되나, 당사자가 법원에 그 조사를 촉구한 바 없다면 재심사유에 해당되지 않는다.[3] 판단이 있는 이상 당사자 주장을 배척한 근거가 소상하게 설시되지 않았거나,[4] 그 판단내용의 잘못,[5] 판단근거의 개별적 불설시[6]는 판단누락이 아니다. 또 **재판누락**은 추가판결(212조)의 대상이지 재심사유는 되지 않는다. 소각하판결의 경우에 본안판단의 생략도 같다.[7] **심리불속행사유**에 해당한다고 보아 이유를 적지 않고 한 상고기각 판결[8]에 대해 판단누락이고 재심재판받을 권리의 침해를 이유로 하는 **헌법소원**이 속출하지만, 헌법재판소 다수의견은 합헌으로 일관하고 있다. 흥미 있는 것은 기간 내 제때에 상고이유서를 제출하였음에도 착각하여 **기간 내의 부제출**을 이유로 상고이유판단 없이 상고기각한 경우인데 상고심의 판단누락이 된다.[9] **상고기록접수통지서의 보충송달**(만 8세 9개월 어린이)이 위법함에도 적법하다고 보아 기간내의 부제출을 이유로 상고기각한 경우도 같다.[10]

본호의 재심사유는 **하급심판결의 판단누락**을 상소이유로 문제삼을 수 있어 재심사유가 되기 어려워(재심의 소의 보충성[11]) 불복할 수 없는 대법원 상고심의 판결에 대해 문제될 수 있는 것으로, 그 이유를 알 권리를 무시했다고 할 정도로 지나치게 간단할 때에 제기하는 일이 많다. 그러나 판례는 대법원에서 상고이유로 주장한 사항에 대하여 설령 실제로 판단하지 않았다 하더라도 그 주장이 배척될 것이 분명

1) Socrates(소크라테스)는 재판관의 덕목으로, 친절하게 듣고, 빠진 것 없이 대답하며, 냉정히 판단하고, 공평하게 판단하는 것을 꼽았다는 것인데, 그렇다면 판단누락은 재판의 본질적 부분의 잘못일 것으로 이의 시정이 여기의 재심사유이다.
2) 대법 1998. 2. 24, 97재다278; 동 2000. 7. 6, 2000재다193 · 209.
3) 대법 2004. 9. 13, 2004마660 등.
4) 대법 1987. 5. 12, 86므2; 동 1991. 12. 27, 91다6528 · 6535; 동 2005. 1. 28, 2003재다415.
5) 대법 1983. 4. 12, 82사9.
6) 대법 2011. 12. 8, 2011재두100; 동 2006. 12. 8, 2005재다20.
7) 대법 1997. 6. 27, 97후235.
8) 헌재 2011. 4. 28, 2009헌바169(5 : 4); 동 2011. 12. 29, 2010헌마344(5 : 3).
9) 대법 1998. 3. 13, 98재다53. 기간 내에 항소장제출의 간과도 같은 취지=대법 2002. 12. 9, 2001재마14. 재항고 이유서 제출의 간과=대법 2000. 1. 7, 99재마4.
10) 대법 2013. 1. 16, 2012재다370.
11) 대법 1993. 11. 9, 93다39553.

한 때에는 판결결과에 영향이 없어 판단누락의 위법이 없다고 하고 있는데, 의문 있다.[1)]

10) **판결 효력의 저촉**(동 10호)　이것은 확정판결의 충돌을 해결하기 위한 규정이다. 여기서 전에 선고한 확정판결이라 함은 전에 확정된 기판력 있는 본안의 종국판결로서 그 효력이 재심대상판결의 당사자에게 미치는 경우를 뜻한다.[2)] 또 전후 두 판결이 모두 원고의 청구를 기각한 것이라면 서로 어긋나는 것이 아니다.[3)] i) 재심대상판결의 기판력이 그 이전의 확정판결의 기판력과 서로 어긋나는 경우를 말하므로(판례 저촉 불포함), 재심대상판결이 그 이후의 선고확정된 판결과 어긋나는 때에는 여기에 해당되지 않는다.[4)] ii) 같은 당사자간에 같은 내용의 사건에 관하여 두 개의 어긋나는 확정판결일 것을 요하기 때문에, 당사자를 달리하면 서로 어긋나도 재심사유로 되지 않는다.[5)] iii) 같은 내용의 사건에 관한 것이란 원칙적으로 소송물을 같이하는 것임을 뜻하는데,[6)] 무조건 소송물의 동일성을 요하지 아니하고 전소의 기판력있는 판결이 후소의 선결관계인 때에도 해당한다고 할 것이다.[7)] 구이론(이분지설 도 유사)은 청구원인을 기준으로 소송물을 가르기 때문에, 청구원인을 달리하면 상호저촉의 문제가 생기지 않는다고 한다.[8)] iv) 확정판결과 같은 효력을 가진 화해 · 청구의 포기 · 인낙조서(220조), 조정조서, 외국판결(217조), 중재판정(중재 12조)과 서로 어긋날 때에도 재심사유가 된다.

11) **상대방의 주소를 잘 모른다고 하거나 또는 거짓주소로 하여 소제기한 경우**(동 11호)　상대방의 주소 · 거소를 허위주소로 하여 판결편취를 한 경우, 이른바 사위(詐僞)판결의 구제책이다(상대방이 사위소송의 계속사실을 알았고 그런데도 아무런 조치가 없었으면 불해당[9)]). 전단(前段)은 상대방의 주소를 알면서 모르는 것으로 하여 소제기함으로써 소장 등을 송달불능에 이르게 하고 급기야 소재불명자인 것으로 법원으로 하여금 속게 만들어 공시송달에 의한 진행을 한 끝에 승소판결을 받은 경우를 뜻한다(공시송달에 의한 판결편취).[10)] 후단

1) 대법 2008. 7. 10, 2006재다218; 동 2018. 10. 25, 2016다42800 등. 판단하지 아니하여도 판결결과에 영향이 없으면 괜찮다는 말도 되어 문제이다.
2) 대법(전) 2011. 7. 21, 2011재다199; 동 1998. 3. 24, 97다32833.
3) 대법 2001. 3. 9, 2000재다353.
4) 대법 1981. 7. 28, 80다2668.
5) 대법 1994. 8. 26, 94재다383; 동 1985. 4. 27, 85사9 등.
6) 대법 1990. 3. 9, 89재다카140; 동(전) 1966. 1. 20, 64다496.
7) Rosenberg/Schwab/Gottwald, § 159 Rdnr. 24.
8) 대법 1968. 4. 23, 68사13; 동 1988. 6. 28, 87누1 참조.
9) 대법 1992. 10. 9, 92다12131.
10) 재심과 함께 상소의 추후보완을 선택적으로 할 수 있다는 것에, 대법 1985. 8. 20, 85므21(이재성, 판례평석집(X), 61면). 대법 2011. 12. 22, 2011다73540.

(後段)은 상대방의 주소 등을 거짓으로 기재하여 상대방에 대한 소장 등을 그 허위주소로 보내고 상대방 아닌 다른 사람이 이를 받음으로써 법원으로 하여금 피고가 적법하게 이를 송달받은 것으로 믿게 만들어 피고의 자백간주로 승소판결을 받아 내는 경우이다(자백간주에 의한 판결편취). 이 경우에 구법하에서는 피고의 변론기일에 불출석으로 자백간주를 이끌어냈지만, 신법하에서는 **피고의 답변서 부제출**로 자백간주를 이끌어내어(257조) 판결편취의 목적을 이룰 것이다. 자백간주에 의한 판결편취의 경우에는 제5호 후단의 재심사유에도 해당하는데,[1] 그에 의할 때에는 유죄의 확정판결 등을 요건으로 하지만 본호에 의할 때에는 그러한 판결 없이도 직접 재심사유로 삼을 수 있는 이점이 있다. 그러나 **대법(전) 1978. 5. 9, 75다634**는 본호는 전·후단을 막론하고 공시송달에 의한 판결편취의 경우에 적용되는 규정으로 보고, 자백간주에 의한 판결편취의 경우에는 **본호의 적용**이 배제되는 것으로 본다. 다시 말하면 자백간주에 의한 판결편취의 경우에는 어느 때나 항소를 제기하여 구제받을 수 있다는 항소설에 의하고(미성년자인 소송무능력자 상대의 소송임을 간과하고 한 판결도 그 송달이 무효이므로 불변기간의 미진행으로 상소로 다툴 수 있다는 것에, 대법 2022. 6. 11, 2020다8586), 재심설을 부정한다. 명문에 반하는 해석임은 이미 밝힌 바이다(상세히는 위의 「판결의 편취」 참조).[2]

12) 헌법소원이 인용된 경우(헌재 75조 7항) 등 소송법이 아닌 특별법상의 재심사유가 있다. 즉 위헌여부제청신청기각결정에 대한 헌법소원(헌재 68조 2항)을 냈지만 본안절차가 정지되지 않고 그대로 진행하여 확정되어도, 뒤에 헌법재판소에 의해 헌법소원이 인용되어 문제된 법률에 대한 위헌(또는 헌법불합치)판단이 났으면 당사자는 이를 토대로 재심을 청구할 수 있다. 한정위헌결정이면 재심사유가 안된다는 대법원판례가 있으나[3] 의문이다. 이 밖에 상법 제406조의 사해재심(詐害再審)제도가 있다.

Ⅴ. 재심절차

1. 관할법원

재심의 소는 소송목적의 값이나 심급에 관계없이 취소대상판결을 한 법원의 전속관할에 속한다(453조 1항).[4] 취소대상판결이 상고심판결이면 상고법원의 관할로

1) 대법 1997. 5. 28, 96다41649.

2) 정동윤/유병현/김경욱, 981면; 정영환, 1372면(법해석기관이 일종의 법창조의 역할). 반대: 호문혁, 869면; 한충수, 880면.

3) 대법 2013. 3. 28, 2012재두299. 이는 헌재 1997. 12. 24, 96헌마172·173 결정과 저촉되는 문제가 있을 것이다.

4) 대법원판결에 재심사유가 있다고 주장하면서 원심판결을 재심대상으로 하여 제기한 재심청구는 부적법하다는 것에, 대법 1982. 12. 14, 81후53.

된다. 다만 서증의 위조·변조(451조 1항 6호)나 허위진술(동 7호) 등 사실인정에 관한 것을 재심사유로 할 때에는 상고심판결이 아니라, 사실심법원의 판결에 대해 재심의 소를 제기하여야 함은 앞서 본 바이다(945면).[1] 재심사건의 관할에 관하여는 주의할 바 있으며, 혼동이 생길 수 있다.

(1) 제1심의 종국판결에 대하여 항소심이 항소기각의 본안판결을 한 경우: 제1심 판결은 아니고 항소심판결이 재심의 대상이 되므로 항소법원만이 관할권을 갖게 된다(451조 3항). 만일 이 때에 당사자가 잘못하여 제1심법원에 재심의 소가 제기되었으면 항소법원에 이송(34조)함이 마땅하다(앞서 본 「소송의 이송」 참조).[2] 또 재심사유가 항소심판결에 관한 것인데, 상고심판결을 대상으로 기재하여 재심의 소를 제기한 경우라도 항소심법원으로 이송함이 옳다.[3]

(2) 제1심의 종국판결에 대해 항소각하판결을 한 때: 같은 사건에 대해 제1심판결과 항소심판결 두 개의 확정판결이 있게 되는데, 여기에 각기 재심사유가 있으면 각기 해당 사유를 주장하여 해당 법원에 각 재심의 소를 제기할 수 있다. 그러나 이 때 재심사유를 모아서 재심청구를 병합하여 제기하는 경우에는 편의상 항소심법원이 **집중 관할**한다(453조 2항 본문). 다만 항소심판결과 상고심판결에 각기 재심사유가 있는 때에는 상고심법원은 집중관할할 수 없다(453조 2항 단서).

2. 재심의 소의 제기

(1) 재심의 소의 제기도 원칙적으로 소장의 제출에 의한다(248조. 2011년 5월부터 전자접수가능). 소액사건에서는 말로 제기할 수도 있다(소심 4조). 재심의 소장에는 ① 재심의 대상인 판결의 표시(잘못 기재가 분명하면 바로잡아 줄 수 있음), ② 그 판결에 대하여 재심을 구하는 취지(재심의 취지), ③ 재심사유를 기재하지 않으면 안 된다(458조). 주장한 재심사유는 재심의 소제기 후에 변경할 수 있다(459조 2항). 불복의 범위(원판결변경의 범위)와 본안사건에 대한 신청(원래의 소장의 청구취지)은 임의적 기재사항이다. 재심소장에 소요되는 인지는 심급에 따라 소장·항소장·상고장의 그것과 같은데, 문제가 있다(민인 8조. 일본법은 인지액이 소액이다. 간이재판소사건 2,000엔, 그 밖의 사건 4,000엔 균일이다).[4] 재심대상판결의 사본을 붙여야 한다(규 139조). 재심소장이 방식에 맞는가에 대해서는 통상의 소장처럼 재판장에게 심사권이 있다(254조).

(2) 재심소장의 제출에 의하여 그 재심사유에 대한 기간준수의 효력이 생긴다(265조). 소송중에 새로운 재심사유를 추가한 경우에는 그 때를 기준으로 기간준수의 효력이 생기느냐에 관하여 다툼이 있다.[5] 재심의 소의 제기는 그것만으로

---

1) 대법 1967. 11. 21, 67사74; 동 1983. 4. 26, 83사2.
2) 대법(전) 1984. 2. 28, 83다카1981. 제1심법원에 제기한 때가 기간준수의 기준시가 된다 했다.
3) 대법 1984. 4. 16, 84사4; 동 2004. 6. 7, 2004재다85.
4) 법원에 대한 access권의 보장을 위해 우리 제도의 입법론상 재고를 필요로 한다.
5) 재심소장제출시에 효력이 생긴다는 것에, 김홍규, 875면. 추가시라고 보는 것에, 新堂, 588면.

는 확정판결의 집행력을 저지시키지 못하며, 저지시키려면 신청에 의하여 별도의 집행정지·취소결정을 받을 것을 요한다(500조).

3. 준용절차

재심소송절차에는 그 성질에 어긋나지 아니하는 범위 안에서 각 심급의 소송절차에 관한 규정이 준용된다(455조; 규 138조). 따라서 제1심판결에 대한 재심에는 제1심의, 제2심판결에 대한 재심에는 항소심의, 상고심판결에 대한 재심에는 상고심의 각 소송절차에 관한 규정이 준용된다. 재심의 소에 있어서도 소의 취하(보조참가가 없는 경우), 일반소송요건의 흠에 의한 소의 각하, 관할위반에 의한 이송, 재심사유의 변경(459조)이 허용된다. 또 재심피고는 부대재심(附帶再審)을 구할 수 있으며, 자기측의 재심사유에 기한 반소도 제기할 수 있다. 재심의 소에 독립당사자참가도 허용된다 할 것이다.[1]

재심청구에 통상의 민사상의 청구를 병합할 수 있는가에 대해 판례는 반대이나,[2] 재심원고가 승소할 경우를 대비한 원상회복 등 관련청구의 병합제기를 허용하여야 한다는 것이 통설이다(앞의 「청구의 병합」 참조). 재심청구를 통상의 청구로 변경하는 것도 제1심에서는 청구의 기초에 변경이 없으면 허용할 것이다.[3]

4. 재심의 소의 심리와 중간판결제도

재심에는 확정판결의 취소와 본안사건에 대하여 이에 갈음한 판결을 구하는 복합적 목적이 있으므로, 소장의 경우와 마찬가지로 재심소장의 방식준수를 재판장이 심사(「재판장의 소장심사」 참조)한 뒤에는 ① 소의 적법요건, ② 재심사유, ③ 본래의 사건에 대한 본안심판의 단계로 심리해 나간다(절차의 3분). 구법하에서는 ① ②의 적법요건과 재심사유에 관한 심판과 ③의 본안심판을 명확하게 구별하지 아니하고, 하나의 소송절차 내에 모아서 뭉뚱그려 심리하는 것이 실무운영이었다. 그리하여 재심사유가 없는데도 본안심리에 들어가는 비효율·비경제가 있었다.

이에 신법 제454조는 재심의 소의 적법요건 및 재심사유의 유무에 관한 심판과 본안심판을 분리하여 앞의 것만 선행심리할 수 있도록 하되, 이 경우에 재

---

1) 재심의 소가 부적법한 경우에 독립참가도 부적법하다고 한 것에, 대법 1981. 7. 28, 81다카65·66. 대법 1994. 12. 27, 92다22473·22480=재심소송에 독립당사자참가를 하였다면 재심사유가 인정되어 본안소송이 부활하는 단계를 위하여 참가한 것이다.

2) 대법 1971. 3. 31, 71다8.

3) 유사취지: 정영환, 1376면. 반대: 정동윤/유병현/김경욱, 985면; 한충수, 883면. 또한 통상의 소와는 성질을 달리한다 하여 반대의 입장에는 대법 1959. 9. 24, 4291민상318.

심사유 등이 있다고 인정할 때에는 그에 관한 쟁점을 먼저 정리하는 의미에서 그 취지의 중간판결을 할 수 있도록 하였다. 만일 재심사유가 없다고 할 때에는 더 나아가 본안심리에 들어가는 노고 없이 '재심각하·기각'의 판결로 절차를 끝내게 한다는 것이다. 중간판결을 위한 선행심리 여부는 어디까지나 법원의 재량이다. 기존의 중간판결제도(201조)의 활용으로도 같은 목적을 달할 수 있으나, 새 제도를 잘 활용하여 소송경제를 도모하여 보라는 주의적 의미로 이 제도를 신설한 것이다.

(1) 소의 적부 법원은 **제1단계**로 먼저 일반소송요건과 함께 재심의 적법요건을 심리하여야 하며, 그와 같은 요건은 직권조사사항이다. 그 흠이 있는 경우에 보정하지 않거나 보정할 수 없을 때에는 판결로 재심의 소를 각하하여야 한다(455조, 219조, 413조). 재심원고의 법정재심사유의 주장은 소의 적법요건임은 이미 본 바이다(979면 참조). 이 경우에 각하가 아니라 기각이라도 배척되었다는 점에서 결과적으로 정당하다.[1]

(2) 재심사유의 존부 재심의 소가 적법하면, **제2단계**로 재심사유의 존재여부를 조사하여야 한다. 그 증명책임은 재심원고에게 돌아간다. 기판력 있는 확정판결의 취소는 단순히 당사자를 구제한다는 사익을 넘어서는 법적 안정성에 관계 있는 것이고 당사자가 임의로 처분할 수 없으므로, 주장된 재심사유의 존재여부에 관하여는 직권으로 사실탐지를 할 수 있다. **청구의 포기·인낙**이나 **자백**에 구속되지 않으며, 자백간주의 규정(150조 1항, 257조 1항 본문)이 배제된다(통설).[2] 또 화해·조정도 마찬가지로 효력은 당연무효이다.[3] 이 한도에서 처분권주의가 배제되고 직권탐지주의에 의하며, 이 점이 재심에 대한 본안심판의 경우와 다르다. 심리해 본 결과 재심사유가 없는 것으로 인정되면 종국판결로 재심청구를 기각하여야 한다. 재심절차에서 제기된 중간확인의 소는 재심사유가 인정되지 아니하여 재심청구를 기각하는 경우에 판결주문에서 소각하를 하여야 한다.[4] 재심사유가 인정될 때에 그 존부에 관하여 당사자간에 다툼이 있으면 앞서 본 중간판결(454조)이나 아니면 종국판결의 이유 속에서 판단할 것을 필요로 한다.

(3) 본안심판

(a) 본안의 심리 재심사유가 있다고 인정될 때에는, **제3단계**인 본안에

1) 대법 1990. 1. 11, 80다2126.
2) 대법 1992. 7. 24, 91다45691.
3) 대법 2012. 9. 13, 2010다97846.
4) 대법 2008. 11. 27, 2007다69834 등.

대한 심리에 들어가게 된다.[1)2)] 여기에서 원판결에 의하여 완결된 전소송(소 또는 상소)에 대해 다시 심판한다. 본안에 대한 변론은 전소송의 변론의 속행으로 그것과 일체를 이룬다(재심사유인 하자가 존재하는 절차부분을 빼고, 종전의 절차는 그대로 효력이 지속된다). 따라서 변론의 갱신절차를 밟아야 하며(455조, 204조; 개정규 127조의 2 준용), 사실심이면 새로운 공격방어방법을 제출할 수 있다.[3)] 변론의 갱신권이 인정된다. 전소송의 변론종결 후에 발생한 새로운 공격방어방법이라도 당연히 제출할 수 있으며, 만일 이를 제출하지 않고 패소하면 그 뒤에는 기판력에 의하여 실권된다. 본안의 변론과 재판은 재심청구이유의 범위 즉 원판결에 대한 불복신청의 범위 안에서 행하여야 한다(459조 1항). 재심피고에 의하여 부대재심이 제기되지 않는 한 재심원고에 대하여 원래의 확정판결보다 불이익한 판결을 할 수 없다(불이익변경의 금지).[4)] 가벌적 행위에 관한 유죄의 확정판결은 재심의 적법요건이 되지만, 재심법원의 본안심판에 있어서 형사법원의 유죄판결의 내용과 같은 사실을 인정하여야 한다는 구속은 없으며 자유롭게 판단할 수 있다.[5)] 그러나 대법 2012. 6. 14, 2010다86112에서는 항소취하에 제451조 제1항 제5호의 재심사유가 있다고 인정되는 경우 그러한 소송행위의 효력은 부정될 수밖에 없어 그 소송행위가 존재하지 않는 것과 같은 상태를 전제로 하여 재심대상사건의 본안에 나아가 심리·판단하여야 한다고 했다.

대법 2015. 12. 23, 2013다17124에서는 원래의 확정판결을 취소한 재심판결에 대한 재심의 소에서 원래의 확정판결에 대하여 재심사유를 인정한 종전 재심법원의 판단에 재심사유가 있어 종전 재심법원의 판단에 관하여 다시 심리한 결과 원래의 확정판결에 재심사유가 인정되지 않을 경우에는 재심판결을 취소하고 종전 재심청구를 기각하여야 한다는 것이다.

(b) 종국판결

1) 심리한 결과 원판결이 부당하다고 인정되면 불복신청의 한도 내에서 이를 취소하고, 이에 갈음하는 판결을 한다. 재심판결은 원판결을 소급적으로 취소하는 형성판결이다.

2) 원판결이 정당하다고 인정되면 재심사유가 있는 경우에도 재심청구를 기각하여야 한다(460조. 한 때 「재심의 소」 기각→「재심의 청구」 기각으로 바꿈). 원판결이 정당하여 유지하여야 할 경우

1) 대법 1990. 12. 7, 90다카21886.
2) 확정된 재심판결에 대한 재심의 소에서는 종전 재심청구를 다시 심판하는 것이 본안의 심리에 해당된다는 것에 대법 2015. 12. 23, 2013다17124.
3) 대법 1965. 1. 19, 64다1260.
4) 대법 2003. 7. 22, 2001다76298.
5) 대법 1965. 6. 15, 64다1885; 동 1975. 2. 25, 73다933.

로는 i) 원판결의 표준시 이전의 사유로 보아 정당한 경우, ii) 비록 원판결의 표준시를 기준으로 하면 부당하지만 그 표준시 이후에 발생한 새로운 사유 때문에 원판결의 결론이 정당한 경우 등이다.[1] 특히 ii)인 경우에는 재심청구의 기각이 아니라 원판결취소에 동일내용의 판결을 하여야 한다는 견해가 있으나,[2] 이 경우에도 명문에 충실하게 재심청구를 기각하되 다만 기판력의 표준시만이 재심대상판결의 변론종결시가 아니라 재심의 소의 변론종결시로 이동되는 것으로 볼 것이다.[3]

3) 재심의 소에 대한 종국판결에는 어느 심급의 재심인가에 맞추어 다시 항소나 상고가 인정된다. 다만 상고심판결에 대한 재심의 소에 관한 판결에 관하여는 상소의 길이 없다.

재심의 상고심에 있어서는 사실심의 변론종결 뒤에 생긴 재심사유인 사실을 주장할 수 없다.[4]

Ⅵ. 준 재 심

1. 의　　의

확정판결과 같은 효력을 가지는 조서와 즉시항고로 불복을 신청할 수 있는 것으로서 확정된 결정·명령에 **재심사유**가 있을 때에, 재심의 소에 준하여 재심을 제기하는 것을 말한다(461조). 원래 준재심의 대상은 즉시항고로 불복을 신청할 수 있는 결정·명령에 국한하였으나, 1961. 9. 1. 개정법률에 의해 제220조의 조서에 대해서까지 확장하였다. 개정취지는 화해, 청구의 포기·인낙의 흠은 그것이 재심사유에 해당될 때에 한하여 재심절차에 의해서만 구제받게 하고, 사법상의 무효·취소 사유가 있어도 기일지정신청이나 무효확인청구를 하여 구제할 수 없도록 하려는 데 있으며, 이른바 입법에 의한 소송행위설의 채택이라 할 수 있다(「재판상의 화해」 참조).[5]

1) 원판결이 정당한가의 여부는 재심전확정판결에서 인용된 증거들과 함께 재심소송에서 조사한 각 증거들까지 종합하여 판단하여야 한다는 것에, 대법 1980. 9. 9, 80다915.
2) 방순원, 696면; 이영섭, 347면. 대법 1977. 5. 10, 76후25(단 민소법 460조의 준용이 없는 구특허법사건에 대한 것).
3) 대법 1993. 2. 12, 92다25151 등.
4) 日最高裁 昭和 43. 4. 29 판결.
5) 조서에 대한 준재심제도는 1990년 개정법률의 원안에서는 삭제하기로 되어 있었으나, 국회의 심의과정에서 관철되지 못했다.

2. 준재심의 소(조서에 대한 준재심)

(1) 준재심의 대상이 되는 제220조의 조서에는 화해조서, 청구의 포기·인낙조서 이외에 재판상의 화해와 같은 효력을 가진 조정조서[1)]나 다른 결정 예컨대 민주화운동자 보상결정도 해당된다. 화해조서에는 소송상화해조서만이 아니라 제소전화해조서도 포함된다.[2)] 화해권고결정은 비록 결정이나 재판상화해와 같은 효력이 있으므로(231조) 준재심의 소를 유추할 것이다.[3)] 조정에 갈음하는 결정도 마찬가지이다.[4)]

(2) 조서에 대한 재심제기의 절차에는 확정판결에 대한 재심의 소의 소송절차가 준용된다. 따라서 재심법원(454조), 재심소장(458조), 심판의 범위(459조)의 각 규정이 준용된다. 재심기간(456조, 457조)도 준용하지만, 법인등의 대표자가 권한을 남용하여 법인등의 이익에 배치되는 청구의 인낙, 화해 등을 한 경우의 준재심기간은 법인 등의 이익을 정당하게 보전할 권한을 가진 다른 임원등이 준재심 사유를 안 때가 그 기산일이 된다는 것이다.[5)]

1) 재심사유(451조)는 판결에서 생길 수 있는 하자(흠)를 예상하여 규정한 것이므로 준재심의 소에 전면적으로 준용될 수는 없으며, 관여할 수 없는 법관의 관여(451조 1항 2호), 대리권의 흠(동 3호), 법관의 직무상의 범죄(동 1항 4호), 형사상 처벌받을 다른 사람의 행위로 인한 경우(동 5호), 판결의 저촉(동 10호) 등 그 일부밖에 준용할 수 없다.[6)] 그리하여 조서의 흠이 판결의 흠에 대한 구제보다 더 어렵게 되고 그 구제문호를 좁힌 결과가 되었기 때문에 입법론상 재검토가 요망된다(「소송상의 화해」 참조).

2) 제460조(결과가 정당한 경우의 재심기각)의 규정은 준용된다고 할 수 없다.[7)] 재심법원은 재심사유가 있는 경우에는 반드시 조서를 취소하여야 하며, 재판상 화해, 청구의 포기·인낙에 의해 종료되었던 소송은 다시 부활하는 것으로 청구의 당부를 재판하여야 하기 때문이다. 그러나 제소전화해조서를 취소할 때에는 부활될 소송은

---

1) 대법 1968. 10. 22, 68므32. 단 공유물분할조정은 협의에 의한 공유물분할과 마찬가지로 보아 준재심의 대상에서 제외된다고 볼 것이다.
2) 대법 1970. 7. 24, 70다969.
3) 서울고법 2004. 4. 22, 2003재나660.
4) 대법 2005. 6. 24, 2003다55936.
5) 대법 2016. 10. 13, 2014다12348.
6) 같은 취지: 강현중, 1031면.
7) 이 견해를 수용한 것에, 대법 1998. 10. 9, 96다44051. 화해가 준재심의 소에 의해 취소되면 화해로 인해 생긴 모든 법률효과가 소멸된다는 것에, 대법 1981. 12. 22, 78다2278.

없고 화해불성립으로 볼 것이므로,[1] 취소 이외에 다른 판단조치를 요하지 않음이 원칙이다. 다만 대리권의 흠 등의 재심사유가 있을 때에는 화해조서를 취소하고 대리권의 흠을 이유로 제소전화해신청을 각하할 것을 요한다.[2]

3) 조서에 대한 재심은 신청이 아니라 소의 방식으로 제기하여야 한다. 따라서 결정절차가 아니라 판결절차에 의해 심판하여야 한다. 제소전화해조서도 같다.[3] 다만 이에 대한 준재심은 다른 조서에 대한 것과 달리 소장의 1/5의 인지를 납부하면 된다(민인 8조 2항).

3. 준재심신청(결정 · 명령에 대한 준재심)

일정한 사항을 확정할 목적으로 행한 종국적인 결정 · 명령에 대해 재심사유가 있을 때에, 그 자체에 대한 독립의 구제방법으로서 인정한 것이다.

(1) 「**즉시항고로 불복을 신청할 수 있는 결정이나 명령**」이 대상이 되는데, 여기에는 소장각하명령(254조 3항), 상소장각하명령(402조, 425조),[4] 소송비용에 관한 결정(110조, 113조, 114조), 과태료의 결정(363조, 370조 1항), 매각허가결정(민집 128조), 추심명령 · 전부명령(민집 229조 6항) 등이 속한다. 경매개시결정은 즉시항고로 불복할 수 있는 결정에 해당되지 아니하므로 이에 속하지 아니한다.[5] 다만 대법원의 재항고기각결정은 즉시항고로 불복할 수 없는 것인데도, 준재심을 받아들인 판례가 있다.[6]

(2) 재심사유(451조), 재심법원(454조), 재심기간(456조, 457조), 재심소장(458조), 심판의 범위(459조)와 재판(460조) 등 확정판결에 대한 재심의 소의 소송절차가 준용된다. 준재심신청은 소가 아니라 **신청의 방식**에 의하여야 하며, 판결이 아니라 **결정**으로 심판한다. 심판은 준재심의 대상이 된 결정 · 명령과 같은 절차에 의해 행한다.

---

1) 대법 1962. 10. 18, 62다490; 동 1996. 3. 22, 95다14275.
2) 주석신민소(Ⅶ), 140면.
3) 대법 1962. 12. 18, 62마19.
4) 대법 1968. 12. 28, 68마1467.
5) 대법 2004. 9. 13, 2004마660.
6) 대법 2000. 1. 7, 99재마4(재항고이유서를 제출하였는데 그 부제출을 이유로 재항고기각결정의 사안에서 판단누락이라 준재심사유).

제8편 간이소송절차

간이소송절차

Ⅰ. 서　설

현행법은 통상의 소송절차에 비하여 쉽게 빨리 끝나는 간이한 소송절차로서 소액사건심판절차와 독촉절차 두 가지를 마련해 놓고 있다. 두 가지 모두 **금전 그 밖의 대체물의 지급**을 목적으로 하는 채권을 대상으로 하는 점에서 공통적이나, 전자는 i) 쌍방심문주의에 의하고, ii) 판결절차의 일종임에 대하여, 후자는 i) 일방심문주의(채권자)에 의하고, ii) 판결절차에 선행하는 대용절차라는 점에서 주요한 차이가 있다.

2021년 현재 연간 소액사건이 전체 제1심본안사건 892,607건 중 558,854건으로 약 68.6%를 점하고 있었고(소액사건의 상한을 3,000만원으로 인상, 국제적으로는 중액사건으로 평가), 2021년 현재 독촉사건이 1,101,769건(이 중 전자독촉사건 포함)에 달했음에 비추어[1] 소액사건심판절차와 독촉절차의 제도적 의의는 결코 경시될 수 없는 것이라 하겠다. 일본의 경우에 2006년 현재 연간 일반본안소송 54만여 건(통상사건 148,766건, 간이재판소 398,261건)이며, 1991년 현재 독촉사건이 50만여 건에 이른다. 근래에 아이폰의 위치정보유출피해에 대한 위자료 청구에 이 제도를 활용하는 등 양상이 좀 달라 가지만, 사법 service 개선의 차원에서 독촉사건의 이용률의 제고가 요망된다(독일은 연간 400~500만건이 독촉사건. 오스트리아는 1993년부터 75,000유로 이하 사건에서는 독촉절차 전치주의를 채택).

Ⅱ. 소액사건심판절차

1. 소액사건의 범위와 입법

(1) 소액사건　　소액사건심판절차에서 소액사건이라 함은, 소가 3,000만원 이하의 금전 그 밖의 대체물·유가증권의 일정수량의 지급을 구하는 사건을 뜻한다. 절차진행 중에 여러 개의 소액사건을 법원이 변론병합하여 그 합산액이 소액사건의 범위를 넘어도 **제소시**에 소액사건이었던 이상 소액사건임에 변함없

1) 사법연감(2022), 675면.

다.[1] 다만 **부동산 등 특정물**에 관한 청구는 소액사건에서 배제된다. 주택 · 상가건물임대차보호법상의 보증금반환청구는 소가의 많고 적고를 불문하고 소액사건심판법의 일부 조문(소심 6, 7, 10, 11조의 2 등)을 준용하여 재판의 신속을 도모한다(주택 13조; 상가 18조). 소액사건은 지법(지원 포함) 관할구역 내에서는 지법단독판사의 관할이지만, 시 · 군법원 관할구역 안의 사건은 시 · 군법원판사의 전속적 사물관할에 속한다(법조 7조 4항; 33조, 34조 참조). 시 · 군법원판사의 사물관할은 소가가 3,000만원 한도이기 때문에 청구의 확장으로 이를 초과한 사건, 반소 · 중간확인의 소 및 변론의 병합으로 인하여 소액사건이 아니게 된 사건과 병합심리하게 된 사건이면, 시 · 군법원은 사물관할권이 없게 되며 **관할지방법원으로 이송**할 것이다(소심규 1조의 2; 34조 1항).

간이한 절차로 빠르게 처리할 수 없는 사건이면 민사소송법 제34조 2항에 의하여 지법합의부로 이송할 수 있다.[2] 이송된 이후에는 소액사건심판절차에 의하지 않고 통상의 소송절차에 의하여 처리된다고 볼 것이다. 이 절차는 영세소액채권자의 권리구제를 위한 특례절차임에 비추어 소액사건심판법의 적용을 받을 목적으로 다액의 채권을 쪼개서 **일부청구**를 하는 것은 허용되지 않는다(소심 5조의 2).

(2) 소액사건심판법 민사소송법의 특례법의 일종인 소액사건심판법[3]은 상고제한에 관한 규정(소심 3조)을 제외하고 소액사건의 제1심절차에만 적용되는 법규임을 주의할 필요가 있다(소심 1조). 따라서 소액사건심판절차는 **제1심의 특별소송절차**이다. 다만 이 절차는 1973. 2. 24. 법률 제2547호로 제정된 단행법(필자 기초)인 소액사건심판법과 소액사건심판규칙 이외에도 민사소송법(소심 2조 2항), 민사소송규칙의 규율을 받는다. 1990년 민사소송법이 개정되면서 소액사건심판법도 보완개정되었는데, 소송촉진등에 관한 특례법상의 관계규정의 수용과 공휴일 · 야간개정 규정의 신설이 그 주된 내용이다. 그 뒤에 1996년 개정이 있었다가, 2001. 1. 29. 개정법률에 의하여 결정에 의한 **이행권고**라는 획기적인 제도를 신설하였다. 우선 이행권고제도를 간단히 살피고, 소송절차상의 특례와 나아가 법의 문제점도 살피고자 한다.

2. 이행권고제도

소액사건에 대하여 변론에 의한 소송절차의 회부에 앞서 행하는 전치절차이

1) 대법 1992. 7. 24, 91다43176 등.
2) 대법 1974. 7. 23, 74마71.
3) 졸고, "한국 소액사건심판법의 제정경위와 평가," 민사소송 15권 2호, 533면 이하.

다. 소액사건에서 간이한 처리와 당사자의 법정출석의 불편을 덜어 주고자 한 것이 입법목적이다. 개정법률에서는 이 절차를 변론절차에 앞서 붙여지는 임의적 전치절차인 것으로 규정하였다.[1]

(1) 이행권고결정 법원은 소액사건이 제기되었을 때에 특별한 사정이 없으면 원고가 낸 소장부본을 첨부하여 피고에게 원고의 청구취지대로 의무이행할 것을 권고하는 취지의 결정을 한다(소심 5조의 3 1항). 이행권고결정에는 피고가 이의신청을 할 수 있다는 것과 그 결정의 효력을 부기하여야 한다. 2016. 3. 29(시행일 동 7. 1) 법원조직법 개정법률 제54조 제2항에 의하여 이행권고결정은 판사의 소관에서 사법보좌관의 업무로 이관되었다.

(2) 피고에게 결정서 송달 법원사무관등은 결정서등본을 피고에게 송달하여야 한다. 다만 결정서등본의 송달을 함에 있어서는 우편송달(187조), 공시송달(194조~196조)의 방법에 의하여서는 아니된다(소심 5조의 3 3항). 통상의 송달방법에 의하였음에도 송달불능이 될 때에는 소송절차에 붙이기 위해 지체없이 변론기일을 지정해야 한다(소심 5조의 3 4항).

(3) 피고의 이의신청 결정서등본의 송달을 받은 피고는 그 송달받은 날부터 2주 이내에 서면에 의한 이의신청을 할 수 있다. 2주의 기간은 **불변기간**이다. 피고가 그 기간 내에 이의신청을 하였으면 이행권고결정은 실효가 되며, 법원은 소송절차에 붙이기 위해 지체없이 변론기일을 지정해야 한다(소심 5조의 4). 부득이한 사유(해외여행 등)로 2주의 기간 이내에 이의신청을 할 수 없었던 때는 이의신청의 추후보완이 허용된다(소심 5조의 6).

(4) 이행권고결정의 효력 피고가 이행권고결정의 송달을 받고 이의기간 내에 이의신청을 하지 아니한 때, 이의신청각하결정이 확정된 때 그리고 이의신청이 취하된 때에는 이행권고결정은 확정되며 **확정판결**과 같은 효력을 갖는다. 이 때에 법원사무관등은 결정서의 정본을 원고에게 송달하여야 한다(소심 5조의 7). 그렇게 되면 소송절차에 의하지 아니하고 소액사건 심판절차는 끝이 난다.

(5) 강제집행의 특례 확정된 이행권고결정에 기한 강제집행에 있어서는 조건성취나 승계집행문의 경우를 제외하고 집행문을 부여받을 필요가 없으며, 또한 피고는 청구이의의 소를 제기함에 있어서 민사집행법 제44조 2항에 의

1) 2022년 현재 767,899건 중 판결건수가 478,137(62.2%)건이고 이행권고건수가 58,532(7.6%)건, 조정건수가 30,390(4.0%)건, 화해건수가 28,106(3.7%)건을 헤아린다(사법연감(2023), 718면). 현재는 소액사건의 소가인상으로 전체 민사사건 80% 이상이 이에 해당.

한 제한없이 이행권고결정 이전의 발생사유를 가지고 이의사유로 하여도 무방하다(소심 5조의 8). 이행권고결정은 집행력 및 법률요건적 효력 등의 부수적 효력을 갖는데 그치고, 기판력이 없기 때문이다. 따라서 확정된 이행권고결정에 재심사유에 해당하는 하자가 있어도 제461조의 준재심의 소를 제기할 수 없고, 청구이의의 소제기나 강제집행이 완료된 뒤에는 부당이득반환청구의 소를 제기할 수 있을 뿐이다.[1)]

3. 심판절차상의 특례

소액사건이 제소된 때에 이행권고절차에 부치는 것이 부적절하거나 법원의 이행권고결정에 피고의 이의신청이 있어 실효되면 소송절차에 회부된다.

영세소액채권자의 권리구제를 위한 특례로써, 절차의 간이화·저렴한 비용·신속한 재판 등의 지도이념과 법원의 후견적 개입 때문에 민사소송법과의 관계에서 다음과 같이 특례를 규정하고 있다.

(1) 소송대리에 관한 특칙(소심 8조) 소액사건에서는 민사소송법 제88조, 제89조의 특칙으로 절차의 간이화를 위해 당사자의 배우자·직계혈족·형제자매이면 변호사가 아니라도 법원의 허가 없이 소송대리인이 될 수 있게 하였다. 이러한 소송대리인은 당사자와의 신분관계 및 수권관계를 서면으로 증명하여야 함이 원칙이다(법무사가 송달영수인으로 등장하는 일이 많다.).

(2) 구술에 의한 소제기 등(소심 4조) 통상의 소송절차에서는 원칙적으로 소장이라는 서면을 제출하여 소를 제기하게 되어 있으나(소장제출주의, 248조), 소액사건에서는 i) 구술(말)에 의하여 소를 제기할 수 있게 하였고(전자접수 가능), ii) 양쪽 당사자가 법원에 임의출석하여 변론함으로써 간이하게 제소할 수 있는 임의출석제를 채택하였다. 구술에 의한 소제기는 활용되고 있으나, 임의출석제는 거의 이용되고 있지 않다. 소장 또는 제소조서(구술제소의 경우)에 붙일 인지액은 민사소송인지법에 따라 소가에 비례하여 정하여지나, 절차의 간편화를 위해 정액화가 바람직할 것이다.[2)]

(3) 1회심리의 원칙(소심 7조 2항) 판사는 절차의 신속을 위하여 되도록 1회의 변론기일로 심리를 종결하도록 하여야 한다. 한편 1회심리의 원칙을 관철하기 위한 사전준비에 의한 변론의 집중방안은 다음과 같다.

(a) **지체없는 소장부본의 송달** 소장부본이나 제소조서를 지체없이 피

---

1) 대법 2009. 5. 14, 2006다34190.

2) 미국은 주법에 따라 소제기비용(filing fee)을 소가에 관계없이 2달러로 고정한 예가 있다.

고에게 송달하되, 앞서 본 이행권고결정서 등본이 송달된 때에는 소장부본이 송달된 것으로 본다(소심 6조).

(b) **신속한 변론기일 지정**　소가 제기된 경우에는 피고의 답변서제출기간을 기다리지 아니하고 바로 변론기일을 지정하여 변론을 거쳐 판결할 수 있다(소심 7조 1항). 그러나 이 규정 때문에 제256조, 제257조의 적용이 배제된다 할 수 없으므로, 사안으로 보아 바로 변론기일을 지정하지 아니하고 소장부본송달시에 30일 이내에 답변서제출의무가 있음을 고지하고 답변서의 제출을 기다려 보고 제출하지 아니하면 무변론판결의 선고를 하는 것도 가능하다 할 것이다(256조, 257조).

(c) **기일전의 증명촉구 등**　판사는 변론기일 이전이라도 당사자로 하여금 증거신청을 하게 하는 등 필요한 조치를 취할 수 있게 하였다(소심 7조 3항). 빠른 증거수집으로 변론을 집중시키기 위한 것이다.

(4) 심리절차상의 특칙

(a) **공휴일·야간의 개정**(소심 7조의 2)　민사소송법 제166조에 대한 특례로 판사는 필요한 경우 근무시간 외 또는 공휴일에도 개정할 수 있다. 특히 직장근무자들의 재판편의를 위해 신설한 제도이나 거의 활용되지 않다가 최근 안산지원 등 일부 지방법원에서 당사자의 동의를 얻어 야간개정을 하고 있다.

(b) **원격영상재판**　원격영상재판이란 재판관계인이 교통의 불편 등으로 법정에 직접 출석하기 어려운 경우에 재판관계인이 동영상 및 음성을 동시에 송수신하는 장치를 갖춘 다른 원격지의 법정에 출석하여 진행하는 재판을 말한다(민소 287조의 2 준용). 구체적으로 말하면 판사상주의 군법원과 비상주의 군법원 사이에 원격영상시스템을 설치하여 비상주지역 주민의 재판편의를 도모하고자 하는 것이다. 즉결사건, 협의이혼확인사건 이외 소액사건이 그 대상이 된다. 크게 보아 법정에 출석하지 않는 '비대면(untact) 재판' 주장이 크게 대두된다.

(c) **무변론의 청구기각**(소심 9조 1항)　법원은 소장, 준비서면 기타 소송기록에 의하여 청구가 이유 없음이 명백한 때에는 변론 없이 청구를 기각할 수 있게 하였다. 구술심리주의(134조 1항)의 예외이다. EU 소액채권절차법 제4조 제4항은 명백히 이유없는 경우만 아니라 보정촉구에도 보정하지 아니하는 경우에도 답변서의 제출을 기다리지 않고 청구를 배척할 수 있다고 규정하였다.

(d) **변론갱신의 생략**(소심 9조 2항)　판사의 경질이 있는 경우라도 변론의 갱신 없이 판결할 수 있도록 하였는데, 직접심리주의(204조)의 예외이다.

(e) **조서의 기재생략**(소심 11조)　조서는 당사자의 이의가 있는 경우를 제외하

고 판사의 허가가 있는 때에는 이에 기재할 사항을 생략할 수 있다. 대신에 녹음화한다.

(5) 증거조사에 관한 특칙

(a) **직권증거조사**(소심 10조 1항) 소액사건에서는 직권증거조사(292조)의 보충성을 지양하여 필요하다고 인정할 때 직권으로 증거조사를 할 수 있도록 하였다(소심 10조 1항).

(b) **교호신문제의 폐지**(소심 10조 2항) 본인소송에 의할 수밖에 없는 소액사건에서는 통상의 사건에서와 같은 교호신문제(327조)는 감당하기 힘든 것이므로, 증인신문의 주도권을 법원에 옮겨 교호신문제를 따르지 아니하였다. 따라서 여기에서는 판사가 주신문을 하고, 당사자는 보충신문을 하는 직권신문제이다. 주신문을 전제로 한 신문사항의 제출이 필요없다.

(c) **증인·감정인 등에 대한 서면신문제** 증인 등의 출석증언의 불편과 출석기피로 인한 절차진행의 지연에 대한 타개책으로 서면신문제를 채택하였다. 즉 판사는 상당하다고 인정한 때에는 증인 또는 감정인의 신문에 갈음하여 서면을 제출하게 할 수 있다(소심 10조 3항). 이 때 제출하는 서면은 신문과 같은 효력이 있는 것이며 결코 서증이 아니므로, 서증에 관한 증거조사절차에 의할 것이 아니다. 교호신문제의 불채택으로 반대신문권을 보장하지 않는 소액절차에서는 이러한 특례가 수긍이 간다. 이는 상대방의 이의가 있으면 출석증언케 할 수 있는 특칙을 둔 제310조의 서면증언제도와는 다르다. EU 소액채권절차법 제9조 제2항은 자유로운 증명(Freibeweis)에 의하며, 소송비용의 절감을 위하여 감정과 구술증인신문은 예외적으로 허용한다.[1)]

(6) 판결에 관한 특례

(a) **변론종결 후 즉시 판결의 선고**(소심 11조의 2 1항) 판결의 선고는 변론종결일로부터 2주일 내에 하여야 하는 통상의 소송절차(207조)와는 달리, 소액사건에서는 변론종결 후 즉시 할 수 있게 하였다(소심 11조의 2 1항).

(b) **구술에 의한 판결이유요지의 설명과 판결이유기재의 생략**(소심 11조의 2 2항·3항) 변론종결 후 즉시 판결선고의 목적을 달하게 하기 위해 판결이유의 요지는 말로 설명하여야 되고, 그 대신에 판결이유는 원칙적으로 그 기재를 생략할 수 있게 하였다(208조의 특례). 다만 판결이유의 생략에서 그 본질적 내용은 조서에 기재함이

1) 졸고, 앞의 논문, 533면 이하.

ZPO § 313a의 규정이다. 당사자에 대한 설명이 필요한 경우 판결의 요지를 판결서의 이유에 기재하도록 노력을 요한다고 했다(소심 11조의 2 단서). 판결서의 인터넷, 그 밖의 전자정보처리시스템을 통해 열람 및 복사의 예외 인정(163조의 2 1항). 미확정판결은 공개에서 예외이다(개정 163조의 2).

(7) 상고 및 재항고 제한(소심 3조)

1) 소액사건에 있어서는 통상의 소송사건과 달리 상고 및 재항고가 제한된다. 즉 소액사건심판법에 의하면 소액사건에 대한 제2심판결이나 결정·명령에 관하여는 다음 두 가지 경우 이외에는 상고 또는 재항고이유로 삼을 수 없다. i) 법률·명령·규칙 또는 처분의 헌법위반 여부와 명령·규칙 또는 처분의 법률위반 여부에 대한 판단이 부당한 때, 다시 말하면 하위법규가 상위법규에 위반됨에도 불구하고 이를 합헌·합법이라고 하여 당해 사건에 적용한 경우나 그 반대의 경우,[1] ii) 대법원판례에 상반되는 판단을 한 때, 다시 말하면 판례위반 등이다.[2]

따라서 법령위반은 입법으로 상고이유에서 배제하였음에도, 대법 2004. 8. 20, 2003다1878 등은「소액사건에서 구체적 사건에 적용할 법령의 해석에 관한 대법원판례가 아직 없는 상황에서 같은 법령의 해석이 쟁점으로 되어 있는 다수의 소액사건들이 하급심에 계속되어 있을 뿐만 아니라 재판부에 따라 엇갈리는 판단을 하는 사례가 나타나고 있는 경우, 소액사건이라는 이유로 대법원이 그 법령의 해석에 관하여 판단을 하지 아니한 채 사건을 종결하고 만다면 국민생활의 법적 안정성을 해칠 것이 우려되므로, 이와 같은 특별한 사정이 있는 경우에는 '대법원 판례에 상반되는 판단을 한 때'의 요건을 갖추지 아니하였다고 하더라도 대법원의 법령해석의 통일이라는 본질적 기능을 수행하는 차원에서 실체법 해석적용에 있어서의 잘못에 관하여 직권으로 판단할 수 있다」고 하였다(대법 2014. 10. 27, 2012다70388과 2015다3570 등 일관). 제한적인 것이나 법령위반도 판단사항으로 한 것이므로 어느 면에서 이해할 바도 있으나, 법률에 의한 재판을 하여야 할 사법권(헌 27조)의 한계를 벗어난 일종의 '입법행위'이고 법을 바꾸는 해석에 의한 대법원관할의 확장이다. 법에 없는 상고이유의 추가가 아닌가.[3]

2) 판례는 위와 같은 예외를 인정하지만, 통상의 민사사건과 달리 일반법령위반은 상고이유(423조, 424조)가 되지 아니함이 원칙이다. 또 여기에는 상고심절차에

1) 대법 2009. 12. 10, 2009다84431. 여기에서의 처분은 행정기관의 구체적·일회적 처분이 아니라 법규적 효력을 가지는 처분을 말한다고 했다.
2) 대법 1995. 10. 12, 95다6403.
3) 반대: 정영환, 1396면.

관한 특례법의 적용도 없다.

이와 같이 소액사건에 대해서는 상고제한으로 사실상 2심제를 채택하였는데, 소액사건에 대해서도 다른 사건과 마찬가지로 3심제에 의하는 것은 해결할 소송물의 가치와 이에 드는 비용·노력과의 균형상 합리적인 것일 수 없다는 이유에서이다. 비교법상 소액사건에 대해서까지 3심제에 의한 예는 드물다. 다만, 상고제한에 대해서는 위헌론이 있으나, 헌법 제27조의 재판을 받을 권리 속에 모든 사건에 대해 상고법원의 법관에 의한 상고심절차에 의한 재판을 받을 권리까지 포함된다고 할 수 없으며, 「같은 것은 같게, 다른 것은 다르게」 처우하는 것이 실질적 평등이라면 헌법 제11조 위반의 위헌적인 차별이라 할 수 없다.[1)]

3) 문제되는 것은 소액사건심판법 제3조 2호에서 말하는 대법원의 판례에 상반되는 판단인데, 여기의 "판례"는 대법원의 모든 판결·결정 등의 재판을 가리킨다고 할 수 없고, 구체적인 당해 사건의 사안에 적용될 **법령의 전부** 또는 **일부에 관한 정의적(定義的) 해석**을 한 판례의 판단을 말하며, "상반된 해석"을 한다 함은 그 법령조항에 관한 대법원의 그 정의적 해석과 반대되는 해석을 하거나 반대되는 해석견해를 전제로 당해사건에 그 법령조항의 적용여부를 판단한 경우를 말한다.[2)] 따라서 판례위반을 내세워도 그 실질은 단순한 법리오해·채증법칙 위반 내지 심리미진과 같은 법령위반사유는 적법한 상고이유가 될 수 없다(앞에서 본 「상고이유」 참조).[3)] 또한 판례에 상반하여도 원판결이유의 방론이나 가정적으로 부가설시한 견해[4)]에 불과한 것이면 상고이유가 되지 않는다.

4) 소액사건에 있어서는 이러한 상고이유제한으로 상고이유기재방식에 있어서도 제약이 있다. 즉 i) 상고이유서에는 상고이유에 해당하는 사유만을 구체적으로 명시하여야 한다(소심규 2조 전단). 예컨대 판례위반을 이유로 상고하는 경우이면 구체적으로 대법원판례를 특정하여 표시하고 원판결에서 어떠한 판단을 한 것이 판례에 반한다는 것으로 구체적으로 기재하여야 한다.[5)] ii) 만일 법정상고이유 이외의 사유 즉 법리오해·채증법칙위반 등을 기재하면 아무 기재도 없는 것으로 보아(소심규 2조 후단), 결국 적법한 상고이유서의 부제출에 귀착되어 상고기각을 면치 못한다(429조).

---

1) 헌재(전) 1992. 6. 26, 90헌바25 등.
2) 대법 2010. 12. 9, 2010다62413; 동 2004. 5. 13, 2004다6979·6986.
3) 대법 2015. 4. 15, 2015다251645; 동 2004. 8. 20, 2003다1878 등.
4) 대법 1990. 12. 11, 90다5283.
5) 대법 1988. 2. 23, 87다485.

(8) 그 밖의 특례 현지 재판의 편의를 위해 시·군법원에서 재판을 받게 하였다(법조 33조, 34조). 소액전담조정위원제도도 있다(2021. 3. 시범실시).

4. 소액사건심판절차의 문제점

(1) 2001년 1월의 소액사건심판법개정법률에 의한 이행권고결정제의 채택은 획기적인 착상이며, speedy한 사법 service에 크게 기여하리라 본다. 아쉽다면 새 제도의 창설보다도 이미 know-how가 축적된 기존제도에 토대한 개선책도 생각할 수 있는 것이 아니었나 본다. 앞서 본 바와 같이 오스트리아에서 75,000유로 이하의 소액사건에서는 소송절차에 앞서 독촉절차에 붙이는 독촉절차전치주의를 취하였다. 우리에게도 독촉절차제도가 있는 바에야 이행권고절차를 새로 만들기보다 오스트리아형을 정식으로 도입하는 것이 좋았던 것이 아닌가 본다.[1] 조정·중재전치주의의 도입이 필요하다는 견해도 있다. 또 일본 간이재판소사건에서는 민간인인 사법위원이 심리에 입회하여, 화해시도에 보조, 의견을 들어 재판에 참고하는 특칙이 있는데(일민소 279 I), 시사받을 바 있다. 법률서비스 사각지대 '소액사건'이라고 평해지며 2021년 제1심 민사본안사건 소액재판 605,820건 중에서 변호사선임률은 원고의 경우 15.9%, 피고의 경우 2.0%이며, 쌍방선임률은 1.9%에 불과하여 대책이 요망된다(사법연감(2022), 684면). 2013. 3. 25.부터 서울중앙지법은 소액사건의 조기조정을 전담하는 '상근조정위원제도'를 실시하며, 소액사건참여관으로 하여금 조정적합사건을 일차 선별하여 운용토록 한다는 것이다(부산지법 47.8%, 전국평균 19%). 문제는 소액단독부에 1,000건 이상이 계류되는 현실이라면, 무엇보다 법관의 증원이 긴요하다.

(2) 소액사건에까지 재판기관과 집행기관의 엄격한 분화로 판결확정 후에 집행기관에 또다시 찾아가야 한다는 것은 일반서민에게 큰 실망을 준다. 문제는 소액사건의 상한이 세계 유례 없이 높아 소액이 아닌 중액사건이라 해도 과언 아닌 입법이다. 입법적으로 양기관의 분화 없는 one stop service제도가 요망된다. 일본의 경우는 소액채권집행은 판결한 간이법원의 서기관이 집행기관이 되어 압류처분을 하는 등 직접 집행을 할 수 있게 하였다. 증권관련집단소송의 경우처럼 지급유예나 분할지급제의 도입을 검토할 것이다(일민소 375조 참조).

다만 현제도하에서 소액사건에서는 재산명시제도(민집 61조)와 채무불이행자명부등재제도(민집 70조) 외에 신민사집행법의 감치제도(민집 68조) 그리고 재산조회제도(민집 74조)가 적극 활용되게끔 노력할 것이고, 입법론적으로 조건부나 승계의 경우가 아니면 집행문없이 집행할 수 있도록 절차의 단순화도 좋을 것이다.

2007년 제정된 EU 소액채권절차법도 입법상으로 타산지석(他山之石)일 것이다. 동법 제1조는 절차의 단순화(simplify), 신속화(speed up), 비용절감(reduce cost)을 법의 목적으로 하였다. 또 소장서식(Form A), 답신서식(Form B), 판결증명서(Form D) 등 서식의 활용도 주목할 만하다. 이제 서식시대가 서서히 개막이 되는 것 같다. 에스토니아는 소액사건에 대하여 소송자료를 종이 아닌 전자접수하여 AI 판사가 인간의 일자리에서 판결하는 시범을 보여 주목을 받는다. 소액사건에 관한 판결에서는 EU의 경우처럼 한국, 중국,

1) 같은 취지: 김상영, "소액사건심판법의 제문제," 2002 민사소송법학회발표논문집, 16면.

일본 사이에는 집행판결없이 집행에 착수할 수 있도록 3국간에 집행조약을 체결할 때라고 보며, 그것이 One Asia로 가는 작은 포석일 것이다.[1)]

Ⅲ. 독촉절차(Mahnverfahren)

1. 의 의

(1) 독촉절차란 금전 그 밖의 대체물이나 유가증권의 일정 수량의 지급을 목적으로 하는 청구권에 대하여 채무자가 다투지 않을 것으로 예상되는 경우 보통의 소송절차에 의함이 없이 채권자의 신청에 의하여 쉽게 집행권원을 얻게 하는 절차이다.

판결절차처럼 소의 제기 · 변론 · 판결 없는 절차임이 특색이다. 이 절차에 의하여 지급명령을 발할 때에는 채무자를 심문하지 않지만 지급명령을 발한 뒤에 이의신청을 할 수 있으며, 이의신청이 있으면 통상소송으로 이행하는 점에서 그 선행절차이다.

그러나 소송절차의 일종인 점에서 특별한 규정이 없는 한 민사소송법 총칙편의 규정이 적용된다. 독촉절차에서는 신청인을 채권자, 상대방을 채무자라고 한다. 채권자는 통상의 **소송절차**와 **독촉절차** 가운데 어느 것이나 **자유선택**할 수 있다. 당사자의 불소환 · 무심문, 증거의 불필요, 저렴한 인지액(1/10) 등 간이 · 신속 · 경제 때문에 매우 이용가치가 크며, 증가일로이다(독일에서는 금전청구의 실현은 독촉(mahnen) → 소송(klagen)→ 집행(vollstrecken)의 순이라 이해된다).

(2) 1990년 개정법률은 독촉절차에서 지급명령에 대한 가집행선고제도를 없앴다.[2)] 이로써 독촉절차를 크게 간소화시켰다. 바꾸어 말하면 한 단계의 절차를 생략하여 처음 발부된 지급명령에 대하여 채무자가 이의신청이 없는 것만으로 곧바로 지급명령은 확정되게 하였다(오스트리아 법도 같다). 그 대신에 확정된 지급명령에 집행력만 부여하고 기판력을 인정하지 않았다.

(3) 독촉절차에서의 전자처리가 되고 있다. 우리나라에서도 2006년 제정된「독촉절차에서의 전자문서 이용 등에 관한 법률」에 의하여 인터넷상 대법원 전자소송 홈페이지(ecfs.scourt.go.kr)를 통해 독촉사건을 신청하고 전자문서로 지급명령을 발하는 전자독

---

1) 졸고, 앞의 논문, 533면 이하.

2) 지급명령을 신청하여 지급명령이 나서 채무자에게 송달되어 2주일 내에 그가 이의신청을 하지 않으면, 채권자는 다시 그 가집행선고 있는 지급명령신청을 하고 그러한 명령이 나서 채무자에 송달되어 2주일 내에 이의신청이 없으면 가집행부 지급명령이 확정된다. 이 지급명령은 집행력은 물론 기판력도 갖는 내용이었다. 이 간소화에 대해서는 일본의 三ヶ月章교수, 중국의 董少謀교수(서남정법대학, 2015. 4. 25 제6회 한중 민사소송법 국제학술대회).

촉시스템 홈페이지를 구축하게 되었다(전자소송 지급명령). 전자소송처럼 전자독촉이다. 2014. 12. 1.부터는 위 법이 폐지되고, 독촉절차에도 「민사소송 등에서의 전자문서 이용 등에 관한 법률」의 규율을 받는다. 지급명령신청자동화서비스 '머니백'에서 컴퓨터나 스마트폰으로 5분이면 신청가능하게 하였다.

2. 지급명령의 신청

(1) 관 할　　청구의 가액에 불구하고 시·군법원판사(법조 34조 1항 2호) 또는 사법보좌관(법조 54조 1항 2호)의 업무에 속하며, 토지관할은 신법이 확대하여 채무자의 보통재판적 소재지, 근무지, 사무소·영업소뿐 아니라 거소지, 의무이행지, 어음수표지급지, 사무소·영업소, 불법행위지를 추가하여 그 곳 법원의 전속관할로 하였다(463조).

(2) 요 건　　일반소송요건 이외에 다음 요건이 필요하다.

(a) **금전 그 밖의 대체물 또는 유가증권의 일정수량의 지급을 목적으로 하는 청구일 것**(462조 본문)　　i) 청구금액 또는 수량이 많고 적고는 불문하며, 청구의 발생원인은 문제되지 않는다. 판례는 국가에 대한 징발보상청구권[1]이나 공법인에 대한 급여청구권[2]에 대해서도 지급명령신청을 할 수 있다고 하였다. 지연손해금의 법정이율은 소촉특법 제3조에 의하여 그 지급명령송달 다음날부터 연 12%라고 볼 것이다. 다만 ZPO § 688은 연 12%를 초과할 수 없도록 하여, 초과하면 보정명령을 하게 하고 있다.[3] ii) **현재**(이의신청기간 경과 전) 이행기에 이르러 즉시 그 지급을 구할 수 있는 것이어야 한다. 따라서 반대급여와 맞바꾸는 상환이행청구라면 상관없으나(판례도 같다),[4] 즉시 집행할 수 없는 조건부 또는 기한부의 청구에 대해서는 허용되지 않으며, 예비적 청구도 같다(통설).

(b) **채무자에 대한 지급명령을 국내에서 공시송달에 의하지 않고 송달할 수 있는 경우일 것**(462조 단서)　　공시송달이면 안 되지만 보충송달 등의 방법에 의할 수 있다. 신법 제466조는 지급명령이 제대로 송달되지 아니할 때를 대비하여 다음과 같은 송달대책을 세웠다. 그 하나는 지급명령을 발하여도 송달불능이 되면 주소보정을 명할 수 있으나,[5] 이 때에 보정명령을 받은 채권자는 보정 대신에 소제기

1) 대법 1973. 3. 10, 69다1886.
2) 대법 1967. 11. 14, 67다2271.
3) Prütting · Gehren, ZPO(5. Auflage), § 688 Rdnr. 13.
4) 대법 2022. 6. 21, 2021그753(반대급부는 지급명령신청의 대상이 아니므로 금전 등 대체물이나 유가증권의 일정수량이라는 제한을 받지 않음).
5) 대법 1986. 5. 2, 86그10.

신청을 하여 소송절차로 이행시킬 수 있도록 하였다(466조 1항). 다른 하나는 지급명령을 외국에 송달하거나 국내에서라도 공시송달에 의하여 송달할 경우라면 법원이 직권으로 사건을 소송절차에 부칠 수 있도록 하였다(동조 2항).

단, **금융기관의 경우**는 예외: 2014. 10. 15. 소송촉진 등에 관한 특례법 제20조의 2(2023년에 이르러 금융기관을 더 추가함)에서는 금융기관이 업무상 취득하여 행사하는 대여금, 구상금, 보증금 및 그 양수금 채권에 대한 지급명령신청의 경우에는 공시송달에 관한 특례를 규정하였다. ① 공시송달에 의한 지급명령신청 가능(민소 462조 단서 적용 배제), ② 외국송달에 의할 경우에만 직권에 의한 소송절차회부 가능(민소 466조 2항 중 공시송달부분 적용 배제), ③ 청구원인의 소명(특례법 20조의 2 2항), ④ 공시송달로 진행되어 채무자가 이의신청기간을 지킬 수 없었던 경우 법 제173조 1항에 정한 추후보완신청의 허용(특례 동법 20조의 2 5항) 등이다.

(3) 신청절차 지급명령의 신청에도 그 성질에 반하지 않는 한 소에 관한 규정이 준용된다(464조). 따라서 신청은 원칙적으로 서면에 의하여야 하며, 신청서에는 청구의 취지와 원인을 기재할 것을 요한다(249조). 권리의 존재나 관할에 관한 소명자료의 첨부는 필요 없다. 다만 신청서등본은 상대방에게 송달할 필요가 없다.

소의 병합요건에 준하여 여러 개의 청구 또는 여러 사람의 채무자에 대한 청구를 병합하여 신청할 수 있다(청구취지에 연대인지 각자 지급을 구하는 것인지의 기재를 요한다).[1] 붙일 인지액은 종전에 소장의 1/2이었으나 신법은 1/10로 감액하였다(민인 7조 2항). 지급명령의 신청이라도 재판상의 청구로서 그 신청시에 청구에 대해 시효중단의 효력이 생긴다(265조; 민 172조).

3. 지급명령신청에 대한 재판

지급명령의 신청에 대해서는 채무자를 심문하지 않고(467조), 결정으로 지급명령을 한다.

(1) 신청각하 i) 신청에 관할위반,[2] ii) 신청요건의 흠, iii) 신청의 취지에 의하여 청구가 이유 없음이 명백한 때(이른바 주장자체의 정당성의 흠)에는 신청을 각하한다(465조 1항 전문). 병합된 여러 개의 청구의 일부에 대해 이와 같은 사유가 있으면 그 일부만을 각하한다(465조 1항 후문). 각하결정에 대해서는 채권자는 불복신청을 할 수 없다

1) 대법 1986. 11. 27, 86그141.

2) 토지관할이 없는데 발한 지급명령에 대해서도 채무자는 이의에 의하여 불복신청할 수밖에 없으며, 그 결과 소송절차로 이행되면 지급명령의 관할위반은 문제되지 않게 된다. 日最高裁 昭和 32. 1. 24 판결.

(465조 2항). 각하결정한 때라도 확정판결과 달리 기판력이 생기지 않는다. 따라서 새로 소를 제기하거나 다시 지급명령신청을 할 수 있다. 지급명령신청이 각하된 경우라도 6개월 이내 다시 소를 제기한 경우라면 민법 제170조 2항에 의하여 시효는 최초 지급명령신청이 있었던 날에 중단된다.[1)]

(2) 지급명령과 그 확정

(a) 위와 같은 각하사유가 없으면 더 나아가 청구가 이유 있는지 여부를 심리할 필요 없이 지급명령을 발하고, 당사자 양쪽에 직권으로 송달하여야 한다(469조 1항). 지급명령에는 당사자 · 법정대리인 · 청구취지와 원인을 기재하고, 채무자가 지급명령이 송달된 날로부터 2주일 내에 이의신청을 할 수 있음을 덧붙여 적어야 한다(468조). 채무자의 이의신청권의 실질적 보장을 위하여 지급명령을 발하면서 이의신청 안내서를 보내는 것이 현재의 실무이다. 독촉절차의 일방심문주의에 의하는 특성상, 신청서의 청구취지에 따를 것이고 청구원인은 합리적으로 선해하는 것이 옳다.[2)] **채무자를 불러서 심문**할 것이 아니며, 따라서 채무자의 항변의 여지가 없다. 이는 채무자가 이의신청 후 소송으로 이행된 뒤에 다툴 일이다. 신청서의 청구취지에 '채무자들은 연대하여'로 밝히지 않고 단순히 '채무들은'이라고만 기재하여 그대로 지급명령을 발하였다 해도 지급명령의 경정사유에 해당하지 않는다.[3)]

(b) 지급명령에 대하여 이의신청기간 내에 이의신청이 없거나 이의신청의 취하 · 각하결정의 확정시에는 지급명령은 확정판결과 같은 효력이 있다(474조). 그에 의하여 독촉절차는 종료된다. 확정된 지급명령은 **집행권원**(민집 56조)이 된다. 신법 제474조에서 확정판결과 같은 효력이 있는 것으로 개정했다고 해서 지급명령에 1990년 법개정 이전과 같이 기판력이 인정되는 것은 아니며, 단지 집행력이 생길 뿐이다.[4)] 왜냐하면 그 성립에 관한 하자는 재심이 아니라 청구이의의 소로 다툴 수 있으며(미확정지급명령은 청구 이의의 소에서 제외된다[5)]), 기판력의 시간적 한계(시적범위)에 따른 제한을 받지 아니하여[6)] 지급명령 이전에 발생한 청구권의 불성립 · 무효사유도 이의사유로 할 수 있기 때문이다(민집 58조 3항). 지급명령이 확정판결과 같은 효력이 있다고

1) 대법 2011. 11. 10, 2011다54686.
2) 대법 2002. 2. 22, 2001다73480.
3) 대법 1993. 7. 15, 93그28.
4) 대법 2009. 7. 9, 2006다73966. 반대: 김홍규, 889면.
5) 대법 2012. 11. 15, 2012다70012.
6) 대법 2002. 2. 22, 2001다73480; 동 2004. 5. 14, 2004다11346.

개정한 것은 지급명령으로 확정된 채권이 민법 제165조 제2항에 따라 그 소멸시효기간을 10년[1]으로 하기 위한 목적 이상의 의미가 아니다.

4. 채무자의 이의신청

(1) 이의의 성질 통상소송에 적용하는 절차보장을 위한 심리원칙에 의하지 않고 발하여진 것이 지급명령이므로, 채무자에게 이의신청권을 인정한다. 즉 채무자는 지급명령이 송달된 날로부터 2주일 내에 이의신청을 하여 불복할 수 있다(468조, 469조; 사보규 3조 1호). 채무자가 적법한 이의신청을 내면 지급명령은 이의의 범위 안에서 실효가 되고(470조), 지급명령을 신청한 때에 소를 제기한 것으로 보아(472조 2항), 통상의 소송절차로 이행된다. 채무자의 이의는 지급명령을 실효시키기 때문에 그 경우의 심판의 대상(소송물)은 청구의 이유 유무이다.

(2) 이의신청 채무자의 이의신청은 서면 또는 말로(161조) 지급명령을 발한 법원에 신청한다(이의신청률 10% 미만). 이의에는 단순히 지급명령에 불복이 있다는 취지이면 되고 그 이유를 밝힐 필요가 없다. 지급명령의 일부에 대한 이의신청도 허용된다.

이의신청은 지급명령 송달받은 날부터 2주 이내에 하지 않으면 안 된다(470조 1항). 이의신청기간은 구법에서와 달리 불변기간임을 명백히 하였다(470조 2항). 따라서 책임질 수 없는 사유에 의하여 이의신청기간을 놓친 경우에는 추후보완신청이 가능하다(173조. 예를 들면 채무자주소를 동거하지도 아니하는 부모주소로 하여 보충송달이 잘못되어 이의신청기간을 넘기게 한 경우 등). 이의신청기간 중 회생개시결정과 같은 소송중단사유가 생기면 기간진행이 정지된다.[2]

(3) 이의의 조사 시 · 군법원판사 또는 사법보좌관 등은 이의신청의 적법 여부(주로 신청인의 소송능력, 대리권, 기간준수 등)를 조사하여 부적법하다고 인정되면 결정으로 각하한다. 이의가 적법할 때에는 아무런 재판을 요하지 않는다. 판사가 한 각하결정에 대해서는 즉시항고할 수 있다(471조). 사법보좌관이 한 각하결정에 대하여는 즉시항고에 앞서 사법보좌관의 **처분에 대한 이의신청**을 할 수 있고(법조 54조 3항), 사법보좌관으로부터 신청기록을 송부받은 판사는 이의신청이 이유 있다고 인정되면 각하결정을 경정하고, 이의신청이 이유 없다고 인정되면 각하결정을 인가한 후 이의신청사건을 항고법원에 송부한다. 이 경우 이의신청을 즉시항고(471조)로 본다(사보규 4조). 문제되는 것은 소송으로 이행된 뒤에 이의가 부적법함이 판명되었을 때인데, 이

1) 대법 2009. 9. 24, 2009다39530.
2) 대법 2012. 11. 15, 2012다70012.

에 관하여는 이의의 적법인정이 사후의 법원을 구속하느냐 여부와 관련하여 다툼이 있다. 구속되지 않는다고 보면 채권자의 과보호가 될 뿐 아니라 이행 후의 절차안정을 위해서도 바람직하지 않다. 제38조의 이송결정의 기속력을 유추하여도 구속설[1]이 옳다고 본다.

(4) 이의의 효과 등과 취하

1) 적법한 이의가 있는 때에는 이의신청된 청구목적의 값(소가)에 관하여 지급명령을 신청한 때에 지법단독판사 또는 지법합의부에 소의 제기가 있는 것으로 본다(472조 2항). 다만 소송으로 이행되는 경우에 지급명령에 의한 시효중단의 효과는 소송이행시가 아니라 지급명령신청시이다.[2] 앞서 본 지급명령이 제대로 송달이 안 될 때에 하는 채권자의 소제기신청(466조 1항)이나 직권에 의한 소송절차회부결정(동조 2항)의 경우에는 지급명령을 신청한 때에 소가 제기된 것으로 본다(472조 1항). 독촉절차의 비용은 소송비용의 일부로 된다(473조 4항).

2) 지급명령에 대한 이의신청은 이의각하결정 전 또는 그에 기한 소송으로 이행하기까지는 채무자가 어느 경우나 임의로 취하할 수 있다. 그러나 그 뒤에는 지급명령의 실효가 확정적인 것이 되고 독촉절차가 소멸되었다고 할 것이므로 취하의 여지가 없다.[3]

5. 이의 후의 소송절차

채무자가 이의신청이나 소송절차회부결정·소제기신청을 하면 소가 제기된 것으로 본다 함은 이미 살폈다. 이 경우에 지급명령의 신청은 소장으로서 취급되기 때문에 지급명령신청서에 기왕에 붙인 인지액 1/10을 빼주고 그 차액 9/10를 더 내게 하여 소장인지와 같은 액수로 채워야 한다. 채권자가 더 내도록 법원은 상당한 기간을 정하여 보정을 명하여야 한다(473조 1항).

채권자가 보정기간 내에 인지보정을 하지 아니할 때에는[4] 지급명령신청서의 각하결정을 한다(473조 2항). 신법은 인지보정절차를 거쳐 인지보정이 제대로 된 사

---

1) 정동윤/유병현/김경욱, 1178면; 송상현/박익환, 824면; 김홍엽, 1256면; 한충수, 271면. 반대: 정영환, 1404면.

2) 대법 2015. 2. 12, 2014다228440. 같은 견해: 한충수, 271면.

3) 대법 1977. 7. 12, 76다2146·2147. 같은 취지: 김홍엽, 1255면; 한충수, 271면. 반대: 정동윤/유병현/김경욱, 1176·1177면; 정영환, 1402면(제1심 판결선고시설).

4) 인지부족액이 보정되지 않은 상태에서 채권자가 지급명령을 발령한 법원에 청구금액을 감액한 청구취지 변경서를 제출하는 등 특별한 사정이 있는 경우에는 변경 후 청구에 관한 소가에 따라 인지액을 계산하여야 한다는 것에, 대법 2012. 5. 3, 2012마73.

건에 대하여서만 법원사무관등이 소송사건의 관할법원(합의부관할이면 합의부로)에 소송기록을 보내게 하였다(473조 3항). 채권자제출의 지급명령신청서의 기재사항이나 채무자제출의 이의신청서의 이의사유라고 하여 소송이행 후에 당연히 소송자료가 되는 것은 아니며, 변론기일에 이를 주장하지 아니하면 그 효력이 없다.[1)]

6. 독촉절차의 조정으로의 이행

2012. 1. 17. 개정 민사조정법 제5조의 2·3에서는, 채무자가 이의신청을 하여 지급명령을 발령한 법원이 인지보정명령을 한 경우 채권자는 인지보정 대신에 해당기간 내에 조정으로의 이행신청을 할 수 있다. 적법한 이행신청이면 소송대신에 조정절차로 넘어가는데, 그만큼 입법자의 조정제도 활성화의 의지가 강하다.

1) 대법 1970. 12. 22, 70다2297.

부록 (1) 소장의 양식

소　　장

원 고 김 갑 돌
주 소 서울 강서구 화곡동 100
전 화
피 고 이 갑 순
주 소 서울 성동구 성수동 99
전 화

소　가	100,000,000원
첨부인지액	45,500원
송 달 료	5,200원×3회 ×당사자수

대여금 청구의 소

청 구 취 지

1. 피고는 원고에 대하여 돈 100,000,000원 및 이에 대하여 소장 송달 다음날부터 다 갚을 때까지 연 12%의 비율에 의한 돈을 지급하라.
2. 소송비용은 피고의 부담으로 한다.
3. 위 제1항에 한하여 가집행할 수 있다.

라는 판결을 구합니다.

청 구 원 인

피고는 원고에게 2018. 8. 4일 일금 1억원을 월 1부의 이자를 지불하기로 약정하고 원금은 같은 해 11. 30일까지 변제하기로 하고 차용하여간 사실이 있으나, 피고는 원고에 대하여 이자도 지급치 않을 뿐 아니라 원금도 변제하지 않아 수차에 걸쳐 지급을 독촉하였으나 현재에 이르기까지 변제에 응하지 않고 있어 부득이 이 청구에 이르게 되었습니다.

첨 부 서 류

1. 현금보관증　　1매

2024. 1. 1

원 고　김 갑 돌　기명날인(또는 서명)

서 울 동 부 지 방 법 원　귀 중

부록 (2) 항소이유서

※ 서울고법의 권장양식

항소이유서(민소규 126조의 2(준비서면 등) 필수적 기재사항에 근거)

사 건 20 나 [담당재판부: 제 부]

원고 (항소인 또는 피항소인)

피고 (항소인 또는 피항소인)

이 사건에 관하여 원(피)고(항소인)는 다음과 같이 항소이유를 제출합니다.

1. 제1심 판단과 불복범위 (임의적 기재사항이나 가급적 기재를 권장합니다)

가. 이 사건의 청구내용 (청구내용을 특정할 수 있을 정도로 소송물과 청구권원을 간략히 적시바람)

나. 제1심의 판단 요약 (위 청구내용에 대한 제1심의 판단을 개괄적 기재로 충분함)

다. 항소인의 불복 부분

(1) 제1심 판결에서 불복하는 주요 부분 (복수의 소송물에서는 소송물별로 기재 권장함)

(2) 제1심 판결을 수긍할 수 없는 주된 이유 (아래에서 구체적으로 기재하고 여기서는 간략히 기재하면 충분함)

2. 제1심 판결의 잘못에 관하여 (아래 항목 중 해당하는 부분만 기재하면 충분하고, 아울러 아래 항목에 따라 나누어서 작성하는 것이 곤란한 경우에는 적절히 변형하여 기재하여도 무방합니다)

가. 사실오인 부분

(1) 관련 제1심 판결 판시 부분

(2) 항소이유의 주장 (관련 핵심증거 해당 부분 기재 바람. 이하 같음)

나. 법리오해 부분

(1) 관련 제1심 판결 판시 부분

(2) 항소이유의 주장

다. 판단누락 부분

(1) 관련 주장 내용

(2) 결론에 미치는 영향 (판단의 필요성)

라. 그 밖의 잘못 (제1심의 절차위반 부분 등 포함)

3. 항소심에서 새롭게 주장할 사항 (제2항에 포함되어 있더라도 반드시 요지는 기재합니다)

가. 주장 내용

나. 제1심에서 제출하지 못한 이유

다. 새로운 주장 제출에 따라 필요한 조치의 유무

(예시: 새로운 주장이 청구변경에 해당할 시에는 별도의 항소심용 청구변경신청서 제출과 인지 납부가 필요함)

4. 항소심에서 새롭게 신청할 증거와 그 증명취지

가. 신청증거 내용 (내용 적시 외에 별도의 증거신청서 제출 필요함)

나. 제1심에서 제출하지 못한 이유

5. 항소심에서의 조정 · 화해절차에 관한 의견 (아래 각 해당란을 선택하여 기재하기 바랍니다)

가. 절차의 희망 여부

(1) 희망함 (2) 희망 하지 않음

나. 조정 · 화해절차를 희망하는 경우

(1) 조정 시기

① 첫 변론기일 시작 전 조기 조정 (항소심의 본격적인 변론 전에 신속한 절차진행 희망)

② 그 이후 시기 (변론 도중, 변론종결 후 등)

(2) 조정기관

① 해당 재판부에서 직접 절차를 주재하는 형태를 희망

② 조정총괄부에서 절차를 주재하는 형태를 희망

다. 기타 조정 · 화해절차와 관련하여 항소심 재판부에 전달하고 싶은 사항

6. 그 밖에 재판진행에서 고려해 주기를 요청하는 사항 (임의적 기재사항입니다)

가. 당사자 본인의 최종진술을 희망하는지 여부(민사소송규칙 제28조의3)

나. 기일지정과 관련된 희망 사항

다. 그 밖의 사항 (상대방에 요청하는 사항 등)

7. 관련사건의 진행관계 (사건번호와 진행내용을 가능한 한 상세히 기재합니다)

가. 관련 민사사건

나. 관련 형사사건 (수사기관의 조사 여부 포함)

20 . . .

원(피)고(항소인) (날인 또는 서명)

연락 가능한 전화번호:

법원 귀중

◇ 유의 사항 ◇

연락 가능한 전화번호에는 언제든지 연락 가능한 전화번호나 휴대전화번호를 기재하고, 그 밖에 팩스번호, 이메일 주소 등이 있으면 함께 기재하기 바랍니다.

부록 (3) California Civil Procedure(절차의 흐름, 다른 주는 다소 차이)

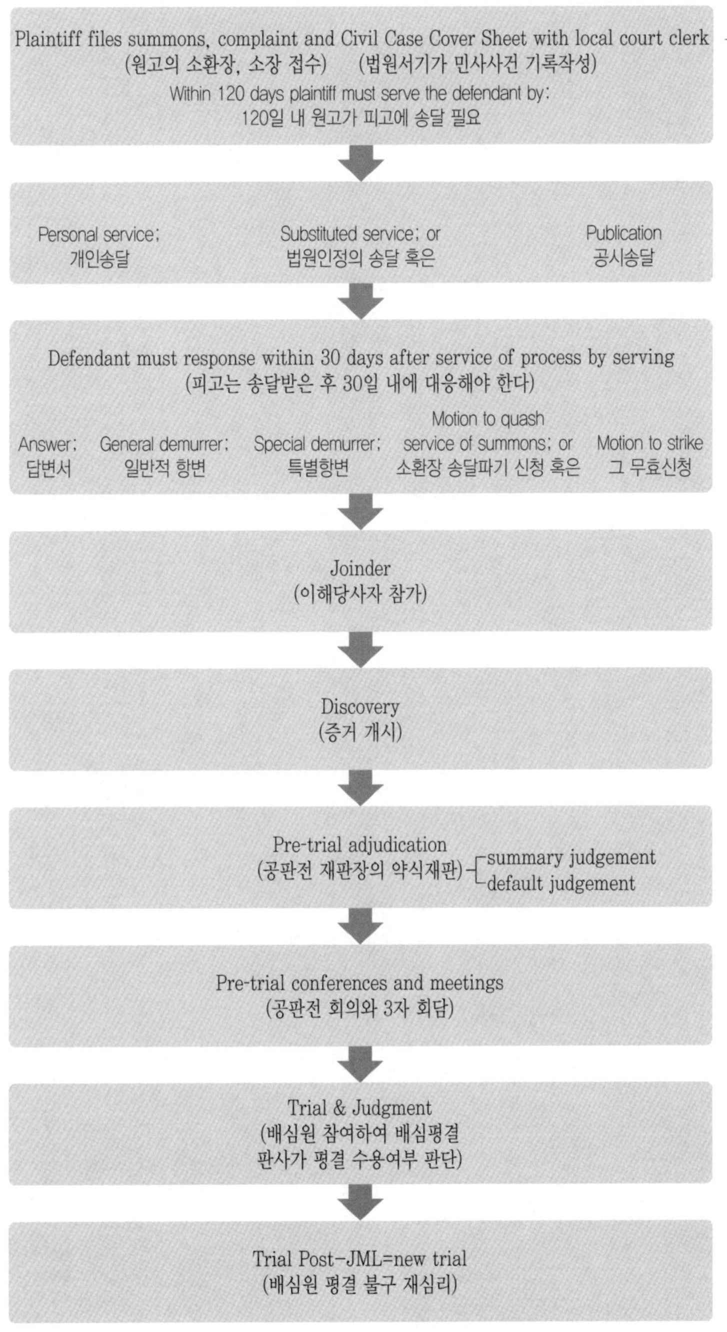

→ 선행적인 보전처분으로 temporary restraining order 또는 preliminary injunction

사항색인

[ㅇ]

著者略歷

서울大學校 法科大學 法學科 卒業
高等考試 司法科 合格
서울大學校 大學院 法學科 修了(法學碩士)
法學博士(서울大學校)
獨逸 Erlangen-Nürnberg 大學校(1968~1970) 및 美國 Nevada 法官硏修學校(1971) 및 University of the Pacific(1986) 修學
서울大學校 法科大學 助敎授, 司法大學院 敎務·學生課長, 司法硏修院 敎授, 慶熙大 法大 學長
서울民·刑事地法 및 高法部長判事, 法務部 民訴法改正分科委員, 韓國民事訴訟法·民事法·民事執行法 學會 및 민사실무연구회 각 會長, 法務部 民法改正分科委員長·민사소송법개정특별위원장
春川·水原地法院長 및 憲法裁判官, 監査院長 등 역임
수훈: 변협법률문화상, 천고법률문화상, 율곡법률문화상, 청조근정훈장 등

著 書

法制大意
新民事執行法
訴訟物에 관한 硏究
註釋新民事訴訟法(共著)
判例小法典
判例民事訴訟法(共著)
判例解說 民事訴訟法(共著)
민사소송법입문

제17판
新民事訴訟法

초판발행 2002년 8월 10일
제17판발행 2024년 3월 15일

지은이 이시윤
펴낸이 안종만·안상준

편 집 김선민
기획/마케팅 조성호
표지디자인 이수빈
제 작 고철민·조영환

펴낸곳 (주) 박영사
서울특별시 금천구 가산디지털2로 53, 210호
(가산동, 한라시그마밸리)
등록 1959. 3. 11. 제300-1959-1호(倫)
전 화 02)733-6771
f a x 02)736-4818
e-mail pys@pybook.co.kr
homepage www.pybook.co.kr
ISBN 979-11-303-4705-9 93360

정 가 59,000원